谨以此书献给

陕西省考古研究院成立六十周年

本报告出版得到

陕西省文物保护专项资金资助

陕西省考古研究院田野考古报告 第 84 号

# Taicheng Ironworks

## Report on the Excavation and Research of a Cast Iron Foundry of the Han Period in Yangling, Shaanxi

# 邰城铸铁

## 陕西杨凌汉代铸铁遗址发掘与研究

陕西省考古研究院 　编著

上海古籍出版社

## 内 容 简 介

本报告系邰城遗址2011年度田野发掘报告，全面系统地发表了邰城铸铁作坊遗址的发掘材料。邰城铸铁作坊遗址是秦汉时期县级聚落中的地方性小型铸铁作坊。报告首次对关中地区的汉代冶铁工业进行了系统介绍，对邰城铸铁作坊内部所有的冶铁遗存进行了分析、整理和公布。邰城铸铁作坊遗址的发掘，填补了西汉早期冶铁技术的研究空白，有益于窥探中国古代钢铁工业在西汉时期的发展情况，更有助于解决中国古代钢铁工业在战国—汉代过渡期中技术和组织层面存在的诸多问题，对西汉早期的生产技术与组织结构、聚落布局乃至社会面貌等问题的探讨起到推动作用。本报告首次对汉代陶范进行了系统分析，为了解汉代中小型作坊内部布局、如何适应生产需求进行技术改进等问题，提供了新证据。

本报告适合秦汉考古、冶金考古、先秦史、技术史研究人员及大专院校相关专业师生阅读。

**图书在版编目（CIP）数据**

邰城铸铁：陕西杨凌汉代铸铁遗址发掘与研究/陕西省考古研究院编著. —上海：上海古籍出版社，2018.10

ISBN 978－7－5325－8992－0

Ⅰ.①邰… Ⅱ.①陕… Ⅲ.①铁器（考古）-研究-武功县-汉代 Ⅳ.①K876.424

中国版本图书馆CIP数据核字（2018）第223472号

**邰 城 铸 铁**
——陕西杨凌汉代铸铁遗址发掘与研究

陕西省考古研究院 编著

上海古籍出版社出版发行

（上海瑞金二路272号 邮政编码200020）

（1）网址：www.guji.com.cn
（2）E-mail：guji1 @ guji.com.cn
（3）易文网网址：www.ewen.co

上海雅昌艺术印刷有限公司印刷

开本889×1194 1/16 印张33 插页36 字数613,000
2018年10月第1版 2018年10月第1次印刷
印数：1—1,500

ISBN 978－7－5325－8992－0

K·2555 定价：318.00元

如有质量问题，请与承印公司联系

# 目　　录

# 插 图 目 录

# 插 表 目 录

# 彩 版 目 录

# 图 版 目 录

# 序　一

　　陕西省考古研究院编著的田野考古报告《郿城铸铁——陕西杨凌汉代铸铁遗址发掘与研究》一书即将出版，作者约请我写序，我要求阅读书稿后再议。很快，他们应约送来了书稿，我读后甚感欣慰，欣然答应为本报告写序，也算是读后感吧！

　　使我震惊的是，在发掘的灰坑中竟然可以揭示出如此丰富的冶铸遗物，既显示了冶金考古、植物考古和动物考古的信息，也展示了郿城铸铁作坊功能的分区、年代的判定等内容。特别可贵的是，本报告在考古类型学研究的基础上，选取有代表性的样品进行分析，注意紧密地与实验室检测分析研究相结合，是冶铁工业考古发掘报告撰写的新尝试。

　　使我特别感动的是，书中对铸铁陶范的系统的技术量化的研究，在36个灰坑中共出土几千件重复使用过的铸范残块，通过拼对、整理、分类、尺寸的统计分析，研究了制范材料的选用、合范标记和浇注系统的设计等内容，揭露了郿城铸铁作坊的地域性特点。这样大的工作量和研究成果在以往冶金考古报告中较少看到，表明参与这项工作的年轻团队敬业、耐心、执著的工匠精神。附表一至附表三的锄范、铧范、铧芯的登记表可以为证；动物考古、植物考古内容在正文中虽只有短短的几句话，但附表二〇至附表二三的详细记录也同样充分显示了团队的工匠精神。

　　使我满意的是，本书对灰坑中发现的残铁器、工具残块、残铁块、炉渣、炉壁残块、鼓风管、废弃坯料、容器残块、锻造铁片等多种冶铸遗物均进行了成分和显微组织的鉴定研究，丰富了铸铁遗址冶金考古的技术内容，为关中地区先秦两汉时期手工业发展史的研究提供了扎实、重要的学术资料。

　　使我信服的是，郿城铸铁遗址是以回收各类铁质废材为主要原料（并与陶范、熔渣共出），运行90年，以铁器铸造为主、兼具铁器锻造加工功能的小型铸铁作坊，这一判断是有说服力的。本书还重视与作坊工匠生活相关的资料，为探讨这一地区聚落的社会布局与功能变迁，奠定了前期研究的基础。

　　《郿城铸铁——陕西杨凌汉代铸铁遗址发掘与研究》一书显示了传统考古信息与科学检测信息有机的结合，是首次进行的一次成功尝试。这样多学科的紧密结合，以及所呈现的综合研究成果，是从新的视野角度进行的探索，应该予以重视和推广。

北京科技大学冶金与材料史研究所

韩汝玢

2018 年 6 月

# 序 二

在人类文明发展史上,冶铁术的起源以及由此发生的人工铁器的制作和使用,是一个具有划时代意义的革命性大事件。考古发现及冶金学研究表明,在我国,公元前9～前8世纪的西周末年人工铁器在中原地区出现之后,随着公元前700年前后液态生铁冶炼技术的发明,逐步形成了以液态生铁冶炼技术为主、块炼铁技术长期并存的具有东方特色的钢铁技术传统。铁器工业逐步发展,铁器在社会生产和生活中应用的广度和深度也在不断扩展,到西汉末年和东汉时期,中原地区和边远地区先后基本完成了古代社会的铁器化进程。因此,在中国古代铁器和铁器工业发展史上,战国秦汉时期(主要是战国后期至西汉时期)既是一个大发展时期,又是一个关键时期。

20世纪50年代以来,战国秦汉时期铁器和制铁遗存的考古发现和研究以及冶金学研究不断取得进展,初步究明了当时的钢铁技术和铁器工业发展状况、铁器及其社会应用,为构建中国古代铁器工业发展体系作出了重要贡献,而邰城铸铁作坊遗址的发掘及其研究报告《邰城铸铁——陕西杨凌汉代铸铁遗址发掘与研究》(以下简称《邰城铸铁》),则是秦汉时期铁器工业考古的最新成果。

邰城铸铁作坊遗址位于陕西省杨凌区法禧村东南,地当秦汉时期釐(邰)县故城一带。2011年春在东西相邻的两个地点进行发掘,发掘面积约500平方米,清理出水井和灰坑等遗迹37个,其中16个遗迹单位中出土了大量与铸铁相关的各种遗物,包括铸铁陶范、鼓风管、炉壁和炉渣等,同时出土了残铁器、陶容器、瓦和瓦当等建筑材料、石器、铜器以及动植物遗存等,证明这里是一处西汉早期以铁器铸造为主、兼及铁器锻造和钢铁加工的制铁作坊遗址,其产品主要是铁锄板、竖銮镬和犁铧等农耕具。尽管这次发掘的区域主要是铁器作坊的废弃物堆积区,因未能发掘清理出窑炉等冶铸设施而令人遗憾,但大量制铁遗物的发现,尤其是对各种制铁遗物的全面收集、系统整理和缜密分析,使得邰城铸铁作坊遗址的发掘和研究取得了重要成果,在诸多方面填补了学术空白。

从时间的角度看,该铁器作坊的运营时间为西汉早期,更具体地说是从秦汉之际到汉武帝元狩年间或稍晚,大约90年左右的时间。我们知道,西汉早期的近百年间不仅是先秦列国文化向汉文化演进的过渡时期,而且也是铁器工业的一个过渡、发展期,"铁器工业继续沿着战国晚期以来铁器生产官营和私营并存的道路向前发展,郡国和私营铁器工业进一步繁荣"[1],此后进入到盐铁专营时期。以往关于西汉时期的制铁遗址多有发现,如著名的巩县铁生沟、郑州古荥镇和鲁山望城岗等,但大都是西汉中期以后盐铁官营时期的工场址;即使有的年代可早到西汉初年,如南阳瓦房庄等,但西汉早期的遗存往往留存不多,难以进行深入的研究。于是,尽管战国后期至西汉时期铁器工业的发展脉络大致可以勾画出来,但具体到某一个时段,尤其是盐铁官营之前的西汉早期的面貌,仍然是若明若暗,更谈不上"具象化"。邰城铸铁作坊遗址的发掘和研究及《邰城铸铁》,作为西汉早期铁器工业考古研究的最新资料和最新成果,不仅从不同侧面揭示了西汉早期一处小型铸铁作坊从原材料、钢铁技术到产品及其流通乃至组织管理等方面的状况,而且表明当时铁器作坊之间的生产已经有了专业化分工,出现了专门制造铁锄板、竖銎镢和犁铧等农耕具的作坊,这对于考察战国晚期到西汉中期铁器工业的业态及其演进,无疑具有重要的学术意义。

从空间的角度看,该铁器作坊地处关中腹地,属于秦汉斄县故城的一部分,而斄县是战国晚期秦内史、西汉三辅地区重要的县之一。关中盆地作为秦朝和西汉王朝的中心统治区域,人口密集,社会政治、经济和文化发达。就铁器工业来说,西汉王朝曾在京兆尹的郑县(今华县)、左冯翊的夏阳县(今韩城县南)、右扶风的雍县(今凤翔县)和漆县(今彬县)等地分别设有铁官,考古发现的凤翔县南古城村汉代冶铁遗址和韩城芝川镇芝西村西汉铸铁遗址,就分别是雍铁官和夏阳铁官所属的铁工场址;此外,汉长安城西市遗址、秦汉栎阳城遗址等地也发现有西汉时期的制铁作坊遗存。但值得注意的是,关中地区迄今考古发现的西汉制铁遗址不仅为数不多,而且即使是经过发掘的几处制铁遗址,其发掘资料或者尚未正式公布,或者虽有公布但又过于简略,使得关中地区西汉时期铁器工业的发展状况无法从考古学上得到具体的说明。在这样的学术背景之下,邰城铸铁作坊遗址的发掘和研究及《邰城铸铁》,从一个作坊的个案揭示了关中地区西汉时期铁器工业尤其是西汉早期的发展状况,不仅极大地丰富了关中地区西汉铁器工业的实物资料,而且对于整个西汉时期铁器工业的考古学研究也将产生积极的推动作用。

从邰城铸铁作坊遗址的内涵看,它作为西汉早期的一处小型铸铁作坊,是一处以铁器铸造为主、兼及钢铁精炼和铁器锻造加工的铁器作坊。其钢铁原材料主要是回收的废旧铁器,以及少量的钢铁条材,陶范的原材料则是取自当地的黏土和从附近河滩或河床采集的砂子。燃料是木炭,其树种主要是栎木和桦木。拥有从铸范制作、熔铁铸造到铸件加工及热处理等一整套铁器铸造的生产流程,同时还可能存在生产优质钢材的精炼(炒钢)活动,以及铁器的锻造、加工或修理等。作坊内部在空间上可能有着明显的区域划分,熔铁浇铸区、锻铁加工区、废弃物堆积区和工匠生活休息区等相对独立而又相互关联。其产品类型比较单一,主要是梯形锄板、竖銎镢和舌形犁铧等农耕器具,尤以梯形锄板为大宗,可知这里是一处专门的铁农耕具铸造加工作坊。其产品流向,主要是供应以邰城为中心的斄县居民。邰城铸铁作坊的这种内涵和结构,尚不便断言它就

---

[1]　白云翔:《先秦两汉铁器的考古学研究》,页340,北京:科学出版社,2005年。

是西汉早期关中地区小型铁器作坊的典型形态，但通过对这只"麻雀"的解剖，可以大致勾画出当时关中地区小型铁器作坊的样貌。这对于深化当时的铁器作坊研究以及铁器工业体系研究，无疑是十分重要的。

就邰城铸铁作坊的钢铁技术、产品及其所反映的铁器工业发展水平来看，许多方面也都值得关注。我们知道，战国时期秦地的铁器虽多有发现，且凤翔县南古城村冶铁遗址的年代可能上溯到战国晚期，但关中地区有一定规模的战国铁器作坊遗址迄今尚未发现，战国时期居址和墓葬中出土铁器的种类和数量总体上也远比其他地区为少。同时，冶金学研究也相对不足，战国铁器中经科技分析检测者仅有西安半坡战国墓出土的铁锛和直口锸，经鉴定分别是块炼铁和韧性铸铁制品。种种迹象表明，当时秦国核心地区的钢铁技术和铁器工业发展水平与东方六国相比似乎存在着相当大的差距。但是，邰城铸铁作坊出土铁器的冶金学研究表明，其成型技术主要是铸造，同时也存在着锻制；钢铁制品中不仅有白口铸铁、灰口铸铁、韧性铸铁和铸铁脱碳钢，而且还有炒钢制品；同时，还存在淬火等铁器热处理技术。无论是制范、熔铁及铸造技术还是制钢和铁器热处理技术，邰城铸铁作坊的钢铁技术水平与东方六国故地已经相差无几，反映出关中地区的铁器工业及其钢铁技术在西汉早期出现了跨越式发展。其动因或许在于，秦统一之后原东方六国的铁工匠迁入关中，带去了先进的钢铁技术，加速了钢铁技术向关中地区的扩散，促进了当地铁器工业的发展。就其产品来看，铁犁铧的出现也值得关注。犁铧是古代农业耕作中最重要的农具，战国后期出现了"V"字形铁铧冠，但尚未出现全铁制的铁犁铧。陕西临潼鱼池遗址的调查中曾发现有铁犁铧，但其年代无法准确判定。邰城铸铁作坊遗址的犁铧铸范，是迄今所知年代最早并且可以准确判定其年代的铁犁铧实证资料，表明铁犁铧的应用至少可以上溯到公元前2世纪初的西汉早期，并且有可能率先出现于关中地区，从而把铁铧冠向铁犁铧演进的链条连接了起来。

总之，邰城铸铁作坊遗址的发掘和研究成果及其学术价值，对于汉代铁器工业和钢铁技术研究的贡献是多方面的。当然，由于遗址保存状况、发掘区域及发掘面积等的限制，有些问题的研究或难以展开，或无法深入。譬如，关于整个作坊的结构和布局及其变迁，尚无法作出实证性说明；该作坊的性质即经营管理方式，究竟是私营还是官营，也还有进一步讨论的空间；关于该作坊产品数量的分析、工匠身份和工匠生活的认识等，还大多属于推论，有待于更多材料的佐证；关于该作坊两个特点的认识，由于比较对象的年代属于西汉中期或更晚，并且都是关中地区之外的大型官营铁工场的材料——这样做也是无奈之举，因为可供比较的西汉早期铁器作坊遗址材料的缺乏，但毕竟使得其认识难免带有局限性。至于如何理解和认识两种不同类型的梯形锄板（带圆穿和不带圆穿是梯形锄板的两种不同类型）的铸范共存、铸铁和铸钱两种铸造活动之间的关系、遗址中出土的瓦和瓦当等陶建筑材料与作坊建筑设施的关联等具体问题，也还有待于进一步的研究。但无论如何，邰城铸铁作坊遗址发掘和研究的学术成果令人瞩目，《邰城铸铁》无疑是一部极具科学价值的考古研究报告。

这里还要进一步指出的是，邰城铸铁作坊遗址的发掘和研究及《邰城铸铁》的学术成果无疑值得关注，而该遗址从田野发掘到资料整理、综合研究直至编写报告的理念、思路和方法等，同样值得关注。

在学术理念上，邙城铸铁作坊遗址的发掘和研究及《邙城铸铁》没有把学术目标设定在单纯的铸铁工艺技术及其流程的探究和复原上，而是基于"通过对每一个环节的产品、废料以及所使用技术的分析，并结合废品的废弃及堆积方式，即使发掘面积有限，讨论作坊的生产流程、布局乃至生产组织仍是可能的"认识，在深入解析邙城铸铁作坊工艺技术及其流程的同时，着眼于"汉代冶铁工业体系及关中地区经济技术形态研究"和"生产组织和社会动能层面的研究"，通过手工业技术和产业的研究，"达到管窥城市社会形态的目的，甚至可以将其纳入到环境、资源、社会和国家的整个体系之中研究，展现某一时期某一地区某一领域的生产图景"。我们知道，铸铁作坊遗址是手工业作坊遗址的一个重要类型，而作坊遗址的考古发掘和研究既是整个近代考古学的重要组成部分，更在手工业考古中具有根本性意义。手工业考古并不仅仅是为了考察和研究古代的手工业工艺技术——这当然是核心研究内容之一但并非其全部，而是从原材料、生产工具和设施、工艺技术及其生产流程到产品、产品流通和应用研究，从生产者、经营管理方式、产业结构和产业布局到社会经济和社会文化的系统研究[1]。尽管在考古学实践中，某一作坊遗址的发掘和研究由于种种主客观条件的限制不可能就上述所有问题都有所研究或深入探讨，但手工业考古包括资源、技术、产业和社会等诸多方面的研究系统的理念，无疑是必要的。正是基于这样一种学术理念，邙城铸铁作坊遗址的发掘和研究及《邙城铸铁》科学地收集各种考古资料，最大限度地挖掘各种考古资料所包含的历史、科技和文化信息，从原材料、铸铁陶范的制作和使用、熔铁炉及鼓风设施、钢铁技术、生产流程到铁器产品的类型和数量、作坊的生产组织方式、工匠及其生活、社会管理乃至关中地区的铁器工业等，都不同程度地进行了考察和探讨，得出了诸多新认识。

在研究思路和方法上，邙城铸铁作坊遗址的发掘和研究及《邙城铸铁》从铸铁作坊遗址研究的实际出发，紧紧围绕其学术目标，突出问题意识，坚持以田野考古为基础，强化田野考古资料的全面、系统梳理和各种标本的科技检测分析，尤其是两者的有机结合，据此进行专题研究和综合研究。基于这样的研究思路，田野工作中"点面结合"，把发掘的重点放在"寻找熔炉及与之相关的生产遗迹和生产各环节废弃物的堆积"上，同时进行大范围的调查和勘探；全面收集各类遗存，既重视冶铸遗存资料的收集，也重视生活器具、建筑材料乃至动植物遗存资料的收集。在整理过程中，鉴于该铸铁遗址的特殊性，重视"遗物的组合以及保存情况"，以提供理解有关废弃物及其搬运过程的直接证据；以遗迹单位为单元，对出土资料进行系统整理；对于冶铸遗物，以材质、形态、功能以及其他要素为依据进行分类，再按照各遗迹单位的出土情况从中选取适量的样品进行冶金学分析。冶铸遗物的科技分析，强调明确分析目标及所能解决的问题，并结合考古背景，有的放矢地选择样品、确定分析内容；标本取样以全面系统的整理为基础，既要有一定的数量，又要有代表性；充分参考和吸收已有的成果，增强鉴定结果的可靠性并可资比较等。报告的编写上，从专题性考古报告的实际出发，强调传统发掘报告和专题研究报告相结合，即在详细介

[1]　白云翔：《手工业考古论要》，《东方考古》第9集，页570，北京：科学出版社，2012年。

绍材料的同时，兼顾研究理念和方法的叙述，注重研究过程与研究结果的结合；强调考古资料介绍的全面、系统、细致、准确并便于检索，综合叙述与分类详述相结合，不同类别的遗物设立不同的分类标准，注重其不同"特征点"的观察和描述；强调以田野考古为基础的多学科合作研究，注重多学科信息的高度融合和多学科研究的有机结合等。实践证明，上述研究思路和方法是科学且行之有效的。

新世纪以来，在考古学学科建设不断完善、文化遗产事业方兴未艾的新的历史条件下，手工业考古的重要性日益凸显，"近年来更受到学界的关注与重视，已逐渐成为考古学的一个独立分支学科"，而手工业作坊遗址的发掘和研究又在手工业考古中具有根本性意义。然而，手工业作坊遗址本身毕竟有着不同于一般城址、聚落和墓葬等遗存的自身特点，如原材料、工具、生产设施和加工遗迹、产品、半成品和废弃物等是其主要的遗存构成，于是，其发掘、整理和研究直至报告的编写都有其特殊性。如何从手工业考古的性质、任务和目标出发，如何从不同作坊遗址的自身特点出发对其进行调查和发掘，如何进行资料的整理，如何在零散的、不完整的资料中最大限度地提取信息进行专题性和综合性研究，如何编写具有专题研究特点的考古报告等，既是一个实践问题，更是一个理论问题，需要从理论和实践的结合上进行探索，使之逐步充实和完善。从这个意义上说，邱城铸铁作坊遗址的发掘和研究作为铸铁作坊遗址考古的一次成功实践，不仅为铁器作坊遗址的发掘和研究提供了一个很好的范例，而且在手工业作坊遗址考古的理论和方法上进行了有益的探索和尝试，体现了当今手工业考古的发展方向；《邱城铸铁》作为一部成功的专题性考古报告，无论是在编写理念、框架结构、编写体例还是在资料的整理和记述上，都为同类考古报告的编写提供了一个很好的范本，值得倡导和借鉴。

在《邱城铸铁》即将出版之际，遵作者所嘱，在通览该书原稿的基础上，写下了上面的所思所想，与学界朋友们交流。

中国社会科学院考古研究所

白云翔

2018 年 5 月

# 第一章　前　言

　　厘清遗址相关的历史与地理背景，是理解邰城铸铁作坊遗址的特点、性质及保存状况的基础。本章内容是在概要介绍遗址位置的基础上，重点阐明遗址所在区域的历史地理特点，并就作坊发现、发掘与研究的缘起背景和工作过程予以说明。

## 1.1　遗　址　位　置

　　邰城铸铁作坊遗址，位于陕西省杨凌区西南约3千米的法禧村东南50米处，中心地理坐标34.248413°N、104.051558°E。这里东距西安约82千米，西距宝鸡约86千米，北距今武功镇，即唐代武功县县治20余千米（图一）。这一位置与《括地志》所载"故斄城一名武功城，在雍州武功县西南二十二里"的秦汉邰县地望相吻合。考古资料也显示，遗址所在的法禧村及周邻的尚德、石家、殿背湾、疙瘩庙等几个自然村附近，秦汉时期的遗存丰富而集中，特别是以往这一带曾出土过多例标识有"斄"字的陶器与铜器[1]。所以，学界普遍认定秦汉邰县故址就在这一带，故以"邰城铸铁作坊"[2]名之。

## 1.2　地　理　环　境

　　杨凌区地处关中盆地西部，境内地势北高南低，落差百余米。北部为黄土台原，系唐代以来形成的"三畤原"，海拔在430～540米之间，地势开阔，原面平坦；南部属渭河川道平原，海拔多在420米左右，地势低平。土壤属黄绵土，疏松肥沃，自虞夏之贡以为上田，膏壤沃野千里。

---

[1]　罗西章：《扶风县文物志》，西安：陕西人民教育出版社，1993年。
[2]　为便于统一术语，在本报告中，将以熔炼和浇铸铁器为主的作坊定义为"铸铁作坊"，将兼具冶炼和熔炼生产功能的作坊定义为"冶铁作坊"。同时，由于不少实例无法判断是否存在冶铁生产环节，我们将上述两类作坊统称为"制铁作坊"。

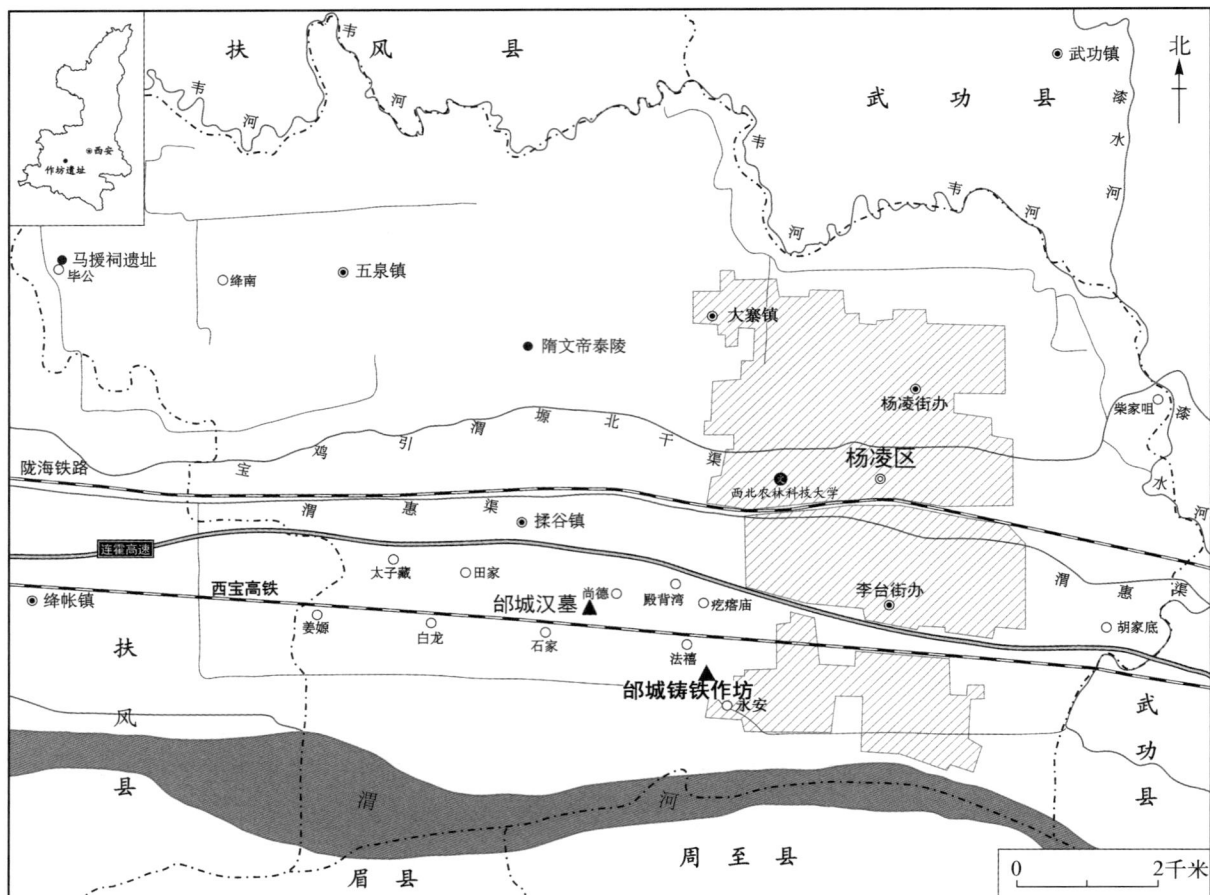

图一 邠城遗址位置图

气候属暖温带季风半湿润气候区[1]，四季分明，雨热同期，年均降水量600毫米左右，年均气温10～12℃。北、东、南三面临河，北为小北河（古称沮水），自西而东流经武功，注入漆水河；东边由漆水南北贯流，至该区南部渭河川道折而东流，于武功境内注入渭河；南部为渭河，由西而东自该区南缘穿流而过。

　　从地理环境角度看，铸铁作坊遗址坐落于该区西南的渭河北岸川道平原区，俗称"三道原"的阶地之上，南距今渭河河道仅1 600米左右（彩版一）。这应是利用了近河选址，方便利用水源进行生产的优势。但这一选址特点，同时也使遗址受到渭河切割侵蚀的影响。要理解这一点，就需要对关中盆地与渭河的地理特点有所了解与把握。

　　所谓关中盆地，是指陕西中部东边宽、西边窄、整体呈牛角形的盆地，即历史文献中狭义的"关中"的地理范围[2]。盆地的南界是秦岭山脉，北界为北山山系，中间是由黄土台原与渭河谷地组成的平原，东西全长300余千米，面积为21 000多平方千米。地质构造上，属于鄂尔多斯台地南

[1] 陕西省地方志编纂委员会：《陕西省志》第六卷《气象志》，页10，北京：气象出版社，2001年。
[2] 王子今：《秦汉区域地理学的"大关中"概念》，《人文杂志》2003年第1期。

缘的下沉地带,地表覆盖有较厚且发育良好的黄土沉积。

渭河的切割与改变,是关中盆地地貌形成的主因。渭河源出甘肃鸟鼠山,自西而东贯穿整个盆地,在潼关汇入黄河。渭河水系整体呈羽状分布,支流包括由南北两大山系发源的数十条河流。由于渭河干流靠近盆地南面陡峭的秦岭山脉,南岸平原总体面积较小,坡度较大,支流较短。而北岸距离北山山系较远,且因山系起伏较小,北岸平原总体面积大,支流较长。因此形成了典型的黄土高原梯形阶地,即北部高昂的"原"与南部的渭河谷地。

在渭河两岸的阶地上,由于支流长期的侵蚀和冲刷,被切割出宽度不等、深度不同的峡谷和沟壑,北部的"原"也因此变得支离破碎。但邰城遗址所在的杨凌区,由于主体位于高昂的"原"边以下的渭河河谷阶地上,附近沟壑发育较差,其中最长的一条位于遗址西北方向绛帐镇的古水村,长度仅为1 000多米[1],故而遗址北部总体地势平坦,河流侵蚀破坏不大,遗址保存状况良好。然而,遗址南部由于渭河的南北摆动侵蚀,地貌变动对遗址的影响较大。

渭河流经关中盆地的宝鸡至咸阳段为其中游,水流较缓,淤积严重;咸阳以东属下游,坡度更缓,且水面较平宽,水流甚慢。在这两段渭河河道摆动较为严重,或"南迁",或"北移"。邰城铸铁作坊遗址所在地点正属于渭河出现来回摆动的区域,故其在西汉时期的景观地貌和以后的地貌变化,与渭河河道在历史时期的变化情况有密切的联系。

渭河河道变化,必然会引发关中盆地的洪涝灾害。通过对洪涝灾害的考察,可以反窥河道的变化情况。此前,学术界对历史时期文献中提到的灾害事件与反映的渭河变化研究,已有丰硕成果。例如,根据清代以来长安县相关的垦田、古地貌与考古数据,已有研究认为,渭河在清代虽然不存在由于某一次或某一年渭河涨溢,而引发河道"大规模北移"的现象,但咸阳附近的河道在清末总体上呈现出"北移"的大势。在北移的过程中,也同时存在"南迁"的现象[2]。

渭河河道的这种南迁和北移,必然影响遗址的保存情况,改变遗址附近的区域景观。根据1963年的Corona卫星航片分析,在邰城遗址附近,当时的渭河较现在河道北移了约50米,河北岸已直接贴近作坊遗址之上、现在仍有园林的南墙。也就是说,渭河的摆动,使原来作坊的南部已被冲刷。现今的渭河河道距遗址虽然有1 600米,但这只是近数十年南移的结果。因此,遗址的保存情况,至少在清代至近现代期间,已受到了较大程度的河道冲刷和破坏。

值得注意的是,仅仅清代关中地区出现洪涝频次在20次以上的地点,就包括大荔、西安、华县、华阴、咸阳、潼关、渭南、周至、武功[3]。武功县的位置偏西,大概是渭河洪涝主要发生区的西部边界。到了近200年,武功(或者是扶风)地区大型水灾发生的次数,虽然相对变少,但总体上洪涝发生的间隔变得相对较密集。所以从更长的历史时段来看,渭河河道变化对遗址的影响,也可能不限于清代以后。因为渭河南支流夹杂的泥沙量较大,对于北岸有顶托作用,再加上北岸地

[1] 史念海:《历史时期黄河流域的侵蚀与堆积(上篇)》,《河山集二》,页10,北京:生活·读书·新知三联书店,1981年。

[2] 史红帅:《清代渭河滩地垦殖与河道移徙——基于长安县马厂地的考察》,《中国历史地理论丛》2015年第4期。

[3] 杜娟、赵景波:《清代关中渭河流域洪涝灾害研究》,《干旱区研究》2007年第5期。

表组成物质质地较细,抗冲击力小于南岸,故渭河一直涨溢频繁,导致在历史时期北迁和南移现象持续,但北移始终是河道变化的主要趋势。邰城遗址因位于河谷阶地上,距今渭河主河道仅1 600米,渭河河道在不同阶段的南迁或北移,必然使遗址附近的阶地(或者滩地)受到冲坍或淤积,致使遗址遭受破坏。

另外,河道变化除了会在若干的时间内导致涨溢或淹漫农田房屋的现象,水退后更会导致土地盐碱化,使地力贫瘠。根据对关中地区历史时期文献中水灾记录的统计,该地区的洪灾主要发生在气候的冷暖交替期[1]。因为气候产生波动,关中地区降水量年内分配就会不均匀。朱士光[2]等根据文献所见的古气候,曾将关中地区划分为全新世早期寒冷、全新世中期温暖、西周冷干、春秋至西汉前期暖润、西汉后期至北朝凉干、隋和唐前中期温暖、唐后期至北宋凉干、金前期温干、金后期和元凉干、明清冷干十个气候阶段。在春秋战国与西汉前期,关中地区气候依然保持温暖湿润状况,年降水量甚至可能多于现在。但到了西汉武帝以后,关中气候则变为较寒凉[3]。邰城铸铁作坊在西汉时期的兴废,和整个聚落布局在西汉及以后的转变问题,很可能与西汉中期以后的气候转变及与之相关的渭河河道变化有着密切联系。

# 1.3　历史沿革

邰在汉代又写作"斄",是战国时期内史、西汉以后的三辅中重要的县所。在战国时期秦所置的斄县,在今法禧村内邰城古遗址的范围以内。在秦末战争中,斄城已是关中相当重要的县级聚落。《史记·曹相国世家》载,项羽入咸阳后立刘邦为汉中王。刘邦迁到汉中后"还定三秦",即先攻下辩、故道、雍、斄[4]。在王莽时期,斄县改名武功县并隶右扶风,县治则迁在古斄城东北二十里。但到东汉时期,武功县治复徙古斄城[5]。

在东汉以后,邰城所属的郡县历史地理沿革有较大的变化。北魏期间武功县改置为武功郡。北周期间改名为雍州,武帝建德三年(575)复置武功郡,治邰城。虽然邰城地点可能已发生改变,但在历史时期邰城之地名一直作为武功郡郡治的名称。

至唐以后,武德三年(620)置稷州,以武功、好畤、盩厔、鄠、凤泉隶属。贞观元年(627),稷州改隶雍州。武周期间的天授二年(691),复置稷州,并领有武功。乾宁二年(895)置干州,以奉乾陵,领武功、好畤、盩厔一带,且乾州又隶属京兆府。北宋年间,武功属永兴军路京兆府。徽宗政和八年(1118),武功一带又改隶环庆路醴州。北宋末年,金人占领北方后,沿袭宋制的行政区划,分为十九路。金海陵王天德三年(1151),武功县隶京兆府乾州;金世宗大定二十九年(1189),武

[1]　周晓红、赵景波:《关中地区1500年来洪水灾害与气候变化分析》,《干旱地区农业研究》2008年第2期。
[2]　朱士光、王元林、呼林贵:《历史时期关中地区气候变化的初步研究》,《第四纪研究》1998年第1期。
[3]　朱士光、王元林、呼林贵:《历史时期关中地区气候变化的初步研究》,《第四纪研究》1998年第1期。
[4]　《史记》卷五十四,页2024,北京:中华书局,1982年。
[5]　[清]孙星烈校注:《校正康对山先生武功县志》(《丛书集成初编》本)卷一,上海:商务印书馆,1936年。

功又改名武亭县,仍属乾州。元改全国十一个行中书省,下有路、府、州、县四级机构。蒙古建国号为"元"之前的世祖至元元年(1264),武亭县复名武功县,隶陕西行中书省奉元路乾州。明改全国为二直隶及十三承宣布政使司,布政使司辖府、州、县。太祖洪武九年(1376),武功县隶属陕西布政使司西安府乾州。到清以后,圣祖康熙五年(1666)武功县改隶西安府,至世宗雍正三年(1725),武功县再次改属乾州。由于东汉以后武功之名称与隶属关系多次变动,至唐张守节撰《史记正义》时,对古邰城的具体位置已无从可考,因此记"故雍县南七里。故邰城一名武功"。又曰"故邰城在雍武功县西南二十二里"[1]。清代《武功县志》则载"古邰城记在县南八里漆村东……今县西南三十里亦有邰城者,前汉徒置之尔"[2]。新中国成立以后,杨凌一带一直属武功县管理,由宝鸡市管辖。1979年武功县的杨陵镇成立杨陵特区(县级),并由武功县代管。1983年,武功县和杨陵区划归咸阳市。1997年,因在杨陵区成立了杨凌农业高新技术产业示范区,杨陵区交由杨凌示范区行使实际管辖权,并单独成为地级市。

另外,邰城在文献中往往与周人的后稷相联系。《史记·周本纪》载"周后稷,名弃。其母有邰氏女,曰姜原"[3]。后稷因能相地之宜且好耕农,帝尧举为农师,并将其封于邰。但后稷以后,不窋以失其官而犇戎狄之间,周之先祖则开始多次迁徙的历程。因为后稷若干的传说及武功与邰城所在地之关系,在1933年设立的西北农业大学,选址也在今杨凌市区内。

# 1.4 区域以往工作概况

2010年以前,邰城遗址范围的考古工作主要是一些零星考古调查与小规模的抢救性发掘,发现了不少与战国—秦汉时期大型聚落相关的证据(图二)。

在法禧村附近调查曾发现有"大量灰坑,秦汉粗绳纹砖瓦、云纹瓦当、五角水管等建筑材料及铸铁陶范等。在村南稻田以北,于1978年平整土地时发现有宽10米左右的秦汉城基,出土了刻有邰字铭记的秦代铜鼎和铜温壶。在村子周邻的殿背湾、尚德、陵角、陵湾、陵东、石家、太子藏、杨陵火车站南各村,都发现有大量从战国到秦汉时期的墓葬"[4]。以往这些地点还进行过一些零星的抢救性发掘,具体可举如下数例:在西北农业科技大学校址内发现过大量的秦汉墓葬。20世纪80年代末,咸阳市文管会曾在西北林学院住宅楼的地基修建过程中,发现并清理过17座墓葬,基本为偏洞室墓,年代相当于战国晚期到秦统一时期[5]。之后在邻近的土浸楼、学生楼与托儿所地基修建过程中,也陆续发现了30余座战国—秦汉时期墓葬[6]。土浸楼地点墓葬原报告定为战国晚期到秦代,

[1] 《史记》卷五十四《曹相国世家》,页2025,卷一百二十二《酷吏列传》,页3136,北京:中华书局,1959年。
[2] [清]孙星烈校注:《校正康对山先生武功县志》(《丛书集成初编》本)卷一,上海:商务印书馆,1936年。
[3] 《史记》卷四《周本纪》,页111,北京:中华书局,1959年。
[4] 罗西章:《扶风县文物志》,页13,西安:陕西人民教育出版社,1993年。
[5] 咸阳市文管会:《西北林学院古墓清理简报》,《考古与文物》1992年第3期。
[6] 高忠玉、赵彩秀:《西北林学院基建中发现的古墓葬》,《文博》1996年第5期。

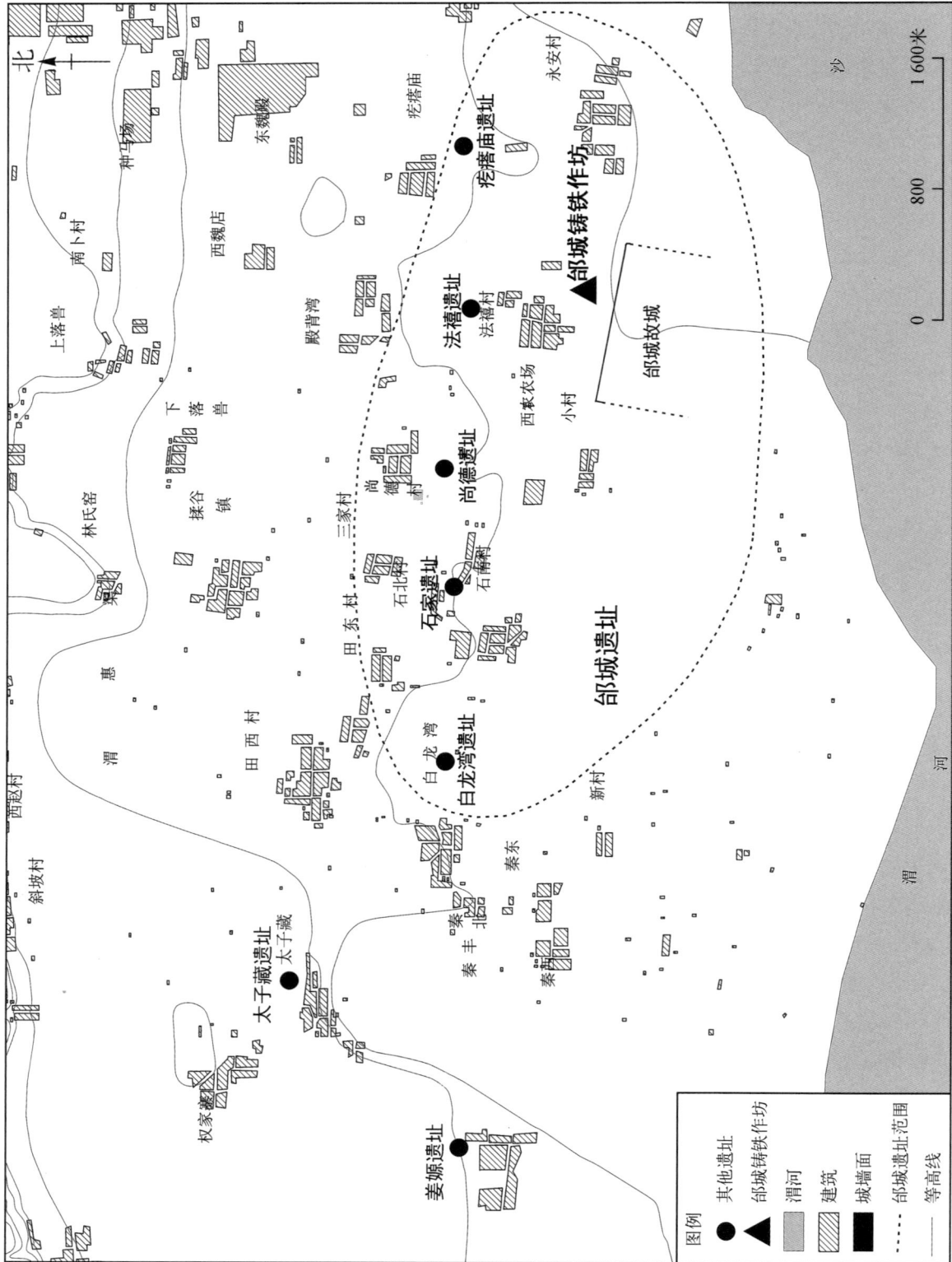

图二 邰城遗址平面图

但因墓葬已变为尺字形土洞墓,基本不见战国中晚期常见的一套仿铜陶礼器,定为西汉早期似更合适。另外,在托儿所地点发现的一批墓葬年代较晚,主要相当于东汉时期。咸阳市文物考古研究所还在20世纪80年代末90年代初分别在杨陵区西北林学院、西北农业大学和区食品公司冷库工地等地点清理秦汉时期墓葬5座[1],年代包括西汉早中期到东汉早期。由于在原林学院学生楼和二号住宅楼地基发现的秦汉时期墓地十分密集,墓葬的数量非常多,推测可能属于一较大型墓葬区。

据乡民口述,20世纪70年代平整土地时,曾在法禧村一带发现有城墙,但城墙在数十年前的洪水中被冲垮。结合以前在法禧村附近的建筑遗存、墓葬与杨凌市墓葬群的发现,藤县聚落在战国晚期到西汉早中期人口相对密集,且具有一定规模,在地理位置上也较为重要,处于交通要道。

由此可见,以法禧村为中心的杨凌市西南一带,当确系秦汉邰城聚落之所在。而无庸讳言的是,由于以往考古工作少而零星,加之缺乏宏观的系统考虑,以致聚落的内涵与布局结构尚不清楚。

## 1.5 工作与研究缘起

邰城铸铁作坊遗址的发掘,以配合西安—宝鸡客运专线建设与杨凌古邰国遗址公园规划为工作契机,调查发现了丰富的铸铁遗存的线索。考古学研究新理念及其所带来的新课题,也是促进研究深入开展的重要原因。

2010年6月~2011年1月,为配合西安—宝鸡客运专线建设,陕西省考古研究院对位于法禧村西北约1000米的尚德、石家两村之间,密集分布的汉代墓葬进行发掘,共清理西汉早期延续至西汉晚期的墓葬295座[2]。在发掘工作开始前,已认识到法禧村及其周邻一带应是战国晚期到西汉时期的邰城聚落所在,但其治所具体所在、城市相关功能构成要素及特征,仅据以往的零星发现很难厘清。另外,长期以来秦汉考古研究的对象主要集中在都城遗址、大型陵墓和一般墓地方面,对郡县一级聚落的考古发掘与研究几近空白,进而影响了此类社会组织及其反映的社会制度等问题的深入研究。

近十多年来,随着中国考古学物质文化史框架的基本建立,特别是西方考古学的一些新理论、新方法和新技术的相继引进,中国考古学研究的重点由原来的物质文化史,转向社会历史等深层次问题的研究;研究理论由以往的主导思想——"区系类型学理论",转向了聚落考古理念;研究方法由原来的"器物本位"、"考古学文化本位",转向了"聚落本位"与"背景本位"。这一学科发展变化,也促使本次发掘在针对某一具体对象进行发掘研究时,着眼于更深层次的社会历史问题探讨,按照聚落考古的理念,将其置于所属聚落背景予以考虑。

基于以上两方面的考虑,以此次墓地发掘为切入点,寻找秦汉邰城治所所在,并厘清其聚落的结构,便成理所当然之事。于是,在墓地发掘的同时,考古队对墓地及其周邻区域约10余平方千米的范围内进行了"全覆盖"式调查与抽样钻探,重点寻找与邰城城市相关的内涵要素,如墓

---

[1] 咸阳文物考古研究所:《咸阳市杨陵区秦、汉墓葬清理简报》,《考古与文物》1996年第2期。
[2] 陕西省考古研究院:《邰城汉墓》,上海:上海古籍出版社,2018年。

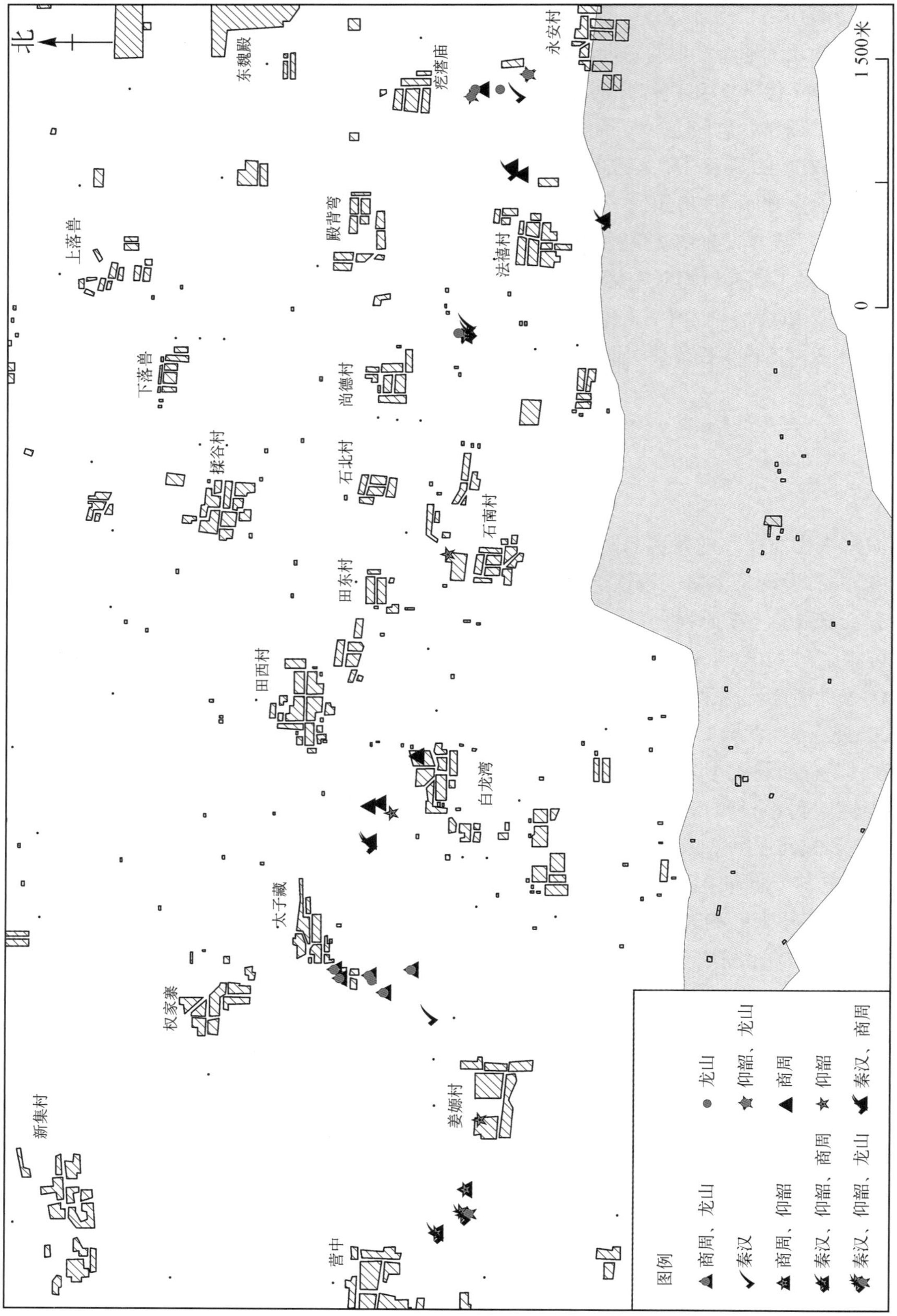

图三  2010年邰城遗址周边遗址调查图

地、手工业作坊、衙署建筑、居民居址等(图三)。

　　遗憾的是,可能因晚期垦殖、水土流失破坏,除了尚德村、法禧村、疙瘩庙等几个自然村附近发现有较丰富的秦汉时期遗迹、遗物(主要是陶器残片)外,在几个村之间的大片区域内的地表或剖面均未见有密集的秦汉时期堆积,亦未见到大量秦汉时期砖瓦、陶片或水管较密集分布的现象。即便是遗物丰富的地点,经过较系统的钻探也无法确认有城墙、建筑等重要遗存。由此,虽然可以肯定秦汉时期邰县聚落的中心在法禧村一带,但与城市结构相关的遗存仍属未知。显然,冀望通过厘清邰城聚落结构,了解、探讨邰城乃至秦汉郡县聚落的社会的路径难以行通。

　　在此情况下,发掘工作确定把调查寻找手工业作坊,特别是制铁作坊为重点,冀望据此了解邰城郡县聚落的形态。这主要基于以下三点原因考虑:

　　(1) 手工业考古一直是考古学研究的重要方面之一,近年来更是受到学界的关注与重视,已逐渐成为考古学的一个独立分支学科。当前,手工业考古研究已从过去单纯的技术与流程复原上升到了对生产组织和社会动能层面的研究。所以,通过对城市的手工业技术与产业研究,可以达到管窥城市社会形态的目的,甚至可以将其纳入到环境、资源、社会和国家的整体系统之中研究,展现某一时期某一地区某一领域的生产图景。

　　(2) 先秦两汉时期,冶金工业是国家的支柱性产业,尤其铁工业到汉武帝以后更成为政府主要收入来源,可谓社会经济命脉。关中地区乃秦汉时期国家政治、经济、文化中心之所在,其冶金,特别是冶铁工业的发展对这一时期国家形成的重要性自然不言而喻。以往关中地区曾发现过多处铁器生产作坊,不过由于考古工作规模小,缺乏系统性,所获资料不足阻碍了对其技术与生产组织的研究。另外,近年来冶金考古与研究已取得长足的进展,积累了不少可资借鉴的经验。凡此,加强关中先秦两汉冶铁考古与研究,既是必要的,也是可行的。

　　(3) 以往邰城遗址调查中曾发现过铸铁陶范,墓葬发掘也出土有不少铁器,这是开展铸铁作坊调查的直接原因。而2010年底,为配合杨凌古邰国遗址公园建设和杨凌新区的建设,再次对法禧村及周边区域进行了系统的调查与勘探,则为此次工作提供了新的契机。

　　工作目标转变后,考古队最终在法禧村东南50米处西农大苗圃西墙南段内外两侧,发现了大量的陶范、铁渣等与铸铁相关的遗物,同时勘探发现多个包含铸铁遗物的堆积单位,由此确认发现一处铸铁作坊遗址。随后,考古队根据前期调查与勘探的结果,采取多学科联合方式对该作坊遗址进行了选点发掘。虽然未发掘到与作坊生产直接相关的遗迹(如熔炉等),但发掘的多个单位中却出土大量的冶铸遗物与丰富的非冶铸遗物,这是以往关中其他同时期、同类作坊所无法比拟的。这批丰富的新资料,直接促成了本研究的深入开展。


# 1.6　发掘与研究过程


　　作坊于2011年春节前调查发现并勘探确认。田野发掘工作始于2011年3月24日,结束于同年8月9日。

3月24日发掘工作正式开始。首先在苗圃园墙外侧的冶铸遗存分布密集区进行发掘。共布4个10×10米(彩版二,1、2)与1个5×10米的探方。为尽量将探方布在堆积较为丰富之处,故未以正磁北方向布方,而是东壁基本与苗圃园西墙平行,方向为北向西10°(图四)。

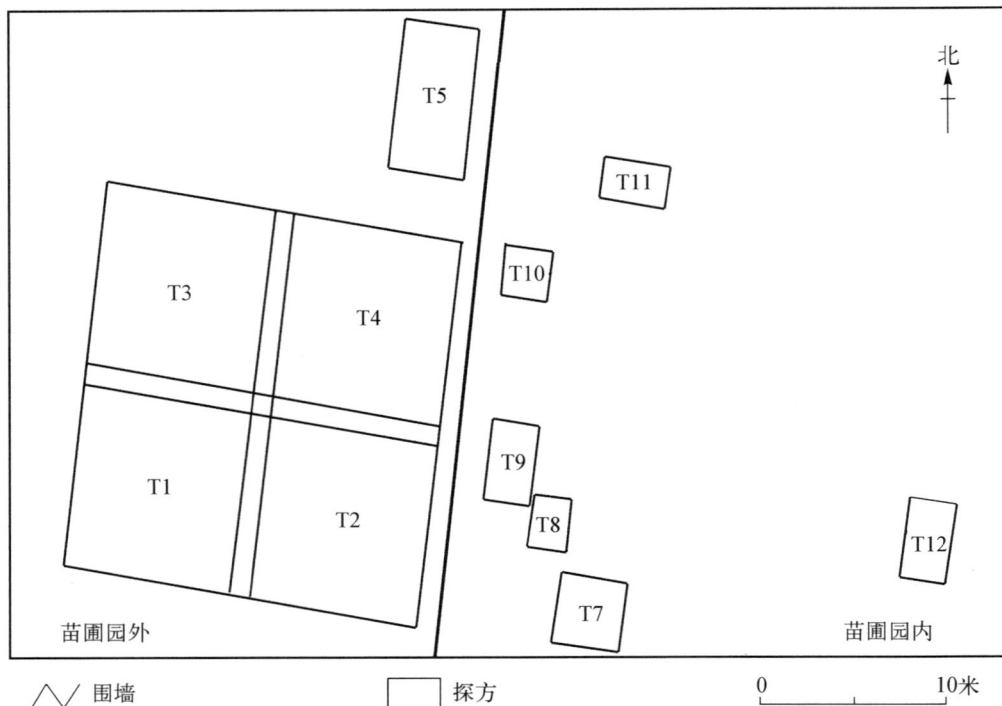

**图四 邻城铸铁作坊探方位置图**

注:T6位于围墙外发掘区的东南部,北邻T2。

本次发掘领队为种建荣,参加发掘的科研人员有林永昌、陈钢、赵艺蓬,技工有史浩善、李宏斌、吕少龙、许甫喆、赵国峰、史高峰。史浩善同志(彩版五,4)自发掘之初就奋斗在田野现场的第一线,以30多年丰富的经验为本次发掘作出重要贡献。但令人痛心的是,4月中旬,这位长期兢兢业业奋斗在田野考古一线的考古工作者,为陕西乃至中国考古作出贡献的老同志、老战友,被无情的车轮夺去了生命,永远地离开了我们。在他的一生中,考古就如同他心爱的孩子,由衷地热爱着,努力地为之奋斗着;在他30年考古工作生涯中,兢兢业业,善于发现,勤于思考;在他有限的生命里,不断地为周公庙考古、周原考古,乃至中国考古事业作出了积极的贡献。史浩善的考古精神,值得我们所有考古工作者钦佩和学习!

发掘工作开展以后,一方面严格按照《田野考古工作规程》的要求,先取表土,再按由晚及早的顺序,重点把握堆积形成过程来清理遗迹单位;另一方面针对铸铁作坊遗存的独有特点,结合研究的目标,制定有针对性的采样、记录方法。4月24日,完成了4个探方内发现的遗迹的清理工作。至5月8日发掘完毕。至此苗圃园外发掘全部结束。

在对园外发掘所获评估与工作得失总结的基础上,6月28日正式启动园内区域的发掘工作。由于园内条件所限,故仅在钻探已知堆积较丰富的区域,布设不同规格探方6个(编号为T7～T12)进行发掘(彩版七,1)。现场发掘工作由林永昌同志负责,参加人员有种建荣、李宏斌、吕少龙等。发掘工作亦如园外一般,按部就班进行,但具体工作方法略有调整。发掘进行的同时,由麻省理工大学的陈晨博士利用地磁仪对发掘区及周邻区域进行探查(彩版三),以寻找冶铸熔炉或未发现的冶铸废弃堆积。至8月9日,作坊的发掘工作全部结束。

园内园外,前后两段,累计发掘面积500余平方米。所获遗迹包括灰坑、水井两类,共计37个单位(图五)。所获遗物除大量秦汉砖瓦建材与日用陶器外,最为重要的是,在16个单位中出土了大量与铸铁相关的遗物。发掘期间,北京大学的雷兴山教授、陈建立教授多次莅临工地进行现场指导,美国哈佛大学的付罗文、加州大学洛杉矶分校的罗泰、北京大学的李水城、四川大学的李映福教授及一些冶金考古的专家学者也曾先后参观发掘现场、观摩出土遗物。

发掘资料的整理与研究工作,自苗圃园外发掘工作结束后的2011年6月初就开始了,断断续续一直到2015年6月才基本完成。具体经过大致如下:

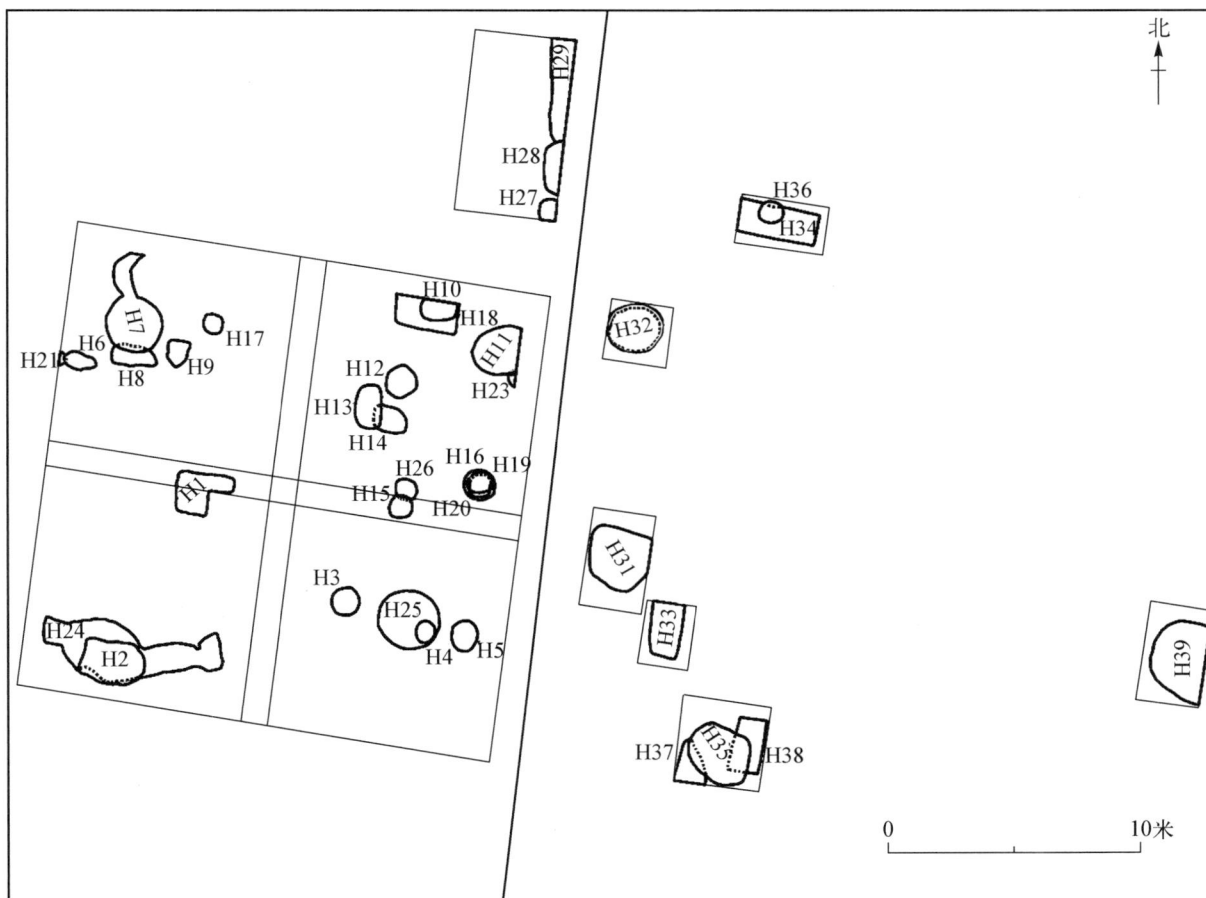

图五　邰城铸铁作坊遗迹单位平面图

2011年6月中旬～8月中旬,大致与苗圃园内发掘同时,抽调部分参与园外发掘人员对前期发掘的图文记录进行了核对整理(彩版六,1～3),对出土遗物进行了初步的分类、清点、清洗、拼对、修复。同时根据所获资料的特点,由种建荣、雷兴山、林永昌、陈建立四人共同商议,确定了资料整理与研究的工作方案。

2012年初,正式全面启动资料整理与研究工作。1～4月,在种建荣与林永昌的带领下,全体参加发掘队员与后续加入的赵义蓬、陈钢两位同志,分工合作,自觉加班加点,连续奋战,按照考古资料整理的一般程序与原则,完成了各种图文记录的整理,核对层位关系表,并对出土的各类遗物进行了拼对修复、分类统计,挑选了照相、绘图标本并编号。6～8月,由林永昌负责重点针对发掘所获冶铸遗物,设计了专门的统计图表格,对其进行更为细致的分类、分析与统计,提取并记录相关特征信息,确定了相关实验室分析样品。同时,完成出土动物骨骼遗存的鉴定与记录。由薛轶宁博士对各单位出土的土样进行筛选,提取了炭化的植物标本。部分土壤样本则送往山东大学文化遗产研究院进行植硅体分析。另外,关于出土陶文的隶定,得到了北京大学考古文博学院董珊教授的指导。

2013年9月,依托这批资料向国家文物局申请的文化遗产保护领域科学与技术的研究课题获得通过,为后续研究提供了保证。课题组由从事田野考古与冶金考古研究的两方面专业人员组成,负责人为种建荣,参加人员包括林永昌、陈建立、雷兴山、赵义蓬。按照课题计划的安排,于2014年3～11月,开展并完成了出土陶器的形制分析与年代分期研究,冶铸遗物的测量与数据库建设,标本的绘图与照相工作,浮选所得的大植物遗存的检测分析。2015年6～7月,在北京大学考古文博学院冶金考古实验室完成冶铸遗物的样品分析(彩版六,4～6;彩版七,2),主要内容为鉴定炉渣和铁器的金相组织,并以SEM-EDS测定炉渣和铁器夹杂物的主要成分。至此,资料整理的工作全面完成。

在资料整理与分析的基础上,课题组按照既定的研究目标,于2016年底对作坊性质、产品流通、生产技术与组织管理等问题进行了深入探讨与研究,完成或发表了相关的研究成果[1]。同时

---

[1]　林永昌、郑婧、陈建立等:《西汉地方铸铁作坊的技术选择:以关中邰城作坊冶金陶瓷科技分析为例》,《南方文物》2017年第2期;林永昌、陈建立:《东周时期铁器技术与工业的地域性差异》,《南方文物》2017年第3期;林永昌:《秦汉陶文性质与所见行政与手工业制度演变:以关中为中心》,《中国古代政治制度与历史地理——严耕望先生百龄纪念论文集》,济南:山东大学出版社,2018年;林永昌、陈建立、种建荣等:《论秦国铁器普及化与关中地区战国时期铁器流通模式》,《中国国家博物馆馆刊》2017年第3期;林永昌、陈建立、种建荣等:《试论汉代关中地区铁器生产原料的来源与流通:邰城铸铁作坊出土铁遗物的冶金分析》,《考古与文物》2015年第6期;种建荣、林永昌、雷兴山等:《试论陶器生活遗存所见西汉铁器手工业作坊的性质——以邰城铸铁作坊为案例》,《考古与文物》2018年第1期;种建荣、陈建立、林永昌:《试谈铁作坊中废弃冶铸遗物整理的理念与实践》,《南方文物》2013年第3期;Lam Wengcheong (2014). "Everything Old Is New Again? Rethinking the Transition to the Cast Iron Production in the Central Plains of China". *Journal of Anthropological Research* 70(4): 511-542. Lam, Wengcheong (TBD). "The Iron, Agriculture, and Military Revolution in the Warring States". In *The Oxford Handbook of Ancient China, 7/6000 -3000 BCE*, Elizabeth Childs-Johnson eds. Oxford: Oxford University Press(已 提 交). Lam Wengcheong, Chen Jianli, Chong Jianrong, Lei Xingshan (TBD). "An Iron Production and Exchange System at the Center of the Western Han Empire: Scientific Study of Iron Products and Manufacturing Remains from the Taicheng Site Complex". (已提交)。

着手研究报告的编写工作。编写过程可分为以下四个阶段：

第一阶段　2015年11月中旬，编写组成员于西安初步讨论，共同拟定了报告的编写体例与提纲，并对工作做了安排。

第二阶段　2016年7月10日至9月2日，编写组成员与全体考古队员，集中时间核对报告所需的图文原始资料、排图制表，分工合作完成报告各章的文字内容。

第三阶段　2016年12月底至2017年2月，整合汇总各类图文资料，形成报告初稿。并由编写组成员逐一通览，提出修改意见。2月8日，于北京进行了一次集中讨论，确定了需要修改的内容与要求，随即进行修改。

第四阶段　2017年3月底，完成报告初稿的审核修改，并讨论形成二稿。4月中旬，主编完成报告的统稿工作。7、8两月，完成三稿。8月底，向国家文物局提交结项验收。10月将定稿提交出版社，付梓出版。

# 第二章　研究目的、理念与方法

本报告于此单列一章,在分析汉代冶铁考古现状的基础上,提出邺城铸铁作坊的研究目标,重点介绍作坊发掘、整理研究的理念与方法,旨在为今后同类工作与研究提供借鉴。

## 2.1　汉代冶铁考古现状与趋势

### 2.1.1　汉代冶铁考古现状与冶铁工业特点

战国到两汉时期,铁器手工业成为当时手工业生产及技术创新的重要领域之一。在20世纪50～70年代河南巩县铁生沟[1]、郑州古荥镇[2]、南阳瓦房庄[3]等地汉代铁工厂遗址的大规模发掘,积累了大批实物材料,奠定了对当时各环节生产设施(如冶铁竖炉)的形制、冶炼技术、产品种类以及作坊布局等方面的基本认识。以往对于汉代制铁作坊的工作,主要集中于河南一带。近年来,在山东临淄制铁与铸镜作坊和章丘东平陵故城冶铁遗址的发现、发掘及系统工作,也进一步完善了学界对汉代制铁作坊的认识。而河北—东北、西南云贵高原、东南沿海及西北地区出土铁器的分析也显示出,这些中原以外的区域铁器技术在两汉时期也出现了显著发展。例如,吉林梨树二龙湖古城[4]及辽宁凌源安杖子古城[5]出土的战国—汉代铁器显示出东北地区铁器形制与中原地区的一致性。根据太行山东麓北段的东黑山遗址分析的49件两汉时期铁器,发现炒钢制品13件,疑为灌钢制品1件,其余则为生铁或脱碳铸铁产品。再结合以往对满城汉墓出土铁制

[ 1 ]　河南省文化局文物工作队:《巩县铁生沟》,北京:文物出版社,1962年。对遗迹重新整理及定性的研究请参见赵青云、李京华、韩汝玢、丘亮辉、柯俊:《巩县铁生沟汉代铸铁遗址再探讨》,《考古学报》1985年第2期。

[ 2 ]　郑州市博物馆:《郑州古荥镇汉代冶铁遗址发掘简报》,《文物》1978年第2期。

[ 3 ]　河南省文物研究所:《南阳北关瓦房庄汉代冶铁遗址发掘报告》,《华夏考古》1991年第1期。较详细的报告见李京华:《南阳汉代冶铁》,郑州:中州古籍出版社,1995年。瓦房庄的发掘面积为4 864平方米,铁生沟的发掘面积为2 000平方米,古荥镇的发掘面积为1 700平方米。

[ 4 ]　刘文兵、陈建立:《吉林四平二龙湖古城出土部分铁器的金相实验研究》,《春草集(二)——吉林省博物馆协会第二届学术研讨会论文集》,长春:吉林人民出版社,2013年。

[ 5 ]　辽宁省文物考古研究所:《辽宁凌源安杖子古城址发掘报告》,《考古学报》1996年第2期。

品的分析,可知该地区两汉时期已完全以生铁及相关的制钢工业为基础,较早出现了炒钢和局部淬火工艺,可能出现了最早的灌钢和百炼钢工艺[1]。福建闽越城村汉城出土铁器的分析显示,铁器的主要制作技术是依从中原地区的技术传统,发现有白口铁、铸铁脱碳钢、炒钢等多类材质的制品,主要原料应来自其他地区。同时由于出土铁器部分具有地方特色,很可能由本地再加工处理[2]。相似的是,冶金分析显示从属于夜郎的赫章可乐墓地出土的铁器所代表的制作技术包括生铁冶炼、铸铁退火、铸铁脱碳和炒钢,这批铁器主要来自外地,但部分可能是本地加工制作的钢铁制品[3]。

以生铁为核心的铁器技术在汉代进入大发展阶段,形成了以中原为中心向四周传播并影响整个东亚地区的文化交流模式。而铁器技术的发展,其基础主要是各种规模的铁器作坊在汉代大规模急剧出现。前人对汉代冶铁业的研究著作中,已经对这些制铁作坊显示的冶铁业技术和组织特点进行过很好的分析,或对其重要性有过扼要的概述。为了介绍汉代铁工业的特点,梳理最新研究趋势,以便确定本报告的研究目标,在此对战国—汉代已有收获概括如下:

### 1. 大型作坊集中于河南和山东等资源较集中的区域

目前已发表、公布的资料,主要分布于豫陕晋交界地带以东且铁矿石资源较为丰富的河南和山东等地。南阳盆地内和周边一带目前已发现多处战国至汉代的制铁作坊,发表的地点包括西平酒店、桐柏毛家湾、南阳瓦房庄和鲁山望城岗等多个地点。河南地区由于整理和发表的资料较多,是目前汉代作坊中资料最为详尽的地区。另外,山东在金岭以及莱芜一带,分布有较多的铁矿,特别是莱芜附近的铁矿,有品位高达50%的较优质的矿源。文献中山东境内郡国常设置较多铁官,在山东临淄、章丘也发现较多冶铁遗址。在鲁西南的薛城遗址和鲁故城遗址,也发现有战国到西汉时期的较大型的冶铁遗存。

### 2. 长江流域和南方地区作坊资料较少

在长江中下游流域所见的铸铁作坊,目前较明确者只有张家界的朱家台冶铁遗址[4]。在淮河流域,相城遗址中也发现了战国中晚期、下限能到西汉时期的冶铁炉的炉基。值得注意的是,在以产铁著名的蜀郡范围内,四川蒲江铁牛村冶铁遗址是目前有较多工作的地点,在两次的发掘中,出土了炼铁炉、铁矿石、炉渣、残铁器、耐火砖等,并发现了赤铁矿和磁铁矿等矿石。该遗址的年代经AMS-C14分析,为东汉到三国时期。根据遗物和"铁牛"的分析来看,该地点应该是以生铁冶炼为主,同时进行生铁制钢[5]。然而,四川盆地铁资源虽然较为丰富,类似的地点应不少,但

[1]　陈建立:《中国古代金属冶铸文明新探》,页291,北京:科学出版社,2014年。
[2]　陈建立:《中国古代金属冶铸文明新探》,页361,北京:科学出版社,2014年。
[3]　陈建立:《中国古代金属冶铸文明新探》,页370,北京:科学出版社,2014年。
[4]　张家界市文物工作队:《湖南桑植朱家台汉代铁器铸造作坊遗址发掘报告》,《考古学报》2003年第3期。
[5]　陈建立:《中国古代金属冶铸文明新探》,页279、291,北京:科学出版社,2014年。

目前经工作的地点不多。

### 3. 大型作坊内各类生产设施齐全，生产链较为清晰

过去在河南地区的资料，由于揭露面积相对较大，基本上解决了大型铸铁作坊中生产链的构成和序列。例如，南阳瓦房庄的发掘面积达4 000平方米，作坊面积据勘探达28 000平方米，北与制陶作坊相接，南与冶铜作坊相连。作坊内发现了熔铁炉、炒钢炉和锻炉等生产设施。瓦房庄作坊出土了大量的铸铁陶范，使用的技术与古荥镇相似，主要是以陶范铸造铁范模，再以铁范模浇铸数量更多的铸铁范。因此，这些作坊较完整的生铁生产序列，应包括生铁冶/熔炼、浇铸、炒钢、铸铁脱碳和锻打等主要环节。临淄齐故城也是汉代铁器主要的生产地点。仅大城内作坊就有16处，在刘家寨南发现的冶铁遗址规模甚大，达150 000平方米，还出土了齐铁官丞和齐采铁印的汉代封泥[1]。在阚家寨则发现过直径达1米的地面铸范[2]，类似的铸范仅在南阳瓦房庄发现过。在临淄桓公台的宫殿建筑范围内发现的冶铁作坊遗址，面积在4 000平方米左右，发现熔炉（应为退火炉）2座、炒钢炉1座、炼炉2座、范坑4个。作坊还发现翻砂地以及含较多炉渣的红烧土坑，炉渣层厚0.8米左右[3]。另外，杜宁等对齐城内的冶铁遗存进行过分析研究，在齐城"东北部"发现的铁渣，包括高钙的生铁冶炼渣以及炒钢渣，铁块/铁工具则包括经热锻的残片、经铸造的生铁片、经退火的韧性铸铁以及铸造后经完全脱碳的熟铁。显示出较大型的铁器生产地点（如齐故城）的生产技术一般相当多样，并包括浇铸较大型铁器的专门设施。在2009年发掘的东平陵作坊，500平方米的范围内发现的遗迹包括烘范窑、储泥池、熔铁炉、藏铁坑、石灰池、水井和残房基，整个作坊建筑于夯土地基之上，时代由西汉中期到东汉时期。除陶范外，发现的遗物包括铁条材、炉壁以及铁条等[4]，所代表的生产链和瓦房庄所见类似。

### 4. 冶炼炉规模与作坊大小相关

虽然目前发现的冶炼炉的地点较多，但最大的炼炉仅见于南阳郡（鲁山望城岗）和河南郡的作坊之中。鲁山望城岗的椭圆形冶铁炉建于夯打的台基之上，东西长轴约4米，南北短轴约2.8米，炉缸耐火材料土壁厚约1米。在山东临淄城内发现的冶铁炉，主要以小型炉为主。在莱芜城子县的汉代嬴城遗址，据报道调查时也发现有熔铁遗迹[5]。很有可能在铁资源较丰富的地点，即文献所说的大铁官所在地，掌管采矿和冶炼更多的工序，有能力营建规模较大的炼铁炉；而小型制铁作坊，或者是文献中提到的小铁官，则主要使用较小型的炼铁炉。

[1]　山东省文物考古研究所：《临淄齐故城》，页58，北京：文物出版社，2013年。
[2]　山东省文物考古研究所：《临淄齐故城》，页326，北京：文物出版社，2013年。
[3]　山东省文物考古研究所：《临淄齐故城》，页99，北京：文物出版社，2013年。
[4]　山东省文物考古研究所：《山东章丘市汉东平陵故城遗址调查》，《考古学集刊》第11辑，北京：中国大百科全书出版社，1997年；山东省文物考古研究所、北京大学考古文博学院、济南市考古研究所：《山东章丘东平陵故城》，《中国考古新发现年度记录2010》，页250～253，北京：中国文物报社，2011年。
[5]　高月志：《山东莱芜古代矿冶遗址初步考察研究》，北京科技大学硕士学位论文，2009年。

### 5. 产品种类与作坊大小相关

制铁作坊的数据,提供了作坊主要产品的证据。制铁作坊出土的陶范,绝大多数用于生产铁农具,其他种类的铁器不多见。在战国时期以后,制铁作坊的产品种类即是如此。而且,作坊出产陶范的种类可能和作坊的大小有关。较小型的作坊一般都是集中批量生产铁农具或车马器,而大作坊所出产品的种类则多于目前已知其他小型铸铁作坊遗址。例如,在瓦房庄作坊中,曾发现直径达1米多的地面范,可能用于浇铸大型的铁锅,其他的产品还包括车马器、铁权等。而较小型的作坊则专门生产锄、铲和犁等农具以及六角形釭等车马器,且仅以其中某几类为主。

### 6. 作坊间有协作和分工生产

以往的分析除揭示了作坊的布局和工艺外,还提供了作坊间如何组织生产的证据。例如,在巩义铁生沟作坊,是以冶炼矿石为主要技术并兼有熔炼的功能,由发现的铁范铭文可知,铁生沟遗址称为"河一"。而在郑州古荥镇的制铁作坊,发现了西汉到东汉时期的冶铁炉,根据范上的铭文来看,古荥镇可能是"河三"作坊,尽管有铁矿石出土,但主要负责熔炼工作,并使用河一所提供的原材料。在南阳郡下属的鲁山望城岗遗址,出土了"阳一"铭文陶范,可能与南阳瓦房庄作坊有关。这种按照数字来编号的情况,也见于山东地区,很可能是在盐铁专卖以后,管理铁官新出现的一套系统。据目前资料所知,"五"应该是汉代铁官作坊最大的序数,朝鲜平壤曾出土带有"大河五"铭文的铁器[1]。另外,过去在东平陵也发现带"大山二"铭文的铁锤铸范,说明该铁官可能代替其他铁官生产铸范。相似的现象也见于鲁西南的薛国故城[2],城内曾发现过一个残范的堆积坑,厚达1米,器类包括斧、铲以及犁,其中一件铲范上有阴刻的"山阳二"字样。此外,该遗址还出土过带"巨野二"字样的陶模。在鲁山望城岗发掘大型冶铁炉时,清理了两个泥模范残块堆积坑,出土了大批使用过的、用于铸造铁器的泥模范残块,其中部分带有字铭,初步分析判别有"阳一"、"河口"、"六年"等几种铭文。换言之,这些作坊中个别以采矿和冶炼为核心,相互之间还存在原料供应关系,不同铁官下属的铁作坊,可能有共同的生产协作,如供应陶范等主要的生产工具。

### 7. 大型作坊的对外供应

以往的研究发现,大型铁作坊的产品肯定不是完全供应郡县内部的需求。例如,南阳郡下属的阳二作坊出产的铁锤,曾在豫章郡和右扶风出土[3]。阳二的地点虽然尚未发现,但应是南阳郡下属瓦房庄以外的十处制铁遗址之一。而温县发现的存放有500多套叠铸车马器范的大型烘范窑[4],陶范种类达36种之多,而烘范窑所在位置则是面积约10 000平方米的铸铁遗址,以规模来看应是供应大量地点所需的制铁作坊。

[1] 李京华:《朝鲜平壤出土"大河五"铁斧》,《中原文物》2001年第2期。
[2] 山东省济宁市文物管理局:《薛国故城勘查和墓葬发掘报告》,《考古学报》1991年第4期。
[3] 李京华:《南阳汉代冶铁》,页76,郑州:中州古籍出版社,1995年。
[4] 河南省博物馆、《中国冶金史》编写组:《汉代叠铸:温县烘范窑的发掘和研究》,北京:文物出版社,1978年。

### 2.1.2　汉代冶铁考古的新趋势

在总结完前人的分析和研究后,便能清楚地看出目前汉代相关研究中主要存在的问题。要在前述基础上有所突破,便需要很好地补充以下数点:

#### 1. 完善生产操作链

目前通过发掘,作坊内部生产的操作链已比较清楚,但是对于汉代整套采矿、冶炼、制钢、铸造、退火和锻造等生产流程的整体性研究不足,尤其与采矿有关的部分更是存在较多空白。以河南的舞钢、西平为例,该遗址中发现近10处战国—西汉时期的冶铁遗址群,地表散布有铁矿石和炉渣,经分析大多数为生铁冶炼渣,少量为精炼渣,原料应为就地取材,选自附近的尖山和石门郭的铁矿。然而由于遗址的保存情况较差,目前无法找到可能的开采地点[1]。山东省新泰市羊流镇单家庄矿冶遗址是目前山东地区工作较为完善的地点,在同一遗址中发现有冶铸、采矿以及烧炭遗址。调查时还对其中一座烘范窑进行发掘,该窑炉为烘烤浇铸铁鼎的容器范[2],但可惜资料尚未系统公开。即使是最为详细的瓦房庄报告,也只是大体复原了作坊内部的生产流程和产品的可能流向,没有针对该区域内部原料和产品的流通问题进行更加细致的分析。近年来其他历史时期的冶金考古工作有了长足进展,例如北京延庆水门沟辽代冶铁遗址的发掘,已大大丰富了历史时期冶铁工业整套生产链的研究。对汉代冶铁考古的研究,也应该随着新的研究趋势,改善以往未够完善之处。

#### 2. 关注地方性小作坊

对于大作坊的研究虽然为汉代冶铁工业使用的技术和大致的产品提供了重要证据,但是在汉代实行盐铁专卖以后,除了大铁官以外还在不产铁的地点设立了大量的小铁官。过去对于这些作坊的发现不多,对于其使用的技术和产品的种类的认识也十分不足。前文曾言及,大铁官对应大型的制铁作坊,小铁官则对应考古学现象中的小型制铁作坊。要全面理解汉代的冶铁工业,就需要补充不同区域内,特别是铁资源比较缺乏区域的小型铸铁作坊的情况,才能对汉帝国内部铁工业的情况有进一步的理解。

#### 3. 探索手工业生产和汉代的关中本位政策

在两汉时期,以往对京畿范围内的冶铁手工业的研究,明显存在需要补充之处。汉代的关中盆地是西汉时期人口最为密集的地区[3],仅元始二年(2)在长安县下登记的人口就达240 000。但关中地区过去与汉代相关的制铁作坊发现不多,认识相对不足,学术空白之处仍较多。关中地

[1] 陈建立:《中国古代金属冶铸文明新探》,页249~259,北京:科学出版社,2014年。
[2] 李健:《新泰单家庄矿冶遗址综合研究》,山东大学硕士学位论文,2009年。
[3] 葛剑雄:《西汉长安——陵县中国最早的城市群》,《纪念顾颉刚学术论文集》,页676~680,成都:巴蜀书社,1990年。

区以往发掘的铸铁作坊,包括如下地点:汉长安城的西市[1]范围内,曾发现有熔炉和烘范炉,出土的陶范主要为六角形的车釭。在凤翔南古城[2],即汉代雍县的范围内,过去曾发现过铸铁作坊,出土有锄范和炉渣等。在韩城芝川曾发现较大的铸铁作坊,面积达40 000平方米[3]。在栎阳城内,曾在地表的调查中发现较多的炉渣,时代为秦汉时期[4]。但总体上这批作坊规模不大,生产器物组合情况似乎也不如前文提到的瓦房庄地点,又没有系统公布,学术界对于关中地区制铁业与手工业的发展情况,只能掌握大致情况,而无法深入到具体的如生产技术、产品种类以及和所在聚落单位的关系等。

### 4. 丰富生产组织研究资料

即使是在以往发表的资料中,制铁作坊的资料主要作为报告的一个章节甚至是附录来介绍,又或者受条件所限,只能以简报的形式公布数据。总体而言,目前尚未有专门的考古报告报道汉代的制铁作坊,全面介绍作坊的各类遗存和遗迹现象,自然也谈不上利用出土遗物的组合情况探讨作坊的生产组织等问题。另外,由于数据公布的体例问题,作坊的资料或者没有全面、具代表性的抽样遗物的分析,或者只有地表调查和采集遗物的科技分析,而无法提供遗物出土的背景资料。

## 2.2　本报告的研究目标

由于以往汉代铸铁作坊遗址的考古工作中,一直缺乏全面、详细、系统的考古报告,更没有结合全面公布而进行的遗物科技分析。本报告在整理、公布关中杨凌邰城西汉铸铁作坊的资料时,除了要填补关中地区汉代铸铁工业一直以来存在的学术空白,还要尽可能弥补以往因各种条件所限而存在的遗憾和不足。

首先,本报告在兼顾一般考古报告编写体例的基础上,尽可能完善数据的公布,即除挑选较典型和完整的成品或铸铁陶范之外,还尽可能公布更多相关冶铸遗存的资料。要了解手工业作坊的生产,除了完整的成品外,半成品和废品也相当重要,而工具或者产品的制作痕迹以及尺寸差异,更是探讨手工业作坊工匠生产方式的重要数据。为让读者尽可能了解该作坊的资料,本报告在分述介绍的基础上多列表格,尽可能提供生产链所有环节相关遗物的数据。除使用传统的遗物公布方式外,在系统整理时尽可能配合下一步的科技分析,对每一类的遗存都进行取样,以

---

[1] 目前在陕西境内经系统发掘过的制铁遗址仅为汉长安城西北角的西市遗址,简报分别见中国社会科学院考古研究所:《1992年汉长安城冶铸遗址发掘简报》,《考古》1995年第9期;中国社会科学院考古研究所:《1996年汉长安城冶铸遗址发掘简报》,《考古》1997年第7期。

[2] 本发掘队曾于2012年夏天调查南古城作坊,发现有和邰城遗址相似的铧芯。在此特别感谢雍城考古队领队田亚岐的慷慨允许。另外相关资料见陕西考古所凤翔发掘队:《陕西凤翔南古城村遗址试掘记》,《考古》1962年第9期。

[3] 陕西考古所华仓队:《韩城芝川镇汉代冶铁遗址调查简报》,《考古与文物》1983年第4期。

[4] 刘庆柱、李毓芳:《秦汉栎阳城遗址的勘探和试掘》,《考古学报》1985年第3期。

补充一般考古资料整理上的不足和无法获取的数据,确定遗物的性质或代表的生产技术,如炉渣反映的生产技术、使用的助熔剂种类、冶炼温度、陶范的选料和配料、鼓风管和炉壁的选料等。

其次,报告将尽可能提供单位组合情况的量化数据。对于作坊的出土物,从出土物显示的浇铸方式与内容到产品的组合,都必须有系统的定量分析方法,公布具体的发现数量或统计情况,以揭示作坊的生产情况。例如,对于陶范这一类遗物,除了要公布完整的块数外,还要公布不同部位残块的发现情况。对于炉渣和熔炉残块,也应有相应统计点算的结果,以显示经整理后遗物大致的发现和组合情况。

其三,除了与冶炼相关的遗物外,作坊资料要包括作坊工匠生活或与生产相关的资料,以判断作坊工匠的饮食生计和与铁器生产相关的生活组织方式。例如,在报告中要体现发掘的动物遗存的组合和鉴定情况、通过浮选获取植物遗存的鉴定结果、作坊中日用陶器的组合情况以及作坊中可能与其他生产活动相关的工具或半成品。除了要了解作坊的生产技术、产品的种类内容外,报告还需探讨遗物的弃废方式,才能更有效地讨论不同组合内容的废弃物体现了何种组织方式。就最简单的区分方式来看,到底这种小作坊是属于专门化从事某一类工序(如熔炼)的规定式作坊,抑或是负责所有铸铁流程的全面式作坊? 不同性质的作坊涉及不同的管理方式,甚至有可能和工匠的训练与身份有着一定联系。

其四,由于发掘区往往只能代表原来作坊的部分,即仅能代表若干“点”的情况,在田野调查期间,需结合抽样调查或地球物理的勘探方法,以获取“面”的数据,结合点和面来窥探作坊较完整的结构和布局情况。

其五,由于邰城作坊附近还发现了同时代的汉代墓地,这就能进一步对比生产作坊和日常消费单位中铁器种类的差别,判断小型作坊能否满足日常消费单位所需要的各类铁器。按常理推测,作坊生产完毕后,大部分的遗物都不会储存于作坊之中,而发掘出土的多是不合格或回收的废品。只有通过对比其他居址或墓地的材料,才能对当时居民日常使用铁器的组合有全面的认识。

最后,除了确定作坊的使用时间外,尝试从技术对比的角度,考察已知不同时期、不同规模作坊体现的技术差异或相似之处,同时探明不同规模的作坊在产品组合上的差异。

总之,本报告将在系统梳理以往冶铁(或制铁)遗址研究成果的基础上,针对资料刊布、检测分析与综合研究存在的不同程度脱节问题,从制铁遗址的调查发掘方法、资料整理和记录方式、检测结果分析和综合研究等方面入手,最大限度地提取遗址和遗物的各方面信息予以刊布,探讨手工业作坊与所在聚落与社会之关系,以推进冶金考古及手工业考古的深入发展。

## 2.3　田野工作理念与方法

### 1. 点面结合

作坊发掘的重点是:寻找熔炉及与之相关的生产遗迹和生产各环节废弃物的堆积。发掘前先通过一定的勘查手段,大致确认作坊范围,了解地下堆积的分布情况。在此基础上,选择堆积相对丰厚或可能与熔炉相关的地点进行发掘。邺城作坊遗址发掘的过程中,首先通过地表的调查,确认了冶炼遗物分布于100×100米的范围内。为进一步探明地下堆积情况,又进行了细致的勘探,找出了堆积相对较厚或可能与熔炉相关的地点进行发掘。但遗憾的是,最终未发现任何可能和熔炉相关的原位堆积。

另外,与麻省理工学院的陈晨博士(Department of Earth, Atmospheric and Planetary Sciences, MIT)合作,尝试以地磁方式寻找熔炉或尚未发现的冶炼废弃堆积(彩版三)。由于冶炼遗物带有磁性,尤其是制铁作坊中的残铁块或含铁的冶炼遗存,所以可利用地磁仪勘探与冶炼相关的遗址,以了解地下遗存的分布和堆积情况,这一技术曾在上林苑的锺官遗址[1]中应用。探测的范围大致为30 000平方米,比实际调查的范围略大,但没有在调查区找到尚未被发现的大型废弃堆积或可能是熔炉一类的遗存。换言之,作坊发掘区虽是作坊保存至今的主体部分,但无冶炼炉的分布。通过调查与勘探,在作坊附近亦确实未见有堆积较丰富的汉代遗存,与物探结果是相符的。虽然本次地球物理探测方法无法找到或确认地下遗存,但在以后制铁作坊的发掘中,如能结合地磁分析,将更易取得重要成果。

### 2. 以埋藏学指导发掘

发掘时尽可能按照新版《田野考古工作规程》,对重要的单位切半、分层清理,以考察遗迹的堆积结构和形成过程(彩版四、彩版五)。

### 3. 全面收集各类遗存

为探讨作坊生产各个层面的内容,在作坊发掘之初,就强调尽可能全方位收集所有出土遗存资料,既包括冶铸遗物,又包括相关的非冶铸遗物。首先,所有发掘土都经过网筛(彩版五、1、3),网眼为1×2厘米,筛选遗物一律分类收集。同一单位中有多次堆积形成分层,则分层收集样品。其次,对如H31一类的回填堆积中出土有大量薄铁片遗物(以下简称为锻造剥片)的单位,因这些剥片最大径一般在2厘米以内,筛选无法收集,遂采取用磁铁吸附的方法进行收集(彩版六、2)。这点可为今后铸铁作坊的发掘提供经验,在发掘时尽可能预备磁铁,以寻找一般工作过程中无法全面收集的特殊遗物。再次,应尽可能多采集土壤样品,以便浮选获取植物样品(彩版六、3)。需要指出的是,因为工作疏忽,此次发掘仅收集了部分单位的土壤样品,而无法全面分析所有单位出土炭化植物的情况。

## 2.4　资料整理流程与原则

在开始园圃内的发掘前,已对第一次发掘出土的冶炼遗物进行了初步的拼合和鉴定,对作坊的性质和产品组合有了大致的了解。这种随着发掘进度而整理的方法,帮助在第二次发掘时更

---

[1]　西安文物保护修复中心:《汉锺官铸钱遗址》,北京:科学出版社,2004年。

好地判断田野现象和收集相关数据,例如对于锻造剥片的认识和收集,正是建立在对第一次所获遗物的初步整理基础上,以确定作坊可能存在的工序。

田野发掘结束后,由于认识到作坊所见遗物都是冶炼完的废弃品或废料,如炉渣和鼓风管等,不是较完整的人工制品(如一般考古遗址常见的陶器和石器),一般数量较多且无法根据肉眼观察来判断其性质。即使像铸铁陶范这类遗存,也大多残缺,而且这些堆积的发现位置和原来生产活动的位置有一定距离,根据发现遗物的组合和空间分布特点(即一般所说的"区位特点")来重建作坊的内在构成和组织方式时,需先解决发现遗存的废弃方式与特点,即到底是经多次搬运、堆积的结果,还是一次性随弃随埋的过程。因此开展整理工作时,需在制订合适的研究方法和技术路线的基础上,对材料进行可行的分类整理。本报告认为,遗物的组合以及保存情况,提供了理解其废弃和搬运过程的直接证据。一般来说,随弃随埋,遗物自然较为完整,尤其是陶范和鼓风管这类质地疏松的遗物,发现时应相当完整。同理,经过多次搬运,破损程度较高、无法完全拼合的遗物自然较多,而同一单位或同一次堆积的地层所出土包含物的种类也自然更为复杂。这些详细的数据在判断作坊的运作方式、专业化程度乃至背后的管理等方面至关重要,但以往冶金考古较少关注此类信息,或受各方条件所限而未能在发掘报告中提供。本报告拟根据邰城作坊遗址实际的情况,观察各项具可操作性的记录指征并制订相应的记录表格,以便全面交代作坊各类遗存的情况,为科技分析筛选和取样提供分类依据。所记录的数据,也为今后相关较脆弱遗物的加固和保护提供物理和化学性质的参考。

通过第一次发掘,大体了解到作坊的具体年代相当于西汉早期,与冶铸相关的生产活动持续时间较短。因此,在第二次发掘结束后,整理遗物时未按照地层的叠压打破关系由早及晚,而是以单位的序号顺序依次整理。因为冶炼遗物,尤其是陶范一类的遗物不能经水洗,收集发掘出土物时,已尽量将冶炼遗物与非冶炼遗物区分装袋。所有遗物搬运到整理基地后,非冶炼遗物在清洗前也会进行检查,把可能与冶炼相关的遗物和动物骨骼单独捡出,以避免人工水洗对冶炼遗物和碎骨造成的不必要的破坏。

在整理时,按照先冶炼遗物、后非冶炼遗物(如陶片、动物骨骼)的次序整理。除了按照常规的考古报告整理流程,全面拼合、修复和挑选较完整及典型样品,进行描述介绍、绘制线图和拍照外,还尽可能在报告中发表各类遗物的整体发现情况。具体方法是:对于陶范和残铁块这些较重要的遗物,对所有的碎块均进行描述记录、称重和点算;对于外型不规整的炉渣和炉壁残块等,除对保存较好者记录大小、尺寸外,还在简单分类的基础上,对同一单位内出土的遗物进行称重登记;同时,对同一单位内所有陶容器和建筑材料的陶质、陶色及纹饰进行列表统计。总之,本报告尽可能提供各类遗物发现时和整理后的具体情况。

由于冶铸作坊与一般居址遗存的性质不同,必须结合冶金考古的手段才能判断部分与生产直接相关的遗物的性质。然而,鉴于科技分析的时间与成本,只能挑选较有代表性的、少数的抽样样品来反映全部。所以在整理时尽量按照先分类、再抽取样品分析的原则,为了最大限度地了解材料的性质和为读者提供更多的信息,前期的整理分析成为了取样关键的一步。具体方法是:参考已公布资料和已有研究成果,以材质、功能、形态或其他外在标准,对遗物进行分类;在此基础上，按照各单位的具体情况来抽取合适数量的样品，以此来反映整体的情况。每一类遗物的整理重点和所要解决的问题如下：

1. 陶范

本报告将范（包括外范以及型芯）定义为用于直接浇铸的工具，模定义为范模，是用来制作范的原型，而陶范则为范与模的总称。对陶范基本的整理和研究目的，是了解陶范的制作工艺、使用方法和废弃过程。

铸铁范不同于陶器等遗址中常见遗物之处，在于前者不论是范还是所铸之铁器，器形都十分简单。但细心观察下，陶范的厚度、范腔与浇道的设计等看似相同的地方，其实存在一定区别，这些差异到底是与功能相关，还是工匠的制范习惯不同所致，目前尚不清楚。整理的目标之一，便是记录并区分出同类陶范制作时表现出来的工艺差异，才有可能讨论陶范制作的标准化[1]程度。此外，因为陶范的完整性和保存情况也有助于讨论堆积形成过程中较多的信息，这些特征都应视作需记录的陶范特征。

整理陶范时，首先对破碎的陶范进行拼合整理。在分类的基础上，记录陶范的拼合情况，破碎程度和各部位、表面的保存情况，以及二次加工痕迹，在整理时对陶范的尺寸大小进行全面的测量。除了陶范本身的形态外，还要记录陶范的种类、使用痕迹、烧制情况和定位线（或相关符号）的种类，在制范方面，记录制作浇铸腔的大小和形态，尝试用测量的数据探明制作工艺上的差别与标准化的程度。以锄范为例，统计的位置包括范的顶端、底端宽度和长度，浇道或浇口的长度和宽度，以及浇铸腔顶端、底端宽度和长度，测量的位置还包括厚度、底端夹角的度数、范边沿与浇铸腔的边缘等（图六、图七）。对于铧范，测量的位置包括范长、宽、厚度，以及与范/芯扣合面的长度（图八）。由于在同一组的铧范中，与芯有浇道的一面扣合者范身弧度较小，与无浇道面接触的范面弧度则较大，在整理时也要区分残块代表了哪一面的铧范。铧芯则记录原来长度、顶宽和最宽处尺寸，分型面长度，以及在范上带有芯撑的形状（图九）。此外，由于铧芯的浇口相对复杂，可能和工匠习惯和技艺不同，所以也设计了较为复杂的测量点和测量位置来记录尺寸。

因此，在按单位记录以及整理时，把铸范记录的内容规定为三部分：外部形态与尺寸、制作或使用痕迹以及与埋藏或废弃过程相关的资料。第一部分除了基本的长、宽、厚等数据和颜色[2]

---

[1]　在讨论手工业生产时，专业化和标准化是不同的概念。专业化最基本的含义，是指产品的生产由特定人群所负责并由其他人所分配。而标准化则是专业化生产中的一种方式，由于技术的积累或社会需要而导致产品的原料和外型均一化。Costin 在讨论标准化时，曾区分出两种类型：第一种称为目的性标准化，这往往与功能相关；第二种称为无意识性标准化，主要与工匠的技巧、习惯以及生产组织形式相关。见 Costin Cathy L. and Melissa B. Hagstrum (1995). "Standardization, Labor Investment, Skill, and the Organization of Ceramic Production in Late Prehispanic Highland Peru". *American Antiquity* 60(4): 619–639.

[2]　瓦房庄作坊是以普通的陶窑来烘范以及退火脱碳。报告认为冶炼工匠在长期的实践中，既可利用还原焰烘出第一类灰色或深灰色的范，又可利用氧化焰烘出红色的范（见李京华、陈长山：《南阳汉代冶铁》，页48，郑州：中州古籍出版社，1995年）。在邺城的标本中，既见到灰色的范，亦见到同类红色的范，目前尚不清楚烘范窑的气氛是否为有意控制的结果。

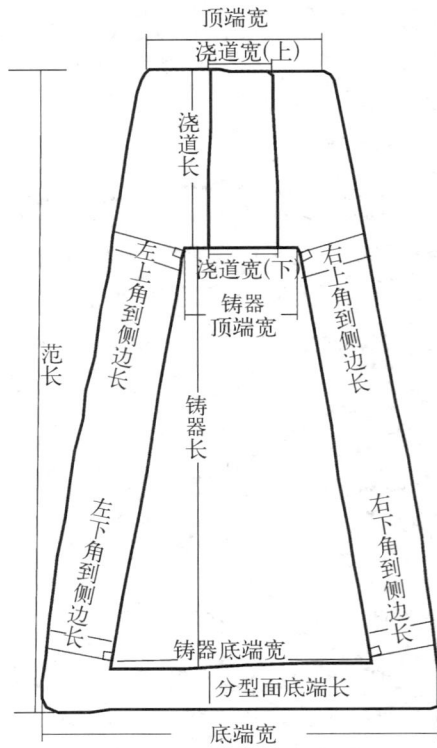

图六　锄面范测量位置示意图　　　　　　图七　锄背范测量位置示意图

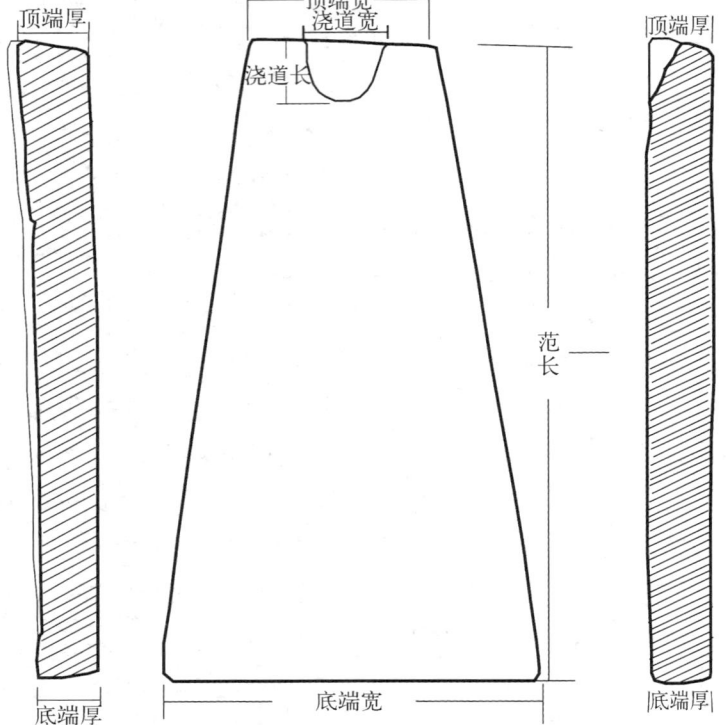

外,还对差异性较大的部位,如浇道等位置进行了较详细的测量。合范的符号以及铸腔的形态也应属第一部分的资料。第二部分判断的依据主要为铸腔上的分型剂以及表面可能为浇铸后留下的"黑色表面层"[1]。在整理过程中,发现了铸腔制作未完成的半成品,这类标本对于认识制范工匠的技术也有一定帮助。第三部分则主要包括不同层位间陶范的可拼对记录以及范表面层剥落情况。对于已残的陶范,应尽可能判明其种类,并记录残块占完整器之比例及可测量之数据。因为常用的一套类型学操作并不适用于铸铁范的分类,挑选标本时只能尽量挑选完整器、范之外型与特征保留较多或较特殊的样品进行文字描述、绘图[2]与拍照,至于其他残块,则以统计表的形式公布其数量以及可测量特征点的数据,最大限度地向读者介绍这批资料。在记录工作开展以前,对较重要部分(如芯的浇道)进行了较严格的定义,以保证陶范分析的准确性。

　　由于仅由肉眼观察,就可看出大部分邰城出土的陶范甚为规整,其制作很可能使用了模或所

---

[ 1 ]　刘煜等对临淄出土汉代镜范"黑色表面层"的成分以X荧光光谱仪检测后认为,范上的黑色表面层是在浇铸过程中,部分金属原子扩散入较松散的镜范表面形成的氧化层(见刘煜、赵志军、白云翔、张光明:《山东临淄齐国故城汉代镜范的科学分析》,《考古》2005年第12期)。据此,铸铁陶范上的"黑色表面层"也应是同一原理下形成的氧化层。

[ 2 ]　在此特别说明,由于工作时的沟通不足,在完成绘图后,才发现铧范在绘制线图时被错误地180°倒置。由于错误在后期已无法修正,即使使用绘图软件调整,也无法保证剖面图和顶/底端面图能够对应,我们只能于此特别说明,望读者谅解。

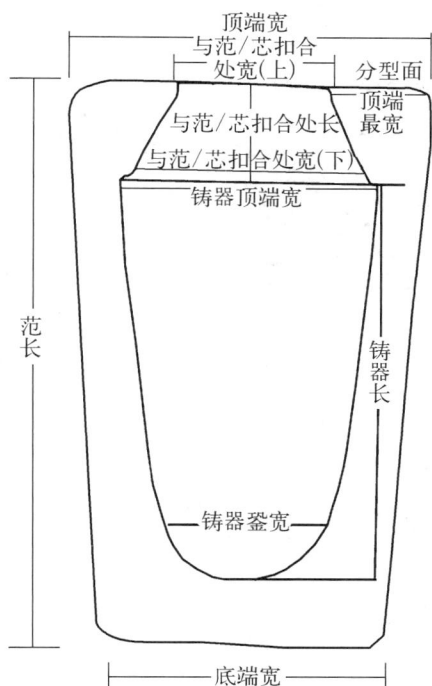

图八 铧范测量位置示意图

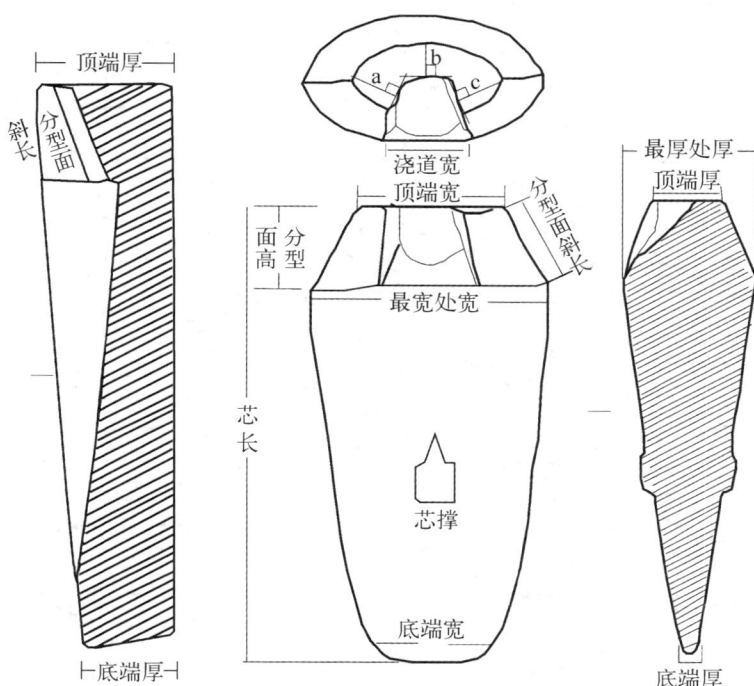

图九 铧芯测量位置示意图

谓的模匣,陶范的形态变化较小,加之实际保存较好的样品不多,一般的类型学研究难以准确有效地区分出不同的类型和背后的工艺差异。针对这一特点,报告尽可能全面公布陶范的数据,为读者提供能够以定量统计方式进行分析和考察的数据,而省略以往根据陶范外型进行的类型学整理和分析。另外,记录内容还包括表面涂层及使用痕迹等,以判断陶范的使用与遗弃情况。

### 2. 鼓风管与炉壁

在本报告中,鼓风管实际为统称,包括鼓风嘴(即由炉外进入炉缸送风、与高温接触部分)和炉外送风管两个部分。参考以往的经验,战国和两汉时期鼓风管可能包括顶吹式和侧进式两类。顶吹式管主要架设在炉口之上,由炉口伸进炉缸向高温还原区送风,这一类鼓风管曾见于河南登封阳城铸铁遗址[1]和新郑郑韩故城内的铸铁作坊,这类送风管仅有一侧的圆弧部分出现熔融现象,在阳城作坊中还发现过顶端为圆弧形、用于架设鼓风管的炉口残块。体积较大的冶铁竖炉的鼓风方式,除了顶吹式外还可能使用侧进式送风[2](图一〇),斜向将鼓管穿过炉墙插入炉腹后,向炉腔高温还原区送风,这一类鼓风管曾见于河南南阳的瓦房庄铸铁遗址。因此,鼓风嘴或送风

---

[1] 在《新郑郑国祭祀遗址》(河南省文物考古研究所:《新郑郑国祭祀遗址》,郑州:大象出版社,2006年)公布的战国晚期后段遗物中,有一块草拌泥堆筑成形的炉壁残块(页827),下部为一半圆形边,疑是插鼓风管处或炉壁出风口。若是如此,当时作坊中可能存在不止一种往炉内送风的方式。

[2] 在鹤壁发现的汉代炼铁高炉底部,曾发现过许多相互穿插贯连的直筒状及曲尺状鼓风管。见河南省文化局文物工作队:《河南鹤壁市汉代冶铁遗址》,《考古》1963年第10期。

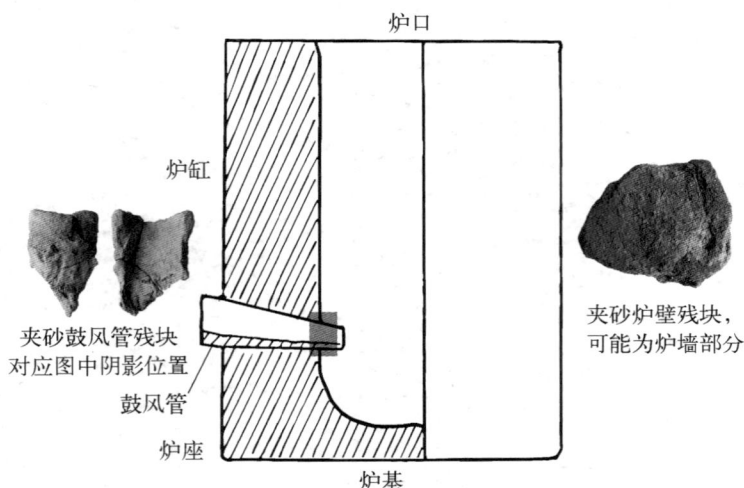

图一〇　邰城铸铁作坊根据炉壁残块复原熔炉形制与鼓风方式示意图[1]

管部分只有一端而非一侧有熔融现象,在炉缸以外的部分可能不会熔融烧结面。

　　熔炉,主要是指用以熔铁的装置。熔炉结构大致可以分为炉口、炉缸、炉座和炉底部(即炉基)。根据南阳瓦房庄的资料,熔炉直径最大约1.5米,高则为3～4米,炉身厚度在30厘米以上。在战国时期,熔炉的建造材料已由草拌泥逐步发展为耐火砖,并辅以铁锄板加强内部结构。同时,以大颗粒石英砂颗粒为原料的耐火材料也在战国晚期出现。

　　在此次铸铁作坊的发掘中,发现的单位基本都是废弃物的灰坑,尚未见炉基座,以及任何直接与炉组装或使用相关的证据。本报告将记录作坊中与鼓风管、炉壁相关的遗存的信息,表面(或内面)的加工痕迹,与高温接触的位置和熔融程度,鼓风管的种类和装置方式,以及熔炉可能的形制,从而了解作坊使用的鼓风和熔炉技术。在合理分类的基础上,测量、复原鼓风管和炉壁的尺寸,并对不同种类的鼓风管进行抽样,以分析其物相和化学成分。记录时除了测量管内径及管外径外,还特别观察材质(如草拌泥及陶质)、加固现象以及与制法相关的痕迹,以判断鼓风管架设到炉内的方式。

### 3. 炉渣

　　对炉渣的检测是铸铁作坊分析的重点[2]。但仅凭外部观察所获的信息往往有限,如果没有铜锈等显著特征,甚至无法判断炉渣是冶炼何种金属的产物[3],即使确定是冶铁炉渣,也无法准确判定其类别及冶炼过程。因此,在整理时需根据炉渣玻璃态和夹杂物的情况进行分类。为了

[1]　由于郑州古荥镇炉型结构中炉口部位有所收缩,此复原图可能与实际熔炉形制有出入。
[2]　目前唯一可靠的方法是,通过SEM-EDS对样品基体成分进行分析,以判断是否存在Cu或Pb、Zn、Ag元素及其金属颗粒。
[3]　Izumi Shimada and Ursel Wagner (2008). "A Holistic Approach to Pre-Hispanic Craft Production". *In Archaeological Anthropology: Prospectives on Method and Theory*, Skibo James M., Michael W. Grave, and Barbara L. Stark, eds. pp. 163-197. Tucson: The University of Arizona Press.

使分类更为有用,在2011年初步整理后,我们就挑选部分样品送检,以了解每一类炉渣大体的性质。在确定完大致的种类后,对炉渣进行称重统计。

### 4. 残铁块

邺城铸铁作坊中出土的铁器多为残铁块,成形的铁器数量较少。这些残铁块可能包含了两类不同的遗物:已破损废弃或准备重熔的铁器残块,以及在炉内残留的积铁块。积铁块是指可能因冶炼操作不正常,积存在炉底的铁水凝结后无法再利用,只能拆炉拖出的废料[1]。积铁块除含有大量金属铁外,往往还粘附铁的氧化物、玻璃态渣或木炭。通过金相组织分析可研究这些铁器残块及积铁块的成因和用途。因积铁块为熔炼过程中形成的残留物,冷却速度较慢,如有金属则基体多为灰口铁;而金相组织为铸铁脱碳钢或韧性铸铁的样品,则可能为工具。遗址还出土铸铁脱碳钢的铁条材,则应被视作原料(或可称为再加工原料)。作坊(居址)出土的完整铁器数量很少,在埋藏环境中保存情况较差,锈蚀严重,通过金相分析所能解决的问题相对较多。整理时,除最基本的尺寸(包括已残断铁器的复原推测尺寸)外,表面粘附物的微痕以及与生产过程有关的制作痕迹亦要尽量详细记录,以确定金相分析所要选取的样品。

### 5. 陶器

对于所有的出土陶器都进行系统点算,统计所有陶容器和建筑材料的陶质、陶色。对于陶容器,报告根据已发掘汉墓的情况,对残片代表的器类和残片上的各类纹饰进行统计。对于较难判认的腹片,则以较模糊的种类,如盆/罐来表示。对于建筑材料,整理时亦设计专门的表格,以点算瓦片表面和内侧面的纹饰及制作痕迹。

### 6. 动、植物和其他遗物

在发掘时所有的土壤都经过网筛,孔目在2厘米左右,以尽可能收集动物骨骼的残块。对收集的土壤样品,以0.5厘米孔目的筛网筛选,找出是否有鱼骨或鸟类肢骨一类在田野工作中易漏掉的遗物。并统一用磁铁在平铺的土壤上扫,找出是否存在和锻打相关的锻造剥片一类遗物。最后将所有土壤回收,并以其中一半进行浮选,以找出炭化种子和植物。在浮选完毕后,将重浮物(heavy fraction)再以磁铁吸附,找出之前无法收集的干净锻造剥片,以期在收集的土壤样品中,发现可能包含的冶炼和非冶炼遗物。

## 2.5　实验室分析的内容与方法

与一般的生活居址不同,作坊往往有大量的冶铸遗物,无法通过一般的整理和分析获取更多

---

[1]　赵青云、李京华、韩汝玢、丘亮辉、柯俊:《巩县铁生沟汉代冶铸遗址再探讨》,《考古学报》1985年第2期。

的信息。通过对冶铸遗物进行科学检测,分析作坊的生产材料,当有助于加深对作坊组织层面的全面认识。但科学检测成本高、耗时长,因此在取样分析时需坚持以下几项原则:(1)必须明确分析目标以及所能解决的问题,并结合考古背景,有的放矢地选择分析样品,确定分析内容。(2)取样分析工作需建立在全面充分整理的基础之上。取样尽可能覆盖每一类要分析的遗物,且每一类保证有3~5片遗物样品,避免重复分析,使分析结果具备一定的代表性,以说明作坊的整体情况。(3)分析时需参照以往已有成果,以得出较为可靠的鉴定结果。

邰城铸铁作坊冶铸遗物的实验室分析,主要针对炉渣、残铁块以及陶质遗物(陶范、鼓风管、炉壁)三大类进行检测分析(彩版七)。

### 1. 炉渣的科技检测分析

炉渣的检测分析主要包括两个方面:一是金相鉴定分析。对炉渣中残存金属颗粒及冶炼产品等进行金相鉴定,结合炉渣类型进行综合分析,初步认定冶炼工艺类型。二是运用SEM-EDS检测方法。对炉渣基体及其金属颗粒、冶炼产品等遗物的化学组织进行定性半定量检测分析,测出各种元素的成分和比例,判定炉渣类型和冶炼水平[1]。

为了在整理时更好地抽样进行检测分析,在2011年夏对出土材料进行初步的整理后,将炉渣大致分为三类:单一态玻璃质的炉渣,包含玻璃态炉渣、木炭和铁块的混合态炉渣,表面形态无法归入前两类的第三类炉渣。为更好地分析其性质,将H1、H7、H6、T1①、T1②和H28出土的部分炉渣进行了前期分析。

对炉渣以及铁器样品的实验室分析操作步骤如下:

第一步:清洗。对初步挑选的炉渣的表层土壤简单清洗后,对每一样品进行拍照记录。

第二步:镶样。以切割机切出适合镶样的小块。

第三步:打磨。分别在300、600、800和1 000目的水砂纸上打磨。

第四步:抛光。以3微米和0.5微米的抛光液抛光,直到划痕看不见为止。

第五步:金相鉴定。将样品在金相和电子显微镜下观察与检测。

第六步:侵蚀。以2%的盐酸对金属机体进行侵蚀。

第七步:喷碳。对侵蚀后结果观察和拍照记录后,再挑选含较多夹杂物的铁器和部分炉渣样品进行喷碳处理。

第八步:成分检测。在SEM-EDS下挑选具体的点分析和记录相关的化学成分。

从上述6个单位中挑选出的炉渣,其显微组织大致有如下三种:

A. 主体为较纯净的玻璃态组织,基体中一般仅有圆滴状的金属颗粒,较大者侵蚀后皆呈现生铁组织。局部地区有板块状、针状或羽毛状结晶,可能为含较高钙或钾的硅酸盐。

B. 主体为已燃烧木炭,中间偶见灌注到空隙后形成的渣块或金属块;表面可能粘附有较均匀纯净的玻璃态组织。

---

[ 1 ] 黄全胜:《广西贵港地区古代冶铁遗址调查及炉渣研究》,页45,北京科技大学博士学位论文,2008年。

C. 主体为生铁块，一般多为灰口铁组织，有片状石墨析出。

显微结构与外观形态的对应关系是：A类炉渣主要对应第一类单一组织炉渣；B类对应的，是第二类混合型炉渣；C类对应的，则为第三类炉渣。而A、B、C三类的组织，基本未见能明确为浮氏体的物相，金属颗粒截面基本近圆形，侵蚀后未见低碳组织。根据黄全胜对冶铁炉渣[1]的总结，生铁冶炼炉渣的渣型包括硅钙、硅锰以及铁硅型三类，前两者的炉渣多呈玻璃态硅酸盐，有少量铁橄榄石，后者则多为铁橄榄石及少量的玻璃态硅酸盐。三者皆偶有圆滴状铁颗粒并以生铁组织为主。大部分渣的样品与铁的氧化渣以及块炼铁渣明显有别，应都属生铁冶炼/熔炼渣[2]。渣的类别不同，可能与渣在炉内排放的先后顺序相关。除第一类单一态渣可能为排出渣外，其余为高炉的炉内渣的可能性最高。当然，由于渣的形过程复杂，形态又不规整，在以后的整理工作中很可能会遇到无法归入以上类别的渣。因此，分类的对象大部分都应与生铁的熔炼相关。而整理和前期的分析工作，对合理系统地整理渣的材料相当重要。

Bachmann曾讨论过出土炉渣的取样数，他认为如果渣的外观形态甚为统一的话，基本上一件渣便足以说明问题，但如果能从渣的外观形态看出差异，最好抽取一系列样品，大概在5～20块左右[3]。所以，上述每一类炉渣至少包括2～5件样品应是合理的。为保证炉渣分析的代表性，在所有出土炉渣的单位中，对第一类和第二类炉渣抽取2～5件样品进行分析，条件允许的情况下，还抽取2～3件第三类渣。除了金相显微观察外，利用扫描电镜能谱仪对渣的化学成分进行定量分析，在样品量足够大的前提下，可推断当时的冶炼温度以及所添加助熔剂的种类。

### 2. 残铁块的检测分析

在取样后，先将抽样的位置和实验样品的大小，在铁器线图上标记清楚，并对样品进行拍照登记记录。对一般已碎成若干残块的工具，则考虑将保存条件较好的残块作为样品直接取走；就铁工具或铁兵器而言，切割取样时尽可能选取刃部或剑、刀尖位置，并将切割样品的面积控制在1×1厘米以内，原则上优先考虑能最大程度反映铁器制作工艺并不影响文物完整性和日后展陈需要的部位进行取样。在制样后，采用和炉渣相同的样品备样方法，进行打磨抛光和拍照记录，以判断原来的金相组织及其代表的生产工艺。最后亦选取较重要的样品进行SEM-EDS检测。

### 3. 陶质遗物（陶范、鼓风管、炉壁）

对于每类陶范、鼓风管、炉壁，抽取2～3件残块，送往北京大学城市与环境学系的岩相样品

［1］ 黄全胜：《广西贵港地区古代冶铁遗址调查及炉渣研究》，页33，北京科技大学博士学位论文，2008年。
［2］ 在理论上，要区分生铁冶炼与熔炼渣的显微结构是十分困难的。由于两种技术皆用竖炉，炉内环境一般是较强的还原气氛，炉温普遍较高，自然不会存在浮氏体，而大部分铁橄榄石（$Fe_2SiO_4$）也因炉温高被还原为铁与硅。不过，因目前仍然缺乏相关的对比研究，不排除同一地点的生铁冶炼与熔炼渣在化学成分上可能有别。
［3］ Bachmann, H. G. (1982). *The Identification of Slags from Archaeological Sites*, p.5, London: Institute of Archaeology.

制样室,制成薄切片,以进行岩相和微结构分析。分析方法主要是利用偏光显微镜和 XRD(X 荧光衍射),对样品的矿物构成和种类进行初步的鉴定。然后采用 James Stoltman[1]所建立的点算方法,在光学显微镜下,点算砂粒的最大直径和计算砂粒的基本含量(即砂粒、黏土和空洞在薄切片中的比例),以判断原料的选择和成形加工工序。在拍摄完较清晰的照片后,对每一份样品随机找出两处,再布满 200 网网格线来计算每一格对应的矿物、黏土和孔洞的比例。最后,对于含量以粉砂为主的样品,在一般光学显微镜下难以分析判断,进行 SEM-EDS 检测分析。

# 2.6　报告编写体例

### 2.6.1　编写理念

#### 1. 传统发掘报告和专题研究报告相结合

一般的田野发掘报告,重在详尽介绍发掘所获资料,而置分析研究于次要地位。专题研究报告,则针对某一项专题,强调的是研究方法、过程与成果。本报告则强调两者的有机结合,整体架构以发掘报告为主体,同时兼有大量专题研究内容。这是基于邰城铸铁作坊发掘资料的实际与专题研究的需要而做出的一种选择与尝试。因为本次发掘所获资料并不是十分丰富,但作为作坊专题研究势必会占用大量核心资料,再编写传统报告将会造成重复。鉴此,本发掘报告在详尽介绍资料的同时,兼顾研究理念与方法的探索,强调研究过程与研究成果相结合。

#### 2. 材料综述与分述相结合

传统发掘报告是在区系类型理论指导下的综述式(即举例式)报告,其优点是有利于读者清晰地阅读发掘资料,但也有不足,即过于依赖类型学研究,致使类型学研究出现差错时便波及整篇报告,且不能详尽地发表全部资料。《天马—曲村》[2]首次采用综述与分述体例,将材料按单位尽数发表,该方法既保证了类型学研究,又脱离了类型学的掣肘,使考古材料在一定程度上实现了单位独立性,不为分期所限制,其体例在考古报告编写中具有里程碑式的意义。当今学术界也越来越看重《天马—曲村》的体例,但其也有不足之处,原因在于该报告是在区系类型理论指导下编写的,检索不是很方便,且分述部分未能发表全部资料。我们学习《天马—曲村》报告编写体例的主要精神,也有进步之处:一是分述部分各单位按照序号编写,有助于检索;二是所有

[1] Stoltman, James B. (1989). "A Quantitative Approach to the Petrographic Analysis of Ceramic Thin Sections". *American Antiquity* 54(1): 147–160; Stoltman, James B. (1991). "Ceramic Petrography as a Technique for Documenting Cultural Interaction: An Example from the Upper Mississippi Valley". *American Antiquity* 56(1): 103–120; Stoltman, James B. (2001). "The Role of Petrography in the Study of Archaeological Ceramics". In *Earth Sciences and Archaeology*, Goldberg, Paul, Holliday, Vance T., and Ferring, Reid C., eds. pp. 297–326. New York: Kluwer Academic/Plenum.

[2] 北京大学考古学系商周组、山西省考古研究所:《天马—曲村》,北京:科学出版社,2000年。

信息全部发表,不以灰坑残破程度和出土遗物多少为标准,尽可能多地挑选标本发表。

### 3. 强调多学科信息的高度有机融合

多学科合作是田野考古的趋势,多学科信息如何在报告中有机结合也越来越受到重视。但以往的报告基本都是"两张皮",传统考古信息与科学检测信息相分离,并没有做很好的结合。强调多学科信息的高度融合,具体做法是在综述部分传统考古信息和科学检测信息两者皆有,如冶铸遗物综述中除了传统的类型学分析外,也有科学检测分析的总结;在分述部分则是所有信息都在每个单位中体现,重点考察各类遗存的共存关系(context)。另外,鉴于在实际专题研究中需要提取单个方面的信息,为检索方便,报告采取附表的形式,详尽地发表各个专题的资料。

### 4. 无分区、不分时代的报告编写体例

本报告大部分作者在以往撰写周原遗址和周公庙遗址发掘报告时,会按照功能区或发掘区来发表资料,其重点在于强调区位特征。但是由于本次发掘资料不够丰富,发掘面积也不大,因此并未采用分区报告的体例。不过,报告已对不同时代的遗存进行区分,也对作坊的功能区进行了区分,读者可以按此分区提取所需资料。

### 2.6.2　报告体例与主要内容

基于以上理念,本报告共分五章,具体内容如下:

(1)第一章为前言部分,概述邙城铸铁作坊的自然与历史背景,作坊的发现、发掘以及资料整理研究的缘起、过程与概况。

(2)第二章全部用来阐述作坊专题研究的目的、理念与方法。主要包括调查与发掘、资料整理、实验室分析和报告编写四大过程中所采用的具体方法。

(3)第三章为遗存综述部分,为突出冶铸遗物的重要性,将出土遗物分为冶铸遗物和非冶铸遗物两类分别进行综述。同时,为了使多学科信息能够高度融合,在冶铸遗物综述部分穿插科学检测分析的总结,在非冶铸遗物综述部分增加动植物遗存的检测分析。

(4)第四章为单位分述部分,所有资料按照顺序全部发表,以方便检索资料。将所有遗物按照陶范、鼓风管与炉壁、炉渣、铁器与残块、陶容器、建筑材料、石器、动物遗存、植物遗存的类别分别发表,这样做的缺点是分类标准不统一,有些按照材质划分,如陶容器、动物遗存、植物遗存;有些按照功能划分,如陶范、鼓风管与炉壁等。原计划分为冶铸遗物与非冶铸遗物两类,但是考虑到有些材质的器物难以判别,如石器可能与冶铸遗物相关,同时也为了检索方便,最后选择进行检索式的描述。另外,为行文简洁明了,仅例举所有发现的遗物,如未发现炉渣、石器等类别的遗物,则省略此类别。

(5)在前两章资料介绍的基础上,第五章重点从冶铁技术与冶铁业的角度,对邙城铸铁作坊反映的相关问题进行探讨与研究。

(6)第六章为结语部分,综述本报告之成果与学术意义。

### 2.6.3　关于图、文、表的说明

本报告的图、文、表各成系统,为方便检索,同时尽量避免重复,就图表的设计与编排说明如下:

**1. 报告用图说明**

（1）本报告在插图时,遵循"图随文走"的原则。

（2）介绍器物标本时,图以单位号的先后为第一排序原则,在该基础上以图的美观为第二原则,进行器物标本排图。

（3）综述、分述和图版部分的图一般不重复,某些特别重要的信息可以适当重复。典型照片（包括器物和检测的典型照片）用黑白版,放于综述部分;一般的照片也采用黑白版,置于分述部分。

（4）图版采用黑白版加彩版的形式。另外,采用图录式体例,给出土的重要陶范图加上详细的注释,方便读者查阅使用。

（5）关于铧范排图,一方面编写意见不统一,有编者认为铧范应按铸器使用方向,刃部向下;也有编者认为铧范应从陶范本身出发,宽厚者即陶范顶端向下。另一方面学界尚无明确的范例遵循。鉴于此,本报告对铧范进行两种处理,以备读者选用:第一,分述部分铧范线图遵循剖面图在右的原则,即铧范线图均顶端向下,铸器刃部向上。第二,报告其他部分（包括图版）铧范依铸器使用方向,刃部向下。

**2. 文字内容说明**

（1）在遗迹单位的综述和分述中,各遗迹单位写其全称,如2011YFH1和2011YFT1等。为行文方便,且不给读者造成阅读困难,本文在介绍遗迹单位或器物标本时,一律省去区号前的编号部分,即省去"2011YF"字样,仅注明单位号,如H1和T1等。

（2）在介绍器物标本时,理论上一般的行文顺序即可,但在本报告中,以单位号的先后为第一排序原则,以器类主要与否为第二排序原则,为图文对照方便查阅,以器物对应图号的先后为第三排序原则,以性质相同与否为第四排序原则进行器物标本描述。

（3）关于陶范的描述,以往的报告重视陶范本身的形状,以陶范的结构为分类标准,而本报告则提出"器范并重"理念,除描述陶范本身的形制特征外,还要描述铸器的特征。

（4）关于灰坑及探方出土陶片纹饰的统计,由于部分单位出土陶片数量甚少,遂对这些单位不做出土陶片纹饰的统计。

（5）关于灰坑的年代,鉴于邰城铸铁遗址主体年代跨度较小,除少量战国晚期灰坑及宋元以后的灰坑外,大多是西汉,尤其是西汉早期的灰坑,故灰坑的年代仅在第三章中说明,分述部分不再对单位的分期与年代做阐述。

**3. 表格说明**

在本报告中,主要有遗迹单位登记表、冶铸遗物登记表、动物遗存登记表、植物遗存登记表

等。其中,表中统计百分比均取到小数点后2位。

冶铸遗物登记表,可按照冶铸遗物的不同细分为:锄范登记表、铧范登记表、铧芯登记表、鼓风管登记表、炉壁与相关遗物登记表、炉渣登记表、炉渣金相与成分分析结果、铁器和残块登记表、铁器和残块金相与成分分析结果等。

### 2.6.4　各类编号说明

#### 1. 编号原则

(1)严格按照新版《田野考古工作规程》,将西方"context"记录系统与传统田野考古遗迹单位编号方法相结合。在对遗迹定性的基础上进行更为细致的编号,以考察遗迹的堆积结构和形成过程。

(2)系统性与层级性。以堆积单位作为编号系统的最小单位,存在隶属关系的编号对象遵循由大到小、层层嵌套的编号方法,保证编号的全面性、准确性和唯一性。

(3)按照约定俗成的做法,探方和遗迹单位的编号依旧采用第一个字的汉语拼音的声母大写形式表示,如H代表灰坑、F代表房屋等。

#### 2. 探方编号、地层编号与遗迹单位编号

此次所发掘的探方编号的完整形式为:发掘年度+YF(意为"杨凌法禧村",下同)+探方号(探方号由1到12),如"2011YFT1",表示2011年度杨凌法禧村发掘区第1个探方。探方或遗迹单位内的地层,自上而下分别独立编号,如2011YFT1①、②、③……或2011YFH1①、②、③……遗迹单位按发现的先后顺序统一编号,各类遗迹单位的完整表述为:发掘年度+YF+遗迹单位号。本次发掘共编探方12个,为2011YFT1～2011YFT12;灰坑37个,为2011YFH1～2011YFH39,其中H22、H30取消。

#### 3. 器物编号

(1)地层中出土器物的编号。不同地层中出土器物的编号按照层位关系及发现顺序依次编号,如2011YFT1①:1、2、3……同一探方中换层,器物号单独起编,并不接续上层编号,如2011YFT1②:1、2、3……

(2)遗迹单位中出土器物的编号。灰坑出土器物按照层位关系及发现顺序依次编号,如2011YFH1①:1、2、3……同一遗迹单位中换层,器物号接续上层顺编,并不单独起编,如2011YFH1②:10、11、12……

(3)标本编号。室内整理阶段各个地层和遗迹单位均挑选了陶片标本,其编号顺接在各单位小件号之后。如H1内出土了小件4个,则陶片标本从5起编,如2011YFH1:5、6、7……此次发掘还出土了大量的瓦,瓦标本编号顺接陶器标本,如H1陶器标本到31,则瓦标本从32起编,如2011YFH1:32、33……

需要说明的是,由于此次发掘对象为铸铁作坊,出土了冶铸遗物。为突出冶铸遗物的重要性,将冶铸遗物单独编号,如2011YFH1:y1、y2、y3……同时,为方便整理和避免重号问题,报告也

将动物标本单独编号,如2011YFH1∶g1、g2、g3……

（4）样品编号

不同的样品种类（如土样、炭样等）,采用"2011YF+采样位置+样品名称+样品号+#"的编号格式。如"2011YFH1①∶土样1#",表示在H1第①层中采集的一号土样。

（5）实验室编号

出土冶铸遗物的实验室编号遵循北京大学考古文博学院冶金考古实验室的编号系统,样品编号与器物编号相对应。以炉渣为例,因一件标本号往往对应不止一个炉渣,因此,采用"器物编号"、"器物编号-1"或"器物编号-1-1"的形式,第一种形式代表对标本进行检测分析,第二种形式代表对一个标本中抽取的一个炉渣进行分析,第三种形式代表对一个标本中一个炉渣采集多个样品进行检测。若对一件样品不同部位做了多次检测,样品编号则采用"器物编号（1）"、"器物编号-1（1）"或"器物编号-1-1（1）"的形式。

# 第三章  遗 存 综 述

本章对作坊堆积情况及遗迹单位形制进行综述，提出邺城铸铁作坊的研究目标，重点介绍作坊发掘、整理研究的理念与方法，旨在为今后同类工作与研究提供借鉴。

## 3.1  发掘区堆积状况及遗迹概述

### 3.1.1  发掘区堆积状况

邺城作坊发掘区内各探方文化层和单位堆积的情况大体相同。整个遗址在20世纪六七十年代经土地平整，文化层比较薄，基本上是较晚期的近现代堆积。而地面上，尤其是在扰动不频繁的园圃范围内，各类冶铸遗物如炉渣和陶范等随处可见，绝大多数西汉（或早期）的单位开口在文化层下。现以园圃以外的T1和园圃以内的T7为例，介绍整个发掘区的堆积情况。

1. T1（图一一）
四壁文化层[1]：
第①层  耕土层，厚度在10～20厘米，分布全探方。
第②层  耕土层，厚度在10～20厘米，分布全探方。
第③层  耕土层，厚度在0～5厘米，仅局部分布。

T1共发现3个单位，开口皆在②层下。T1①和T1②的堆积较薄，约在10～20厘米左右，中间还出土有一定数量的陶范以及炉渣，部分甚至可以与H1出土的陶范拼合。T1①和T1②出土的典型西汉时期遗物数量不多，可判断的包括折腹盆和弧腹盆，另外还有若干瓷片。H1开口距地表仅32～46厘米。因此，作坊原来靠地表的部分，即西汉时期的堆积和历史时期的堆积，很可能已在历次平整土地的农耕活动中被破坏殆尽。探方或探沟中的地层，基本上为耕土层，因农耕活动扰动了西汉时期的堆积，因而一般多含有炉渣和其他冶铸遗物。

---

[1]  在本报告中，四壁剖面图上方为南壁，下方为北壁，左侧为东壁，右侧为西壁，下文不再赘言。

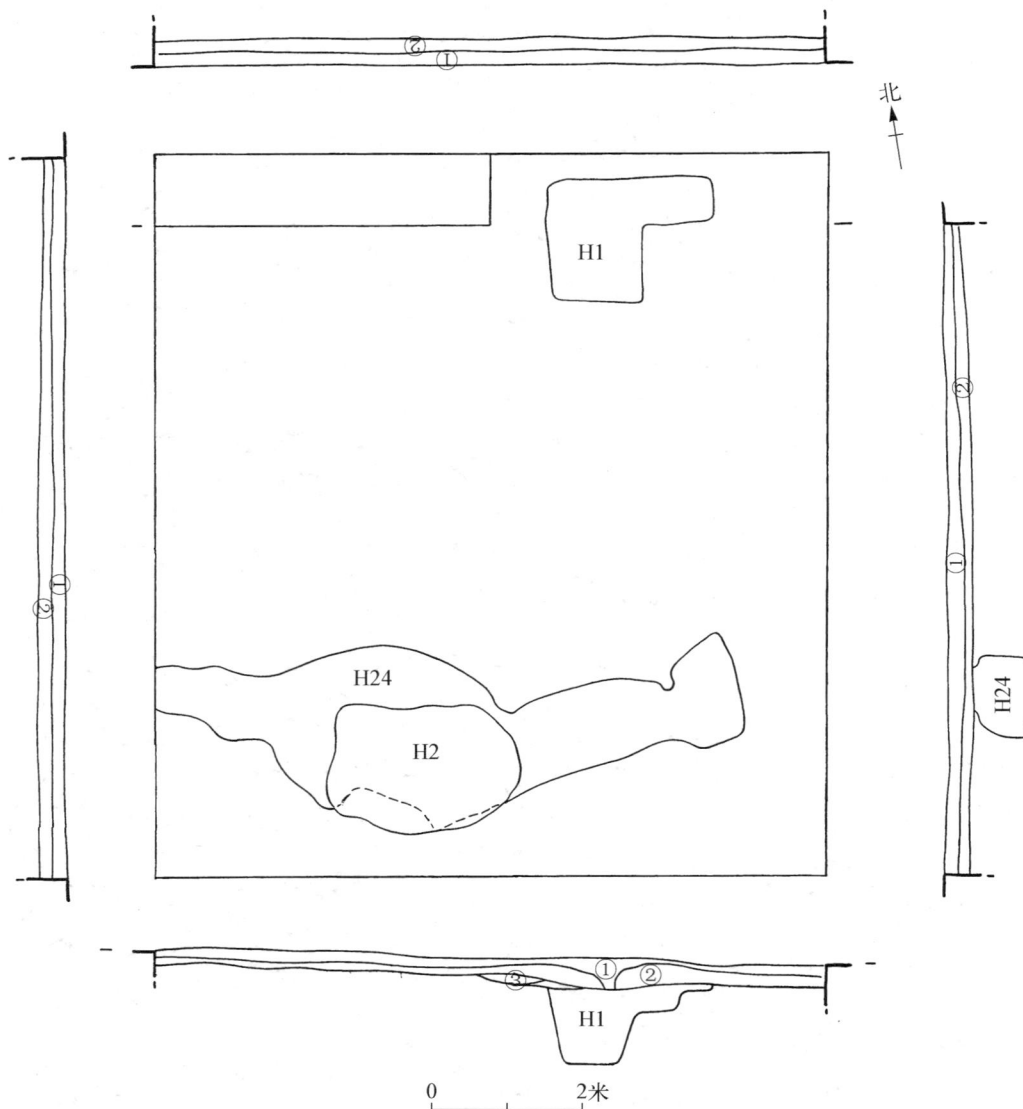

图一一　2011YFT1平、剖面图

2. T7（图一二）

四壁文化层：

第①层　耕土层，厚度在10～20厘米，分布全探方。

第②层　耕土层，厚度在5～20厘米，分布于探方大半。

T7共发现3个单位，编号分别为H35、H37和H38，其中H35和H37开口于①层下，H38开口于②层下。H37没有出土任何遗物，H35打破H37的同时也打破H38。在T7文化层也出土少量的陶范和炉渣。由于在园圃内探方发现的文化层厚度和园圃以外大致接近，推测原来的土地平整，除了将西汉及以后的文化层堆积完全破坏外，也同时打破和扰动了不少西汉时期的单位堆积。

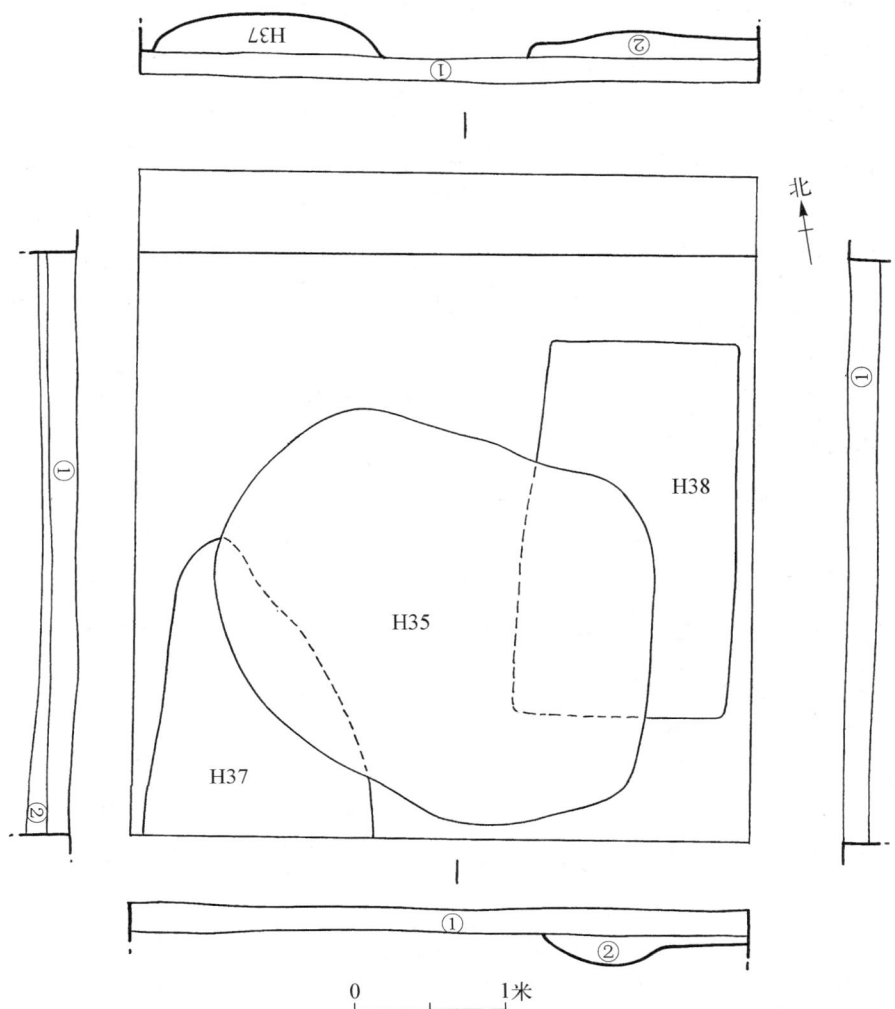

图一二 2011YFT7平、剖面图

　　虽然作坊发掘区内的遗迹单位,在不同时段内的功能发生较大转变,但堆积相互打破的关系并不复杂。尤其是西汉时期的各单位中,有打破或叠压关系者更少。在整个作坊中,共发现14组打破关系,而其中仅有4组单位的年代属于西汉时期(表一)。

表一 遗迹单位层位关系表

| H2 | → | H24 | H11 | → | H23 | H28 | → | H29 |
| H4 | → | H25 | H13 | → | H14 | H35 | → | H38 |
| H6 | → | H21 | H15 | → | H26 | H35 | → | H37 |
| H7 | → | H8 | H16 | → | H19 | H36 | → | H34 |
| H10 | → | H18 | H16 | → | H20 | | | |

### 3.1.2　遗迹概述

**1.遗迹单位形制分析**

在邻城铸铁作坊中,除若干地层外,共发掘37座灰坑。属于西汉时期,即明确与作坊相关的灰坑单位共16个,地层(T10③)1处。另外还有2个单位发掘后判断不属于灰坑,改定为空号。个别年代与作坊主体对应的时期差距较大,属于作坊始建之前或废弃之后的堆积。除去7座(H11、H18、H23、H27、H28、H29、H37)因位于探方以外较多部分未发掘,整体形状不明,其余30座灰坑依坑口形状可分为四型(表二)。

A型　圆形或近椭圆形,共16座,一般来说坑口较规整,且多数口大底小,按照坑壁的不同,可再分为直壁和坡壁两种。其中直壁9座,坡壁7座。一般来看,A型坑多数较深,只有少数属于浅坑,坑壁和坑底一般修整较为规整,以口大底小者居多,且坑壁多数较为平滑。其中H5还见到上下用的脚坑。

B型　不规则椭圆形,共9座,坑口形状多数不规整,按照坑壁的不同,可再分为直壁和坡壁两种。其中直壁3座,坡壁6座。B型坑以坡壁为主,坑底多呈锅底状或凹凸不平,坑内堆积一般不如A型水平均匀。且B型坑以浅坑为主,坑壁也基本不见加工痕迹。

C型　长方形坑,共4座。长方形坑一般甚浅,如H10,坑底也较不平。在4座长方形坑中,仅H38较深。

D型　不规则形坑,仅1座。H1平面呈刀把梯形,北端有凸出的台阶,连接地面与坑底。该单位外型特殊,且出土了大量的建筑材料,不排除原来可能作窖穴或房屋之用。

**表二　灰坑形制登记表**

| 类　型 | A型 | | B型 | | C型 | D型 | 不明 | 合计 |
|---|---|---|---|---|---|---|---|---|
| | 直壁 | 坡壁 | 直壁 | 坡壁 | | | | |
| 数　量 | 9 | 7 | 3 | 6 | 4 | 1 | 7 | 37 |

**2.层位关系[1]**

第一组:T1①－T1②－T1③┬H1<br>└H2－H24

第二组:T2①┬T2②<br>├H3<br>├H4－H25<br>└H5

第三组:T3①－T3②┬H7－H8<br>├H9<br>├H17<br>└H6－H21

———————————

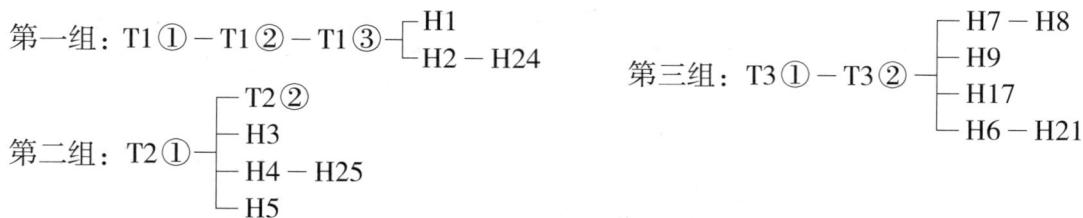

[1]　因T6基本已被渭河扰动,在此省略其内容。

```
                ┌─ H11 - H23
                ├─ H12                                第七组：T8① - H33
第四组：T4① ─┤─ H10 - H18
                ├─ H15 - H26                          第八组：T9① - T9② - H31
                ├─ H14 - H13
                └─ H16 - H19 - H20                    第九组：T10① - T10② - T10③ - H32
                                        ┌ H27
第五组：T5① - T5② - T5③ - T5④ ┤                 第十组：T11① ─┬ T11② ─┐─ H34
                                        └ H28 - H29                   └ H36 ─┘
                      ┌ H37
第六组：T7① - H35 ┤                                  第十一组：T12① - H39
                      └ T7② - H38
```

### 3. 堆积单位属性与堆积类型

总体而言,本次发掘单位包含物基本属于西汉时期冶炼活动结束后的废弃遗存堆积,均出土于较规整的圆形或椭圆形坑。目前尚未将发掘单位明确为冶炼熔炉、冶锻炉或者是与生产活动相关的房屋建筑。个别单位使用时间较长,在坑内有多次废弃的堆积,如H15。同时,也有个别废弃坑较浅,应该属于较短时间堆积的遗存。西汉时期的单位,对灰坑修整的现象较不常见,大多数都属于掩埋冶炼废品的单位。即便在同一单位中,不同层掩埋的包含物也有较大分别。与其他单位相比,H3的形制和包含物颇属例外,该单位较深,坑壁整齐,坑内埋有大量陶范。这些陶范都有使用痕迹,且发掘时大多已破损,无法再用于浇铸。但因为坑内陶范甚多,又不见炉渣等其他的冶炼遗物,所以不排除这批陶范被集中埋藏于H3,准备另作他用,如重新利用为原材料的范砂。但遗憾的是,发掘过程中未找到窑炉、房屋以及道路等遗迹,也未见贮存晾干陶范的设施,单位中的出土物多破碎,种类也相当混杂。总体而言,发掘工作仅有限地揭露了作坊的内部情况,进一步的了解,只能依靠资料的整理与分析。

此外,邰城目前发现的堆积单位,有几点值得注意。

首先,在作坊中发现了不少年代较早的单位,主要是在战国时期,个别年代甚至在西周或先周时期,包括H13、H14、H32、H38、H39。另外,H10、H11、H12、H23、H37出土了战国晚期遗物或被西汉时期单位打破,也可能属于第一段。这些战国时期的单位中,H38和H39出土了大量陶釜碎片,不少有因膨胀开裂或烧熔变形情况,且伴出马蹄状陶支垫,这一类遗物多见于与制陶相关的遗址,如凤翔的豆腐村战国制陶作坊[1]、咸阳毛家滩的秦代制陶作坊区[2]和眉县尧上汉代制陶作坊[3]。据此推测,邰城作坊在战国晚期应是制作陶器的作坊,到西汉或秦汉之际性质发生改变,改为以铸铁为主的作坊。这些单位主要在园圃的范围以内,则原来的制陶作坊可能还在铸铁作坊以东的位置,而邰城作坊区可能只包括战国时期制陶作坊区的边缘位置。

---

[1] 陕西省考古研究院、宝鸡市考古研究所、凤翔县博物馆:《秦雍城豆腐村战国制陶作坊遗址》,北京:科学出版社,2013年。

[2] 陕西省考古研究所:《秦都咸阳考古报告》,北京:科学出版社,2004年。

[3] 孙周勇、李坤、刘怀君:《陕西眉县尧上遗址:为秦汉中小型聚落遗址研究提供重要实物资料》,《中国文物报》2011年。

　　其次,本次的发掘工作还发现一批晚于西汉时期的单位,包括H6、H7、H8、H21、H24。这些单位基本都出土有瓷片,出土的瓦片内侧面压印有圆点纹,和西汉时期的砖瓦差异甚为明显,年代大体在宋元以后。这批单位集中位于T3,即发掘区的西北角。这批单位应属于后期"扰乱坑",打破了西汉单位,回填时又包含了大量炉渣与陶范等西汉时期的冶铸遗物。例如H6、H7等出土大量瓷片,同时还有相当数量的陶范和炉渣等冶铸遗物,其原来位置不排除也有西汉时期与作坊相关的废品堆积或储存坑。这些晚期的堆积单位,一般来说外型都不甚规整,坑壁也不见得经过系统修整,而且H24中还出土了少量的人骨,应该只是临时挖掘、堆弃垃圾的单位。

　　另有H5、H9因出土遗物甚少,无法判断其年代。

## 3.2　冶铸遗物综述

### 3.2.1　陶范

　　陶范是作坊出土的主要的冶炼遗物,在整理时我们根据第二章所提及的技术路线,对所有出土陶范进行鉴定分析。陶范主要分为三类,用以浇铸锄、铧、镢三类主要的农具。这三类陶范皆为双合范。锄范由两扇范相扣合便能组成一组完整的铸件,基本呈平板梯形。一般顶端较厚,末端较薄,范身微弧。为方便行文,我们将锄范中带浇铸腔的称为面范,而锄范中只有浇口没有浇铸腔者称为背范。值得注意的是,锄范大小、外型和浇道尺寸并非完全统一,个别在面范浇铸腔正中出现圆形隆起,但该类锄范发现数量较少(图一三)。

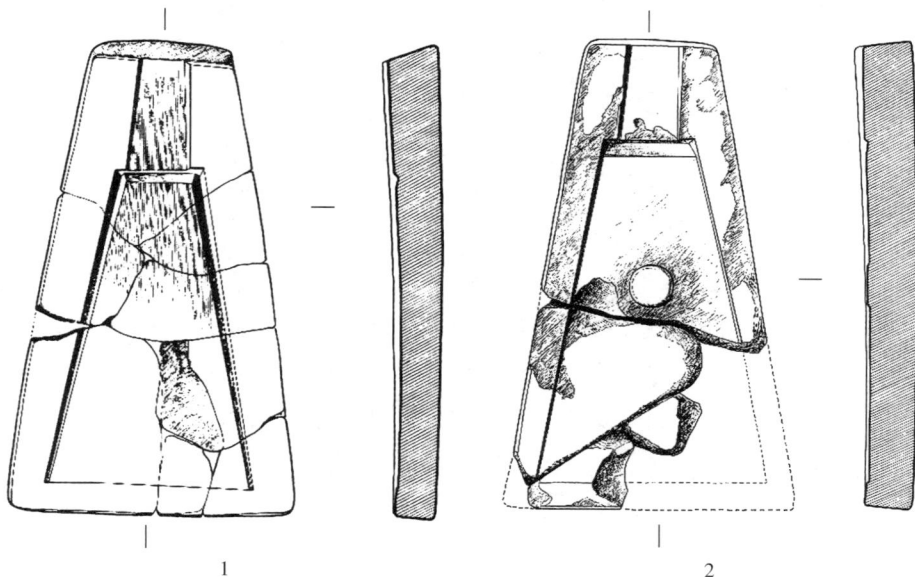

图一三　两类锄面范对比图[1]
1. H3：y16　2. H3⑨：y167

[1]　为方便说明,在此不按原比例缩放。

　　与锄范不同,铧范和镶范需配备范芯以铸出中空的型腔来使用。而且,铧范为一范一铸腔,镶范为一范二铸腔。从铸型设计来看,每一组完整的铧范仅可浇铸一器,而一组镶范则可一次浇铸两件成品。铧芯整体呈舌形,而且顶端厚,末端窄。顶端中的一面有斜坡状的浇口。属于同一铸件的两件铧范,浇铸腔的弧面略有区别。在一组铧范中,带浇口一面一般弧度较平,而无浇口一面弧度较大。铧范和铧芯基本上可分为大小两类。就铧范而言,大小两类铧范范身设计与形制十分相似,但大小有别(图一四)。大型铧芯一般总长度在30厘米以上,大小两类铧芯除尺寸以外,浇口的外型也有一定区别(图一五)。较大型者浇口左侧坡道较陡,浇口顶端开口较小;较小者浇口相对较缓,且浇口顶端开口较大。在同一组铸型的镶范中,一面带有铸腔,另一面可能只是平板形不设浇口或浇铸腔的陶范(图一九八,5),两者相扣合便可完成浇铸。镶范芯平面呈楔形,顶端部分较宽,为浇口所在残存顶端部分,末端较窄,以浇铸成镶中空的型腔,一般表面甚光滑,触之有金属清脆声响,或有浇铸而成的黑色痕迹。个别出现弯曲变形现象。

　　为了解制作工艺上的差异,我们对不同器类的陶范,每种抽取3～4件残块进行检测分析。除进行岩相学鉴定外,还根据岩相照片计算其孔隙度和砂与黏土之比例。现将陶范的选料特点概述如下:

　　报告共分析了13件锄范、7件铧范和4件铧芯(图一六)。锄范和铧范的矿相和砂粒大小较为接近。锄范矿物原料主要为石英,其次为长石、云母(图一六,3),另有少量有机羼和料(植物纤维)(图一七,2)。显微组织显示锄范原料大部分都是粒径较大的砂粒,平均粒径是260微米左右(图一八)。砂粒一般棱角较明显,尺寸差异较小,明显经过较仔细的分选。锄范基体中砂粒的比例很高,根据计点分析,砂粒的比例近72%,其余为黏土或孔洞(表九)。砂粒与周边的黏土仍然保持有较明显的边界,证明烘范的温度不高,矿物晶体没有熔化。此外,由于大粒径的砂粒比例

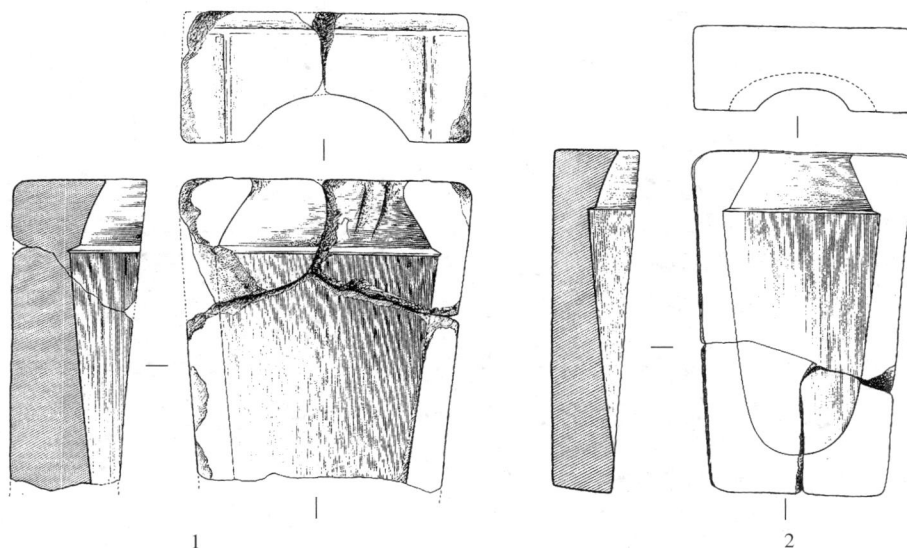

**图一四　两类铧范对比图**[1]

1. 大型铧范(H3⑥:y250)　2. 小型铧范(H3⑨:y267)

[1]　为方便说明,在此不按原比例缩放。

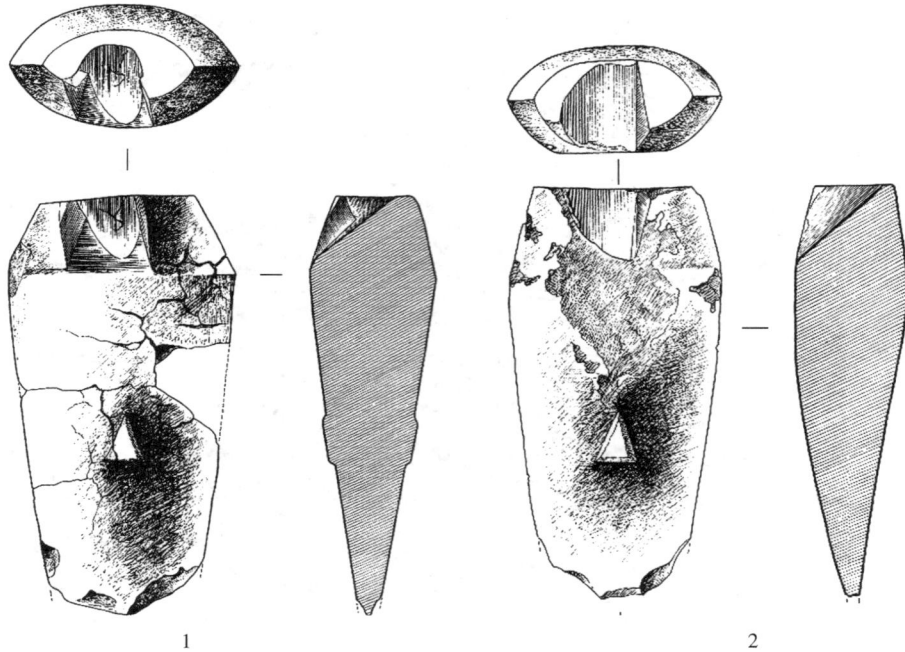

图一五　两类铧芯对比图[1]

1. 大型铧芯（H3：y320）　2. 小型铧芯（H33：y49）

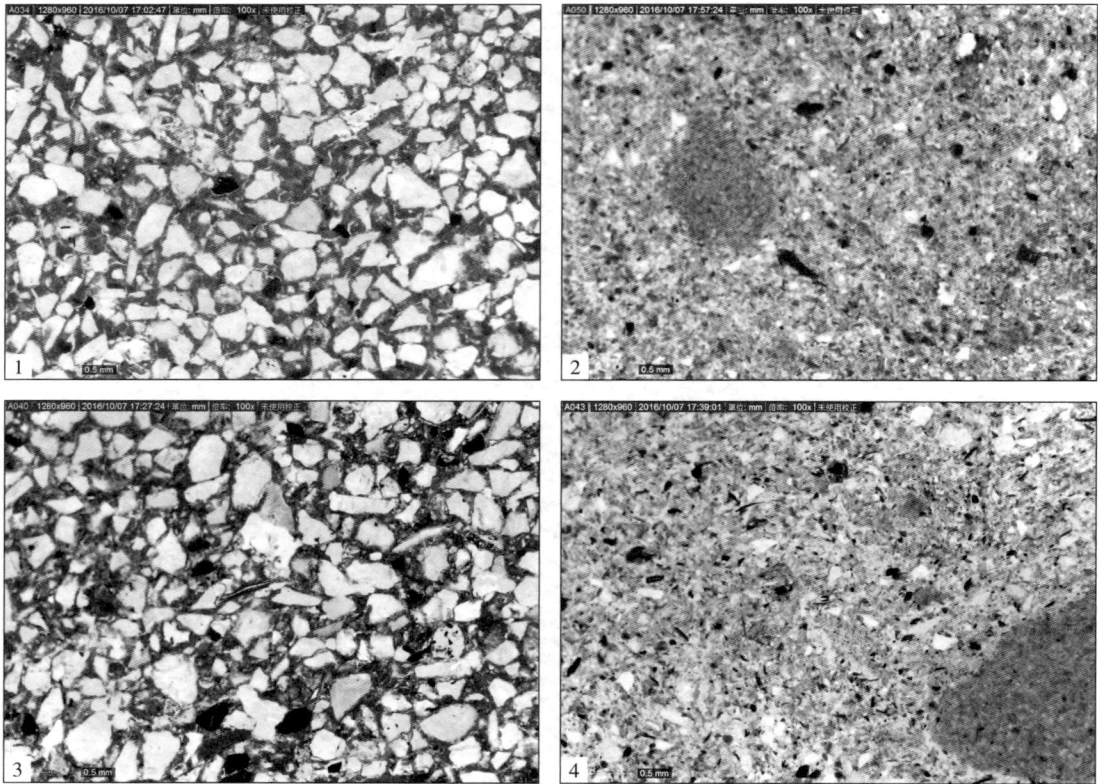

图一六　陶范薄切片岩相组织

1. 铧范（71225）　2. 铧芯（71230）　3. 锄范（71224）　4. 钁范（71221）

[1]　为方便说明，在此不按原比例缩放。

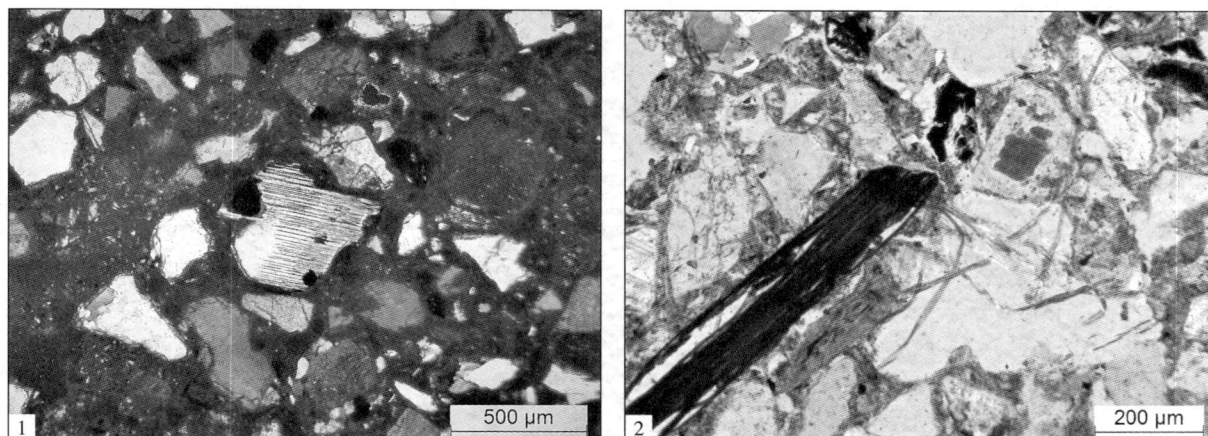

图一七 铧范与锄范范身中矿物与包含物

1. 71222（正交偏光），铧范的长石与石英砂粒　2. 71412（单偏光），锄范的植物纤维

甚高，基本不见粉砂，所以原料很可能是从周边河滩或河床采集的砂粒。

铧范的显微组织和锄范十分相似，矿物原料主要为石英，其次为长石和云母（图一六，1；图一七，1），还包括少量砂岩碎屑，其中云母的数量较多，晶体的粒度较大，多为单晶晶体，部分棱角不明显。表明锄范和铧范最基本的原料应为同源，但是铧范砂粒平均粒径为330微米（图一九），说明锄范砂粒明显经过更仔细的分选。铧范基体中砂粒的比例略低于锄范，根据计点分析，砂粒的比例为64%，其余为黏土或孔洞（表九）。砂粒与周边的黏土保持有较明显的边界，证明烘范的温度并不高，矿物晶体没有熔化。此外，在这两类陶范的显微组织中，少见植物纤维或茎秆一类的夹杂物。而且这两类陶范材料中砂粒分布平均，黏土堆积紧密，未见大面积空隙和较大颗粒的羼和料。由于砂粒粒径较大，分选度高，推测陶范制作原料很可能是河滩砂粒而非黄土中的砂粒或粉砂，在制作陶范时再将经分选的砂粒加入黏土混合成坯料。

与锄范和铧范的质地不同，铧芯的原料是粒径在40～50微米的粉砂而不是砂粒（图一六，

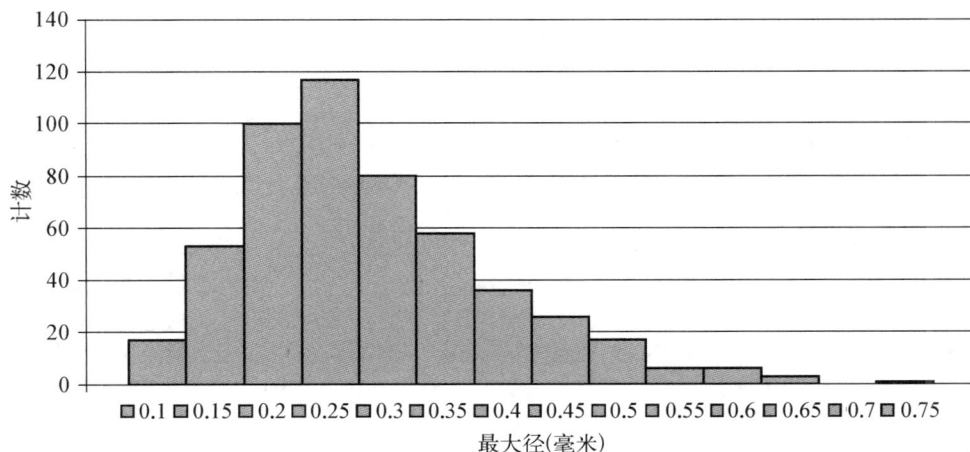

图一八 锄范砂粒最大径直方图

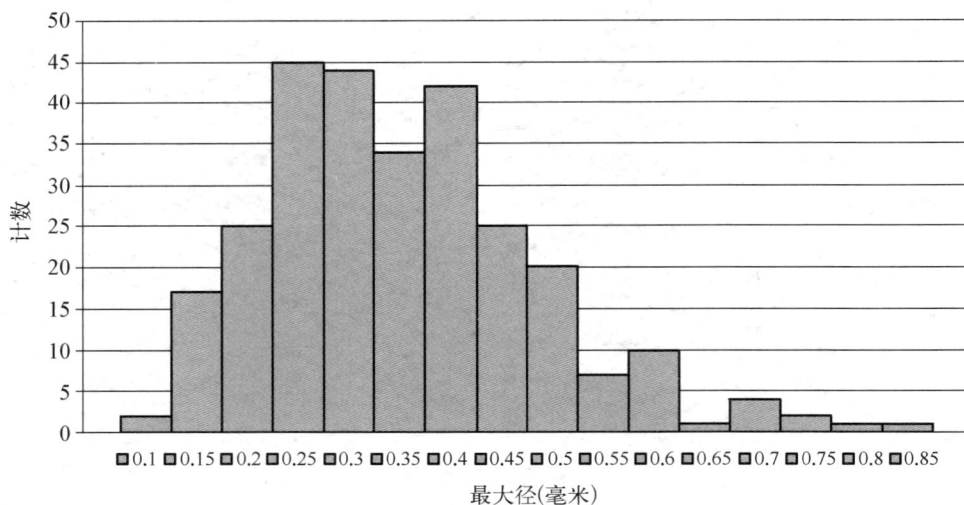

**图一九　铧范砂粒最大径直方图**

2）。由于晶体粒度小，在一般的显微镜下要鉴定矿物组成十分困难，而且显微组织中基本不见粒径较大的砂粒，说明铧芯的分选度也是比较高的。其原料很可能是当地的黄土而非河砂，即工匠选用了不同的原料来制作范和芯。在矿相成分中，铧芯的长石的比例略高于锄范和铧范。镬范的材质和铧芯相似（图一六，4），但一般来说镬范质地较致密，烧成温度较高。不论是哪一种陶范，目前尚未见有范料分层制作的工艺现象。

以往对陶范的研究，基本以铸铜陶范[1]或铸钱范[2]为主，甚少涉及对战国以降铸铁范性能的系统分析，对检测结果的简单介绍[3]也仅见于《南阳汉代冶铁》和《汉代叠铸》[4]中。陶范的物料组成（如矿物羼和料或草木灰[5]）以及孔隙度，特别是与同时期铸铜范的差异，在以往文献中可参考者寥寥可数。邰城陶范的砂粒径远大于商周时期的陶范，基本符合中国古代陶范发展的规律。但值得注意的是，邰城出土锄范和铧范砂粒的尺寸和含砂量略高于以前公布过的汉代陶范资料，也没有明确看出夹杂有大量植物有机羼和料的痕迹。邰城的这批资料到底是地方特点还是因工艺不同而选择了不同的材料，目前还难以严格判断。邰城陶范整体上砂粒占比高，黏土占比低，

---

[1] 谭德睿：《中国青铜时代陶范铸造技术研究》，《考古学报》1999年第2期；谭德睿：《侯马东周陶范的材料及其处理技术的研究》，《考古》1986年第4期；谭德睿、黄龙：《侯马陶范的科学研究》，中国考古学会等编《汾河湾——丁村文化与晋文化考古学术研讨会文集》，页218～225，太原：山西高校联合出版社，1996年。

[2] 施继龙、王昌燧、戴志强、董亚巍、周卫荣：《萧梁钱范原料的矿物组成及其处理技术初探》，《中国钱币》2004年第3期。

[3] 据报告，温县叠铸的陶范中，细砂粒度以270目最多，其次是50～140目，砂比88%，其中还有旧范粉和植物粉。而瓦房庄的陶范中，砂比为34.83%～47.3%，砂的粒度多在50～140目（106～300微米）之间（见《南阳汉代冶铁》页25）。但由于介绍过于简单，记录中未明确说明到底是铸造何种铁器之范。

[4] 河南省博物馆、《中国冶金史》编写组：《汉代叠铸：温县洪范窑的发掘和研究》，北京：文物出版社，1978年。

[5] 在商周时期的陶范中，为提高范泥的可塑性，加入草木灰是较为常见的技术。在战国铸铁范（见河南省文物研究所、中国历史博物馆考古部：《登封王城岗与阳城》，页319，北京：文物出版社，1992年）以及汉代的铸铜镜范中，也发现有植物灰质（见刘煜、赵志军、白云翔、张光明：《山东临淄齐国故城汉代镜范的科学分析》，《考古》2005年第12期）。因此，汉代铸铁范也以植物灰为其中一种羼和料的可能性甚高。

可塑性不高,但陶范本身透气性强。在制作陶范时,砂粒和粉砂实际上是陶范的主体。工匠在制作时要先准备粒度差别较大的砂粒和黏土,并按照不同比例将砂粒和黏土配比,制作不同类别的陶范。三类陶范的原料选择显示出一定的配方差别。

陶范在备料和配料结束后,就可以制作成型。锄范基本呈平板形,外型十分规整,在制作时可能使用了模匣一类的工具,只要将泥料填充夯打即可成型。在本报告中,所有用于制作范或芯的原型称为原模,用原模翻出母范,通过母范便能制成用于浇铸的范或芯。制范后则需分别在分型面和浇铸面涂上白色涂料。铧芯的成型应与这一原理相同,即先制作原模,再翻出母范,最后再以母范制芯。在邿城发掘的资料中也发现了应属原模一类的遗物(图一九八,6)。对于铧芯而言,成型方式是先制作两片母范(即芯之一半),待填充泥料后再扣合成型。浇道或浇口应该是在母范上制作泥芯或范时就制作好。但要注意的是,由于芯的浇口外型较大且复杂,在成型后,工匠需对浇道或浇铸腔进行进一步修整,最后在型腔或芯表面涂刷白色分型剂。分型剂厚度一般仅有0.1毫米,非常薄,应该是以泥浆的形式涂刷于型腔表面。

经统计,邿城作坊所有经发掘的锄范数量为1 139块,其中面范607块、背范532块(表三)。可明确鉴定出部位的铧范为175件,铧芯为598件,当中至少包括大型和小型两类。大型铧范的铸件长度在30厘米以上,小型铧范铸件长度在20厘米左右。另外,作坊中还出土了8件镬范和53件可鉴定的镬芯。参考动物考古学"最小个体数"的计算方法,作坊出土的锄范的最小个体数为173,铧范的最小个体数为58,铧芯的最小个体数为162,镬范的最小个体数为8,说明同一陶范在浇铸过程中可能经修整多次反复使用(表四、表五)。

表三 锄范不同部位数量

| | 左上角 | 右上角 | 上半部分 | 左下角 | 右下角 | 下半部分 | 完整 | 不明 | 利用上半部分推算的最小个体数 |
|---|---|---|---|---|---|---|---|---|---|
| 面范 | 29 | 48 | 98 | 57 | 74 | 18 | 27 | 256 | 173 |
| 背范 | 14 | 18 | 69 | 36 | 42 | 10 | 17 | 326 | 104 |

表四 铧范不同部位数量

| | 左上角 | 右上角 | 上半部分中间 | 左下角 | 右下角 | 下半部分中间 | 推算的最小个体数 |
|---|---|---|---|---|---|---|---|
| 大型范 | 23 | 36 | 5 | 18 | 21 | 3 | 36 |
| 小型范 | 20 | 22 | 3 | 11 | 10 | 3 | 22 |

表五 铧芯不同部位数量

| | 左上角 | 上半部分中间 | 右上角 | 带芯撑部分 | 末端 | 推算的最小个体数 |
|---|---|---|---|---|---|---|
| 大型范 | 109 | 84 | 112 | 62 | 49 | 112 |
| 小型范 | 49 | 38 | 50 | 24 | 21 | 50 |

### 3.2.2　鼓风管与炉壁

除炉渣外,鼓风管与炉壁残块是与冶熔炼活动关系最为密切的材料。

一般的生铁竖炉,基本的结构都要有较长的炉内空间,并需要鼓风装置来输送氧气到炉内。本报告根据这些鼓风管的形态、材质和制作技术,将其分为四类。从材质上看,第一类是草拌泥质与细砂;第二类亦为草拌泥质与细砂,但表面有明显拍印加工痕迹;第三类是粗砂;第四类为薄胎夹细砂(图二〇;表六)。作坊的炼炉可能同时使用了多种鼓风管,或者同一件鼓风管由不同材料的构件组成。根据统计,第一类鼓风管残块数量和总量最多(图二一)。目前看来,第三类鼓风管多有一端完全熔化,另一端未见加热熔化的现象,很可能是侧鼓风式的鼓风管,穿过炉壁直接往炉内鼓风输送氧气,即和瓦房庄作坊所见的鼓风方式相似。第一类和第二类鼓风管表面有较均匀的受热现象,所以不排除是如瓦房庄作坊所见,鼓风管架在炉口上送风的鼓风管构件[1]。第四类鼓风管属于小型顶吹式鼓风管,壁身甚薄,熔融现象多在内侧面出现,我们推测这类鼓风管可能与锻打制作的工艺有关。

图二〇　四类鼓风管

1. 第一类(左:外侧,右:内侧)　2. 第二类(左:内侧,右:外侧)
3. 第三类(左:外侧,右:内侧)　4. 第四类(左:外侧,右:内侧)

---

[ 1 ]　当然,另外一种可能性是第一和二类属于炼炉顶吹的鼓风管,因为这一类鼓风管一般都是一侧有受高温现象。

表六 鼓风管分类

| | 材　　质 | 鼓风方式 | 复原直径（厘米） |
|---|---|---|---|
| 第一类 | 草拌泥质与细砂 | 顶吹 | 外径22～28 |
| 第二类 | 草拌泥质与细砂，表面有明显拍印加工痕迹 | 顶吹 | 内径9.2 厚度2.5 |
| 第三类 | 粗砂 | 侧鼓风式 | 外径11 |
| 第四类 | 薄胎夹细砂/内侧有与高温接触的痕迹 | 顶吹 | 不明 |

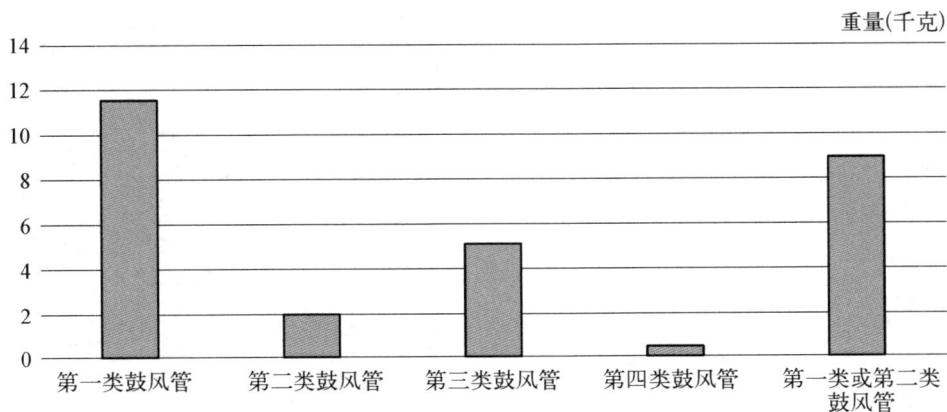

图二一 四类鼓风管重量统计

从显微组织的角度来看，这四类鼓风管的选料和配料十分不同。本次分析的鼓风管样品包括泥质鼓风管9件、泥质鼓风管（外侧有拍印加工痕迹）2件、夹砂类鼓风管5件及薄胎细砂鼓风管4件。因高温导致显微组织变化，取样时避开高温熔融部位。根据初步分析，泥质鼓风管和砂质鼓风管材料中多有石英、长石、云母、泥砂岩屑和有机质羼和料，但薄胎细砂鼓风管未发现长石或云母，只有颗粒较小的石英、泥砂岩屑和磁铁矿。和陶范不同的是，鼓风管中长石和云母含量相对较多，且有体积较大的泥砂岩屑残块。此外，在部分样品中还见到玄武岩一类的岩石碎屑（图二二，2），泥质鼓风管中则包含有植物羼和料（图二二，3）和熟料（图二二，4）。熟料的加入有利于提高透气性和材料强度，但这些熟料大小不一，边长由0.5毫米到4毫米不等，熟料内的砂粒较草拌泥质鼓风管小，大部分为粉砂，可能并非同类遗物。

泥质鼓风管和砂质鼓风管的矿物成分大致相同，包含的岩屑最大径大于1毫米，砂粒周边也有较大的裂缝，孔隙主要是胎体受高温收缩所致。两类鼓风管的不同之处在于，所有砂质鼓风管均含较多长石颗粒，而草拌泥质鼓风管较少见长石。泥质鼓风管的砂粒主要为粉砂并混有少量细砂，砂粒最大径平均为92微米，外侧有拍印加工痕迹的鼓风管的砂粒最大径平均为29微米，而

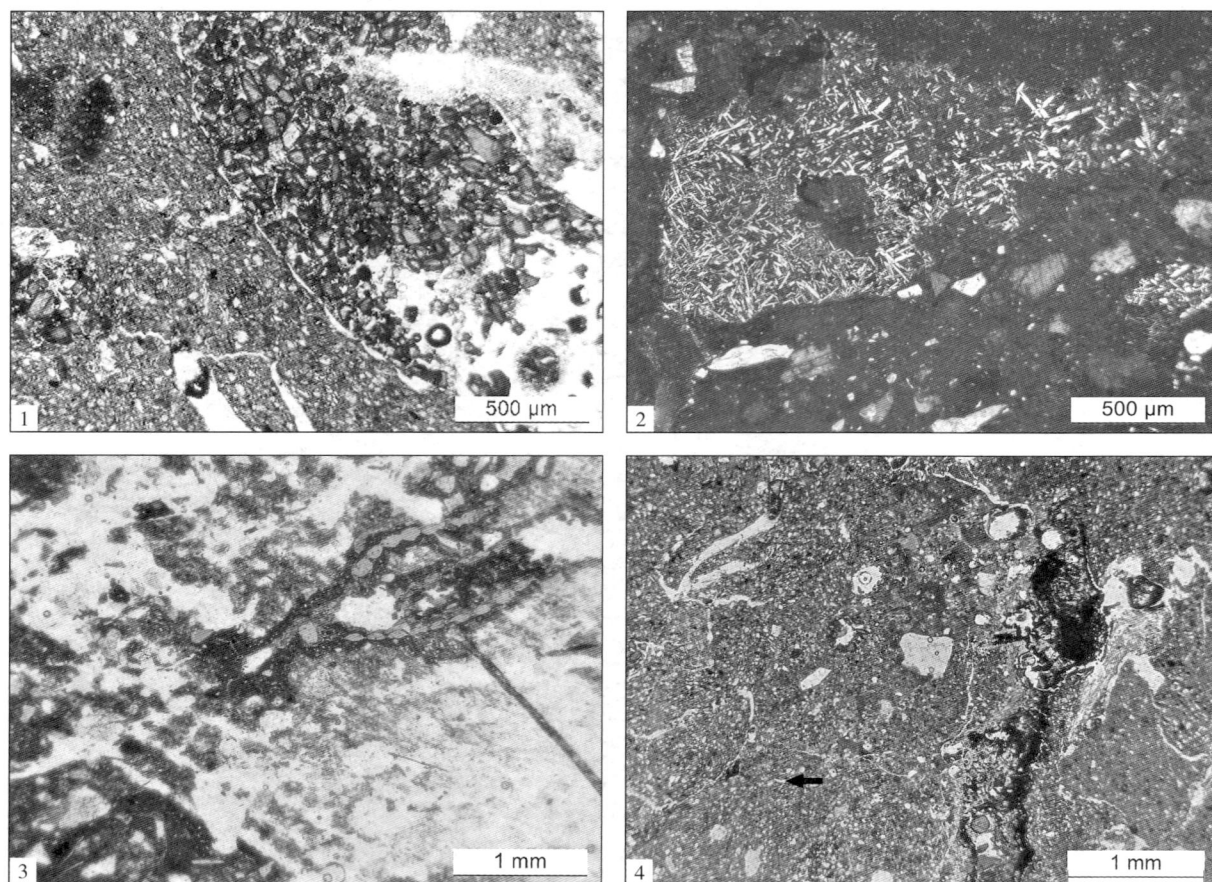

图二二　鼓风管所见矿物岩相照片

1. 71374（单偏光）,泥质鼓风管的泥砂岩屑　2. 71371（正交光）,泥质鼓风管的玄武岩屑
3. 71371（单偏光）,植物纤维所做成的孔洞　4. 71373（单偏光）,泥质鼓风管中的熟料

砂质鼓风管砂粒最大径平均高达468微米左右（图二三）。因此,不同种类的鼓风管不仅砂与黏土比例不同,砂粒粒径也是大小各异。泥质外侧有加工痕迹的鼓风管及薄胎细砂鼓风管的砂粒最细小,基本上全为粉砂,且粉砂颗粒的比例很低。因此,泥质鼓风管原料基本可以确定为当地的黄土。相反,砂质鼓风管中砂粒粒径大且砂粒比例很高,主要原料应为河砂。以往研究指出,黏土材料具有易成型但易熔融的特点,原料中加入砂粒和岩屑则可提高材料的耐热性、透气性和强度,加入有机羼和料也能提高材料的气孔率。泥质鼓风管中有较多的植物羼和料,同时也发现有较大粒径的砂粒和岩屑,由于砂,特别是粉砂的比例高于北方地区黄土中粉砂的含量[1],因此推测泥质鼓风管以黄土为原料,在备料时加入其他羼和料以提高材料的耐热性和透气性。而带拍印痕迹的鼓风管类遗物砂粒的尺寸更小,基本上看不到大颗粒的岩屑,推测主要是以当地黄土为原料,没有加入砂粒的工序。

[1]　谭德睿:《中国青铜时代陶范铸造技术研究》,《考古学报》1999年第2期；刘煜、赵志军、白云翔、张光明:《山东临淄齐国故城汉代镜范的科学分析》,《考古》2005年第12期。

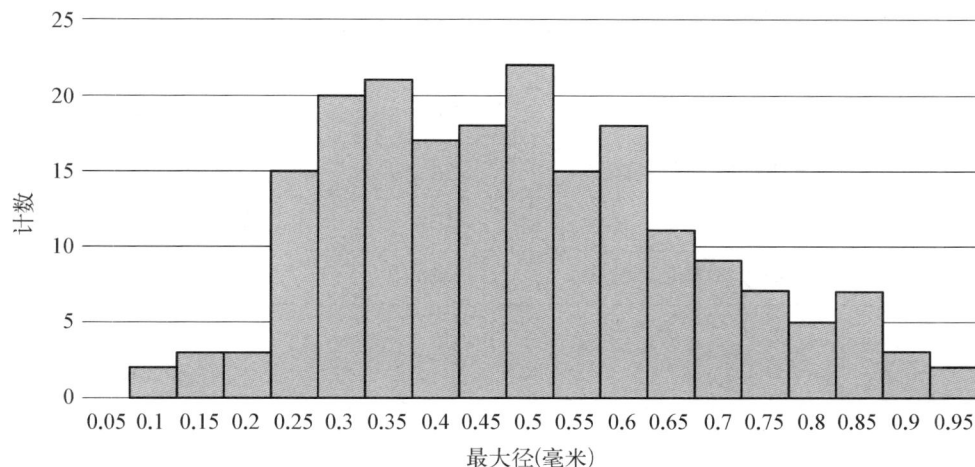

图二三　砂质鼓风管砂粒最大径直方图

注：图中已把大于1毫米的粗砂粒略去不计。

不论是泥质鼓风管还是砂质鼓风管，两者的原料选择和加工工序都与陶范的制作存在很大区别。首先，陶范基本上是砂质，原料为砂粒和黄土，由严格分选的砂粒混合少量黏土制作而成。鼓风管的主要原料虽然也是黄土和砂粒，但原料的分选似乎不如陶范严格，黏土所占比例较高。其次，在包含的其他原料方面，泥质鼓风管有较多的植物纤维，大小从0.1毫米到1毫米不等，除呈黑色长丝状外，个别为并列的大小均等的孔洞，孔洞约长0.1毫米，部分孔洞被黏土填满。估计这些孔洞原来被某种植物纤维所填满，但因有机物腐化消失，而留下明显的孔洞。陶范则甚少见到有机羼和料。鼓风管的材料还多见粒径甚大的岩屑碎块，很可能在与黏土混合备料时加入了较大块的羼和料以增加胎体的强度。最后，泥质鼓风管基体的铝含量较高，普遍高于20%（表八），有可能在备料时加入了高铝材料。相反，陶范原料中铝含量一般较低。总体而言，鼓风管的选料主要用了分选度较差的原料，矿物构成上也比陶范更为复杂。

参考鼓风管的分类方法，基于全面观察后，我们对炉衬和可能用于炉壁主体的遗物进行分类（表七），共记录了139千克作坊出土的所有炉壁及与之相关的遗物（图二四、图二五）。作坊还发现了大量的炉衬一类已经熔融的表面层（很可能是在修整炉内壁时拆下），其表面有接触过高温的痕迹，肯定属于炉体近内壁部分。根据炉壁表面和炉衬包含物的不同，我们将其分为四类：第一类含砂粒和草拌泥，第二类含细砂但不含草拌泥，第三类含大量粗石英砂，第四类是以废范改作炉壁。此外，作坊中还发现了较多块状的烧土和含大量粗石英砂的块状遗物，部分体积较大且有一定的规整外型，推测原来应为炉壁主体。参考炉壁表面和炉衬材料的分类，将很可能属于炉壁主体的材料分为四类：第一类含细砂粒并有明确外型，第二类含细砂粒但无明确外型，第三类含大量粗石英砂，第四类则为其他材质（如石质）的炉壁主体。

**表七　主要炉壁表面（炉衬）和炉壁主体分类**

|  | 炉壁表面和炉衬 |  | 炉壁主体（含烧土块/砖） |
|---|---|---|---|
| 第一类 | 含砂粒和草拌泥 | 第一类 | 含砂粒并有明确外型 |
| 第二类 | 含细砂但不含草拌泥 | 第二类 | 含砂粒无明确外型 |
| 第三类 | 含粗砂 | 第三类 | 含粗砂 |
| 第四类 | 利用废范改作炉壁 | 第四类 | 其他 |

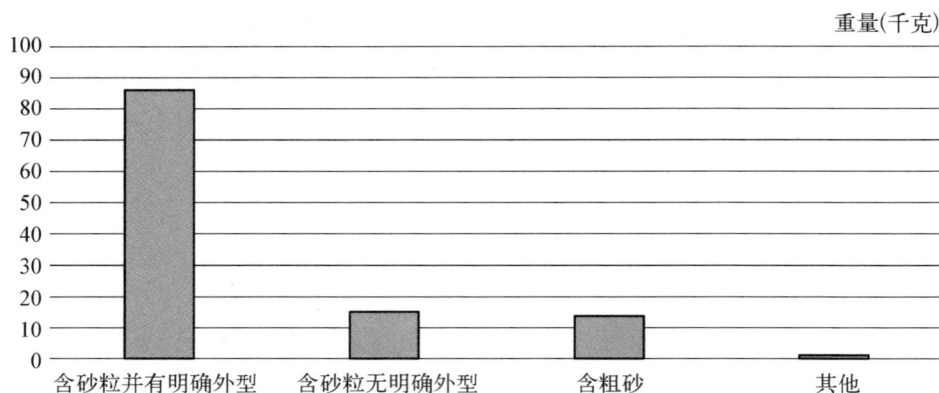

**图二四　四种炉壁主体重量统计**

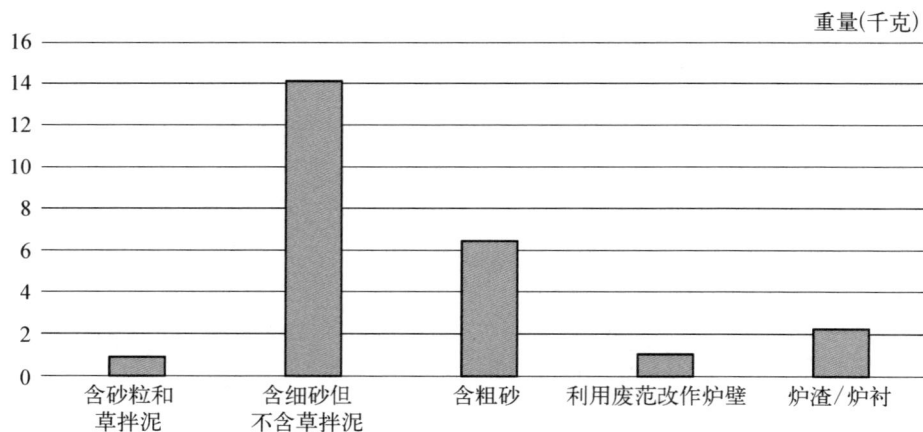

**图二五　四种炉壁表面与炉衬重量统计**

作坊出土的炉壁实际上包括了泥质和砂质两大类。报告分析的样品选取了夹砂炉壁5件、草拌泥炉壁4件及泥质炉壁5件。取样原则与鼓风管相同。夹砂炉壁包含的矿物除常见的石英砂粒外，还发现有长石、角闪石和云母，以及粒径较大的泥砂岩、砂岩（图二六，1）和玄武岩的岩屑。夹砂炉壁的泥砂岩屑面积较小，部分颗粒边界不明显，周边形成较大的空隙。较完整的砂岩屑，最大边长平均可达530微米，甚至比鼓风管所用的原料更为粗糙，在显微组织中还包括粒径大于1毫米的大粗砂粒。与砂质鼓风管相比，砂质炉壁虽有少量植物纤维痕迹，但在样品中并

图二六　夹砂炉壁所见矿物岩相照片
1. 71390（单偏光），夹砂炉壁的砂岩屑
2. 71390（单偏光），夹砂炉壁的熟料（黏土颜色与周围的颜色有明显分别，留下一个因湿黏土烧干而出现的空隙环）

不常见，其有机物羼和料所占比例较鼓风管低。尽管鼓风管和炉壁的选料可能不如陶范精细，都使用了当地的黄土或河砂，但工匠在备料时似乎有明确的选择，针对不同性质和功能而在配方上进行调整。

泥质炉壁中的矿物主要为石英、泥砂岩屑及少量的有机物羼和料，但矿物都较砂质炉壁细小。另外，泥质炉壁（草拌泥质）亦发现有少量磁铁矿及钛白粉，部分泥质炉壁中也发现有熟料（图二六，2）。

根据砂粒的尺寸来看，砂质炉壁的原料主要为中砂，而泥质炉壁主要为细粉砂，最大径在15～23微米左右，且砂粒周边的黏土因为热膨胀而出现较大空隙，薄片上可见大量呈条带状分布，空隙或孔洞平均占样品面积的10.9%左右。除去特大型的岩屑，夹砂炉壁砂粒边长平均为434微米左右（图二七），羼和料边长平均达1.18毫米，所用砂粒要粗于陶范材料，说明分选程度不及陶范。另外，砂质炉壁中包含有42.7%的砂粒和5.4%的羼和料，即使两者相加，和陶范相比砂粒的比例仍然较低。

值得注意的是，成分分析显示炉壁材料中铝含量较高，占16%以上（表八），也高于一般黄土[1]，可能工匠在备料时刻意加入了高铝材料，以提高炉壁耐火度。因此，作坊出土的炉壁，从原料的来源到制作的配比，似乎和鼓风管具有一定的相似之处。砂质鼓风管和砂质炉壁的材料总体上较为接近，可能使用由相同方法配制的坯料制作而成。相反，泥质鼓风管和泥质炉壁的原料选择和差异较明显。虽然主体应是当地的黄土，在制作时也有可能刻意加入含铝较高的材料，但泥质鼓风管材料中所含的砂粒粒径较大，而且还有较大的岩屑和熟料。相较之下，泥质炉壁材料所含砂粒基本以细粉砂为主，很可能没有添加大颗粒的羼和料，也没有添加熟料的工序。

---

[1]　雷祥义、岳乐平：《陕西关中晚更新世黄土—古土壤序列特征及其记录的古环境变迁》，《地质评论》1997年第5期。

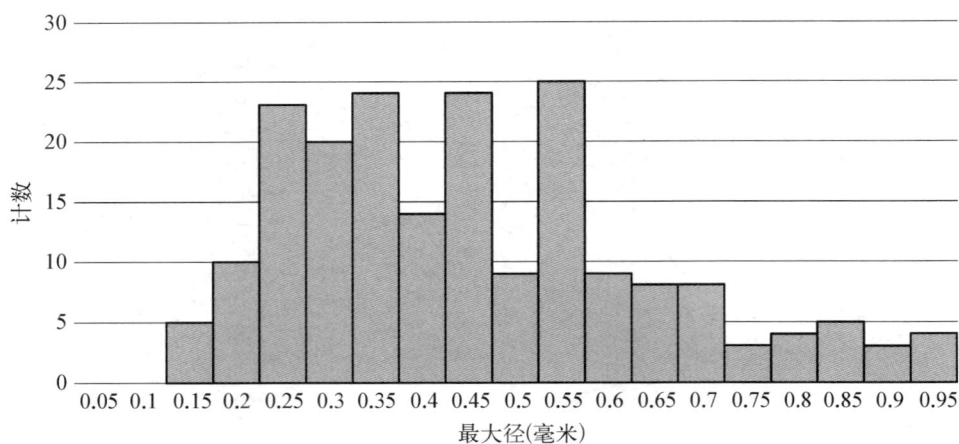

图二七　夹砂炉壁砂粒最大径直方图

注：图中已把大于1毫米的粗砂粒略去不计。

　　在作坊中，以中砂为原料的技术也应用于鼓风管和炉壁的制作，但工匠应根据鼓风管和炉壁的技术要求，在选料和制作工艺上有所调节，显示出和陶范较大的区别（表八、表九；图二八）。鼓风管和炉壁筛选的砂粒粒径大，羼和有机质和岩屑，材料中黏土的比例较高，质地较致密，而陶范中的孔隙较少，透气性较好，这种高黏土的配比应与材料要求更高的强度和黏合程度有关系。由于目前没有发现相关的熔炉残体，无法判断其不同是代表不同的熔炉，还是同一熔炉或鼓风管的不同部位。但是在鼓风管和炉壁的材料中，黏土含铝比例甚高，高于关中平原一般黄土中铝的含量。相反，铧芯含有较高的钙，可能在铧芯的材料中加入了含较高的钙的羼和料，但炉壁和鼓风管中钙的比例一律偏低，说明这三类冶金遗物使用的黏土所加入的添加材料也有一定区别。

表八　部分陶范、鼓风管、炉壁的化学成分（未配氧）

（wt%）

| | | Si | Al | K | Na | Fe | Ca | Mg | Cr | Ti |
|---|---|---|---|---|---|---|---|---|---|---|
| 71223 | 铧芯 | 62.12 | 16.67 | 5.30 | 5.30 | 3.03 | 5.30 | — | 0.76 | 1.52 |
| 71222 | 铧范 | 62.83 | 15.52 | 4.08 | 4.97 | 7.56 | 3.11 | 1.41 | — | 0.53 |
| 71230 | 铧芯 | 65.41 | 15.79 | 5.26 | 3.76 | 3.01 | 3.01 | 2.26 | 1.50 | — |
| 71410 | 锄范 | 66.26 | 12.51 | 5.71 | 2.67 | 8.07 | 3.13 | 1.66 | — | — |
| 71423 | 铧芯 | 62.61 | 12.51 | 4.82 | 2.94 | 6.72 | 8.28 | 2.13 | — | — |
| 71376 | 泥质鼓风管 | 55.94 | 20.12 | 12.13 | 1.84 | 6.16 | 1.86 | 1.95 | — | — |
| 71380 | 泥质鼓风管（外侧有拍印加工痕迹） | 39.92 | 20.22 | 5.29 | — | 25.79 | 1.52 | 6.87 | — | — |
| 71386 | 薄胎鼓风管 | 47.49 | 26.21 | 13.81 | — | 8.96 | — | 2.37 | — | — |
| 71384 | 砂质鼓风管 | 82.73 | 7.62 | 3.28 | 1.71 | 3.56 | 1.10 | — | — | — |
| 71390 | 砂质炉壁 | 67.26 | 14.02 | 10.01 | 3.37 | 3.84 | 1.45 | — | — | — |

续表

| | | Si | Al | K | Na | Fe | Ca | Mg | Cr | Ti |
|---|---|---|---|---|---|---|---|---|---|---|
| 71396 | 泥质炉壁（含较多草拌泥） | 49.60 | 16.23 | 4.91 | — | 22.05 | 1.17 | 5.22 | — | — |
| 71399 | 泥质炉壁 | 61.10 | 16.90 | 17.87 | 3.48 | 0.25 | 0.31 | 0.08 | — | — |

### 表九　各类遗物砂粒大小及比例

| | 砂粒最大边长均值（微米） | 标准差 | 方差 | 变异系数 | 砂粒比例 | 大颗粒羼和料比例 | 大孔洞比例 | 黏土与小孔洞比例 |
|---|---|---|---|---|---|---|---|---|
| 铧范 | 328 | 0.13 | 0.020 | 0.41 | 64.18 | — | — | 35.82 |
| 铧芯 | 52 | 0.04 | 0.001 | 0.73 | 73.33 | — | — | 26.67 |
| 锄范 | 259 | 0.11 | 0.010 | 0.42 | 71.44 | — | — | 28.56 |
| 泥质鼓风管 | 92 | 0.10 | 0.010 | 1.10 | 23.50 | — | 12.00 | 64.50 |
| 泥质鼓风管（外侧有拍印加工痕迹） | 29 | 0.01 | 0.000 | 0.37 | 42.50 | — | — | 57.50 |
| 砂质鼓风管 | 468 | 0.19 | 0.040 | 0.41 | 42.25 | 11.60 | 6.10 | 39.95 |
| 薄胎细砂鼓风管 | 22 | 0.01 | 0.000 | 0.51 | 19.00 | — | 3.00 | 78.00 |
| 砂质炉壁 | 434 | 0.20 | 0.040 | 0.45 | 42.70 | 5.40 | 10.90 | 40.90 |
| 泥质炉壁（含较多草拌泥） | 15 | 0.01 | 0.000 | 0.45 | 12.50 | — | — | 87.50 |
| 泥质炉壁 | 23 | 0.01 | 0.000 | 0.52 | 20.50 | — | 12.50 | 67.00 |

### 表一〇　各类遗物矿物类别总结

| | 磁铁矿 | 石英 | 长石 | 云母 | 砂岩屑 | 泥砂岩屑 | 玄武岩屑 | 植物纤维 | 熟料 |
|---|---|---|---|---|---|---|---|---|---|
| 铧范 | √ | √ | √ | √ | √ | | | | |
| 铧芯 | | √ | | | | | | | |
| 锄范 | | √ | √ | √ | | | | √ | |
| 泥质鼓风管 | √ | √ | √ | √ | | √ | √ | √ | √ |
| 泥质鼓风管（外侧有拍印加工痕迹） | | √ | √ | √ | | √ | | √ | |
| 砂质鼓风管 | √ | √ | √ | √ | | √ | √ | √ | |
| 薄胎细砂鼓风管 | | √ | | | | √ | | | |
| 砂质炉壁 | √ | √ | √ | √ | √ | | | √ | √ |
| 泥质炉壁（含较多草拌泥） | √ | √ | | | | √ | | √ | √ |
| 泥质炉壁 | | √ | | | | √ | | | √ |

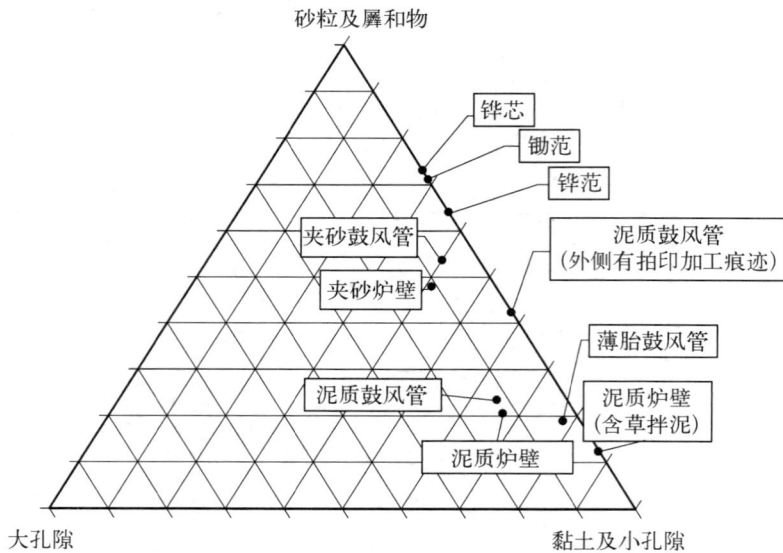

砂粒及羼和物

铧芯
锄范
铧范

夹砂鼓风管

泥质鼓风管
（外侧有拍印加工痕迹）

夹砂炉壁

薄胎鼓风管

泥质鼓风管

泥质炉壁
（含草拌泥）

泥质炉壁

大孔隙　　　　　　　　　　　　　　　　黏土及小孔隙

图二八　陶范、鼓风管与炉壁岩相结果三元图

### 3.2.3　炉渣

所谓炉渣,基本是指曾熔融过的硅酸盐或硅酸盐混合物,当中偶尔包含氧化物、磷酸盐、硫化物、钙化物以及纯金属等[1]。由于炉渣是冶炼产物之一,"是在冶炼温度下呈熔融状态排放到炉外凝成致密的固体,其中携带的冶炼反应信息被永久封闭"[2],因此,炉渣不单可用于直接判断冶炼或熔炼金属之种类,同时还可用于复原冶炼或熔炼技术[3],如耐火材料及助熔剂的使用情况、炉渣的软熔温度与冶炼气氛的控制等。参考以往的研究经验[4],炉渣依据外观形态的不同至少可分为三大类:排出渣、炉内渣以及炉内未完全燃烧的遗存。排出渣一般表面带明显的流动态纹理。炉内渣则无明显的流动态纹理。不过,要较准确判断冶炼工艺,主要依靠的是炉渣中铁的赋存状态以及炉渣基体中某些可鉴别的成分[5]。根据化学成分以及金相组织,炼铁渣又可区分为还原渣与氧化渣两大类别。两类渣的差别在于炉内气氛以及冶炼技术类型的不同。还原渣主要包括生铁和块炼铁渣,氧化渣则主要包括炒钢以及高炉精炼渣[6]。作坊中还出土了粘附有铁渣以及铁液的陶片,整理时也应将这类遗存视作冶铸遗物之一。

在综合考察和分类的基础上,报告对所有通过系统发掘收集的炉渣进行统一的分类(彩版一八,1、5、6)和记录重量,以较准确地复原作坊原来可能的冶/熔炼渣的产量。根据冶金学研究,

[1]　Bachmann, H. G. (1982). *The Identification of Slags from Archaeological Sites*, p.1, London: Institute of Archaeology.
[2]　李延祥、洪彦若:《炉渣分析揭示古代炼铜技术》,《文物保护与考古科学》1995年第1期。
[3]　黄全胜:《广西贵港地区古代冶铁遗址调查及炉渣研究》,页21,北京科技大学博士学位论文,2008年。
[4]　Miller, D, and Killick, David (2004). "Slag Identification at Southern African Archaeological Sites". *Journal of African Archaeology* 2(1): 23–49.
[5]　黄全胜:《广西贵港地区古代冶铁遗址调查及炉渣研究》,页33,北京科技大学博士学位论文,2008年。
[6]　黄全胜、李延祥、陈建立、铁付德:《以炉渣分析为主揭示古代炼铁技术的研究与探索》,《中国国家博物馆馆刊》2016年第11期。

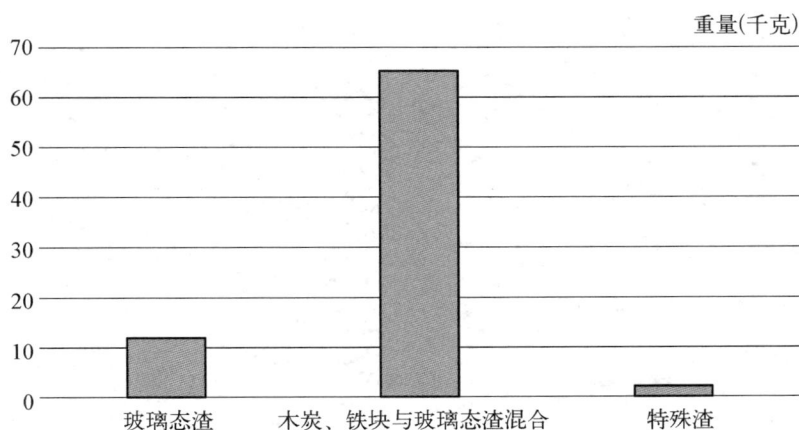

图二九　三类铁渣重量统计

炉渣的排量与当时的铁生产有一定的对应关系，收集的炉渣虽然仅为当时生产废品的一部分，但其统计结果将有助于探讨邺城作坊原来可能的铁器产量。最终，发掘的诸单位一共分类记录了79.4千克通过系统发掘收集的炉渣数据（图二九）。当中大部分可能属于木炭和玻璃态炉渣的混合物（第二类渣），应属于熔炼行为后产生的废品。此外，第二类渣中部分表面附着有夹杂粗砂的耐火材料，材质和炉壁相近，应与炉衬相关，是在冶炼后清除的挂渣废品。但这一类废品与一般的排出渣和炉内所剩的废渣不易区分。

表一一　炉渣样品分析数量

| 第一类和第二类渣（熔炼渣） | 炉壁/炉渣 | 其他 | 共分析样品 | SEM分析 |
| --- | --- | --- | --- | --- |
| 65 | 7 | 3 | 75 | 28 |

鉴于炉渣出土量较大，我们只能抽样筛选一定样品进行分析，而分类则为抽取具代表性样品提供了重要基础。我们最终分析了75件样品，其中第一类和二类炉渣（含金相分析鉴定为炉壁、但抽样时判断为炉渣的样本）共72件，第三类炉渣为3件（表一一）。在矿相鉴定的基础上，我们挑选28件样品进行SEM-EDS分析（参见附表），以获取炉渣基体或夹杂物的化学成分。根据矿相和夹杂物情况显示，炉渣主体为硅—钙系的玻璃态基体，基体中分布有大量圆滴状的铁颗粒，以盐酸侵蚀后多出现磷—铁共晶组织，部分炉渣基体中夹杂有面积较大的生铁组织、未完全燃烧的木炭、未完全熔化的石英颗粒、未完全熔化的石灰石颗粒（图三〇）及锻造剥片残块。化学成分和矿相鉴定表明，大部分炉渣应属熔炼/重熔渣。由于渣中钙含量较高、镁含量较低（图三二），且发现石灰石颗粒，推测作坊工匠应使用石灰石为助熔剂，以提高熔炼过程中的造渣能力。另外，作坊工匠还在重熔/熔炼过程中在炉中直接添加石英砂颗粒和锻打时候形成的锻造剥片，很可能是为了促进熔炼时将废铁中的杂质分离，以渣的形式排出炉外。根据以下公式：

$$basicity=(wt\%CaO+MgO)/wt\%SiO_2$$

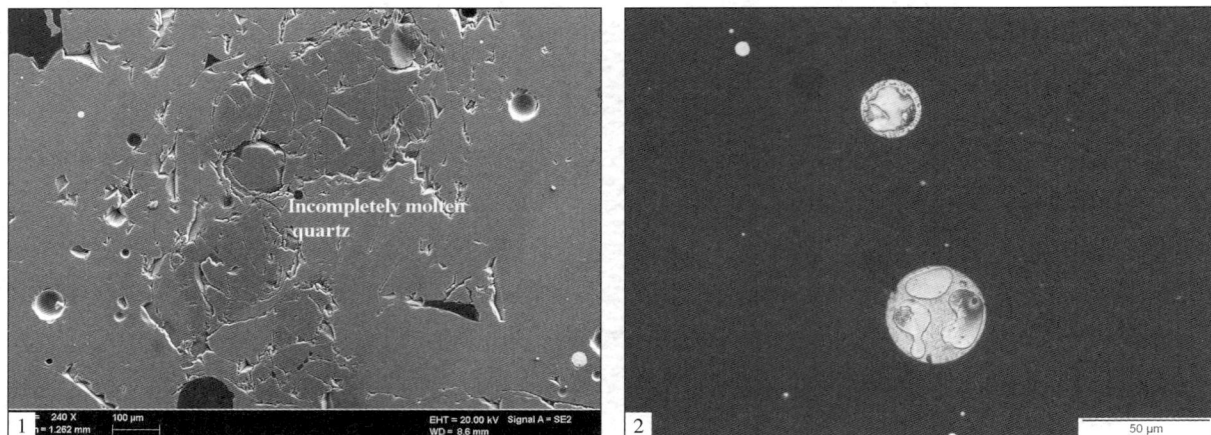

图三〇　第一类渣与第二类渣显微照片

1. 71197，SEM 二次成像，中间为未熔化的砂粒　2. 71183（1），玻璃态渣基体中圆滴状的铁颗粒，出现磷铁共晶组织

邰城出土炉渣的酸碱度为0.7，属于偏碱性渣。酸碱度比已知的冶炼作坊炉渣的平均值要高，例如在山东齐故城北地和南地生铁冶炼炉渣的酸碱度为0.6，而鲁山望城岗则为0.3。总体而言，邰城作坊虽然规模较小，但工匠拥有较高的控制炉温和造渣排除夹杂物的能力，夹杂物和铁的分离也较好，具有相当专业的熔炼和生产能力。

在选取的样品中，我们对三件外部形态较特殊的炉渣进行分析，发现其中两件矿相和上述样品不同（图三一）。在玻璃态基体中有大量聚集的磁铁矿和少量的铁橄榄石及浮氏体，说明炉渣应是在较强的氧化气氛下产生的，与第一类、第二类渣的情况不同。另外还发现一件样品夹杂的金属颗粒比较多，铁颗粒外型极不规则，与炉渣互相交错夹杂。前两件样品中钙的比例高，应是在精炼时特意加入以减少所谓的返磷现象，即磷由炉渣中重新返回铁主体中，从而导致产品质量下降[1]。

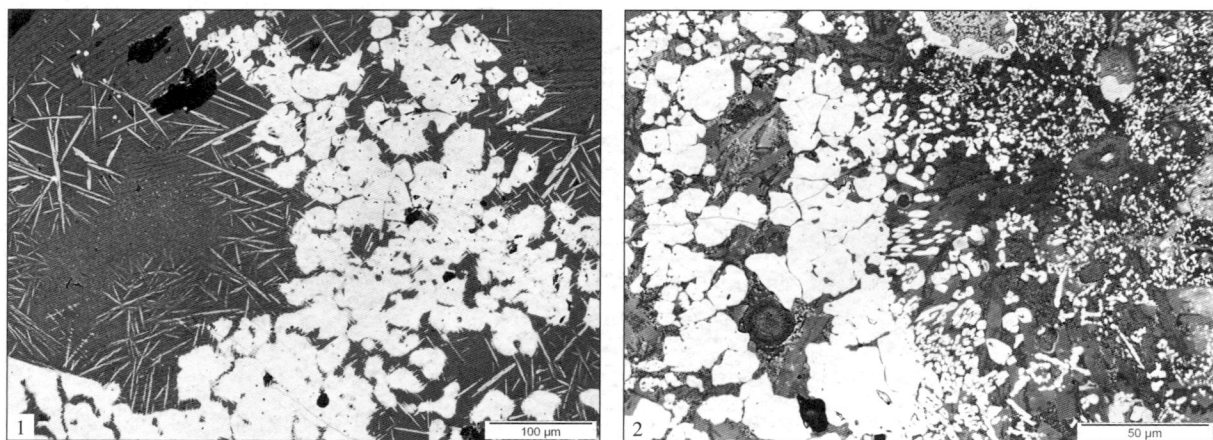

图三一　第三类渣显微照片

1. 71147：2　2. 71139

[1]　陈建立、张周瑜：《基于炉渣分析的古代炒钢技术判定问题》，《南方文物》2016年第1期。

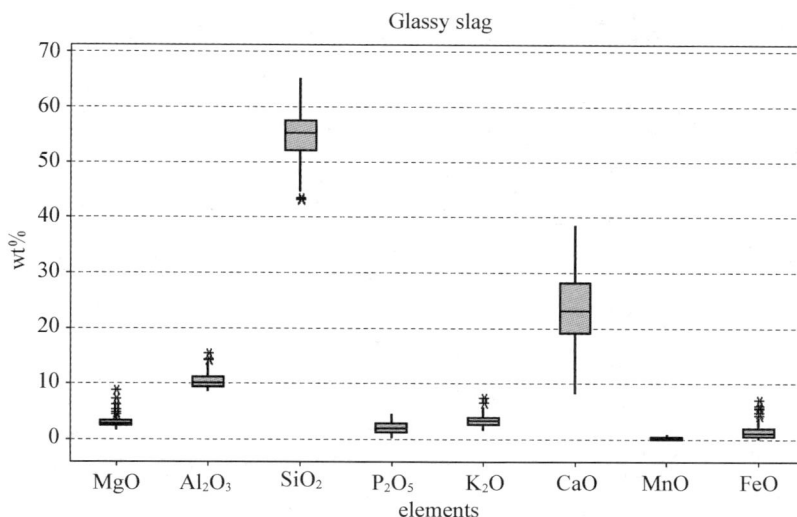

图三二　SEM-EDS面扫第一类渣与第二类渣基体的化学成分（配氧后）直方图

后一件炉渣则很可能是因为在短时间内搅动和冷却，并暴露在氧化的环境中。因此，这些炉渣的形成很可能和精炼或炒钢工序相关，而较特殊炉渣的发现，表明作坊中除了主要以重熔方式铸造铁器外，还可能通过精炼的方式生产少量炒钢制品。

### 3.2.4　铁器与残块

邺城铸铁作坊中出土的铁器多为残铁块，成型的铁器数量较少。这些残铁块可能包含了两类不同的遗物：已破损废弃或准备重熔的铁器残块，以及在炉内残留的积铁块。积铁块是指可能因冶炼操作不正常，积存在炉底的铁水凝结后无法再利用，只能拆炉拖出的废料[1]。除含有大量金属或铁的化合物以外，往往还粘附玻璃态渣或木炭。通过金相组织分析可研究这些铁器的成因或用途。因积铁块为熔炼过程中形成的残留物，冷却速度较慢，如有金属则基体多为灰口铁；而金相组织为铸铁脱碳钢或韧性铸铁的样品，则可能为工具。遗址还出土铸铁脱碳钢的铁条材，则应被视作原料（或可称为再加工原料）。

作坊中出土了1 020件的残铁块或铁器工具残块，部分残块从外型能判断出原来的器形，包括空首铲、锤、铁臼和作为武器的戟，但这类铁器的数量不多，仅12件。其余铁器大多残破，基本没有保存完整者。此外，大部分的铁器残块为更破碎的残块。此类铁遗物既有可能是作坊使用的工具，也有可能是回收的铁器甚至是板材一类的原料。但因为铁遗物总体甚为残破，大部分无法仅凭外型判断原来的性质，故本项目对出土铁遗物的完整性、原来可能器形、器形的规整程度、表面是否有其他冶炼遗存等项目进行记录，选择铁器（或残铁块）进行分析，将所有的铁器分成以下类别：铁器残块/容器、残铁器、残铁块、炉底积铁（即冶炼遗存）。并从每项中抽取若干数量不等的铁器样品进行分析，最后一共抽取107件铁器样品（图三三），以此判断作坊出土铁

---

[1]　赵青云、李京华、韩汝玢、丘亮辉、柯俊：《巩县铁生沟汉代冶铸遗址再探讨》，《考古学报》1985年第2期。

器原来可能的性质，为探索汉代关中地区铁器作坊原料、生产技术和生产组织等问题提供线索。

在对残铁块分析的基础上，我们进行金相鉴定和以SEM-EDS分析夹杂物的化学成分，以判断铁器的种类和性质，结果见附表。除完全锈蚀的18件样品以外，结合金相组织和化学成分分析，可鉴定样品的材质包括白口铁、灰口铁、麻口铁、韧性铸铁、炒钢和熟铁（表一二）。结合对残铁块的综合分析，我们对这批铁器性质的认识可总结为以下数点：

首先，发现了铸铁脱碳钢坯料。在确定为铸铁脱碳的样品中，有2件外型十分规整且呈长方形条块状，基本看不出有刃部，厚度也与一般的削刀不同。铁器应为生铁铸成后经脱碳处理的小

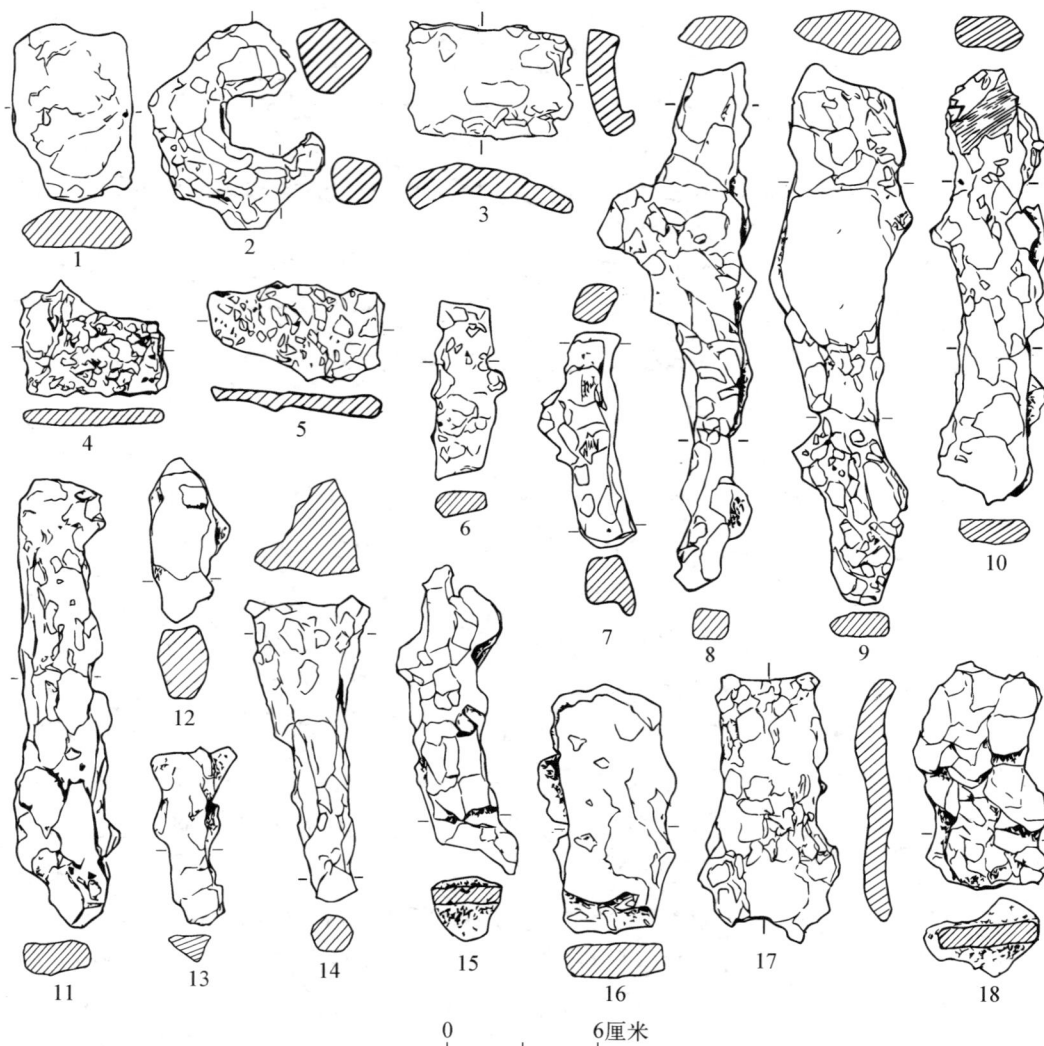

**图三三　冶金分析的铁器残块**

1. H31①：y271（71124）　2. H31①：y245（71108）　3. H33：y84（71168）　4. H34①：y88（71266）　5. H36：y123（71203）
6. H33：y86-1（71174）　7. H31①：y261（71119）　8. H31①：y266（71165）　9. H31：y274（71148）　10. H33：y81（71170）
11. H28：y61（71290）　12. H5：y5（71274）　13. H33：y85（71171）　14. H31①：y258（71117）　15. H12：y2（71186）
16. H31①：y250（71126）　17. H31①：y277-1（71150）　18. H12：y3（71187）
注：图注括号中为样品的实验室编号。

型铁锭或坯料。在与作坊对应的邺城墓地中，出土的个别环首削刀和削刀由铸铁脱碳坯料锻打成型，因此，这一类坯料除了可以被重熔回炉外，还可用来直接打制成削刀一类的工具。3件样品呈"C"形，很可能为环首削刀一类工具残破的环部，金相组织则为珠光体加铁素体的亚共析钢，证明原来也应为环首削刀一类的工具残块。

其次，发现了炒钢制品。在本次分析中，有4件样品能明确为炒钢制品（另有一件推测为炒钢），但因较为残破而难以确定原来是否为工具或为何种工具，在分类时都归入残铁器一类。这4件铁器都呈长条状，但断面形状不一。

最后，推测作坊的残铁器中，有相当部分应该是准备重新回炉或再锻打加工的铁工具废材。由于作坊中出土的相当数量的残铁器和部分残铁块实际为坯料、回炉重熔的原料或需重新锻打的废材，未分析的较残破的残铁器也很可能是回收的原料，因此推测邺坊作坊应该是以重熔和回收各类工具或容器的废材来获取主要原料的小型作坊。

**表一二　铁器与残块金相组织鉴定结果**

| | 白口铁 | 灰口铁 | 麻口铁 | 韧性铸铁 | 铸铁脱碳钢 | 炒钢 | 熟铁 | 其他 | 完全锈蚀 | 总数 |
|---|---|---|---|---|---|---|---|---|---|---|
| 铁器残块/容器 | 1 | 1 | 1 | 0 | 2 | 0 | 1 | 0 | 3 | 9 |
| 残铁器 | 12 | 1 | 9 | 0 | 4 | 5 | 10 | 0 | 6 | 47 |
| 残铁块 | 19 | 3 | 6 | 2 | 0 | 0 | 4 | 1 | 8 | 43 |
| 炉底积铁 | 1 | 0 | 3 | 0 | 1 | 0 | 1 | 0 | 2 | 8 |
| 总数 | 33 | 5 | 19 | 2 | 7 | 5 | 16 | 1 | 19 | 107 |

### 3.2.5　其他

在发掘过程中，我们还发现并从个别单位中以筛选方法收集到大量可能和锻造有关的薄铁片（hammer scale）（图三四；彩版一八，4、9；图版一〇，2、6）。此类遗存在以往的工作中较少注意，但是在其他地区的铁器制作遗址中经常发现，且在锻冶炉附近会有聚集分布的现象[1]，我们暂时参考日文考古报告中通用的名称，将其定名为"锻造剥片"。这一类型的薄铁片基本已完全腐蚀，但从金相组织中仍能看出$Fe_2O_3$和$Fe_3O_4$的分层组织，应为铁器表层氧化后在锻打时剥落的残留物。这一类遗存的出现，说明作坊也兼有锻打制作铁器的功能。而这一类遗物仅多见于

[1] Sim David (1988). *Beyond the Bloom: Bloom Refining and Iron Artifact Production in the Roman World*. Oxford: Publishers of British Archaeological Reports. Veldhuijzen Harald Alexander and Rehren Thilo (2007). "Slags and the City: Early Iron Production at Tell Hammeh, Jordan and Tel Beth-Shemesh, Israel". In *Metals and Mines: Studies in Archaeometallurgy*, Susan La Niece, Duncan Hook and Paul Craddock eds. pp. 189–201. London: Archetype Publications.

图三四　2011YFH31锻造剥片及金相组织

H34和H36中，在作坊其他单位中并不多见。部分的炉渣中也发现夹杂有未完全重熔的锻造剥片，在熔炼时这类遗存也会作为炉料添加到炉内。

在作坊的发掘中，发现了3件与铸钱相关的母范残块，分别见于H3⑨、H19⑫、H28。三者都以滑石一类质地较软的石材为原料，母范皆用于生产半两钱范。在对半切开原料后，工匠先打磨范面，再用陀具一类的旋转工具，以减地起凸的方式，制作出浇铸腔。由于作坊发现的钱母范皆为残块，出土的遗物中也未见任何铸钱陶范，不排除作坊在短暂的时间内曾生产铸钱陶范，以供其他作坊使用。

## 3.3　非冶铸遗物综述

### 3.3.1　陶容器

尽管汉代遗址多伴出铜钱，大致确定地层或堆积单位的年代并不困难，但日常生活居址分期的细化和谱系的建立，能为关中地区汉代聚落空间演变的考察奠定基础，更有利于分析秦汉考古学文化变化过程中的中小型聚落和汉代基层社会。而杨凌邰城作坊遗址的发现为这些学术目标提供了绝好的材料。邰城（很可能为邰县治所）铸铁作坊为长安城周边的中小型聚落，除了大量与冶铸有关的遗物外，作坊还出土了大量陶器甚至是制作半两钱和榆荚钱的母范，这些都有助于确定作坊的时代（我们曾撰文指出作坊的年代大致为西汉早期）。个别单位出土遗物相对丰富，在初步整理后我们认为这些单位所出的陶容器有早晚之别，下文将首先介绍陶容器的形制分析。由于作坊还出土大量西汉时期的建筑用瓦，本文也将分析瓦（主要是筒瓦）内侧面麻点纹和陶容器类别所占比例的年代变化，以此探讨材料所反映的作坊延续时间。虽然以上的分析会占去一定篇幅，但作坊的延续时间是分析的基础，论证过程无法省略，而形制分析也将有益于以后探讨关中地区作坊的性质和运作方式。

为解决作坊的年代和性质问题,本报告对出土的陶容器和建筑材料进行类型学研究,并对所有出土陶器的残片进行记录。作坊所出土陶容器,大部分为大型的盆、罐,仅有少量的釜或鬲等器物,或许与作坊性质特殊、专门化程度较强有关。我们首先介绍这些陶容器的主要类型和式别的划分。

### 1. 盆/甑

以泥质陶为主。由于作坊中出土的陶容器多为残片,我们把最大径在口沿处、平折沿、内腹壁饰有多道暗旋纹、上腹较直或微弧的器类定为盆/甑一类遗存。在各单位的残片中,盆/甑一般属大宗。甑多在盆制作完成后在器底钻孔而成,仅在腹部形态上无法区分。过去不少报告曾将器类较小者定名为盂,在本次发掘中,所获残片不多,无法判断以某一绝对值进行大小区分是否合适,故暂不作进一步区分。战国晚期出土的陶盆,基本不见楔形绳纹,但在大多数战国晚期单位中,发现有陶盆在附加堆纹上戳印楔形绳纹。该类纹饰在西汉时期的盆上较为少见。我们认为盆/甑一类容器可根据大小,先区分为大型盆、中小型的深腹盆和浅腹盆。大型盆口沿宽度大于50厘米,目前尚未能复原出较完整或带较多下腹的残器,也无法讨论其时代特点。在下文中我们仅讨论中小型盆的形制变化。部分残片无法判断原来通高,我们假设在器口径相近的情况下,器高可能接近,即若残片口径与复原器相接近,则以复原器通高作为残片原高度的参考。

（1）深腹盆

根据中小型深腹盆腹部的形态及纹饰,可分为两型:

A型 折腹,上下腹分界处有一周弦纹[1],上下腹交界处有明显的凸棱。根据上腹占腹部比例分四式:

Ⅰ式 上腹占腹部比例小于完整器的1/3,腹部折棱隆起较微,上下腹部绳纹部分被抹去,余下绳纹较清晰。标本H39③:8(图三五,1;图二三五,4)。

Ⅱ式 上腹占腹部比例小于1/3,上下腹部基本不见任何绳纹,但较Ⅰ式上腹多饰一至两道旋纹。标本H1:32(图三五,2;图五〇,6)。

Ⅲ式 上腹占腹部比例大于Ⅰ式,多于1/3,上腹向内斜收较明显。标本H35:7(图三五,3;图二一三,7)。

Ⅳ式 上腹占腹部比例大于Ⅲ式,上腹向内斜收较明显。标本H16:4(图三五,4;图一四〇,2)。

B型 弧腹,上下腹交界处甚为圆弧,上腹所处位置靠近上方,部分在下腹表面有刮削修整痕迹,消失于上下腹交界处。根据上腹所饰纹饰,可为两亚型:

Ba型 在上腹戳印有一周绳纹,绳纹上下一般有两道旋纹,绳纹纹饰由左至右或由右至左。根据上腹与通高的比例以及下腹的特征分三式:

---

[1] 在本报告中,弦纹指在表面一周凸起的纹饰带,旋纹则指在表面一周下凹的纹饰带。

Ⅰ式　上腹占腹部不到1/3,上腹向内斜收,上下腹转折明显,腹部微内凹。标本H13:6(图三五,5;图一二三,3)。

Ⅱ式　上腹较Ⅰ式直,上下腹交界处较圆弧,下腹较缓。标本H1:3(图三五,6;图四七,7)、标本H35:2(图三五,7;图二一三,8)。

Ⅲ式　上腹甚直,上下腹分界几不可分,下腹内收较Ⅱ式更缓。标本H16:2(图三五,8;图一四〇,8)。

Bb型　上腹为素面或饰有旋纹,旋纹道数不等,演变规律与Ba型相似。根据上下腹特征与比例分两式:

Ⅰ式　上腹占通高不到1/3,下腹急收,上下腹转折明显,下腹微内凹。标本H13:3(图三五,9;图一二三,10)。

Ⅱ式　上腹占比例略接近或大于1/3,上腹较直,上下腹交界处不明显,下腹较缓收。标本H31①:25(图三五,10;图一八四,8)。

折腹盆与弧腹盆的变化规律既相似又有一定区别。相同之处为两者上腹由早到晚的比例皆逐步增加。区别体现为折腹盆上腹早期较直,较晚阶段向内斜收且与下腹转折越加明显;弧腹盆则相反,上腹由较早阶段向内斜收发展为直腹且与下腹交界处不明显。

(2)浅腹盆

泥质灰陶,口沿与上腹皆与深腹盆十分接近,但下腹明显浅于一般的深腹盆,口径相对较小。根据口沿及腹部特征,分为两型:

A型　上腹饰有两道瓦棱纹,内腹壁亦饰有多道暗旋纹,下腹有多道刮削痕迹。根据沿面以及腹部特征,可分为两式:

Ⅰ式　卷沿,上下腹转折处不明显。标本H15:4(图三五,11;图一三二,3)。

Ⅱ式　平折沿,口沿上有两道较浅的凹槽,上腹微向外隆起,上下腹转折较为明显。标本H4③:6(图三五,12;图一〇〇,8)。

B型　口沿较窄,中间有一道浅凹槽,束颈明显,腹部微鼓,表面饰浅绳纹。按口和腹部的比例可分为两式:

Ⅰ式　口径远大于腹径,呈敞口状。标本H13:7(图三五,13;图一二三,8)。

Ⅱ式　口径小于腹径,呈鼓腹状。标本H25②:3(图三五,14;图一五〇,4)。

(3)异形盆

标本H13:5(图三五,15;图一二四,3),泥质灰陶,大敞口,整体呈碗形,下腹急收,口沿外侧有9道旋纹。


2. 罐/缶

我们把最大径在肩部或腹部的残片订为罐/缶,因复原器不多,无法对这两类陶器再加细分。根据器身大小和口径,罐/缶又可再分为两大类。第一类为较大型的陶罐,口径相对较小,根据其口部和纹饰特征,称之为小口旋纹罐。该类陶器最大特征为束颈,圆弧肩或溜肩,腹较深,上腹饰

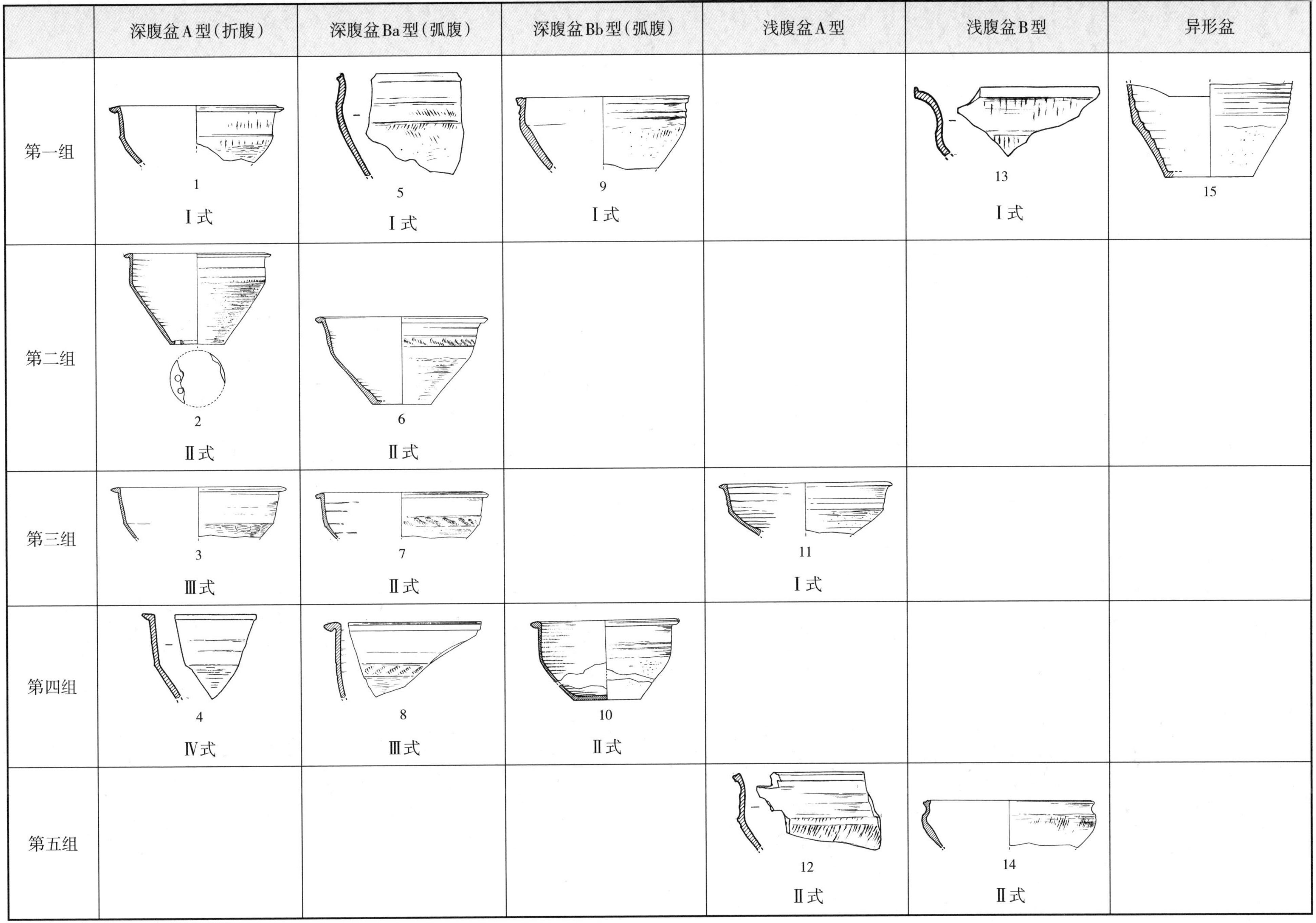

| 深腹盆 A 型（折腹） | 深腹盆 Ba 型（弧腹） | 深腹盆 Bb 型（弧腹） | 浅腹盆 A 型 | 浅腹盆 B 型 | 异形盆 |
|---|---|---|---|---|---|
| 1 I 式 | 5 I 式 | 9 I 式 | | 13 I 式 | 15 |
| 2 II 式 | 6 II 式 | | | | |
| 3 III 式 | 7 II 式 | | 11 I 式 | | |
| 4 IV 式 | 8 III 式 | 10 II 式 | 12 II 式 | 14 II 式 | |

第一组　第二组　第三组　第四组　第五组

**图三五　陶器分期图（一）**

1. H39③:8　2. H1:32　3. H35:7　4. H16:4　5. H13:6　6. H1:3　7. H35:2　8. H16:2　9. H13:3　10. H31①:25　11. H15:4　12. H4③:6　13. H13:7　14. H25②:3　15. H13:5

绳纹或刮削纹,口部形制大部分为尖圆唇,少部分为方唇。这一类陶器发现数量较多,且变化相对较明显,我们将在下文重点讨论其形制演变。第二类为较小型的陶罐,腹部较浅。因这一类陶罐发现数量不多,又难以从残片看出类型的种类和演变情况,在此暂不予详细的类型学介绍。

(1)小口旋纹罐

根据肩部和最大径位置,可分为四式:

Ⅰ式 隆肩,肩面近口部且微平,最大径在器身偏上位置。标本H1:29(图三六,1;图四八,3)。

Ⅱ式 圆鼓肩,最大径较Ⅰ式下移。标本H15:1(图三六,2;图一三三,2;图版一一,4)。

Ⅲ式 微溜肩,腹近斜直,最大径接近器身一半位置。标本H3:12(图三六,3;图九六,3;图版一一,2)。

Ⅳ式 溜肩明显,最大径位于器身中部以下位置。标本H36:1(图三六,4;图二二七,3),H25⑤:9(图三六,5;图一五〇,3)。

(2)小口鼓腹罐

按沿面形态,可分为两型:

A型 卷沿,方圆唇,唇面较宽,圆肩鼓腹,肩部较广,最大径偏上。肩、腹部饰弦断绳纹,但绳纹较浅。标本H13:1(图三六,6;图一二四,5)。

B型 微卷沿,领部较矮,圆肩,下腹可能与A型相似,饰弦断交错绳纹。标本H13:8(图三六,7;图一二四,2)。

(3)异形罐

根据口沿和领部情况,可分为三型:

A型 微型小口罐。体型甚小,卷沿,微侈口,腹部甚鼓,肩部饰多道旋纹。标本H13:10(图三六,8;图一二三,2)。

B型 直领罐。体型可能与大口罐相若,圆唇,高领较直。标本H39③:17(图三六,9;图二三六,2)。

C型 厚方唇罐。器形与西汉时期的小口旋纹缶接近,唯口沿直径较大且厚。标本H39②:23(图三六,10;图二三六,11)。

3. 釜

在各单位中基本未见完整器,但在大多数单位中皆发现有残片。下半部分虽残,但根据同出的釜形鬲的情况,推测这一类遗物绝大多数应为釜。陶质大多为夹砂灰陶,小部分为夹砂红陶。表面多饰绳纹。口沿以下部位多饰有斜向绳纹。根据口部与肩、腹部特征可分为四型:

A型 圆肩釜。圆肩鼓腹,个别肩部微耸或微折。根据口沿与肩部可分为两亚型:

Aa型 直方唇,卷沿或平折沿,沿面呈小台面,领部较高,束颈一般较明显,肩部微隆或微折,腹部饰斜向绳纹,绳纹印痕较深。标本H1⑤:22(图三七,1;图四九,1)。

Ab型 窄方唇,鼓腹不明显,颈、腹部基本无分界,整体可能甚为圆鼓,因出土有方格纹釜残片,推测底部可能饰方格纹。可分两式:

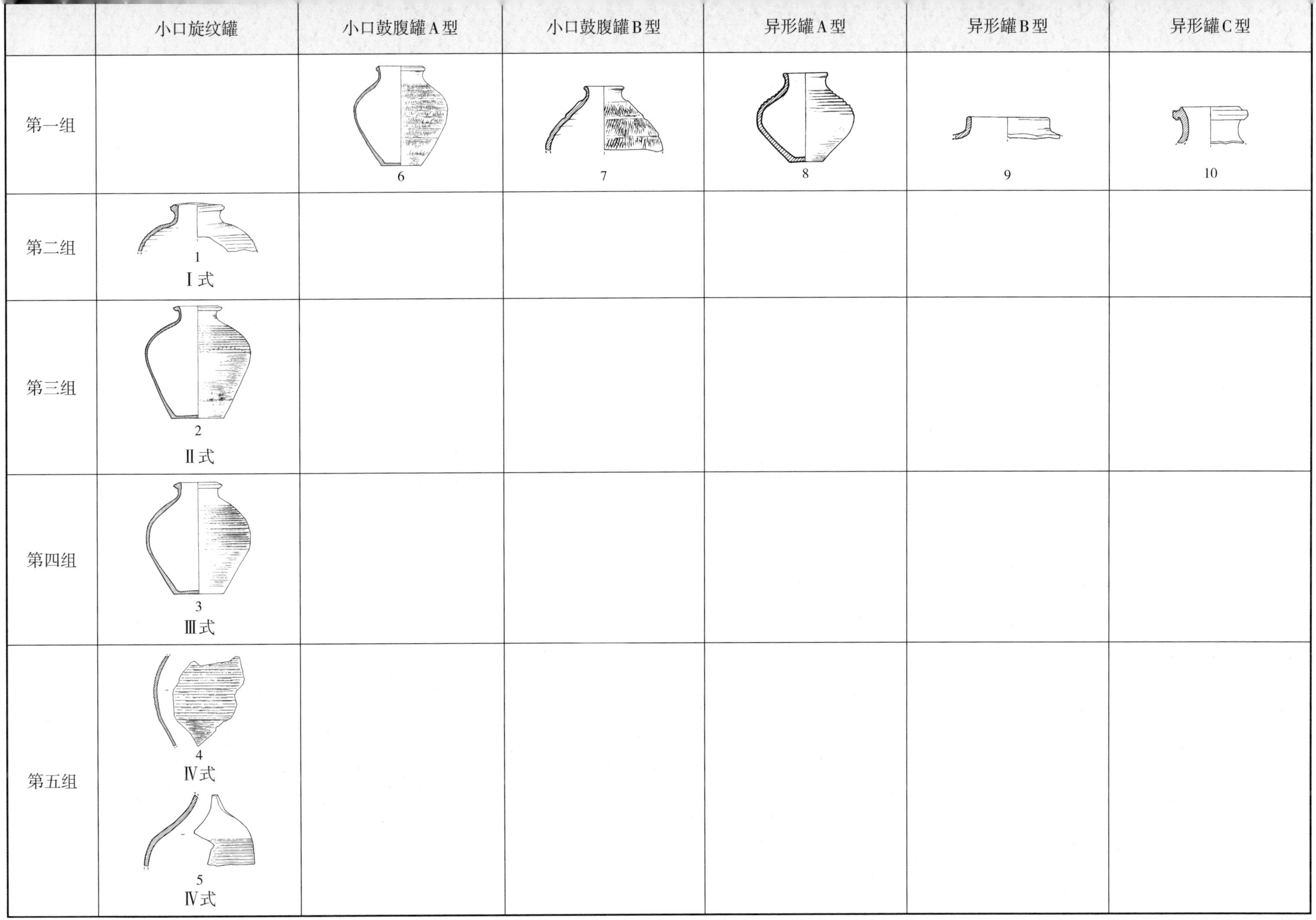

| 小口旋纹罐 | 小口鼓腹罐 A 型 | 小口鼓腹罐 B 型 | 异形罐 A 型 | 异形罐 B 型 | 异形罐 C 型 |
|---|---|---|---|---|---|
| <br>1<br>I 式 | <br>6 | <br>7 | <br>8 | <br>9 | <br>10 |
| <br>2<br>II 式 | | | | | |
| <br>3<br>III 式 | | | | | |
| <br>4<br>IV 式 | | | | | |
| <br>5<br>IV 式 | | | | | |

第一组 第二组 第三组 第四组 第五组

图三六 陶器分期图（二）

1. H1∶29　2. H15∶1　3. H3∶12　4. H36∶1　5. H25⑤∶9　6. H13∶1　7. H13∶8　8. H13∶10　9. H39③∶17　10. H39②∶23

Ⅰ式　唇部相对较薄,束颈较为明显。标本H38⑦:11(图三七,2;图二三二,2)。

Ⅱ式　唇部变厚,颈腹交界不明显。标本H31②:16(图三七,3;图一八五,2)。

Ac型　厚圆方唇,唇部向外隆起,基本为矮直领,束颈不甚明显。根据口沿情况可分为两式:

Ⅰ式　口沿相对较小。标本H35:10(图三七,4;图二一四,7)。

Ⅱ式　器身相对较厚,口沿较Ⅰ式宽大。标本H25②:6(图三七,5;图一五〇,1)。

B型　直口釜。直口无领,口沿部分有一周加厚的泥条,沿面外侧高、内侧低,表面饰直绳纹,印痕较浅。按口沿和腹部形态分两式:

Ⅰ式　方唇较窄,且腹部较内敛,部分在口沿位置有穿孔。标本T12:7(图三七,6;图二五三,10)。

Ⅱ式　方唇较长、厚,且腹部较直。标本H1⑤:24(图三七,7;图四九,6)。

C型　折肩釜。束颈明显,颈、腹部交界处有明显转折,肩部微鼓,与腹部基本连成一体,腹部较A型、B型浅厚。根据口沿可分为两亚型:

Ca型　方唇,卷沿,唇面饰1道旋纹。标本H19⑧:3(图三七,8;图一四七,2)。

Cb型　三角形唇,束颈,折肩明显,整体较扁,器底饰篮纹。标本H16③:7(图三七,9;图一四〇,7)。

D型　鬲形釜。夹砂,部分羼有颗粒甚粗的砂粒,部分砂粒最大径达0.4厘米。裆部甚低近平,鬲足已完全退化。腹部饰较深的方格纹,标本个体甚大者则饰"花生壳"式粗麻点纹。标本H38③:13(图三七,10;图二三一,6),矮直领,卷沿微侈,纹饰较浅。

### 4. 瓮

在本文中,我们把器壁较厚,体型大于一般盆、罐类的陶器统称为瓮,该类陶器一般含较粗砂粒。根据领部可分为两大类:

(1) 无领瓮

表面有深灰色磨光层,甚为平滑,领甚矮。按领部可分为两式:

Ⅰ式　领部较矮,方唇,束颈较明显。标本H38⑥:3(图三八,1;图二三三,1)。

Ⅱ式　敛口,唇部仅略高于肩面,肩部较广。标本H1⑤:16(图三八,2;图四九,5)。

(2) 矮直领瓮

表面或有深灰色磨光层,或饰有绳纹,领部较矮,方唇或尖圆唇。根据领部和口沿形态,能分为三型:

A型　颈部与肩部交界处有半月形的压印痕迹,沿面微鼓,外侧高,内侧低,近外侧有一周旋纹。标本H1⑤:20(图三八,3;图五〇,4)。

B型　沿面与A型接近,唯颈、肩部交界处未见半月形压印痕迹。根据口沿形态,可细分为两式:

Ⅰ式　沿面微鼓,外侧高,内侧低,近外侧有一周旋纹,沿面内侧较平。标本H1:19(图三八,4;图五〇,1)。

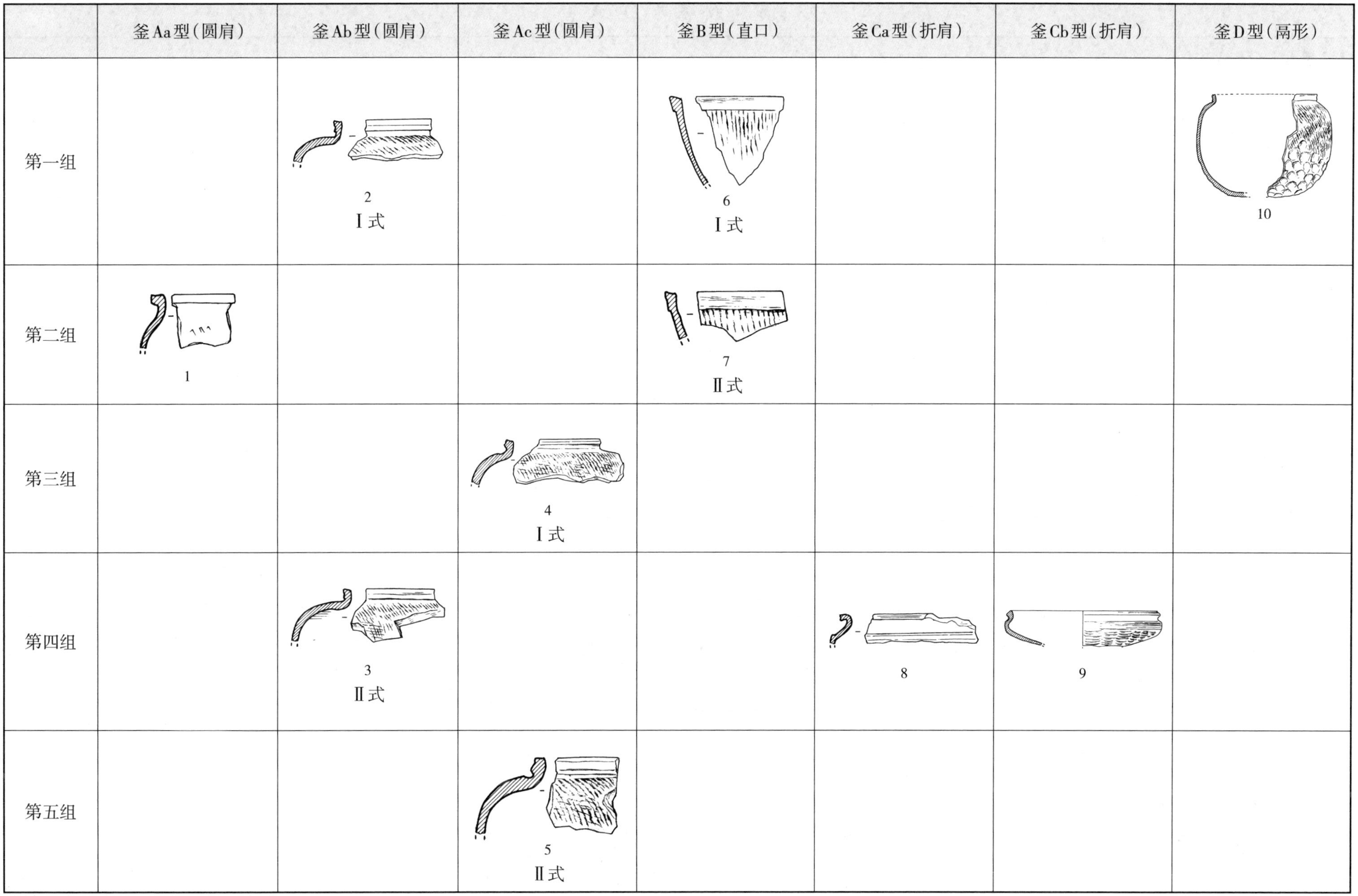

| 釜 Aa 型（圆肩） | 釜 Ab 型（圆肩） | 釜 Ac 型（圆肩） | 釜 B 型（直口） | 釜 Ca 型（折肩） | 釜 Cb 型（折肩） | 釜 D 型（高形） |
|---|---|---|---|---|---|---|
| | 2<br>I 式 | | 6<br>I 式 | | | 10 |
| 1 | | | 7<br>II 式 | | | |
| | | 4<br>I 式 | | | | |
| | 3<br>II 式 | 5<br>II 式 | | 8 | 9 | |
| | | | | | | |

（第一组、第二组、第三组、第四组、第五组）

图三七 陶器分期图（三）

1. H1⑤∶22  2. H38⑦∶11  3. H31②∶16  4. H35∶10  5. H25②∶6  6. T12∶7  7. H1⑤∶24  8. H19⑧∶3  9. H16③∶7  10. H38③∶13

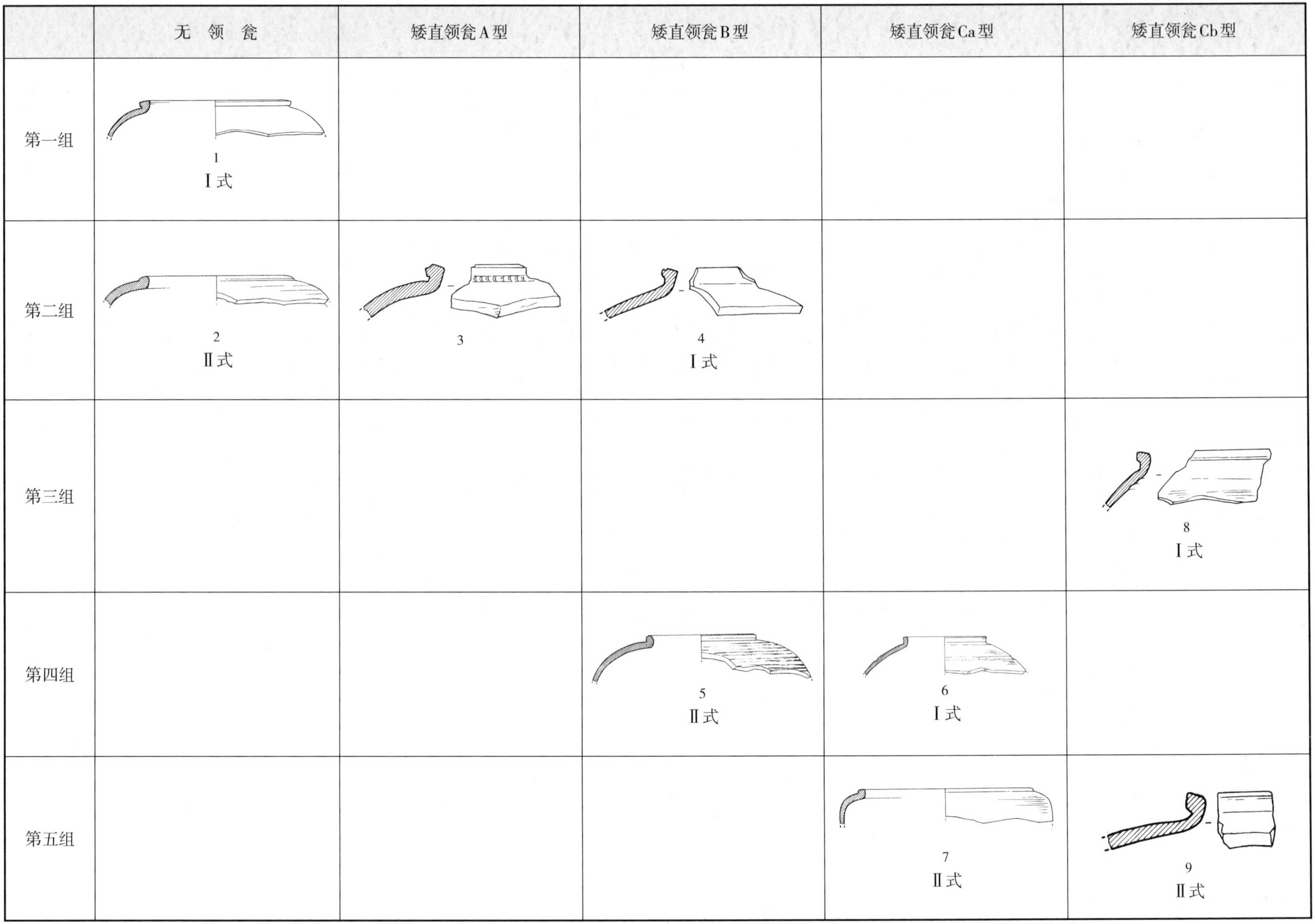

| 无领瓮 | 矮直领瓮 A 型 | 矮直领瓮 B 型 | 矮直领瓮 Ca 型 | 矮直领瓮 Cb 型 |
|---|---|---|---|---|
| 1 I式 | | | | |
| 2 II式 | 3 | | | |
| | | 4 I式 | | 8 I式 |
| | | 5 II式 | 6 I式 | |
| | | | 7 II式 | 9 II式 |

第一组 · 第二组 · 第三组 · 第四组 · 第五组

图三八　陶器分期图（四）

Ⅱ式　沿面在外侧仍有一周旋纹，口沿内侧甚为圆弧。标本H31①：6（图三八，5；图一八四，1）。

C型　直领，方唇，束颈或束颈不明显。根据沿面形态可再分为两亚型：

Ca型　沿面甚平，微束颈不明显，部分在唇外侧有一道旋纹。按肩部可分为两式：

Ⅰ式　肩部较斜直，微溜肩，标本H31②：20（图三八，6；图一八五，1）。

Ⅱ式　肩部甚溜，耸肩明显。标本H4②：2（图三八，7；图一〇一，5）。

Cb型　口沿内侧面呈向内倾斜的小台面，外侧有一道旋纹。按束颈的形态可分为两式：

Ⅰ式　束颈较不明显，微溜肩。标本H35：12（图三八，8；图二一四，6）。

Ⅱ式　束颈不明显，广肩。标本H36：7（图三八，9；图二二七，5）。

在作坊中，其他类别的陶器还包括器盖、圆腹钵、圈足罐、大口罐（标本H39③：20；图二三六，5）等，但因这些器类在作坊中发现甚少，形制演变较不清楚，对分期意义不大，故在综述部分暂不作介绍。在这批陶器中，包括了一定数量战国晚期的陶容器。这批陶容器的特点包括：釜的底部饰有呈菱形的大方格纹，纹饰印痕甚深；在盆或罐上出现基本不见的较浅的楔形绳纹罐。

### 3.3.2　陶建筑材料

在西汉时期的单位中，发现了数量较多的陶质建筑材料，主要为板瓦和筒瓦的残片。西汉早期筒瓦内侧面部分饰麻点纹（或为制作过程中留下的痕迹），此外还有素面和布纹。板瓦和筒瓦表面的绳纹可分为粗细两大类，施纹方向包括直向施压和交错绳纹。在作坊的范围内，目前尚未发现过任何房屋的基址，仅H1可能与半地穴房屋有关。按常理推测，作坊应有供工匠生活休息的房址或以瓦顶覆盖的工作间。另外，作坊中发现了少量的云纹瓦当残块和地面铺砖的残块。砖主要为几何纹方砖，上饰多重菱形纹和直角纹。

### 3.3.3　石器

所有单位出土的石器数量都很少，且外型不甚规整，虽然有一定的加工痕迹，但目前尚无法确定是否与铁质工具的打磨和抛光有关。总体而言，作坊中石质手工业生产工具数量甚少，更不见石质农业生产工具。

### 3.3.4　动物遗存

以往研究已指出，作坊中的动物遗存能反映当时工匠的食谱，同时对消费的动物种类、部位、年龄的记录和复原，更是探讨作坊工匠身份的重要依据。在整理过程中，我们对所有出土（以及浮选所得）的动物骨骼的种属和部位根据现有的对比资料，进行了详细的鉴定和记录（表一三；附表二〇）。此外，我们记录的内容亦包括骨骼的病理现象、切割和砍砸加工、牙齿磨耗程度、骨缝愈合程度，以便在最终报告中反映工匠获取肉类资源的种类和可能途径。

**表一三　动物骨骼种属鉴定结果统计表**

| 学名 | | 可鉴定标本数（NISP） | |
|---|---|---|---|
| | | 计数 | % |
| Bos taurus | 牛 | 97 | 18.8 |
| Sus scrofa | 猪 | 49 | 9.5 |
| Ovis aries/Capra hicus | 绵羊/山羊 | 37 | 7.2 |
| Canis sp. | 犬 | 73 | 14.2 |
| Equus caballus | 马 | 19 | 3.7 |
| Odocoileus virginianus | 鹿 | 3 | 0.6 |
| Rodentia | 啮齿类* | 14 | 2.7 |
| 未能鉴定鱼类 | | 3 | 0.6 |
| Gallus gallus | 鸡 | 3 | 0.6 |
| Anas sp. | 鸭 | 1 | 0.2 |
| 未能鉴定鸟类 | | 7 | 1.4 |
| 大型哺乳动物 | | 59 | 11.5 |
| 中型哺乳动物 | | 120 | 23.3 |
| 大型—中型哺乳动物 | | 12 | 2.3 |
| 小型哺乳动物 | | 18 | 3.5 |
| 总计 | | 515 | 100 |

注：*标本主要从浮选土样中获取，不排除为后期自然扰动遗存。

### 3.3.5　植物遗存

在发掘工作中，我们收集了若干主要单位的土壤样品，在整理过程中进行浮选处理，浮选出大植物遗存进行种属鉴定。通过浮选方法，从邰城遗址中的战国晚期生活垃圾坑（H32、H38、H39）、西汉时期生活垃圾坑（H35）、废料坑（H3、H26、H31、H33、H34、H36）、废料堆积（T10③）和后期扰坑（H7）中共收取了47个土壤样品、329升浮选土壤，在浮选时收集土壤中的轻浮物和重浮物样品，并进行记录及鉴定。当中，西汉时期与铁器作坊同时的样品分析容量达246升。鉴定工作由薛轶宁博士于波士顿大学植物考古实验室完成。当中的大植物遗存绝大多数属于杂草科，样品数量为3 702，属于农作物的样品量仅为45，绝大部分为粟（Setaria italica），其余的作物包括黍（Panicum miliaceum）、小麦（Triticum aestivum）、大麦（Hordeum vulgare）和少量属于谷物的残块（附表二一）。具体如下：

从收集的土壤中浮选出31.09克木炭遗存（>2毫米）。此外，遗址浮选出若干炭化植物种子，共鉴定5 179粒，平均每升土样出土15.7粒，其中出土炭化植物种子最多的单位为H35，每升发现34.3粒。植物种子共11种，可简单分为谷物类及杂草类。谷物类植物遗存的样品有39个，共

213.25升（表一四）。遗存种类有4种,分别为粟、黍、小麦及大麦。当中发现最多者为粟,共175粒,分布集中在H32、H35及H38;麦类的种子则较少,有小麦16粒和大麦5粒;此外亦浮选出5粒黍。

另外,浮选中发现7种杂草的种子。藜科种子（Chenopodium spp.）是本遗址发现最丰富的植物种子,在多个单位大量出土,H31、H33、H34、H35、H36及H38都发现300粒至800余粒的藜科种子,整个遗址共发现4 092粒藜科种子。鉴于藜科种子数量较大,未必为杂草的种子,且陕西汉代的考古遗址亦有发现藜科植物为当时主要栽培作物的证据,不排除这批藜科种子为食用粮食的可能性。

黍亚科（Panicoideae A. Br.）作为粟的伴生杂草,在出土粟种子的单位亦被大量发现,同样主要分布于H32、H35及H38,共发现317粒。

卷耳属（Cerastium）是较常见的杂草种子,一共489粒。

另外,遗址亦发现有少量匍匐生长的植物,包括酢浆草（O. corniculate）29粒、锦葵属（Malavaceae）5粒。还发现有4粒种子属马鞭草科植物（Verbena officinalis L.）,马鞭草为多年生直立杂草,主要在H26发现,此单位并未发现任何谷物类种子。另外,遗址亦发现少量属马鞭草科的黄荆（Vitex negundo L.）种子,共4粒。

在大多数发现的单位中,属于大植物遗存的发现十分零星。由于大植物遗存的存在与否更多是和作物的加工场所及位置有直接的对应关系,西汉时期农作物在浮选样品中的少见或罕见说明,作坊的发掘区基本不存在或远离对农作物初步加工和直接煮食的场所。发掘区位置主要的活动行为属于生产或废料废弃,工匠的主要饮食消费区可能在这些单位的附近。

表一四　谷物类的丰富程度和出土概率

| 种　　类 | 标准密度 | 数量百分比（%） | 出土概率（%） |
| --- | --- | --- | --- |
| 粟 | 0.820 | 87.06 | 48.72 |
| 黍 | 0.023 | 2.49 | 12.82 |
| 小麦 | 0.075 | 7.96 | 25.64 |
| 大麦 | 0.023 | 2.49 | 12.82 |
| *包含谷物类植物遗存的样品总数 = 39 | | | |
| *包含谷物类植物遗存的浮选样品土样总量 = 213.25升 | | | |

此外,为进一步确定大植物遗存的鉴定结果,我们对24份土样样本进行了植硅体分析（附表二三）。总的来说,邯城铸铁作坊中大部分样品含有的植硅体较少且破碎,部分样品还含有少量的炭屑,农作物植硅体数量少、出土概率低,可能与遗址和遗迹的性质有关。但因为农作物茎叶和稃壳上的植硅体都出现了,表明周围可能存在规模不确定的农作物栽培活动。

### 3.3.6　其他

作坊出土的其他遗物包括石器、圆陶片、骨器和若干铜器等。

在西汉时期的灰坑中,发现35件圆陶片,主要以陶器残片磨制而成,尺寸不一。圆陶片集中出土于H31,其他出土的单位包括H34和H36。总体而言,圆陶片与大量的冶铸遗存共出,厚度在2～3厘米左右。这一类圆陶片应该是与浇口杯共用的器具,用于入窑烘范时或放在浇口之上组合铸型,以阻挡草木灰和泥土等外物渗入。

另外,H25⑤中发现1件中空陶球。作坊出土的铜器包括铜钱、铜镞和铜环。铜钱出自H1、H3和H19⑫,皆残,且无法判断上面的文字。

以上综述部分基本将作坊大部分出土遗物的性质与种类进行了系统介绍。在第四章中,我们将照单位的顺序,逐一介绍各单位的情况,并对挑选的标本进行细致的介绍和描述。

# 3.4　分期、年代与堆积结构

## 3.4.1　分期与年代

我们以为,要通过作坊出土的陶容器讨论作坊的性质与组织方式,作坊的绝对年代和陶器所代表的分期框架是其主要研究基础。如果作坊的延续时间很短,陶容器材料很可能无法进行类型学分析和分期,也无法成为讨论作坊性质的基础。因此,要解决作坊的延续时间问题,就必须结合一般的类型学方法。关中地区是西汉时期的政治中心,在长安城中心区及城周围分布着大量汉代墓地与聚落。过去的考古工作积累了大批重要资料,已有不少研究详细讨论过以陶器为中心的分期问题,大致三期的墓葬分期框架(西汉早期、中期和晚期)已为学者所认可。但要利用关中地区以往的西汉遗物分期研究,仍有两方面问题需要再加探讨和补充。第一,分期研究基本以墓葬材料,尤其是铜钱和铜镜为中心,至于陶礼器和一般的陶容器,多以器类的出现频率和组合变化而非器形变化讨论年代早晚。第二,在已发表的居址资料(包括宫殿、苑囿、手工业作坊等)[1]中,可能因陶器残破,公布的复原器寥寥可数,难以窥探日用陶器群的原貌,也无法讨论分期问题。此外,因墓葬出土材料与居址一般存在一定差异,借用墓葬分期标尺更无从谈起。

根据作坊出土的个别年代相对确定的遗物,我们已对作坊的大体年代进行了充分讨论,认为作坊的主要使用时间在西汉早期。但为更系统了解作坊的使用、延续时间,进一步分析作坊在较短时间内的布局变化,判断作坊遗存是短期一次性冶炼活动还是多次行为的结果,则要对作坊的时间框架进行细分。对出土陶器进行类型学分析,以判断不同单位间出土的陶器是否能显示出一定的期别变化。

在已发掘的战国到西汉时期单位中,我们首先把出土物较为丰富、种类也较多的单位定为典型单位,具体包括H1、H3、H13、H15、H16、H19、H25、H31、H32、H35、H36、H38、H39。个别单位之

---

[1]　历年来积累的围绕汉长安城宫殿区和周边作坊的文献无法全部罗列,具体可参阅中国社会科学院考古研究所编:《中国考古学·秦汉卷》,北京:中国社会科学出版社,2010年;中国社会科学院考古研究所汉长安城工作队、西安市长安城遗址保管所编:《汉长安城遗址研究》,北京:科学出版社,2006年。

间有直接叠压打破关系,再通过制作钱范的石模范,我们可大致确定这些单位的年代早晚序列。

根据陶器形制和组合情况(表一五),把典型单位分为5组。

第1组是H13、H32、H38、H39,出土的器物包括深腹盆AⅠ式、BaⅠ式、BbⅠ式,浅腹盆BⅠ式,异形盆,小口鼓腹罐A型、B型,异形罐A型、B型、C型,无领瓮Ⅰ式,釜AbⅠ式、BⅠ式、D型。第2组为H1,出土的器物包括深腹盆AⅡ式、BaⅡ式、BbⅠ式,小口旋纹罐Ⅰ式,无领瓮Ⅱ式,矮直领瓮A型、BⅠ式,釜Aa型、BⅡ式。瓮、釜的种类和形态总体上与第1组所出接近。第3组为H15和H35,新出现的器类包括深腹盆AⅢ式,浅腹盆AⅠ式,小口旋纹罐Ⅱ式,釜AcⅠ式,矮直领瓮CbⅠ式。第4组包括H3、H16、H19和H31,新出现的器类包括深腹盆AⅣ式、BaⅢ式、BbⅡ式,小口旋纹罐Ⅲ式,釜AbⅡ式、Ca型、Cb型,矮直领瓮BⅡ式、CaⅠ式。另外,H19虽被H16打破,而仅从出土的器物难以判断其属于第3组还是第4组。但因该组共出折肩釜,且此类陶釜与战国晚期所常见的陶釜有较大区别,可能是西汉早期较晚阶段才出现的新器类,遂将H19归入第4组较为合适。第5组为H4、H25和H36。新出现的器类包括浅腹盆AⅡ式、BⅡ式,小口旋纹罐Ⅳ式,釜AcⅡ式,矮直领瓮CaⅡ式、CbⅡ式。

我们认为以上5组典型单位根据器类组合情况,似能再合并为四段,各段之间可能具有时代早晚关系。

表一五 典型单位出土典型陶容器型式统计表

| 单位 | 分组 | 深腹盆A型(折腹) | 深腹盆Ba型(弧腹) | 深腹盆Bb型(弧腹) | 浅腹盆 | 小口旋纹罐 | 无领瓮 | 矮直领瓮 | 圆肩釜 | 直口釜 | 折肩釜 |
|---|---|---|---|---|---|---|---|---|---|---|---|
| H13 | 1 | | BaⅠ1 | BbⅠ2 | BⅠ1 | | | | Aa3,AbⅠ3 | | |
| H32 | 1 | AⅠ5 | | | | | | | Aa1,AbⅠ4 | BⅠ2 | |
| H38 | 1 | AⅠ1 | | | | Ⅰ2 | | | Aa5,AbⅠ5 | | |
| H39 | 1 | AⅠ5 | BaⅠ1 | | | Ⅰ1 | | | Aa10,AbⅠ4 | BⅠ1 | |
| H1 | 2 | AⅡ4 | BaⅠ5 | BbⅠ3 | | Ⅰ4 | Ⅱ2 | A2,BⅠ2 | Aa2 | BⅡ1 | |
| H15 | 3 | A1 | | | AⅠ1 | Ⅱ2 | | | | | |
| H35 | 3 | AⅡ1,AⅢ3 | BaⅡ3 | Bb2 | | 1 | | CbⅠ1 | AcⅠ1,AbⅠ1 | | |
| H19 | 4 | AⅡ1 | | Bb1 | | | | | | | Cb1 |
| H3 | 4 | A2 | BaⅡ1,BaⅠ/Ⅱ1 | | | Ⅲ2 | | | | | |

| 单位 | 分组 | 深腹盆A型（折腹） | 深腹盆Ba型（弧腹） | 深腹盆Bb型（弧腹） | 浅腹盆 | 小口旋纹罐 | 无领瓮 | 矮直领瓮 | 圆肩釜 | 直口釜 | 折肩釜 |
|---|---|---|---|---|---|---|---|---|---|---|---|
| H16 | 4 | AⅣ1 | BaⅡ/Ⅲ2，BaⅢ1 | | | | | BⅠ1 | | | Ca1 |
| H31 | 4 | AⅡ3 | BaⅡ1，BaⅢ1 | BbⅡ1 | | Ⅲ1 | | BⅡ1，CaⅠ3 | Aa3；AbⅡ1 | | |
| H36 | 5 | AⅣ2 | | Bb1 | | Ⅳ1 | | CaⅠ1，CbⅡ1 | Aa1 | | |
| H25 | 5 | AⅡ2 | | | BⅡ1 | Ⅳ1，Ⅲ/Ⅳ1 | | | AcⅡ1 | | |
| H4 | 5 | | Ba2 | BbⅡ1 | AⅡ1 | | | CaⅡ1 | Aa1 | | |

注：型式符号后数字表示具体数量；Ⅱ/Ⅲ表示因残片过残，无法判断具体型式。

第1组不论是器物组合还是具体的风格，均与以后各组有极明显的区别，可单独作为第一段。第2组虽然与以后各组较为接近，但从纹饰作风来看，在瓮口沿下压有半月形印痕的作风只见于第2组，器类上B型釜也不见于以后各组，且从这一组开始多出现楔形绳纹，可单独作为第二段。这一段虽然仅有1个单位，但出土器物甚多，且包括较多完整的复原器，陶器组合较其他单位清晰。第3组可能略早于第4组，但器类、型式与第2组和第5组相比，更为接近第2组。第4组所出陶器复原器较少，难以掌握陶器组合的整体情况。但是，从残片可判断出：在这一组中有个别新器类出现；个别类型的陶器与第3组相比，有新出现的变化，如小口旋纹罐Ⅲ式，矮直领瓮BⅡ式、CaⅠ式等，而且鬲/釜器身整体较之前变厚。不过，因分段的证据不够充分，暂时仍将第3组和第4组归入同一段中，作为第三段。第5组的陶器整体应略晚于第3组和第4组，遂单独作为一段，为第四段。较可惜的是，在上文列举的地层关系中，H26和H34出土陶器较残，数量又少，无法作为典型单位考察。而其余有打破关系的单位，又同属一组中，无法进一步检验所提出的早晚序列。在下一节中，本报告将利用其他方面材料来补充对这一问题的讨论。在此，先分析各段可能对应的具体时代。

根据出土遗物的情况，第一段出现的器物部分也出现在以后各段中，例如折腹盆和釜等，但形制及纹饰都有很大的区别。第一段出现的折腹盆一般腹部饰绳纹而不见楔形绳纹，第一段中罐/缶的种类多样，唯独不见西汉早期汉墓中常见的小口旋纹罐。此外，第1组中发现釜残片的数量要远多于以后各段，部分甚至能复原；从外型来判断，和咸阳长陵车站作坊常见的陶釜酷似。第一段中虽然没有任何纪年遗物，但从陶器的组合判断，大体对应的年代应为战国晚期，下限可能到秦统一时期。定为第一段的单位包括H32、H38、H39、H13、H14。另外，H10、H12、H23、H37、H11因出土了年代下限能到战国晚期的遗物或被西汉时期单位打破，也可能属于第一段。在这一段单位中基本没有发现任何与铸铁相关的遗物。相反,在 H38 和 H39 中出土了烧变形的陶器及可能与制陶相关的马蹄形支垫,对应的应是制陶遗存。

另外要注意的是,作坊范围内还发现比第一段更早的单位,但出土遗物数量少且零碎。例如 H11 出土西周早中期鬲足 1 件(H11∶1)以及先周口沿残片 1 件(H11∶2),很可能是西周时期的单位。H23 除了出土战国时期的遗物,还出土先周鬲口沿 1 件(H23∶1),然而该单位还出土了西汉时期的瓦残片,早期遗物可能只是混入的遗存。

在第二段至第四段单位出土的遗物中,根据出土的制作钱范的母范[1]和铜钱,作坊下限很可能在汉武帝元狩年间或稍晚阶段,即作坊的使用时间当不晚于西汉早期。原因主要如下:首先,在作坊的 H1 和 H3 出土了铜钱,全部为半两钱而不见五铢钱。其次,作坊共出土了 4 块用于制作半两钱的母范。根据半两钱母范形制、文字特点判断,在之前发表的报道中已提出作坊使用年代不晚于西汉早期。在此再把原因申述如下。4 件钱母范出土于 H28、H3、H19,其中"一件为典型的'榆荚钱'范模。这类钱币是西汉高后后期推行、文帝时期盛行的一种钱币;其余三件的钱径约 2.3 厘米,属典型的四铢半两体系,范模无明显内外郭,文字书写较规整,'两'字内部多为简化的'双人两'与文景时期的半两钱相类,而与武帝时期半两钱钱径多约 2.1 厘米,文字多见省笔现象以及'两'字内部多为'十字'两有明显不同"[2]。在前文中由于已把 H3 和 H19 定为第三段,H28 出土有小口旋纹罐Ⅲ式和深腹盆 Ba Ⅲ式,根据前面之分析,也相当于第三段。换句话说,第三段的年代当不早于文景时期。当然,遗物被废弃到进入堆积单位本身有一定的时间差,但因为作坊中既未见能明确定为武帝时期的遗物,陶器,特别是陶盆又与一般定为西汉中期者[3]有别,推测作坊第三段单位中出土的母范的使用、被废弃和进入单位的时间总体上十分接近。如此,作坊第二段对应的时代很可能为西汉最早阶段,即高祖吕后时期。至于第四段,大体相当于武帝早期,即西汉早期最后阶段,但下限有可能进入西汉中期。从陶器的情况来看,作坊的运作应延续一段时间,而非数年内快速地建炉、浇铸和废弃,因此,陶容器的组合应代表工匠群体在相当长的时间段内在作坊中的行为活动模式。

在陶器类型和组合外,其他相关的特征也有助分析判断年代。以往不少研究已涉及秦末到西汉早中期个别器物的年代变化特征。例如滕铭予[4]提出,西汉早期铁釜逐步普及,但在完全取代陶釜以前曾存在一段陶釜与铁釜并存时间。此外,对大型宫殿基址的研究中,也早已认识到"外细绳纹内麻点纹筒瓦、上部和下部均有一段绳纹被刮抹的板瓦、小方格纹方砖和当心为方格

[1] 在此前本发掘队发表的报道中,曾将钱范称为范模,我们已意识到这一定名本身较混乱。遂同意白云翔的看法,将这一类滑石质、刻出浇道和浇铸腔的遗物定名为母范,其性质是用于制作翻范的模范。见白云翔:《先秦两汉铁器的考古学研究》,北京:科学出版社,2005 年。

[2] 赵艺蓬、种建荣、陈钢:《陕西杨凌邰城汉代铸铁作坊遗址》,《中国文物报》2012 年。

[3] 例如,肖健一采用的西安方新村开发公司(1997 年)M6 所出陶盆,上腹比例已多于腹部的 1/2 或属于上下腹连成一体的斜直腹形态。见肖健一:《长安城郊中小型西汉墓葬研究》,西北大学博士学位论文,2007 年;该材料引自西安市文物保护考古所、郑州大学考古专业:《长安汉墓》,西安:陕西人民出版社,2004 年。

[4] 滕铭予:《论秦釜》,《考古》1995 年第 8 期。

纹、当面为蘑菇纹的云纹瓦当"[1]是秦汉之际和西汉早期单位，或始建年代在这一时期的建筑的特色砖瓦组合。邰城作坊的单位，尤其是上述的典型单位，也出了大量筒瓦和板瓦。一般以为，西汉早期筒瓦内侧面仍流行麻点纹（或为过程中留下的痕迹），内侧面为素面和表面为细绳纹、内侧面为麻点纹是战国时代秦国筒瓦中流行的纹饰特点和工艺特色[2]，但在西汉中期（或武帝）以后基本退出历史舞台[3]。此前的报道[4]也因作坊各单位多出内侧面为麻点纹的筒瓦残片，推断作坊使用时间不晚于西汉早期。如果上述分段所建立的序列正确，那么这些单位内麻点纹筒瓦的数量与比例是否也有与序列对应的变化？在整理时特别注意这一问题，把能确认的砖瓦和陶容器碎片进行分类和点算，为检验序列提供线索，同时也希望为今后的研究提供可参考的资料。需要说明的是，建筑材料的变化速度肯定不如日用陶器，日用陶器易于破碎，但建筑用瓦一般在一段时间内不会更换，因此，即使砖瓦的纹饰比例发生变化，其变化原因与实际年代的对应关系也可能有一定区别。

在图三九中，我们把西汉时期典型单位出土的瓦残片内侧纹饰的比例用柱状图展示。因有一定数量残片无法区分为板瓦和筒瓦，在统计时我们不对瓦之种类加以区分。有意思的是，纹饰百分比的差别与我们所排出的序列有一定的对应关系。在第2组的H1出土的瓦中，内侧面为麻点纹的比例为18%，而布纹的比例则为4%。在第3组的单位中，H35和H15出土的内侧面为内麻点纹的瓦比例在20%左右，布纹的比例则在5%以下。出现这一现象可能与第2组和第3组中废弃砖瓦的制作和使用年代相对接近西汉的始建阶段有关，段清波等曾提出，布纹瓦因秦统一以后关东工匠被带到关中核

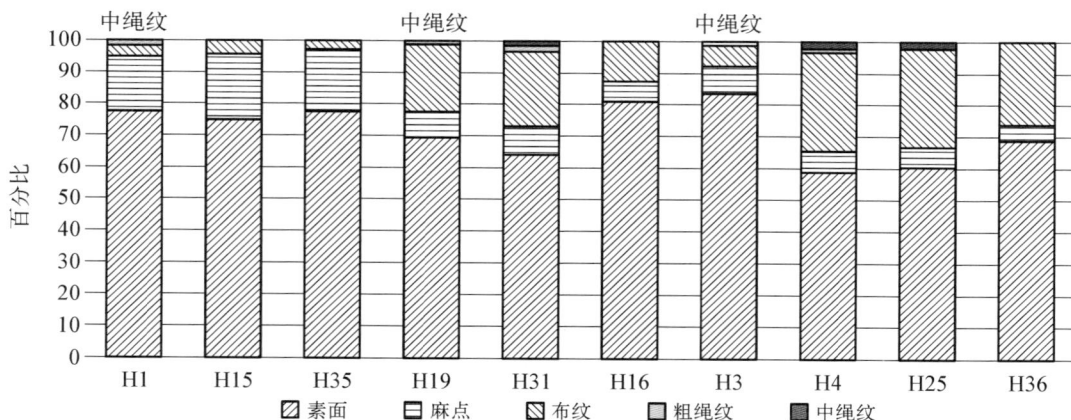

图三九　典型单位出土瓦内侧纹饰百分比

[1]　参看以下报告结语部分：中国社会科学院考古研究所汉城工作队：《汉长安城北宫的勘探及其南面砖瓦窑的发掘》，《考古》1996年第10期；中国社会科学院考古研究所汉长安城工作队：《汉长安城乐宫二号建筑遗址发掘报告》，《考古学报》2004年第1期；中国社会科学院考古研究所汉长安城工作队：《西安市汉长安城长乐宫六号建筑遗址》，《考古》2011年第6期。

[2]　中国社会科学院考古研究所阿房宫队、西安市文物保护考古所：《上林苑四号建筑遗址的勘探和发掘》，《考古学报》2007年第3期。

[3]　段清波、于春雷：《布纹瓦及在秦地的传播——来自陕西早期长城沿线的观察》，《考古与文物》2013年第3期；刘振东、张建锋：《西汉砖瓦初步研究》，《考古学报》2007年第3期。

[4]　赵艺蓬、种建荣、陈钢：《陕西杨凌邰城汉代铸铁作坊遗址》，《中国文物报》2012年。

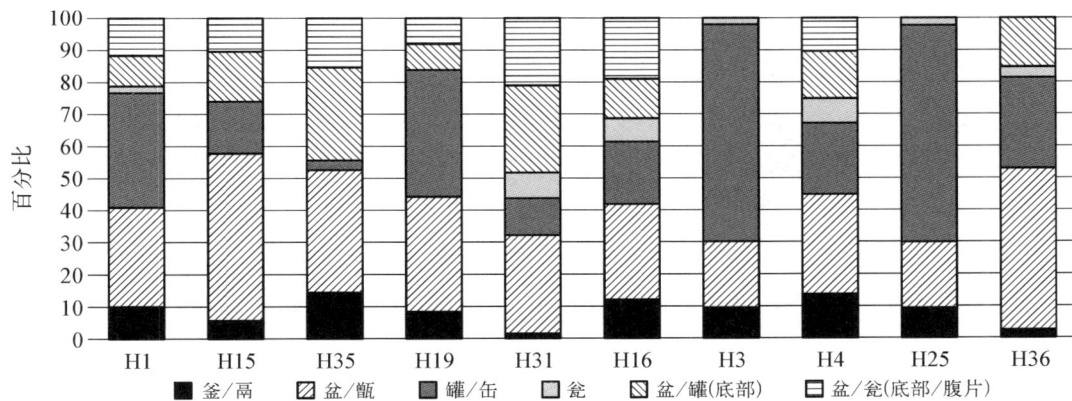

图四〇 典型单位出土主要陶容器百分比

心区域才在这一地区开始出现[1]。在第3组单位中,麻点纹瓦的比例明显下降,2个单位中比例皆低于5%,而布纹瓦的比例整体呈现上升趋势。H19、H31和H16中布纹瓦所占比例皆高于10%。H3所出布纹瓦的比例仍较低,但麻点纹瓦比例已较第2组急剧下降。到第5组,布纹瓦的比例已大致接近30%,麻点纹瓦仍有一定数量,大约在5%左右,和第4组接近。因此,布纹瓦和麻点纹瓦很可能在西汉早期呈此消彼长之势。尽管按常理推测,瓦的演变速度较慢,对房屋的修整肯定不如日用陶器被偶然打碎的频率高,但对瓦内侧纹饰的统计却说明,纹饰的变化情况基本与陶容器所排出的序列大致同步,换言之,对瓦残片的内侧纹饰的分析对于细化遗址单位的早晚序列具有一定的意义。

那么,在西汉早期逐步普及的铁釜,是否也会导致单位中陶釜所占比例在西汉早期出现早晚的变化? 在图四〇中,我们将能辨认种类的陶容器残片的比例用柱状图展示。在较为残破的情况下,盆(尤其是大型陶盆)、罐和瓮是很难区分的,我们也无法细分。因为盆和罐等体型较大,破碎后残片数量自然较体型小的釜(鬲)多,所以各类别容器的百分比只能说明其相对比例,而不能以此分析绝对数量的多寡。不过,在这些西汉时期的单位中,陶釜(鬲)的比例是否也有明显的早晚变化则几不可辨,从第2~5组的比例看不出有规律性的变化。

根据对陶容器的器类组合和类型的分析,作坊总体可分为四段,每一段间具有时代早晚关系。而要确定每一段的绝对年代,则只能依靠共出钱母范的形制与已有相关陶器的研究成果。总体而言,作坊第一段对应的是战国晚期到秦统一时期。作坊第二段没有直接纪年之物,但推测应为西汉最早阶段,即高祖吕后时期。第一段和第二段间陶器组合和形制似有较大的变化,可能和聚落功能的变化相关。由作坊第三段中出土钱母范形制、文字特点判断,年代相当于文景时期。至于第四段,我们以为大体相当于武帝早期,即西汉早期最后阶段,但下限有可能进入西汉中期。

### 3.4.2 堆积结构

在分段的基础上,邺城作坊所在位置的聚落功能,在战国晚期到西汉中期以前经历了三次

---

[ 1 ] 段清波、于春雷:《布纹瓦及在秦地的传播——来自陕西早期长城沿线的观察》,《考古与文物》2013年第3期。

较大的转变,对应不同类型的堆积遗存。首先在战国晚期作坊范围内出现了一定规模的制陶作坊,但生产的产品可能是釜或鬲一类的炊器。以往在眉县白家发现过带氂亭印文的陶器,在这次发掘的第二段的单位中也发现了带同款地方市亭印文的陶器。作坊在战国晚期应该是氂县市亭管理的制陶作坊。到了第二段,即进入西汉早期以后,作坊范围内不再发现与制陶相关的遗存,却出现了铸造锄、铧农具的陶范和熔炼相关的废弃品,作坊变成铸铁作坊。铸铁作坊之所以设置在邰城,很可能是利用了部分战国晚期或秦代的冶陶设施甚至工匠群体,以生产铸铁作坊所必需的陶范。到了第三段和第四段,发现与铸铁相关的遗物的单位数量更多,应该是铸造生产的高峰期。但第四段后,浇铸活动突然停止,整个作坊似乎突然被废弃,作坊范围内也找不到对应西汉中期以后的遗存。这一聚落功能的重大变化,似与武帝实行盐铁专卖的时间暗合。也许因为盐铁专卖的严格实行,邰城铸铁作坊的工匠被逼在短时间内离开作坊,无法继续原来的生产。

　　邰城铸铁作坊的使用时间很短,大致始自西汉早期,下限很可能在汉武帝元狩年间或稍晚阶段,即作坊的使用时间当不晚于西汉早期,实际的年数最多应不超过90年左右。从陶器的情况来看,作坊的运作应为持续若干年时间,而非数年内快速地建炉、浇铸和废弃。由西汉时期的陶容器和建筑材料的情况可以看出,各器类所占比例及器形的变化呈现出一定的趋势。因此,陶容器的组合应该代表工匠群体在相当长的时间段内在作坊中的行为活动模式。

　　将所有单位的年代标出后,可以看出战国晚期的单位大多都在园囿以内;H1位于最西端,再往西因为破坏严重,不清楚具体的情况。相反,最晚期的单位靠东侧,其打破的可能是较早阶段的堆积。因此,作坊的主要空间是在较小且较狭窄的范围内。由于H1是最早的单位,附近基本上被破坏殆尽,推测在这一空间内原来很可能有较多早期遗存。综上,作坊堆积的过程有由西至东逐步移动的趋势。

# 第四章 单位分述

为介绍各单位出土的遗物,在此按单位号顺序依次详细陈述每一单位出土各类遗物的大体情况,并对所挑选的标本进行描述。在作坊范围内,个别单位的年代为战国或西周时期,亦出现在宋元或以后扰动、二次堆积的单位。早期单位的情况有益于理解整个邯城周边聚落在长时段内的演变过程。此外,后期扰动单位也出土了一定数量的陶范,即后期扰动单位的冶铸遗物实际上应是西汉邯城作坊的废品。因此,本报告之重点虽然是西汉时期的邯城铸铁作坊,但同时将作坊范围内发现的其他时段的单位及其遗物一并公布。

此外,由于大部分地层单位为后期的扰层或耕土层,我们按顺序介绍完灰坑单位后,才逐一介绍地层堆积。本报告将按照以下顺序进行介绍:H1、H2、H3、H4、H5、H6、H7、H8、H9、H10、H11、H12、H13、H14、H15、H16、H17、H18、H19、H20、H21、H23、H24、H25、H26、H27、H28、H29、H31、H32、H33、H34、H35、H36、H37、H38、H39、T1、T2、T3、T4、T5、T6、T7、T8、T9、T10、T11、T12及采集遗物。

## 4.1 2011YFH1

### 1. 形制与堆积

H1(图四一),位于T1北部偏东,开口于③层下,打破生土。由一长方形深坑与一长方形台阶组成,口部平面呈刀形,长方形深坑口大底小,壁呈斜坡状,底部较为平整。口部长170、宽129、口距地表32~46、底距地表154、自深108~122厘米。台阶位于深坑东北角,东西长98、南北宽66、最底端距地表约71、顶端距地表约32厘米。坑壁与坑底无明显加工痕迹。

堆积可分为6层:①层,青灰色,土质松散,分布在灰坑中西部,由东向西倾斜,厚2~34厘米,包含有大量的炉渣、红烧土、木炭星等。②层,灰黄色,土质疏松,几乎遍布整个灰坑,由东向西倾斜,厚2~6厘米,无包含物。③层,褐色,土质较紧密,仅分布在灰坑东部,由东向西倾斜,厚2~4厘米。④层,黄褐色,土质松散,遍布整个灰坑,由东向西倾斜,厚4~49厘米,包含有红烧土等。⑤层,黄褐色,土质松散,遍布整个灰坑,由西向东倾斜,厚5~7厘米。⑥层,褐色,土质紧密,遍布整个灰坑,由西向东倾斜,厚10~18厘米,无包含物。

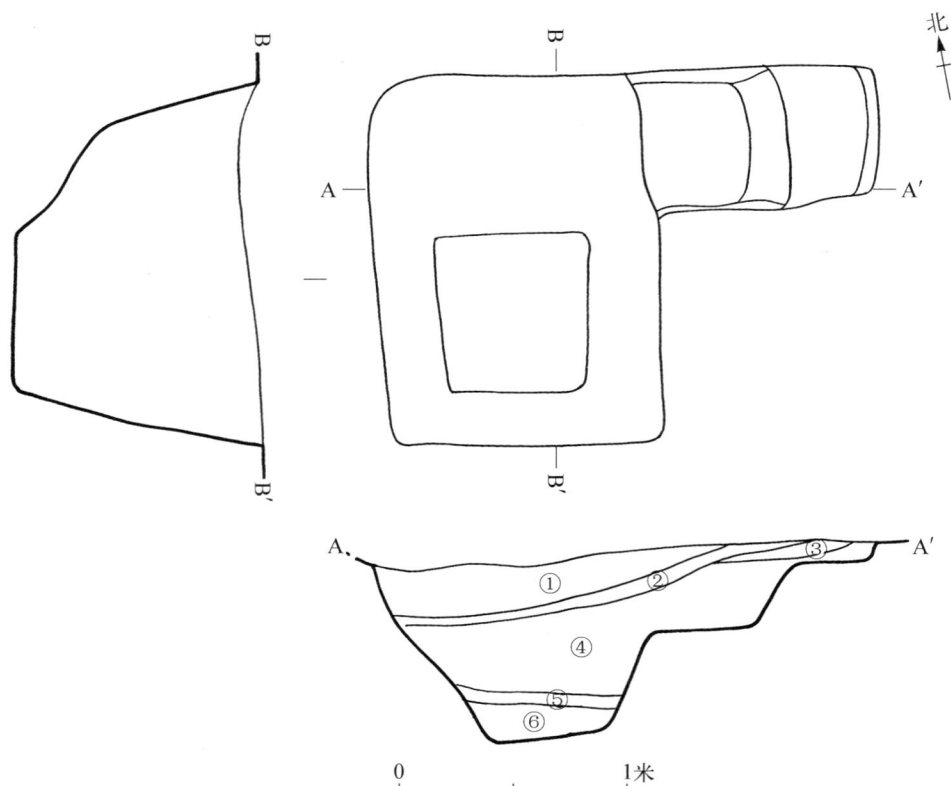

图四一　2011YFH1平、剖面图

2. 陶范

共出土锄范30块,其中面范7件、背范5件。铧范8块,可辨大型铧范1件。未见铧芯。

锄面范　5件。

标本H1:y5(图四二,2),残存上半部分,由3块残块拼合而成,总重695克。梯形板状,细砂质,整体呈深灰色,分型面和浇铸面有白色涂料层,局部大面积脱落。范背面较平整,略起伏不平,中间有内凹,似对应表范上的圆形隆起,气孔较多,背面近顶端处有与浇道外型一致的隆起,残长17.2、顶端宽7.2厘米。顶端面向浇铸面斜收,顶端厚3.1、残存最下端厚2.6厘米。浇道平面呈梯形,浇道长6.8、浇道宽(上)3.4、浇道宽(下)4.0厘米。型腔顶端刻槽较深,左上角到侧边长2.1、右上角到侧边长2.2厘米。铸器呈梯形板状,铸器残长10.4、顶端宽4.9厘米。

标本H1:y7(图四二,3),完整程度达90%以上,由6块残块拼合而成,总重1 175克。梯形板状,细砂质,整体呈深灰色,分型面和浇铸面有白色涂料层,局部脱落。分型面较平整,边缘凸起,背面有与型腔外型一致的隆起,中间有一个圆形内凹,直径为2.5厘米,长26.6、顶端宽7.3、底端宽16.3厘米。顶端及底端出现收分,但顶端更为明显,顶端厚3.1、底端厚2.5厘米。浇道较长直,平面呈梯形,浇道长7.0、浇道宽(上)3.0、浇道残宽(下)3.4厘米。型腔底端刻槽较浅,范身向内侧面微凹,左上角到侧边长2.6、左下角到侧边长2.4、右上角到侧边长2.3、右下角到侧边长2.6、分型面底端长1.9厘米。铸器呈梯形板状,长17.8、铸器顶端宽4.9、底端宽10.8厘米。

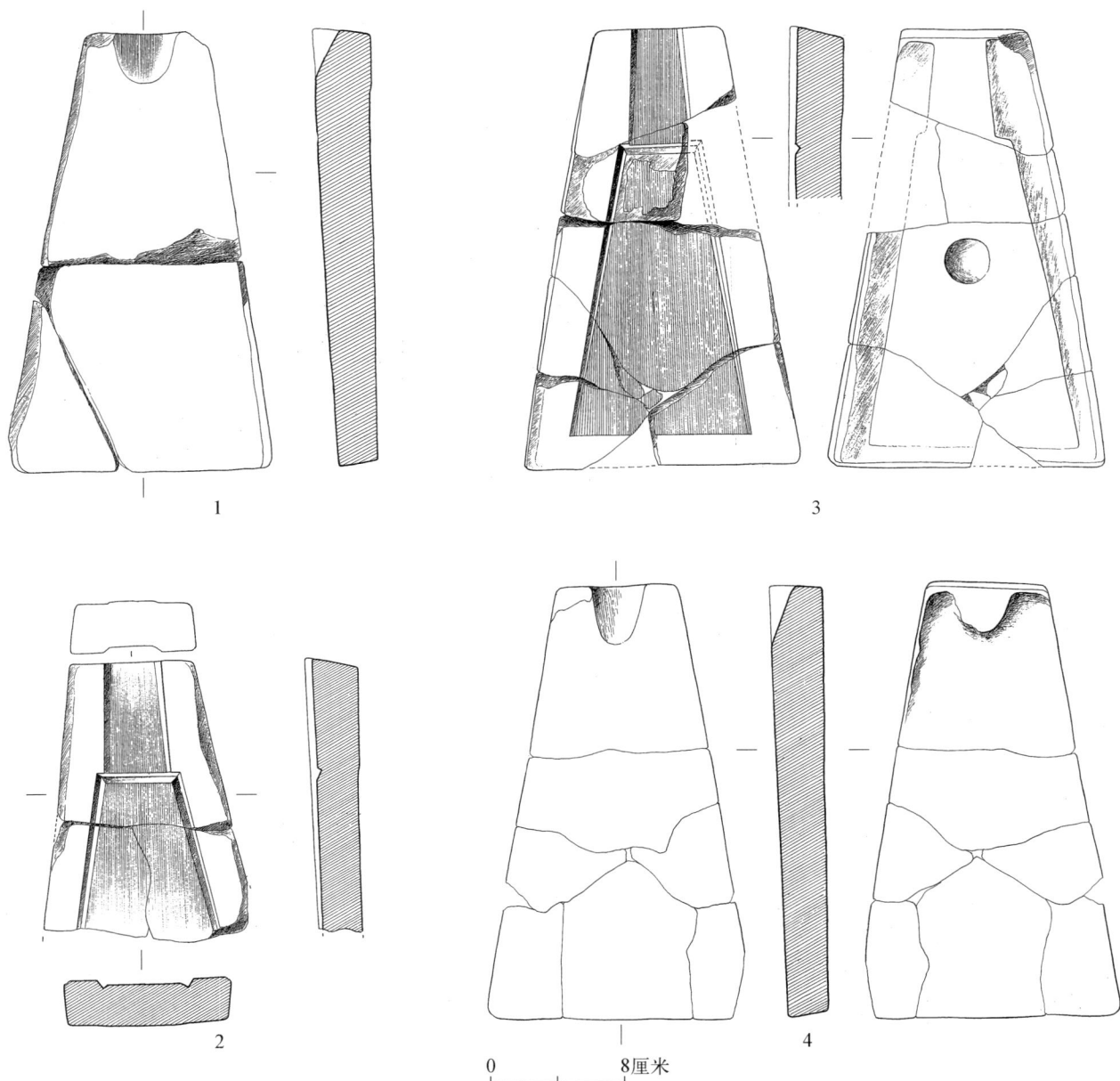

图四二　2011YFH1出土陶范（一）

1、4. 锄背范（H1∶y2、H1∶y3）　2、3. 锄面范（H1∶y5、H1∶y7）

标本H1∶y6（图四三，5），残存上半部分，由2块残块拼合而成，总重900克。梯形板状，细砂质，整体呈深灰色。浇铸面光滑，有白色涂料层，涂料层部分脱落。背面有与范腔外型一致的隆起，边缘处也有隆起，中间有圆形的内凹，直径约2.8厘米。表面相对平整，残长18.5、顶端宽7.2厘米。顶端面向外倾斜，顶端厚3.4厘米。浇道相对较长，平面呈梯形，浇道长7.4、浇道宽（上）3.4、浇道宽（下）3.8厘米。型腔顶端刻槽较深，左上角到侧边长2.5、右上角到侧边长2.8厘米。铸器呈梯形板状，铸器残长10.9、顶端宽4.7厘米。

标本 H1：y9（图四四，4），残存上半部分，由2块残块拼合而成，总重575克。梯形板状，细砂质，整体呈浅灰色，分型面和浇铸面有白色涂料层，小面积脱落。分型面颜色偏棕色，浇铸面有青灰色斑块，边缘与器背范扣合部分颜色较深。背面顶端有与浇道外型一致的隆起，边缘凸起，表面平整，残长13.6、顶端宽7.0、顶端厚3.2、范身厚3.1厘米。浇道较长直，平面呈梯形，涂料层大面积脱落，浇道长6.7、浇道宽（上）3.0、浇道宽（下）3.9厘米。型腔顶端刻槽较深，浇铸面右侧有"卜"字形的刻槽，长0.7、宽0.5厘米，左上角到侧边长1.8、右上角到侧边长2.4厘米。铸器呈梯形板状，铸器残长6.9、顶端宽5.5厘米。

标本 H1：y4（图四四，5），完整程度达90%以上，由7块残块拼合而成，总重1 390克。梯形板状，细砂质，整体呈深灰色，分型面和浇铸面有涂料层，较大面积脱落。浇铸面较光滑，侧边有与铁渣或铁块粘附的痕迹。背面起伏不平，无明显修整。范身整体微内凹，侧面看呈弧形，长27.2、顶端残宽3.4、底端宽15.9厘米。顶端与底端面向浇铸面斜收，顶端厚3.7、底端厚2.8。浇道较长，平面呈梯形，涂料层已基本脱落，浇道长7.7、浇道残宽（上）1.3、浇道宽（下）3.7厘米。型腔下端浇铸槽甚浅，左上角到侧边长2.5、左下角到侧边长1.8、右上角到侧边长2.1、右下角到侧边长1.8、分型面底端长1.1厘米。铸器呈梯形板状，长18.5、顶端宽5.0、底端宽12.0厘米。

锄背范　4件。

标本 H1：y2（图四二，1；彩版一〇），完整程度达90%以上，由3块残块拼合而成，总重1 325克。梯形板状，细砂质，整体呈青灰色，分型面和浇铸面有白色涂料层，局部大面积脱落，浇铸面颜色偏灰黑。分型面较光滑，顶端有与浇道外型一致的隆起，范长26.7、顶端宽6.0、底端宽15.4厘米。顶端面明显向浇铸面倾斜，底端收分不明显，顶端厚3.4、底端厚2.3厘米。浇道相对较小，呈漏斗状，浇道长2.9、浇道宽4.1厘米。

标本 H1：y3（图四二，4；彩版一四，1、3），完整程度达90%以上，由7块残块拼合而成，总重1 255克。梯形板状，细砂质，整体呈深灰色，分型面和浇铸面有白色涂料层，局部脱落。浇铸面有浇铸痕迹，呈灰黑色不规则分布，浇铸面可见气孔。浇道部位的范背面相对处有隆起，边缘也有凸起，相对平整，较光滑，范长26.5、顶端宽7.0、底端残宽14.2厘米。顶端面和底端面均向浇铸面斜收，底端收分较为明显，顶端厚3.1、底端厚2.3厘米。浇道呈半漏斗状，偏向范左侧，浇道长3.6、浇道宽3.2厘米。

标本 H1：y10（图四三，1），残存下半部分，由3块残块拼合而成，总重1 280克。梯形板状，细砂质，整体呈浅灰色。浇铸面较光滑，有白色涂料层，局部脱落，有经接触高温而形成的黑色斑块。背面平整，涂料层不明显，可能已大部分脱落，气孔较多，近边缘处明显凸出。范身的设计明显较厚且宽，残长20.2、底端宽16.3、范身厚3.2厘米。

标本 H1：y8（图四三，2），残存上半部分，由2块残块拼合而成，总重615克。梯形板状，细砂质，整体呈浅灰色，分型面和浇铸面有白色涂料层，小面积脱落。浇铸面偏棕色，有与高温接触形成的黑色层，分型面边缘呈橙红色，在背范顶端处有隆起，边缘有凸起，表面较平整，孔洞较多，残长16.1、顶端宽7.5厘米。顶端面近垂直，顶端厚3.5厘米。浇道呈半漏斗状，有与铁水接触而形

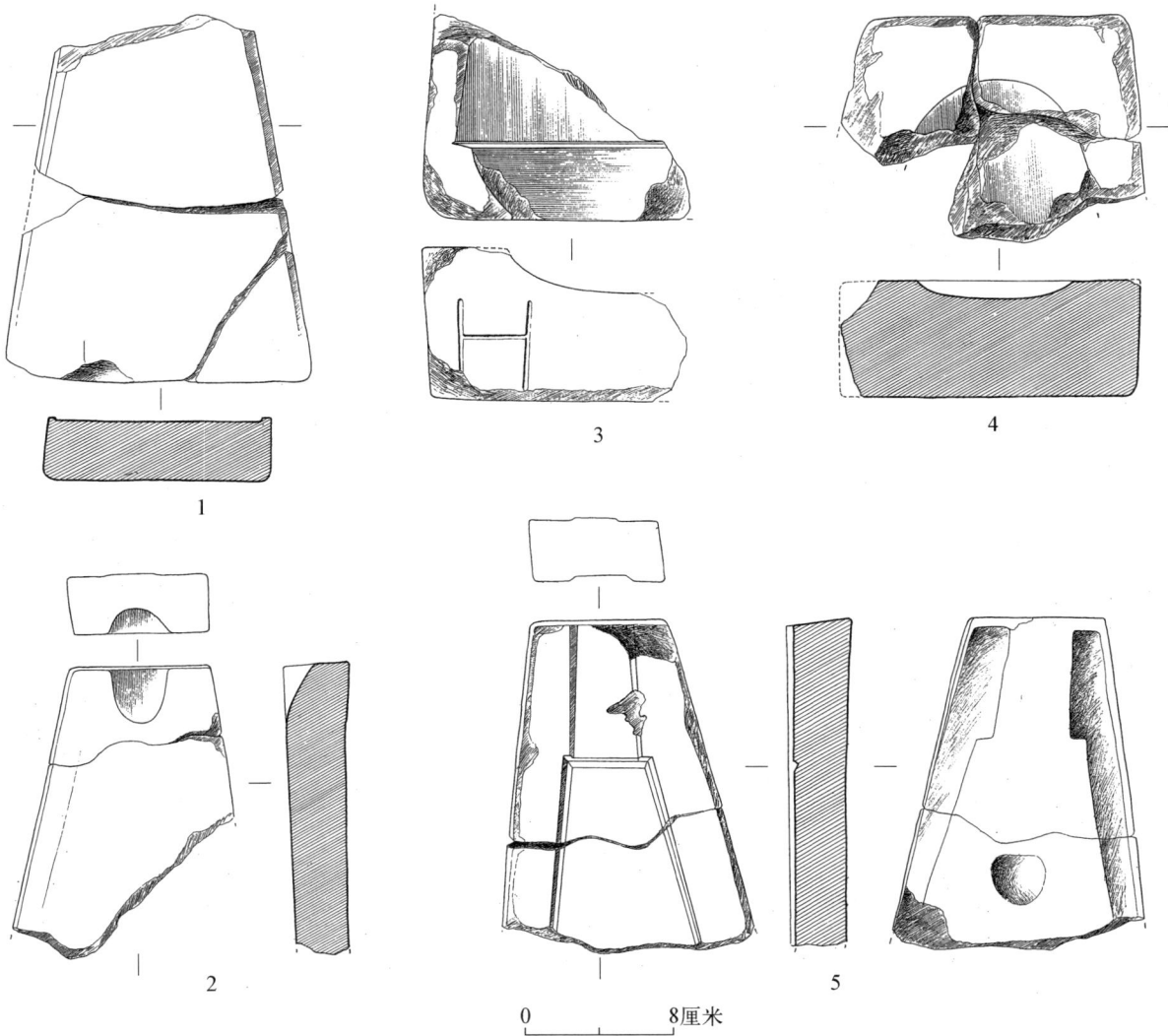

图四三 2011YFH1出土陶范（二）

1、2.锄背范（H1：y10、H1：y8） 3、4.铧范（H1：y40、H1①：y17） 5.锄面范（H1：y6）

成的黑屑，浇道长3.1、浇道宽3.1厘米。

铧范 2件。

标本H1：y40（图四三，3），残存顶端右上角，仅1块残块，重1 020克。细砂质，整体呈浅红色。分型面有涂料层，局部脱落，残长11.2、顶端残宽12.5、顶端厚8.4厘米。顶端右上角有一刻划"工"字，断面为"V"形，应为利器在范未烧成前刻划。与范/芯扣合处长3.9、与范/芯扣合处残宽（上）6.7、与范/芯扣合处残宽（下）10.3、分型面顶端最宽4.5、分型面斜长4.5厘米。范浇铸面弧度较大，为大型铧范，铸器顶端平齐，残长6.1、铸器顶端残宽11.2厘米。

标本H1①：y17（图四三，4），残存底端近刃部，由3块残块拼合而成，总重1 605克。细砂质，整体呈浅红色。表面有白色涂料层，浇铸面有与高温接触形成的烟熏痕迹，断面近浇铸面处颜色

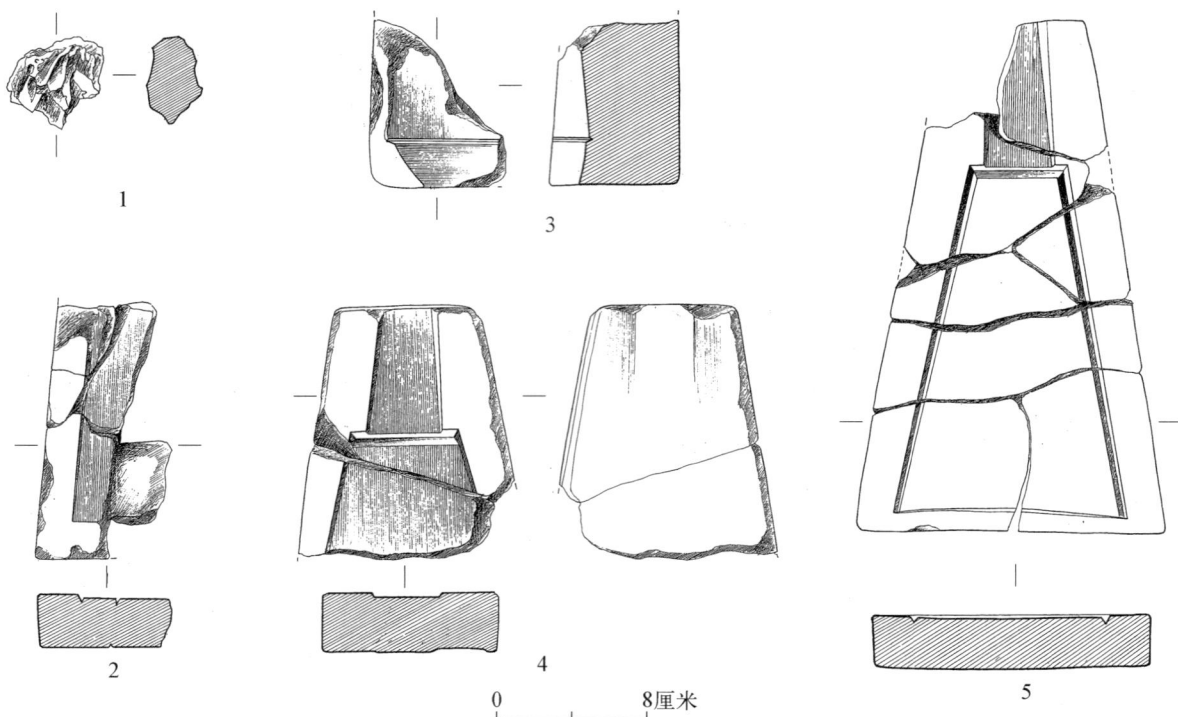

**图四四　2011YFH1、H4 出土陶范**

1. 炉壁（H1：y18）　　2、4、5. 锄面范（H4：y1、H1：y9、H1：y4）　　3. 铧范（H4③：y8）

较深。残长 12.4、底端宽 13.6、底端厚 6.0、范身厚 6.4 厘米。底端面近右侧处有隆起的竖道，可能为合范符号。芯撑表面较平直，光滑，经涂料处理，小面积脱落。型腔刃部较弧，铸器下端呈舌形，残长 8.7、銎宽 8.4 厘米。

### 3. 鼓风管与炉壁

共出土第一类鼓风管残块 475 克，第一类或第二类鼓风管残块 550 克；第一类炉壁残块 505 克，第三类炉壁残块 1 410 克。

炉壁　1 件。

标本 H1：y18（图四四，1），玻璃质残块，偏绿色，玻璃质表面有流动状的纹理，残长 5.1、残宽 4.9、厚约 2.4 厘米。表面有与铁液或铁渣接触残留的痕迹，未粘附木炭，表面基本无熔融层。

### 4. 炉渣

共出土炉渣总量为 6 055 克，其中玻璃态炉渣重 1 100 克，玻璃态渣、木炭和铁块的混合态渣重 4 945 克。

标本 H1：y20（彩版一八，1），第一类渣，玻璃态渣。

标本 H1：y21（图四五），第一类渣，样品熔融程度差，组织均匀度不佳，包裹有大量铁素体组织的铁颗粒，以及较多未熔化的石英颗粒，有可能是炉渣排出时因偶然急速冷却形成，或有可能是精炼渣。

5. 铁器与残块

共出土铁器残块5块,但器形不辨,共43克。残铁块123块,共1 440克。

6. 陶容器

共出土陶容器残片804块,可辨器形釜和鬲46块,约占5.7%;盆和甑138块,约占17.2%;罐和缶157块,约占19.5%;盆或罐底部42块,约占5.2%;盆或瓮45块,约占5.6%。纹饰以素面为主,共526块,约占65.4%;绳纹83块,约占10.3%,以中绳纹最多,细绳纹次之,粗绳纹最少;另有戳印纹、旋纹、暗纹等纹饰。

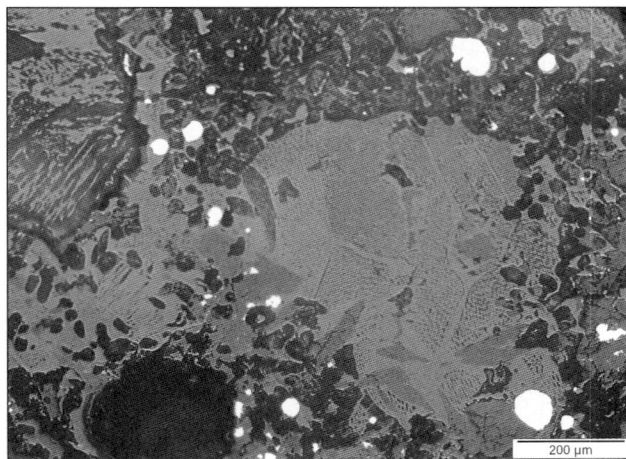

图四五　2011YFH1出土炉渣金相显微组织结构图（H1：y21）

大型盆　1件,泥质灰陶。

标本H1③：37（图四六,6）,大型盆,宽折沿,沿面甚平,尖圆唇,上腹较直,素面,残高7.2厘米。

深腹盆（腹部标本）　4件,均为泥质灰陶。

标本H1：42（图四七,1）,附加楔形绳纹标本,盆腹部饰有一周戳印的楔形绳纹（图五三,4）,其上下各有一道旋纹,残高8.1厘米。

标本H1：44（图四九,2）,附加楔形绳纹标本,戳印有一周楔形绳纹,其上下各有一道旋纹（图五一,3）,残高7.1厘米。

标本H1⑤：43（图四九,3）,附加楔形绳纹标本,戳印有一周楔形绳纹（图五三,2）,残高7.2厘米。

标本H1：50（图五一,2）,盆沿下戳印陶文"糵亭"。

深腹盆　12件。均为泥质灰陶,平折沿,折腹。

标本H1③：12（图四六,1）,AⅡ式,方唇,领部较高,微束颈,折腹,上腹饰竖向绳纹,印痕较浅,残高8.0厘米。

标本H1⑤：45（图四六,4）,AⅡ式,尖圆唇,折腹,上腹微敛较直,上下腹交界处有一周弦纹,残高7.1厘米。

标本H1⑤：11（图四七,2）,AⅡ式,方唇,折腹,上腹较直,上下腹交界处饰一圈绳纹,残高8.7厘米。

标本H1⑤：41（图四七,4）,AⅡ式,方唇,折腹,上腹较直,上下腹交界处有一周弦纹,残高9.0厘米。

标本H1：39（图四六,2）,BaⅠ式,方唇,唇下有一道旋纹,弧腹,上腹较直,饰有两道旋纹,残高6.4厘米。

标本H1：38（图四六,3）,BaⅠ式,尖圆唇,弧腹,上腹戳印有一周楔形绳纹,残高6.2厘米。

标本H1：35（图四六,5）,BbⅠ式,尖圆唇,弧腹,上腹占腹部不到1/3,上腹向内斜收,上下腹转折明显,腹部微内凹,上腹戳印有一周楔形绳纹,绳纹上下各有一道旋纹,口径32.2、通高16.4厘米。

标本H1：36（图四六,7）,BaⅠ式,尖圆唇,弧腹,上腹占腹部不到1/3,上腹向内斜收,下腹急收,上下腹转折明显,下腹微内凹,平底,上腹戳印有一周楔形绳纹,绳纹上下各有一道旋纹,口径

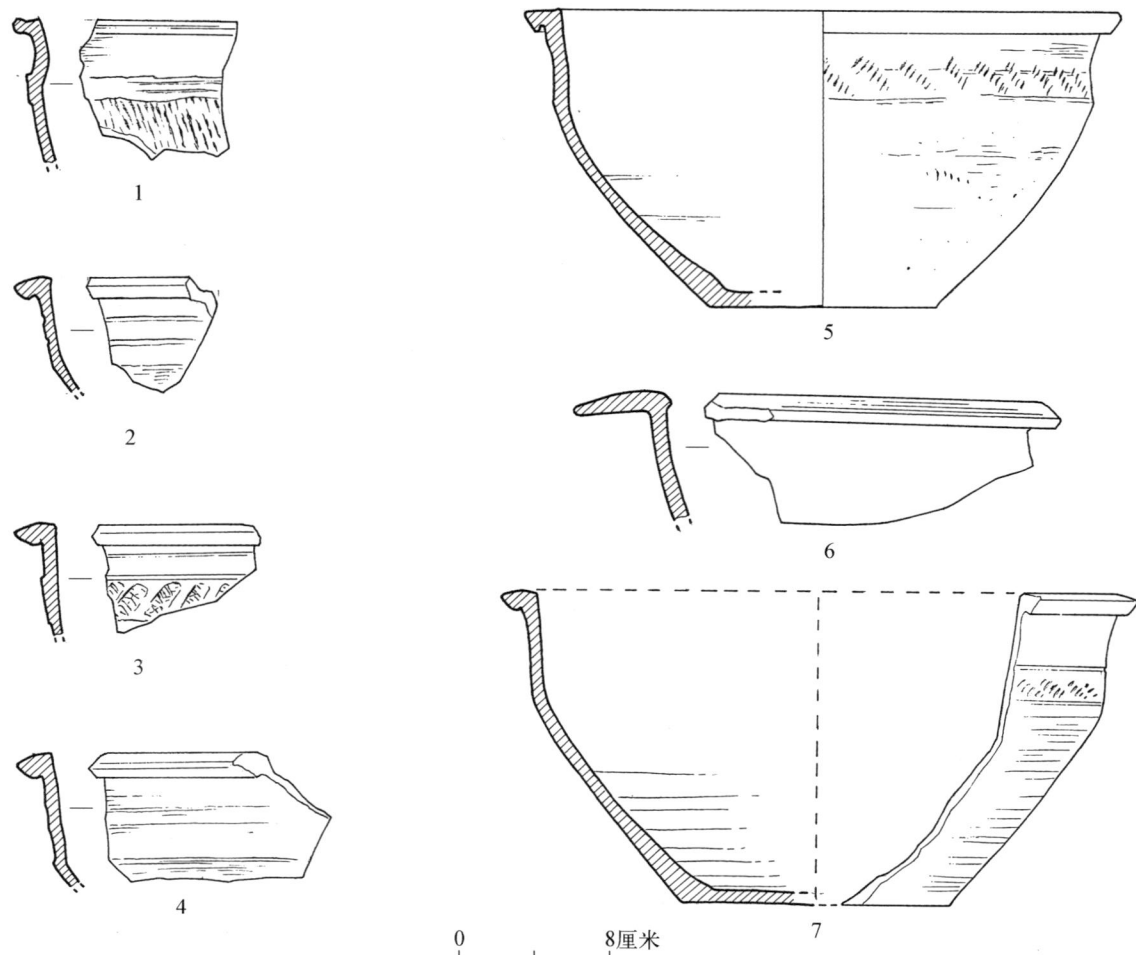

图四六　2011YFH1 出土陶器（一）

1～5、7.深腹盆（H1③：12、H1：39、H1：38、H1⑤：45、H1：35、H1：36）　6.大型盆（H1③：37）

34.2、通高 17.4 厘米。

标本 H1：40（图四七，3），Ba I 式，尖圆唇，弧腹，上腹甚直，上下腹分界几不可分，上腹素面，上下腹交界处饰有楔形绳纹，绳纹上下各有一道旋纹，残高 8.8 厘米。

标本 H1：2（图四七，5），Bb I 式，尖圆唇，弧腹，最大径接近器身中部，上腹微敛，下腹斜直，口径 33.4、通高 14.4 厘米。

标本 H1：33（图四七，6；图版一一，1），Bb I 式，尖圆唇，弧腹，上腹占腹部不到 1/3，下腹急收，上下腹转折明显，下腹微内凹，素面，口径 32.2、通高 14.6 厘米。

标本 H1：3（图四七，7），Ba II 式，尖圆唇，弧腹，上腹占腹部近 1/3，上下腹交界处较圆弧，下腹较缓，上腹饰有一周戳印的楔形绳纹，口径 34.2、通高 16.8 厘米。

小口旋纹罐　5 件。多为泥质灰陶，小口，鼓腹，平底，器身饰有旋纹。

标本 H1：28（图四八，1），小口旋纹罐 I 式，折沿，沿面微鼓，尖圆唇，束颈，隆肩，肩面近口部

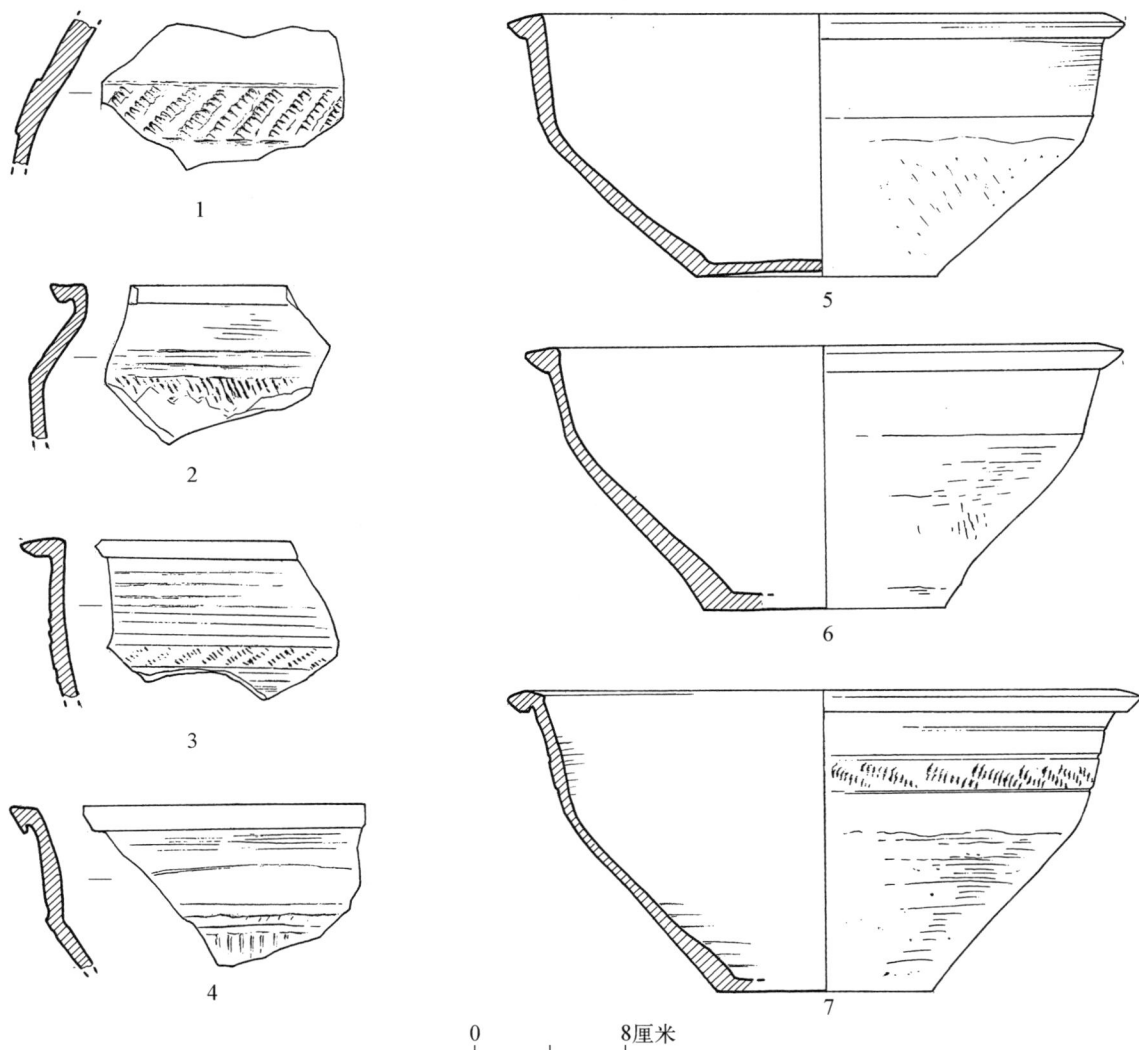

**图四七　2011YFH1出土陶器（二）**

1～7. 深腹盆（H1∶42、H1⑤∶11、H1∶40、H1⑤∶41、H1∶2、H1∶33、H1∶3）

且微平，最大径在器身偏上位置，口径12.2、残高10.6厘米。

标本H1∶27（图四八，2），小口旋纹罐Ⅰ式，夹砂灰陶，折沿，沿面外低内高，尖圆唇，圆鼓肩，最大径在器身偏上位置，腹部饰有旋纹，口径11.5、残高12.6厘米。

标本H1∶29（图四八，3），小口旋纹罐Ⅰ式，平折沿，沿面微鼓，尖圆唇，束颈，隆肩，肩面近口部且微平，最大径在器身偏上位置，口径12.2、残高10.7厘米。

标本H1∶26（图四八，4），小口旋纹罐Ⅰ式，平折沿，尖圆唇，束颈，隆肩，最大径在器身偏上位置，口径11.4、残高19.1厘米。

标本H1∶15（图四八，5），小口罐，口部相对较小，平折沿，方唇，束颈，圆鼓肩，最大径在器身偏上位置，腹部饰有旋纹，口径13.2、通高20.0厘米。

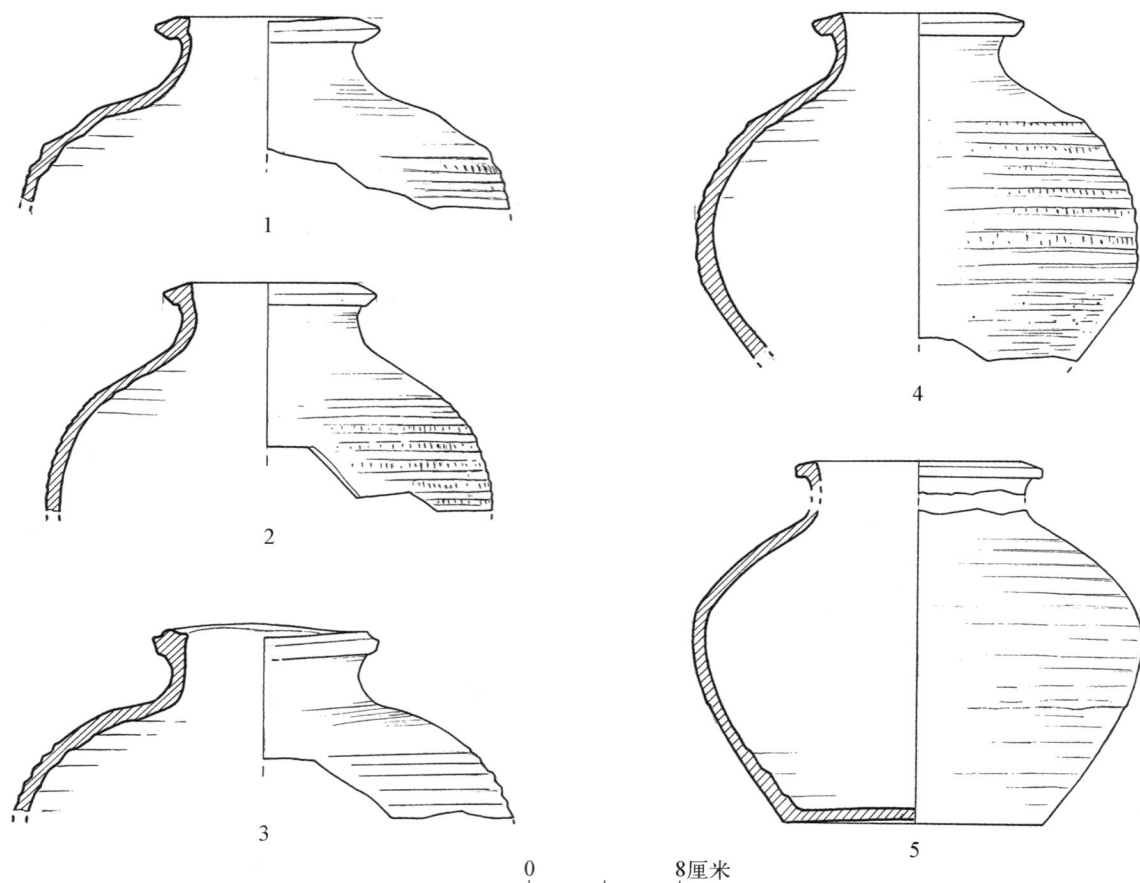

**图四八　2011YFH1 出土陶器（三）**

1～5.小口旋纹罐（H1∶28、H1∶27、H1∶29、H1∶26、H1∶15）

球腹罐　1件。

标本 H1⑤∶14（图四九，4），球腹罐，泥质灰陶，直领方唇，圆肩鼓腹，沿下、肩部及腹部各饰有两道旋纹，口径8.0、残高8.2厘米。

釜　3件。均为夹砂陶。

标本 H1⑤∶22（图四九，1），Aa型，红陶，直方唇，平折沿，领部较高，束颈较明显，圆肩，肩部微隆，腹部饰斜向绳纹，残高4.8厘米。

标本 H1⑤∶23（图四九，7），Aa型，灰陶，卷沿，沿下饰有斜向绳纹，圆肩，残高4.3厘米。

标本 H1⑤∶24（图四九，6），BⅡ式，夹砂灰陶，直口无领，口沿部分有一周加厚的泥条，沿面外侧高，内侧低，表面饰直绳纹，印痕较浅，残高4.1厘米。

无领瓮　2件。均为泥质灰陶，敛口，领甚矮，仅略高于肩面。

标本 H1⑤∶16（图四九，5），无领瓮Ⅱ式，肩部较广，表面有深灰色磨光层，甚为平滑，口径32.2、残高6.0厘米。

标本 H1⑤∶17（图四九，8），无领瓮Ⅱ式，肩部较广，表面有深灰色磨光层，甚为平滑，残高3.5厘米。

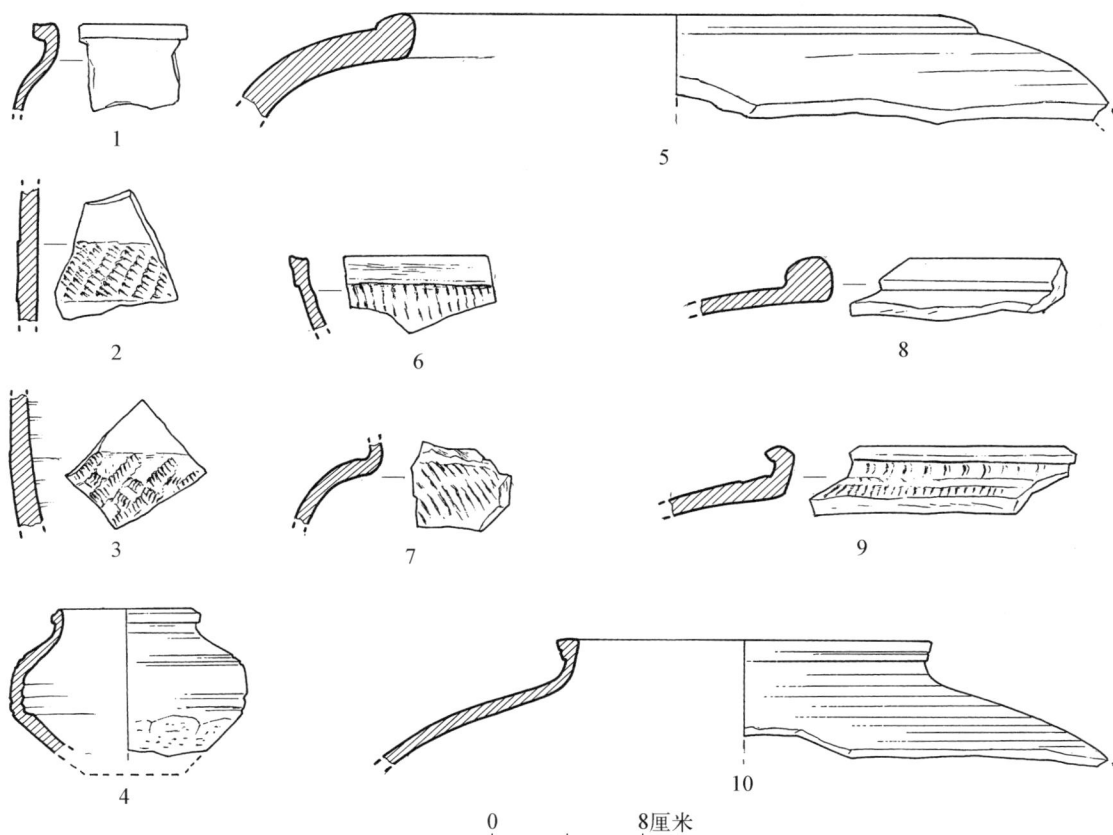

图四九 2011YFH1出土陶器（四）

1、6、7. 釜（H1⑤：22、H1⑤：24、H1⑤：23） 2、3. 深腹盆（H1：44、H1⑤：43） 4. 球腹罐（H1⑤：14）
5、8. 无领瓮（H1⑤：16、H1⑤：17） 9、10. 矮直领瓮（H1⑤：21、H1⑤：13）

矮直领瓮 5件。均为夹砂灰陶。

标本H1⑤：21（图四九，9），矮直领瓮A型，沿面微鼓，外侧高，内侧低，近外侧有一周旋纹，领部较矮，尖圆唇，颈肩交界处有半月形的压印痕迹，肩部饰有两圈绳纹和旋纹，残高3.8厘米。

标本H1⑤：13（图四九，10），矮直领瓮BⅠ式，直领，方唇，沿面甚平，微束颈不明显，部分在唇外沿有一道旋纹，肩部较斜直，微溜肩，口径20.2、残高7.0厘米。

标本H1：19（图五〇，1），矮直领瓮BⅠ式，沿面微鼓，外侧高，内侧低，近外侧有一周旋纹，沿面内侧较平，领部较矮，尖圆唇，素面，残高5.2厘米。

标本H1⑤：20（图五〇，4），矮直领瓮A型，沿面微鼓，外侧高，内侧低，近外侧有一周旋纹，领部较矮，方唇，颈肩交界处有半月形的压印痕迹，残高7.6厘米。

标本H1⑤：18（图五〇，5），矮直领瓮BⅠ式，沿面微鼓，外侧高，内侧低，近外侧有一周旋纹，沿面内侧较平，领部较矮，方唇，素面，口径24.1、残高3.9厘米。

甑 1件。

标本H1：32（图五〇，6），由盆改制而成，泥质灰陶，平折沿，尖圆唇，折腹，上腹占腹部比例小

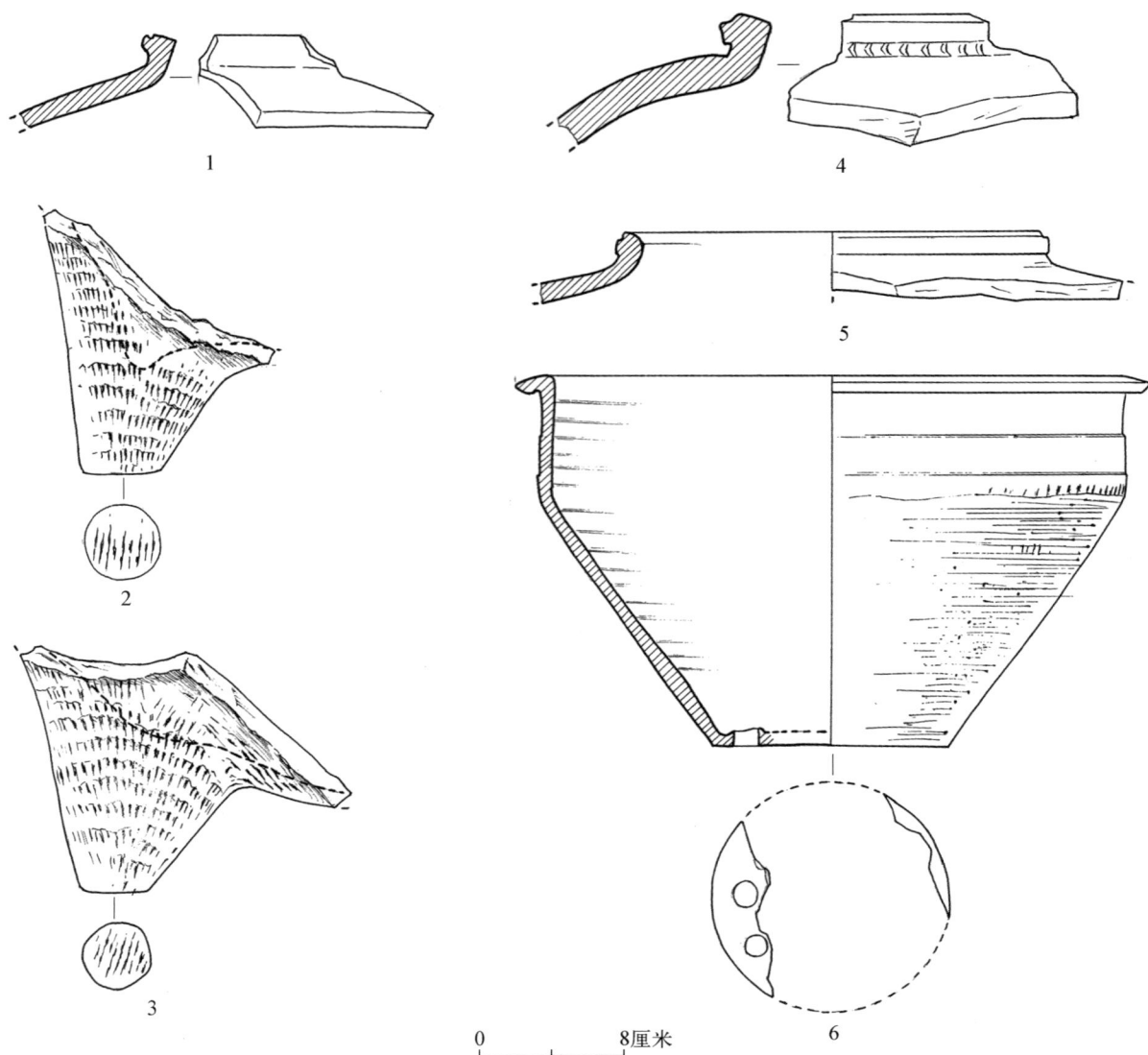

图五〇　2011YFH1 出土陶器（五）

1、4、5. 矮直领瓮（H1：19、H1⑤：20、H1⑤：18）　2、3. 三足瓮（H1：30、H1：31）　6. 瓹（H1：32）

于 1/3，上腹微敛较直，平底，上下腹交界处有一周弦纹，口径 35.4、通高 21.2 厘米。

　　三足瓮　2 件。均为夹砂灰陶。

　　标本 H1：30（图五〇，2），三足瓮足根，上粗下细的柱状足，表面饰有绳纹，残高 15.3 厘米。

　　标本 H1：31（图五〇，3），三足瓮足根，上粗下细的柱状足，表面饰有绳纹，残高 14.4 厘米。

## 7. 建筑材料

　　共出土陶瓦 4344 片，主要为板瓦和筒瓦，另外有少量的瓦当与砖。

　　标本 H1⑤：53（图五二，2、4），板瓦表面饰有竖向细绳纹，内侧面饰有交错细绳纹。

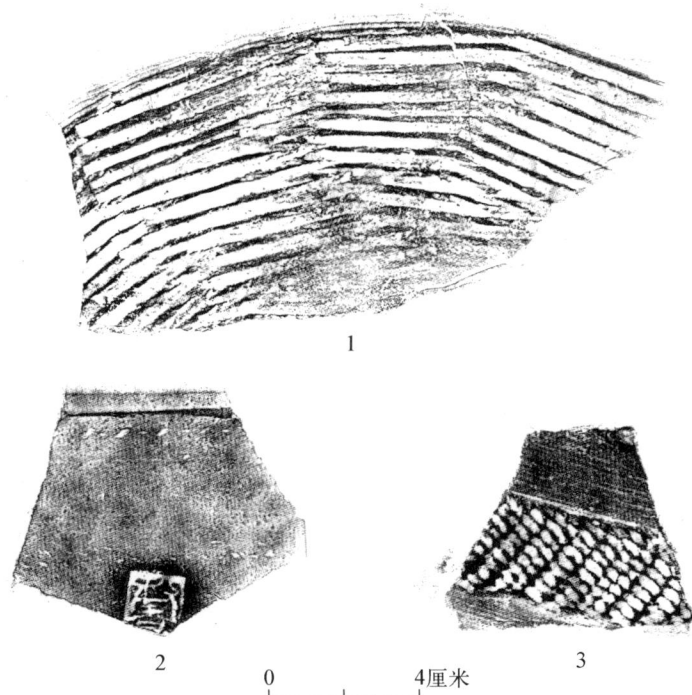

图五一　2011YFH1、H16出土陶器纹饰拓片

1. 釜（H16③：7）　2、3. 深腹盆（H1：50、H1：44）

图五二　2011YFH1、H31出土板瓦纹饰拓片

1、3. H31①：57（表面、内侧面）　2、4. H1⑤：53（表面、内侧面）

标本 H1⑤:54(图五三,3),板瓦表面饰有竖向细绳纹。

标本 H1⑤:52(图五三,5),板瓦表面饰有竖向绳纹,绳纹印迹较深,其间有三道抹去的痕迹。

标本 H1⑤:56(图五四,2),板瓦表面饰交错粗绳纹,绳纹印迹较深。

标本 H1⑤:51(图五四,3),瓦表面饰交错细绳纹,呈网格状。

标本 H1⑤:55(图五四,4),板瓦表面饰竖向细绳纹,瓦头部分有绳纹被抹的痕迹。

板瓦　2件。均为泥质灰陶。

图五三　2011YFH1、T12出土陶器、瓦纹饰拓片

1、4. 盆(T12①:24、H1:42)　2. 深腹盆(H1⑤:43)　3、5. 板瓦(H1⑤:54、H1⑤:52)

图五四 2011YFH1、H14出土陶器、瓦纹饰拓片

1.盆（H14：9） 2、4.板瓦（H1⑤：56、H1⑤：55） 3.瓦（H1⑤：51）

标本H1：61（图五五，2），瓦头平整，表面饰有细绳纹，近瓦头部分绳纹被抹，印迹模糊，中间部分绳纹被抹去两周。内侧面平整光滑，素面。整体微凸，残长17.8、残宽16.8、厚1.4厘米。

标本H1⑤：62（图五六，2），瓦头平整，表面饰有细绳纹，近瓦头部分绳纹被抹，基本光滑，其余部分绳纹印迹清晰。内侧面饰有麻点纹，有被抹的痕迹。整体微凸，残长17.8、残宽18.2、厚1.0厘米。

筒瓦 2件。均为泥质灰陶。

标本H1：58（图五五，1），表面素面。内侧面饰有布纹。瓦头有子母榫。残长8.8、残宽14.0、榫头长2.4、厚1.2厘米。

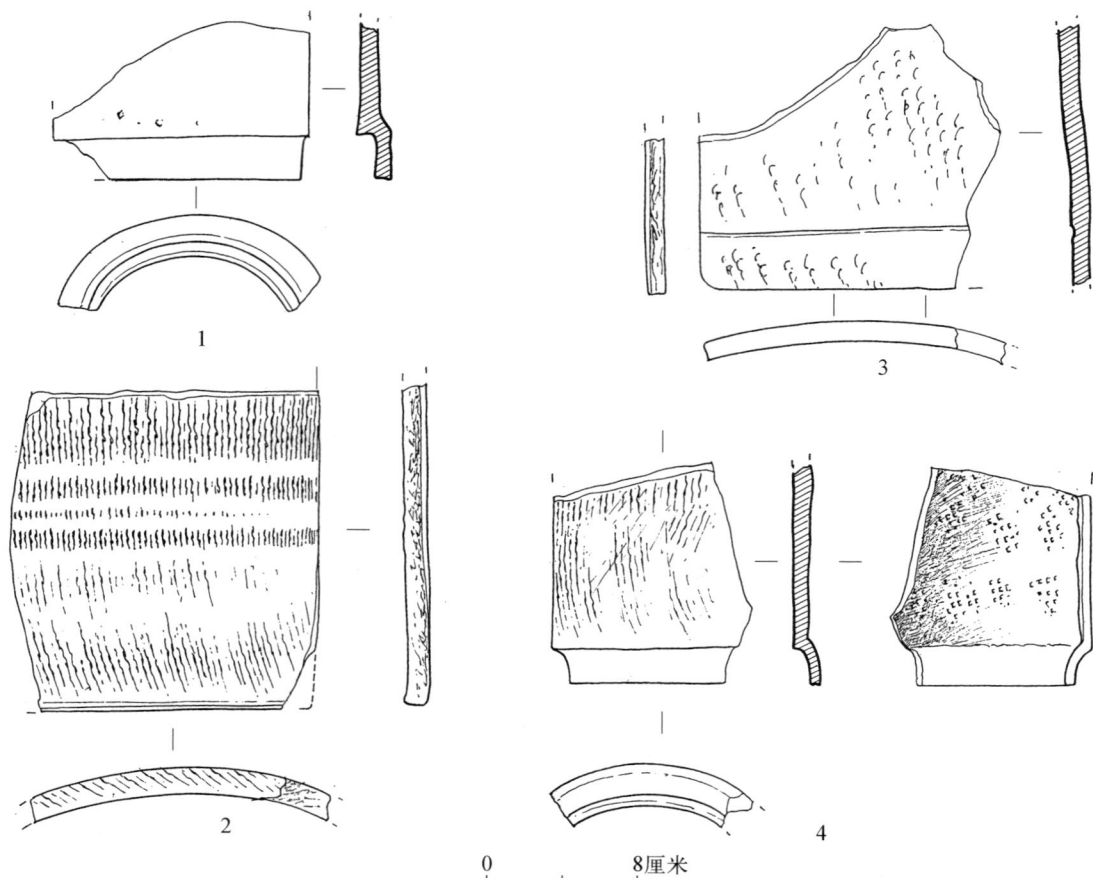

图五五 2011YFH1、H3出土瓦

1、4. 筒瓦(H1:58、H1:59) 2、3. 板瓦(H1:61、H3⑨:14)

标本H1:59(图五五,4),表面饰有交错绳纹,近瓦头部分绳纹被抹去,较光滑。内侧面饰有麻点纹。瓦头有子母榫。残长12.2、残宽10.8、榫头长2.0、厚1.2厘米。

### 8. 动物遗存

出土较多的动物遗存。可鉴定的种属包括猪、黄牛、山羊、羊和小型哺乳动物(鼠)。出土猪的下颌骨(左)1块、游离齿(左)4块和尺骨1条,黄牛的头骨(左)1块、跖骨/掌骨1块、跖骨2块、胫骨1块、脊椎6块和骨盆(左)1块,山羊的下颌骨(左)3块,羊的下颌骨(左)3块和脊椎2块,小型哺乳动物(鼠)的股骨(右)1条,中型哺乳动物的头骨1块、骨盆3块、肢骨2条和肋骨2条。

### 9. 其他

支垫 1件。

标本H1:60(图五六,1),夹砂灰陶,残存部分呈弧形,整体呈马蹄形,素面,外弧残长32.9、内

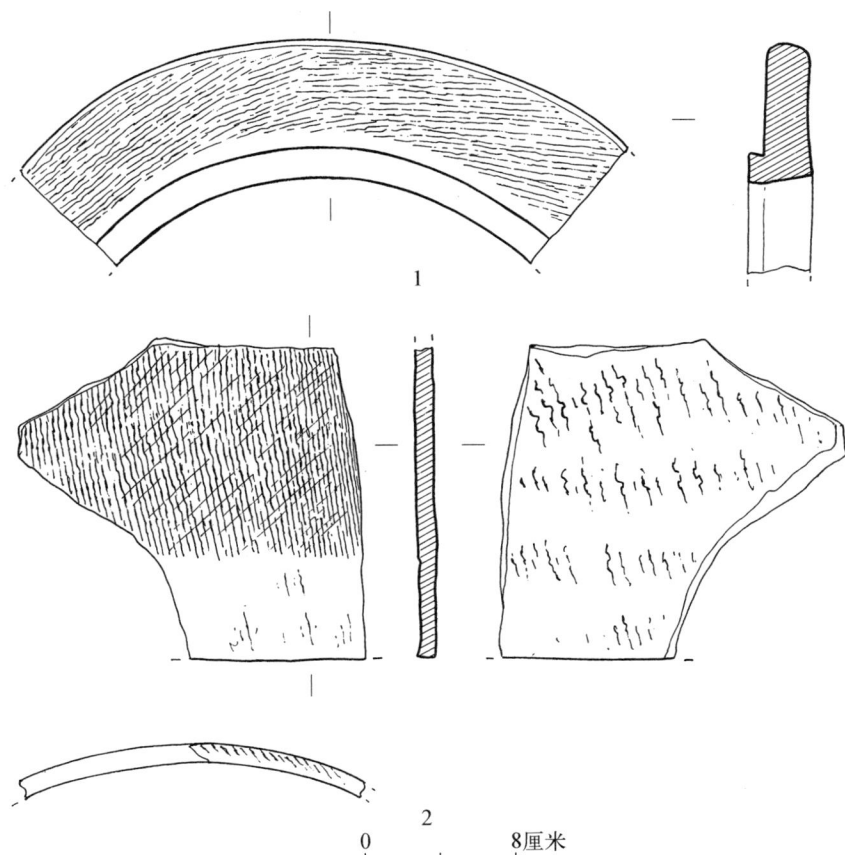

图五六 2011YFH1 出土瓦及支垫

1. 支垫（H1：60） 2. 板瓦（H1⑤：62）

弧残长22.4、残宽8.2、外端厚2.4、内端厚3.5厘米。该类支垫常见于制陶作坊，很可能是战国时期遗物进入到晚期单位之中。

圆陶片 2件。

标本H1：49（图一○二，1），泥质灰陶，素面，表面有土锈，直径约3.7、厚1.1厘米，重19克。

标本H1：48（图一○二，6），由陶瓦改制，夹砂灰陶，素面，直径5.2、厚2.4厘米，重73克。

# 4.2 2011YFH2

1. 形制与堆积

H2（图五七），位于T1南部，开口于②层下，打破生土。口部呈椭圆形，口大底小，东西长246、南北宽约174、自深24～40厘米。坑壁与坑底无明显加工痕迹。

堆积可分为4层：①层，黄褐色，土质紧密，分布在灰坑中部，由北向南倾斜，厚0～14厘米，

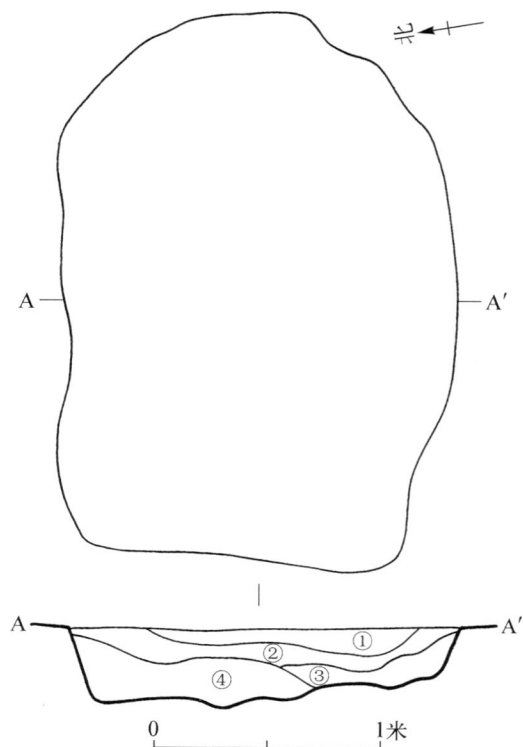

图五七　2011YFH2平、剖面图

包含少量红烧土。②层,褐色,土质松散,遍布整个灰坑,厚4～16厘米。③层,灰褐色,土质松散,分布在灰坑南半部,自南向北倾斜,厚6～12厘米,无任何包含物。④层,红褐色,土质松散,分布在灰坑北半部,自北向南倾斜,厚0～30厘米。

**2. 陶范**

出土铧范1块,未见锄范和铧芯。

**3. 陶容器**

共出土陶容器残片17块,可辨器形罐和缶5块,约占29.4%;盆或甑1块,约占5.9%。纹饰以素面为主,共15块,约占88.2%;另有暗纹2块,约占11.8%。

**4. 建筑材料**

共出土陶瓦33片。

# 4.3　2011YFH3

**1. 形制与堆积**

H3(图五八;彩版四),位于T2中部偏西,东邻H25,开口于①层下,打破生土。口部形状呈圆形,口大底小,坑壁呈直筒状,有弧度,坑底呈锅底状,口部南北长120、东西宽115厘米,口距地表20、底距地表292、自深272厘米。坑壁与坑底无明显加工痕迹。

堆积可分为10层:①层,灰褐色,土质较硬,遍布整个灰坑,为平行堆积,厚6～13厘米,含有大量的木炭星、木灰、烧土块等。②层,褐色,土质为松散的沙土,遍布整个灰坑,自东向西倾斜,厚8～26厘米,包含烧土块等。③层,红色,土质为紧密的烧土,自东向西倾斜,厚5～20厘米。④层,深灰色,土质松散,为平行堆积,厚15～46厘米,包含有红烧土块、铁渣沫等。⑤层,灰褐色,土质松散,为平行堆积,厚18厘米,包含有铁渣、玻璃残渣等。⑥层,红色,土质为紧密的红烧土,层面较平整,底部中心向上凸起,边缘部分较厚,厚10～15厘米,陶范出于红烧土上。⑦层,灰褐色,土质松散,层面中心凸起,边缘下沉,底部为平行堆积,厚35～40厘米,包含有小块石头、红烧土颗粒、木炭星、青色淤土块等。⑧层,青灰色,土质松散,为平行堆积,厚7～10厘米。⑨层,灰褐色泛红,土质颗粒较小,为平行堆积,底部为锅底状,厚54厘米,包含有少量木炭等。⑩层,青灰色,土质为细密的淤土,有较多水锈,厚53～61厘米。

2. 陶范

共出土锄范536块,其中面范90件、背范37件。铧范101块,可辨大型铧范15件、小型铧范7件。铧芯325块,可辨大型铧芯35件、小型铧芯25件。

锄面范 64件。

标本H3⑨:y4(图五九,1;图版一,2),完整程度达90%以上,由3块残块拼合而成,总重1 195克。梯形板状,细砂质,整体呈浅红色,分型面和浇铸面有白色和红色涂料层。分型面涂料层磨损较为严重,浇铸面灰黑色浇铸痕迹明显,背面平整,但涂料层脱落较多。长24.3、顶端宽6.8、底端宽14.1、顶端厚3.2、底端厚2.4厘米。浇道平面呈梯形,涂料层脱落较多,浇道较短宽,浇道长4.6、浇道宽(上)3.1、浇道宽(下)3.6厘米。型腔顶端与左右两侧刻槽深度一致,刻槽较宽,约0.5厘米,左上角到侧边长1.7、左下角到侧边长1.0、右上角到侧边长1.8、右下角到侧边长1.0、分型面底端长1.3厘米。铸器呈梯形板状,长18.6、顶端宽5.0、底端宽11.7厘米。

标本H3⑨:y6(图五九,2),完整程度达90%以上,由8块残块拼合而成,总重1 175克。梯形板状,细砂质,整体呈深红色。分型面和浇铸面有白色和红色涂料层,浇铸面灰黑色浇铸痕迹明显,背面有涂料层,略起伏不平,长26.8、顶端宽7.7、底端宽16.1、顶端厚2.9、底端厚2.4厘米。浇道较长直,平面呈梯形,浇道长7.6、浇道宽(上)2.1、浇道宽(下)3.3厘米。型腔刻槽浅于左右两侧,型腔偏向范的右侧,左夹角较大,右夹角较小,左上角到侧边长3.1、左下角到侧边长2.7、右上角到侧边长2.4、右下角到侧边长2.5、分型面底端长1.8厘米。铸器呈梯形板状,长17.6、顶端宽5.0、底端宽10.8厘米。

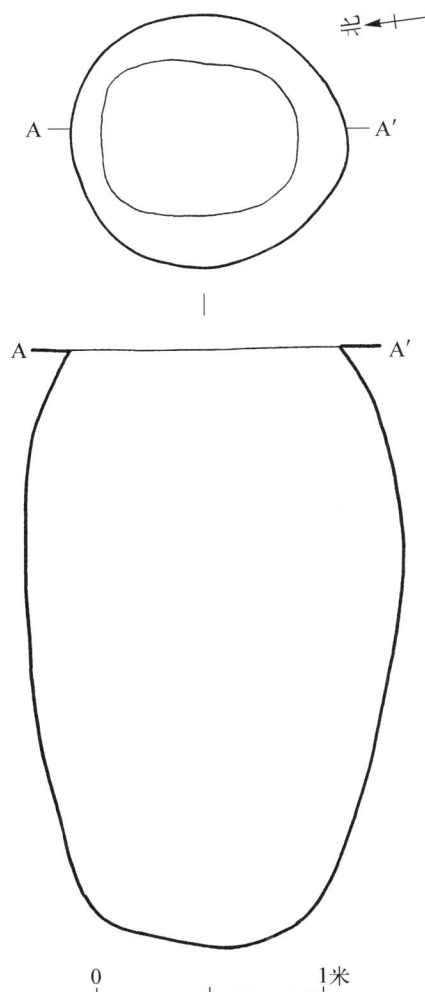

图五八 2011YFH3平、剖面图

标本H3⑨:y24(图五九,3),完整程度达90%以上,由3块残块拼合而成,总重1 270克。梯形板状,细砂质,整体呈浅灰色。分型面和浇铸面有白色和红色涂料层,浇铸面灰黑色浇铸痕迹明显,背面平整有涂料层,大部分脱落,两侧向浇铸面斜收,长27.9、顶端宽7.2、底端宽14.3、顶端厚3.0、底端厚2.3厘米。浇道长直,平面呈梯形,浇道长7.3、浇道宽(上)2.7、浇道宽(下)3.8厘米。型腔顶端刻槽较浅,左侧有铁渣粘附,左上角到侧边长2.5、左下角到侧边长1.8、右上角到侧边长2.3、右下角到侧边长1.6、分型面底端长1.9厘米。铸器呈梯形板状,长18.7、顶端宽4.7、底端宽11.5厘米。

标本H3⑨:y5(图五九,4),完整程度达90%以上,由7块残块拼合而成,总重1 125克。梯形板状,细砂质,整体呈橙色。分型面和浇铸面有白色和红色涂料层,浇铸面灰黑色浇铸痕迹不

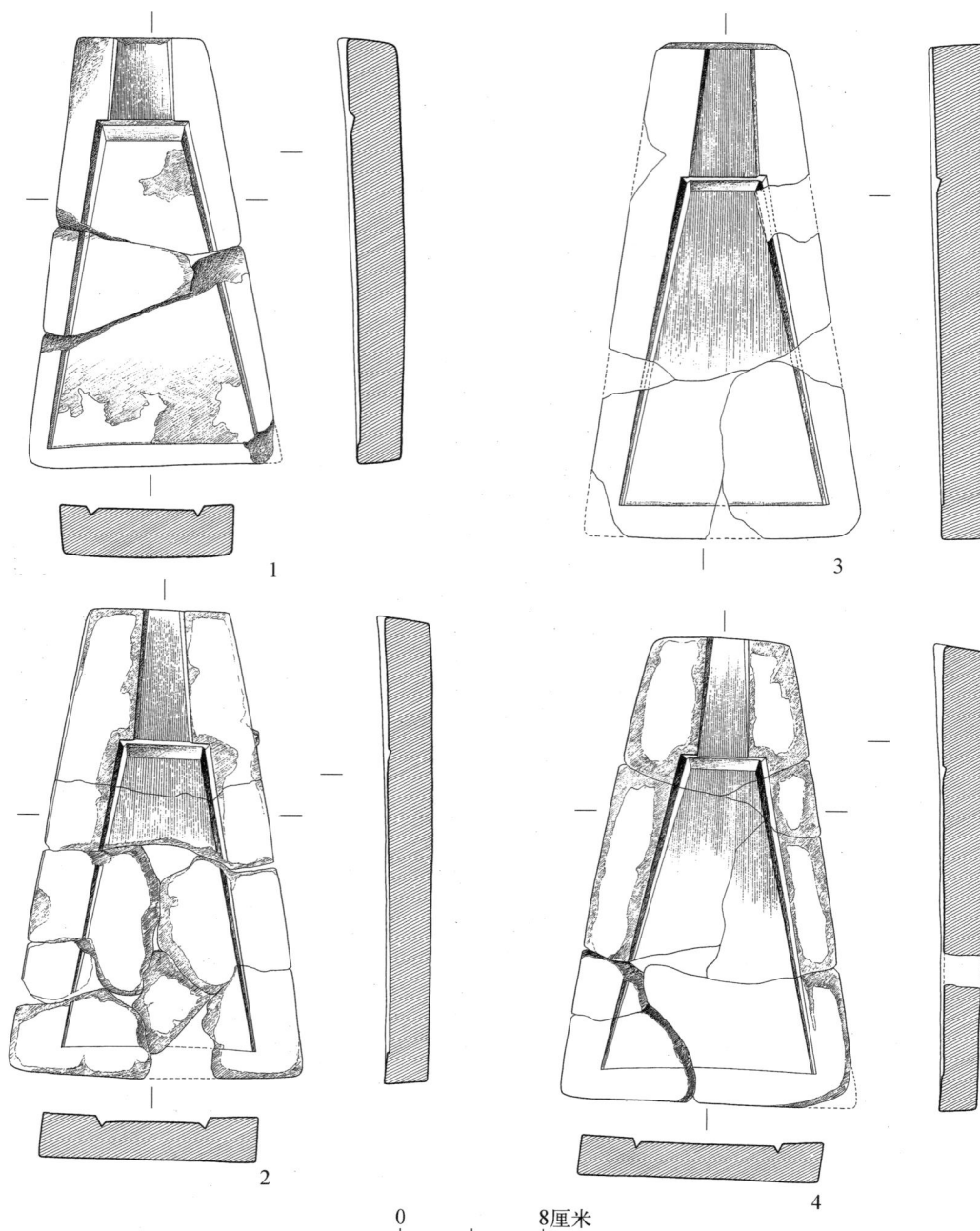

图五九　2011YFH3出土陶范（一）

1～4. 锄面范（H3⑨：y4、H3⑨：y6、H3：y24、H3⑨：y5）

明显。背面有涂料层，略起伏不平，涂料层磨损较为严重，长26.7、顶端宽7.5、底端宽16.2、顶端厚2.8、底端厚2.0厘米。浇道较长直，平面呈梯形，浇道长6.7、浇道宽（上）2.1、浇道宽（下）2.7厘米。型腔偏向于范的右侧，左上角到侧边长2.9、左下角到侧边长2.2、右上角到侧边长2.3、右下角到侧边长1.9、分型面底端长2.0厘米。铸器呈梯形板状，长17.9、顶端宽4.6、底端宽11.9厘米。

标本H3⑧：y9（图六〇，1；图版一，3），中间左下角残缺，由4块残块拼合而成，总重950克。梯形板状，细砂质，整体呈浅红色。分型面和浇铸面有白色和红色涂料层，浇铸面灰黑色浇铸痕迹明显。背面有涂料层，浇道位置有隆起，残长25.3、顶端宽7.2、顶端厚2.9、残存最下端厚2.0厘米。浇道较长直，平面呈梯形，浇道长8.1、浇道宽（上）2.6、浇道宽（下）2.8厘米。刻槽较浅，型腔有内圆形隆起，直径1.8厘米，左上角到侧边长2.6、右上角到侧边长3.0厘米。铸器呈梯形板状，铸器残长17.2、顶端宽4.7厘米。

标本H3⑧：y8（图六〇，2），完整程度达90%以上，由8块残块拼合而成，总重1 285克。梯形板状，细砂质，整体呈橙色。分型面和浇铸面有白色和红色涂料层，浇铸面灰黑色浇铸痕迹明显。背面有涂料层，浇道位置有隆起，涂料层磨损较为严重。长26.7、顶端宽7.2、底端宽15.7厘米。顶端和底端差异不明显，顶端厚2.9、底端厚2.5厘米。浇道平面呈梯形，浇道长7.3、浇道宽（上）3.3、浇道宽（下）3.4厘米。型腔左上角到侧边长2.3、左下角到侧边长2.0、右上角到侧边长2.0、右下角到侧边长2.2、分型面底端长1.6厘米。铸器呈梯形板状，长17.7、顶端宽5.6、底端宽11.3厘米。

标本H3⑨：y3（图六〇，3），完整程度达90%以上，由10块残块拼合而成，总重1 325克。梯形板状，细砂质，整体呈橙色。分型面和浇铸面有白色和红色涂料层，浇铸面灰黑色浇铸痕迹明显。背面有起伏不平的浅槽，两侧刻槽浅，可能为制作时留下的痕迹，长26.8、顶端宽7.5、底端宽15.9、顶端厚3.0、底端厚2.4厘米。浇道相对长直，平面呈梯形，浇道长6.5、浇道宽（上）2.1、浇道宽（下）3.0厘米。型腔上有铁渣/残铁块，部分渗进断面中，左上角到侧边长2.7、左下角到侧边长1.9、右上角到侧边长2.5、右下角到侧边长2.1、分型面底端长2.3厘米。铸器呈梯形板状，长17.9、顶端宽4.7、底端宽11.8厘米。

标本H3：y16（图六〇，4），完整程度达90%以上，由8块残块拼合而成，总重1 410克。梯形板状，细砂质，整体呈浅灰色。分型面和浇铸面有白色和红色涂料层，浇铸面灰黑色浇铸痕迹明显，背面平整有涂料层，大多脱落，长26.1、顶端宽7.9、底端宽15.5厘米。顶端向外倾斜，顶端厚3.1、底端厚2.3厘米。浇道长直，平面呈梯形，浇道长6.4、浇道宽（上）2.8、浇道宽（下）3.5厘米。型腔顶端刻槽较宽，左上角到侧边长2.7、左下角到侧边长2.0、右上角到侧边长2.6、右下角到侧边长2.2、分型面底端长1.7厘米。铸器呈梯形板状，长17.9、顶端宽4.8、底端宽11.5厘米。

标本H3④：y13（图六一，2），完整程度达90%以上，由6块残块拼合而成，总重1 240克。梯形板状，细砂质，整体呈浅灰色。分型面和浇铸面有白色和红色涂料层，浇铸面灰黑色浇铸痕迹明显。背面平整有涂料层，局部脱落，长27.0、顶端宽7.7、底端宽15.1厘米。顶端斜向内收，顶端有三道凸起的平行竖道，应为合范符号，顶端厚2.6、底端厚2.5厘米。浇道长直，向右倾斜，平面呈梯形，浇道长6.4、浇道宽（上）3.2、浇道宽（下）3.7厘米。型腔整体不对称，左上角到侧边长2.1、左下角到侧边长1.4、右上角到侧边长2.4、右下角到侧边长1.5、分型面底端长2.4厘米。铸器呈梯形板状，长18.5、顶端宽4.8、底端宽11.9厘米。

标本H3：y39（图六一，3），残存上半部分，由2块残块拼合而成，总重620克。梯形板状，细砂质，整体呈浅红色。分型面和浇铸面有白色和红色涂料层，浇铸面灰黑色浇铸痕迹明显，涂料层脱落严重。背面平整有涂料层，部分脱落，颜色较侧面深且不均匀，残长15.1、顶端宽7.5厘米。

0　　　　　8厘米

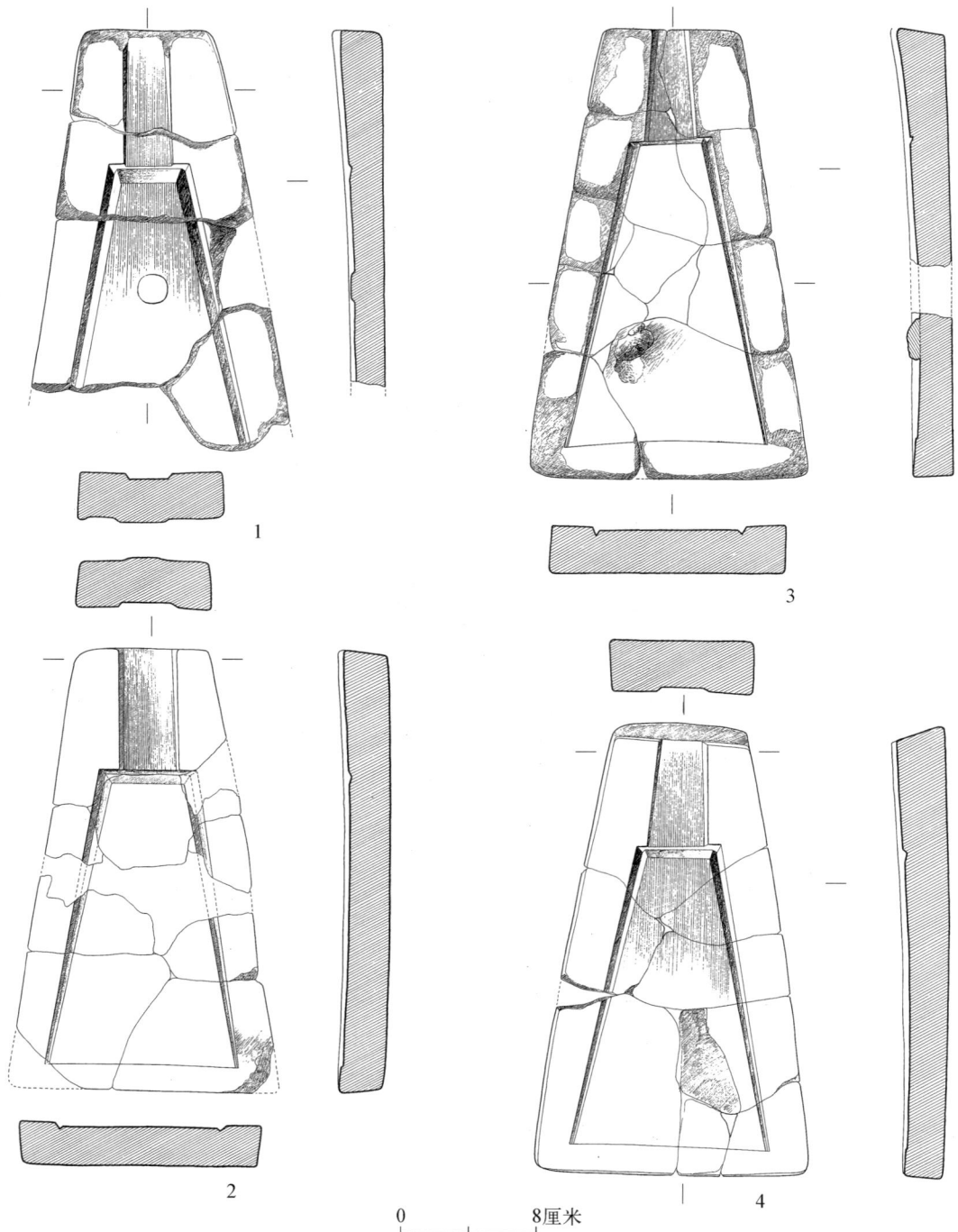

图六〇　2011YFH3出土陶范（二）

1～4. 锄面范（H3⑧：y9、H3⑧：y8、H3⑨：y3、H3：y16）

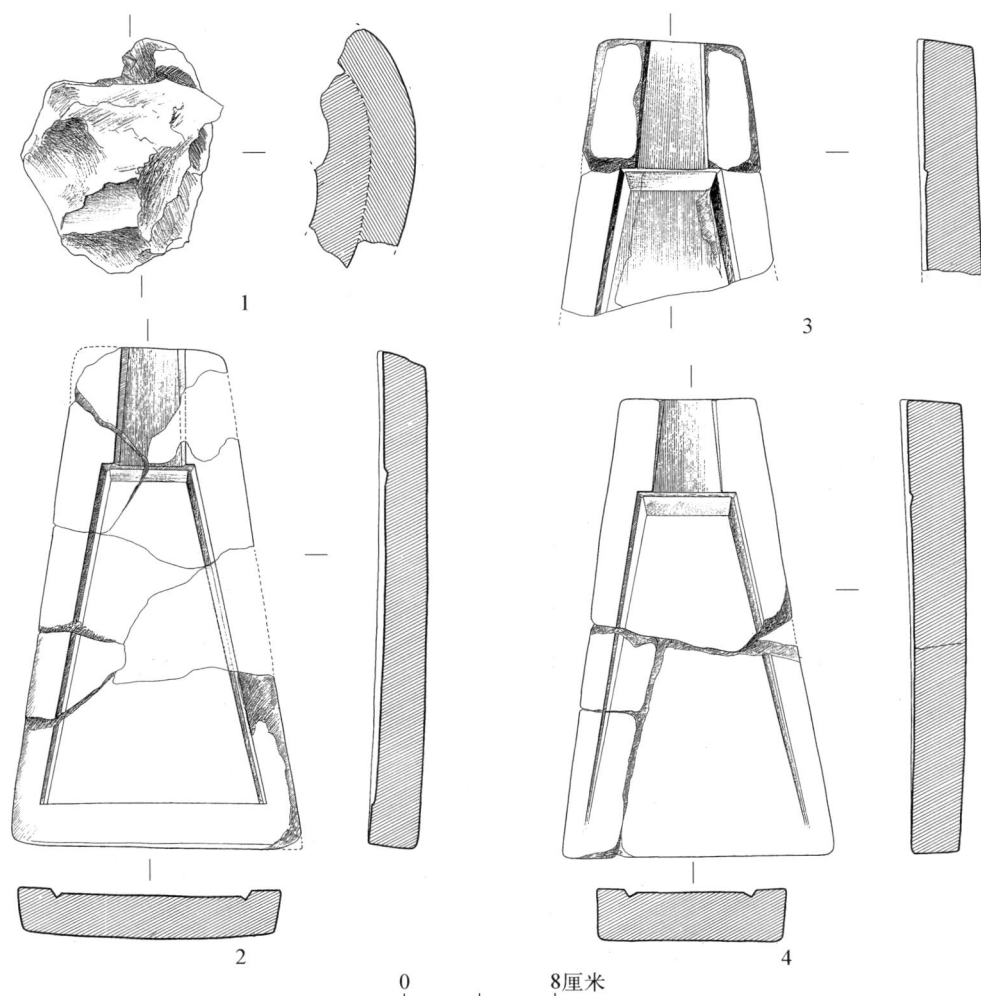

图六一 2011YFH3出土陶范（三）

1. 鼓风管（H3：y484） 2～4. 锄面范（H3④：y13、H3：y39、H3：y12）

顶端两侧向内倾斜，顶端有三道平行竖道，顶端厚3.0、残存最下端厚3.1厘米。浇道长直，平面呈梯形，浇道长6.9、浇道宽（上）2.9、浇道宽（下）3.6厘米。型腔左上角到侧边长1.9、右上角到侧边长2.0厘米。铸器呈梯形板状，铸器残长8.1、顶端宽5.2厘米。

标本H3：y12（图六一，4；彩版九），完整程度达90%以上，由4块残块拼合而成，总重1 290克。梯形板状，细砂质，整体呈浅红色。分型面和浇铸面有白色和红色涂料层，局部脱落。浇铸面灰黑色浇铸痕迹明显。背面平整不见涂料层，长24.8、顶端宽7.0、底端宽14.2厘米。顶端斜向内收，顶端厚3.2、底端厚2.5厘米。浇道较浅且宽，平面呈梯形，浇道长5.0、浇道宽（上）2.9、浇道宽（下）3.6厘米。范左右两侧分型面窄，型腔偏向于范左侧，左上角到侧边长1.6、左下角到侧边长1.0、右上角到侧边长1.8、右下角到侧边长1.2、分型面底端长1.4厘米。铸器呈梯形板状，长18.7、顶端宽5.2、底端宽11.7厘米。

标本H3⑤：y21（图六二，1），完整程度达90%以上，由4块残块拼合而成，总重1 260克。梯形板状，细砂质，整体呈橙色。分型面和浇铸面有白色和红色涂料层，浇铸面灰黑色浇铸痕迹明显。背面平整有涂料层，大部分脱落，长26.7、顶端宽7.5、底端宽15.9厘米。顶端向浇铸面斜收，顶端厚3.3、底端厚2.4厘米。浇道长直，略向左倾斜，平面呈梯形，浇道长7.4、浇道宽（上）2.9、浇道宽（下）3.0厘米。型腔顶端刻槽较浅，左上角到侧边长2.8、左下角到侧边长2.7、右上角到侧边长2.7、右下角到侧边长2.6、分型面底端长1.9厘米。铸器呈梯形板状，长17.5、顶端宽4.7、底端宽10.6厘米。

标本H3③：y19（图六二，2），保存基本完整，由6块残块拼合而成，总重1 240克。梯形板状，细砂质，整体呈浅灰色。分型面和浇铸面有白色和红色涂料层，背面平整有涂料层，部分脱落。范左下角断面齐直，不排除是专门切割而成，长27.9、顶端宽6.8、底端宽16.1厘米。顶端向外倾斜，顶端厚3.2、底端厚2.5厘米。浇道长直，平面呈梯形，浇道长6.7、浇道宽（上）2.5、浇道宽（下）3.8厘米。范近右上角有一"卜"字符号。型腔偏范左侧，上端刻槽较深，左右两侧与底端浅，左上角到侧边长2.0、左下角到侧边长1.4、右上角到侧边长2.2、分型面底端长1.3厘米。铸器呈梯形板状，长19.4、顶端宽5.6、底端宽12.3厘米。

标本H3⑨：y20（图六二，3；彩版一三，1、3），完整程度达90%以上，由4块残块拼合而成，总重1 500克。梯形板状，细砂质，整体呈浅红色。分型面和浇铸面有白色和红色涂料层，浇铸面灰黑色浇铸痕迹明显。背面平整有涂料层，部分脱落，长26.5、顶端宽7.4、底端宽14.8厘米。顶端向内斜收，顶端和底端厚度差异不明显，顶端有三道平行竖道，应为合范符号，顶端厚3.4、底端厚3.1厘米。浇道长直，平面呈梯形，浇道长6.7、浇道宽（上）3.2、浇道宽（下）3.7厘米。型腔略偏范左侧，型腔顶端刻槽较深，涂料层部分脱落较多，左上角到侧边长1.7、左下角到侧边长1.2、右上角到侧边长2.3、右下角到侧边长1.5、分型面底端长1.5厘米。铸器呈梯形板状，长18.3、顶端宽5.3、底端宽11.8厘米。

标本H3⑨：y1（图六二，4；图版一，1），完整程度达90%以上，由7块残块拼合而成，总重1 305克。梯形板状，细砂质，整体呈深红色。分型面和浇铸面有白色和红色涂料层，浇铸面灰黑色浇铸痕迹明显。背面有涂料层，起伏不平，长26.9、顶端宽7.7、底端宽15.5厘米。顶端和底端不见收分，顶端厚3.1、底端厚2.0厘米。浇道平面呈梯形，上部烟熏痕迹明显，略向右倾斜，浇道长7.8、浇道宽（上）2.0、浇道宽（下）2.4厘米。型腔两侧刻槽较深，顶端较浅，左上角到侧边长2.7、左下角到侧边长2.7、右上角到侧边长2.8、右下角到侧边长2.2、分型面底端长1.9厘米。铸器呈梯形板状，长17.5、顶端宽4.8、底端宽10.9厘米。

标本H3⑨：y14（图六三，1；图版一，4），完整程度达90%以上，由3块残块拼合而成，总重1 400克。梯形板状，细砂质，整体呈浅灰色。分型面和浇铸面有白色和红色涂料层，浇铸面灰黑色浇铸痕迹明显。背面较粗糙，涂料层局部脱落，长27.8、顶端宽7.4、底端宽13.9、顶端厚2.9、底端厚3.2厘米。浇道长直，平面呈梯形，浇道长7.6、浇道宽（上）2.5、浇道宽（下）3.4厘米。型腔略偏向右侧，左上角到侧边长2.6、左下角到侧边长1.5、右上角到侧边长2.1、右下角到侧边长1.7、分型面底端长2.2厘米。铸器呈梯形板状，长18.3、顶端宽4.9、底端宽11.7厘米。

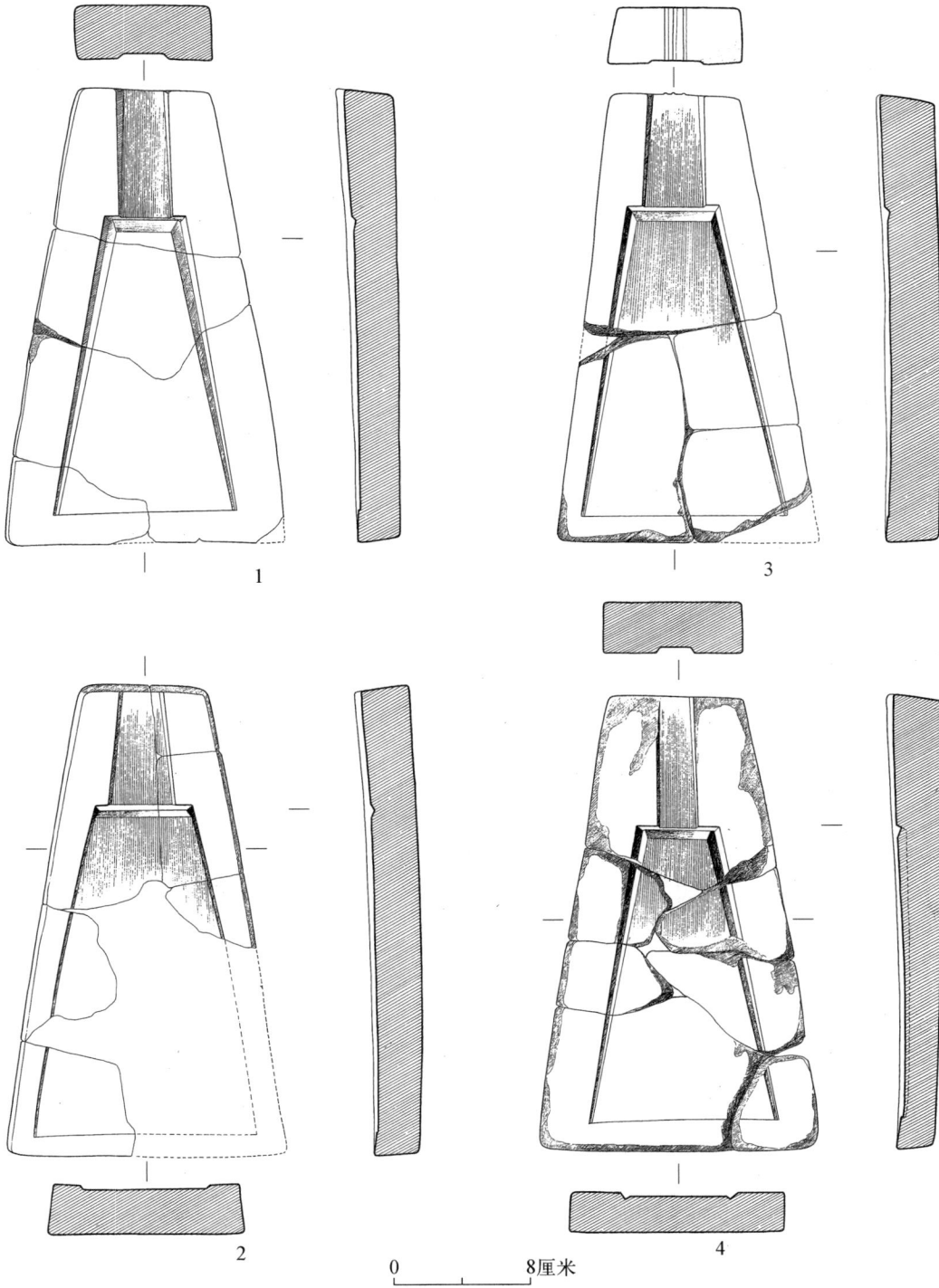

图六二　2011YFH3出土陶范（四）

1～4.锄面范（H3⑤：y21、H3③：y19、H3⑨：y20、H3⑨：y1）

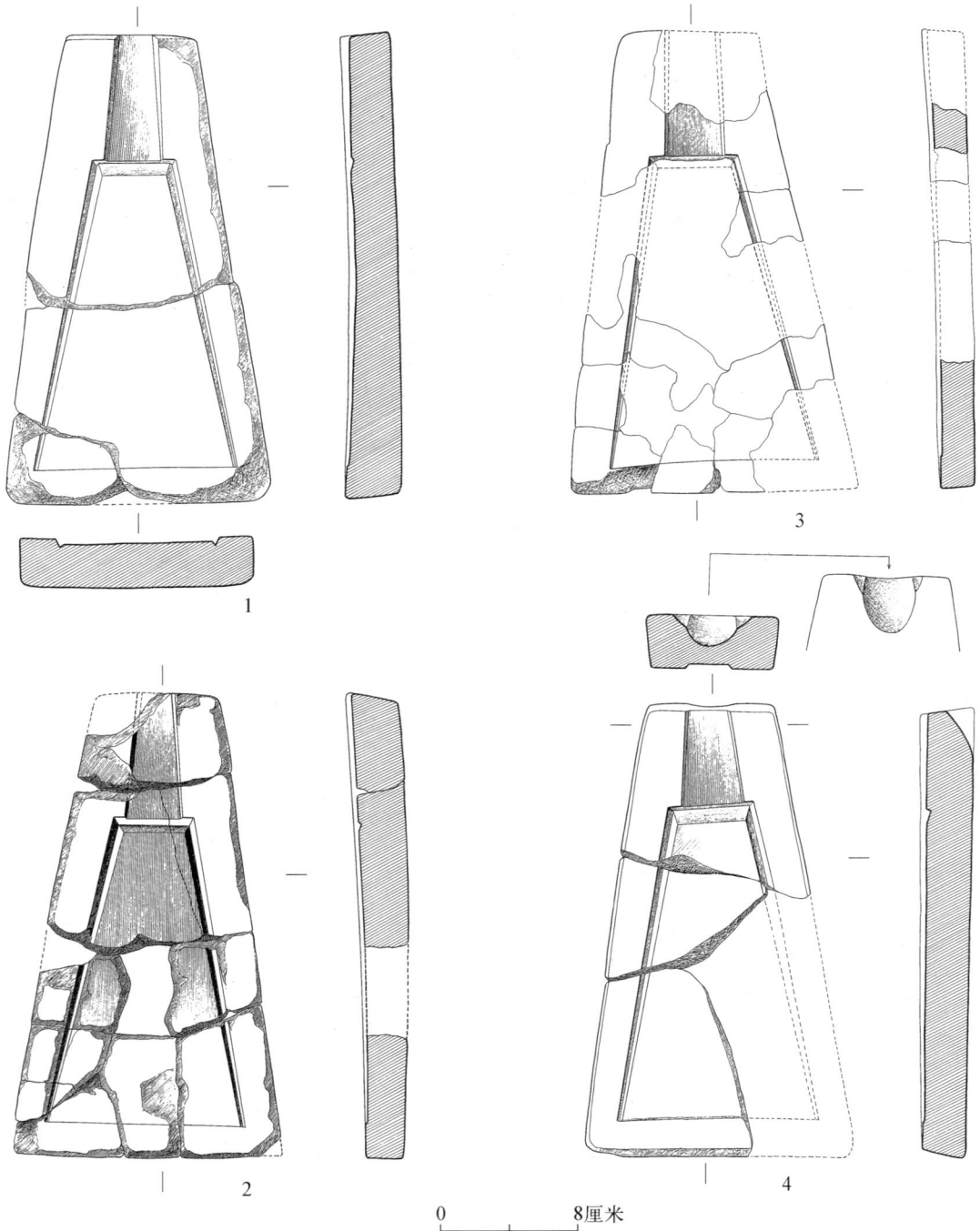

0        8厘米

图六三  2011YFH3出土陶范（五）

1～4. 锄面范（H3⑨：y14、H3：y27、H3⑨：y7、H3：y28）

标本 H3：y27（图六三，2），完整程度达90%左右，由9块残块拼合而成，总重1 130克。梯形板状，细砂质，整体呈浅灰色。分型面和浇铸面有白色和红色涂料层，浇铸面灰黑色浇铸痕迹明显。背面平整有涂料层，部分脱落，长27.7、顶端宽6.8、底端宽15.4厘米。顶端两侧向浇铸面斜收，顶端厚3.0、底端厚2.2厘米。浇道长直，平面呈梯形，浇道长7.6、浇道宽（上）2.2、浇道宽（下）3.3厘米。型腔顶端刻槽较浅，左上角到侧边长2.5、左下角到侧边长1.7、右上角到侧边长2.4、右下角到侧边长1.9、分型面底端长2.0厘米。铸器呈梯形板状，长18.2、顶端宽4.5、底端宽11.5厘米。

标本 H3⑨：y7（图六三，3），保存较完整，由8块残块拼合而成。梯形板状，细砂质，整体呈深红色。分型面和浇铸面有白色和红色涂料层，浇铸面灰黑色浇铸痕迹明显。背面有涂料层，略起伏不平，质地疏松，涂料层磨损较为严重，长27.5、顶端宽7.9、底端宽16.3、顶端厚2.4、底端厚1.9厘米。浇道较长直，平面呈梯形，浇道长7.4、浇道宽（下）3.4厘米。型腔左上角到侧边长2.5、左下角到侧边长2.1、右上角到侧边长2.4、分型面底端长1.9厘米。铸器呈梯形板状，长18.1、顶端宽5.1、底端宽12.0厘米。

标本 H3：y28（图六三，4），残存上半部分，由3块残块拼合而成，总重930克。梯形板状，细砂质，整体呈浅灰色，背面有半漏斗状浇道，涂料层脱落严重，长26.9、顶端宽7.1、底端宽15.2厘米。顶端及两侧向外倾斜，顶端厚3.1、底端厚2.5厘米。浇道长，平面呈梯形，明显向左侧倾斜，浇道长5.7、浇道宽（上）2.5、浇道宽（下）3.6厘米。型腔顶端刻槽深且宽，有明显斜坡面，左上角到侧边长2.2、左下角到侧边长1.7、右上角到侧边长2.1、右下角到侧边长1.7、分型面底端长2.3厘米。铸器呈梯形板状，长18.6、顶端宽4.9、铸器底端宽11.6厘米。

标本 H3⑨：y32（图六四，1），完整程度达90%以上，由6块残块拼合而成，总重1 280克。梯形板状，细砂质，整体呈浅灰色，白色渗灏和料多。分型面和浇铸面有白色和红色涂料层，浇铸面灰黑色浇铸痕迹明显，背面平整有涂料层，大部分脱落，长26.5、顶端宽7.2、底端宽14.5厘米。顶端向浇铸面倾斜，范身上薄下厚，顶端厚2.8、底端厚2.9厘米。浇道长直，平面呈长方形，浇道长6.8、浇道宽（上）2.9、浇道宽（下）3.0厘米。型腔略偏范右侧，左上角到侧边长2.3、左下角到侧边长1.5、右上角到侧边长2.3、右下角到侧边长1.6、分型面底端长1.5厘米。铸器呈梯形板状，长18.1、顶端宽4.6、底端宽11.5厘米。

标本 H3：y29（图六四，3），残缺右下角和左侧，由8块残块拼合而成，总重810克。梯形板状，细砂质，整体呈浅灰色。分型面和浇铸面有白色和红色涂料层，浇铸面灰黑色浇铸痕迹明显。背面平整有涂料层，部分脱落，长28.6、顶端宽6.8、底端宽16.9厘米。顶端和左侧向外倾斜，顶端厚3.0、底端厚2.3厘米。浇道长直，平面呈梯形，浇道长7.1、浇道宽（上）2.4、浇道宽（下）3.6厘米。距离型腔顶端7.1厘米处有圆形隆起，直径2.1厘米。型腔顶端刻槽较深，左下角较大，左上角到侧边长2.3、左下角到侧边长2.2、右上角到侧边长2.5、右下角到侧边长2.2、分型面底端长1.7厘米。铸器呈梯形板状，长19.5、顶端宽5.0、底端宽12.1厘米。

标本 H3⑨：y30（图六四，4），完整程度达90%以上，由13块残块拼合而成，总重1 040克。梯形板状，细砂质，整体呈浅灰色。分型面和浇铸面有白色和红色涂料层，浇铸面灰黑色浇铸痕迹明显。背面平整有涂料层，大部分脱落，长27.4、顶端宽7.2、底端宽16.1、顶端厚2.6、底端厚2.1厘

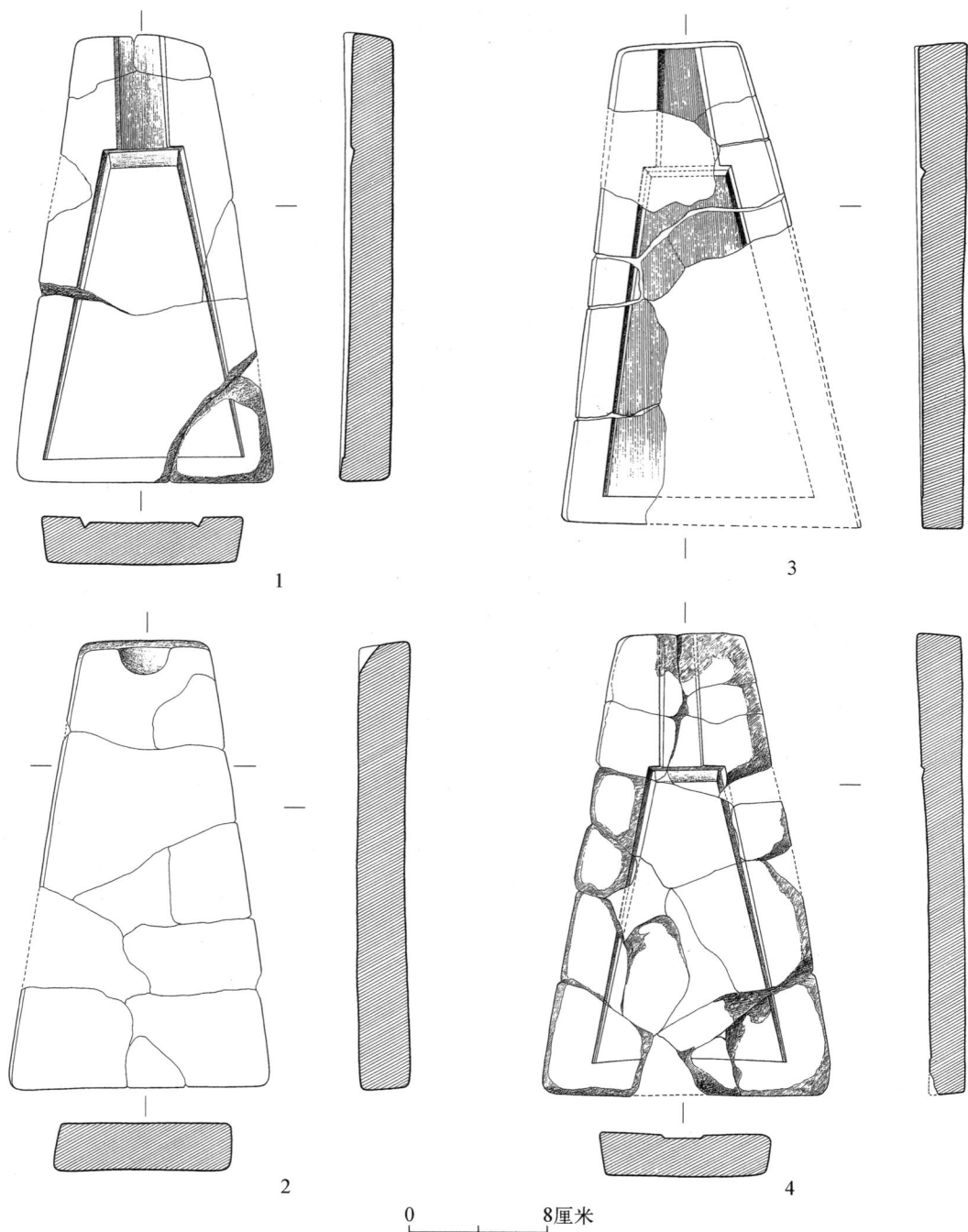

**图六四　2011YFH3出土陶范（六）**

1、3、4. 锄面范（H3⑨：y32、H3：y29、H3⑨：y30）　2. 锄背范（H3⑨：y26）

米。浇道长直,平面呈梯形,浇道长7.9、浇道宽(上)2.1、浇道宽(下)2.4厘米。型腔较偏,左上角到侧边长3.0、左下角到侧边长2.6、右上角到侧边长2.6、右下角到侧边长2.4、分型面底端长2.1厘米。铸器呈梯形板状,长17.2、顶端宽4.4、底端宽11.2厘米。

标本H3④:y34(图六五,1),左上角和右侧边有残块,由3块残块拼合而成,总重1 090克。梯形板状,细砂质,整体呈深灰色,白色羼和料多。分型面和浇铸面有白色和红色涂料层,浇铸面灰黑色浇铸痕迹明显,浇铸面涂料层保存较好。背面起伏不平,涂料层严重脱落,长26.8、顶端宽7.1、底端宽15.2厘米。顶端两侧向浇铸面倾斜,顶端与底端厚度差异不大,顶端厚2.2、底端厚2.3厘米。浇道较长直,平面呈梯形,浇道长7.0、浇道宽(上)2.7、浇道宽(下)3.7厘米。型腔顶端刻槽较浅,左上角到侧边长2.4、左下角到侧边长1.7、右上角到侧边长2.4、右下角到侧边长1.5、分型面底端长1.5厘米。铸器呈梯形板状,长18.4、顶端宽4.9、底端宽11.8厘米。

标本H3:y37(图六五,2),中间和侧边有残块,由13块残块拼合而成,总重1 030克。梯形板状,细砂质,整体呈深红色。分型面和浇铸面有白色和红色涂料层,浇铸面灰黑色浇铸痕迹明显,浇铸面涂料层保存较好。背面平整有涂料层,部分脱落,边缘和中间有隆起,中间隆起呈浇道形,长26.8、顶端宽8.0、底端宽16.2厘米。顶端两侧向浇铸面倾斜,顶端厚3.2、底端厚2.1厘米。浇道长窄,平面呈梯形,浇道长7.1、浇道宽(上)2.8、浇道宽(下)2.6厘米。型腔顶端刻槽较浅,左上角到侧边长2.6、左下角到侧边长2.1、右上角到侧边长2.7、右下角到侧边长2.1、分型面底端长2.2厘米。铸器呈梯形板状,长17.6、顶端宽5.1、底端宽11.7厘米。

标本H3⑨:y33(图六五,4),完整程度达90%以上,由8块残块拼合而成,总重1 100克。梯形板状,细砂质,整体呈浅灰色,白色羼和料多。分型面和浇铸面有白色和红色涂料层,浇铸面灰黑色浇铸痕迹明显。背面起伏不平,涂料层严重脱落,有浇道形隆起,长27.5、顶端宽7.4、底端宽16.1厘米。顶端两侧向浇铸面倾斜,顶端厚2.8、底端厚2.0厘米。浇道窄直,平面呈梯形,浇道长8.4、浇道宽(上)2.1、浇道宽(下)2.5厘米。型腔顶端刻槽较浅,左上角到侧边长2.8、左下角到侧边长2.8、右上角到侧边长2.7、右下角到侧边长2.0、分型面底端长1.7厘米。铸器呈梯形板状,长17.5、顶端宽4.5、底端宽11.1厘米。

标本H3:y64(图六六,1),残存下半部分,由2块残块拼合而成,总重680克。梯形板状,细砂质,整体呈浅灰色,白色羼和料多。分型面和浇铸面有白色和红色涂料层,浇铸面灰黑色浇铸痕迹明显。背面平整,涂料层部分脱落,残长11.0、底端宽14.9厘米。两端向浇铸面斜收,左右两侧边较窄,底端厚2.8、范身厚3.0厘米。型腔左下角到侧边长1.4、右下角到侧边长1.4、分型面底端长1.7厘米。铸器呈梯形板状,残长9.1、底端宽11.9厘米。

标本H3④:y91(图六六,2),残存顶端部分,仅1块残块,重450克。梯形板状,细砂质,整体呈浅灰色,白色羼和料多。分型面和浇铸面有白色和红色涂料层,浇铸面灰黑色浇铸痕迹明显,有粘附铁渣。背面平整,涂料层部分脱落,残长11.6、顶端宽7.0厘米。顶端和两侧向浇铸面斜收,顶端有三道平行竖道,垂直于浇道,顶端厚3.1、范身厚3.0厘米。浇道较长直,平面呈梯形,浇道长6.5、浇道宽(上)2.3、浇道宽(下)3.1厘米。型腔偏范左侧,左上角到侧边长2.0、右上角到侧边长2.8厘米。铸器呈梯形板状,残长4.4、顶端宽4.6厘米。

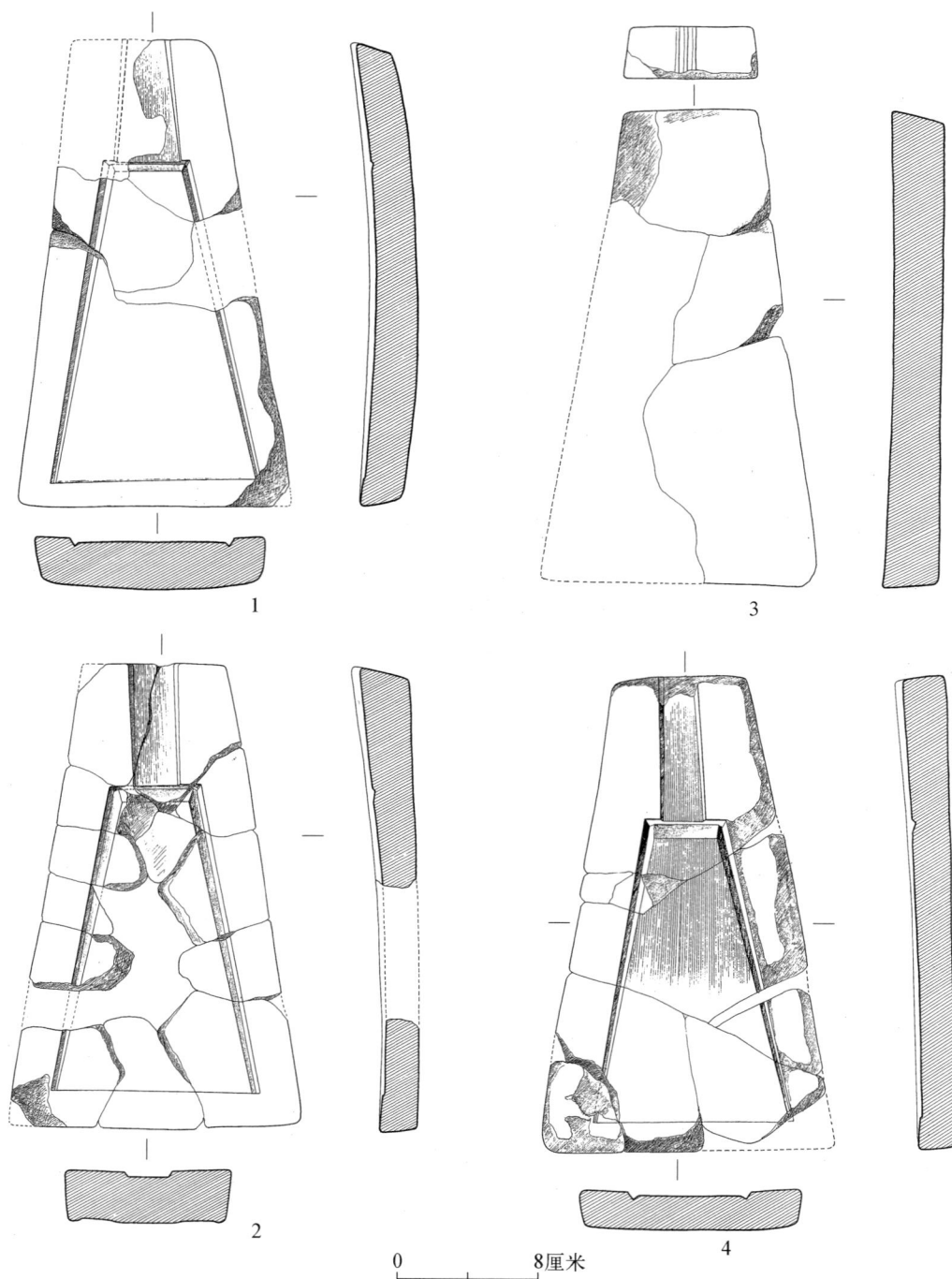

0　　　　　　8厘米

**图六五　2011YFH3出土陶范（七）**

1、2、4. 锄面范（H3④：y34、H3：y37、H3⑨：y33）　　3. 锄背范（H3④：y36）

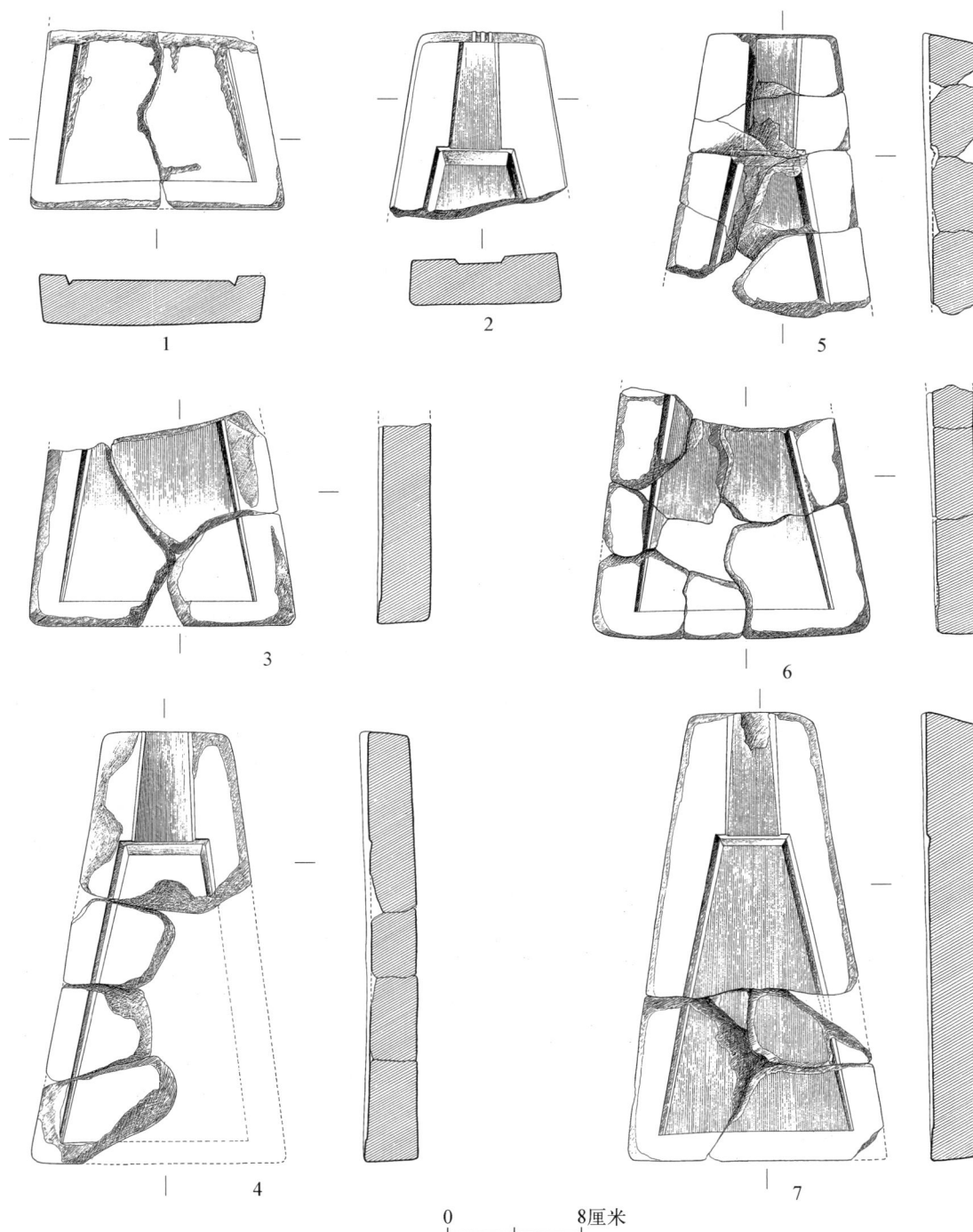

图六六 2011YFH3出土陶范(八)

1～7.锄面范(H3：y64、H3④：y91、H3：y40、H3⑨：y38、H3：y31、H3④：y35、H3⑤：y45)

标本 H3：y40（图六六，3），残存下半部分，由3块残块拼合而成，总重790克。梯形板状，细砂质，整体呈橙色，白色矍和料多。分型面和浇铸面有白色和红色涂料层，浇铸面灰黑色浇铸痕迹明显，涂料层保存较好。背面平整有涂料层，部分脱落，中间位置有微隆起，残长13.1、底端宽15.6厘米。底端面向浇铸面斜收，底端厚3.1厘米。型腔左下角到侧边长1.7、右下角到侧边长2.1、分型面底端长1.6厘米。铸器呈梯形板状，残长11.0、底端宽11.7厘米。

标本 H3⑨：y38（图六六，4），残存上半部分和左下部分，由4块残块拼合而成，总重880克。梯形板状，细砂质，整体呈浅灰色，白色矍和料多。分型面和浇铸面有白色和红色涂料层，浇铸面灰黑色浇铸痕迹明显，涂料层局部脱落。背面平整有涂料层，部分脱落，颜色较侧面深且不均匀，长26.3、顶端宽7.0、底端宽15.0厘米。顶端两侧向浇铸面倾斜，顶端有三道平行竖道，顶端厚2.9、底端厚3.2厘米。浇道较宽，平面呈梯形，浇道长6.7、浇道宽（上）2.9、浇道宽（下）3.7厘米。型腔偏范左侧，顶端刻槽较浅，左上角到侧边长1.9、左下角到侧边长1.4、右上角到侧边长2.1、右下角到侧边长2.1、分型面底端长1.3厘米。铸器呈梯形板状，长18.3、顶端宽5.3、底端宽11.1厘米。

标本 H3：y31（图六六，5），仅存上半部分，由7块残块拼合而成，总重670克。梯形板状，细砂质，整体呈橙色，白色矍和料较多，范质较疏松。分型面和浇铸面有白色和红色涂料层，分型面涂料层脱落严重，浇铸面灰黑色浇铸痕迹明显。背面平整有涂料层，大部分脱落，残长17.2、顶端宽7.5厘米。顶端和右侧向浇铸面倾斜，顶端厚3.1、残存最下端厚2.7厘米。浇道长直，平面呈梯形，浇道长7.1、浇道宽（上）3.0、浇道宽（下）3.0厘米。型腔左上角到侧边长2.5、右上角到侧边长2.6厘米。铸器呈梯形板状，残长10.1、顶端宽4.2厘米。

标本 H3④：y35（图六六，6），残存下半部分，由7块残块拼合而成，总重700克。梯形板状，细砂质，整体呈浅红色，白色矍和料多。分型面和浇铸面有白色和红色涂料层，浇铸面涂料层保存较好，浇铸痕迹不明显。背面平整有涂料层，大部分脱落，残长15.4、底端宽16.3、底端厚2.4厘米。型腔略偏范右侧，左下角到侧边长2.3、右下角到侧边长2.0、分型面底端长1.8厘米。铸器呈梯形板状，残长13.3、底端宽11.8厘米。

标本 H3⑤：y45（图六六，7），完整程度达90%以上，由5块残块拼合而成，总重1 270克。梯形板状，细砂质，整体呈浅灰色。分型面和浇铸面有白色和红色涂料层，浇铸面灰黑色浇铸痕迹明显，涂料层保存较好。背面平整有涂料层，部分脱落，长27.3、顶端宽6.9、底端宽15.1厘米。顶端面向浇铸面斜收，顶端厚3.1、底端厚2.6厘米。浇道长直，平面呈梯形，浇道长7.6、浇道宽（上）2.8、浇道宽（下）3.2厘米。型腔倾向范右侧，顶端有明显斜坡，左上角到侧边长2.7、左下角到侧边长1.7、右上角到侧边长2.4、右下角到侧边长1.7、分型面底端长1.8厘米。铸器呈梯形板状，长18.1、顶端宽4.3、底端宽11.5厘米。

标本 H3⑤：y51（图六七，1），残存下半部分，由4块残块拼合而成，总重410克。梯形板状，细砂质，整体呈橙色，白色矍和料多。分型面和浇铸面有白色和红色涂料层，浇铸面灰黑色浇铸痕迹明显，涂料层保存较好。背面平整，涂料层部分脱落，残长10.6、底端宽16.1厘米。范体较薄，底端略向浇铸面斜收，底端厚2.3厘米。型腔左下角到侧边长2.1、右下角到侧边长2.2、分型面

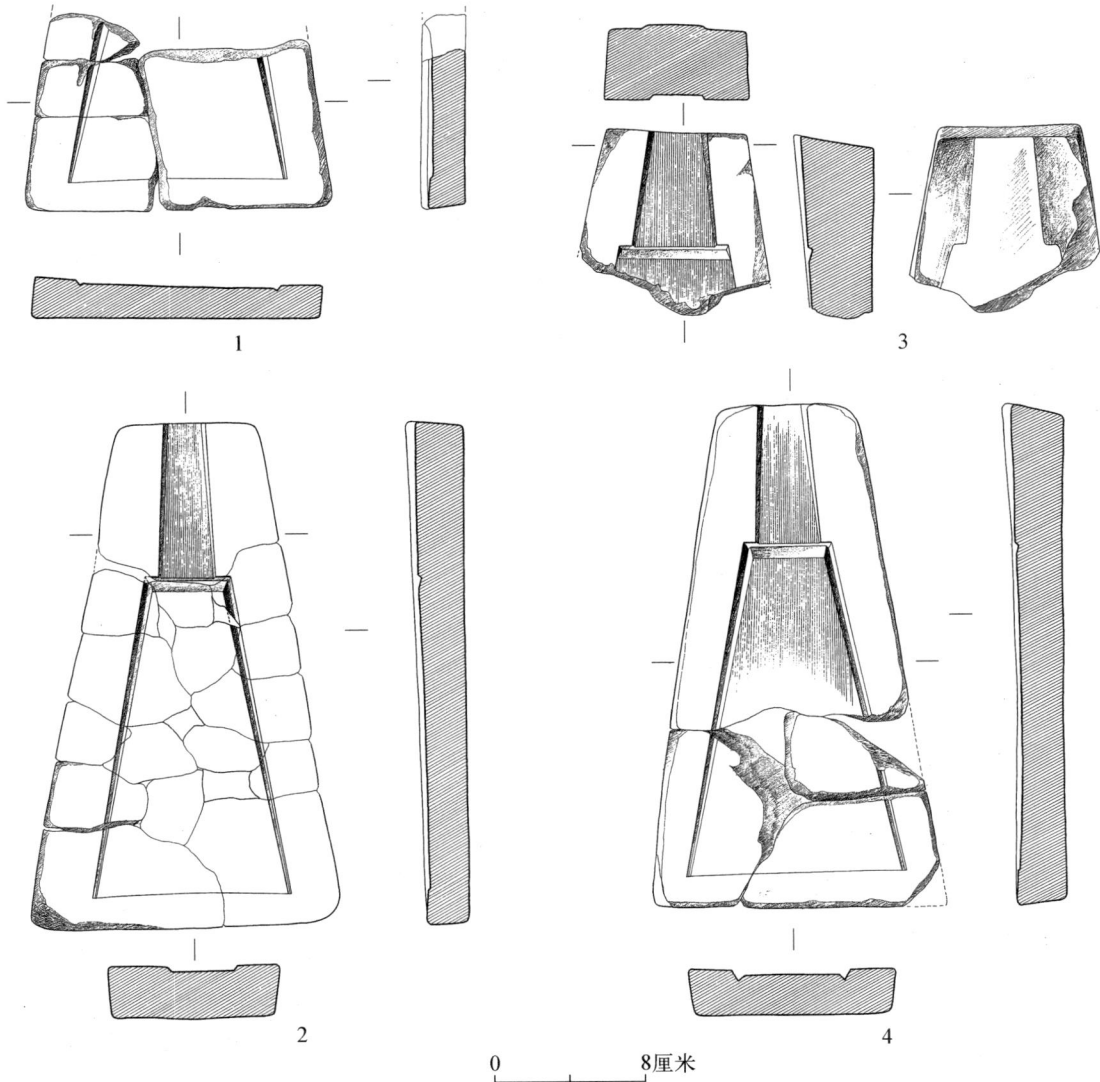

图六七 2011YFH3出土陶范（九）

1～4.锄面范（H3⑤：y51、H3⑨：y44、H3④：y92、H3⑨：y47）

底端长1.7厘米。铸器呈梯形板状，残长8.7、底端宽11.6厘米。

标本H3⑨：y44（图六七，2），完整程度达90%以上，由16块残块拼合而成，总重1 160克。梯形板状，细砂质，整体呈浅灰色，白色霉和料多。分型面和浇铸面有白色和红色涂料层，浇铸面灰黑色浇铸痕迹明显，涂料层基本脱落。背面平整有涂料层，脱落严重。范较扁宽，长27.5、顶端宽7.3、底端宽16.1厘米。顶端面和两侧边向浇铸面斜收，顶端厚3.0、底端厚2.2厘米。浇道长直，平面呈梯形，浇道长8.3、浇道宽（上）2.2、浇道宽（下）3.0厘米。型腔偏向范右侧，左上角到侧边长2.7、左下角到侧边长3.1、右上角到侧边长2.9、右下角到侧边长2.4、分型面底端长1.9厘米。铸器呈梯形板状，长17.4、顶端宽4.5、底端宽10.5厘米。

标本 H3④：y92（图六七，3），残存顶端部分，仅1块残块，重450克。梯形板状，细砂质，整体呈浅灰色。分型面和浇铸面有白色和红色涂料层，浇铸面灰黑色浇铸痕迹明显。背面平整，涂料层部分脱落，中间和边缘有隆起，残长9.9、顶端宽7.3厘米。顶端和两侧向浇铸面斜收，顶端厚4.1、残存最下端厚3.3厘米。浇道宽短，平面呈梯形，浇道中部有一"L"形凹槽，应为浇铸后形成，浇道长6.2、浇道宽（上）3.1、浇道宽（下）4.4厘米。型腔刻槽较浅，左上角到侧边长2.0、右上角到侧边长1.8厘米。铸器呈梯形板状，残长3.3、顶端宽5.7厘米。

标本 H3⑨：y47（图六七，4），完整程度达90%以上，由4块残块拼合而成，总重800克。梯形板状，细砂质，整体呈橙色。分型面和浇铸面有白色和红色涂料层，浇铸面灰黑色浇铸痕迹明显，涂料层部分脱落。背面平整，涂料层大部分脱落。范体较薄，长27.3、顶端宽6.9、底端宽15.3、顶端厚3.2、底端厚2.6厘米。浇道较长直，平面呈梯形，浇道长7.4、浇道宽（上）2.6、浇道宽（下）3.4厘米。型腔左上角到侧边长2.4、左下角到侧边长1.6、右上角到侧边长2.5、右下角到侧边长1.8、分型面底端长2.0厘米。铸器呈梯形板状，长18.1、顶端宽4.6、底端宽11.6厘米。

标本 H3⑨：y50（图六八，4），残存下半部分，由6块残块拼合而成，总重490克。梯形板状，细砂质，整体呈橙色，白色羼和料多。分型面和浇铸面有白色和红色涂料层，浇铸面和分型面涂料层脱落严重，浇铸面灰黑色浇铸痕迹明显。背面平整，涂料层大部分脱落。范体较薄，残长13.1、底端宽16.0、底端厚2.2厘米。型腔左下角到侧边长1.8、右下角到侧边长2.1、分型面底端长1.9厘米。铸器呈梯形板状，残长10.6、底端宽11.8厘米。

标本 H3⑨：y49（图六八，5），残存上半部分和左侧，由3块残块拼合而成，总重540克。梯形板状，细砂质，整体呈橙色。分型面和浇铸面有白色和红色涂料层，浇铸面灰黑色浇铸痕迹明显，涂料层保存较好。背面起伏不平，涂料层大部分脱落。范体较薄，残长21.1、顶端宽7.6、顶端厚2.5、残存最下端厚1.9厘米。浇道长窄，平面呈梯形，浇道长6.1、浇道宽（上）2.4、浇道宽（下）2.9厘米。型腔偏范右侧，顶端刻槽较浅，出现较大斜坡，左上角到侧边长3.3、右上角到侧边长2.0厘米。铸器呈梯形板状，残长14.7、顶端宽4.7厘米。

标本 H3⑨：y165（图六九，1），残存浇道和上半部分，由5块残块拼合而成，总重380克。梯形板状，细砂质，整体呈浅红色。分型面和浇铸面有白色和红色涂料层，浇铸面灰黑色浇铸痕迹明显。背面平整，涂料层大部分脱落，中间有浇道形微隆起，残长11.9、顶端宽6.8厘米。顶端和左右两侧边向浇铸面斜收，范顶端有三道平行竖道，顶端厚2.5、残存最下端厚2.2厘米。浇道长直，平面呈梯形，浇道与左右两侧分型面在同一水平面上，可能因严重磨损所致，浇道长6.5、浇道宽（上）2.4、浇道宽（下）3.0厘米。型腔偏向范左侧，左上角到侧边长1.8、右上角到侧边长2.5厘米。铸器呈梯形板状，残长5.3、顶端宽5.1厘米。

标本 H3：y58（图六九，3），残存顶端部分，仅1块残块，重550克。梯形板状，细砂质，整体呈橙色。分型面和浇铸面有白色和红色涂料层，浇铸面灰黑色浇铸痕迹明显，涂料层保存较好。背面平整，涂料层部分脱落，边缘和中间有隆起，残长12.3、顶端宽7.7厘米。顶端向浇铸面倾斜，顶端厚3.3、残存最下端厚2.9厘米。浇道长直，平面呈梯形，浇道长7.5、浇道宽（上）2.8、浇道宽（下）3.3厘米。型腔偏范左侧，顶端刻槽较深，外侧另有一周刻槽与型腔相关，低较浅，可能为范型腔

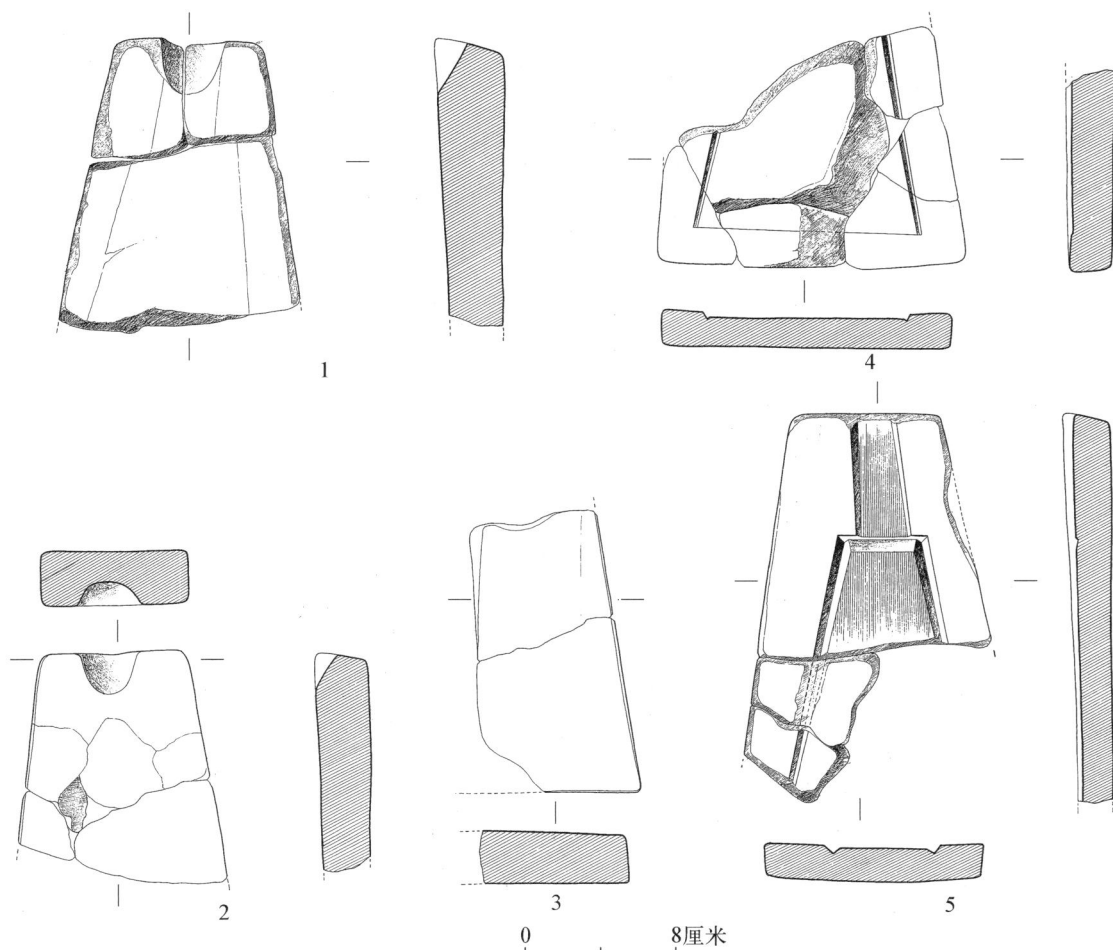

图六八　2011YFH3出土陶范（一〇）

1～3. 锄背范（H3⑦：y48、H3⑨：y42、H3④：y53）　4、5. 锄面范（H3⑨：y50、H3⑨：y49）

第一次起稿线，但因尺寸不对而放弃，重新制作型腔，左上角到侧边长2.6、右上角到侧边长3.3厘米。铸器呈梯形板状，残长4.7、顶端宽4.5厘米。

标本H3⑤：y41（图六九，4），残存右半部分，由3块残块拼合而成，总重630克。梯形板状，细砂质，整体呈橙色，白色屭和料多。分型面和浇铸面有白色和红色涂料层，浇铸面灰黑色浇铸痕迹明显，涂料层脱落较多，断面切口较齐直，似经加工。背面平整有涂料层，部分脱落，残长25.9、顶端残宽5.7厘米。顶端面向浇铸面斜收，范身厚3.2厘米。浇道平面呈梯形，上宽下窄，浇道长7.4厘米。型腔右上角到侧边长2.4厘米。铸器呈梯形板状，残长18.4、顶端残宽3.3厘米。

标本H3⑤：y109（图七〇，1），残存顶端上半部分，由2块残块拼合而成，总重690克。梯形板状，细砂质，整体呈橙色。浇铸面有灰黑色浇铸痕迹，背面平整，涂料层部分脱落，残长17.4、顶端宽7.2厘米。顶端内凹，顶端厚3.0、范身厚2.6厘米。浇道直而窄，平面呈梯形，浇道长5.4、浇道宽（上）2.2、浇道宽（下）2.4厘米。型腔顶端凹槽较浅，左上角到侧边长1.9、右上角到侧边长2.3

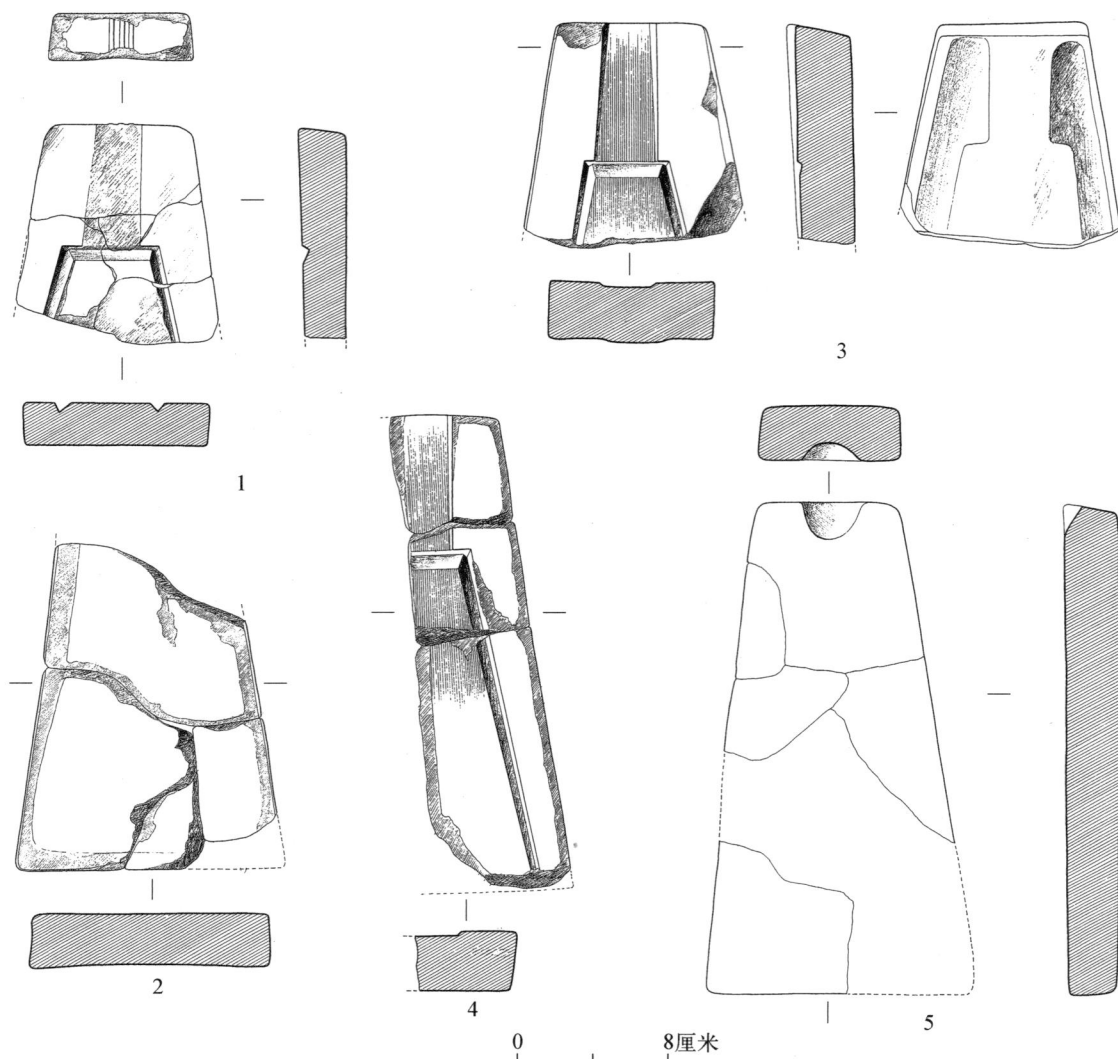

图六九　2011YFH3出土陶范（一一）

1、3、4. 锄面范（H3⑨：y165、H3：y58、H3⑤：y41）　2、5. 锄背范（H3⑤：y46、H3⑨：y56）

厘米。铸器呈梯形板状，残长11.9、顶端宽4.3厘米。

标本H3⑨：y176（图七〇，2），残存顶端部分，仅1块残块，重440克。梯形板状，细砂质，整体呈深红色，白色麤和料多。分型面和浇铸面有白色和红色涂料层，浇铸面灰黑色浇铸痕迹明显，局部脱落。背面平整有涂料层，残长11.2、顶端宽7.1厘米。顶端和左右两侧向浇铸面斜收，顶端有三道凸棱，顶端厚3.1厘米。浇道长直，平面呈梯形，浇道长7.2、浇道宽（上）2.3、浇道宽（下）3.2厘米。型腔顶端刻槽较浅，左上角到侧边长2.2、右上角到侧边长2.4厘米。铸器呈梯形板状，残长3.9、顶端宽4.7厘米。

标本H3：y69（图七〇，3），残存顶端部分，由3块残块拼合而成，总重500克。梯形板状，细砂质，整体呈浅红色。分型面和浇铸面有白色和红色涂料层，浇铸面灰黑色浇铸痕迹明显。背面平

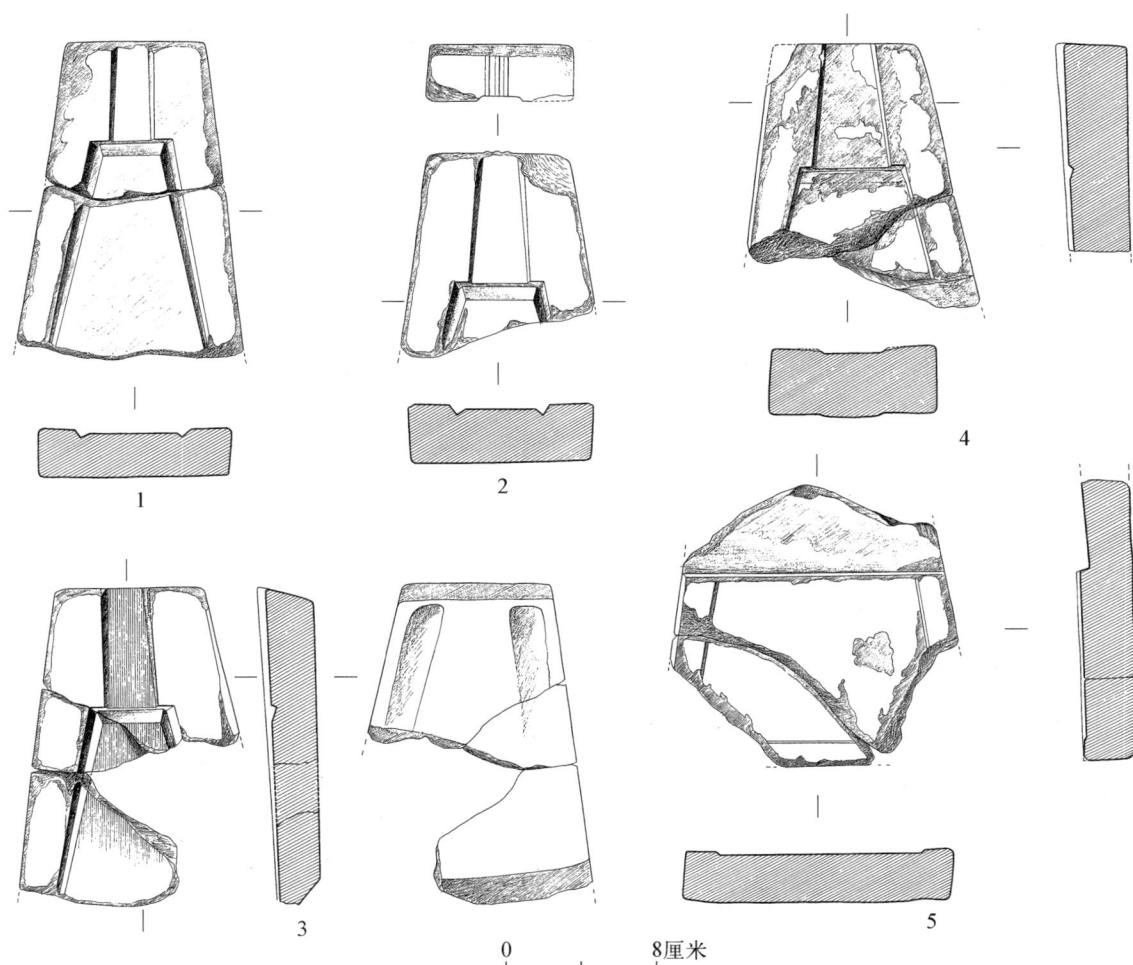

图七〇 2011YFH3出土陶范（一二）

1～4.锄面范（H3⑤：y109、H3⑨：y176、H3：y69、H3⑤：y110） 5.锄范改制范（H3④：y95）

整，涂料层大部分脱落，两侧边缘和左侧顶端有隆起，残长17.3、顶端宽7.7厘米。顶端和右侧向浇铸面斜收，顶端厚2.9、残存最下端厚2.3厘米。浇道较长直，略窄，平面呈梯形，浇道长6.5、浇道宽（上）2.5、浇道宽（下）2.8厘米。型腔偏范之左侧，顶端刻槽较浅，左上角到侧边长2.5、右上角到侧边长3.0厘米。铸器呈梯形板状，残长10.8、顶端宽4.5厘米。

标本H3⑤：y110（图七〇，4），残存上部分，由2块残块拼合而成，总重660克。梯形板状，细砂质，整体呈浅红色。浇铸面有灰黑色浇铸痕迹，背面平整，涂料层部分脱落，残长14.4、顶端宽7.4厘米。顶端与右侧边向浇铸面收分，顶端厚3.7、残存最下端厚3.2厘米。浇道较宽，平面呈梯形，浇道长6.8、浇道宽（上）2.7、浇道宽（下）4.1厘米。型腔左右两侧边的凹槽甚浅，顶端刻槽甚深，形制较特殊，偏范之左侧，左上角到侧边长2.2、右上角到侧边长2.2厘米。铸器呈梯形板状，残长7.3、顶端宽5.5厘米。

标本H3④：y90（图七一，1），残存顶端部分，仅1块残块，重380克。梯形板状，细砂质，整体呈浅红色,白色羼和料多。浇铸面有灰黑色浇铸痕迹,涂料层脱落严重。背面平整,涂料层保存较好,有浇道形隆起,残长8.8、顶端宽7.5厘米。顶端和两侧向浇铸面斜收,顶端厚3.6、范身厚3.4厘米。浇道整体较宽,平面呈梯形,浇道长7.1、浇道宽(上)2.8、浇道宽(下)4.2厘米。型腔顶端较宽,顶端刻槽较深,左上角到侧边长1.9、右上角到侧边长2.1厘米。铸器残长1.6、顶端宽5.6厘米。

标本H3⑨:y178(图七一,2),残存左上半部分,仅1块残块,重280克。梯形板状,细砂质,整体呈浅灰色,白色羼和料多。分型面和浇铸面有白色和红色涂料层,浇铸面和分型面脱落较

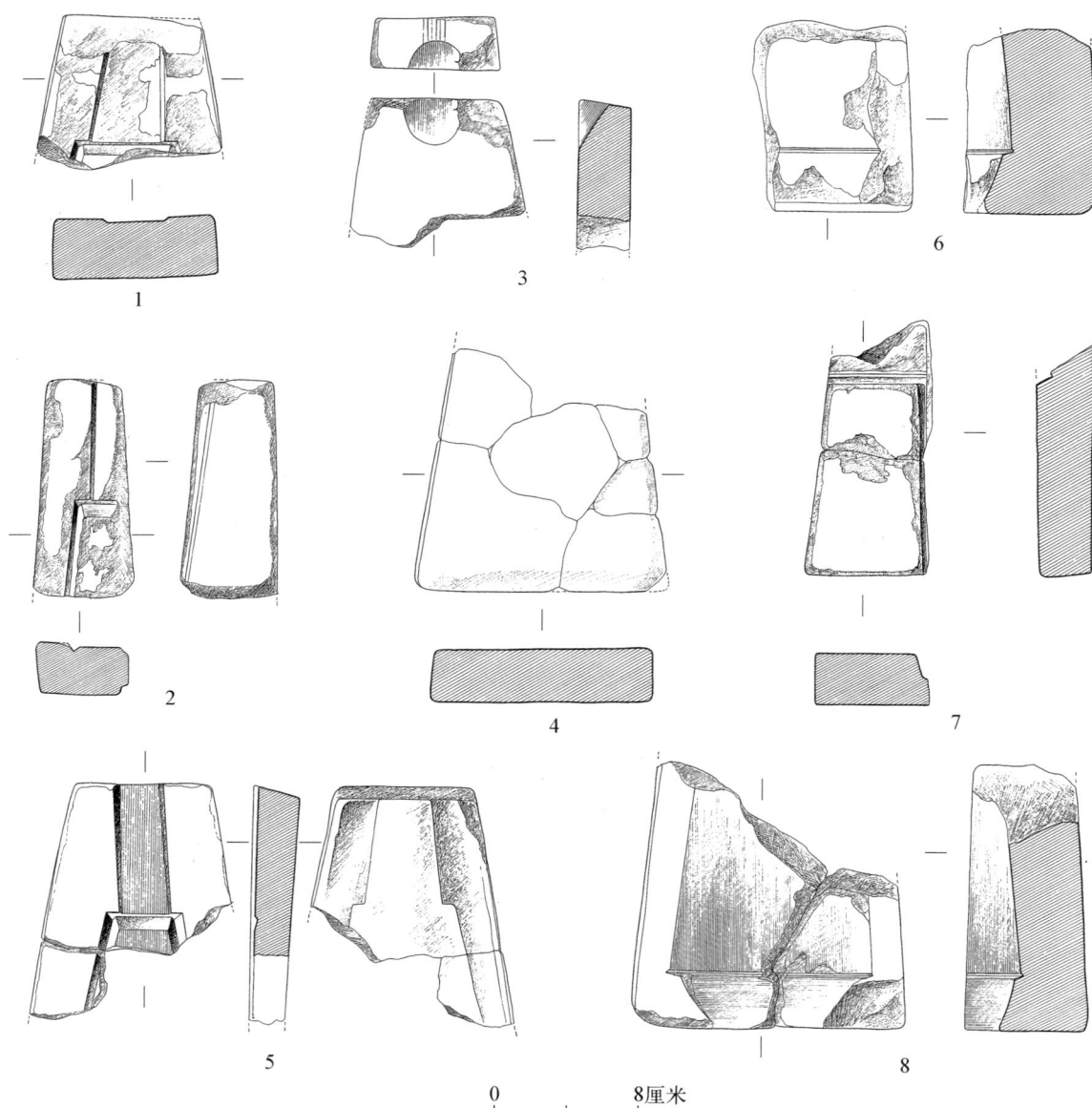

图七一  2011YFH3出土陶范(一三)

1、2、5. 锄面范(H3④:y90、H3⑨:y178、H3⑦:y144)  3、4、7. 锄背范(H3⑨:y169、H3⑨:y162、H3⑤:y118)
6、8. 铧范(H3⑦:y258、H3④:y228)

多,浇铸面灰黑色浇铸痕迹明显。背面平整,涂料层大部分脱落,有小面积铁渣,残长12.6、顶端残宽4.1、范身厚2.9厘米。浇道较长直,平面呈梯形,浇道长6.9、浇道残宽(上)1.6、浇道残宽(下)2.1厘米。断面较齐直,靠背面有一道锯痕,中间较深,两侧较浅,可能是第一次切割放弃后形成,为专门切割下来的范,型腔左上角到侧边长1.8厘米。铸器呈梯形板状,残长5.7、顶端残宽2.9厘米。

标本H3⑦:y144(图七一,5),残存上半部分,由2块残块拼合而成,总重310克。梯形板状,细砂质,整体呈蓝灰色。分型面和浇铸面有白色和红色涂料层,浇铸面灰黑色浇铸痕迹明显,分型面涂料层保存较好。范背中间有浇道与型腔形成隆起,左右两侧有凸起,宽0.2厘米。整体较薄且平整,残长13.4、顶端宽7.5厘米。顶端向浇铸面斜收,顶端厚2.5、残存最下端厚1.9厘米。浇道平面呈梯形,上端宽于下端,向左倾斜,浇道长7.3、浇道宽(上)2.8、浇道宽(下)2.8厘米。型腔顶端刻槽较浅,左右两侧刻槽最宽处为0.8厘米,左上角到侧边长3.2、右上角到侧边长2.7厘米。铸器呈梯形板状,残长5.6、顶端宽4.2厘米。

标本H3⑥:y133(图七二,1),残存顶端部分,仅1块残块,重360克。梯形板状,细砂质,整体呈浅灰色。分型面和浇铸面有白色和红色涂料层,浇铸面灰黑色浇铸痕迹明显。背面较粗糙,有涂料层,中间有浇道形隆起,残长9.6、残宽8.5～10.6、厚3.6～3.8厘米。浇道平面呈梯形,浇道残长4.4、浇道宽(下)4.2厘米。型腔较宽,顶端刻槽较深,左右两侧刻槽较浅,左上角到侧边长1.6、右上角到侧边长1.7厘米。铸器呈梯形板状,残长5.2、顶端宽6.0厘米。

标本H3④:y93(图七二,2),残存顶端部分,仅1块残块,重350克。梯形板状,细砂质,整体呈浅灰色,白色羼和料多。分型面和浇铸面有白色和红色涂料层,浇铸面灰黑色浇铸痕迹明显。背面平整,涂料层保存较好,残长9.4、顶端宽7.2厘米。顶端和两侧向浇铸面斜收,顶端有三道平行竖道,垂直于浇道,顶端厚3.1、残存最下端厚3.0厘米。浇道平面呈梯形,浇道长7.1、浇道宽(上)2.7、浇道宽(下)3.6厘米。型腔左上角到侧边长2.0、右上角到侧边长2.1厘米。铸器残长2.4、顶端宽5.1厘米。

标本H3:y70(图七二,3),残存下半部分,由2块残块拼合而成,总重410克。梯形板状,细砂质,整体呈浅灰色。分型面和浇铸面有白色和红色涂料层,浇铸面涂料层脱落。分型面极窄,有圆形隆起,直径3.0厘米。背面平整,涂料层部分脱落。中间断面较直且齐整,中间部分微向上凸起,可能因底面与正面同时切割而形成,残长16.2、底端残宽7.7厘米。右侧和底端向外倾斜,底端厚2.3厘米。型腔右下角到侧边长1.3、分型面底端长1.4厘米。铸器呈梯形板状,残长14.6、底端残宽6.5厘米。

标本H3:y63(图七二,7),残存上半部分,仅1块残块,重520克。梯形板状,细砂质,整体呈蓝灰色,白色羼和料多。分型面和浇铸面有白色和红色涂料层,浇铸面灰黑色浇铸痕迹明显。背面平整,涂料层部分脱落,残长13.2、顶端宽7.4厘米。顶端向外斜收,右侧向浇铸面斜收,顶端厚3.0、残存最下端厚3.0厘米。浇道较宽,平面呈梯形,浇道长7.5、浇道宽(上)3.2、浇道宽(下)3.7厘米。型腔偏范左侧,顶端刻槽较深,左上角到侧边长2.3、右上角到侧边长2.3厘米。铸器呈梯形板状,残长5.9、顶端宽5.2厘米。

标本H3：y61（图七二，8），残存顶端部分，仅1块残块，重320克。梯形板状，细砂质，整体呈蓝灰色，白色羼和料多。分型面和浇铸面有白色和红色涂料层，浇铸面灰黑色浇铸痕迹明显。背面平整，涂料层部分脱落，有浇道外型的隆起，两侧边缘隆起，残长9.6、顶端宽7.2厘米。顶端和两侧向浇铸面斜收，顶端厚3.1、残存最下端厚2.5厘米。浇道长直宽，平面呈梯形，浇道长6.4、浇道宽（上）3.0、浇道宽（下）3.9厘米。型腔顶端刻槽较深，斜坡较缓，左上角到侧边长2.3、右上角

图七二　2011YFH3出土陶范（一四）

1～3、7～9. 锄面范（H3⑥：y133、H3④：y93、H3：y70、H3：y63、H3：y61、H3⑤：y107）

4、6. 锄背范（H3⑧：y168、H3：y71）　5. 锄范改制范（H3④：y99）

到侧边长2.3厘米。铸器残长3.2、顶端宽5.2厘米。

标本H3⑤：y107（图七二，9），残存顶端部分，由3块残块拼合而成，总重660克。梯形板状、细砂质，整体呈蓝灰色。分型面和浇铸面有浇铸痕迹，背面平整，涂料层部分脱落，残长16.4、顶端宽7.2厘米。范右侧较直，左右两侧边向浇铸面斜收，顶端厚2.9、残存最下端厚2.5厘米。浇道向右倾斜，平面呈梯形，浇道长7.8、浇道宽（上）2.7、浇道宽（下）3.7厘米。型腔整体不对称，顶端较浅，左上角到侧边长2.3、右上角到侧边长2.4厘米。铸器呈梯形板状，残长8.9、顶端宽4.9厘米。

标本H3⑨：y173（图七三，1），残存中下部，仅1块残块，重820克。梯形板状，细砂质，整体呈蓝灰色，白色霉和料多。分型面和浇铸面有白色和红色涂料层，浇铸面灰黑色浇铸痕迹明显，涂料层脱落较多。分型面较窄，分型面有与铁渣粘附现象。背面起伏不平，有涂料层。残长11.5、底端宽15.1厘米。范体较厚，左右两侧向浇铸面斜收，底侧向外倾斜，底端厚3.4、范身厚3.2厘米。型腔左下角到侧边长1.5、右下角到侧边长1.7、分型面底端长2.0厘米。铸器呈梯形板状，残长9.3、底端宽11.7厘米。

标本H3⑥：y136（图七三，2），残存上半部分，仅1块残块，重290克。梯形板状，细砂质，整体呈浅红色，白色霉和料多。分型面和浇铸面有白色涂料层，浇铸面灰黑色浇铸痕迹明显，无浇道。背面较粗糙，有涂料层，近顶端部位有浇道外型隆起，残长9.0、顶端宽7.5厘米。顶端向浇铸面斜收，顶端厚2.7、残存最下端厚2.7厘米。范顶端无浇道，型腔顶端向左右两侧刻槽凹出，且型腔中间与两侧基本在同一水平面上，故此范可能并非用于浇铸。型腔左上角到侧边长2.7、右上角到侧边长2.3厘米。铸器残长1.9、顶端宽4.7厘米。

标本H3：y66（图七三，3），残存顶端部分，仅1块残块，重230克。梯形板状，细砂质，整体呈浅灰色，白色霉和料多。分型面和浇铸面有白色和红色涂料层，浇铸面灰黑色浇铸痕迹明显。背面平整，涂料层部分脱落，残长6.9、顶端宽7.0厘米。顶端和两侧向浇铸面斜收，顶端有三道平行竖道，顶端厚2.9、残存最下端厚2.9厘米。浇道直较窄，平面呈梯形，浇道偏左侧，浇道长6.9、浇道宽（上）2.3厘米。

标本H3⑦：y149（图七三，5），残存顶端部分，仅1块残块，重390克。梯形板状，细砂质，整体呈深红色。分型面和浇铸面有白色涂料层，浇铸面灰黑色浇铸痕迹明显。背面平整，脱落严重，中间有浇道形凸起，边缘有凸棱，残长11.3、顶端宽7.4厘米。顶端向浇铸面斜收，左右两侧向外倾斜，顶端厚3.4、残存最下端厚2.6厘米。浇道粗短，平面呈梯形，浇道长6.4、浇道宽（上）2.7、浇道宽（下）4.0厘米。型腔顶端刻槽较深，左右两侧较浅，左上角到侧边长2.2、右上角到侧边长2.4厘米。铸器呈梯形板状，残长4.9、顶端宽5.4厘米。

标本H3⑨：y167（图七三，7），残缺右下角部分，由4块残块拼合而成，总重650克。梯形板状，细砂质，整体呈深灰色。背面平整有涂料层，长27.8、顶端宽7.3、底端宽16.7厘米。顶端和左侧边向外斜收，顶端有三道平行竖道，顶端厚3.3、底端厚2.8厘米。浇道较长直，平面呈梯形，浇道长6.0、浇道宽（上）3.2、浇道宽（下）3.6厘米。型腔内有圆形隆起，直径2.5厘米左右。型腔左上角到侧边长2.0、左下角到侧边长1.5、右上角到侧边长2.2、右下角到侧边长1.4、分型面底端长1.6厘米。铸器呈梯形板状，长20.3、顶端宽5.2、底端宽13.2厘米。

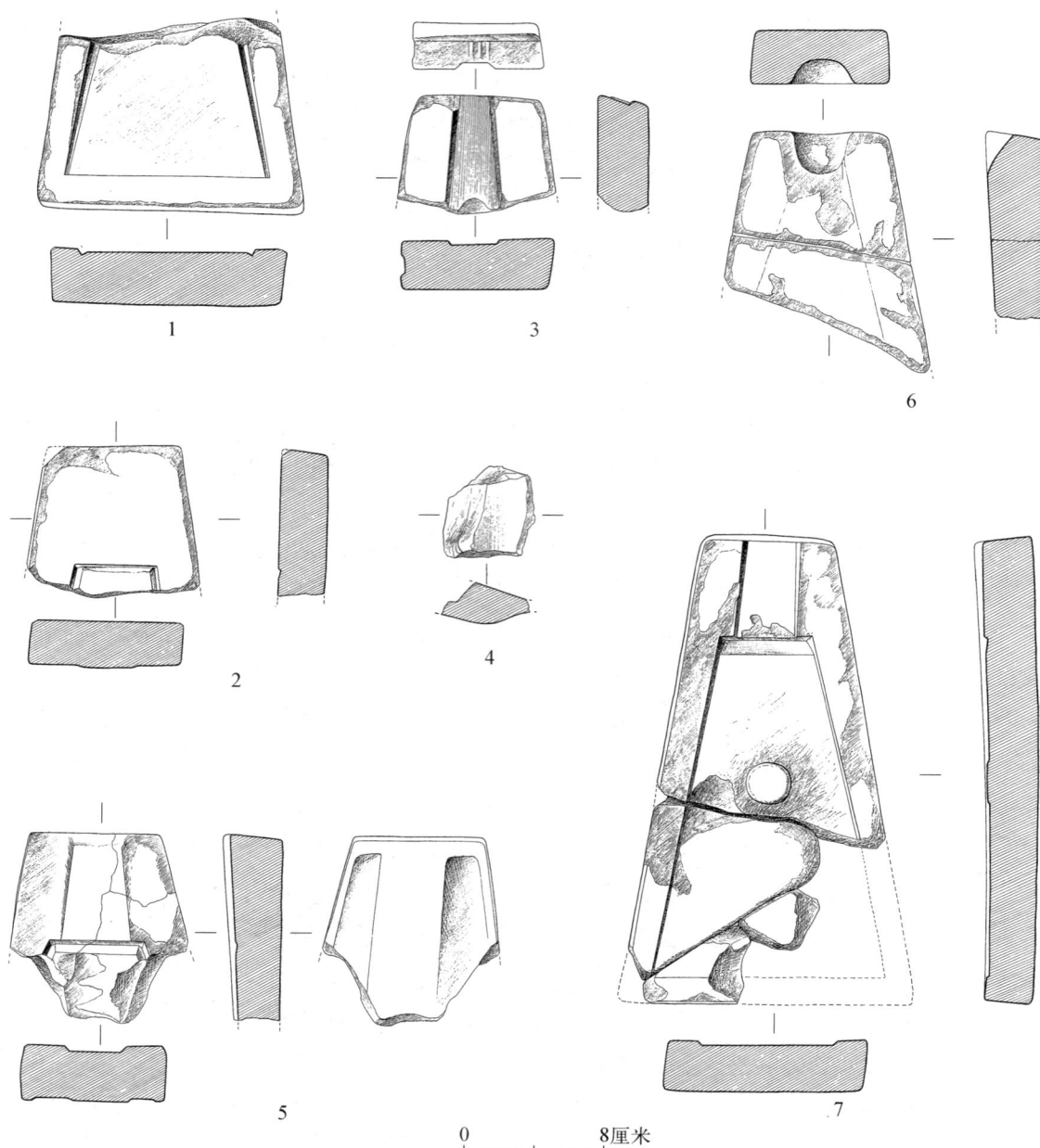

图七三　2011YFH3出土陶范(一五)

1～3、5、7.锄面范(H3⑨：y173、H3⑥：y136、H3：y66、H3⑦：y149、H3⑨：y167)

4.鼓风管(H3①：y456)　6.锄背范(H3⑨：y161)

标本H3⑨：y175(图七四,3),残存顶端部分,仅1块残块,重440克。梯形板状,细砂质,整体呈深红色。分型面和浇铸面有白色和红色涂料层,浇铸面灰黑色浇铸痕迹明显。背面平整,涂料层严重脱落,周边有凸棱,中间有浇道与型腔外型的隆起,残长10.3、顶端宽7.4厘米。顶端向外斜收,顶端厚3.7、残存最下端厚2.9厘米。浇道平面呈梯形,浇道长6.4、浇道宽(上)3.3、浇道宽(下)4.0厘米。型腔顶端刻槽较深,但左右两端较浅,偏向于范左侧,右侧边有较浅的印痕,可能

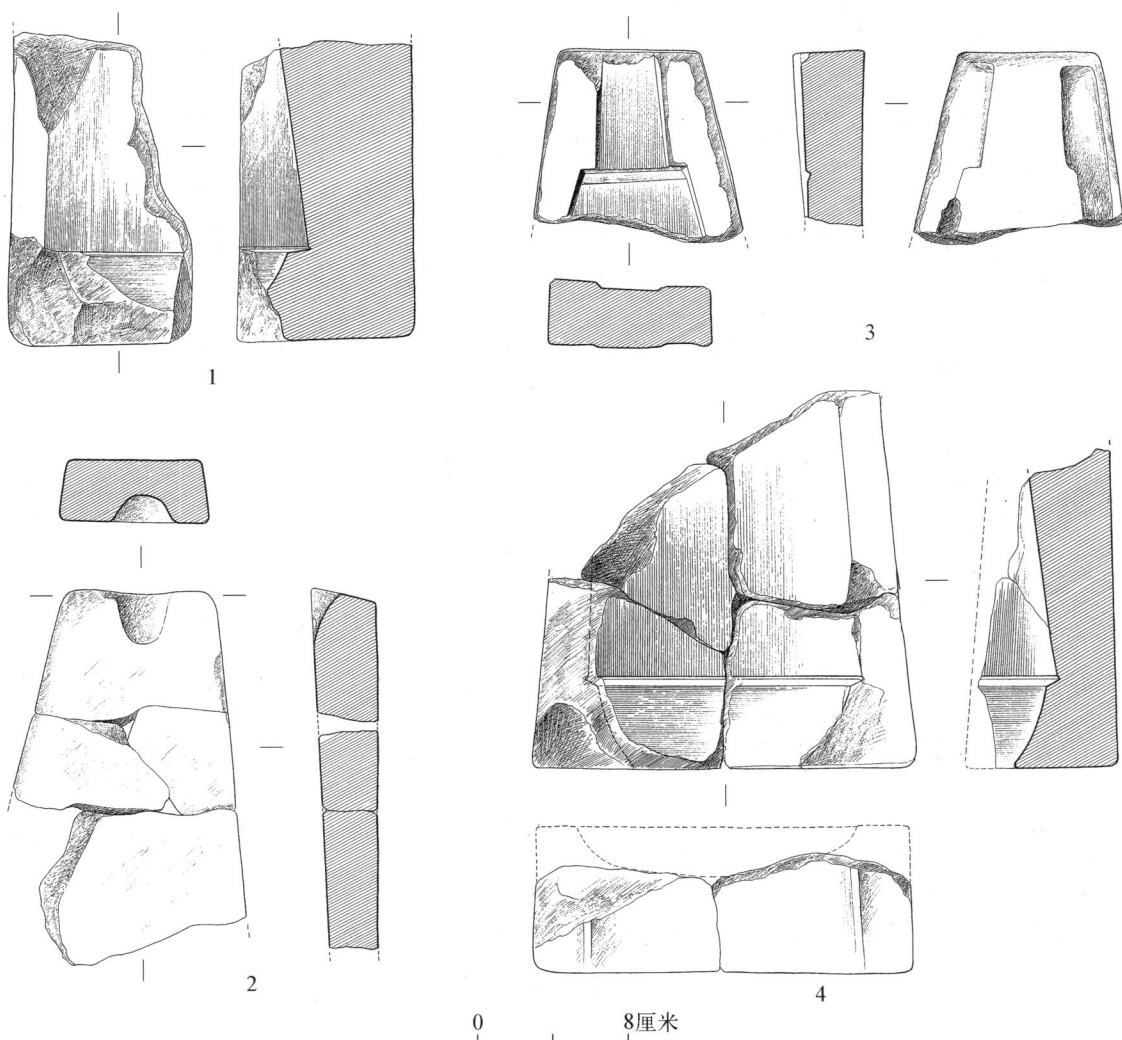

图七四 2011YFH3出土陶范（一六）

1、4. 铧范（H3：y215、H3：y217）　2. 锄背范（H3⑨：y170）　3. 锄面范（H3⑨：y175）

为合范烘烧时留下的痕迹，左上角到侧边长2.0、右上角到侧边长2.1厘米。铸器残长4.1、顶端宽5.5厘米。

标本H3④：y72（图七五，1），残存上半部分，仅1块残块，重640克。梯形板状，细砂质，整体呈浅红色，白色羼和料多。分型面和浇铸面有白色和红色涂料层，浇铸面灰黑色浇铸痕迹明显。背面平整，涂料层部分脱落，残长15.7、顶端宽7.5厘米。顶端面向两侧斜向内收，顶端厚2.9厘米。浇道平面呈梯形，浇道长6.5、浇道宽（上）2.3、浇道宽（下）2.7厘米。型腔顶端刻槽较浅，左侧较直，右侧倾斜，总体不对称，左上角到侧边长2.6、右上角到侧边长2.7厘米。铸器呈梯形板状，残长9.0、顶端宽4.5厘米。

标本H3⑥：y138（图七五，5），残存中间部分，仅1块残块，重110克。细砂质，整体呈浅灰

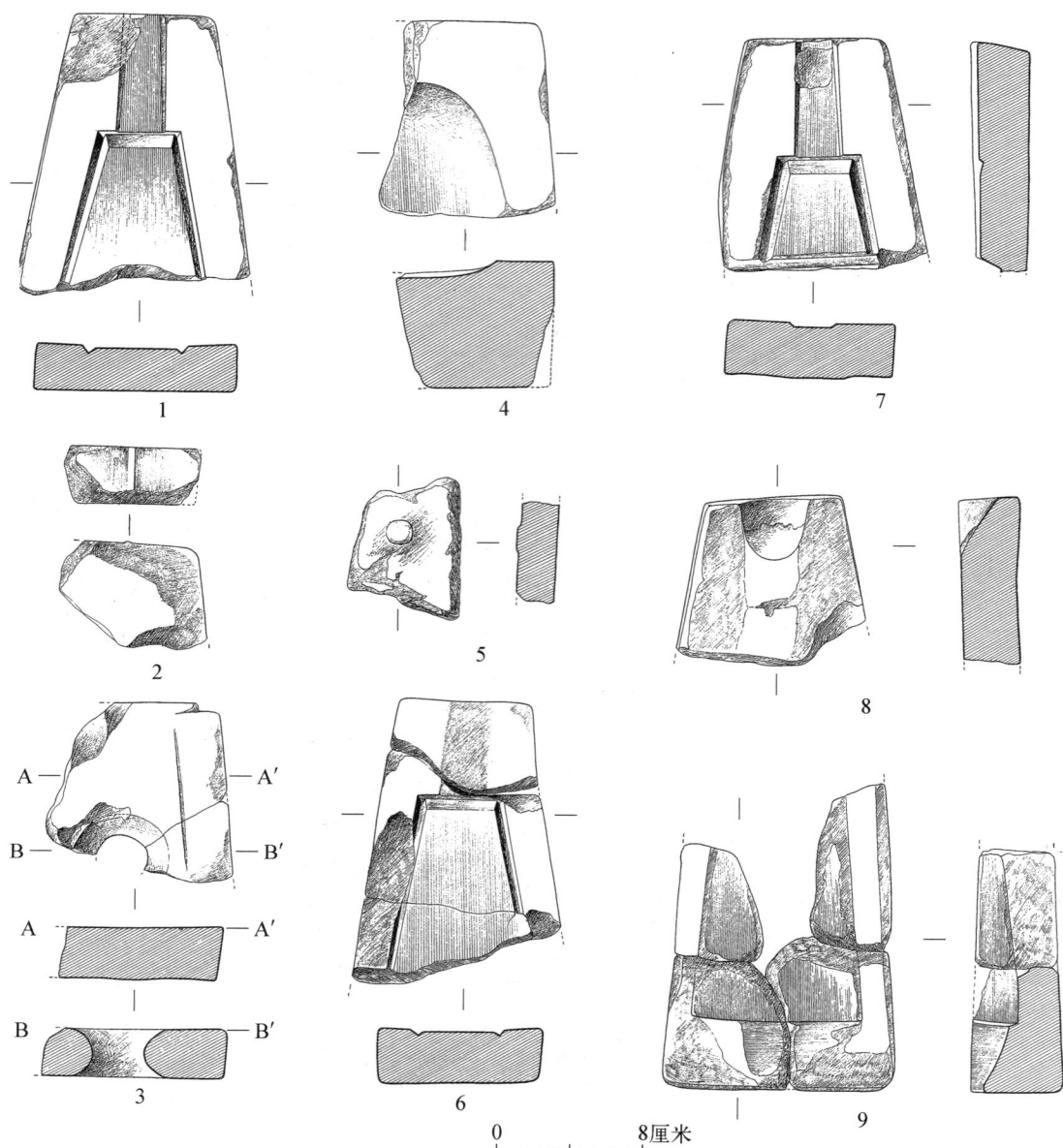

**图七五　2011YFH3出土陶范（一七）**

1、5～7. 锄面范（H3④：y72、H3⑥：y138、H3⑨：y177、H3⑥：y129）　2、8. 锄背范（H3：y73、H3⑤：y121）
3. 锄范改制范（H3③：y203）　4、9. 铧范（H3④：y229、H3⑨：y265）

色。分型面和浇铸面有白色和红色涂料层，浇铸面灰黑色浇铸痕迹明显。背面平整有涂料层，涂料层部分脱落。浇铸面有圆形隆起，直径约1.4厘米，范整体较薄，残长7.9、残宽6.0、厚2.0厘米。

标本H3⑨：y177（图七五，6），残存上半部分，由3块残块拼合而成，总重600克。梯形板状，细砂质，整体呈浅红色。分型面和浇铸面有白色和红色涂料层，浇铸面灰黑色浇铸痕迹明显，涂料层基本完全脱落。背面平整，涂料层全部脱落，残长16.0、顶端宽7.0厘米。顶端和左右两侧向浇铸面斜收，顶端厚3.2、范身厚3.0厘米。浇道较短直，平面呈梯形，浇道长5.2、浇道宽（上）2.0、浇道宽（下）2.6厘米。型腔顶端刻槽较浅，左上角到侧边长1.9、右上角到侧边长2.0厘米。铸器呈梯形板状，残长10.5、顶端宽4.4厘米。

标本H3⑥：y129（图七五，7），残存上半部分，仅1块残块，重550克。梯形板状，细砂质，整体呈深红色，白色羼和料多。分型面和浇铸面有白色和红色涂料层，浇铸面灰黑色浇铸痕迹明显。背面平整，侧边外缘凸起，中间有微隆起，涂料层保存较好，残长12.9、顶端宽7.3、顶端厚3.2、残存最下端厚2.8厘米。浇道窄且直，平面呈梯形，浇道长6.6、浇道宽（上）2.2、浇道宽（下）2.6厘米。型腔顶端刻槽较浅，左上角到侧边长2.8、右上角到侧边长2.5厘米。铸器呈梯形板状，残长6.3、顶端宽4.5厘米。

锄背范　24件。

标本H3⑨：y26（图六四，2；图版二，3），完整程度达90%以上，由9块残块拼合而成，总重1 230克。梯形板状，细砂质，整体呈橙色。分型面和浇铸面有白色涂料层，背面平整有涂料层，大部分已脱落，长26.6、顶端宽7.1、底端宽14.9厘米。顶端两侧向外斜收，范顶端和底端厚度差异不大，顶端厚2.9、底端厚2.7厘米。浇道呈半漏斗状，浇道长2.0、浇道宽3.1厘米。

标本H3④：y36（图六五，3），残存右半部，由3块残块拼合而成，总重1 060克。梯形板状，细砂质，整体呈深灰色，白色羼和料多。分型面和浇铸面有白色涂料层，背面平整有涂料层，部分脱落，长27.2、顶端宽7.3、底端宽14.5厘米。顶端两侧向外倾斜，顶端与底端厚度差别不大，材质与一般的陶范差异较大。顶端不设浇道，顶端有三道平行竖道，为合范符号，顶端厚2.9、底端厚3.1厘米。

标本H3⑦：y48（图六八，1），残存上半部分，由3块残块拼合而成，总重780克。梯形板状，细砂质，整体呈橙色。分型面和浇铸面有白色和红色涂料层，浇铸面灰黑色浇铸痕迹明显。背面平整，涂料层大部分脱落，残长15.7、顶端宽7.6厘米。顶端面向浇铸面斜收，顶端厚3.5、残存最下端厚2.8厘米。浇道呈半漏斗状，浇道长2.7、浇道宽3.4厘米。

标本H3⑨：y42（图六八，2），残存上半部分，由6块残块拼合而成，总重480克。梯形板状，细砂质，整体呈橙色。分型面和浇铸面有白色涂料层，浇铸面灰黑色浇铸痕迹明显，涂料层基本脱落。背面平整，涂料层部分脱落，残长12.7、顶端宽7.2、顶端厚2.8、残存最下端厚2.4厘米。浇道呈半漏斗状，浇道长2.1、浇道宽3.3厘米。

标本H3④：y53（图六八，3），残存右半部分，由2块残块拼合而成，总重490克。梯形板状，细砂质，整体呈浅红色。分型面和浇铸面有白色和红色涂料层，表面光滑。背面平整，涂料层部分脱落，靠右侧有长7.5厘米的刻槽，出土前形成，断面切口齐直，不排除之前被切开，浇铸面上铸器外型不明显。残长15.3、底端残宽5.1、底端厚2.8厘米，总重490克。

标本H3⑤：y46（图六九，2），残存下半部分，由4块残块拼合而成，总重850克。梯形板状，细砂质，整体呈浅红色。分型面和浇铸面有白色和红色涂料层，表面光滑，浇铸面灰黑色浇铸痕迹明显。背面平整，涂料层保存较好，左侧略向外倾斜，底端宽度相对较小，残长17.7、底端宽14.1、底端厚2.7、范身厚2.9厘米。

标本H3⑨：y56（图六九，5），完整程度达90%以上，由5块残块拼合而成，总重1 140克。梯形板状，细砂质，整体呈橙色。分型面和浇铸面有白色和红色涂料层，表面光滑，浇铸面灰黑色浇铸痕迹明显。背面有涂料层，略起伏不平，涂料层严重脱落，长26.8、顶端宽7.2、底端宽13.9厘米。

顶侧向外斜收,范身不对称,右下角大于左下角,顶端厚度和底端差异不明显,顶端有三道凸起的竖道,顶端厚2.8、底端厚2.4厘米。浇道较长直,浇道长2.0、浇道宽3.3厘米。

标本H3⑨:y169(图七一,3),残存顶端部分,仅1块残块,重270克。梯形板状,细砂质,整体呈浅红色。分型面和浇铸面有白色和红色涂料层,浇铸面灰黑色浇铸痕迹明显,涂料层保存较好。分型面右侧有木炭和铁渣粘附。背面起伏不平,粗糙,似保留制作痕迹,残长8.4、顶端宽7.0厘米。顶端向浇铸面斜收,顶端有三道平行竖道,应为合范符号,顶端厚2.9、残存最下端厚2.9厘米。浇道呈半漏斗状,较宽,直径较大,浇道长2.6、浇道宽3.4厘米。

标本H3⑨:y162(图七一,4),残存下半部分,由6块残块拼合而成,总重680克。梯形板状,细砂质,整体呈浅红色。分型面和浇铸面有白色涂料层,基本脱落。背面平整,涂料层也基本脱落。底边和左右侧边垂直。残长13.9、底端宽13.8、范身厚3.0厘米。

标本H3⑤:y118(图七一,7),残存背范侧边,由2块残块拼合而成,总重370克。梯形板状,细砂质,整体呈浅红色。分型面和浇铸面有涂料层,浇铸面有灰黑色浇铸痕迹。背面平整有涂料层,涂料层部分脱落。顶端和右侧有锯切割痕迹,顶端切割痕迹较深,左端较浅,切割使断面起伏不平,不排除切割面由打磨工具所形成。残长14.6、底端残宽6.7厘米。底端向浇铸面斜收,底端厚2.8厘米。

标本H3⑧:y168(图七二,4),残存顶端左上角,仅1块残块,重290克。梯形板状,细砂质,整体呈浅红色。分型面和浇铸面有白色和红色涂料层,浇铸面灰黑色浇铸痕迹明显。背面平整且涂料层严重脱落。残长4.9、顶端残宽3.3、范身厚3.2厘米。

标本H3:y71(图七二,6),残存范中部右侧,仅1块残块,重470克。梯形板状,细砂质,整体呈浅红色,白色羼和料较多。分型面和浇铸面有白色和红色涂料层,表面光滑,浇铸面灰黑色浇铸痕迹明显。背面平整,涂料层部分脱落。断面较平整,应由工具切割而成,侧边较浅凹槽可能为第一次切割不成功后留下的痕迹,涂料层保存较好,残长15.2、顶端残宽6.6、顶端厚3.0、残存最下端厚2.5厘米。

标本H3⑨:y161(图七三,6),残存上半部分,由2块残块拼合而成,总重500克。梯形板状,细砂质,整体呈浅红色。分型面和浇铸面有白色和红色涂料层,浇铸面灰黑色浇铸痕迹明显。背面平整,涂料层部分脱落,残长14.1、顶端宽7.4厘米。顶端和右侧边向浇铸面斜收,顶端厚3.2、残存最下端厚2.6厘米。浇道呈半漏斗状,短且宽,浇道长2.3、浇道宽3.5厘米。

标本H3⑨:y170(图七四,2),残存中上部,由4块残块拼合而成,总重830克。梯形板状,细砂质,整体呈浅红色。分型面和浇铸面有白色和红色涂料层,浇铸面灰黑色浇铸痕迹明显,涂料层基本脱落。背面平整,涂料层呈黑色,边缘凸棱微隆起,残长20.1、顶端宽7.2厘米。顶端向右侧边、向浇铸面斜收,顶端厚3.4、残存最下端厚2.5厘米。浇道呈半漏斗状,较窄,浇道长2.7、浇道宽3.0厘米。

标本H3:y73(图七五,2),残存背范顶端,仅1块残块,重170克。梯形板状,细砂质,整体呈浅红色。分型面和浇铸面有白色涂料层,浇铸面无浇铸痕迹。背面粗糙,涂料层保存较好。残长5.8、顶端残宽5.2、厚3.1厘米。顶端有一道竖道,应为合范符号。

标本H3⑤:y121(图七五,8),残存顶端部分,仅1块残块,重370克。梯形板状,细砂质,整体呈灰色。分型面和浇铸面有白色涂料层,浇铸面灰黑色浇铸痕迹明显。背面平整有涂料层,浇道处有半圆形隆起,残长9.3、顶端宽7.4厘米。顶端向外倾斜,顶端厚3.3、残存最下端厚3.0厘米。

浇道呈半漏斗状,浇道长3.5、浇道宽3.9厘米。

标本H3⑨:y10(图七六,1),完整程度达90%以上,由8块残块拼合而成,总重1 140克。梯形板状,细砂质,整体呈棕色。分型面和浇铸面有白色和红色涂料层,浇铸面光滑,灰黑色浇铸痕迹明显。背面平整有涂料层,磨损较为严重,长24.2、顶端宽7.0、底端宽13.7、顶端厚3.4、底端厚2.5厘米。浇道呈半漏斗状,浇道长2.5、浇道宽3.3厘米。

标本H3⑨:y17(图七六,2;图版二,2),保存基本完整,由12块残块拼合而成,总重1 300克。梯形板状,细砂质,整体呈橙色。分型面和浇铸面有白色涂料层。背面平整有涂料层,大多脱落,长26.9、顶端宽7.4、底端宽16.2厘米。顶端两侧向浇铸面斜收,顶端厚3.1、底端厚1.9厘米。浇道呈半漏斗状,浇道长2.4、浇道宽3.6厘米。

标本H3③:y11(图七六,3;图版二,1),完整程度达90%以上,由5块残块拼合而成,总重1 250克。梯形板状,细砂质,整体呈浅红色。分型面和浇铸面有涂料层,浇铸面浇铸痕迹不明显。背面平整有涂料层,长26.7、顶端宽7.4、底端宽14.9厘米。顶端斜向内收,顶端和底端厚度差别不明显,顶端有三道凸起的平行竖道,为合范符号,顶端厚2.5、底端厚2.3厘米。浇道呈半漏斗状,浇道长2.5、浇道宽3.3厘米。

标本H3⑥:y15(图七六,4;彩版一四,2、4),基本保存完整,由5块残块拼合而成,总重1 550克。梯形板状,细砂质,整体呈浅红色。分型面和浇铸面有白色和红色涂料层,浇铸面灰黑色浇铸痕迹明显。背面平整有涂料层,涂料层部分有脱落,长27.1、顶端宽7.6、底端宽15.9厘米。顶端略向浇铸面斜收,顶端厚3.4、底端厚2.2厘米。浇道呈半漏斗状,浇道长3.1、浇道宽3.3厘米。

标本H3⑤:y18(图七七,1),完整程度达90%左右,由4块残块拼合而成,总重1 180克。梯形板状,细砂质,整体呈橙色。分型面和浇铸面有白色涂料层,浇铸面浇铸痕迹不明显,可能未经浇铸。背面平整有涂料层,大多脱落,中间有铁渣粘附痕迹。长26.7、顶端宽7.8、底端宽16.1、顶端厚2.7、底端厚2.0厘米。浇道呈半漏斗状,浇道长3.1、浇道宽3.1厘米。

标本H3⑤:y23(图七七,2),保存较完整,由7块残块拼合而成,总重1 260克。梯形板状,细砂质,整体呈浅灰色,白色羼和料多。分型面和浇铸面有白色涂料层,部分脱落。浇铸面有铁渣附着。背面平整有涂料层,部分脱落,长26.7、顶端宽7.4、底端宽15.1厘米。顶端和两侧向浇铸面斜收,顶端厚3.0、底端厚2.6厘米。浇道呈半漏斗状,浇道长2.6、浇道宽3.6厘米。

标本H3⑤:y25(图七七,3),完整程度达90%以上,由5块残块拼合而成,总重1 230克。梯形板状,细砂质,整体呈浅灰色,白色羼和料较多。分型面和浇铸面有白色和红色涂料层,浇铸面光滑,灰黑色浇铸痕迹明显。背面平整有涂料层,大部分已脱落,长26.6、顶端宽7.6、底端宽14.5厘米。两侧向浇铸面斜收,顶端和底端厚度差异不大,顶端厚2.5、底端厚2.6厘米。浇道呈半漏斗状,浇道长3.2、浇道宽3.5厘米。

标本H3⑤:y22(图七七,4),中间有较多残缺,由9块残块拼合而成,总重1 260克。梯形板状,细砂质,整体呈浅灰色。分型面和浇铸面有白色涂料层,背面平整有涂料层,部分脱落,边缘隆起,长27.5、顶端宽7.1、底端宽16.1厘米。顶端向浇铸面斜收,顶端厚3.3、底端厚2.4厘米。浇道呈半漏斗状,有灰黑色浇铸痕迹,浇道长2.6、浇道宽3.4厘米。

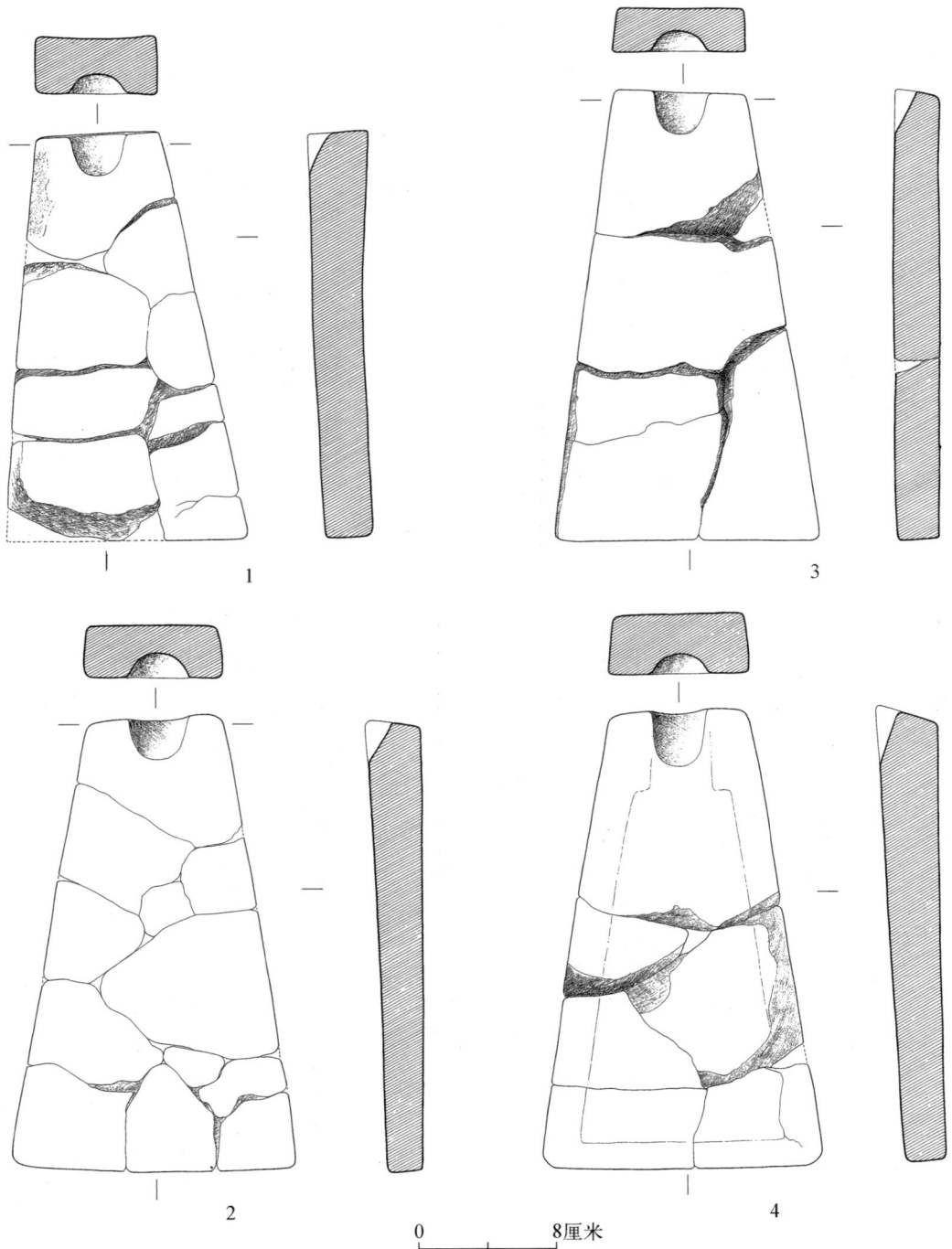

图七六　2011YFH3出土陶范（一八）

1～4. 锄背范（H3⑨：y10、H3⑨：y17、H3③：y11、H3⑥：y15）

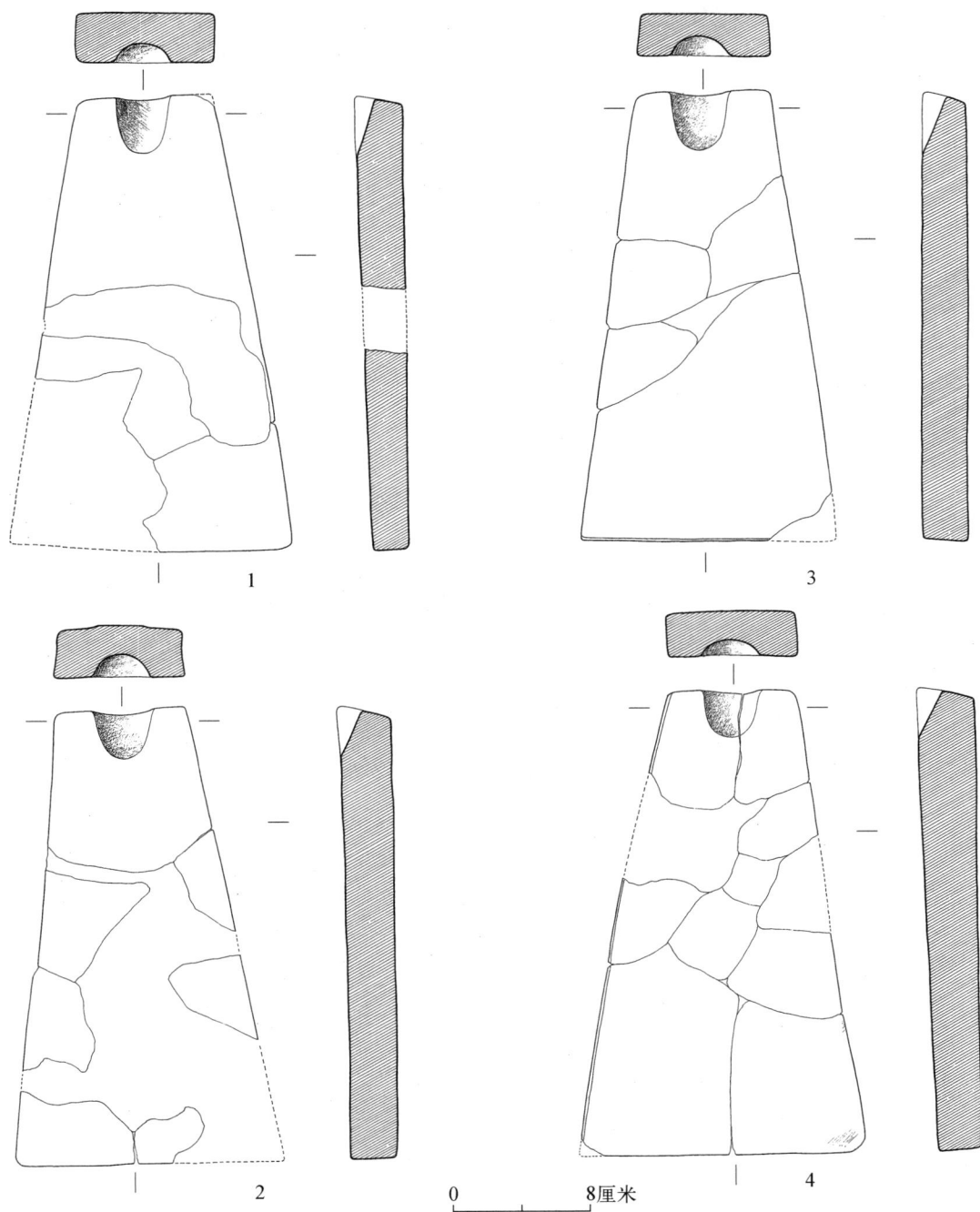

图七七 2011YFH3出土陶范（一九）

1～4.锄背范（H3⑤：y18、H3⑤：y23、H3⑤：y25、H3⑤：y22）

锄范改制范　3件。

标本H3④：y95（图七〇，5），底端一半残缺，缺左右两角，由2块残块拼合而成，总重690克。梯形板状，细砂质，整体呈浅红色。分型面和浇铸面有白色和红色涂料层，浇铸面灰黑色浇铸痕迹明显。背面平整，涂料层部分脱落，局部有制范留下的痕迹。范之顶端有被切割痕迹，范体被切去一半，切断面甚直，但切割改制目的不清楚，残长15.4、残宽14.9、厚2.5～2.8厘米。

标本H3④：y99（图七二，5），残存面范中间部分，仅1块残块，重110克。梯形板状，细砂质，整体呈棕色，白色羼和料多。分型面和浇铸面有白色和红色涂料层，浇铸面灰黑色浇铸痕迹明显。背面平整有涂料层，中间有一较浅刻槽，为后来改制留下的痕迹，刻槽断面呈"V"形，残长5.6、残宽5.9、范身厚3.1厘米。

标本H3③：y203（图七五，3），残存背范左下角，由2块残块拼合而成，总重320克。梯形板状，细砂质，整体呈浅红色。分型面和浇铸面有白色涂料层，浇铸面浇铸痕迹不明显。背面粗糙有涂料层，边缘微隆起，残长10.0、残宽4.5～9.9、厚2.9厘米。范身有一穿孔，由两面同时钻孔而成，最大径5.1、内径2.7厘米。

铧范　22件。

标本H3⑦：y258（图七一，6），残存顶端左上角，仅1块残块，重800克。梯形，细砂质，整体呈橙色，有较多白色羼和料。分型面和浇铸面有白色涂料层，浇铸面和分型面涂料层大面积脱落，浇铸面有灰黑色浇铸痕迹。残长10.9、顶端残宽7.6厘米。顶端左右两侧底面平整，左侧边向浇铸面斜收，顶端向外倾斜，顶端厚7.2厘米。与范/芯扣合处长3.3、与范/芯扣合处残宽（下）6.2、分型面斜长3.5厘米。分型面长度较短，但范身较厚，浇铸面弧度较小。为小型铧范，铸器顶端平齐，残长7.3、顶端残宽6.2厘米。

标本H3④：y228（图七一，8），残存顶端部分，由2块残块拼合而成，总重1 370克。梯形，细砂质，整体呈橙色。分型面和浇铸面有白色涂料层，部分脱落，浇铸面有灰黑色浇铸痕迹。残长15.0、顶端宽15.0厘米。顶端左右两侧底面平整，左右两侧向浇铸面斜收，顶端向外倾斜，顶端厚6.8厘米。与范/芯扣合处长3.0、与范/芯扣合处宽（上）6.1、与范/芯扣合处宽（下）10.1、分型面顶端最宽4.5、分型面斜长3.6厘米。为小型铧范，铸器整体呈舌形，顶端平齐，残长11.4、顶端宽11.1厘米。

标本H3：y215（图七四，1），残存顶端右上角，仅1块残块，重1 520克。梯形，细砂质，整体呈浅红色，有较多白色羼和料。分型面和浇铸面有白色涂料层，保存较好。浇铸面有灰黑色浇铸痕迹。背面平整，涂料层局部脱落。浇铸面弧度较小，残长16.9、顶端残宽7.8、顶端厚9.2、与范/芯扣合处长4.7、分型面斜长5.3厘米。铸器顶端平齐，残长11.6、顶端残宽7.6厘米。

标本H3：y217（图七四，4；彩版一五，1、2），残存顶端上半部分，由4块残块拼合而成，总重2 450克。梯形，细砂质，整体呈橙色，有较多白色羼和料。分型面和浇铸面有白色涂料层，涂料层小面积脱落。浇铸面灰黑色浇铸痕迹明显。残长20.4、顶端宽19.8厘米。顶端左右两侧底面平整，范顶端有两道隆起的竖道，靠近左右角横跨顶端面，为合范符号，顶端厚7.8厘米。范浇铸面弧度甚小，器身薄，与范/芯扣合处长4.5、与范/芯扣合处宽（上）8.7、与范/芯扣合处宽（下）13.1、分型面顶端最宽5.9、分型面斜长4.7厘米。铸器整体呈舌形，顶端平齐，残长15.3、顶端宽14.2厘米。

标本 H3④：y229（图七五，4），残存范底端左下角，仅 1 块残块，重 830 克。梯形，细砂质，整体呈橙色。分型面和浇铸面有白色涂料层，局部脱落。浇铸面有灰黑色浇铸痕迹，分型面小部分脱落。残长 10.8、底端残宽 7.1 厘米。顶端左右两侧底面平整，底端有两道竖道，为合范符号，范身厚 7.0 厘米。为大铧范，铸器刃部呈舌形，残长 7.3 厘米。

标本 H3⑨：y265（图七五，9），残存顶端部分，由 4 块残块拼合而成，总重 870 克。梯形，细砂质，整体呈橙色。分型面和浇铸面有白色涂料层，浇铸面涂料层大面积脱落。残长 17.2、顶端宽 12.3 厘米。顶端左右两侧底面平整，涂料层大部分脱落。顶端面向外倾斜，侧面向浇铸面斜收，顶端厚 4.9 厘米。浇铸面弧度较小，可能为与芯背面扣合部分，与范/芯扣合处长 3.7、分型面斜长 3.8 厘米。为小型铧范，铸器整体呈舌形，顶端平齐，残长 12.6、顶端宽 9.2 厘米。

标本 H3：y214（图七八，1），残存顶端左上角，仅 1 块残块，重 1 420 克。梯形，细砂质，整体呈深红色，有较多白色霉和料。分型面和浇铸面有白色涂料层，保存较好。浇铸面有灰黑色浇铸痕迹。背面平整，涂料层局部脱落，残长 12.0、顶端残宽 10.5、顶端厚 9.8、残存最下端厚 8.9 厘米。浇铸面弧度较大，与范/芯扣合处长 4.2、与范/芯扣合处残宽（上）5.6、与范/芯扣合处残宽（下）8.2、分型面顶端最宽 5.4、分型面斜长 5.6 厘米。铸器顶端平齐，残长 7.3、顶端残宽 9.0 厘米。

标本 H3①：y259（图七八，2），残存底端部分，仅 1 块残块，重 1 890 克。梯形，细砂质，整体呈浅红色，有较多白色霉和料。分型面和浇铸面有白色涂料层，浇铸面有灰黑色浇铸痕迹。背面粗糙，粘附有较多铁渣，残长 13.6、底端宽 13.3 厘米。底端中间有一竖道，底端厚 5.8、范身厚 6.8 厘米。浇铸面弧度较小。铸器整体呈舌形，残长 10.9、銎宽 9.1 厘米。

标本 H3：y216（图七八，3），残存顶端右上角，仅 1 块残块，重 1 160 克。梯形，细砂质，整体呈深红色，有较多白色霉和料。分型面和浇铸面有白色涂料层，保存较好。浇铸面浇铸痕迹不明显。背面平整，涂料层局部脱落。残长 14.0、顶端残宽 9.7 厘米。顶端呈黑色，顶端近右侧有一隆起竖道，竖道左侧、右侧各有一符号，两者皆为后来刻划而成，与总分型面及型腔过渡不明显，两者相连有高低差别，顶端厚 7.4、残存最下端厚 6.6 厘米。与范/芯扣合处长 5.0、与范/芯扣合处残宽（上）5.1、与范/芯扣合处残宽（下）6.6、分型面顶端最宽 4.4、分型面斜长 6.0 厘米。铸器顶端平齐，残长 8.9、顶端残宽 6.6 厘米。

标本 H3⑦：y260（图七八，4），残存左半部分，由 2 块残块拼合而成，总重 2 670 克。梯形，细砂质，整体呈橙色，有较多白色霉和料。分型面和浇铸面有白色涂料层，大部分脱落。浇铸面有灰黑色浇铸痕迹，残长 23.1、顶端残宽 12.8 厘米。顶端左右两侧底面平整，顶端厚 9.9、残存最下端厚 7.9 厘米。浇铸面弧度较大、与范/芯扣合处长 4.6、与范/芯扣合处残宽（下）10.0、分型面顶端最宽 4.5、分型面斜长 5.1 厘米。范整体大且厚，为大型铧范，铸器整体呈舌形，顶端平齐，残长 18.1、顶端残宽 10.4 厘米。

标本 H3：y218（图七八，5），残存顶端右上角，仅 1 块残块，重 640 克。梯形，细砂质，整体呈浅红色，有较多白色霉和料。分型面和浇铸面有白色涂料层，浇铸面浇铸痕迹不明显。背面有被改制的痕迹。范曾被中间切开，然后再在背后挖出新的型腔改作他用。残长 11.6、顶端残宽 9.1 厘米。新型腔顶端较深，底端较浅，整体呈长方形，可能用作制镢一类工具，但未挖出浇道，没有浇

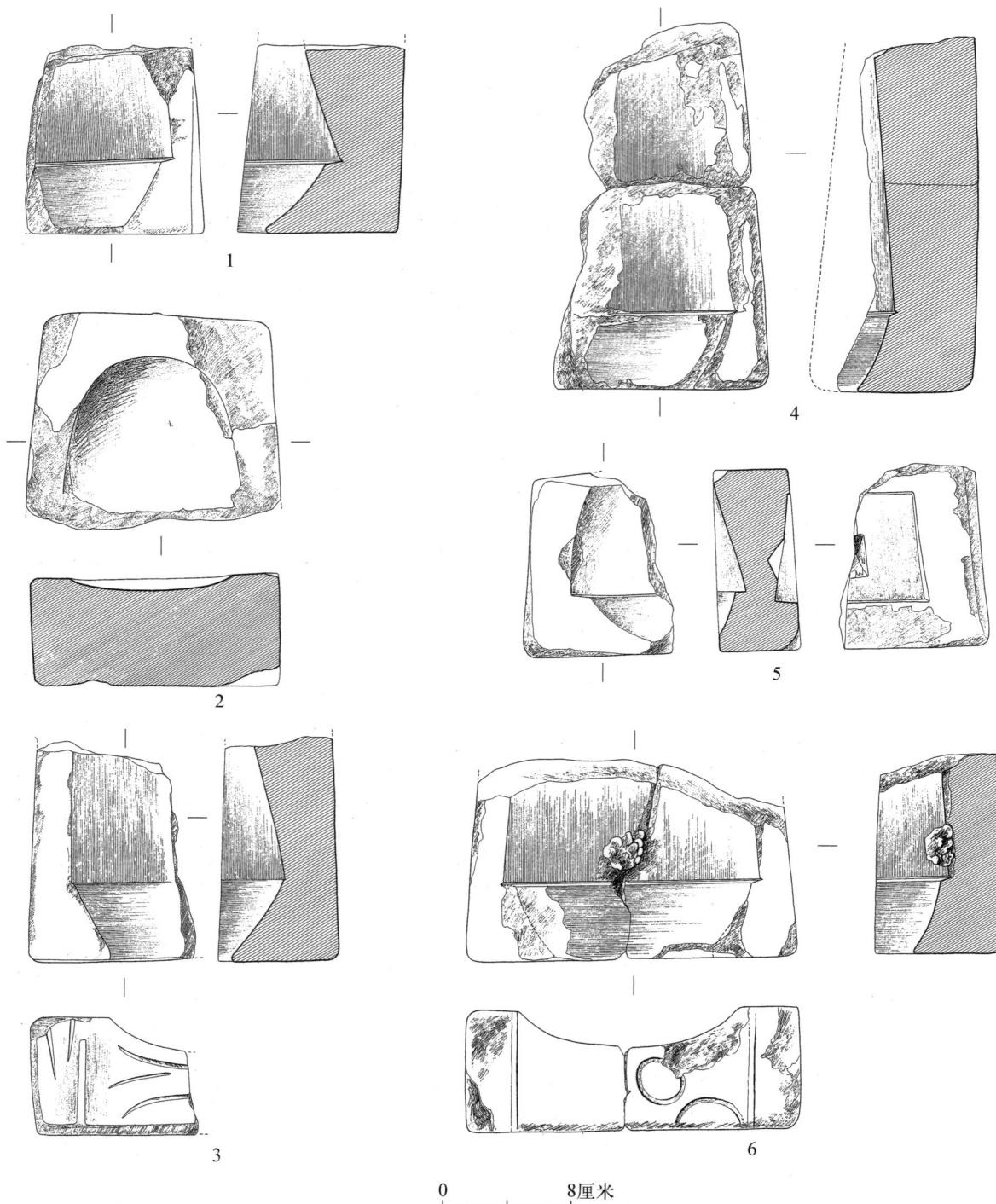

图七八　2011YFH3出土陶范（二〇）

1～6. 铧范（H3：y214、H3①：y259、H3：y216、H3⑦：y260、H3：y218、H3④：y232）

铸痕迹。顶端厚5.4、残存最下端厚4.5、与范/芯扣合处长3.7、与范/芯扣合处残宽（下）4.8、分型面斜长3.9厘米。铸器整体呈舌形,顶端平齐,残长7.8、顶端残宽5.8厘米。

标本H3④：y232（图七八,6）,残存顶端部分,由2块残块拼合而成,总重1 950克。梯形,细砂质,整体呈橙色,有较多白色霉和料。分型面和浇铸面有白色涂料层,保存较好,浇铸面有灰黑色浇铸痕迹,粘附铁渣。分型面左侧有较大铁块和木炭块,为残断后粘附而成,铁块中夹杂有木炭,可能为炉底积铁,残长12.8、顶端宽20.3厘米。顶端左右两侧底面平整,涂料层大部分脱落,顶端有两道平行竖道,左侧有一圆形刻痕和半圆形刻痕,顶端厚7.6、残存最下端厚7.1厘米。浇铸面弧度较大,与范/芯扣合处长4.6、与范/芯扣合处宽（上）9.6、与范/芯扣合处宽（下）14.4、分型面顶端最宽5.3、分型面斜长4.7厘米。为大型铧范,铸器顶端平齐,残长7.6、顶端宽15.6厘米。

标本H3⑨：y266（图七九,1）,保存范的大部分,由3块残块拼合而成,总重1 170克。梯形,细砂质,整体呈橙色。分型面和浇铸面有白色涂料层,大部分脱落。浇铸面有灰黑色浇铸痕迹,长20.4、顶端宽12.7、底端宽10.3厘米。顶端左右两侧底面平整,涂料层大部分脱落。底面向浇铸面斜收,左侧向浇铸面斜收,顶端厚5.2、底端厚3.7厘米。浇铸面弧度较大,与范/芯扣合处长3.5、与范/芯扣合处残宽（上）2.6、与范/芯扣合处残宽（下）4.7、分型面顶端最宽4.0、分型面斜长3.8厘米。为小型铧范,铸器整体呈舌形,顶端平齐,长14.6、顶端宽8.9、銎宽6.4厘米。

标本H3⑨：y267（图七九,2；彩版一一）,保存范的大部分,由3块残块拼合而成,总重1 540克。梯形,细砂质,整体呈橙色。分型面和浇铸面有白色涂料层,部分脱落。浇铸面有灰黑色浇铸痕迹,涂料层大面积脱落。长20.5、顶端宽12.9、底端宽10.1厘米。顶端左右两侧底面平整,涂料层部分脱落。顶面和右侧边向浇铸面斜收,顶端厚5.0、底端厚3.4厘米。浇铸面弧度较大,与范/芯扣合处长3.5、与范/芯扣合处宽（上）5.5、与范/芯扣合处宽（下）8.3、分型面顶端最宽3.7、分型面斜长3.7厘米。为小型铧范,铸器呈舌形,顶端平齐,长14.5、顶端宽9.2、銎宽6.2厘米。

标本H3⑨：y278（图七九,3）,残存右下角,仅1块残块,重460克。梯形,细砂质,整体呈深红色。分型面和浇铸面有白色涂料层。浇铸面有灰黑色浇铸痕迹,涂料层小面积脱落,左侧曾与铁液接触。背面平整,涂料层部分脱落。残长8.7、底端残宽5.6厘米。底端有一竖道,底和左侧向浇铸面斜收,底端厚5.6厘米。为大型铧范,铸器刃部呈舌形,残长6.3、銎残宽4.2厘米。

标本H3⑧：y261（图七九,4）,残存底端左下角,仅1块残块,重1 540克。梯形,整体呈深红色,有较多白色霉和料。分型面和浇铸面有白色涂料层。背面平整,涂料层部分脱落。残长14.4、底端残宽8.0厘米。底端有两道竖道,偏向范的左下角,为合范符号。底端面和侧面粘附铁渣,底端面和左侧边向浇铸面斜收,底端厚6.8、范身厚7.8厘米。铸器刃部呈舌形,残长9.6、銎残宽5.9厘米。

标本H3：y219（图七九,5；图版三,1、3）,残存顶端部分,由2块残块拼合而成,总重1 950克。梯形,整体呈橙色,有较多白色霉和料。分型面和浇铸面有白色涂料层,浇铸面灰黑色浇铸痕迹明显。残长14.9、顶端宽18.9厘米。顶端左右侧两端底面平整,涂料层部分脱落。顶端有两道竖道,为合范符号,靠左右两侧。顶端厚7.4、残存最下端厚6.6厘米。与范/芯扣合处长4.7、与范/芯扣合处宽（上）9.1、与范/芯扣合处宽（下）12.9、分型面顶端最宽5.5、分型面斜长4.8厘米。

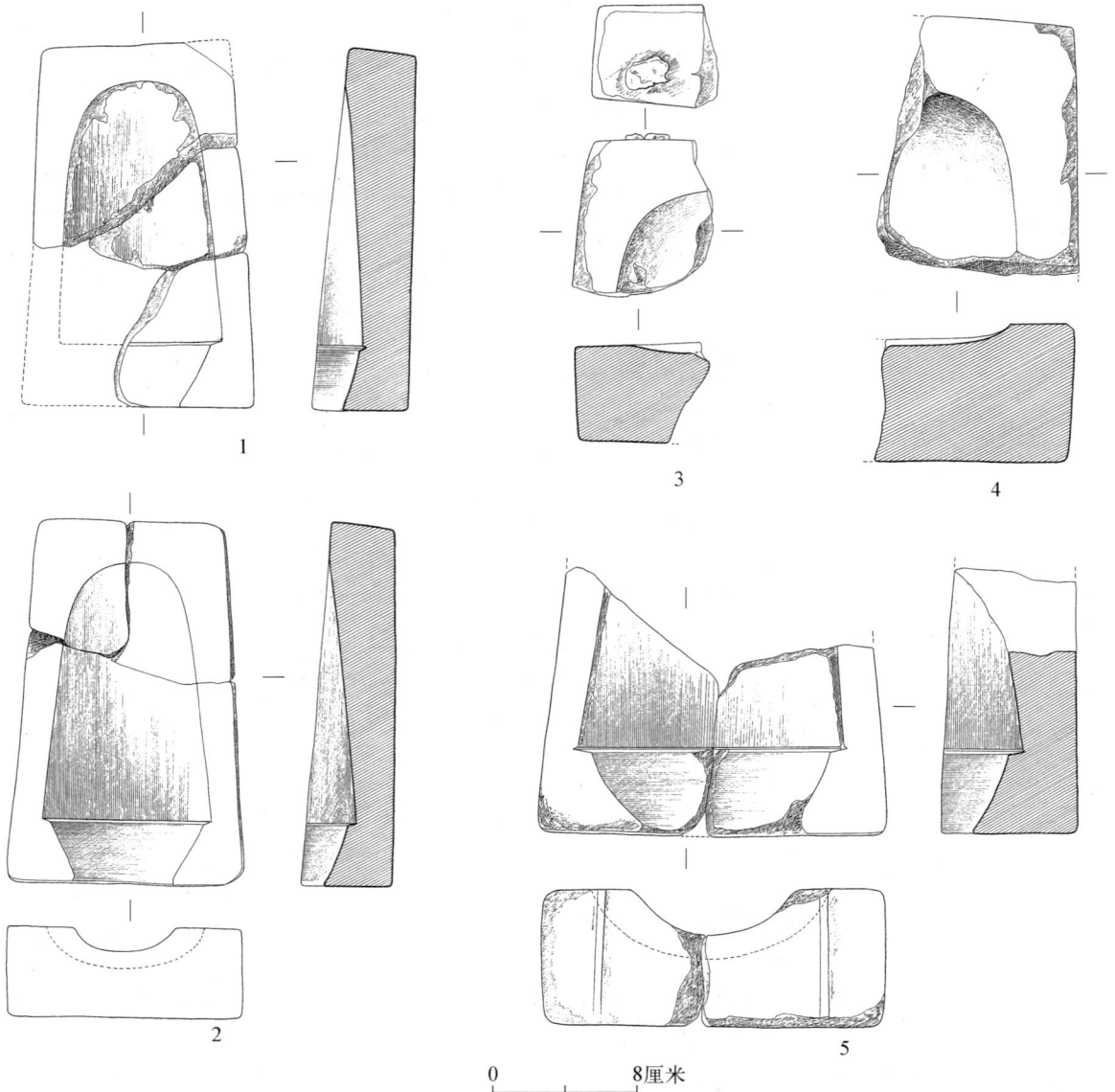

0　　　　　8厘米

**图七九　2011YFH3出土陶范（二一）**

1～5.铧范（H3⑨：y266、H3⑨：y267、H3⑨：y278、H3⑧：y261、H3：y219）

由顶端合范符号推测，该范与y217配合使用，整体较薄，与一般大型铧范无区别。铸器呈舌形，顶端平齐，残长9.0、顶端宽14.5厘米。

标本H3⑤：y241（图八〇，1；图版三，2），残存顶端上半部分，由3块残块拼合而成，总重970克。梯形，整体呈浅灰色，有较多白色霢和料。分型面和浇铸面有白色涂料层。残长13.7、顶端宽12.8厘米。顶端左右两侧背面平整，涂料层部分脱落，顶端厚5.5厘米。浇铸面弧度较小，与范/芯扣合处长4.3、与范/芯扣合处宽（上）5.6、与范/芯扣合处宽（下）8.2、分型面顶端最宽3.4、分型面斜长4.1厘米。为小型铧范，铸器呈舌形，顶端平齐，残长8.7、顶端宽9.1厘米。

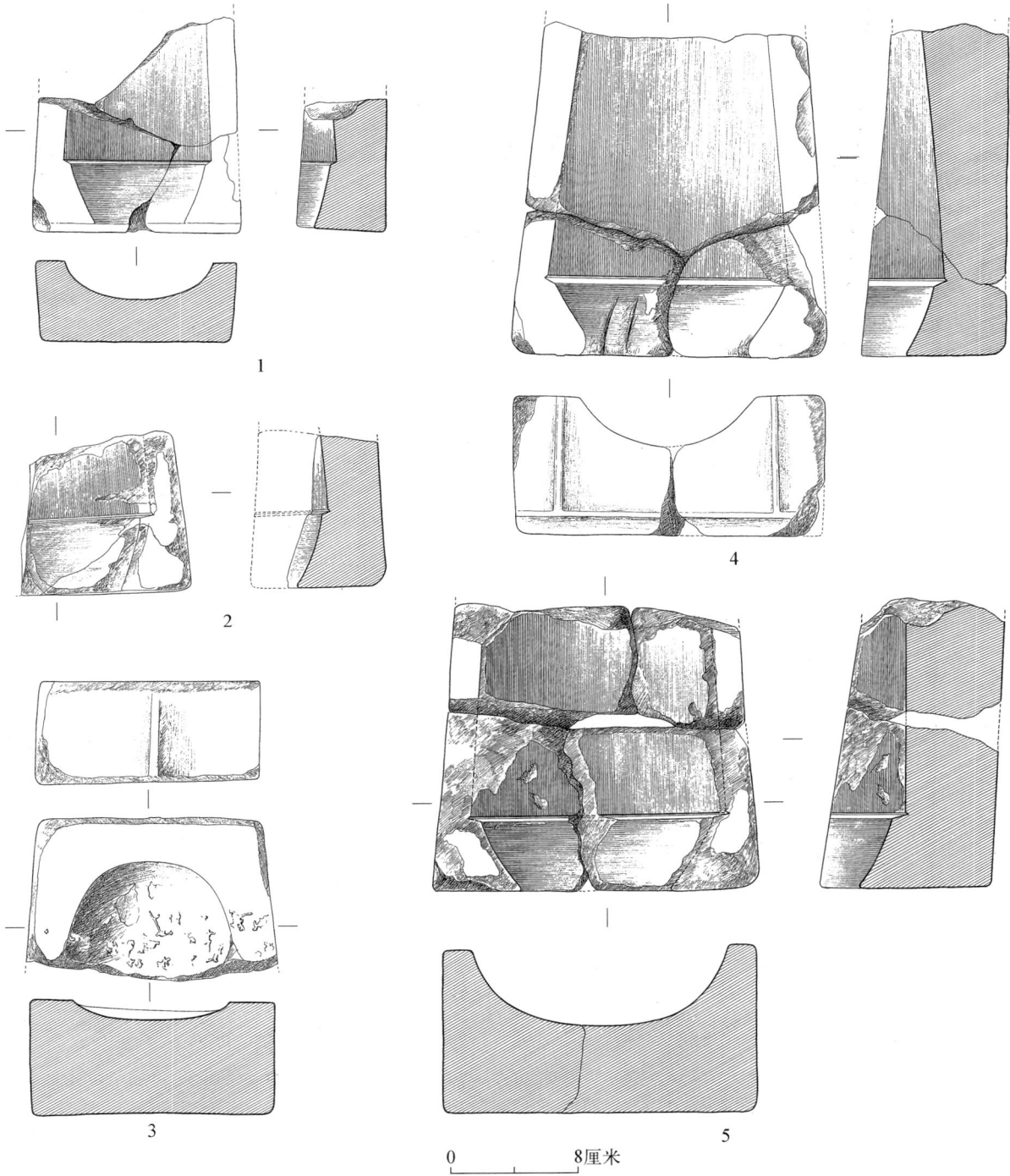

0 ____ 8厘米

**图八〇 2011YFH3出土陶范(二二)**

1~5.铧范(H3⑤:y241、H3③:y257、H3③:y256、H3⑥:y250、H3⑨:y262)

标本 H3③：y257（图八○，2），残存顶端左上角，仅1块残块，重890克。梯形，细砂质，整体呈浅灰色。分型面和浇铸面有白色涂料层，涂料层小面积脱落。浇铸面有灰黑色浇铸痕迹。残长10.2、顶端残宽10.4厘米。顶端左右两侧底面平整，涂料层大部分脱落。范顶端有一竖道。顶端面向外倾斜，左侧面向浇铸面斜收，顶端厚8.3厘米。浇铸面弧度较大。与范/芯扣合处长4.4、与范/芯扣合处残宽（上）6.2、与范/芯扣合处残宽（下）6.9、分型面顶端最宽4.1、分型面斜长4.9厘米。为大型铧范，铸器残长5.0、顶端残宽7.5厘米。

标本 H3③：y256（图八○，3），残存底端部分，仅1块残块，重800克。梯形，细砂质，整体呈深红色。分型面和浇铸面有白色涂料层，涂料层部分脱落。浇铸面有灰黑色浇铸痕迹。背面平整，涂料层部分脱落，断面粘附铁渣，残长10.2、底端宽13.8厘米。底端向右侧边向浇铸面斜收，底端有合范留下的痕迹，底端厚6.5厘米。浇铸面弧度较大。为大型铧范，铸器刃部呈舌形，残长7.3、銎宽8.9厘米。

标本 H3⑥：y250（图八○，4），残存上半部分，由3块残块拼合而成，总重3 610克。梯形，整体呈浅红色，有较多白色羼和料。分型面和浇铸面有白色涂料层，大部分脱落。浇铸面有灰黑色浇铸痕迹。残长21.2、顶端宽19.3厘米。顶端左右两侧底面平整，涂料层大部分脱落。顶端有两道竖道和一横道，呈"U"形（图版七，4）。顶端和右侧边向浇铸面斜收，顶端厚8.8、残存最下端厚7.2厘米。浇铸面弧度较大，与范/芯扣合处长4.5、与范/芯扣合处宽（上）10.5、与范/芯扣合处宽（下）14.0、分型面顶端最宽4.5、分型面斜长4.7厘米。为大型铧范，铸器整体呈舌形，顶端平齐，残长15.4、顶端宽14.7厘米。

标本 H3⑨：y262（图八○，5），残存顶端部分，由4块残块拼合而成，总重4 160克。梯形，整体呈橙色，有较多白色羼和料。分型面和浇铸面有白色涂料层。浇铸面有灰黑色浇铸痕迹，涂料层小面积脱落，右侧面粘附有铁渣。残长18.4、顶端宽20.1厘米。顶端左右两侧底面平整，涂料层大部分脱落，顶端面向外倾斜，两侧面向浇铸面斜收，顶端厚10.4、残存最下端厚8.7厘米。浇铸面弧度较小，为与芯背面扣合部分，与范/芯扣合处长4.4、与范/芯扣合处宽（上）9.2、与范/芯扣合处宽（下）14.2、分型面顶端最宽5.3、分型面斜长4.7厘米。为大型铧范，铸器残长13.3、顶端宽15.7厘米。

铧芯　43件。

标本 H3⑥：y314（图八一，1），残存下半部分，由2块残块拼合而成，总重410克。整体呈舌形，上宽下窄，上厚下薄，细砂质，整体呈橙色。为大型铧芯，弧度较大，残长17.3、残存最宽处宽11.3、底端宽8.7、残存最上端厚5.5、底端厚0.3厘米。芯撑为菱形，边长1.7厘米。为大型铧芯。

标本 H3⑨：y339（图八一，2；图版五），残存芯的大半部分，由2块残块拼合而成，总重1 240克。整体呈舌形，上宽下窄，上厚下薄，细砂质，整体呈橙色。长26.3、顶端宽8.8、最宽处宽13.8、底端宽8.0厘米。顶端至少有3个不规则圆形坑，为制模痕迹，顶端厚4.5、最厚处厚7.2、底端厚0.2厘米。分型面斜长4.8、分型面高4.1厘米。浇道顶端右侧向外翻，浇道宽5.2厘米。芯撑为菱形，一面边长2.9厘米，另一面边长2.8厘米。刃部底端呈"U"形。

标本 H3⑨：y335（图八一，3），残存顶端以下半部分，仅1块残块，重1 020克。整体呈舌形，上宽下窄，上厚下薄，细砂质，整体呈橙色。表面有经浇铸的灰黑色痕迹，涂料层保存较好。残长

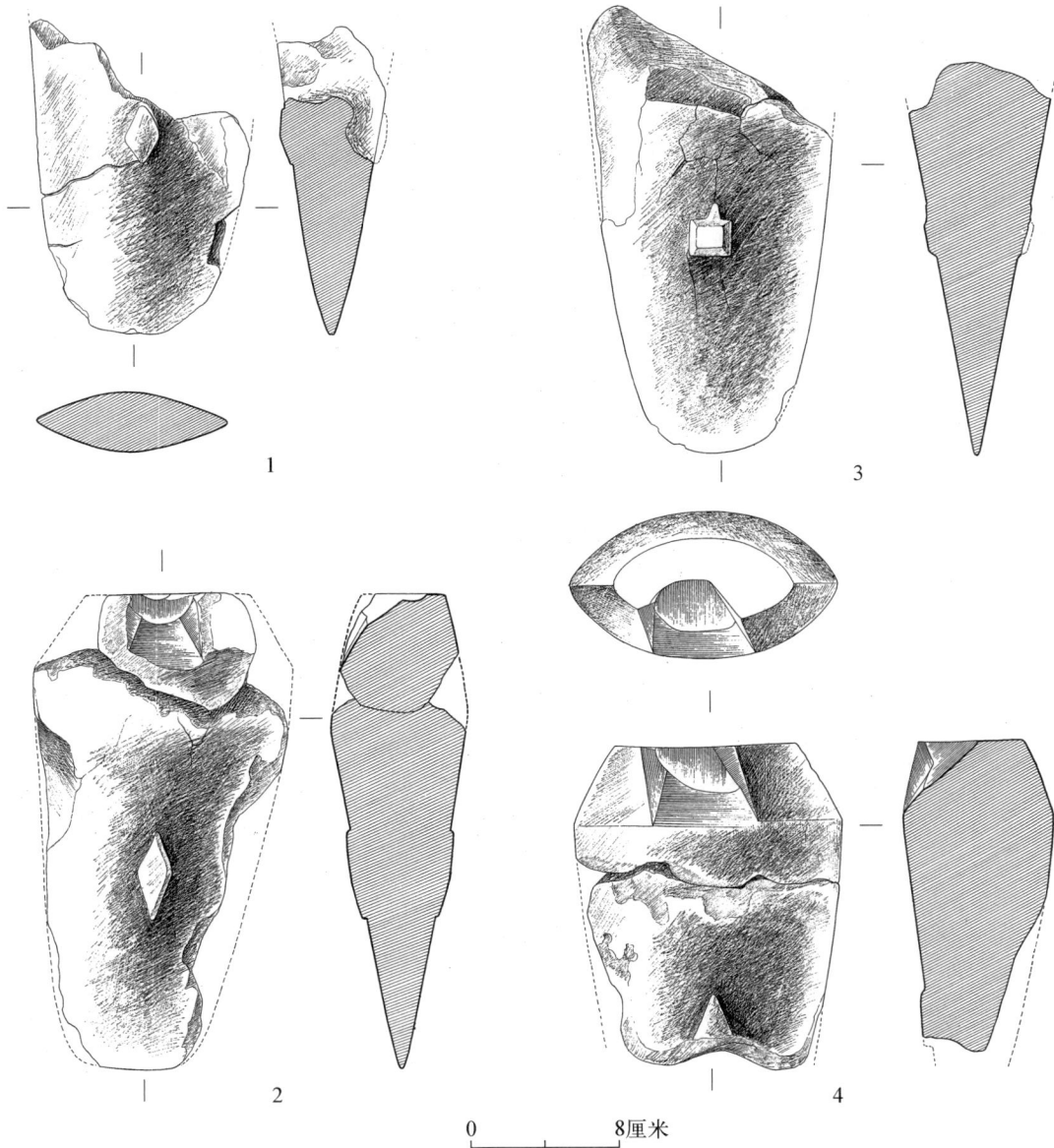

图八一 2011YFH3出土陶范（二三）

1～4. 铧芯（H3⑥：y314、H3⑨：y339、H3⑨：y335、H3：y318）

25.6、残存最宽处宽12.6、底端宽8.2、残存最上端厚7.4、底端厚0.2厘米。芯撑为三角形＋长方形，一面芯撑位置较低，三角形底边长0.7、高0.9厘米，长方形长2.2、宽2.0厘米，另一面三角形底边长0.9、高1.0厘米，长方形长2.6、宽2.0厘米。为大型铧芯，刃部弧度较大。

标本H3：y318（图八一，4），残存芯撑以上部分，由2块残块拼合而成，总重1 360克。整体呈舌形，上宽下窄，上厚下薄，细砂质，整体呈橙色。表面有经浇铸的灰黑色痕迹，涂料层小面积脱落，残长18.2、最宽处宽14.4、顶端宽9.6厘米。顶端有2个圆坑，可能是制范留下的痕迹，顶端厚5.5、最厚处厚8.0、残存最下端厚4.9厘米。分型面左高右低，分型面斜长4.9、分型面高4.3厘米。

浇道坡度上端和下端不同,浇道宽5.4、a=4.1、b=3.8、c=5.5厘米。芯撑为三角形,底边长2.1、高2.5厘米。为大型铧芯。

标本H3⑧:y323(图八二,1),残存顶端部分,由2块残块拼合而成,总重740克。整体上宽下窄,上厚下薄,细砂质,整体呈橙色。表面有经浇铸的灰黑色痕迹,残长10.9、最宽处宽13.5、顶端宽8.3、顶端厚4.5、最厚处厚7.4、残存最下端厚4.8厘米。分型面斜长4.5、分型面高3.8厘米。浇道坡度上端和下端不同,下端比例较小,浇道宽4.5、a=2.5、b=1.8、c=3.3厘米。为大型铧芯。

标本H3⑨:y319(图八二,2),基本保存完整,仅1块残块,重1440克。整体呈舌形,上宽下窄,上厚下薄,细砂质,整体呈橙色。表面有经浇铸的灰黑色痕迹,涂料层小面积脱落,残长23.8、

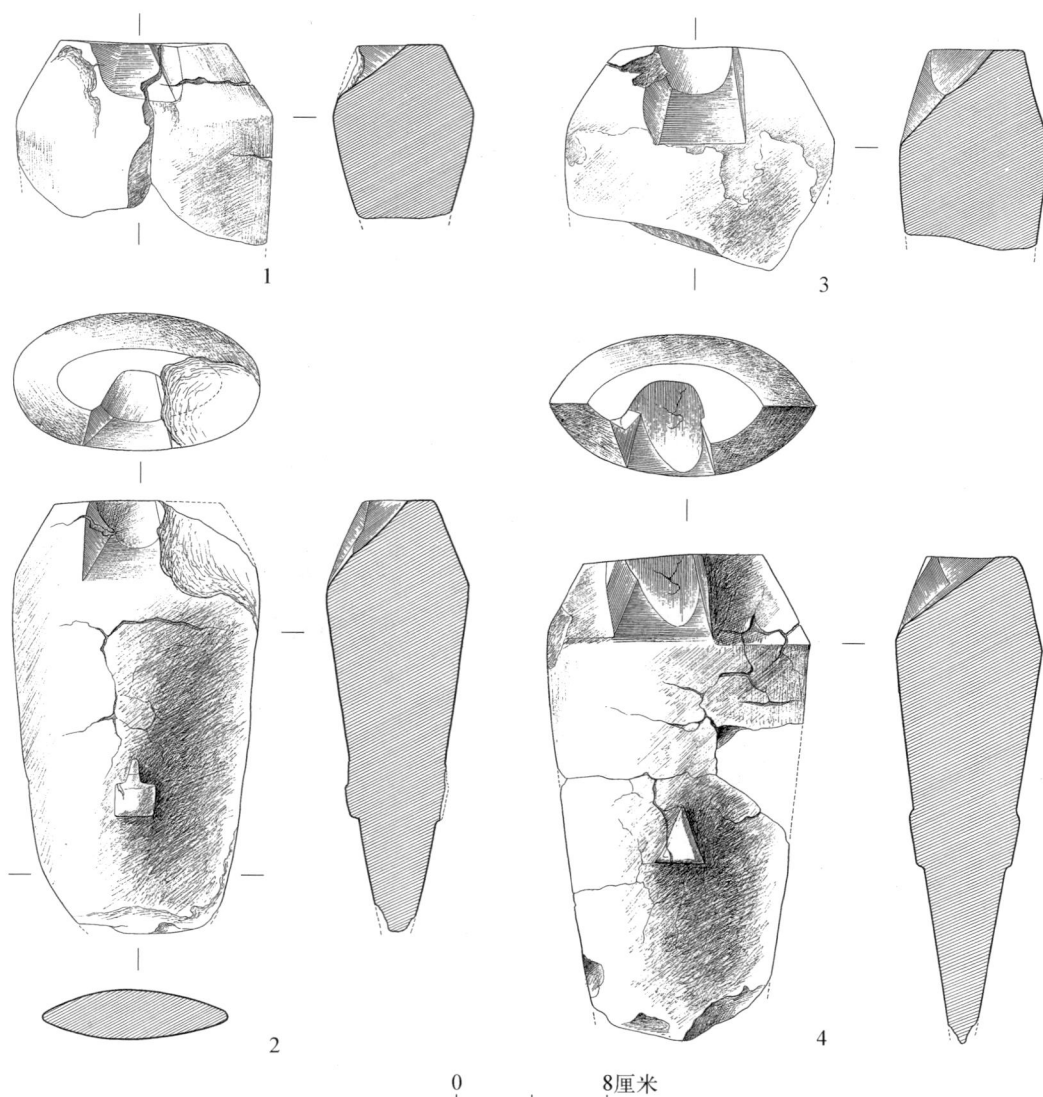

图八二　2011YFH3出土陶范(二四)

1～4. 铧芯(H3⑧:y323、H3⑨:y319、H3:y322、H3⑧:y320)

最宽处宽12.9、顶端宽8.7、残存最下端宽6.5、顶端厚3.6、最厚处厚7.5、残存最下端厚1.6厘米。分型面斜长4.3、分型面高3.5厘米。浇道坡度上端和下端不同，且上端长度较大，下端比例较小，浇道宽4.7、a=4.9、b=3.1、c=4.8厘米。芯撑一面为三角形+长方形，另一面为正方形，三角形底边长0.8、高1.4厘米，长方形长2.1、宽1.8厘米，背面正方形边长2.2厘米左右。

标本H3：y322（图八二，3），残存顶端部分，仅1块残块，重920克。整体下宽上窄，下厚上薄，细砂质，整体呈橙色。表面有经浇铸的灰黑色痕迹，残长12.0、最宽处宽14.2、顶端宽8.5、顶端厚4.9、最厚处厚7.8、残存最下端厚6.9厘米。分型面顶端左侧较低，右侧较高，分型面斜长5.5、分型面高4.8厘米。浇道坡度上端和下端不同，浇道宽4.6、a=2.7、b=1.7、c=2.6厘米。为大型铧芯。

标本H3⑧：y320（图八二，4；彩版一六），保存基本完整，由2块残块拼合而成，总重1 560克。整体呈舌形，上宽下窄，上厚下薄，细砂质，整体呈橙色。表面有经浇铸的灰黑色痕迹，残长26.5、最宽处宽13.8、顶端宽9.4、残存最下端宽8.3、顶端厚4.6、最厚处厚7.7、残存最下端厚1.5厘米。分型面顶端左侧较低，右侧较高，分型面斜长5.5、分型面高5.0厘米。浇道宽4.6、a=3.5、b=2.5、c=5.4厘米。芯撑为三角形，一面底边长2.6、高3.2厘米，另一面底边长3.0、高2.8厘米。

标本H3⑨：y340（图八三，1），残存顶端部分，仅1块残块，重980克。整体上宽下窄，上厚下薄，细砂质，整体呈橙色。表面有经浇铸的灰黑色痕迹，一面保存较好，另一面有开裂。残长12.3、最宽处宽14.0、顶端宽8.8、顶端厚5.1、最厚处厚7.7厘米。分型面斜长5.2、分型面高4.5厘米。浇道坡度上端和下端不同，浇道宽6.0、a=3.7、b=2.5、c=5.7厘米。

标本H3⑨：y338（图八三，2），基本保存完整，由5块残块拼合而成，总重1 430克。整体呈舌形，上宽下窄，上厚下薄，细砂质，整体呈橙色。长27.1、最宽处宽13.7、顶端宽8.2、底端宽8.2厘米。左右侧边处隆起，且隆起从顶端一直延续到底端，为制模痕迹。顶端左侧略高，右侧略低，顶端厚4.1、最厚处厚7.5、底端厚0.6厘米。分型面斜长5.0、分型面高4.5、浇道宽5.0、a=5.1、b=3.5、c=5.2厘米。芯撑为三角形+长方形，一面三角形底边长0.9、高1.5厘米，长方形长2.4、宽2.1厘米，另一面三角形底边长0.5、高1.0米，长方形长2.0、宽1.7厘米。为大型铧芯。

标本H3⑨：y341（图八三，3），残存顶端部分，仅1块残块，重850克。整体上宽下窄，上厚下薄，细砂质，整体呈橙色。残长11.9、最宽处宽13.7、顶端宽8.5、顶端厚3.9、最厚处厚7.5厘米。分型面斜长5.2、分型面高4.5厘米。浇道坡度上端和下端不同，从顶端看呈半圆形，浇道宽4.8、a=4.9、b=3.3、c=5.0厘米。为大型铧芯。

标本H3⑨：y342（图八三，4），残存芯的大半部分，由4块残块拼合而成，总重1 510克。整体呈舌形，上宽下窄，上厚下薄，细砂质，整体呈橙色。残长27.1、最宽处宽13.7、顶端宽8.4、残存最下端宽2.7、顶端厚4.6、最厚处厚7.7、残存最下端厚0.7厘米。分型面斜长5.5、分型面高4.7厘米。浇道坡度上端和下端不同，从顶端看呈半漏斗状，浇道宽5.7、a=4.1、b=2.7、c=5.2厘米。芯撑为长方形，长2.2、宽2.1厘米。为大型铧芯。

标本H3⑨：y345（图八四，1），残存顶端右侧，仅1块残块，重490克。整体上宽下窄，上厚下薄，细砂质，整体呈橙色。表面有经浇铸的灰黑色痕迹，涂料层大部分脱落。残长12.4、最宽处宽10.2、顶端宽6.5、顶端厚3.6、最厚处厚6.6厘米。分型面斜长4.8、分型面高4.5厘米。浇道坡度上

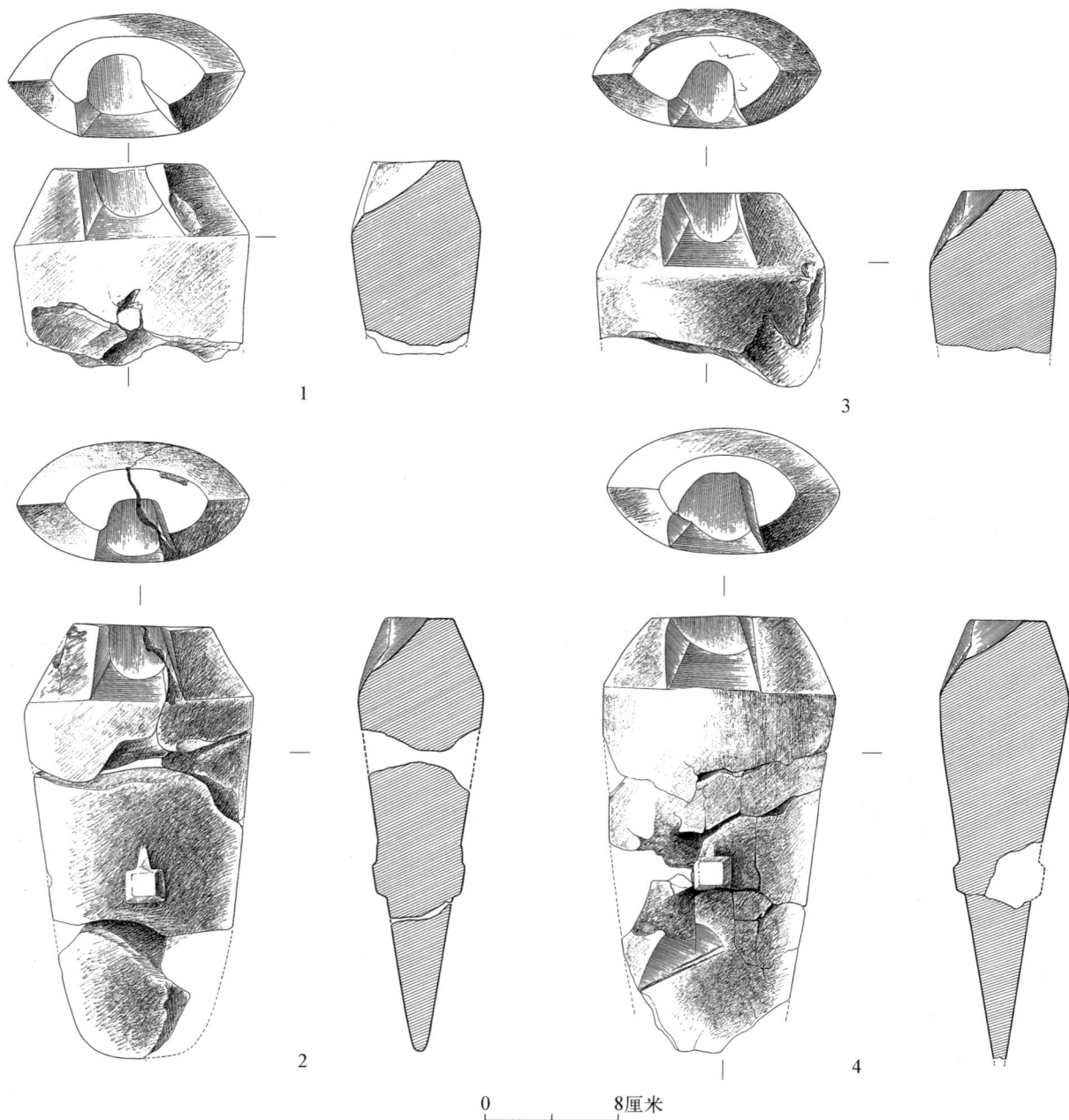

图八三　2011YFH3 出土陶范（二五）

1～4. 铧芯（H3⑨：y340、H3⑨：y338、H3⑨：y341、H3⑨：y342）

端和下端不同，从顶端看呈半漏斗状，浇道宽 4.0、b=1.3、c=2.1 厘米。为小型铧芯。

标本 H3：y294（图八四，2），基本保存完成，仅 1 块残块，重 1 580 克。整体呈舌形，上宽下窄，上厚下薄，细砂质，整体呈橙色。浇铸面有灰黑色浇铸痕迹，长 25.3、最宽处宽 13.3、顶端宽 8.3、底端宽 8.4、顶端厚 4.2、最厚处厚 7.7、底端厚 0.7 厘米。分型面斜长 5.5、分型面高 4.8 厘米。浇道破损较多，浇道宽 4.0、a=5.2、b=3.2、c=4.8 厘米。芯撑为菱形，边长 2.0 厘米。为大型铧芯。

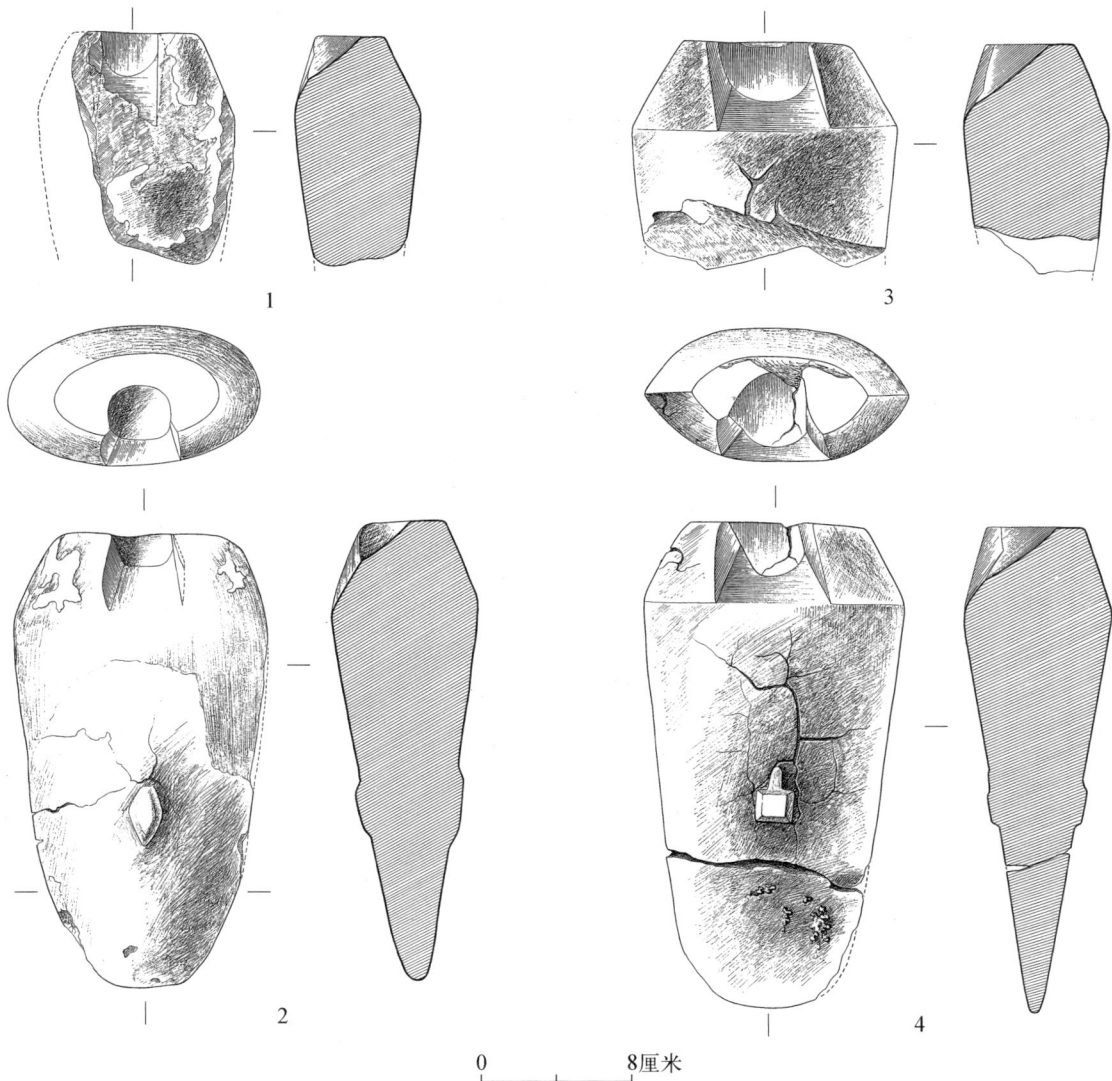

图八四 2011YFH3出土陶范（二六）

1～4. 铧芯（H3⑨：y345、H3：y294、H3⑨：y348、H3⑨：y343）

标本H3⑨：y348（图八四，3），残存顶端部分，仅1块残块，重180克。整体上宽下窄，上厚下薄，细砂质，整体呈橙色。表面涂料层大部分脱落，残长12.4、最宽处宽13.9、顶端宽8.5、顶端厚4.5、最厚处厚7.6厘米。分型面斜长4.6、分型面高4.0厘米。为小型铧芯。

标本H3⑨：y343（图八四，4；彩版一二；图版四），残存芯的大半部分，由2块残块拼合而成，总重1 580克。整体呈舌形，上宽下窄，上厚下薄，细砂质，整体呈橙色。表面有经浇铸的灰黑色痕迹，长26.6、最宽处宽13.7、顶端宽9.2、底端宽8.9、顶端厚5.0、最厚处厚7.7、底端厚0.4厘米。分型面斜长4.7、分型面高4.3厘米。浇道坡度上端和下端不同，从顶端看呈半漏斗状，浇道宽5.6、a=4.1、b=2.4、c=4.9厘米。芯撑为三角形+长方形，一面三角形底边长0.7、高1.3厘米，长方形长1.8、宽2.0厘米，另一面三角形底边长0.5、高1.0厘米，长方形长1.9、宽1.7厘米。为大型铧芯。

　　标本 H3∶y362（图八五，1），残存芯的下半部分，由 2 块残块拼合而成，总重 520 克。整体呈舌形，上宽下窄，上厚下薄，细砂质，整体呈橙色。涂料层部分脱落，残长 17.7、残存最宽处宽 11.0、底端宽 8.6、残存最上端厚 6.5、底端厚 0.2 厘米。芯撑为倒三角形，底边长 2.0、高 2.1 厘米。为大型铧芯。

　　标本 H3⑨∶y321（图八五，2），残存上半部分，仅 1 块残块，重 360 克。整体呈舌形，上宽下窄，上厚下薄，细砂质，整体呈橙色。表面有经浇铸的灰黑色痕迹，涂料层小面积脱落，残长 17.9、最宽处宽 13.6、顶端宽 8.7、残存最下端宽 2.3、顶端厚 2.5、最厚处厚 7.3、残存最下端厚 1.3 厘米。分

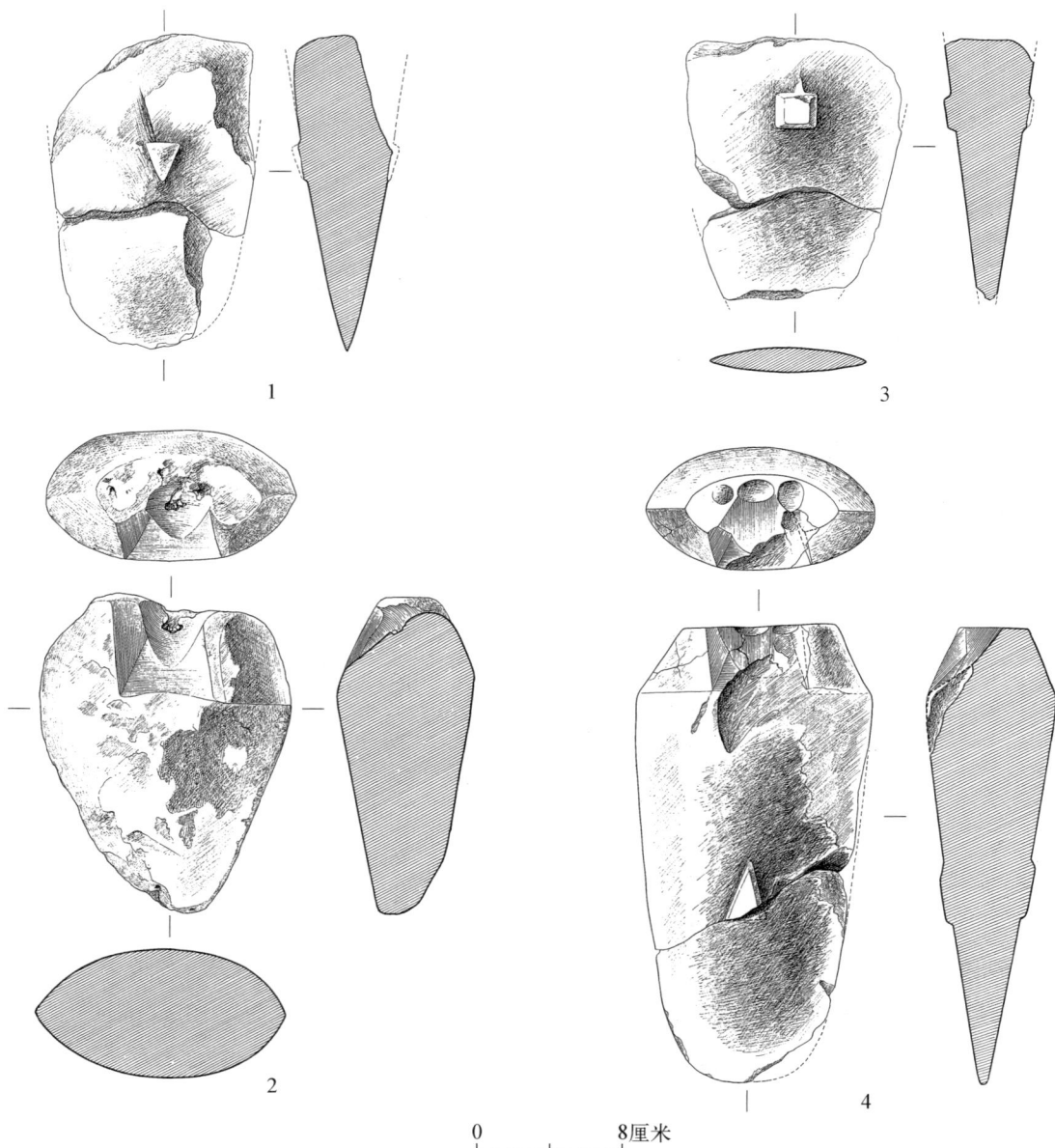

图八五　2011YFH3 出土陶范（二七）

1～4. 铧芯（H3∶y362、H3⑨∶y321、H3⑨∶y384、H3⑨∶y344）

型面斜长5.5、分型面高5.2厘米。浇道坡度上端和下端不同,从顶端看呈半漏斗状,浇道宽5.2厘米。为大型铧芯。

标本H3⑨:y384(图八五,3),残存芯撑到刃部,由2块残块拼合而成,总重500克。整体呈舌形,上宽下窄,上厚下薄,细砂质,整体呈橙色。表面有经浇铸的灰黑色痕迹,残长14.7、残存最宽处宽11.5、残存最上端厚5.0、残存最下端厚1.0厘米。芯撑为三角形+长方形,一面三角形底边长0.6、高0.9厘米,长方形长2.2、宽2.0厘米;另一面长方形长2.2、宽2.0厘米。为大型铧芯。

标本H3⑨:y344(图八五,4),残存芯的大半部分,由2块残块拼合而成,总重1 250克。整体呈舌形,上宽下窄,上厚下薄,细砂质,整体呈橙色。长25.6、最宽处宽12.7、顶端宽8.2、底端宽8.7厘米。顶端左侧略低,右侧略高,顶端厚3.7、最厚处厚7.0、底端厚0.4厘米。分型面斜长4.6、分型面高4.0厘米。浇道坡度上端和下端不同,从顶端看呈半漏斗状,浇道宽5.1、a=2.4、c=4.1厘米。芯撑为三角形,一面底边长2.2、高3.3厘米,另一面底边长2.0、高3.1厘米。为大型铧芯。

标本H3⑨:y356(图八六,1),残存芯撑以上部分,由2块残块拼合而成,总重1 230克。整体上宽下窄,上厚下薄,细砂质,整体呈橙色。残长15.1、最宽处宽13.5、顶端宽9.3厘米。顶端有三个浅坑,顶端厚5.0、最厚处厚7.8厘米。分型面斜长4.9、分型面高4.2厘米。浇道上半部分比例较小,浇道宽4.5、a=4.2、b=3.1、c=4.6厘米。芯撑为三角形,底边长2.7、高2.0厘米。为大型铧芯。

标本H3⑨:y355(图八六,2),残存芯的大半部分,由2块残块拼合而成,总重1 350克。整体呈舌形,上宽下窄,上厚下薄,细砂质,整体呈橙色。表面有经浇铸的灰黑色痕迹,正面和背面有差位。残长20.9、最宽处宽13.2、顶端宽9.2、残存最下端宽11.0、顶端厚5.0、最厚处厚7.8、残存最下端厚1.8厘米。分型面斜长4.8、分型面高4.2、浇道宽4.5、a=4.0、b=2.8、c=4.3厘米。芯撑为三角形+长方形,三角形底边长0.9、高1.2厘米,长方形长2.3、宽1.9厘米。为大型铧芯。

标本H3⑨:y351(图八六,3),残存顶端部分,仅1块残块,重980克。整体上宽下窄,上厚下薄,细砂质,整体呈橙色。表面涂料层大部分脱落。残长12.8、最宽处宽13.4、顶端宽7.9厘米。顶端面有两个圆坑,顶端厚5.0、最厚处厚7.8厘米。分型面斜长5.1、分型面高4.3厘米。浇道从上方看呈半漏斗状,浇道宽5.1、a=4.1、b=3.3、c=5.6厘米。为大型铧芯。

标本H3:y448(图八六,4),残存芯的大半部分,仅1块残块,重1 620克。整体呈舌形,上宽下窄,上厚下薄,细砂质,整体呈橙色。表面涂料层局部脱落。长26.3、最宽处宽13.3、顶端宽7.8、底端宽8.8厘米。顶端左侧低,右侧高,顶端厚3.7、最厚处厚7.8、残存最下端厚2.0厘米。分型面斜长5.7、分型面高4.7厘米。浇道坡度上端和下端差异不明显,浇道宽5.8、a=4.9、b=3.0、c=5.1厘米。芯撑为三角形,底边长3.1、高2.4厘米。为大型铧芯。

标本H3⑨:y382(图八七,1),残存芯撑左右两侧,仅1块残块,重180克。整体上宽下窄,上厚下薄,细砂质,整体呈橙色。表面涂料层小部分脱落,残长10.9、残宽2.0～7.5、厚2.2～4.0厘米。芯撑为倒三角形,底边长1.9、高2.4厘米。为小型铧芯。

标本H3⑨:y365(图八七,2),残存刃部两侧,仅1块残块,重130克。整体呈舌形,上宽下窄,上厚下薄,细砂质,整体呈橙色。残长8.7、底端宽8.1、残存最上端厚2.8、底端厚0.3厘米。为大型铧芯,刃部呈圆弧形,弧度较大。

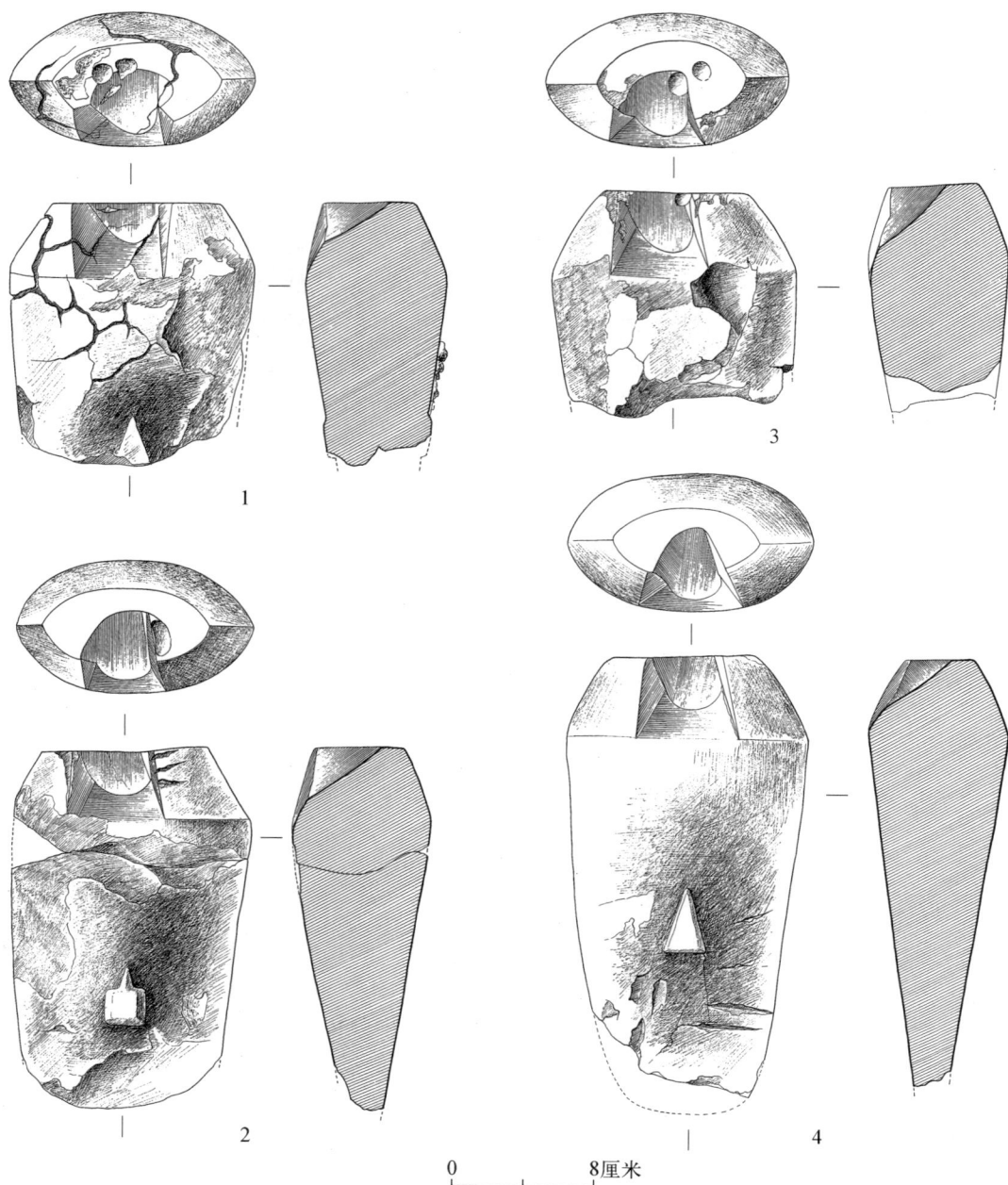

图八六　2011YFH3出土陶范(二八)

1～4. 铧芯(H3⑨:y356、H3⑨:y355、H3⑨:y351、H3:y448)

　　标本H3⑨:y336(图八七,3),残存顶端以下部分,仅1块残块,重620克。整体呈舌形,上宽下窄,上厚下薄,细砂质,整体呈橙色。残长16.7、残存最宽处宽12.4、底端宽8.6、残存最上端厚6.0、残存最下端厚0.7厘米。芯撑为三角形+长方形,一面三角形底边长1.0、高1.2厘米,长方形长2.2、宽2.0厘米,另一面三角形底边长1.0、高1.3厘米,长方形长2.2、宽2.0厘米。为大型铧芯,刃部弧度较大。

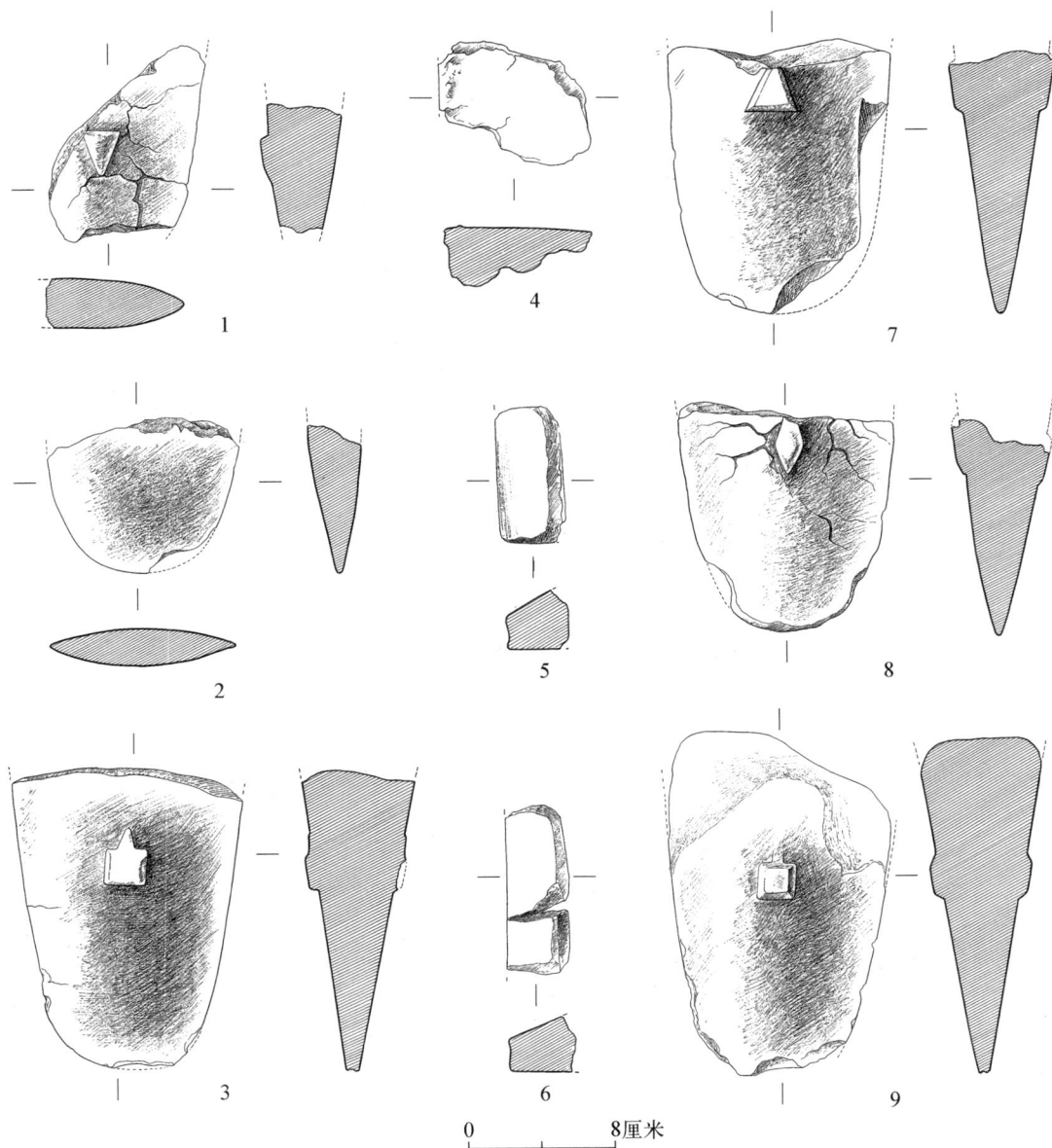

图八七 2011YFH3出土陶范（二九）

1～3、7～9. 铧芯（H3⑨：y382、H3⑨：y365、H3⑨：y336、H3⑨：y337、H3：y391、H3⑨：y386）　4. 炉壁（H3①：y493）

5、6. 支垫（H3③：y522、H3：531）

标本H3⑨：y337（图八七，7），残存芯撑以下部分，仅1块残块，重470克。整体呈舌形，上宽下窄，上厚下薄，细砂质，整体呈橙色。残长15.2、残存最宽处宽11.9、底端宽8.7、残存最上端厚5.1、底端厚0.4厘米。芯撑为三角形，一面底边长2.2、高2.8厘米，另一面底边长2.9、高2.7厘米。

标本H3：y391（图八七，8），残存下半部分，仅1块残块，重650克。整体呈舌形，上宽下窄，上厚下薄，细砂质，整体呈橙色。表面有经浇铸的灰黑色痕迹，涂料层大部分脱落，残长12.8、残存最宽处宽11.4、底端宽7.3、残存最上端厚5.1、底端厚0.3厘米。芯撑为菱形，边长1.8厘米。为大型铧芯。

标本 H3⑨：y386（图八七，9），残存芯的大半部分，仅1块残块，重700克。整体呈舌形，上宽下窄，上厚下薄，细砂质，整体呈橙色。表面有经浇铸的灰黑色痕迹，残长19.2、残存最宽处宽11.8、残存最下端宽5.9、残存最上端厚6.4、残存最下端厚0.6厘米。芯撑为三角形＋长方形，三角形仅残存末端，一面长方形长2.1、宽2.0厘米，另一面长方形长2.2、宽2.0厘米。为大型铧芯。

标本 H3⑨：y393（图八八，1），残存顶端左右两侧，仅1块残块，重380克。整体下宽上窄，下厚上薄，细砂质，整体呈橙色。表面有经浇铸的灰黑色痕迹，残长7.6、最宽处宽11.6、顶端宽7.8、顶端厚2.7、最厚处厚6.3厘米。分型面斜长4.8、分型面高4.2厘米。浇道上下部分坡度不同，上半部分较缓，由左向右，右侧较直，与浇道垂直，下半部分变陡直，浇道宽3.7、a=3.5、b=1.9、c=4.2厘米。为小型铧芯。

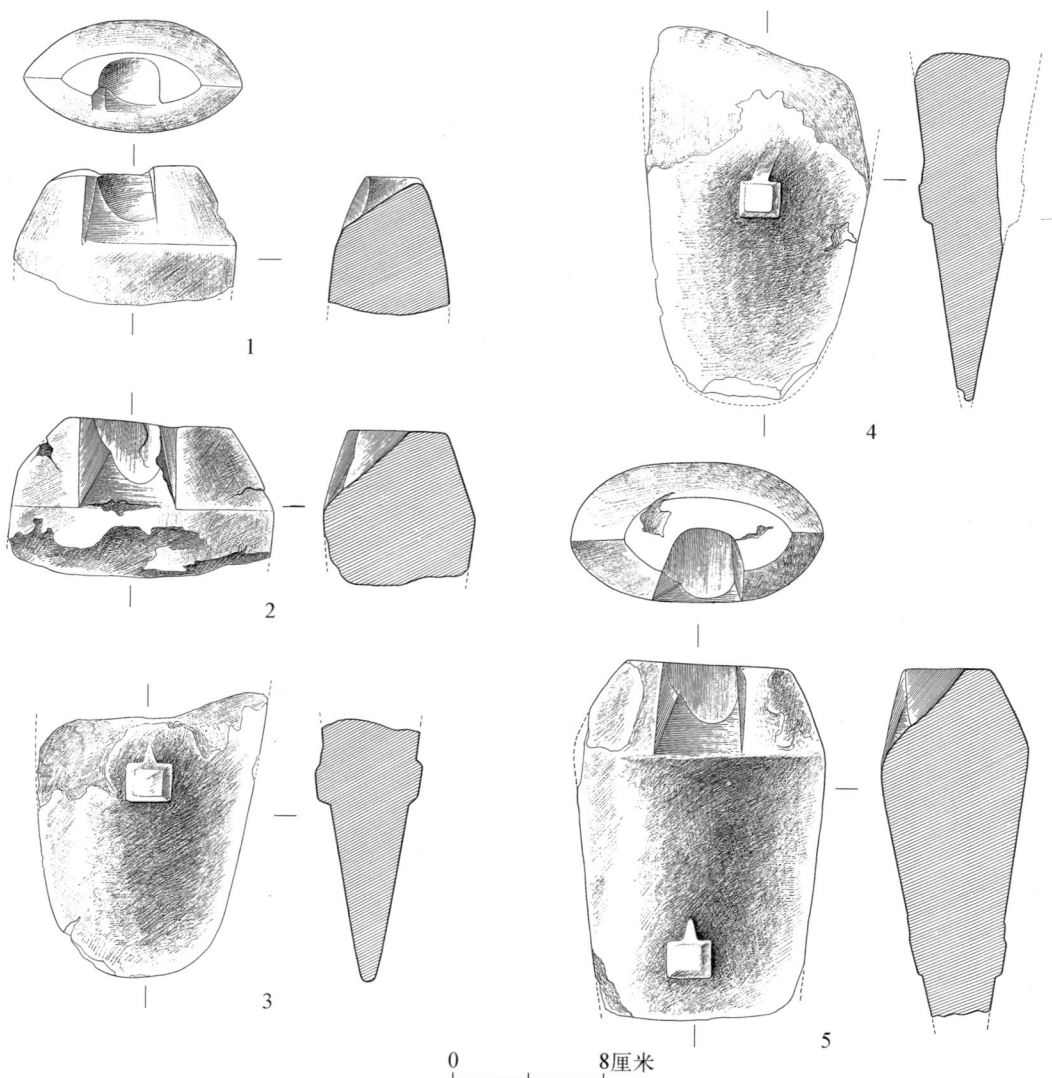

图八八　2011YFH3出土陶范（三〇）

1～5. 铧芯（H3⑨：y393、H3⑨：y353、H3⑨：y390、H3⑨：y387、H3⑨：y357）

标本 H3⑨:y353(图八八,2),残存顶端部分,仅1块残块,重880克。整体下宽上窄,下厚上薄,细砂质,整体呈橙色。表面有经浇铸的灰黑色痕迹,涂料层大部分脱落。残长8.6、最宽处宽13.7、顶端宽8.5、顶端厚5.1、最厚处厚8.0厘米。分型面斜长5.1、分型面高4.6厘米。浇道坡度上端和下端差异不明显。为大型铧芯。

标本 H3⑨:y390(图八八,3),残存下半部分,仅1块残块,重470克。整体呈舌形,上宽下窄,上厚下薄,细砂质,整体呈橙色。表面有经浇铸的灰黑色痕迹,涂料层保存较好,残长15.6、残存最宽处宽11.4、底端宽8.5、残存最上端厚5.0、底端厚0.6厘米。芯撑为三角形+长方形,一面三角形底边长0.8、高1.1厘米,长方形长2.4、宽2.1厘米,另一面长方形长2.2、宽2.1厘米。为大型铧芯,刃部较圆弧。

标本 H3⑨:y387(图八八,4),残存下半部分,仅1块残块,重370克。整体呈舌形,上宽下窄,上厚下薄,细砂质,整体呈橙色。表面有经浇铸的灰黑色痕迹,残长20.3、残存最宽处宽11.6、底端宽8.5、残存最上端厚6.6、残存最下端厚0.8厘米。芯撑为三角形+长方形,三角形底边长1.3、高1.0厘米,长方形长2.2、宽2.0厘米。为大型铧芯。

标本 H3⑨:y357(图八八,5),残存芯撑以上部分,仅1块残块,重1 340克。整体呈舌形,上宽下窄,上厚下薄,细砂质,整体呈橙色。残长19.1、最宽处宽13.0、顶端宽8.4、顶端厚4.5、最厚处厚7.6、残存最下端厚3.0厘米。分型面斜长5.2、分型面高4.8厘米。浇道坡度上端和下端不同,从顶端看为半漏斗状,浇道宽4.7、a=5.2、b=3.6、c=4.4厘米。芯撑为三角形+长方形,一面三角形底边长0.7、高1.1厘米,长方形长2.3、宽2.0厘米,另一面长方形长2.3、宽1.9厘米。

标本 H3⑤:y306(图八九,1),残存上半部分,仅1块残块,重220克。整体下宽上窄,下厚上薄,细砂质,整体呈橙色。表面有灰黑色浇铸痕迹,残长9.4、最宽处宽8.2、顶端宽4.2、顶端厚2.5、最厚处厚4.5厘米。分型面涂料层保存较好,分型面斜长4.7、分型面高4.0厘米。浇道坡度上端和下端不同,浇道宽2.1厘米。为小型铧芯。

标本 H3⑨:y347(图八九,2),残存顶端右侧,仅1块残块,重170克。整体下宽上窄,下厚上薄,细砂质,整体呈橙色。表面有经浇铸的灰黑色痕迹,涂料层大部分脱落。残长7.5、最宽处宽7.8、顶端宽4.0、顶端厚1.9、最厚处厚4.2厘米。分型面斜长4.0、分型面高3.5厘米。为小型铧芯。

标本 H3:y293(图八九,3),残存上半部分,由5块残块拼合而成,总重280克。整体呈舌形,上宽下窄,上厚下薄,细砂质,整体呈橙色。表面有灰黑色浇铸痕迹,背面磨损严重,残长13.2、最宽处宽7.9、顶端宽3.7、残存最下端宽5.4、顶端厚2.6、最厚处厚4.3、残存最下端厚1.7厘米。分型面斜长4.3、分型面高4.0厘米。浇道顶端倾斜,浇道宽2.5、a=2.8、b=1.4、c=2.4厘米。芯撑为三角形,底边长1.8、宽2.0厘米。为小型铧芯。

标本 H3⑨:y374(图八九,6),残存刃部两侧,仅1块残块,重160克。整体呈舌形,上宽下窄,上厚下薄,细砂质,整体呈橙色。涂料层保存较好,残长9.9、残存最宽处宽9.8、底端宽7.6、残存最上端厚3.3、底端厚0.3厘米。为大型铧芯,刃部呈圆弧形,弧度较大。

标本 H3:y346(图八九,7),残存芯顶端,仅1块残块,重220克。整体呈舌形,上宽下窄,上厚下薄,细砂质,整体呈橙色。涂料层大部分脱落,残长9.4、最宽处宽7.9、顶端宽3.8、顶端厚2.6、最

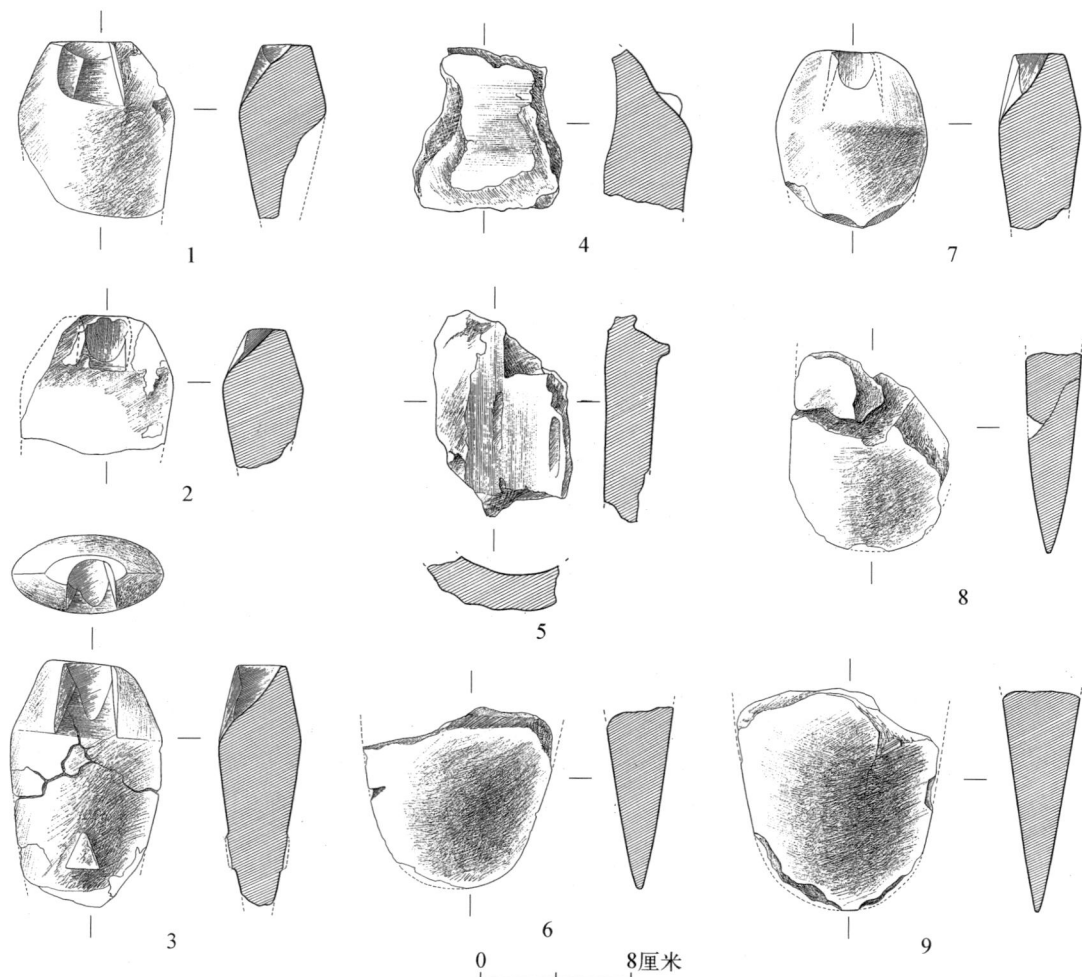

图八九　2011YFH3出土陶范及鼓风管（一）

1～3、6～9.铧芯（H3⑤：y306、H3⑨：y347、H3：y293、H3⑨：y374、H3：y346、H3⑨：y367、H3⑨：y361）
4、5.鼓风管（H3⑤：y472、H3④：y463）

厚处厚4.3厘米。分型面斜长4.6、分型面高3.9、浇道宽2.1厘米。为小型铧芯。

标本H3⑨：y367（图八九，8），残存刃部两侧，由2块残块拼合而成，总重140克。整体呈舌形，上宽下窄，上厚下薄，细砂质，整体呈橙色。残长10.8、底端宽7.3、残存最上端厚2.9、底端厚0.2厘米。为小型铧芯。

标本H3⑨：y361（图八九，9），残存近刃部两侧，仅1块残块，重250克。整体呈舌形，上宽下窄，上厚下薄，细砂质，整体呈橙色。表面有经浇铸的灰黑色痕迹，涂料层保存较好，残长12.1、残存最宽处宽10.5、底端宽8.3、残存最上端厚4.0、底端厚0.2厘米。为大型铧芯，刃部弧度较大，呈圆弧形。

标本H3：y324（图九○，7），残存顶端部分，仅1块残块，重740克。整体上宽下窄，上厚下薄，细砂质，整体呈橙色。表面有经浇铸的灰黑色痕迹，涂料层大面积脱落。残长11.5、顶端宽7.5、最宽处宽11.7、顶端厚4.0、最厚处厚7.3厘米。分型面斜长5.1、扣合处高3.8厘米。浇道坡度上端和下端不同,浇道宽3.9、a=2.6、b=2.1、c=2.0厘米。

不明范　1件。

标本H3∶y442(图九〇,5),仅1块残块,可能为范碎块,浇铸面上有深料层。浅灰色,细砂质,表面未见浇铸痕迹。残长5.3、残宽4.4、厚0.3～2.7厘米,重50克。


### 3. 鼓风管与炉壁

共出土第一类鼓风管残块3 000克,第二类鼓风管残块370克,第三类鼓风管残块700克,第一类或第二类鼓风管残块1 840克。第三类炉壁残块670克。

鼓风管　10件。

标本H3∶y484(图六一,1),仅1块残块,不能判断弧度。橙色,草拌泥和砂质,其中草拌泥含量较多。共两层,残长10.6、残宽12.7厘米,每层厚约2.5厘米,重110克。外侧有熔融层。

标本H3①∶y456(图七三,4),仅1块残块,不能判断弧度,初步判断为伸进炉内与高温接触部分。深红色,砂质,含大量细砂和少量草拌泥,分层不明显。内侧平整光滑,有涂料层,残长5.4、残宽5.1、厚0.7～2.3厘米,重170克。外侧有熔融层,有粘附铁液痕迹。

标本H3⑤∶y472(图八九,4;图版八,2、5),仅1块残块,能判断出弧度,初步判断为末端出风口位置。棕色,砂质,含大量细砂和少量草拌泥。内侧面粗糙,残长8.9、残宽7.7、厚0.9～4.2厘米,复原外径为18.0厘米,重170克。顶端熔融层较薄,末端熔融层厚1厘米,管身已熔掉。

标本H3④∶y463(图八九,5;图版八,3、6),仅1块残块,能判断弧度。浅红色,草拌泥和砂质,其中草拌泥含量较多。分层不明显。管内径较小,残长11.2、残宽7.3、厚1.7～3.3厘米,复原外径为9.0厘米,顶端有瓦棱形直条纹,顶端厚1.8～2,重180克。熔融现象集中于末端,熔融层较厚,呈流动态,顶端未见任何熔融现象,可能为炉外部分。

标本H3⑤∶y473(图九〇,1),仅1块残块,能判断弧度,与y463属于同一个个体。橙色,草拌泥和砂质,其中草拌泥含量较多。甚直,未见任何弧度或转弯处。残长10.2、残宽9.2、厚3.4厘米,复原内径为9.2厘米,重230克。熔融层位于鼓风管末端,顶层一周隆起,可能为伸进炉壁部分。

标本H3③∶y459(图九〇,2),仅1块残块,能判断弧度,初步判断为未伸进炉内部分。橙色,草拌泥和砂质,其中草拌泥含量较多,分层不明显。表面有白色涂料层,以绳纹滚压,一端较厚,一端较薄。残长6.8、残宽8.4、厚2.5厘米,复原内径为22.0、外径为26.0厘米,重130克。未见与高温接触现象。

标本H3⑤∶y474(图九〇,3),由2块残块拼合而成,能判断弧度,与y473属于同一个个体。深红色,草拌泥和砂质,其中草拌泥含量较多,分层不明显。残长10.0、残宽14.0、厚3.0厘米,复原内径为9.7厘米,总重370克。外侧有熔融层,琉璃化程度较高。熔融层未见垂滴状态。

标本H3④∶y462(图九〇,4;图版八,1、4),仅1块残块,能判断弧度,初步判断为鼓风管末端出风部分。深红色,砂质,含大量细砂和少量草拌泥。管身甚直,残长10.8、残宽8.1、厚0.7～3.9厘米,复原内径为24.0厘米,重250克。外侧有熔融层,末端熔融层到顶端有过渡。

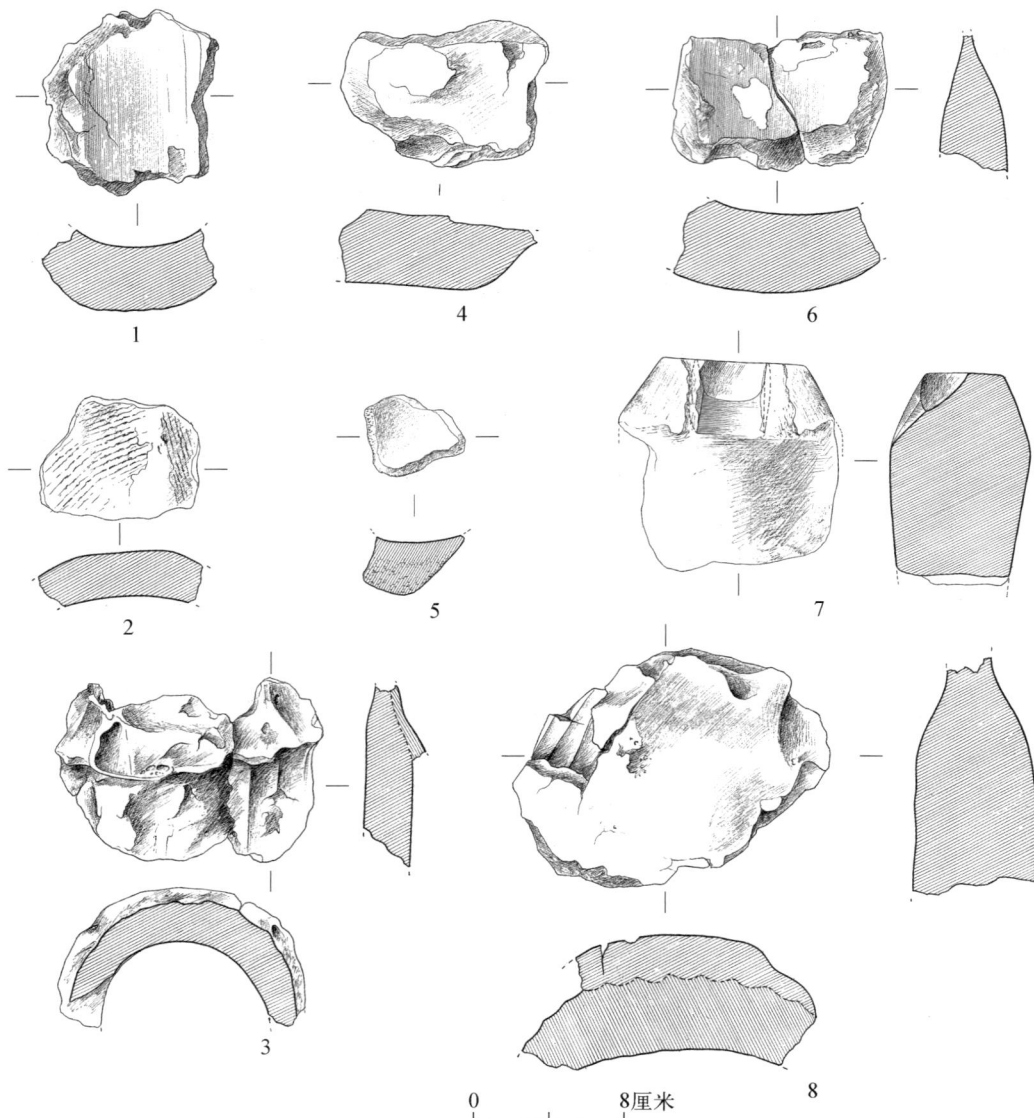

**图九〇  2011YFH3出土陶范及鼓风管（二）**

1～4、6、8. 鼓风管（H3⑤：y473、H3③：y459、H3⑤：y474、H3④：y462、H3④：y461、H3⑤：y469）
5. 不明范（H3：y442）  7. 铧芯（H3：y324）

　　标本H3④：y461（图九〇，6；彩版一七，1、3），由2块残块拼合而成，能判断弧度，初步判断为鼓风管末端出风部分。深红色，砂质，含大量细砂和少量草拌泥，分层不明显。残长7.6、残宽11.1、厚约4.2厘米，复原外径为26.0厘米，总重240克。从末端为圆弧形来看，可能为侧进式吹风管。外侧有致密的熔融层，末端熔融层甚薄。

　　标本H3⑤：y469（图九〇，8），仅1块残块，能判断弧度，初步判断为鼓风管进入炉内靠近风口部分。浅红色，草拌泥和砂质，其中草拌泥含量较多。管身甚直，未见弧度，末端向中间收缩。至少分为三层，最外层为熔融层，第二层有大量草拌泥，质地疏松，第三层为内壁，较粗糙。残长

13.2、残宽16.5、厚约6.3厘米,复原内径为24.0厘米,重1400克。外侧有较厚的熔融层,其上有铁液痕迹。有与金属接触的痕迹。

炉壁 1件。

标本H3①:y493(图八七,4),仅1块残块,草拌泥质,质地与鼓风管相同。残长8.0、残宽6.9、厚1.1～3.2厘米,重120克。表面部分与高温接触,一侧出现蜂窝孔。表面有铁液粘附痕迹。

炉箅

H3出土了大量呈块状、中间有大量贯穿表面和底面的小孔的遗物。含大量粗砂,表面有很厚的白色涂料层,个别在涂料层表面刻划出分隔网纹。这类块状遗物一般很厚,厚度在9～10厘米之间,有的涂料层一面甚平,而背面没有完整的平面,很可能属于炉箅一类的遗物[1]。

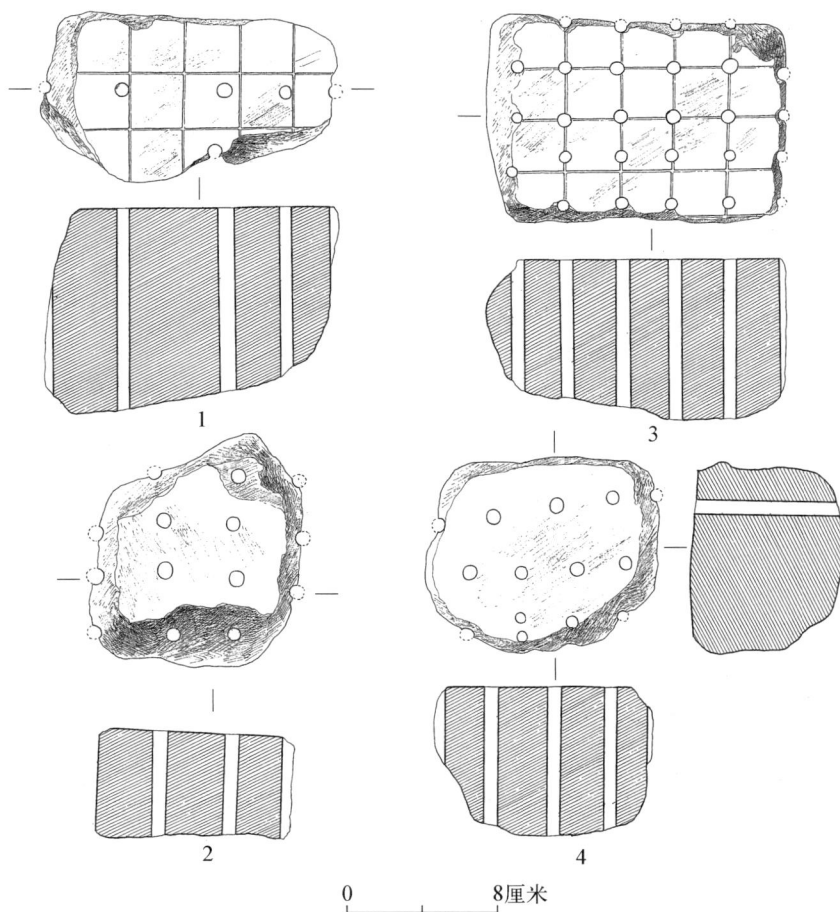

**图九一 2011YFH3出土炉箅**

1～4. 炉箅(H3④:y542-1、H3⑤:y549-2、H3④:y541-3、H3⑤:y549-1)

---

[1] 以往发现的炉箅孔径往往较大,尚无与邺城铸铁作坊类似的材料发表,本文暂定为"炉箅",以待进一步研究。

标本 H3④：y542-1（图九一，1；图版九，2、6），仅1块残块，橙色，细砂质，表面有白色涂料层，涂料层保存较好。其上分布有穿孔，孔径约0.9、每两个穿孔间隔约4.6厘米。在涂料层表面分布近方形的网格，基本上每个方格内均有一穿孔。残长15.4、残宽9.2、厚约11.2厘米，重1 680克。

标本 H3⑤：y549-2（图九一，2），仅1块残块，橙色，细砂质。表面有白色涂料层，涂料层基本脱落。其上分布有穿孔，孔径约0.9、每两个穿孔间隔约3.0厘米。残长12.7、残宽11.4、厚约5.8厘米，重950克。

标本 H3④：y541-3（图九一，3；图版九，1），仅1块残块，橙色，细砂质。表面有白色涂料层，涂料层保存较好。其上分布有穿孔，孔径约0.7、每两个穿孔间隔约3.0厘米。在涂料层表面分布近方形的网格，基本上每个方格内均有一穿孔。残长15.6、残宽11.2、厚约8.8厘米，重1 890克。

标本 H3⑤：y549-1（图九一，4；图版九，5），仅1块残块，橙色，细砂质。表面有白色涂料层，涂料层保存较差。其上分布有穿孔，孔径约0.7、每两个穿孔间隔约3.1厘米。残长12.3、残宽10.6、厚约8.1厘米，重1 370克。


### 4. 炉渣

共出土炉渣总量为617.1克，其中玻璃态炉渣30克，玻璃态渣、木炭和铁块的混合态渣277.1克，特殊渣310克。

标本 H3⑨：y513（图九二，1），第一类渣，样品熔融程度不佳，主要为玻璃态，存在大量孔洞，基体间析出高硅钙晶体，包裹较多铁颗粒。炉壁挂渣。

标本 H3⑨：y514（图九二，2），第一类渣，样品熔融程度好，主要为玻璃态，包裹有圆滴状铁颗粒，多数铁颗粒经浸蚀后可见磷铁共晶组织。熔炼渣。

标本 H3⑧：y580（图九二，3；彩版一九，1），第一类渣，样品熔融程度好，主要为玻璃态，包裹有圆滴状铁颗粒，多数铁颗粒经浸蚀后可见磷铁共晶组织。熔炼渣。

标本 H3⑧：y581（图九二，4），第二类渣，样品熔融程度好，主要为玻璃态，基体间析出较多高硅钙晶体，包裹有圆滴状铁颗粒，多数铁颗粒经浸蚀后可见磷铁共晶组织。熔炼渣。

标本 H3⑨：y515-1-2（图九二，5），第一类渣，样品熔融程度好，主要为玻璃态，基体间析出较多高硅钙晶体，包裹有圆滴状铁颗粒，多数铁颗粒经浸蚀后可见磷铁共晶组织。熔炼渣。

标本 H3①：y504（图九二，6），第二类渣，样品熔融程度不佳，主要为玻璃态，存在大量孔洞，基体间析出高硅钙晶体，包裹有较多铁颗粒。炉壁挂渣。

标本 H3⑤：y508（图九三，1），第一类渣，样品熔融程度一般，主要为玻璃态基体间分布有圆滴状铁颗粒和较多氧化亚铁，局部存在未熔化的石英颗粒。铁颗粒经浸蚀后可见磷铁共晶组织。精炼或熔炼渣。

标本 H3⑤：y510（图九三，2；彩版一九，2），第一类渣，样品熔融程度好，主要为玻璃态，包裹有圆滴状铁颗粒，多数铁颗粒经浸蚀后可见磷铁共晶组织。熔炼渣。

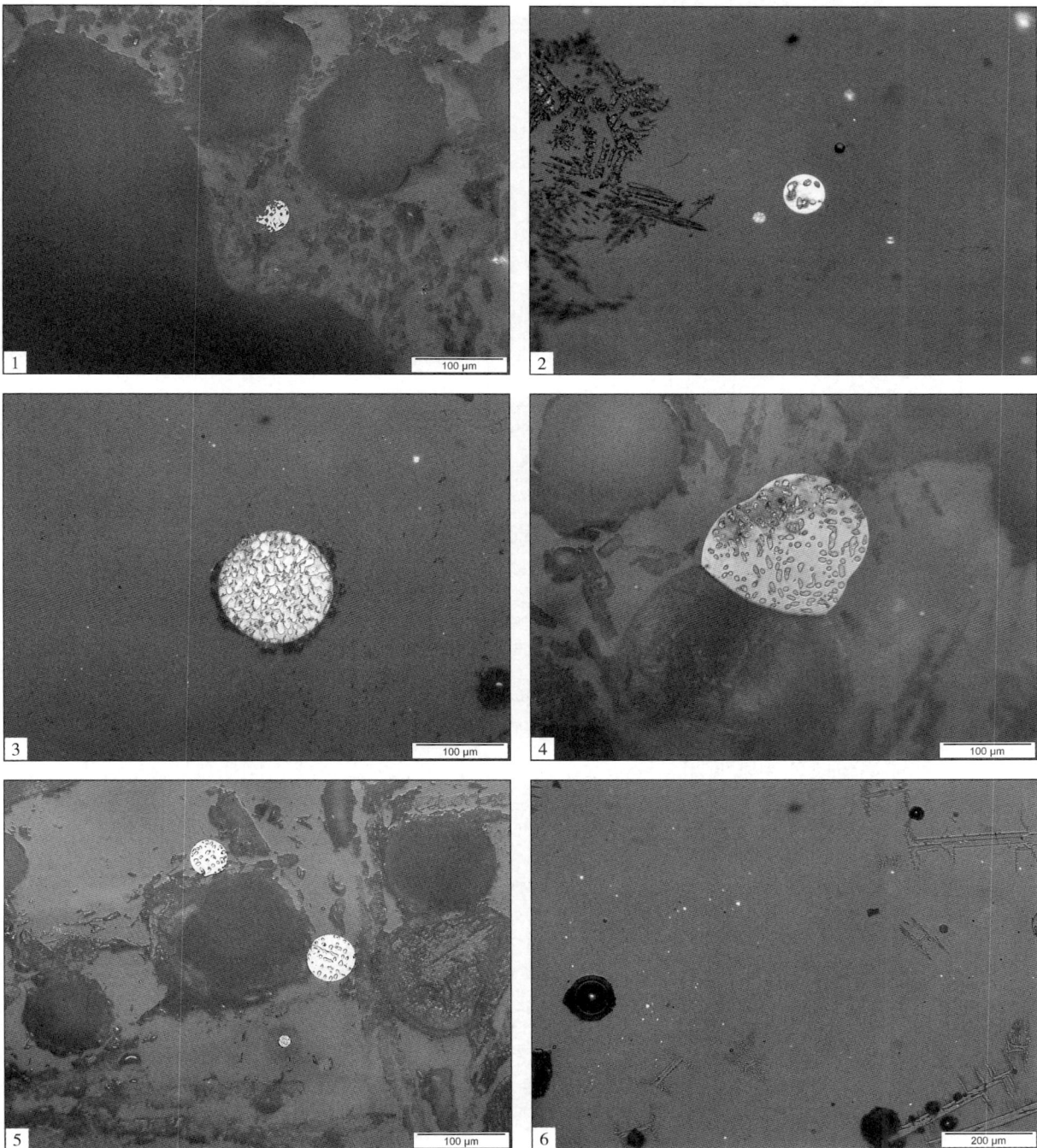

**图九二　2011YFH3出土炉渣金相显微组织结构图（一）**

1. H3⑨∶y513，浸蚀后磷铁共晶和珠光体组织铁颗粒　2. H3⑨∶y514，浸蚀后磷铁共晶和珠光体组织铁颗粒
3. H3⑧∶y580，浸蚀后磷铁共晶和铁素体组织铁颗粒　4. H3⑧∶y581，浸蚀后磷铁共晶和铁素体组织铁颗粒
5. H3⑨∶y515-1-2，浸蚀后磷铁共晶和铁素体组织铁颗粒　6. H3①∶y504，玻璃相基体与生铁颗粒

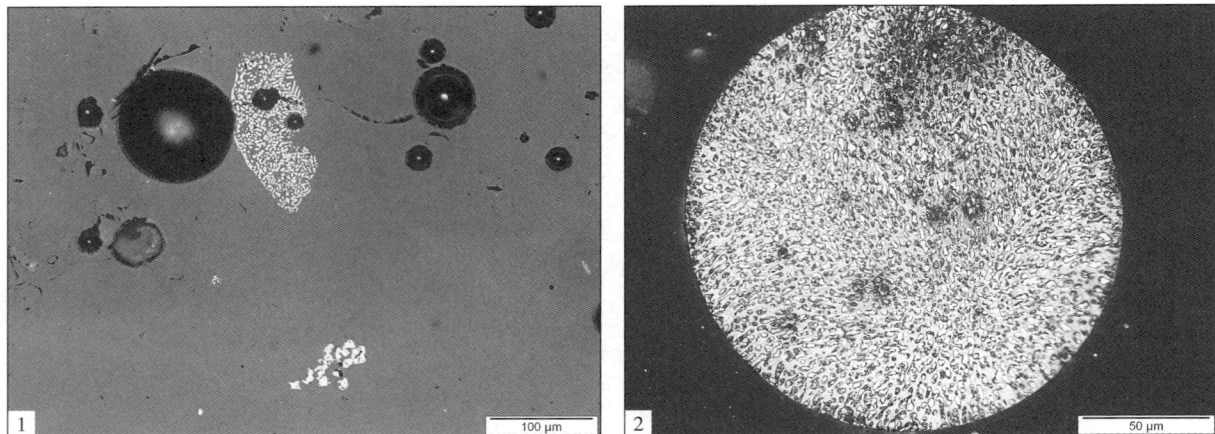

图九三　2011YFH3出土炉渣金相显微组织结构图（二）

1. H3⑤：y508,玻璃相基体局部包裹未熔化颗粒　2. H3⑤：y510,浸蚀后磷铁共晶和铁素体组织铁颗粒

### 5. 铁器与残块

共出土铁器残块2块,器形不辨,共30克。残铁块11块,共390克。炉底积铁1块,共50克。

残铁块　3件。

标本H3⑤：y454-1-3（1）（图九四,1；彩版二五,1）,样品大部分锈蚀,残留金属为板条状渗碳体和莱氏体组成的过共晶白口铁组织。无明显石墨。为铸造成型。材质为白口铁/铸铁。

标本H3⑤：y454-1-3（2）（图九四,2）,样品局部锈蚀,残留金属为板条状渗碳体和莱氏体组成的过共晶白口铁组织。无明显石墨。为铸造成型。材质为白口铁/铸铁。

标本H3：y589（1）（图九四,3）,样品全部锈蚀,但保留有板条状渗碳体痕迹,当为过共晶白口铁组织。为铸造成型。材质为白口铁/铸铁。

标本H3⑤：y451（图九四,4；彩版二五,2）,样品主要为板条状渗碳体和莱氏体组成的过共晶白口铁组织。无明显石墨。为铸造成型。材质为白口铁/铸铁。

### 6. 陶容器

共出土陶容器残片294块,可辨器形釜和鬲2块,约占0.7%；盆和甑16块,约占5.4%；罐和缶50块,约占17.0%。纹饰以素面为主,共194块,约占66.0%；绳纹19块,约占6.5%,以细绳纹最多,中绳纹次之,无粗绳纹；戳印纹54块,约占18.4%；另有弦纹、旋纹、暗纹等纹饰。

大型盆　1件。

标本H3④：6（图九五,1）,大型盆,泥质灰陶,宽折沿,沿面微鼓,方唇,上腹较直,素面,残高10.0厘米。

深腹盆　2件。均为泥质灰陶,弧腹。

标本H3⑨：10（图九五,4）,BaⅡ/Ⅲ式,平折沿,弧腹,上腹甚直,上下腹分界几不可分,在上腹戳印有一周楔形绳纹,绳纹上下有两道旋纹,残高12.6厘米。

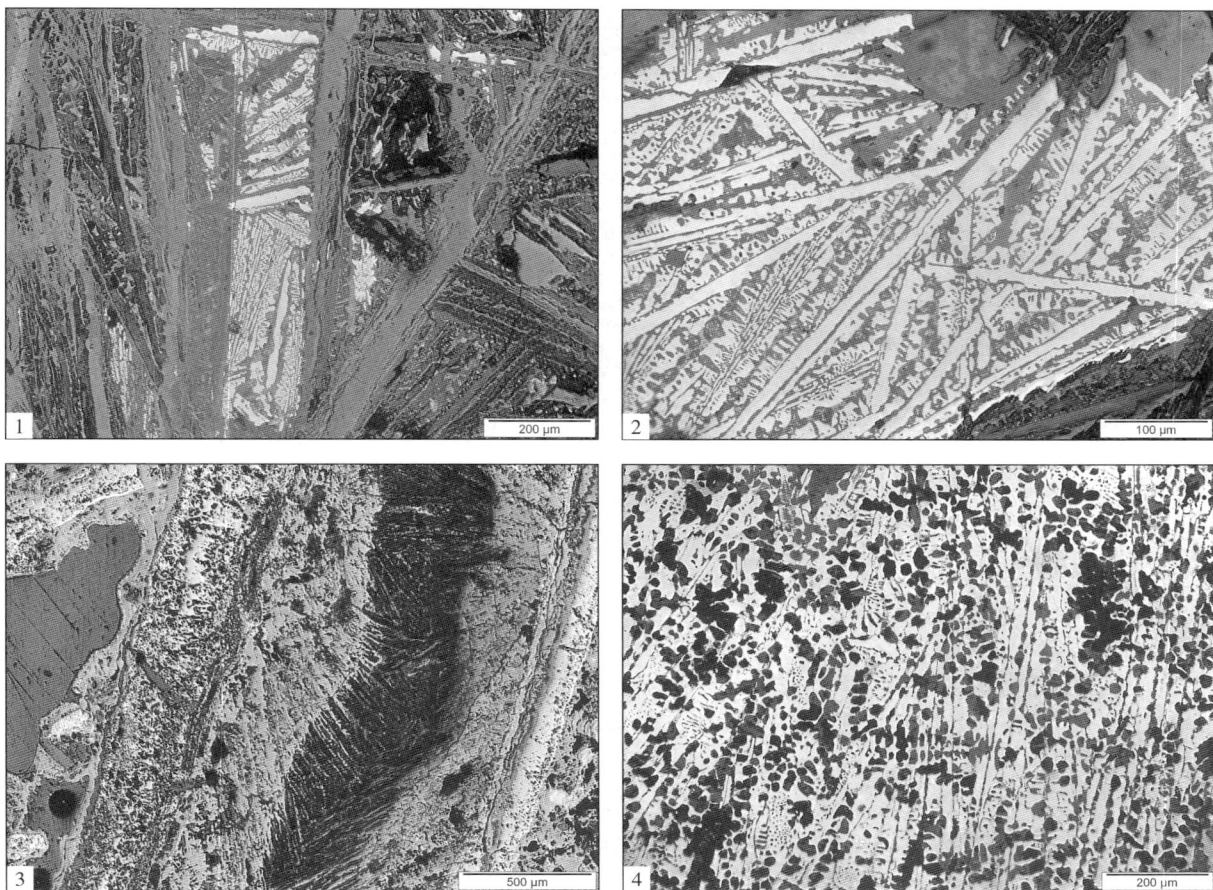

图九四 2011YFH3出土铁器与残块金相显微组织结构图

1. H3⑤∶y454-1-3(1),浸蚀后过共晶白口铁组织 2. H3⑤∶y454-1-3(2),浸蚀后过共晶白口铁组织
3. H3∶y589(1),浸蚀后板条状渗碳体锈蚀后痕迹 4. H3⑤∶y451,浸蚀后过共晶白口铁组织

标本H3∶5(图九五,5),Ba Ⅲ式,弧腹,上腹较直,上下腹交界处较圆弧,下腹较缓,在上腹戳印有一周楔形绳纹,绳纹上下有两道旋纹,底径17.8、残高25.2厘米。

浅腹盆 1件。

标本H3⑤∶8(图九五,3),体形较小,泥质灰陶,平折沿,尖圆唇,上腹饰有旋纹,残高3.6厘米。

小口旋纹罐 3件。均为夹砂灰陶,小口,鼓腹,平底,器身饰有旋纹。

标本H3∶13(图九六,1),小口旋纹罐Ⅲ式,尖圆唇,束颈,微溜肩,最大径接近器身一半位置,口径10.8、残高8.6厘米。

标本H3∶11(图九六,2),小口旋纹罐Ⅲ式,尖圆唇,颈部较高,微溜肩,腹部近斜直,最大径接近器身一半位置,腹部饰有旋纹,口径11.0、残高12.6厘米。

标本H3∶12(图九六,3;图版一一,2),小口旋纹罐Ⅲ式,尖圆唇,束颈,微溜肩,腹部较深,腹部近斜直,平底,最大径接近器身一半位置,肩部及腹部施有饰纹,口径11.8、底径12.1、通高26.1厘米。

小口罐 1件。

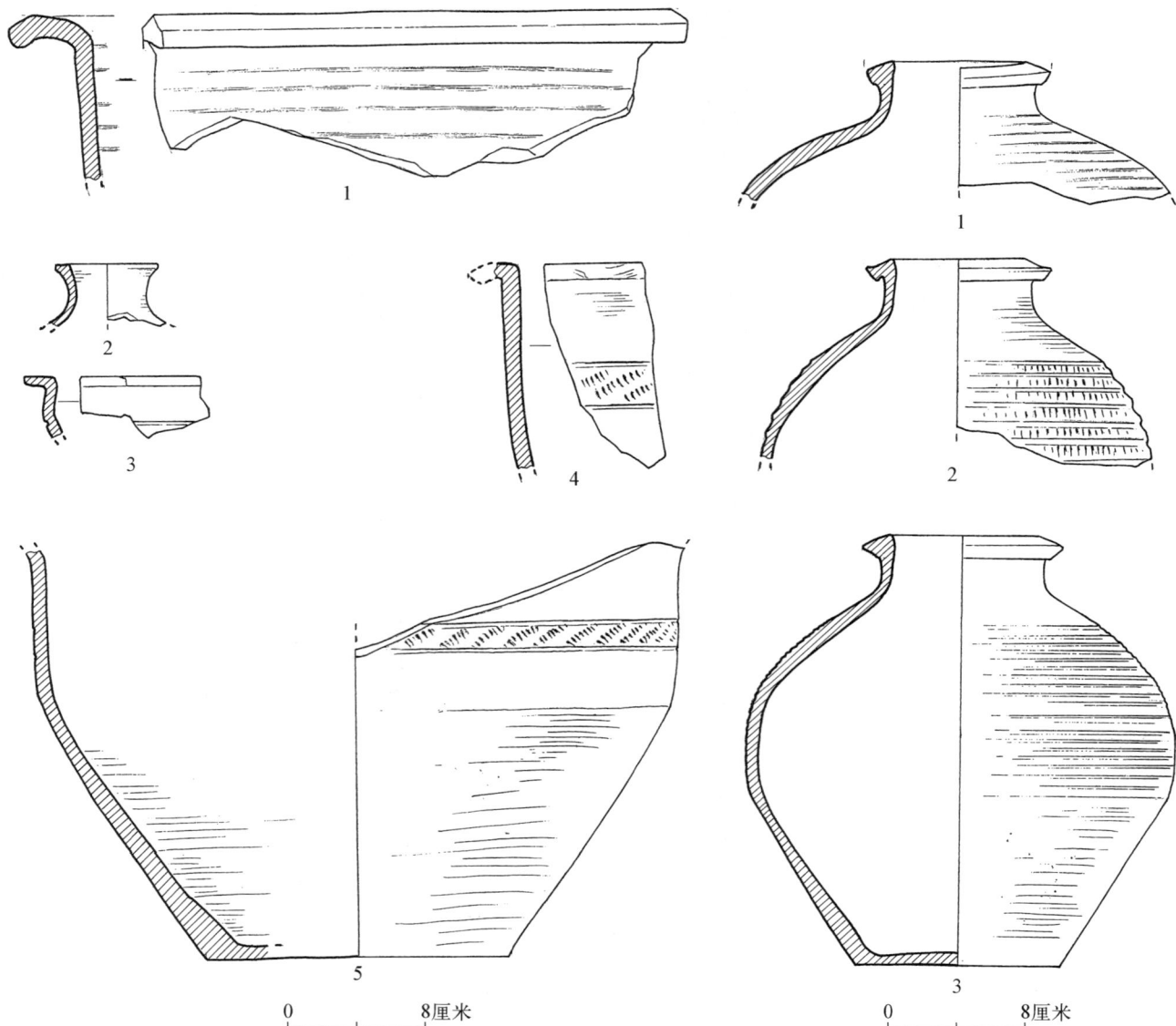

图九五　2011YFH3出土陶器（一）

1. 大型盆（H3④：6）　2. 小口罐（H3④：7）　3. 浅腹盆（H3⑤：8）
4、5. 深腹盆（H3⑨：10、H3：5）

图九六　2011YFH3出土陶器（二）

1～3. 小口旋纹罐（H3：13、H3：11、H3：12）

标本H3④：7（图九五，2），小口罐，泥质灰褐陶，卷沿，尖圆唇，口径6.1、残高3.8厘米。

## 7. 建筑材料

共出土陶瓦242片，主要为板瓦与筒瓦。

板瓦　1件。

标本H3⑨：14（图五五，3），泥质红陶。瓦头平整，表面饰有粗绳纹，印迹模糊。内侧面略不平。整体微凸，残长14.6、残宽16.4、厚1.2厘米。

## 8. 动物遗存

出土的动物骨骼数量很少。可鉴定的动物遗存包括猪和犬。出土猪的尺骨（右）1条，犬的肋骨（左）4条，中型哺乳动物的肋骨1条、肢骨2条，大型哺乳动物的股骨1条。

## 9. 植物遗存

该单位植物遗存包括粟1粒、黍1粒、小麦1粒及大量黍亚科杂草。

该单位土壤中植硅体分析结果见附表二三。

## 10. 其他

支垫　2件。均为浅灰色，细砂质，有颜色分层。

标本H3③：y522（图八七，5），共1块残块，表面有涂料层，部分脱落，残长7.6、残宽3.5、厚1.8～3.2厘米，重190克。

标本H3：y531（图八七，6），共2块残块，表面有涂料层，部分脱落，残长9.3、残宽3.3、厚1.7～3.0厘米，总重180克。

铜钱　2件。

标本H3⑩：3-1和H3⑩：3-2（图九七，1、3），表面有较多铜锈，分别重1.7、2.3克。

钱范　2件。均为石质。

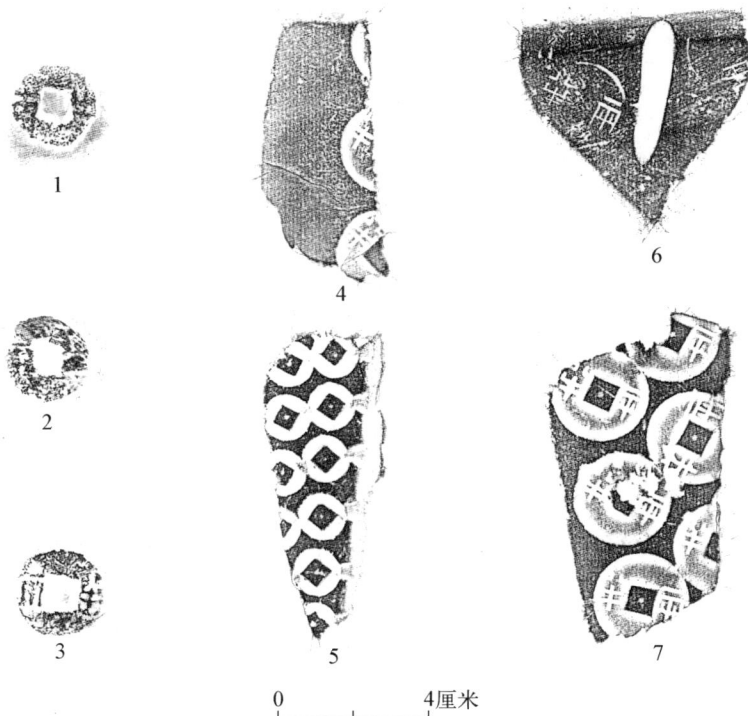

图九七　2011YF出土铜钱、钱范拓片

1～3.铜钱（H3⑩：3-1、H19②：1、H3⑩：3-2）　4～7.钱范（H28：1、H3⑨：1、H19②：6、H3⑨：2）

标本 H3⑨：1（图九七，5），残，石质，表面有紧挨着的圆形方孔钱范，残长8.5、残宽3.0、厚1.4厘米，重93克。

标本 H3⑨：2（图九七，7），上有紧挨着的六枚半两钱范，残长9.0、残宽4.9、厚1.2厘米，重119克。

# 4.4　2011YFH4

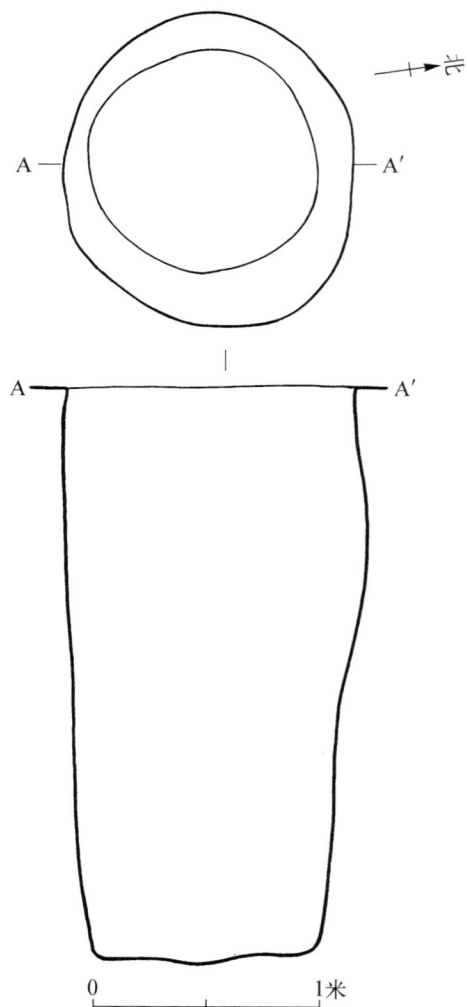

图九八　2011YFH4平、剖面图

## 1. 形制与堆积

H4（图九八），位于T2中部，东邻H5，开口于①层下，打破H25。口部呈圆形，口大底小，坑壁呈直筒状，略有弧度，底部较为平整。口部直径142、口距地表20、底距地表280、自深260厘米。

堆积可分为3层：①层，灰褐色，土质松散，包含有少量炭星等。②层，土色较①层泛青，土质较①层硬，含水分较大。③层，褐色，土质松散。

## 2. 陶范

共出土铧范6块，可辨小型铧范2件。铧芯1块。锄范1件。

锄面范　1件。

标本 H4：y1（图四四，2），残存左下角，由5块残块拼合而成，总重290克。梯形板状，细砂质，整体呈浅灰色。分型面和浇铸面有涂料层，保存较好。浇铸面灰黑色浇铸痕迹明显。背面平整有涂料层，局部脱落，残长13.7、底端残宽3.8厘米。底端面中间内凹，边缘凸出，底端厚2.7、范身厚2.8厘米。型腔左下角到侧边长1.7、分型面底端长1.9厘米。铸器呈梯形板状，残长11.9、底端残宽1.9厘米。

铧范　4件。

标本 H4③：y8（图四四，3），残存顶端右上角，仅1块残块，重320克。梯形，细砂质，整体呈橙色。分型面和浇铸面有涂料层，保存较好。浇铸面灰黑色浇铸痕迹明显。背面平整有涂料层，脱落较多。残长9.0、顶端残宽5.9、顶端厚6.7厘米。与范/芯扣合处长2.3、与范/芯扣合处残宽（上）3.4、与范/芯扣合处残宽（下）5.6、分型面顶端最宽2.7、分型面斜长2.3厘米。为小型铧范，铸器顶端平齐，残长6.2、顶端残宽5.9厘米。

标本 H4：y5（图九九，1），残存上半部分，仅1块残块，重1380克。梯形，细砂质，整体呈橙色。分型面和浇铸面有涂料层，大面积脱落。浇铸面灰黑色浇铸痕迹明显。背面平整有涂料层，

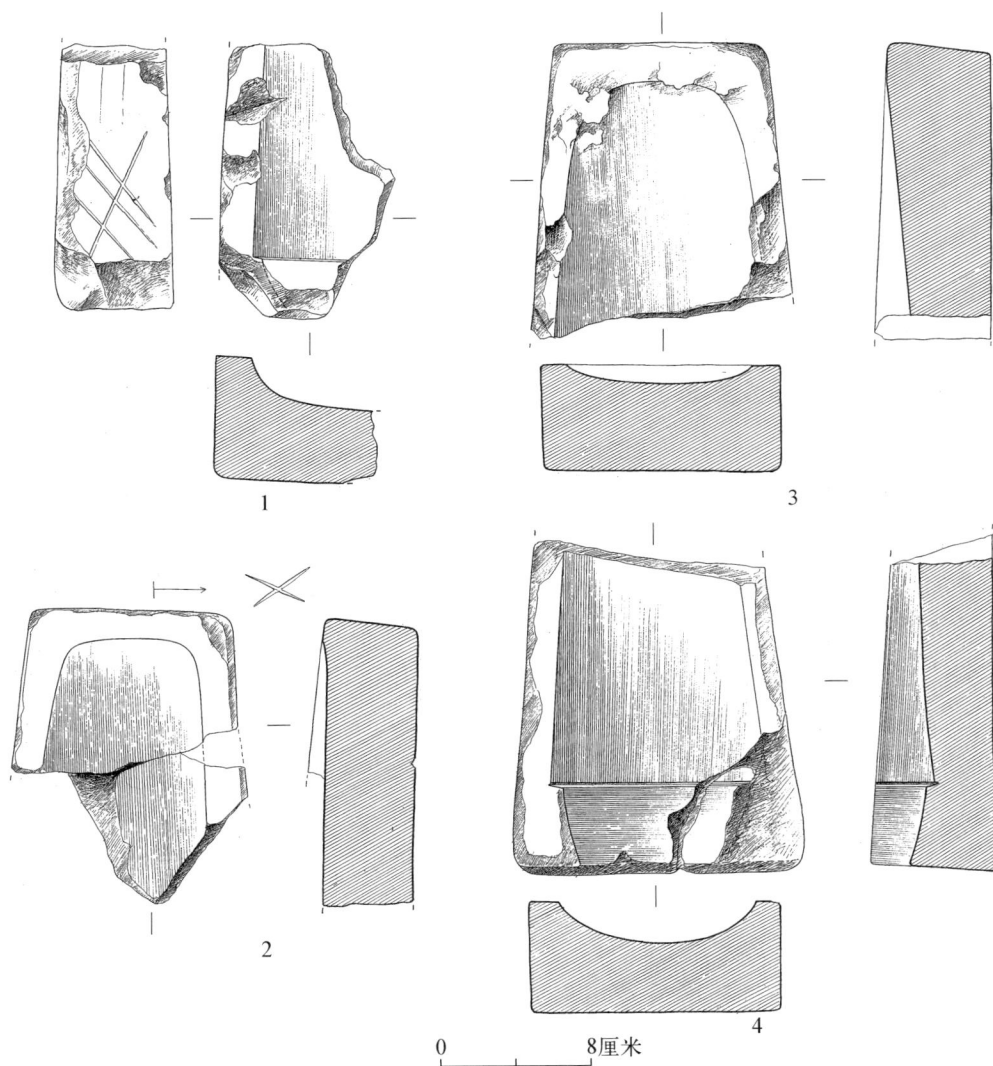

图九九　2011YFH4、H5、H7出土陶范

1～4. 铧范（H4：y5、H5：y1、H4③：y7、H7：y32）

脱落较多。残长14.9、顶端残宽3.4、顶端厚5.7、残存最下端厚5.4厘米。右侧有"X"形符号，侧边有多道浅坑，可能为合范留下的痕迹。浇铸面弧度较小，与范/芯扣合处长3.1、与范/芯扣合处残宽（上）1.6、与范/芯扣合处残宽（下）4.7、分型面斜长3.7厘米。为大型铧范，铸器顶端平齐，残长11.6、顶端残宽5.3厘米。

　　标本H4③：y7（图九九，3），残存下半部分，仅1块残块，重1620克。梯形，细砂质，整体呈橙色。分型面和浇铸面有涂料层，保存较好。浇铸面灰黑色浇铸痕迹明显。背面平整有涂料层，脱落较多。残长16.1、底端宽10.6厘米。底端面右下角有一道竖道隆起，残存最上端厚6.0、底端厚5.4厘米。为小型铧范，铸器整体呈舌形，残长13.9、銎宽8.1厘米。

　　标本H4：y6（图一〇八，1），残存左下角部分，仅1块残块，重1030克。梯形，细砂质，整体呈橙色。

分型面和浇铸面有涂料层, 保存较好。浇铸面灰黑色浇铸痕迹明显。背面平整有涂料层, 脱落较多。残长16.1、底端残宽4.9厘米。底端有一水平方向的"一"字形隆起, 左侧边有八道与范水平的浅坑, 可能为合范留下的痕迹。底端厚6.3、范身厚7.0厘米。铸器刃部呈舌形, 残长13.4、銎残宽4.7厘米。

### 3. 铁器与残块

共出土铁容器残块1块, 器形不辨, 共1 740克。铁器残块2块, 一为铁削, 一为铁刀, 共155克。炉底积铁1块, 共20克。

铁削　1件。

标本H4:1(图一〇二, 4), 整体呈长方形, 底端变窄, 长10.2、顶端厚0.6、中部厚1.0厘米, 重65克。

铁刀　1件。

标本H4③:y13(图一〇八, 4), 可能为环首削刀环首和刀身部分, 刀身断面呈扁长方形, 腰身相对较厚, 环首外型较不明显, 残长9.3、残宽1.7～5.7、厚约1.5厘米, 重90克。

### 4. 陶容器

共出土陶容器残片250块, 可辨器形釜和鬲13块, 约占5.2%; 盆和甑34块, 约占13.6%; 罐和缶22块, 约占8.8%; 盆或瓮28块, 约占11.2%。纹饰以素面为主, 共200块, 约占80.0%; 绳纹15块, 约占6.0%, 以中绳纹最多; 另有戳印纹、弦纹、旋纹、暗纹等纹饰。

大型盆　1件。

标本H4①:5(图一〇〇, 4), 大型盆, 泥质灰陶, 宽折沿, 沿面甚平, 尖圆唇, 素面, 口径46.2、残高5.1厘米。

深腹盆　3件。均为泥质灰陶, 平折沿。

标本H4:11(图一〇〇, 3), BaⅡ/Ⅲ式, 尖圆唇, 上腹戳印有一周楔形绳纹, 绳纹上下有两道旋纹, 上腹甚直, 上下腹几不可分, 弧腹, 残高7.0厘米。

标本H4:4(图一〇〇, 6), BbⅡ式, 方唇, 上腹较直, 素面, 残高9.0厘米。

标本H4③:16(图一〇〇, 7), BaⅡ/Ⅲ式, 尖圆唇, 上腹较直, 弧腹, 上腹饰有一周楔形绳纹, 其上有一道旋纹, 残高4.4厘米。

浅腹盆　1件。

标本H4③:6(图一〇〇, 8), 泥质灰陶, 平折沿, 方唇, 口沿面上有两道较浅的凹槽, 上腹微向外隆起, 上下腹转折较为明显, 上腹饰有两道瓦棱纹, 内腹壁亦饰有多道暗旋状, 下腹有多道刮削痕迹, 残高9.2厘米。

小口旋纹罐　1件。

标本H4:3(图一〇一, 4), 小口旋纹罐Ⅱ/Ⅲ式, 泥质灰陶, 小口, 微溜肩, 鼓腹, 平底, 腹部饰有旋纹, 残高12.2厘米。

罐/缶　3件。

标本H4③:15(图一〇一, 2), 罐/缶, 平折沿, 方唇, 素面, 口径18.2、残高3.4厘米。

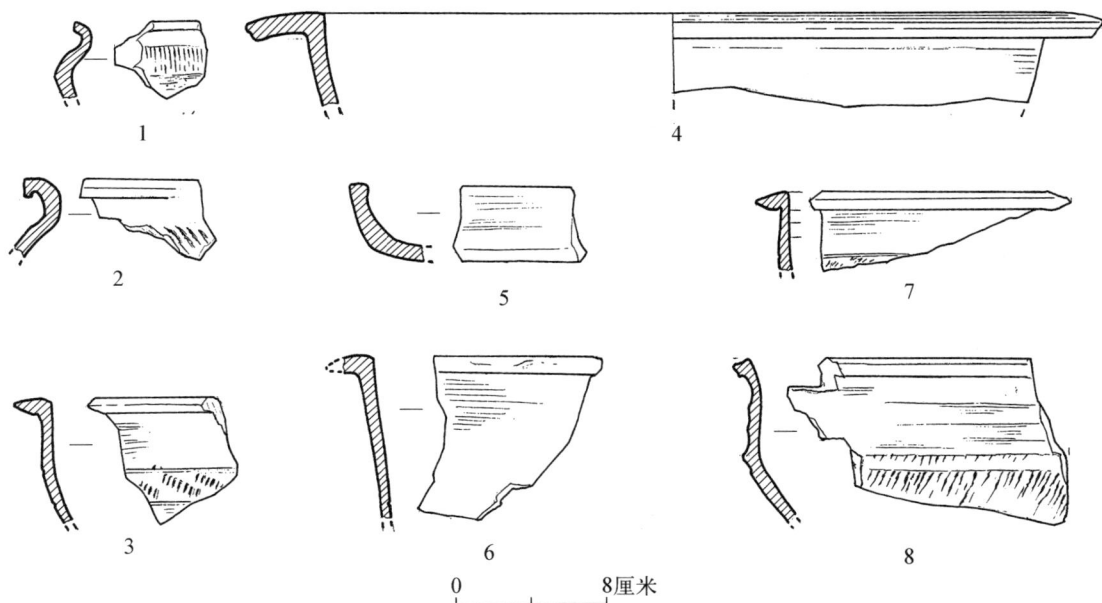

0　　　　　　　8厘米

图一〇〇　2011YFH4出土陶器（一）

1.钵（H4∶13）　2.釜（H4③∶8）　3、6、7.深腹盆（H4∶11、H4∶4、H4③∶16）　4.大型盆（H4①∶5）
5.器盖（H4∶9）　8.浅腹盆（H4③∶6）

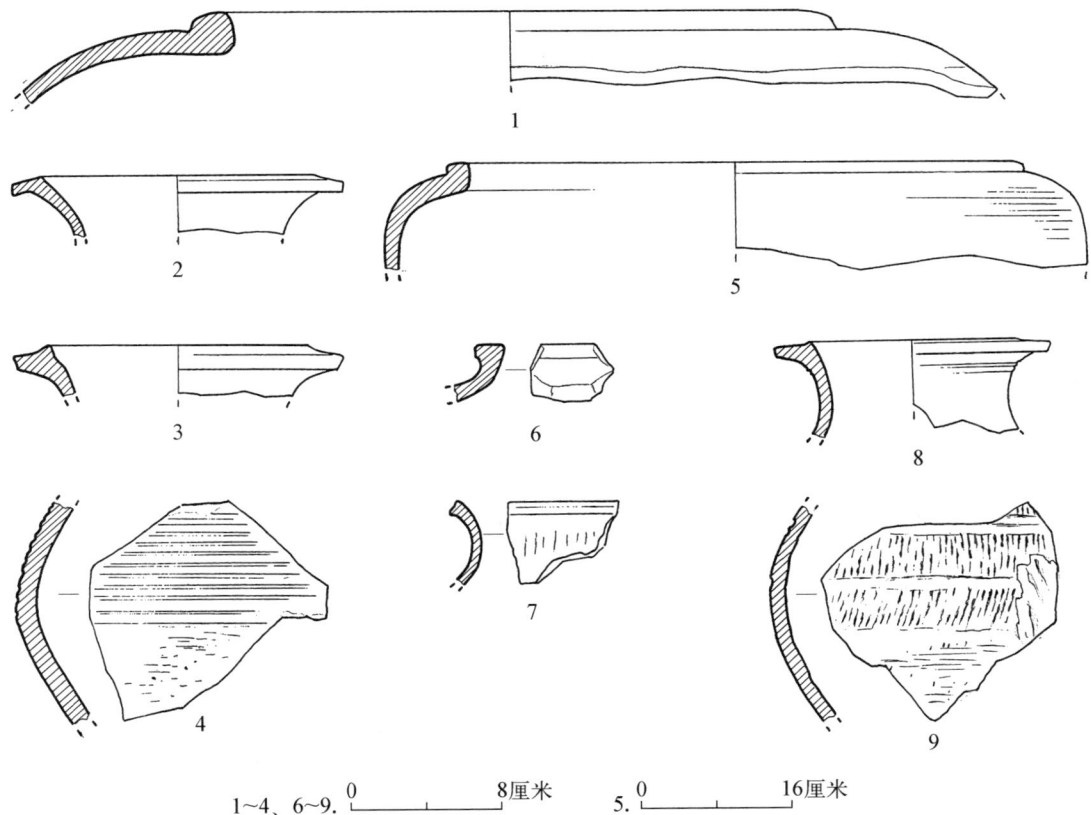

1~4、6~9.　0　　　　　8厘米　　　5.　0　　　　　16厘米

图一〇一　2011YFH4出土陶器（二）

1、5.矮直领瓮（H4①∶17、H4②∶2）　2、3、8.罐/缶（H4③∶15、H4③∶18、H4∶12）　4.小口旋纹罐（H4∶3）
6.大口罐（H4∶7）　7、9.小口罐（H4∶10、H4③∶14）

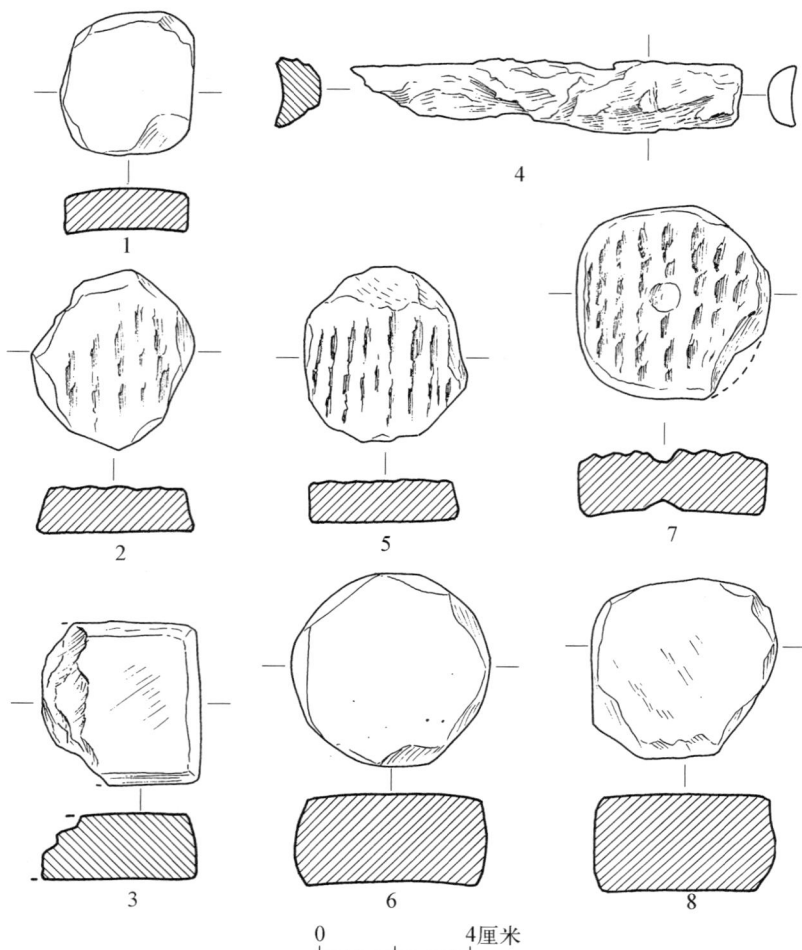

图一〇二　2011YFH1、H4、H12出土遗物

1、2、5~8.圆陶片（H1：49、H12：6、H12：5、H1：48、H4③：23、H4③：22）　3.石器（H4③：24）　4.铁削（H4：1）

标本H4③：18（图一〇一，3），罐/缶，平折沿，方唇，素面，口径18.0、残高2.8厘米。

标本H4：12（图一〇一，8），罐/缶，平折沿，方唇，沿下有一周旋纹，微束颈，口径15.2、残高5.2厘米。

大口罐　1件。

标本H4：7（图一〇一，6），泥质灰陶，平折沿，方唇，素面，残高3.3厘米。

小口罐　2件。均为灰陶，鼓腹，平底。

标本H4：10（图一〇一，7），小口罐，仅存口沿部分，夹砂，卷沿，方唇，沿下角较大，素面，残高4.5厘米。

标本H4③：14（图一〇一，9），小口罐，仅存腹部，依据腹部尺寸推测为小口罐，泥质，腹部饰三周旋纹，其间夹杂有绳纹，残高12.0厘米。

釜　1件。

标本H4③：8（图一〇〇，2），Aa型，夹砂灰陶，卷沿，方唇，颈下饰有斜行绳纹，圆肩，残高4.5厘米。

矮直领瓮 2件。均为泥质灰陶。

标本H4①：17（图一〇一，1），矮直领瓮Ca I 式，方唇，领甚矮，仅略高于肩面，肩部较广，素面，口径35.2、残高5.2厘米。

标本H4②：2（图一〇一，5），矮直领瓮Ca II 式，直领，方唇，沿面甚平，耸肩明显，素面，口径63.2、残高12.2厘米。

钵 1件。

标本H4：13（图一〇〇，1），小型卷沿钵，夹砂灰陶，卷沿，方唇，折腹，上腹饰有一周竖行绳纹，残高4.2厘米。

器盖 1件。

标本H4：9（图一〇〇，5），器盖，泥质灰陶，直口，弧腹，素面，残高4.3厘米。


5. 建筑材料

共出土陶瓦4 124片，主要为板瓦和筒瓦，未发现瓦当。另外，出土的板瓦内面带布纹者数量较多，但仍有相当部分内侧面饰麻点纹。

板瓦 1件。

标本H4：26（图一〇三，2；图版一二，1），泥质灰陶。瓦头较平整，饰有两道绳纹，瓦末端饰有三道痕迹较深的旋纹。表面通体饰有交错绳纹，印迹较浅。内侧面略不平，无纹饰。整体较厚重，微凸，长24.0、残宽32.9、厚2.8厘米。

筒瓦 1件。

标本H4：25（图一〇三，1；图版一二，2、6），泥质灰陶。表面饰有交错绳纹，印迹清晰，近瓦头部分绳纹被完全抹去。内侧面饰有布纹。瓦头有子母榫。整体较厚重，残长22.0、直径14.0、榫头长4.2、厚1.8厘米。


6. 石器

石器 1件。

标本H4③：24（图一〇二，3），残存部分呈长方体，砂岩质，残长4.1、宽4.3、厚1.8厘米，重56克。


7. 动物遗存

出土可鉴定的动物遗存包括黄牛、马、鹿和犬。出土黄牛的下颌骨（右）4块、桡骨（左）1条和胫骨（右）1条，马的游离齿（右）1块，鹿的距骨/掌骨（未知）1块，犬的上颌骨（右）1块、胫骨（右）3条、桡骨（左）1条和股骨（右）1条，中型哺乳动物的股骨（左）1条及大型哺乳动物的股骨2条。g1、g3、g4和g8经火烧或炙烤。另外，在g9、g11、g13上有切割或砍砸留下的加工痕迹。


8. 其他

圆陶片 2件。均为泥质。

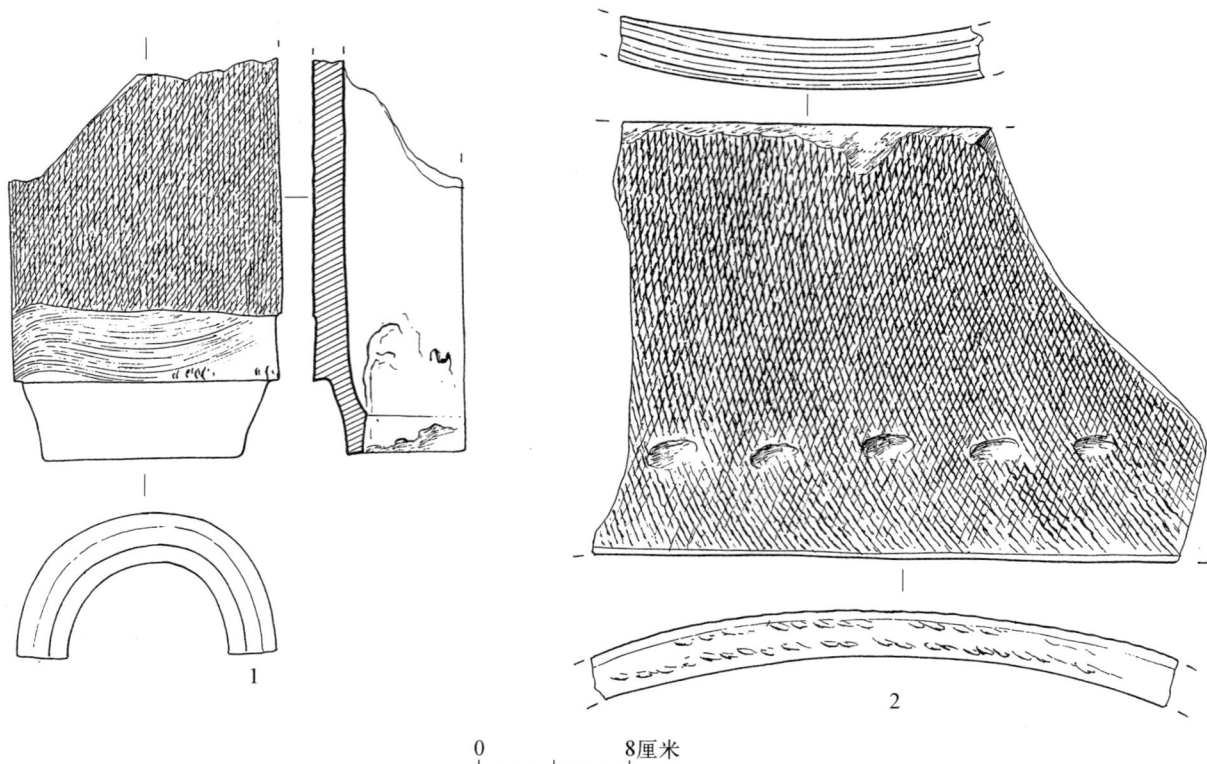

0 ⊢——⊣ 8厘米

图一〇三　　2011YFH4出土瓦

1. 筒瓦（H4：25）　　2. 板瓦（H4：26）

标本H4③：23（图一〇二，7），灰色，表面有粗绳纹，绳纹印迹清晰，表面最中心有一小浅窝，直径5.1、厚1.6厘米，重55克。

标本H4③：22（图一〇二，8），灰褐色，表面似有粗绳纹被抹的痕迹，直径4.8、厚2.6厘米，重68克。

陶饰　1件。

标本H4③：27（图版一三，4），一个完整的实心球，泥质红陶，表面有灰白色涂料层，重8克。

# 4.5　2011YFH5

## 1. 形制与堆积

H5（图一〇四），位于T2中部东侧，西邻H25，东邻砖墙，开口于①层下，打破生土。口部呈圆形，直壁，平底。口直径110、口距地表30、底距地表244、自深214厘米。坑壁未见工具痕迹，坑南北两壁上有两列脚窝，呈纵向排列。脚窝1高15、宽15、进深8厘米，脚窝2高10、宽17、进深7厘米，脚窝3高10、宽13、进深9厘米，脚窝4高14、宽15、进深6厘米。

堆积仅为1层：灰褐色，土质较硬，包含有白色瓷片、姜石等，有水浸迹象。

### 2. 陶范

共出土铧范1块，可辨小型铧范1件。未见锄范和铧芯。

铧范 1件。

标本H5∶y1（图九九，2），残存中间以下部分，由2块残块拼合而成，总重1 100克。梯形，细砂质，整体呈橙色。分型面和浇铸面有涂料层，保存较好。浇铸面灰黑色浇铸痕迹明显。背面平整有涂料层，脱落较多。残长16.0、底端宽9.5厘米。底端有"X"形刻痕，旁边有"山"字形凸棱，残存最上端厚4.7、底端厚4.9厘米。为小型铧范，铸器整体呈舌形，残长14.4、銎宽7.0厘米。

### 3. 炉渣

共出土炉渣总量为40克，全部为玻璃态渣、木炭和铁块的混合态渣。

标本H5∶y4（图一〇五，1、2），第二类渣，样品熔融程度好，主要为玻璃态，包裹有圆滴状铁颗粒，多数铁颗粒经浸蚀后可见磷铁共晶组织，少数较大块金属铁为过共析白口铁组织。熔炼渣。

### 4. 铁器与残块

共出土铁器残块1块，器形不辨，共30克。残铁块2块，共70克。

残铁块 1件。

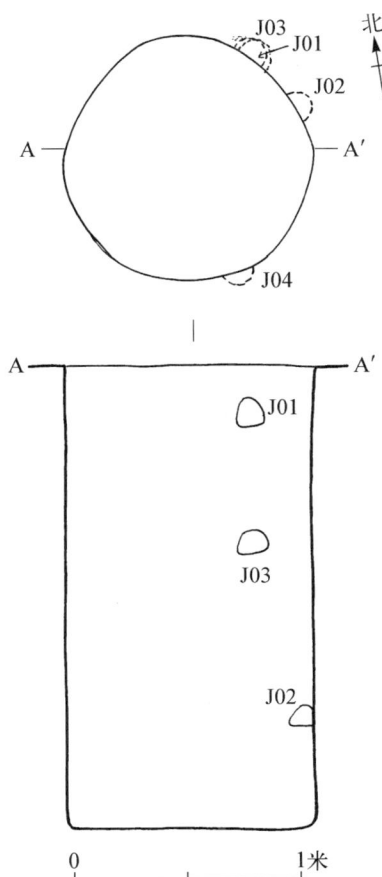

图一〇四 2011YFH5平、剖面图

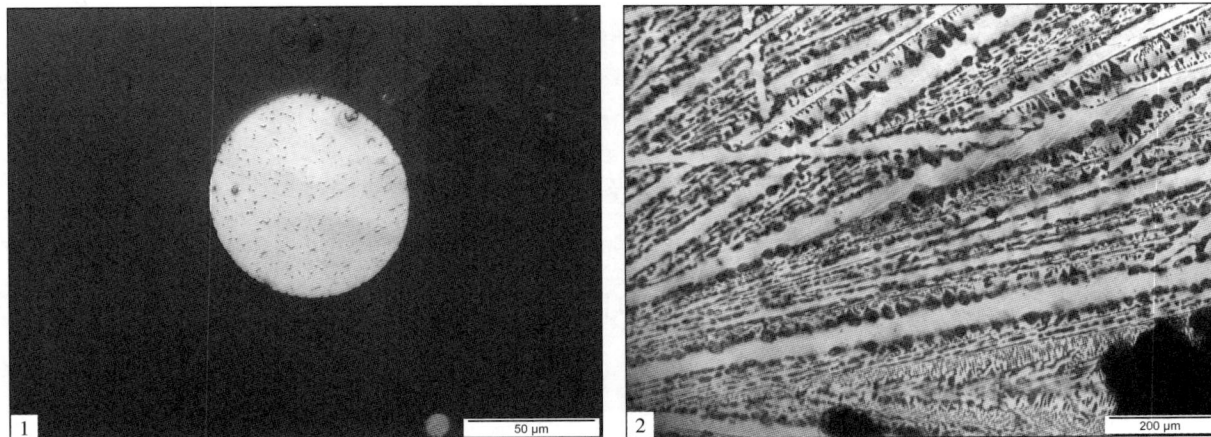

图一〇五 2011YFH5出土炉渣金相显微组织结构图

1. H5∶y4，浸蚀后磷铁共晶铁颗粒 2. H5∶y4，浸蚀后较大铁颗粒的过共晶白口铁组织

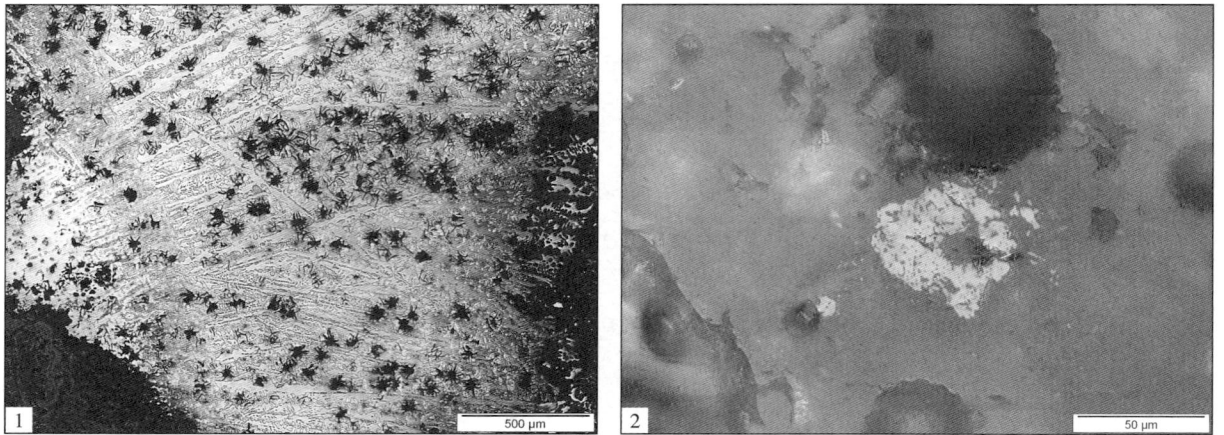

图一〇六　2011YFH5、H6出土铁器与残块金相显微组织结构图

1. H5∶y5，中心为过共晶白口铁组织，边部为铁素体+团絮状石墨的韧性铸铁，中间为过渡层　2. H6∶y19，未熔融的钛铁颗粒

标本H5∶y5（图一〇六，1；彩版二五，3），样品组织不均匀，芯部由板条状渗碳体和莱氏体组成的过共晶白口铁组织及片状石墨集合成的石墨团组成，边部由铁素体组织和石墨团组成，边部与芯部之间存在180微米宽的过渡层，过渡层由珠光体和石墨团组成。石墨团大小均匀，约64微米。为铸造成型，经退火处理。材质为脱碳铸铁。

### 5. 陶容器

共出土陶容器残片23块，可辨器形罐和缶4块，约占17.4%。纹饰以素面为主，共16块，约占69.6%；另有戳印纹、弦纹、旋纹、暗纹等纹饰。

### 6. 建筑材料

共出土陶瓦78片，包括少量的板瓦和筒瓦残片，仍有一定数量表面饰绳纹内侧面为麻点纹的残块。

### 7. 动物遗存

仅出土2件动物遗存，分别为猪的上颌骨（左）1块及中型哺乳动物的股骨1条。

# 4.6　2011YFH6

### 1. 形制与堆积

H6（图一〇七），位于T3西部，东邻H8，开口于②层下，打破H21。口部呈不规则半圆形，南壁较直，北壁略向内收，坑底下凹。口部东西长122、南北宽71厘米，口距地表30、底距地表170、

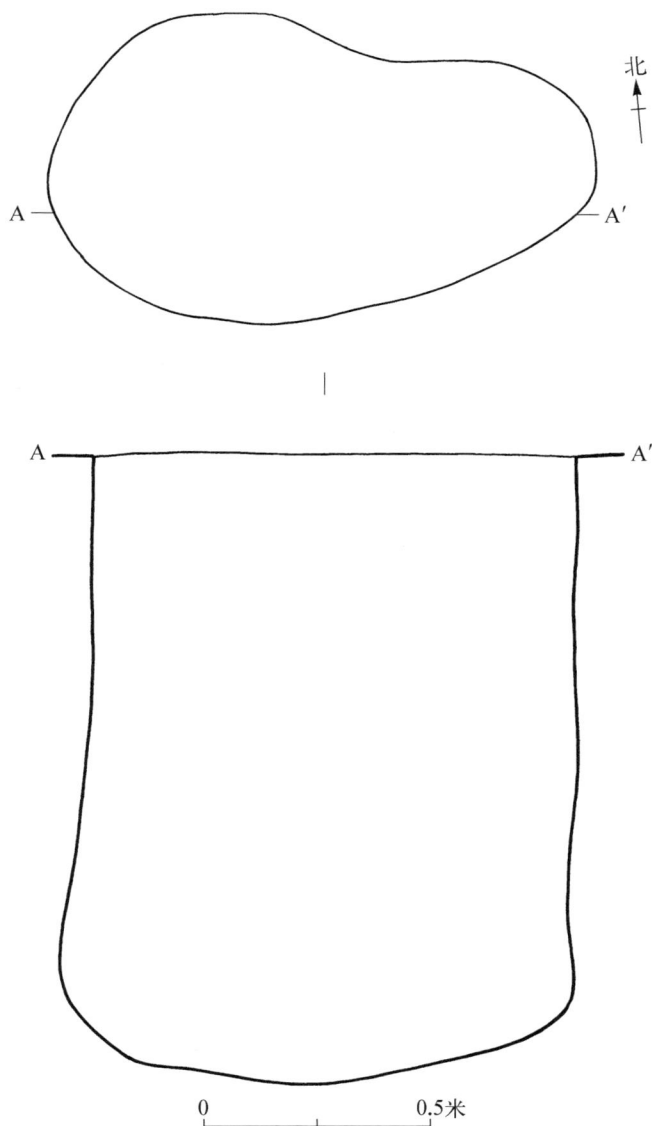

图一〇七 2011YFH6平、剖面图

自深140厘米。无任何工具或修整痕迹。

堆积仅为1层：黄褐色，土质松散较软，包含有炼铁渣、少许残瓷片等。


2. 陶范

共出土锄范4块，其中背范1件。铧芯1块。镤2块。未见铧范。

锄背范 1件。

标本H6：y1（图一〇八，5），残存背范顶端右侧，仅1块残块，重240克。梯形板状，细砂质，整体呈浅红色。表面白色涂料层不明显。背面较平整，但不光滑。残长5.8、顶端残宽4.4、顶端厚3.5厘米。

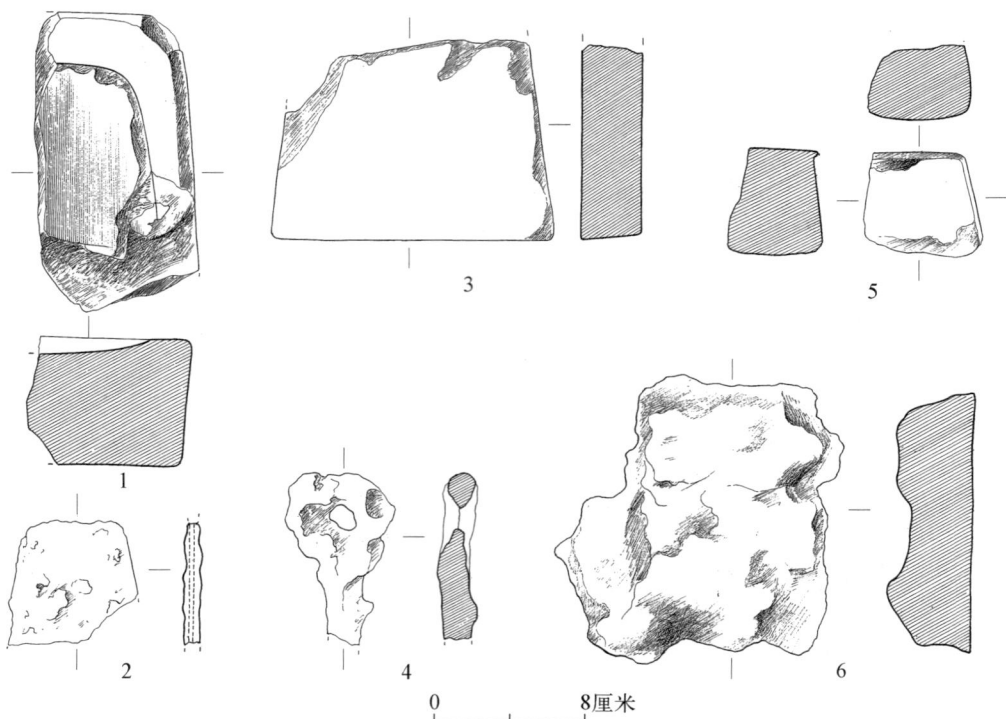

图一〇八　2011YFH4、H6、H7出土遗物

1.铧范（H4：y6）　2.残铁器（H6：y28）　3、5.锄背范（H7：y38、H6：y1）　4.铁刀（H4③：y13）　6.炉壁（H6：y9）

钁芯　1件。

标本H6：y4（图一〇九，3），残存顶端浇道及进入范腔部分，仅1块残块，重90克。整体呈楔形，细砂质，棕色。表面有浇铸后形成的痕迹，但表面甚不光滑。残长8.5、顶端宽4.8、残存最下端宽3.7、顶端厚2.6、残存最下端厚1.4厘米。浇道长4.5、浇道宽（上）1.9、浇道宽（下）2.7厘米。

### 3. 鼓风管与炉壁

共出土第一类或第二类鼓风管残块150克。出土第二类炉壁残块160克，第三类炉壁残块1 395克。亦出土炉渣或炉衬250克。

炉壁　1件。

标本H6：y9（图一〇八，6；图版九，3、7），仅1块残块，浅灰色，细砂质，一面较平，另一面粗糙且起伏不平，残长15.6、残宽15.1、厚3.2～4.4厘米。

### 4. 炉渣

共出土炉渣总量为1 160克，全部为玻璃态渣、木炭和铁块的混合态渣。

标本H6：y31（彩版一八，5），第二类渣，木炭、铁块与玻璃态渣混合物。

标本H6：y19（图一〇六，2），第二类渣，样品熔融程度不佳，主要为玻璃态，存在大量孔洞，基体间析出高硅钙晶体，包裹有较多铁颗粒。炉壁挂渣。

5. 铁器与残块

共出土铁器残块1块。

标本H6：y28(图一〇八,2),残铁块,深红色,表面有较多锈蚀颗粒,上宽下窄,残长6.7、残宽6.7、厚约1.0厘米。

6. 陶容器

共出土陶容器残片104块,可辨器形釜和鬲2块,约占1.9%;罐和缶69块,约占66.4%;盆与罐33块,约占31.7%。

7. 建筑材料

共出土陶瓦172片。

# 4.7  2011YFH7

1. 形制与堆积

H7(彩版八,1),位于T3北部,南邻H8,开口于②层下,打破H8。由一灰坑和灰坑道组成。灰坑口部呈圆形,坑壁从20厘米处向下较直,坑底较平。口部直径220、口距地表30、底距地表87、自深57厘米。坑道与灰坑同底,长178、宽65、自深57厘米。无任何工具或修整痕迹。

堆积仅为1层:灰坑,褐色,土质较硬,包含有炼铁渣、少许残瓷片等。灰坑道,褐色,土质较硬,无任何包含物。

2. 陶范

共出土锄范34块,其中面范5件、背范3件。铧范26块,可辨大型铧范3件、小型铧范2件。铧芯113块,可辨大型铧芯11件、小型铧芯4件。

锄面范   3件。

标本H7：y10(图一〇九,2),保存上半部分及浇道部分,仅1块残块,重405克。梯形板状,细砂质,整体呈深红色。浇铸面经处理,较光滑,型腔内有白色涂料层,下为黑色涂料层。分型面涂料层为浅红色。器背粗糙,浇道在器背有隆起,分型面和浇铸面有烟熏现象。残长12.5、顶端宽7.6厘米。顶端向浇铸面斜收,顶端厚3.0、范身厚2.4厘米。浇道平面呈梯形,浇道长6.7、浇道宽(下)3.6厘米。型腔顶端刻槽较浅,倾向于范右侧,左上角到侧边长2.6、右上角到侧边长2.4厘米。铸器呈梯形板状,残长5.8、顶端宽4.8厘米。

标本H7：y11(图一一一,3),保存顶部及浇道部分,由2块残块拼合而成,总重300克。梯形板状,细砂质,整体呈深灰色。浇铸面有白色涂料层,分型面有红色涂料层,部分颜色较深。器背较平,似经过涂泥处理,较光滑。范断面颜色较深,残长9.5、顶端宽7.1、顶端厚2.5、残存最下端厚

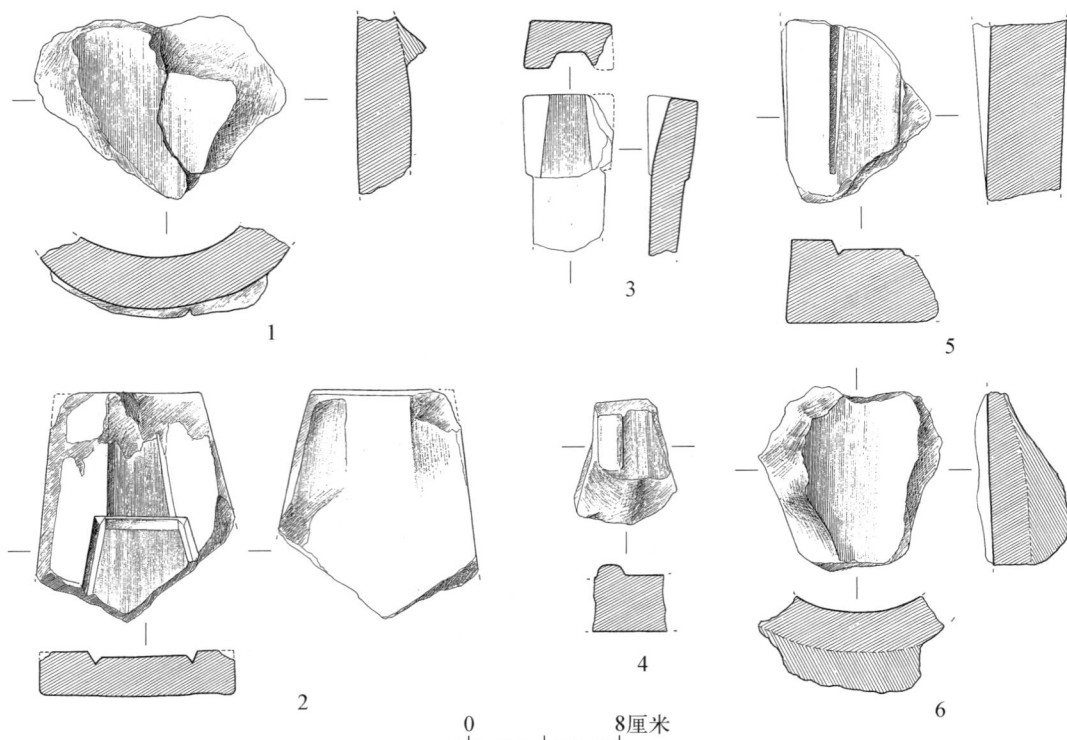

图一〇九　2011YFH6、H7出土陶范及鼓风管

1、6. 鼓风管（H7：y3、H7：y4）　2. 锄面范（H7：y10）　3. 镢芯（H6：y4）　4. 不明范（H7：y41）　5. 镢范（H7：y39）

2.5厘米。浇道设计较窄，平面呈梯形，浇道长6.6、浇道宽（上）2.5、浇道宽（下）3.7厘米。型腔顶端刻槽较深，与侧方转角处刻槽落差较大，左上角到侧边长2.1、右上角到侧边长2.2厘米。铸器呈梯形板状，残长2.9、顶端宽4.9厘米。

标本H7：y21（图一一一，4），残存底端小部分，仅1块残块，重215克。梯形板状，细砂质，整体呈浅灰色。浇铸面有烟熏留下的痕迹，靠近浇铸面的断面处颜色为棕色。残长8.2、残宽7.3厘米。底面异常光滑，底端收分较为明显，底端厚2.7、范身厚2.5厘米。

锄背范　3件。

标本H7：y38（图一〇八，3），残存底端左右角，仅1块残块，重715克。梯形板状，细砂质，整体呈深红色。浇铸面有白色涂料层，上有烟熏痕迹。背面平整，但不光滑。浇铸面上有孔洞，疑为次品或未使用范，残长10.9、底端宽14.8厘米。顶端面边缘向外隆起，残存最上端厚3.1、底端厚3.1厘米。

标本H7：y9（图一一〇，2），保存上半部分及浇道，仅1块残块，重610克。梯形板状，细砂质，整体呈浅灰色。浇铸面有白色涂料层，有烟熏现象。分型面无涂料层。背面十分光滑，残长12.9、顶端宽7.3、残存最下端宽11.0厘米。顶端有一道"1"字形竖道，与浇道相接。顶端面向浇铸面斜收，顶端厚3.0、残存最下端厚2.9厘米。浇道呈半漏斗状，内有黑色烟熏层，浇道长4.0、浇道宽3.7厘米。

图一一〇　2011YFH7、H9出土陶范

1.锄面范（H9：y1）　2、3、5.锄背范（H7：y9、H7：y19、H9：y3）　4.铧芯（H7：y83）　6、7.铧范（H7：y31、H7：y30）

标本H7：y19（图一一〇，3），保存顶端及浇道部分，仅1块残块，重220克。梯形板状，细砂质，整体呈浅灰色。分型面和浇铸面有涂料层，浇道位置有烟熏痕迹。背面粗糙，高低不平，背后有浇道形隆起。分型面左侧有与铁液或残铁块接触留下的痕迹，残长6.0、顶端宽7.6厘米。顶端面垂直，顶端厚3.8厘米。浇道呈半漏斗状，浇道长2.8、浇道宽3.0厘米。

铧范　5件。

标本H7：y32（图九九，4），残存顶端及中部，由2块残块拼合而成，总重1 790克。梯形，细砂质，整体呈浅红色。浇铸面有白色涂料层，上有烟熏留下的痕迹，白色涂料层下有厚0.2～0.3厘米的黑色层。分型面有橙色涂料层。背面较平整，但并不光滑，在距顶端9.5厘米处有长度为3.3～3.5、深0.2厘米的刻槽贯穿左右两侧。残长18.2、顶端宽16.1、顶端厚6.5、残存最下端厚5.3厘米。与范/芯扣合处长4.7、与范/芯扣合处宽（上）7.3、与范/芯扣合处宽（下）9.8、分型面顶端最宽3.6、分型面斜长4.8厘米。为大型铧范，铸器整体呈舌形，顶端平齐，残长13.0、顶端宽11.3厘米。

标本 H7：y31（图一一〇，6），残存底端部分，仅 1 块残块，重 635 克。梯形，细砂质，整体呈深红色。浇铸面和分型面有橙色涂料层，甚为平滑，涂料层下有约 0.2 厘米厚的棕色薄层。背面也较平整光滑，似经抹细泥处理。残长 8.8、底端宽 10.2、底端厚 4.3、残存最上端厚 4.7 厘米。为最小型铧范，刃部呈"U"形，刃锋较平整，铸器整体呈舌形，残长 6.0、銎宽 6.1 厘米。

标本 H7：y30（图一一〇，7），残存底端部分，仅 1 块残块，重 1 985 克。梯形，细砂质，整体呈浅红色。浇铸面有白色涂料层，上有烟熏痕迹。分型面有涂料层。断面近浇铸面处颜色较深，为棕色。背面较平整，但孔洞较多。残长 17.0、底端宽 14.2、底端厚 6.1、范身厚 7.0 厘米。为大型铧范，铸器整体呈舌形，残长 14.3、銎宽 10.0 厘米。

标本 H7：y33（图一一一，7），残存顶端，仅 1 块残块，重 840 克。梯形，细砂质，整体呈深红色，含砂量较大。浇铸面有白色涂料层。范之侧面及顶面，也有一层浅黄色层，用途不明。器背较为平整，残长 9.0、顶端残宽 11.0、顶端厚 7.8、残存最下端厚 4.3 厘米。与范/芯扣合处长 4.6、与范/芯扣合处残宽（上）5.8、与范/芯扣合处残宽（下）7.1、分型面顶端最宽 6.0、分型面斜长 4.8 厘米。为大型铧范，铸器顶端平齐，残长 4.3、顶端残宽 8.3 厘米。

标本 H7：y28（图一一一，9），残存顶端部分，仅 1 块残块，重 1 035 克。梯形，细砂质，整体呈橙色。浇铸面有白色涂料层。背面较平整，但与顶端相比气孔较多。残长 12.9、顶端残宽 9.2 厘米。顶端面有刻划符号"X"，可能与合范有关，顶端厚 7.2、残存最下端厚 6.5 厘米。与芯扣合处有烟熏痕迹，与范/芯扣合处长 4.0、与范/芯扣合处残宽（上）4.7、与范/芯扣合处残宽（下）8.1、分型面顶端最宽 4.5、分型面斜长 4.8 厘米。为小型铧范，刃部弧度较小，向外不凸出，铸器顶端平齐，残长 8.3、顶端残宽 8.7 厘米。

铧芯　3 件。

标本 H7：y83（图一一〇，4），残存芯的顶端部分，仅 1 块残块，重 65 克。有三面平面，甚为光滑，其上有一长方形凹槽。橙色，砂粒基本不见。表面有经浇铸而成的黑色痕迹，残长 3.7、顶端残宽 4.3、顶端厚 2.9 厘米。

标本 H7：y85（图一一五，2），残存最顶端部分，带大部分浇道，仅 1 块残块，重 70 克。整体呈橙色，砂粒基本不见。浇道内有白色涂料层，有浇铸留下的痕迹。残长 4.7、顶端残宽 3.4、顶端厚 2.2、范身厚 3.9 厘米。浇道左侧为斜坡状，靠近底端则向左侧延伸。为小型铧芯。

标本 H7：y84（图一一五，5），残存顶端部分，带浇道，仅 1 块残块，重 350 克。整体呈橙色，砂粒基本不见。浇道内有浇铸后留下的黑色痕迹，浇道及顶端有白色涂料层。残长 8.7、顶端残宽 7.4、顶端厚 4.6 厘米。浇道在靠近右侧有明显的转角，右侧浇道为近垂直状而非斜坡，浇道长 3.5、浇道宽 2.3、a=3.3、b=2.1、c=2.4 厘米。

钁范　2 件。

标本 H7：y39（图一〇九，5），残存型腔外范左下角，仅 1 块残块，重 355 克。细砂质，整体呈橙色。浇铸面有白色涂料层，下为 0.2 厘米厚的黑色薄层。分型面及侧面有橙色涂料层。背面平整光滑，残长 9.8、残宽 7.7 厘米。顶端较厚，而底端较薄，残存最上端厚 4.9、残存最下端厚 3.8 厘米。铸器残长 7.9、铸器宽 3.6 厘米。

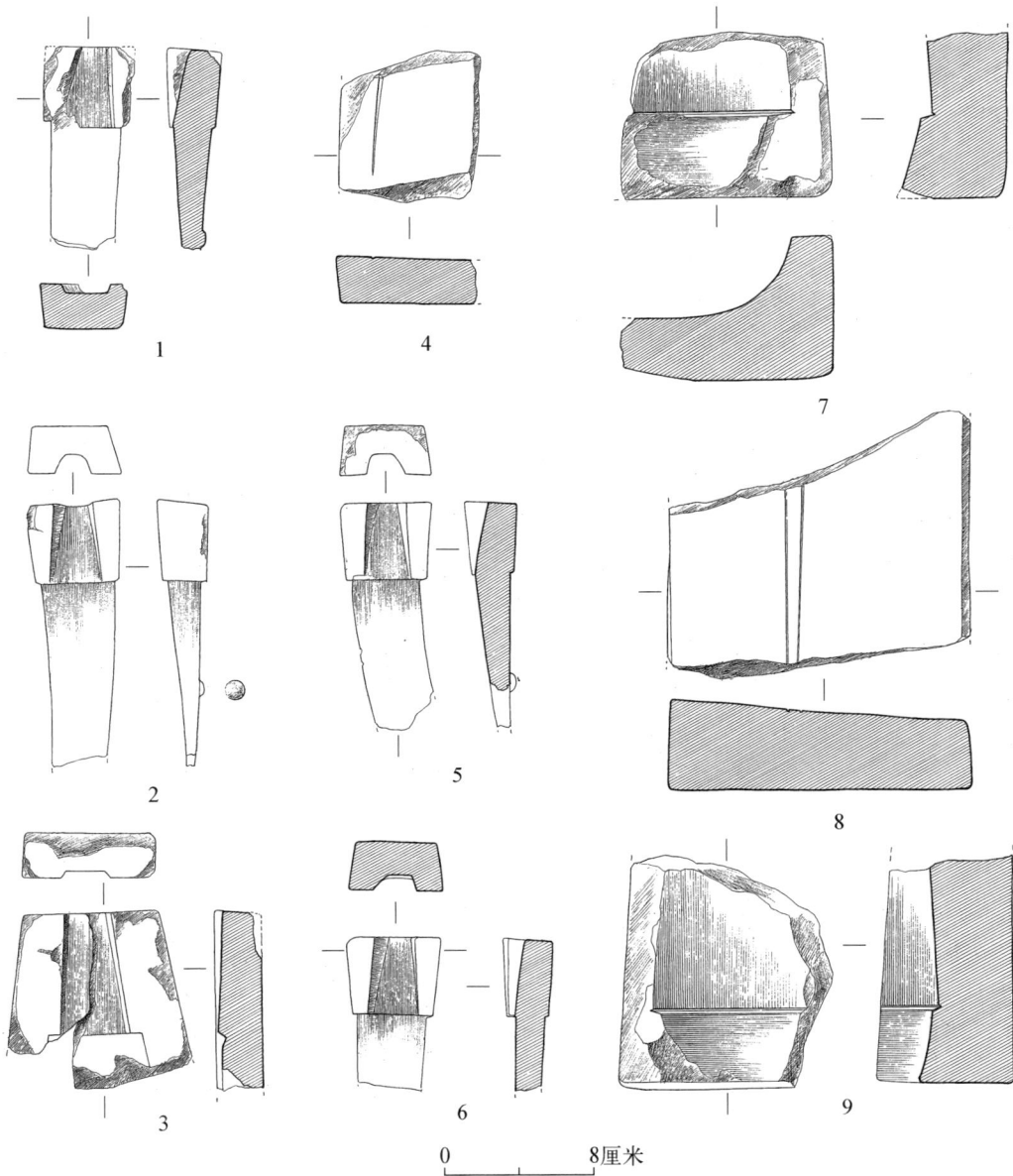

图一一一　2011YFH7出土陶范

1、2、5、6. 镢芯（H7：y77、H7：y74、H7：y75、H7：y78）　3、4. 锄面范（H7：y11、H7：y21）
7、9. 铧范（H7：y33、H7：y28）　8. 镢范（H7：y43）

标本H7：y43（图一一一，8），残存部位不明，仅1块残块，重1 000克。整体为长方形板状，浅红色，基本不见砂粒。较平的一面有浇铸留下的黑色烟熏痕迹，另一面粗糙不平且有弧面。残长14.6、宽15.8厘米。一端较厚，厚5.1厘米，另一端较薄，厚4.0厘米。在较平一面有两条相距1.8厘米的斜向直线，较粗糙的一面也有两条相距约0.6厘米的斜向直线。

镢芯　4件。

标本H7：y77（图一一一，1），残存顶端部分，仅1块残块，重100克。整体呈楔形，橙色，未见砂粒。表面甚光滑,触之有金属清脆声响,表面有浇铸而成的黑色痕迹。芯未见弯曲变形现象,残长11.0、顶端宽4.7、残存最下端宽3.4、顶端厚2.9、残存最下端厚1.1厘米。浇道较窄且直,浇道长4.4、浇道宽(上)1.6、浇道宽(下)2.4厘米。距顶端10.2厘米处刻有圆形芯撑,在浇道背侧,芯撑直径约1厘米。铸器鋬部残长6.6、顶端宽3.7、末端宽3.4厘米。

标本H7:y74(图一一一,2),残存顶端部分,仅1块残块,重130克。整体呈三角形,灰色,未见砂粒。有浇道一面为斜面,另一面较平。表面甚光滑,触之有金属清脆声响,表面有经浇铸而成的黑色层。芯整体向左侧弯曲变形,部分地方粘有较多木炭。残长14.5、顶端宽4.9、残存最下端宽3.0、顶端厚2.7、残存最下端厚0.4厘米。浇道较窄且直,浇道长4.1、浇道宽(上)2.1、浇道宽(下)2.7厘米。距顶端9.7厘米处刻有圆形芯撑。铸器鋬部残长10.1、顶端宽3.9、末端宽2.9厘米。

标本H7:y75(图一一一,5),残存顶端部分,仅1块残块,重120克。整体呈楔形,棕色,未见砂粒。表面甚光滑,触之有金属清脆声响,表面有经浇铸而成的黑色层及烧土痕迹。芯整体向右侧弯曲变形,表面有过度弯曲开裂现象。残长12.5、顶端宽4.8、残存最下端宽3.3、顶端厚2.8、残存最下端厚0.7厘米。浇道较窄且直,浇道长4.1、浇道宽(上)2.1、浇道宽(下)2.5厘米。距顶端9.7厘米处刻有圆形芯撑,在浇道背侧,芯撑直径约1厘米。铸器鋬部残长8.3、顶端宽3.5、末端宽3.3厘米。

标本H7:y78(图一一一,6;图版六,2、5),残存顶端部分,仅1块残块,重100克。整体呈楔形,浅灰色,无明显砂粒。表面甚光滑,触之有金属清脆声响。表面有灰黑色浇铸痕迹,部分地方粘有较多的烧土和木炭。残长8.4、顶端宽4.9、残存最下端宽3.3、顶端厚2.6、残存最下端厚1.3厘米。浇道较窄且直,浇道长4.2、浇道宽(上)2.2、浇道宽(下)2.7厘米。铸器鋬部残存部分宽3.6厘米。

不明范　1件。

标本H7:y41(图一〇九,4),可能为芯,一面有凸起的榫,另一面较平整光滑,仅1块残块。橙色,基本不见砂粒,无分层。表面有烟熏现象,背面甚平整光滑,残长6.8、残宽5.3、厚约3.0厘米,重115克,芯撑呈长方形,中部隆起较高,长3.2、宽1.3、高0.7厘米。


### 3. 鼓风管与炉壁

共出土第二类鼓风管残块565克,第三类鼓风管残块2 825克,第四类鼓风管残块30克,第一类或第二类鼓风管残块425克。出土第二类炉壁残块785克。

鼓风管　6件。

标本H7:y3(图一〇九,1),由2块残块拼合而成,能判断弧度,初步判断为鼓风管进入炉壁部分。因接触炉壁已烘烤至橙红色,含较多粗砂及植物纤维。有分层,内壁为较坚硬的泥层,含粗砂量较少,厚度约0.8~1.0厘米。最外层的加垫层已残。残长10.1、残宽13.2、厚3.2厘米,进入炉内壁鼓风管直径为13.0厘米,总重330克。未见与金属液体接触的痕迹。

标本H7:y4(图一〇九,6),仅1块残块,能判断弧度,初步判断为鼓风管进入炉壁部分。炉壁已烘烤至深红色,含粗砂的草拌泥质。分两层,外壁有加固层,含砂量较大,但部分地方加厚层与管壁的分界不明显,内壁的泥层不如y3明显。残长10.2、残宽9.6厘米,每层厚约2.0厘米,末端内径11.0厘米,重330克。末端大部分已熔融,管壁与熔融层仅存1.6厘米厚度。未见与金属液体接触的痕迹。

标本H7:y7(图一一二,1),仅1块残块,能判断弧度,初步判断为鼓风管在炉外部分。浅红色,基本不见砂粒,材质似铧芯,但触之坚硬,粉末不易掉落,中间含有较多植物纤维。无分层,管外壁较为光滑,有压印的直线瓦棱形槽,上有烟熏痕迹,颜色较内壁浅。急收部分有明显的陶范碎块。内侧也有烟熏而成的痕迹。残长14.8、残宽11.9、厚3.1厘米,复原内径为10.4厘米,重565克。末端有熔融层,表面未见铁液痕迹。

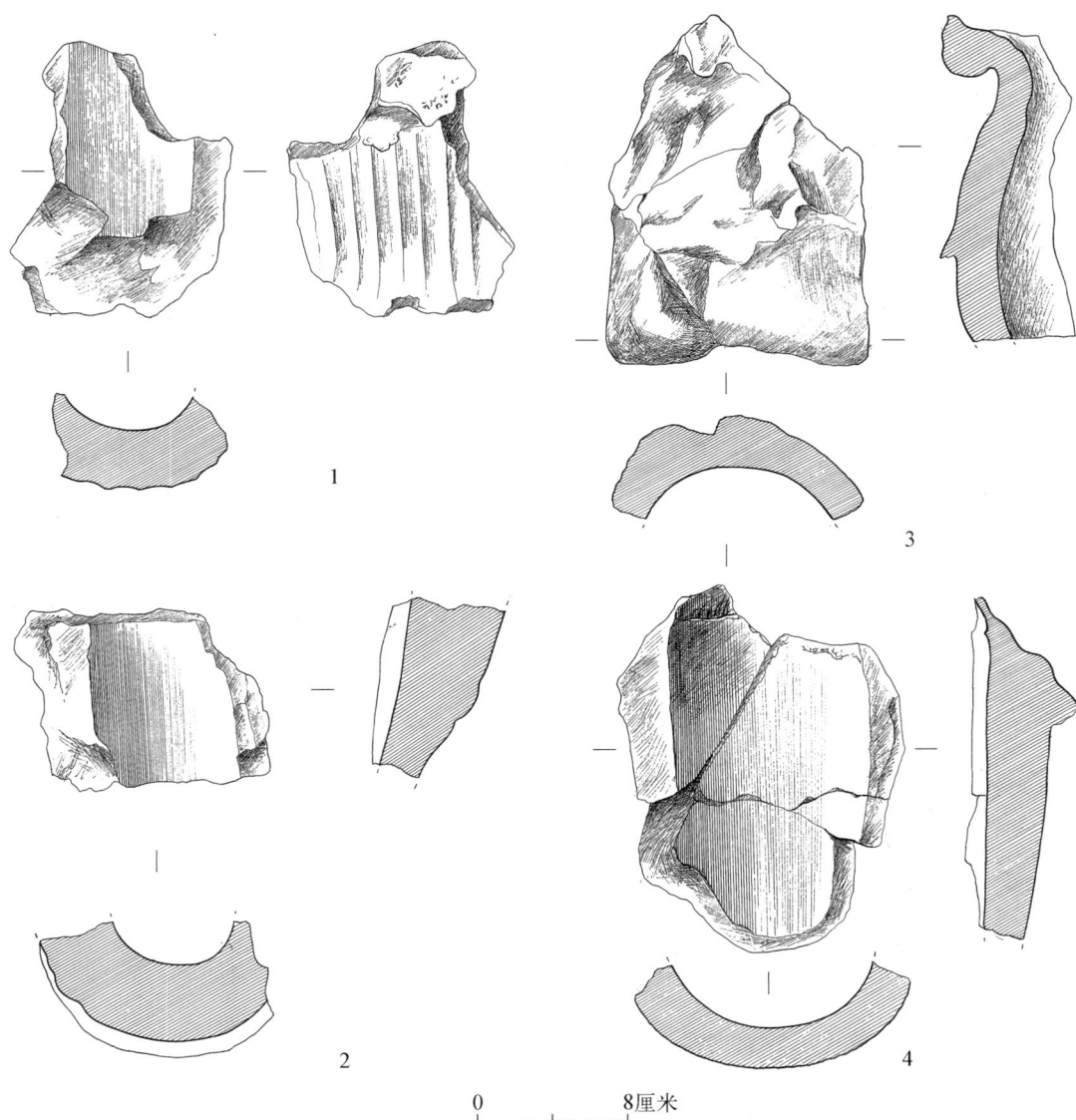

图一一二 2011YFH7出土鼓风管

1~4.鼓风管(H7:y7、H7:y8、H7:y1、H7:y2)

标本 H7：y8（图一一二，2），仅 1 块残块，能判断弧度，初步判断为鼓风管进入炉壁内部分。基本不见砂粒，但植物纤维量多且粗大，近底端受烘烤而颜色偏红，中间似乎有碎陶范残块。顶端为小台面，下连接急坡状斜面，斜面与小台面约成 130° 夹角，斜面下端已被破坏，未能找到出风口。残长 9.8、残宽 13.2、厚 5.0 厘米，重 425 克。熔融层甚薄，仅 0.5 厘米，且气孔不密集，熔融层可能属于加垫部分，加垫厚度约 2.5 厘米，加垫层中植物纤维不及管壁明显，且未完全熔融。由于鼓风管应位于炉内较高位置，且斜面朝下角度较大，推测该鼓风管很可能为 "S" 形顶吹式鼓风管，其中一侧小平面可能与另一半鼓风管相接。

标本 H7：y1（图一一二，3；彩版一七，2、4），由 3 块残块拼合而成，能判断弧度，初步判断为鼓风管进入炉壁并伸进炉内部分。近炉壁处烘烤成红色，含砂量大，且粗粒数量较多，中间可能有植物纤维。进入炉壁的位置用粗砂层加厚约 2.3 厘米，鼓风管内壁可能涂有一层草拌泥，较为光滑，鼓风管的外侧未见绳纹或席纹。残长 18.9、残宽 13.6 厘米，分两层，外层厚约 2.4、内层厚 1.0～3.5 厘米，距炉壁 7.0 厘米处直径为 11.0 厘米，总重 775 克。熔融层宽度为 8.0 厘米，最末端熔融层较薄，并呈下滴状。未见与金属液体接触的痕迹。鼓风管可能以 35～38° 进入炉腔内。

标本 H7：y2（图一一二，4），由 4 块残块拼合而成，能判断弧度，初步判断为鼓风管进入炉壁部分。夹粗砂，含植物纤维。有分层，内层表面可能涂有一层泥浆，较为光滑，鼓风管中部有较大的气孔，最外层也经处理，涂有泥层，外表较为光滑，近炉壁处的加热层含石英砂较多。残长 19.9、残宽 15.0、厚 0.5～5.6 厘米，距熔融层 11.0 厘米处内径为 17.4 厘米，6.0 厘米处内径为 10.0 厘米，总重 500 克。末端有熔融层，未见与金属液体接触的痕迹。

### 4. 炉渣

共出土炉渣总量为 2 982 克，其中玻璃态炉渣 1 322 克，玻璃态渣、木炭和铁块的混合态渣 1 660 克。

### 5. 铁器与残块

共出土残铁块 1 块，重 10 克。

### 6. 陶容器

共出土陶容器残片 326 块，可辨器形釜和鬲 9 块，约占 2.8%；盆和甑 72 块，约占 22.1%；瓮 8 块，约占 2.5%；罐和缶 205 块，约占 62.9%；盆或罐 23 块，约占 7.1%；盆或瓮 9 块，约占 2.8%。

### 7. 建筑材料

共出土陶瓦 472 片，但未见西汉时期的建筑材料。

### 8. 动物遗存

出土了较多的动物骨骼遗存，相当部分为犬，其他种属包括黄牛与猪。

9. 植物遗存

该单位植物遗存包括粟6粒、黍1粒、小麦3粒、大麦1粒。

该单位土壤中植硅体分析结果见附表二三。

10. 其他

不明器 1件。

标本H7：1（图版一四,6），陶质,表面有较多土锈,中间有一穿孔,两端大中间小,孔径最大约2.9厘米,残长9.7、残宽8.3、厚5.0厘米,总重552克。

# 4.8 2011YFH8

1. 形制与堆积

H8（图一一三）,位于T3中部,东邻H9,开口于②层下,被H7打破。口部呈不规则梯形,坑底从东向西下滑至底,口部东西长182、南北宽102、口距地表30、底距地表66、自深36厘米。无任何工具或修整痕迹。

堆积仅为1层：浅灰色,土质较软,包含有少量炼铁渣等。

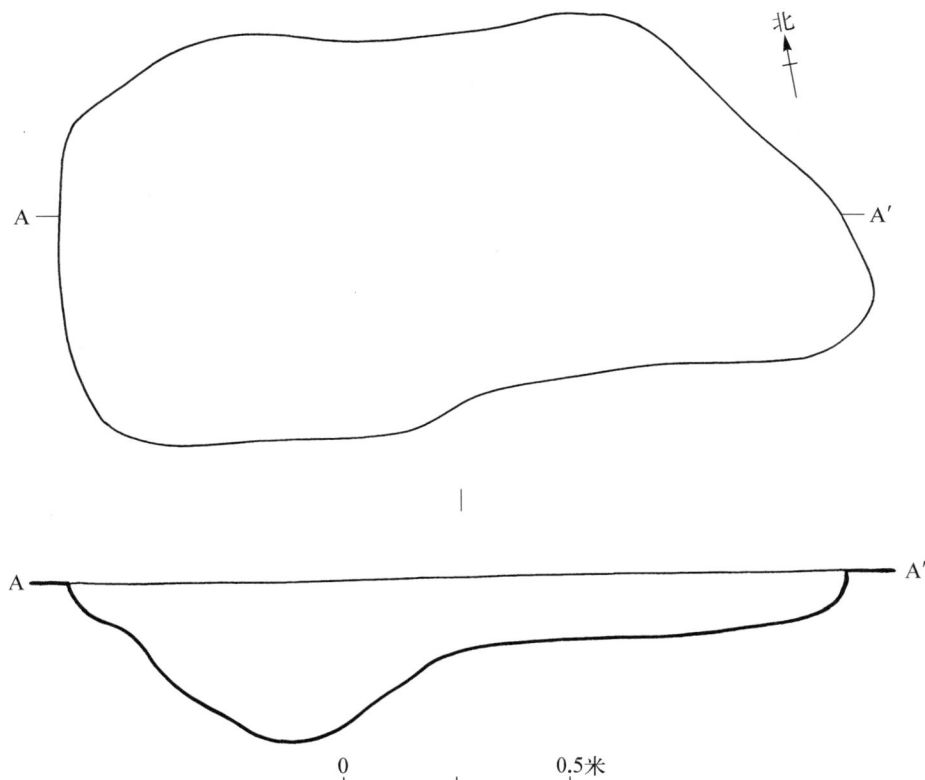

图一一三 2011YFH8平、剖面图

## 2. 陶范

出土少量的锄范、铧范及铧芯。

锄背范　1件。

标本 H8：y2（图一一五，6），残存底端右下角，由2块残块拼合而成，总重380克。梯形板状，细砂质，整体呈浅红色。分型面和浇铸面有涂料层，保存较好。浇铸面灰黑色浇铸痕迹明显。背面平整有涂料层，局部脱落。残长12.7、底端残宽6.8、底端厚3.0、范身厚2.9厘米。右下角有三道刻痕。

## 3. 炉渣

共出土炉渣总量为3.7克，全部为玻璃态渣、木炭和铁块的混合态渣。

## 4. 陶容器

共出土陶容器残片2块，无法辨认器形，均素面。

## 5. 建筑材料

共出土陶瓦6片。

# 4.9　2011YFH9

## 1. 形制与堆积

H9（图一一四），位于T3中部，西邻H8，开口于②层下。口部呈不规则三角形，坑底从南向北

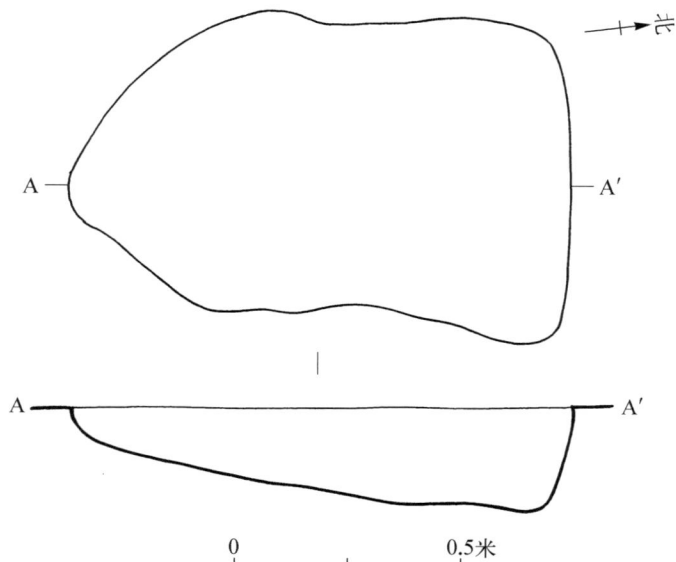

图一一四　2011YFH9平、剖面图

下滑至底。口部南北长113、东西宽74、口距地表30、底距地表54、自深24厘米。无任何工具或修
整痕迹。

　　堆积可分为2层：①层，黄色，淤土，厚5厘米，无包含物。②层，灰褐色，土质松散，包含有少
许红烧土颗粒、炼铁渣等，厚19厘米。


　　2. 陶范

　　出土少量锄范。出土铧范残块1件。另外，未出土铧芯。

　　锄面范　1件。

　　标本H9∶y1（图一一○，1），残存左下角部分，由2块残块拼合而成，总重430克。梯形板状，
细砂质，整体呈橙色。浇铸面灰黑色浇铸痕迹不明显。背面平整有涂料层，局部脱落，中间有一

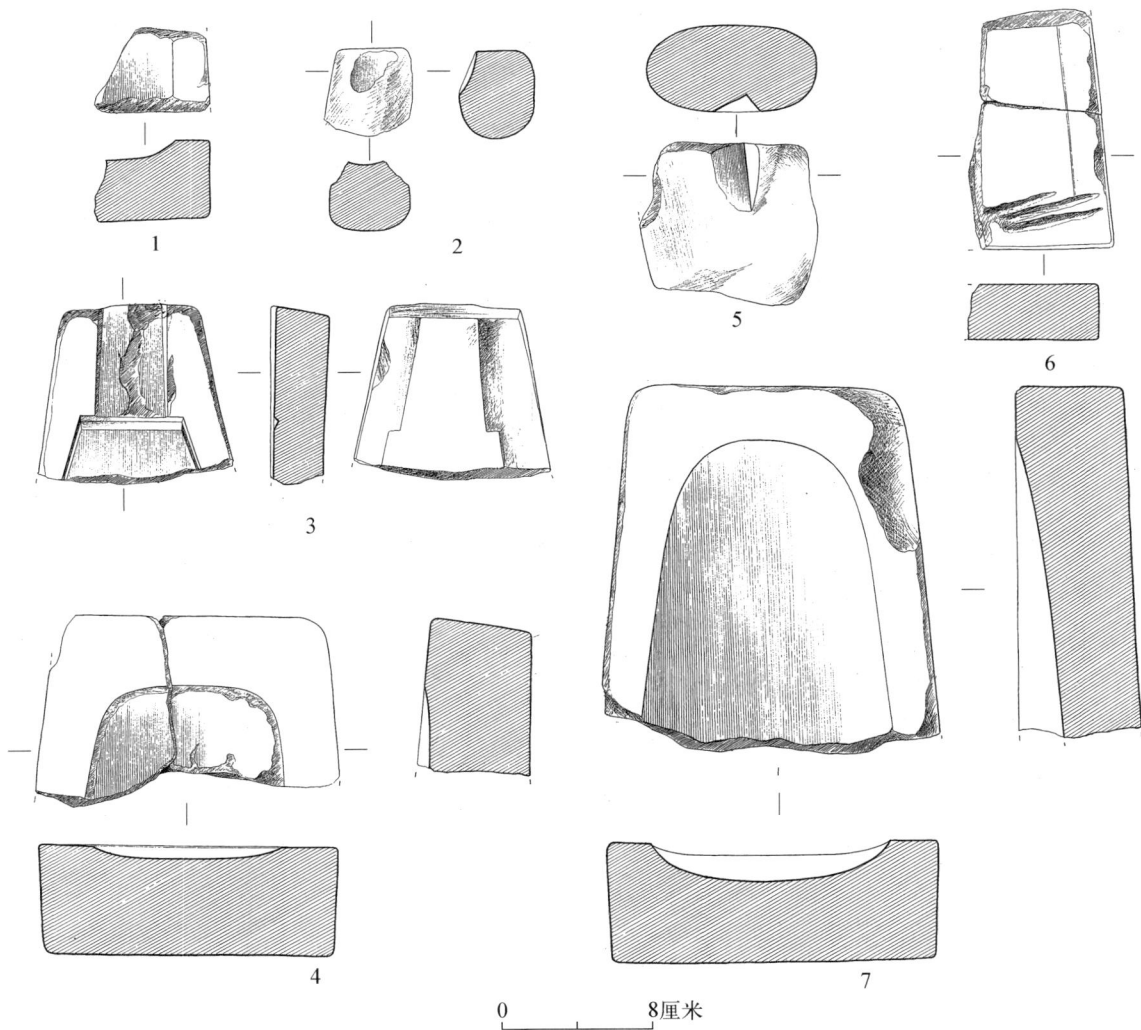

图一一五　2011YFH7、H8、H9、H15、H16出土陶范

1、4、7. 铧范（H16∶y49、H9∶y4、H15∶y1）　2、5. 铧芯（H7∶y85、H7∶y84）　3. 锄面范（H16∶y8）　6. 锄背范（H8∶y2）

下凹的凹槽。残长15.1、底端残宽5.5、范身厚3.0厘米。分型面甚窄,型腔左下角到侧边长2.3、分型面底端长1.5厘米。铸器呈梯形板状,残长14.0、底端残宽3.3厘米。

锄背范　1件。

标本H9:y3(图一一〇,5),残存底端部分,仅1块残块,重130克。梯形板状,细砂质,整体呈深灰色。分型面和浇铸面有涂料层,保存较好。浇铸面灰黑色浇铸痕迹明显。背面平整有涂料层,脱落较多。残长7.4、底端残宽5.0、底端厚2.0厘米。

铧范　1件。

标本H9:y4(图一一五,4),残存下半部分,由2块残块拼合而成,总重1 170克。梯形,细砂质,整体呈橙色。分型面和浇铸面有涂料层,大面积脱落。浇铸面灰黑色浇铸痕迹明显。背面平整有涂料层,脱落较多。残长10.2、底端残宽12.8、底端厚5.2、残存最上端厚5.8厘米。为大型铧范,刃部弧度较大,铸器整体呈舌形,残长6.3、銎宽10.4厘米。

### 3. 炉渣

共出土炉渣总量为514克,其中玻璃态炉渣10克,玻璃态渣、木炭和铁块的混合态渣504克。

标本H9:y10-1(图一一六,1;彩版一九,3),第二类渣,样品熔融程度较好,主要为玻璃态,但孔洞较多,包裹有大量金属颗粒和石英颗粒。玻璃态基体间析出较多的高硅钙晶体。炉壁挂渣。

标本H9:y12(图一一六,2;彩版一九,4),第一类渣,样品熔融程度较好,主要为玻璃态,包裹有大量圆滴状铁颗粒,局部发现有钛铁晶体。熔炼渣。

标本H9:y11(图一一六,3、4;彩版一九,5),第一类渣,样品熔融程度好,主要为玻璃态,包裹有大量圆滴状铁颗粒,少数较大金属颗粒经浸蚀后可见析出的片状石墨。熔炼渣。

标本H9:y9-1-2(1)(图一一六,5、6;彩版一九,6),第二类渣,样品熔融程度好,主要为玻璃态,包裹有圆滴状铁颗粒,多数铁颗粒经浸蚀后可见磷铁共晶组织。熔炼渣。

标本H9:y9-1-2(2),第二类渣。样品熔融程度好,主要为玻璃态,包裹有圆滴状铁颗粒,多数铁颗粒经浸蚀后可见磷铁共晶组织。熔炼渣。

### 4. 铁器与残块

共出土炉底积铁2块,共40克。

残铁块　1件。

标本H9:y8-1-2,共晶白口铁+有片状石墨析出,材质为灰口铁。

### 5. 建筑材料

共出土陶瓦19片,但未见西汉时期的建筑材料。

板瓦　2件,均为泥质。

标本H9:1(图一二八,3),灰色,周边残缺不整。瓦头平整,表面饰有粗绳纹,印迹较

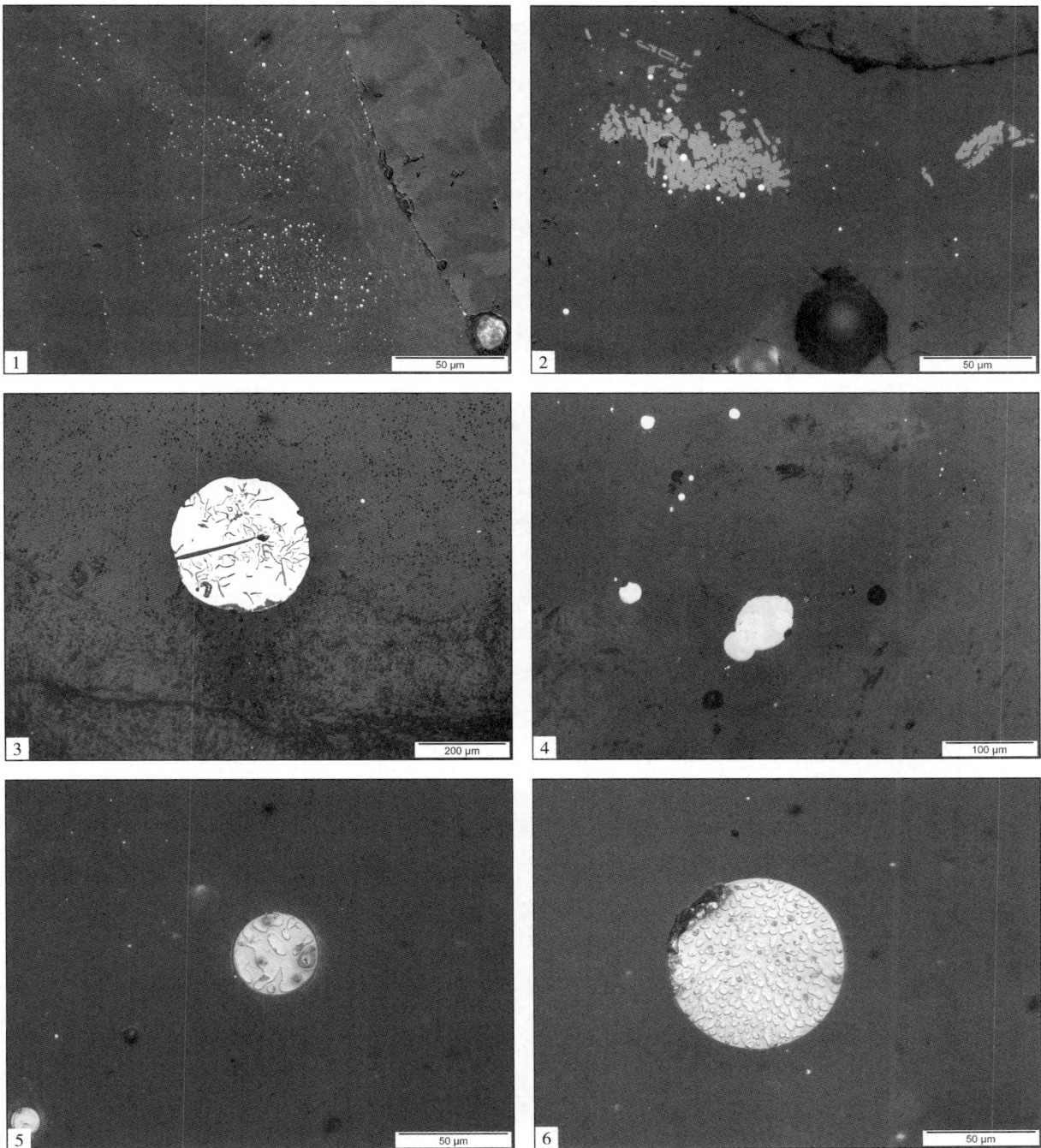

**图一一六 2011YFH9出土炉渣金相显微组织结构图(一)**

1. H9:y10-1,玻璃相基体间分布较多铁颗粒　2. H9:y12,局部不规则形态的钛铁颗粒　3. H9:y11,圆滴状铁颗粒上有片状石墨
4. H9:y11,浸蚀后磷铁共晶和铁素体组织铁颗粒　5、6. H9:y9-1-2(1),浸蚀后磷铁共晶和铁素体组织铁颗粒

深,靠近瓦头部分绳纹被抹。内侧面平整光滑,素面。整体微凸,残长20.1、残宽15.7、厚1.2厘米。

标本H9∶2(图一三四,4),灰褐色,周边残缺不整。瓦头平整,表面近瓦头处有一浅凹槽,表面饰有粗绳纹,绳纹印迹较深,靠近瓦头部分绳纹被抹。内侧面平整光滑,素面。瓦侧面平整无纹饰,可见刮削痕迹。整体微凸,残长22.2、残宽22.8、厚1.3厘米。

### 6. 动物遗存

仅出土黄牛的跖骨(右)2块。

## 4.10　2011YFH10

### 1. 形制与堆积

H10(图一一七),位于T4北部中间,南邻H12,东邻H11,开口于①层下,叠压在H18上。口部呈较规整的长方形,西壁为斜壁,东壁较直,坑底较平。口部东西长267、南北宽127~140、口距地表25、底距地表55、自深25~30厘米。无工具或修整痕迹。

堆积可分为2层:①层,褐色,土质较硬,遍布整个灰坑,包含有少量的黄色土块等。②层,黄褐色,土质较硬,仅分布在灰坑西部小部分,包含大量红褐色小颗粒土点。

### 2. 陶容器

共出土陶容器残片24块,可辨器形釜和鬲15块,约占62.5%;罐和缶9块,约占37.5%。

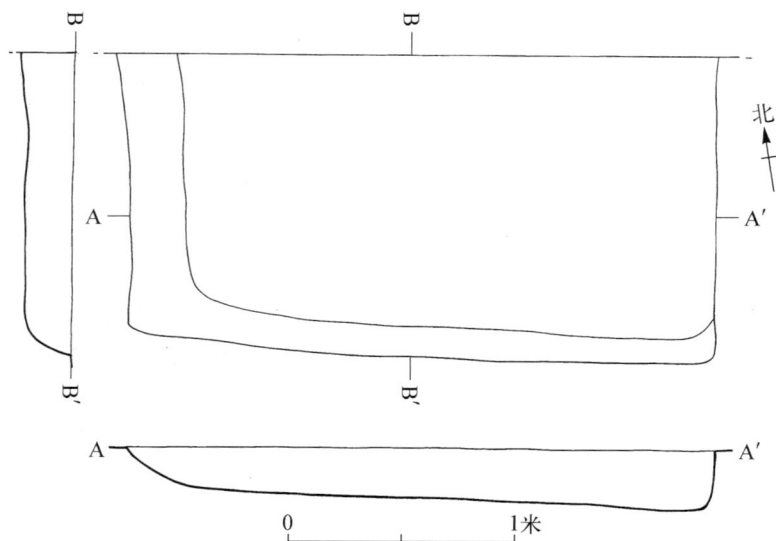

图一一七　2011YFH10平、剖面图

圆肩釜 2件。均为夹砂灰陶。

标本H10：1（图一一九，1），圆肩釜Aa型，卷沿，方唇，领部较高，束颈较明显，肩部微隆，腹部饰斜向绳纹，绳纹印痕较深，残高5.0厘米。

标本H10：2（图一一九，2），圆肩釜Aa型，平折沿，方唇，唇面饰有一道旋纹，折肩，颈、腹部交界处有明显转折，腹部饰有旋纹，残高3.8厘米。

罐 1件。

标本H10：3（图一一九，4），疑为小口鼓腹罐腹片，泥质灰陶，腹部饰有绳纹，绳纹印迹较深，残高3.4厘米。

### 3. 动物遗存

出土可鉴定的动物遗存包括羊和犬。羊的跖骨/掌骨1条，犬的游离齿（右）4块，大型哺乳动物的肢骨1条和肋骨1条。

# 4.11 2011YFH11

### 1. 形制与堆积

H11（图一一八），位于T4东北角，西邻H10和H18，开口于①层下，打破H23。因一部分在探方外，未进行发掘，口部呈不太规则圆形，口大底小，壁呈斜坡状。口部长东西205、南北宽194、口距地表25、底距地表53、自深28厘米。坑壁保存差，无工具或修整痕迹。

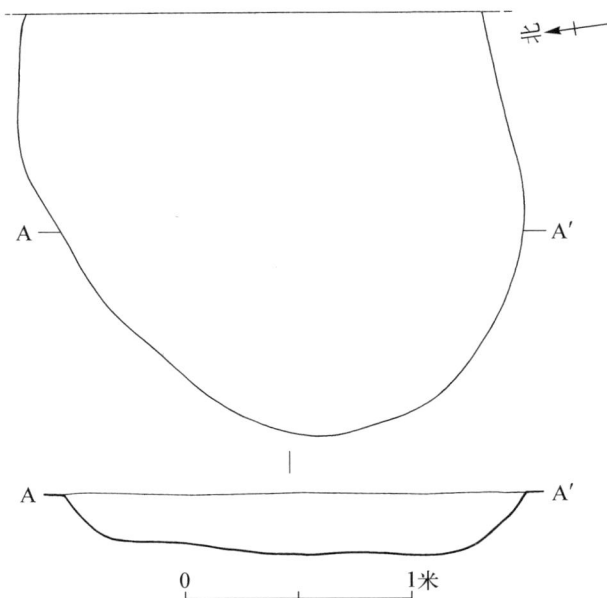

图一一八 2011YFH11平、剖面图

堆积仅为1层：褐色，土质较硬，包含有少量红烧土点颗粒等。

### 2. 陶容器

共出土陶容器残片13块，可辨器形釜和鬲7块，约占53.8%；盆和甑2块，约占15.4%；罐和缶2块，约占15.4%。

小口罐　2件。均为泥质灰陶。

标本H11：3（图一一九，5），小口罐，直口，尖圆唇，素面，口径8.1、残高4.1厘米。

标本H11：4（图一一九，9），小口罐，卷沿，圆方唇，沿下角较大，素面，口径16.2、残高4.9厘米。

鬲　2件。

标本H11：1（图一一九，6），鬲足，夹砂红陶，圆锥状，表面饰有绳纹，残高8.0厘米。

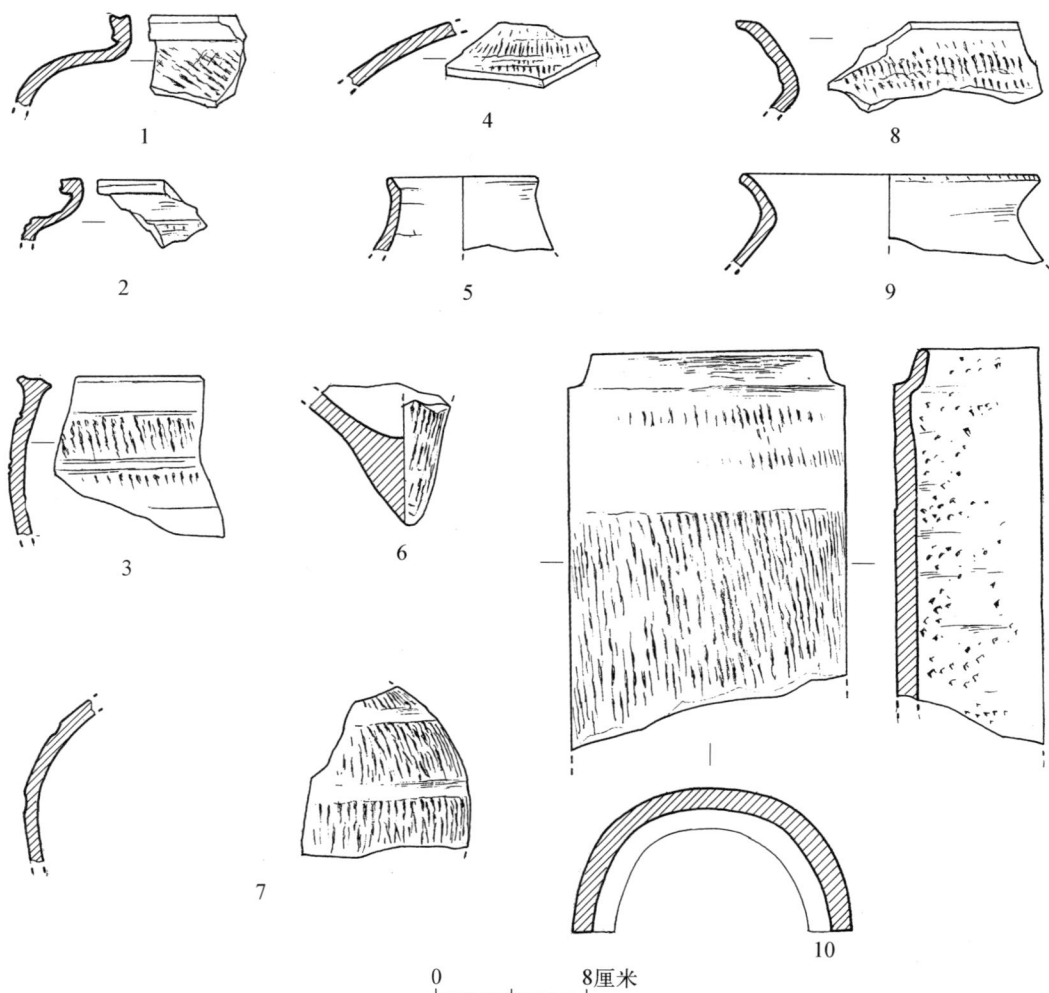

0　　　　　8厘米

图一一九　2011YFH10、H11、H12出土陶器

1、2. 圆肩釜（H10：1、H10：2）　3. 盆（H12：4）　4、7. 罐（H10：3、H12：2）
6、8. 鬲（H11：1、H11：2）　5、9. 小口罐（H11：3、H11：4）　10. 筒瓦（H12：3）

标本H11∶2(图一一九,8),鬲,夹砂红陶,卷沿,沿下角甚大,尖圆唇,沿下饰有斜行绳纹,绳纹印迹模糊,残高5.0厘米。

### 3. 动物遗存

出土可鉴定的动物遗存包括黄牛和羊。出土羊的跖骨/掌骨1条。

# 4.12  2011YFH12

### 1. 形制与堆积

H12(图一二〇),位于T4中部偏北,北邻H10与H18,南邻H14,东邻H23,开口于①层下,打破生土。口部呈不太规整的圆形,口大底小,北壁较直,南壁较斜,底部较平整。口部南北长146、东西宽126、口距地表24、底距地表162、自深138厘米。坑壁保存较好,无工具或修

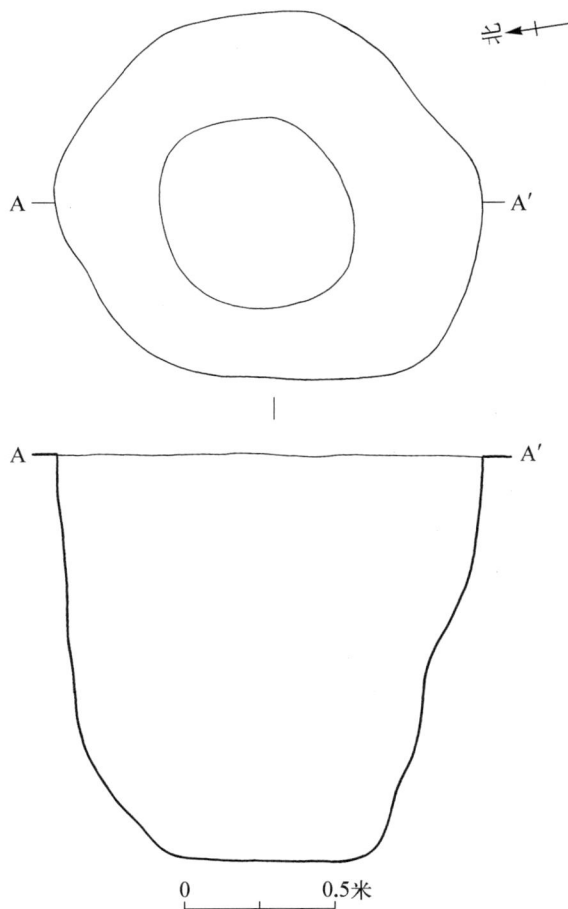

图一二〇  2011YFH12平、剖面图

整痕迹。

堆积仅为1层：褐色，土质较硬，包含少量的红色小颗粒土点等。

## 2. 铁器与残块

共出土铁器残块4块，器形不辨，共190克。残铁块1块，共110克。

残铁器　1件。

标本H12：y3（图一二一，2），样品大部分锈蚀，残留金属为铁素体组织。铁素体晶粒有等轴化现象。无明显石墨和夹杂物。为铸造成型，经退火处理。材质为铸铁脱碳钢/熟铁。

残铁块　2件。

标本H12：y2（图一二一，1；彩版二五，4），样品大部分锈蚀，残留金属主要为铁素体和少量珠光体组织。夹杂物不明显，无石墨析出。为铸造成型，经退火处理。材质为铸铁脱碳钢。

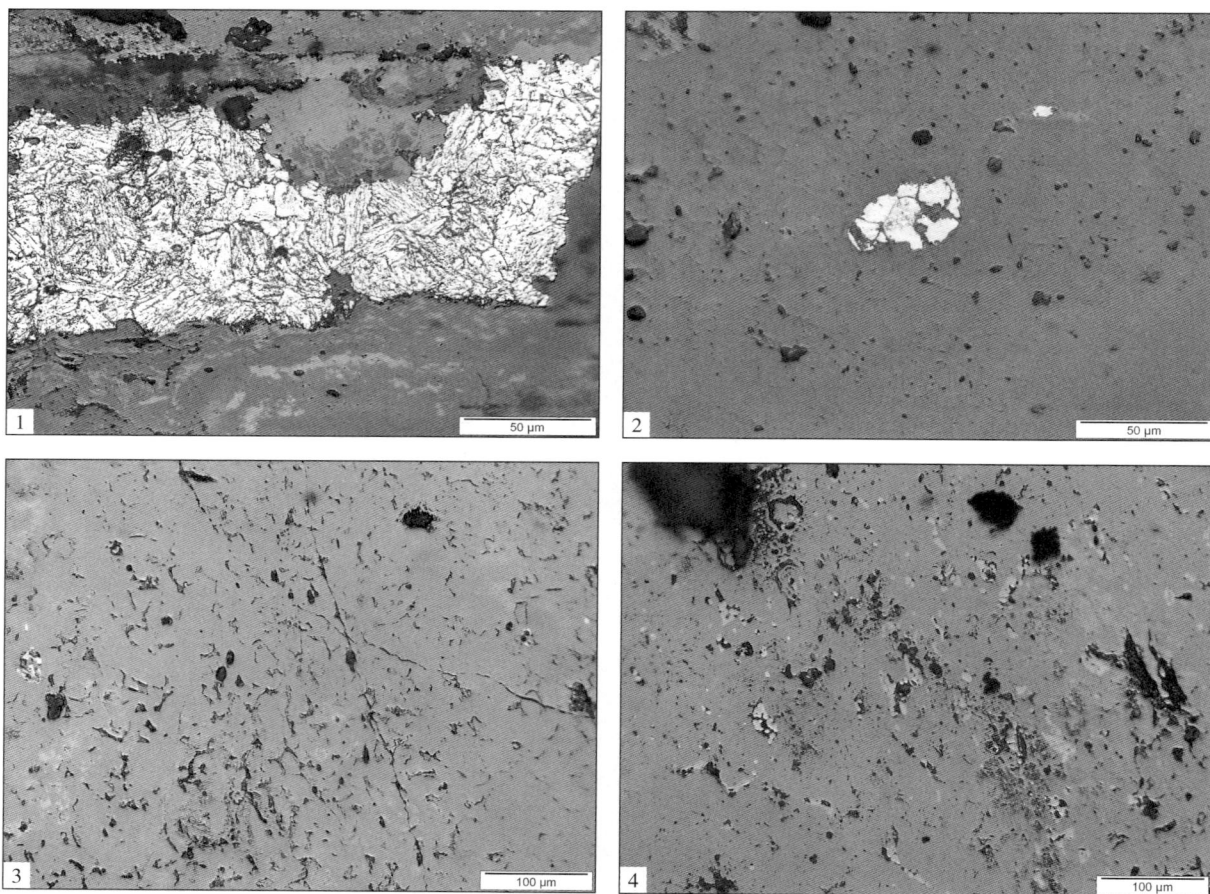

图一二一　2011YFH12出土铁器与残块金相显微组织结构图

1. H12：y2,铁素体和少量珠光体组织　2. H12：y3,残留铁素体组织　3. H12：y4,铁素体和少量珠光体锈蚀后痕迹
4. H12：y4,沿加工方向拉伸变形的夹杂物

标本H12∶y2-1，铁素体＋少量珠光体，亚共析钢组织，有马氏体组织，材质为铸铁脱碳钢＋淬火。

标本H12∶y4（图一二一，3、4；彩版二五，5），样品全部锈蚀，但局部保留有不规则铁素体和少量珠光体组织痕迹，存在较多夹杂物沿加工方向变形。推测为锻造成型。材质为炒钢。

### 3. 陶容器

共出土陶容器残片22块，可辨器形釜和鬲8块，约占36.4%；罐和缶8块，约占36.4%；盆或罐6块，约占27.3%。

釜　1件。

标本H12∶1（图一二三，1），Aa型，夹砂灰陶，圆方唇，圆肩，唇部向外隆起，基本成矮直领，束颈甚不明显，圆肩，口沿下饰有绳纹，残高5.6厘米。

盆　1件。

标本H12∶4（图一一九，3），平折沿，方唇，沿面微鼓，弧腹，上腹较直，上腹饰有一圈绳纹，绳纹上下共有三道旋纹，因形制特殊，且相似者只有一件，暂不分型式，残高9.2厘米。

罐　1件。

标本H12∶2（图一一九，7），疑为小口鼓腹罐腹片，泥质灰陶，弧腹，腹部饰有绳纹，其间以旋纹隔开，残高9.1厘米。

### 4. 建筑材料

共出土陶瓦109片。

筒瓦　1件。

标本H12∶3（图一一九，10），瓦表面饰有绳纹。内侧面有麻点纹。口径12.2、残长22.1厘米。

### 5. 动物遗存

出土可鉴定的动物遗存包括猪、羊和马。出土猪的下颌骨（右）2块，羊的肱骨（左）1条，马的趾骨（左）2块，中型哺乳动物的肋骨2条及中型/大型哺乳动物的肢骨1条。

### 6. 其他

圆陶片　2件。均为夹砂灰陶，表面有中绳纹。

标本H12∶6（图一〇二，2），绳纹印迹模糊，直径约4.9、厚1.2厘米，重28克。

标本H12∶5（图一〇二，5），绳纹印迹较浅，直径约4.6、厚1.1厘米，重30克。

# 4.13　2011YFH13

### 1. 形制与堆积

H13（图一二二），位于T4中部，东北邻H12，开口于①层下，被H14打破。口部呈较规则的椭圆形，口大底小，壁呈直筒状，底部较平。口部南北长195、东西宽114、口距地表23、底距地表333、自深310厘米。坑壁保存较好，无工具或修整痕迹。

堆积可分为10层：①层，浅红褐色，土质较硬，遍布整个灰坑，自南向北倾斜，厚26～71厘米。②层，褐色，土质较硬，分布在灰坑中部和北部，自南向北倾斜，厚0～23厘米。③层，黄褐色，土质较松散，遍布整个灰坑，自南向北倾斜，厚45～71厘米。④层，褐色，土质较硬，分布在

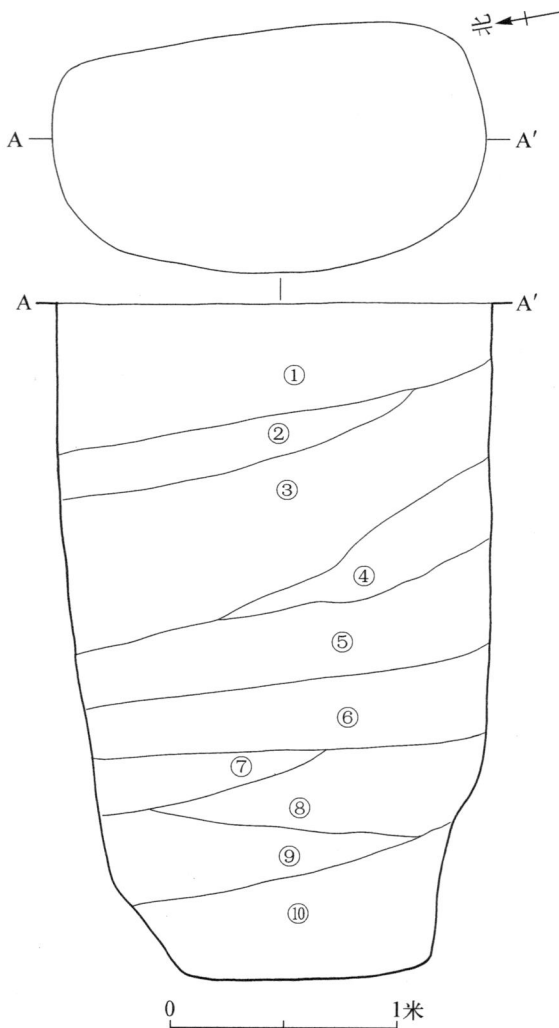

图一二二　2011YFH13平、剖面图

灰坑中部和南部,自南向北倾斜,厚0~38厘米。⑤层,红褐色,土质较硬,遍布整个灰坑,自南向北倾斜,厚25~48厘米。⑥层,青褐色,土质较硬,遍布整个灰坑,自南向北倾斜,厚21~41厘米。⑦层,黄色,土质硬,淤土,较纯净,分布在灰坑北部,自南向北倾斜,厚0~27厘米。⑧层,黄褐色,土质较硬,淤土,含大量水锈,分布在灰坑中部和南部,自北向南倾斜,厚0~43厘米。⑨层,浅灰色,土质极为疏松,分布在灰坑中部和北部,自南向北倾斜,包含有少量红烧土点及木炭星,厚0~43厘米。⑩层,土色较白,土质硬,淤土,遍布整个灰坑,厚36~64厘米,无包含物。

### 2. 陶容器

共出土陶容器残片237块,可辨器形釜和鬲42块,约占17.7%;盆和甑23块,约占9.7%;罐和缶164块,约占69.2%;盆或瓮8块,约占3.4%。

浅腹盆　2件。均为泥质灰陶,平底。

标本H13∶7(图一二三,8),卷沿,沿内侧有一道较深的凹槽,尖圆唇,束颈明显,弧浅腹,素面,因形制较异,暂不分型式,残高6.2厘米。

标本H13∶5(图一二四,3),敞口,腹部饰有瓦棱纹,因形制较异,暂不分型式,底径11.8、残高12.0厘米。

深腹盆　2件。均为泥质灰陶,平折沿,弧腹平底。

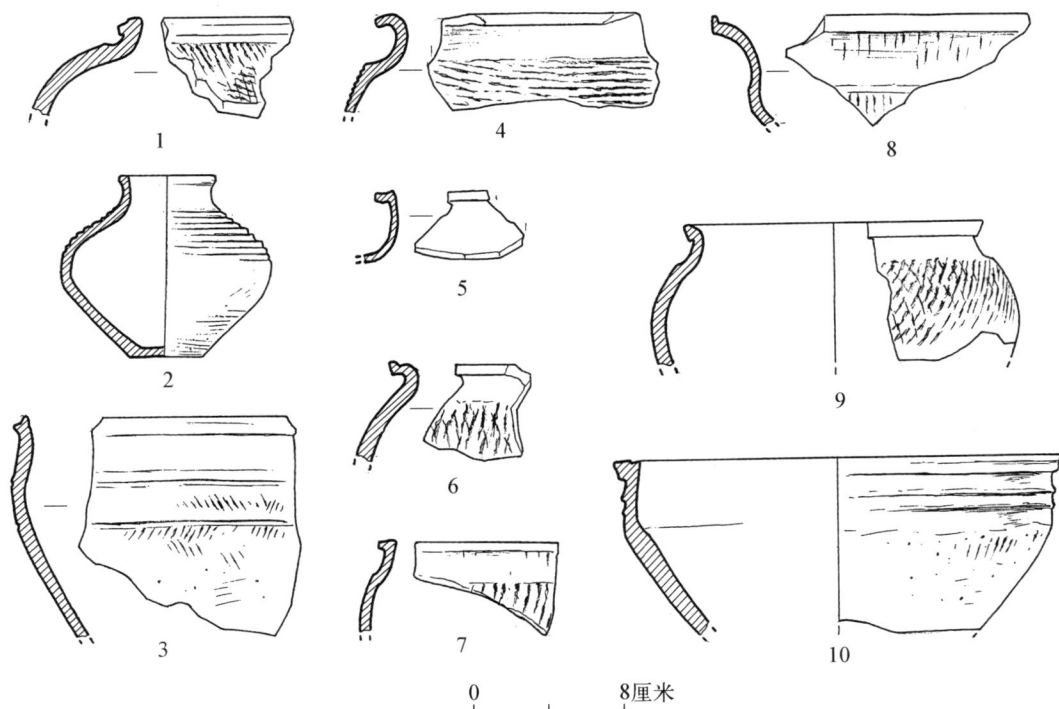

0　　　　　　8厘米

图一二三　2011YFH12、H13出土陶器

1、4、6、7、9.釜(H12∶1、H13∶11、H13∶4、H13∶13、H13∶12)　2.异形罐(H13∶10)　3、10.深腹盆(H13∶6、H13∶3)
5.罐(H13∶2)　8.浅腹盆(H13∶7)

标本H13：6（图一二三，3），Ba型，沿面外低内高，口沿较窄，其上有一道浅凹槽，束颈较明显，腹部微鼓，上腹装饰有一周斜行绳纹，其上下各有一道旋纹，残高12.0厘米。

标本H13：3（图一二三，10），BbⅠ式，沿面有两道旋纹，圆方唇，上腹微向外隆起，上下腹转折较为明显，上腹饰有两道瓦棱纹，口径24.2、残高9.6厘米。

异形罐　1件。

标本H13：10（图一二三，2），A型，微型小口罐，泥质灰陶，小口束颈，微溜肩，鼓腹，平底，最大径接近器身一半的位置，肩部和上腹饰有瓦棱纹，口径5.3、底径4.0、通高10.0厘米。

罐　1件。

标本H13：2（图一二三，5），小口罐，泥质灰陶，平折沿，圆方唇，素面，残高3.9厘米。

小口鼓腹罐　4件。

标本H13：9（图一二四，1），小口鼓腹罐，卷沿，圆方唇，小口束颈，溜肩，腹部饰有竖行绳纹，其间被抹断，分成两部分，口径9.2、残高6.2厘米。

标本H13：8（图一二四，2），小口鼓腹罐，卷沿，圆方唇，小口束颈，溜肩，腹部微鼓，腹部饰有斜行绳纹，其间被抹断，分成三部分，口径6.2、残高9.2厘米。

标本H13：14（图一二四，4），小口鼓腹罐，圆方唇，小口束颈，圆鼓肩，肩部及上腹施有四周斜

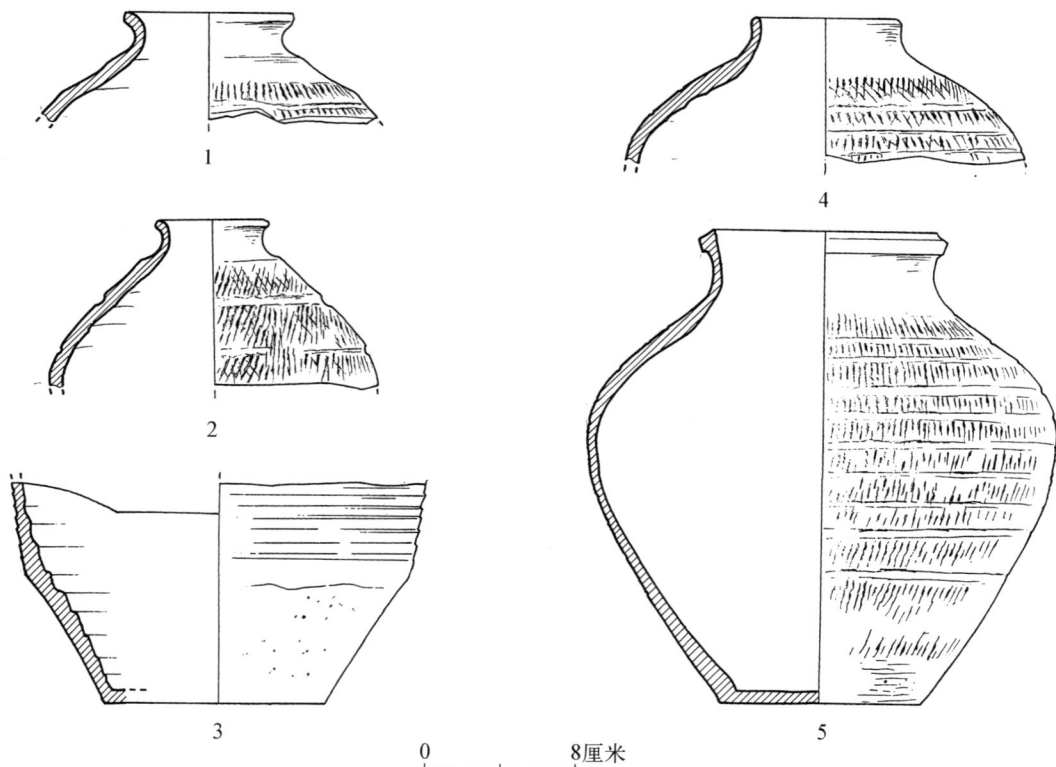

图一二四　2011YFH13出土陶器

1、2、4、5.小口鼓腹罐（H13：9、H13：8、H13：14、H13：1）　3.浅腹盆（H13：5）

行绳纹,其间以三道旋纹隔开,口径8.2、残高8.1厘米。

标本 H13:1(图一二四,5),小口鼓腹罐,卷沿,方唇,沿下角较大,微溜肩,弧腹,平底,上腹占器身不到1/3,最大径在器身偏上位置,腹部饰有绳纹,口径13.3、底径10.8、通高26.0厘米。

釜　4件。

标本 H13:11(图一二三,4),Ca型,夹砂灰陶,卷沿,圆方唇,沿面外撇,领部较高,束颈明显,圆肩,鼓腹,肩部微折,腹部饰有瓦棱纹,残高5.4厘米。

标本 H13:4(图一二三,6),AbⅠ式,红陶,卷沿,方唇,唇面饰有一道旋纹,沿下角近90°,束颈较明显,圆肩,残高5.4厘米。

标本 H13:13(图一二三,7),Aa型,红陶,直口无领,口沿部分有一周加厚的泥条,沿面外侧高,内侧低,表面饰直绳纹,印痕较浅,残高5.1厘米。

标本 H13:12(图一二三,9),AbⅠ式,灰陶,卷沿,圆方唇,口沿相对较小,基本成矮直领,束颈不明显,圆肩,鼓腹,腹部饰有斜行绳纹,口径16.2、残高7.6厘米。

### 3. 建筑材料

共出土陶瓦3片。

### 4. 动物遗存

出土较多的动物遗存。可鉴定的种属包括猪、黄牛、羊、马、中型哺乳动物(鹿)和犬。出土猪的下颌骨(右)1块、上颌骨(左)1块、骨盆(左)1块和趾骨(左)1块,羊的胫骨(右)1块,马的胫骨(左)1块,犬的上颌骨(左)1块和上颌骨(右)1块,中型哺乳动物(鹿)的肢骨1块,中型哺乳动物的肢骨5块和肢骨1块,大型哺乳动物的脊椎4块。

### 5. 其他

圆陶片　1件。

标本 H13:20(图一四一,4),泥质灰陶,表面有较多土锈,直径约3.9、厚0.8厘米,重18克。

# 4.14　2011YFH14

### 1. 形制与堆积

H14(图一二五),位于T4中部,北邻H12,南邻H26,开口于①层下,打破H13与生土。口部呈不规则椭圆形,口大底小,底部较平整。口部东西长140、南北宽114、口距地表22、底距地表197、自深175厘米。坑壁保存较好,无工具或修整痕迹。

堆积仅为1层:褐色,土质较硬,包含有较多褐色小颗粒土点等。

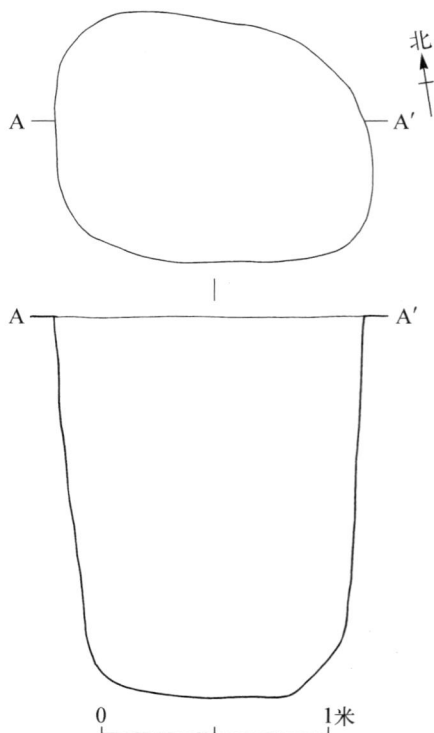

图一二五　2011YFH14平、剖面图

### 2. 陶容器

盆腹部(标本)　1件。

标本H14：9(图一二六，6)，泥质灰陶，上腹饰一周戳印的楔形绳纹(图五四，1)，绳纹上下各有一道旋纹，残高8.0厘米。

深腹盆　5件。均为泥质灰陶，平折沿，折腹，平底。

标本H14：8(图一二六，1)，AⅠ式，尖圆唇，折腹，上腹较直，素面，残高7.2厘米。

标本H14：5(图一二六，3)，AⅠ式，尖圆唇，折腹，上腹较直，上下腹交界处有一周戳印纹饰，残高9.9厘米。

标本H14：12(图一二六，7；图版一一，3)，AⅠ式，沿面外低内高，尖唇，折腹明显，上腹占腹部比例略多于1/3，上腹向内斜收较明显，上下腹交界处有一周弦纹，下腹饰有绳纹，印迹较浅，口径34.7、底径10.2、通高14.2厘米。

标本H14：10(图一二七，3)，附加楔形绳纹标本，盆口沿下有戳印的纹饰，折腹，上腹饰一周戳印的楔形绳纹，绳纹上下各有一道旋纹。

标本H14：11(图一三二，5)，AⅠ式，沿面微鼓，尖圆唇，折腹，上腹较直，上下腹交界处有一周弦纹，口径54.2、残高14.2厘米。

浅腹盆　1件。

标本H14：4(图一二六，2)，可能为浅腹盆残片，泥质灰陶，敞口，束颈明显，圆肩，弧腹，腹部饰有绳纹，绳纹有被抹的痕迹，残高7.2厘米。

小口罐　1件。

标本H14：6(图一二六，5)，小口罐，泥质红褐陶，卷沿，圆唇，束颈明显，素面，残高3.0厘米。

矮直领瓮　1件。

标本H14：7(图一二六，4)，矮直领瓮A型，泥质灰陶，沿面微鼓，外侧高，内侧低，近外侧有一周旋纹，沿内侧较平，素面，残高7.6厘米。

### 3. 建筑材料

板瓦　2件。均为泥质灰陶。

标本H14：14(图一二八，1)，周边残缺。瓦头平整圆滑，表面饰有细绳纹，近瓦头部分素面，瓦身处绳纹被抹去一周。内侧面有麻点纹，保存较差。整体微凸，残长21.6、残宽16.8、厚1.0厘米。

标本H14：13(图一二八，2)，周边残缺。瓦头平整，表面饰有交错绳纹，近瓦头部分素面，瓦身处绳纹被抹去一周。内侧面平整无纹饰。整体微凸，残长18.2、残宽12.4、厚1.1厘米。

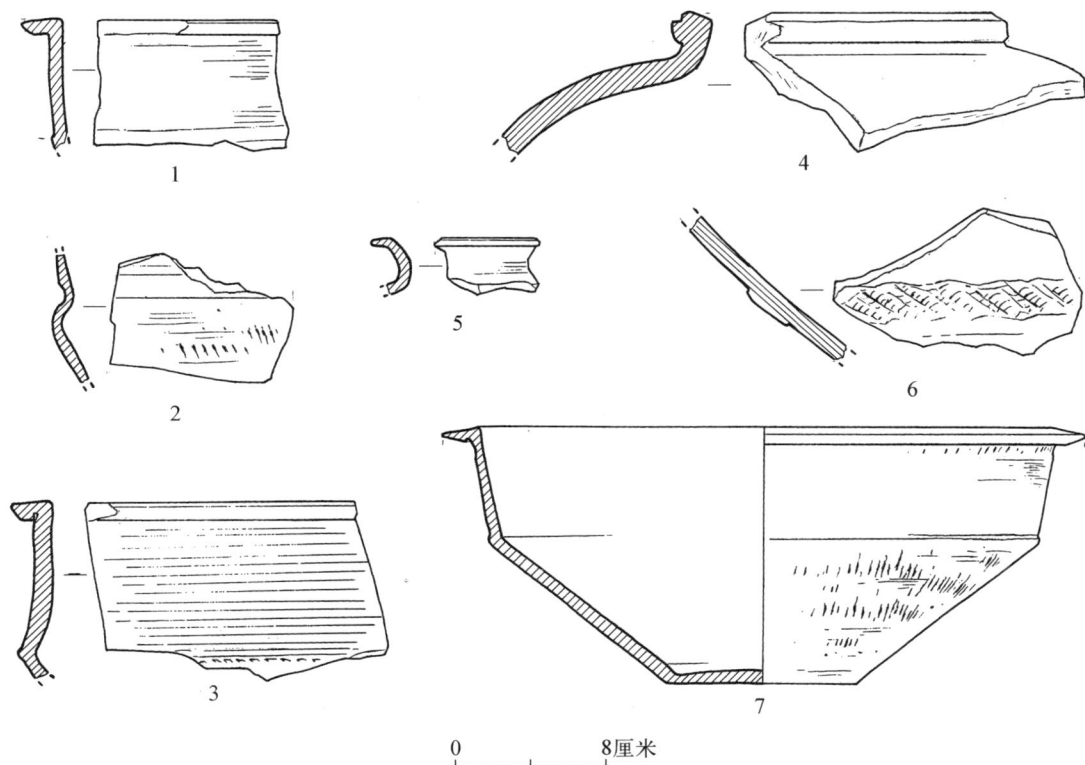

图一二六　2011YFH14出土陶器

1、3、7.深腹盆（H14：8、H14：5、H14：12）　2.浅腹盆（H14：4）　4.矮直领瓮（H14：7）
5.小口罐（H14：6）　6.盆（H14：9）

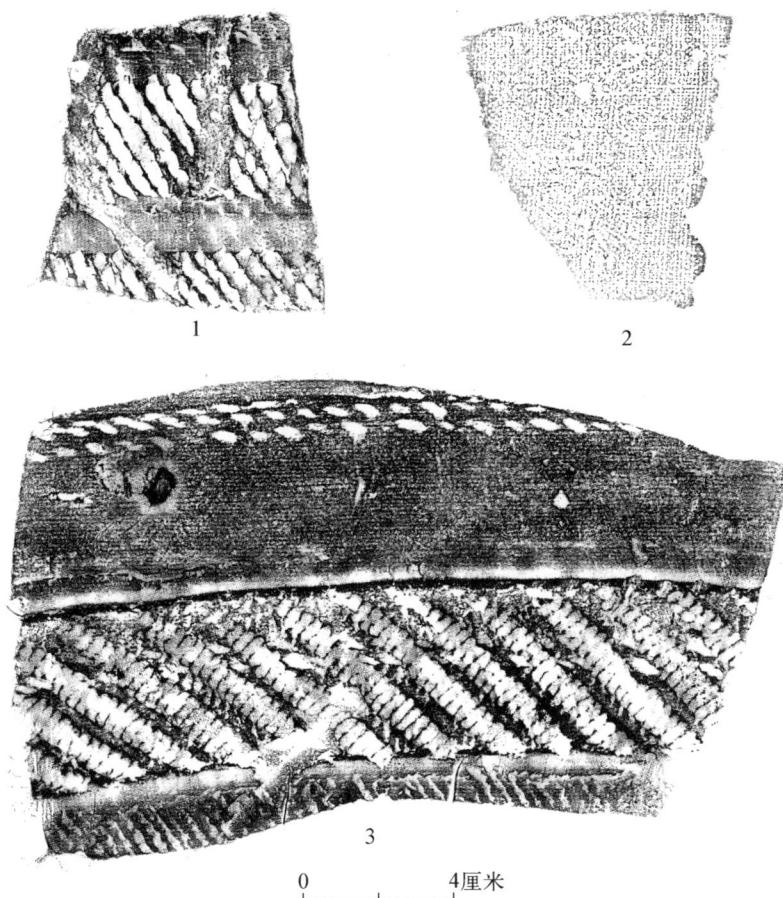

图一二七　2011YFH14、T11出土陶器、瓦纹饰拓片

1、2.板瓦（T11①：7表、内侧面）　3.深腹盆（H14：10）

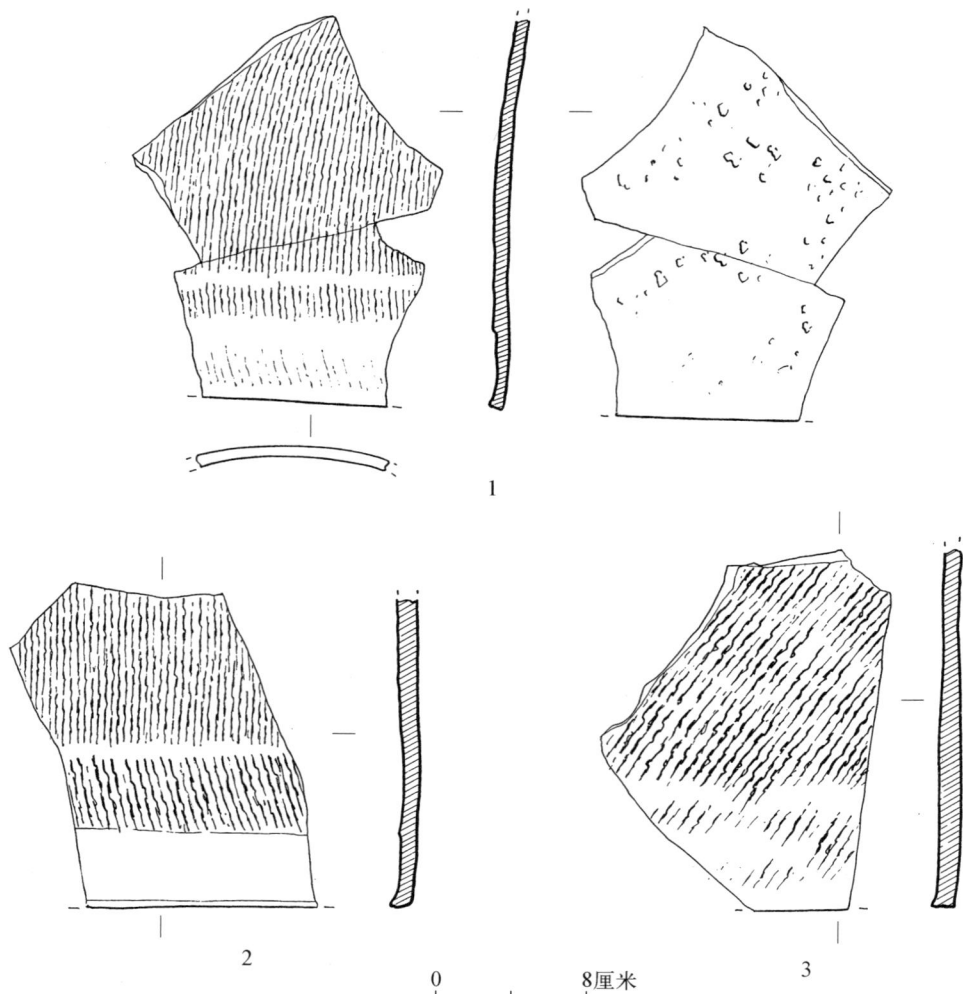

**图一二八　2011YFH9、H14 出土瓦**

1～3. 板瓦(H14∶14、H14∶13、H9∶1)

### 4. 动物遗存

出土可鉴定的动物遗存包括黄牛和羊。黄牛的跖骨(右)1块、跖骨(左)1块和掌骨(右)1块,羊的脊椎4块。

### 5. 其他

骨节约　1件。

标本H14∶1(图版一三,2),柱形,通体磨光,黑色,残长2.6厘米,重3.3克。

陶纺轮　1件。

标本H14∶2(图版一三,6),泥质灰陶,呈圆锥状,表面有数周弦纹,中间有一穿孔,孔径0.9厘米,底端直径4.9、厚0.9厘米,重42克。

# 4.15 2011YFH15

## 1. 形制与堆积

H15（图一二九），位于T4最南边中间位置，在本次发掘区的东部，开口于①层下，打破北边的H26与生土。其平面呈较规整的圆形，口部最大直径为110厘米，最小直径为100厘米。坑壁保

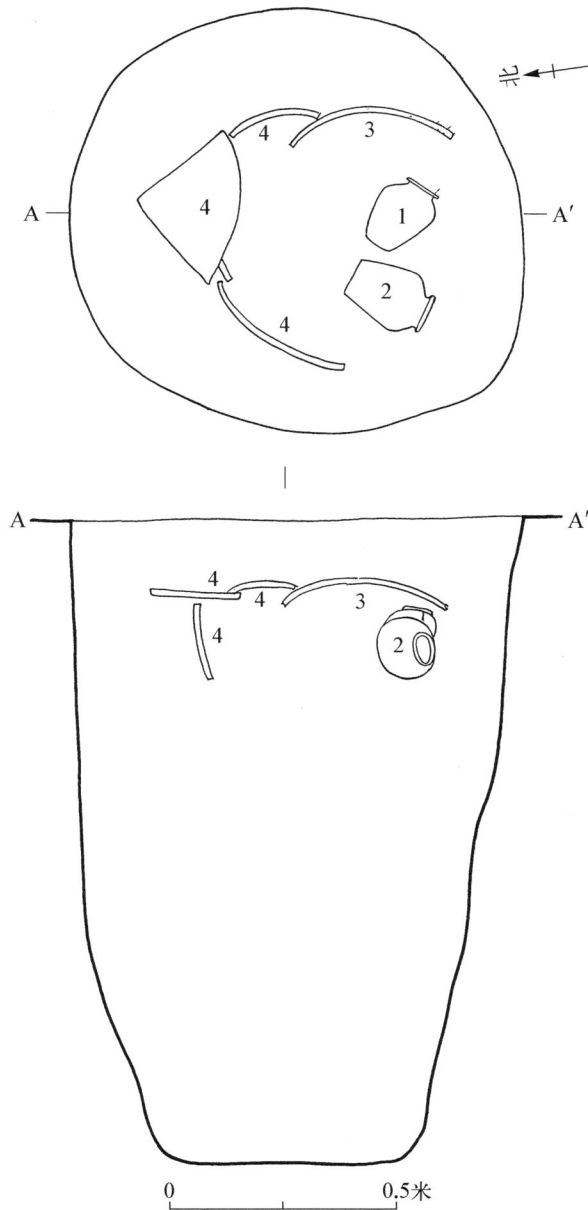

图一二九 2011YFH15平、剖面图

1、2. 小口旋纹罐（H15∶2、H15∶1） 3、4. 瓦（H15∶14、H15∶13）

存较好，无工具或修整痕迹，坑壁上斜下较直，口大底小。坑底较平，呈圆形。口距地表30、底距地表177、自深147厘米。

堆积仅为1层：黄褐色，土质极为疏松，包含有大量褐色小颗粒土点、少量的木炭星及红烧土点。出有陶瓦若干，竖直排列并在坑内排成圆形。2个陶罐放在中间。

### 2. 陶范

共出土铧范1块，可辨大型铧范1件。未见锄范和铧芯。

铧范　1件。

标本H15：y1（图一一五，7），残存中间以下部分，仅1块残块，重2 800克。梯形，细砂质，整体呈橙色。分型面和浇铸面有涂料层，保存较好。浇铸面灰黑色浇铸痕迹明显。背面平整有涂料层，脱落较多。残长19.8、底端宽13.0厘米。底端中间有一竖棱，为合范符号，底端厚5.5、残存最上端厚6.3厘米。为大型铧范，铸器整体呈舌形，刃部弧度较小，残长16.9、銎宽8.6厘米。

### 3. 炉渣

共出土炉渣总量为149克，其中玻璃态炉渣10克，玻璃态渣、木炭和铁块的混合态渣139克。

标本H15：y7（图一三〇，1），第一类渣，样品熔融程度好，主要为玻璃态，包裹有圆滴状铁颗粒，多数铁颗粒经浸蚀后可见磷铁共晶组织。熔炼渣。

标本H15：y8（图一三〇，2；彩版二〇，1），第二类渣，样品熔融程度好，主要为玻璃态，包裹有圆滴状铁颗粒，多数铁颗粒经浸蚀后可见磷铁共晶组织。局部还残留有木炭组织和未熔化的石英颗粒。熔炼渣。

### 4. 铁器与残块

共出土铁器残块1块，仅能判断为铁工具，共720克。残铁块5块，共40克。

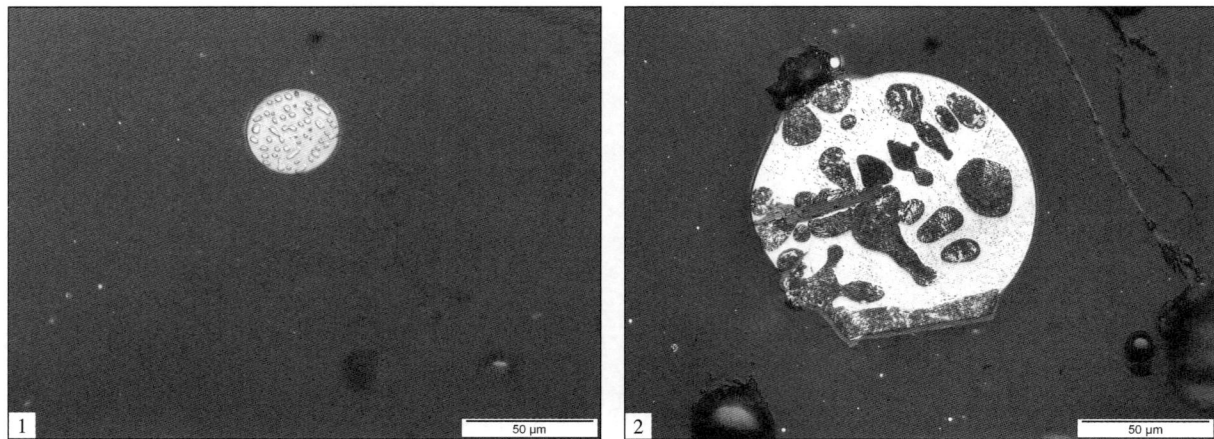

图一三〇　2011YFH15出土炉渣金相显微组织结构图

1. H15：y7，浸蚀后磷铁共晶和铁素体组织铁颗粒　2. H15：y8，浸蚀后磷铁共晶组织和白口铁颗粒

铁工具 1件。

标本 H15：y11（图一三六，6），共1块残块。一侧近平，另一侧较厚，中间似有一圆形穿孔，最大径3.5厘米，整体近长方形，可能原来一半已残。残长14.0、残宽9.6、厚2.0～5.7厘米，重720克。

残铁块 4件。

标本 H15：y2，过共晶白口铁组织，材质为白口铁/铸铁。

标本 H15：y4（图一三一，1），样品大部分锈蚀，残留金属为板条状渗碳体和莱氏体组成的过共晶白口铁组织，锈蚀部分也保留有共晶白口铁组织和片状石墨集合成的石墨团痕迹。石墨团粒径约80微米。为铸造成型。材质为灰口铁/铸铁。

标本 H15：y5（图一三一，2），样品全部锈蚀，锈蚀部分保留有板条状渗碳体和莱氏体组成的过共晶白口铁组织和片状石墨集合成的石墨团痕迹。石墨团粒径约140微米。为铸造成型。材质为灰口铁/铸铁。

标本 H15：y6（图一三一，3），样品全部锈蚀，锈蚀部分仅保留有片状石墨集合成的石墨团痕迹。石墨团粒径约90微米。材质为灰口铁/铸铁。

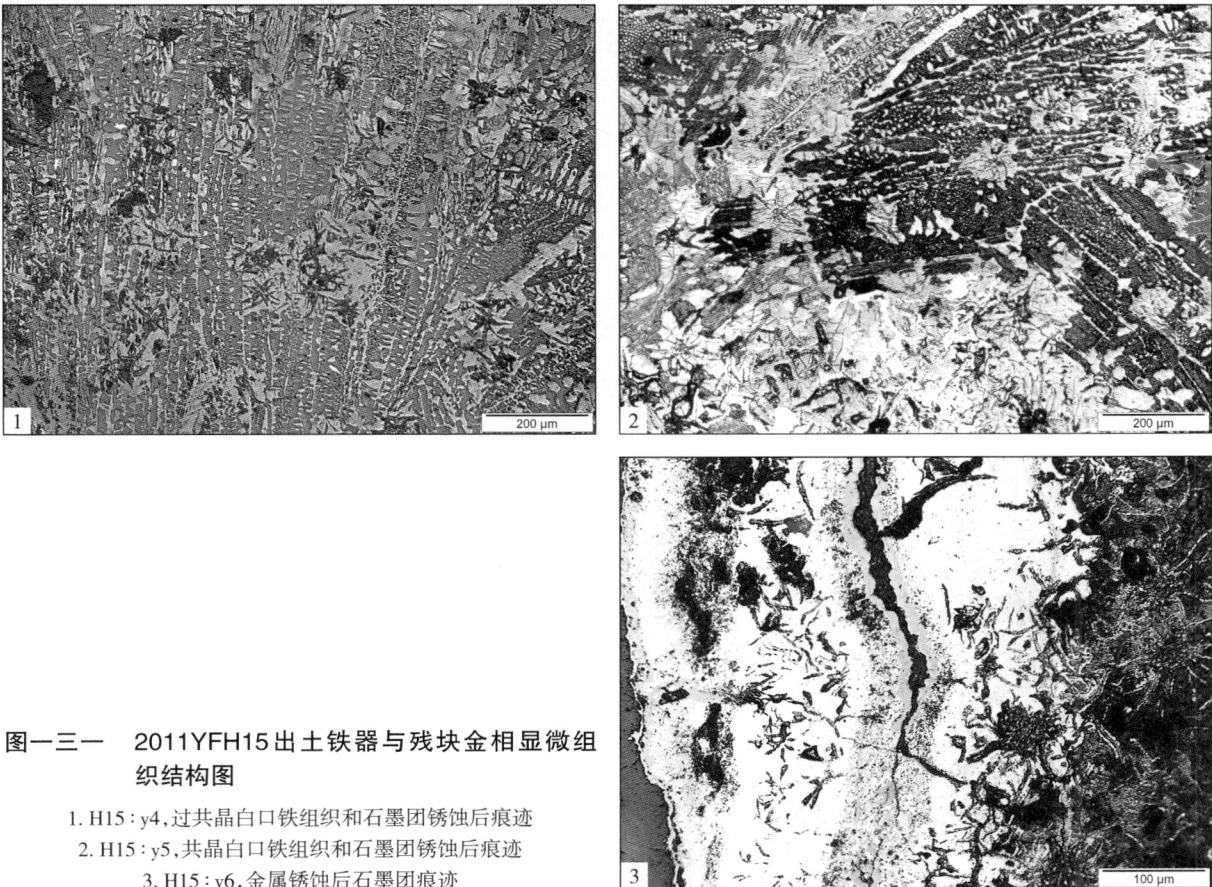

图一三一 2011YFH15出土铁器与残块金相显微组织结构图

1. H15：y4，过共晶白口铁组织和石墨团锈蚀后痕迹
2. H15：y5，共晶白口铁组织和石墨团锈蚀后痕迹
3. H15：y6，金属锈蚀后石墨团痕迹

## 5. 陶容器

共出土陶容器残片87块,可辨器形釜和鬲2块,约占2.3%;盆和甑23块,约占26.4%;罐和缶7块,约占8.0%。纹饰以素面为主,共50块,约占57.5%;绳纹11块,约占12.6%,以细绳纹最多,中绳纹次之,无粗绳纹;弦纹11块,约占12.6%;另有旋纹、大方格纹、暗纹等纹饰。

深腹盆　2件。

均为泥质灰陶,平折沿,尖圆唇,折腹,平底。

标本H15∶3(图一三二,1),AⅠ/Ⅱ式,上腹斜收,上下腹交界处有一周弦纹,残高10.0厘米。

标本H15∶7(图一三二,4),AⅠ/Ⅱ式,折腹,上腹微敛较直,上腹饰有两道旋纹,上下腹交界处有一周弦纹,口径38.4、残高8.2厘米。

浅腹盆　1件。

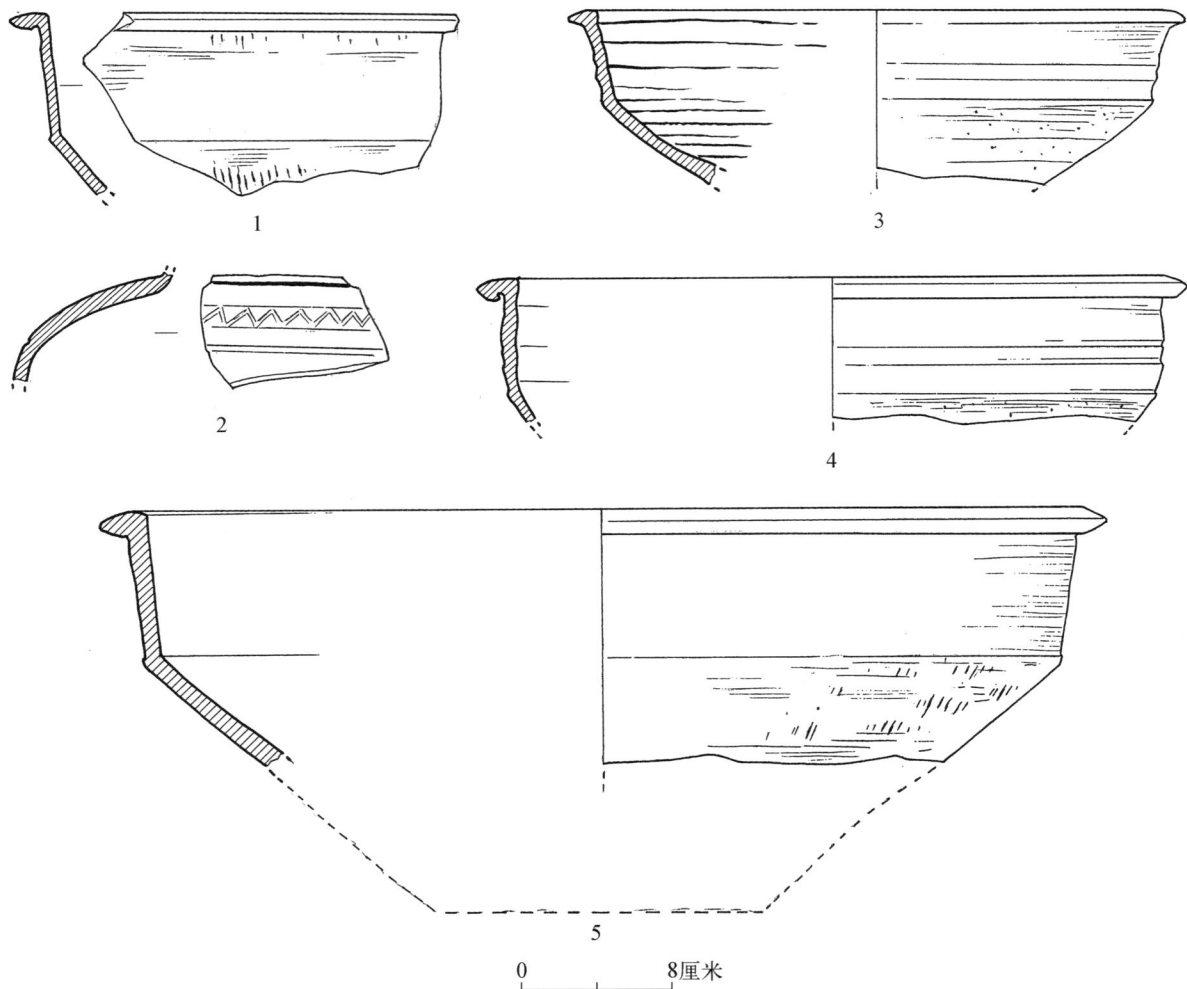

图一三二　2011YFH14、H15出土陶器

1、4、5.深腹盆(H15∶3、H15∶7、H14∶11)　2.罐/缶(H15∶5)　3.浅腹盆(H15∶4)

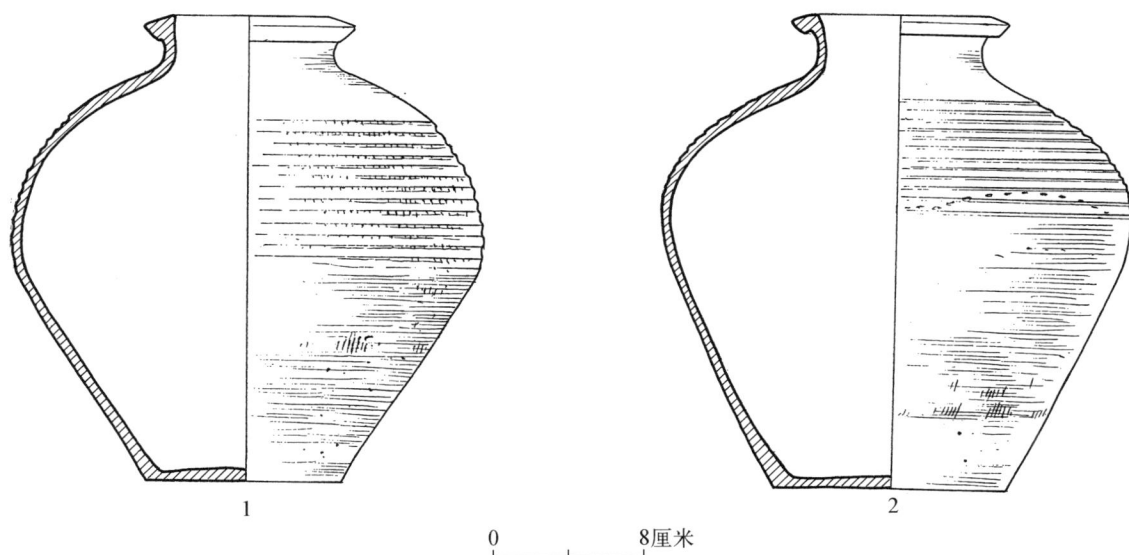

0      8厘米

图一三三　2011YFH15出土陶器

1、2. 小口旋纹罐（H15∶2、H15∶1）

　　标本H15∶4（图一三二，3），浅腹盆AⅠ式，泥质灰陶，卷沿，尖圆唇，折腹，上下腹转折不明显，上腹饰有两道瓦棱纹，内腹壁饰有多道暗旋状，下腹有多道刮削痕迹，口径33.4、残高9.6厘米。

　　小口旋纹罐　2件。均为泥质灰陶，小口，鼓腹，平底，器身饰有旋纹。

　　标本H15∶2（图一三三，1），小口旋纹罐Ⅱ式，平折沿，束颈，圆肩，肩部和上腹饰有间断绳纹，口径11.4、底径10.6、通高25.6厘米。

　　标本H15∶1（图一三三，2；图版一一，4），小口旋纹罐Ⅱ式，平折沿，束颈，圆鼓腹，最大径在器身偏上位置，肩部及腹部饰有旋纹，口径11.6、底径12.5、通高26.1厘米。

　　罐/缶　1件。

　　标本H15∶5（图一三二，2），罐/缶，泥质灰陶，圆鼓肩，上腹饰有一周三角划纹，残高6.4厘米。

　　釜　1件。

　　标本H15∶6（图一四〇，5），釜，夹砂红陶，卷沿，方唇，唇面有一道旋纹，束颈，折肩，颈、腹部交界处有明显的转折，残高5.1厘米。


　　6. 建筑材料

　　共出土陶瓦121片。

　　板瓦　2件。均为泥质灰陶，表面饰有交错绳纹。

　　标本H15∶14（图一三四，3），瓦头平整，近瓦头部分绳纹被抹。内侧面光滑无纹饰。整体微凸，残长15.4、残宽12.0、厚1.1厘米。

　　标本H15∶13（图一三四，5），瓦头平整，表面绳纹印迹清晰。内侧面略粗糙，无纹饰。整体微凸，残长24.0、残宽28.9、厚1.2厘米。

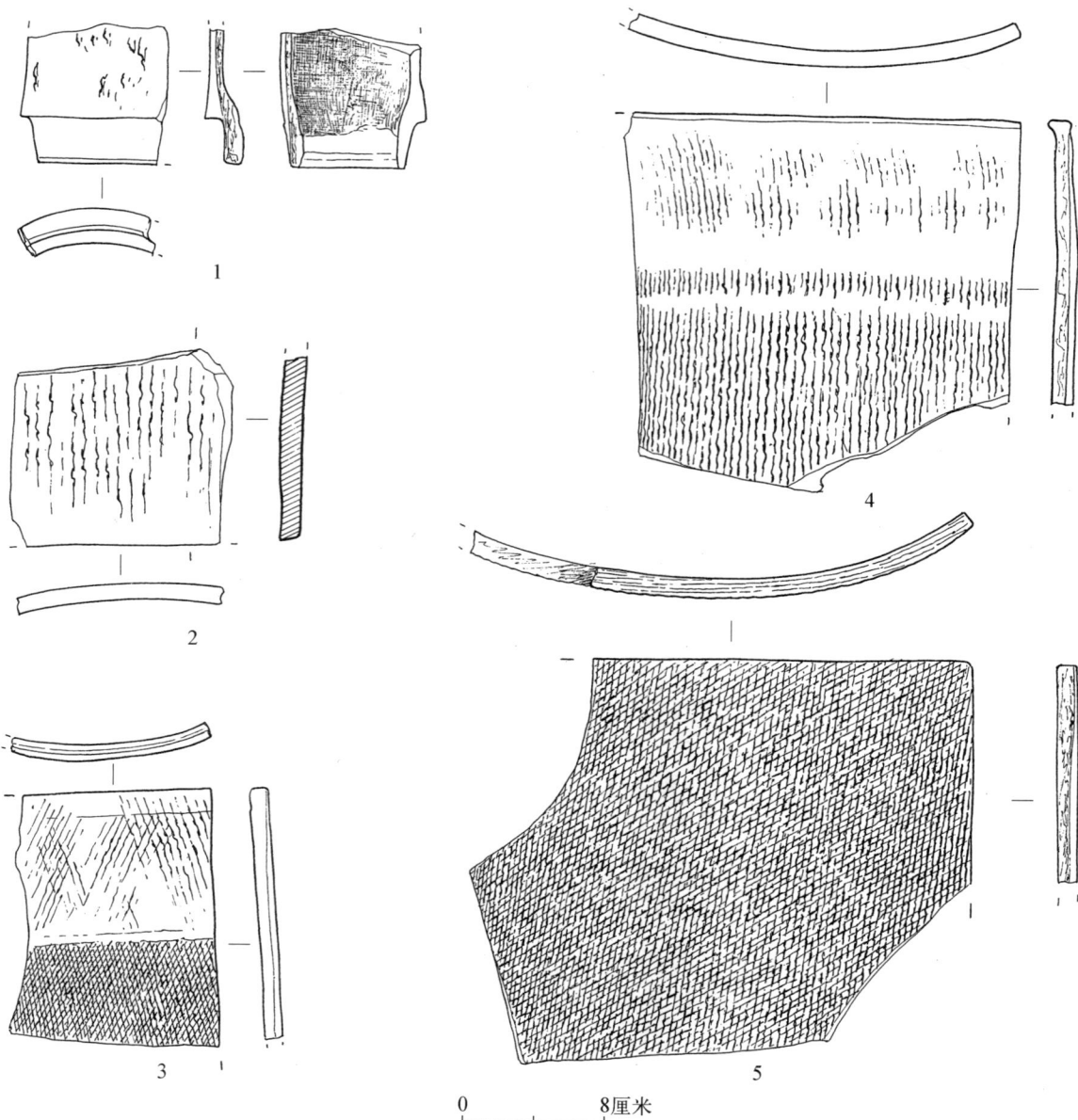

0　　　　　8厘米

图一三四　2011YFH9、H15、H24出土瓦

1. 筒瓦（H24：9）　2～5. 板瓦（H24：8、H15：14、H9：2、H15：13）

### 7. 动物遗存

出土大量的动物遗存。可鉴定的种属包括猪、黄牛、山羊、羊（绵羊）、羊、马、鹿、犬和鸡。猪的头骨2块、下颌骨（右）4块、下颌骨（左）4块、上颌骨1块、游离齿（左）2块、骨盆（左）1块、肋骨（左）2条和骶骨1条，黄牛的下颌骨（左）3块、肩胛骨（右）3块、脊椎1块、肱骨1块、掌骨（左）4块、掌骨（右）1块、趾骨1块、跖骨（右）1块、跖骨2块、脊柱3块、尺骨4条、桡骨（左）3条、肋骨（左）2条、骶骨4块、股骨3条和骨盆（左）2块，山羊（较大型）的肱骨（左）1块，羊（绵羊）的肋骨1

条,羊的头骨(左、右)4块、下颌骨(右)1块和游离齿(右)4块,马的趾骨(右)1块、肱骨(左)1条和桡骨(右)1条,鹿的头骨1块,犬的下颌骨(右)5块、上颌骨(右)1块、头骨3块、游离齿(右)9块、游离齿(未知)8块、跖骨(左)3块、肋骨(左)2条、肩胛骨(左)1块、胫骨(左)4条、尺骨(右)3条,鸡的尺骨(右)3条,中型哺乳动物的头骨2块、脊柱1块、肋骨6条和股骨1条,中型/大型哺乳动物的肢骨1条,大型哺乳动物的头骨2块、肩胛骨2块、骨盆4块、肱骨1条和肋骨2条。

### 8. 其他

圆陶片　1件。

标本H15:12(图一四一,3),泥质灰陶,表面有数道旋纹,印迹模糊,直径约5.3、厚1.4厘米,重43克。

# 4.16　2011YFH16

### 1. 形制与堆积

H16(图一三五),位于T4东南部,西邻H26,开口于①层下,打破H19和H20。口部呈不太规整的椭圆形,壁呈斜坡状。口部东西长108、南北宽80、口距地表25、底距地表70、自深45厘米。坑壁保存较好,无工具或修整痕迹。

堆积可分为3层:①层,浅黄色,土质较疏松,淤土,下有一层较薄的黑色土层,几乎遍布整个灰坑,包含有少量木炭星等,厚0~17厘米。②层,浅白色,土质柔软,分布在灰坑西部小部分,厚0~15厘米,无包含物。③层,灰色,土质松散,遍布整个灰坑,厚16~33厘米,包含有大量木炭星等。

### 2. 陶范

共出土锄范84块,其中面范8件、背范8件。铧范13块,可辨大型铧范1件。铧芯4块,可辨大型铧芯1件、小型铧芯1件。

锄面范　2件。

标本H16:y8(图一一五,3),残存底端部分,仅1块残块,重310克。梯形板状,细砂质,整体呈蓝灰色。分型面和浇铸面有白色和红色涂料层。浇铸面有灰黑色浇铸痕迹,

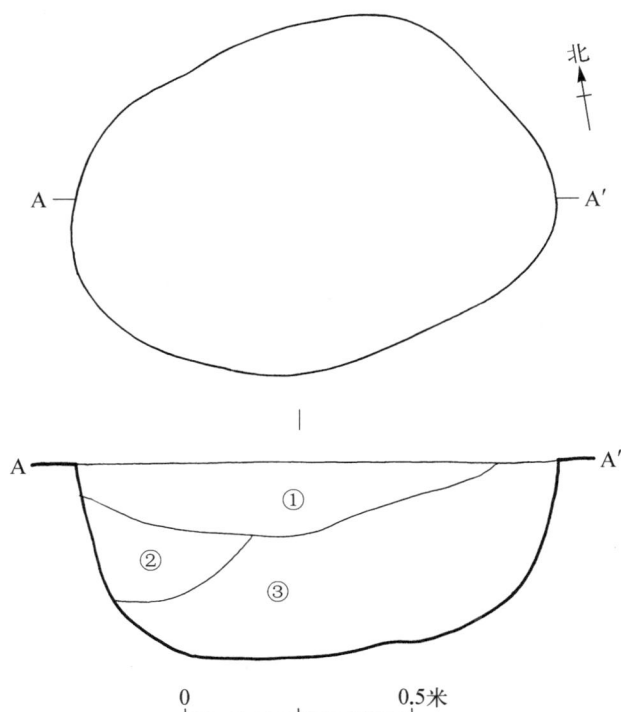

图一三五　2011YFH16平、剖面图

浇道涂料层严重脱落。背面平整,有涂料层,局部脱落,中间有型腔形隆起。残长9.6、顶端宽6.8厘米。顶端面向浇铸面斜收,左右两侧近垂直,顶端厚3.0、残存最下端厚2.7厘米。浇道短且粗,平面呈梯形,浇道长5.9、浇道宽(上)3.5、浇道宽(下)3.7厘米。型腔顶端刻槽较深,左上角到侧边长1.7、右上角到侧边长1.9厘米。铸器呈梯形板状,残长3.7、顶端宽5.3厘米。

标本H16:y2(图一三六,4),残存底端左下角,由2块残块拼合而成,总重270克。梯形板状,细砂质,整体呈浅灰色。分型面和浇铸面有白色涂料层。浇铸面有灰黑色浇铸痕迹。背面平整有涂料层,较粗糙,局部脱落。侧面涂料层有大面积脱落。残长10.5、底端残宽8.1厘米。底端面向浇铸面斜收,底端厚2.6、范身厚2.6厘米。型腔左下角到侧边长1.4、分型面底端长1.3厘米。铸器呈梯形板状,残长8.8、底端残宽6.6厘米。

锄背范　4件。

标本H16:y24(图一三六,1),残存中部,仅1块残块,重180克。梯形板状,细砂质,整体呈浅灰色。分型面和浇铸面有白色和红色涂料层,局部脱落。浇铸面有灰黑色浇铸痕迹。背面平整,有涂料层,较粗糙,局部脱落,中间有浇道形隆起。残长11.2、顶端残宽5.3、残存最下端宽10.3、顶端厚2.9、残存最下端厚2.8厘米。

标本H16:y27(图一三六,2),残存顶端部分,仅1块残块,重460克。梯形板状,有大量白色颗粒,整体呈橙色。分型面和浇铸面有白色和红色涂料层,局部脱落。浇铸面有灰黑色浇铸痕迹和钙质粘附物。背面平整,有涂料层,保存较好。残长11.6、顶端宽7.3厘米。顶端面向浇铸面斜收,左右两侧边垂直,右侧边上残留有编织物痕迹,顶端厚3.4、残存最下端厚3.1厘米。浇道呈漏斗状,宽短,浇道长3.2、浇道宽3.3厘米。从浇铸痕迹看,铸器顶端约4.9厘米。

标本H16:y30(图一三六,3),残缺底端右下角,由2块残块拼合而成,总重1330克。梯形板状,细砂质,整体呈浅红色。分型面和浇铸面有白色和红色涂料层,局部脱落。浇铸面有灰黑色浇铸痕迹。背面平整,有涂料层,局部脱落,近顶端处有半圆形隆起。背面有数道斜向浅槽纹贯穿顶端与底端,可能为制范留下痕迹。长27.3、顶端宽7.5、底端宽15.7、顶端厚3.5、底端厚2.5厘米。浇道漏斗状,宽短,浇道长3.4、浇道宽3.6厘米。分型面底端宽1.9、型腔左下角到左侧边长1.3厘米。铸器呈梯形板状,长19.3、顶端宽6.1、底端残宽10.4厘米。

标本H16:y25(图一三六,7),残存顶端部分,由3块残块拼合而成,总重930克。梯形板状,细砂质,整体呈深红色,有大量白色颗粒。分型面和浇铸面有白色和红色涂料层,部分脱落。浇铸面有灰黑色浇铸痕迹。背面平整有涂料层,局部脱落。残长19.8、顶端宽7.7、残存最宽12.9厘米。顶端面有近三角形隆起,顶端面向浇铸面斜收,顶端厚3.3、残存最下端厚2.7厘米。浇道呈半漏斗状,浇道长3.1、浇道宽3.3厘米。

铧范　4件。

标本H16:y49(图一一五,1),残存左侧部分,仅1块残块,重130克。细砂质,整体呈橙色。分型面和浇铸面有涂料层,局部脱落。浇铸面灰黑色浇铸痕迹明显。侧面、顶面、底面平整有涂料层,局部脱落。为小型铧范,残长4.4、残宽5.9、范身厚4.1厘米。

标本H16:y45(图一三六,5),残存底端右下角,仅1块残块,重1320克。梯形,细砂质,整体

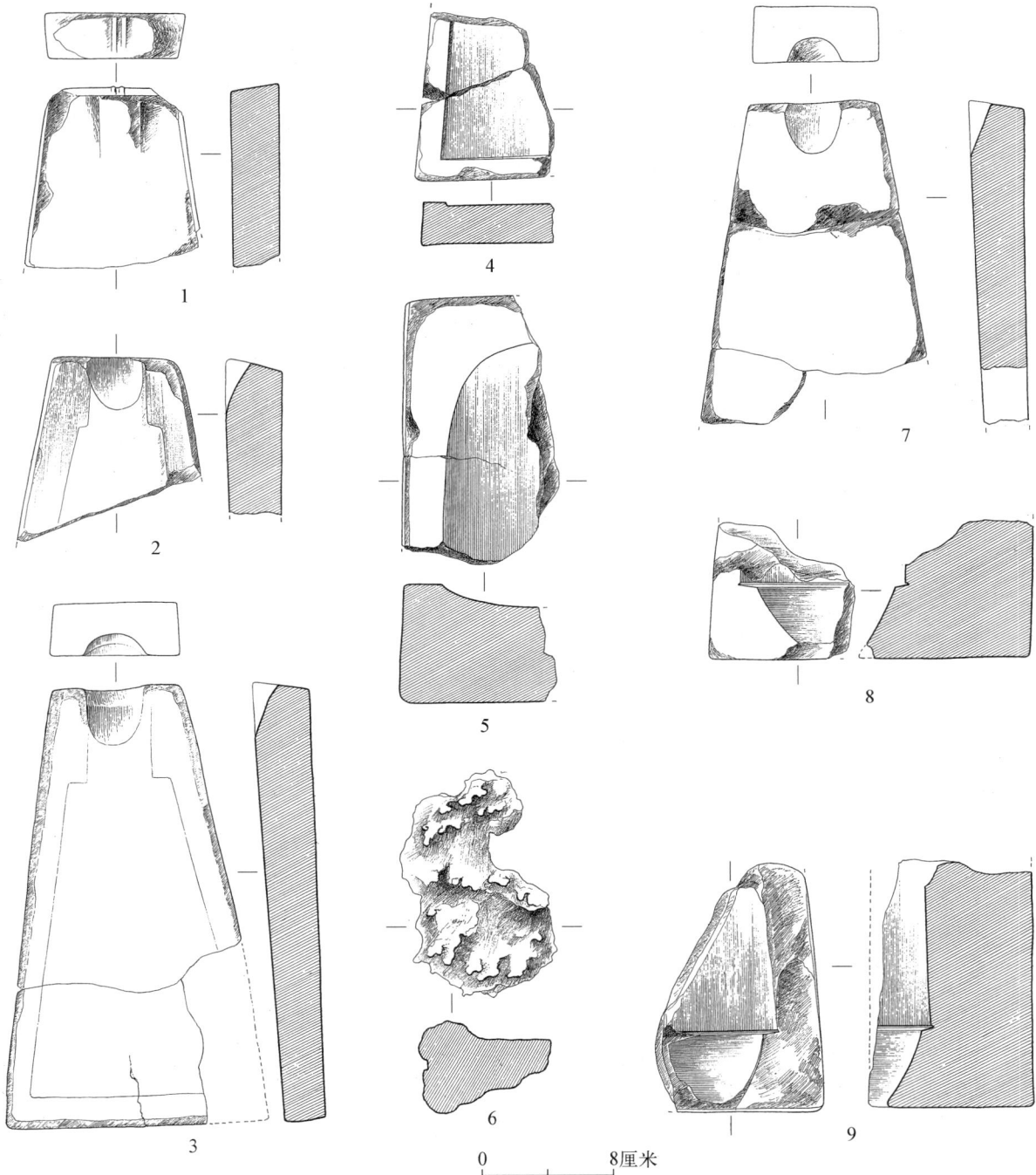

**图一三六 2011YFH15、H16出土陶范及铁器**

1～3、7. 锄背范（H16∶y24、H16∶y27、H16∶y30、H16∶y25） 4. 锄面范（H16∶y2）
5、8、9. 铧范（H16∶y45、H16∶y44、H16∶y55） 6. 铁工具（H15∶y11）

呈浅红色。分型面和浇铸面有涂料层,保存较好。浇铸面灰黑色浇铸痕迹明显。侧面、顶面、底面平整有涂料层,底面不平。残长16.6、底端残宽6.5厘米。底端有"T"形合范符号,底端厚6.1、范身厚7.5厘米。为大型铧范,铸器整体呈舌形,残长13.7厘米。

标本H16∶y44(图一三六,8),残存顶端右上角,仅1块残块,重760克。梯形,有大量白色颗粒,整体呈橙色。分型面和浇铸面有涂料层,严重脱落。浇铸面灰黑色浇铸痕迹明显。侧面、顶面、底面平整,有涂料层,局部脱落。残长8.6、顶端残宽7.2、顶端厚10.3厘米。与范/芯扣合处长4.5、与范/芯扣合处残宽(下)5.7、分型面斜长5.5厘米。为大型铧芯,铸器顶端平齐,残长3.5、顶端残宽6.5厘米。

标本H16∶y55(图一三六,9),残存上半部分,仅1块残块,重1 460克。梯形,细砂质,整体呈橙色,有大量白色颗粒。分型面和浇铸面有涂料层,保存较好。浇铸面灰黑色浇铸痕迹明显。侧面、顶面、底面平整有涂料层,局部脱落。残长15.3、顶端残宽8.8、顶端厚9.9、残存最下端厚9.6厘米。与范/芯扣合处长4.7、与范/芯扣合处残宽(上)3.5、与范/芯扣合处残宽(下)6.4、分型面顶端最宽5.2、分型面斜长5.0厘米。为大型铧范,铸器顶端平齐,残长10.3、顶端残宽7.3厘米。


### 3. 鼓风管与炉壁

共出土第一类鼓风管残块3 650克,第一类或第二类鼓风管残块1 210克。另外,亦出土渣或炉衬共60克。

鼓风管　6件。

标本H16∶y74(图一三七,1),仅1块残块,能判断弧度。草拌泥质。管身为弯曲形,顶端朝水平方向,末端朝下,残块为大致水平或倾斜朝下转折方向。残长6.1、残宽11.4、厚2.9~3.5厘米,末端外径21.0、内径14.0厘米,重210克。外侧有熔融层,表面呈蜂窝状,但熔融层不厚,亦无向下熔滴现象。

标本H16∶y84(图一三七,2),仅1块残块,能判断弧度。橙色,草拌泥质,但草拌泥比例不高,含砂量较少。管身甚直,较厚一端顶端甚平,不排除顶端为顶吹式管转弯部分。一端壁厚,另一端壁薄,可能管身为漏斗状。残长5.8、残宽9.1、厚约3.7厘米,复原内径为9.0厘米,重170克。外侧有甚厚熔融层,与高温接触。

标本H16∶y70(图一三七,3),由3块残块拼合而成,不能判断弧度,与y67质地相似,可能属同一个体。橙色,草拌泥质。外侧有涂料层处理,但未压印绳纹,内侧经涂料层处理,但较粗糙。残长8.6、残宽17.0、厚约3.4厘米,总重700克。可复原拼对部分外型呈球状,与直筒状鼓风管不同,不排除为顶吹式管,在其中一面有较平直交接面,鼓风管可能由多段拼成。

标本H16∶y67(图一三七,4),由2块残块拼合而成,能判断弧度,初步判断为由炉外伸进炉内的过渡部分,为原来1/4位置。橙色,草拌泥质,质地疏松,无粗粒砂。内外侧经涂料层处理,但外侧未见绳纹,内壁平整。残长13.8、残宽10.2、厚约2.4厘米,末端伸进炉内部分内径为18.0、外径11.0厘米,总重300克。末端熔融程度较高,末端一半以上已熔融。且熔融部分呈窄条带状分布,可能与斜向插入炉内有关。

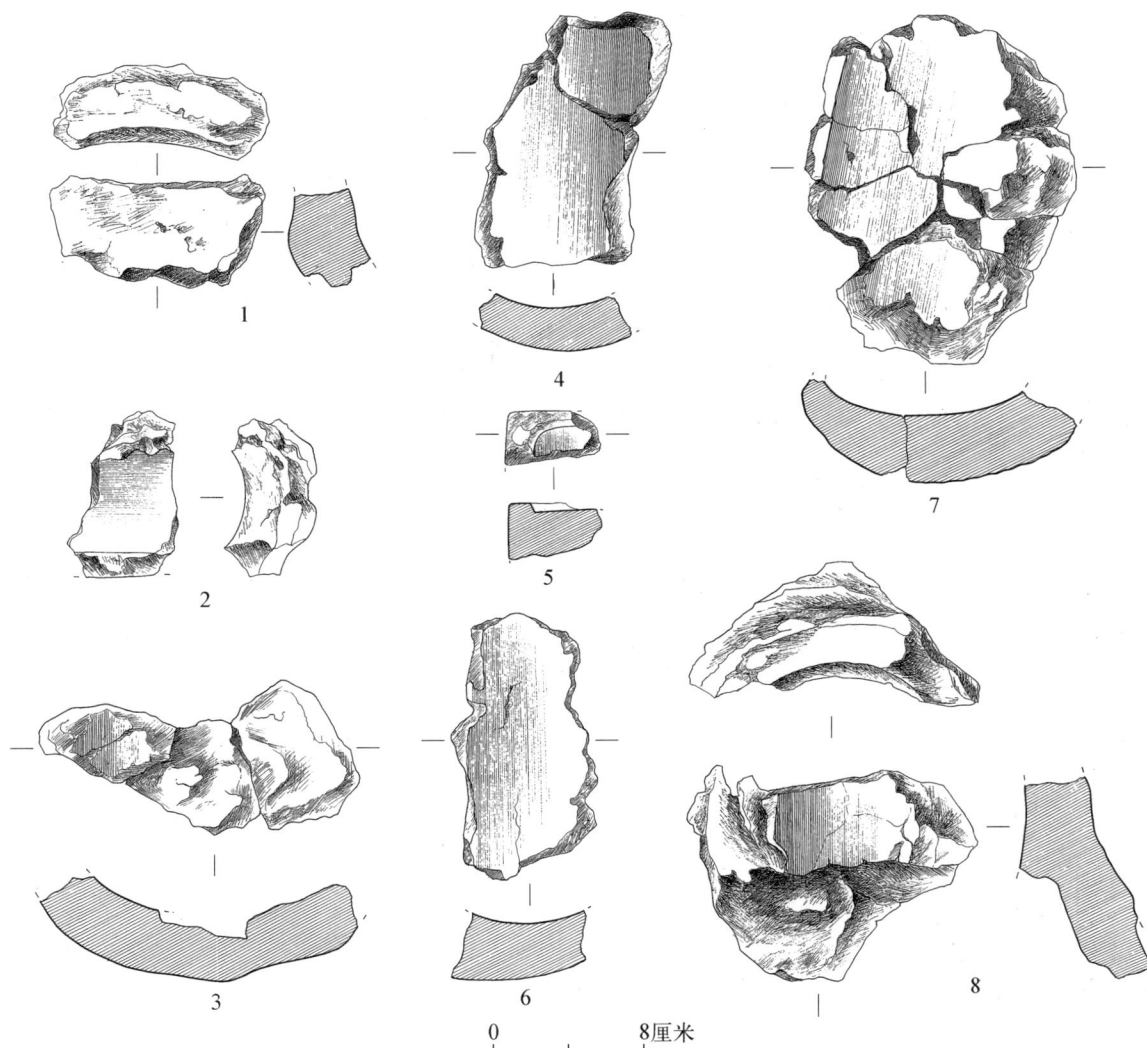

图一三七 2011YFH16、H19出土陶范及鼓风管

1～4、6～8.鼓风管（H16：y74、H16：y84、H16：y70、H16：y67、H19：y72、H16：y69、H16：y73） 5.不明器（H19：y46）

标本H16：y69（图一三七，7），由7块残块拼合而成，能判断弧度，初步判断为由炉外伸进炉内的过渡部分。橙色，草拌泥质。残长18.9、残宽14.2、厚0.8～3.5厘米，近顶端外径为24.0厘米，总重910克。熔融部分呈窄长条带状分布，但熔融程度较高，近末端部分鼓风管在熔融带内基本已熔至甚薄。未见在熔融层上修补现象，熔融部分甚窄。旁边鼓风管保存甚好，离热源较远，或未直接进入热源之内，且受热位置甚窄，受热面积不大，鼓风管可能并非直接插入炉内。

标本H16：y73（图一三七，8），仅1块残块，能判断弧度，可能为顶吹式鼓风管。草拌泥质，垂直剖面呈"U"形，顶端基本为水平方向，底端朝下。外侧已脱落，内侧经涂料层处理但粗糙。残长12.1、残宽15.3、厚2.0～4.3厘米，末端内径为16.0厘米，重500克。表面有甚薄熔融层，但内壁基本无高温而致熔融现象。

### 4. 炉渣

共出土炉渣总量为260克,其中玻璃态炉渣170克,玻璃态渣、木炭和铁块的混合态渣90克。

标本H16:y95(图一三八,1),第一类渣,样品熔融程度不佳,主要为玻璃态,组织不均匀。局部基体存在大量孔洞,且析出高硅钙晶体,包裹较多铁颗粒,以及未熔化的钛铁颗粒。此外还有圆滴状金属颗粒。炉壁挂渣。

标本H16:y93(图一三八,2;彩版二○,2),第二类渣,样品熔融程度好,主要为玻璃态,包裹有圆滴状铁颗粒,多数铁颗粒经浸蚀后可见磷铁共晶组织。熔炼渣。

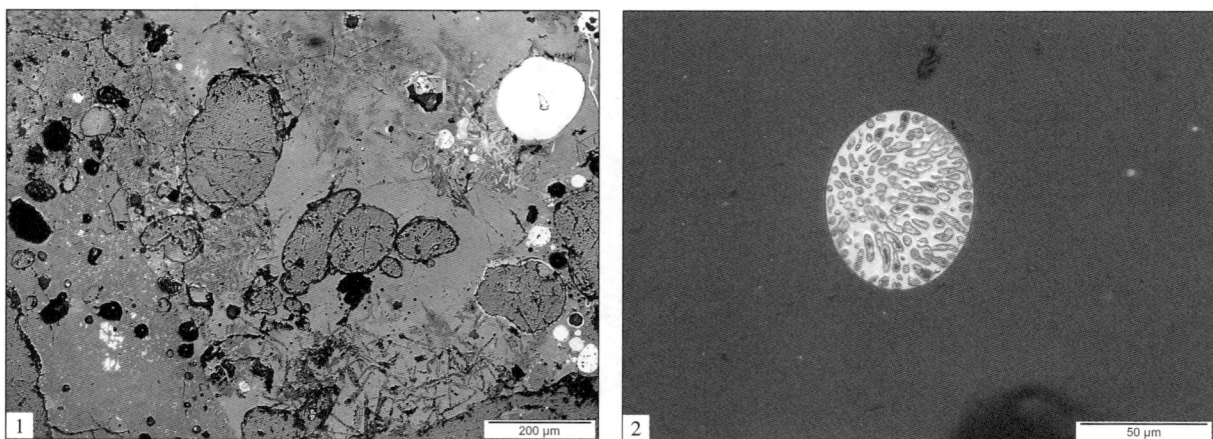

图一三八　2011YFH16出土炉渣金相显微组织结构图

1. H16:y95,玻璃态基体中包含生铁与铁颗粒　2. H16:y93,浸蚀后磷铁共晶和铁素体组织铁颗粒

### 5. 铁器与残块

共出土铁器残块5块,器形不辨,共60克。残铁块10块,共179克。炉底积铁16块,共270克。

残铁器　2件。

标本H16:y107(图一三九,2),样品全部锈蚀,但保留有板条状渗碳体痕迹,当为大片状渗碳体和莱氏体组成的过共晶白口铁组织。为铸造成型。材质为铸铁。

标本H16:y108-2(2)(图一三九,3),样品全部锈蚀,但保留有板条状渗碳体和莱氏体组成的过共晶白口铁组织,以及片状石墨集合成的石墨团痕迹。为铸造成型。材质为铸铁。

标本H16:y108-1(1)(图一三九,4),样品大部分锈蚀,残留金属主要为莱氏体组成的共晶白口铁组织,锈蚀部分保留有板条状渗碳体痕迹。无明显石墨。为铸造成型。材质为白口铁/铸铁。

标本H16:y108-1(3)(图一三九,5;彩版二五,6),样品主要为莱氏体组成的共晶白口铁组织,无明显石墨和夹杂物。为铸造成型。材质为白口铁/铸铁。

残铁块　2件。

标本H16:y65,过共晶白口铁,材质为生铁。

标本H16:y104(图一三九,1),样品大部分锈蚀,残留金属为莱氏体组成的共晶白口铁组织,

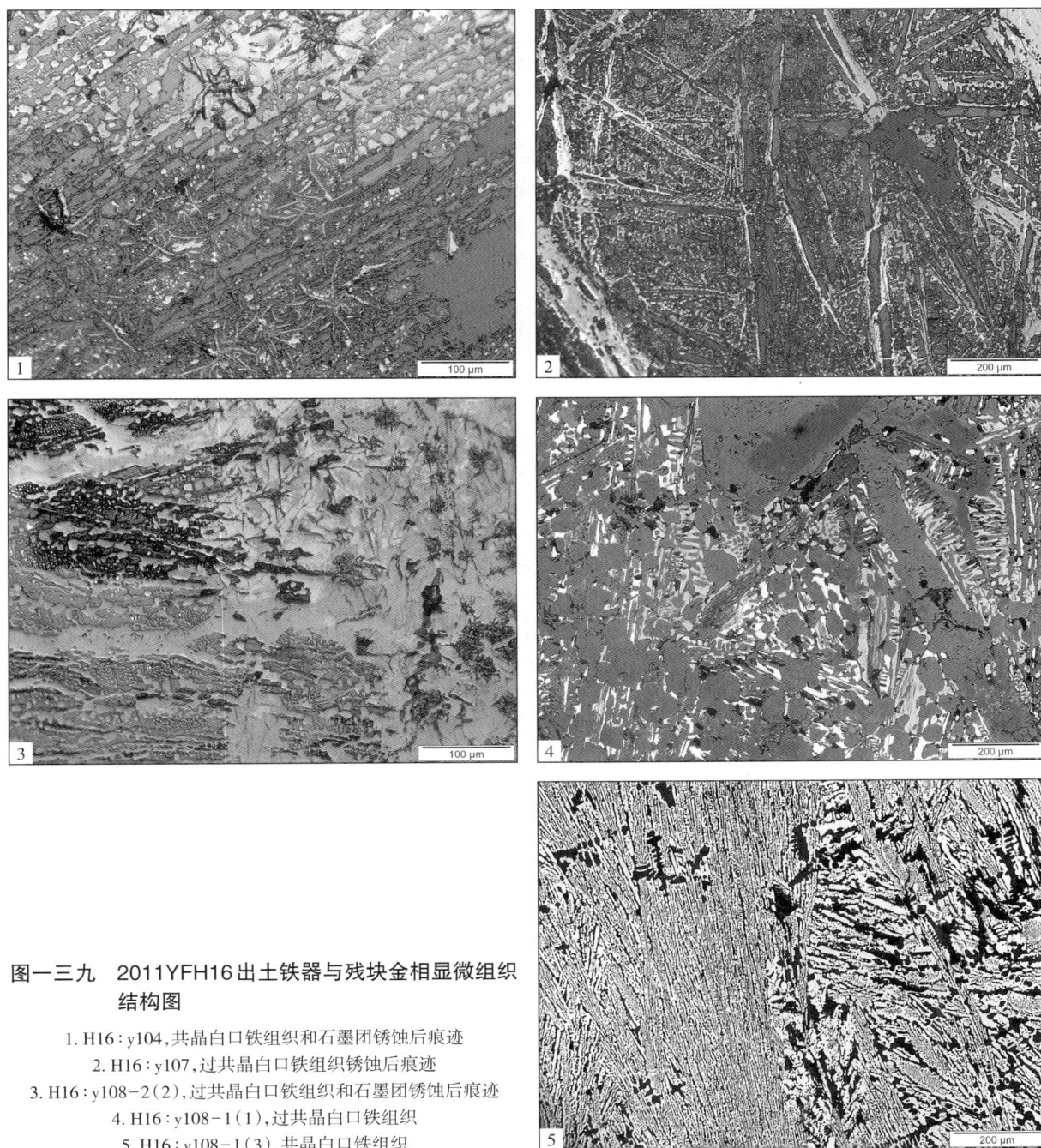

图一三九　2011YFH16出土铁器与残块金相显微组织
　　　　　结构图

　　1. H16：y104，共晶白口铁组织和石墨团锈蚀后痕迹
　　2. H16：y107，过共晶白口铁组织锈蚀后痕迹
3. H16：y108-2（2），过共晶白口铁组织和石墨团锈蚀后痕迹
　　4. H16：y108-1（1），过共晶白口铁组织
　　5. H16：y108-1（3），共晶白口铁组织

锈蚀部分也保留有莱氏体和大片状石墨组成的石墨团痕迹。为铸造成型。材质为铸铁。


6. 陶容器

　　共出土陶容器残片250块，可辨器形釜和鬲20块，约占8.0%；盆和甑54块，约占21.6%；罐和缶4块，约占1.6%；盆或罐41块，约占16.4%。纹饰以素面为主，共155块，约占62.0%；绳纹17

块,约占6.8%,以中绳纹为主;另有戳印纹、弦纹、旋纹、暗纹等纹饰。

深腹盆　4件。均为泥质灰陶,平折沿,尖圆唇,平底。

标本H16:1(图一四〇,4),BaⅢ式,弧腹,在上腹戳印有一周楔形绳纹,绳纹上下各有一道旋纹,上腹较直,残高8.0厘米。

标本H16:3(图一四〇,6),BaⅢ式,弧腹,在上腹戳印有一周楔形绳纹,上腹甚直,残高5.6厘米。

标本H16:2(图一四〇,8),BaⅢ式,弧腹,在上腹戳印有一周楔形绳纹,绳纹上下各有一道旋纹,上腹甚直,上下腹分界几不可分,下腹内收较缓,残高12.0厘米。

标本H16:4(图一四〇,2),AⅣ式,平折沿,尖圆唇,折腹,上腹斜收较明显,上腹饰有两道旋纹,上下腹交界处有一道弦纹,残高10.0厘米。

罐/缶　1件。

标本H16:6(图一四〇,3),罐/缶,泥质灰陶,微溜肩,腹近斜直,腹部饰有旋纹,残高14.9厘米。

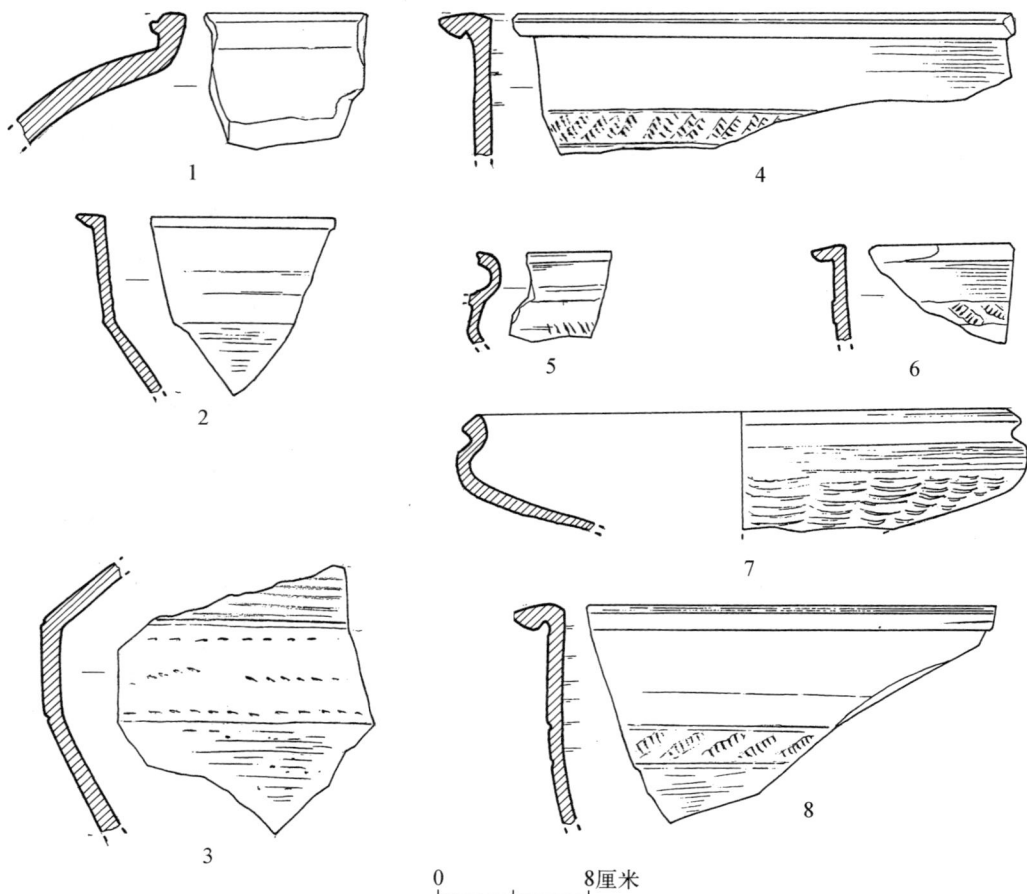

图一四〇　2011YFH15、H16出土陶器

1. 矮直领瓮(H16①:5)　2、4、6、8. 深腹盆(H16:4、H16:1、H16:3、H16:2)
3. 罐/缶(H16:6)　5、7. 釜(H15:6、H16③:7)

釜 1件。

标本 H16③：7（图一四〇，7），Cb 型，夹砂红陶，三角形唇，束颈，折肩明显，整体较扁，器底饰横绳纹（图五一，1），绳纹印迹较深，口径30.2、残高6.6厘米。

矮直领瓮 1件。

标本 H16①：5（图一四〇，1），矮直领瓮 B Ⅰ 式，泥质灰陶，沿面微鼓，外侧高，内侧低，近外侧有一周旋纹，沿面内侧面较平，素面，残高7.6厘米。

### 7. 建筑材料

共出土陶瓦136片。

### 8. 石器

石器 2件。

标本 H16：17（图一四一，2），红色砂岩，残存部分较小，仅一面较平整，残长5.5、残宽3.6、厚1.8厘米，重29克。

标本 H16：18（图一四一，5），相对的两个面都比较平整光滑，残长4.7、残宽2.7、厚1.6厘米，重25克。

### 9. 动物遗存

出土较多的动物遗存。可鉴定的种属包括猪、黄牛、山羊、羊、羊/鹿、犬、鸡和鸟（鸭）。猪的下颌骨（左、右）6块、游离齿（左）2块和游离齿（右）3块，黄牛的腕骨（右）1块、股骨（左）1条、桡骨（左）1条和胫骨（左）1条，山羊的头骨2块，羊的下颌骨1块和肋骨（左）1条，羊/鹿的骶骨2块，犬的头骨（右）1块、骶骨1条和股骨1条，鸡的喙突（右）1块，鸟（鸭）的桡骨（右）2条，中型哺乳动物的肢骨4条和骶骨（左）1条，大型哺乳动物的肋骨2条。

### 10. 其他

圆陶片 4件。均为泥质。

标本 H16：15（图一四一，6），灰陶，表面有刮削痕迹，直径约4.5、厚1.2厘米，重24克。

标本 H16：13（图一四一，9），红陶，素面，表面平整，直径约4.6、厚1.7厘米，重50克。

标本 H16：14（图一四一，10），灰陶，表面有绳纹，绳纹大部分被抹，直径约4.5、厚1.1厘米，重27克。

标本 H16：12（图一四一，11），灰陶，表面有绳纹被抹的痕迹，直径约6.1、厚2.9厘米，重40克。

圆陶范 1件。

标本 H16：16（图一四一，1），深灰色，细砂质，无颜色分层，表面无涂料层，直径约3.2、厚2.4厘米，重22克。

**图一四一　2011YFH13、H15、H16、H18、H19出土遗物**

1. 圆陶范(H16：16)　2、5. 石器(H16：17、H16：18)
3、4、6～11. 圆陶片(H15：12、H13：20、H16：15、H18①：6、H19⑦：12、H16：13、H16：14、H16：12)

# 4.17　2011YFH17

## 1. 形制与堆积

H17(图一四二),位于T3东北部,西邻H7,开口于②层下。口部呈不规则圆形,壁呈斜坡状。口部南北长85、东西宽75、口距地表30、底距地表46、自深16厘米。无任何工具或修整痕迹。

堆积仅为1层:褐色,土质较硬,带灰色土点,基本不出土遗物。

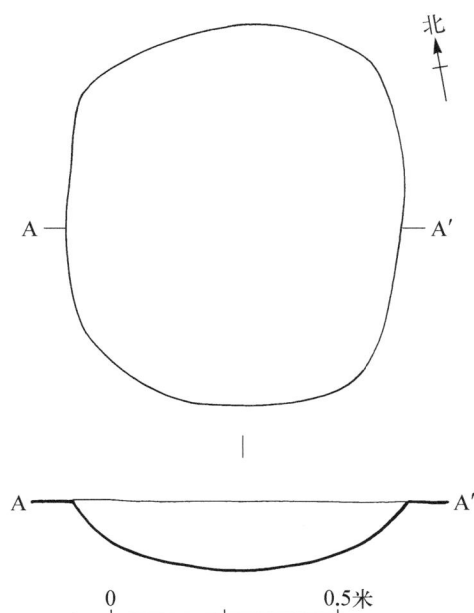

图一四二 2011YFH17平、剖面图

# 4.18 2011YFH18

### 1. 形制与堆积

H18（图一四三），位于T4北部中间，东邻H11，南邻H12，开口于①层下，被H10打破，打破生土。一部分在探方外，未进行发掘，口部呈不规则半圆状，壁呈斜坡状。口部东西长144、南北宽90、口距地表50、底距地表85、自深35厘米。坑壁保存较差，无工具或修整痕迹。

堆积可分为2层：①层，深褐色，土质较硬，遍布整个灰坑，自西向东倾斜，厚0～26厘米，包含有较多大块红烧土块等。②层，黄褐色，土质较硬，遍布整个灰坑，自西向东倾斜，厚0～9厘米，包含有大量褐色小颗粒土点，无其他包含物。

### 2. 动物遗存

出土可鉴定的动物遗存包括猪和黄牛。猪的肱骨2条及黄牛的桡骨（左）2条。

### 3. 其他

圆陶片 1件。

标本H18①：6（图一四一，7），泥质灰陶，表面有细绳纹，直径约4.3、厚1.2厘米，重26克。

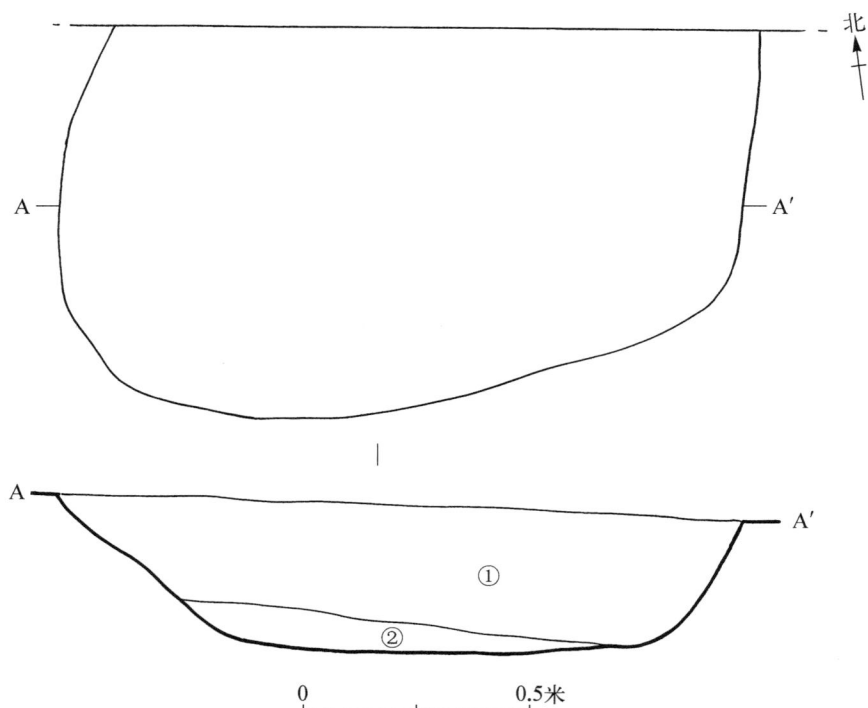

图一四三　2011YFH18平、剖面图

# 4.19　2011YFH19

## 1. 形制与堆积

H19（图一四四），位于T4东南部，西邻H26，开口于①层下，被H16打破，打破H20。口部呈不规则形，坑壁呈直筒状，部分地方内收，底部西高东低，不太规整。口部南北长110、东西宽95、口距地表49、底距地表231、自深182厘米。坑壁保存较好，未发现工具或修整痕迹。

堆积可分为13层：①层，浅黄色，土质疏松，淤土，较纯净，遍布整个灰坑，自西北向东南倾斜，厚2～45厘米。②层，灰色，土质较松散，遍布整个灰坑，自西北向东南倾斜，厚3～30厘米，包含有大量木炭星等。③层，浅黄色，土质疏松，淤土，较纯净，仅分布在灰坑中部，范围极小，厚0～6厘米。④层，灰黑色，土质较松散，遍布整个灰坑，厚3～9厘米。⑤层，灰褐色，土质疏松，遍布整个灰坑，自西北向东南倾斜，厚9～14厘米，包含有少量木炭星等。⑥层，白色，土质柔软，淤土，较纯净，分布在灰坑中部和西部，厚0～14厘米。⑦层，灰褐色，土质较松散，遍布整个灰坑，自东北向西南倾斜，厚37～43厘米，包含有小块灰色土块、红烧土块、木炭星等。⑧层，褐色，土质较松散，分布在灰坑中部和西部，自东北向西南倾斜，厚0～7厘米。⑨层，黄色，土质极为疏松，淤土，分布在灰坑中部和西部，自东北向西南倾斜，包含有部分沙土颗粒，较纯净。⑩层，灰褐色，土质较松散，遍布整个灰坑，自东北向西南倾斜，厚6～23厘米。第⑪层，灰黑色，土质疏松，

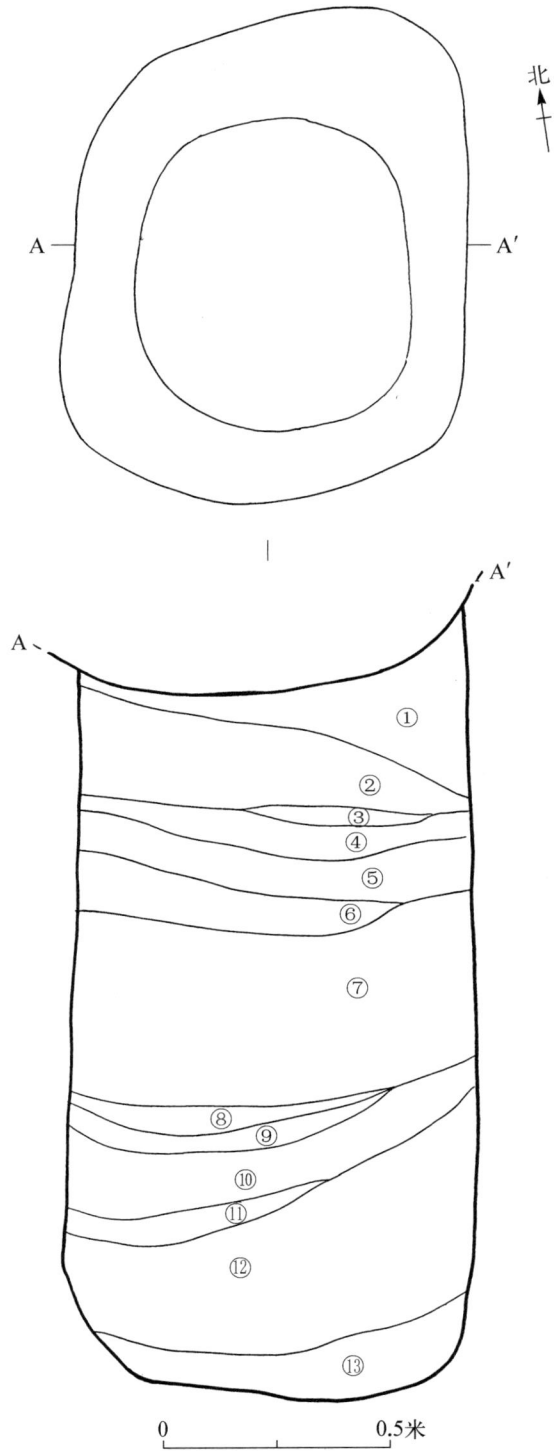

图一四四 2011YFH19平、剖面图

分布在灰坑西部,范围较小,自东北向西南倾斜,厚0～6厘米,包含有大量木炭星等。第⑫层,褐色,土质松散,遍布整个灰坑,自东北向西南倾斜,厚20～47厘米,包含有少量木炭星、红烧土块等。第⑬层,灰黑色,土质疏松,遍布整个灰坑,自东北向西南倾斜,厚0～15厘米,包含有大量木炭星等。根据坑的剖面及发掘过程判断,该坑堆积的倾斜方向总体上不太一致,①～⑥层堆积较统一,可能来源于西北方向。⑦～⑬层堆积较统一,可能来源于东北方向。

2. 陶范

共出土锄范71块,其中面范4件,背范5件。铧范残块17块,可辨大型铧范2件、小型铧范1件。另外,出土铧芯残块19块,可辨大型铧芯1件。

锄面范　3件。

标本H19：y4(图一四五,3),残存一小部分,仅1块残块,重140克。梯形板状,细砂质,整体呈橙色。分型面和浇铸面有涂料层,局部脱落。浇铸面有灰黑色浇铸痕迹。背面平整,涂料层大部分脱落。残长4.0、残宽6.7、底端厚3.1、范身厚5.6厘米。

标本H19⑦：y3(图一四五,4),残存右下角,仅1块残块,重210克。梯形板状,细砂质,整体呈浅灰色。分型面和浇铸面有涂料层,严重脱落。浇铸面有灰黑色浇铸痕迹。背面平整,涂料层大部分脱落。残长9.7、底端残宽7.4厘米。底端向浇铸面斜收,底端厚2.4、范身厚2.5厘米。型腔右下角到侧边长2.6、分型面底端长1.4厘米。铸器呈梯形板状,残长8.3、底端残宽4.7厘米。

标本H19：y22(图一四六,2),残存顶端和中间,仅1块残块,重400克。梯形板状,细砂质,整体呈浅红色。分型面和浇铸面有涂料层,大部分脱落。浇铸面有灰黑色浇铸痕迹。背面平整有涂料层,局部脱落,有浇道形隆起。残长13.5、顶端残宽3.0、残存最宽10.7、顶端厚2.9、范身厚2.8厘米。型腔偏范之左侧,左上角到左侧边长2.3、右上角到右侧边长2.9厘米。

锄背范　3件。

标本H19：y27(图一四五,1),残存顶端部分,仅1块残块,重465克。梯形板状,含较多粗砂颗粒,整体呈深红色。分型面和浇铸面有涂料层,脱落严重。残长10.3、顶端宽7.8厘米。无浇道,顶端面近直。顶端厚3.7、残存最下端厚3.4厘米。

标本H19⑦：y8(图一四五,2),残存顶端部分,仅1块残块,重485克。梯形板状,细砂质,整体呈浅灰色。未见明显涂料层,其中一面较平整光滑,另一面粗糙。残长10.8、顶端宽7.4、残存最下端宽10.5厘米。顶端无浇道,右侧倾斜度大于左侧,顶端斜度较大,可能为废品。顶端厚3.0、残存最下端厚2.9厘米。

标本H19：y1(图一四六,3),残存顶端和中间,仅1块残块,重600克。梯形板状,细砂质,整体呈橙色。分型面和浇铸面有涂料层,局部脱落。浇铸面有灰黑色浇铸痕迹。背面平整,顶端有浇道形隆起,涂料层部分脱落。残长12.6、顶端宽7.9厘米。顶端和侧边有被烘烤痕迹,顶端斜直,顶端厚3.9、残存最下端厚3.3厘米。浇道较宽,浇道长3.3、宽4.2厘米。铸器呈梯形板状,残长6.7、顶端宽5.3厘米。

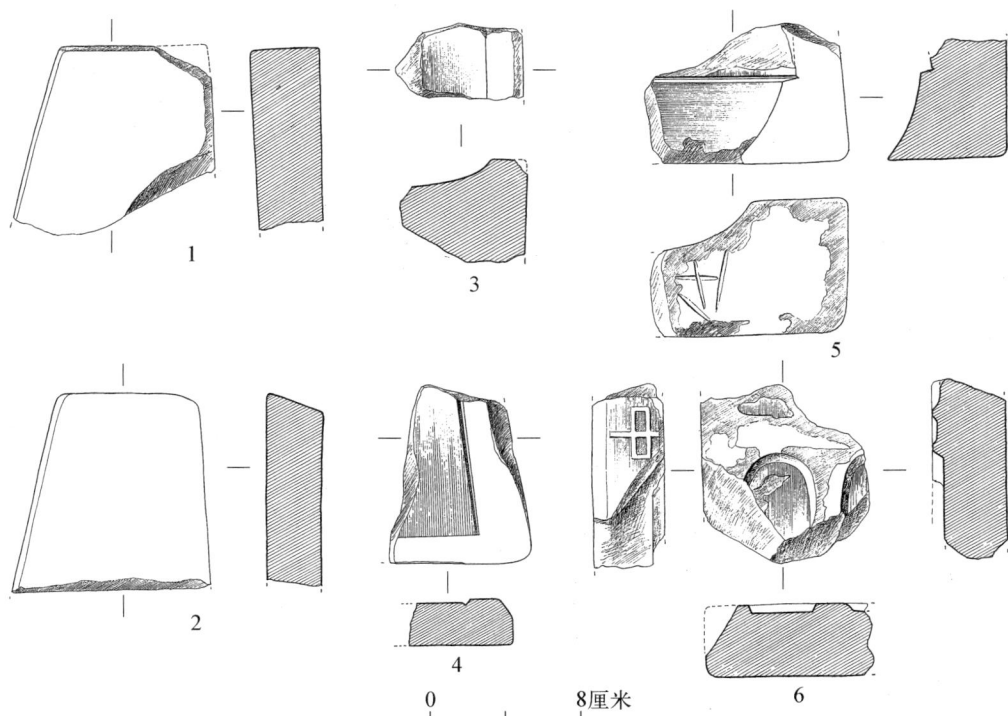

图一四五 2011YFH19出土陶范

1、2. 锄背范（H19：y27、H19⑦：y8） 3、4. 锄面范（H19：y4、H19⑦：y3） 5. 铧范（H19⑦：y12） 6. 不明范（H19：y47）

铧范 5件。

标本H19⑦：y12（图一四五，5），残存左上角，仅1块残块，重615克。梯形，含较多粗砂颗粒，整体呈橙色。分型面和浇铸面有涂料层，局部脱落。浇铸面有灰黑色浇铸痕迹。背面平整有涂料层，局部脱落。残长7.6、顶端残宽9.5、顶端厚7.4厘米。分型面较长，与范/芯扣合处长4.4、与范/芯扣合处残宽（上）4.2、与范/芯扣合处残宽（下）6.9、分型面顶端最宽5.6、分型面斜长5.0厘米。为大型铧范，铸器顶端平齐，残长2.8、顶端残宽7.5厘米。

标本H19⑦：y11（图一四六，4），残存顶端右上角，仅1块残块，重1 615克。梯形，细砂质，整体呈浅红色。未见涂料层，不排除未经使用。底侧和顶端平整，涂料层保存较好。残长12.2、顶端残宽8.5、顶端厚9.5、残存最下端厚6.8厘米。弧度较小，与范/芯扣合处长4.5、与范/芯扣合处残宽（上）3.6、与范/芯扣合处残宽（下）9.0、分型面顶端最宽5.1、分型面斜长5.2厘米。为大型铧范，铸器顶端平齐，残长7.1、顶端残宽10.5厘米。

标本H19⑦：y15（图一四六，7），残存下部，仅1块残块，重1 790克。梯形，细砂质，整体呈浅红色。分型面和浇铸面有涂料层，局部脱落。背面平整有涂料层，大面积脱落。残长18.4、底端残宽1.7、底端厚8.2厘米。为小型铧范，铸器整体呈舌形，顶端平齐，长13.2、铸器顶端残宽7.1、銎宽6.5厘米。

标本H19⑩：y52（图一五五，2），残存外范侧边，仅1块残块，重510克。细砂质，整体呈浅红

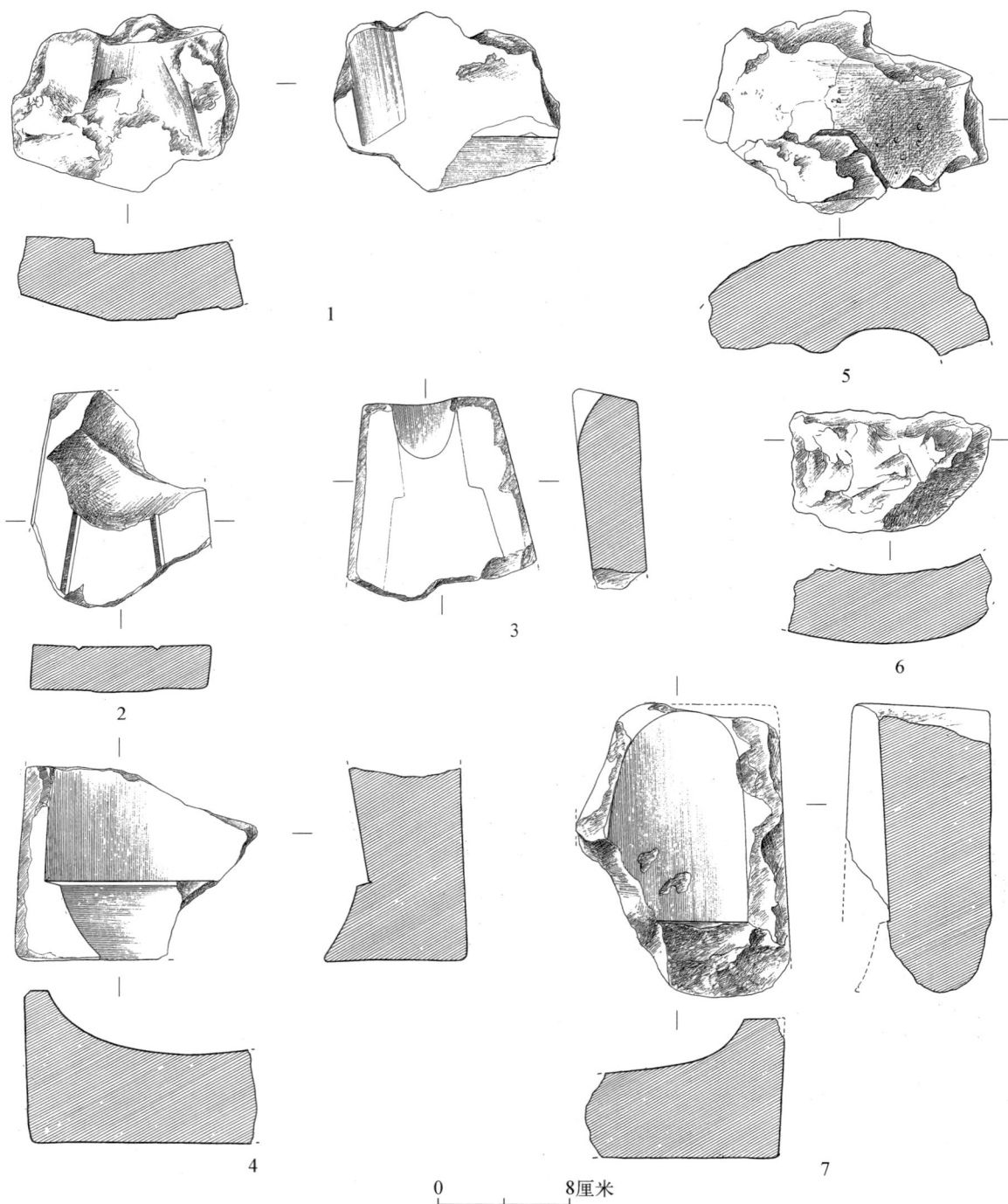

图一四六　2011YFH19出土遗物

1.烧土块（H19：y75）　2.锄面范（H19：y22）　3.锄背范（H19：y1）
4、7.铧范（H19⑦：y11、H19⑦：y15）　5、6.鼓风管（H19：y74、H19：y73）

色。分型面和浇铸面有涂料层,脱落严重。背面平整有涂料层,局部脱落。残长7.3、残宽8.5、范身厚6.6厘米。为小型铧范。

标本H19⑦：y14(图一六八,3),残存底端部分,仅1块残块,重2 955克。梯形,含较多粗砂颗粒,整体呈橙色。分型面和浇铸面有涂料层,局部脱落。浇铸面有灰黑色浇铸痕迹。背面平整有涂料层,局部脱落。残长15.7、底端宽14.6厘米。底端有隆起符号(图版七,1),其中一侧已残,隆起宽0.3厘米,底端厚7.0、残存最上端厚8.5厘米。为大型铧范,铸器整体呈舌形,刃部弧度较大,残长14.6、銎宽8.3厘米。

不明范 2件。

标本H19：y46(图一三七,5),不明圆形型腔范,仅1块残块,重40克。细砂质,整体呈橙色,分型面和浇铸面有涂料层。浇铸面有灰黑色浇铸痕迹。顶端较平,有涂料层,残长5.0、残宽3.0、厚约3.1厘米。正中残存半圆形型腔,直径3.0、厚0.4厘米。

标本H19：y47(图一四五,6),不明圆形型腔范,仅1块残块,重345克。细砂质,整体呈橙色。浇铸面上有一与浇道相似的凹槽,右侧有一椭圆砂浇铸面,两者有一小过道相连。分型面和浇铸面有涂料层,局部脱落。浇铸面有灰黑色浇铸痕迹。底面粗熔,涂料层大面积脱落。残长9.8、残宽8.5、厚3.9厘米。侧面有用泥条粘附而成的凸起的"中"字,可能与合范有关。椭圆形型腔残长6.1、残宽4.0厘米。


### 3. 鼓风管与炉壁

共出土第一类鼓风管残块1 530克,第一类或第二类鼓风管残块470克。

鼓风管 3件。

标本H19：y72(图一三七,6),仅1块残块,能判断弧度,可能为顶吹式管,鼓风管朝下部分有与高温接触痕迹,可能为转折处。泥质,含少量植物纤维。残长14.7、残宽7.8、厚2.5～3.6、复原内径18.0厘米,重315克。外侧有烧结层,另一边未见烧结层,熔融程度不高,未见玻璃化现象,仅草拌泥变黑,应为鼓风管朝上部分。

标本H19：y74(图一四六,5),仅1块残块,能判断弧度,可能为出风口,与y73属同类鼓风管。泥质,夹杂植物纤维。整体呈球形,残长12.7、残宽17.0、管一端厚6.5、另一端厚4.5～5.0厘米,外径21.6、较薄处为17.2、管内壁较薄位置直径8厘米,重985克。末端熔融程度较高,呈玻璃态,较薄,另一侧熔融程度低。

标本H19：y73(图一四六,6),仅1块残块,能判断弧度。与y72属同类鼓风管,草拌泥质。一侧近边缘表面为黑色,另一侧大部分未见与高温接触痕迹。残长7.6、残宽12.1、厚约4.3、管直径22.6厘米,重325克。外侧保存较好,内侧破坏严重,外侧未见黑色烧结层,可能为鼓风管朝上部分。


### 4. 炉渣

共出土炉渣总量为120克,其中玻璃态炉渣重25克,玻璃态渣、木炭和铁块的混合态渣重95克。

### 5. 铁器与残块

共出土铁器残块2块,器形不辨,共50克。残铁块31块,共393.6克。炉底积铁3块,共60克。

残铁器 1件。

标本H19⑤:y85,过共晶白口铁组织,材质为生铁。

残铁块 3件。

标本H19:y69-1-3,过共晶白口铁组织,材质为生铁。

标本H19:y70-1-2,渗碳体和莱氏体残留,过共晶白口铁。

标本H19:y71,过共晶白口铁+有片状石墨析出,材质为灰口铁。

### 6. 陶容器

共出土陶容器残片67块,可辨器形釜和鬲2块,约占3.0%;盆和甑9块,约占13.4%;罐和缶10块,约占14.9%。纹饰以素面为主,共40块,约占59.7%;绳纹4块,约占6.0%,其中中绳纹、细绳纹各2块;戳印纹8块,约占11.9%;另有弦纹、旋纹、暗纹等纹饰。

大型盆 1件。

标本H19③:5(图一四七,5),大型盆,泥质灰陶,宽折沿,沿面甚平,方唇,腹部近斜直,残高10.9厘米。

深腹盆 1件。

标本H19③:4(图一四七,4),Bb型,式别无法判断,泥质灰陶,平折沿,尖圆唇,素面,残高5.3厘米。

标本H19⑤:2(图一四七,1),AⅡ式,泥质灰陶,平折沿,尖圆唇,折腹,上腹微敛较直,口径52.1、残高9.5厘米。

釜 1件。

标本H19⑧:3(图一四七,2),Ca型,夹砂灰陶,卷沿方唇,唇面有一道旋纹,束颈明显,折肩,颈、腹部交界处有明显转折,残高3.4厘米。

### 7. 建筑材料

共出土陶瓦153片。

### 8. 动物遗存

出土可鉴定的动物遗存包括猪、黄牛、羊和马。猪的头骨1块,黄牛的肱骨(右)2条,羊的游离齿(左)1块,马的距骨(左)1条和肱骨(右)1条,中型哺乳动物的头骨1块和肋骨1条。

### 9. 其他

烧土块 1件。

标本H19:y75(图一四六,1),仅1块残块,橙色,不见砂粒,一面较平且光滑,另一面则粗糙

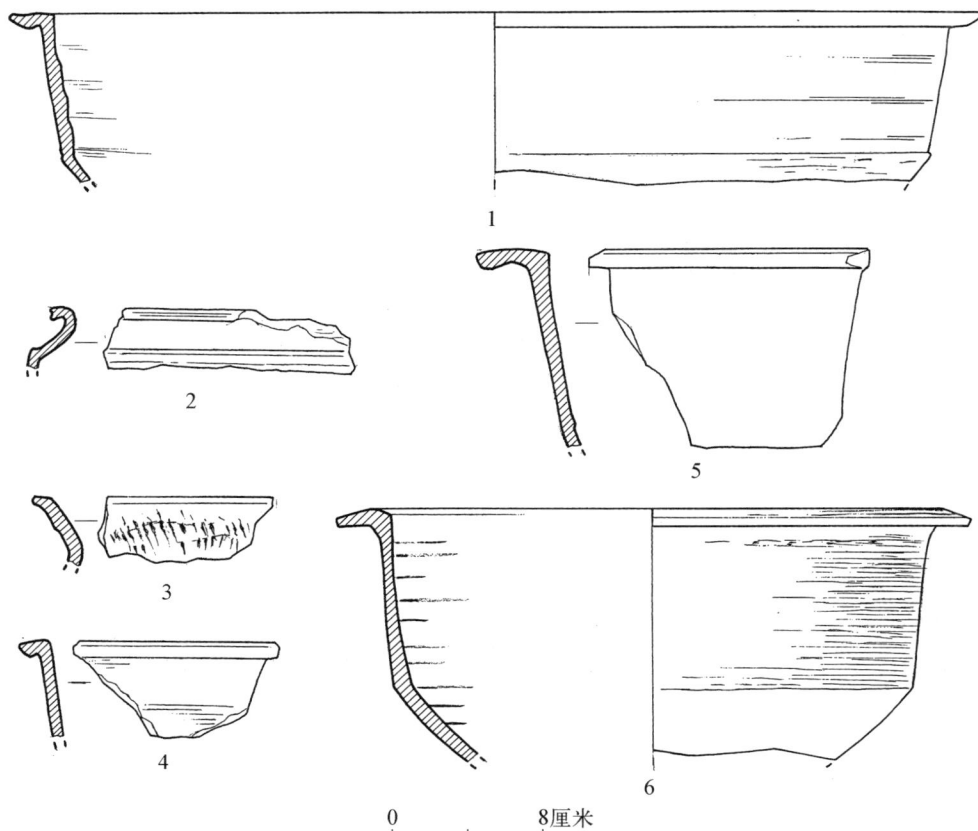

**图一四七 2011YFH19、H23、H25出土陶器**

1、4、6.深腹盆（H19⑤∶2、H19③∶4、H25③∶8）　2.釜（H19⑧∶3）　3.盆（H23∶1）
5.大型盆（H19③∶5）

不平,残长13.5、残宽11.0、厚约4.1厘米。

铜钱　1件。

标本H19∶1（图九七,2）,圆形方孔,表面附着铜锈,重2.2克。

钱范　1件。

标本H19∶6（图九七,6）,上有两个半两钱范,中间以一道凹槽相隔,残长6.2、残宽5.8、厚0.6～1.2厘米,重99克。

圆陶片　3件。均为灰陶。

标本H19⑦∶12（图一四一,8）,夹砂,表面有粗绳纹,绳纹印迹较浅,直径约6.1、厚1.3厘米,重65克。

标本H19⑩∶14（图一五一,6）,泥质,表面有粗绳纹,绳纹印迹较浅,直径约4.5、厚1.7厘米,重43克。

标本H19⑦∶11（图一五一,9）,夹砂,表面有交错绳纹,直径约5.0、厚1.6厘米,重35克。

改型陶范　1件。

标本H19⑩：13（图一五一，7），灰褐色，夹细砂，表面有涂料层，保存较差，残长4.9、宽4.3、厚2.9厘米，重74克。

# 4.20　2011YFH20

## 1. 形制与堆积

H20位于T4东南部，西邻H26，开口于①层下，被H16和H19打破。口部呈较规整的圆形，口小底大的袋状，底部较平整。口部直径121、口距地表25、底距地表285、自深260厘米。坑壁不太规整，无工具或修整痕迹。

堆积可分为5层：①层，浅黄色，土质较疏松，较纯净，厚82～108厘米。②层，浅褐色，土质较疏松，厚10～13厘米，包含少量红烧土块及木炭星。③层，黄色，土质较硬，含大量水锈，似水浸土，厚117～125厘米。④层，浅灰色，土质较松散，厚0～12厘米。⑤层，黄色，土质硬，似水浸土，厚17～40厘米。倾倒方向来源于东北方向。

# 4.21　2011YFH21

## 1. 形制与堆积

H21（图一四八），位于T3西部，东邻H6，开口于②层下，被H6打破。一部分在探方外，未进行发掘。口部呈半圆形，壁呈直筒状，底部较平。口部南北长60、东西宽30、口距地表30、底距地表142、自深112厘米。无任何工具或修整痕迹。

堆积可分为2层：①层，灰褐色，土质松散，遍布整个灰坑，厚86厘米。②层，浅灰色，土质松散，遍布整个灰坑，厚26厘米，无包含物。

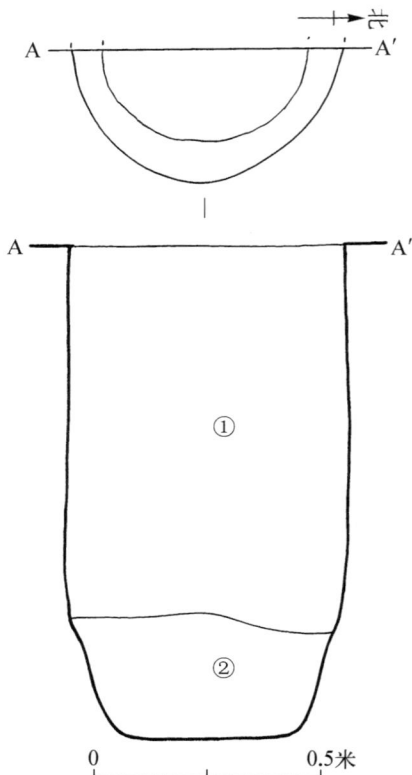

图一四八　2011YFH21平、剖面图

## 2. 陶容器

共出土陶容器残片29块，可辨器形罐和缶3块，约占10.3%；盆或甑2块，约占6.9%。纹饰以素面为主，共20块，约占69.0%；另有旋纹、暗纹等纹饰。

## 3. 建筑材料

共出土陶瓦36片。

# 4.22 2011YFH23

## 1. 形制与堆积

H23位于T4的东边,与H16、H19、H20相邻,开口于①层下,被H11打破。口部呈较规则的半圆形,壁呈斜坡状。口部南北长75、东西宽30、口距地表25、底距地表50、自深25厘米。坑壁保存较差,无工具或修整痕迹。

堆积仅1层:黄褐色,土质较硬,含少量木炭星,无其他包含物。

## 2. 陶容器

出土陶片极少,可辨器形盆1件。

盆 1件。

标本H23:1(图一四七,3),泥质灰陶,卷沿方圆唇,口沿外侧饰绳纹,残高3.4厘米。

# 4.23 2011YFH24

## 1. 形制与堆积

H24位于T1南部,开口于②层下,被H2打破。由一灰坑和一坑道组成。灰坑口部呈不规则形,壁呈斜坡状,坑底不太平整,两端为洞室样拱顶。口部东西长798、南北宽96~201、口距地表20、底距地表102、自深82厘米。坑道位于灰坑东部,向北延伸,南北长234、东西宽68、自深43~71厘米。坑壁保存较好,未发现任何工具痕迹,坑底有明显的踩踏面,东端踩踏面上有一层灰迹。

堆积可分为8层:①层,黄褐色泛青,土质紧密,厚0~14厘米。②层,黄褐色,土质松散,厚6~40厘米,包含有红烧土、瓷片等。③层,深褐色,土质松散,厚0~50厘米,包含有大量红烧土颗粒、砖块、瓷片。④层,黄褐色,土质松散,厚8~84厘米,包含有石器、姜石等。⑤层,褐色,土质松散,厚14~40厘米,无包含物。⑥层,黄褐色,土质松散,厚0~78厘米,包含有红烧土颗粒、砖块、姜石等。⑦层,褐色,土质松散,厚40~80厘米,包含有瓷片、大量砖块等。⑧层,灰褐色,土质松散,厚71~74厘米,包含有瓷片、砖块及铁渣。

## 2. 陶范

共出土锄范9块,其中面范3件、背范1件。铧范7块。铧芯4块,可辨大型铧芯1件。

## 3. 炉渣

共出土炉渣总量为271克,其中玻璃态炉渣51克,玻璃态渣、木炭和铁块的混合态渣220克。

#### 4. 铁器与残块

共出土铁容器残块2块,器形不辨,共2 110克。铁器残块4块,器形不辨,共130克。残铁块9块,共35.3克。

#### 5. 陶容器

共出土陶容器残片271块,可辨器形釜和鬲4块,约占1.5%;盆和甑14块,约占5.2%;罐和缶56块,约占20.7%。纹饰以素面为主,共190块,约占70.1%;绳纹12块,约占4.4%;旋纹22块,约占8.1%;暗纹32块,约占11.8%;另有戳印纹、弦纹、大方格纹等纹饰。

#### 6. 建筑材料

共出土陶瓦660片。

板瓦　1件。

标本H24：8(图一三四,2),泥质灰陶。瓦头平整,表面有绳纹,近瓦头部分绳纹被抹。内侧面较平整,无纹饰。整体微凸,残长11.6、残宽13.0、厚1.3厘米。

筒瓦　1件。

标本H24：9(图一三四,1),泥质灰陶。表面有绳纹,近瓦头部分绳纹被抹。内侧面饰有布纹。瓦头有子母榫。残长8.3、残宽8.0、榫头长2.8、厚0.8厘米。

#### 7. 动物遗存

出土可鉴定的动物遗存包括黄牛和人。黄牛的桡骨(左)1条和胫骨(左)1条,人跖骨(左)1块和跟骨(左)4块,大型哺乳动物的肢骨1条。

#### 8. 其他

圆陶片　1件。

标本H24：7(图一五一,11),泥质灰陶,表面有粗绳纹,直径约7.9、厚1.4厘米,重95克。

# 4.24　2011YFH25

#### 1. 形制与堆积

H25(图一四九),位于T2中部,东邻H5,西邻H3,北邻H26,开口于①层下,被H4打破,打破生土。口部呈圆形,口大底小,壁呈斜坡状,底部较平。口部东西长274、南北宽241、口距地表20、底距地表320、自深300厘米。坑壁较粗糙,未见工具痕迹。

堆积可分为6层：①层,黄褐色,土质细腻,遍布整个灰坑,呈波状堆积,厚17～42厘米。②层,较上层土色泛褐,土质硬,颗粒状黏土,遍布整个灰坑,呈波状堆积,厚13～32厘米,包含有

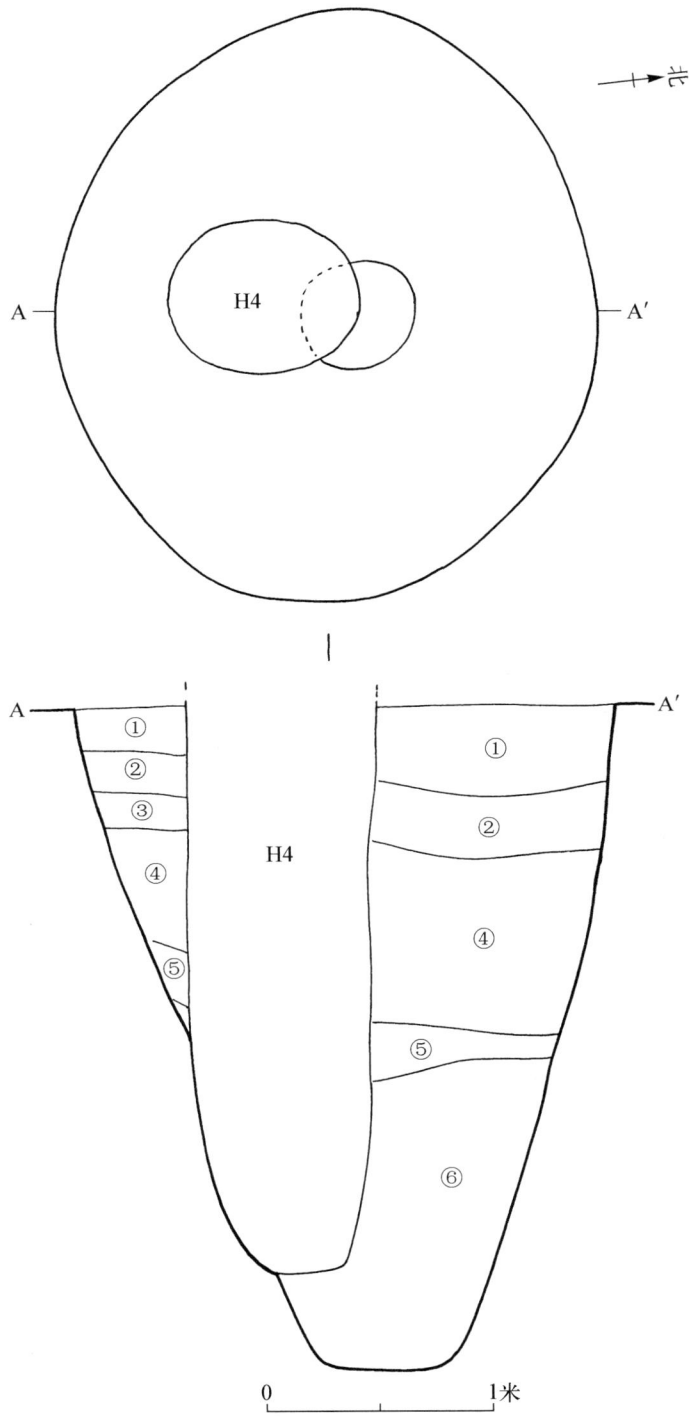

图一四九　2011YFH25平、剖面图

石块等。③层，灰褐色泛褐，土质较疏松，颗粒状黏土，分布在灰坑南部，呈波状堆积，厚0～33厘米，包含有石块、姜石等。④层，灰褐色淤土，土质疏松，遍布整个灰坑，自南向北倾斜，厚31～100厘米，包含有石块、烧土块等，底部还发现有一漆器，圆柱状，图样不详。⑤层，灰褐色，土质硬，有水锈，遍布整个灰坑，厚13～41厘米，包含有石块、姜石等。⑥层，黑灰色，土质硬，淤土，遍布整个灰坑，厚143厘米，包含有石块、姜石等。

### 2. 陶范

共出土锄范7块，其中面范3件、背范1件。铧范3块。铧芯2块，可辨小型铧芯1件。

锄面范　1件。

标本H25①：y8（图一五五，11），残存上半部分，仅1块残块，重640克。梯形板状，细砂质，整体呈浅灰色。分型面和浇铸面有白色涂料层，大面积脱落。背面平整有涂料层，局部脱落。残长15.3、顶端宽7.2、残存最下端宽10.9厘米。顶端有一凸棱，应为合范符号。顶端和底面边缘隆起，顶端厚3.1、范身厚2.9厘米。浇道平面呈梯形，浇道长6.7、浇道宽（上）2.4、浇道宽（下）3.4厘米。型腔顶端刻槽较浅，左上角到侧边长2.0、右上角到侧边长2.0厘米。铸器呈梯形板状，残长8.1、顶端宽5.4、残存最下端宽7.2厘米。

不明范　1件。

标本H25：y5（图一五五，4），顶端或末端带斜坡状凹槽，共1块残块。橙色，细砂质。涂料层部分已残，残长5.8、残宽5.0、厚3.3厘米，凹槽长4.0厘米，重100克。

### 3. 鼓风管与炉壁

共出土第二类鼓风管残块30克。

### 4. 铁器与残块

共出土铁器残块1块，器形不辨，共20克。残铁块1块，共40克。

### 5. 陶容器

共出土陶容器残片201块，可辨器形釜和鬲7块，约占3.5%；盆和甑15块，约占7.5%；罐和缶48块，约占23.9%。纹饰以素面为主，共151块，约占75.1%；中绳纹11块，约占5.5%；弦纹11块，约占5.5%；旋纹18块，约占9.0%；另有戳印纹、暗纹等纹饰。

浅腹盆　1件。

标本H25②：3（图一五〇，4），浅腹盆BⅡ式，泥质灰陶，口沿较窄，中间有一道浅凹槽，束颈明显，腹部微鼓，表面饰浅绳纹，口径30.3、残高8.0厘米。

深腹盆　2件。均为泥质灰陶。

标本H25③：8（图一四七，6），AⅡ式，平折沿，沿面微鼓，圆方唇，上腹斜收较明显，上腹占腹部比例较大，口径34.2、残高14.0厘米。

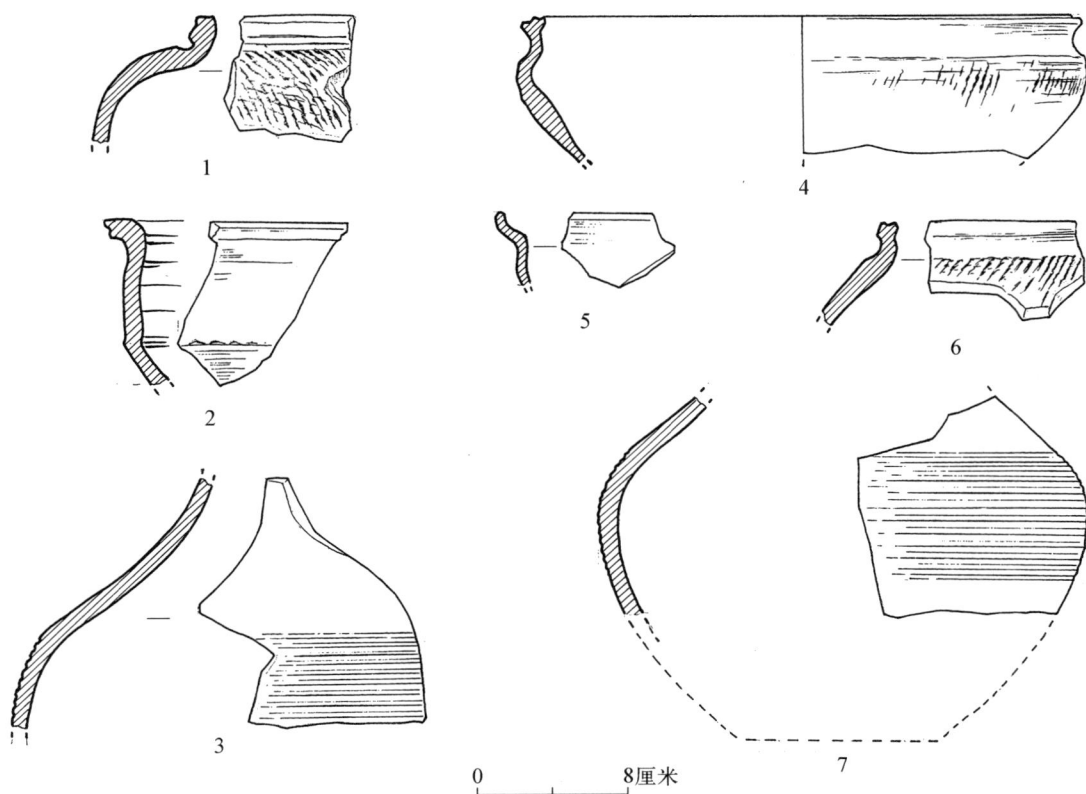

**图一五〇　2011YFH25 出土陶器**

1、6. 釜（H25②：6、H25③：7）　2. 深腹盆（H25②：5）
3、7. 小口旋纹罐（H25⑤：9、H25⑤：2）　4. 浅腹盆（H25②：3）　5. 罐（H25⑤：4）

标本 H25②：5（图一五〇，2），A Ⅱ式，卷沿，尖圆唇，唇面有一道旋纹，上腹斜收较明显，上下腹交界处有一道弦纹，残高 9.0 厘米。

小口旋纹罐　2件。均为泥质灰陶，小口，鼓腹，平底，器身饰有旋纹。

标本 H25⑤：9（图一五〇，3），小口旋纹罐Ⅳ式，溜肩明显，最大径位于器身中部以下位置，腹部饰有旋纹，残高 13.9 厘米。

标本 H25⑤：2（图一五〇，7），小口旋纹罐Ⅲ/Ⅳ式，溜肩明显，最大径位于器身中部以下位置，腹部饰有旋纹，残高 12.1 厘米。

罐　1件。

标本 H25⑤：4（图一五〇，5），小口罐，泥质褐陶，敞口，圆方唇，素面，残高 4.0 厘米。

釜　2件。均为夹砂灰陶，圆方唇，基本成矮直领，束颈不甚明显，唇部向外隆起。

标本 H25②：6（图一五〇，1），AcⅡ式，口沿较宽大，圆肩，鼓腹，器身相对较厚，器身饰有网格状绳纹，残高 7.0 厘米。

标本 H25③：7（图一五〇，6），AcⅡ式，口沿较宽大，圆肩，肩部残破较甚，器身相对较厚，器身饰有网格状的细绳纹，残高 5.4 厘米。

6. 建筑材料

共出土陶瓦236片。

板瓦 2件。均为泥质灰陶。

标本H25⑥:18(图一五六,3),周边残缺不全。瓦头平整,表面饰有细绳纹,绳纹印迹较深,靠近瓦头部分绳纹被抹。内侧面平整光滑,素面。整体微凸,残长16.2、残宽15.2、厚1.5厘米。

标本H25⑥:17(图一八六,2),瓦头平整,表面饰有粗绳纹,印迹较深,瓦头和中间各被抹去

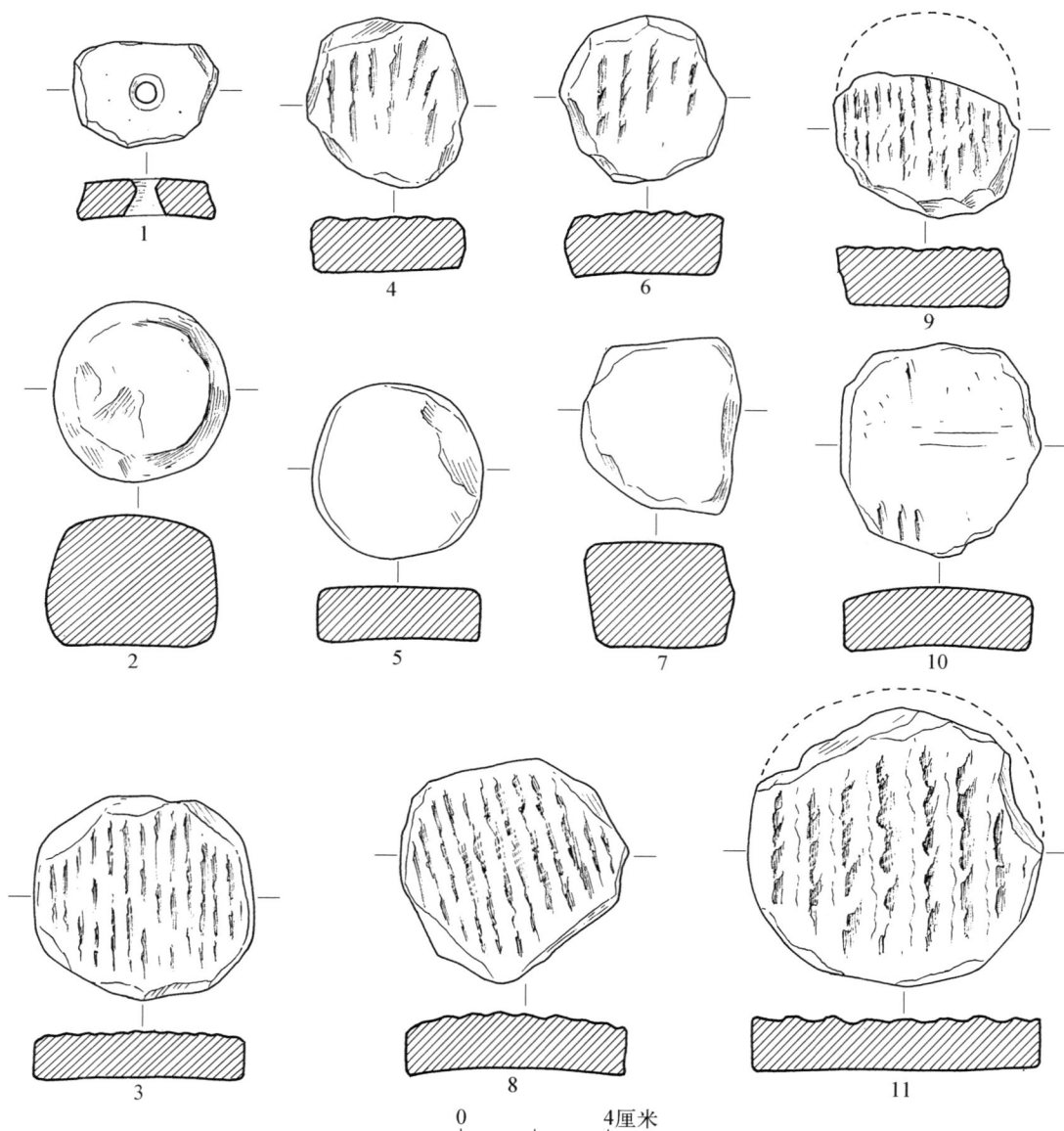

图一五一 2011YFH19、H24、H25、H26、H28出土圆陶片及改型陶范

1～6、8～11.圆陶片(H25:15、H28:22、H26③:12、H26③:14、H26③:11、H19⑩:14、H28①:23、H19⑦:11、H26①:13、H24:7)
7.改型陶范(H19⑩:13)

一周。内侧面略显粗糙,较平整。残长13.0、残宽11.1、厚1.0厘米。

筒瓦 1件。

标本H25：16(图一五六,6),泥质灰陶。表面平整光滑,素面,瓦头有子母榫。残长13.0、直径13.0、榫头长2.2、厚1.4厘米。

### 7. 动物遗存

出土可鉴定的动物遗存包括黄牛、马和中型哺乳动物(羊)。黄牛的趾骨1块、肋骨1条、尺骨1条和桡骨1条,马的趾骨4块,中型哺乳动物(羊)的肋骨2条,中型哺乳动物的肋骨2条、肢骨1条及大型哺乳动物的肩胛骨1块、胫骨1条。

### 8. 植物遗存

该单位植物遗存包括黍亚科杂草。

该单位土壤中植硅体分析结果见附表二三。

### 9. 其他

陶球 1件。

标本H25⑤：1(图版一三,1),残存大半部分,泥质红陶,为中空的陶球,表面光滑,顶端有两个同心圆,直径约2.6厘米,重11克。

圆陶片 1件。

标本H25：15(图一五一,1),夹砂灰陶,素面,中间有穿孔,孔径0.5厘米。残长3.9、残宽2.8、厚0.9厘米,重14克。

# 4.25 2011YFH26

### 1. 形制与堆积

H26(图一五二),位于T4南部中间,北邻H14,东邻H16、H19和H20,开口于①层下,被H15打破,打破生土。口部呈较规整的圆形,壁呈直筒状,底部下凹。口部直径91、口距地表30、底距地表139、自深109厘米。坑壁保存较好,无工具或修整痕迹。

堆积可分为3层：①层,黄褐色,土质较硬,分布在灰坑中部和西部,自东向西倾斜,厚0～28厘米。②层,灰色,土质极为疏松,遍布整个灰坑,自东向西倾斜,厚42～53厘米,包含有大量木炭星等。③层,褐色,土质较硬,遍布整个灰坑,厚19～42厘米。根据清理时的判断及剖面堆积来看,其倾倒来源于东北方向。

### 2. 鼓风管与炉壁

共出土第一类鼓风管残块310克。

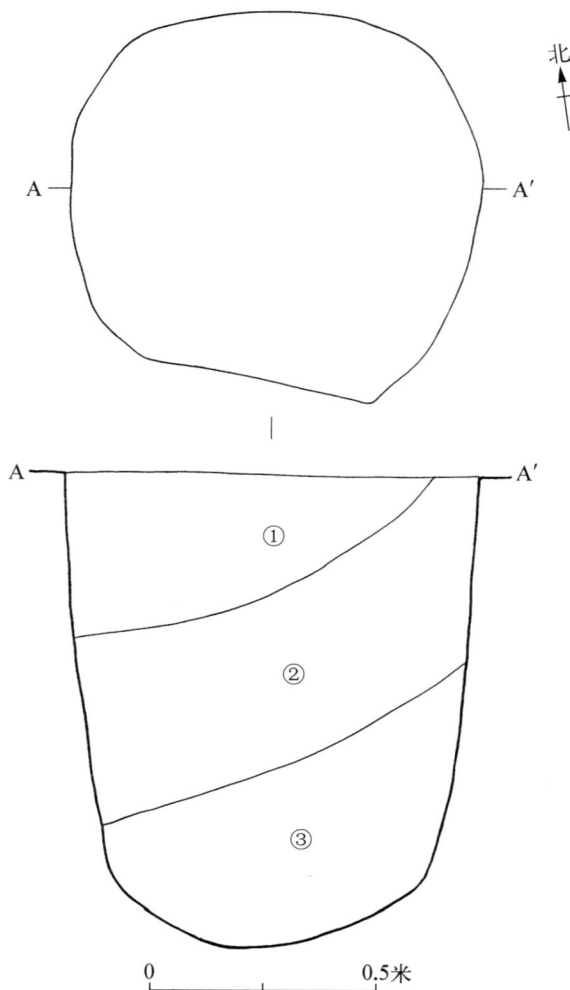

图一五二　2011YFH26平、剖面图

### 3. 铁器与残块

共出土残铁块1块,80克。

### 4. 陶容器

共出土陶容器残片33块,可辨器形盆和甑5块,约占15.2%;罐和缶6块,约占18.2%。纹饰以素面为主,共16块,约占48.5%;绳纹4块,约占12.1%,均为细绳纹;戳印纹5块,约占15.2%;弦纹5块,约占15.2%;另有大方格纹、暗纹等纹饰。

盆　1件。

标本H26①:1(图一五三,6),泥质灰陶,卷沿方唇,沿下有绳纹被抹的痕迹,器身比较厚重,与一般深腹盆形制差异较大,残高7.7厘米。

深腹盆　1件。

标本H26②:4(图一五三,5),AⅠ/Ⅱ式,泥质灰陶,平折沿,尖圆唇,折腹,上腹微敛较直,仅

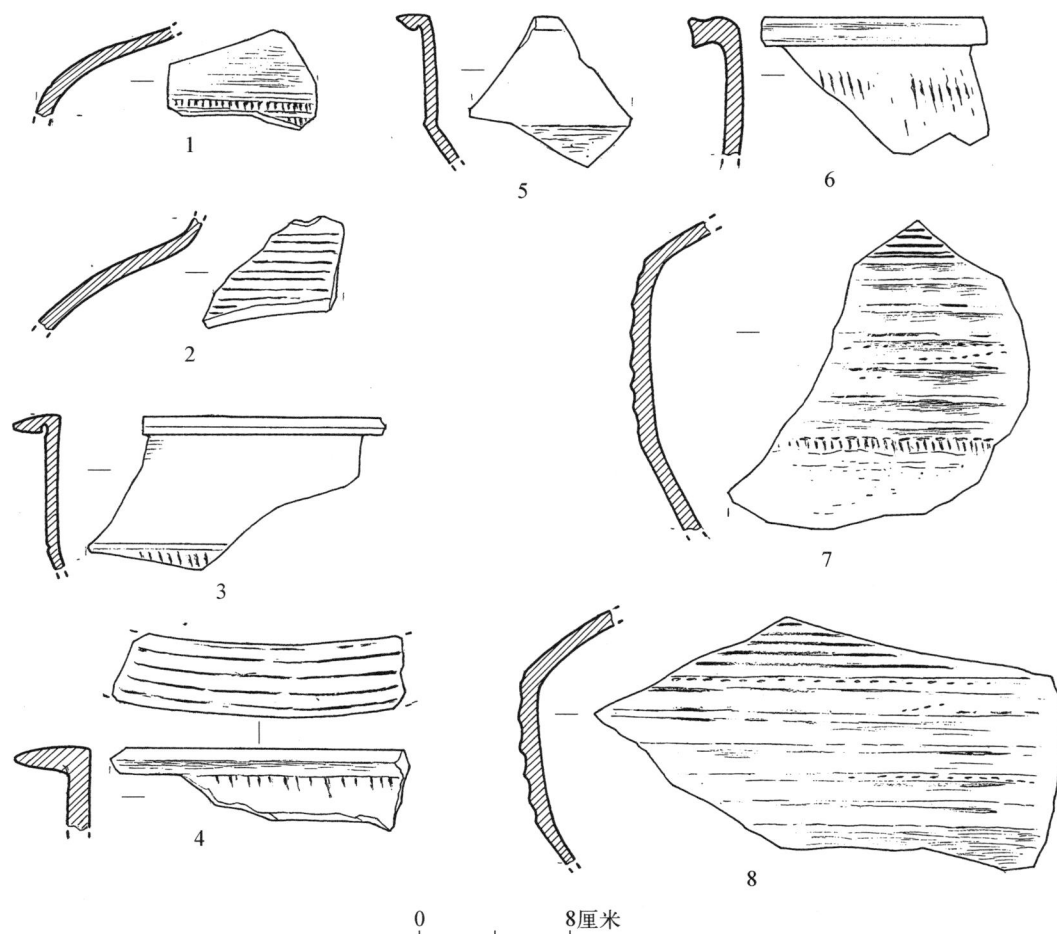

**图一五三 2011YFH26、H27 出土陶器**

1. 小口旋纹罐(H27:2) 2、7、8. 罐/缶(H27:3、H26②:2、H26②:3) 3、5 深腹盆(H27:1、H26②:4)
4. 大型盆(H27:4) 6. 盆(H26①:1)

上下腹之间有一周弦纹,残高8.4厘米。

罐/缶 2件。均为泥质灰陶,鼓腹,平底。

标本H26②:2(图一五三,7),罐/缶,微溜肩,腹部饰有旋纹,残高16.3厘米。

标本H26②:3(图一五三,8),罐/缶,微溜肩,腹部饰有旋纹,残高13.0厘米。

### 5. 建筑材料

共出土陶瓦33片。

### 6. 动物遗存

出土大量动物遗存。可鉴定的种属包括黄牛、山羊、羊、绵羊、犬和鸟。黄牛的头骨(左)2块、掌骨(右)9块、趾骨(未知)5块和胫骨2条,山羊的肩胛骨(左)2块和肩胛骨(右)2块,羊的头骨(左)3

块和肋骨2条,绵羊的肩胛骨(左)1块,犬的头骨2块、下颌骨(左)3块、掌骨(右)3块、脊椎13块、骨盆8块、股骨10条、腓骨(左)3条、肱骨(右)2条、桡骨2条、肋骨(右)4条、胫骨(左)1条和尺骨2条,鸟的肢骨1条,小型哺乳动物的肋骨1条和肢骨1条,中型哺乳动物的头骨2块、上颌骨(右)1块、肩胛骨1块、脊椎1块、肢骨2条和肋骨1条,中型/大型哺乳动物的肢骨2条,大型哺乳动物的肢骨2条。

### 7. 植物遗存

该单位土壤中未见农作物种子遗存。土壤中植硅体分析结果见附表二三。

### 8. 其他

圆陶片　4件。

标本H26③:12(图一五一,3),夹砂灰陶,表面有中绳纹,背面有密集的浅凹窝,直径约5.6、厚1.2厘米,重54克。

标本H26③:14(图一五一,4),泥质红陶,表面有粗绳纹,绳纹印迹模糊,直径约4.5、厚1.5厘米,重37克。

标本H26③:11(图一五一,5),泥质红陶,表面脱落较严重,直径约4.8、厚1.4厘米,重41克。

标本H26①:13(图一五一,10),夹砂灰陶,表面有粗绳纹,绳纹被抹,印迹很浅,直径约5.8、厚1.6厘米,重68克。

# 4.26　2011YFH27

### 1. 形制与堆积

H27(图一五四),位于T5东南部,北邻H28,开口于④层下,打破生土。一部分在探方外,未进行发掘,口部呈半椭圆形,壁呈直筒状,因越向下越小,未能发掘至底。口部南北长85、东西宽74、口距地表80厘米。未见工具痕迹。

堆积仅为1层:黄褐色,土质疏松,颗粒状,砂性,呈坑状堆积,包含物有烧土点、石块、姜石等。

### 2. 陶范

共出土锄范18块,其中面范4件、背范1件。铧范2块。铧芯2块,可辨大型铧芯1件。

锄面范　3件。

标本H27:y2(图一五五,1),残存底端右下角,仅1块残块,重310克。梯形板状,细砂质,整体呈深红色。分型面和浇铸面有白色涂料层,其下为黑色涂料层。浇铸面有灰黑色浇铸痕迹。背面较平整,残长9.9、底端残宽6.7、底端厚2.8、范身厚2.9厘米。型腔右下角到侧边长2.7、分型面底端长2.4厘米。铸器呈梯形板状,残长7.5、底端残宽5.6厘米。

标本H27:y24(图一五五,6),残存右下角,由2块残块拼合而成,总重190克。梯形板状,细砂质,整体呈深灰色。分型面和浇铸面有涂料层,严重脱落。浇铸面有灰黑色浇铸痕迹。残长

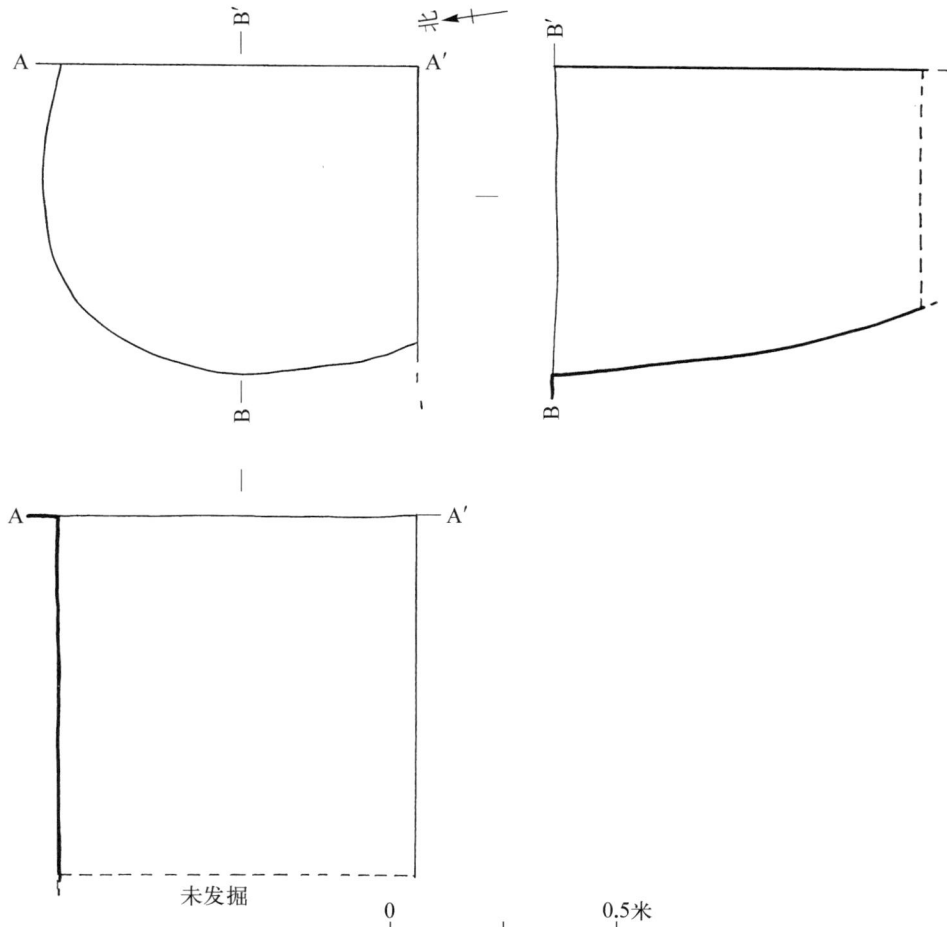

图一五四　2011YFH27平、剖面图

7.7、底端残宽8.2、范身厚2.4厘米。型腔右下角到侧边长2.0、分型面底端长2.0厘米。铸器呈梯形板状，残长5.9、底端残宽6.0厘米。

标本H27∶y3（图一五五，8），残存底端部分，仅1块残块，重260克。梯形板状，细砂质，整体呈蓝灰色。分型面和浇铸面有涂料层。浇铸面有灰黑色浇铸痕迹。背面较粗糙，残长8.1、底端残宽8.0厘米。底端向浇铸面斜收明显，底端厚2.5厘米。型腔左下角到侧边长2.4、分型面底端长2.1厘米。铸器呈梯形板状，残长6.0、底端残宽6.2厘米。

锄背范　1件。

标本H27∶y6（图一五五，9），残存顶端部分，仅1块残块，重420克。梯形板状，细砂质，整体呈橙色。表面较粗糙，呈弧面状。未见浇铸痕迹。背面呈弧面状，表面较平整。残长8.5、顶端宽7.5、残存最下端宽10.4、顶端厚3.7、范身厚3.5厘米。

锄范改型器　1件。

标本H27∶y28（图一五五，7），背范改制，仅1块残块，重110克。细砂质，整体呈浅灰色。改作圆形器，残断为半圆形，再制作出锅底状浅坑。背面平整，有涂料层。直径约8.7、残宽4.5、范身厚2.5厘米。

**图一五五　2011YFH19、H25、H27出土陶范及鼓风管**

1、6、8、11. 锄面范（H27：y2、H27：y24、H27：y3、H25①：y8）　4. 不明范（H25：y5）　2、5. 铧范（H19⑩：y52、H27：y5）
3. 铧芯（H27：y4）　7. 锄范改型器（H27：y28）　9. 锄背范（H27：y6）　10. 鼓风管（H27：y25）

铧范　1件。

标本H27：y5（图一五五，5），残存底端刃部，仅1块残块，重335克。梯形，细砂质，整体呈红色。分型面有橙色涂料层。浇铸面有灰黑色浇铸痕迹，其下有较浅的棕色涂料层，甚薄，浇铸后破损较严重。侧面与底面甚平，残长7.9、底端残宽5.2、范身厚6.0厘米。表面带一浅刻槽，横穿整个浇铸面，是否与浇铸有关未知。

铧芯　1件。

标本H27：y4（图一五五，3），残存近刃部部分，仅1块残块，重130克。整体呈舌形，上宽下窄,上厚下薄,细砂质,整体呈橙色。表面有涂料层,坚硬,未见有浇铸过的痕迹。残长8.8、残存最上端宽9.8、残存最下端宽5.8、残存最上端厚2.9、残存最下端厚0.3厘米。

### 3. 鼓风管与炉壁

共出土第一类鼓风管残块595克,第一类或第二类鼓风管残块720克;第二类炉壁残块9 890克。

鼓风管 1件。

标本H27∶y25(图一五五,10),仅1块残块,能判断弧度,初步判断为鼓风管近出风口末端,管身较薄。深红色,草拌泥质,中间未见有细砂。残长9.3、残宽8.8厘米,分两层,外层厚约1.4、内层厚约3.3厘米,末端内径为3.0厘米,重290克。最外层有较厚的熔融层,有密集蜂窝孔。

### 4. 陶容器

共出土陶容器残片26块,可辨器形釜和鬲1块,约占3.8%;盆和甗7块,约占26.9%;罐和缶5块,约占19.2%;盆或罐底部1块,约占3.8%;盆或瓮1块,约占3.8%。纹饰以素面为主,共15块,约占57.7%;另有戳印纹2块,约占7.7%;旋纹4块,约占15.4%;暗纹3块,约占11.5%。

大型盆 1件。

标本H27∶4(图一五三,4),大型盆,宽折沿,沿面甚平,尖圆唇,器体厚重,素面,残高4.6厘米。

深腹盆 1件。

标本H27∶1(图一五三,3),Ba Ⅱ / Ⅲ式,泥质灰陶,平折沿,尖圆唇,弧腹,上腹饰一周斜行绳纹,其上有一道旋纹,残高8.6厘米。

罐/缶 1件。

标本H27∶3(图一五三,2),罐/缶,泥质灰陶,素面,残高6.0厘米。

小口旋纹罐 1件。

标本H27∶2(图一五三,1),小口旋纹罐Ⅱ / Ⅲ式,泥质灰陶,溜肩,肩部有一周弦纹,其下为竖行绳纹,残高5.6厘米。

### 5. 建筑材料

共出土陶瓦62片。

板瓦 2件。均为泥质灰陶。

标本H27∶5(图一五六,1),瓦头平整,表面饰有交错绳纹,印迹较浅,近瓦头部分绳纹被抹,瓦身部分绳纹被抹去两周。内侧面饰有麻点纹,保存较差。整体微凸,残长11.2、残宽9.6、厚0.8厘米。

标本H27∶6(图一五六,5),瓦头平整,表面饰有交错绳纹,印迹模糊,近瓦头部分被完全抹去。内侧面无纹饰。整体微凸,残长15.0、残宽9.8、厚1.0厘米。

### 6. 动物遗存

出土可鉴定的动物遗存包括猪、黄牛、羊和马。出土猪的游离齿(左)8块,黄牛的骨盆(左)1

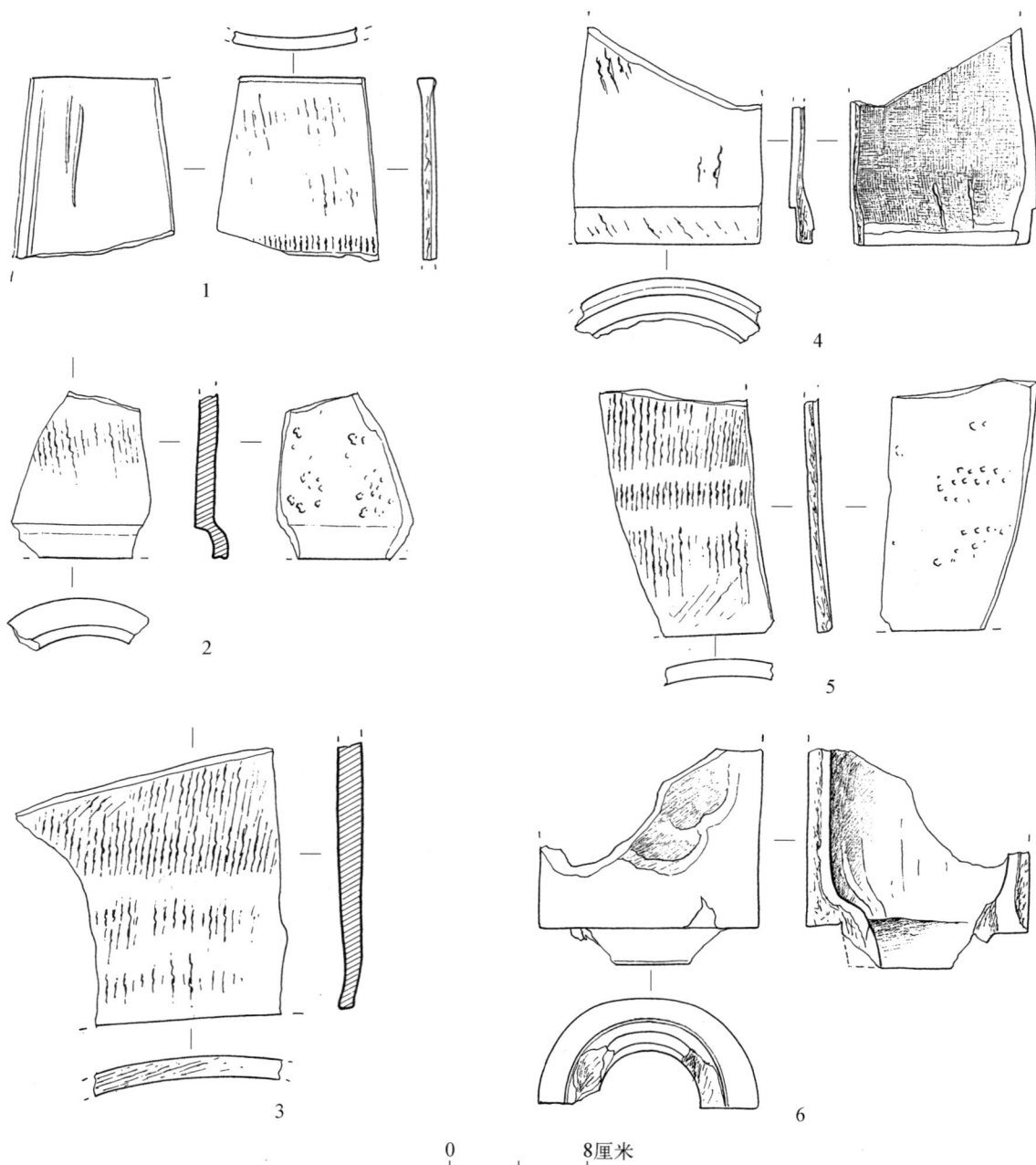

图一五六　2011YFH25、H27、H31出土瓦

1、3、5. 板瓦（H27：5、H25⑥：18、H27：6）　　2、4、6. 筒瓦（H31②：62、H31②：61、H25：16）

块和桡骨（右）1条,羊的游离齿（右）2块,马的肱骨3条,大型哺乳动物的肢骨1条和肋骨3条。

# 4.27 2011YFH28

### 1. 形制与堆积

H28（图一五七）,位于T5东部,北邻H29,南邻H27,开口于④层下,打破H29和生土。一部分在探方外,未进行发掘,口部呈不规则椭圆形,壁呈斜坡状,坑底南低北高。口部南北长230、东西宽75、口距地表82、底距地表119～134、自深37～52厘米。未见工具痕迹。

堆积可分为3层：①层,灰褐色,土质较疏松。②层,青灰色,土质硬,呈粉状,包含有木炭、烧土点等。③层,较上层泛褐色,土质疏松,呈颗粒状,包含有木炭、草木灰、烧土点、铁渣、烧结块（红、青两种）等。

### 2. 陶范

共出土锄范120块,其中面范9件、背范9件。铧范10块,可辨大型铧范1件、小型铧范1件。铧芯3块,可辨大型铧芯1件。

锄面范 4件。

标本H28③：y28（图一五八,7）,残存下半部分,由7块残块拼合而成,总重779克。梯形板状,细砂质,整体呈深红色。分型面有橙色涂料层。浇铸面有白色涂料层,其上有浇铸后留下的灰黑色痕迹。背面粗糙,残长15.3、底端宽16.3厘米。底端向浇铸面倾斜,残存最上端厚3.0、底端厚2.9厘米。型腔左下角到侧边长2.0、右下角到侧边长1.8、分型面底端长2.1厘米。铸器呈梯形

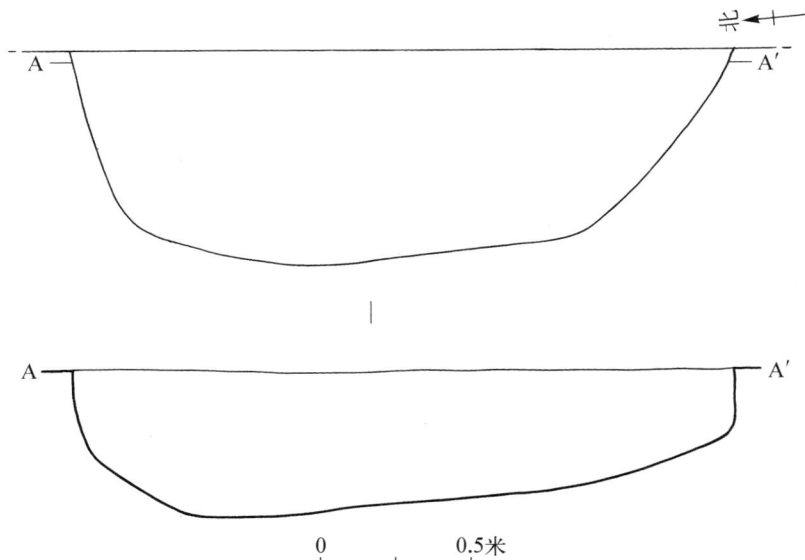

图一五七 2011YFH28平、剖面图

板状,残长13.1、底端宽12.0厘米。

标本H28③:y4(图一六六,1),残存浇道底端及完整型腔顶端,仅1块残块,重160克。梯形板状,细砂质,整体呈浅灰色。分型面有白色涂料层。浇铸面有白色涂料层,其上有浇铸留下的灰黑色痕迹。背面有两道刻槽,近浇道相应位置有明显的下凹而形成的台面,且该刻槽一直延伸到范的侧面,不排除范复改作他用。底面较平,但不光滑。残长5.6、范身厚3.4厘米。浇道底端较宽,浇道残长2.2、浇道残宽(下)4.8厘米。型腔左上角到侧边长2.0厘米。铸器呈梯形板状,残长3.6、顶端宽4.9厘米。

标本H28③:y23(图一六六,4),残存中部带圆形支撑部分,仅1块残块,重215克。细砂质,整体呈浅红色。浇铸面有经浇铸而成的黑色层,分型面有橙色涂料层。背面较平整光滑,残长7.3、残宽7.8、范身厚2.7厘米。正中有一圆形支撑,直径约2.5厘米。

标本H28③:y1(图一六六,5),残存型腔左上角及范左侧部分,仅1块残块,重260克。梯形板状,细砂质,整体呈蓝灰色。浇铸面有白色涂料层,分型面也有颜色较深的涂料层。背面颜色较深,光滑平整,侧面亦光滑。残长11.3、残宽6.2、范身厚2.9厘米。在型腔中有一直径1.6厘米的下凹环形槽,在环形槽处范身厚度为2.8厘米。

锄背范　4件。

标本H28③:y29(图一五八,1),残存顶端部分,仅1块残块,重355克。梯形板状,细砂质,整体呈橙色。浇铸面铁液流经部分有黑色层,对应器面范型腔形态,浇铸面边缘有橙色涂料层。背面较平整,残长8.0、顶端宽7.7厘米。顶端向浇铸面斜收,顶端似与含碳量高的烧土层接触,顶端厚3.6厘米。浇道呈半漏斗状,浇道长2.8、浇道宽3.8厘米。

标本H28③:y14(图一五八,2),残存顶端部分,仅1块残块,重110克。梯形板状,细砂质,整体呈蓝灰色。浇铸面和分型面有涂料层,但不光滑,气孔多。未见浇铸痕迹。背面甚粗糙,残长6.4、顶端宽5.9、范身厚2.0厘米。

标本H28③:y8(图一五八,5),残存浇道及中间部分,仅1块残块,重565克。梯形板状,细砂质,整体呈浅红色。浇铸面有白色涂料层。分型面有橙色涂料层,其下有黑色薄层。背面平整但不光滑,残长13.1、顶端宽7.1、残存最下端宽10.6厘米。顶端带三道竖纹,为合范符号。顶端呈斜坡状,左侧低,右侧高,顶端厚3.3、残存最下端厚3.1厘米。浇道呈半漏斗状,浇道长3.1、浇道宽3.5厘米。顶端及背后粘有含大量木炭的烧土。

标本H28③:y30(图一五八,6),残存底端右下角部分,仅1块残块,重425克。板状,细砂质,整体呈浅红色。浇铸面有经浇铸形成的黑色层。背面较粗糙,断面近范背处颜色较深。残长13.3、残宽9.9、底端厚2.5、范身厚2.9厘米。

铧范　3件。

标本H28③:y48(图一五八,3),残存顶端右上角部分,仅1块残块,重210克。梯形,细砂质,含砂量较大,整体呈橙色。未见明显的浇铸痕迹。侧面、背面皆较平整光滑,似有涂料层。残长20.3、顶端残宽3.9、顶端厚10.7、范身厚9.7厘米。弧度与y47接近,但两者肯定不属同一个体,可能为与铧芯无浇道面接触部分。与范/芯扣合处长4.4厘米。铸器整体呈舌形,顶端平齐,残长

**图一五八 2011YFH28出土陶范**

1、2、5、6.锄背范（H28③：y29、H28③：y14、H28③：y8、H28③：y30） 7.锄面范（H28③：y28）

3、4、9.铧范（H28③：y48、H28③：y42、H28③：y47） 8.不明范（H28③：y40）

15.8、顶端残宽8.4厘米。

标本H28③：y42（图一五八，4），残存左下角部分，仅1块残块，重215克。梯形、细砂质，含砂量较大，整体呈深红色。分型面有橙色涂料层，浇铸面有白色涂料层。侧面与底面较光滑，底面平整，但气孔较多。残长7.2、底端残宽4.0、底端厚3.8、范身厚4.0厘米。为小型铧范。

标本H28③：y47（图一五八，9），残存左上角，仅1块残块，重1 245克。梯形、细砂质，整体呈浅红色。分型面上有橙色涂料层。浇铸面有白色涂料层，其上有经浇铸留下的黑色痕迹，涂料层下约0.7厘米的断面颜色较深。顶面、侧面与底面皆平整光滑。残长12.4、顶端残宽8.3、顶端厚10.0厘米。型腔近中间处弧度突然增大，呈波浪状，浇铸面弧度较大，与范/芯扣合处长4.0、与范/芯扣合处残宽（上）2.7、与范/芯扣合处残宽（下）6.2、分型面顶端最宽5.6、分型面斜长5.1厘米。为大型铧范，与铧芯浇道面接触。铸器顶端平齐，残长7.6、顶端残宽7.2厘米。

不明范　1件。

标本H28③：y40（图一五八，8），仅1块残块，重910克。砖块形范，器身较厚。细砂质，主体呈棕色，部分地方为橙红色。表面有涂料层和浇铸痕迹，背面与侧面皆光滑。残长14.1、残宽8.6、厚4.5～5.1厘米。

### 3. 鼓风管与炉壁

共出土第四类鼓风管残块110克，第一类或第二类鼓风管残块255克。第二类炉壁残块3 320克，第四类炉壁残块60克。此外亦出土渣或炉衬共1 805克。

### 4. 炉渣

共出土炉渣总量为765克，其中玻璃态炉渣200克，玻璃态渣、木炭和铁块的混合态渣565克。

标本H28：y72-1-2（1）（图一五九，1），第二类渣，样品熔融程度一般，主要为玻璃态，芯部孔洞较多，局部有未熔化的石英颗粒，且包裹有圆滴状金属颗粒。熔炼渣。

标本H28：y72-1-2（2）（图一五九，2、3），第二类渣，样品熔融程度较好，主要为玻璃态，芯部孔洞较多，包裹有圆滴状金属颗粒，较大块的铁颗粒已锈蚀。熔炼渣。

标本H28：y73（图一五九，4），渣或炉衬，样品熔融程度不佳，主要为玻璃态，存在大量孔洞，包裹较多铁颗粒，以及少量未熔化的钛铁颗粒。炉壁挂渣。

标本H28：y89（图一五九，5），炉壁挂渣，样品熔融程度好，主要为玻璃态，包裹有圆滴状铁颗粒，多数铁颗粒经浸蚀后可见磷铁共晶组织。

标本H28：y95-1-4（1）（图一五九，6），第一类渣，样品熔融程度好，主要为玻璃态，包裹有圆滴状铁颗粒，多数铁颗粒经浸蚀后可见磷铁共晶组织。玻璃态基体间析出较多高硅钙晶体。熔炼渣。

标本H28：y95-1-4（2）（图一六〇，1；彩版二〇，3），第一类渣，样品熔融程度好，主要为玻璃态，包裹有圆滴状铁颗粒，多数铁颗粒经浸蚀后可见磷铁共晶组织。此外还夹杂有大块木炭。

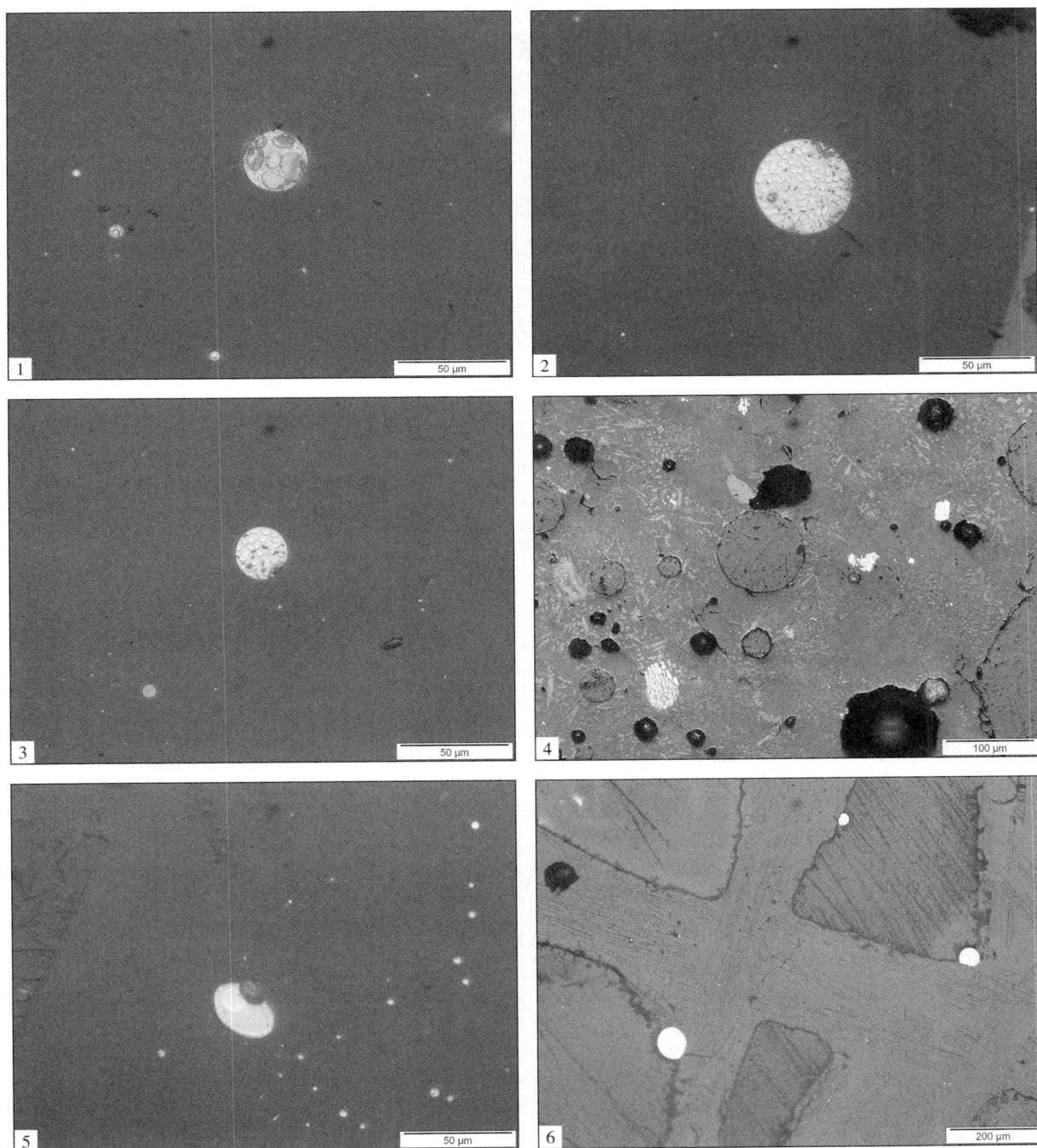

图一五九　2011YFH28出土炉渣金相显微组织结构图（一）

1. H28：y72-1-2（1），浸蚀后磷铁共晶和铁素体组织铁颗粒　　2、3. H28：y72-1-2（2），浸蚀后磷铁共晶和铁素体组织铁颗粒
4. H28：y73，玻璃相基体上较多未熔化的钛铁颗粒和孔洞　　5. H28：y89，浸蚀后磷铁共晶和铁素体组织铁颗粒
6. H28：y95-1-4（1），基体间球状铁颗粒和高钙硅晶体

熔炼渣。

标本 H28：y95-1-4（3）（图一六〇，2），第一类渣，样品熔融程度不佳，主要为玻璃态，存在大量孔洞，局部有未熔化的钛铁颗粒。玻璃态基体间析出高硅钙晶体，包裹有较多铁颗粒。炉壁挂渣。

标本 H28：y95-1-4（4）（图一六〇，3），第一类渣，样品熔融程度好，主要为玻璃态，包裹有圆滴状铁颗粒，多数铁颗粒经浸蚀后可见磷铁共晶组织。熔炼渣。

标本 H28：y80（彩版一八，2、7），炉壁/炉渣残块，表面有流动态熔融层，背面为炉壁。

标本 H28：y103（彩版一八，3、8），炉壁/炉渣残块，背面为炉壁，未见夹杂大量粗砂粒，壁身呈黑色，表面为玻璃熔滴流动熔融层。整体呈绿色，玻璃化程度高，中间致密，未见蜂窝孔。

### 5. 铁器与残块

共出土铁器残块 4 块，共 210 克。残铁块 7 块，共 390 克。

残铁器 2 件。

标本 H28：y61（图一六一，1；彩版二六，1），样品主要为珠光体与网状渗碳体组成的过共析钢组织，出现魏氏组织，含碳量约 1.8%。局部析出球状石墨。材质为铸铁脱碳钢。

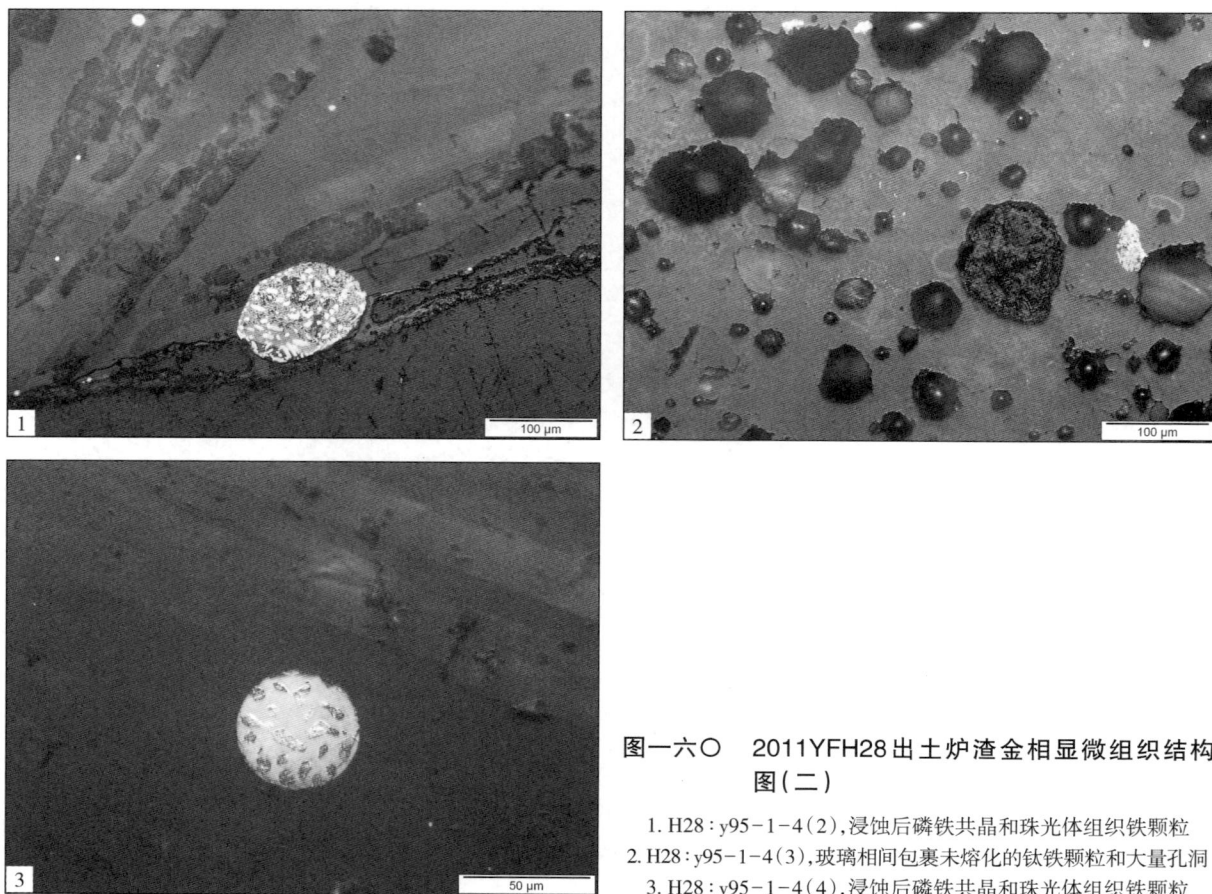

图一六〇 2011YFH28 出土炉渣金相显微组织结构图（二）

1. H28：y95-1-4（2），浸蚀后磷铁共晶和珠光体组织铁颗粒
2. H28：y95-1-4（3），玻璃相间包裹未熔化的钛铁颗粒和大量孔洞
3. H28：y95-1-4（4），浸蚀后磷铁共晶和珠光体组织铁颗粒

标本 H28：y65-2，共晶白口铁组织不明显，基本只有片状石墨析出，材质为灰口铁。

残铁块　1件。

标本 H28：y62-1-4，基本只有花瓣状石墨析出，材质为灰口铁。

### 6. 陶容器

共出土陶容器残片154块，可辨器形釜和鬲 3块，约占1.9%；盆和甑21块，约占13.6%；罐和缶27块，约占17.5%。纹饰以素面为主，共105块，约占68.2%；绳纹9块，约占5.8%，以细绳纹最多，中绳纹次之，无粗绳纹；戳印纹10

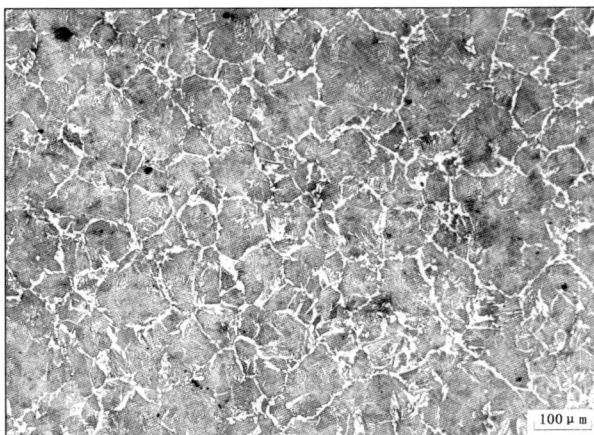

图一六一　2011YFH28出土铁器金相显微组织结构图
H28：y61，珠光体+渗碳体组成的过共析钢组织

块，约占6.5%；旋纹14块，约占9.1%；另有暗纹、附加堆纹等纹饰。

盆（其他）　1件。

标本 H28③：9（图一六二，5），盆残片，泥质灰陶，平折沿，尖圆唇，平底，素面，残高6.0厘米。

深腹盆　5件。均为泥质灰陶，平折沿，平底。

标本 H28①：3（图一六二，2），Bb Ⅱ式，圆方唇，弧腹，上下腹交界处较不明显，素面，残高7.2厘米。

标本 H28③：5（图一六三，1），Ba Ⅱ/Ⅲ式，尖圆唇，弧腹，上腹甚直，在上腹戳印有一周楔形绳纹，其上下各有一道旋纹，残高6.0厘米。

标本 H28③：2（图一六三，2），Ba Ⅱ/Ⅲ式，平折沿，尖圆唇，弧腹，上腹甚直，上下腹几不可分，在上腹戳印有一周楔形绳纹，其上下各有一道旋纹，残高8.0厘米。

标本 H28③：13（图一六三，5），Ba Ⅲ式，尖圆唇，弧腹，上腹甚直，上下腹几不可分，在上腹戳印有一周楔形绳纹，其上下各有一道旋纹，残高13.2厘米。

标本 H28③：4（图一六二，9），A Ⅱ式，泥质灰陶，平折沿，尖圆唇，折腹，上腹较直，上下腹交界处有一周弦纹，下腹有不少刮削痕迹，残高12.2厘米。

小口旋纹罐　2件。均为泥质灰陶，小口，鼓腹，平底，器身饰有旋纹。

标本 H28③：6（图一六二，6），小口旋纹罐Ⅲ式，微溜肩，饰有数道旋纹，残高11.2厘米。

标本 H28：16（图一六二，8），小口旋纹罐Ⅱ/Ⅲ式，微溜肩，肩部饰有旋纹，残高6.0厘米。

罐/缶　3件。均为泥质灰陶，鼓腹，平底。

标本 H28③：11（图一六二，3），罐/缶，腹部饰有旋纹，残高10.2厘米。

标本 H28①：7（图一六三，3），罐/缶，肩部微鼓，素面，残高5.0厘米。

标本 H28③：10（图一八三，8），罐/缶，方唇，残高2.2厘米。

异形罐　3件。均为泥质灰陶，鼓腹，平底。

标本 H28③：12（图一六二，1），B型，大口，直口方唇，唇面有一道旋纹，口径12.2、残高2.3厘米。

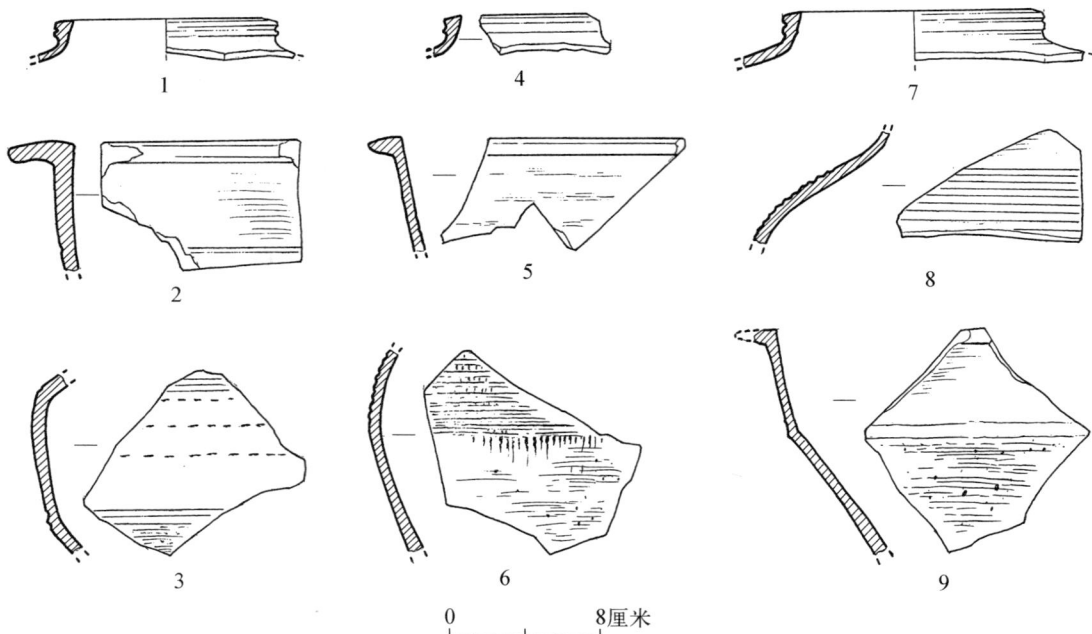

图一六二　2011YFH28出土陶器（一）

1、4、7. 异形罐（H28③：12、H28③：8、H28③：14）　2、9. 深腹盆（H28①：3、H28③：4）　3. 罐/缶（H28③：11）
5. 盆（H28③：9）　6、8. 小口旋纹罐（H28③：6、H28：16）

标本H28③：8（图一六二，4），B型，大口，卷沿方唇，唇面有一道旋纹，残高2.1厘米。

标本H28③：14（图一六二，7），B型，大口，直口方唇，唇面有一道旋纹，口径14.1、残高3.0厘米。

甑　1件。

标本H28①：15（图一六三，4），甑，仅存部分甑底部，泥质灰陶，残高5.8厘米。

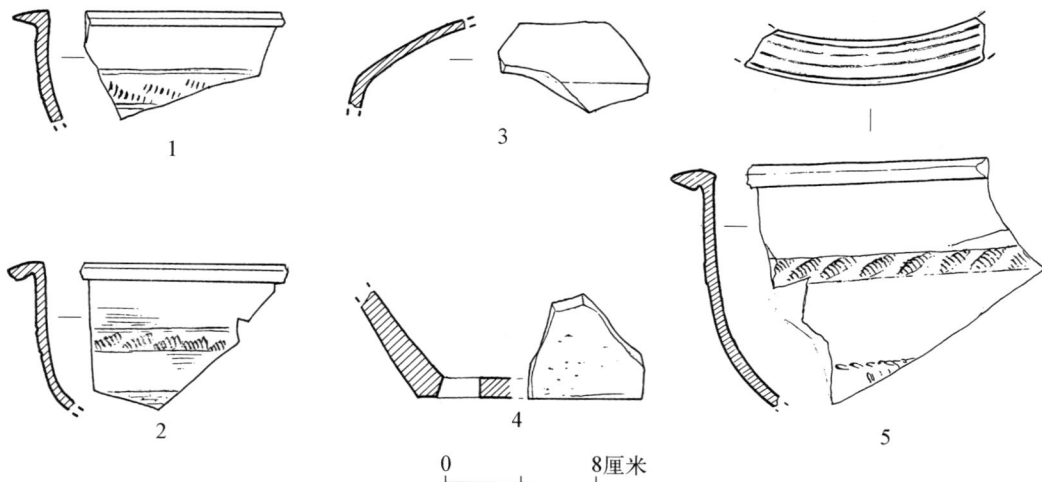

图一六三　2011YFH28出土陶器（二）

1、2、5. 深腹盆（H28③：5、H28③：2、H28③：13）　3. 罐/缶（H28①：7）　4. 甑（H28①：15）

### 7. 建筑材料

共出土陶瓦210片。

### 8. 动物遗存

出土可鉴定的动物遗存包括猪、黄牛、羊和犬。猪的骨盆(左)1块,黄牛的上颌骨(左)1块、桡骨(右)1条,羊的尺骨(左)2条,犬的上颌骨(左)1块、下颌骨(左、右)5块、骨盆(右)4块、胫骨(右)1条和桡骨(右)1条,中型哺乳动物的肢骨2条、桡骨2条,以及大型哺乳动物的肢骨1条、胫骨/桡骨1条。

### 9. 其他

钱范　1件。

标本H28：1(图九七,4),残,石质,表面还残存三个钱范,三者间隔很近,残长7.3、残宽3.1、厚0.4～2.1厘米,重77克。

圆陶片　2件。

标本H28：22(图一五一,2),由陶范改制,灰褐色,细砂质,素面,直径约4.9、厚3.5厘米,重93克。

标本H28①：23(图一五一,8),夹砂灰陶,表面有中绳纹,绳纹印迹较深,背面有密集的浅凹窝,直径约6.1、厚1.5厘米,重56克。

## 4.28　2011YFH29

### 1. 形制与堆积

H29(图一六四),位于T5东北部,开口于④层下,被H28打破,打破生土。一部分在探方外,未进行发掘,口部呈椭圆形,壁呈斜坡状,底部南低北高。口部南北长436、东西宽65～100、口距地表41～100、底距地表101～161、自深20～67厘米。未见工具痕迹。

堆积来源比较复杂,由灰土、草木灰、木炭灰、炉灰土等堆积而成,呈粉状,层次分明。包含有铁渣、木炭、烧土块等。

### 2. 陶范

出土少量破碎陶范,不可辨识。

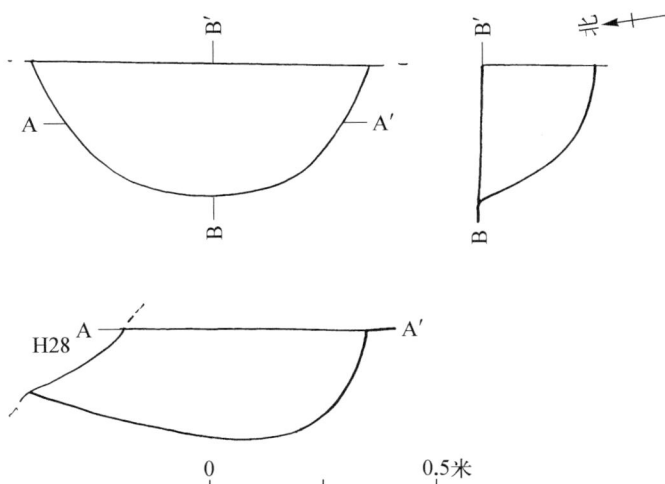

图一六四　2011YFH29平、剖面图

### 3. 陶容器

出土极少数陶片,器形不可辨识。

# 4.29　2011YFH31

### 1. 形制与堆积

H31(图一六五),位于T9中部,开口于②层下,打破生土。一部分在探方外,未进行发掘,口部呈不规则半椭圆形,壁呈直筒状,坑底高低不平,较光滑。口部南北长252、东西宽249、口距地表20、底距地表106、自深86厘米。坑底南部有一台子,南高北低,呈坡状,南壁经过修整,平整光滑。坑底东南部有一浅坑,呈圆形圜底。坑底中部有一南北向梁子,宽10厘米。

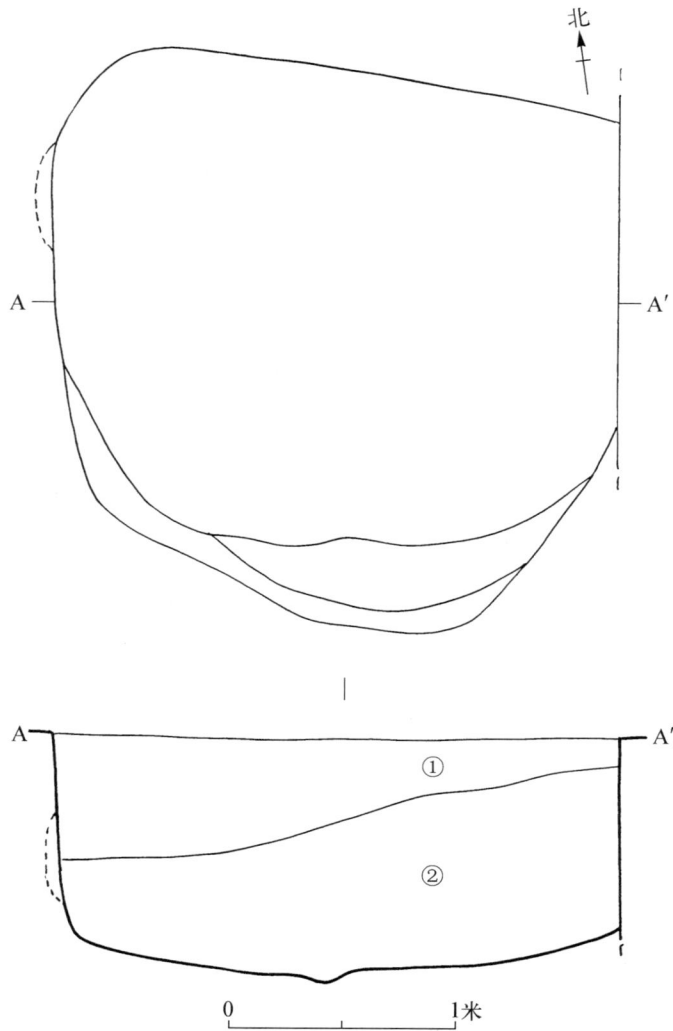

图一六五　2011YFH31平、剖面图

堆积可分为2层：①层，灰色，土质疏松，颗粒状，遍布整个灰坑，自东向西倾斜，厚0～22厘米，包含有大量铁渣、木炭、石块等。②层，灰黑色，土质松散，颗粒状，有水锈痕迹，遍布整个灰坑，厚40～92厘米，包含有少量铁渣、石块等。值得注意的是，H31两层的包含物内容差别甚大，①层炉渣数量甚多，另有一定数量的陶范和陶器，陶建筑材料的数量不多，且不见任何动物遗存。②层炉渣和陶范的数量相对较少，陶容器和建筑材料较多，动物遗存亦主要出土于这一层。推测①层可能是专门倾倒冶炼废品而形成的堆积。


2. 陶范

共出土锄范218块，其中面范25件、背范16件。铧范91块，可辨大型铧范10件、小型铧范10件。铧芯381块，可辨大型铧芯35件、小型铧范8件。

锄面范　11件。

标本H31②∶y17（图一六六，2），残存中上部，由3块残块拼合而成，总重970克。梯形板状，细砂质，整体呈橙色。分型面和浇铸面有白色和红色涂料层，大面积脱落。浇铸面灰黑色浇铸痕迹明显。分型面和浇铸面有凹坑。背面平整，有涂料层，较粗糙，局部脱落。残长20.2、顶端宽7.4、残存最下端宽13.4厘米。顶端面近垂直，顶端厚2.6、残存最下端厚2.5厘米。浇道较窄直，平面呈梯形，浇道长7.2、浇道宽（上）2.2、浇道宽（下）2.9厘米。型腔正中有一圆形隆起，直径1.3厘米。型腔顶端刻槽浅，深度与左右两侧相同，左上角到侧边长2.0、右上角到侧边长2.6厘米。铸器呈梯形板状，残长13.1、顶端宽4.8、残存最下端宽8.7厘米。

标本H31①∶y13（图一六六，7），残存顶端和型腔上部，由2块残块拼合而成，总重430克。梯形板状，细砂质，整体呈浅红色。分型面和浇铸面有白色和红色涂料层。浇铸面灰黑色浇铸痕迹明显。背面平整，有涂料层，大部分脱落，在近浇道左下角有铁液，背面有铁液。残长11.1、顶端宽7.9厘米。顶端面垂直，顶端厚2.8、范身厚2.6厘米。浇道平面呈梯形，涂料层破损严重。浇道长6.8、浇道宽（上）2.3、浇道宽（下）3.1厘米。型腔顶端刻槽浅，左上角到侧边长2.5厘米。铸器呈梯形板状，残长4.3、顶端宽4.7厘米。

标本H31①∶y29（图一六六，8），残存顶端部分，由3块残块拼合而成，总重520克。梯形板状，细砂质，整体呈深灰色。分型面和浇铸面有白色和红色涂料层。浇铸面灰黑色浇铸痕迹明显，表面附有铁渣。背面平整，有涂料层，较粗糙，局部脱落。范左侧附有铁液。残长13.2、顶端宽7.4米。顶端面呈卜形，顶端面中间有一竖道，右端有一横道。顶端向浇铸面斜状，破损严重，顶端厚3.0厘米。浇道平面呈梯形，涂料层大面积脱落，浇道长7.2、浇道宽（上）2.6、浇道宽（下）3.4厘米。型腔顶端刻槽较深，左上角到侧边长1.8、右上角到侧边长2.5厘米。铸器呈梯形板状，残长6.1、顶端宽4.9厘米。

标本H31①∶y27（图一六六，9），残存中上部，由3块残块拼合而成，总重820克。梯形板状，细砂质，整体呈蓝灰色。分型面和浇铸面有白色和红色涂料层。浇铸面灰黑色浇铸痕迹明显。背面平整，有涂料层，粗糙，局部脱落。残长20.8、顶端宽7.1、残存最下端宽11.4厘米。顶端有一道竖道，为合范符号。顶端向浇铸面斜收，顶端面与背面交界处隆起，顶端厚2.9、残存最下端厚

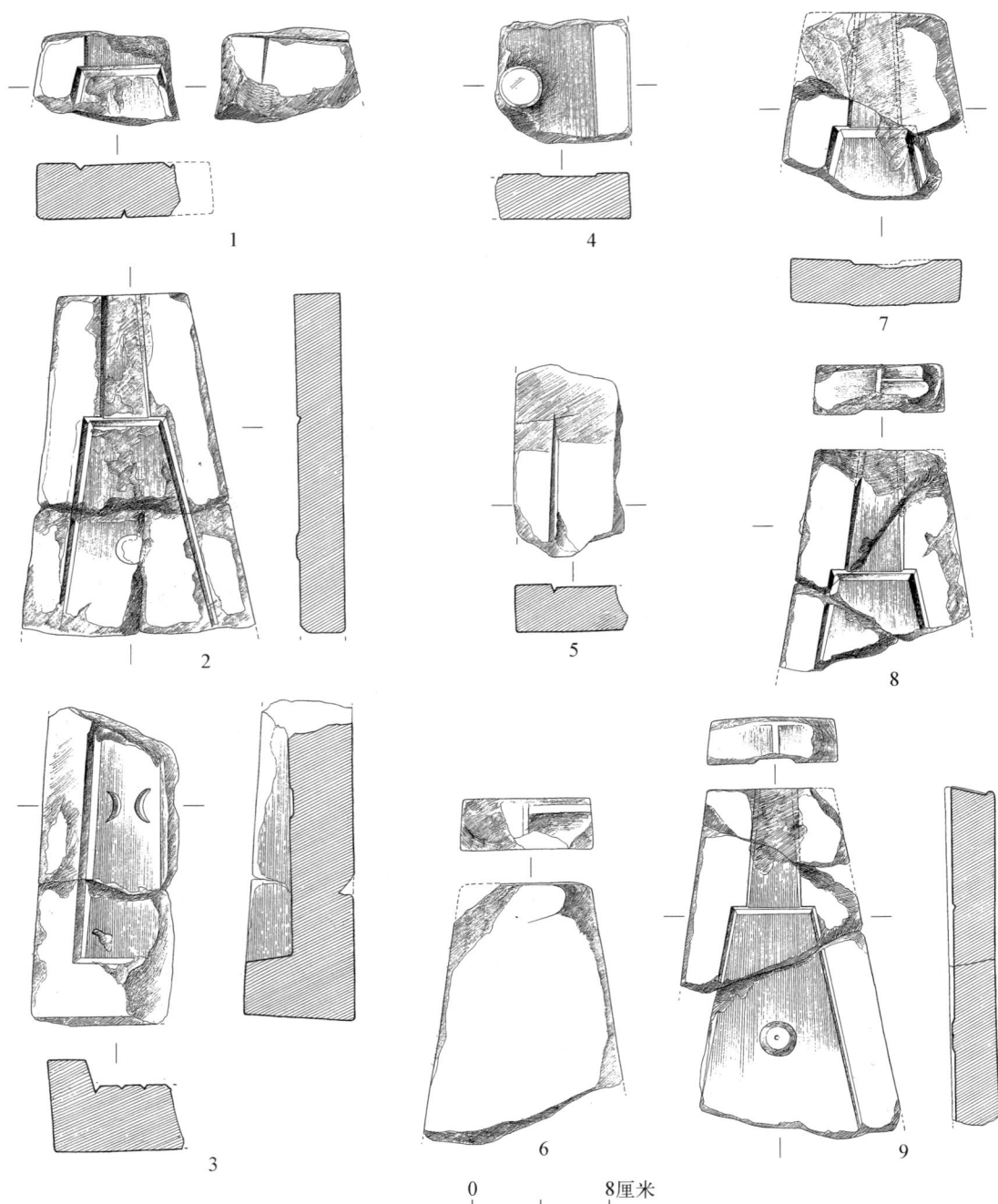

图一六六　2011YFH28、H31 出土陶范

1、2、4、5、7～9.锄面范（H28③：y4、H31②：y17、H28③：y23、H28③：y1、H31①：y13、H31①：y29、H31①：y27）
3.锼范（H31③：y211）　6.锄背范（H31②：y101）

2.7厘米。浇道平面呈梯形,涂料层大面积脱落,浇道长7.1、浇道宽(上)2.4、浇道宽(下)3.2厘米。型腔顶端刻槽较深,左上角到侧边长2.2、右上角到侧边长2.4厘米。型腔中部为一圆形隆起,直径2.0厘米,中间有一圆形凹孔。铸器呈梯形板状,残长13.8、顶端宽4.8、残存最下端宽8.8厘米。

标本H31②:y18(图一六七,1),残存顶端部分,仅1块残块,重290克。梯形板状,细砂质,整体呈橙色。分型面和浇铸面有白色和红色涂料层。浇铸面灰黑色浇铸痕迹明显。背面平整,有涂料层,局部脱落。断面甚直,可能为人为切割。残长6.9、顶端宽7.1厘米。顶端有三道竖道。顶端面与背面边缘隆起,顶端厚3.0厘米。浇道平面呈梯形,涂料层大面积脱落,浇道长6.2、浇道宽(上)2.2、浇道宽(下)3.4厘米。型腔左上角到侧边长1.9、右上角到侧边长1.8厘米。

标本H31②:y55(图一六七,3),残存上半部分,仅1块残块,重660克。梯形板状,细砂质,整体呈浅蓝色。分型面和浇铸面有白色和红色涂料层,部分脱落。浇铸面灰黑色浇铸痕迹明显。背面平整,有涂料层,大面积脱落。残长14.8、顶端宽7.1厘米。顶端有一道竖道,为合范符号。顶端面和背面交界处有隆起,顶端厚3.1、残存最下端厚3.0厘米。浇道平面呈梯形,浇道长6.8、浇道宽(上)1.8、浇道宽(下)3.0厘米。型腔顶端刻槽较深,左上角到侧边长2.4、右上角到侧边长1.9厘米。铸器呈梯形板状,残长7.4、顶端宽4.9厘米。

标本H31①:y28(图一六七,6),残存中上部,由2块残块拼合而成,总重670克。梯形板状,细砂质,整体呈浅灰色。分型面和浇铸面有白色和红色涂料层。浇铸面灰黑色浇铸痕迹明显,表面粘附有铁渣。背面平整,有涂料层,粗糙,局部脱落。残长14.6、顶端宽7.1、残存最下端宽9.3厘米。顶端面有一竖道和隆起的凸棱("L"形),可能为合范符号。顶端向外倾斜,顶端厚3.5厘米。浇道平面呈梯形,较直,涂料层大面积脱落,浇道长7.2、浇道宽(上)2.2、浇道宽(下)3.1厘米。型腔左上角到侧边长2.3、右上角到侧边长2.0厘米。铸器呈梯形板状,残长7.4、顶端宽4.9厘米。

标本H31②:y56(图一六七,7),残存上半部分,仅1块残块,重420克。梯形板状,细砂质,整体呈浅灰色。分型面和浇铸面有白色和红色涂料层。浇铸面灰黑色浇铸痕迹明显。背面平整,有涂料层,小面积脱落。残长11.2、顶端宽7.2厘米。顶端面和底面交界处边缘隆起,右侧边和背面有隆起,顶端厚3.0、残存最下端厚2.9厘米。浇道上口甚窄,平面呈梯形,涂料层大面积脱落,浇道长7.2、浇道宽(上)2.4、浇道宽(下)3.1厘米。型腔顶端刻槽较深,左上角到侧边长2.2、右上角到侧边长2.3厘米。铸器呈梯形板状,残长3.8、顶端宽4.6厘米。

标本H31①:y31(图一六七,8),残存顶端部分,仅1块残块,重430克。梯形板状,细砂质,整体呈浅灰色。分型面和浇铸面有白色和红色涂料层。浇铸面灰黑色浇铸痕迹明显,表面粘附有铁渣。背面平整,有涂料层,粗糙,大面积脱落。侧面有铁渣。残长11.8、顶端宽7.1厘米。顶端面有一道竖道为合范符号。顶端面近背面处边缘隆起,顶端厚3.0、残存最下端厚2.7厘米。浇道平面呈梯形,涂料层大面积脱落,浇道长6.7、浇道宽(上)1.8、浇道宽(下)3.1厘米。型腔左上角到侧边长2.1、右上角到侧边长2.3厘米。铸器呈梯形板状,残长5.2、顶端宽4.8厘米。

标本H31①:y26(图一六七,9),残存中上部,仅1块残块,重920克。梯形板状,细砂质,整体呈浅灰色。分型面和浇铸面有白色和红色涂料层。浇铸面灰黑色浇铸痕迹明显。背面平整,

图一六七　2011YFH31出土陶范及鼓风管

1、3、6～9. 锄面范（H31②：y18、H31②：y55、H31①：y28、H31②：y56、H31①：y31、H31①：y26）
2. 车马器母范（H31①：y214）　4. 鼓风管（H31②：y303）　5. 钁范改型器（H31①：y218）

有涂料层，粗糙，局部脱落。残长19.1、顶端宽7.3、残存最下端宽12.2厘米。顶端有三道竖道为合范符号。顶端面垂直，顶端面与背面交界处隆起，顶端厚3.0、残存最下端厚3.0厘米。浇道平面呈梯形，涂料层大面积脱落，浇道长6.8、浇道宽（上）1.7、浇道宽（下）3.0厘米。型腔左上角到侧边长2.3、右上角到侧边长2.3厘米。型腔中部为一圆形隆起，直径1.5厘米。铸器呈梯形板状，残长12.3、顶端宽4.6、残存最下端宽8.3厘米。

标本H31①:y14(图一七二,3),仅1块残块,重40克。浇铸面残块,外侧近圆形,可能为浇道盖一类遗物,细砂质,整体呈橙色。表面有白色和红色涂料层,浇铸痕迹明显。背面平整有涂料层,大部分脱落。直径4.5、厚3.1厘米。

锄背范　7件。

标本H31②:y101(图一六六,6),残存上半部分,仅1块残块,重730克。梯形板状,细砂质,整体呈蓝灰色,有较多羼和料。分型面和浇铸面有白色和红色涂料层。背面平整有涂料层,小面积脱落。残长15.4、顶端宽7.4、残存最下端宽10.9厘米。顶端未设浇道,顶端中部有一道竖道,右边有一道横道,为合范符号。顶端厚3.1厘米。

标本H31②:y79(图一六九,4),残存顶端部分,仅1块残块,重260克。梯形板状,细砂质,整体呈浅红色。分型面和浇铸面有白色和红色涂料层,部分脱落。浇铸面灰黑色浇铸痕迹明显。背面平整有涂料层,局部脱落。残长7.3、顶端残宽5.8厘米。顶端有三道竖道,可能为合范符号。顶端厚3.0厘米。浇道呈半漏斗状,浇道长4.2、浇道宽3.9厘米。

标本H31①:y63(图一七一,1),残存中部以下部分,仅1块残块,重850克。梯形板状,细砂质,整体呈深红色,有较多羼和料。分型面和浇铸面有白色和红色涂料层。背面平整有涂料层,局部脱落。残长13.1、底端宽13.5厘米。底端面向浇铸面斜收,底端厚3.2、范身厚3.1厘米。

标本H31②:y76(图一七一,2),残存下半部分,由4块残块拼合而成,总重920克。梯形板状,细砂质,整体呈浅红色,有较多羼和料。分型面和浇铸面有白色和红色涂料层。背面平整有涂料层,局部脱落。残长14.5、底端宽15.3厘米。底端面近垂直,底端厚3.4、范身厚3.3厘米。

标本H31②:y99(图一七三,1),残存中部以下部分,仅1块残块,重900克。梯形板状,细砂质,整体呈浅灰色。分型面和浇铸面有白色和红色涂料层,小面积脱落。背面平整有涂料层,小面积脱落。残长14.8、残存最上端宽12.1、底端宽14.5厘米。底端面近垂直,交界处边缘隆起,残存最上端厚2.9、底端厚3.0厘米。

标本H31②:y98(图一七三,3;图版二,4),基本保存完整,仅1块残块,重1 740克。梯形板状,细砂质,整体呈深红色,有较多羼和料。分型面和浇铸面有白色和红色涂料层,小面积脱落。背面平整有涂料层,局部脱落。长26.5、顶端宽7.1、底端宽14.4厘米。顶端和底端面垂直,顶端厚3.3、底端厚3.1厘米。变形弯曲,无浇铸痕迹,顶端未设浇道,可能是烧坏未使用陶范。

标本H31②:y104(图一七三,4),残存顶端部分,仅1块残块,重480克。梯形板状,细砂质,整体呈浅灰色。分型面和浇铸面有白色和红色涂料层,部分脱落。浇铸面灰黑色浇铸痕迹明显。背面平整有涂料层,小面积脱落。浇铸面、右侧面和断面有与铁液接触痕迹。残长10.7、顶端宽7.1、残存最下端宽10.6厘米。顶端有一竖道,为合范符号。顶端厚3.0厘米。浇道呈半漏斗状,浇道长3.6、浇道宽3.4厘米。

锄范改型器　2件。

标本H31②:y117(图一七一,5),背范左下角,但侧边甚为圆滑,被磨至圆形,仅1块残块,重100克。细砂质,整体呈浅灰色。表面有白色和红色涂料层。背面平整有涂料层,大面积脱落。

残长6.4、残宽5.1、底端厚2.5、范身厚2.3厘米。可能为浇道盖,为半成品。

标本H31②:y61(图一七三,2),背范被切割成三角形后,从正面和背面钻孔,但未钻穿,仅1块残块,重140克。细砂质,整体呈浅灰色。表面有白色和红色涂料层。背面平整有涂料层,大面积脱落。残长6.5、残宽6.5、厚3.2厘米。正面有一圆孔,直径2.4、深1.8厘米,背面孔直径1.1、深0.5厘米。

铧范　12件。

标本H31②:y152(图一六八,1),残存上半部分,仅1块残块,重1 720克。梯形,细砂质,整体呈浅红色,有大量白色颗粒。分型面和浇铸面有白色和红色涂料层,基本脱落。浇铸面灰黑色浇铸痕迹明显。背面平整有涂料层,底面大面积脱落。残长14.3、顶端宽13.2、残存最下端宽12.9厘米。顶端向外倾斜,顶端厚6.5、残存最下端厚6.5厘米。与范/芯扣合处长3.7、与范/芯扣合处宽(上)5.3、与范/芯扣合处宽(下)8.7、分型面顶端最宽4.8、分型面斜长4.2厘米。为小型铧范,铸器顶端平齐,残长9.4、顶端宽10.1厘米。

标本H31②:y129(图一六八,2),残存顶端右上角,仅1块残块,重1 610克。梯形,细砂质,整体呈浅红色,有较多羼和料。分型面和浇铸面有白色和红色涂料层,部分脱落。浇铸面灰黑色浇铸痕迹明显。背面平整有涂料层,大面积脱落。残长15.2、残存最上端宽8.3、残存最下端宽9.4、残存最上端厚9.3、残存最下端厚8.6厘米。型腔中间有切痕,切割面甚直,与范/芯扣合处残长4.0、与范/芯扣合处残宽(下)8.6厘米。为大型铧范,铸器顶端平齐,残长10.3、顶端残宽9.1厘米。

标本H31①:y124(图一六八,4),残存顶端部分,仅1块残块,重3 350克。梯形,细砂质,整体呈浅红色。分型面和浇铸面有白色和红色涂料层,部分脱落。浇铸面灰黑色浇铸痕迹明显。背面平整有涂料层,小面积脱落。残长16.5、顶端宽19.4、残存最下端宽17.0厘米。顶端有两道对称竖道和一道横道,呈"U"形,为合范符号。顶端厚9.2、残存最下端厚8.2厘米。与范/芯扣合处长4.3、与范/芯扣合处宽(上)9.1、与范/芯扣合处宽(下)12.4、分型面顶端最宽5.9、分型面斜长4.6厘米。为大型铧范,铸器顶端平齐,残长11.5、顶端宽13.6厘米。

标本H31①:y131(图一六九,1),残存顶端右上角,仅1块残块,重700克。梯形,细砂质,整体呈浅红色。分型面和浇铸面有白色和红色涂料层,部分脱落。浇铸面灰黑色浇铸痕迹明显。背面平整有涂料层,大面积脱落。残长13.7、顶端残宽6.0厘米。右侧面中间有一道横线刻槽,通到右顶端面,顶端面中间有一道横向浅刻槽,顶端厚7.0、范身厚6.9厘米。与范/芯扣合处长4.3厘米。为中/小型铧范,铸器顶端平齐,残长9.1、顶端残宽5.6厘米。

标本H31②:y153(图一六九,2),残存中部以下部分,仅1块残块,重1 670克。梯形,细砂质,整体呈浅红色,有大量白色颗粒。分型面和浇铸面有白色和红色涂料层,基本保存较好。浇铸面灰黑色浇铸痕迹明显。背面平整有涂料层,底面小面积脱落。残长14.1、底端宽13.7厘米。底端面向浇铸面斜收,底端厚6.4、范身厚6.8厘米。为大型铧范,铸器整体呈舌形,刃部近平,弧度较小,残长10.8、銎宽9.5厘米。

标本H31①:y238(图一六九,5),残存右下角部分,仅1块残块,重470克。梯形,细砂质,整

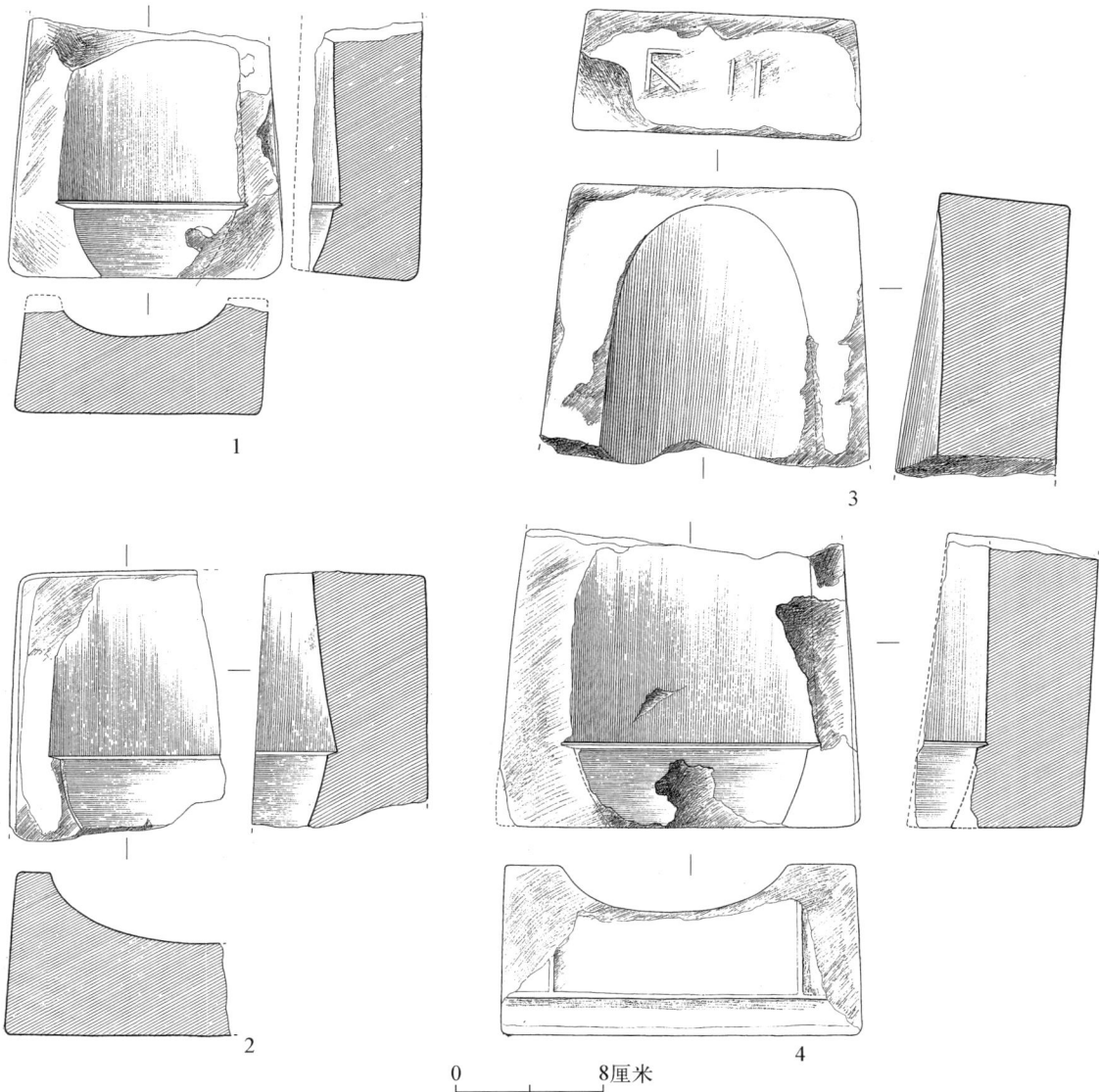

图一六八　2011YFH19、H31出土陶范

1～4.铧范（H31②：y152、H31②：y129、H19⑦：y14、H31①：y124）

体呈橙色。分型面和浇铸面有白色涂料层，小面积脱落。浇铸面灰黑色浇铸痕迹明显。背面平整有涂料层，大面积脱落，且有两个圆形浅坑。残长7.7、底端残宽5.7、底端厚3.5、残存最上端厚4.4厘米。为小型铧范，铸器整体呈舌形，刃部弧度较大，残长5.7厘米。

标本H31：y237（图一六九，6），石范，原为范其中一角，正中有圆形型腔，仅1块残块，重130克。深灰色，背面粗糙，残长6.7、残宽5.0、范身厚2.8厘米。铸器整体呈舌形，残长4.3厘米。

标本H31②：y156（图一六九，7），残存中间以上部分，仅1块残块，重1 030克。梯形，细砂质，整体呈橙色。分型面和浇铸面有白色和红色涂料层，小面积脱落。浇铸面灰黑色浇铸痕迹明显。背面平整有涂料层。残长12.1、顶端宽12.9厘米。底面部分脱落，底面有云母一类羼和料，

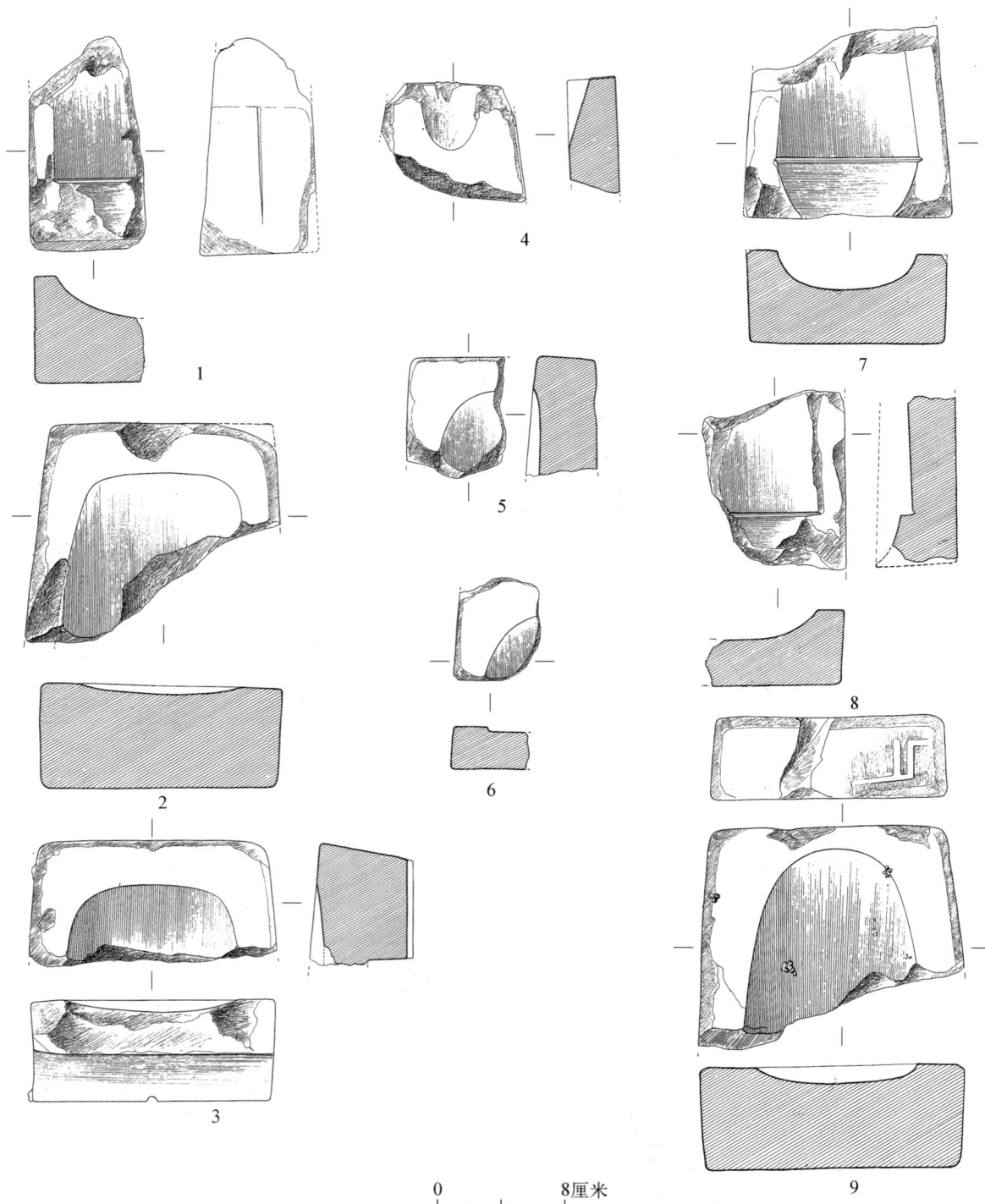

0　　　　　　8厘米

**图一六九　2011YFH31 出土陶范（一）**

1、2、5～9. 铧范（H31①：y131、H31②：y153、H31①：y238、H31②：y237、H31②：y156、H31②：y157、H31①：y125）
3. 铧范改型器（H31：y127）　　4. 锄背范（H31②：y79）

顶端厚6.2、范身厚5.9厘米。与范/芯扣合处长3.5、与范/芯扣合处宽（上）5.6、与范/芯扣合处宽（下）8.6、分型面顶端最宽3.6、分型面斜长3.7厘米。为小型铧范，铸器顶端平齐，残长8.1、顶端宽8.7厘米。

标本H31②：y157（图一六九，8），残存左上角部分，仅1块残块，重500克。梯形，细砂质，整体呈浅红色，有大量白色颗粒。分型面和浇铸面有白色和红色涂料层，大面积脱落。浇铸面灰黑色浇铸痕迹明显。背面平整有涂料层。残长11.3、残存最上端宽5.0、残存最下端宽8.6厘米。底面涂料层大面积脱落，顶端厚5.0、残存最下端厚4.6厘米。分型面斜长3.6厘米。为小型铧范，铸器顶端平齐，残长8.0、顶端残宽5.8厘米。

标本H31①：y125（图一六九，9），残存下半部分，仅1块残块，重1 660克。梯形，细砂质，整体呈深红色，有较多羼和料。分型面和浇铸面有白色和红色涂料层，部分脱落。浇铸面灰黑色浇铸痕迹明显，分型面和浇铸面有铁渣。背面平整有涂料层，大面积脱落。右侧面和断面有与铁液接触痕迹。残长14.2、底端宽14.1厘米。底端面有两道竖道，呈"L"形，为合范符号。底端厚5.3厘米。为大型铧范，铸器整体呈舌形，刃部近平，弧度较小，残长12.6、銎宽7.8厘米。

标本H31②：y139（图一七一，6），残存顶端左上角，仅1块残块，重420克。梯形，细砂质，整体呈浅红色，有较多羼和料。分型面和浇铸面有白色和红色涂料层，部分脱落。浇铸面灰黑色浇铸痕迹明显。背面平整有涂料层，小面积脱落。残长8.9、顶端残宽7.4、顶端厚5.2、范身厚5.2厘米。与范/芯扣合处长2.9、扣合处顶端最宽4.0厘米。为小型铧范，铸器顶端平齐，残长5.7、顶端残宽5.8厘米。

标本H31②：y150（图一七三，8），残存上半部分，由3块残块拼合而成，总重2 940克。梯形，细砂质，整体呈浅红色，有大量白色颗粒。分型面和浇铸面有白色和红色涂料层，局部脱落。浇铸面灰黑色浇铸痕迹明显。背面平整有涂料层，粗糙，局部脱落，其上带"X"形刻痕。背面有与铁液接触的痕迹，残长16.3、顶端宽19.4厘米。顶端有"X"形刻划符号，范烧成后刻痕，在"X"两侧，有两道隆起的竖道。顶端厚8.4、残存最下端厚7.5厘米。与范/芯扣合处长4.4、与范/芯扣合处宽（上）12.2、与范/芯扣合处宽（下）14.5、分型面顶端最宽3.8、分型面斜长4.7厘米。为大型铧范，铸器顶端平齐，残长11.5、顶端宽15.9厘米。

铧芯　11件。

标本H31②：y185（图一七〇，1），保存大半部分，仅1块残块，重520克。整体呈舌形，上宽下窄，上厚下薄，细砂质，整体呈浅灰色，质地细密。浇道和背面有白色痕迹，残长12.1、最宽处宽9.7、顶端宽7.3、顶端厚3.6、最厚处厚5.2、残存最下端厚3.1厘米。分型面斜长4.2、分型面高3.9厘米。浇道形态与y182相似，由右侧直切至左侧，切出圆弧形切口，在末端切出"八"字形缺口，右侧边转折，浇道宽3.7、a=2.4、b=0.6、c=3.4厘米。为小型铧芯。

标本H31②：y182（图一七〇，2），保存大半部分，仅1块残块，重630克。整体呈舌形，上宽下窄，上厚下薄，细砂质，整体呈浅灰色，质地细密。表面有白色残留。残长16.8、最宽处宽9.7、顶端宽7.5、残存最下端宽7.2、顶端厚3.7、最厚处厚5.3、残存最下端厚1.2厘米。分型面斜长3.3、分型面高3.0厘米。浇道部分为右侧直切至左侧，切出圆弧形，再切出"八"字形缺口，右侧转折，浇道上有较多切割痕迹，浇道宽3.8、a=2.2、b=1.0、c=2.2厘米。芯撑为三角形，一面底边长2.0、高2.5厘米，另一面底边长2.0、高1.8厘米。为小型铧芯。

标本H31：y233（图一七〇，3），残存大半部分，由3块残块拼合而成，总重540克。整体呈舌形，上宽下窄，上厚下薄，细砂质，整体呈棕色。表面有白色涂料层，小面积脱落，灰黑色浇铸痕迹明显。残长17.2、最宽处宽9.8、顶端宽7.3、残存最下端宽6.3、顶端厚3.8、最厚处厚5.4、残存最下端厚1.8厘米。分型面斜长3.7、分型面高3.2厘米。浇道与y235相似，浇道宽4.1、a=2.0、b=0.6、c=2.2厘米。芯撑为三角形，一面底边长2.0、高2.4厘米，另一面底边长2.1、高2.0厘米。

标本H31：y234（图一七〇，4），残存大半部分，由4块残块拼合而成，总重520克。整体呈舌形，上宽下窄，上厚下薄，细砂质，整体呈棕色。表面有白色涂料层，小面积脱落，灰黑色浇铸痕迹明显。残长18.3、最宽处宽9.5、顶端残宽6.4、残存最下端宽4.0、顶端厚3.7、最厚处厚4.9、残存最下端厚0.3厘米。分型面斜长3.1、分型面高3.0厘米。浇道与y235相似，浇道宽3.2、a=2.4、b=0.6厘米。芯撑为三角形，一面底边长1.6、高1.6厘米，另一面底边长2.0、高1.6厘米。为小型铧芯。

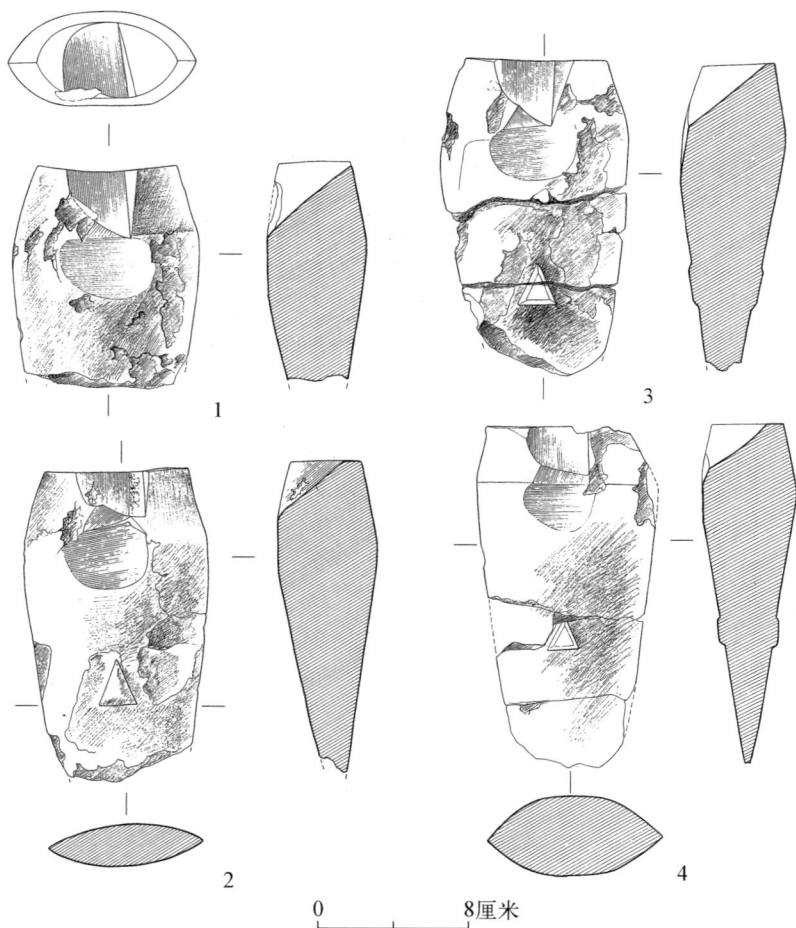

图一七〇　2011YFH31出土陶范（二）

1～4. 铧芯（H31②：y185、H31②：y182、H31：y233、H31：y234）

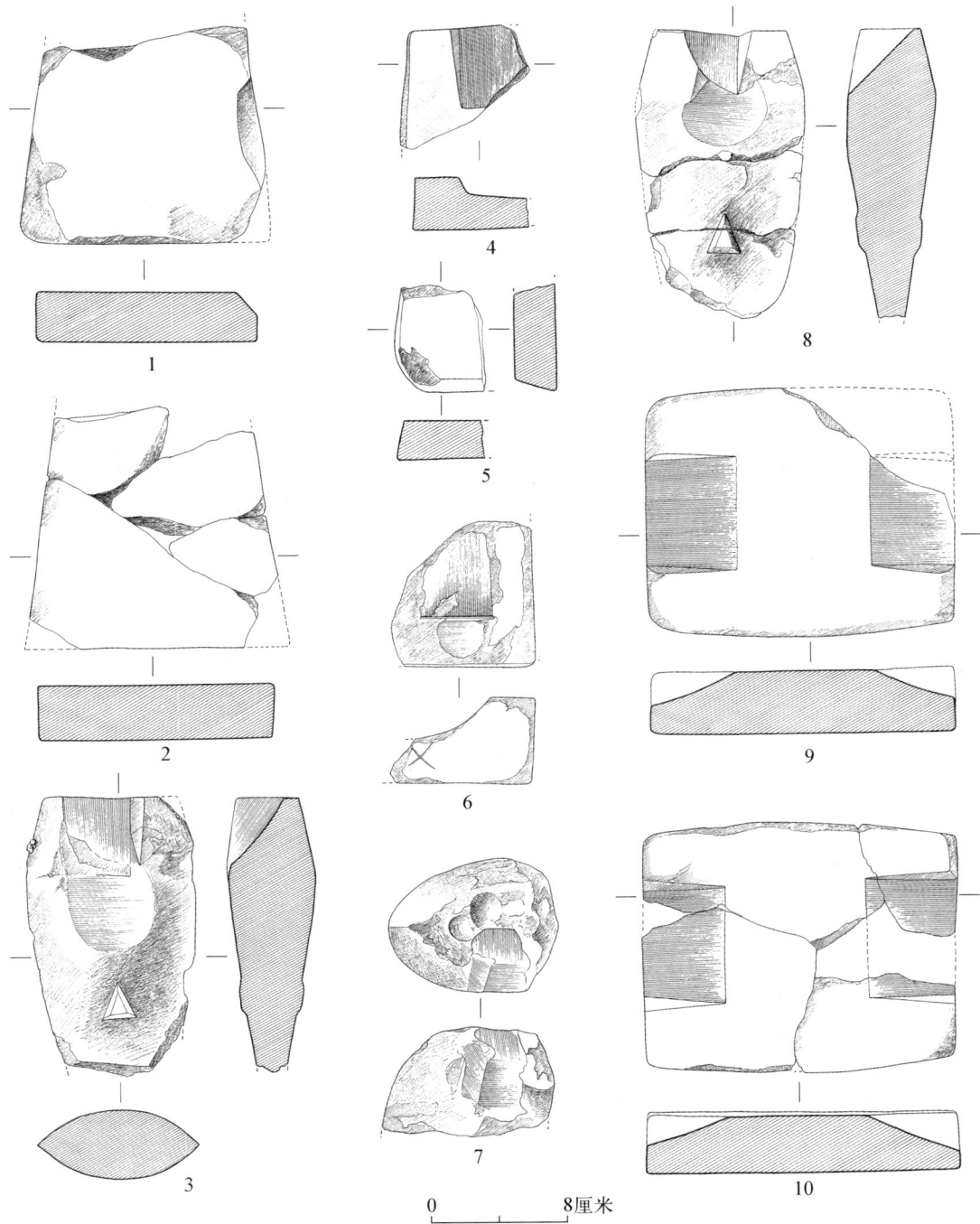

**图一七一 2011YFH31出土陶范（三）**

1、2. 锄背范（H31①：y63、H31②：y76） 3、7、8. 铧芯（H31②：y183、H31②：y188、H31②：y232）
4、9、10. 不明范（H31①：y215、H31①：y213、H31②：y216） 5. 锄范改型器（H31②：y117） 6. 铧范（H31②：y139）

标本H31②：y183（图一七一，3），保存大半部分，仅1块残块，重610克。整体呈舌形，上宽下窄，上厚下薄，细砂质，整体呈橙色。表面粘有铁渣。残长16.7、最宽处宽9.6、顶端宽7.7、残存最下端宽5.0、顶端厚3.7、最厚处厚5.1、残存最下端厚1.8厘米。分型面斜长5.0、分型面高4.7厘米。浇道形态与y182相似，切口较宽，浇道有明显切割痕迹，浇道宽4.7、a=1.7、b=1.0、c=2.2厘米。芯撑为三角形，一面底边长2.2、高2.0厘米，另一面底边长2.0、高1.8厘米。为小型铧芯。

标本H31②：y188（图一七一，7），残存顶端左侧，仅1块残块，重320克。上薄下厚，细砂质，整体呈橙色。表面局部脱落，两面均有白色痕迹，顶端有两个指窝形浅凹，残长6.6、残宽9.8、厚约8.0厘米。为大型铧芯。

标本H31②：y232（图一七一，8），残存上半部分，由3块残块拼合而成，总重200克。整体呈舌形，上宽下窄，上厚下薄，细砂质，整体呈橙色。表面有涂料层，部分脱落。残长17.4、最宽处宽9.8、顶端宽7.6、残存最下端宽7.2、顶端厚3.5、最厚处厚5.1、残存最下端厚1.5厘米。分型面斜长4.1、分型面高3.8厘米。为小型铧芯。

标本H31②：y204（图一七二，1），残存近刃部残块，仅1块残块，重60克。整体呈舌形，上宽下窄，上厚下薄，细砂质，整体呈棕色。表面坚硬，两面均有白色痕迹，残长5.3、残宽7.4、底端厚0.4、残存最上端厚2.4厘米。为大型铧芯。

标本H31②：y184（图一七二，2），保存大半部分，仅1块残块，重600克。整体呈舌形，上宽下窄，上厚下薄，细砂质，整体呈橙色。表面有较多脱落，浇道和一面有木炭痕迹。残长14.4、最宽处宽9.8、顶端宽7.5、残存最下端宽6.3、顶端厚3.4、最厚处厚5.2、残存最下端厚2.4厘米。分型面斜长4.0、分型面高3.7厘米。浇道相对较窄，且右侧倾斜度不同，未见转折，浇道形态与y182不同，浇道宽4.3、a=1.9、b=1.2、c=2.7厘米。芯撑为三角形，一面底边长2.2、高2.2厘米，另一面底边长2.0、高1.8厘米。为小型铧芯。

标本H31：y235（图一七二，6），残存大半部分，由2块残块拼合而成，总重600克。整体呈舌形，上宽下窄，上厚下薄，细砂质，整体呈棕色。表面有白色涂料层，小面积脱落，灰黑色浇铸痕迹明显。残长19.2、最宽处宽9.7、顶端宽7.5、残存最下端宽4.9、顶端厚3.4、最厚处厚5.2、残存最下端厚0.7厘米。分型面斜长3.5、分型面高3.3厘米。浇道较窄，在右侧切下割口，然后左右两侧切出圆弧形切口，浇道宽4.0、a=2.4、b=1.1、c=3.3厘米。芯撑为三角形，一面底边长1.8、高1.8厘米，另一面底边长1.7、高1.9厘米。

标本H31②：y189（图一七三，6），残存顶端部分，仅1块残块，重360克。上薄下厚，上窄下宽，细砂质，整体呈橙色。表面有涂料层，大面积脱落。顶端有一处指窝形浅凹，一面有木炭残留，残长6.9、残宽9.2、厚6.2厘米。浇道与y185相同，由右侧直切至左侧，切出圆弧形切口，在末端切出"八"字形缺口。为小型铧芯。

铧范改型器　1件。

标本H31：y127（图一六九，3），残存范底端部分，仅1块残块，重1090克。梯形，细砂质，整体呈浅红色。分型面和浇铸面有白色和红色涂料层，部分脱落。浇铸面灰黑色浇铸痕迹明显。

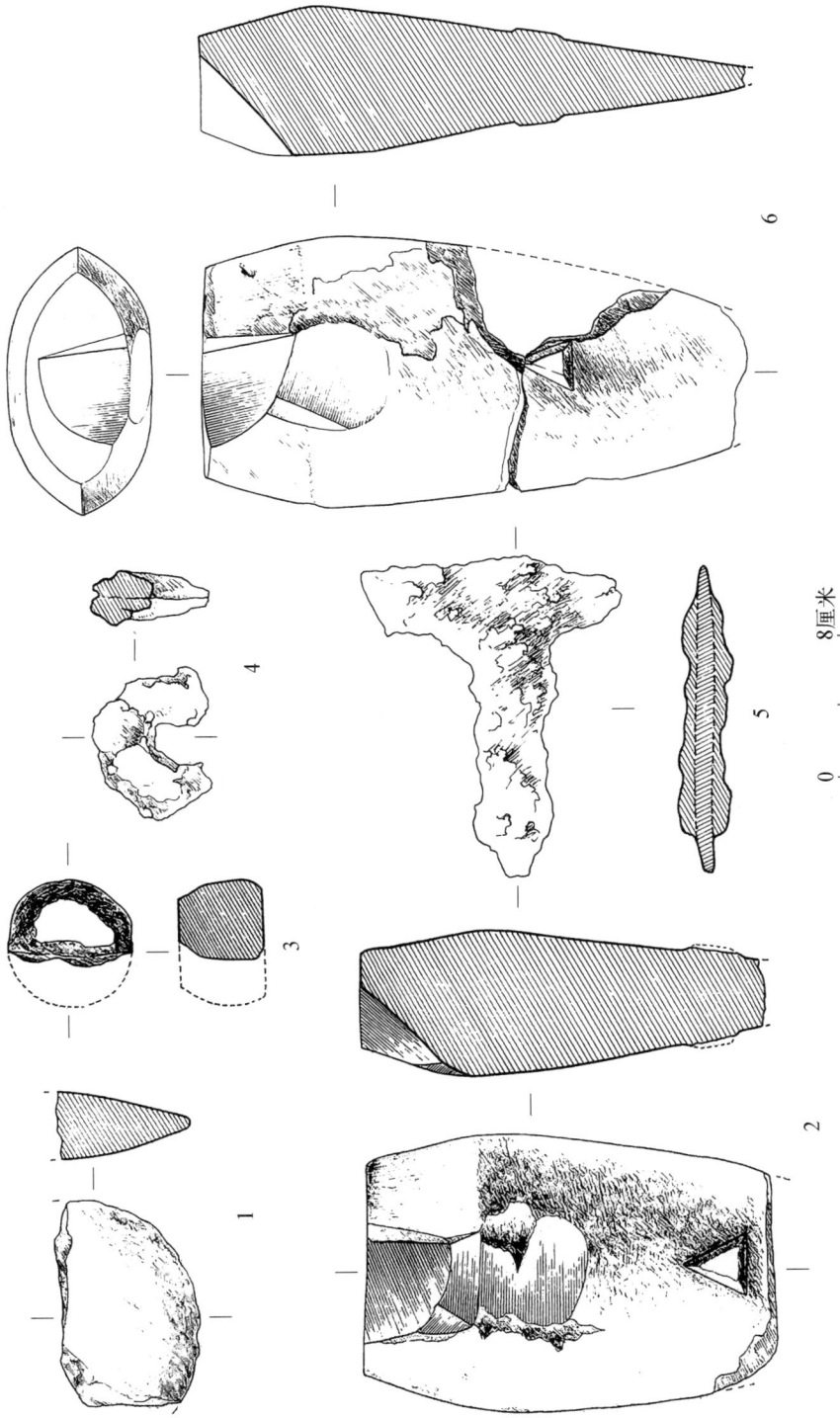

图一七三　2011YFH31出土陶范及铁器（一）

1、2、6. 铧芯（H31②：y204、H31②：y184、H31②：y235）　3. 锄面范（H31①：y14）
4. 铁工具（H31①：y245）　5. 铁兵器（H31①：y241）

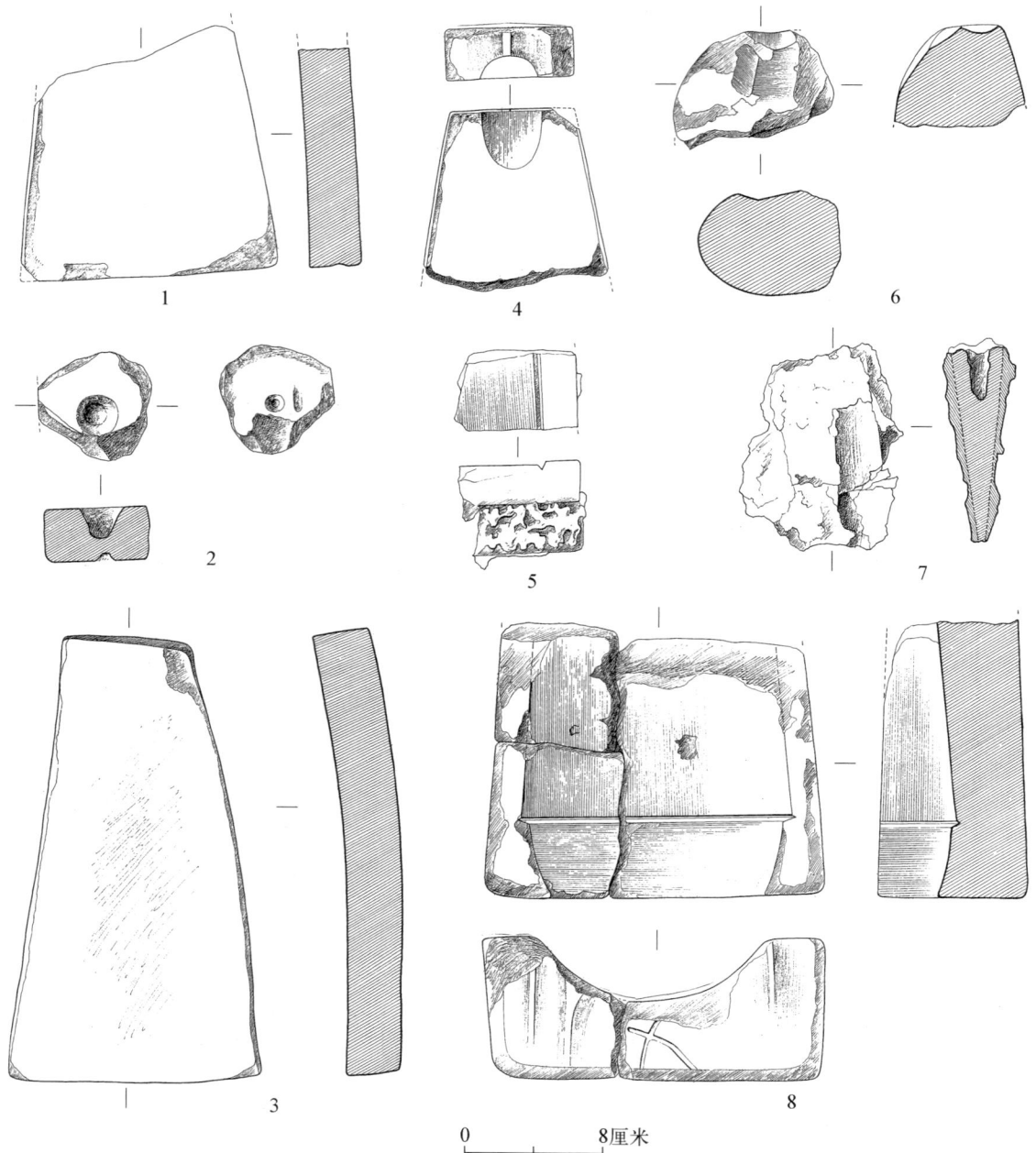

**图一七三　2011YFH31出土陶范及铁器（二）**

1、3、4. 锄背范（H31②：y99、H31②：y98、H31②：y104）　2. 锄范改型器（H31②：y61）　5. 炉壁（H31②：y287）
6. 铧芯（H31②：y189）　7. 铁工具（H31：y242）　8. 铧范（H31②：y150）

背面平整有涂料层，小面积脱落。侧面有与铁液接触痕迹，底面正中有一道刻槽，断面为半圆形，顶端断面甚直，应为工具切割后痕迹。残长7.9、底端宽13.4厘米。底端面有两道竖道，为合范符号。底端面向浇铸面斜收，底端厚5.8、范身厚6.4厘米。为大型铧范，铸器整体呈舌形，刃部近平，弧度较小，残长5.3、銎宽9.4厘米。

镬范　1件。

标本H31③：y211（图一六六，3），残存左半边，由2块残块拼合而成，总重950克。梯形、细砂质，整体呈橙色。分型面涂料层大面积脱落，浇铸面有铁液残留。侧面涂料层保存较好，背面大面积脱落。残长19.0、底端残宽7.7、残存最上端厚5.1、底端厚6.4厘米。型腔左下角到侧边长2.1、分型面底端长3.5厘米，型腔内有"）"和"（"符号。铸器残长14.5、底端残宽5.8厘米。

镬范改型器　1件。

标本H31①：y218（图一六七，5），背范末端，仅1块残块，重530克。平板形，可能被改作他用，粗砂质，含大量颗粒，整体呈橙色。分型面和浇铸面有浇铸痕迹，侧面保存较好，背面大面积脱落。长11.1、残宽7.8、厚4.2厘米。范中间有穿孔，半漏斗状，正面、背面同时往中间钻孔，孔径4.0厘米。

车马器母范　1件。

标本H31①：y214（图一六七，2；图版七，3、6），由锄背范改制而成，范为原来背范之一半，仅1块残块，重680克。粗砂质，含大量颗粒，整体呈浅灰色。表面浇铸痕迹不明显，在原浇铸面刻出合页形腔，合页整体近正方形，但范面上未设浇道。残长15.0、底端宽11.1、残长最上端宽7.9、底端厚2.9、残存最上端厚3.1厘米。

不明范　3件。

标本H31①：y215（图一七一，4），仅1块残块，重150克。粗砂质，含大量颗粒，整体呈浅灰色。顶端与底端带长方形凹槽，为左上角或右下角。残长7.1、残宽7.6、厚3.2厘米。

标本H31①：y213（图一七一，9），仅1块残块，重1 300克。整体呈平板状，左右两侧微弧，细砂质，整体呈橙色。顶端和末端有斜坡凹槽和浇道相接，浇道位于顶端与底端中间。长17.8、宽15.0、厚3.8厘米。两端各有一倾斜面，长7.0、宽5.2厘米。可能并非直接浇铸范。

标本H31②：y216（图一七一，10；图版七，2、5），由4块残块拼合而成，总重1 210克。与y213相同，顶端和末端带长方形凹槽。长18.1、残宽14.9、厚3.6厘米。两端各有一倾斜面，长7.5、宽4.8厘米。

### 3. 鼓风管与炉壁

共出土鼓风管420克，其中第三类鼓风管残块340克，第四类鼓风管残块80克。第三类炉壁残块3 040克，第四类炉壁残块980克。

鼓风管　1件。

标本H31②：y303（图一六七，4），仅1块残块，能判断弧度。整体呈橙色，泥质，含少量草拌泥。顶端壁身较薄，末端则较厚，残长6.7、残宽7.6、厚1.5、外径12.0厘米，重80克。内侧明显与高温接触，熔融程度较高。末端表层呈灰黑色，与高温接触。

炉壁　2件。

标本H31②：y287（图一七三，5），陶范改型，原来为锄面范或背范，仅1块残块，重570克。范本身烧结程度较高，含较多白色粗砂。残长4.7、残宽7.1厘米，分两层，外层厚2.5、内层厚3.0厘米。内侧有黑色玻璃物质。

标本 H31②：y372（图二六一，1；图版九，4、8），炉壁砖，仅1块残块，重4 790克。青灰色，含大量粗砂颗粒。表面涂料层基本脱落，残长23.0、残宽21.2、厚约8.3厘米。表面有烧结现象，粘附有少量玻璃态物质。

### 4. 炉渣

共出土炉渣总量为62 560克。其中玻璃态炉渣8 220克，玻璃态渣、木炭和铁块的混合态渣54 160克，特殊渣180克。

标本 H31①：y331（图一七四，1；彩版一八，6；彩版二〇，4），第三类渣，样品主要为玻璃态基体中分布大量氧化亚铁组织（浮氏体）以及铁橄榄石，熔融程度较好。部分浮氏体呈聚集分布。精炼或炒钢渣。

标本 H31①：y334（图一七四，2、3；彩版二〇，5），第二类渣，样品主要为玻璃态，熔融程度好，包裹有圆滴状铁颗粒。多数铁颗粒浸蚀后可见磷铁共晶组织，少数存在片状石墨。熔炼渣。

标本 H31①：y347-1-10（2）（图一七四，4、5；彩版二〇，6），第二类渣，样品主要为玻璃态基体中分布大量氧化亚铁组织（浮氏体）以及铁橄榄石，熔融程度较好。部分浮氏体呈聚集分布。局部包含有未熔化的石英砂粒。精炼或炒钢渣。

标本 H31：y347（图版一〇，5），木炭、铁块与玻璃态渣混合物，即第二类渣。

标本 H31②：y370-1（1）（图一七四，6），第一类渣，样品主要为玻璃态，熔融程度不佳，存在较多泡状孔洞，玻璃态基体间析出较多硅钙晶体。包裹有圆滴状铁颗粒。多数铁颗粒经浸蚀后可见磷铁共晶组织。炉壁挂渣，部分为熔炼渣。

标本 H31②：y370-2（2）（图一七五，1、2；彩版二一，1、2），第一类渣，样品主要为玻璃态，熔融程度好，包裹有圆滴状铁颗粒，多数铁颗粒经浸蚀后可见磷铁共晶组织。熔炼渣。

标本 H31①：y344-1-22（1）（图一七五，3、4；彩版二一，3、4），第一类渣，样品主要为玻璃态，熔融程度好，包裹有圆滴状铁颗粒，多数铁颗粒经浸蚀后可见磷铁共晶组织。熔炼渣。

标本 H31①：y344-1-22（5）（图一七五，5），第一类渣，样品主要为玻璃态，熔融程度不佳，存在较多泡状孔洞，玻璃态基体间析出较多硅钙晶体。包裹有圆滴状铁颗粒。炉壁挂渣。

标本 H31①：y344-1-22（8）（图一七五，6），第一类渣，样品主要为玻璃态，熔融程度不佳，存在大量泡状孔洞，局部有氧化亚铁与未熔化的钛铁矿物。炉壁挂渣。

标本 H31①：y344-1-22（9）（图一七六，1），第一类渣，样品主要为玻璃态，熔融程度好，包裹有圆滴状铁颗粒。熔炼渣。

标本 H31①：y344-1-22（10）（图一七六，2～4；彩版二一，5、6），第一类渣，样品主要为玻璃态，熔融程度好，包裹有圆滴状铁颗粒，多数铁颗粒经浸蚀后可见磷铁共晶组织。熔炼渣。

标本 H31①：y352-1-20（1）（图一七六，5、6；图一七七，1；彩版二二，1、2），第二类渣，样品主要为玻璃态，熔融程度好，包裹有圆滴状铁颗粒，个别铁颗粒较大。多数铁颗粒经浸蚀后可见磷铁共晶组织。熔炼渣。

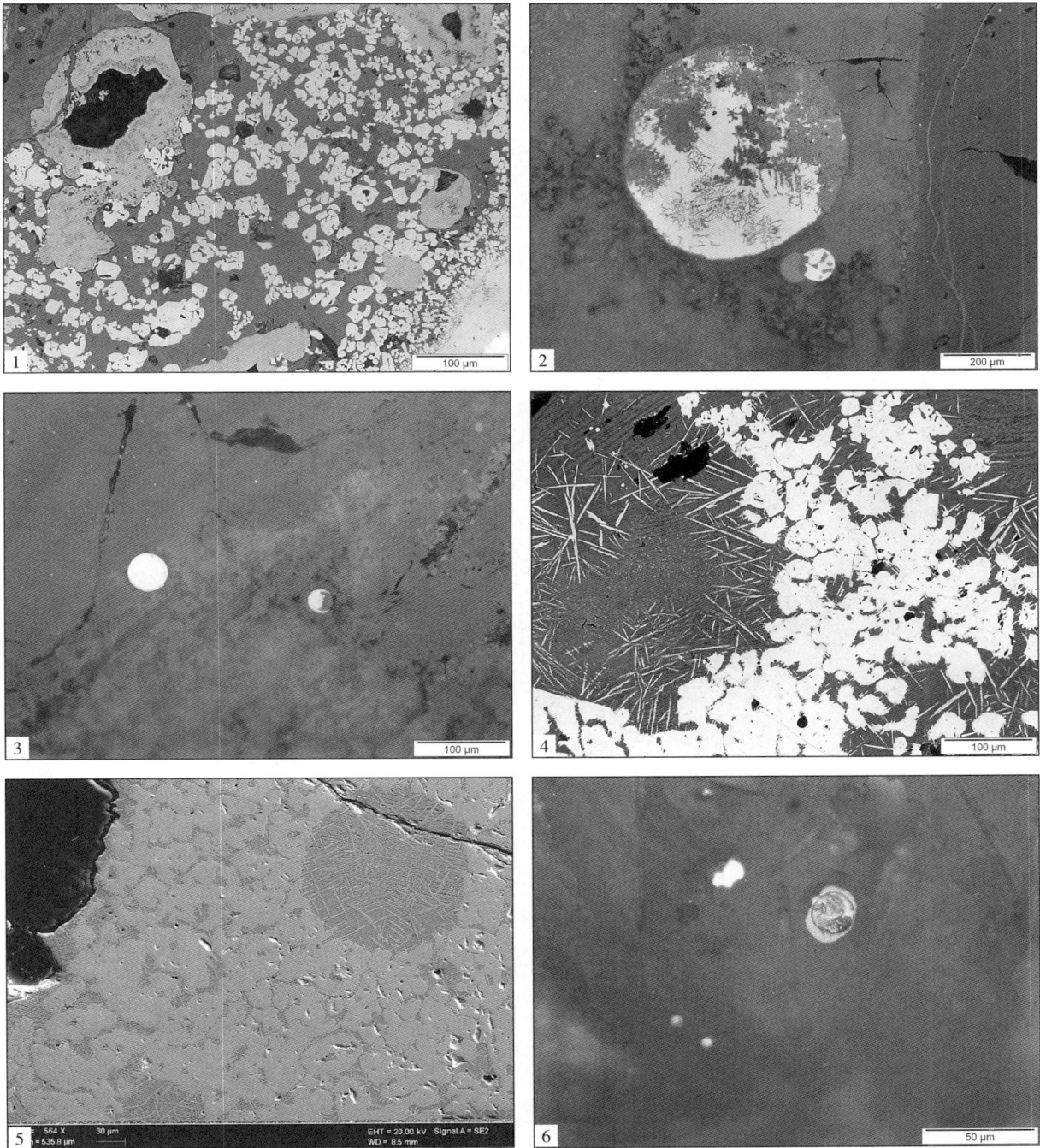

图一七四　2011YFH31出土炉渣金相显微组织结构图（一）

1. H31①：y331，玻璃相基体上分布较多浮氏体（氧化亚铁）　2. H31①：y334，圆滴状铁颗粒上析出片状石墨
3. H31①：y334，浸蚀后的磷铁共晶和铁素体组织铁颗粒　4. H31①：y347-1-10（2），玻璃相基体上浮氏体组织（氧化亚铁）
5. H31①：y347-1-10（2），扫描电镜中浮氏体（氧化亚铁）结构图　6. H31②：y370-1（1），浸蚀后磷铁共晶和珠光体组织铁颗粒

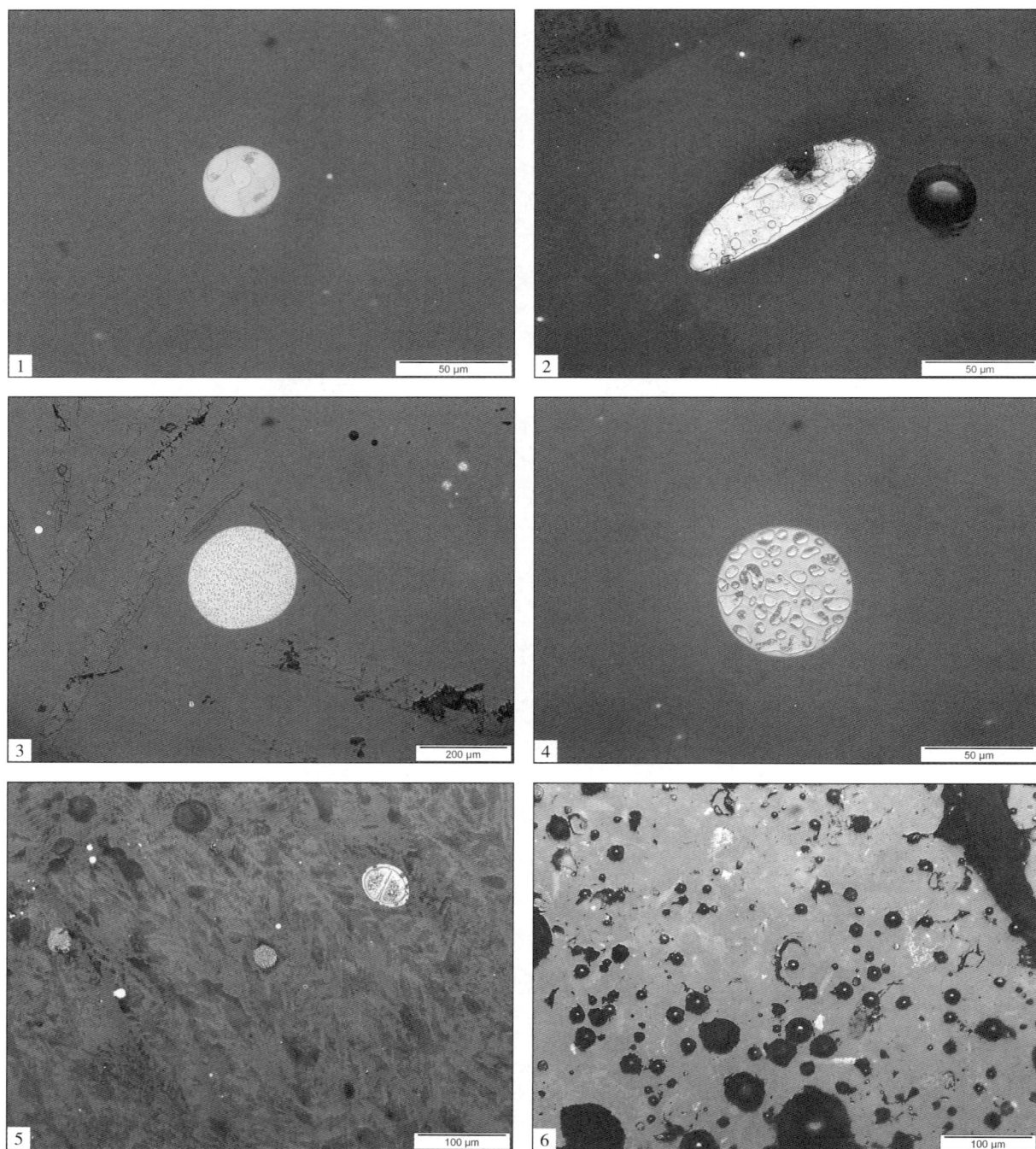

**图一七五　2011YFH31 出土炉渣金相显微组织结构图（二）**

1、2. H31②：y370-2（2），浸蚀后磷铁共晶和铁素体组织铁颗粒

3. H31①：y344-1-22（1），浸蚀后磷铁共晶和铁素体组织铁颗粒

4. H31①：y344-1-22（1），浸蚀后磷铁共晶和亚共析钢组织铁颗粒

5. H31①：y344-1-22（5），浸蚀后磷铁共晶和铁素体组织铁颗粒

6. H31①：y344-1-22（8），玻璃相基体上大量泡状孔洞和未熔颗粒

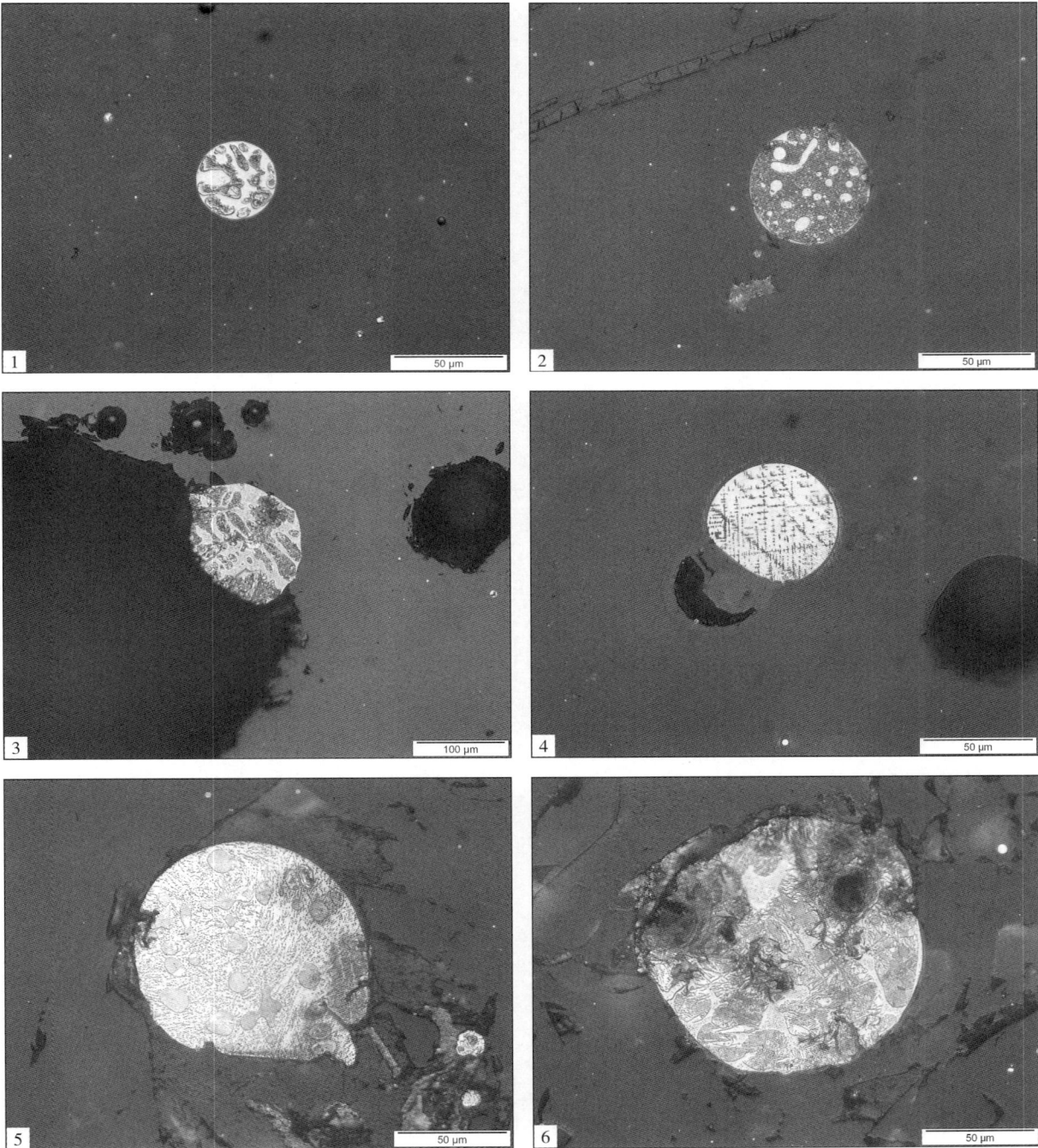

**图一七六 2011YFH31出土炉渣金相显微组织结构图（三）**

1. H31①: y344-1-22(9), 浸蚀后磷铁共晶和珠光体组织铁颗粒 2、3. H31①: y344-1-22(10), 浸蚀后亚共晶白口铁组织铁颗粒
4. H31①: y344-1-22(10), 浸蚀后共晶白口铁组织铁颗粒 5. H31①: y352-1-20(1), 浸蚀后磷共晶和亚共析钢组织铁颗粒
6. H31①: y352-1-20(1), 浸蚀后磷共晶和珠光体组织铁颗粒

标本 H31①：y352-1-20（2）（图一七七，2），第二类渣，样品主要为玻璃态，熔融程度不佳，存在较多泡状孔洞，玻璃态基体间析出较多硅钙晶体。包裹有圆滴状铁颗粒。多数铁颗粒经浸蚀后可见磷铁共晶组织。炉壁挂渣。

标本 H31①：y352-1-20（4）（图一七七，3），第二类渣，样品主要为玻璃态，熔融程度好，包裹有圆滴状铁颗粒。多数铁颗粒经浸蚀后可见磷铁共晶组织。熔炼渣。

标本 H31①：y352-1-20（5）（图一七七，4），第二类渣，样品主要为玻璃态，熔融程度不佳，存在较多泡状孔洞，以及较多未熔化完全的金属颗粒。为炉壁挂渣。

标本 H31：y352（图版一〇，1），木炭、铁块与玻璃态渣混合物，即第二类渣。

标本 H31②：y371-1-5（1）（图一七七，5；彩版二二，3），第二类渣，样品主要为玻璃态，熔融程度不佳，存在较多泡状孔洞。包裹有圆滴状铁颗粒。多数铁颗粒经浸蚀后可见磷铁共晶组织。熔炼渣。

标本 H31②：y371-1-5（2）（图一七七，6），第二类渣，样品熔融程度好，主要为玻璃态，包裹有圆滴状铁颗粒，多数铁颗粒经浸蚀后可见磷铁共晶组织。熔炼渣。

标本 H31②：y371-1-5（3）（图一七八，1、2），第二类渣，样品主要为玻璃态，熔融程度好，集体中析出较多羽纹高硅钙晶体，并包裹有圆滴状铁颗粒。多数铁颗粒经浸蚀后可见磷铁共晶组织。发现有锻打剥片。熔炼渣。

标本 H31②：y371-1-5（4）（图一七八，3；彩版二二，4），第二类渣，样品熔融程度好，主要为玻璃态，包裹有圆滴状铁颗粒，多数铁颗粒经浸蚀后可见磷铁共晶组织，少数大型铁颗粒上析出片状石墨。熔炼渣。

标本 H31②：y371-1-5（5）（图一七八，4；彩版二二，5），第二类渣，样品熔融程度好，主要为玻璃态，包裹有圆滴状铁颗粒，多数铁颗粒经浸蚀后可见磷铁共晶组织。熔炼渣。

标本 H31①：y330（图一七八，5），第三类渣，样品熔融程度不佳，存在大量孔洞，主要为玻璃态，包裹有大量金属铁颗粒和未熔化的石英颗粒。引入的铁颗粒可能为熔炼时混入。炉壁挂渣。

标本 H31①：y329-1-4（图一七八，6），第二类渣，样品显微组织结构与71152（8）、71218（3）接近，熔融程度不佳，存在大量孔洞，主要为玻璃态，包裹的金属颗粒有聚集分布现象，并发现有钛铁颗粒。炉壁挂渣。

### 5. 铁器与残块

共出土铁容器残块11块，共970克。铁器残块54块，共2 270克。残铁块530块，共8 020克。炉底积铁28块，共2 280克。部分形制甚至可以辨认。整理时部分铁器残块的样品已被抽取进行分析。我们将挑选个别外型保存较好的铁器进行介绍。

铁兵器　1件。

标本 H31①：y241（图一七二，5；图版一〇，4），应为戟的残块，整体呈"卜"字形，矛身部分一端甚为扁平，另一端已残，残长11.6、顶端宽9.2、残存最下端宽0.8、厚0.4～2.0厘米，重140克。

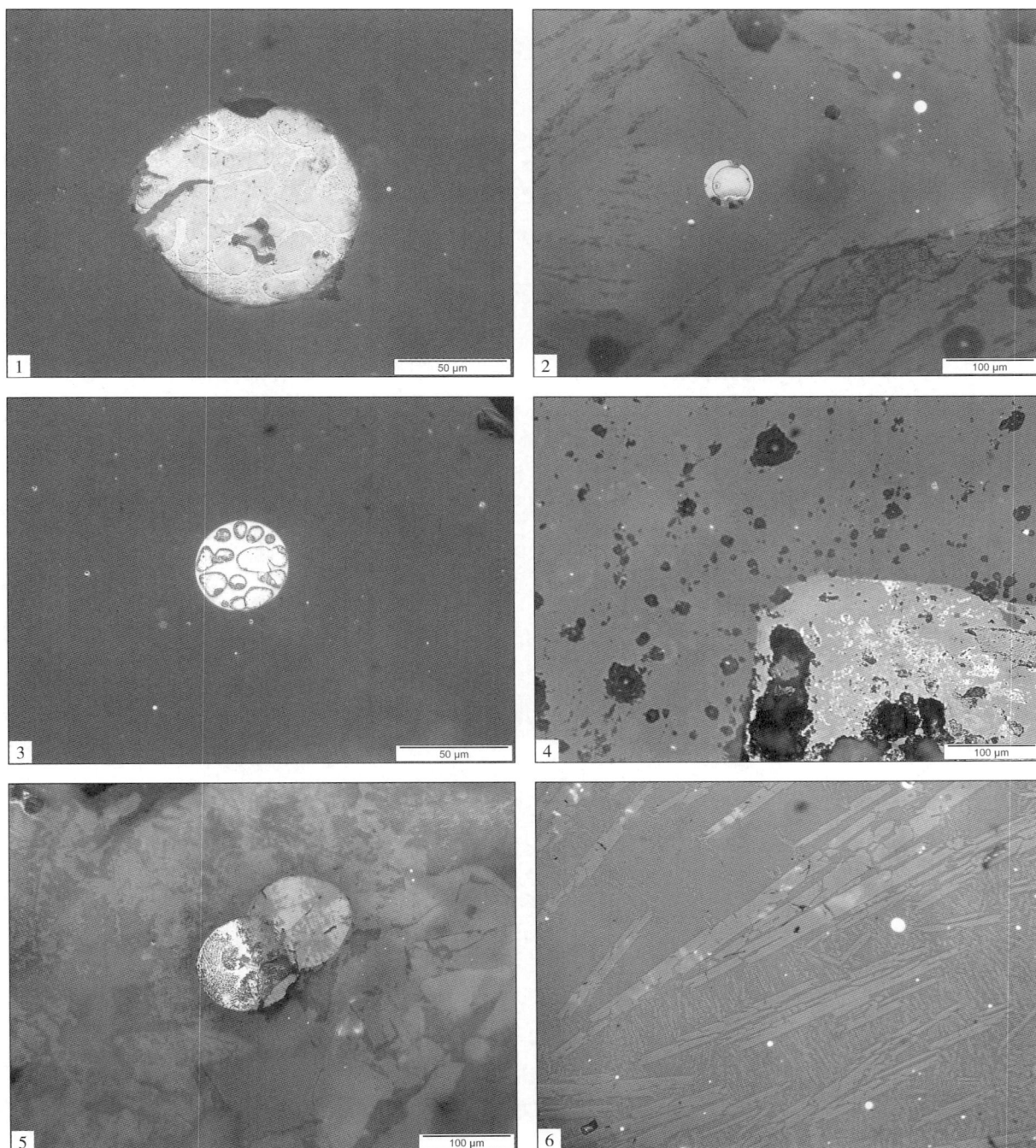

图一七七　2011YFH31出土炉渣金相显微组织结构图（四）

1. H31①：y352-1-20（1），浸蚀后磷铁共晶和铁素体组织铁颗粒
2. H31①：y352-1-20（2），玻璃相基体间磷铁共晶和铁素体组织铁颗粒
3. H31①：y352-1-20（4），浸蚀后磷铁共晶和铁素体组织铁颗粒
4. H31①：y352-1-20（5），玻璃相基体上大量泡状孔洞
5. H31②：y371-1-5（1），浸蚀后磷铁共晶和珠光体组织铁颗粒
6. H31②：y371-1-5（2），玻璃相基体间隙处长条状晶体

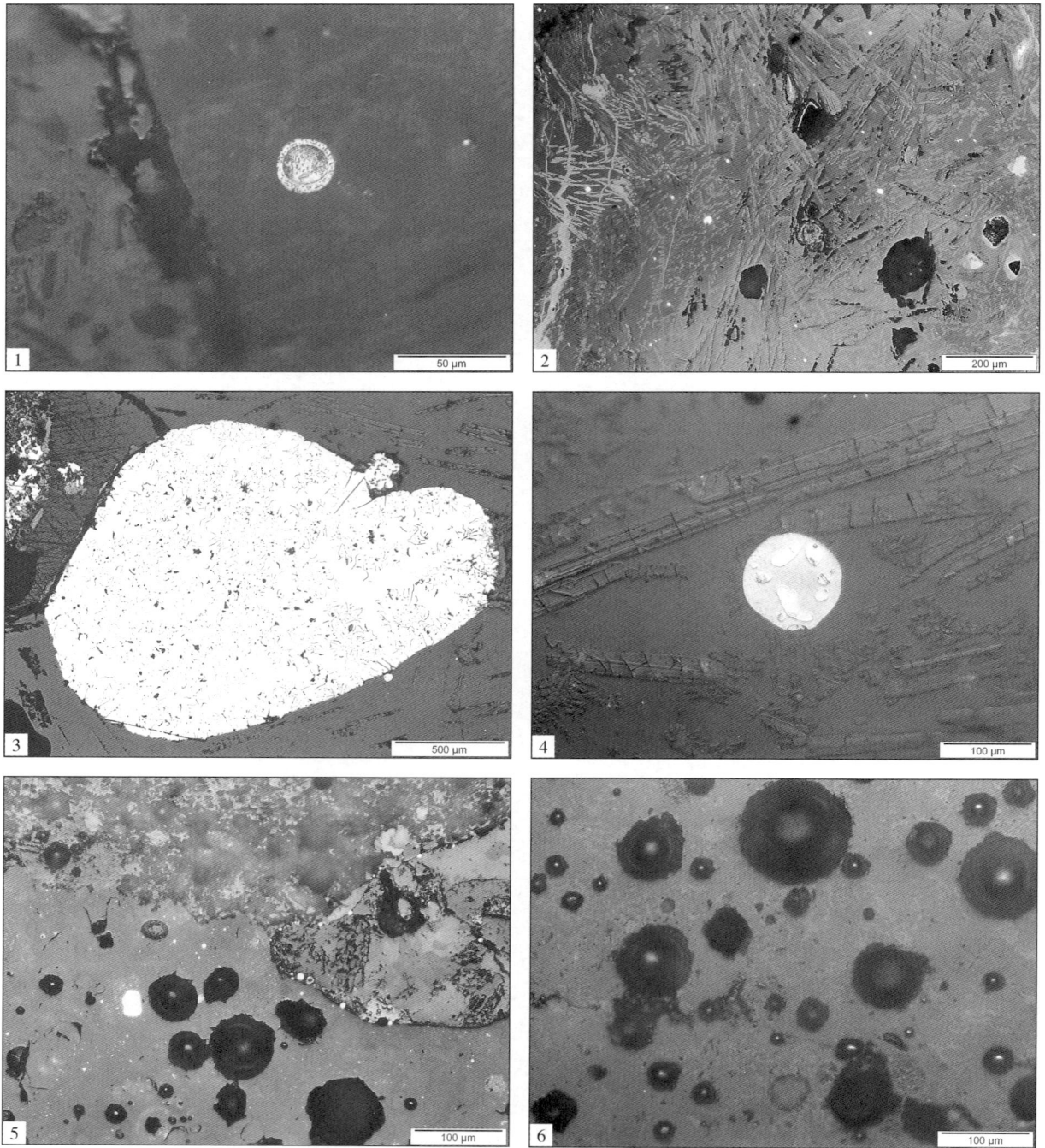

**图一七八　2011YFH31出土炉渣金相显微组织结构图（五）**

1. H31②：y371-1-5（3），浸蚀后磷铁共晶和珠光体组织铁颗粒　　2. H31②：y371-1-5（3），玻璃相基体间隙处长条状硅钙晶体

3. H31②：y371-1-5（4），较大铁颗粒中析出石墨　　4. H31②：y371-1-5（5），浸蚀后磷铁共晶和铁素体组织铁颗粒

5. H31①：y330，玻璃相基体间泡状孔洞和金属颗粒　　6. H31①：y329-1-4，玻璃相基体上大量泡状孔洞

铁工具 3件。

标本 H31①：y245（图一七二，4；图版一〇，3），环首刀环部残块，呈"C"形，直径5.4、残宽4.4、厚0.6～1.9厘米，重110克。

标本 H31①：y245-1（图一七九，2；彩版二六，3），环首刀环首，样品主要为铁素体和珠光体组成的魏氏组织，无明显石墨。含碳量不均匀，边部约0.4%～0.5%，芯部相对较低，为0.3%～0.4%。夹杂物含量极少。为铸造成型后，经退火脱碳处理，再渗碳。材质为铸铁脱碳钢。

标本 H31①：y242（图一七三，7；图版一〇，7、8），空首斧銎部残块，保存较好，左右两侧和刃部已残，锈蚀从銎口延至器身刃部。残长12.3、残宽9.4、厚0.9～4.1厘米，重410克。

标本 H31①：y243（图一七九，1；彩版二六，2），铁锸残块，样品锈蚀严重，但保留有大量片状石墨集合成的石墨团和珠光体组织痕迹。为铸造成型。材质为灰口铁/铸铁。

残铁器 14件。

标本 H31①：y247，样品主要由铁素体和珠光体组成。为铸造成型，经退火处理。材质为铸铁脱碳钢。

标本 H31①：y251，莱氏体+珠光体残留，材质为白口铁/生铁。

标本 H31①：y258（图一七九，3、4；彩版二六，4），样品主要为铁素体组织，无明显石墨。晶粒形状呈不规则多边形，有等轴化现象，晶粒度为5～6级。含有大量大块的氧化亚铁与玻璃相基体组成的铁高硅低的亚复相夹杂物，基体中磷钙比例高且波动较大。夹杂物与铁素体组织有明显分层、变形，呈"U"形弯折和拉伸变形状。同时存在因磷偏析引起的带状组织，为弯曲锻打成型之产物。材质为炒钢。

标本 H31①：y261（图一七九，5；彩版二六，5），样品主要为铁素体组织，无明显石墨。组织结构均匀，晶粒主要呈规则多边形，粒度约3～4级。含有少量夹杂物，均延加工方向变形拉伸。夹杂物以氧化亚铁与玻璃相基体组成的铁高硅低的亚复相为主，并有少量含氧化亚铁晶体（铁橄榄石＋浮氏体＋玻璃相基体）的复相夹杂物。成分中铁高硅低，含有少量铝、镁、钾，基体磷和钙含量较高且波动大，存在磷偏析引起的带状组织。为锻打成型，材质为炒钢。

标本 H31①：y263（1）（图一七九，6），样品主要由莱氏体组织和石墨团组成。石墨团分布均匀，均为片状石墨集合形成团状，粒径约80微米。石墨团周围为珠光体组织。为铸造成型。材质为铸铁。

标本 H31①：y263（2），（图一八〇，1），样品锈蚀严重，仅余少量金属基体，铁素体+珠光体组织，材质为铸铁脱碳钢。

标本 H31①：y265（图一八〇，2；彩版二七，1），样品主要为铁素体组织，无明显石墨。组织结构不均匀，边部晶粒度约6级，芯部粒度较大，约5级。含有较多夹杂物，以氧化亚铁与玻璃相基体组成的铁高硅低的块状亚复相夹杂物为主，部分呈点状分布。夹杂物基体磷、钙比例较高且含量波动大，存在磷偏析引起的带状组织。材质为炒钢。

标本 H31①：y271（图一八〇，3；彩版二六，6），样品主要由莱氏体组成的共晶白口铁组织和石墨团组成。石墨团均为片状石墨集合形成团状，粒径约130微米。石墨团周围为铁素体组织。为铸造成型。材质为灰口铁/铸铁。

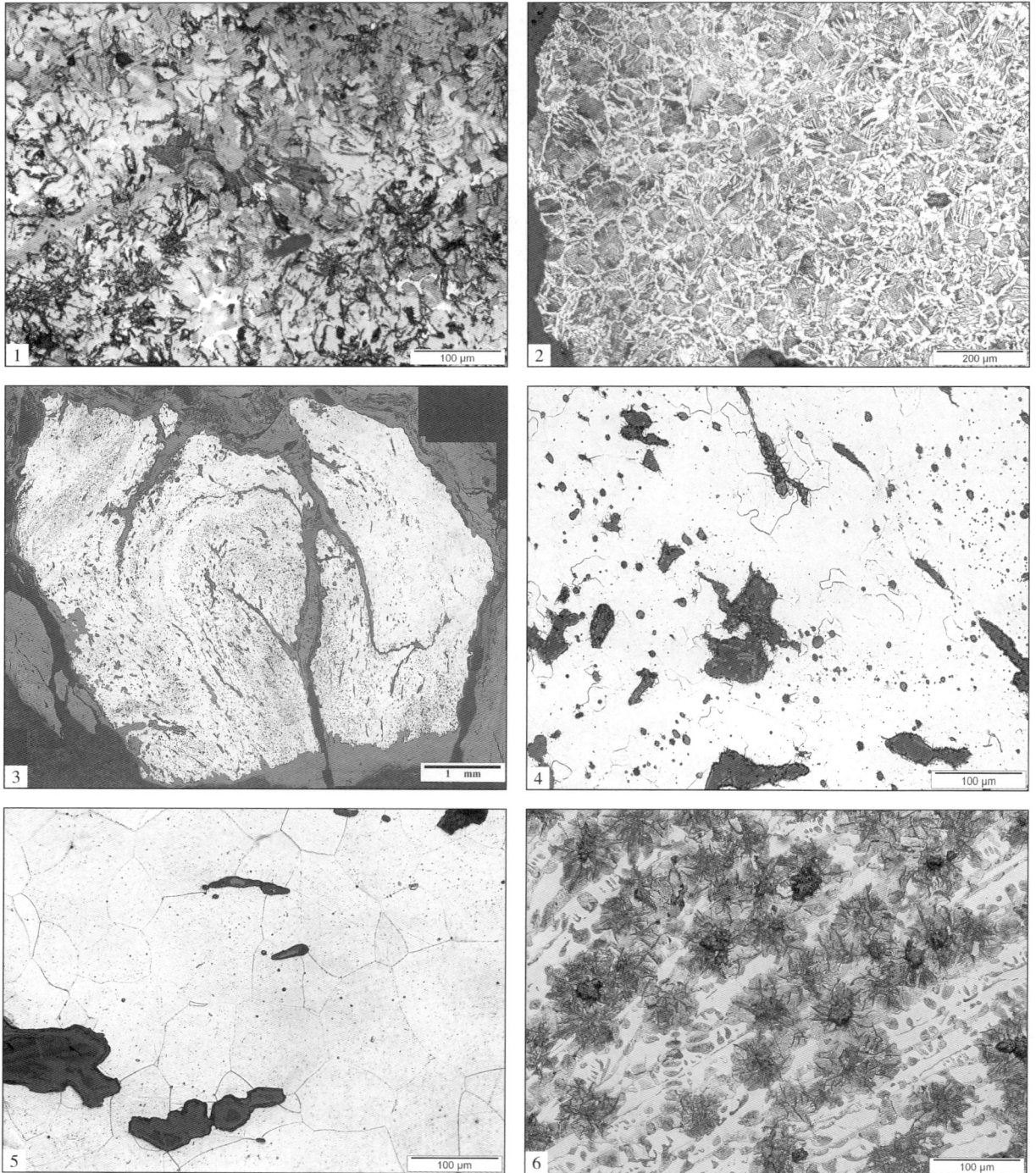

图一七九　2011YFH31 出土铁器与残块金相显微组织结构图（一）

1. H31①：y243，大量片状石墨，部分有少量的珠光体组织　　2. H31①：y245-1，珠光体＋铁素体组成的魏氏组织，边部含碳量较高
3. H31①：y258，浸蚀后金相显微组织全貌拼接图　　4. H31①：y258，铁素体组织与块状、条状亚复相夹杂物
5. H31①：y261，铁素体组织与亚复相夹杂物　　6. H31：y263（1），过共晶白口铁和石墨团

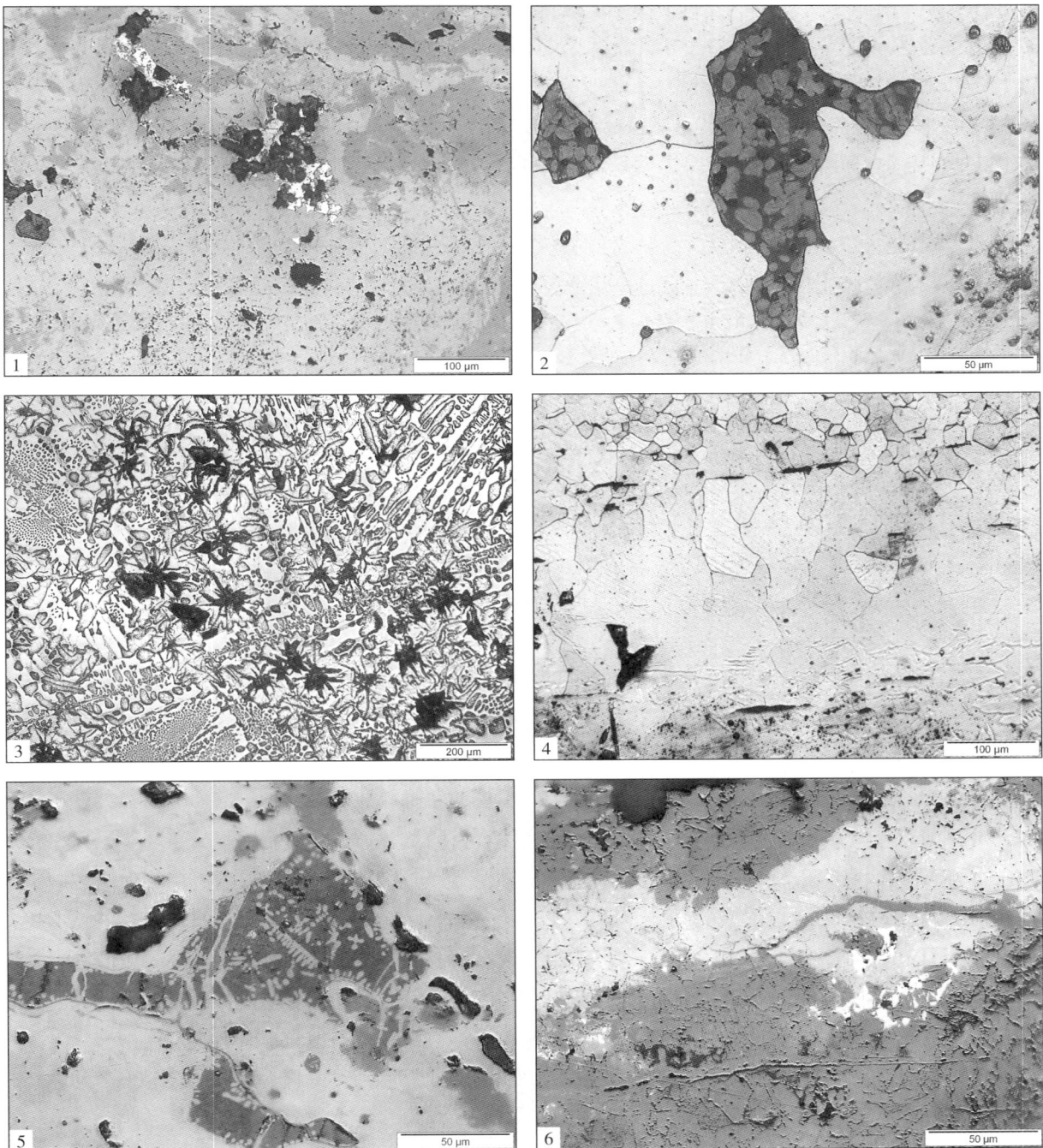

图一八〇　2011YFH31出土铁器与残块金相显微组织结构图（二）

1. H31：y263（2），过共晶白口铁组织与石墨析出　2. H31①：y265，铁素体组织与块状亚复相夹杂物
3. H31①：y271，莱氏体组织和石墨团　4. H31①：y250，铁素体晶粒大小不均匀，两行水平变形拉伸的夹杂物
5. H31：y274（1），残留的块状亚复相夹杂物，有氧化亚铁晶体　6. H31①：y277-1-3（1），铁素体＋少量珠光体锈蚀后组织痕迹

标本H31①：y250（图一八○，4；彩版二七，2），样品主要为铁素体组织，无明显石墨。晶粒大小不均匀，沿水平方向分为上下两层，上层晶粒较小且有等轴化现象，粒度约为6级；下层晶粒较大且大小差异明显，粒度约3～4级。两层之间、下层边部平行分布两行条状夹杂物，以氧化亚铁与玻璃相基体组成的铁高硅低的条状亚复相夹杂物为主，沿加工方向变形拉长。下行夹杂物周围铁素体组织存在磷偏析引起的带状组织。夹杂物基体磷、钙含量比例高，且波动大。下行夹杂物基体中锰含量略高于上行。为两块原料不同的炒钢平行叠加锻打成型，后经退火处理。材质为炒钢。

标本H31：y274（1）（图一八○，5），样品锈蚀严重，金相显微组织结构不可辨。局部可见氧化亚铁与玻璃相基体组成的铁高硅低的块状亚复相夹杂物，氧化亚铁呈枝晶状。材质为炒钢。

标本H31①：y277-1-3（1）（图一八○，6），样品锈蚀严重，但保留有铁素体与珠光体组织痕迹。材质为铸铁脱碳钢。

标本H31②：y360-1-2（2）（图一八一，1），样品锈蚀严重，残留少量金属为铁素体组织，铁素体晶粒有等轴化现象。因锈蚀，夹杂物难于观察，无明显石墨。为铸造成型，经退火处理。材质为铸铁脱碳钢/熟铁。

标本H31①：y266-1（图一八一，2；彩版二七，3），样品全部锈蚀，但保留有铁素体组织痕迹，铁素体晶粒有等轴化现象。为铸造成型，经退火处理。材质为铸铁脱碳钢或熟铁。

标本H31①：y254-2（图一八一，3），或为容器残块，过共晶白口铁组织+少量絮状石墨析出，材质为灰口铁/生铁。

标本H31①：y255-2（图一八一，4），过共晶白口铁组织，有团絮状石墨，材质为生铁。

残铁块　5件。

标本H31①：y355（图一八一，5），样品锈蚀严重，但保留有铁素体和少量珠光体组织痕迹，无明显石墨和夹杂物。为铸造成型，经退火处理。材质为铸铁脱碳钢。

标本H31①：y356，中间尚存过共晶白口铁组织，材质为生铁。

标本H31①：y357-1（图一八一，6），样品锈蚀严重，但保留有板条状渗碳体痕迹，为共晶白口铁组织。为铸造成型。材质为铸铁。

标本H31①：y280-1-5（1）（图一八二，1；彩版二七，4），样品大部分已锈蚀，残留金属主要为板条状渗碳体间分布莱氏体为主的共晶白口铁组织或网状渗碳体与珠光体组成的亚共晶白口铁组织。为铸造成型。材质为白口铁/铸铁。

标本H31①：y280-1-5（2）（图一八二，2），样品锈蚀严重，残留极少量金属，依稀可见板条状渗碳体和莱氏体组织。为铸造成型。材质为白口铁/铸铁。

标本H31①：y280-1-5（3）（图一八二，3；彩版二七，5），样品主要由铁素体组织和石墨团组成，存在少量珠光体。铁素体晶粒不规则，粒度约5～6级，局部铁素体晶界处存在偏析引起的带状组织；石墨团大小不均，粒径约120～170微米，均由大片石墨集中形成团状。夹杂物极少。为铸造成型，经退火处理。材质为韧性铸铁。

标本H31②：y365-1，过共晶白口铁，材质为生铁。

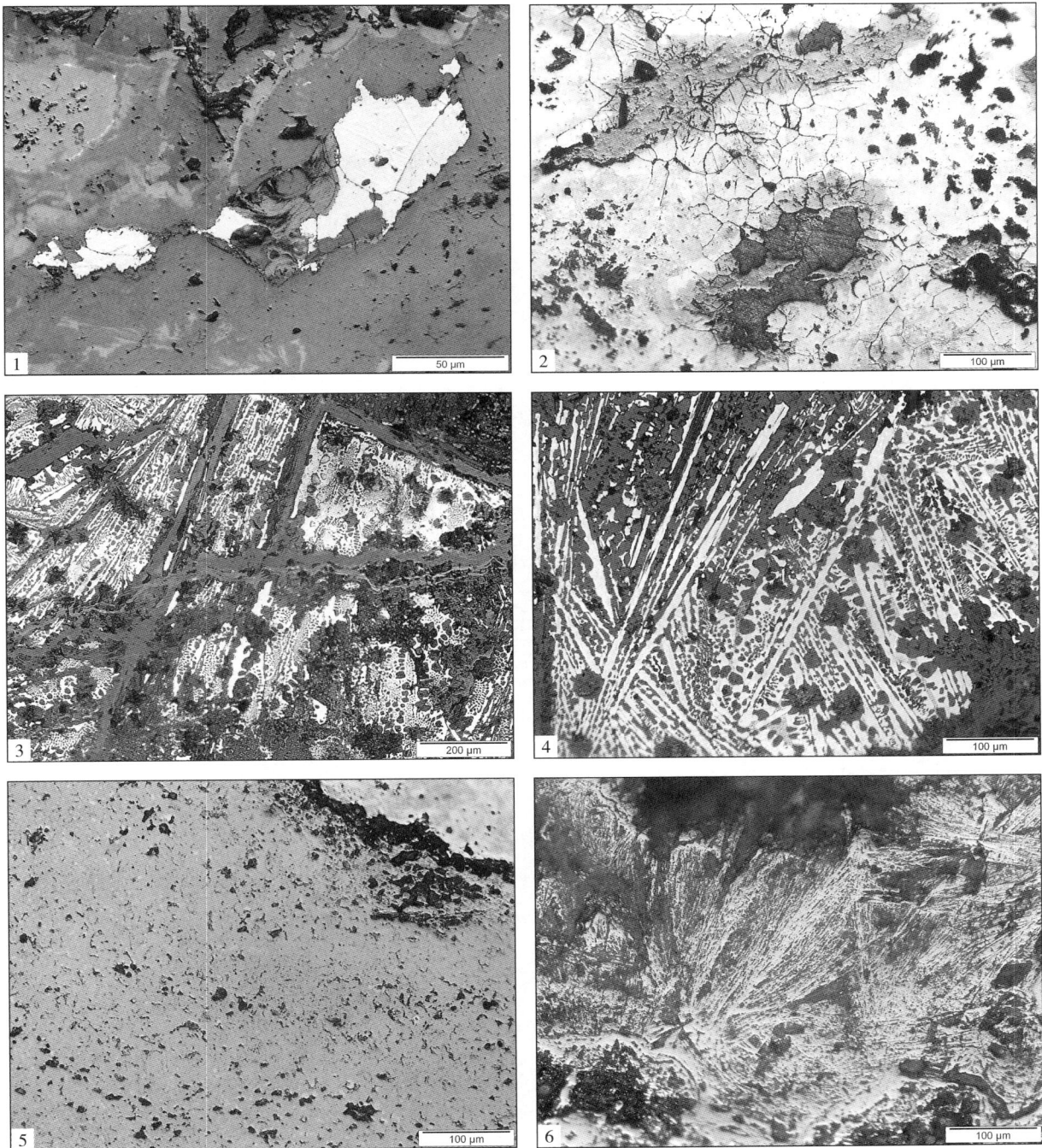

图一八一 2011YFH31出土铁器与残块金相显微组织结构图（三）

1. H31②：y360-1-2（2），未锈蚀铁素体组织　2. H31①：y266-1，铁素体锈蚀后组织痕迹
3. H31①：y254-2，过共晶白口铁组织与石墨析出　4. H31①：y255-2，过共晶白口铁组织，有团絮状石墨
5. H31①：y355，铁素体和少量珠光体锈蚀后痕迹　6. H31①：y357-1，片状渗碳体锈蚀后痕迹

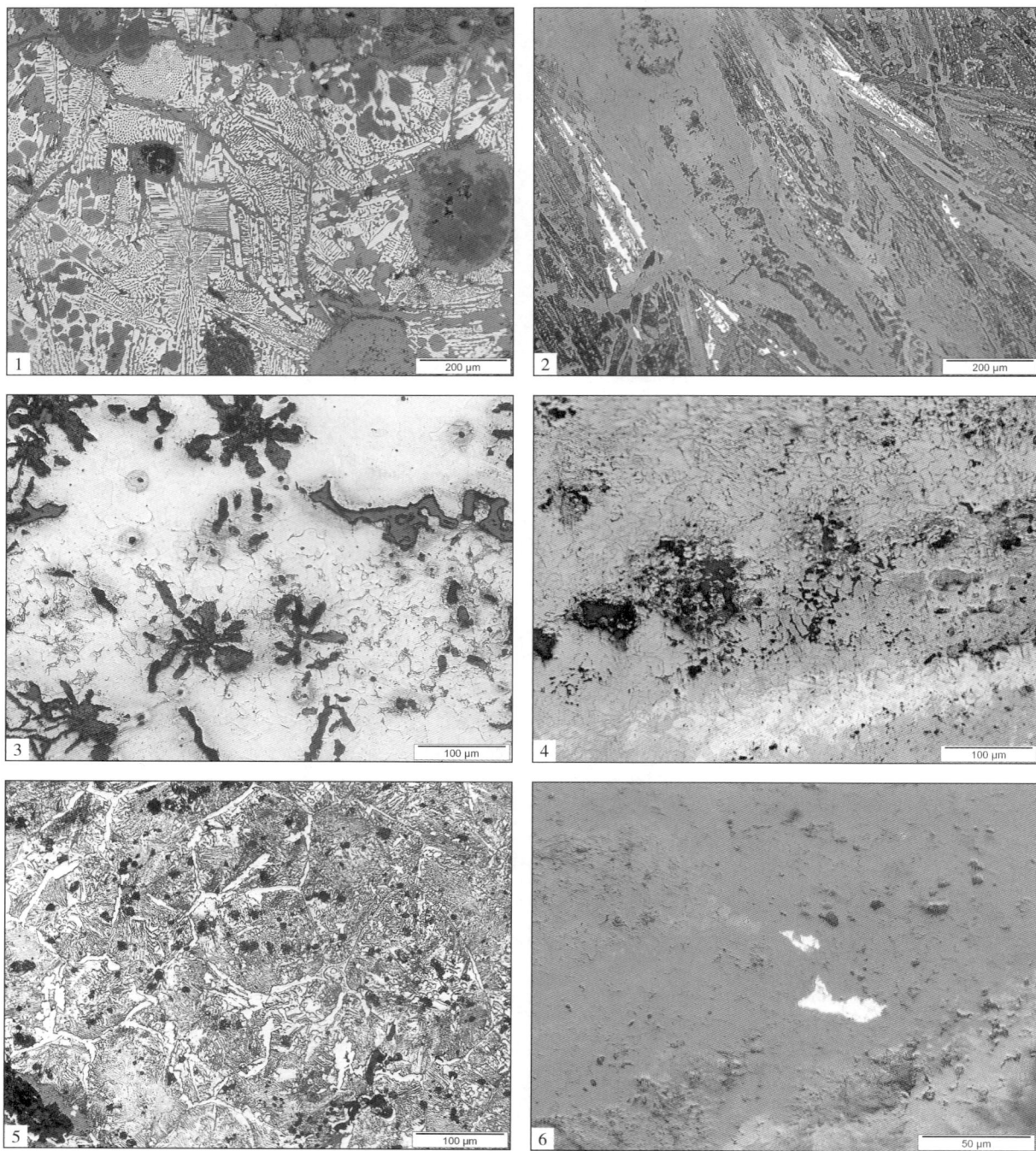

图一八二　2011YFH31出土铁器与残块金相显微组织结构图（四）

1. H31①：y280-1-5（1），共晶白口铁组织　2. H31①：y280-1-5（2），过共晶白口铁组织锈蚀后痕迹
3. H31①：y280-1-5（3），铁素体组织间有片状石墨析出，中部为偏析引起的带状组织和少量珠光体组织
4. H31②：y365-2，铁素体组织、石墨团、珠光体组织锈蚀后痕迹
5. H31①：y282-2（1），铁素体＋珠光体组成的魏氏组织
6. H31①：y282-1-5（2），未锈蚀铁素体组织

标本 H31②：y365-2（图一八二，4），样品锈蚀严重，残留极少量金属，锈蚀部分保留有铁素体组织、石墨团、珠光体组织等痕迹。为铸造成型，经退火处理。材质为韧性铸铁。

炉底积铁　2件。

标本 H31①：y282-2（1）（图一八二，5；彩版二七，6），样品组织结构不均匀，主要为铁素体和珠光体组成的魏氏组织，含碳量0.3%～0.4%，有球状石墨析出，石墨球粒径约15微米，偶见铸造缩孔；局部脱碳不完全，为过共晶白口铁组织间析出少量片状石墨。夹杂物含量极少。为铸造成型，经退火处理。材质为铸铁脱碳钢。

标本 H31①：y282-2（2），过共晶白口铁组织，材质为生铁。

标本 H31①：y282-1-5（1），过共晶白口铁组织+片状石墨析出，材质为灰口铁。

标本 H31①：y282-1-5（2）（图一八二，6），样品锈蚀严重，残留少量金属为铁素体组织。无明显夹杂物与石墨。为铸造成型，经退火处理。材质为铸铁脱碳钢。


## 6. 陶容器

共出土陶容器残片734块，可辨器形釜和鬲6块，约占0.8%；盆和甗114块，约占15.5%；罐和缶42块，约占5.7%；盆或罐底部96块，约占13.1%；瓮23块，约占3.1%；盆或瓮76块，约占10.4%。纹饰以素面为主，共489块，约占66.6%；绳纹21块，约占2.9%，以细绳纹最多，中绳纹次之，粗绳纹最少；戳印纹73块，约占9.9%；旋纹53块，约占7.2%；弦纹35块，约占4.8%；暗纹52块，约占7.1%；另有大方格纹等纹饰。

大型盆　1件。

标本 H31②：19（图一八三，3），大型盆口沿，泥质红陶，折沿方唇，沿面微鼓，上腹较直，素面，残高6.2厘米。

深腹盆　5件。均为泥质灰陶，平底。

标本 H31①：3（图一八三，2），BaⅢ式，平折沿，尖圆唇，弧腹，上腹甚直，在上腹戳印有一周楔形绳纹，其上有一道旋纹，残高7.6厘米。

标本 H31①：2（图一八三，4），BaⅡ式，卷沿方唇，弧腹，上腹甚直，上下腹几不可分，在上腹戳印有一周楔形绳纹，其上下各有一道旋纹，口径21.8、通高8.0厘米。

标本 H31①：25（图一八四，8），BbⅡ式，平折沿，尖圆唇，弧腹，上腹占比例略接近或大于1/3，上腹较直，上下腹交界处较不明显，下腹较缓收，上腹饰有两道旋纹，口径35.3、通高18.1厘米。

标本 H31①：4（图一八三，1），AⅠ/Ⅱ式，平折沿，尖圆唇，折腹，上腹微敛较直，上下腹之间有一周弦纹，残高8.4厘米。

标本 H31①：5（图一八三，9），AⅡ式，平折沿，尖圆唇，折腹，上腹微敛较直，上下腹之间有一周弦纹，残高12.0厘米。

小口旋纹罐　1件。

标本 H31②：11（图一八三，5），小口旋纹罐Ⅲ式，泥质灰陶，腹部饰有旋纹，残高7.4厘米。

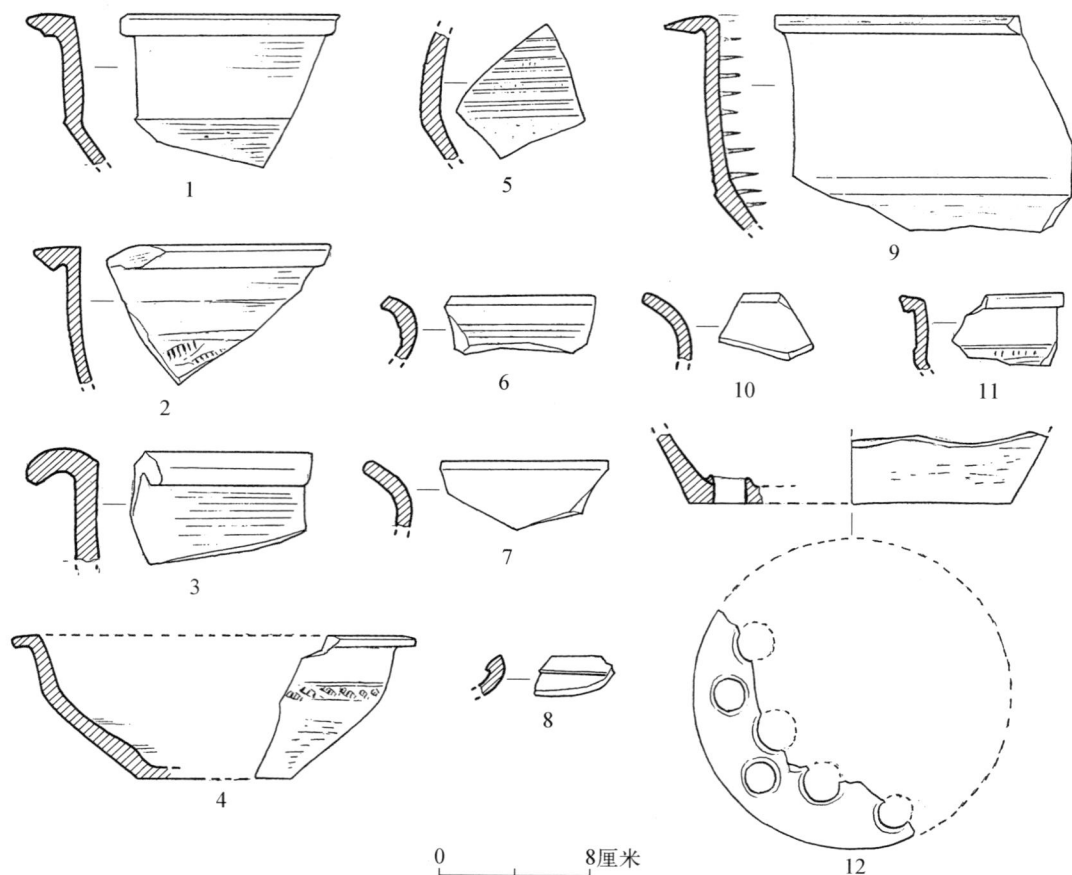

图一八三　2011YFH28、H31出土陶器

1、2、4、9.深腹盆（H31①：4、H31①：3、H31①：2、H31①：5）　3.大型盆（H31②：19）
5.小口旋纹罐（H31②：11）　6、7、10.异形罐（H31①：12、H31①：13、H31②：14）　8.罐/缶（H28③：10）
11.釜（H31②：17）　12.甑（H31②：26）

罐　1件。

标本H31②：10（图一八四，5），泥质灰陶，底部带圈足，腹部饰有竖行绳纹，残高4.8厘米。

异形罐　3件。均为泥质灰陶。

标本H31①：12（图一八三，6），B型，大口，方唇，卷沿下有两道旋纹，微束颈，残高3.2厘米。

标本H31①：13（图一八三，7），B型，大口，圆方唇，素面，残高3.8厘米。

标本H31②：14（图一八三，10），B型，大口，圆方唇，素面，残高3.7厘米。

釜　3件。均为灰陶。

标本H31②：17（图一八三，11），Aa型，泥质，平折沿，尖圆唇，圆肩，上腹斜收较明显，素面，残高4.0厘米。

标本H31②：16（图一八五，2），AbⅡ式，夹砂，卷沿，三角形唇，沿下有一道旋纹，圆肩，鼓腹不明显，颈、腹部基本无分界，沿下饰有斜行绳纹，残高6.7厘米。

标本H31：15（图一八五，5），AbⅡ式，泥质，三角唇，圆肩，鼓腹不明显，颈、腹间基本无分界，下腹饰有网格状纹饰,口径30.1、残高8.6厘米。

矮直领瓮　6件。均为泥质灰陶。

标本H31①:6(图一八四,1),矮直领瓮BⅡ式,卷沿,沿面微鼓,外侧高,内侧低,近外侧有一周旋纹,口沿内侧面甚为圆弧,领部甚矮,肩部微鼓,口径28.2、残高11.2厘米。

标本H31②:22(图一八四,4),矮直领瓮CaⅠ式,直领,卷沿,沿面甚平,素面,残高3.7厘米。

标本H31①:24(图一八四,6),矮直领瓮CaⅠ式,直领,方唇,沿面甚平,束颈不明显,肩部较斜直,微溜肩,素面,口径14.0、残高5.0厘米。

标本H31①:23(图一八四,7),矮直领瓮CaⅠ式,直领,方唇,沿面甚平,唇外侧有一道旋纹,束颈不明显,肩部较斜直,微溜肩,素面,口径20.3、残高6.0厘米。

标本H31②:20(图一八五,1),矮直领瓮CaⅠ式,直领,方唇,沿面甚平,微束颈不明显,肩部

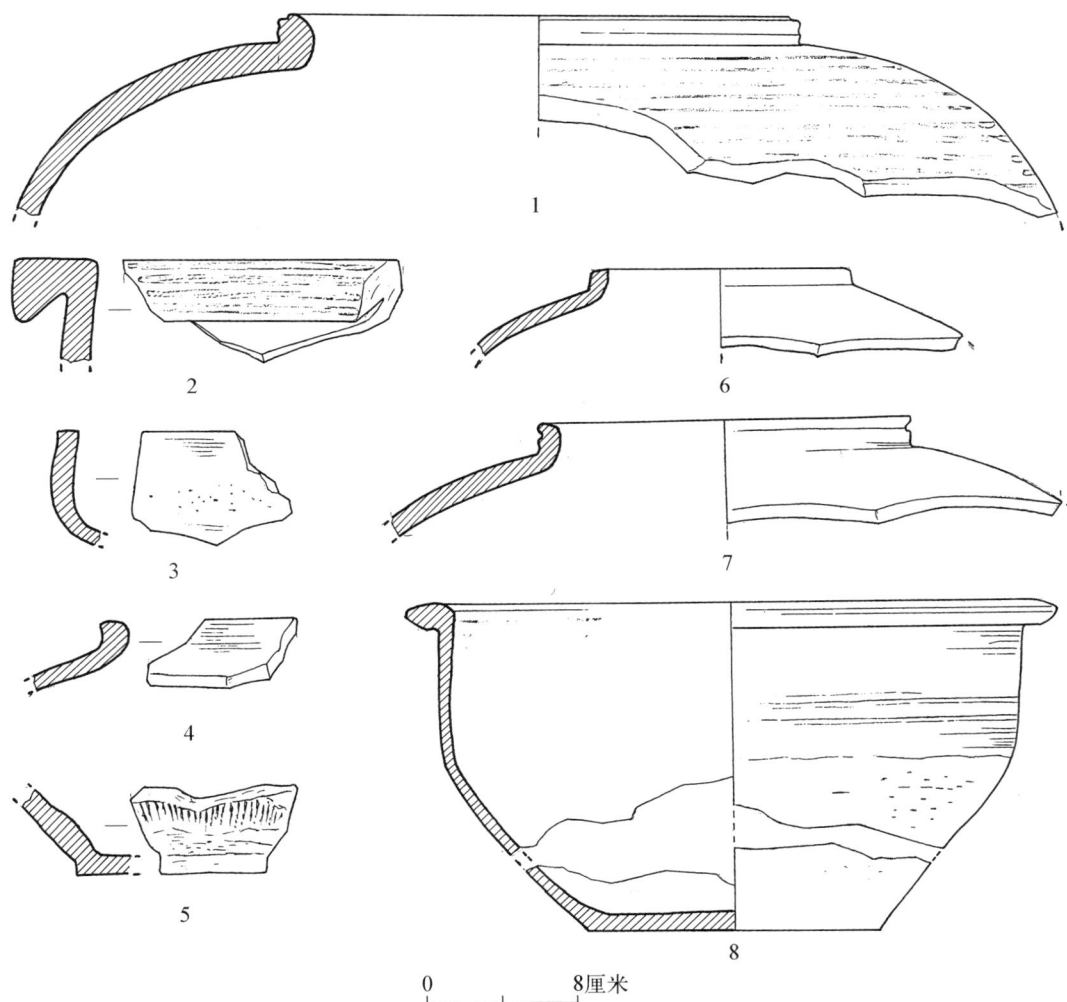

图一八四　2011YFH31出土陶器(一)

1、4、6、7.矮直领瓮(H31①:6、H31②:22、H31①:24、H31①:23)　2.折领瓮(H31①:18)
3.钵(H31②:8)　5.罐(H31②:10)　8.深腹盆(H31①:25)

较斜直,微溜肩,肩部饰有一周绳纹,口径28.2、残高12.2厘米。

标本H31②:21(图一八五,6),矮直领瓮CaⅠ式,直领,沿面微鼓,外侧高,内侧低,近外侧有一周旋纹,沿面内侧面较平,领甚矮,仅略高于肩面,口径33.0、残高3.6厘米。

折领瓮　1件。

标本H31①:18(图一八四,2),折领瓮,泥质灰陶,宽折沿,沿面甚平,素面,器体比较厚重,残高5.8厘米。

器盖　1件。

标本H31②:7(图一八五,4),器盖,泥质灰陶,直口方唇,弧腹,素面,口径30.2、残高5.5厘米。

钵　1件。

标本H31②:8(图一八四,3),钵,泥质灰陶,直口方唇,弧腹,素面,残高6.4厘米。

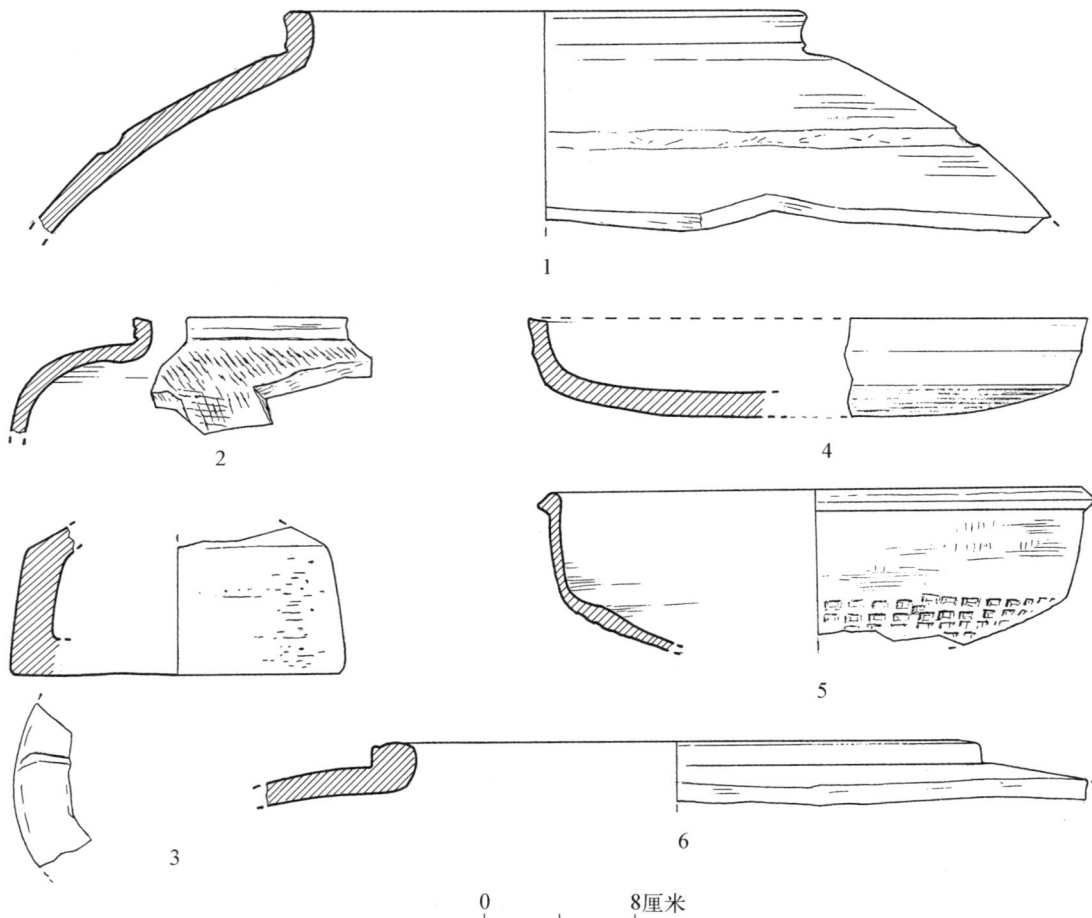

图一八五　2011YFH31出土陶器(二)

1、6.矮直领瓮(H31②:20、H31②:21)　2、5.釜(H31②:16、H31:15)
3.器底(H31②:9)　4.器盖(H31②:7)

甑 1件。

标本H31②:26(图一八三,12),甑,残存底部,泥质灰陶,下腹较斜直,素面,底径17.4、残高3.8厘米。

器底 1件。

标本H31②:9(图一八五,3),直腹小罐器底,残存底部,泥质灰陶,素面,器体厚重,底径17.8、残高8.2厘米。


## 7. 建筑材料

共出土陶瓦1089片,主要为筒瓦、板瓦和少量的云纹瓦当残件。绝大多数的建筑构件皆出土于H31②,H31①出土的建筑构件的数量仅66片。

板瓦 3件。均为泥质灰陶。

标本H31①:57(图五二,1、3),瓦表面装饰有交错粗绳纹。内侧面装饰布纹,脱落较多。

标本H31②:59(图一八六,4),瓦头平整,表面饰有绳纹,绳纹印迹模糊。内侧面较粗糙。整体微凸,器体较厚,残长23.8、残宽20.8、厚1.8厘米。

标本H31②:60(图一八七,1),瓦头圆弧,较光滑。表面饰有绳纹,绳纹印迹较浅,近瓦头部分绳纹被抹。内侧面起伏不平。整体微凸,残长19.8、残宽10.8、厚1.4厘米。

筒瓦 3件。均为泥质灰陶。

标本H31②:62(图一五六,2),表面饰有绳纹,绳纹印迹模糊,近瓦头处绳纹被抹。内侧面饰有麻点纹。瓦头有子母榫。残长10.0、残宽8.1、榫头长2.1、厚1.0厘米。

标本H31②:61(图一五六,4),表面近瓦头部分无纹饰,其下饰有绳纹。内侧面饰有布纹。瓦头有子母榫。残长13.0、残宽11.8、榫头长2.2、厚0.8厘米。

标本H31②:58(图一八六,3),表面饰有绳纹,末端有绳纹被抹的痕迹。内侧面饰有布纹。残长13.0、直径13.4、厚1.0厘米。


## 8. 石器

石器 6件。

标本H31②:56(图一八八,1),残存底端部分,最下端较薄且圆弧,表面平整光滑,残长3.5、残宽3.9、厚0.5～1.7厘米,重19克。

标本H31②:53(图一八九,1),有一个面略呈弧形,平整光滑,残长2.8、残宽3.1、厚0.8～1.8厘米,重14克。

标本H31①:52(图一八九,2),整体呈长方体,三个面相对平整,残长7.4、残宽3.5、厚2.8厘米,重105克。

标本H31①:51(图一八九,4),残存部分呈三角锥体,残长4.3、残宽5.1、厚0.2～1.9厘米,重46克。

标本H31②:55(图一八九,5),残存底端部分,最下端较薄且圆弧,表面平整光滑,残长3.7、残宽5.8、厚0.3～1.1厘米,重33克。

标本H31②:54(图一八九,10),残存底面,平整光滑,残长4.5、残宽5.6、厚0.7～2.0厘米,重56克。

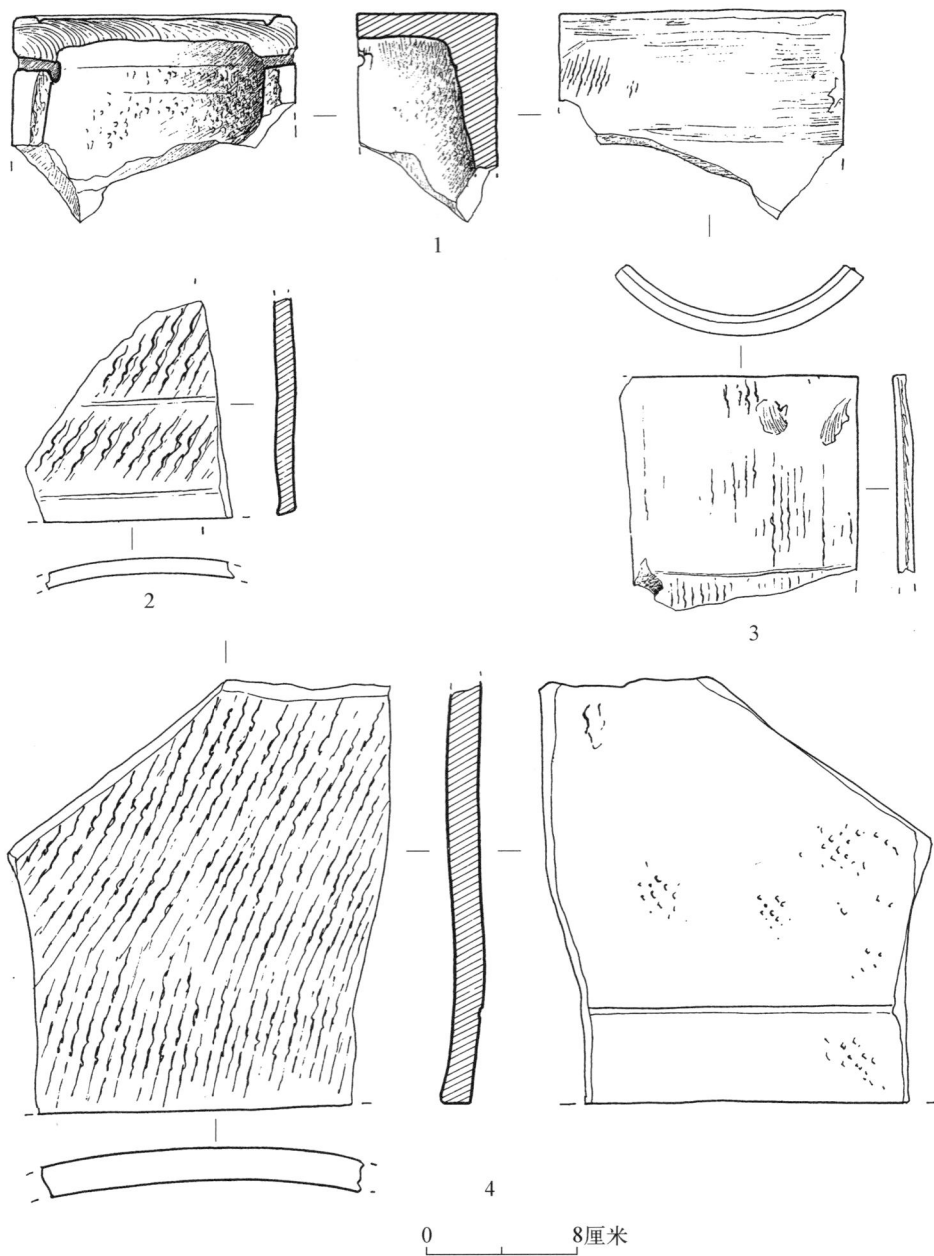

图一八六　2011YFH25、H31、H32出土瓦

1. 瓦当(H32⑥:37)　2、4. 板瓦(H25⑥:17、H31②:59)　3. 筒瓦(H31②:58)

### 9. 动物遗存

出土较多的动物遗存,可鉴定的种属包括猪、黄牛、羊、马、鹿和犬。猪的头骨(右)1块、上颌骨1块、下颌骨4块和肋骨(右)2条,黄牛的角心(左)2块、跟骨(右)3条、趾骨(未知)2块和肱骨(右)1条,羊的桡骨(左)1条和角心1块,马的游离齿(右)5块和趾骨(未知)1块,鹿的头骨2块,犬的股骨5条、桡骨(左)1条和胫骨(右)3条,小型哺乳动物肋骨(左)4条,中型哺乳动物下颌骨

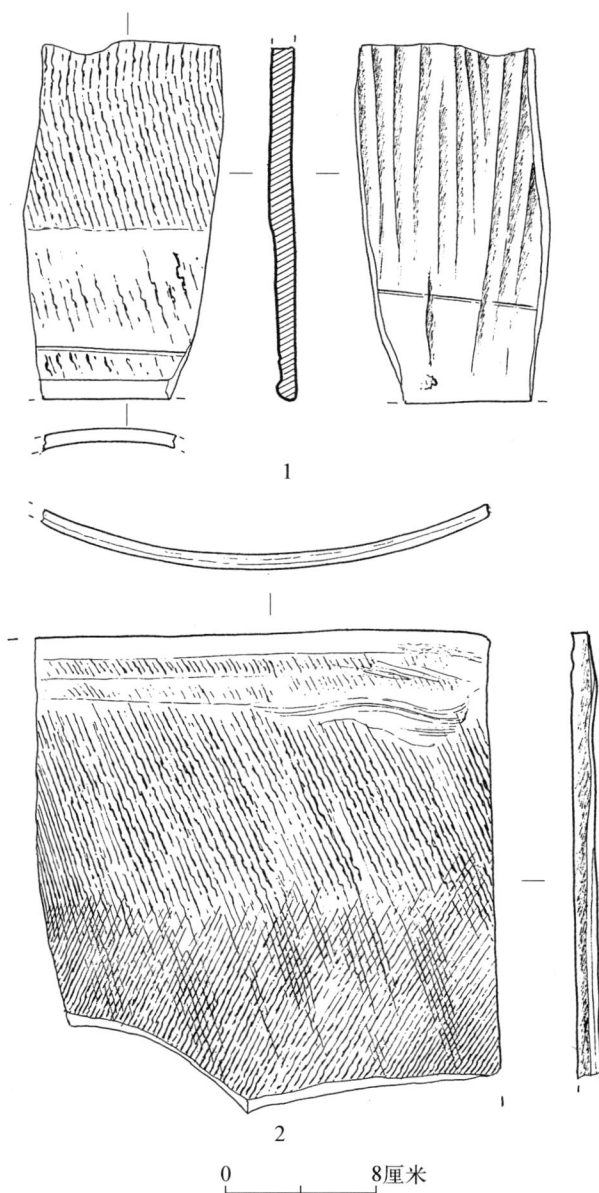

图一八七 2011YFH31、H32出土板瓦

1. H31②:60 2. H32①:36

1块和肢骨3条,大型哺乳动物的脊椎1块和肢骨1条。

值得注意的是,H31包含的动物遗存,皆出土于第2层,不见于集中埋藏炉渣的第1层。

## 10. 植物遗存

共浮选土壤55升,基本未发现炭化的农作物。仅发现炭化粟粒1粒,其余的植物遗存基本为藜科和卷耳属的杂草。该单位土壤中植硅体分析结果见附表二三。

## 11. 其他

铜环　1件。

标本H31②:1(图版一三,5),残,直径约2.0、厚0.2厘米,重3.5克。

圆陶片　17件。

标本H31②:36(图一八八,2),夹砂灰陶,表面有粗绳纹,绳纹印迹模糊,直径约4.0、厚2.2厘米,重33克。

标本H31②:43(图一八八,3),夹砂灰褐陶,表面有粗绳纹,印迹模糊,直径约4.7、厚1.3厘米,重36克。

标本H31②:35(图一八八,4),残,泥质红陶,素面,直径约4.1、厚1.0厘米,重5克。

标本H31②:47(图一八八,5),泥质红陶,表面有绳纹,模糊不清,直径约4.2、厚1.8厘米,重38克。

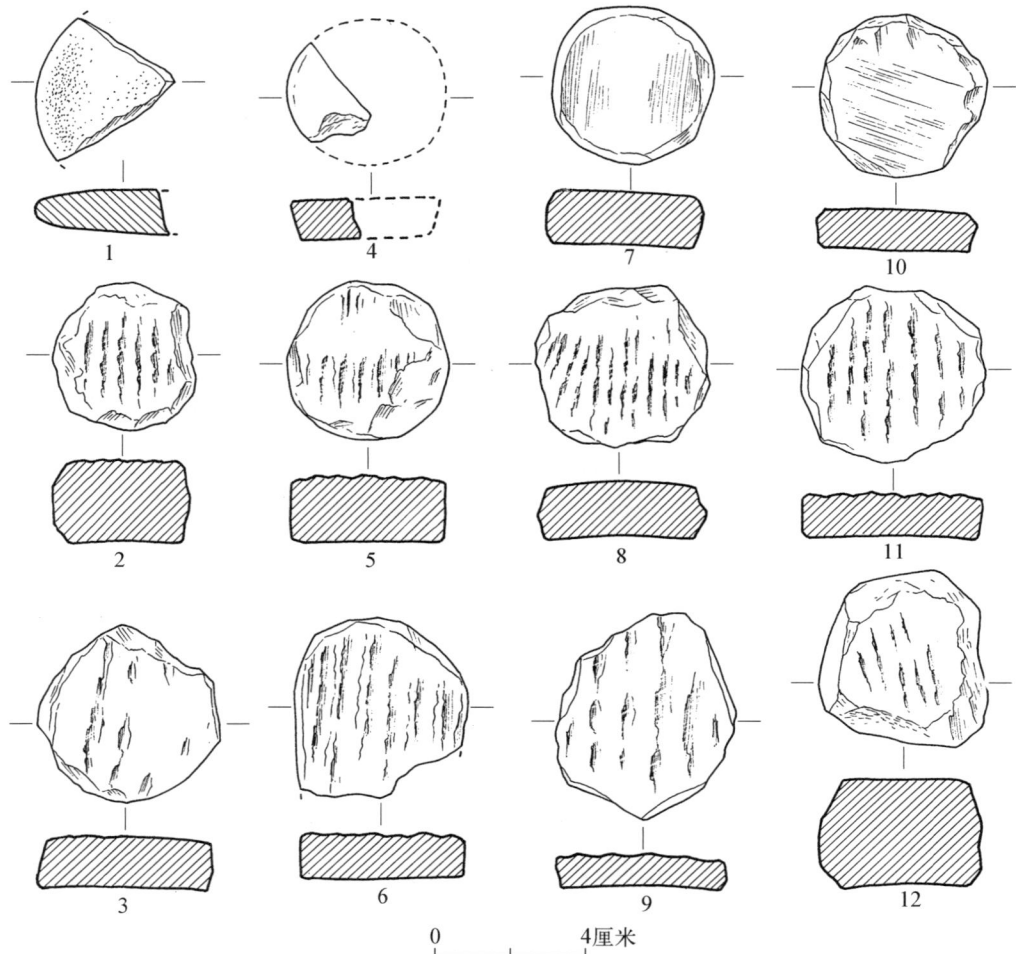

**图一八八　2011YFH31出土石器及圆陶片**

1. 石器(H31②:56)　2~12. 圆陶片(H31②:36、H31②:43、H31②:35、H31②:47、H31②:34、H31①:32、H31②:44、
H31②:40、H31②:48、H31②:39、H31②:50)

标本H31②：34（图一八八，6），夹砂灰陶，表面有绳纹，印迹模糊，直径约4.7、厚1.2厘米，重31克。

标本H31①：32（图一八八，7），泥质灰陶，素面，表面光滑，直径约4.2、厚1.5厘米，重34克。

标本H31②：44（图一八八，8），夹砂灰陶，表面有绳纹，印迹较浅，直径约4.5、厚1.5厘米，重39克。

标本H31②：40（图一八八，9），夹砂灰陶，表面有粗绳纹，印迹模糊，直径约5.5、厚0.8厘米，重28克。

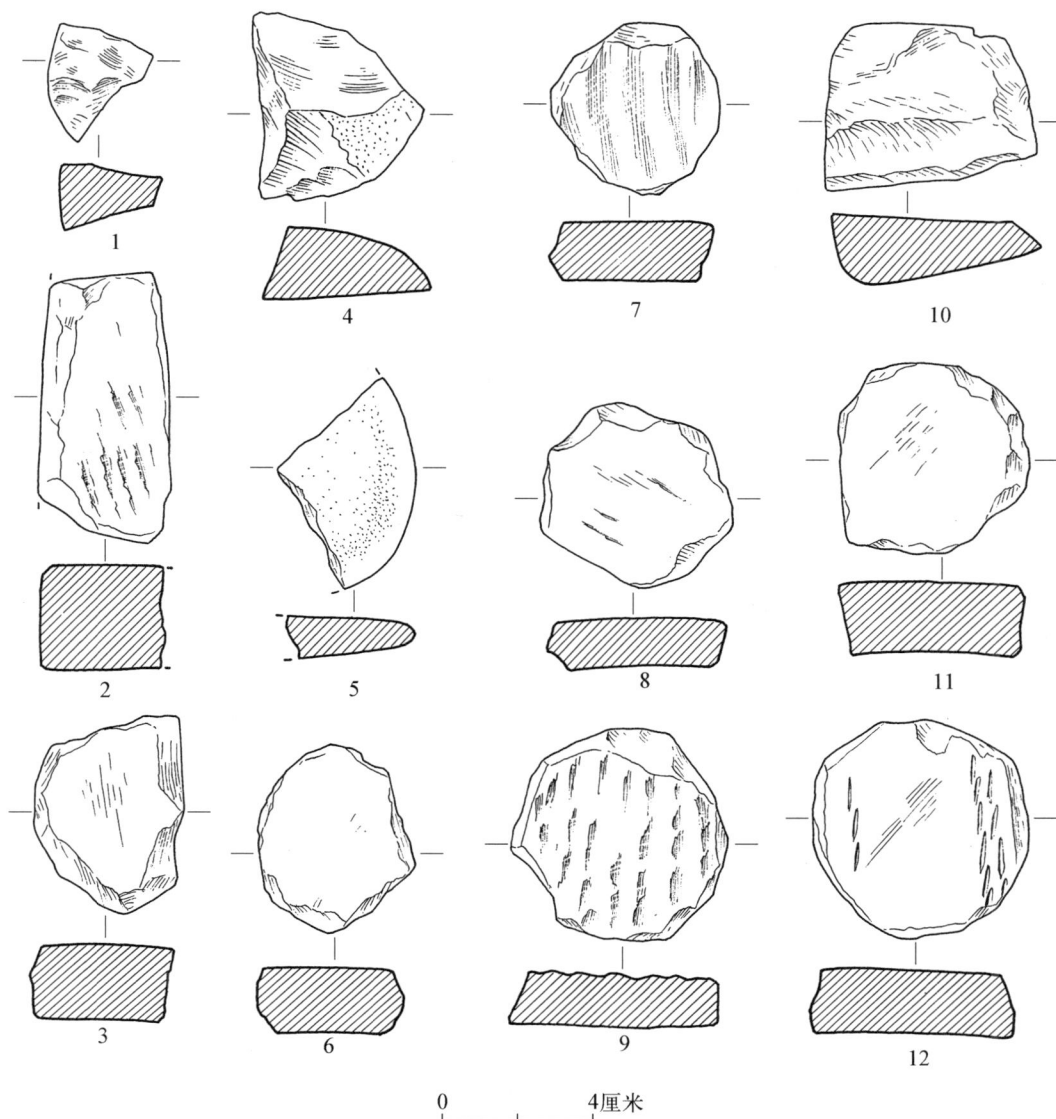

0　　　　　4厘米

图一八九　　2011YFH31出土遗物

1、2、4、5、10. 石器（H31②：53、H31①：52、H31①：51、H31②：55、H31②：54）　3. 圆陶范（H31②：37）

6～9、11、12. 圆陶片（H31②：45、H31②：42、H31①：33、H31②：38、H31②：46、H31②：41）

标本 H31②:48(图一八八,10),泥质红陶,表面有绳纹被抹,印迹模糊,直径约4.3、厚1.1厘米,重27克。

标本 H31②:39(图一八八,11),夹砂灰陶,表面有绳纹,印迹较浅,直径约4.8、厚1.2厘米,重34克。

标本 H31②:50(图一八八,12),泥质红陶,器体较厚,表面似有绳纹被抹的痕迹,模糊不清,残长4.7、残宽4.3、厚2.8厘米,重68克。

标本 H31②:45(图一八九,6),夹砂灰陶,表面有较多细砂粒,直径约5.1、厚1.8厘米,重33克。

标本 H31②:42(图一八九,7),泥质红陶,素面,表面较光滑,直径约4.6、厚1.6厘米,重42克。

标本 H31①:33(图一八九,8),夹砂灰陶,表面有绳纹,模糊不清,直径约5.0、厚1.3厘米,重38克。

标本 H31②:38(图一八九,9),夹砂灰陶,表面有绳纹,绳纹印迹较浅,直径约5.7、厚1.5厘米,重54克。

标本 H31②:46(图一八九,11),泥质红陶,素面,直径约5.3、厚1.9厘米,重66克。

标本 H31②:41(图一八九,12),泥质红陶,素面,表面平整较光滑,直径约5.9、厚1.8厘米,重76克。

圆陶范　2件。均为细砂质。

标本 H31②:37(图一八九,3),浅灰色,有颜色分层,表面有白色涂料层,脱落严重,背面较粗糙,残长5.3、残宽4.0、厚2.0厘米,重44克。

标本 H31②:49(图二一一,11),深灰色,表面有涂料层,保存较差,呈上窄下宽的圆台体,顶部直径约4.9、底部直径6.1、厚2.8厘米,重124克。

# 4.30　2011YFH32

## 1. 形制与堆积

H32(图一九〇;彩版八,2),位于T10中部,南邻H31,开口于②层下,打破生土。口部呈较规整的圆形,壁呈直筒状,底部中间较平,四周不规整。口部东西长214、南北宽190、口距地表40、底距地表300、自深260厘米。坑壁保存极好,部分地方比较光滑,但坑壁不太规整,局部由于塌落而凹凸不平,无工具或修整痕迹。

堆积可分为6层:①层,褐色,土质较疏松,遍布整个灰坑,自东北向西南倾斜,厚10～34厘米,包含有少量木炭。②层,黄褐色,土质松散,较纯净,分布在灰坑西部,自东北向西南倾斜,厚0～27厘米。③层,黑色,土质极为疏松,遍布整个灰坑,自东北向西南倾斜,厚48～59厘米,包含有少量黄色土点。④层,黄褐色,土质较硬,遍布整个灰坑,自东北向西南倾斜,厚67～74厘米,包含有少量红烧土点。⑤层,黑色,土质松散,较纯净,遍布整个灰坑,自东北向西南倾斜,厚27～44厘米。⑥层,土色似水浸土,含大量水锈,土质硬,遍布整个灰坑,自东北向西南倾斜,厚43～75厘米。

## 2. 陶容器

共出土陶容器残片150块,可辨器形釜和鬲24块,约占16.0%;盆和甑24块,约占16.0%;罐

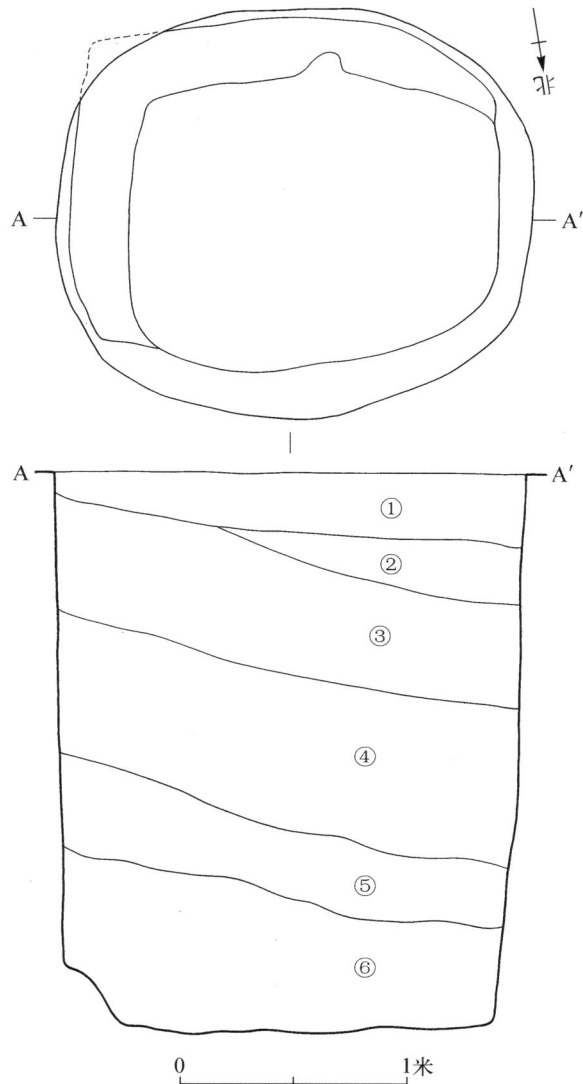

图一九〇 2011YFH32平、剖面图

和缶10块,约占6.7%;盆或罐底部17块,约占11.3%;瓮2块,约占1.3%;盆或瓮8块,约占5.3%。纹饰以素面为主,共47块,约占31.3%;绳纹36块,约占24.0%,以中绳纹最多,细绳纹次之,无粗绳纹;戳印纹9块,约占6.0%;弦纹6块,约占4.0%;旋纹6块,约占4.0%;暗纹13块,约占8.7%;另有大方格纹等纹饰。

盆 3件。均为泥质灰陶,平底。

标本H32③:15(图一九一,6),盆,平折沿,尖圆唇,素面,口径29.8、残高3.8厘米。

标本H32⑥:4(图一九二,2),盆,卷沿,圆方唇,微束颈,折肩,素面,残高5.0厘米。

标本H32③:29(图二〇四,4),盆,平折沿,沿面外侧有一道旋纹,微束颈,肩部微隆,素面,残高2.9厘米。

深腹盆　6件。均为泥质灰陶,平折沿,尖圆唇,折腹,平底。

标本H32⑥:17(图一九一,1),AⅠ式,上腹微敛较直,上下腹交界处有一周弦纹,其下戳印有楔形绳纹,残高9.8厘米。

标本H32⑥:10(图一九一,2),AⅠ式,上腹微敛较直,上下腹交界处有一周弦纹,其下饰有斜行绳纹,残高10.8厘米。

标本H32⑥:24(图一九一,5),AⅠ式,上腹微敛较直,素面,残高8.6厘米。

标本H32③:16(图一九一,7),AⅠ式,上腹微敛较直,上下腹交界处有一周弦纹,其下有楔

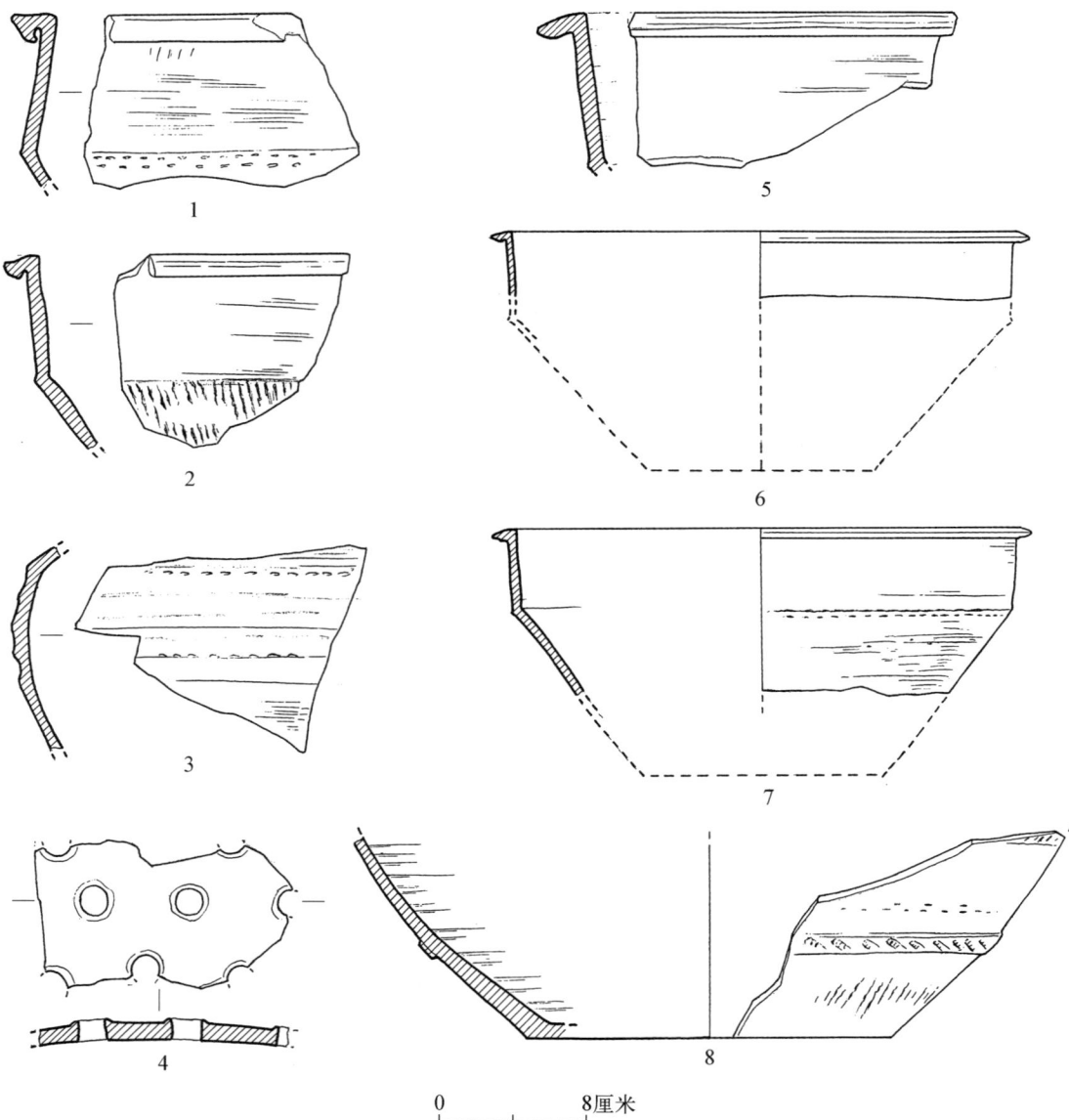

图一九一　2011YFH32出土陶器(一)

1、2、5、7、8.深腹盆(H32⑥:17、H32⑥:10、H32⑥:24、H32③:16、H32⑥:18)　3.罐/缶(H32⑥:22)
4.甑(H32③:27)　6.盆(H32③:15)

形绳纹,口径29.6、残高9.6厘米。

标本H32⑥:18(图一九一,8),AⅠ式,上腹微敛较直,上下腹交界处有一周弦纹,残高11.6厘米。

标本H32③:19(图一九二,11),AⅠ式折腹盆残片,腹部有绳纹被抹的痕迹,残高7.1厘米。

罐/缶 5件。均为泥质灰陶。

标本H32⑥:22(图一九一,3),罐/缶,腹部饰有数道旋纹,残高11.8厘米。

标本H32⑥:23(图一九二,7),罐/缶,平折沿,尖圆唇,束颈明显,素面,口径12.2、残高4.8厘米。

标本H32⑥:12(图一九二,8),罐/缶腹部残片,肩部与腹部呈明显转折,表面装饰有旋纹和交错状划纹,残高4.4厘米。

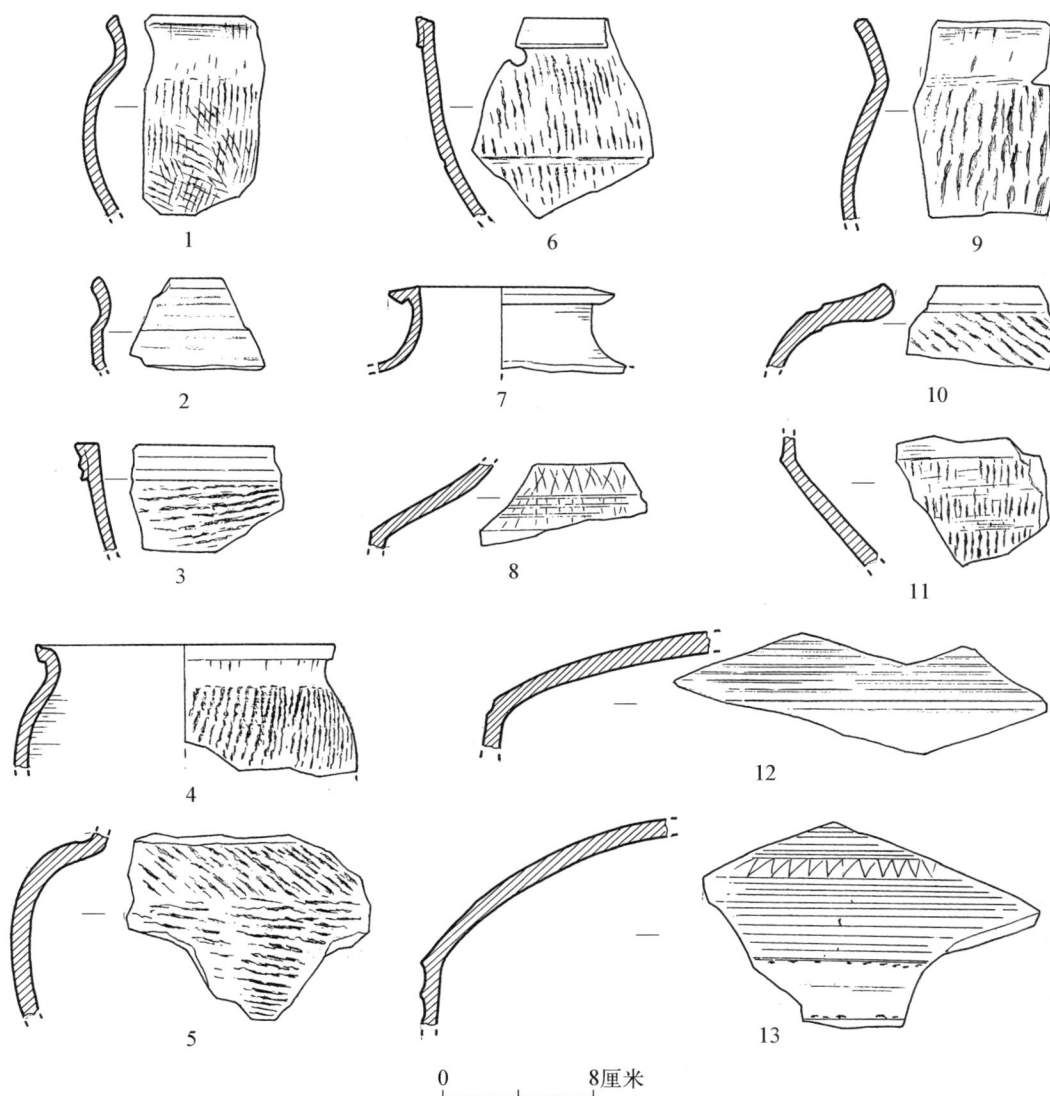

图一九二 2011YFH32出土陶器(二)

1、3～6、9.釜(H32⑥:3、H32⑥:8、H32⑥:6、H32⑥:5、H32⑥:9、H32③:26) 2.盆(H32⑥:4)
7、8、12、13.罐/缶(H32⑥:23、H32⑥:12、H32③:21、H32:20) 10.钵(H32②:2) 11.深腹盆(H32⑥:19)

标本 H32③：21（图一九二，12），罐/缶腹部残片，肩部与腹部交界处有一道旋纹，表面装饰有数道旋纹，残高6.6厘米。

标本 H32：20（图一九二，13），罐/缶腹部残片，溜肩，腹部饰有旋纹和三角划纹，残高11.4厘米。

异形罐　1件。

标本 H32⑥：25（图二〇四，7），B型，夹砂，直口无领，沿面有一道凹槽，唇面有一道旋纹，残高2.6厘米。

釜　6件。

标本 H32⑥：3（图一九二，1），Ab Ⅰ式，泥质红陶，卷沿方唇，领部较高，束颈较明显，圆肩，肩部微隆，腹部饰有绳纹，绳纹印迹模糊，残高11.1厘米。

标本 H32⑥：6（图一九二，4），Ab Ⅰ式，夹砂灰陶，卷沿方唇，束颈较明显，圆肩，肩部微隆，腹部饰有斜行绳纹，口径16.0、残高7.3厘米。

标本 H32⑥：5（图一九二，5），Ab Ⅰ式，夹砂灰陶，圆肩，肩部微隆，腹部饰有斜行绳纹，其下为横绳纹，残高10.0厘米。

标本 H32③：26（图一九二，9），Ab Ⅰ式，夹砂灰陶，卷沿，圆方唇，束颈明显，圆肩，鼓腹，腹部饰有粗绳纹，残高10.9厘米。

标本 H32⑥：8（图一九二，3），B Ⅰ式，夹砂，直口无领，口沿部分有一周加厚的泥条，沿面外侧高，内侧低，表面饰直绳纹，残高5.9厘米。

标本 H32⑥：9（图一九二，6），B Ⅰ式，泥质，直口无领，口沿部分有一周加厚的泥条，沿面外侧高，内侧低，表面饰直绳纹，残高11.0厘米。

钵　1件。

标本 H32②：2（图一九二，10），钵，夹砂灰陶，敛口方唇，沿面外侧有一道旋纹，肩部有一道旋纹，其下饰有斜行绳纹，残高4.8厘米。

甑　1件。

标本 H32③：27（图一九一，4），甑，仅存底部，泥质灰陶，残宽8.4厘米。

### 3. 建筑材料

共出土陶瓦163片。另出土少量砖块。

筒瓦　1件。

标本 H32⑥：28（图二〇四，12），表面饰有绳纹。内侧面为素面。残长47.2、直径28.8厘米。

板瓦　1件。

标本 H32①：36（图一八七，2；图版一二，5），泥质灰陶。瓦头平整，瓦身表面近瓦头部分饰有斜绳纹，其下为交错绳纹，绳纹较细，印迹清晰，表面近瓦头部分有绳纹被抹的痕迹。内侧面略不平，可见刮削痕迹。整体微凸，残长26.6、残宽24.6、厚1.2厘米。

瓦当　1件。

标本 H32⑥：37（图一八六，1；图版一二，7），泥质灰陶。瓦当面为半圆形。双界格线两分当面不穿当心,当面中心为一个圆圈,其内为方形网格纹。当面每界格内饰一朵卷云纹,其外有一周凸弦纹。残长11.4、直径15.4、厚1.4厘米。

"U"形砖　1件。

标本H32:14(图二〇四,11),"U"形砖,夹砂灰陶,直口,圆方唇,素面,器体厚重,残宽7.4、残高6.4厘米。

### 4. 动物遗存

出土较多的动物遗存,可鉴定的种属包括猪、黄牛、羊、马、鹿和犬。猪的头骨(右)5块和上颌骨(右)1块,黄牛的头骨3块、下颌骨1块、肩胛骨(左)4块、腕骨(右)2块、趾骨1块、肋骨4块、胫骨1块、桡骨与尺骨(左)2块、桡骨1块、上颌骨与鼻骨(右)1块,羊的趾骨1块,马的游离齿(右)2块和肢骨(右)1条,鹿角(右)3块,犬的骨盆(右)1块、胫骨(左)2条和尺骨(右)1条,中型哺乳动物的上颌骨(左)1块、肢骨2条、胫骨(右)1条、股骨1条和肋骨1条,大型哺乳动物的上颌骨(右)1块和骨盆(右)1块。在H32⑥中出土了一段梅花鹿的鹿角。

### 5. 植物遗存

因工作失误,我们仅收集到H32③一份土壤。但该份土壤中浮选出大量粟的炭化种子,共93粒,另外有1粒谷物残块,此外,浮选的植物遗存包括较多黍亚科的种子,共204粒。该单位土壤中植硅体分析结果见附表二三。

### 6. 其他

骨环　1件。

标本H32③:1(图版一四,4),基本保存完整,骨环上残留削过的痕迹,直径约7.4、厚1.4厘米,重42克。应以大型哺乳动物股骨切割磨制而成。

圆陶片　3件。均为夹砂灰陶。

标本H32⑥:35(图二一一,2),似由陶瓦改制,属于半成品,表面有绳纹,绳纹印迹较浅,残长7.7、残宽3.8、厚1.4厘米,重56克。

标本H32⑥:33(图二一一,3),砂粒较多,素面,直径约5.5、厚1.5厘米,重55克。

标本H32⑥:34(图二一一,10),表面有中绳纹,绳纹有被抹的痕迹,直径约5.9、厚1.3厘米,重50克。

# 4.31　2011YFH33

### 1. 形制与堆积

H33(图一九三),位于T8中部,开口于①层下。一部分在探方外,未进行发掘。口部呈不规

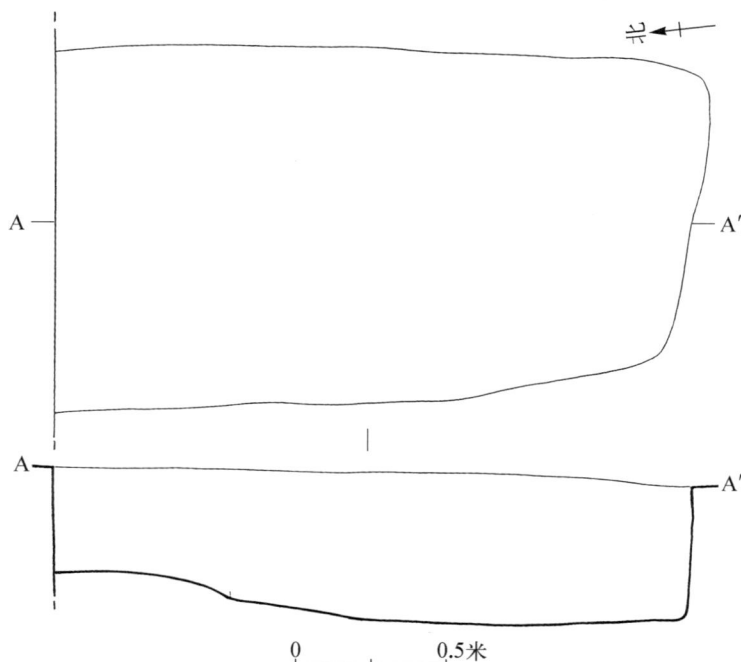

图一九三　2011YFH33平、剖面图

则的长方形,坑壁略微内斜,底部南低北高且不平。口部南北长210～222、东西宽107～128、底部南北长213、北宽112、南宽93、口距地表14、底距地表50～67、自深36～53厘米。未见工具痕迹。

　　堆积仅为1层:灰色,土质疏松,呈颗粒状,包含有木炭、烧土点、烧土块、石块等。坑内遗物的分布不均,北端西边出土有大量陶范,在坑底西边也出土一定数量的陶范,分布由南向北逐渐减少。另,H31和H33出土的陶范部分形制十分相似,个别甚至可以拼合,很可能废品首先经过收集集中,然后再分批埋藏。


　　2. 陶范

　　共出土锄范40块,其中面范6件、背范5件。铧范18块,可辨大型铧范2件、小型铧范2件。铧芯60块,可辨大型铧芯10件、小型铧范4件。

　　锄面范　6件。

　　标本H33∶y3(图一九四,4),残存顶端部分,仅1块残块,重280克。梯形板状,细砂质,有大量白色颗粒,整体呈浅红色。分型面和浇铸面有白色和红色涂料层,保存较好。浇铸面灰黑色浇铸痕迹明显。背面平整有涂料层,保存较好。残长8.3、顶端宽5.9厘米。浇道顶端面有三道竖道,顶端面中间微凹,近底面边缘隆起,左侧边近底面处亦有隆起,可能为合范留下的痕迹(图版六,3)。顶端厚3.1厘米。浇道甚窄,偏向范的左侧,涂料层脱落变黑。浇道平面呈梯形,上窄下宽,浇道残长7.3、浇道宽(上)1.4厘米。

　　标本H33∶y6(图一九四,6),残存底端部分,由6块残块拼合而成,总重620克。梯形板状、细砂质，含大量白色颗粒，整体呈深红色。分型面和浇铸面有白色和红色涂料层，保存较好。浇铸面灰黑色浇铸痕迹明显，侧边有粘附铁渣现象。背面平整，有涂料层，保存较好。残长14.8、底端宽14.3厘米。底侧边中间内凹较明显，可能为合范时留下符号。底端分型面甚窄，底侧边与左侧边向浇铸面斜收，右侧边垂直，范身厚2.8厘米。型腔右下角到侧边长1.9、分型面底端长1.4厘米。型腔中间有一圆钉，直径2.0厘米。铸器呈梯形板状，残长13.5、底端残宽4.7厘米。

标本H33：y14（图一九四，8），残存下半部分，由2块残块拼合而成，总重700克。梯形板状，细砂质，含大量白色颗粒，整体呈深灰色。分型面和浇铸面有白色和红色涂料层，保存较好。浇铸面灰黑色浇铸痕迹明显。背面起伏不平，有涂料层，大面积脱落。近侧边向底边有凹槽，中间位置形成型腔形隆起。残长14.0、底端宽16.3厘米。底端向浇铸面斜收，左右侧边向外倾斜，范身厚2.5厘米。型腔明显偏向范左边，左下角到侧边长2.2、右下角到侧边长3.0、分型面底端长2.2厘米。铸器呈梯形板状，残长11.1、底端宽10.6厘米。

标本H33：y13（图一九五，1），残存底端右下角，仅1块残块，重200克。梯形板状，细砂质，整体呈浅灰色。分型面和浇铸面有白色和红色涂料层，保存较好。浇铸面灰黑色浇铸痕迹明显。背面平整有涂料层，保存较好，小面积脱落。右侧边及底边有大面积铁渣。残长8.6、底端残宽3.7、底端厚3.5厘米。右侧边中间位置内凹，可能为合范留下痕迹。分型面底端长2.3厘米。铸器呈梯形板状，残长6.1厘米。

标本H33：y2（图一九八，2），残存底端左下角，仅1块残块，重390克。梯形板状，细砂质，含大量白色颗粒，整体呈浅红色。分型面和浇铸面有白色和红色涂料层，保存较好。浇铸面灰黑色浇铸痕迹明显。背面平整有涂料层，保存较好，小面积脱落。残长8.6、底端残宽5.8厘米。范左右侧边及底端面甚窄，底端厚3.0、范身厚2.9厘米。分型面底端长1.2厘米。铸器呈梯形板状，残长7.4、底端残宽6.9厘米。

标本H33：y1（图一九八，4），残存型腔上半部分，由3块残块拼合而成，总重710克。梯形板状，细砂质，整体呈浅红色。分型面和浇铸面有白色和红色涂料层，保存较好。浇铸面灰黑色浇铸痕迹明显，粘附有铁渣。背面平整有涂料层，保存较好，也有铁渣痕迹。残长18.9、残存最上端宽9.3、残存最下端宽6.4、范身厚3.0厘米。型腔顶端刻槽较深，左右侧边较长，侧边近底面处微隆起，偏向范的左侧，左上角到侧边长2.0厘米。型腔中间有圆形支撑，直径为2.3厘米。铸器呈梯形板状，残长17.1、顶端宽5.0厘米。

锄背范　4件。

标本H33：y15（图一九四，5），残存上半部分，仅1块残块，重620克。梯形板状，细砂质，含大量白色颗粒，整体呈深红色。分型面和浇铸面有白色和红色涂料层。背面粘附有大面积铁渣。残长12.2、顶端宽7.2、残存最下端宽10.7厘米。顶端与左右两侧边垂直，顶端厚3.2、范身3.1厚厘米。表面未设浇道，顶端未见合范符号，可能未使用。

标本H33：y18（图一九四，7），残存顶端部分，仅1块残块，重370克。梯形板状，细砂质，含大量白色颗粒，整体呈浅红色。分型面和浇铸面有白色和红色涂料层。背面平整，其上涂有

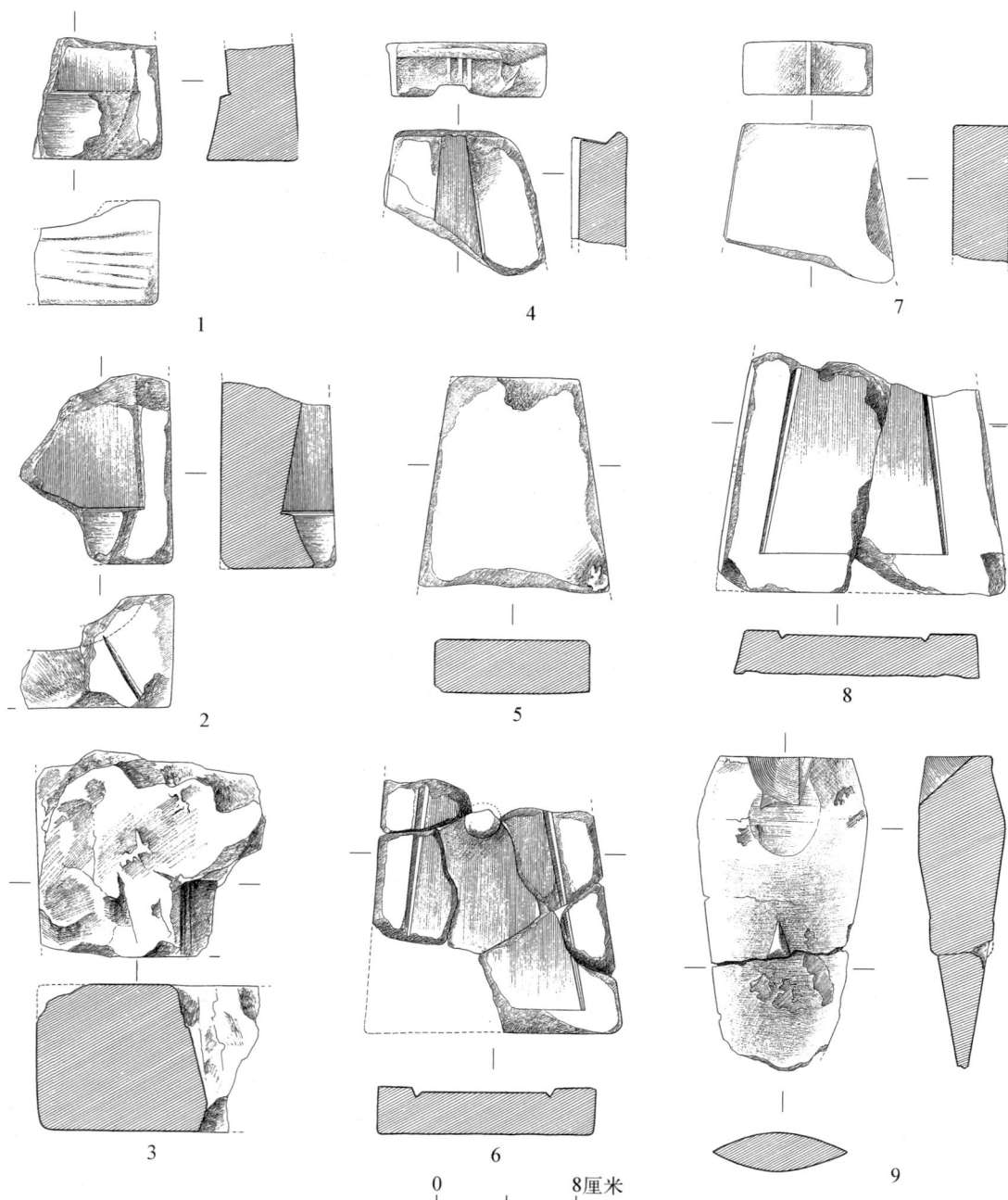

**图一九四　2011YFH33出土陶范（一）**

1、2. 铧范（H33∶y40、H33∶y35）　3. 砖（H33∶y103）　5、7. 锄背范（H33∶y15、H33∶y18）
4、6、8. 锄面范（H33∶y3、H33∶y6、H33∶y14）　9. 铧芯（H33∶y52）

一层含大颗粒的涂料,中间含有较多木炭。残长9.2、顶端宽7.2厘米。顶端面中间有一道竖道为合范符号,顶端厚3.2、残存最下端厚3.1厘米。两面皆未设浇道且没有明显浇铸痕迹。可能未使用。

标本H33:y26(图一九五,3),残存下半部分,仅1块残块,重1 020克。梯形板状,细砂质,含大量白色颗粒,整体呈浅灰色。分型面和浇铸面有白色和红色涂料层,保存较好。浇铸面灰黑色浇铸痕迹明显。背面粗糙,有涂料层,左下角粘附有烧土块,左右侧边有四道刻划痕迹,可能为制范留下的痕迹。残长13.7、底端宽14.8厘米。底端向浇铸面斜收,左右侧边垂直,右侧边颜色较深,可能与高温接触,残存最上端厚3.2、底端厚3.1厘米。

标本H33:y17(图一九五,4),残存下半部分,由2块残块拼合而成,总重790克。梯形板状,细砂质,含大量白色颗粒,整体呈深红色。分型面和浇铸面有白色和红色涂料层。背面平整有涂料层,保存较好,小面积脱落。残长12.2、底端宽15.2厘米。左侧边向外倾斜,右侧边垂直,残存最上端厚3.2、底端厚3.2厘米。

铧范 6件。

标本H33:y40(图一九四,1),残存顶端左上角,仅1块残块,重360克。梯形,细砂质,整体呈橙色。分型面和浇铸面有白色和红色涂料层,局部脱落。浇铸面灰黑色浇铸痕迹明显。背面平整有涂料层,大面积脱落。残长7.1、顶端残宽7.1、顶端厚6.0厘米。与范/芯扣合处长3.6、与范/芯扣合处残宽(上)3.7、与范/芯扣合处残宽(下)4.9、分型面顶端最宽3.3、分型面斜长4.3厘米。

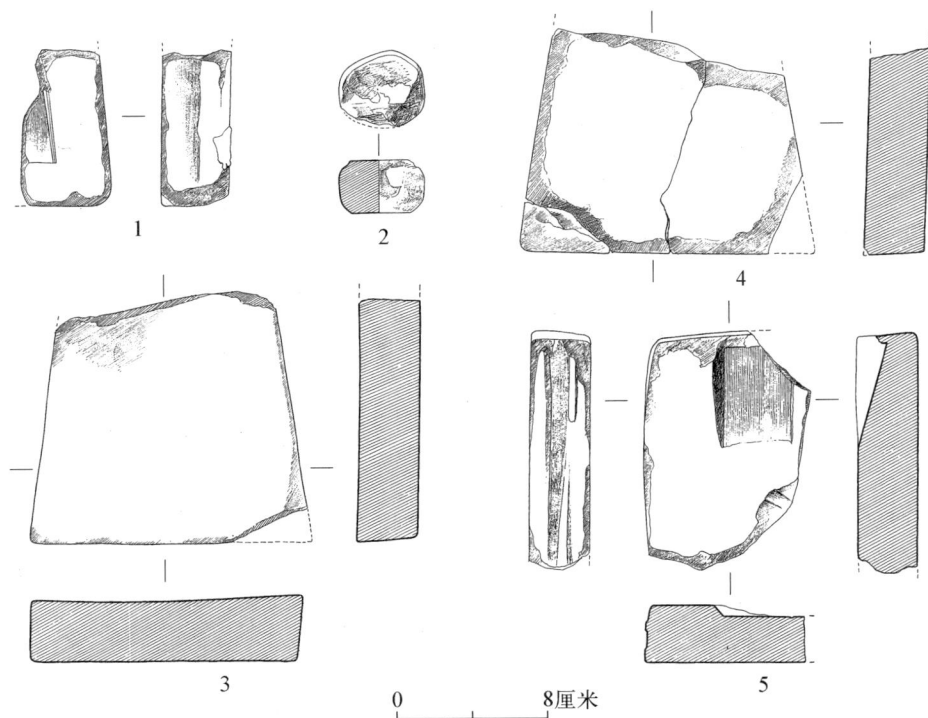

图一九五 2011YFH33出土陶范(二)

1.锄面范(H33:y13) 2.改型器(H33:y27) 3、4.锄背范(H33:y26、H33:y17) 5.不明范(H33:y78)

为小型铧范,铸器顶端平齐,残长3.1、顶端残宽5.5厘米。

标本H33:y35(图一九四,2),残存顶端左上角,仅1块残块,重570克。梯形,细砂质,含大量白色颗粒,整体呈橙色。分型面和浇铸面有白色和红色涂料层,局部脱落。浇铸面灰黑色浇铸痕迹明显。背面平整有涂料层,局部脱落。左侧边有铁渣。残长11.1、顶端残宽3.7厘米。顶端有一刻划符号,顶端厚6.6厘米。与范/芯扣合处长3.0、与范/芯扣合处残宽(下)3.0、分型面顶端最宽3.5、分型面斜长3.3厘米。为小型铧范,铸器顶端平齐,残长7.8、顶端残宽4.3厘米。

标本H33:y30(图一九六,2),残存中部以下部分,仅1块残块,重2030克。梯形,细砂质,含大量白色颗粒,整体呈橙色。分型面和浇铸面有白色和红色涂料层,保存较好。浇铸面灰黑色浇铸痕迹明显。背面平整有涂料层,大面积脱落。残长15.1、底端宽14.2、底端厚5.1厘米。为大型铧范,铸器整体呈舌形,刃部弧度较大,残长11.3、銎宽9.6厘米。

标本H33:y34(图一九六,3),残存顶端左上角,仅1块残块,重900克。梯形,细砂质,含大量白色颗粒,整体呈深红色。分型面和浇铸面有白色和红色涂料层,局部脱落。浇铸面灰黑色浇铸痕迹明显。背面平整有涂料层,大面积脱落。残长9.2、顶端残宽10.1厘米。顶端面有一垂直隆起竖棱,为合范符号,左侧边有一道隆起竖棱,可能与合范有关,顶端厚9.2厘米。浇铸面弧度较大,与范/芯扣合处长4.6、与范/芯扣合处残宽(上)6.5、与范/芯扣合处残宽(下)7.8、分型面顶端最宽3.6、分型面斜长4.9厘米。为大型铧范,铸器顶端平齐,残长3.5、顶端残宽8.1厘米。

标本H33:y31(图一九六,4;彩版一五,3、4),残存中部以下部分,仅1块残块,重3010克。梯形,细砂质,含大量白色颗粒,整体呈深红色。分型面和浇铸面有白色和红色涂料层,保存较好。浇铸面灰黑色浇铸痕迹明显,下部粘有铁渣。背面平整有涂料层,大面积脱落。残长17.8、底端宽13.5厘米。底端面近右侧有隆起符号,残存最上端厚8.5、底端厚6.8厘米。为大型铧范,铸器整体呈舌形,刃部弧度较小近平,残长14.8、銎宽8,7厘米。

标本H33:y33(图一九七,4),残存顶端右上角,仅1块残块,重1720克。梯形,细砂质,含大量白色颗粒,整体呈浅红色。分型面和浇铸面有白色和红色涂料层,保存较好。浇铸面灰黑色浇铸痕迹明显。背面平整有涂料层,大面积脱落。残长13.7、顶端残宽7.6厘米。顶面有一横道长2.7、宽0.6厘米,可能为合范符号,顶端厚9.6、范身厚9.5厘米。与范/芯扣合处长4.4、与范/芯扣合处残宽(上)4.0、与范/芯扣合处残宽(下)6.3、分型面顶端最宽4.8、分型面斜长4.7厘米。为大型铧范,铸器顶端平齐,残长8.8、顶端残宽7.1厘米。

铧芯 8件。

标本H33:y52(图一九四,9),保存大半部分,由2块残块拼合而成,总重590克。整体呈舌形,上宽下窄,上厚下薄,细砂质,整体呈橙色。残长18.3、最宽处宽9.6、顶端宽7.4、残存最下端宽5.9、顶端厚3.7、最厚处厚4.9、底端厚0.6厘米。分型面斜长3.0、分型面高2.8厘米。浇道相对较窄,浇道部分质地较硬,末端有近圆形浅凹面,浇道宽3.7、a=2.5、b=1.2、c=2.8厘米。芯撑为三角形,底边长1.8、高2.4厘米。

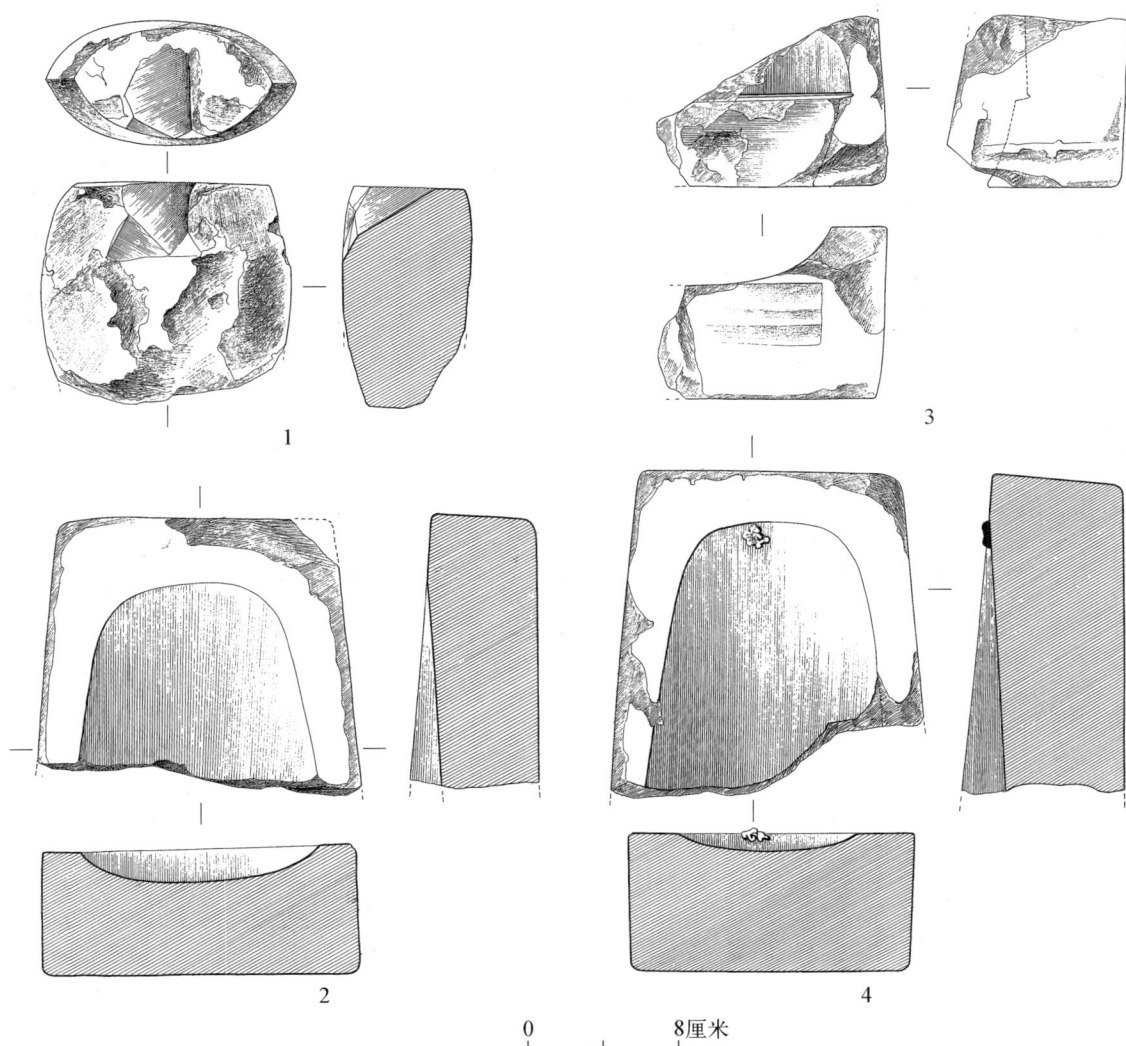

图一九六 2011YFH33出土陶范(三)

1. 铧芯(H33:y56) 2～4. 铧范(H33:y30、H33:y34、H33:y31)

标本H33:y56(图一九六,1),残存顶部,仅1块残块,重830克。上宽下窄,上厚下薄,细砂质,表面含大量粗砂颗粒,整体呈橙色。表面有灰黑色浇铸痕迹,涂料层大面积脱落。残长11.9、最宽处宽13.1、顶端宽10.1、顶端厚5.8、最厚处厚6.7厘米。分型面斜长4.2、分型面高4.0厘米。浇道平面呈三角形,浇道宽3.8、a=4.1、b=1.1、c=5.5厘米。为大型铧芯。

标本H33:y58(图一九七,1),残存芯的中部,仅1块残块,重600克。整体呈舌形,上宽下窄,上厚下薄,细砂质,整体呈橙色。表面有灰黑色浇铸痕迹,涂料层局部脱落。残长15.6、最宽处宽9.4、顶端宽7.3、残存最下端宽5.8、顶端厚3.3、最厚处厚5.1、残存最下端厚2.3厘米。分型面斜长4.2、分型面高4.0厘米。浇道较宽,且下切部分较多,浇道形态与y48、y49相同,浇道宽3.9厘米。芯撑为三角形,底边长2.1、高2.3厘米。为小型铧芯。

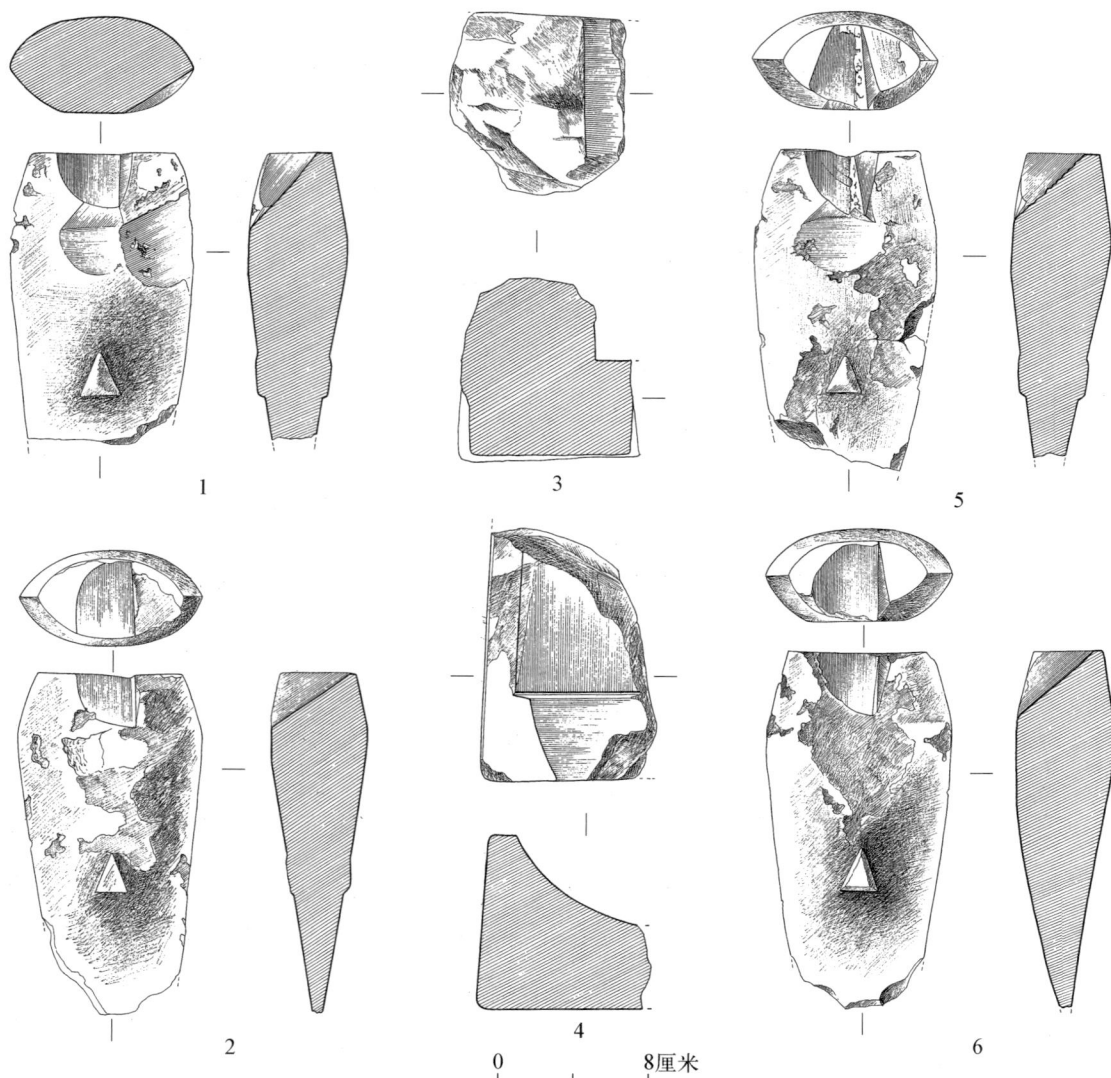

**图一九七　2011YFH33出土陶范（四）**

1、2、5、6. 铧芯（H33：y58、H33：y48、H33：y50、H33：y49）　3.砖（H33：y102）　4.铧范（H33：y33）

标本H33：y48（图一九七，2），保存大半部分，仅1块残块，重580克。整体呈舌形，上宽下窄，上厚下薄，细砂质，整体呈橙色。表面有灰黑色浇铸痕迹，涂料层局部脱落。残长18.7、最宽处宽9.6、顶端宽7.5、残存最下端宽5.9、顶端厚3.9、最厚处厚5.0、残存最下端厚0.5厘米。分型面斜长3.1、分型面高3.0厘米。浇道相对较宽，在浇道末端，有三角形切口，下方有一相对较平的小平面，从顶端看与扇形相似，左侧边微向外折，但转折处不明显，浇道宽3.0、a=2.6、b=0.5、c=3.3厘米。芯撑为三角形，底边长1.7、高2.2厘米。为小型铧芯。

标本H33：y50（图一九七，5），保存大半部分，仅1块残块，重620克。整体呈舌形，上宽下窄，上厚下薄，细砂质，整体呈橙色。残长17.1、最宽处宽9.4、顶端宽7.1、残存最下端宽7.5、顶端厚

3.8、最厚处厚5.1、残存最下端厚1.6厘米。分型面斜长4.0、分型面高3.6厘米。浇道相对较窄,宽度小于y48、y49,末端有向左右两侧延伸的平面,浇道宽3.8、a=3.3、b=0.7、c=3.1厘米。芯撑为三角形,底边长2.0、高2.2厘米。为小型铧芯。

标本H33：y49（图一九七,6),保存大半部分,仅1块残块,重640克。整体呈舌形,上宽下窄,上厚下薄,细砂质,整体呈橙色。残长19.2、最宽处宽9.6、顶端宽7.1、残存最下端宽6.9、顶端厚3.5、最厚处厚5.1、残存最下端厚0.6厘米。分型面斜长3.8、分型面高3.5厘米。浇道明显较宽,残留有修整痕迹,左侧浇道壁甚直,末端有近半圆形浅凹面,浇道宽4.4、a=2.5、b=0.8、c=3.4厘米。芯撑为三角形,底边长2.0、高2.5厘米。为小型铧芯。

标本H33：y62（图一九八,1),残存右侧近刃部,仅1块残块,重120克。整体上宽下窄,上厚下薄,细砂质,整体呈浅灰色。表面灰黑色浇铸痕迹保存较好,正面粘附铁渣。与y48、y49相似。残长8.1、残宽7.4、厚0.8～3.2厘米。芯撑为三角形,底边长1.6、高1.9厘米。为小型铧芯。

标本H33：y79（图一九八,6),由2块残块拼合而成,可能为用来制铧芯的模范,总重980克。梯形,细砂质,含大量白色颗粒,整体呈橙色。表面无浇铸痕迹和涂料层。残长11.6、顶端残宽10.1、顶端厚4.8、残存最下端厚4.9厘米。芯撑左长3.0、宽1.1厘米,右长3.1、宽1.0厘米。

镢范 1件。

标本H33：y76（图一九八,3;图版六,1、4),残存上半部分,仅1块残块,重1 230克。梯形,细砂质,整体呈橙色。浇铸面有灰黑色浇铸痕迹,大部分脱落。背面有涂料层,但甚粗糙。残长13.7、顶端残宽9.4、残存最下端宽6.9、顶端厚6.0、残存最下端厚6.0厘米。铸器整体呈楔形,残长9.8、顶端宽4.9、残存最下端宽4.3厘米。

改型器 1件。

标本H33：y27（图一九五,2),仅1块残块,重60克。不规则圆形,可能为面范改形而成的浇道盖,细砂质,含大量白色颗粒,整体呈浅红色。表面有白色和红色涂料层,保存较好。表面灰黑色浇铸痕迹明显。背面平整有涂料层,保存较好。直径4.5、厚2.8厘米。

不明范 2件。

标本H33：y78（图一九五,5),仅1块残块,重410克。细砂质,整体呈橙色。平板形范,在顶端和底端各有一方形凹槽,槽面呈斜坡状,一端高,边缘处较低。残长13.0、残宽8.6、厚约3.3厘米。

标本H33：y77（图一九八,5),仅1块残块,重460克。细砂质,整体呈橙色。平板形范,在顶端和底端各有一方形凹槽,槽面呈斜坡状,一端高,边缘处较低。表面有明显的灰黑色浇铸痕迹,残长11.1、残宽9.0、厚约3.0厘米。


### 3. 鼓风管与炉壁

共出土第一类或第二类鼓风管残块870克。不明炉壁表面和炉衬残块10克。

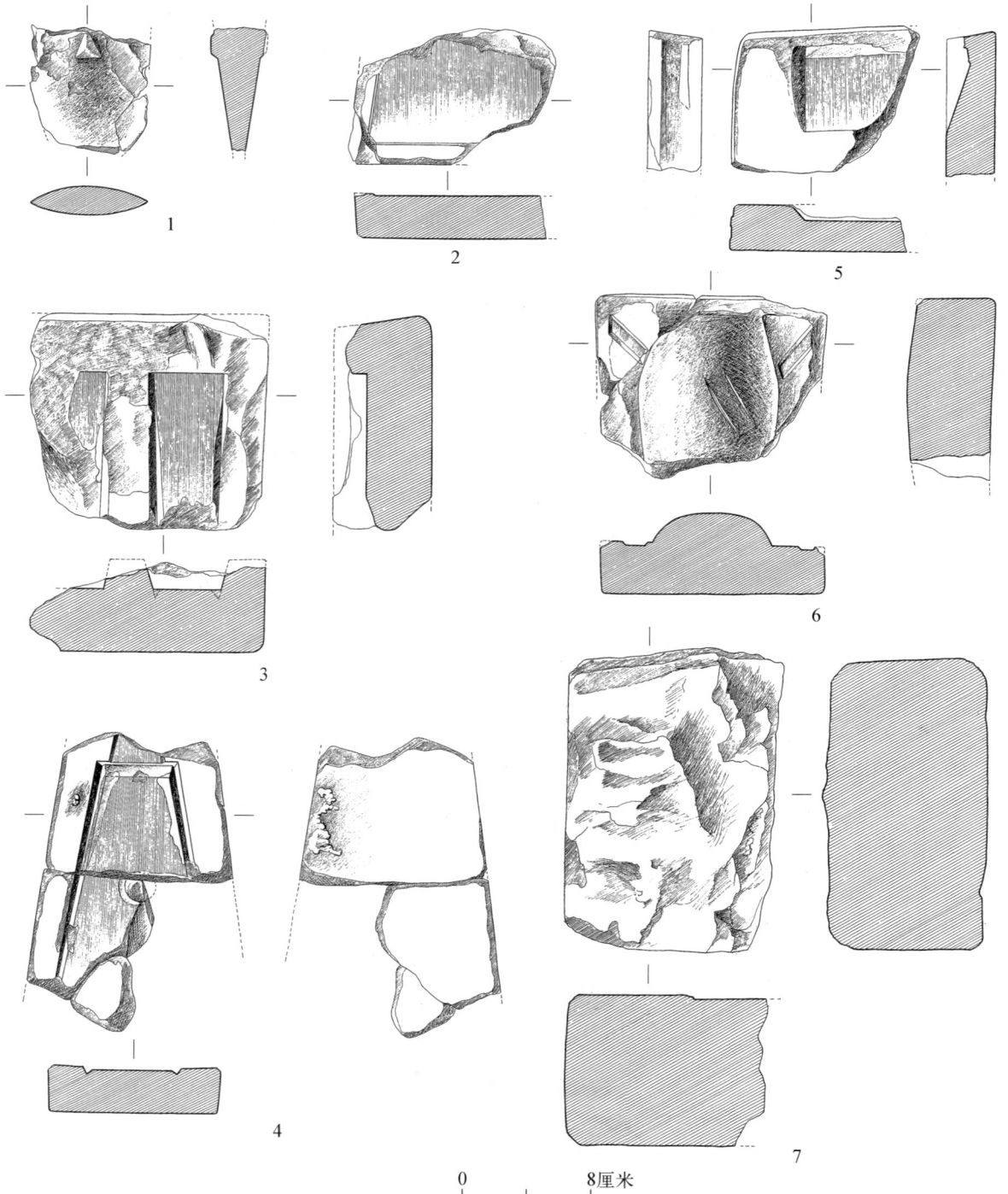

0 _____ 8厘米

**图一九八　2011YFH33出土陶范（五）**

1、6. 铧芯（H33∶y62、H33∶y79）　2、4. 锄面范（H33∶y2、H33∶y1）　3. 镵范（H33∶y76）
5. 不明范（H33∶y77）　7. 砖（H33∶y100）

### 4. 炉渣

共出土炉渣总量为508克,其中玻璃态炉渣188克,玻璃态渣、木炭和铁块的混合态渣320克。

标本H33:y114-1-3(1)(图一九九,1),第一类渣,样品熔融程度一般,存在较多孔洞。主要为玻璃态,包裹的圆滴状铁颗粒经浸蚀后可见磷铁共晶组织。炉壁挂渣。

标本H33:y114-1-3(2)(图一九九,2;彩版二三,1),第一类渣,样品熔融程度好,主要为玻璃态,包裹有圆滴状铁颗粒,多数铁颗粒经浸蚀后可见磷铁共晶组织。熔炼渣。

标本H33:y114-1-3(3)(图一九九,3、4),第一类渣,样品熔融程度一般,存在较多孔洞。主要为玻璃态,包裹的圆滴状铁颗粒经浸蚀后可见磷铁共晶组织。炉壁挂渣。

标本H33:y115-1-3(1)(图一九九,5、6),第二类渣,玻璃态基体中包裹有圆滴状铁颗粒,多数铁颗粒经浸蚀后可见磷铁共晶组织。基体中还析出有较多高硅钙晶体。熔炼渣。

标本H33:y115-1-3(2)(图二〇〇,1),第二类渣,样品熔融程度不佳,存在大量孔洞,以及未熔化的石英颗粒和金属颗粒。炉壁挂渣。

标本H33:y116-1-3(1)(图二〇〇,2~4;彩版二二,6),第一类渣,样品熔融程度好,主要为玻璃态,包裹有圆滴状铁颗粒,多数铁颗粒经浸蚀后可见磷铁共晶组织。熔炼渣。

标本H33:y116-1-3(2)(图二〇〇,5;彩版二三,2),第一类渣,样品熔融程度好,主要为玻璃态,包裹有圆滴状铁颗粒,多数铁颗粒经浸蚀后可见磷铁共晶组织。熔炼渣。

标本H33:y116-1-3(3)(图二〇〇,6;图二〇一,1;彩版二三,3),第一类渣,样品熔融程度好,主要为玻璃态,包裹有圆滴状铁颗粒,多数铁颗粒经浸蚀后可见磷铁共晶组织。熔炼渣。

标本H33:y117(图二〇一,2、3;彩版二三,4),第一类渣,样品熔融程度好,主要为玻璃态,但有较多孔洞。此外,还包裹圆滴状铁颗粒,经浸蚀后可见磷铁共晶组织,以及少量生铁与木炭。熔炼渣。

### 5. 铁器与残块

共出土铁容器残块4块,器形不辨,共190克。铁器残块7块,器形不辨,共370克。残铁块90块,共570克。

残铁器　10件。

标本H33:y84(图二〇二,1),样品锈蚀严重,但保留有铁素体和少量珠光体组织痕迹,无明显石墨和夹杂物。为铸造成型,经退火处理。材质为铸铁脱碳钢。

标本H33:y90,过共晶白口铁,材质为生铁。

标本H33:y123(图二〇二,2),环首刀残块,样品锈蚀严重,残留少量金属为铁素体组织。未见明显夹杂物与石墨。为铸造成型,经退火处理。材质为铸铁脱碳钢或熟铁。

标本H33:y81(图二〇二,3),样品主要由渗碳体和珠光体组成,含碳量不均匀。芯部为珠光体组成的共析钢组织,含碳量约0.77%;边部为渗碳体和珠光体组成的过共析钢组织,含碳量大于0.77%,偶见铸造缩孔。夹杂物极少,无明显石墨。为铸造成型,退火后可能进行渗碳处理。材质为铸铁脱碳钢。

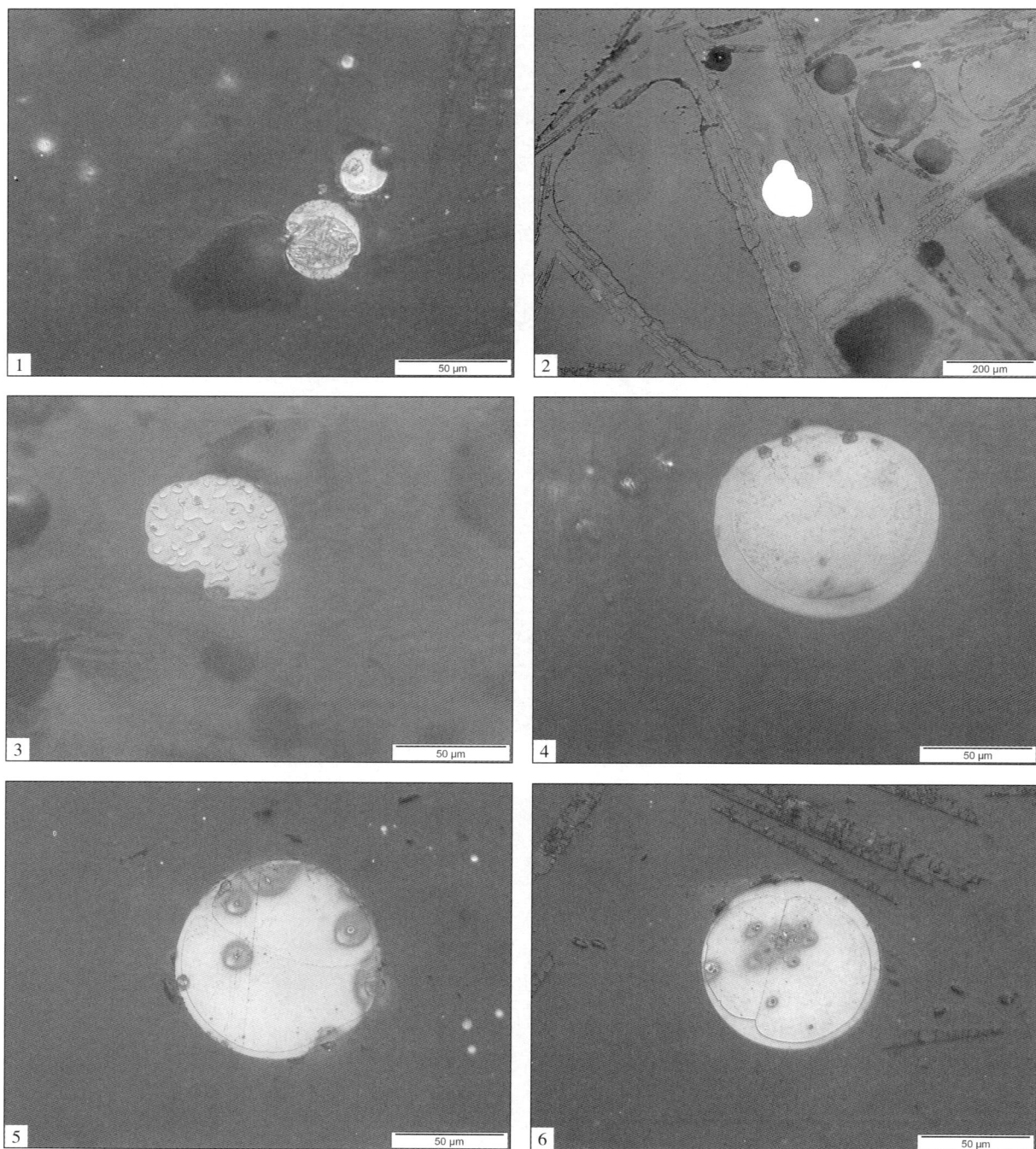

图一九九　2011YFH33出土炉渣金相显微组织结构图（一）

1. H33：y114-1-3（1），浸蚀后磷铁共晶和珠光体组织铁颗粒　　2. H33：y114-1-3（2），玻璃相基体上泡状孔洞和金属颗粒
3、4. H33：y114-1-3（3），浸蚀后磷铁共晶和铁素体组织铁颗粒　　5、6. H33：y115-1-3（1），浸蚀后磷铁共晶和铁素体组织铁颗粒

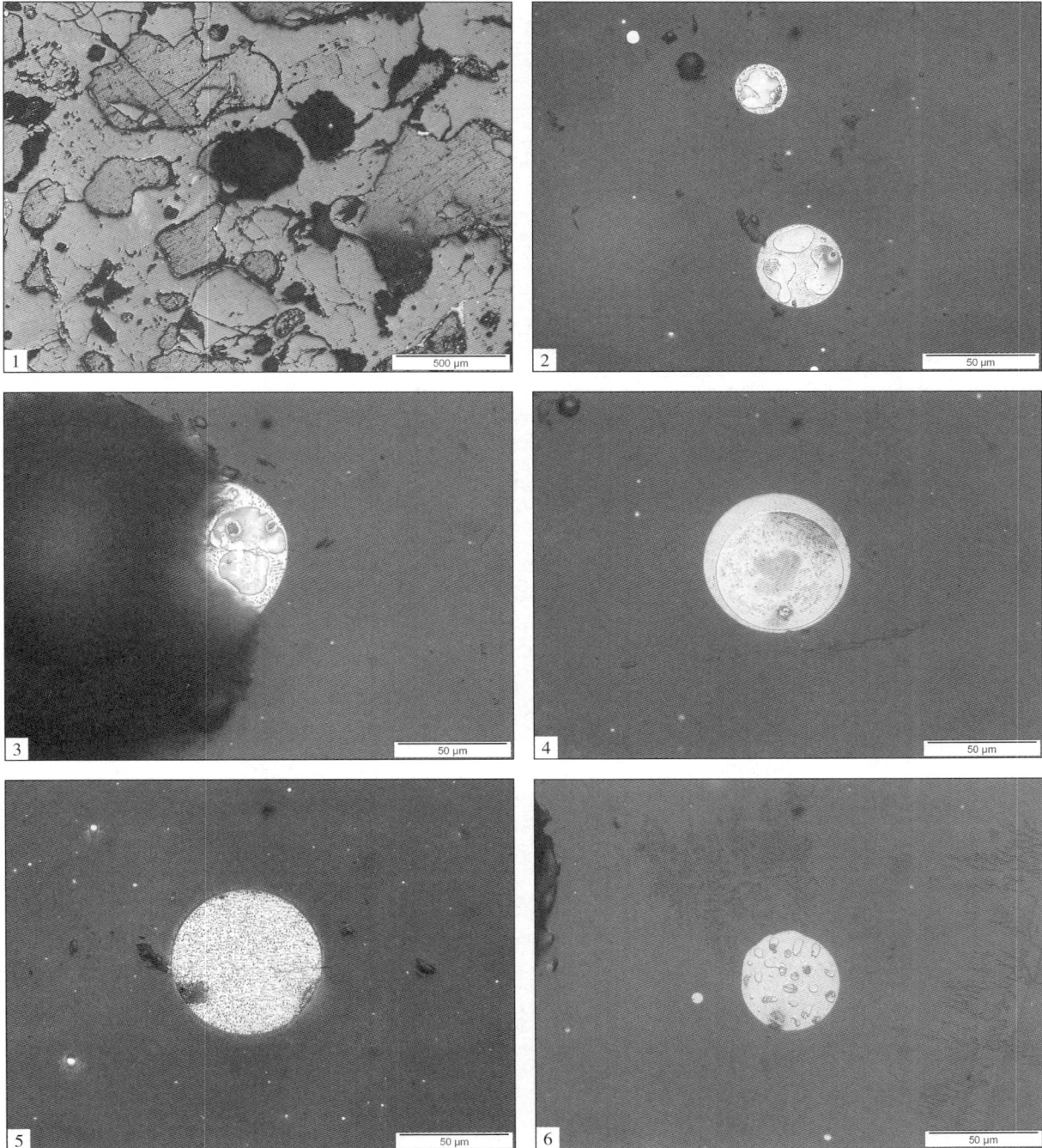

图二〇〇 2011YFH33出土炉渣金相显微组织结构图（二）

1. H33：y115-1-3（2），基体间较多未熔化的石英颗粒 2～4. H33：y116-1-3（1），浸蚀后磷铁共晶和铁素体组织铁颗粒
5. H33：y116-1-3（2），浸蚀后磷铁共晶和铁素体组织铁颗粒 6. H33：y116-1-3（3），浸蚀后磷铁共晶和铁素体组织铁颗粒

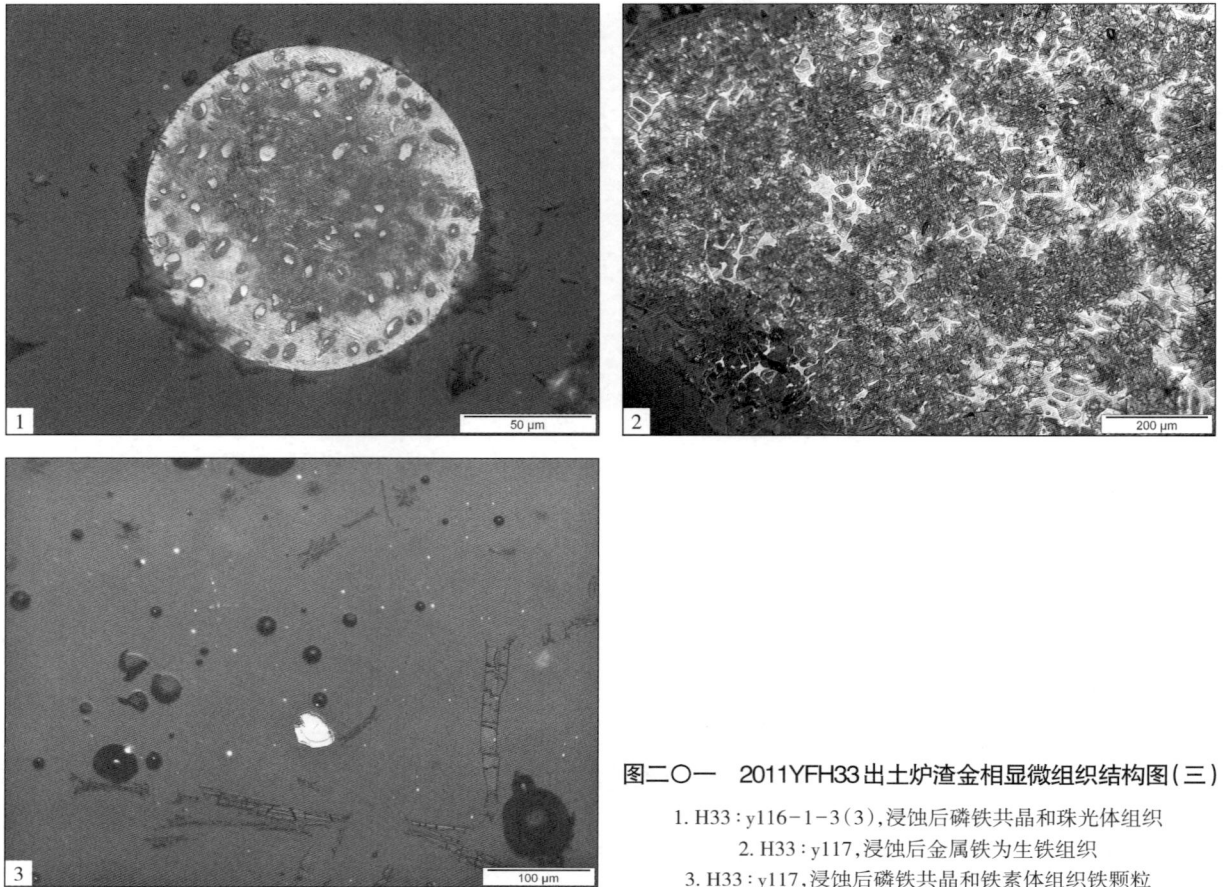

图二〇一　2011YFH33出土炉渣金相显微组织结构图（三）

1. H33：y116-1-3（3），浸蚀后磷铁共晶和珠光体组织
2. H33：y117，浸蚀后金属铁为生铁组织
3. H33：y117，浸蚀后磷铁共晶和铁素体组织铁颗粒

标本H33：y85-1（图二〇二，4），样品大部分锈蚀，残留金属为铁素体组织。铁素体晶粒有等轴化现象，晶界处有磷偏析引起的浮凸组织。可见金属基体少，夹杂物、石墨等难于判断。材质为炒钢。

标本H33：y124，过共晶白口铁组织＋片状石墨析出，材质为灰口铁。

标本H33：y83（3）（图二〇二，5），样品大部分锈蚀，残留金属为莱氏体为主的共晶白口铁组织。锈蚀部分中保留有片状石墨集合成的石墨团痕迹，无明显夹杂物发现。为铸造成型。材质为铸铁。

标本H33：y86-1（图二〇二，6；彩版二八，1），样品主要由珠光体与铁素体组成的亚共析钢组织组成，含碳量约0.4%，局部有少量球状石墨析出。夹杂物较少。为铸造成型，经退火处理。材质为铸铁脱碳钢。

标本H33：y125（图二〇三，1），样品全部锈蚀，但保留有铁素体组织痕迹。无明显石墨和夹杂物。推测为铸造成型，经退火处理。材质为铸铁脱碳钢/熟铁。

标本H33：y87-1-3，过共晶白口铁组织，其中两件出现片状石墨析出，边部可能为亚共晶白口铁，材质为生铁。

残铁块　3件。

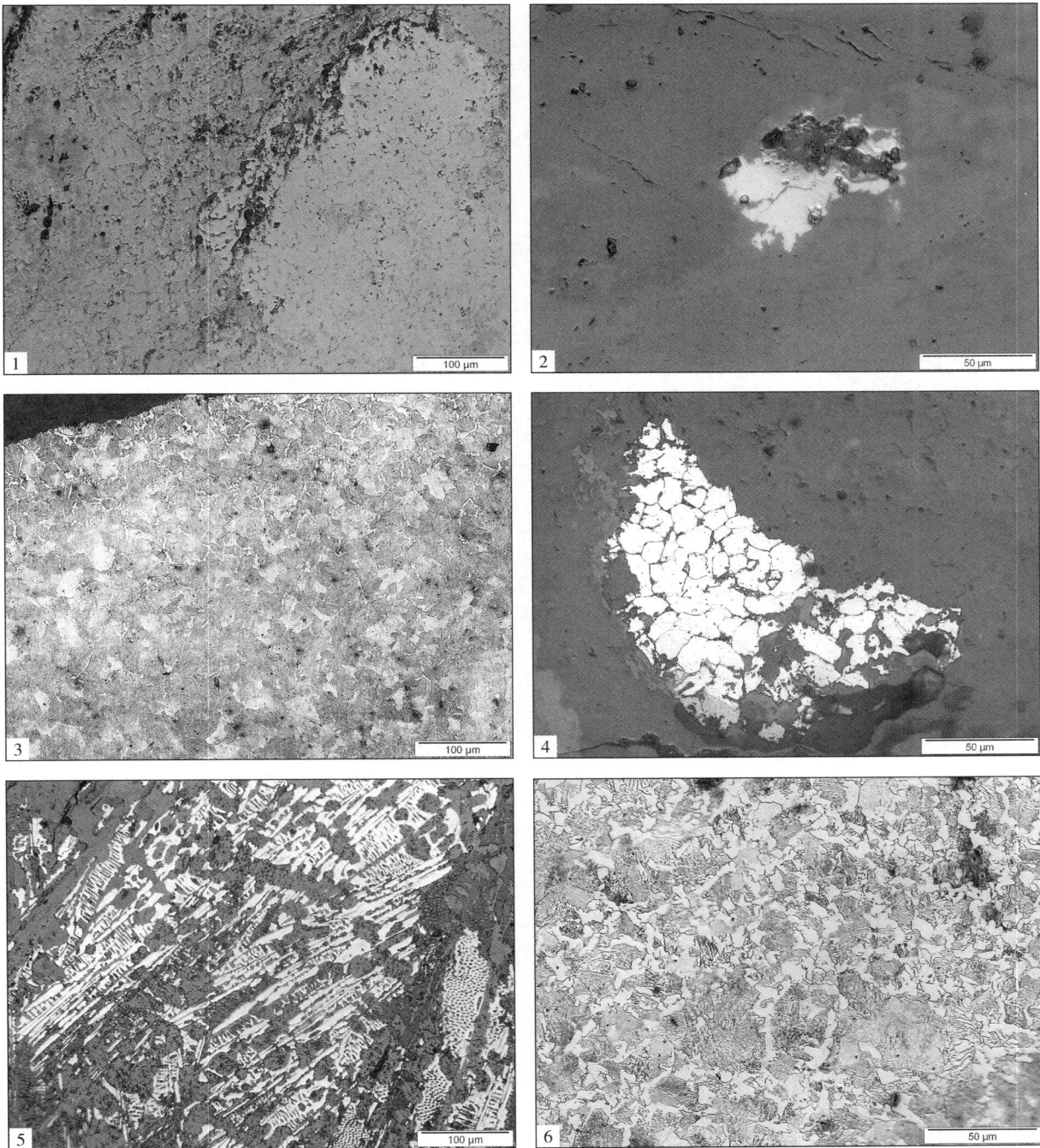

图二〇二　2011YFH33出土铁器与残块金相显微组织结构图（一）

1. H33：y84，铁素体和少量珠光体锈蚀后痕迹　　2. H33：y123，未锈蚀铁素体组织
3. H33：y81，芯部共析钢组织，边部过共析钢组织　　4. H33：y85-1，残留的铁素体组织，存在浮雕状组织
5. H33：y83（3），过共晶白口铁组织　　6. H33：y86-1，珠光体+铁素体组成的亚共析钢组织

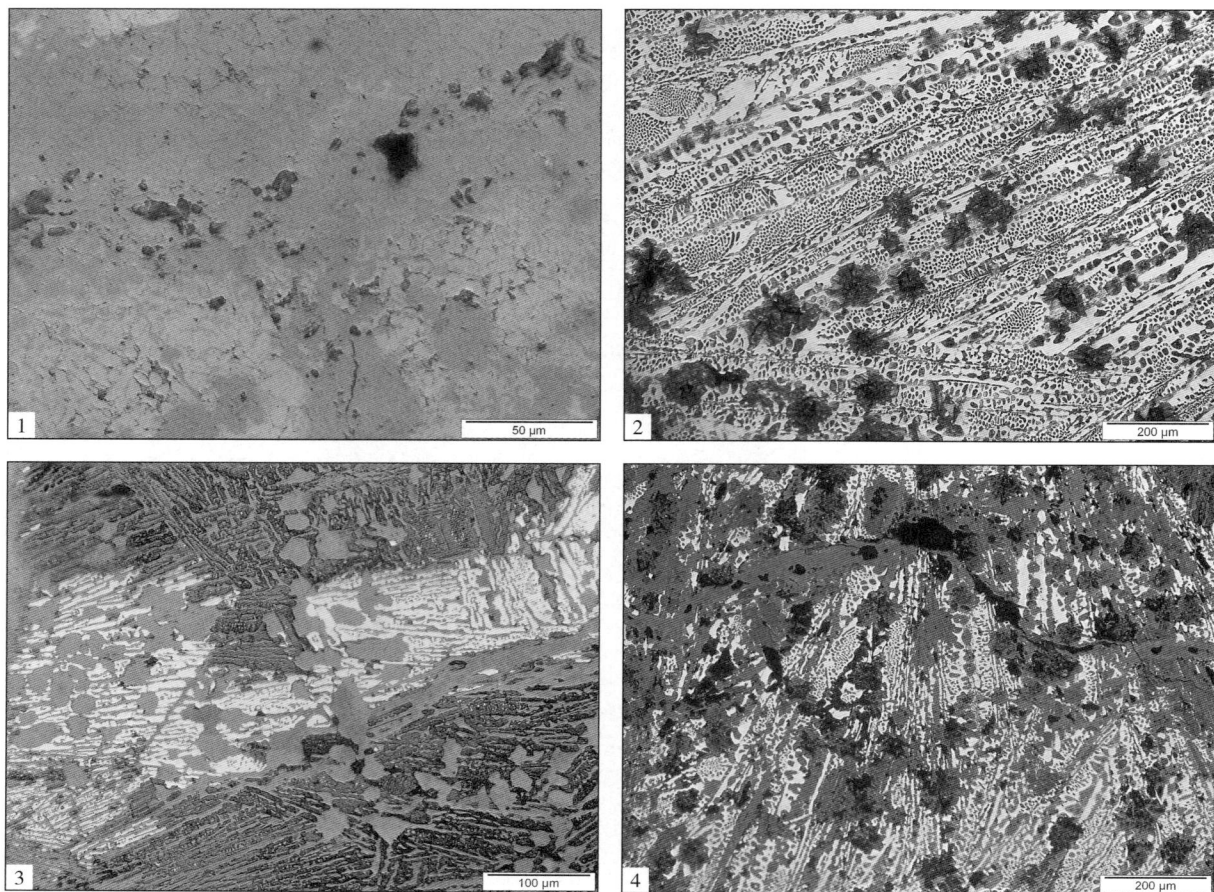

图二〇三　2011YFH33出土铁器与残块金相显微组织结构图（二）

1. H33：y125，铁素体组织锈蚀后痕迹　　2. H33：y91-1-5（1），过共晶白口铁组织和石墨团
3. H33：y91-1-5（2），共晶白口铁组织　　4. H33：y118-1-2（1），共晶白口铁组织

标本H33：y89，过共晶白口铁组织，材质为生铁。

标本H33：y91-1-5（1）（图二〇三，2；彩版二八，2），样品主要由过共晶白口铁组织和石墨团组成。板条状渗碳体间分布莱氏体组织，石墨团粒径约在80～120微米之间。无明显夹杂物。为铸造成型。材质为铸铁。

标本H33：y91-1-5（2）（图二〇三，3），样品大部分锈蚀，残留金属为莱氏体组成的共晶白口铁组织。为铸造成型。材质为白口铁/铸铁。

标本H33：y91-1-5（3），过共晶白口铁组织，材质为生铁。

标本H33：y118-1-2（1）（图二〇三，4），样品大部分锈蚀，残留金属为莱氏体组成的共晶白口铁组织。为铸造成型。材质为白口铁/铸铁。

6. 陶容器

共出土陶容器残片70块，可辨器形釜和鬲1块，约占1.4%；盆和甑15块，约占21.4%；罐和缶

4块,约占5.7%;瓮4块,约占5.7%。纹饰以素面为主,共52块,约占74.3%;另有绳纹、戳印纹、旋纹、弦纹等纹饰。

深腹盆 3件。均为泥质灰陶,平折沿。

标本H33:2(图二〇四,8),应属A型折腹盆,卷沿,上腹饰有两道瓦棱纹,残高6.2厘米。

标本H33①:4(图二〇四,6),AⅠ式,上腹微敛,下腹斜收,上下腹交界处有一道弦纹,口径35.9、残高11.2厘米。

标本H33:3(图二〇四,9),应属A型折腹盆,素面,残高7.7厘米。

三足瓮 1件。

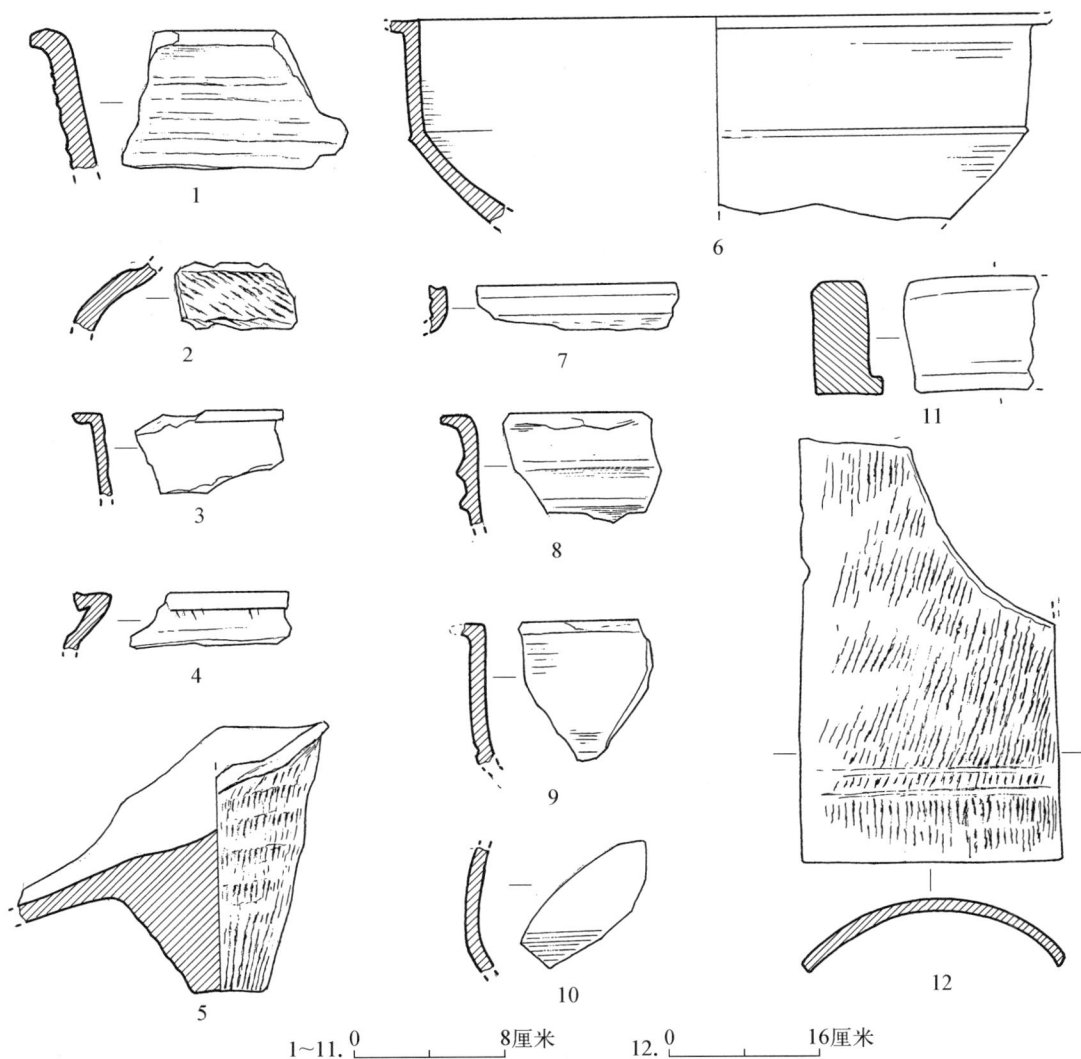

图二〇四 2011YFH32、H33、H34出土陶器

1、3、6、8、9.深腹盆(H34②:3、H34②:4、H33①:4、H33:2、H33:3) 2.釜(H34②:2) 4.盆(H32③:29) 5.三足瓮(H33①:1)
7.异形罐(H32⑥:25) 10.小口旋纹罐(H34②:5) 11.“U”形砖(H32:14) 12.筒瓦(H32⑥:28)

标本H33①：1（图二〇四，5），三足瓮足根，夹砂灰陶，上粗下细的柱状足，表面饰有粗绳纹，残高14.8厘米，可能为大型瓮一类陶器的底部。

### 7. 建筑材料

共出土陶瓦62片，主要为板瓦和筒瓦。另出土砖3块。

砖　3件。均为橙色，基本不见砂粒。

标本H33：y103（图一九四，3），共1块残块，表面无涂料层，比较粗糙，残长12.9、残宽12.2、厚8.6厘米。

标本H33：y102（图一九七，3），共1块残块，有分层，表面涂料层大部分脱落，为转角处的砖块，残长9.7、残宽9.0、厚9.8厘米。

标本H33：y100（图一九八，7），共1块残块，表面无涂料层，比较粗糙且不平整，残长19.4、残宽13.3、厚约9.6～10.2厘米。

### 8. 动物遗存

出土可鉴定的动物遗存包括猪、黄牛、犬、小型哺乳动物（犬）、小型哺乳动物（啮齿动物）。猪的跖骨/掌骨（左）3块，黄牛的游离齿（右）1块、腕骨（右）2块、骨盆（右）1块和桡骨（左）3条，犬的骨盆1块和肱骨（左）2条，小型哺乳动物（犬）的肋骨（右）3条，小型哺乳动物（啮齿动物）的掌骨（左）1块，小型哺乳动物的肢骨1条和肋骨1条，中型哺乳动物的股骨1条和肢骨7条，中型/大型哺乳动物的肢骨1条。

### 9. 植物遗存

浮选所得的植物遗存中，仅发现粟2粒，其余大部分为藜科和卷耳属，数量分别为322粒和139粒。该单位土壤中植硅体分析结果见附表二三。

### 10. 其他

圆陶片　1件。

标本H33：10（图二一一，7），夹砂灰陶，表面有粗绳纹，绳纹印迹较浅，直径约4.4、厚1.2厘米，重31克。

## 4.32　2011YFH34

### 1. 形制与堆积

H34（图二〇五），位于T11中部，北邻H36，开口于①层下，被H36打破，压于踩踏面下（东端）。口部呈长方形，壁内斜，底部东低西高且不平。口部东西长318、南北宽136、口距地表

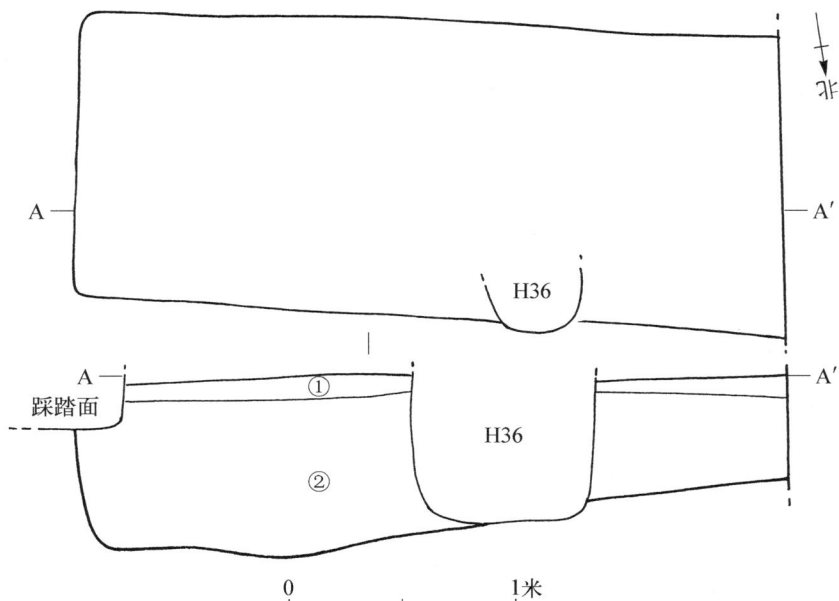

图二○五　2011YFH34平、剖面图

13～17、底距地表63～100、自深46～83厘米。东壁上发现有工具痕迹。

堆积可分为2层：①层，灰色，土质松散，遍布整个灰坑，厚6～12厘米，其上有一层厚约3厘米的红烧土，呈波浪状堆积，包含有烧结块、铁渣等。②层，黄褐色泛灰，颗粒状，土质疏松，遍布整个灰坑，厚36～74厘米，包含有木炭、黄土块、红烧土块等。


2. 陶范

共出土锄范41块，其中面范5件、背范9件。铧范11块，可辨大型铧范2件、小型铧范1件。铧芯60块，可辨大型铧芯9件、小型铧范7件。

锄面范　5件。

标本H34：y2（图二○六，6），残存上半部分，由7块残块拼合而成，总重920克。梯形板状，细砂质，整体呈浅灰色。分型面和浇铸面有白色和红色涂料层，保存较好。浇铸面灰黑色浇铸痕迹明显。背面平整有涂料层，局部脱落。残长19.6、顶端宽7.3、残存最下端宽13.1、顶端厚3.6、残存最下端厚3.1厘米。浇道略偏向右，平面呈梯形，浇道长7.6、浇道宽（上）3.5、浇道宽（下）3.7厘米。在型腔左侧有反"L"形刻槽，不排除与合范有关。型腔略偏于范左侧，型腔的顶端刻槽明显较深，左上角到侧边长2.2、右上角到侧边长2.7厘米。铸器呈梯形板状，残长12.0、顶端宽4.8、残存最下端宽7.9厘米。

标本H34①：y6（图二○七，1），残存下半部分右侧边，由2块残块拼合而成，总重450克。梯形板状，细砂质，整体呈浅灰色。分型面和浇铸面有白色和红色涂料层，大部分脱落。浇铸面灰黑色浇铸痕迹明显。背面平整有涂料层，局部脱落。残长12.6、底端宽16.5、底端厚2.5厘米。型腔左下角到侧边长2.3、分型面底端长1.7厘米。铸器呈梯形板状，残长10.4、底端残宽8.0厘米。

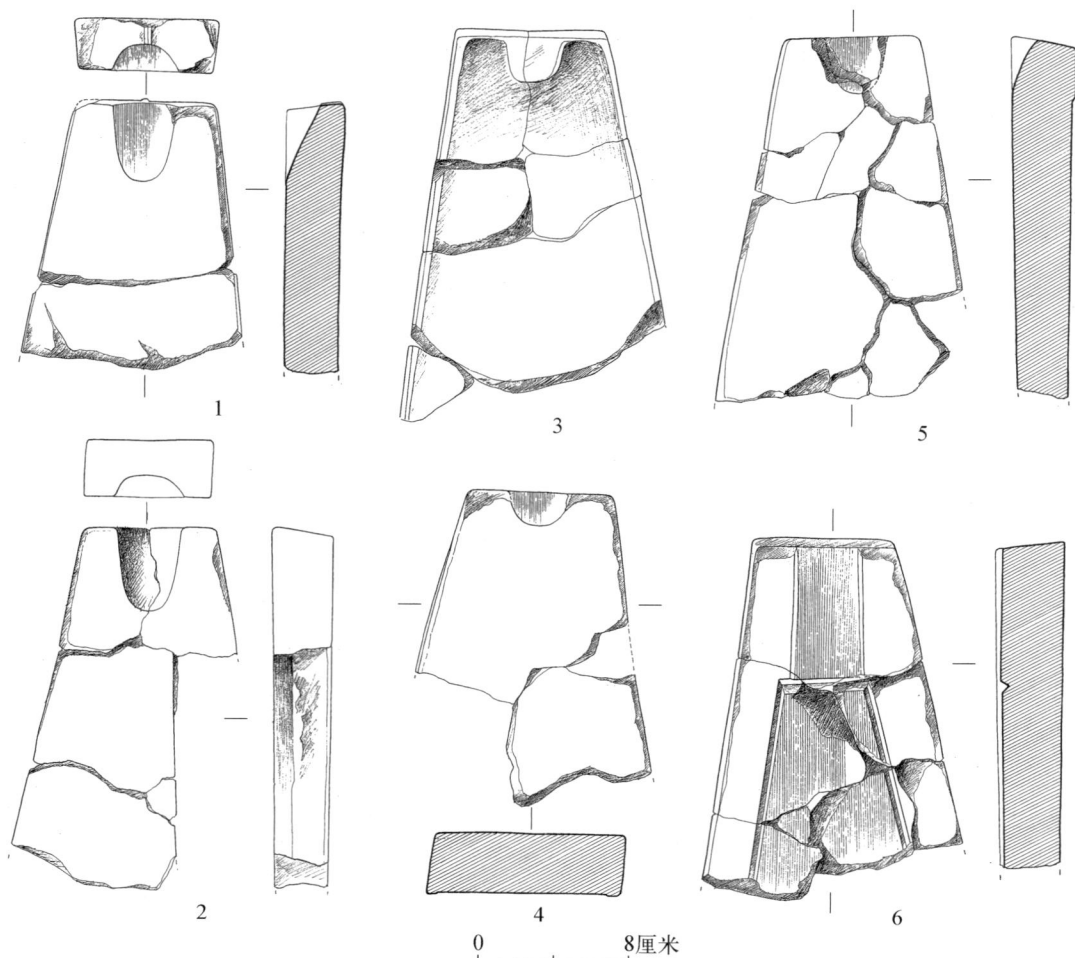

**图二〇六　2011YFH34 出土陶范（一）**

1～5. 锄背范（H34：y18、H34①：y17、H34：y15、H34①：y24、H34：y16）　6. 锄面范（H34：y2）

标本 H34：y3（图二〇八，4），残存左侧部分，由 4 块残块拼合而成，总重 600 克。梯形板状，细砂质，整体呈浅灰色。分型面和浇铸面有白色和红色涂料层，保存较好。灰黑色浇铸痕迹明显。背面平整有涂料层，局部脱落，有浇道和型腔形隆起。残长 27.1、残存最上端宽 3.2、底端残宽 6.0 厘米。顶端向浇铸面斜收，底端近垂直，残存最上端厚 3.2、底端厚 2.6 厘米。浇道已被磨掉，浇道残长 6.1 厘米。表面经改型，原分型面已被磨至与浇铸面同一水平位置，陶范中间被切割，切割时应由正面和背面同时切割。型腔左上角到侧边长 1.6、左下角到侧边长 1.4。铸器呈梯形板状，长约 18.2、顶端残宽 2.5、底端残宽 5.6 厘米。

标本 H34：y1（图二〇八，5；彩版一三，2、4），基本保存完整，由 5 块残块拼合而成，总重 1 610 克。梯形板状，细砂质，整体呈浅灰色。分型面和浇铸面有白色和红色涂料层，保存较好。浇铸面灰黑色浇铸痕迹明显。背面粗糙，起伏不平，似无涂料层，正中位置有浇道和型腔形隆起。长 27.5、顶端宽 7.6、底端宽 16.0 厘米。顶端和右侧边向浇铸面斜收，顶端厚 3.9、底端厚 2.6

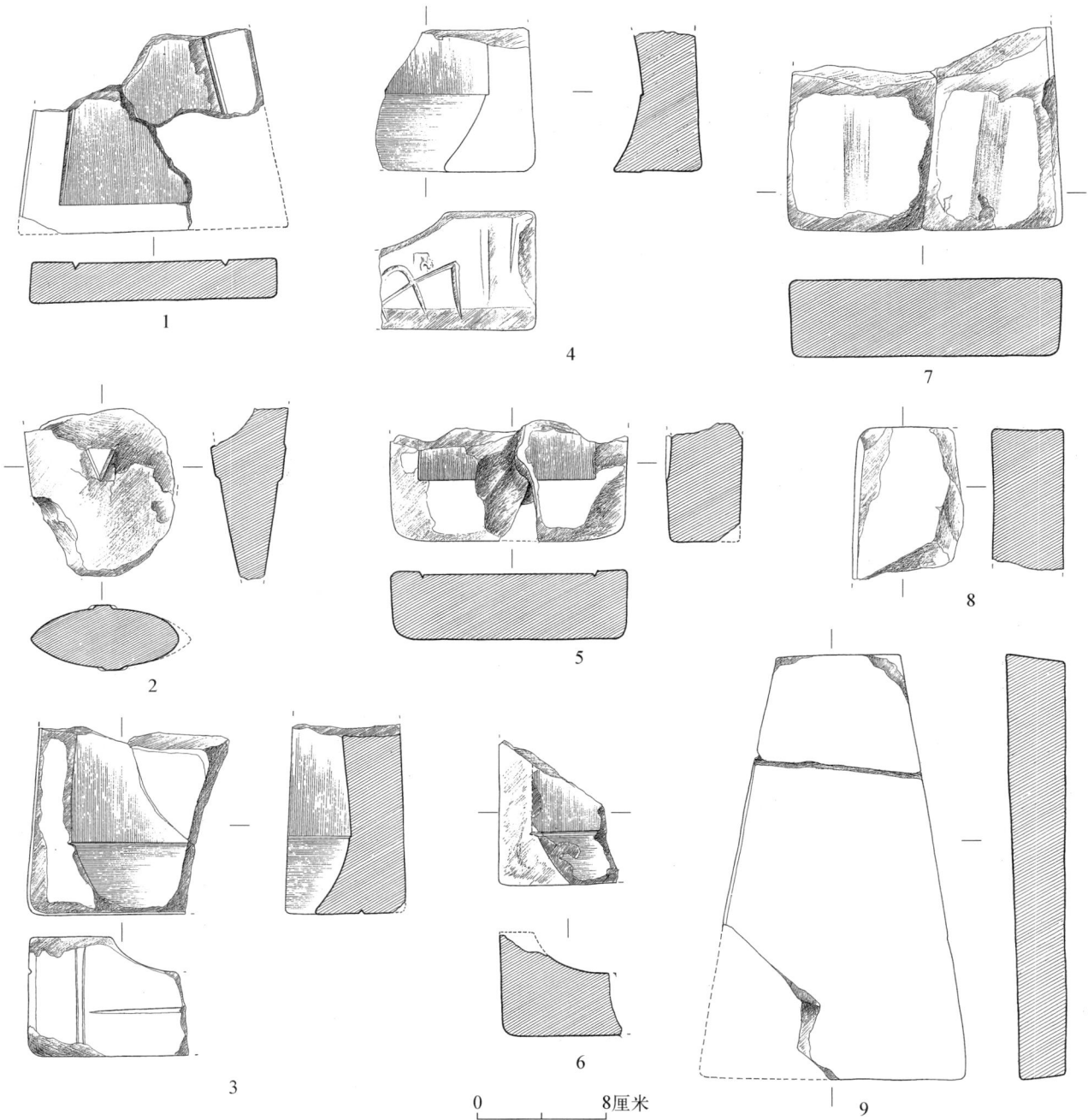

图二〇七 2011YFH34出土陶范（二）

1.锄面范（H34①:y6） 2.铧芯（H34:y56） 3、4、6.铧范（H34①:y31、H34①:y32、H34②:y39）
5、7、8.不明范（H34①:y79、H34②:y84、H34②:y83） 9.锄背范（H34①:y14）

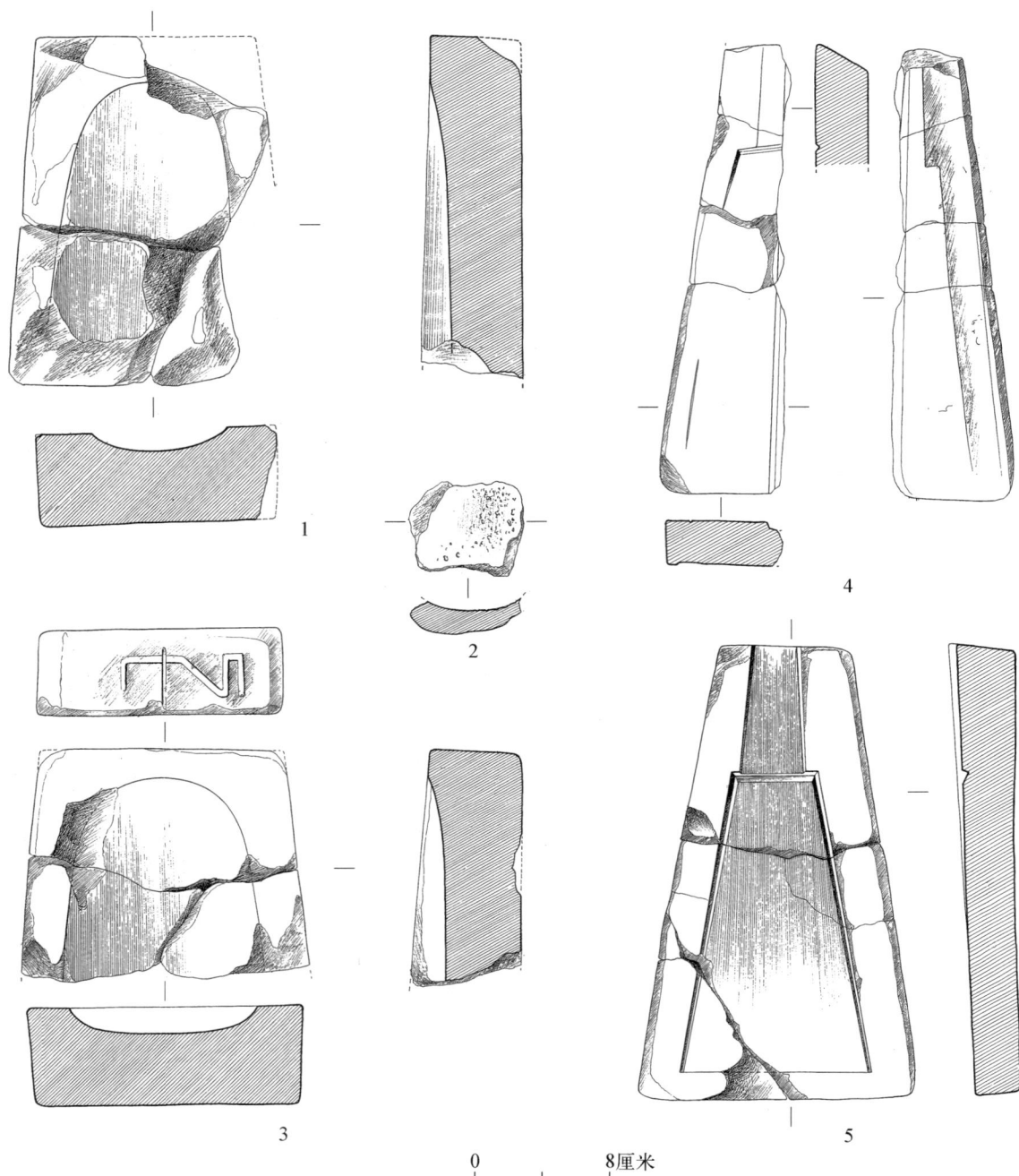

**图二〇八　2011YFH34出土陶范及鼓风管（一）**

1、3. 铧范（H34②：y35、H34①：y34）　2. 鼓风管（H34②：y116）　4、5. 锄面范（H34：y3、H34：y1）

厘米。浇道平面呈梯形，浇道长7.6、浇道宽（上）2.8、浇道宽（下）3.8厘米。型腔偏向范左侧，顶端刻槽较深，与左右两侧等深度，左上角到侧边长2.1、左下角到侧边长2.3、右上角到侧边长2.9、右下角到侧边长2.6、分型面底端长1.6厘米。铸器呈梯形板状，长18.4、顶端宽5.1、底端宽11.2厘米。

标本 H34①：y5（图二二二，7），残存底部小部分，由 2 块残块拼合而成，总重 70 克。梯形板状，细砂质，整体呈浅红色。分型面和浇铸面有白色和红色涂料层，保存较好。浇铸面灰黑色浇铸痕迹明显。背面平整有涂料层，保存较好。残长 8.2、底端残宽 12.2、范身厚 2.5 厘米。型腔右下角到侧边长 1.2、分型面底端长 1.4 厘米。铸器呈梯形板状，残长 6.5、底端残宽 11.0 厘米。

锄背范　6 件。

标本 H34：y18（图二〇六，1），残存上半部分，由 2 块残块拼合而成，总重 640 克。梯形板状，细砂质，整体呈深灰色。分型面和浇铸面有白色和红色涂料层，保存较好。浇铸面灰黑色浇铸痕迹明显。背面平整有涂料层，局部脱落。残长 14.4、顶端宽 6.9、残存最下端宽 11.3 厘米。顶端有明显“一”字形凸棱，为合范符号。顶端向浇铸面斜收，左右两侧垂直，顶端厚 3.1、残存最下端厚 2.8 厘米。浇道呈半漏斗状，浇道长 4.4、浇道宽 3.3 厘米。

标本 H34①：y17（图二〇六，2），残存大半部分，由 5 块残块拼合而成，总重 670 克。梯形板状，细砂质，整体呈蓝灰色。分型面和浇铸面有白色和红色涂料层，保存较好。浇铸面灰黑色浇铸痕迹明显。背面粗糙有涂料层，局部脱落。范明显小于其他同类型范，断面有较明显人工切割痕迹。残长 19.6、顶端宽 6.8、残存最下端宽 8.5 厘米。顶端向浇铸面斜收，左右两侧垂直，顶端有半圆形隆起，顶端厚 3.2、残存最下端厚 2.8 厘米。浇道呈半漏斗状，浇道长 4.5、浇道宽 3.4 厘米。

标本 H34：y15（图二〇六，3），残存大半部分，由 6 块残块拼合而成，总重 900 克。梯形板状，细砂质，整体呈蓝灰色。分型面和浇铸面有白色和红色涂料层，保存较好。浇铸面灰黑色浇铸痕迹明显。背面平整有涂料层，局部脱落。残长 21.6、顶端宽 7.7、残存最下端宽 13.1 厘米。顶端和右侧向浇铸面斜收，左侧向外倾斜，顶端有半圆形隆起，顶端厚 3.3 厘米。浇道呈半漏斗状，浇道长 2.7、浇道宽 3.2 厘米。

标本 H34①：y24（图二〇六，4），残存上半部分，由 2 块残块拼合而成，总重 600 克。梯形板状，细砂质，整体呈浅灰色。分型面和浇铸面有白色和红色涂料层，部分脱落。浇铸面灰黑色浇铸痕迹明显。背面粗糙，左右侧边有隆起。残长 16.9、顶端宽 7.3、残存最下端宽 7.4 厘米。顶端有半圆形隆起，范身厚 3.4 厘米。浇道呈半漏斗状，浇道形制相对较短，浇道长 1.8、浇道宽 3.3 厘米。

标本 H34：y16（图二〇六，5），残存大半部分，由 9 块残块拼合而成，总重 880 克。梯形板状，细砂质，整体呈浅灰色。分型面和浇铸面有白色和红色涂料层，保存较好。浇铸面灰黑色浇铸痕迹明显。背面平整有涂料层，局部脱落。残长 19.5、顶端宽 6.8、残存最下端宽 10.4 厘米。顶端向浇铸面斜收，左右两侧垂直，顶端有半圆形隆起，顶端厚 3.4、残存最下端厚 2.7 厘米。浇道呈半漏斗状，浇道长 3.0、浇道宽 3.3 厘米。

标本 H34①：y14（图二〇七，9），基本保存完整，由 2 块残块拼合而成，总重 1 440 克。梯形板状，细砂质，整体呈浅灰色，有白色羼和料。分型面和浇铸面有白色和红色涂料层。背面粗糙，起伏不平。长 26.9、顶端宽 7.6、底端宽 16.3 厘米。顶端和底端向浇铸面斜收，左右两侧垂直，顶端厚 3.6、底端厚 2.8 厘米。顶端未设浇道。

铧范　5件。

标本H34①：y31（图二〇七，3），残存顶端右上角，由2块残块拼合而成，总重1 100克。梯形，细砂质，整体呈浅红色，有白色羼和料。分型面和浇铸面有白色和红色涂料层，部分脱落。浇铸面灰黑色浇铸痕迹明显。背面平整，有涂料层，局部脱落。残长11.9、顶端残宽9.5、残存最下端宽11.6厘米。顶端右边有一隆起竖道和一横槽，为合范符号。右侧边有一垂直方向的刻槽，可能与合范有关，顶端厚7.4、残存最下端厚6.6厘米。与范/芯扣合处长4.3、与范/芯扣合处残宽（上）4.5、与范/芯扣合处残宽（下）7.3、分型面顶端最宽5.2、分型面斜长5.2厘米。为大型铧范，铸器顶端平齐，残长7.2、顶端残宽7.8厘米。

标本H34①：y32（图二〇七，4），残存顶端左上角，仅1块残块，重730克。梯形，细砂质，整体呈浅红色，有白色羼和料。分型面和浇铸面有白色和红色涂料层，部分脱落。浇铸面灰黑色浇铸痕迹明显。背面平整，有涂料层，大面积脱落。残长9.2、顶端残宽8.7厘米。顶端面有一竖道和可能与合范有关的刻划符号"七"，顶端厚7.6厘米。与范/芯扣合处长4.8、与范/芯扣合处残宽（上）3.7、与范/芯扣合处残宽（下）6.1、分型面顶端最宽5.4、分型面斜长5.3厘米。为大型铧范，铸器顶端平齐，残长4.1、顶端残宽6.3厘米。

标本H34②：y39（图二〇七，6），残存顶端右上角，仅1块残块，重410克。梯形，细砂质，整体呈浅红色，有白色羼和料。分型面和浇铸面有白色和红色涂料层，部分脱落。浇铸面灰黑色浇铸痕迹明显。背面平整，有涂料层，局部脱落。残长9.3、顶端残宽7.2厘米。顶端近右上角位置有两道隆起竖道，可能为合范符号，顶端厚6.6厘米。与范/芯扣合处长3.1、与范/芯扣合处残宽（上）2.8、与范/芯扣合处残宽（下）4.1、分型面顶端最宽4.2、分型面斜长3.7厘米。为小型铧范，铸器顶端平齐，残长4.7、顶端残宽4.7厘米。

标本H34②：y35（图二〇八，1），残存下半部分，由3块残块拼合而成，总重2 020克。梯形，细砂质，整体呈橙色，有白色羼和料。分型面和浇铸面有白色和红色涂料层，部分脱落。浇铸面灰黑色浇铸痕迹明显。背面平整，有涂料层，大面积脱落，且破损严重。残长21.1、底端宽12.5、残存最上端厚5.9、底端厚5.4厘米。右侧有刻划符号。为大型铧范，铸器整体呈舌形，残长18.4、銎宽7.1厘米。

标本H34①：y34（图二〇八，3），残存底端部分，由3块残块拼合而成，总重1 870克。梯形，细砂质，整体呈深红色，有白色羼和料。分型面和浇铸面有白色和红色涂料层，部分脱落。浇铸面灰黑色浇铸痕迹明显。背面平整，有涂料层，局部脱落。残长14.2、底端宽14.3厘米。底端面有三道竖道构成的两个"U"形，为合范符号，残存最上端厚6.4、底端厚5.2厘米。为大型铧范，铸器整体呈舌形，刃部较圆弧，残长12.5、銎宽8.6厘米。

铧芯　5件。

标本H34：y56（图二〇七，2），残存芯撑到刃部，仅1块残块，重210克。整体呈舌形，上宽下窄，上厚下薄，细砂质，整体呈棕色。表面有涂料层，局部脱落。残长10.7、残宽9.3、残存最上端厚4.4、残存最下端厚1.4厘米。芯撑为倒三角形，一面底边长1.9、高2.0厘米，另一面底边长1.8、高3.0厘米。为小型铧芯。

标本H34①：y62（图二〇九，2），残存芯刃部，仅1块残块，重180克。整体呈舌形，上宽下窄，上厚下薄，细砂质，整体呈棕色。表面有灰色涂料层。表面因高温出现弯曲裂痕，末端出现玻璃化现象。残长9.0、底端宽7.2、厚0.2～3.5厘米。为大型铧芯，刃部弧度较大，近圆形。

标本H34①：y57（图二〇九，3），残存芯撑到刃部，由2块残块拼合而成，总重430克。整体呈舌形，上宽下窄，上厚下薄，细砂质，整体呈棕色。表面有灰色涂料层，局部脱落。表面因高温出现裂痕。残长16.2、残存部分宽2.0～10.9、底端厚0.3、残存最上端厚5.0厘米。芯撑为三角形，

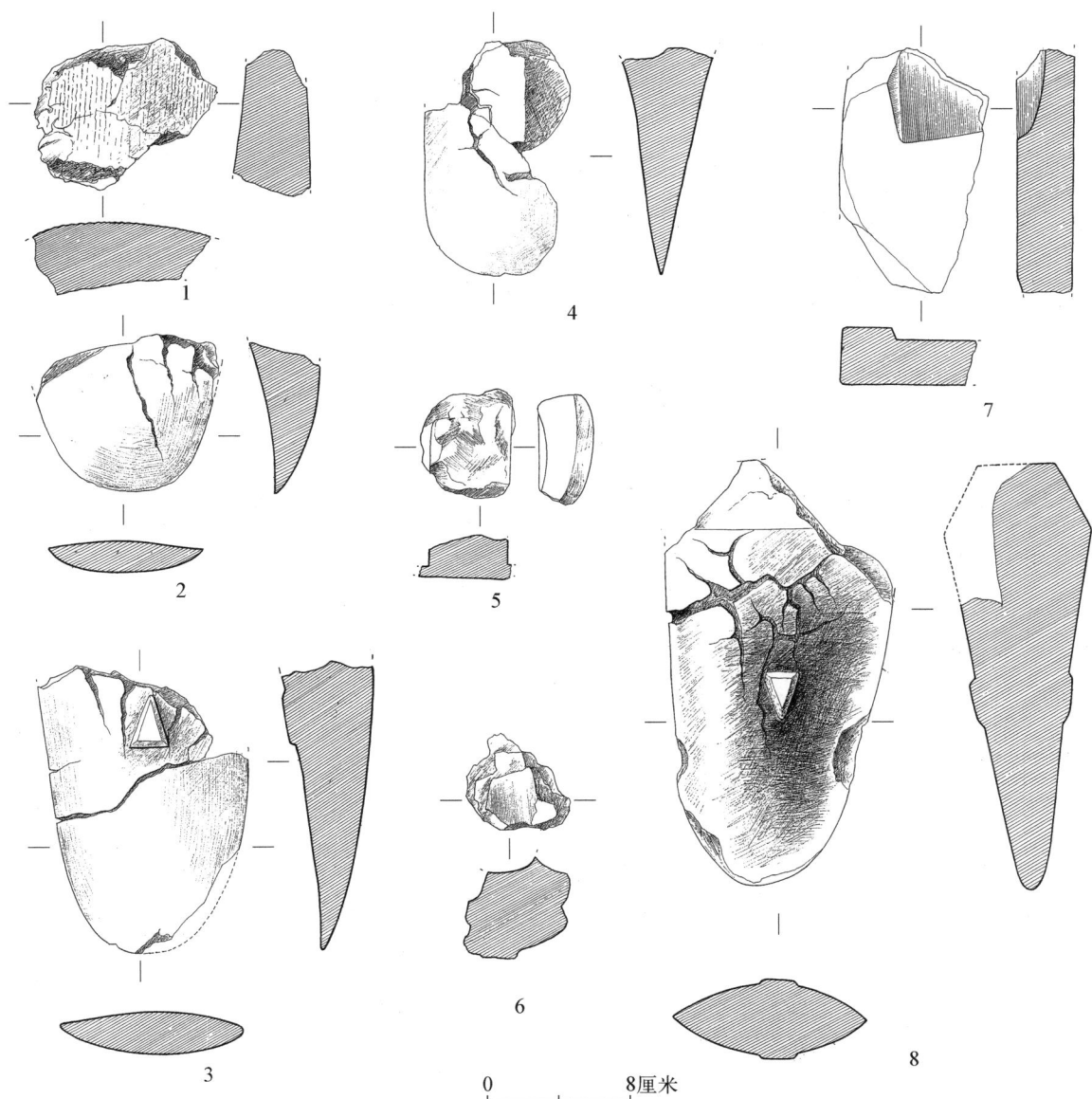

图二〇九　2011YFH34出土陶范及鼓风管（二）

1、6.鼓风管（H34①：y91、H34①：y95）　2～4、8.铧芯（H34①：y62、H34①：y57、H34①：y55、H34①：y52）
5、7.不明范（H34①：y123、H34：y80）

底边长2.2、高3.0厘米。为大型铧芯，刃部弧度较大。

标本H34①：y55（图二〇九，4），残存芯撑到刃部，由2块残块拼合而成，总重240克。整体呈舌形，上宽下窄，上厚下薄，细砂质，整体呈棕色。表面有灰色涂料层，局部脱落。表面因高温出现裂痕，背面有铁渣。残长13.5、残存部分宽约7.9、残存最上端厚5.0、底端厚0.2厘米。芯撑为倒三角形，底边长1.0、高2.4厘米。为大型铧芯。

标本H34①：y52（图二〇九，8），基本保存完整，仅1块残块，重1 060克。整体呈舌形，上宽下窄，上厚下薄，细砂质，整体呈棕色。表面因高温出现裂痕。长24.2、最宽处宽12.5、顶端残宽1.0、底端宽5.1、顶端厚4.1、最厚处厚8.1、底端厚0.6厘米。分型面高4.0、分型面斜长4.3厘米。浇道分上下两部分，高度相当，上半部分从顶端看呈半椭圆形。浇道的倾斜度相对较小，右侧微向外折。芯撑为倒三角形，一面底边长2.0、高2.7厘米，另一面底边长2.2、高3.0厘米。为大型铧芯，刃部弧度较大。

不明范　5件。

标本H34①：y79（图二〇七，5），由2块残块拼合而成，总重590克。平面呈长方体，型腔近顶端处较深，近底端处较浅，侧面呈斜坡状，与锄接近，但型腔宽于锄。表面有涂料层，局部脱落。浇铸面有灰黑色浇铸痕迹。残长7.5、宽14.5、底端厚4.3厘米。

标本H34②：y84（图二〇七，7），由2块残块拼合而成，总重1 500克。整体呈长方体，与y83相似，细砂质，整体呈橙色。较y83厚，甚平。两面有涂料层，其中一面有灰黑色浇铸痕迹。残长12.5、底端宽16.9、范身厚5.0厘米。

标本H34②：y83（图二〇七，8），仅1块残块，重340克。整体呈长方体，细砂质，含较多白色颗粒，整体呈橙色。两面皆有涂料层，一面保存较好，另一面基本脱落，两面甚平。表面未见浇铸痕迹，侧面也有涂料层。残长9.7、残宽6.5、厚4.4厘米。

标本H34①：y123（图二〇九，5），仅1块残块，重105克。细砂质，整体呈橙色。表面有涂料层，大部分脱落。侧面平整且光滑，作用未知。残长6.4、残宽5.0、厚约3.1厘米。

标本H34：y80（图二〇九，7），仅1块残块，重255克，细砂质，整体呈深红色。两端有长方形凹槽。表面有涂料层，浇铸痕迹不明显，背面平整。残长13.9、残宽8.1、厚3.2、顶端斜坡最深处2.0、顶端处斜坡厚1.6厘米。

### 3. 鼓风管与炉壁

共出土第一类鼓风管残块1 430克，第四类鼓风管残块60克，第一类或第二类鼓风管残块2 350克。第一类炉壁残块150克。

鼓风管　3件。

标本H34②：y116（图二〇八，2），仅1块残块，可能为锻炼使用鼓风管。细砂质，含砂量不高。外壁为草拌泥，无加垫痕迹，残长5.8、残宽6.7、厚0.7～1.5厘米，重40克。内壁与高温接触，有较厚的熔融层，表面玻璃化。

标本H34①：y91（图二〇九，1），仅1块残块，不能判断弧度。草拌泥质，基本不见砂粒。外侧与内侧表面有涂料层,外侧滚压绳纹。残长8.6、残宽10.1、厚2.7～4.3厘米,重230克。表面与高温接触变成黑色,黑色层较薄,表面熔融程度不高。

标本H34①：y95(图二〇九,6),仅1块残块,初步判断为鼓风管伸进炉内部分。草拌泥质,基本不见细砂粒。残长5.5、残宽5.8、厚约4.3、复原内径为10.0厘米,重80克。末端有与高温接触现象,局部有蜂窝孔。

### 4. 炉渣
共出土炉渣总量为444克,其中玻璃态炉渣114克,玻璃态渣、木炭和铁块的混合态渣330克。

### 5. 铁器与残块
共出土铁器残块5块,器形不辨,共180克。残铁块5块,共40克。

残铁块 4件。

标本H34①：y86(图二一〇,1;彩版二八,3),样品主要为板条状渗碳体和莱氏体组成的过共晶白口铁组织,局部为网状渗碳体和珠光体组织。无明显石墨。铸造成型。材质为白口铁/铸铁。

标本H34①：y87(图二一〇,2;彩版二八,4),样品主要为板条状渗碳体和莱氏体组成的过共晶白口铁组织。无明显石墨。为铸造成型。材质为白口铁/铸铁。

标本H34①：y88(图二一〇,3),样品大部分锈蚀,残留少量金属。局部锈蚀部分保留有铁素体和少量珠光体组织痕迹。无明显石墨。为铸造成型,经退火处理。材质为铸铁脱碳钢。

标本H34①：y89-1-5(1)(图二一〇,4;彩版二八,5),样品主要由板条状渗碳体和莱氏体组成的过共晶白口铁组织和片状石墨集合成的石墨团组成,石墨团周围为珠光体组织。石墨团粒径约130微米。无明显夹杂物。为铸造成型。材质为铸铁。

标本H34①：y89-1-5(2)(图二一〇,5),样品主要为板条状渗碳体和莱氏体组成的过共晶白口铁组织。无明显石墨。为铸造成型。材质为白口铁/铸铁。

### 6. 陶容器
共出土陶容器残片100块,可辨器形釜和鬲8块,约占8.0%；盆和甑14块,约占14.0%；罐和缶11块,约占11.0%；盆或瓮6块,约占6.0%。纹饰以素面为主,共54块,约占54.0%；绳纹15块,约占15.0%,以细绳纹最多,中绳纹次之,无粗绳纹；暗纹11块,约占11.0%；另有戳印纹、旋纹、弦纹等纹饰。

深腹盆 2件。均为泥质灰陶,圆方唇。

标本H34②：3(图二〇四,1),BbⅠ/Ⅱ式,卷沿,圆方唇,弧腹,上腹较直,上腹饰有旋纹和瓦棱纹,残高7.6厘米。

标本H34②：4(图二〇四,3),BbⅠ/Ⅱ式,平折沿,弧腹,上腹较直,素面,残高4.6厘米。

小口旋纹罐 1件。

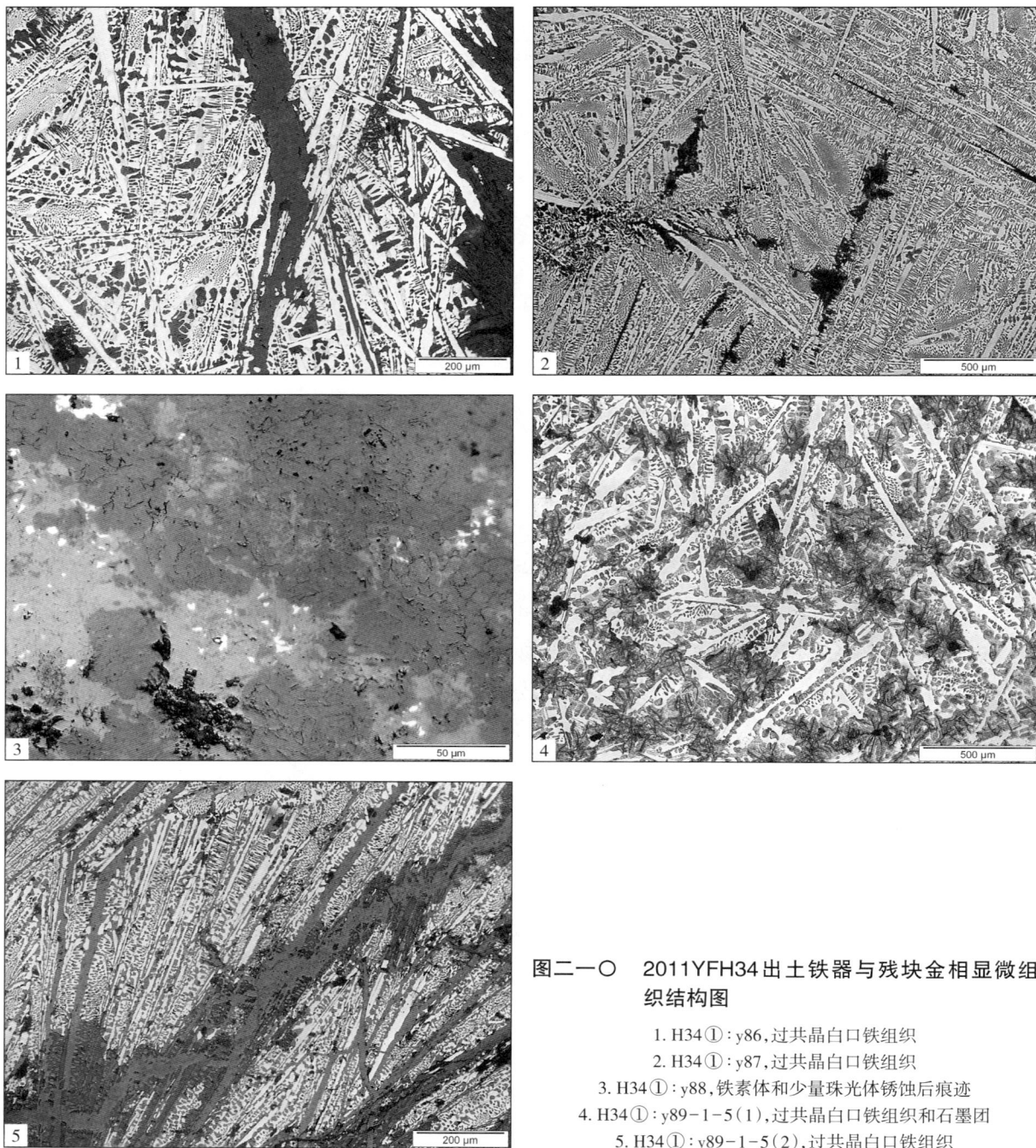

图二一〇　2011YFH34出土铁器与残块金相显微组织结构图

1. H34①∶y86,过共晶白口铁组织
2. H34①∶y87,过共晶白口铁组织
3. H34①∶y88,铁素体和少量珠光体锈蚀后痕迹
4. H34①∶y89-1-5(1),过共晶白口铁组织和石墨团
5. H34①∶y89-1-5(2),过共晶白口铁组织

　　标本H34②∶5(图二〇四,10),小口旋纹罐Ⅱ/Ⅲ式,泥质灰陶,表面装饰有数道旋纹,残高6.8厘米。

　　釜　1件。

　　标本H34②∶2(图二〇四,2),Aa型,夹砂灰陶,圆肩,表面饰有斜行绳纹,绳纹印迹较深,残高3.8厘米。

## 7. 建筑材料

共出土陶瓦160片,主要为板瓦和筒瓦。内侧面带麻点与布纹的数量相当。

## 8. 石器

石器 1件。

标本H34②:14(图二一一,8),残存部分上端窄下端宽,表面平整光滑,残长4.6、残宽5.7、厚3.2厘米,重125克。

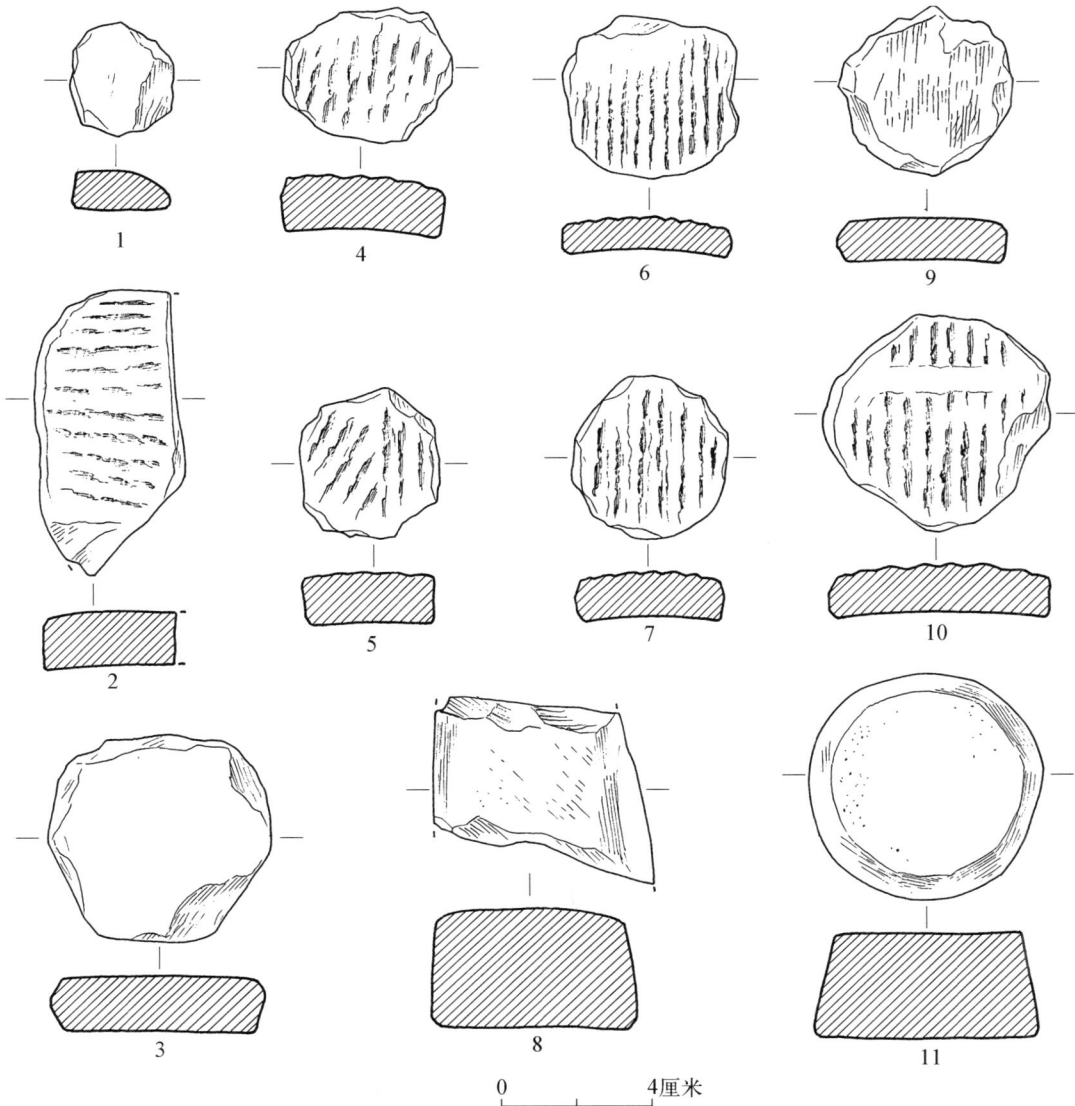

图二一一 2011YFH31、H32、H33、H34、H35出土遗物

1~7、9、10. 圆陶片(H34①:13、H32⑥:35、H32⑥:33、H34①:11、H35:25、H34①:12、H33:10、H35:24、H32⑥:34)
8. 石器(H34②:14) 11. 圆陶范(H31②:49)

### 9. 动物遗存

出土可鉴定的动物遗存包括猪和羊。猪的肩胛骨（右）1块和鼻骨（左、右）1块，羊的肩胛骨（左）1块，中型哺乳动物的肢骨1条和肋骨3条。

### 10. 植物遗存

浮选的土壤样品中，仅出粟6粒和疑为小麦1粒，所发现的植物遗存，绝大部分属于黍亚科、藜科和卷耳属一类的杂草。该单位土壤中植硅体分析结果见附表二三。

### 11. 其他

铜镞　1件。

标本H34②：1（图版一三，3），保存较好，镞身较短，双翼外张，两刃斜直，后锋较短，与脊基本呈直角，长4.8厘米，重6.5克。

圆陶片　3件。

标本H34①：13（图二一一，1），泥质红陶，保存较差，素面，残长2.7、残宽3.0、厚0.4～1.0厘米，重10克。

标本H34①：11（图二一一，4），夹砂灰陶，表面有中绳纹，绳纹印迹较浅，长4.4、宽3.6、厚1.4厘米，重27克。

标本H34①：12（图二一一，6），泥质褐陶，表面有中绳纹，绳纹印迹较深，直径约4.5、厚0.9厘米，重23克。

## 4.33　2011YFH35

### 1. 形制与堆积

H35（图二一二），位于T7中部，开口于①层下，打破H37、H38和生土。口部呈不规则圆形，壁呈斜坡状，坑底高低不平较光滑。口部南北长254、东西宽213、口距地表30、底距地表50～65、自深20～35厘米。坑壁较粗糙，无工具痕迹。

堆积仅为1层：灰褐色，颗粒状黏土，较疏松，包含有少量陶范、石块等。

### 2. 陶容器

共出土陶容器残片250块，可辨器形釜和鬲20块，约占8.0%；盆和甑54块，约占21.6%；盆或罐底部41块，约占16.4%；盆或瓮22块，约占8.8%。纹饰以素面为主，共155块，约占62.0%；绳纹19块，约占7.6%，以中绳纹最多，细绳纹次之，粗绳纹最少；暗纹13块，约占5.2%；另有戳印纹、旋纹、弦纹等纹饰。

盆（腹部标本）　2件。均为泥质灰陶。

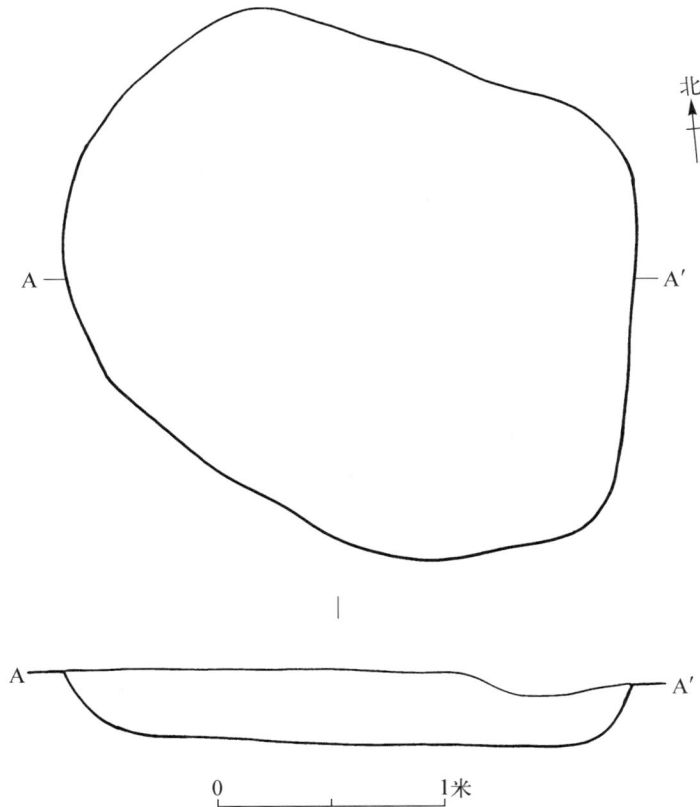

图二一二　2011YFH35平、剖面图

标本H35：17（图二一四，2），腹部有戳印的楔形绳纹，残高7.3厘米。

标本H35：16（图二三五，3），附加楔形绳纹标本，上腹微敛较直，腹部戳印有一周楔形绳纹，其上下各有一道旋纹，残高16.2厘米。

大型盆　2件。均为泥质灰陶。

标本H35：14（图二一四，4），大型盆，直领，方唇，唇外侧有一道旋纹，束颈不明显，肩部较高，几与领部齐平，微溜肩，残高5.8厘米。

标本H35：15（图二一四，8），大型盆，平折沿，尖圆唇，折腹，上腹斜收，上下腹交界处有一周弦纹，口径55.2、残高17.2厘米。

深腹盆　9件。均为泥质灰陶，平底。

标本H35：3（图二一三，1），BaⅡ式，平折沿，尖圆唇，弧腹，上腹甚直，上腹饰有一周楔形绳纹，残高11.0厘米。

标本H35：5（图二一三，3），BbⅠ/Ⅱ式，卷沿方唇，沿下角小于90°，弧腹，上腹较直，上下腹交界处较不明显，上腹饰有数道旋纹，残高7.6厘米。

标本H35：4（图二一三，4），BbⅡ式，平折沿，尖圆唇，弧腹，上腹部较直，上下腹交接较不明显，上腹部饰有数道旋纹，残高6.8厘米。

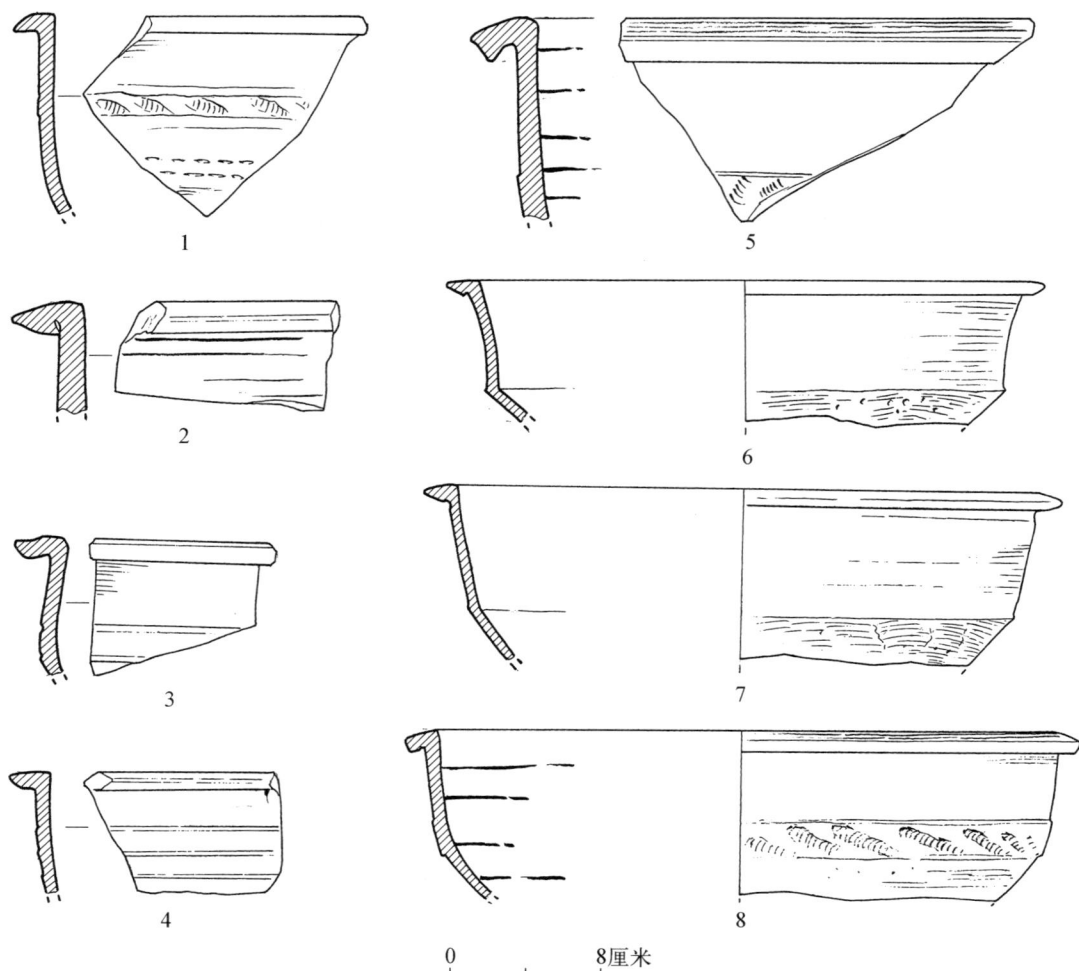

**图二一三　2011YFH35出土陶器（一）**

1～8.深腹盆（H35：3、H35：13、H35：5、H35：4、H35：1、H35：8、H35：7、H35：2）

标本H35：1（图二一三,5）,BaⅡ式,卷沿方唇,沿下角小于90°,弧腹,上腹甚直,上腹饰有一周楔形绳纹,其上有一道旋纹,残高11.2厘米。

标本H35：2（图二一三,8）,BaⅡ式,圆方唇,弧腹,上腹较直,上下腹交界处较圆弧,下腹较缓,上腹饰有一周楔形绳纹,绳纹上有一道旋纹,下有一道弦纹,口径36.1、残高9.3厘米。

标本H35：13（图二一三,2）,无法判断型式,泥质灰陶,宽折沿,沿面较平,上腹较直,素面,残高6.0厘米。

标本H35：6（图二一四,3）,BbⅡ式,平折沿,尖圆唇,弧腹,上腹较直,素面,残高8.0厘米。

标本H35：8（图二一三,6）,AⅡ式,平折沿,尖圆唇,折腹,上腹较直,上下腹交界处有一周弦纹,素面,口径32.2、残高8.1厘米。

标本H35：7（图二一三,7）,AⅢ式,平折沿,尖圆唇,折腹,上腹微敛较直,上下腹交界处有一周弦纹,素面,口径34.3、残高9.5厘米。

罐/缶 1件。

标本H35：9（图二一四，5），罐/缶，泥质灰陶，平折沿，圆方唇，领部较高，束颈明显，肩部微鼓，口径10.4、残高7.2厘米。

釜 2件。均为夹砂灰陶，卷沿，圆方唇，唇部向外隆起，唇面有一道旋纹。

标本H35：11（图二一四，1），AbⅡ式，口沿相对较小，基本成矮直领，束颈甚不明显，圆肩，沿下饰绳纹，残高4.2厘米。

标本H35：10（图二一四，7），AcⅠ式，口沿相对较小，矮直领，束颈甚不明显，圆肩，沿下饰绳纹，残高6.4厘米。

矮直领瓮 1件。

标本H35：12（图二一四，6），矮直领瓮CbⅠ式，泥质灰陶，直领，方唇，口沿向内呈倾斜小台

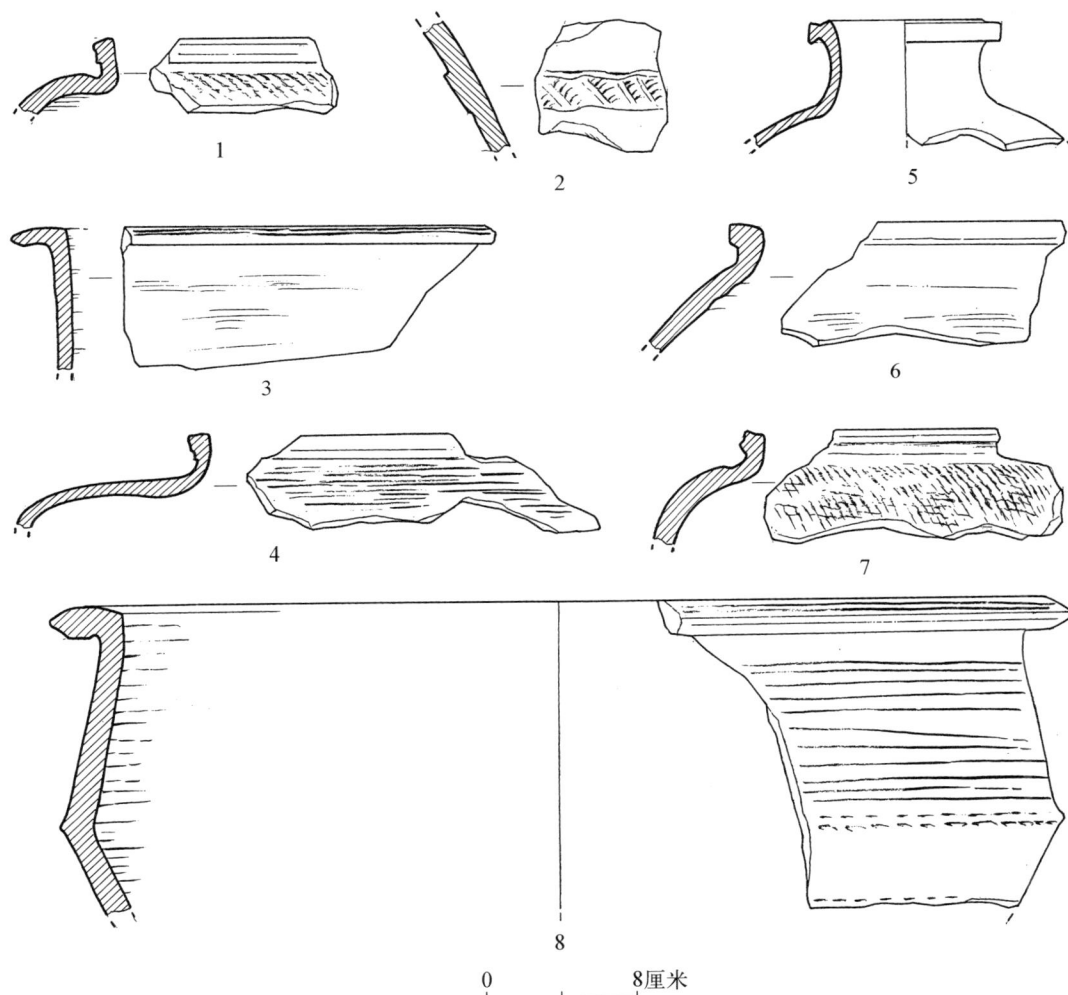

**图二一四　2011YFH35出土陶器（二）**

1、7.釜（H35：11、H35：10）　2.盆（H35：17）　3.深腹盆（H35：6）
4、8.大型盆（H35：14、H35：15）　5.罐/缶（H35：9）　6.矮直领瓮（H35：12）

面,外侧有一道旋纹,束颈不明显,微溜肩,素面,残高6.9厘米。

3. 建筑材料

共出土陶瓦510片,主要为板瓦和筒瓦。内侧面带麻点纹残片的比例要远高于布纹。

板瓦　1件。

标本H35:28(图二一五,5),泥质灰陶。瓦头有两道旋纹,表面饰有交错绳纹,近瓦头部分绳纹被抹,瓦身部分有两圈绳纹被完全抹去。内侧面保存较差。整体微凸,残长17.1、残宽15.4、

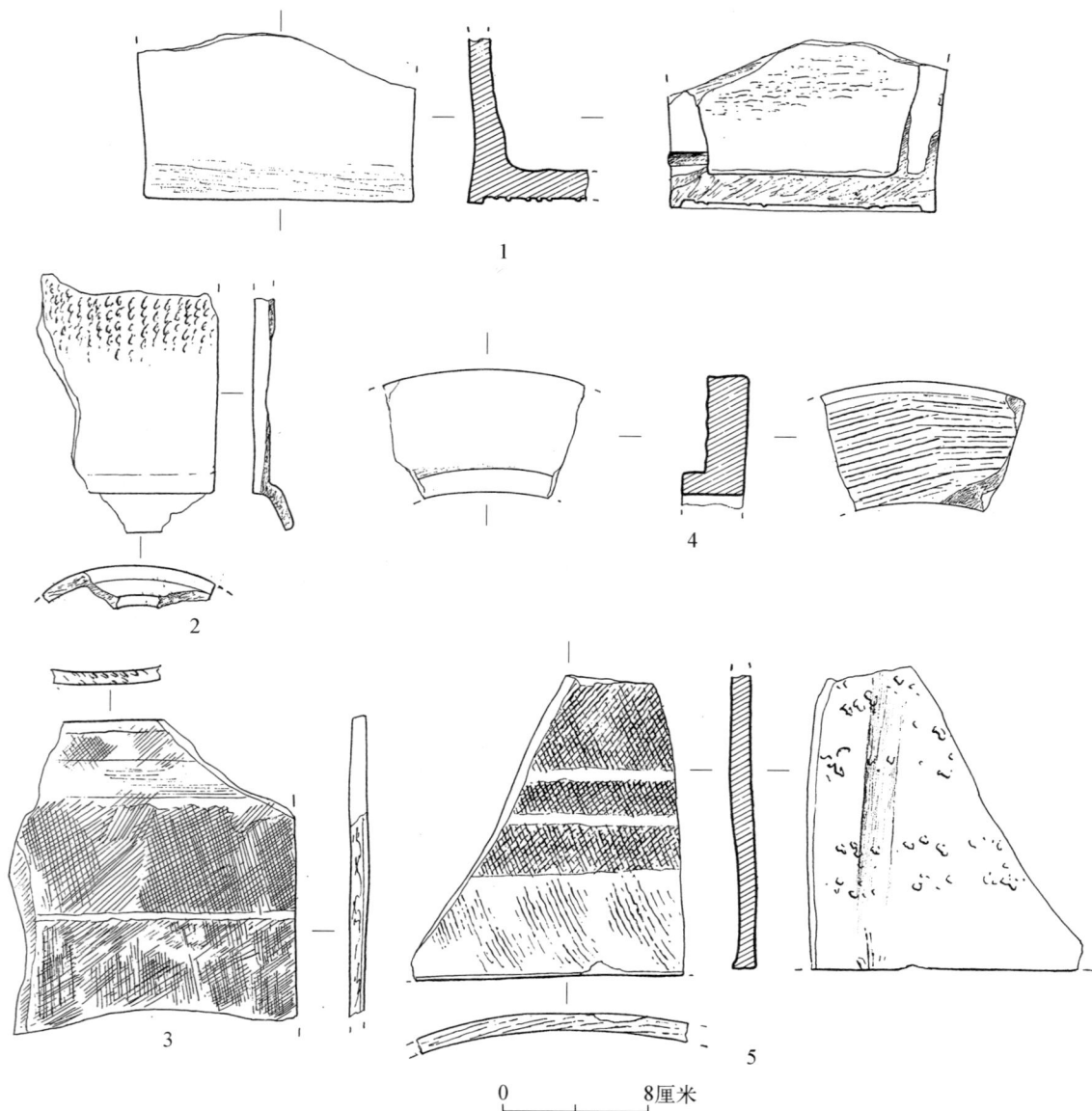

图二一五　2011YFH35、H38出土瓦及支垫

1. 瓦当(H35:27)　2. 筒瓦(H35:29)　3、5. 板瓦(H38②:21、H35:28)　4. 支垫(H35:31)

厚1.2厘米。

　　筒瓦　1件。

　　标本H35：29（图二一五，2），泥质灰陶。表面饰有交错绳纹，印迹较浅，近瓦头部分素面。内侧面饰有麻点纹。残长15.0、残宽10.0、厚1.0厘米。

　　瓦当　2件。均为泥质灰陶。

　　标本H35：27（图二一五，1），瓦当面为半圆形。双界格线两分当面不穿当心，当面中心为一个圆圈，其内为方形网格纹。当面每界格内饰一朵卷云纹，其外有一周凸弦纹。残长9.6、直径15.0、厚1.2厘米。

　　标本H35：30（图二一六，1；图版一二，3），双界格线四分当面不穿当心，当面中心为一个圆圈，其内为半球形隆起。当面每界格内饰一朵卷云纹，其外有一周凸弦纹。残长7.4、直径15.0、厚1.0厘米。

## 4. 石器

　　石器　1件。

　　标本H35：26（图二二八，6），大型石器的小部分残块，残存表面较平整光滑，残长11.2、宽

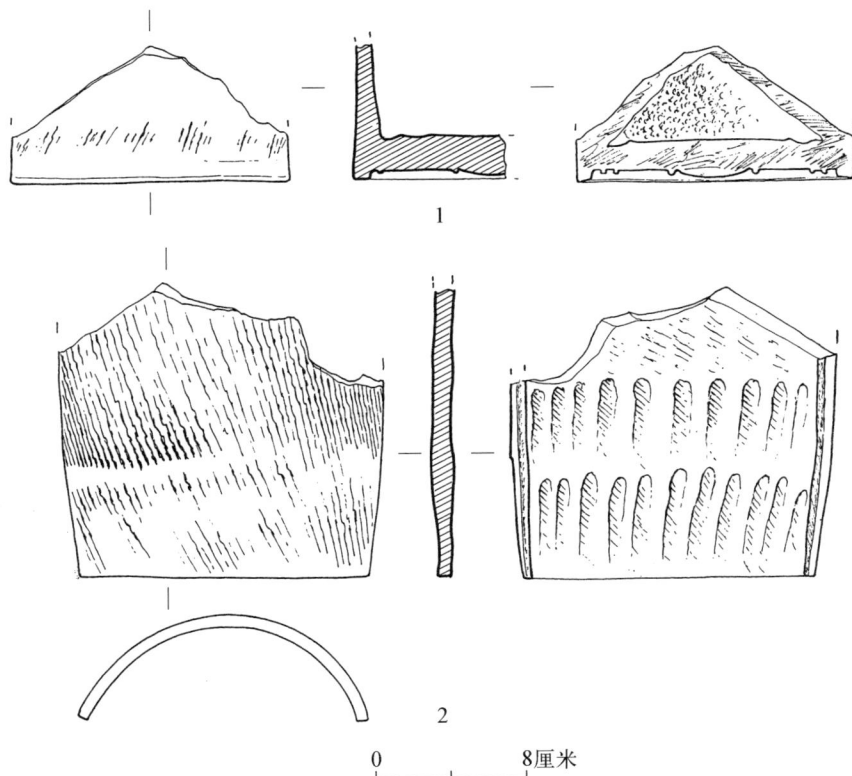

图二一六　2011YFH35、H39出土瓦

1. 瓦当（H35：30）　2. 筒瓦（H39②：38）

4.7～12.6、厚0.2～2.0厘米,重510克。

### 5. 动物遗存

出土可鉴定的动物遗存包括黄牛、山羊、鸟/鸡和小型哺乳动物(鼠)。黄牛的胫骨(左)1条、桡骨与尺骨(左)1条和肋骨2条,山羊的肩胛骨(右)2块,鸟/鸡的尺骨1条,小型哺乳动物(鼠)的跖骨/掌骨(未知)3块,小型哺乳动物的肋骨(右)2条,中型哺乳动物的头骨1块和肢骨4条,大型哺乳动物的胫骨1条。

### 6. 植物遗存

浮选的土样中,发现有相对较多的农作物遗存,包括粟20粒,小麦2粒,但土壤中同时出有大量的藜科和黍亚科的种子。该单位土壤中植硅体分析结果见附表二三。

### 7. 其他

圆陶范　1件。

标本H35:23(图二三七,1),整体呈心形,浅灰色,细砂质,表面无涂料层,残长4.5、宽3.7、厚2.8厘米,重41克。

圆陶片　2件。均为泥质灰陶。

标本H35:25(图二一一,5),表面有交错粗绳纹,直径约4.0、厚1.4厘米,重25克。

标本H35:24(图二一一,9),表面有细绳纹,绳纹印迹较浅,直径约4.6、厚1.1厘米,重27克。

支垫　1件。

标本H35:31(图二一五,4),夹砂灰陶,残存小部分。上表面饰有双重菱形网格纹,下表面饰有粗绳纹,印迹模糊。残长11.4、残宽7.0、外端厚2.2、内端厚3.4厘米。

# 4.34　2011YFH36

### 1. 形制与堆积

H36(图二一七),位于T11中部偏北,开口于①层下,打破H34和生土。口部呈圆形,壁呈直筒状,底部较平整。口部直径88、口距地表16、底距地表81、自深65厘米。未见工具痕迹。

堆积可分为2层:①层,黄褐色,土质疏松,砂黏土,包含有红烧土块、铁渣等。②层,灰黑色,土质疏松,砂黏土,颗粒状,水平状堆积,包含有烧土块等。

### 2. 陶范

共出土锄范53块,其中面范5件、背范9件。铧范30块,可辨大型铧范3件、小型铧范2件。铧芯472块,可辨大型铧芯39件、小型铧芯3件。

锄面范 5件。

标本 H36②:y10(图二一八,2),残存顶端部分,由2块残块拼合而成,总重360克。梯形板状,细砂质,整体呈浅灰色。分型面和浇铸面有白色和红色涂料层,保存较好。浇铸面灰黑色浇铸痕迹明显。背面平整有涂料层,保存较好。残长10.9、顶端宽6.7厘米。顶端与右侧边中间下凹,呈较大的弧度,可能和合范捆绑有关。顶端向外倾斜,左右两侧边近垂直,范身厚3.3厘米。浇道平面呈梯形,浇道长8.0、浇道宽(上)1.9、浇道宽(下)3.6厘米。型腔顶端的刻槽深于左右两侧,右上角到侧边长2.4厘米。铸器残长2.5、顶端宽5.0厘米。

标本 H36②:y9(图二一八,3),残存中部以下,仅1块残块,重790克。梯形板状,细砂质,整体呈深灰色。分型面和浇铸面有白色和红色涂料层,保存较好。浇铸面灰黑色浇铸痕迹明显,其上粘附一铁片,可能为锻造剥片。残长11.9、残存最上端宽12.0、底端宽14.5厘米。底端面及左侧面中间略呈弧度,向下微凹,可能和合范时留下的痕迹有关。底端面及左侧边内收,右侧边垂直,残存最上端厚3.0、底端厚3.2厘米。型腔左下角到侧边长2.0、右下角到侧边长1.7、分型面底端长1.8厘米。铸器呈梯形板状,残长9.5、残存最上端宽7.6、底端宽10.5厘米。

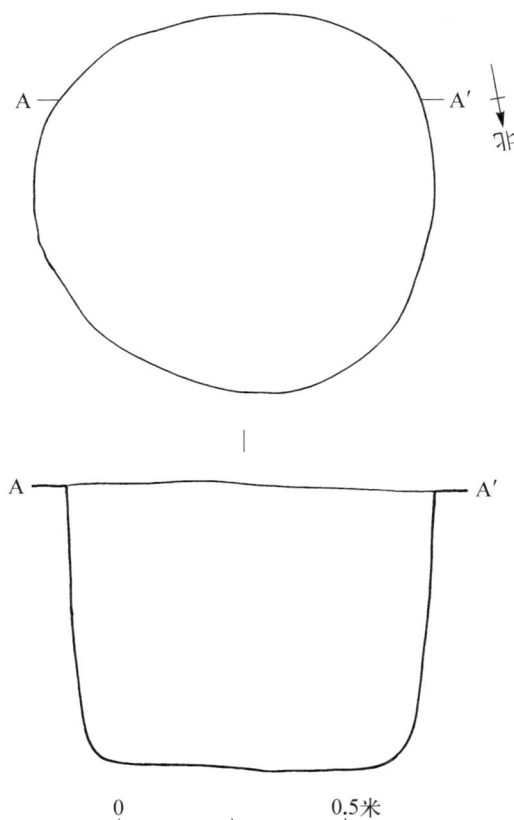

图二一七 2011YFH36平、剖面图

标本 H36②:y6(图二一八,7),残存型腔中部,仅1块残块,重360克。梯形板状,细砂质,整体呈蓝灰色。分型面和浇铸面有白色和红色涂料层,保存较好。浇铸面灰黑色浇铸痕迹明显。背面平整有涂料层,保存较好。残长10.0、残存最上端宽10.2、残存最下端宽11.8、范身厚2.6厘米。型腔中间有一圆凸钉形支撑,直径2.0厘米,两侧近垂直。铸器呈梯形板状,残长8.6、残存最上端宽6.0、残存最下端宽7.5厘米。

标本 H36②:y8(图二一九,1),残存底端右下角,仅1块残块,重380克。梯形板状,细砂质,整体呈深灰色。分型面和浇铸面有白色和红色涂料层,保存较好。浇铸面灰黑色浇铸痕迹明显。背面平整有涂料层,局部脱落。残长13.4、底端残宽6.9厘米。底端面向浇铸面倾斜,右侧边垂直,右侧面近底面边缘有隆起,范身厚2.9厘米。型腔右下角到侧边长1.9、分型面底端长2.0厘米。铸器呈梯形板状,残长10.2、底端残宽5.5厘米。

标本 H36②:y7(图二一九,5),残存顶端及型腔中部,仅1块残块,重630克。梯形板状,细砂质,整体呈浅灰色。分型面被人为破坏,近浇道处分型面已被磨平,可能为二次加工。背面平整有涂料层,保存较好。残长13.8、顶端宽7.3、残存最下端宽11.1厘米。顶端中有一直道为合范符号。

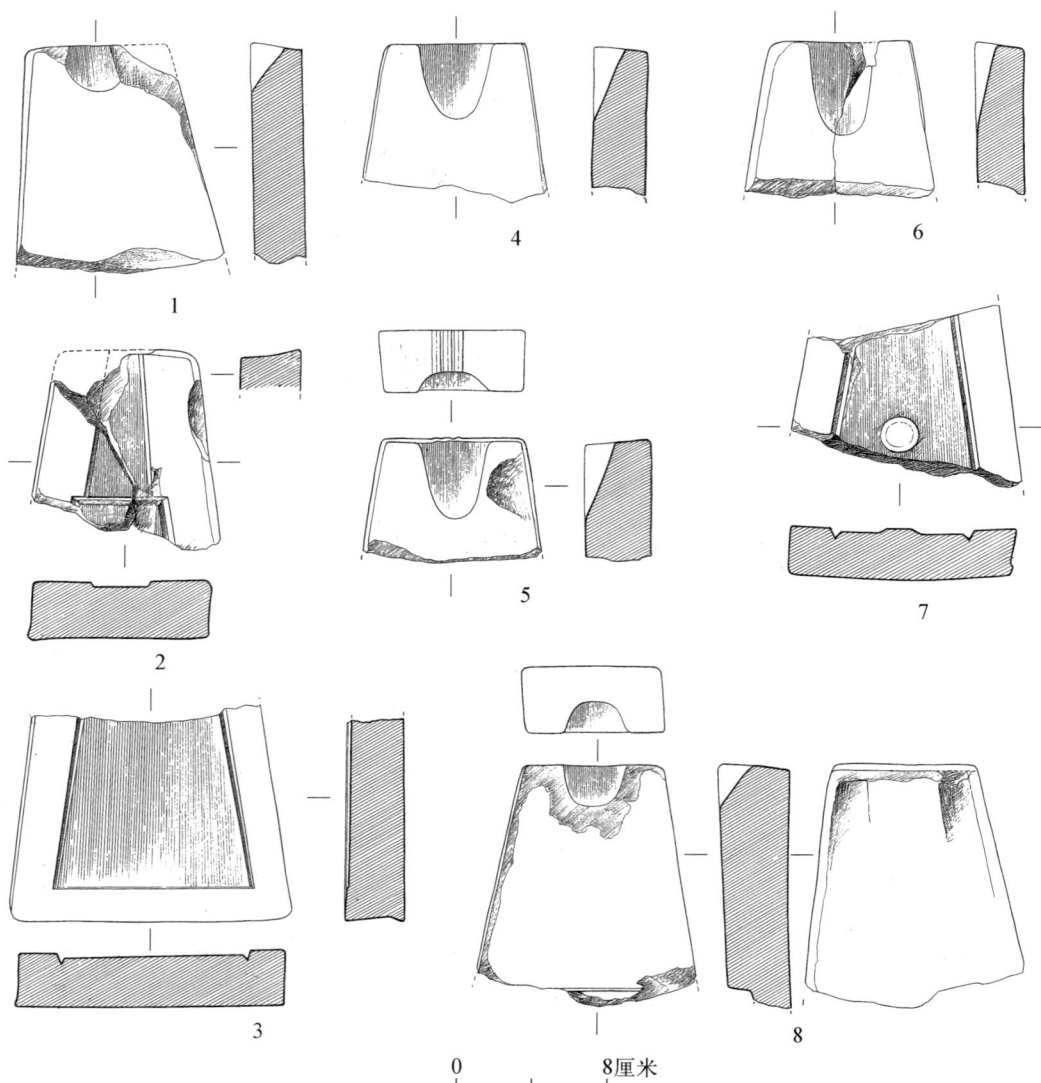

图二一八　2011YFH36出土陶范（一）

1、4～6、8. 锄背范（H36②：y25、H36②：y26、H36②：y30、H36①：y20、H36②：y32）

2、3、7. 锄面范（H36②：y10、H36②：y9、H36②：y6）

顶端右下角有较大的隆起，顶端厚3.0、范身厚3.3厘米。浇道平面呈梯形，浇道长6.8、浇道宽（上）
2.0、浇道宽（下）3.5厘米。型腔顶端刻槽浅于左右两侧，左右两侧近垂直，但接近底面边缘微隆
起，左上角到侧边长2.3、右上角到侧边长2.4厘米。铸器呈梯形板状，残长7.0、顶端宽4.8厘米。

　　锄背范　7件。

　　标本H36②：y25（图二一八，1），残存顶端偏中部分，仅1块残块，重500克。梯形板状，细砂
质，整体呈浅灰色。分型面和浇铸面有白色和红色涂料层，未见浇铸痕迹。背面平整有涂料层，
保存较好。残长12.5、顶端宽7.3、残存最下端宽10.9厘米。顶端有"一"字形合范符号。顶端
向浇铸面斜收，左右两侧近垂直，但右侧面中间内凹，呈圆弧形，表面有绳纹压印后痕迹，顶端厚

2.7、残存最下端厚2.7厘米。浇道呈漏斗状,较宽短,浇道长2.5、浇道残宽2.1厘米。

标本H36②:y26(图二一八,4),残存顶端部分,仅1块残块,重310克。梯形板状,细砂质,整体呈浅灰色。分型面和浇铸面有白色和红色涂料层,保存较差。浇铸面灰黑色浇铸痕迹明显。背面平整有涂料层,较粗糙,保存较好。浇铸面及右侧面有铁渣,残长8.6、顶端宽7.2厘米。顶端左右两侧垂直,顶端厚2.8厘米。浇道呈漏斗状,较宽长,浇道长4.1、浇道宽3.9厘米。

标本H36②:y30(图二一八,5),残存顶端部分,仅1块残块,重200克。梯形板状,细砂质,整体呈浅红色。分型面和浇铸面有白色和红色涂料层,保存较好。浇铸面灰黑色浇铸痕迹明显,右侧面有残断半圆形。背面平整有涂料层,保存较好。残长6.7、顶端宽7.2厘米。顶端有三道凸棱,为合范符号。顶端与左右两侧垂直,顶端厚3.5厘米。浇道呈半漏斗状,浇道长4.3、浇道宽3.8厘米。

标本H36①:y20(图二一八,6),残存顶端部分,由2块残块拼合而成,总重300克。梯形板状,细砂质,整体呈浅红色。分型面和浇铸面有白色和红色涂料层,保存较好。浇铸面灰黑色浇铸痕迹明显。背面平整有涂料层,保存较好。残长8.5、顶端宽7.3厘米。顶端可能有"一"字形的合范符号。顶端向浇铸面斜收,左右两侧垂直,顶端厚2.6厘米。浇道右上角残,呈半漏斗状,浇道长5.0、浇道宽3.7厘米。

标本H36②:y32(图二一八,8),残存顶端部分,仅1块残块,重670克。梯形板状,细砂质,整体呈浅灰色。分型面和浇铸面有白色和红色涂料层,脱落严重。浇铸面灰黑色浇铸痕迹明显。背面平整有涂料层,保存较差,粗糙,靠近顶端中间位置有隆起。残长13.3、顶端宽7.2、残存最下端宽11.4厘米。顶端向浇铸面斜收,左右两侧垂直,中间内弧,顶端厚3.8、残存最下端厚3.3厘米。浇道呈半漏斗状,较宽短,浇道长2.2、浇道宽3.3厘米。

标本H36:y17(图二一九,3),残存中部以下,由3块残块拼合而成,总重600克。梯形板状,细砂质,整体呈棕色。分型面和浇铸面有白色和红色涂料层,保存较好。浇铸面灰黑色浇铸痕迹明显。背面平整有涂料层,保存较好。残长9.9、残存最上端宽12.5、底端宽14.3厘米。底端面近正面边缘隆起,中间位置微下凹,左右两侧近垂直,底端面有绳捆绑时留下痕迹。残存最上端厚3.0、底端厚2.9厘米。

标本H36①:y16(图二二一,5),残存顶端部分,仅1块残块,重300克。梯形板状,细砂质,整体呈深灰色。浇铸面和分型面较粗糙。背面较平整光滑,中间位置有浇道形隆起。残长9.3、顶端宽7.0厘米。顶端有一直道,为合范符号,顶端面右下角有十分明显隆起。顶端明显向外倾斜,左右两侧垂直,顶端厚3.3、范身厚3.2厘米。未见浇道。

铧范 8件。

标本H36②:y33(图二二〇,1),残存底端部分,仅1块残块,重1480克。梯形,细砂质,含白色颗粒,整体呈棕色。分型面和浇铸面有白色和红色涂料层,保存较好。浇铸面灰黑色浇铸痕迹明显。背面平整有涂料层,保存较好。残长11.1、残存最上端宽15.4、底端宽13.2、范身厚5.9厘米。为大型铧范,铸器整体呈舌形,刃部近平,残长8.3、銎宽7.2厘米。

标本H36②:y35(图二二〇,2),残存底端部分,由2块残块拼合而成,总重930克。梯形、细

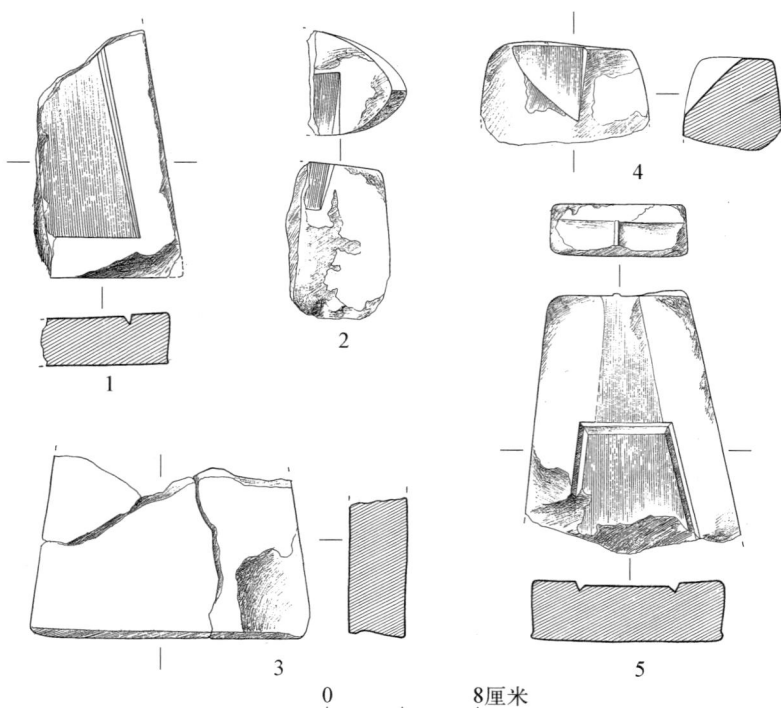

图二一九　2011YFH36出土陶范（二）

1、5. 锄面范（H36②：y8、H36②：y7）　2、4. 铧芯（H36②：y78、H36②：y93）　3. 锄背范（H36：y17）

砂质，含白色颗粒，整体呈浅红色。分型面和浇铸面有白色和红色涂料层，保存较好。浇铸面灰黑色浇铸痕迹明显。背面平整有涂料层，大面积脱落。残长13.7、残存最上端宽11.6、底端宽9.4厘米。底端面向浇铸面斜收，左侧边向外倾斜，底端厚4.9、范身厚5.0厘米。为小型铧范，铸器整体呈舌形，残长11.3、残存最上端宽8.2、銎宽7.0厘米。

标本H36②：y36（图二二○，3），残存顶端右上角，仅1块残块，重300克。梯形，细砂质，含白色颗粒，整体呈橙色。分型面和浇铸面有白色和红色涂料层，保存较好。浇铸面灰黑色浇铸痕迹明显。背面平整有涂料层，表面甚光滑，转角圆滑。残长5.9、顶端残宽7.1厘米。顶面有一横道，为合范符号，顶端厚6.2厘米。与范/芯扣合处长4.2、与范/芯扣合处残宽（上）3.9、与范/芯扣合处残宽（下）5.3、分型面顶端最宽3.2、分型面斜长3.9厘米。为小型铧范，铸器顶端平齐，顶端残宽5.6厘米。

标本H36①：y50（图二二○，5；图版三，4），残存下半部分，仅1块残块，重2 070克。梯形，细砂质，含白色颗粒，整体呈橙色。分型面和浇铸面有白色和红色涂料层，保存较好。浇铸面灰黑色浇铸痕迹明显。背面平整有涂料层，大面积脱落。残长17.3、残存最上端宽14.7、底端宽12.9厘米。底端面有一道竖道刻槽，可能为合范符号（图版六，6），残存最上端厚7.2、底端厚5.0厘米。型腔中间有一三角形符号，与芯撑扣合，底边长2.3、高2.6厘米。为大型铧范，铸器整体呈舌形，刃部近圆弧，残长15.2、残存最上端宽10.3、銎宽7.6厘米。

标本H36②：y42（图二二○，6），残存下半部分，仅1块残块，重1 390克。梯形，细砂质，含白

**图二二〇 2011YFH36出土遗物**

1～3、5～7.铧范（H36②：y33、H36②：y35、H36②：y36、H36①：y50、H36②：y42、H36：y39）

4.鼓风管（H36：y129） 8.砖（H36：y168）

色颗粒，整体呈浅红色。分型面和浇铸面有白色和红色涂料层，保存较好。浇铸面灰黑色浇铸痕迹明显。背面平整有涂料层，保存较好，似有被捆绑后留下痕迹，但表面粗糙。残长14.2、残存最上端宽11.6、底端宽9.9厘米。顶端有一水平方向隆起横道，残存最上端厚5.3、底端厚4.0厘米。为小型铧范，铸器整体呈舌形，残长11.2、残存最上端宽8.0、銎宽5.9厘米。

标本H36：y39（图二二〇，7），残存中部以下部分，由2块残块拼合而成，总重2 000克。梯形，细砂质，含白色颗粒，整体呈浅红色。分型面和浇铸面有白色和红色涂料层，保存较好。浇铸面灰黑色浇铸痕迹明显。背面平整有涂料层，局部脱落。残长14.8、残存最上端宽17.7、残存最下端宽16.5、范身厚7.2厘米。为大型铧范，铸器残长14.8厘米。

标本H36②：y38（图二二二，1），残存顶端左上角，仅1块残块，重750克。梯形，细砂质，含白色颗粒，整体呈橙色。分型面和浇铸面有白色和红色涂料层，保存较好。浇铸面灰黑色浇铸痕迹明显。背面平整有涂料层，局部脱落。残长9.2、顶端残宽8.4厘米。顶端有两道刻槽，可能为合范符号，顶端厚8.1、残存最下端厚3.7厘米。浇铸面弧度较大。与范/芯扣合处长4.3、与范/芯扣合处残宽（上）4.1、与范/芯扣合处残宽（下）8.7、分型面顶端最宽4.3、分型面斜长4.7厘米。为大型铧范，铸器顶端平齐，残长4.5、顶端残宽9.2厘米。

标本H36②：y37（图二二二，5），残存顶端右上角，仅1块残块，重140克。细砂质，含白色颗粒，整体呈深红色。分型面和浇铸面有白色和红色涂料层，保存较好。浇铸面灰黑色浇铸痕迹明显。背面平整有涂料层，保存较好。残长7.4、顶端残宽6.1厘米。顶端有一竖道，可能为合范符号，顶端厚8.4、范身厚8.2厘米。与范/芯扣合处长4.3、分型面顶端最宽4.9、分型面斜长4.5厘米。为大型铧范，铸器顶端平齐，残长2.4、顶端残宽2.3厘米。

铧芯　8件。

标本H36②：y78（图二一九，2），残存顶端右侧，仅1块残块，重180克。细砂质，整体呈橙色。表面有灰黑色浇铸痕迹，大面积脱落。残长8.5、顶端残宽3.7、顶端厚5.5厘米。为小型铧芯。

标本H36②：y93（图二一九，4），残存顶端部分，仅1块残块，重180克。细砂质，整体呈橙色。残长5.4、顶端宽6.9、最宽处宽8.6、顶端厚3.8、最厚处厚5.2厘米。浇道上半部分比例较大，占3/4以上，下半部分梯形斜坡较小，从顶面看平面呈扇形，浇道长4.0、浇道宽3.9、a=2.0、b=1.8、c=2.1厘米。为小型铧芯。

标本H36②：y91（图二二一，1），残存顶端左侧，仅1块残块，重180克。含粗砂颗粒较多，整体呈橙色。残长6.5、顶端宽6.3、浇道宽3.5、顶端厚2.9、最厚处厚5.3厘米。为大型铧芯。

标本H36②：y98（图二二一，2），残存顶端部分，仅1块残块，重350克。整体上薄下厚，含粗砂颗粒较多，整体呈橙色。残长9.1、顶端残宽7.0、残存最下端宽3.4、顶端厚4.0、最厚处厚7.2厘米。分型面斜长5.1、分型面高5.0厘米。浇道上半部分比例较大，占3/4以上，下半部分梯形斜坡较小，从顶面看其平面呈扇形，浇道长3.9、浇道宽3.7、b=2.4、c=3.2厘米。为大型铧芯。

标本H36①：y106（图二二一，3），残存顶端部分，仅1块残块，重220克。整体上薄下厚，细砂质，整体呈棕色。残长7.9、顶端宽6.4、残存最下端宽5.0、顶端厚2.8、最厚处厚4.3厘米。顶端有一三角形凹坑，可能和合范有关。浇道上半部分较大，从顶面看近扇形，浇道残长2.1、浇道宽

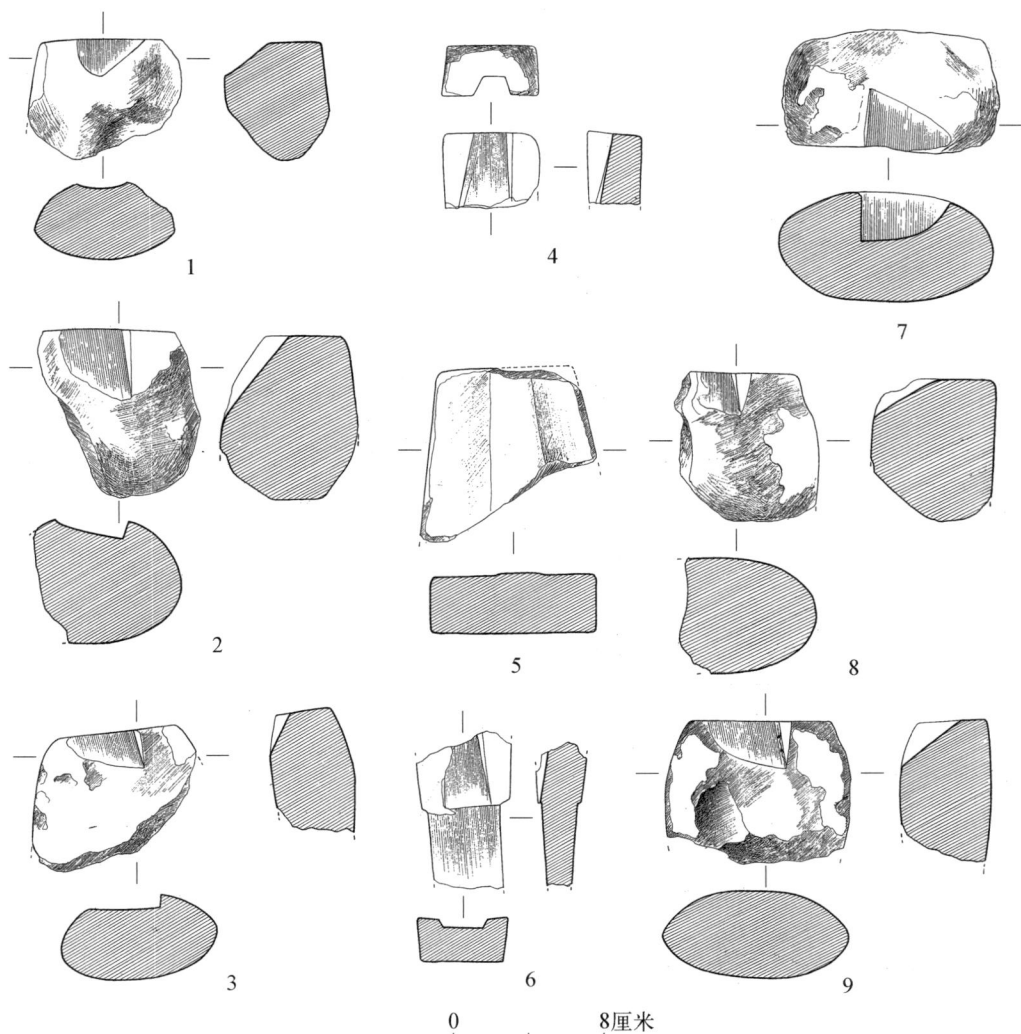

**图二二一　2011YFH36出土陶范（三）**

1～3、7～9.铧芯（H36②：y91、H36②：y98、H36①：y106、H36②：y90、H36②：y77、H36②：y89）
4、6.钁芯（H36：y117、H36：y114）　5.锄背范（H36①：y16）

3.7、a=2.3、b=1.8、c=2.4厘米。为小型铧芯。

标本H36②：y90（图二二一，7），残存顶端部分，仅1块残块，重360克。细砂质，整体呈橙色。残长6.3、残宽11.2、顶端厚5.8厘米。浇道上半部分比例较大，占3/4以上，斜坡相对较斜直，倾斜角较大，下半部分梯形斜坡较小，从顶面看其平面呈扇形，浇道长3.0、浇道宽4.6、a=3.6、b=3.3、c=4.3厘米。为大型铧芯。

标本H36②：y77（图二二一，8），残存顶端右部，仅1块残块，重280克。细砂质，整体呈橙色。表面有灰黑色浇铸痕迹，大面积脱落。残长8.1、顶端残宽5.6、残存最下端宽3.6、浇道残宽3.2、顶端厚4.0、最厚处厚6.4厘米。为大型铧芯。

标本H36②：y89（图二二一，9），残存顶端部分，仅1块残块，重310克。细砂质，整体呈橙色，残长7.9、最宽处宽9.6、顶端宽7.4、残存最下端宽9.2、顶端厚3.6、最厚处厚4.8厘米。分型面斜长2.7、分型面高2.5厘米。浇道由上下两部分组成，上半部分占3/4。浇道做法为先切出下半部分梯形斜坡浇道，然后向内切出切口，再由左到右切出顶面呈扇形弧面。浇道长2.6、浇道宽4.4、a=2.1、b=1.2、c=2.7厘米。为小型铧芯。

镢芯　2件。

标本H36：y117（图二二一，4），残存顶端浇道部分，仅1块残块，重60克。细砂质，整体呈深灰色。表面有涂料层，小面积脱落，烧结程度高。残长4.0、顶端宽4.3、顶端厚2.8厘米。浇道残长4.0、浇道宽（上）2.0、浇道残存最下端宽2.8厘米。

标本H36：y114（图二二一，6），残存上半部分，仅1块残块，重80克。整体呈楔形，细砂质，棕色。表面有涂料层，小面积脱落，烧结程度高。銎部末端粘附有铁渣。残长8.8、残存最上端宽5.0、残存最下端宽3.6、残存最上端厚2.6、残存最下端厚1.3厘米。浇道平面呈梯形，底端左侧突然变宽，浇道壁出现转角，浇道底端左高右低，浇道残长4.3、浇道宽（下）2.4厘米。銎部残长4.5、顶端宽3.7厘米。

### 3. 鼓风管与炉壁

共出土第二类鼓风管残块990克，第三类鼓风管残块1 240克，第四类鼓风管残块200克，第一类或第二类鼓风管残块130克。第一类炉壁残块190克。

鼓风管　5件。

标本H36：y129（图二二〇，4），仅1块残块，能判断弧度，与y128可能属同一个体，可能位于鼓风管朝下部分。草拌泥质，细砂含量少，草拌泥含量不高，质地致密，整体呈橙色与棕红色。末端管壁较薄。至少分三层，最外侧熔融层，第二层较粗草拌泥层，第三层较细草拌泥层。残长7.2、残宽7.2、无熔融部分厚1.7～3.7、第二层厚1.5、第三层厚2.2、复原内径（末端）为9.0厘米，重160克。最外层熔融程度高，表面有蜂窝孔。

标本H36：y131（图二二二，2），仅1块残块，能判断弧度，可能为顶吹式鼓风管。含大量白色粗砂粒，与耐火材料相似。内侧面微弧，顶端向外侧翻。残长6.5、残宽7.4、复原内径（末端）为11.0厘米，重130克。顶端至少分两层，第一层厚3.0、第二层厚2.5厘米。最外层熔融层较厚，熔融程度高，末端壁熔融至0.6厘米。

标本H36：y136（图二二二，3），仅1块残块，不能判断弧度，可能为熔炉鼓风管。泥质，含砂量不高，整体呈橙色。器壁甚薄，内侧较粗糙，外侧一端较厚，另一端较薄。残长6.7、残宽5.7厘米，分两层，外层厚约0.7、内层厚约0.6～1.3厘米，重50克。仅内壁有与高温接触现象，但温度不高，内侧表面呈灰黑色，未见熔融层。

标本H36：y144（图二二二，6），仅1块残块，不能判断弧度。砂质，含大量白色砂粒，质地疏松，整体呈橙色。残长11.0、残宽9.3、厚约2.0厘米，重210克。熔融层集中于管身末端。

标本H36：y128（图二二二，8），仅1块残块，能判断弧度，鼓风管应为顶吹式鼓风管。草拌泥质，细砂含量少，草拌泥含量不高，质地致密，整体呈橙色与棕红色。顶端较直，底端朝下方转弯，

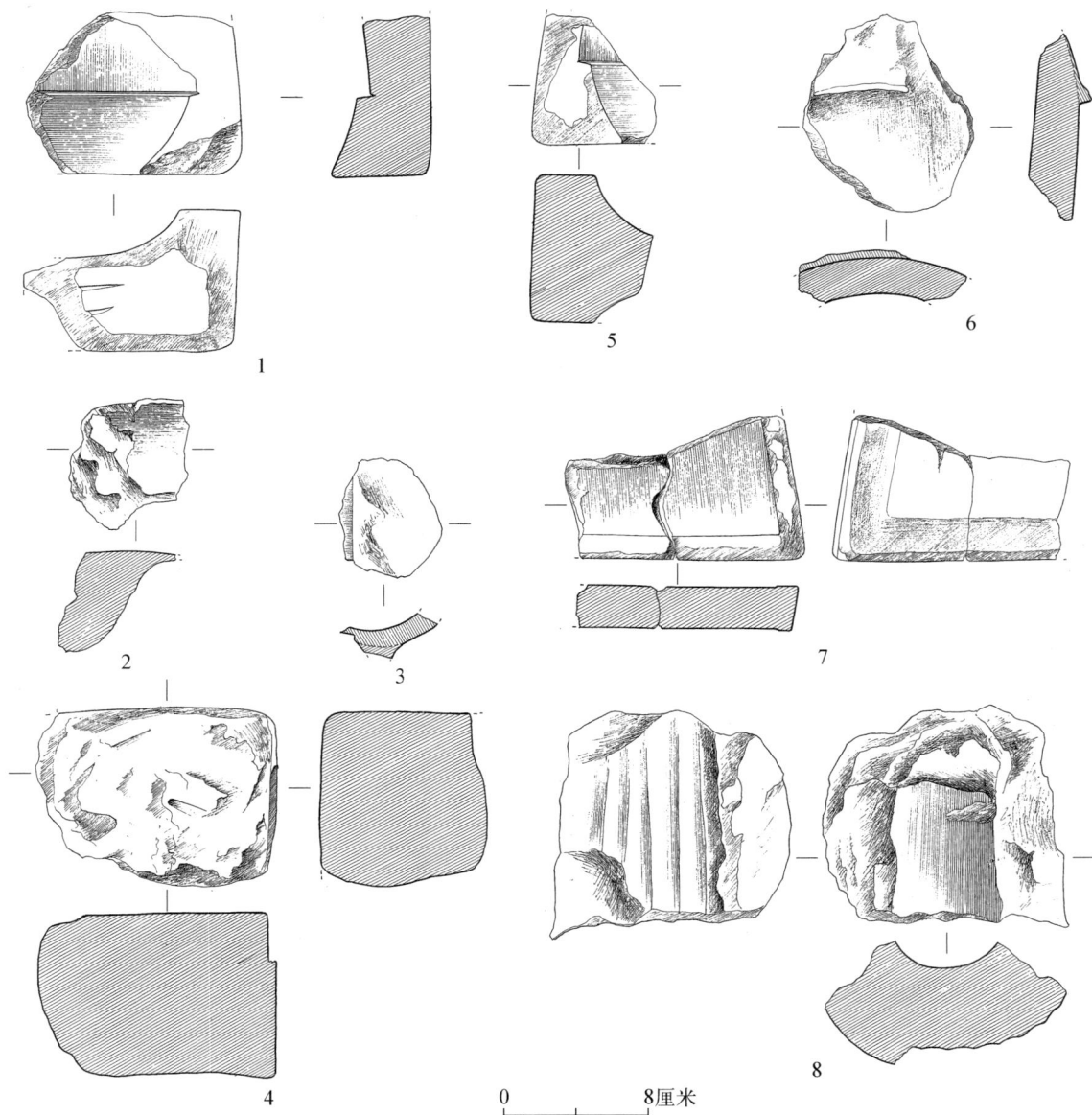

图二二二　2011YFH34、H36出土遗物

1、5.铧范（H36②：y38、H36②：y37）　2、3、6、8.鼓风管（H36：y131、H36：y136、H36：y144、H36：y128）
4.砖（H36②：y173）　7.锄面范（H34①：y5）

管身可能由水平变成垂直方向，侧面看其平面呈"L"形。第一层为熔融层，熔融程度不高，表面未见蜂窝孔，第二层局部出现熔融现象。残长12.4、残宽12.9、第一层厚4～4.3、第二层厚0.9、复原内径为10.0厘米，重830克。

4. 炉渣

共出土炉渣总量为1 380克，其中玻璃态炉渣880克，玻璃态渣、木炭和铁块的混合态渣500克。

标本 H36：y181-1（图二二三，1），第一类渣，样品熔融程度好，主要为玻璃态，包裹有圆滴状铁颗粒，多数铁颗粒经浸蚀后可见磷铁共晶组织。熔炼渣。

标本 H36：y183-1-3（2）（图二二三，2；彩版二三，5），第一类渣，样品熔融程度好，主要为玻璃态，包裹有圆滴状铁颗粒，多数铁颗粒经浸蚀后可见磷铁共晶组织。熔炼渣。

标本 H36：y183-1-3（3）（图二二三，3），第一类渣，样品熔融程度好，主要为玻璃态，包裹有圆滴状铁颗粒，多数铁颗粒经浸蚀后可见磷铁共晶组织。熔炼渣。

标本 H36：y184-1-3（1）（图二二三，4、5；彩版二三，6；彩版二四，1），第二类渣，样品熔融程度好，主要为玻璃态，包裹有圆滴状铁颗粒，多数铁颗粒经浸蚀后可见磷铁共晶组织及片状石墨。样品中还夹杂有少量木炭和大块的灰口铁。熔炼渣。

标本 H36：y184-1-3（3）（图二二三，6；图二二四，1；彩版二四，2、3），第二类渣，样品熔融程度好，主要为玻璃态，包裹有圆滴状铁颗粒，多数铁颗粒经浸蚀后可见磷铁共晶组织及亚共折钢组织，少数较大的金属颗粒中还可见析出的片状石墨。熔炼渣。

标本 H36：y184-1-3（5）（图二二四，2、3；彩版二四，4），第二类渣，样品熔融程度好，主要为玻璃态，包裹有圆滴状铁颗粒，多数铁颗粒经浸蚀后可见磷铁过共晶组织，少数较大的金属颗粒为过共晶白口铁组织。熔炼渣。

标本 H36：y187-1（图二二四，4、5），第二类渣（外观已发现夹杂有锻造剥片），样品熔融程度好，主要为玻璃态，包裹有圆滴状铁颗粒，多数铁颗粒经浸蚀后可见磷铁共晶组织。样品中还残留有大块的木炭组织和锻打剥片。熔炼渣。

标本 H36①：y189-1-2（图二二四，6），第一类渣，样品熔融程度较好，主要为玻璃态，芯部孔洞较多，包裹有圆滴状金属颗粒，玻璃态基体间析出高钙硅晶体。炉壁挂渣。

标本 H36①：y190-1-2（1）（图二二五，1～3；彩版二四，5、6），第一类渣，样品熔融程度好，主要为玻璃态，包裹有圆滴状铁颗粒，多数铁颗粒经浸蚀后可见磷铁共晶组织。样品还残留有小块木炭组织和大块的金属铁，其他金属铁中可见析出的石墨。熔炼渣。

标本 H36①：y190-1-2（2）（图二二五，4），第一类渣，样品熔融程度不佳，主要为玻璃态，包裹有较多未熔化的石英颗粒，局部孔洞较多。包裹的多数圆滴状铁颗粒经浸蚀后可见磷铁共晶组织。炉壁挂渣。


### 5. 铁器与残块

共出土铁器残块5块，器形不辨，共270克。残铁块16块，共380克。另外，在H36的填土中，发现有大量可能和锻打有关的薄铁片。

残铁器　3件。

标本 H36：y120（图二二六，1；彩版二八，6），样品全部锈蚀，但保留有石墨团、铁素体、珠光体组织痕迹。可能为铸造成型，经退火处理。材质为韧性铸铁。

标本 H36：y122，过共晶白口铁+部分位置有片状石墨析出，材质为灰口铁/生铁。

标本 H36：y123，削刀残块，样品主要为铁素体与珠光体组成的亚共析钢组织。含碳量约

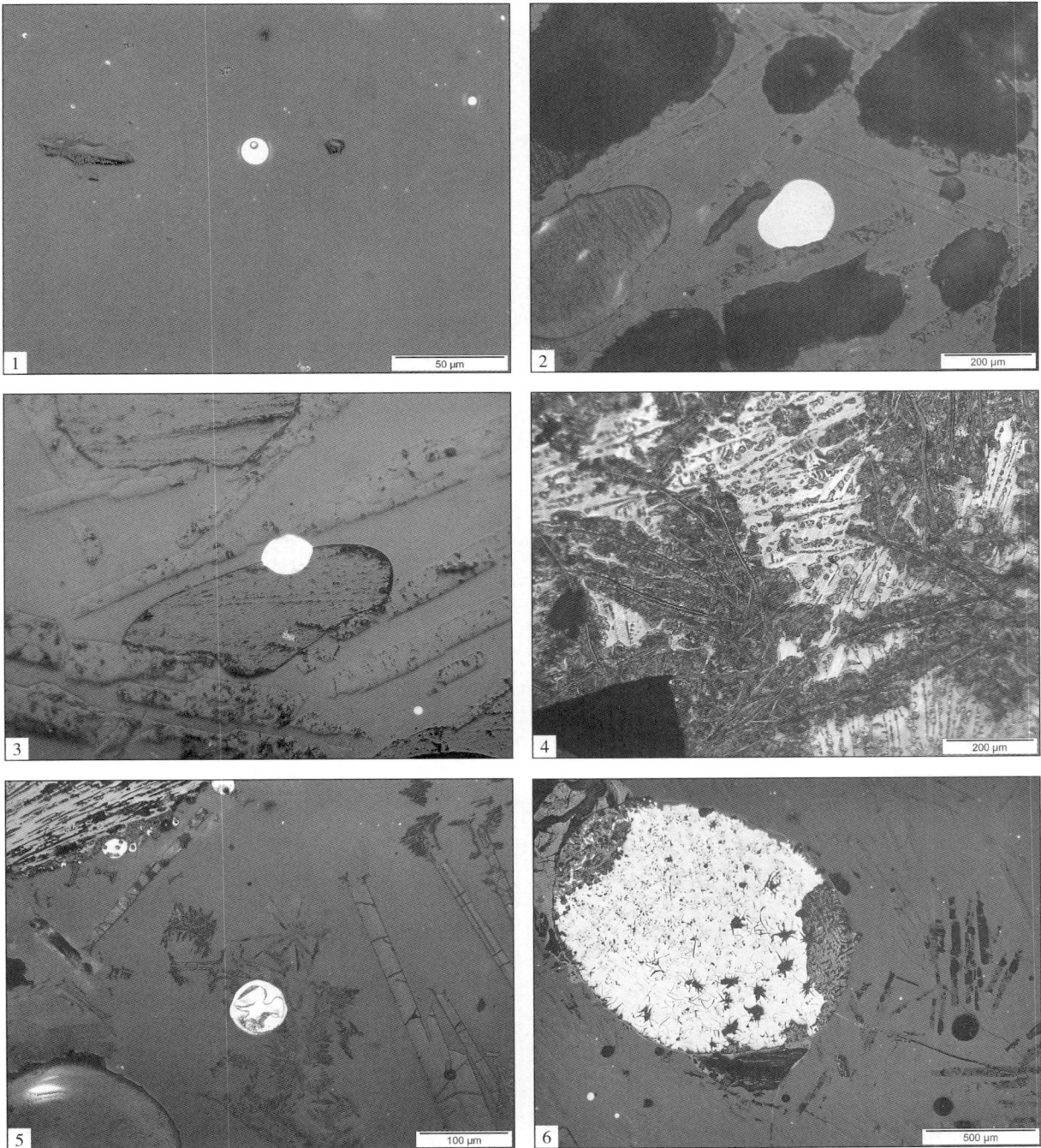

图二二三　2011YFH36出土炉渣金相显微组织结构图（一）

1. H36：y181-1,玻璃相基体间圆滴状铁颗粒　2. H36：y183-1-3（2）,玻璃相基体间大量孔洞和金属颗粒
3. H36：y183-1-3（3）,玻璃相基体间大量孔洞和金属颗粒　4. H36：y184-1-3（1）,浸蚀后共晶白口铁组织间析出片状石墨
5. H36：y184-1-3（1）,浸蚀后磷铁共晶和铁素体组织铁颗粒　6. H36：y184-1-3（3）,较大铁颗粒上的片状/花瓣状石墨

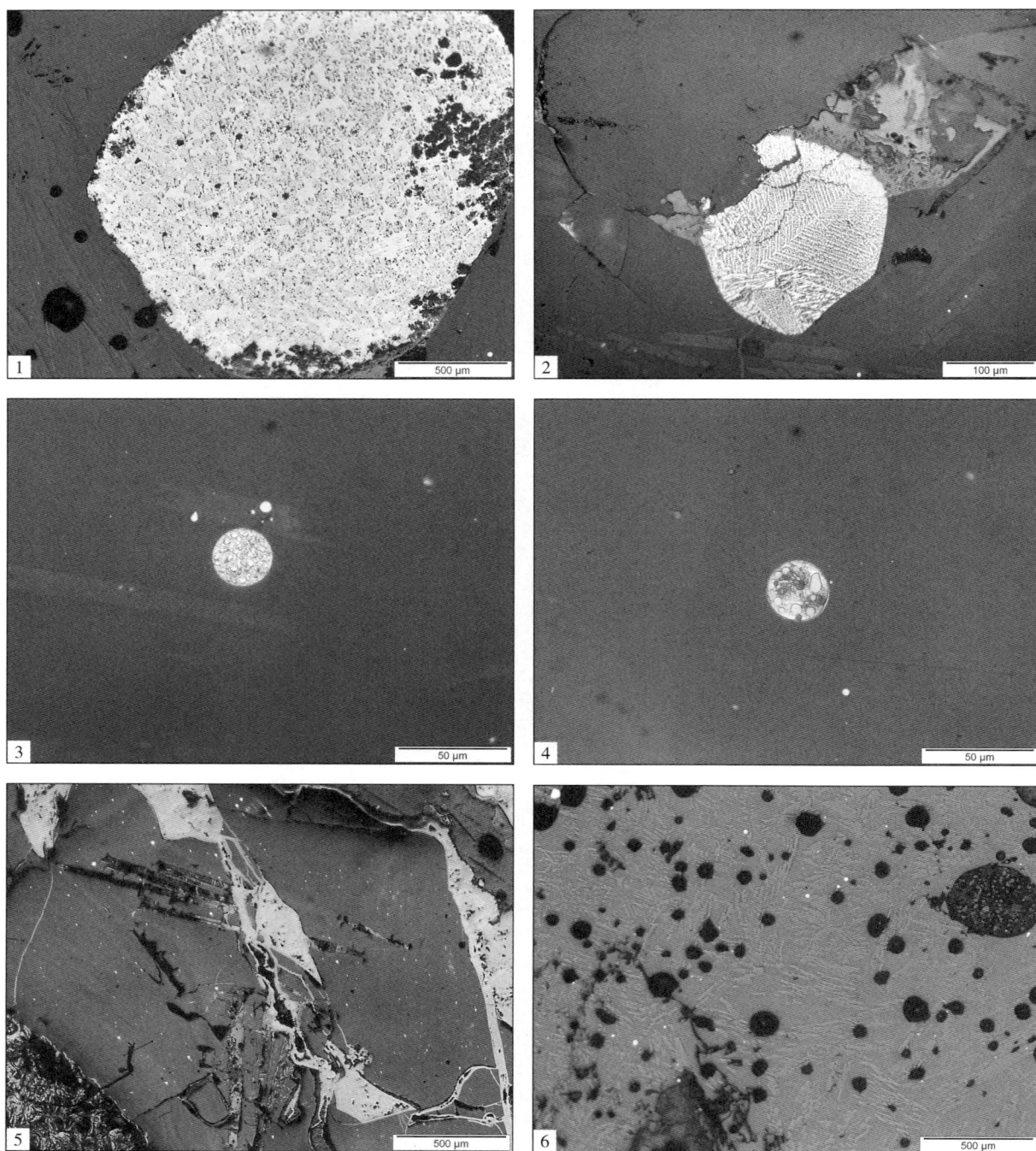

**图二二四　2011YFH36出土炉渣金相显微组织结构图（二）**

1. H36：y184-1-3（3），浸蚀后亚共析钢组织铁颗粒　2. H36：y184-1-3（5），浸蚀后共晶白口铁颗粒
3. H36：y184-1-3（5），浸蚀后磷铁共晶和铁素体组织铁颗粒　4. H36：y187-1，浸蚀后磷铁共晶和铁素体组织铁颗粒
5. H36：y187-1，玻璃相基体上分布较多金属颗粒　6. H36：y189-1-2，玻璃相基体上大量孔洞和条状高钙硅晶体

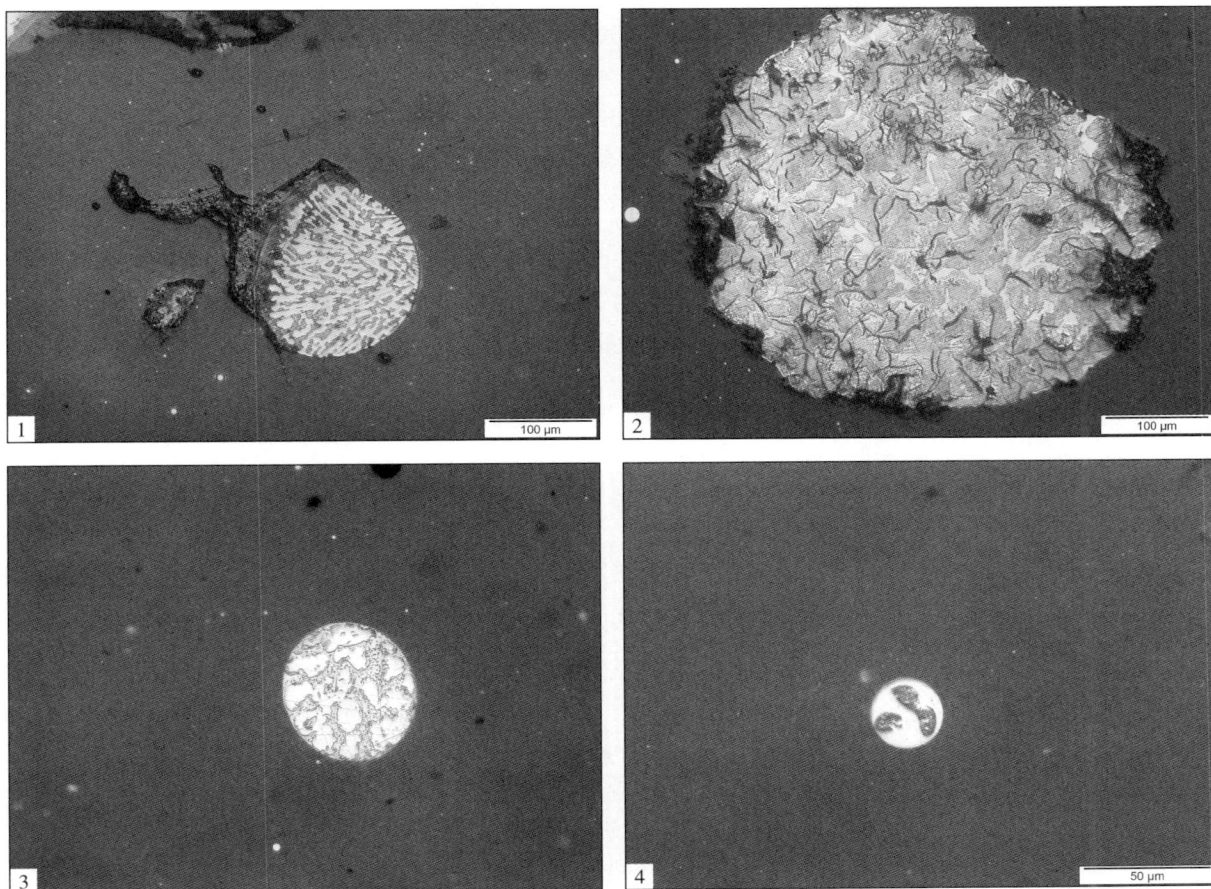

图二二五 2011YFH36出土炉渣金相显微组织结构图（三）

1. H36①∶y190-1-2（1），浸蚀后共晶白口铁颗粒 2. H36①∶y190-1-2（1），浸蚀后珠光体、片状石墨和磷铁共晶铁颗粒
3. H36①∶y190-1-2（1），浸蚀后磷铁共晶和铁素体组织铁颗粒 4. H36①∶y190-1-2（2），浸蚀后磷铁共晶和珠光体组织铁颗粒

0.5%，有铸造缩孔，铁素体晶粒大小均匀，局部存在球状石墨。为铸造成型，经退火处理。材质为铸铁脱碳钢。

残铁块 1件。

标本H36∶y125，过共晶白口铁组织，材质为白口铁/生铁。

## 6. 陶容器

共出土陶容器残片88块，可辨器形釜和鬲1块，约占1.1%；盆和甑33块，约占37.5%；罐和缶18块，约占20.5%；盆或罐底部9块，约占10.2%；瓮1块，约占1.1%；盆或瓮6块，约占

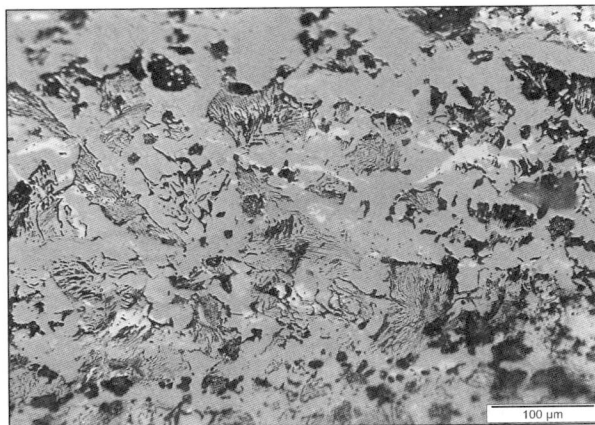

图二二六 2011YFH36出土铁器与残块金相显微组织结构图

H36∶y120，石墨团、铁素体、珠光体组织锈蚀后痕迹

6.8%。纹饰以素面为主，共53块，约占60.2%；旋纹15块，约占17.0%；另有绳纹、戳印纹、弦纹等纹饰。

深腹盆　3件。均为泥质灰陶，平折沿。

标本H36：4（图二二七，4），BaⅠ/Ⅱ式，平折沿，尖圆唇，弧腹，上腹较直，上腹饰有数道旋纹，口径34.0、残高5.8厘米。

标本H36：2（图二二七，7），AⅡ式，折腹，上腹占腹部比例多于1/3，上腹斜收明显，上下腹交界处有一周弦纹，口径32.3、底径14.0、通高16.0厘米。

标本H36：3（图二二七，8），AⅡ式，折腹，上腹微敛较直，上下腹之间有一道弦纹，素面，口径36.2、残高10.1厘米。

罐/缶　1件。

标本H36：6（图二三三，2），罐/缶，泥质灰陶，肩部与腹部交界处微折，腹部饰有戳印纹饰，残高10.3厘米。

小口旋纹罐　1件。

标本H36：1（图二二七，3），小口旋纹罐Ⅳ式，泥质灰陶，溜肩明显，最大径位于器身中部以下位置，腹部饰有旋纹，残高21.3厘米。

鬲　1件。

标本H36②：5（图二二七，6），异型折肩鬲，泥质灰陶，平折沿，方唇，束颈明显，微溜肩，腹部饰有绳纹，口径14.0、残高4.8厘米。

矮直领瓮　2件。均为矮直领，方唇。

标本H36②：8（图二二七，1），矮直领瓮CaⅠ式，泥质灰陶，沿面甚平，肩部较斜直，残高5.6厘米。

标本H36：7（图二二七，5），矮直领瓮CbⅡ式，夹砂褐陶，口沿内侧面呈倾斜小台面，外侧有一道旋纹，束颈不明显，广肩，素面，残高4.5厘米。

### 7. 建筑材料

共出土陶瓦70片，主要为板瓦和筒瓦。另出土少量砖块。

砖　2件。均为橙色，基本不见砂粒。

标本H36：y168（图二二〇，8），仅1块残块，一面较平整光滑，其他面都比较粗糙，残长15.8、残宽10.3、厚6.2～8.2厘米。

标本H36②：y173（图二二二，4），仅1块残块，表面较粗糙，残长13.3、残宽10.2、厚约9.0厘米。

### 8. 动物遗存

出土可鉴定的动物遗存包括黄牛、犬、鸟、鱼和小型哺乳动物（鼠）。黄牛的腕骨（左）2块，犬的趾骨（未知）1块，鸟的肢骨3块和尺骨（左）1块，鱼骨3块，小型哺乳动物（鼠）的下颌骨（右）2块、游离齿（未知）4块、跖骨（未知）4块、寰椎1块、尺骨（左）4条和肋骨3条，小型哺乳动物的头骨1块、下颌骨（左）2块、骨盆（左）1块、肋骨8条和肢骨1条，中型哺乳动物的头骨1块、脊椎1块

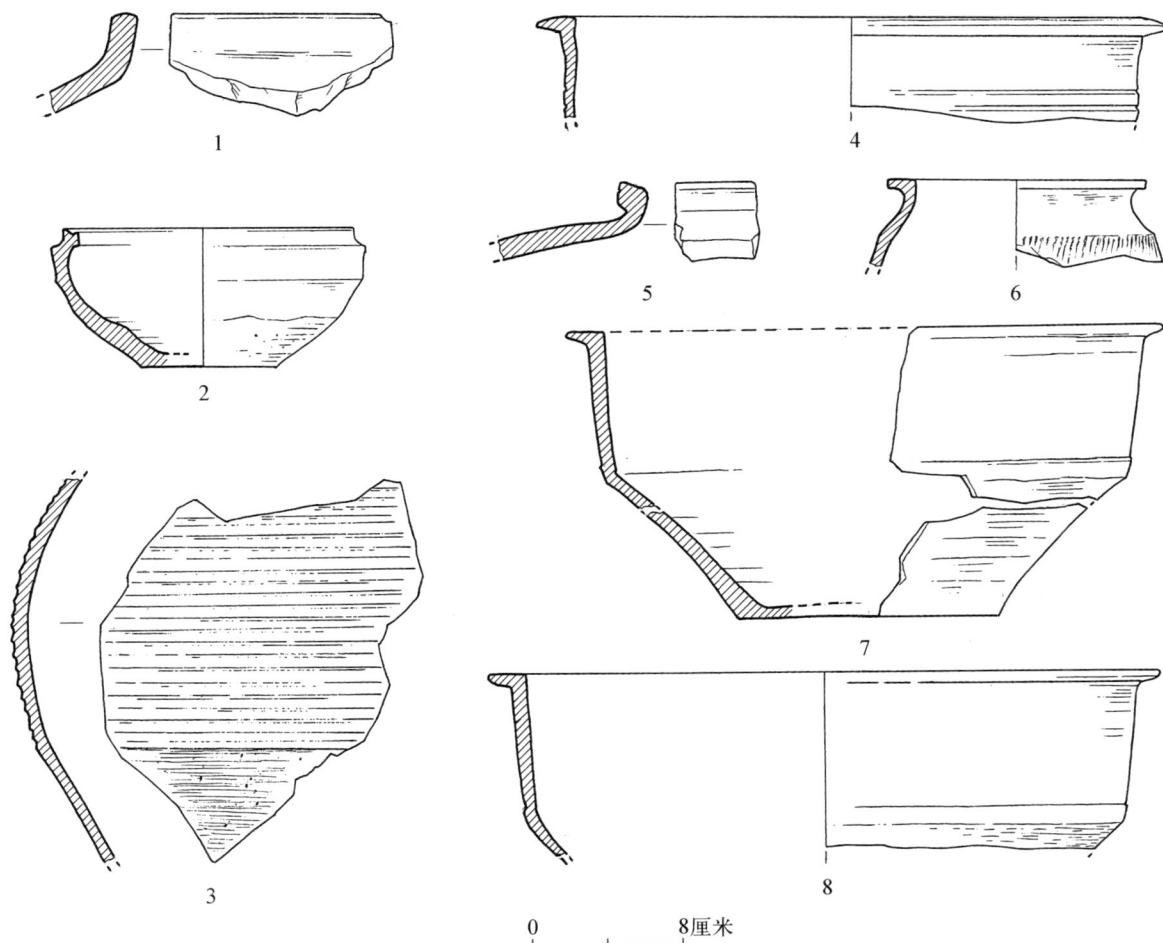

图二二七 2011YFH36、H38出土陶器(一)

1、5.矮直领瓮(H36②:8、H36:7) 2.钵(H38⑥:4) 3.小口旋纹罐(H36:1)

4、7、8.深腹盆(H36:4、H36:2、H36:3) 6.鬲(H36②:5)

和肢骨3条及哺乳动物的籽骨1块。需要注明的是,出土的鱼骨、鸟肢骨和小型哺乳动物骨骼体积甚小,甚至小于一般筛网的网孔,是在收集土壤中以浮选方法发现的。因此原来鱼或鸟一类动物遗存的数量应更多。

### 9. 植物遗存

浮选所得的植物遗存包括小麦2粒及大量黍亚科和藜科杂草。该单位土壤中植硅体分析结果见附表二三。

### 10. 其他

改型陶范 2件。均为细砂质。

标本H36①:14(图二二八,3),浅红色,涂料层脱落严重,保存较差,残长5.9、宽3.6、厚2.9厘

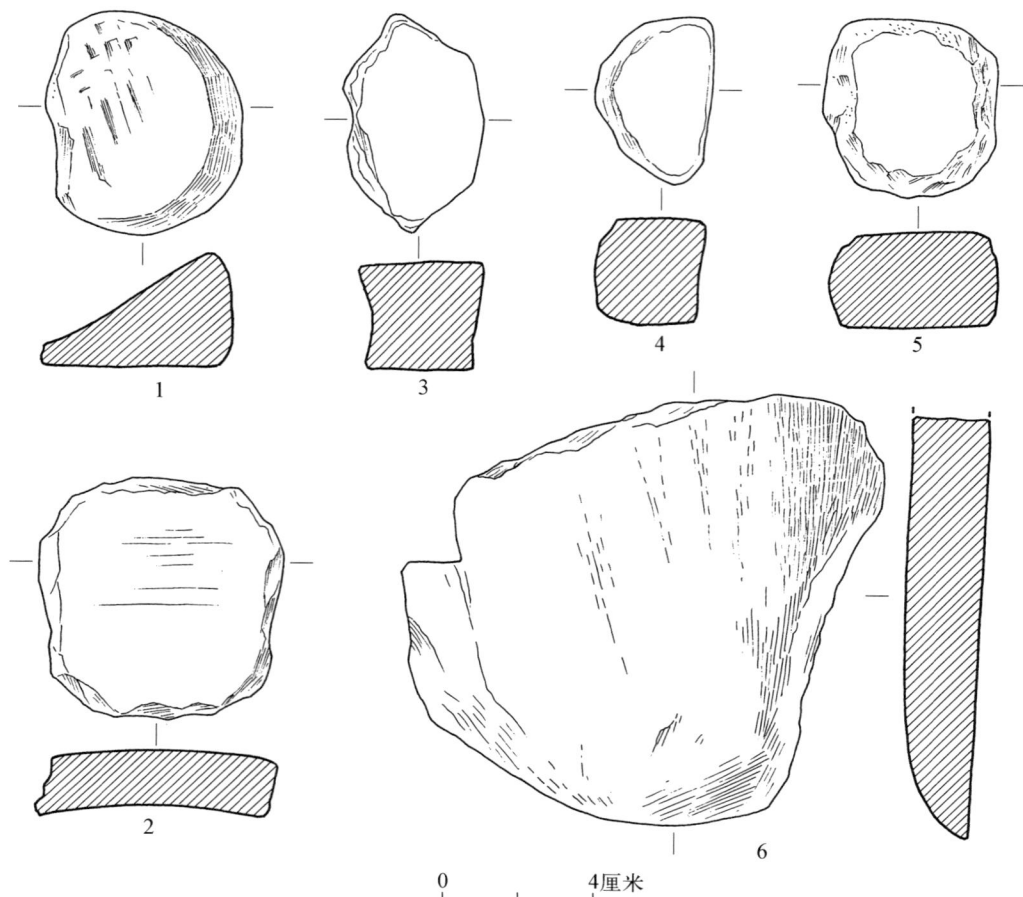

**图二二八　2011YFH35、H36、H39出土遗物**

1. 石支垫（H39③：33）　2. 圆陶片（H39③：32）　3、4. 改型陶范（H36①：14、H36②：15）
5. 圆陶范（H36②：16）　6. 石器（H35：26）

米，重63克。

标本H36②：15（图二二八，4），浅灰色，表面涂料层脱落严重，残长4.6、宽3.1、厚2.8厘米，重39克。

圆陶范　1件。

标本H36②：16（图二二八，5），浅灰色，细砂质，表面有白色涂料层，部分脱落，直径约4.8、厚2.5厘米，重72克。

# 4.35　2011YFH37

## 1. 形制与堆积

H37（图二二九），位于T7西南部，东邻H35，开口于①层下，被H35打破，打破生土。一部分

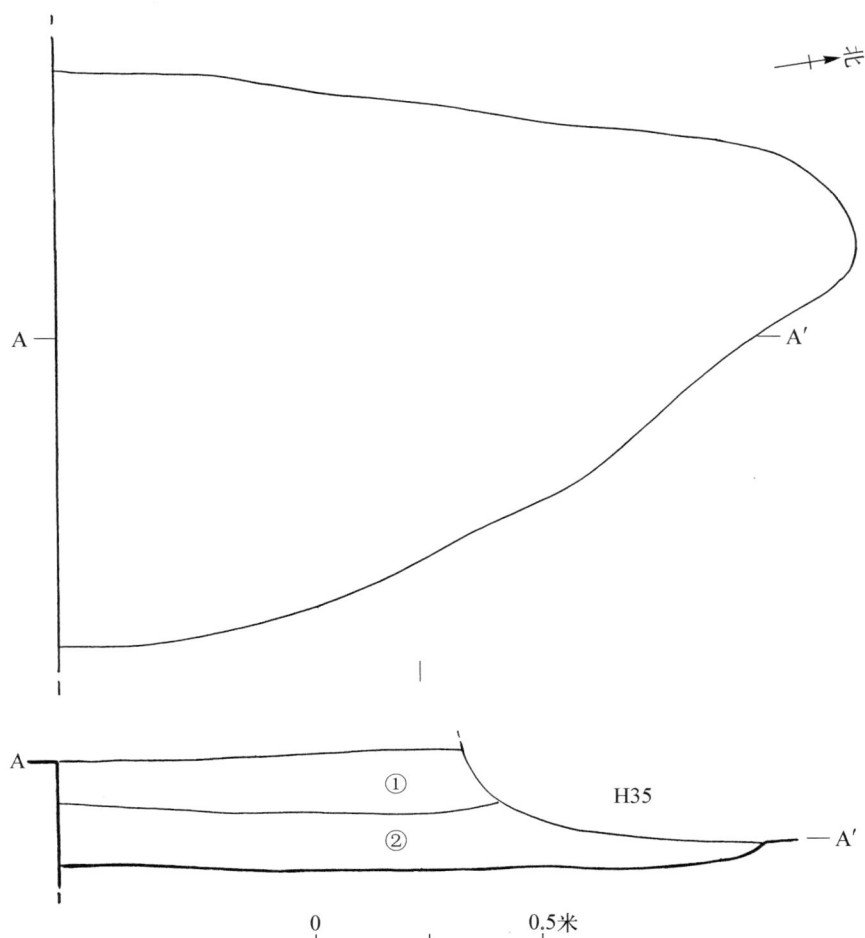

图二二九 2011YFH37平、剖面图

在探方外,未进行发掘,口部呈半椭圆形,壁呈坡状,底部不明显,较平整。口部南北长180、东西宽40~133、口距地表15、底距地表45、自深30厘米。无工具痕迹。

堆积可分为2层:①层,灰褐色,土质疏松,颗粒状黏土,遍布整个灰坑,厚10~15厘米,包含有陶片、石块、姜石、木炭等。②层,黑灰色,土质松散,沙黏土,厚10~15厘米,无包含物。

## 4.36 2011YFH38

### 1. 形制与堆积

H38(图二三〇),位于T7东部中间,西邻H35,开口于②层下,被H35打破。口部呈长方形,四角呈圆角,壁呈直筒状,底部外弧略大于口部。口部南北长225、东西宽130、口距地表20、底距地表200、自深180厘米。坑壁平整光滑,经过修整加工,但未见工具痕迹。坑底无加工痕迹且粗糙。

堆积可分为11层:①层,深褐色,土质疏松,分布在灰坑南端东部,平面呈长条形,厚30厘米,

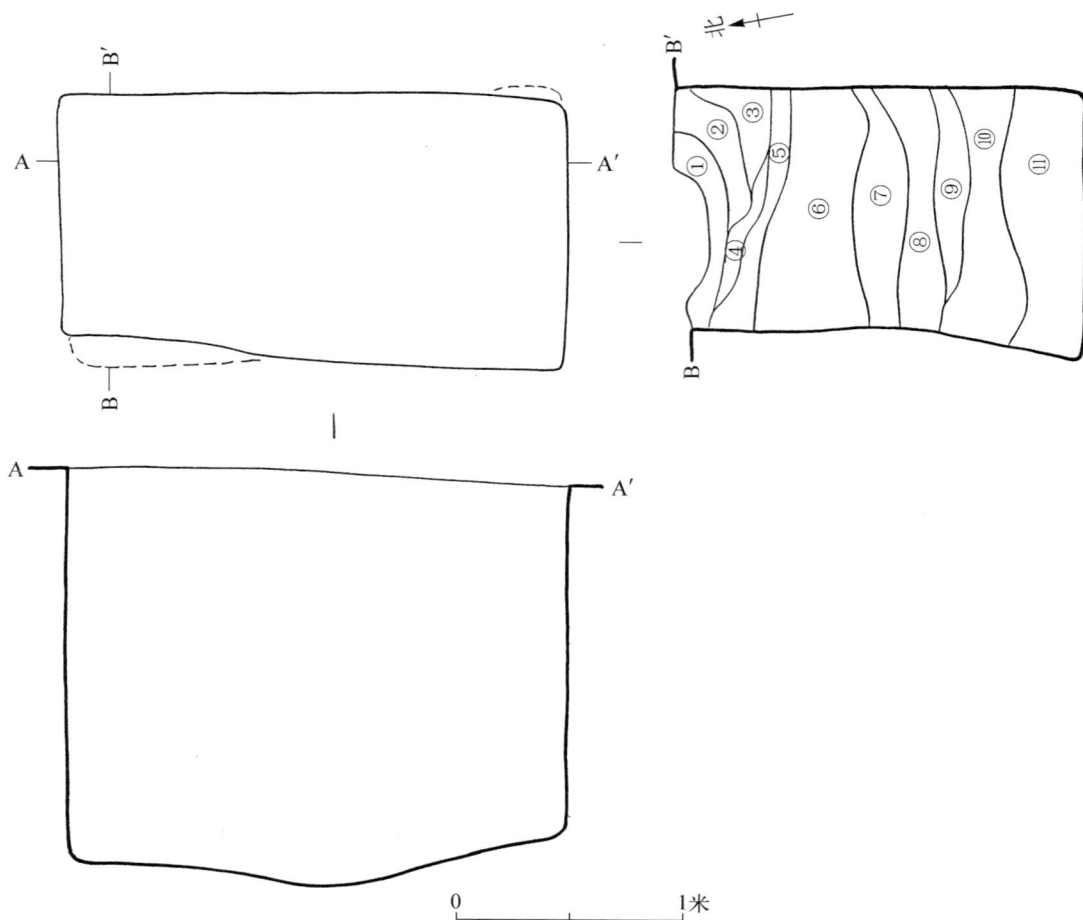

图二三〇 2011YFH38平、剖面图

包含有石块、姜石等。②层,灰褐色,土质较硬,分布于灰坑北部,自东向西倾斜,厚13厘米,包含有陶片等。③层,深褐色,土质较疏松,遍布整个灰坑,呈坡状堆积,西北薄东南厚,厚7～50厘米,内有薄薄的红土层,包含有陶片、石块、姜石等。④层,青灰色泛白,土质疏松,小颗粒状,分布在灰坑北端,厚0～13厘米。⑤层,灰褐色,较第④层泛青,土质较疏松,颗粒状,遍布整个灰坑,厚11～34厘米,包含有陶片、兽骨、石块等。⑥层,青灰色,土质疏松,粉状沙黏土,遍布整个灰坑,北高南低的坡状堆积,厚7～58厘米,包含有陶片、兽骨、石块等。⑦层,灰褐色,土质硬,分布在灰坑北部到中南部,厚10～23厘米,包含有陶片、兽骨、石块等。⑧层,较⑦层土色泛黄,花土,土质疏松,厚16～35厘米,包含有陶片、姜石等。⑨层,花土,土质硬,夹有一定的黄土块,厚0～27厘米,包含有大量的姜石、陶片等。⑩层,青灰色花土,土质硬,遍布整个灰坑,厚11～33厘米,包含有陶片、姜石等。⑪层,灰黑色,土质硬,淤土,遍布整个灰坑,厚23～39厘米,包含有陶片、姜石、石块等。

### 2. 陶容器

共出土陶容器残片207块,可辨器形釜和鬲153块,约占73.9%;盆和甑12块,约占5.8%;罐和缶7块,约占3.4%;盆或罐底部24块,约占11.6%;盆或瓮7块,约占3.4%。

深腹盆 1件。

标本H38:1(图二三三,3),AⅠ式,泥质灰陶,卷沿,圆方唇,唇面有一道旋纹,折腹,平底,上腹微敛较直,上腹占腹部的比例不到1/3,素面,口径24.8、通高10.9厘米。

釜 10件。均为夹砂质。

标本H38⑦:9(图二三一,2),AbⅠ式,褐陶,卷沿,直方唇,唇面有一道旋纹,领部较高,束颈较明显,圆肩微隆,腹部饰有绳纹,绳纹印迹较深,残高8.0厘米。

标本H38⑥:6(图二三一,3),Aa型,灰陶,卷沿方唇,沿下角小于90°,圆肩,鼓腹不明显,颈、

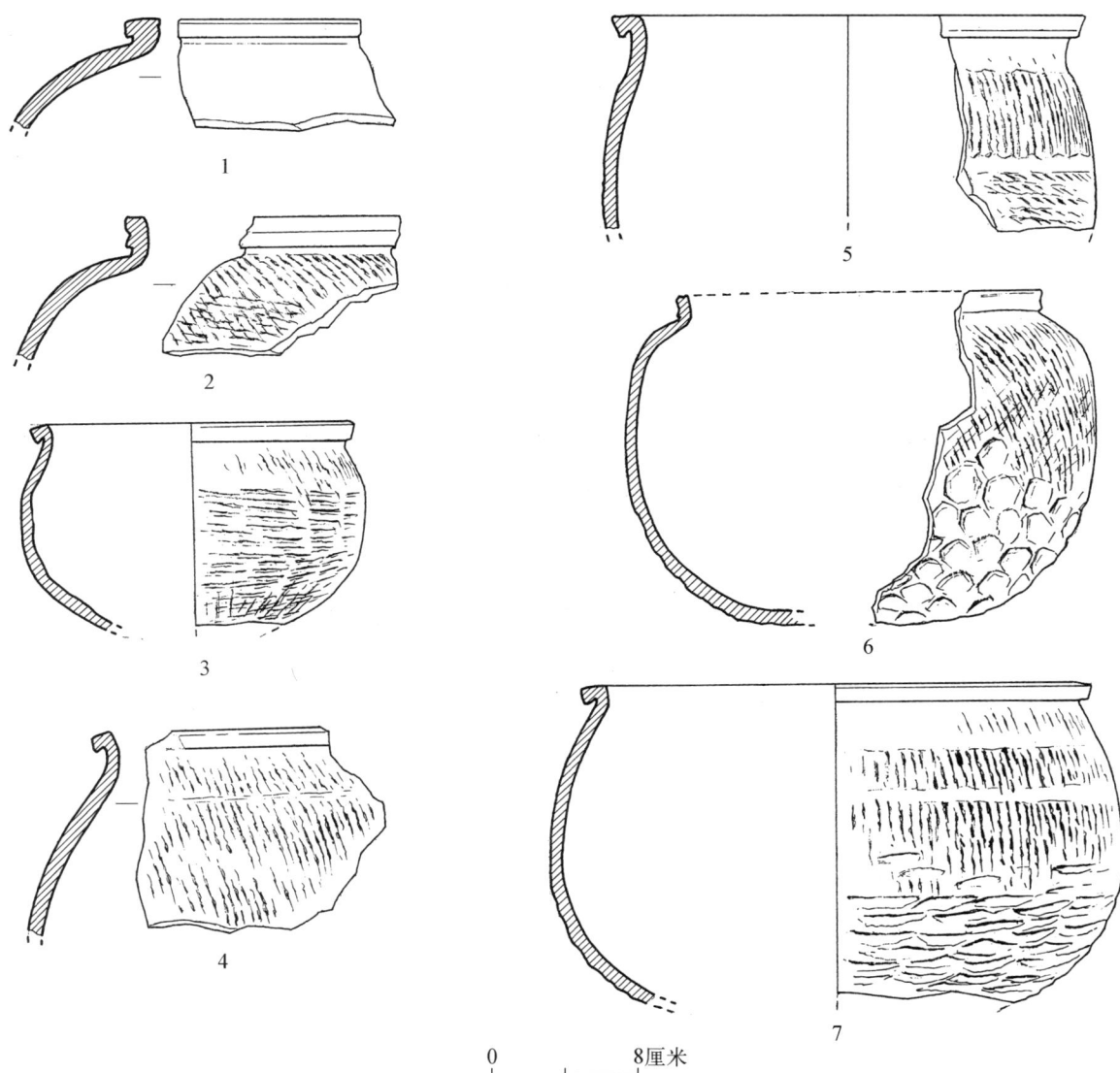

图二三一 2011YFH38出土陶器(一)

1.无领瓮(H38⑦:2) 2~7.釜(H38⑦:9、H38⑥:6、H38⑥:12、H38⑥:8、H38③:13、H38⑥:5)

腹部基本无分界,表面饰有绳纹,口径17.9、残高11.6厘米。

标本H38⑥:12(图二三一,4),Aa型,灰陶,卷沿方唇,沿下角接近90°,圆肩,鼓腹不明显,颈、腹部基本无分界,表面饰有绳纹,残高11.4厘米。

标本H38⑥:8(图二三一,5),Aa型,灰陶,卷沿方唇,沿下角接近90°,圆肩,鼓腹不明显,颈、腹部基本无分界,表面饰有绳纹,绳纹印迹较深,口径26.2、残高12.2厘米。

标本H38⑥:5(图二三一,7),Aa型,褐陶,卷沿方唇,沿下角小于90°,圆肩,鼓腹不明显,颈、腹部基本无分界,表面饰有绳纹,口径28.2、残高18.0厘米。

标本H38:7(图二三二,1),AbⅠ式,灰陶,卷沿,直方唇,领部较高,束颈较明显,圆肩,肩部微隆,腹部饰绳纹,绳纹印痕较深,口径32.1、残高14.2厘米。

标本H38⑦:11(图二三二,2),AbⅠ式,灰陶,卷沿,直方唇,唇面有一道旋纹,领部较高,束

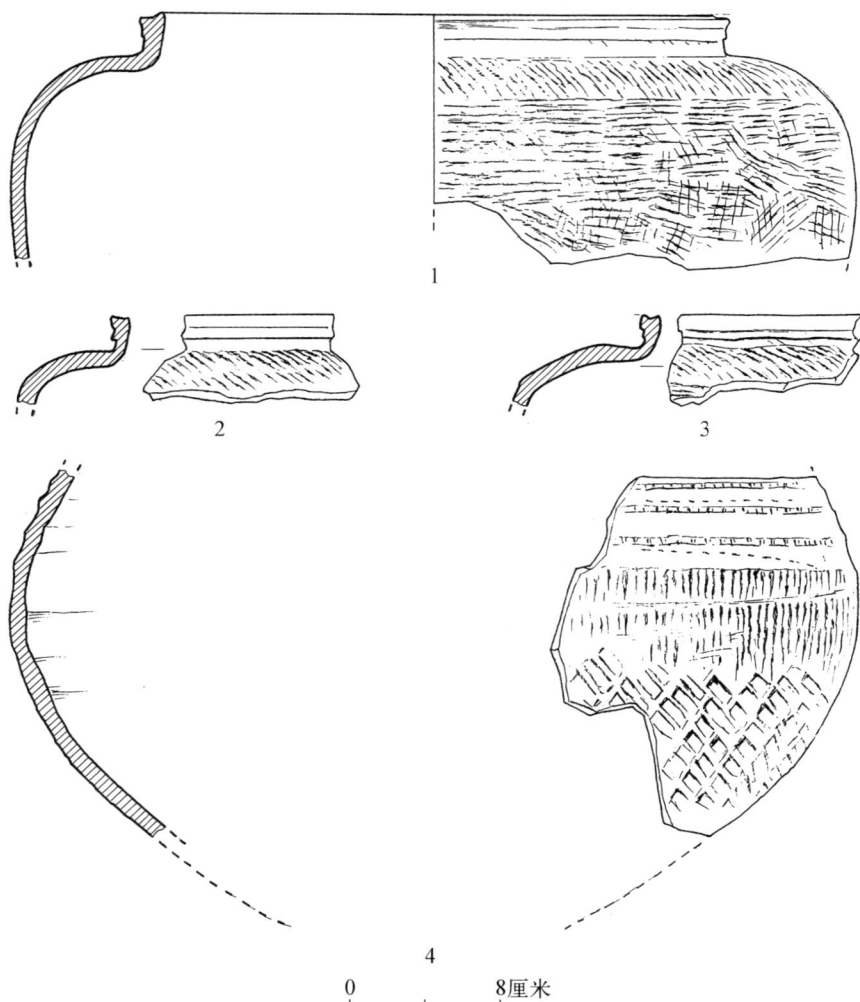

图二三二　2011YFH38出土陶器(二)

1~4.釜(H38:7、H38⑦:11、H38:10、H38:15)

颈较明显,圆肩微隆,腹部饰有绳纹,绳纹印迹较深,残高4.9厘米。

标本H38：10(图二三二,3),Ab Ⅰ式,灰陶,卷沿,直方唇,唇面有一道旋纹,领部较高,束颈较明显,圆肩微隆,腹部饰有绳纹,残高5.2厘米。

标本H38：15(图二三二,4),疑为圆肩釜腹部残片,口部已残,灰陶,肩部较斜直,腹部微鼓,表面饰有绳纹,腹径46.1、残高20.0厘米。

标本H38③：13(图二三一,6),D型,高形釜,灰陶,卷沿,圆方唇,沿下角较大,基本无领,圆肩,鼓腹不明显,颈、腹部基本无分界,整体可能甚为圆鼓,底部饰方格纹,口径20.3、通高19.0厘米。

钵 1件。

标本H38⑥：4(图二二七,2),钵,泥质灰陶,方唇,唇面有一道凹槽,领部甚矮,折肩,素面,口径15.6、通高7.8厘米。

无领瓮 2件。均为泥质灰陶,矮直领,方唇。

标本H38⑦：2(图二三一,1),无领瓮Ⅰ式,沿面甚平,微束颈不明显,肩部较斜直,微溜肩,残高6.4厘米。

标本H38⑥：3(图二三三,1),无领瓮Ⅰ式,沿面甚平,微束颈不明显,肩部较斜直,微溜肩,口径28.0、残高6.6厘米。

### 3. 建筑材料

仅出土陶瓦7片。

板瓦 1件。

标本H38②：21(图二一五,3),泥质灰陶,周边残缺不整。瓦头平整,近内侧面有一周绳纹。表面交错绳纹和斜绳纹相间分布,近瓦头处纹饰被几周旋纹隔断,残留中间部位纹饰也被抹去,

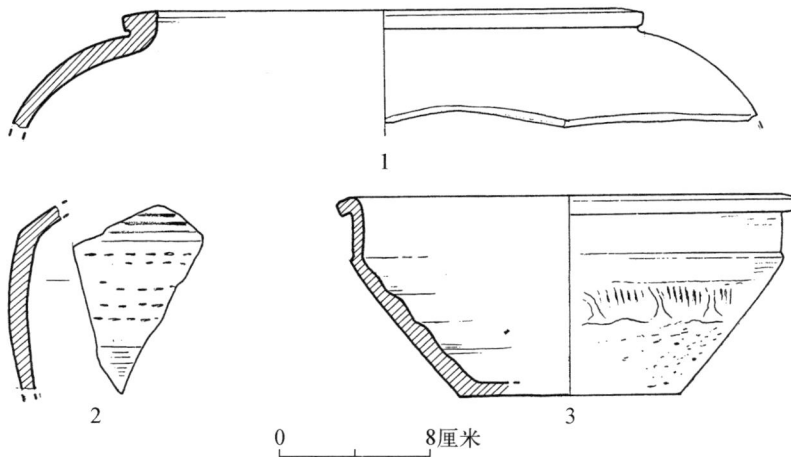

图二三三 2011YFH36、H38出土陶器（二）

1.无领瓮(H38⑥:3) 2.罐/缶(H36:6) 3.深腹盆(H38:1)

形成一道旋纹。内侧面略起伏不平。整体微凸,残长17.8、残宽16.0、厚1.0厘米。

### 4. 石器

石器　1件。

标本H38④:20(图二三七,3),器体基本呈长方形,最顶端(或底端)部分略有弯曲,残长18.6、宽5.4～7.1、厚0.8～2.3厘米,重450克。

### 5. 动物遗存

出土较多的动物遗存,可鉴定的种属包括猪、黄牛、山羊、羊、犬、兔和小型哺乳动物(鼠)。猪的游离齿(未知)1块和跖骨(未知)2块,黄牛的头骨2块、角心2块和掌骨1块,山羊的股骨(右)2条,羊的肋骨1条,犬的头骨7块、上颌骨2块、下颌骨5块、上颌骨与鼻骨(右)1块、上颌骨与颧骨(左、右)4块、游离齿(右)1块、跟骨(左)1块、跗骨(左)1块、掌骨(左)2块、跖骨(左)2块、趾骨1块、趾骨/跖骨(未知)1块、股骨3条和肋骨(左)3条,兔的下颌骨(左)1块和桡骨(左)4条,小型哺乳动物(鼠)的上颌骨(右)2块和股骨(左)3条,小型哺乳动物的股骨1条,小型/中型哺乳动物的肢骨/肋骨1条,中型哺乳动物的脊椎3块、肢骨1条、肋骨7条和肢骨/肋骨6条,大型哺乳动物的肢骨2条。当中犬个体数的比例最高。

### 6. 植物遗存

浮选所收集的植物遗存较多,包括粟30粒、黍1粒、小麦7粒、大麦2粒及谷物残片6粒。但在土壤样品中亦较多见藜科和黍亚科一类的杂草。该单位土壤中植硅体分析结果见附表二三。

## 4.37　2011YFH39

### 1. 形制与堆积

H39位于T12的中部,开口于①层下。口部呈半圆形,底部凹凸不平。口部南北长320、东西宽、口距地表24、底距地表146、自深122厘米。坑壁保存较差,未发现任何工具或修整痕迹。

堆积可分为7层:①层,浅黄褐色,土质松散,厚0～25厘米,包含有陶片和红烧土点。②层,灰色,土质疏松,厚0～59厘米,包含有陶片和烧青砖。③层,淤土,厚10～51厘米,包含有少许陶片。④层,黄褐色,土质松散,厚0～25厘米,无包含物。⑤层,浅褐色,土质松散,厚0～31厘米,无包含物。⑥层,淤土,土质松散,厚11～21厘米。⑦层,浅褐色,土质较硬,厚0～18厘米,无包含物。

### 2. 陶容器

共出土陶容器残片663块,当中釜和鬲187块,约占28.2%;盆和甑199块,约占30.0%;罐

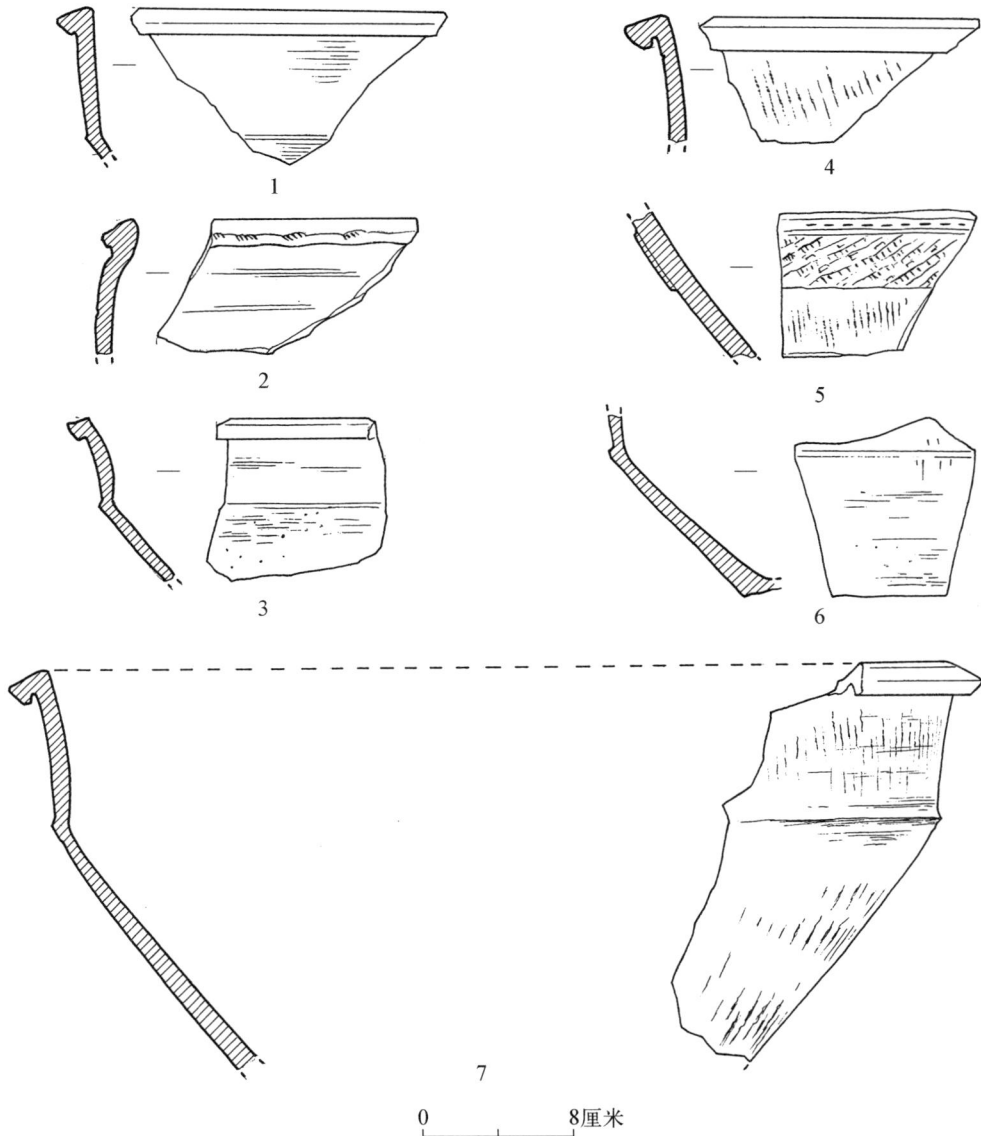

图二三四　2011YFH39出土陶器（一）

1、3、7. 深腹盆（H39②：1、H39③：2、H39③：26）　2. 无领瓮（H39③：9）　4～6. 盆（H39③：5、H39③：4、H39②：7）

和缶37块，约占5.6%；盆与罐底部77块，约占11.6%；瓮2块，约占0.3%；盆或瓮160块，约占24.1%。

盆　6件。均为泥质灰陶，较残而无法区分型式。

标本H39③：5（图二三四，4），盆，平折沿，方唇，上腹较直，沿下饰绳纹，绳纹印迹模糊，残高7.1厘米。

标本H39③：4（图二三四，5），楔形绳纹拓片标本，腹部戳印有一周楔形绳纹，其上下各有一道旋纹，残高8.1厘米。

标本H39②：7（图二三四，6），盆，折沿，上下腹之间有一周弦纹，残高10.0厘米。

标本 H39②：12（图二三六，3），残片无法分型式，平折沿，尖圆唇，沿面外侧有一道旋纹，上腹微敛较直，素面，残高5.9厘米。

标本 H39③：10（图二三六，8），盆，平折沿，溜肩，素面，残高9.1厘米。

标本 H39②：11（图二三六，9），盆，卷沿，尖圆唇，上腹饰有瓦棱纹，残高4.6厘米。

深腹盆　6件。均为泥质灰陶，折腹，平底。

标本 H39②：1（图二三四，1），AⅠ式，平折沿，尖圆唇，折腹，上腹微敛较直，上下腹之间有一周弦纹，残高8.6厘米。

标本 H39③：2（图二三四，3），AⅠ式，平折沿，方唇，折腹，上腹微敛较直，上腹占腹部比例较低，上下腹之间有一周弦纹，残高9.0厘米。

标本 H39③：26（图二三四，7），应属 A 型折腹盆，卷沿方唇，折腹，上腹微敛较直，上腹占腹部比例不到1/3，上下腹交界处有一周弦纹，口径52.3、残高22.0厘米。

标本 H39②：6（图二三五，2），AⅠ式，平折沿，尖圆唇，折腹，平底，上腹微敛较直，上腹占腹部的比例不到1/3，上下腹交界处有一周弦纹，口径27.2、底径10.4、通高12.0厘米。

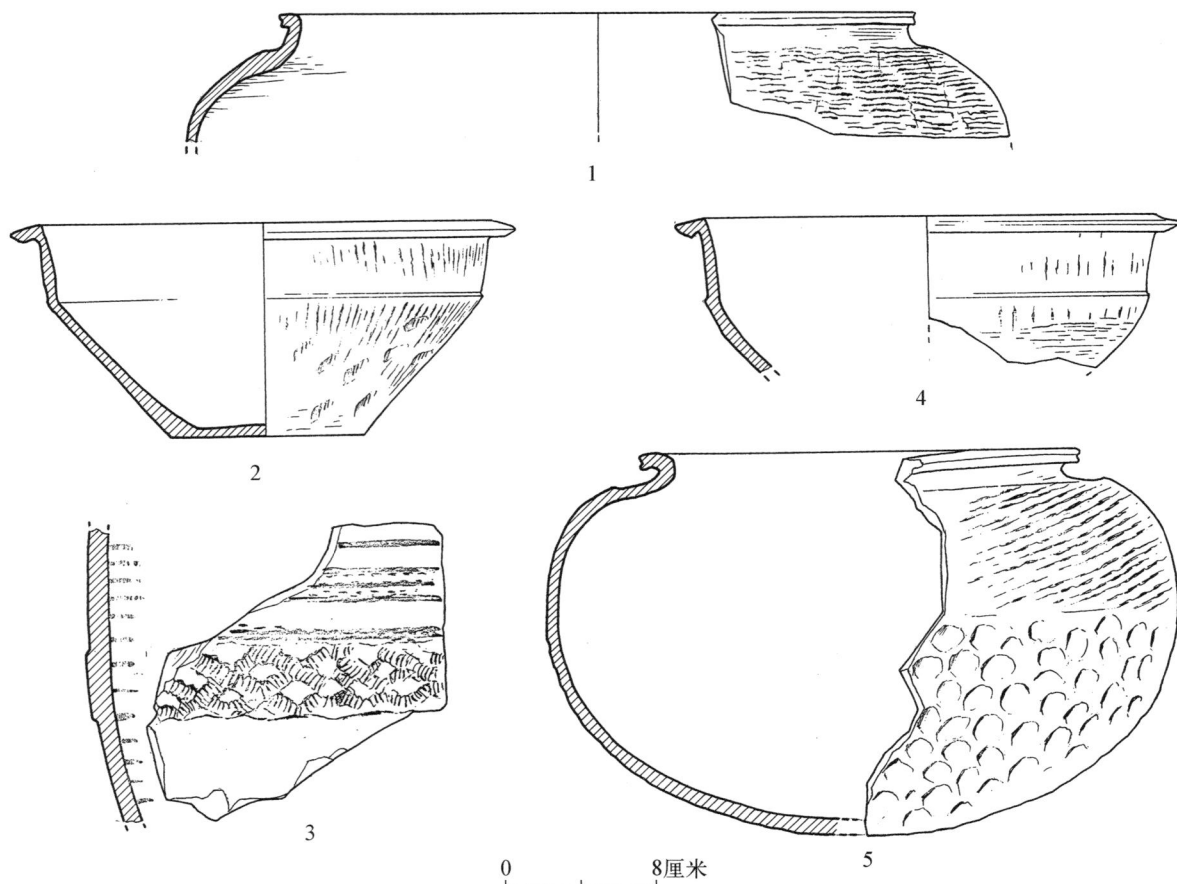

图二三五　2011YFH35、H39出土陶器

1、5. 釜（H39②：21、H39②：13）　2、4. 深腹盆（H39②：6、H39③：8）　3. 盆（H35：16）

标本 H39③:8(图二三五,4),AⅠ式,平折沿,尖圆唇,折腹,上腹微敛较直,上下腹交界处有一周弦纹,口径27.1、残高8.6厘米。

标本 H39③:3(图二三六,14),AⅠ式,平折沿,尖圆唇,折腹,上腹斜收较明显,上下腹之间有一周弦纹,残高15.6厘米。

异形罐 7件。均为灰陶。

标本 H39③:27(图二三六,1),B型,直领罐,泥质,小口鼓腹,圆方唇,素面,口径11.2、残高

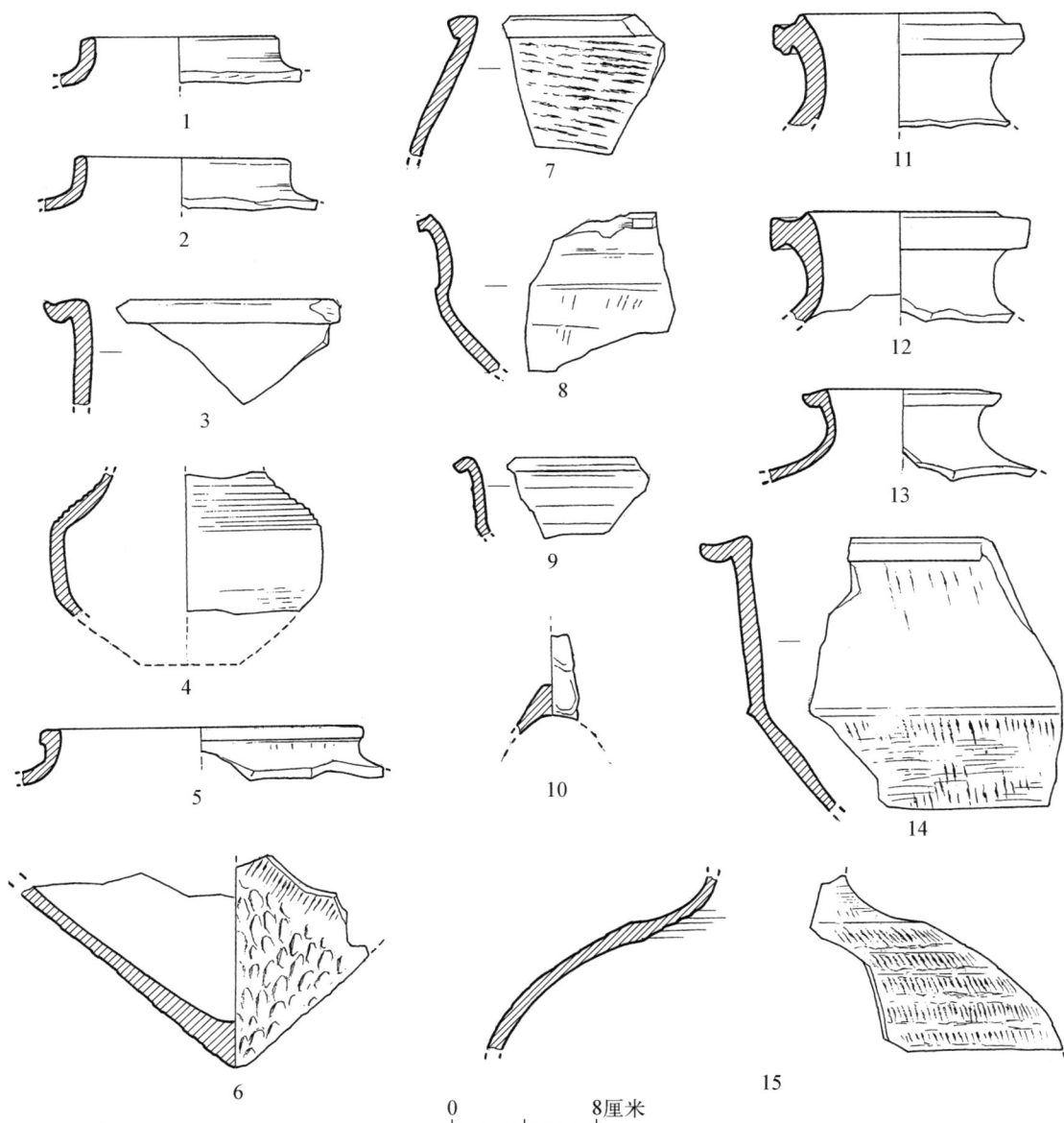

0　　　　8厘米

**图二三六　2011YFH39出土陶器(二)**

1、2、4、5、11~13. 异形罐(H39③:27、H39③:17、H39②:19、H39③:20、H39②:23、H39②:22、H39②:18)
3、8、9. 盆(H39②:12、H39③:10、H39②:11) 6、10. 鬲(H39②:15、H39⑥:14) 7. 釜(H39②:16)
14. 深腹盆(H39③:3) 15. 小口鼓腹罐(H39:24)

2.6厘米。

标本H39③：17（图二三六，2），B型，直领罐，泥质，小口鼓腹，圆方唇，微溜肩，口径12.1、残高3.0厘米。

标本H39③：20（图二三六，5），B型，直领罐，泥质，小口鼓腹，平折沿，方唇，微束颈，素面，口径18.2、残高3.1厘米。

标本H39②：23（图二三六，11），C型，厚方唇罐，泥质，沿面有一道凹槽，束颈较明显，素面，口径14.1、残高6.6厘米。

标本H39②：22（图二三六，12），C型，厚方唇罐，泥质，沿面有一道凹槽，束颈明显，器体厚重，素面，口径14.6、残高6.4厘米。

标本H39②：18（图二三六，13），C型，厚方唇罐，夹砂，束颈较明显，领部较高，口径11.2、残高5.4厘米。

标本H39②：19（图二三六，4），A型，微型小口罐，夹砂，肩部近斜直，肩部饰有瓦棱纹，腹部宽15.2、残高8.2厘米。

小口鼓腹罐　1件。

标本H39：24（图二三六，15），小口鼓腹罐，微溜肩，颈、腹间分界不明显，腹部饰有数圈绳纹，残高10.0厘米。

釜　3件。均为夹砂灰陶，卷沿，方唇。

标本H39②：21（图二三五，1），Aa型，领部较高，圆肩，肩部微折，腹部微鼓，腹部饰有绳纹，绳纹印迹较深，口径34.3、残高7.1厘米。

标本H39②：13（图二三五，5），Ab型，基本无领，圆肩，鼓腹不明显，颈、腹部基本无分界，整体甚为圆鼓，底部饰方格纹，口径23.6、通高21.2厘米。

标本H39②：16（图二三六，7），Aa型，三角形唇，圆肩，腹部近斜直，素面，残高8.0厘米。

鬲　2件。均为夹砂灰陶。

标本H39②：15（图二三六，6），鬲，残存底部及足根，空心大袋足根，表面饰有方格纹，残高12.2厘米。

标本H39⑥：14（图二三六，10），鬲裆，残存鬲裆部，残高5.6厘米。

无领瓮　1件。

标本H39③：9（图二三四，2），无领瓮Ⅰ式，泥质灰陶，卷沿，方唇，肩部较斜直，饰有旋纹，残高7.4厘米。


3. 建筑材料

共出土陶瓦466片。

筒瓦　1件。

标本H39②：38（图二一六，2），夹砂灰陶。表面饰有细绳纹，印迹较浅，靠近最末端处绳纹被抹，印迹模糊不清。内侧面有麻点纹。残长16.2、直径约15.6、厚1.2厘米。

## 4. 石器

石支垫 5件。均一边薄一边厚。

标本 H39③:33(图二二八,1),残长5.1、宽6.0、厚0.5～3.0厘米,重94克。

标本 H39③:34(图二三七,2),整体呈圆形,直径约6.2、厚0.3～2.8厘米,重84克。

标本 H39③:36(图二三七,4),整体呈圆形,直径约5.9、厚0.3～3.1厘米,重108克。

标本 H39③:35(图二三七,5),整体呈圆形,直径约6.0、厚0.3～3.7厘米,重103克。

标本 H39③:37,整体呈圆形,直径约10.7、厚0.6～5.2厘米,重685克。

## 5. 动物遗存

出土动物骨骼的数量不多,仅有马的股骨(右)2条及中型哺乳动物的头骨1块、股骨1条和肢骨1条。

## 6. 植物遗存

经浮选的土壤中,发现粟12粒,另外还有少量的藜科、卷耳属和黍亚科杂草。该单位土壤中植硅体分析结果见附表二三。

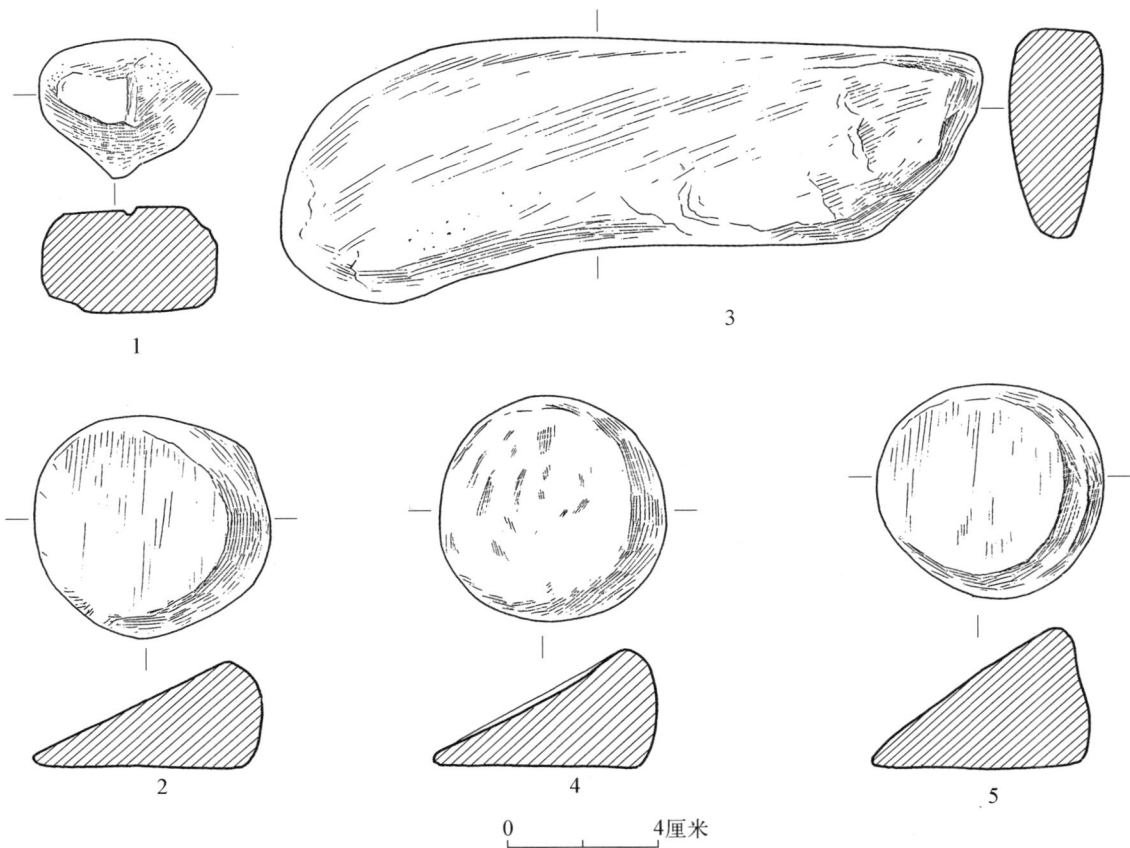

**图二三七 2011YFH35、H38、H39出土圆陶范及石器**

1.圆陶范(H35:23) 2、4、5.石支垫(H39③:34、H39③:36、H39③:35) 3.石器(H38④:20)

7. 其他

圆陶片　1件。

标本H39③:32(图二二八,2),夹砂灰陶,表面有绳纹被抹的痕迹,直径约6.5、厚1.4厘米,重90克。

# 4.38　2011YFT1

1. 形制与堆积

T1(图一一),位于发掘区西南,东邻T2,北邻T3、T4,布方面积为10×10平方米,方向为北偏西10°。共有5个单位:3个地层单位,包括第①层耕土层,厚约20厘米;第②层厚约21厘米;第③层厚约10厘米,仅局部分布,基本不含遗物。第①、②层包含有陶片、铁渣、陶范、瓷片、铜筷等遗物。3个遗迹单位,编号依次为H1、H2、H24,均开口于②层下。

2. 陶范

共出土锄范70块,其中面范7件、背范7件。铧范18块,可辨大型铧范1件、小型铧范1件。铧芯18块,可辨大型铧芯1件。

锄面范　1件。

标本T1①:y1(图二三八,3),残存浇道及铸器上端部分,仅1块残块,重505克。梯形板状,细砂质,整体呈深灰色。浇铸面有白色涂料层。背面较光滑,有烟熏痕迹。残长14.4、顶端宽7.0厘米。顶端面上有凸起的"三"字,顶端厚3.1、范身厚3.0厘米。浇道平面呈梯形,浇道长7.0、浇道宽(上)2.6、浇道宽(下)3.2厘米。型腔槽较深,为0.3厘米,左上角到侧边长2.0、右上角到侧边长1.9厘米。铸器呈梯形板状,残长7.0、顶端宽5.2厘米。

锄背范　2件。

标本T1①:y43(图二三八,7),残存顶端带浇道部分,仅1块残块,重390克。梯形板状,细砂质,整体呈橙色。浇铸面有白色涂料层,其上有浇铸留下的灰黑色痕迹,其下有因与高温接触而形成的灰色薄层。背面较平整光滑,经涂料层处理,中间部分有隆起。残长8.3、顶端宽7.2、残存最下端宽10.1厘米。顶端有明显收分,顶端厚3.7、残存最下端厚3.3厘米。浇道设计明显偏向范的右侧,浇道表面光滑,有经浇铸留下的灰黑色痕迹,浇道长3.5、浇道宽3.4厘米。

标本T1①:y26(图二三八,9),残存顶端部分,仅1块残块,重395克。梯形板状,细砂质,整体呈浅灰色,断面近浇铸面处为棕色。浇铸面中部有白色层,白色层上有较薄的以细泥糊成的涂料层,其上有烟熏痕迹。背面较光滑平整,顶端位置有浇道形隆起。残长8.7、顶端宽6.9、残存最下端宽10.0厘米。顶端收分明显,顶端厚3.6、残存最下端厚3.3厘米。浇道呈半漏斗状,浇道长2.6、浇道宽3.3厘米。

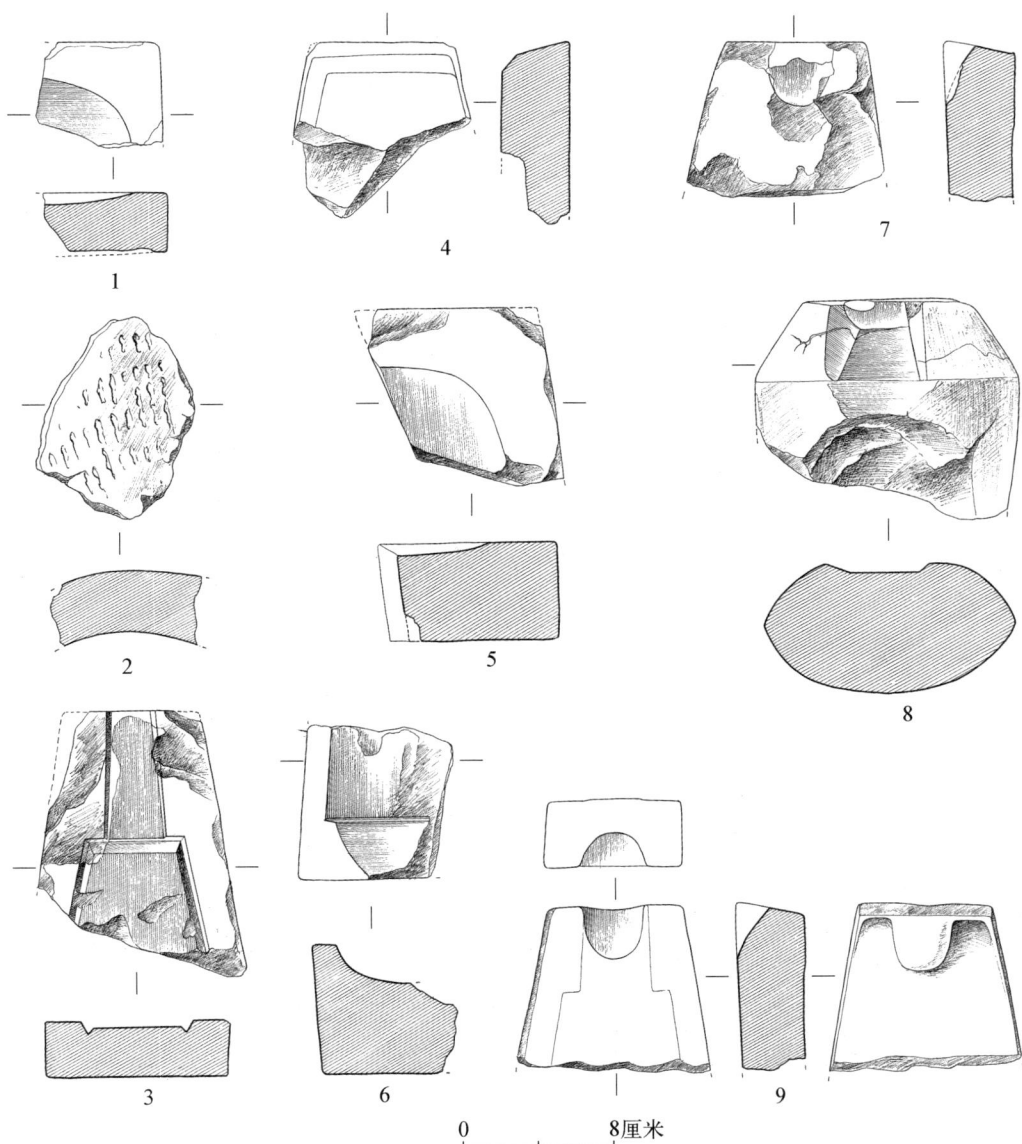

**图二三八 2011YFT1、T2出土陶范及鼓风管**

1、5、6. 铧范（T1①：y41、T1①：y12、T2①：y11） 2. 鼓风管（T1①：y19） 3. 锄面范（T1①：y1） 4. 不明范（T1①：y45）
7、9. 锄背范（T1①：y43、T1①：y26） 8. 铧芯（T1①：y42）

铧范 3件。

标本T1①：y41（图二三八，1），残存底端左下角部分，仅1块残块，重155克。细砂质，整体呈橙色，型腔下部颜色较深。分型面和浇铸面有涂料层，背面无法判断。残长5.7、底端残宽5.1、范身厚3.3厘米。为小型铧范，铸器残长3.8厘米。

标本T1①：y12（图二三八，5），残存近刃部，仅1块残块，重575克。细砂质，整体呈浅灰色。浇铸面有白色涂料层以及烟熏而成的黑色层。背面较粗糙。残长9.7、底端残宽9.5、范身厚5.3厘米。为大型铧范。铸器残长6.8厘米。

标本T1①：y35（图二三九，6），残存底端部分，仅1块残块，重755克。梯形，细砂质，整体呈浅红色。分型面和浇铸面有涂料层。分型面涂料层呈橙色。浇铸面呈青灰色，应为浇铸后留下的痕迹。底面与侧面相对光滑。残长8.0、底端宽12.5、底端厚5.5厘米。为小型铧范，铸器整体呈舌形，刃部呈圆弧形，转角不明显，残长6.4、銎宽6.6厘米。

铧芯　1件。

标本T1①：y42（图二三八，8），残存顶端部分，仅1块残块，重760克。整体呈舌形，上宽下窄，上厚下薄，基本不见砂粒，整体呈橙色。表面有灰白层，应为浇铸后留下的痕迹，未见常见的黑色层。残长11.8、最宽处宽13.8、顶端宽7.9、芯厚约7.0厘米。顶端有一指窝。分型面斜长5.0、分型面高4.2厘米。浇道上端较缓，向下逐渐收窄，但到下端部分则突然变陡，并向左右两侧伸展，向左侧伸展之幅度大于右侧，浇道宽5.0、a=2.4、b=1.8、c=2.5厘米。为大型铧芯。

不明范　1件。

标本T1①：y45（图二三八，4），外型与锄的器背顶端接近，仅1块残块，重275克。整体呈梯形，细砂质，橙色。每面皆经涂料层处理，甚光滑平整，但未见常见的白色涂料层。其中一面呈台面状，台面边缘到范身边缘有缓斜坡，范身的倾斜度较大。残长9.5、顶端宽7.0、顶端厚3.5、残存最下端厚2.1厘米。

### 3. 鼓风管与炉壁

共出土第一类鼓风管残块600克。第一类炉壁残块40克。此外，亦出土渣或炉衬130克。

鼓风管　1件。

标本T1①：y19（图二三八，2），仅1块残块，能判断弧度，应为进入炉内与炉壁卡接以固定位置的部分。草拌泥质，近高温熔融处被烘烤成橙红色，顶端为浅灰色。最外层抹细泥，压印绳纹以加固，中间为草拌泥层，内侧表面较光滑。管内壁距炉内位置近者较厚，远者则较薄，残长11.0、残宽8.4、厚约3.2、距离伸进炉壁6厘米处的内径为10.5厘米，重250克。末端伸进炉内部分已熔融成蜂窝状玻璃态物质，呈下滴态，最末端甚薄。内壁有与铁液接触的痕迹。

### 4. 炉渣

共出土炉渣总量为2 605克，全部为玻璃态渣、木炭和铁块的混合态渣。

### 5. 陶容器

共出土陶容器残片228块，可辨器形釜和鬲8块，约占3.5%；盆和甑94块，约占41.2%；罐和缶84块，约占36.8%；盆或罐底部30块，约占13.2%；瓮10块，约占4.4%。

### 6. 建筑材料

共出土陶瓦394片。

筒瓦 1件。

标本T1①:18(图二五五,3),泥质灰陶。表面饰有绳纹,印迹较浅。近瓦头部分有一周粗绳纹,印迹较深,其下绳纹被抹,印迹模糊不清。内侧面饰有布纹,瓦头有子母榫。残长13.0、残宽10.8、榫头长2.8、厚1.0厘米。

### 7. 动物遗存

出土可鉴定的动物遗存包括黄牛、羊和犬。黄牛角心1块,羊的桡骨(左)1条,犬的肢骨1条及大型哺乳动物的肢骨1条。

### 8. 其他

铜筷 1件。

标本T1①:1(图版一四,1),上粗下细的柱形,长21.8、顶端直径0.5、底端直径0.2厘米,重21.7克。

圆陶片 1件。

标本T1①:17(图二五四,4),泥质灰陶,表面无纹饰,背面有布纹,直径约2.7、厚1.0厘米,重8克。

# 4.39 2011YFT2

### 1. 形制与堆积

T2位于发掘区的南端,西邻T1、北邻T4。布方面积为10×10平方米,实际发掘面积为9×9平方米,方向为北偏西10°。共有6个单位:2个地层单位,包括第①层耕土层,厚0～30厘米,分布于全方,黄褐色泛灰,黏土呈颗粒状,较松散,包含物有陶片、陶范、红烧土块、陶瓦等遗物;第②层厚0～13厘米,仅分布于探方西边一部分,黄褐色花黏土,土质较疏松。4个遗迹单位,编号分别为H3、H4、H5和H25,均开口于①层下。

### 2. 陶范

共出土锄范3块,其中面范1件、背范1件。铧范11块,可辨大型铧范1件。铧芯26块,可辨大型铧芯2件、小型铧芯2件。

锄面范 1件。

标本T2①:y8(图二三九,4),残存顶端小部分,仅1块残块,重140克。梯形板状,细砂质,整体呈橙色。分型面和浇铸面有涂料层,部分脱落。顶端与侧面平整,有涂料层。背面粗糙不平。残长5.7、顶端宽7.4、顶端厚2.9、浇道残长4.3厘米。

锄背范 1件。

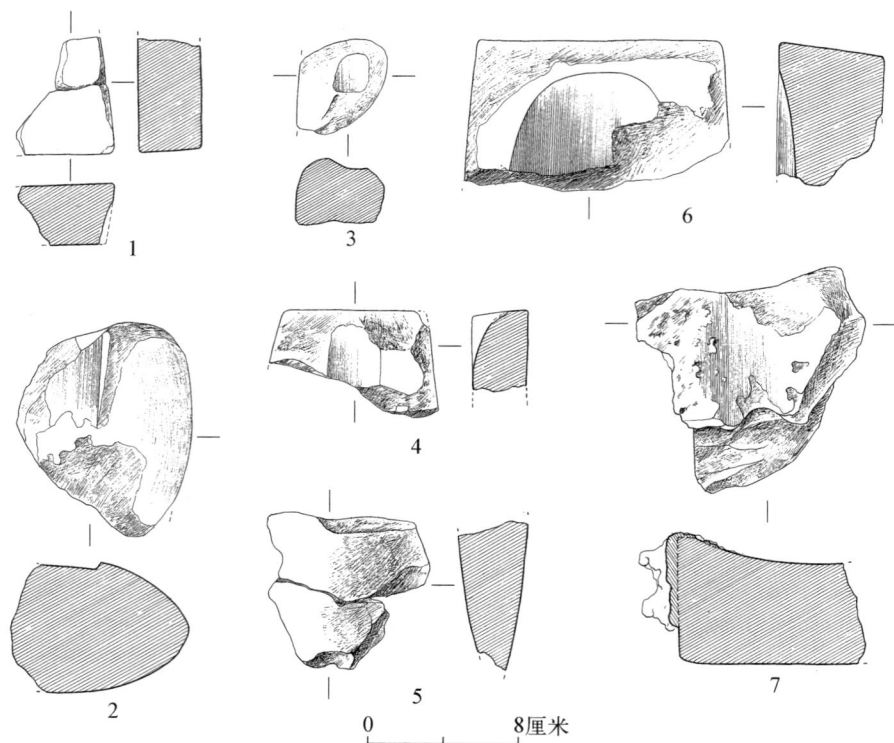

**图二三九　2011YFT1、T2出土陶范**

1. 锄背范（T2①：y4）　2、3、5. 铧芯（T2①：y19、T2①：y22、T2①：y21）　4. 锄面范（T2①：y8）

6. 铧范（T1①：y35）　7. 铧范改型器（T2①：y29）

标本T2①：y4（图二三九，1），残存底端右下角，由2块残块拼合而成，总重90克。细砂质，整体呈浅灰色。分型面和浇铸面有涂料层，部分脱落。残长6.5、底端残宽4.6、底端厚3.3厘米。

铧范　1件。

标本T2①：y11（图二三八，6），残存顶端小部分，仅1块残块，重520克。梯形，细砂质，整体呈橙色。分型面和浇铸面有涂料层，保存较好。背面平整较光滑。残长8.4、顶端残宽6.7、范身厚7.0厘米。与范/芯扣合处长3.1、与范/芯扣合处残宽（上）3.1、与范/芯扣合处残宽（下）5.6、分型面顶端最宽3.7厘米。铸器顶端平齐，残长5.0、顶端残宽6.1厘米。

铧芯　3件。

标本T2①：y19（图二三九，2），残存芯中间部分，仅1块残块，重520克。细砂质，整体呈橙色。残长11.5、残宽9.2、芯厚7.0厘米。

标本T2①：y22（图二三九，3），残存芯中间部分，仅1块残块，重60克。细砂质，整体呈橙色。表面无涂料层。残长5.2、残宽4.8、芯厚3.6厘米。

标本T2①：y21（图二三九，5），残存芯近刃部，由2块残块拼合而成，总重140克。细砂质，整体呈橙色。表面有涂料层，保存较好。残长8.6、残宽8.7、残存最上端厚3.7、残存最下端厚1.6厘米。

铧范改型器　1件。

标本T2①:y29(图二三九,7),残存范中间部分,仅1块残块,重710克。细砂质,整体呈橙色与浅灰色。表面有涂料层,局部脱落。侧面粘附有铁渣。残长12.1、残宽12.0、范身厚6.9厘米。

### 3. 陶容器

共出土陶容器残片71块,可辨器形盆和甑41块,约占57.7%;罐和缶15块,约占21.1%;盆或罐底部10块,约占14.1%;瓮3块,约占4.2%;盆与瓮2块,约占2.8%。

深腹盆　7件。均为泥质灰陶,弧腹,平底。

标本T2②:2(图二四〇,1),BaⅡ/Ⅲ式,平折沿,尖圆唇,弧腹,上腹较直,其上戳印一周楔形绳纹,残高8.0厘米。

标本T2②:4(图二四〇,2),BaⅢ式,弧腹,腹部表面饰有一周斜行绳纹,残高11.0厘米。

标本T2②:3(图二四〇,4),BbⅡ式,平折沿,尖圆唇,弧腹,上腹斜收较明显,上腹部饰有两

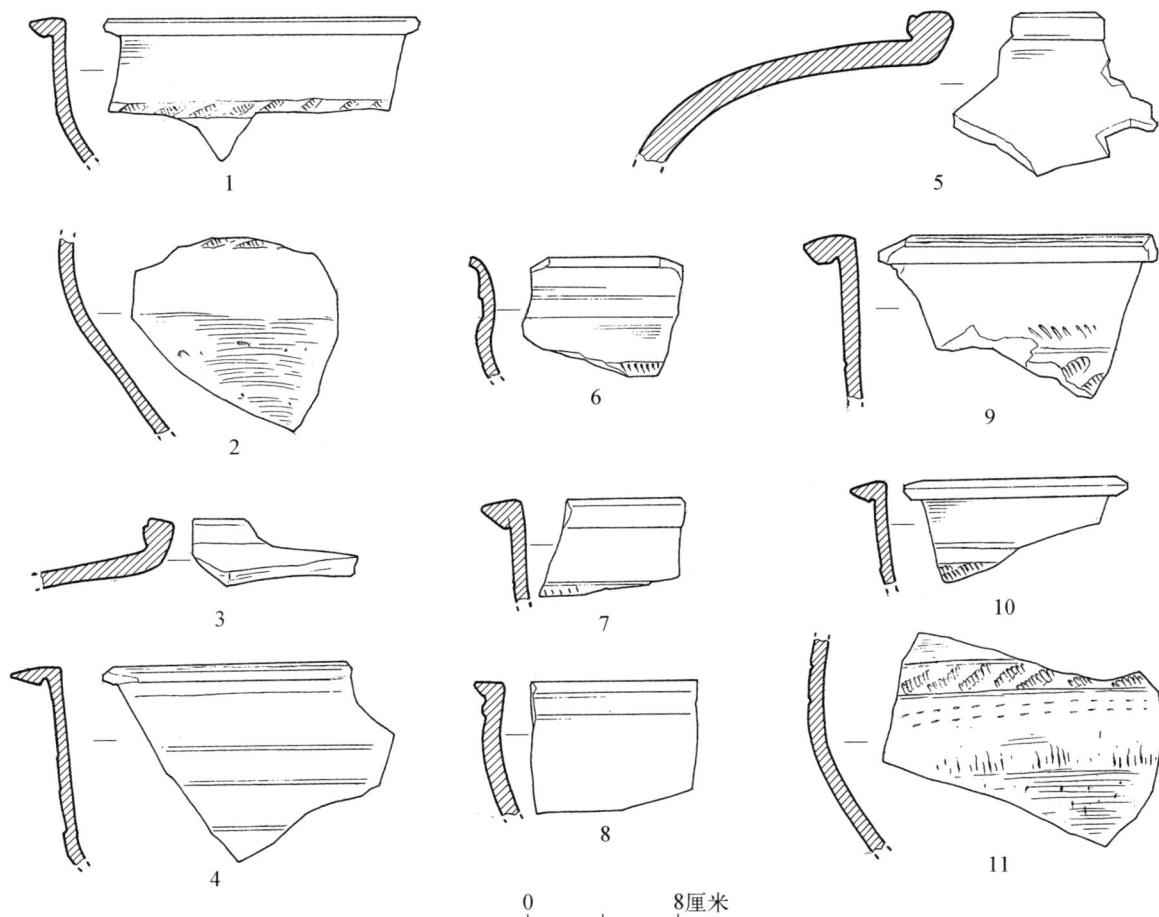

图二四〇　2011YFT2、T4出土陶器

1、2、4、6~11. 深腹盆(T2②:2、T2②:4、T2②:3、T4①:5、T2②:6、T2②:7、T2①:2、T4①:3、T2②:1)
3、5. 矮直领瓮(T2②:5、T2①:1)

道弦纹,上下腹交界处也有一周弦纹,残高 11.0 厘米。

标本 T2②:6(图二四〇,7),Ba Ⅱ/Ⅲ式,平折沿,尖圆唇,弧腹,上腹较直,上腹饰有一周楔形绳纹,其上有一道旋纹,残高 5.4 厘米。

标本 T2②:7(图二四〇,8),弧腹,型式无法区分,敞口尖圆唇,沿下饰有两道旋纹,残高 7.2 厘米。

标本 T2①:2(图二四〇,9),Ba Ⅱ/Ⅲ式,平折沿,方唇,弧腹,上腹甚直,在上腹戳印一周绳纹,其上还有一道旋纹,残高 9.2 厘米。

标本 T2②:1(图二四〇,11),Ba Ⅱ/Ⅲ式,弧腹,上腹较直,上腹饰有戳印的一周楔形绳纹,其上下各有一道旋纹,残高 12.0 厘米。

矮直领瓮　2件。均为矮直领。

标本 T2②:5(图二四〇,3),矮直领瓮 B Ⅰ式,泥质灰陶,沿面微鼓,近外侧有一周旋纹,沿面内侧较平,残高 3.8 厘米。

标本 T2①:1(图二四〇,5),矮直领瓮 B Ⅰ式,夹砂红陶,沿面微鼓,近外侧有一周旋纹,沿面内侧较平,残高 9.0 厘米。

### 4. 建筑材料

共出土陶瓦 247 片。

板瓦　1件。

标本 T2①:9(图二四一,3),泥质灰陶。瓦头平整,表面饰有粗绳纹,印迹较深,近瓦头部分绳纹被抹。内侧面较平整,无纹饰。整体微凸,残长 16.0、残宽 23.0、厚 1.0 厘米。

筒瓦　1件。

标本 T2:8(图二四一,2),泥质灰陶。表面饰有绳纹,印迹较深,近瓦头部分素面。内侧面饰有布纹。瓦头有子母榫。残长 13.6、直径约 13.2、榫头长 2.0、厚 1.0 厘米。

### 5. 动物遗存

出土可鉴定的动物遗存包括猪、黄牛、马、犬和鸡。猪的头骨(右)1块、上颌骨(左)1条和游离齿(左)2块,黄牛的趾骨(未知)1块和胫骨(左)1条,马的肱骨(左)1条,犬的游离齿(右)1块,鸡的喙突(右)2块,大型哺乳动物的肋骨1条、胫骨1条和肢骨2条。

# 4.40　2011YFT3

### 1. 形制与堆积

T3 位于发掘区的西北,东邻 T4,南邻 T1,布方面积为 10×10 平方米,方向为北偏西 10°。共有 2 个地层单位,包括第①层耕土层,厚约 20 厘米;第②层厚约 21 厘米。第①、②层包含有陶片、

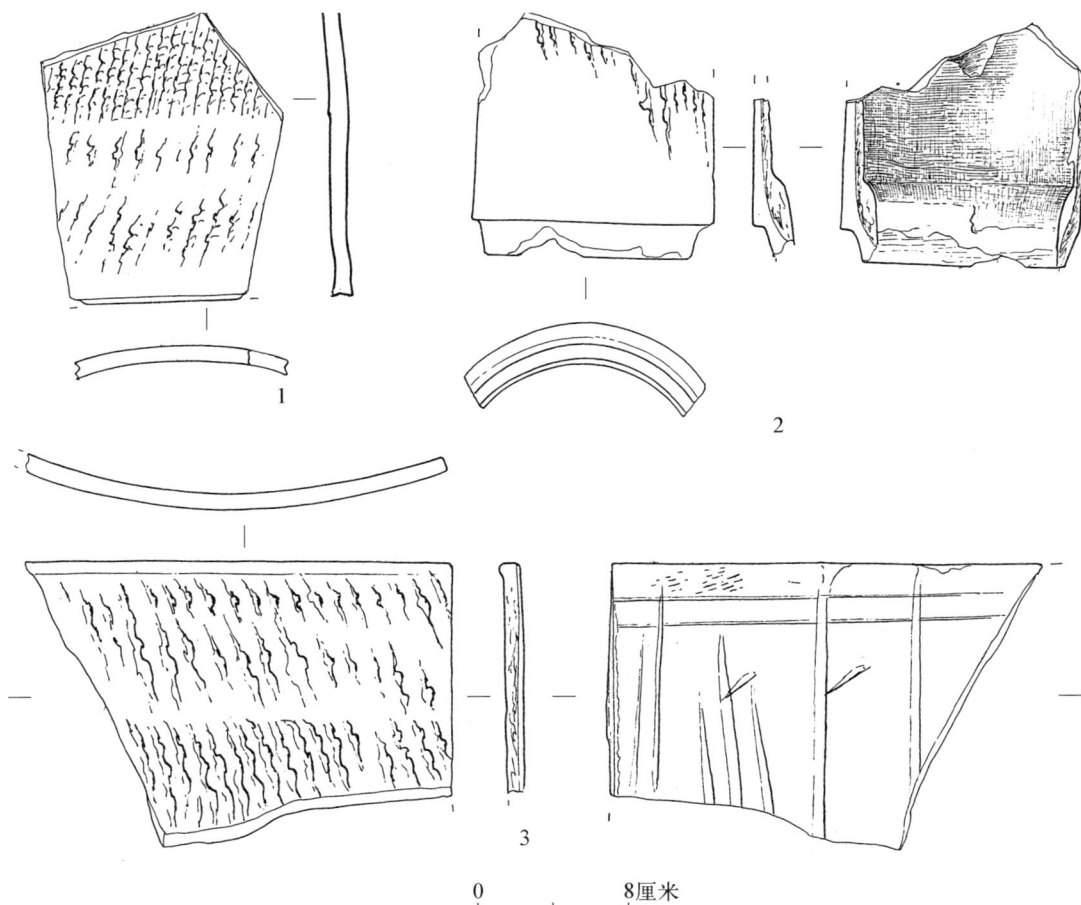

图二四一 2011YFT2、T4出土瓦

1、3.板瓦(T4①:11、T2①:9) 2.筒瓦(T2:8)

铁渣、陶范、瓷片等遗物。6个遗迹单位,编号依次为H6、H7、H8、H9、H17、H21,均开口于②层下。

### 2. 陶范

共出土锄范7块,其中背范1件。铧范5块,可辨小型铧范1件。铧芯2块。

# 4.41 2011YFT4

### 1. 形制与堆积

T4位于发掘区中部,西邻T3、南邻T2,布方面积10×10平方米,实际发掘面积9×9平方米,探方方向为北偏西10°。共有13个单位:1个地层单位,即第①层的耕土层,厚25厘米,土质松散,土色呈褐色,分布范围大,将本方全部覆盖,包含有少量陶片、陶范、动物骨头。12个遗迹单位,编号分别为H10、H11、H12、H13、H14、H15、H16、H18、H19、H20、H23、H26,均开口于①层下。

### 2. 陶范

共出土锄范1块。铧范1块。铧芯2块,可辨小型铧芯1件。

### 3. 陶容器

共出土陶容器残片74块,可辨器形釜和鬲13块,约占17.6%;盆和甑16块,约占21.6%;罐和缶20块,约占27.0%;盆或罐底部5块,约占6.8%;盆或瓮20块,约占27.0%。

深腹盆　3件。均为泥质灰陶。

标本T4①:5(图二四〇,6),Bb型,卷沿方唇,唇面有一道凹槽,弧腹,上腹占腹部比例不到1/3,下腹急收,上下腹转折明显,上腹素面,下腹饰有斜行绳纹,残高6.7厘米。

标本T4①:3(图二四〇,10),Ba Ⅱ/Ⅲ式,平折沿,尖圆唇,弧腹,上腹较直,其上戳印一周楔形绳纹,残高5.6厘米。

标本T4①:4(图二四二,4),属于A型折腹盆,但无法区分式别,折腹,上腹斜收较明显,上腹和上下腹交界处各有一周弦纹,残高10.2厘米。

盆　1件。

标本T4①:6(图二四二,6),盆,泥质灰褐陶,平折沿,圆方唇,束颈明显,领部很高,溜肩,肩部与腹部交界处有明显转折,素面,口径19.6、残高7.2厘米。

小口鼓腹罐　1件。

标本T4①:7(图二四二,1),A型,泥质灰陶,卷沿方唇,唇面有一道浅凹槽,束颈明显,微溜肩,肩部饰有绳纹,绳纹印迹较浅,模糊不清,口径11.1、残高4.0厘米。

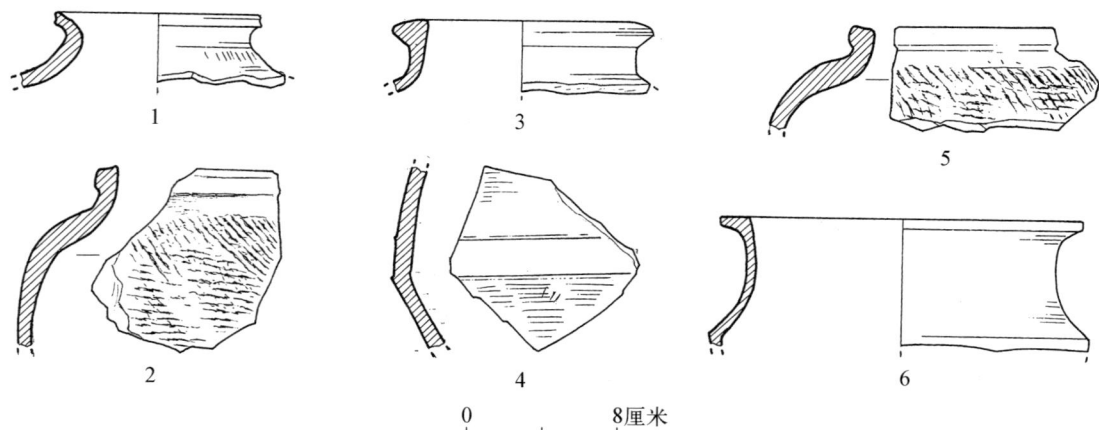

0　　　　　　　8厘米

图二四二　2011YFT4出土陶器

1.小口鼓腹罐(T4①:7)　2、5.釜(T4①:1、T4①:2)　3.罐/缶(T4①:8)　4.深腹盆(T4①:4)　6.盆(T4①:6)

罐/缶 1件。

标本T4①:8(图二四二,3),罐/缶,夹砂灰陶,平折沿,尖圆唇,束颈明显,领部较高,器体较厚重,口径14.0、残高4.0厘米。

釜 2件。均为夹砂灰陶,卷沿。

标本T4①:1(图二四二,2),Aa型,直方唇,领部较高,束颈较明显,圆肩,肩部微折,肩部饰斜行绳纹,腹部饰横绳纹,残高10.1厘米。

标本T4①:2(图二四二,5),Ac型,式别无法判断,圆方唇,唇部向外隆起,基本成矮领,束颈较明显,圆肩,沿下饰有斜行绳纹,绳纹印迹较深,残高5.8厘米。

### 4. 建筑材料

共出土陶瓦102片。

板瓦 1件。

标本T4①:11(图二四一,1),泥质灰陶。瓦头中间有一道旋纹,表面饰有交错绳纹,近瓦头部分绳纹被抹。内侧面平整无纹饰。残长16.2、残宽13.0、厚1.0厘米。

### 5. 其他

圆陶片 1件。

标本T4①:10(图二五四,3),泥质灰陶,表面有绳纹,印迹较浅,中间有穿孔,孔径0.4厘米。直径约5.1、厚1.3厘米,重37克。

# 4.42　2011YFT5

### 1. 形制与堆积

T5(图二四三),位于发掘区的西北部,布方面积为5×10平方米,实际发掘面积4×8平方米,方向北偏西10°。有7个单位:4个地层单位,包括第①层耕土层,厚10～20厘米,黄褐色黏土,较疏松,包含物有陶片、瓷片、铁器、陶范、石块等遗物;第②层,厚15～35厘米,土色灰褐色,土质较上层松散,包含物有大量的陶片、陶瓦和少量骨头,在探方西北角还发现有现代的塑料片;第③层,厚15～30厘米,土色呈灰褐色,砂土颗粒,土质疏松,呈波浪状堆积,包含物有木炭、烧土块、草木灰等,还出土有近现代瓷片;第④层,厚13～25厘米,土色黄褐色泛灰,土质硬,颗粒状黏土,呈波浪状堆积,北厚南薄,包含物有少量陶片、陶范等。3个遗迹单位,包括H27、H28和H29,均开口于④层下。

### 2. 陶范

共出土锄范46块,其中面范3件、背范1件。铧范2块。铧芯1块。

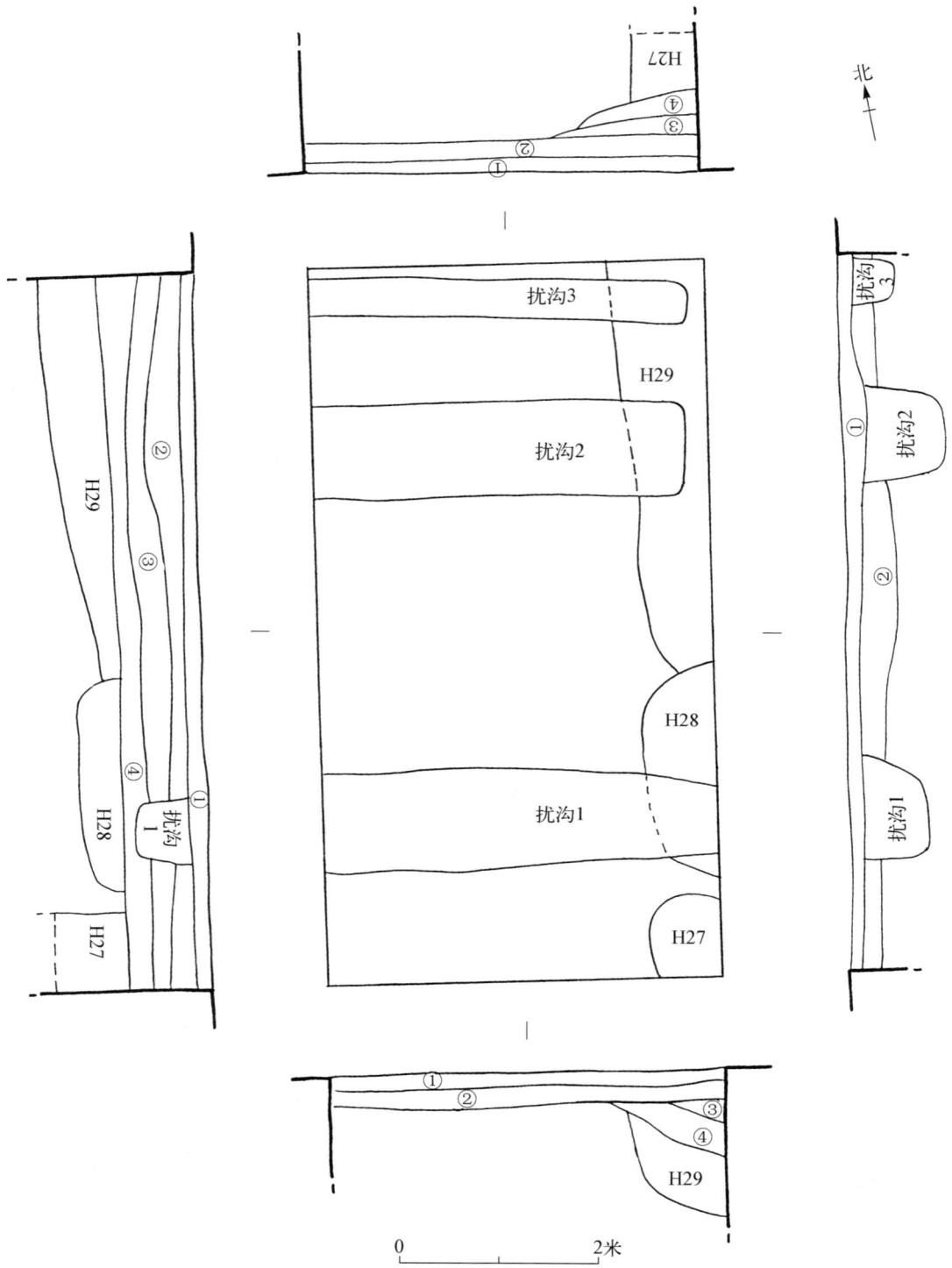

图二四三　2011YFT5平、剖面图

锄面范　3件。

标本T5②：y11（图二五○，2），残存顶端部分，仅1块残块，重420克。梯形板状，细砂质，整体呈浅灰色。分型面和浇铸面有白色涂料层，保存较好。背面平整有涂料层，保存较差。残长12.2、顶端宽7.3、范身厚2.7厘米。浇道平面呈梯形，浇道长8.3、浇道宽（上）2.7、浇道宽（下）3.1厘米。型腔顶端和左右两侧刻槽较深，左上角到侧边长2.9、右上角到侧边长2.7厘米。铸器呈梯形板状，残长3.9、顶端宽4.6厘米。

标本T5②：y10（图二五○，4），残存顶端部分，仅1块残块，重320克。梯形板状，细砂质，整体呈橙色。分型面和浇铸面有涂料层，保存较好。背面平整有涂料层，中间有浇道形隆起。残长8.1、顶端宽7.5、顶端厚3.5、残存最下端厚3.1厘米。浇道平面呈梯形，有灰黑色浇铸痕迹。浇道长6.9、浇道宽（上）2.3、浇道宽（下）3.2厘米。型腔左上角到侧边长2.1厘米。

标本T5②：y14（图二五○，7），残存底端右下角，仅1块残块，重240克。梯形板状，细砂质，整体呈浅灰色。分型面和浇铸面有白色和红色涂料层，保存较好。背面平整有涂料层，保存较差。残长9.6、底端残宽7.7、范身厚2.3厘米。型腔右下角到侧边长3.0、分型面底端长1.7厘米。铸器呈梯形板状，残长7.9、底端残宽5.1厘米。

锄背范　1件。

标本T5①：y4（图二四四，1），残存范中间小块，仅1块残块，重110克。细砂质，整体呈橙色。分型面和浇铸面有涂料层，脱落严重。残长5.5、残宽6.8、范身厚3.2厘米。

锄范改型器　1件。

标本T5②：y22（图二四四，2），残存范中间部分，仅1块残块，重100克。细砂质，整体呈浅灰色。分型面和浇铸面有白色和红色涂料层，部分脱落。表面有一卷曲的刻槽，作用不明。残长8.3、残宽5.1、范身厚2.9厘米。

### 3. 陶容器

共出土陶容器残片46块，可辨器形釜和鬲6块，约占13.0%；盆和甑10块，约占21.7%；罐和缶22块，约占47.8%；盆或罐底部3块，约占6.5%；盆或瓮5块，约占10.9%。

### 4. 建筑材料

共出土陶瓦131片。

### 5. 动物遗存

出土可鉴定的动物遗存包括黄牛和马。黄牛的桡骨2条、桡骨与尺骨（左）1条，马的游离齿（左）1块，中型哺乳动物的肋骨1条。

### 6. 其他

玉片　1件。

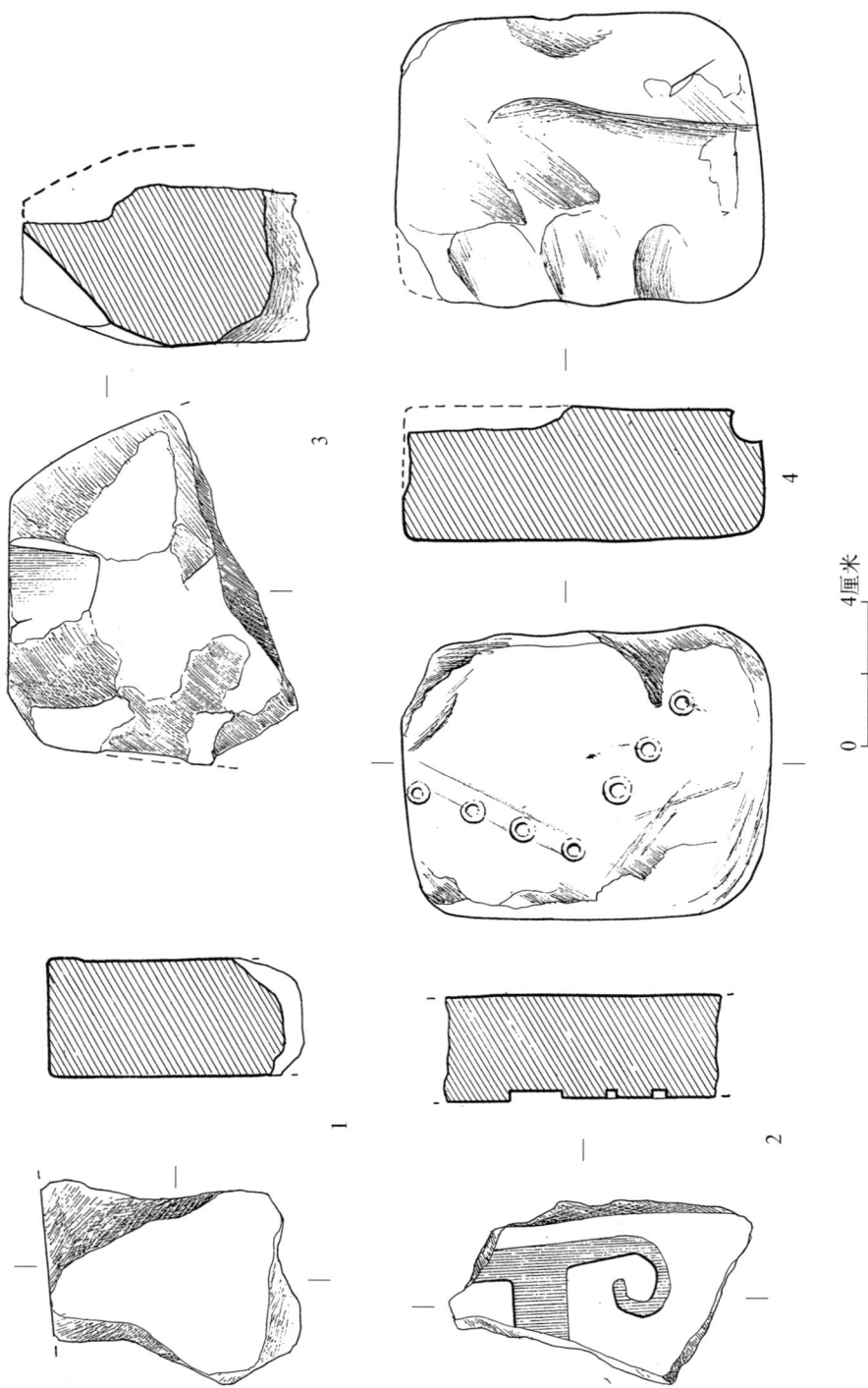

图二四四　2011YFT5、T7 出土陶范及采集遗物

1. 锄背范（T5①：y4）　2. 锄范改型器（T5②：y22）　3. 铧芯（T7①：y13）　4. "U" 形砖（采：10）

标本T5扰沟1:1(图版一四,2、5),残,出土于T5扰沟1,青色,表面光滑细腻,残长7.5、残宽6.0厘米,重30克。

# 4.43　2011YFT6

## 1. 形制与堆积

T6位于苗圃园外发掘区的东南部,北邻T2,布方面积为5×5平方米,实际发掘面积为4×4平方米,方向北偏西10°。揭露后发现河沙和淤土堆积深达多米,该探方原来位置应该已被渭河的北切摆动所破坏。

## 2. 陶范

共出土锄范10块,其中背范1件。铧范2块。铧芯4块,可辨小型铧芯1件。

# 4.44　2011YFT7

## 1. 形制与堆积

T7(图一二),位于发掘区的南部,北邻T8、西邻T2。布方面积为4×4平方米,实际发掘面积4×4平方米,方向为北偏西10°。共有5个单位:2个地层单位,包括第①层耕土层,厚10～20厘米,基本分布全方,黄褐色黏土,较疏松,包含物有陶片、瓷片、铁器、陶范、石块等遗物;第②层耕土层,厚5～20厘米,为黄褐色花黏土,土质较疏松,只分布于探方的东边一部分。3个遗迹单位,编号分别为H35、H37和H38,其中H35和H37开口于①层下,H38开口于②层下。

## 2. 陶范

共出土锄范23块,其中面范1件。铧范1块。铧芯17块,可辨大型铧芯2件、小型铧芯5件。

铧芯　1件。

标本T7①:y13(图二四四,3),残存顶端部分,仅1块残块,重210克。整体上窄下宽,上薄下厚,细砂质,橙色。表面有白色和红色涂料层,局部脱落。残长7.7、最宽处宽9.5、顶端宽5.3、顶端厚2.7、最厚处厚5.3厘米。分型面斜长4.9、分型面高3.7厘米。

## 3. 陶容器

共出土陶容器残片99块,可辨器形釜和鬲3块,约占3.0%;盆和甑30块,约占30.3%;罐和缶17块,约占17.2%;盆或罐底部44块,约占44.4%;瓮2块,约占2.0%;盆或瓮5块,约占5.0%。

盆　1件。

标本T7①：9（图二四五，6），腹片拓片标本，泥质灰陶，上腹微敛较直，折腹，上腹饰有一周楔形绳纹，残高8.3厘米。

深腹盆　4件。

标本T7①：4（图二四五，1），Ba Ⅰ/Ⅱ式，泥质灰陶，平折沿，尖圆唇，弧腹，上腹较直，上腹戳印有一周楔形绳纹，残高6.9厘米。

标本T7①：8（图二四五，5），Ba型，泥质灰陶，弧腹，上腹较直，腹部戳印有一周楔形绳纹，其上下各有一道旋纹，残高7.8厘米。

标本T7①：2（图二四五，8），Ba Ⅱ/Ⅲ式，泥质灰陶，卷沿方唇，弧腹，上腹甚直，上腹戳印有一周楔形绳纹，残高8.0厘米。

标本T7①：3（图二四五，9），A Ⅰ式，夹砂灰陶，平折沿，尖圆唇，折腹，上腹微敛较直，上腹占腹部比例不到1/3，上下腹之间有一周弦纹，口径34.0、残高18.8厘米。

罐/缶　2件。均为泥质灰陶。

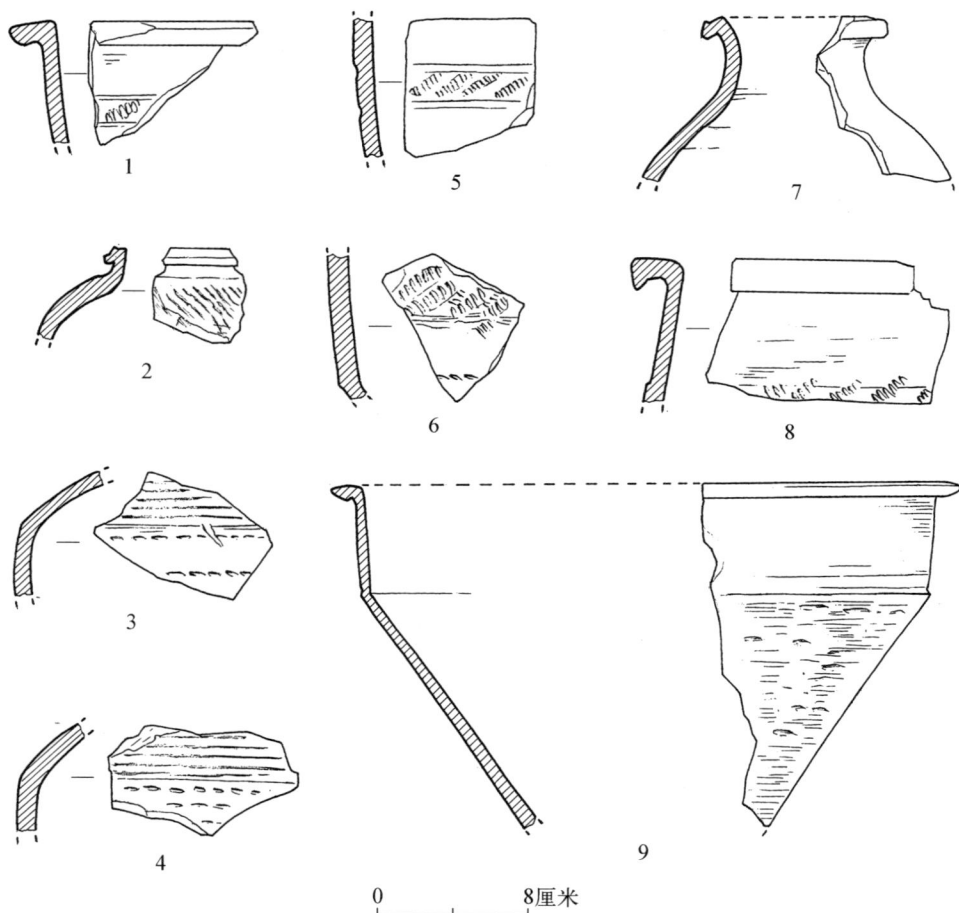

图二四五　2011YFT7出土陶器

1、5、8、9.深腹盆（T7①：4、T7①：8、T7①：2、T7①：3）　2.釜（T7①：5）　3、4.罐/缶（T7①：6、T7①：7）
6.盆（T7①：9）　7.小口旋纹罐（T7①：1）

标本T7①∶6(图二四五,3),罐/缶,肩部微折,腹部饰有戳印点纹,残高7.0厘米。

标本T7①∶7(图二四五,4),罐/缶,肩部微隆,腹部饰有戳印点纹,残高6.2厘米。

小口旋纹罐　1件。

标本T7①∶1(图二四五,7)小口旋纹罐,泥质灰陶,平折沿,圆方唇,沿面外侧有一道旋纹,束颈明显,领部较高,溜肩,素面,口径10.0、残高9.1厘米。

釜　1件。

标本T7①∶5(图二四五,2),Aa型,夹砂灰陶,圆方唇,基本成矮直领,束颈不甚明显,唇部向外隆起,口沿相对较小,圆肩,鼓腹不甚明显,腹部饰斜行绳纹,绳纹印迹较深,残高5.4厘米。

### 4. 建筑材料

共出土陶瓦174片。

板瓦　1件。

标本T7①∶13(图二五五,2),泥质灰陶。瓦头平整,表面饰有交错绳纹和直行绳纹,近瓦头部分平整光滑,其下绳纹被抹,绳纹中间被抹去一周。内侧面平整光滑,素面。整体微凸,残长13.8、残宽16.8、厚1.2厘米。

### 5. 动物遗存

出土可鉴定的动物遗存包括黄牛和马。黄牛的腕骨(左)4块、距骨(右)1块、胫骨(左)1条和桡骨(右)1条,马的脊椎4块和跟骨(左)4块,大型哺乳动物的肢骨1条。

### 6. 其他

圆陶片　2件。均为泥质。

标本T7①∶12(图二五四,1),灰褐陶,表面有交错粗绳纹,直径约5.0、厚1.3厘米,重43克。

标本T7①∶11(图二五四,2),灰陶,表面有中绳纹,绳纹印迹较浅,直径约4.8、厚1.2厘米,重33克。

## 4.45　2011YFT8

### 1. 形制与堆积

T8(图二四六),位于发掘区东部,西邻T9。布方面积为3×2平方米,实际发掘面积3×2平方米,方向为北偏西10°。共有2个单位:1个地层单位,包括第①层耕土层,厚10～20厘米,基本分布全方,黄褐色黏土,较疏松,包含物有陶片、铁器、陶范等遗物。1个遗迹单位,编号为H33,开口于①层下。

### 2. 陶范

共出土锄范5块。铧范9块。未见铧芯。

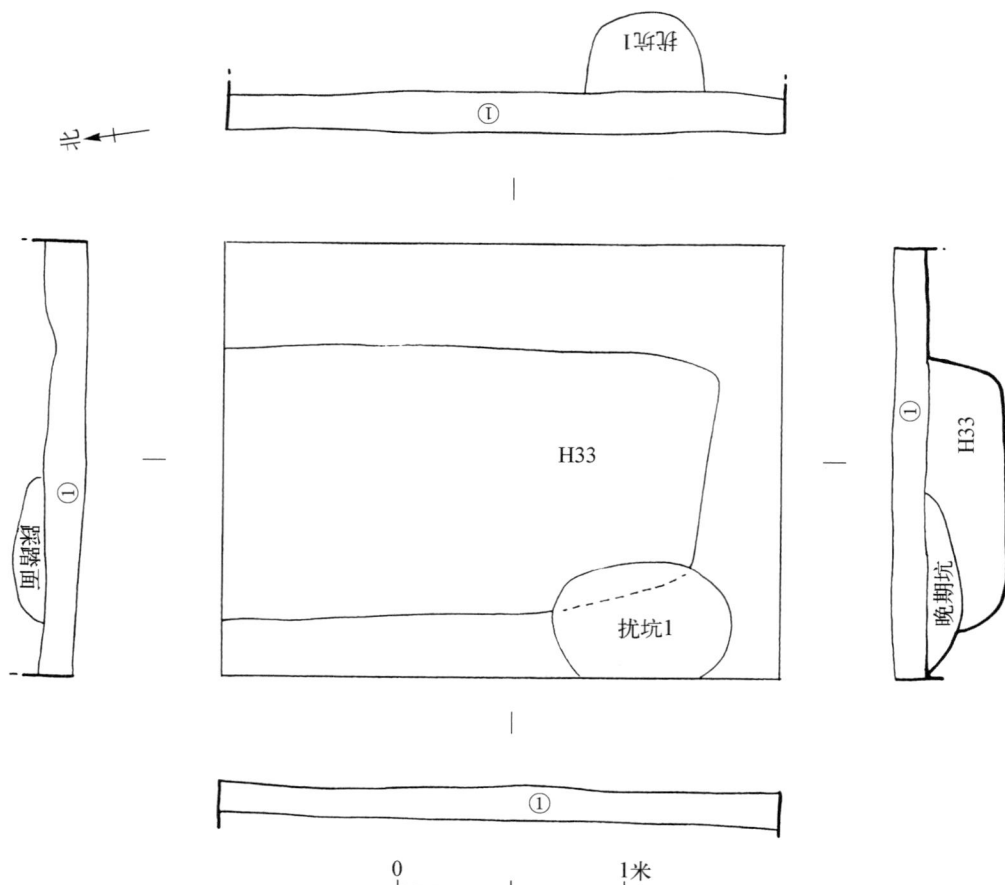

图二四六　2011YFT8平、剖面图

### 3. 陶容器

共出土陶容器残片53块,可辨器形盆和甑12块,约占22.6%;罐和缶12块,约占22.6%;盆或罐底部20块,约占37.7%;盆或瓮8块,约占15.1%。

### 4. 建筑材料

共出土陶瓦106片。

# 4.46　2011YFT9

### 1. 形制与堆积

T9(图二四七),位于发掘区东部,东邻T8。布方面积为5×4平方米,实际发掘面积5×4平方米,方向为北偏西10°。共有3个单位:2个地层单位,包括第①层耕土层,厚10～20厘米,基本分布全方,黄褐色黏土,较疏松,包含物有陶片、铁器、陶范等遗物。第②层花土层,厚0～32

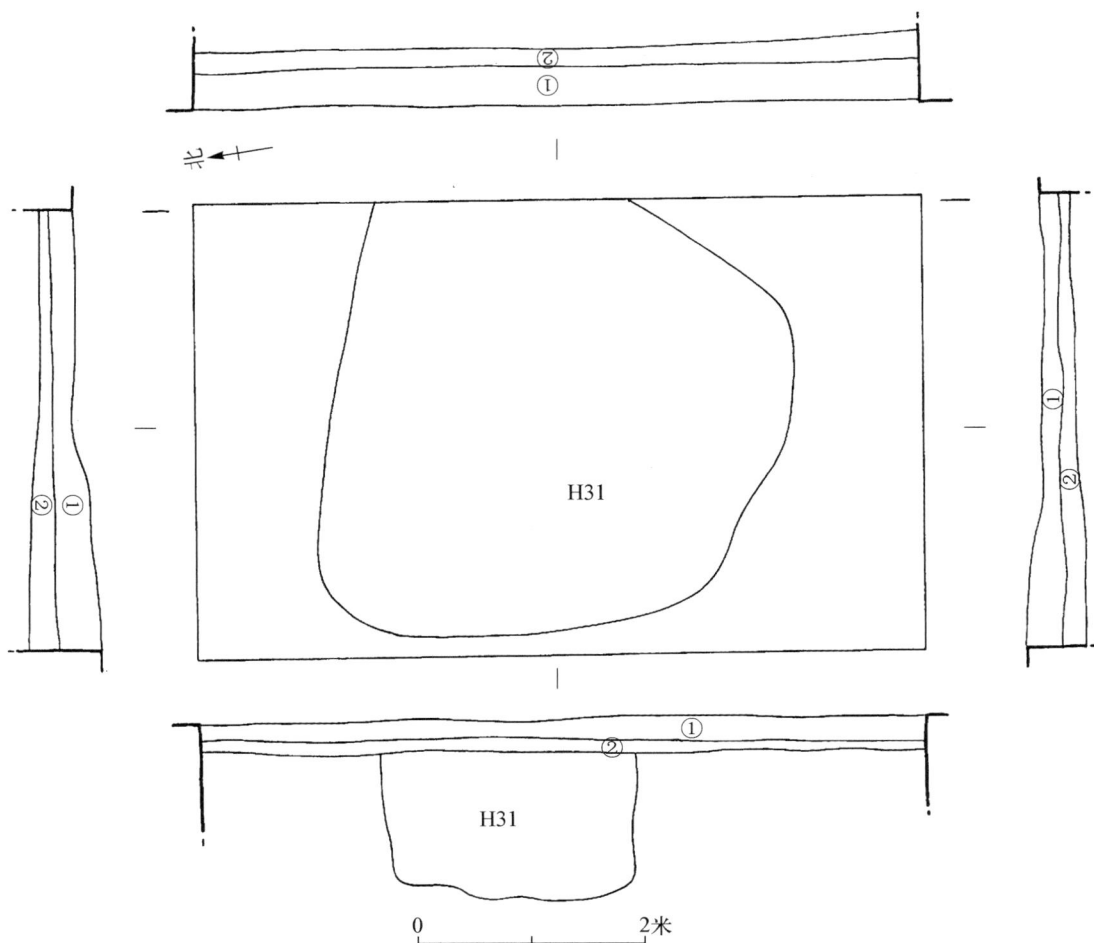

图二四七　2011YFT9平、剖面图

厘米,黄褐色花黏土,土质较疏松,基本分布全方。1个遗迹单位,编号为H31,开口于②层下。

### 3. 陶容器

共出土陶容器残片53块,可辨器形盆和甑12块,约占22.6%;罐和缶12块,约占22.6%;盆或罐底部20块,约占37.7%;盆或瓮8块,约占15.1%。

### 4. 建筑材料

共出土陶瓦106片。

# 4.47　2011YFT10

### 1. 形制与堆积

T10(图二四八),位于发掘区北部,西邻T4、南邻T9,布方面积为5×5平方米,实际发掘面积

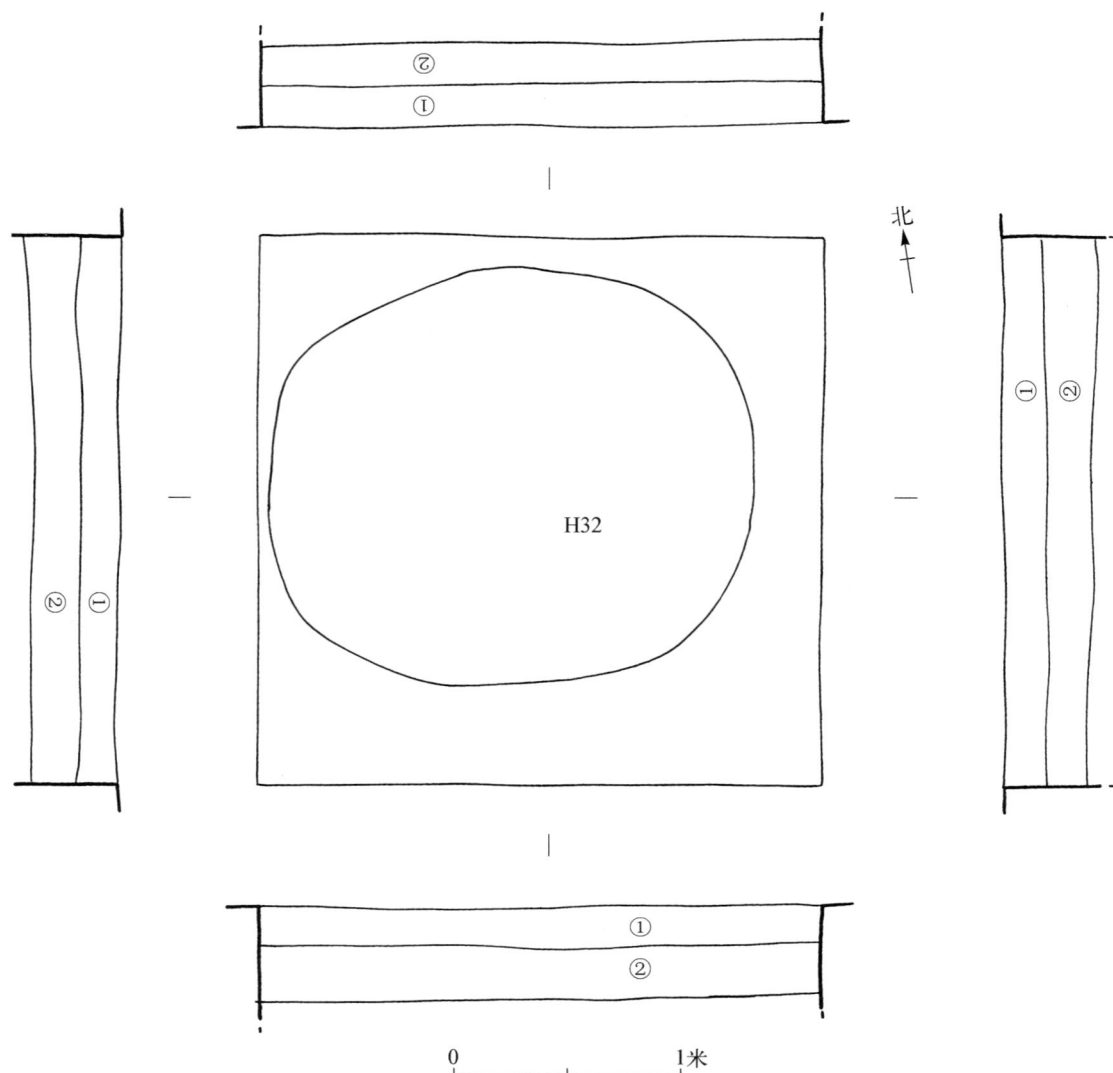

图二四八　2011YFT10平、剖面图

为2.5×2.5平方米,方向为北偏西10°。共有4个遗迹单位:3个地层单位,包括第①层耕土层,厚17~21厘米,黄褐色黏土,较疏松,包含物有陶片、瓷片、铁器、陶范、石块等遗物;第②层黄褐色花黏土,厚16~26厘米,较疏松;第③层黄褐色泛灰土,包含物有陶片、石块等。1个遗迹单位,编号H32,开口于②层下。第③层只集中分布于探方中部,且基本和H32重合(故平面图中未画出③层范围)。

2. 陶范

T10①、②、③出土少量的锄、铧范。其中从T10③的堆积情况来看,原来可能为西汉时期的废弃堆积单位。出土的铧范重3 350克。

3. 陶容器

共出土陶容器残片54块,可辨器形釜7块,约占13.0%;盆3块,约占5.6%;盆和甑4块,约占

7.4%；瓮2块,约占3.7%；罐和缶3块,约占5.6%；盆或罐底部4块,约占7.4%；其余无法区分。

大型盆 1件。

标本T10③:4(图二五三,3),大型盆,泥质灰陶,宽折沿,沿面甚平,尖圆唇,腹部甚直,素面,残高12.0厘米。

罐/缶 1件。

标本T10③:6(图二五二,4),罐/缶,泥质灰陶,弧腹,腹部饰有三道旋纹,残高10.6厘米。

釜 1件。

标本T10③:3(图二五三,11),Aa型,泥质红陶,卷沿,尖圆唇,领部较高,束颈较明显,圆肩,肩部饰绳纹,绳纹印迹较深,残高5.0厘米。

矮直领瓮 2件。均为夹砂灰陶,矮直领。

标本T10③:2(图二五二,1),矮直领瓮A型,颈部与肩部交界处有半月形的压印痕迹,肩部微隆,残高10.1厘米。

标本T10③:1(图二五三,4),矮直领瓮A型,圆唇,沿面微鼓,沿面有两道旋纹,颈部与肩部交界处有半月形的压印痕迹,肩部较平,残高8.2厘米。

### 4. 建筑材料

共出土陶瓦3片。

### 5. 动物遗存

可鉴定的动物遗存包括黄牛、羊、猪和犬,相当部分属于黄牛与猪的头骨。

### 6. 植物遗存

经浮选的土壤中,发现粟6粒、小麦1粒和黍亚科的杂草种子8粒。

### 7. 其他

陶支垫 1件。

标本T10③:12(图二五四,5),共3块残块,夹砂灰陶,砂粒较多,内薄外厚,外径约7.9、宽3.2、厚1.4～4.1厘米,总重121克。

# 4.48 2011YFT11

### 1. 形制与堆积

T11(图二四九),位于发掘区北端,布方面积为3.5×2.0平方米,实际发掘面积为3.5×2.0平方米,方向北偏西10°,呈东西向。有4个单位:2个地层单位,第①层为耕土层,厚20～33厘米,

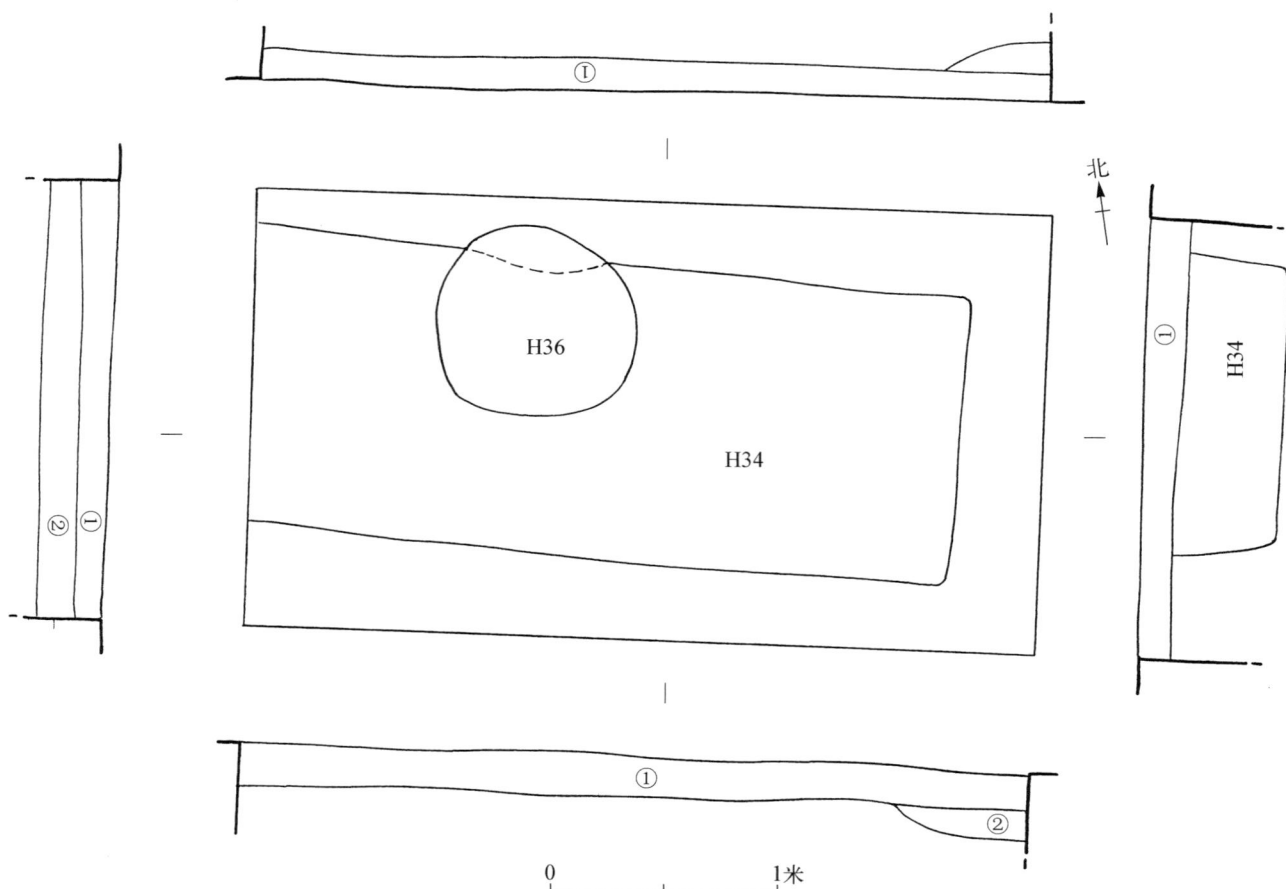

图二四九　2011YFT11平、剖面图

呈水平状堆积,包含物有陶片、陶范、烧土块等遗物。第②层仅在东南角分布,厚约10厘米,包含物有少量陶片和陶范等。部分叠压H34。由于第②层呈现类似踩踏面的结构,不排除为当时的路面。2个遗迹单位,包括H34和H36,均开口于①层下。

2. 陶范

共出土锄范40块,其中面范2件、背范2件。铧范3块。未见铧芯。

锄面范　1件。

标本T11①:y1(图二五〇,3),残存上半部分,由3块残块拼合而成,总重640克。梯形板状,细砂质,整体呈橙色。分型面和浇铸面有白色和红色涂料层,局部脱落。浇铸面灰黑色浇铸痕迹明显。背面平整有涂料层,部分脱落。残长15.4、顶端宽7.4、残存最下端宽12.4厘米。顶端向浇铸面斜收,顶端厚3.0厘米。浇道平面呈梯形,浇道长7.9、浇道残宽(上)1.7、浇道宽(下)3.8厘米。型腔左右两侧刻槽较顶端刻槽深,左上角到侧边长2.0、右上角到侧边长2.7厘米。铸器呈梯形板状,残长7.6、顶端宽5.2、残存最下端宽7.8厘米。

锄背范　2件。

标本T11①：y10（图二五○，1），残存顶端部分，仅1块残块，重410克。梯形板状，细砂质，整体呈橙色。分型面和浇铸面有白色涂料层，保存较好。背面较粗糙且不平。残长11.2、顶端宽6.4、残存最下端宽10.9、顶端厚3.0、残存最下端厚3.0厘米。浇道呈半漏斗状，浇道长3.4、浇道宽2.9厘米。

标本T11①：y9（图二五○，8），保存基本完整，由2块残块拼合而成，总重1 570克。梯形板状，细砂质，整体呈橙色。分型面和浇铸面有白色涂料层，涂料层大面积脱落。表面有浇道形隆起。背

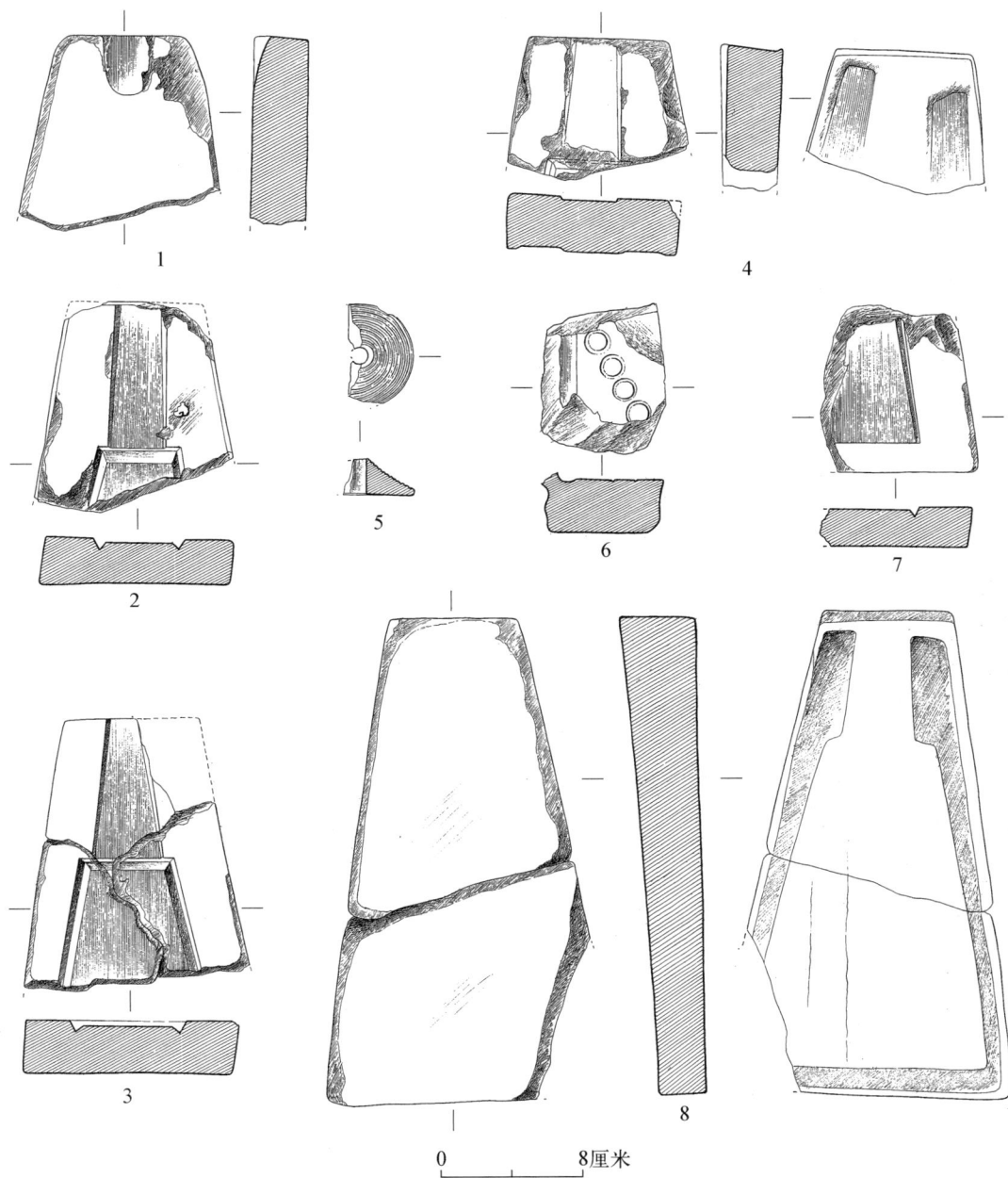

图二五○ 2011YFT5、T11出土陶范及采集遗物

1、8. 锄背范（T11①：y10、T11①：y9） 2～4、7. 锄面范（T5②：y11、T11①：y1、T5②：y10、T5②：y14）

5. 纺轮（采：12） 6. "U"形砖（采：8）

面平整有涂料层,保存较差。长28.0、顶端宽7.0、底端残宽10.5、顶端厚4.2、底端厚2.6厘米。

### 3. 陶容器

共出土陶容器残片37块,可辨器形盆和甑17块,约占45.9%;瓮7块,约占18.9%;罐和缶3块,约占8.1%;盆或罐底部10块,约占27.0%。

### 4. 建筑材料

共出土陶瓦66片。

标本T11①:7(图一二七,1、2),表面装饰有斜行绳纹,内侧面装饰布纹。

# 4.49　2011YFT12

### 1. 形制与堆积

T12(图二五一),位于发掘区东部,西邻T9,间距约17.5米,布方面积为5×5平方米,实际发掘面积为4×2.5平方米,方向为北偏西10°。共有2个单位:1个地层单位,第①层耕土层,厚18～30厘米,黄褐色黏土,较疏松,分布于全方,包含物有陶片等遗物。1个遗迹单位,编号为H39,开口于①层下。

### 2. 陶容器

共出土陶容器残片484块,可辨器形釜和鬲150块,约占31.0%;盆和甑32块,约占6.6%;瓮1块,约占0.2%;罐和缶48块,约占9.9%;盆或罐底部231块,约占47.7%;盆或瓮22块,约占4.5%。

盆　1件。

标本T12①:24(图二五四,7),盆,仅存底部,其上戳印有四字式陶文(图五三,1),底部直径约12.0、残高5.2厘米。

深腹盆　2件。均为泥质灰陶。

标本T12①:9(图二五二,2),Ba型,平折沿,圆方唇,束颈不明显,肩部微折,弧腹,腹部有一道旋纹,口径22.2、残高6.2厘米。

标本T12①:4(图二五三,13),Bb型,敞口,尖圆唇,弧腹,腹部斜收明显,沿下饰绳纹,绳纹印迹模糊,口径29.9、残高9.1厘米。

小口鼓腹罐　2件。

标本T12①:10(图二五二,8),泥质灰陶,卷沿,圆方唇,微束颈,口径14.2、残高3.3厘米。

标本T12①:1(图二五二,5),夹砂,平折沿,尖圆唇,领部较高,束颈明显,溜肩,肩部与腹部交界处隆起,鼓腹,肩部及腹部饰有数道绳纹,口径11.2、残高15.0厘米。

罐　1件。

北

H39

H39

0        1米

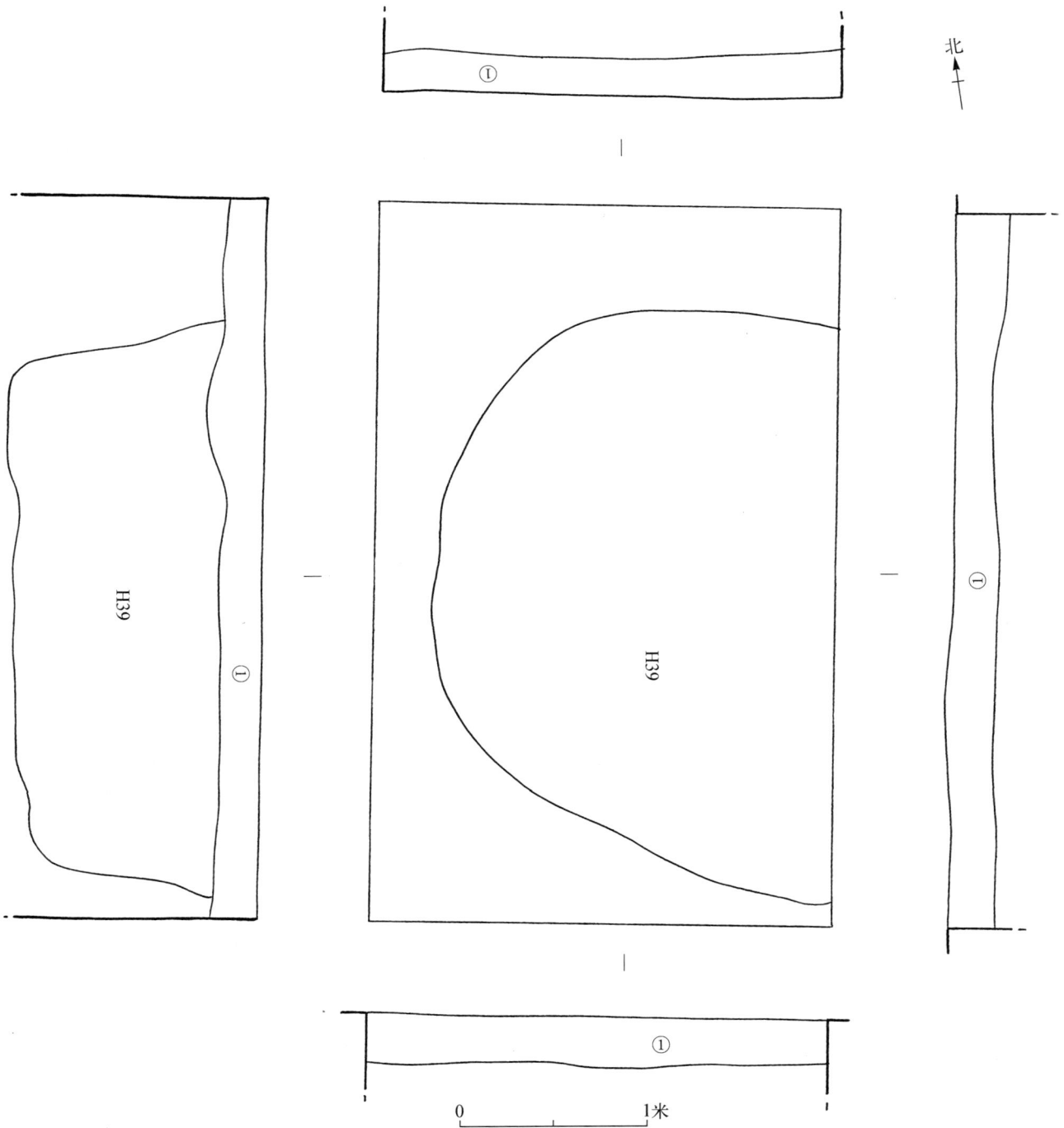

图二五一　2011YFT12平、剖面图

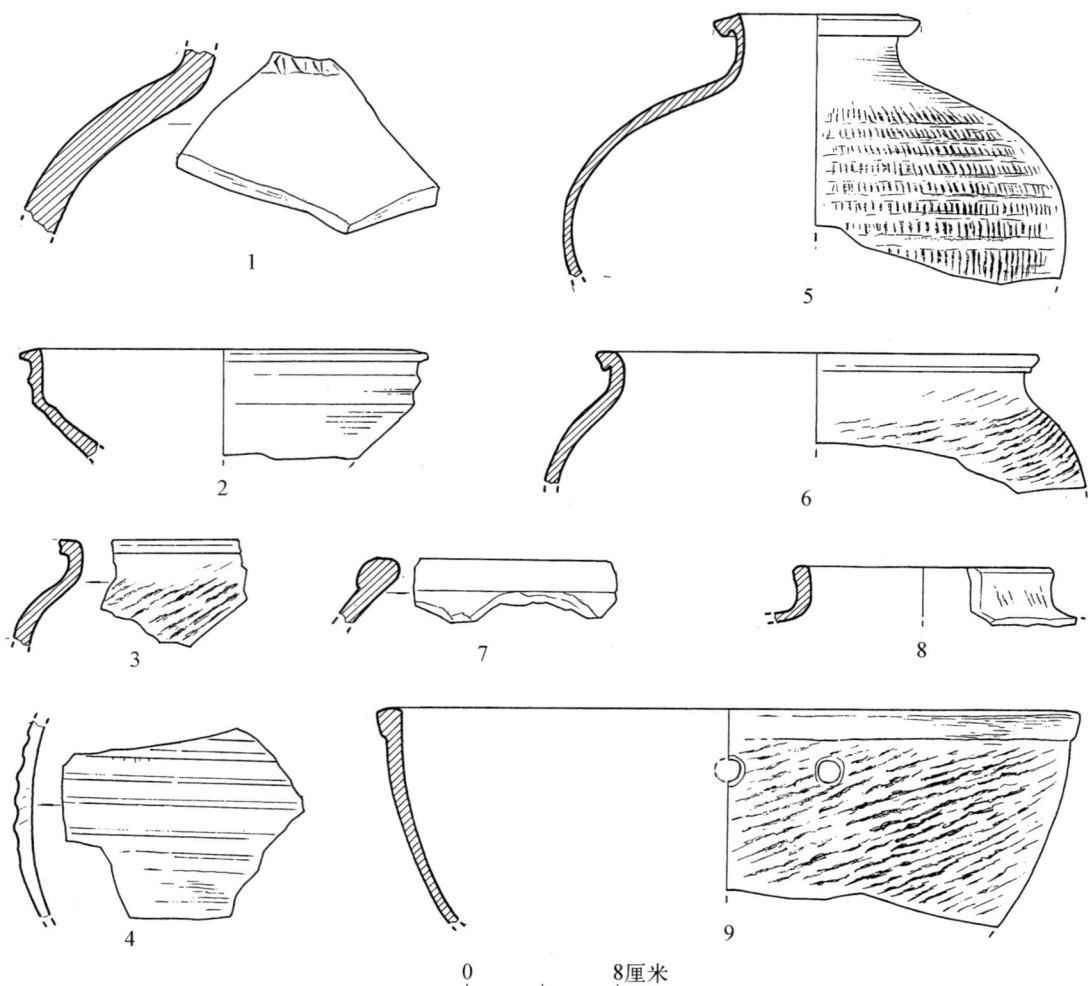

**图二五二　2011YFT10、T12出土陶器（一）**

1. 矮直领瓮（T10③：2）　2. 深腹盆（T12①：9）　3、6、9. 釜（T12①：3、T12①：15、T12①：8）　4. 罐/缶（T10③：6）
5、8. 小口鼓腹罐（T12①：1、T12①：10）　7. 无领瓮（T12①：16）

　　标本T12①：5（图二五三，7），大口，因形制特殊，故不作类型学区分，夹砂灰陶，折沿方唇，束颈明显，素面，残高4.8厘米。

　　釜　9件。

　　标本T12①：3（图二五二，3），Aa型，夹砂灰陶，卷沿近平，方唇，唇面有一道旋纹，领部较高，束颈较明显，圆肩，肩部微隆，腹部饰斜向绳纹，绳纹印痕较深，残高6.0厘米。

　　标本T12①：15（图二五二，6），Aa型，夹砂灰陶，卷沿，尖圆唇，领部较高，束颈不明显，圆肩，肩部微隆，腹部饰绳纹，绳纹印迹较深，残高7.6厘米。

　　标本T12①：14（图二五三，5），AbⅠ式，夹砂灰陶，卷沿，方唇，唇面有一道旋纹，束颈明显，圆折肩，颈、腹部间有明显转折，腹部饰横绳纹，绳纹印迹较深，残高7.0厘米。

　　标本T12①：8（图二五二，9），BⅠ式，泥质，直口，沿面微鼓，腹部斜收明显，沿下饰横绳纹，绳纹印迹较深,口沿下残存有一个完整的圆形穿孔和半个穿孔,口径38.2、残高12.1厘米。

标本T12①:7(图二五三,10),BⅠ式,夹砂,直口,方唇,唇面较高,腹部斜收明显,沿下饰绳纹,绳纹印迹模糊,残高9.6厘米。

标本T12①:2(图二五三,1),Ca型,灰陶,卷沿方唇,领部较矮,圆鼓腹,腹部饰斜绳纹,残高6.0厘米。

标本T12①:11(图二五三,2),Ca型,灰陶,卷沿方唇,唇面有一道旋纹,束颈明显,折肩,颈、腹部间有明显转折,腹部饰斜行绳纹,绳纹印迹较深,残高11.2厘米。

图二五三 2011YFT10、T12出土陶器(二)

1、2、5、6、9～11. 釜(T12①:2、T12①:11、T12①:14、T12①:18、T12①:12、T12①:7、T10③:3)

3. 大型盆(T10③:4) 4、12. 矮直领瓮(T10③:1、T12①:13) 7. 罐(T12①:5) 8. 钵(T12①:6) 13. 深腹盆(T12①:4)

标本T12①：12（图二五三，9），Ca型，红陶，卷沿，方唇，沿面隆起，唇面有一道旋纹，束颈明显，折肩，颈、腹部间有明显转折，腹部饰横绳纹，绳纹印迹较深，残高7.2厘米。

标本T12①：18（图二五三，6），呈罐形，形制特殊不分型式，夹砂红陶，卷沿，圆方唇，腹部较斜直，腹部饰绳纹，绳纹印迹模糊，残高10.1厘米。

钵　1件。

标本T12①：6（图二五三，8），钵，泥质褐陶，敛口方唇，沿面有一道旋纹，肩部微折，腹部饰有两道旋纹，残高4.3厘米。

矮直领瓮　1件。

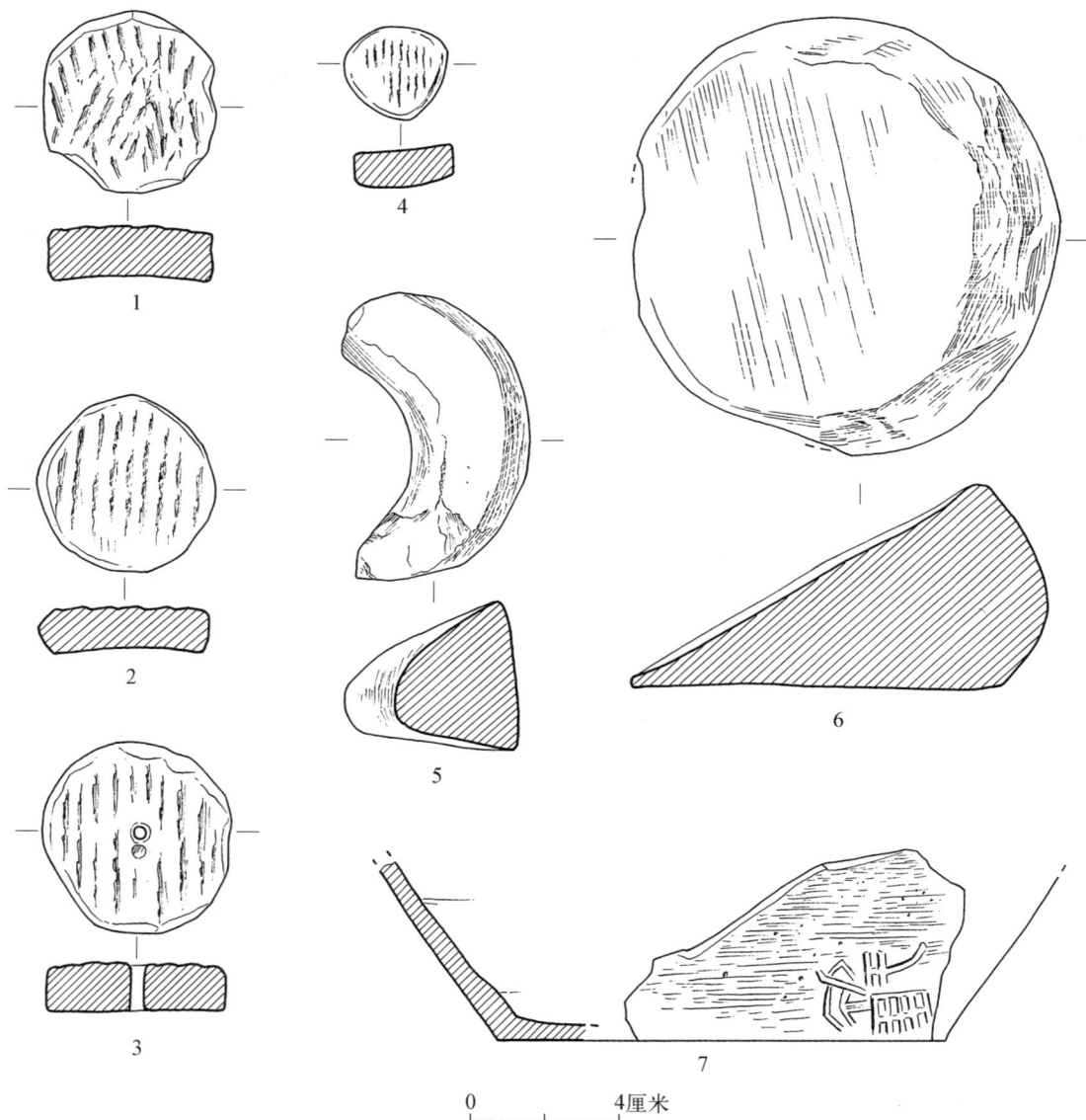

图二五四　2011YFT1、T4、T7、T10、T12出土遗物

1～4.圆陶片（T7①：12，T7①：11，T4③：10，T1①：17）　5.陶支垫（T10③：12）　6.石支垫（T12①：37）　7.盆（T12①：24）

标本T12①:13(图二五三,12),矮直领瓮A型,泥质灰陶,沿面微鼓,外侧高,内侧低,近外侧有一周旋纹,沿面内侧较平,素面,残高4.4厘米。

无领瓮 1件。

标本T12①:16(图二五二,7),无领瓮Ⅰ式,夹砂红陶,残高3.6厘米。

3. 建筑材料

共出土陶瓦154片。

板瓦 1件。

标本T12①:39(图二五五,1),泥质灰陶。瓦头较平整,表面饰有交错绳纹,近瓦头部分绳纹被抹,印迹模糊,其下有一圈绳纹被完全抹去。内侧面略不平,无纹饰。残长10.0、残宽12.4、厚0.8厘米。

筒瓦 1件。

标本T12①:38(图二五五,4),泥质灰陶。表面饰有交错绳纹,绳纹较细,印迹清晰,近瓦头部分绳纹被完全抹去。内侧面无纹饰,可见轮制痕迹。瓦头有子母榫。残长18.0、残宽11.0、榫头长2.0、厚0.8厘米。

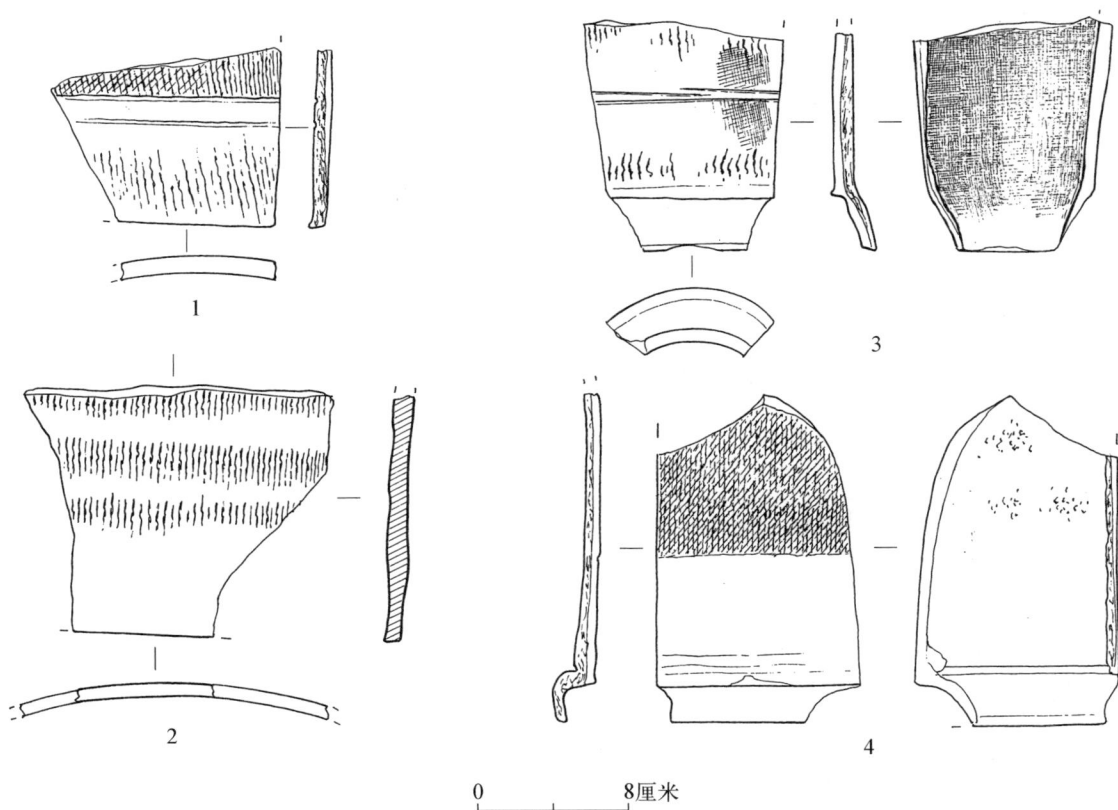

图二五五 2011YFT1、T7、T12出土瓦

1、2. 板瓦(T12①:39、T7①:13) 3、4. 筒瓦(T1①:18、T12①:38)

4. 石器

石支垫　2件。均整体呈圆形,一边薄一边厚。

标本T12①:40(图版一四,3),直径约6.0、厚0.3～3.1厘米,重103克。

标本T12①:37(图二五四,6),直径约12.0、厚0.3～5.6厘米。

# 4.50　2011YF采集遗物

采集陶容器残片428块,其中釜和鬲共占3.8%,盆和甑共占36.7%,瓮占15.2%,罐和缶共占24.9%,盆与罐共占16.0%,盆与瓮共占2.1%,碗、钵和小盂共占1.3%。另出土840片陶瓦。

矮直领瓮　1件。

标本采:13(图二六〇,1、2),泥质灰陶,口沿上有三道竖线,肩部有刻划文字,残高6.0厘米。

“U”形砖　2件。

标本采:10(图二四四,4),共1块残块,青灰色,含少量细砂。表面较平整,背面保存较差,起伏不平。残长9.7、残宽7.8、厚3.7厘米,重430克。上有小圆圈,直径约0.7厘米。

标本采:8(图二五〇,6),共1块残块,浅灰色,含较多粗砂颗粒。残长8.7、残宽6.9、厚3.1厘米,重210克。上有小圆圈,直径约1.3厘米。

炉壁砖　1件。

标本采:14(图二六一,2),共1块,整体呈长方体,棕红色,细砂质,夹杂有少量白色粗砂粒。表面有灰白色涂料层,部分脱落。除一面略不平整外,表面较平整,未见有浇铸痕迹。残长33.6、残宽16.9、厚约12.0厘米,重10 500克。

纺轮　1件。

标本采:12(图二五〇,5),共1块残块,保存近1/2,泥质灰陶,呈圆锥状,边缘薄中间厚,半径2.9、厚0.4～2.1厘米,重30克。

瓦当　7件。

采:6(图二五六,1;图二五八,3),瓦当面。双界格线四分当面穿过当心。圆心每界格内饰有一曲尺形纹饰。当面每界格内饰一朵卷云纹,其外有一周凸弦纹,残长11.1、厚1.0厘米。

采:5(图二五六,2;图二五八,2),瓦当面。双界格线四分当面不穿当心。当面中心为一个圆圈,其内为三角形网格纹。当面每界格内饰一朵卷云纹,卷云纹通过两个曲尺形纹饰与圆心相连,其外有一周凸弦纹,厚1.0厘米。

采:7(图二五六,3;图二五八,1),瓦当面。双界格线四分当面不穿当心。圆心内有一半球形凸起。当面每界格内饰一朵卷云纹,其外有一周凸弦纹,厚2.0厘米。

采:1(图二五六,4;图二五七,4;图版一二,8),瓦当面。双界格线四分当面不穿当心。当

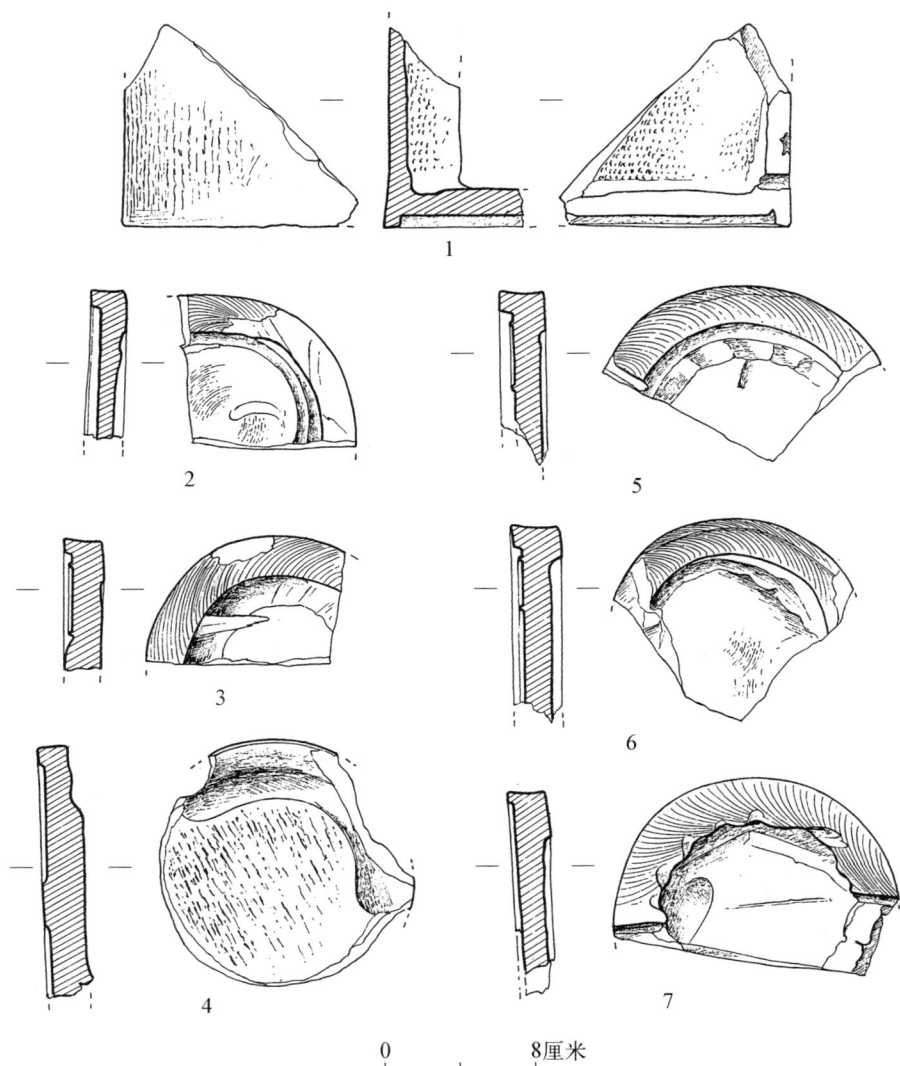

图二五六  2011YF采集瓦当

1～7. 瓦当(采:6、采:5、采:7、采:1、采:3、采:4、采:2)

面中心为一个圆圈,最中心处为一个半球状凸起,其外有一周弦纹,再外为一周乳钉纹。当面每界格内饰有一朵卷云纹,外有一周凸弦纹,外饰一周栉齿纹,其外又为一周凸弦纹,直径13.6、厚2.2厘米。

采:3(图二五六,5;图二五八,4),瓦当面。双界格线四分当面不穿当心。当面中心为一个圆圈,其内为方形网格纹。当面每界格内饰一朵卷云纹,其外有一周凸弦纹,厚2.4厘米。

采:4(图二五六,6;图二五七,1),瓦当面。双界格线四分当面不穿当心。当面中心为一个圆圈,其内为网格纹,最中心有一凸起。当面每界格内饰一朵卷云纹,卷云纹中间有心形纹饰与圆心相连,其外有一周凸弦纹,厚2.6厘米。

采:2(图二五六,7;图二五七,3;图版一二,4),瓦当面,双界格线四分当面不穿当心。当面

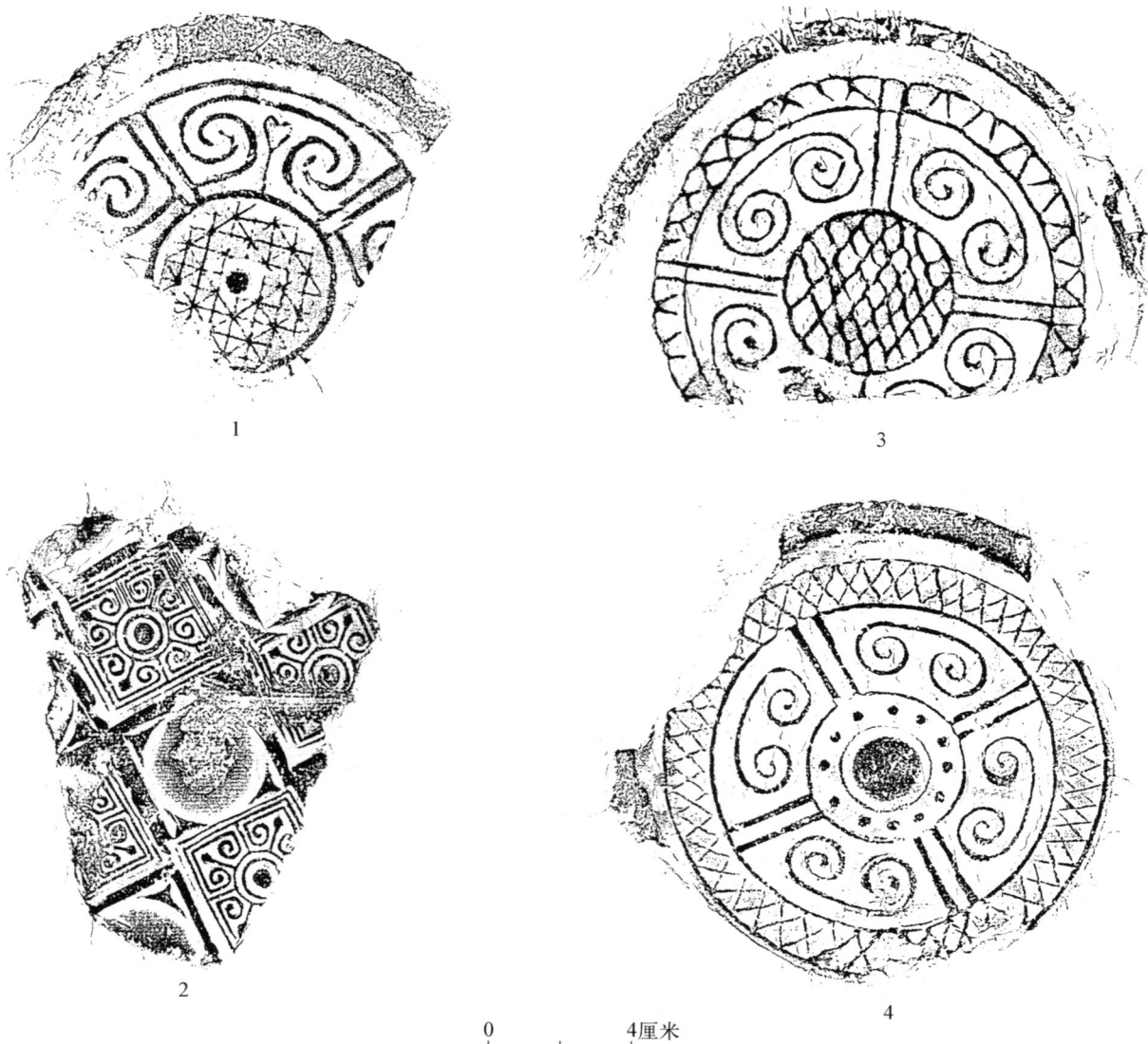

0 ____ 4厘米

**图二五七　2011YF采集瓦当、铺地砖纹饰拓片**

1、3、4. 瓦当（采：4、采：2、采：1）　2. 铺地砖（采：9）

中心为一个圆圈，其内为菱形网格纹。当面每界格内饰有一朵卷云纹，外有一周凸弦纹，外饰一周栉齿纹，其外又为一周凸弦纹，直径15.4、厚2.0厘米。

铺地砖　2块。

采：9（图二五七，2），铺地砖纹饰标本，分成一个个小方格，单界格线四分小方格，圆心内有一黑点，每界格内装饰有一朵卷云纹，其间还有一心形纹饰与圆心相连。

采：11（图二五九），铺地砖纹饰标本，分为四个单元，每个单元大致呈方形，由上下两个长方形组成。

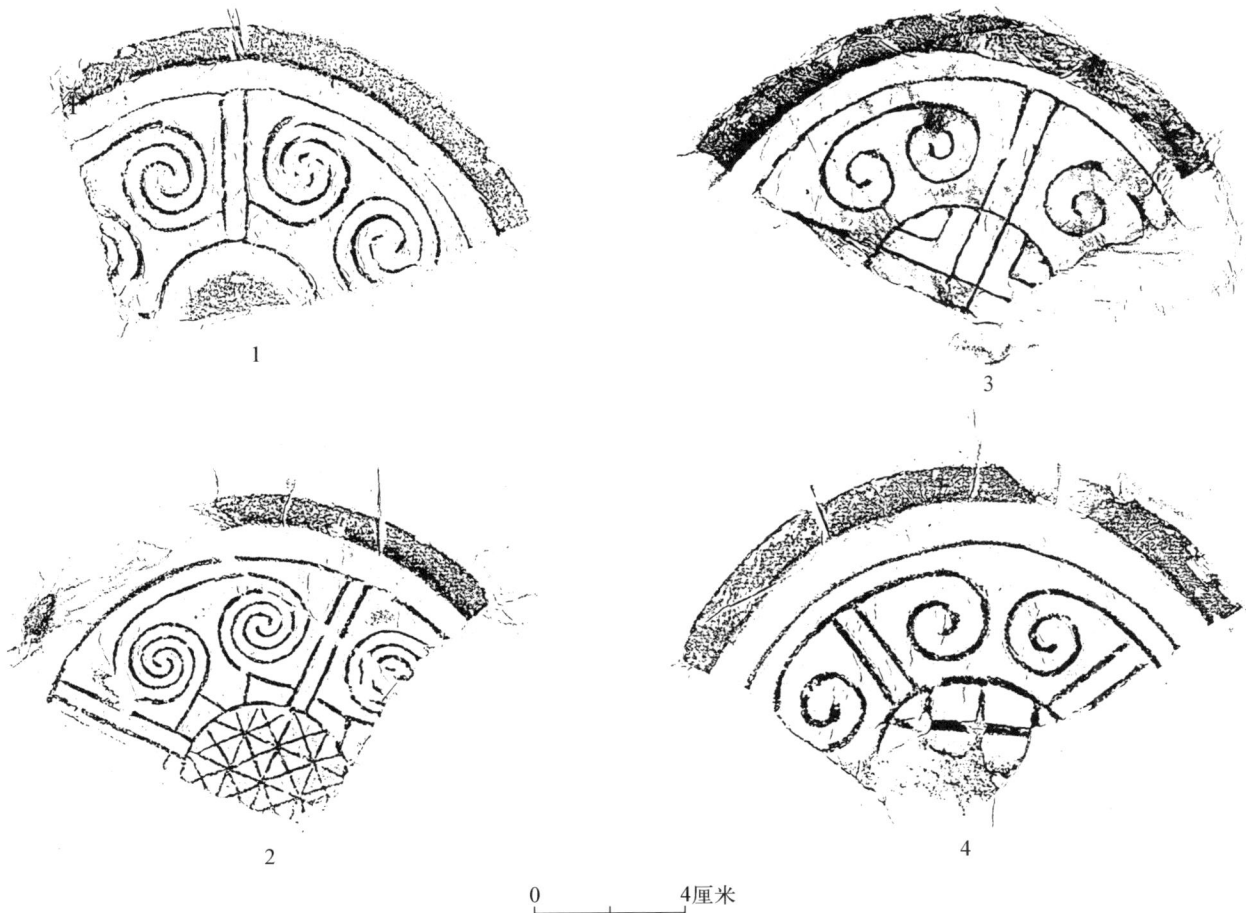

0      4厘米

图二五八　2011YF采集瓦当纹饰拓片

1～4.(采:7、采:5、采:6、采:3)

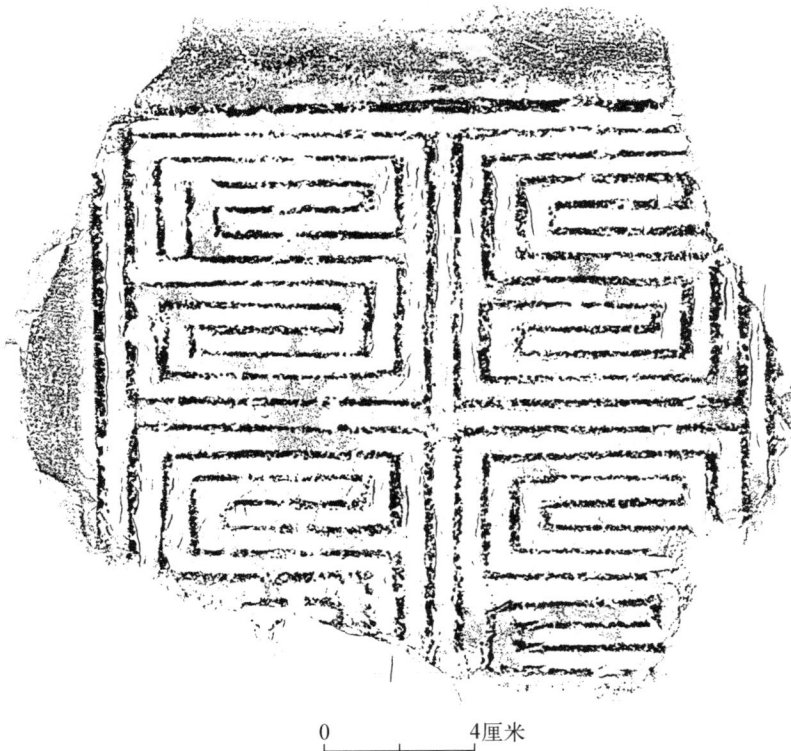

0      4厘米

图二五九　2011YF采集地砖纹饰拓片(采:11)

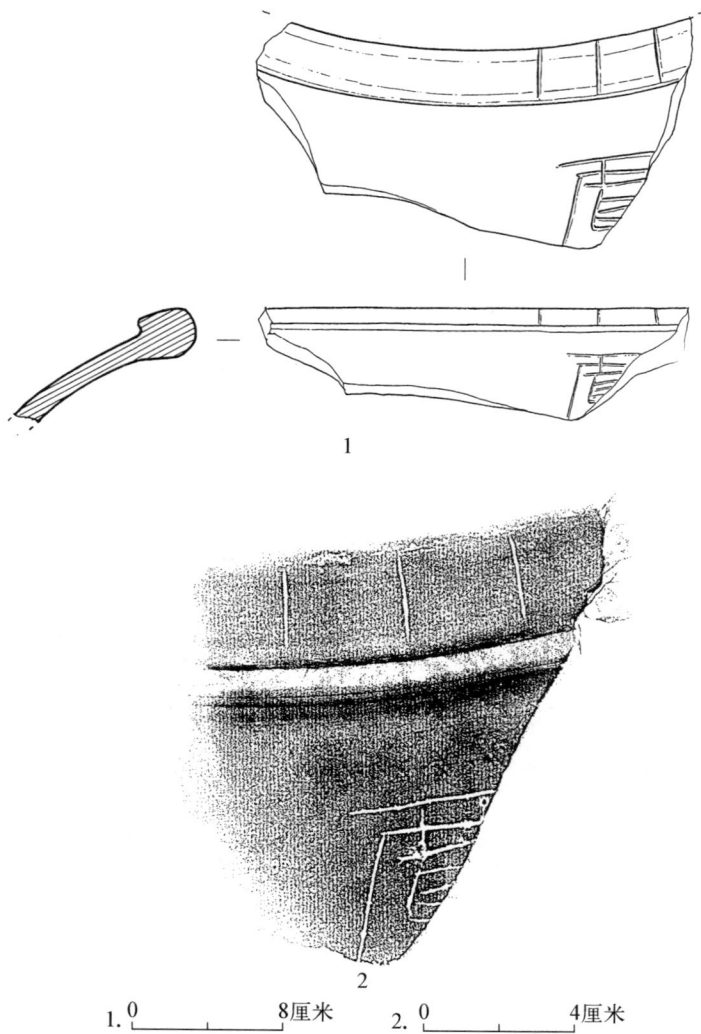

图二六〇　2011YF采集陶器及陶文拓片

1、2. 矮直领瓮（采：13）

图二六一 2011YFH31出土及采集炉壁（砖）

1. 炉壁砖（H31②：y372） 2. 炉壁（采：14）

# 第五章　冶铁技术与冶铁业

本章对邰城作坊的生产技术、作坊性质与管理方式，以及邰城作坊所在关中地区汉代铁工业的情况进行概述与分析。

## 5.1　作坊遗存所反映的生产技术

邰城作坊是关中盆地内的地方性小型铸铁作坊遗址。遗址的保存情况较差，在调查与勘探范围内堆积不厚同时本次发掘也有局限，发掘中未找到窑炉、房屋及道路等遗迹，未见制作、贮存陶范的设施，单位中的出土物较破碎，且种类混杂。但在发掘过程中，收获了陶范、炉渣、残铁块以及炉壁等相当丰富的资料。总体而言，发掘工作有限地揭露了作坊内部情况，遗憾的是，基于实际条件所限，我们所获与生产技术和管理组织相关的数据很不完整。如何在不完整的资料中最大限度地提取信息，是目前冶金考古学发展过程中需要思考的问题。通过对每一生产环节的产品、废料以及所使用技术的分析，并结合废品的废弃及堆积方式，即使发掘面积有限，讨论作坊的生产流程、分布，乃至生产组织仍是可能的。

本报告认为，对邰城作坊考古现象和发掘资料的整理分析，不仅有益于窥探中国古代钢铁工业在西汉时期的发展情况，还有助于解决中国古代钢铁工业在战国—汉代过渡期技术和组织层面存在的诸多问题。中国古代生铁工业出现的时间十分早，山西晋国的天马—曲村遗址出土了最早的生铁制品，年代约为公元前8～前7世纪。由于中国古代成熟的青铜工业奠定的基础，生铁工业在春秋早期出现后，在春秋晚期已大体成型，并在晋、楚、秦和郑等国同时出现多个中心。在战国时期生铁工业经历更大规模的发展，形成全国性的生铁工业，过去的考古工作揭露的相关冶铁业遗存也反映了这种情况。在汉代以后，生铁产品流行甚广，基本上取代了青铜等材质的生产工具，生铁作坊出现地点的数量有所增多。然而，战国与西汉以后的生铁工业在诸多技术层面显示出一定的差异性。尽管战国和西汉中期以后铁器生产作坊已公布的材料较多，但西汉早期，即战国晚期到西汉铁工业过渡阶段的材料，仍然有待补充。此外，关中地区铁工业目前学术空白之处仍较多[1],西汉时期关中地区铁器工业的发展情况仍然不甚清楚。因此,邰坊作坊不仅补充了过去对西汉早期冶铁业概况认识的不足,对于了解古代中国铁器工业发展的重要性也不言而喻。为更好地阐明邰城作坊的情况,我们将本次邰城铸铁作坊的主要收获概括如下:

首先,通过年代分析确定作坊的时代大体在西汉早期,延续时间最多约90年左右,且并非一次或短时期内形成的铸铁遗存。

其次,作坊是专门的铸铁作坊,兼具精炼(炒钢)和锻造工序。作坊以回收铁器重熔铸造为主,大部分的铁器残块主要是回炉重熔的材料。作坊工匠有较系统和成熟的冶铁技术,加入不同的材料如石灰石、砂粒和锻打剥片,以提高熔炼过程中造渣和渣铁分离能力。在重熔以外,作坊还可能有精炼(炒钢)工序,以生产材质较好且能直接锻打的材料。如作坊内发现了较多的锻造剥片遗存,说明工匠也以锻打技术加工、制作或修补铁器。作坊主要生产的是铁农具,制作的其他方面产品的数量不多。

第三,作坊同时具有制作陶范的能力,由工匠专门制作而成。目前虽然没有发现具体的窑炉,但因一定数量废品范和半成品范的出土,作坊的范围内肯定包括陶范制作工序。同时,根据陶范的显微组织可知,作坊陶范所含的黏土比例不高,可塑性低,范与芯材料差别较大,说明作坊工匠能够配比不同的原材料,以制作不同种类的陶范与芯。这种配比和用料的不同,主要是为了满足浇铸不同大小和类别铁器的要求,既能节省原料,又能较好地发挥材料的物理性能。

第四,作坊工匠使用含大量白色砂粒的耐火材料来制作鼓风管和炉壁残块。但作坊也出土了不同种类的鼓风管和炉壁残块,不排除鼓风管和炉壁可能由复合材料构成。

通过对出土物中炉渣、鼓风管残块等的分类和相关记录工作,结合多面分析,本报告尝试对整个作坊的技术和管理情况有较全面的理解。在上述分析的基础上,下文将针对作坊在熔炼、制范和原料获取的特点再加分析,以剖析邰城作坊所体现的技术源流和与大致同时期汉代作坊技术特点上的异同之处。

### 5.1.1 熔炼及鼓风方式

战国时期,熔铁炉的炉壁可分为单一材质及复合材质两种。单一材质炉壁中除了有草拌泥外,还有羼大量砂粒、少量黏土"堆筑"而成的砂质壁[2]。复合材质炉壁则是指由夹砂的炉衬、砂质耐高温圈层、泥质或夹砂的炉体砖和草拌泥粘结料等构成的炉体[3],个别还可能使用铁锄板作为夹层材料。较典型者,可以瓦房庄出土炉壁为例,熔炉壁基本上由炉衬、耐火砖和草拌泥外壳组成。复合材质炉壁在战国时期的遗址中一般数量不多。战国时期至汉代较完整的熔炉一般分为炉口、炉腹、炉缸以及炉基四部分,相关的遗物,还包括在熔炼时堵住出渣或出铁水口的炉塞。

[1] 目前在陕西境内经系统发掘过的制铁遗址仅为汉长安城西北角的西市遗址,简报分别见中国社会科学院考古研究所:《1992年汉长安城冶铸遗址发掘简报》,《考古》1995年第9期;中国社会科学院考古研究所:《1996年汉长安城冶铸遗址发掘简报》,《考古》1997年第7期。
[2] 河南省文物考古研究所:《新郑郑国祭祀遗址》,页735,郑州:大象出版社,2006年。
[3] 河南省文物研究所、中国历史博物馆考古部:《登封王城岗与阳城》,页260,北京:文物出版社,1992年。

据登封阳城战国时期熔炉发掘者推测,四部分的功能分别是:"炉口是装料、预热炉料、架设鼓风管的部位,炉腹是进行熔化还原铁料的部位,炉缸是贮存铁水和液体渣的部位,炉基是承托炉体的基础。"[1]但此论断中关于鼓风管的架设方式仍需根据考古资料仔细推敲。西汉晚期以后,炉壁则基本以耐火砖外层糊上草拌泥的混合材质为主。邰坊作坊的时代刚好处于西汉早中期,可能正因此缘故,出土炉壁既有草拌泥粘结的炉壁,又有以粗砂为主要原料、依靠少量黏土"堆筑"的粗砂炉壁或炉衬,不过,邰坊作坊目前未见复合材质炉壁的出土。

在战国时期的中行作坊中,除发现了瓦形的炉口和泥条盘筑的炉腹外,还出土了熔炉的底部和可能属于熔炉口部的残块。熔炉有明显泥条盘筑的痕迹,部分炉壁用背料夹细砂堆筑,用锄板作炉,或在表面糊一层夹砂炉衬。战国晚期中行作坊出土的炉底座,底径分别为35厘米及27厘米。在阳城作坊中,发现的熔炉内径则在63～86.1厘米间[2]。较遗憾的是,目前已有的发掘成果,尚未能给出较完整的炉型结构与形态。据报道,炉壁外层可能会粘结陶板瓦残块[3]。在战国时期的铸铁作坊中,还开始用含大量砂粒的耐火材料砖铺设炉底[4]。中行作坊的战国晚期前段遗存中,出土了12块炉砖。因此,战国时期肯定已出现一套配合批量生产、组合多部位炉壁的建筑方法。类似的耐火砖材料,继续沿用于汉代的大型铸铁作坊中。在南阳瓦房庄和郑州古荥镇作坊曾出土过弧形耐火砖,用以建造熔铁炉。这些耐火砖一般外长37、内长35、外宽13、内宽12、厚8、弧度内凹2厘米。因此,结合发现的熔炉底部残留遗迹和耐火砖形制,可知汉代较大型铸铁作坊中熔铁炉复原的尺寸为内径约1.3、高3米,炉壁厚度在30厘米以上;结构则分为炉口、炉腹、炉缸和炉基。

邰城作坊目前并未发现有任何熔炉底座遗存,仅有大量已残的炉壁残块或炉衬残块,多属炉腹,这批残块也无从复原熔炉原来的内径尺寸。由于邰城作坊的规模远小于瓦房庄作坊,因而熔炉原来的尺寸可能相应较小。在这次发掘过程中,曾在作坊的地表调查时发现边长为60厘米的大型耐火材料砖,很可能是炉底或基础部分残块,但作坊未见明确弧形的炉壁砖,也未见用复合材料制作的炉壁。因此,熔炉的构造上可能比汉代其他大铁官作坊简单。即使与战国时期已知的作坊相比,邰城的技术仍显得较为粗糙。根据已有的分析,汉代大型作坊中的工匠为了长期使用熔炉,也会在耐火砖上反复维修重糊炉衬,最多可见5层炉衬。在瓦房庄作坊中发现用细砂调制的内壁上的泥质涂层[5],是以0.3～0.5厘米粒径的砂粒与黏土混合制成,厚度为0.5～1.2厘米。我们在邰城出土的材料中却未见这种反复维修重糊的工序。

粗砂熔炉主要是以石英砂这类耐火材料为原料,且原料砂粒经过一定的分选。例如,瓦房

[1] 河南省文物研究所、中国历史博物馆考古部:《登封王城岗与阳城》,页260,北京:文物出版社,1992年。需要指出的是,根据调查发现,战国秦汉时期大多数冶铁竖炉的鼓风口均设置在炉腹部位,架设在炉口的考古证据极为少见;而熔铁、炒钢及锻铁炉的鼓风口则有可能架设在炉口部位。

[2] 河南省文物研究所、中国历史博物馆考古部:《登封王城岗与阳城》,页263,北京:文物出版社,1992年。

[3] 河南省文物考古研究所:《新郑郑国祭祀遗址》,页827,郑州:大象出版社,2006年。

[4] 《新郑郑国祭祀遗址》报告中分别用炉砖以及炉底砖来称呼砖形器,但两者的区别在报告中并未提到,见页762。

[5] 李京华:《南阳汉代冶铁》,页18,郑州:中州古籍出版社,1995年。

庄作坊中耐火砖和周边耐火材料选用砂粒的粒径一般大于内壁上泥质涂层的砂粒，达0.5厘米左右，炉基座使用砂粒的尺寸更会达到0.5～1.5厘米。鲁山望城岗炉基使用的砂粒粒径较小，石英或砂石颗粒粒径一般在0.2～0.5厘米之间，也明显经过筛选。望城岗用来混合做耐火材料的木炭颗粒也经过筛选，粒度大小在5毫米左右。本次郉城作坊除出土了粗砂（主要为石英砂）炉壁残块外，也出土了黏土粘结的泥质和细砂质炉壁残块，但郉城作坊的熔炉残块没有发现涂层。此外，分析所见粗砂质炉壁中砂粒的粒径也是在0.4厘米左右。由于炉壁过于残破，目前无法判断这两大类材料是代表炉壁不同部分使用不同的材料建造，还是作坊同时以不同的材料建造多组熔炉。炉壁应以本地的黏土和砂土为原料，而郉城靠近渭河古道，河砂原料取之不尽，这很可能是当时选址考虑的因素之一。

　　由战国时期的中行作坊及阳城作坊可知，熔炼炉使用的鼓风管主体由鼓风嘴[1]及鼓风管（身）组成。在登封阳城遗址，战国早期的单位中发现8件陶质鼓风管，有的陶管外面还保留有泥壳，全部都是头朝下顶吹式的鼓风管；同时还发现泥质管垂直段的残块。在阳城遗址战国晚期的单位中，也发现泥质管和陶质管的残块，转角处主要是陶质管，而转角以下的垂直段则为泥质管。根据复原可知，陶质管转角处口径为14厘米，粗端口径22厘米，从粗端到转角处约60～70厘米。泥质管长度为70～100厘米，保存较好的部分，外径达17.5厘米。当鼓风管熔到非常薄时，工匠会再糊上一层草拌泥继续鼓风。在郑韩故城内的中行作坊发现的鼓风管的构造十分相似。战国中期单位中发现泥质鼓风嘴和鼓风管各1件，战国晚期前段单位中发现陶质鼓风管4件、草拌泥质鼓风管27件和夹砂鼓风管3件，战国晚期后段单位中则发现泥质鼓风管2件，推测多为直角顶吹式鼓风管，口径在13～18厘米左右。

　　需要指出的是，冶铁炉和熔铁炉鼓风方式可能有所差异。目前可根据河南西平酒店冶铁遗址和南阳瓦房庄作坊的出土材料对战国秦汉时期冶炼炉及熔炼炉的鼓风方式进行复原。西平酒店冶铁遗址出土1座距今年代最久远且炉体保持最好的炼铁竖炉，发掘者将该炉的时代定为战国中晚期[2]。炉体建在一土丘的南坡边，坡下即为浅山沟。炉体是利用小土丘的南坡挖成的竖式炉，残存最高处为2.17米，椭圆形炉缸，内径为0.65×1.06米，炉壁厚约37厘米，内壁粘附炉渣（图二六二）。炉基和炉壁用炭粉、河砂、石英砂和黏土混合夯筑而成。整个炉体由炉基、炉腹、风沟和炉缸组成，鼓风口则位于炉腹中间与出铁、出渣口相对处。

　　到了西汉中期以后，熔炉的鼓风方式可能有了较大转变。南阳瓦房庄作坊出土的鼓风管主要为侧吹式，通过炉侧的入口，往反应活动较强烈的炉内部分鼓风。但同时鼓风管其中一段也被架设在炉口顶端，并且特意将炉口的一段直径扩大，以增加炉火加热的面积和充气的容量，使鼓入

---

[ 1 ]　在《新郑郑国祭祀遗址》中提到，战国晚期前段的3件鼓风管口部（笔者按：鼓风嘴），两件为黏土夹石英砂，另一件则为黏土上接草拌泥片，口径都在12厘米以上。但同时段鼓风管腹部，即垂直段上部残件，口内径最小为5厘米，最大也仅为8厘米，这涉及以下问题：（1）鼓风管腹到底如何与鼓风嘴连接？（2）这种装置如何将氧气输入到炉内？希望以后工作的进展能为这一问题提供更多答案。

[ 2 ]　河南省文物考古研究所、西平县文物保管所：《河南省西平县酒店冶铁遗址试掘简报》，《华夏考古》1998年第4期。

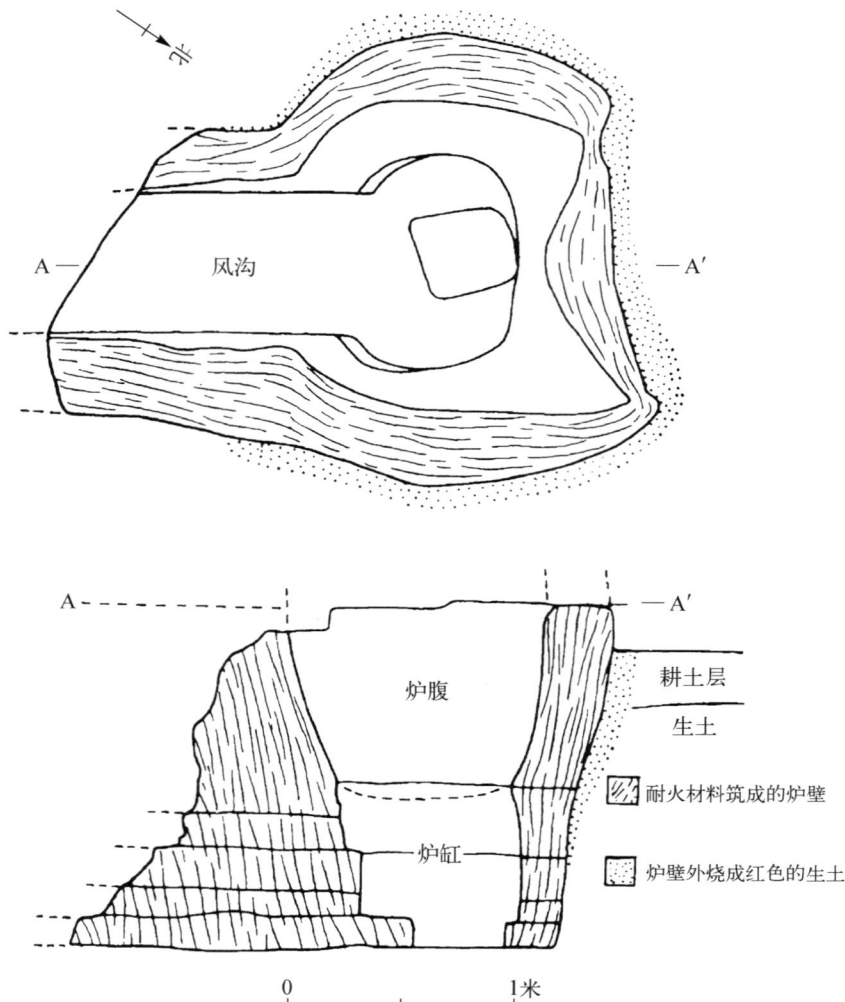

图二六二　　河南西平酒店冶铁遗址椭圆形竖炉[1]

的空气预热时间延长[2]。通过这一方法,管腔内空气的温度能达到300℃左右。在瓦房庄发现的熔炉,旁侧还推测有鼓动传送装置以协助鼓风。同时,鼓风管以陶制作,再在外侧包裹草拌泥壳。由于熔炉的内侧设计较大,高度在3米左右,直径也在1米以上,鼓风口还要使用复合材料制作的支垫砖。这一类型的熔铁炉鼓风管,也许是西汉中期以后,随着冶铁工业发展而出现的技术转变。

　　邙城作坊的年代主要在西汉早期。在邙城作坊中,共发现了4类材质不同的鼓风管残块,但目前未见有较完整者出土,也没有发现陶质鼓风管。且根据残块复原的鼓风管直径都较小,外径不超过30厘米,无法直接判断邙城作坊使用了何种鼓风管和以何种方式往炉内送风。要注意的

---

[1]　引自河南省文物考古研究所、西平县文物保管所:《河南省西平县酒店冶铁遗址试掘简报》,《华夏考古》1998年第4期。

[2]　李京华:《南阳汉代冶铁》,页20,郑州:中州古籍出版社,1995年。

是，邰城作坊中属于第三类的鼓风管直径明显较小，复原的外径约11厘米，鼓风管末端熔融部分不一定呈水平分布，且熔融区往往是单独的一圈，周边没有受高温或热风烘烤现象，应属于侧进式——直接伸入炉内送风的鼓风管。而属于第一类和第二类的鼓风管，表面的熔融程度不如第三类鼓风管，且受热部分多大面积分布。因此，如果邰城作坊当时使用了和瓦房庄作坊相似形制熔炉，邰城第三类鼓风管应该就是直接插入炉内送风鼓风管的残块。从材质来看，第三类鼓风管使用的砂粒最大粒径较粗砂炉壁的小，平均约300微米，砂粒同样也经过分粒筛选。第一类鼓风管的原料则为最大粒径在50～100微米的细砂粒。从性能来看，第三类鼓风管的材质主要为含粗砂的耐火材料，更适于直接与炉内高温区接触。而第一类和第二类鼓风管，可能为在炉外传输空气，部分要横置于炉口之上，因而受到烘烤，出现熔融现象。当然，第一类和第二类鼓风管也有可能属于战国以来顶吹式鼓风管的传统，只是最末端部分因熔融较严重而无法辨认。邰坊作坊中侧进式鼓风管的出现，可以说是目前首次发现，侧进式鼓风管能更有效地将氧气输送到高温的还原区，因而邰城作坊为侧进式鼓风管技术的起源和出现提供了新材料，填补了战国晚期到汉代冶铁技术转变的重要环节。

### 5.1.2　范的制作、合范与浇铸方式

邰坊铸铁作坊制作陶范的生产技术，其来源应是商周以来铸铜的传统。但因为铸铁的对象大多是农具，器形十分简单，陶范不需涉及复杂的纹饰制作和陶范组合，社会上的需求量大，加之要配合对高温铁液的耐热性和透气性，制作技术肯定较商周时期有所改进。

#### 1. 原料的选择与配料

根据以往的研究，商周时期陶范中最主要的原料为粉砂或砂粒，而且是以当地黄土为主要原材料，对黄土进行去泥的淘洗处理，以降低黏土含量，相应地提高砂或粉砂的比例（可形象地称之为"洗土去泥"），然后再经练泥、陈腐、制范等工序进行处理。殷墟的陶范在备料时会添加河砂、蚌粉（或其他硅酸盐物质）、植物质等羼和料。在这一过程中，可能会添加其他无机或有机材料[1]。

商周铸铜陶范含砂量高，普遍在60%以上，其比例远高于黄土，应是刻意选择的结果。而且，范材料中$SiO_2$含量较高，具有较好的耐热性和较低的发气量，改善充型能力，利于铸造轮廓清晰、器壁薄、纹饰精致的青铜器，而芯则质地疏松，具有较好的溃散性；此外还有区分面料和背料的做法，不同部位使用不同的原材料[2]。

春秋以后的陶范工艺在商和西周的基础上有了新的发展。蔡全法指出，春秋时期礼乐器的用料也是含砂量极少的黄土，分布均匀，少见杂质。流程大致包括选制范土料、晾晒、破碎、淘洗

---

[1]　岳占伟、刘煜、岳洪彬、荆志淳：《殷墟陶模、陶范、泥芯的制作工艺研究》，《南方文物》2016年第2期；刘煜、岳占伟：《殷墟陶范的材料及处理工艺的初步研究》，《科技考古》第1辑，中国社会科学出版社，2005年；刘煜、岳占伟、何毓灵、唐锦琼：《殷墟出土青铜礼器铸型的制作工艺》，《考古》2008年第12期。

[2]　刘煜、岳占伟、何毓灵、唐锦琼：《殷墟出土青铜礼器铸型的制作工艺》，《考古》2008年第12期。

或筛去粗砂等其他杂质,最后羼入少量经多次淘洗、陈腐而成的黏泥浆,经反复练泥,搅拌均匀而成[1]。刘思然等通过对新郑出土的春秋晚期—战国早期的铸铜陶范的检测指出,战国时期的陶范质地较西周时期更为松散,砂粒粒径一般在72～84微米左右,黏土含量很少,在某些情况下还能见到孤立的黏土颗粒存在于粉砂颗粒之间,黏土的作用似乎只是把颗粒连接到一起,因而整体结构疏松。砂粒的比例一般很高,在40%～70%之间,而且砂粒的边界十分清晰明确,很可能原来的烧制温度不高[2]。因此,西周时期陶范的制作可能仍然使用了洗土去泥的方法,只是在春秋以后陶范中砂粒的大小有增加的趋势,到了西汉陶范含大量的粗砂。早期铸铜范偏向使用粒径在30微米左右的粉砂,东周以后平均砂粒粒径在60微米以上,而铸铁陶范砂粒有更大的粒径和空隙[3]。实际上是延续了这一趋势。

本报告第二、三章介绍了汉代邠城作坊出土陶范的若干特点,由此可以清楚地看出,汉代陶范的制作,仍然延续了商周时期青铜陶范的部分特点。例如,邠坊铸铁陶范也具有多孔隙和黏土含量低的特点,因而具有较佳的透气性和退让性。颗粒大小的一致性也反映了制范原料经过精选。但不同之处在于,邠城作坊中锄范和铧范的主要原料为砂粒,且粒径非常大,属于砂粒而不再是商周陶范中的粉砂。西汉早期铸范很可能不再以黄土为原料。汉代陶范的砂粒棱角分明,应该属于河滩砂粒。砂粒大多是石英砂,也有少量的角闪石和斜长石,矿相比较单纯,砂粒最大径的尺寸非常接近。由于绝大多数砂粒都是石英砂和少量斜长石,一般的云母等杂质少见,连一般的岩屑也不多,砂的原料可能经过筛选。初步推测,当时的工匠可能为了提高材料的耐火性,从河滩沙砾获取原料后进行了初步的分选,提取出较纯的石英砂颗粒。西汉时期陶范使用的砂粒颗粒很大,整体十分粗糙,平均尺寸甚至是战国时期陶范的4倍以上。尽管其制作粗糙,但仍然严格遵守一套方式来筛选原料,并且在筛选时为了配合铸铁的需要,提高陶范的耐高温性,对原料还可能进一步提纯,最终以较纯的石英砂颗粒为主要的原料。

在提纯石英砂颗粒之前,工匠对于不同种类的陶范有更细致的分类标准,按照一定的颗粒度再度筛选。例如铧范和锄范砂粒粒径有所不同。铧范的材料和锄范虽然非常接近,但芯的原料却和这两类范差别很大,砂粒的粒径非常小,可能属于粉砂或淤土一类的细砂。因此,制范工匠同时使用了两类不同的原料来制范与芯。从显微组织来看,邠城作坊的陶范较少见有加入植物纤维的现象。此外,在西汉时期其他作坊见到的陶范(如古荥镇),背面和周边有清晰的夯窝和捆绑痕迹,但邠城作坊的陶范也没有这些现象。

邠坊作坊所见的陶范制作工艺,应该是为了适应当时的量化生产而进行改进。对比汉代其他种类已知陶范的分析结果,更能看出汉代为适应铁器和铜器两类金属器的大批量生产,

---

[1] 蔡全法:《论郑、韩两国铸造技术》,陈建立、刘煜编《商周青铜器陶范铸造技术研究》,页280～295,北京:文物出版社,2011年。

[2] Liu Siran, Kai Wang, Quanfa Cai and Jianli Chen (2013). "Microscopic Study of Chinese Bronze Casting Moulds from the Eastern Zhou Period". *Journal of Archaeological Science* 40(5): 2402-2414.

[3] 陈建立:《中国古代金属冶铸文明新探》,页169,北京:科学出版社,2014年。

在陶范工艺技术上呈现出专门化制范原料的选择。例如,在山东临淄汉代的铸铜镜作坊中出土的大批镜范,经分析镜范的原料很可能是一种含有较多黏土的细颗粒黄土。镜范的主要物相为石英、钾长石、斜长石、伊利石、无定型氧化物。说明其主要来源是含伊利石的土壤,范料看起来较为细致,断面孔洞细小,即很可能取自当地的原生土[1]。临淄镜范的$SiO_2$含量大大高于商周陶范,而未加入细砂,XRD分析表明镜范内含有大量非晶态的$SiO_2$。经植硅石检测发现有大量稻壳灰。当陶范加入植物灰时,陶范的密度、比热、导热系数均有所降低,从而降低了蓄热系数,改善了充型能力。由于镜范仍然要保持细腻光滑的表面,因此仍采用粉砂或细砂为原材料。

汉锺官铸钱遗址出土陶范[2]的结构分析结果表明,陶范的陶质细腻,没有夹砂,应经过人工淘洗,可能选用了遗址内细腻、黏性强的白墙土制作,也表现出和邰城作坊出土的制铁陶范原料很大的不同。由于生铁技术的出现和发展,古代中国的制范技术在汉代出现了专门化的趋势,不同的作坊根据不同的需要,因地制宜,就近选取材料用以大规模生产。汉代铸铁陶范的制作整体上看虽不精致,但陶范与铁水接触部位仍能发现一层较为细腻的泥料以保证铸件的光滑,这可能是汉代铸铁陶范走向批量生产而又能满足铸件质量的技术选择的结果——材料的选择既需要满足批量生产,又能够耐高温、具透气性以保证较好的铸造质量。

邰城作坊出土陶范和已知其他制铁作坊陶范的分析结果有所差异,说明即使在制铁作坊中,不同地区或不同大小的作坊,也会采用不同的原料或配比。例如,南阳瓦房庄铸铁陶范的表面,发现有白色的涂料层,应该是滑石粉研碎后调成的涂料剂[3]。经分析,陶范中砂粒比例为34%～47%,砂粒粒度在50～140目(0.106～0.3毫米)之间。仅从数据来看,瓦房庄的陶范在用料上更为细腻。在温县发现的烘范窑[4]中,出土了大批用以叠铸的车马器陶范,应该也是铸铁陶范。报告中提到,范中细砂粒度以270目(0.053毫米)最多,其次是50～140目,芯中砂粒含量达88%,范中则为73～83%,范的砂粒比例低于芯,目的是增加芯的透气性,并降低其发气性。除了砂粒和黏土外,原料还包括旧范粉和植物粉。

需要补充的是,鼓风管和炉壁主要是以黄土中的粉砂和石英砂为原材料,但在具体用料与选料的方案上,即使是邰城这类小作坊,工匠仍然会针对不同功能的产品,专门使用不同的材料。例如,鼓风管和炉壁的用料就是相当粗且可能没有经过严格筛选的砂粒;相反,由于陶范的用料对透气性、发气性和退让性的要求较高,工匠则严格按照砂粒粒径的要求来选料和备料。

### 2. 制范、组范与烘范

备好料以后,就进行制范工序。在古荥镇作坊曾发现制作锄范用的模具。由于锄范十分规整,器面呈平板状,很可能是有模盒一类的工具,将准备好的范土平铺于内再加夯打即可成

[1] 刘煜、赵志军、白云翔、张光明:《山东临淄齐国故城汉代镜范的科学分析》,《考古》2005年第12期。

[2] 西安文物保护修复中心:《汉锺官铸钱遗址》,北京:科学出版社,2004年。

[3] 李京华:《南阳汉代冶铁》,页26,郑州:中州古籍出版社,1995年。

[4] 河南省博物馆、"中国冶金史"编写组:《汉代叠铸:温县烘范窑的发掘和研究》,北京:文物出版社,1978年。

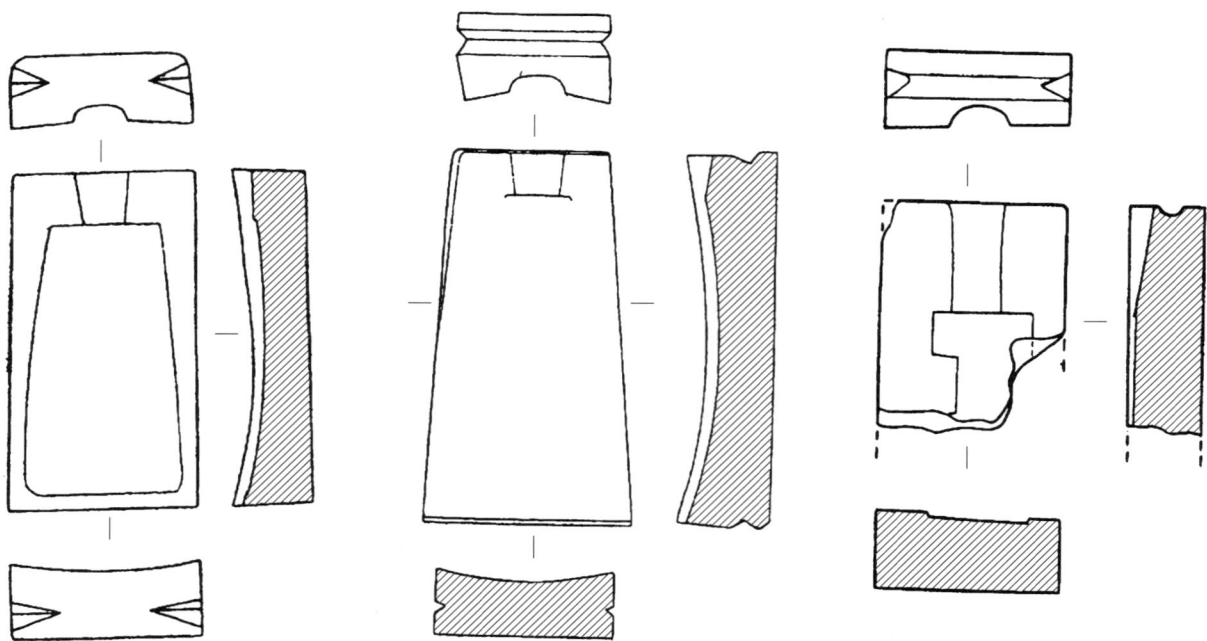

图二六三　新郑郑韩故城中行作坊战国铸范合范痕迹示意图[1]

型。个别陶范背部不平，很可能是夯打的结果。在较大型的制铁作坊中，一般都发现有用于生产的模具，种类主要包括锄范和镢范。邙城作坊虽然也发现有模具和废范，但如何用其制范却难以复原。

在制范坯或范身时，也可能开始同步制作浇道。邙城作坊出土陶范虽然和战国中晚期以后的农具陶范十分接近，但制作上可见到较大区别。以锄范为例，战国时期中行作坊（图二六三）所见的范整体较厚，呈弧形凹面，四角有菱形或三角形切口，器面范浇口呈半圆形漏斗状，而西汉陶范则使用直道形浇道；战国时期的锄板为圆角梯形，而西汉时期的锄板为直角梯形。西汉陶范上沿和左右沿的浇铸腔较深，且在陶范上有一层较明显的涂料层。浇铸腔整体上十分规整，也应该是使用模版一类的工具，然后再压印或修整出必要的浇道或浇铸腔。

陶范在制作好后，需要晾干，并一般以组装好的形态入窑烧制。在组合入窑烧制时，一般还会把浇口杯或浇口杯盖安置好。在以往的作坊中，曾发现浇口杯由芯座改制而成，在一侧挖出圆窝，并在底部刻出一条透孔缝。在该作坊中还出土了34件由废陶范和陶片磨制而成的圆陶片，报告认为是浇口杯盖[2]。在邙城作坊中，共发现了55件圆陶片，大多是用各类瓦片改制而成，少部分用废陶范改制，应该与浇口杯盖的功能相当，以阻挡在烧制或预热时掉下的草木灰，也可能是在浇注前组合铸型时，盖在浇口上以防外物进入。

---

[1]　引自河南省文物考古研究所：《新郑郑国祭祀遗址》，页775图五二二，6，页776图五二三，1，页778图五二四，1，郑州：大象出版社，2006年。

[2]　河南省文物研究所、中国历史博物馆考古部：《登封王城岗与阳城》，页308，北京：文物出版社，1992年。

在入窑烘烧以前,很可能需将陶范组合并进行加固。战国两汉时期的铸铁锄范大多呈平板形,中行作坊的报告认为,这类陶范不需要草拌泥加固,入窑烘热即可浇铸[1]。不过,对于是否需要在合范缝处涂草拌泥加固,其他学者有不同的意见[2]。我们的意见更倾向于后者。中行作坊出土的铸铁范大多在范周四角带菱形缺口,如何利用四角缺口将两块范固定在一起,目前还未见较合理的解释。据宫原晋一等在四川木里县对现代石范铸造的民族学调查[3],对于体积较大的陶范,很可能还会使用木架一类装置[4]来加固烘热及浇铸。邯城作坊出土的铧范,与芯组合后体积较大,不排除使用了木支架、木箱或地坑之类装置来加固和定位。

虽然陶范的制作使用了模具和模盒一类的工具,但在陶范制作的环节中,工匠并非完全按照标准化的工序来生产。在同一工序之下,工匠很可能是分组按照不同习惯来制作生产。我们已提及,在锄范或铧范的顶端,往往有刻划或压印出来的标记,应该与合范标记相关。同时,在铧芯上已辨认出不同种类的芯撑。即使在同一单位中的同类陶范,定位符号或芯撑的形态都会各不相同。例如在H3中出土的铧芯即包括了四类不同形态的芯撑,由于符号的形态没有实际功能的差异,和芯的大小也没有固定的联系,符号或芯撑形态的差异很可能因制作陶范的工匠个体或群体习惯不同所致,或者用来标识不同工匠使用的陶范。在H3中,发现最多的是"上三角形下长方形"[5]的标记,但在同样出土较多陶范的H31中,出土最多的则是"三角形"[6]的标记。尽管这一类芯撑有不同的标记,但不同的标记却并非在回填单位中随机出现。同一类的标记,在个别单位中集中出现(表一六～表一九)。此外,在铧范上出现的附加泥条或压印而成的合范标记或刻划而成的符号也相当多样化,每一种数量不多,没有哪一种占主导性的地位。如果所有的陶范都由同一小群工匠制作,似没有必要对于同一种陶范上采用不同类别的标识符号。

表一六　锄范合范符号形态[7]

| | ‖ ‖ ‖ | ‖ | 锄范最小个体数 |
|---|---|---|---|
| H3 | 17 | 1 | 127 |
| H31 | 5 | 7 | 41 |

[ 1 ]　河南省文物考古研究所:《新郑郑国祭祀遗址》,页760,郑州:大象出版社,2006年。
[ 2 ]　李京华:《南阳汉代冶铁》,页44,郑州:中州古籍出版社,1995年。
[ 3 ]　宫原晋一:《中国纳西族に残る石製范による铸造技術》,松井和幸编《東アジアの古代鉄文化》,页69～86,东京:雄山阁。
[ 4 ]　根据杨瑞栋等的调查,在云南会泽现在仍继续以石范生产的家庭作坊中,浇铸犁铧的石范是先将下扇范、型芯以及上扇范分开烘热,然后再合范并用铁箍加固。见杨瑞栋、李晓岑、李劲松、华觉明:《云南会泽石范铸铁的调查》,《中国科技史杂志》2010年第1期。
[ 5 ]　芯撑具体形状参见第四章分述中H3⑨:y319、H3⑨:y335、H3⑨:y338、H3⑨:y343、H3⑨:y355等铧芯描述。
[ 6 ]　芯撑具体形状参见第四章分述中H31②:y182、H31②:y183、H31②:y184、H31:y233、H31:y234等铧芯描述。
[ 7 ]　锄范最小个体数参见附表一。

表一七　铧芯芯撑形态[1]

| | | 三角形 | 三角形＋长方形 | 长方形 | 菱形 | 铧芯最小个体数 |
|---|---|---|---|---|---|---|
| 大型 | H3 | 10 | 14 | 2 | 9 | 35 |
| | H31 | 0 | 2 | 0 | 0 | 35 |
| 小型 | H3 | 3 | 0 | 0 | 2 | 25 |
| | H31 | 6 | 0 | 0 | 0 | 8 |

表一八　铧范合范标记

| 出现位置 | 刻划符号种类及数量 | | | | | | |
|---|---|---|---|---|---|---|---|
| 顶端 | ⊥ | — | ‖ | | | ︳_︳ | | |
| | 1 | 1 | 10 | 9 | 2 | | |
| 末端 | | | — | ‖ | ‖| | T | /// | ‖\| |
| | 5 | 3 | 2 | 1 | 1 | 1 | 1 |

表一九　铧范刻划符号

| 出现位置 | 刻划符号种类及数量 | | | | | |
|---|---|---|---|---|---|---|
| 顶端 | X | / | 工 | →\| | — | 七 |
| | 3 | 1 | 1 | 1 | 7 | 1 |
| 末端 | X | | | | | |
| | 3 | | | | | |
| 背部 | 须 | | | | | |
| | 1 | | | | | |

为进一步分析陶范制作标准化的问题,我们以两个单位陶范的标准偏差和变异系数进行统计分析。表二〇中所列,是若干出土陶范较多单位的锄范外型尺寸的统计分析。其结果显示,H3和H31出土的锄范,即使形态相似,长度和宽度的标准偏差和变异系数也有十分明显的差异。例如,H3出土锄范顶端宽度的变异系数为13.63,明显大于H31所出者,但底端宽度为5.1,变异系数较H31所出者略高。H31出土锄范,顶端宽度的变异系数只有3.1,比H3所出土的制作要标准化得多。由此可见,尽管是外型相似的锄范,不同单位所出者,尺寸的差异也相当明显。陶范的制作很可能由多组工匠分批进行,由若干的生产小组同时生产,否则很难解释陶范上标记的多元化,以及陶范间明显的尺寸差别。

[1]　具体芯撑形状参见第四章分述部分,铧芯最小个体数参见附表三。

表二〇 锄范测量与标准化相关的统计结果统计表

| 测量位置 | 项 目 | H3 | H31 |
|---|---|---|---|
| 整件长度 | 计数 | 39 | 1 |
| | 平均值 | 26.76 | 26.10 |
| | 标准偏差 | 0.82 | |
| | 变异系数[1](%) | 3.06 | |
| 顶端宽度 | 计数 | 99 | 22 |
| | 平均值 | 7.30 | 7.44 |
| | 标准偏差 | 0.99 | 0.23 |
| | 变异系数(%) | 13.56 | 3.09 |
| 底端宽度 | 计数 | 46 | 6 |
| | 平均值 | 15.70 | 14.97 |
| | 标准偏差 | 0.80 | 0.51 |
| | 变异系数(%) | 5.10 | 3.40 |

换言之,邯城作坊在配料方面有专业的分工,制范上的工序则由不同的工匠同时负责。邯城作坊的规模不大,但内部管理同一工序的工匠数量众多,绝非简单的小家庭式作坊。内部在配料、选料上,也显示出工匠掌握了一套甚为专业的技术体系,而这一套技术体系很可能奠基于商周以来陶范制作的工艺传统。

### 5.1.3　原料、铁器的重熔回收与废弃问题

一般靠近铁矿原料且较大型的炼铁作坊中,铁矿石在地表调查时多随处可见。例如,在鲁山望城岗发现的大型冶炼炉,是目前较大的汉代冶铁高炉的作坊地点之一。该炼炉底部长方形基础坑长17.6、宽11.7米,基床由石英、砂石和木炭混合而成的耐火材料构成,另有用耐火材料夯筑的炉缸基槽。炉缸东西长轴4、南北短轴2.8、壁厚1米。炉前还有出铁口和排渣沟。在该遗址地表调查时,则发现有经筛选的褐铁矿石。同样,在山东临淄齐故城冶铁遗存分布面积较大的刘家寨等地点的调查中,也发现过冶炼用的磁铁矿石[2],表面暗红接近黑色,比重约为

---

[1]　变异系数是衡量资料中各观测值变异程度的一个统计量,其定义是标准偏差与平均值之比。原理上,变异系数越大,同批产品的形态差异度也越高。

[2]　杜宁、李建西、张光明、王晓莲、李延祥:《山东临淄齐国故城东北部冶铁遗址的调查与研究》,《江西理工大学学报》2011年第6期;杜宁、李延祥、张光明、王晓莲、李建西:《临淄故城南部炼铁遗物研究》,《中国矿业》2012年第12期。

5,较致密,具有较强的磁性,属于高品位磁铁矿。相反,在瓦房庄作坊中,尚未发现过铁矿石,作坊内却出土了大量的废铁器,很可能是通过回收周边其他作坊提供的原料专门进行熔炼的作坊。要注意的是,望城岗[1]和齐故城东北、南地发现的冶炼渣,大多呈黑色、多孔的玻璃态,玻璃态基体呈不均匀的外观或结晶程度,以 $SiO_2$、$Al_2O_3$ 和 $CaO$ 为主,约占总量的90%,为典型的低铁高钙生铁冶炼炉渣,并可能使用了石灰石作为助熔剂。瓦房庄作坊分析的炉渣,以 $SiO_2$、$CaO$、$MgO$ 为主,比值和一般的冶炼炉渣相似,$FeO$ 的比例也为3%～5%,不论是外观还是化学成分,都不易于和其他一般的熔炼渣区别。所以,铁矿石的有无很可能是最直接且有效判断作坊是否有冶炼功能的标准。

　　邰城作坊所有的发掘资料中尚未见任何的铁矿石,再加上熔炉和鼓风管尺寸较小的特点,应该符合熔炼作坊的特点。作坊发现的炉渣主要是硅钙系的玻璃态炉渣,同时还发现了可能和精炼有关的炉渣。从炉渣的分析来看,邰城作坊的生产技术相当成熟,渣铁分离技术相对专业,还应该使用了石灰石作为助熔剂。作坊出土了一定数量的铁器,从残块外型能判断原来器形的种类包括锸、刀和作为武器的戟,这些铁器大多残破,基本没有保存整者。由于作坊中出土相当数量的“残铁器”和部分的“残铁块”,实际为坯料、回炉重熔的原料或需重新锻打的废材,未分析且残破的残铁器也很可能是回收的原料。大量资料证明,邰城作坊应该是以重熔和回收各类工具或容器的废材来获取主要原料的小型作坊。类似的考古现象,在以往的铸铁作坊中其实也有所发现。例如,在上述瓦房庄作坊[2]中,发现了数量较多的长方形铁板和破碎铁块,个别表面还有熔化痕迹。报告认为,板形铁材和被回收的废旧铁器,应是原料之一[3]。类似三角断面的长条形和形状不固定的板状铁锭[4],也见于铁生沟作坊中。一般而言,熔炼作坊原料主要为铁锭或残破铁器,当然,铁锭可能与工具的残块不易区分,作坊中发现的铁工具以及不成型的残铁块,原来也有可能是铁锭。根据现代地质调查结果,陕西地区的铁矿石分布在秦岭山区、汉中地区和陕北高原,而整个关中盆地基本没有大型铁矿[5]。由发掘、整理可知,邰城作坊未见可以确定为矿石或矿石粉末的遗物,在出土的工具中也未见可以确定为加工矿石者,可进一步证明上述邰城作坊出土的废弃铁遗物的性质。

　　为分析作坊中废弃铁遗物的出土背景和埋藏原因,我们首先把所有单位中的残铁器和残铁块在分类后记录重量,再分为由少到多的若干等级在图中进行标注。由分布图可看出,铁工具(包括部分因过残而存疑的)和残铁块在作坊已发掘的范围内较普遍分布,但是H31不论是残铁器还是残铁块的出土重量,都明显高于其他单位(图二六四)。此外,由整理的数据可知,H31出土的炉渣重量也是所有单位中最多的。换言之,作坊中发现的大部分残破的铁遗物,主要与炉渣

［1］　陈建立、洪启燕、秦臻、刘海旺、韩汝玢:《鲁山望城岗冶铁遗址的冶炼技术初步研究》,《华夏考古》2011年第3期。

［2］　李京华:《南阳汉代冶铁》,页21,郑州:中州古籍出版社,1995年。

［3］　河南省文物研究所:《南阳北关瓦房庄汉代冶铁遗址发掘报告》,《华夏考古》1991年第1期。

［4］　河南省文物研究所:《南阳北关瓦房庄汉代冶铁遗址发掘报告》,《华夏考古》1991年第1期。

［5］　《中国矿床发现史·陕西卷》编委会:《中国矿床发现史·陕西卷》,北京:地质出版社,1996年。

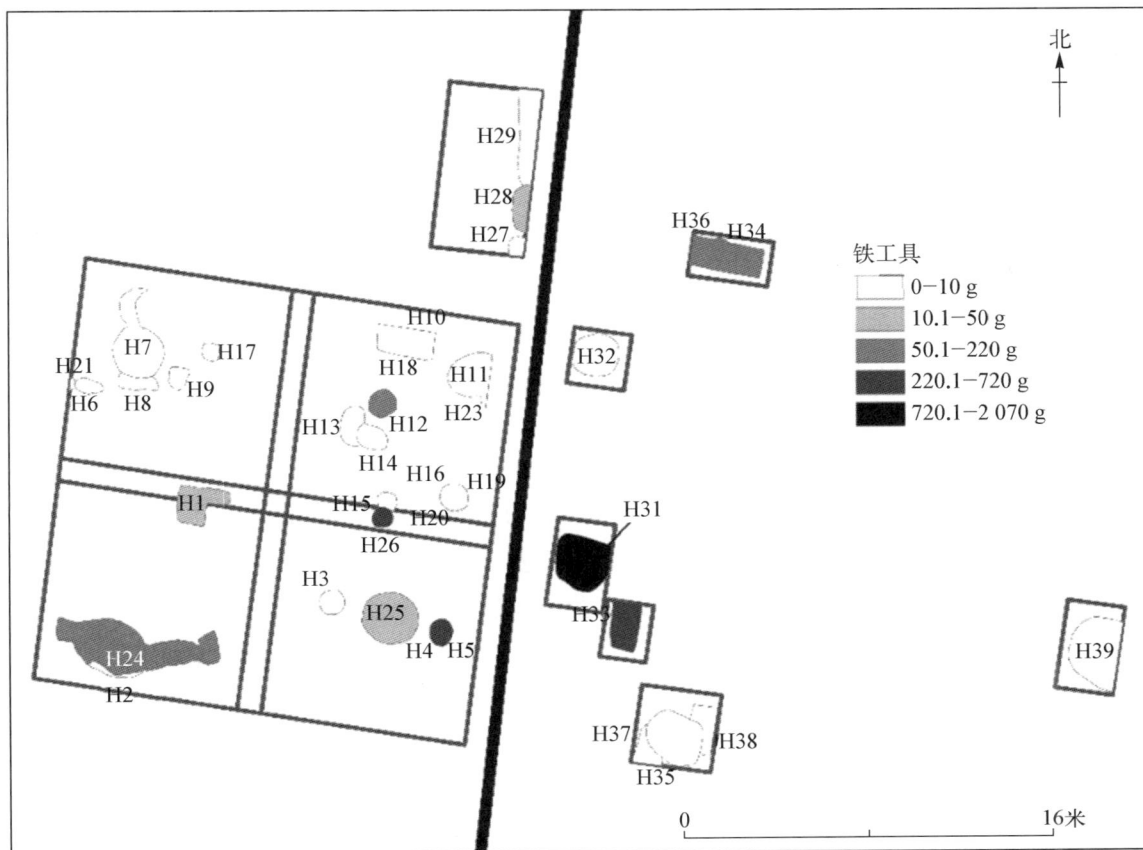

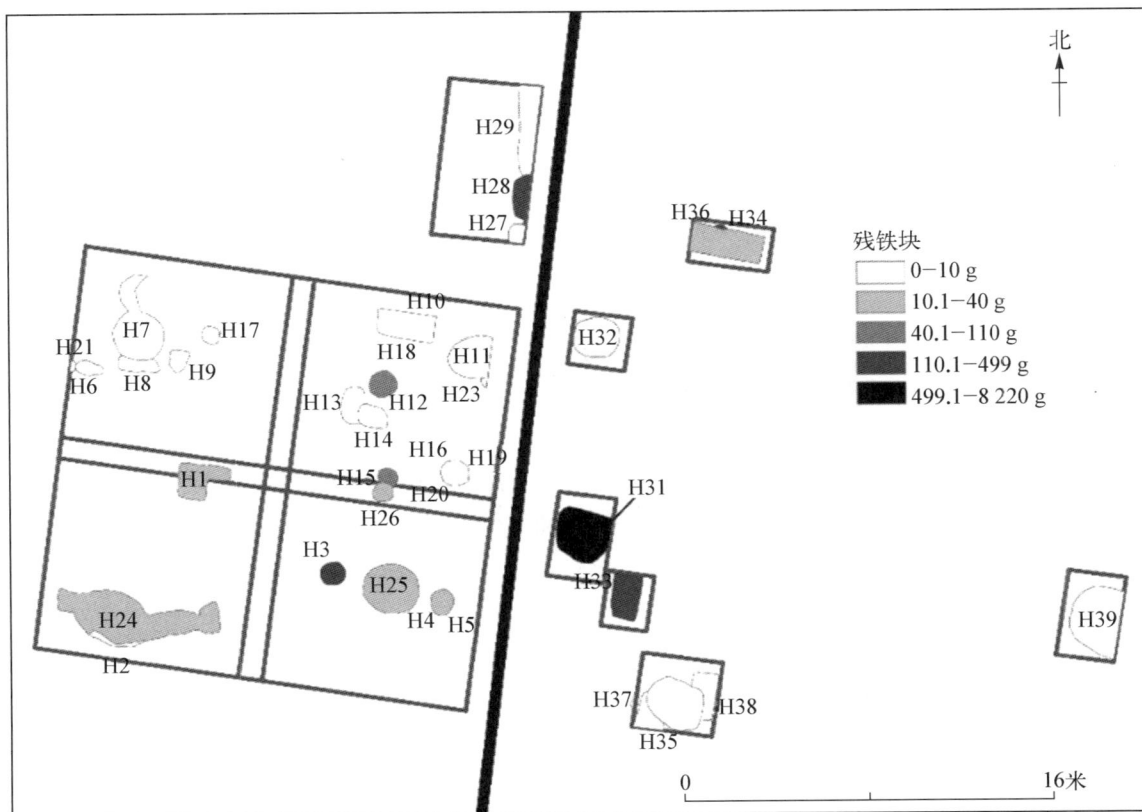

图二六四　邺城铸铁作坊各单位出土铁工具和残铁块重量

共出。各出土单位所见的残铁块，一般较为残破，体积相对较小，可能原来一些体积较大的铁块或质量较好的原料已被重熔，出土所见者则为工匠利用后剩下的边角碎块。根据当代废铁回收业的情况，工人一般会在回收重熔前根据铁器的质量和锈蚀情况，将废铁分成不同的级别后再处理[1]。从邰城铁遗物的分布情况推测，在重熔或重新锻打制作以前，工匠也很可能对废铁进行分类并集中存放。最后因某些缘故，部分较残破的残块无法被重熔和利用起来，与炉渣一并废弃。至于其他单位中少量分布的铁器残块，也有可能是偶然抛弃的结果。与其他作坊不同的是，瓦房庄等大型作坊中曾发现有锻打的工具甚至是石砧，但邰城作坊内部未见如铁钳或铁锤等可能用于锻打的工具。

　　冶铸作坊中，木炭往往发现较多。我们对邰城作坊每一单位中的木炭，都采集了若干样品。作坊中收集的木炭标本，可用于木炭树种的鉴定。根据鉴定结果，大部分样品鉴定为栎属或鹅耳枥属（桦木），多为栎树一类油性较高且耐烧的树种。在过去的报告中，仅在《南阳汉代冶铁》提到过所用的燃料为栎木[2]。另外，四川蒲江铁牛村冶铁遗址出土的木炭，经鉴定包括黄桐、乌桕和苦槠[3]。

　　此外，上文提及的锻造剥片也有集中分布的现象。为了解单位中出土锻造剥片的情况，我们在发掘时提取若干单位未过筛的土壤后，首先用磁铁以人工方法将锻造剥片吸出，然后在对土壤进行浮选提取炭化植物遗存后，对重浮物和轻浮物进行浮选，再一次用磁铁把未能吸出的锻造剥片收集，最后再将所有的锻造剥片进行称重统计。由图二六五可看出，H36的土壤量不及H3、

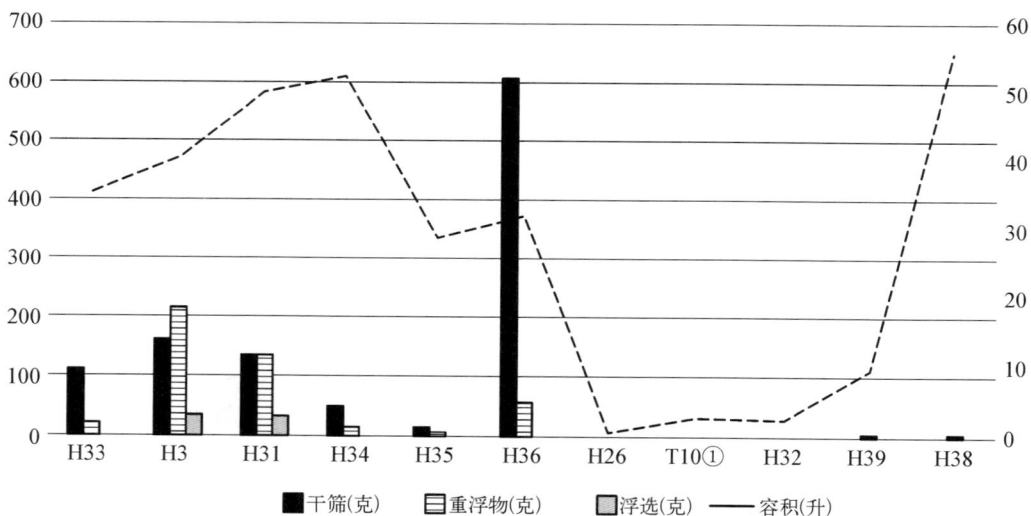

图二六五　邰城铸铁作坊若干单位土壤中锻造剥片的重量和所取土壤的容积

注：左侧Y轴标记表示锻造剥片的重量刻度，右侧Y轴标记表示土壤容积刻度。

[1]　Carlson, Albert S. and Charles B. Gow(1936). "Scrap Iron and Steel Industry". *Economic Geography* 12(2): 175－184.

[2]　李京华：《南阳汉代冶铁》，页15，郑州：中州古籍出版社，1995年。笔者按：报告中并未说明木炭树种的鉴定方法。同一作坊中所使用的木炭材料，也可能不止一种。笔者希望，在以后对铁作坊出土木炭燃料的种属鉴定中，最好能保证有一定的样品量，这样结果才能具有代表性。

[3]　陈建立：《中国古代金属冶铸文明新探》，页279，北京：科学出版社，2014年。

H31、H33 和所打破的 H34，但这一单位所出土锻造剥片的重量要远高于上述单位，说明 H36 锻造剥片较富集的现象并非由取样量较多造成。此外，在收集和浮选时，我们也对定为战国时期的单位（H32、H38、H39）的土壤进行对比，在这些单位中，基本不见锻造剥片的出现，由此可以确定，锻造剥片并非是西汉以前遗址上人类活动留下的，而是后期的"再生堆积"，且这一类遗物肯定和邰城铸铁作坊的生产相关。一般来说，锻造剥片都会有以锻冶炉为中心、向四周扩散分布的现象，越靠近锻冶炉分布就越密集。但是，被 H36 所直接打破的 H34，出土的锻造剥片量却不及前者的 1/6，说明在锻冶后，剥片很可能被收集起来重新利用，而不是直接在锻打后进入到堆积单位中。H36 发现较多的锻造剥片，则可能因部分收集的锻造剥片无法被重新利用，而与其他废品一同废弃。

值得注意的是，在邰城作坊中，目前尚未发现可以浇铸条材的陶范，也没有浇铸锄、铧和镢以外其他种类工具的陶范。在我们已分析过的炉渣中，也尚未发现过明确属于块炼铁制作所产生的铁硅系渣。作坊中废弃的条材一类的坯料、容器和部分工具残块，并非由作坊生产，应是从其他地方生产再运到邰城聚落。当然，锻造剥片的发现，说明作坊兼有通过锻打制作或维修铁器的功能，作坊乃至附近墓地出土的一些通过锻打制作而成的工具可能由作坊的工匠所生产。可以肯定的是，不仅是铁原料或坯料，作坊乃至整个邰城聚落所使用的铁工具或容器，部分应通过交易获得。即使部分铁器可能由邰城作坊加工制作，其原料也并非由作坊直接生产。作坊除了铸造农具，还有回收和重新加工铁器的功能。聚落中居民所使用的铁器，在损坏后可能会送到作坊重熔再铸造其他工具。在有关秦代地方行政制度的出土材料[1]中，曾记载县和都官在每年 7 月份要验查所有物品（公器），并将快要锈蚀、无法使用的铁器变卖。所变卖的对象，肯定是能重新回收铁器的地方性小铁器作坊，可能相当于汉武帝实行盐铁专卖以后"小铁官"的前身。根据铁器的金相组织和考古学分析，邰城作坊应属于这一类地方性小作坊。除了为当地居民提供农具外，还可能从事较简单的工具（如环首削刀或铲）制作，其所用原料包括两大类：第一类为由其他作坊或冶炼中心所生产的原料，并以铁锭方式运送到作坊中；第二类则可能为锈蚀或残损的铁器，被交易或送往作坊中重熔生产。

通过对冶/熔炼遗物的分类记录和分析，可知作坊主体应为熔炼铁器的小型作坊。再结合对作坊出土残铁块样品的分析，表明相对成型、较规整的残铁块多属炒钢或铸铁脱碳的产品，很可能是回收准备重熔的某类铁工具残块。一般较为残破且体积相对较小的残铁块，则可能为工匠利用后剩下的边角碎块。因此，邰城作坊应该是以重熔和回收各类铁工具或容器的废材来获取主要原料的熔铁作坊。此外，在发掘中还发现至少 2 件条材一类的坯料，说明作坊使用的原料还包括已直接加工完成的材料，这一类坯料既可用于重熔，又可直接锻打成型，但这类产品并非由作坊直接生产，在运送到作坊后因某些原因与其他的铁器残块回填到 H31 中。在登封、郑州古荥镇、巩县铁生沟和南阳瓦房庄作坊都发现了铸造板材范，表明生产铸铁脱碳钢板材和条材等原材

[1]　工藤元男著，广濑熏雄、曹峰译：《睡虎地秦简所见秦代国家与社会》，页 28～30，上海：上海古籍出版社，2010 年。

料的工艺在当时已经比较普遍。说明邰城铸铁作坊更多只是重熔炼铁,还不具备大量生产原料的功能。

　　作坊工匠在重熔时,会根据回收废铁的质量和锈蚀情况添加一定的砂粒和石灰石来熔炼。在对炉渣的分析中还发现过锻造剥片的残留,这一类废品的发现应与提高熔炼过程的造渣能力相关。造渣过程中添加了适当的助熔剂(石灰石),说明工匠对于铸铁作坊的生产和运作具有相当丰富的经验。该类炉渣的熔点较低有利于节约燃料,流动性较好有利于高炉运行,密度和黏度合适有利于渣铁分离,邰城玻璃态铁渣的含铁量平均值仅为2.21%,说明铁的还原反应基本完全。

　　作坊以铁器重熔为主要工序,在重熔以后,作坊可能进行小规模的精炼/炒钢活动,以及通过锻打来加工、制作或修补铁器。由于成品已被运出作坊,具体的内容无法得悉。但从邻近墓地出土的铁器的分析可知,同时期聚落内居民所使用或随葬的铁器,一般以铸铁脱碳钢为主要的制作材料,以炒钢为材料者也占有一定的比例,部分铁器更是重新利用材料锻打。金相分析的结果虽无法直接判断样品的具体来源或生产地点,但材料和技术组合的相似性显示,邰城作坊所具备的技术或所能生产的产品,与墓地部分出土铁器的情况相对应。因此,部分邻近墓地所出土的铁器,很可能是邰城作坊的产品,即作坊可能用废材锻打铁工具,或者直接用坯料锻打铁环首刀等工具。

　　在浇铸完成后,工匠需要对产品进行修整,例如将浇口铁部分打掉。因生铁性脆,铁铧也可能要退火或脱碳的柔化处理,因而需要铸铁脱碳炉。以上提及的工序和设施,都应该是邰城作坊的主体部分。因此,邰城作坊主体应该是以重熔和熔炼为主要技术的小型作坊。在重熔以后,作坊可能进行小规模的精炼/炒钢活动。此外,作坊工匠还依靠锻打技术来加工、制作或修补铁器。作坊的规模虽小,但在多个方面表明其为邰城主要的铁器供应场所,工匠所掌握的技术,基本上满足了当时村民主要的农具与部分生活用具之需。同时,造渣过程中助熔剂的添加说明工匠对于作坊的生产和运作具有相当丰富的经验。

# 5.2　作坊性质的相关问题

## 5.2.1　作坊的生产流程

　　在考古学层面,复原组织管理的依据或基础,是生产活动所在的具体空间。从遗物的种类、性质以及所在的考古学背景中,提炼出生产流程和作坊组织的资料。对不同环节生产地点的判断,主要依靠生产设施(如窑炉)、生产工具以及废品残骸[1],将此综合分析,才能明确生产地点所在,也才能讨论生产活动的"集中化"程度[2],即为特定区域或人群服务的工匠的分布、聚集与活

[1]　Costin Cathy L. (2001). "Craft Production Systems". In *Archaeology at the Millennium: A Sourcebook*. Feinman Gary M. and Douglas T. Price eds. pp. 273–327. New York Plenum.

[2]　Costin Cathy L. (1991). "Craft Specialization: Issues in Defining, Documenting, and Explaining the Organization of Production". In *Archaeological Method and Theory*. Schiffer Michael B. ed. pp. 1–56, Vol. 3. Tuscon, AZ: University of Arizona Press.

动情况。故此，对遗物恰当的分类和整理是研究的基础。对遗物的功能、属性进行判断后，才能进一步探讨手工业的生产组织和管理。

原理上，铸铁工业的生产流程主要包括原料获取、制范、熔炼以及浇铸诸项。因浇铸而成的生铁产品，硬度甚高且缺乏延展性，以生铁为原料的农具、工具或兵器浇铸后需要再加工。加工方式主要包括将产品放入较低温的窑内烘烧使其脱碳，或将生铁浇铸成铁条或条材等半成品，然后脱碳再锻打成工具。在西汉早中期以后[1]，作坊还会以炒钢的方式对生铁原料进行脱碳，即将生铁入炉熔融并鼓风搅拌，使生铁中的碳氧化，最后炼成熟铁或钢[2]。对于这套生产流程，李京华先生等[3]根据铁生沟的材料，已进行过深入的讨论。虽然原材料的获取与加工也是手工业的重要研究内容，但由于邺城作坊周边地理环境中没有丰富的铁矿资源，作坊的生产环节可能不涉及采矿。而一个完整的作坊应该包括以上这些项目，我们试将以熔炼及浇铸为主的作坊的基本生产流程简化如下（图二六六）：

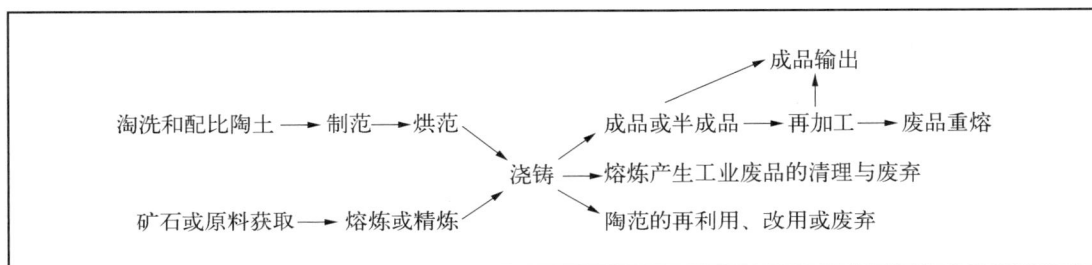

**图二六六　一般铸铁作坊生产流程图**

在其他已发现的作坊中，发现较多与冶熔炼环节相关的设施，对于复原整套生产链具有较重要意义。例如，在河南巩义铁生沟汉代冶铁遗址中，发掘出冶炼炉、熔炉、锻炉、炒钢炉、退火脱碳炉、烘范窑、积铁坑、配料池、坑等。郑州古荥镇汉代冶铁遗址也出土了冶铁炉及上料、供水、出铁和出渣等各种配套设施。而在邺城遗址发掘过程中，我们尚未见到这一系列的设施。在瓦房庄作坊发现的冶炼设施，就包括熔铁炉、炒钢炉、锻炉、配料池等。即使在其他发掘规模不大的汉代作坊中，一般也发现较多的遗迹现象。例如，齐故城桓公台的宫殿建筑范围内，发现有东汉时期的制铁作坊遗址，并打破了原来西汉时期的官署遗址。冶炼遗址的范围为4 000平方米，发现熔炉2座、炒钢炉1座、炼炉2座、范坑4个。另外，作坊还发现翻砂地，以及含较多炉渣的红烧土坑，炉渣层厚约0.8米。两座熔炉从形制来看，为退火炉的可能性更高。在炉

---

[1]　目前最早的炒钢制品出土于徐州狮子山楚王陵，该墓下葬年代不早于公元前154年。以炒钢为材质的制品包括1件矛、3件凿以及1件封门用的铁轴。矛应是当时的随葬品之一，3件凿则为工匠开凿时遗留的工具。由此可知，炒钢技术的出现当不晚于西汉中期，报告见北京科技大学冶金质与材料史研究所、徐州汉兵马俑博物馆：《徐州狮子山西汉楚王陵出土铁器的金相实验研究》，《文物》1999年第7期。
[2]　韩汝玢、柯俊：《中国科学技术史·矿冶卷》，页612，北京：科学出版社，2007年。
[3]　赵青云、李京华、韩汝玢、丘亮辉、柯俊：《巩县铁生沟汉代冶铸遗址再探讨》，《考古学报》1985年第2期。

膛内发现有铁工具、铜锭和木炭,估计和熔炼没有太直接的关系[1]。报告提及发现了大量冶炼渣,同时出土了铁犁头、铁铲、铁环等,还发现有十几个冶炼坩埚,估计铁器有可能是准备回收重熔。作坊中没有发现与炒钢炉相关的遗迹现象,铸范主要用于浇铸车釭和铁镬。桓公台发掘于数十年前,但只要报告内容详尽,也是可以通过作坊中的冶炼遗迹对整个作坊的布局进行复原的。

　　但是,本次发掘的邰城作坊并没有发现大量熔炉一类的遗迹现象。以上生产过程诸环节中,属于废弃环节的遗物发现数量最多。作坊所出土的废品,主要为炉渣、炉壁残块、鼓风管、范或模以及积铁块或铁器残块。陶范在使用之后,除被直接废弃埋藏外,还可用来砌筑炉壁[2]或井壁等。熔炼结束后的炉渣以及其他生产废料可能与陶范类似,一方面直接废弃,另一方面还可能会重复利用。最后的成品要输出到其他地方,因此一般而言,作坊中成型铁器并不多见,而陶范才是判断作坊产品构成的主要依据。要注意的是,在作坊中已发现和炒钢相关的炉渣,而且也发现和锻打相关的原料,则作坊中肯定存在炒钢和锻打所必需的炼炉。炒钢技术是西汉时期主要的技术发明,由于整件铸铁脱碳对温度和窑内气氛的要求较高,失败的情况也自然较为常见。因此,炒钢精炼的工艺为铸铁作坊提供了更容易控制材质的新方法。邰城作坊年代较早,可能还处于炒钢技术发展和普及的早期阶段,因而作坊中发现的炉渣在总体中所占比例中十分小。

　　另外,作坊要生产铁农具,理论上也应该有脱碳工艺的存在。在阳城作坊发现有大型脱碳炉,中间有抽风井,以便在退火窑中对铁器成批进行处理。在战国和汉代的冶铸遗址中发现的烘范窑,可以稳定地达到900～1 000℃的高温,还可以控制燃烧速度、窑温和炉内气氛。如果对生铁铸件退火时间和温度控制得当,生铁铸件还能不析出石墨而不成为可锻铸铁,从而使铸件中部分碳被充分氧化而变成钢。铸铁脱碳的技术可以有效地控制脱碳,广泛地使生铁铸件脱碳成为钢件,且钢件中夹杂物很少,同时能够利用这种成型的钢材再锻造成工件,既扩大了生铁的使用范围,又促进了钢铁生产。西汉以后大型贵族墓葬如北京大葆台西汉墓和徐州狮子山西汉墓出土的铁器和铁甲片等都是使用这一技术生产的。邰城作坊以浇铸铧等农具为主,理应存在铸铁脱碳的设施,只是目前尚未发现。另外,作坊出土了与制作陶范工序相关的遗物,应存在与瓦房庄等地所见相似的烘烤陶范窑。但邰城遗址很可能受到后期较严重的破坏,相关设施皆未发现。

　　陶范因各种原因不能使用后,其废弃堆积过程也值得思考。在邰城发现了陶范较集中废弃的埋藏坑,推测与重用有关,如使用过的陶范还可加工改作他用或用作练习范。在整理时都对这些加工痕迹加以记录,并整理为表二一。在浇铸后,对废范的加工方式包括以锯将陶范对半切开制作成坯料、将切块后的陶范边角进一步打磨制作成浇口杯一类的遗物,以及将切好的陶范残块钻孔。由于H3出土这类对半切开的陶范较多,推测该单位原来有暂时贮存废料之用。H3中基本不见任何炉渣遗物,甚至连鼓风管也少见,说明这批陶范是专门收集起来并和其他熔炼遗物区

---

[1]　山东省文物考古研究所:《临淄齐故城》,页90,北京:文物出版社,2013年。
[2]　河南省文物研究所、中国历史博物馆考古部:《登封王城岗与阳城》,页262,北京:文物出版社,1992年。

分开，则H3不一定是单纯的垃圾回填坑。需要说明的是，在H31和H33中出土了若干高温烧坏或未完全成型的锄范，H31中还发现了可能用于制作铧芯的模具。目前虽然并未发现具体烧制陶范的地点，未使用过的陶范废品总量也不高。然而，这些废品和其他冶铸遗物共出，说明原来陶范烧制地点与废弃地点相距不远。

表二一　陶范加工痕迹

| 单　　位 | 对半切开 | 边角打磨 | 钻　　孔 |
|:---:|:---:|:---:|:---:|
| H3 | 8 | 2 | 1 |
| H31 | | 2 | 1 |
| H33 | | 1 | |
| H34 | 3 | 1 | |

总结以上的讨论，再根据一般制铁作坊所涉及的生产流程，邺城作坊所见到的生产链大致可概括如下（图二六七）：

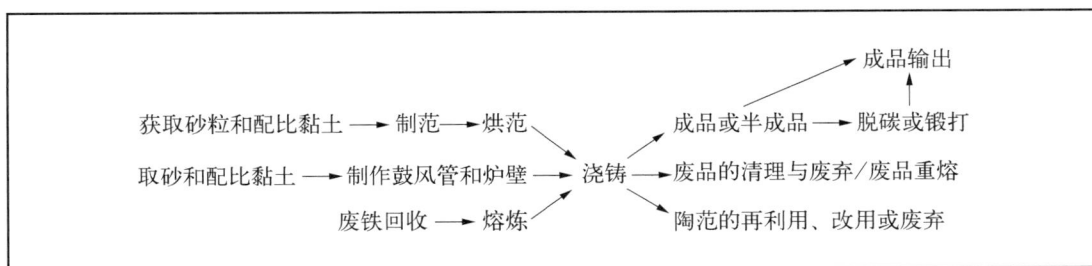

图二六七　邺城铸铁作坊生产链复原图

在此报告中我们提出，将发掘资料进行初步的分类、整理与记录时，还要充分考虑堆积的形成过程[1]。由于作坊中出土的研究对象基本都是废弃品，是否存在"二次堆积"就成了必须解决的问题。有学者[2]已提出，在工厂式的作坊中，工业废品十分容易被搬运或多次埋藏。所以完整

---

[1] 根据以Schiffer为核心的考古学行为学派的观点，考古堆积的形成过程受两种因素制约，其一是自然转变过程（N-transformation），主要指因自然因素的破坏而改变的部分，另一种则称为文化转变过程（C-transformation），指的是人为活动对考古埋藏的改变［详见Schiffer Michael B. (1985). "Is There a 'Pompeii Premise' in Archaeology?" *Journal of Anthropological Research* 41(1): 18-41.］。本文中的形成过程主要指人为因素对遗存的影响。

[2] Santley Robert S. and Kneebone R. R. (1993). "Craft Specialization, Refuse Disposal, and the Creation of Spatial Archaeological Records in Prehispanic Mesoamerica". In *Prehispanic Domestic Units in Western Mesoamericas: Studies of the Household, Compound, and Residence*. Santley Robert S. and Kenneth G. Hirth eds. pp. 37-63. Boca Raton, FL.: CRC Press.

的生产流程,还要考虑废品的产生以及最后被抛弃到考古堆积的过程,即遗物在同一单位中的组合、完残情况、使用痕迹等也需视为作坊遗物研究对象的一部分。

从操作链的角度来看,邰城的生产序列要较大型作坊简单得多,很可能因为邰城作坊的原料较不充足,但这不代表生产完成后邰城的工匠就不会多次反复清扫搬运垃圾,因此遗物的废弃和清理很可能不是一次完成的。陶范可能会被分批淘汰,废范、炉渣和鼓风管等可能会先在作坊某处集中临时放置,待一定时间以后再找大型的垃圾坑弃置。而临时放置和搬运的次数越多,灰坑和原来的活动发生地点的距离就越远。进一步分析作坊的结构和功能分区,便能反推堆积过程,判断冶铸遗物在掩埋前是否经过多次搬运或清扫。陶范的拼合率可反映陶范总体的破碎情况,将有助于对上述问题的理解。拼合率是指发现的陶范残块的可拼合程度,陶范在废弃后,并不会直接埋藏在堆积单位中,中间可能会经历一定的搬运过程。搬运清扫次数越多,陶范则会越破碎。炉渣和其他遗物与陶范共存,陶范的破碎程度也一定程度反映了其他冶炼遗物的搬运过程。表二二列出了主要单位锄范的拼合情况,锄范一般较铧范易保存且较易拼合,因此锄范的情况最能反映各单位遗物的可拼合情况。由表二二可见,大多数锄范的可拼合程度较低,除了H1面范和H34背范的拼合率以外,其他所有的拼合率均在2以下,尤其是H31锄范的拼合率,分别为1.20和1.06,大多为无法拼合的残块。因此,各类遗物在废弃后,可能都经历了多次搬运才埋藏在堆积单位中。

表二二　　锄范拼合率统计表[1]

| 面　　范 | H1 | H3 | H31 | H34 |
|---|---|---|---|---|
| 碎块统计 | 20 | 522 | 101 | 33 |
| 拼合后碎块统计 | 9 | 285 | 84 | 17 |
| 可拼合率 | 0.55 | 0.45 | 0.17 | 0.48 |
| 背　　范 | H1 | H3 | H31 | H34 |
| 碎块统计 | 24 | 250 | 134 | 42 |
| 拼合后碎块统计 | 13 | 147 | 126 | 19 |
| 可拼合率 | 0.46 | 0.41 | 0.06 | 0.55 |

### 5.2.2　作坊的产品类型与数量

以陶范浇铸的三类主要的铁农具为锄、铧与镬。其中以锄为大宗,很可能是延续了三晋地区战国以来铸铁作坊的主要特征与传统。这一批作坊出土的铸铁陶范组合颇具特点,都是以锄、镬等农具范为大宗,偶见其他的如带钩范和兵器范。在登封阳城发现的铸铁作坊,包括

----

[1]　拼合率=(所有碎块数-拼合后碎块数)/所有碎块数,如果没有任何残块可以拼合,拼合率应为0,如果完全可拼合则为1。

战国早期和晚期两期遗存,两期出土陶范的种类、数量见表二三,在组合中以农具范(镈范、锄范和镰范)为大宗。同样属于韩国的中行作坊,出土的铸铁陶范也是以镈范和锄范为大宗(表二四)。魏国的禹王城辛村作坊发现的铸铁陶范,包括锛、斧、镈、锄、刀范、锄/斧/锛的芯座、锄范模、条材和布币范等。

表二三　登封阳城战国时期遗址陶范组合

| 时代 | 镈 | 镈芯 | 锄 | 斧 | 锛 | 臿 | 镰 | 凿 | 削 | 兵器 | 条材/板材 | 容器(鼎/釜) | 带钩 | 环 |
|---|---|---|---|---|---|---|---|---|---|---|---|---|---|---|
| 早期 | 9 | 63 | 3 | 0 | 0 | 0 | 2 | 2 | 2 | 2 | 3 | 10 | 1 | 1 |
| 晚期 | 29 | >82 | 21 | 8 | 3 | 3 | 22 | 3 | 11 | 2 | 25 | 0 | 1套 | 0 |

表二四　新郑郑韩故城战国时期中行遗址陶范组合

| 时代 | 镈[1] | 锄 | 镰 | 铲 | 削 | 凿 | 条材 | 刀 | 矛 | 剑 | 铃 | 箭杆 | 璜形饰 | 钱范 |
|---|---|---|---|---|---|---|---|---|---|---|---|---|---|---|
| 战国中期 | 0 | 4 | 0 | 0 | 0 | 0 | 0 | 0 | 0 | 0 | 0 | 0 | 0 | 0 |
| 晚期前段 | 229 | 1 048 | 8 | 4 | 6 | 5 | 6 | 5 | 1 | 2 | 1 | 2 | 18 | 226 |
| 晚期晚段 | 431 | 90 | 2 | 0 | 1 | 3 | 3 | 0 | 0 | 0 | 1 | 2 | 17 | 8 |

　　西汉时期郆城作坊的组合则发生了较大变化。一方面,郆城作坊中新增加了犁范这一新种类,而战国时期则从未见犁范。另一方面,郆城作坊中锄范占绝大多数,镈范的数量不多,且多为残块。但是三晋地区作坊中一般以镈范为主,锄范少于镈范或与镈范的数量持平。这一类平板锄范,形制较为特殊,且该类农具在汉代的画像石中较不常见,不排除有其他的功能。

　　此外,在陶范的外型和设计上,西汉郆城作坊的陶范和战国陶范也有较多不同之处。在战国时期遗址中,除了出有一范双铸腔的镈范,还发现过一范单铸腔的镈(或凿)范。战国时期三晋地区的锄范不管是面范还是背范一般都较厚,但同类的范在西汉时期的作坊中普遍较薄。而且,战国时期凹圆弧形面范上的浇道呈漏斗形,不同于西汉以后的直道形浅浇道。另外,战国时期背范不作浇口,范腔呈凸弧面形,而且在范的四角会切出便于捆绑合范用的角,范侧边也有捆绑留下的痕迹。在战国时期的报告中还提到范的质地分为泥质和细砂质两种。所以在制范方式上,西汉时期似乎更简单,用料也更少。

　　最后,三晋地区的铸铁作坊一般规模较大,出土陶范的种类较多,除了农具范还出有一定数

---

[1]　根据报告的线图来看,部分范虽然被列为镈范,如战国晚期后段T642H2170:123,为二腔宽镈范,整体呈梯形,但是范上两铸腔没有设浇道。这一类范在其他报告如《登封王城岗与阳城》中则称为模。

量的货币范和兵器范,此外还有容器范、带钩范和权范等。目前基本未见如邰城这样产品比较单一的作坊发现。从生产产品的种类和陶范的外型来判断,邰城作坊当与三晋地区的铸铁系统有一定的联系,但在生产产品的种类上更为单一化。

与同时代的汉代铸铁作坊相比,邰城作坊则具有以下两个特点。

首先,邰城明确的铸铁产品,完全侧重于农具的生产。

郑州古荥镇出土大量陶模(母范),包括犁模、犁铧模、铲模、凹形臿模、一字形臿模、六角承(釭)模,一般在上内模阴刻有“河一”铭文。还出有铺首范、鼎耳范、鼎足范等。作坊也出土有大量的铁器,包括2件犁和多件犁铧,以及112件铲、4件锄、18件臿、39件锛、21件镬、12件凿、5件六角承、4件齿轮、4件矛、80多件其他铁器(车軎、釜底、削、钉、圈等)。在炉渣废弃堆积中,还发现有几十千克的梯形铁板,既可用作铸铁原料,又可退火脱碳制作成锻打的坯料[1]。

同样是属于大铁官作坊的瓦房庄作坊,出土了一批种类更复杂的陶范。瓦房庄除了有犁铧、锸、耧铧、镬、锛、六角釭模范外,还有100多件锤范和叠铸车軎范。另外还有铺首范、权范、圆釭范、釜芯范、鼎足范、熨斗范、镳斗范、臼模、砝码范,以及大量废弃的浇口铁和浇口杯。在瓦房庄范围内发现的废弃铁器种类和数量相当惊人。例如,仅在脱碳窑内就发现有熔黏在一起的废弃铁块600～700斤。报告也注意到,回收来的铁器分成新器与旧器,新器是有缺陷的残次品,旧器则是回收来的废旧铁器。废弃(来不及重熔)的铸铁器包括154件犁铧、23件锸、6件犁、86件耧铧、71件镬、21件锛、4件锄、61件锄、66件斧、21件釭、1件齿轮、11件铁权。其他的铁器还包括1件镬、98件镰、116件刀、35件凿、19件铁钩、4件锥、5件矛、9件衔、2件镳、16件环、74件扁铁条、44件方体铁条、36件圆形铁条,另外还有铁剑、铁镞等。相比之下,邰城作坊只有种类简单的残次品。

值得注意的是,在原来三晋地区发现的汉代铸铁作坊,因发掘条件所限,遗存规模较战国时期略有缩减。例如,在鹤壁鹿楼遗址[2]出土的铸铁陶范包括8件镬范、3件锄范、1件锛范、2件锛芯、1件斧范、1件带钩范。在阳城遗址中,出土了3件斧范、1件臿范、3件锄范、2件镰范、5件条材范、12件容器范。但是,邰城作坊与这些作坊相比,出土陶范的数量明显过少,种类过于单一。

邰城作坊的规模小,出土的陶范种类和组合很简单,作坊内发现的铁器的种类和数量都不及上述大型作坊丰富,这种组合很可能是汉代地方小型铁作坊常见的情况。邰城作坊中发现较多的残铁器,应该是边角料,可能与小作坊资源不够充足,只能物尽其用有一定关系。作坊规模小,生产的种类自然就少,可能不能满足当时社会的产品需求。

其次,作坊的规模不大,产品种类不多,实际发现的铸铁陶范数量并不算多,邰城作坊产品可供应的人口规模值得细加分析。

据《汉书·地理志》记载,右扶风在东汉末年的户口数为216 377,人口数为836 070,管理包括斄以内的21县。平均每县户数为10 303,人口数为39 812。而随着近年来简牍新材料的发表,学界对汉代县级聚落户数和人口构成有了更多的材料。例如安徽天长19号墓出土的木牍,就记

[1]　郑州市博物馆:《郑州古荥镇汉代冶铁遗址发掘简报》,《文物》1978年第2期。
[2]　鹤壁市文物工作队:《鹤壁鹿楼冶铁遗址》,郑州:中州古籍出版社,1999年。

载了西汉中期临淮郡东阳县的户口簿，上面登录的户口数为9 169户，人口数为40 970[1]。因此，汉代县级聚落的户数在9 000～10 000户左右应该是较合理的推测数字。尽管发掘所获材料不是完整的资料，但我们可以据此推测：如果当时1组陶范可以翻铸20次[2]，而大概有一半的陶范已经因破坏而消失，则邰城作坊的陶范最多能制作约10 000件铁锄和600多件的铁铧。以这批铁器供应一个至少有9 000户居民的县级聚落90年间之需，是值得怀疑的。邰城作坊很有可能根本无法承担或解决犫城居民的基本铁农具的需求。

　　邰城作坊可能具有精炼工序和锻打工序，但所制作的铁器可能无法直接从陶范的种类上反映。成品会离开作坊，在作坊中自然也无法知道其详细情况。为配合邰城铸铁作坊的发掘，项目从邰城墓地中抽样了22件铁器（主要是环首刀和铁工具）进行金相分析，对当中4件包含有大量炉渣的样品则以SEM-EDS进行点测和面扫分析。除5件已完全锈蚀外，18件可鉴定样品中，至少包括1件可锻铸铁、11件铸铁脱碳钢、2件炒钢、1件铸铁脱碳钢与炒钢锻接的制品。总体上看，铸铁脱碳钢是主要材料，18件样品中12件为直接以铸铁脱碳钢制作或包括铸铁脱碳钢的原材料。这类铁器既可在直接铸造成型后脱碳处理，亦可在浇铸铁锭或铁坯后先脱碳处理后锻打成型。此外，铸铁脱碳钢与炒钢锻接的制品没有经反复折叠处理，当与因功能不同而使用不同硬度的材料无关，很可能仅因钢材为回炉再用材料，在单件材料不够的情况下，混合多种材料以保证原料足以制成所需的器形。因此，不排除墓地所见以废钢为原料锻打而成的产品，可能为邰城作坊所生产的部分产品。在作坊的整理和分析中也发现了可能为铸铁脱碳钢一类的坯料，可以直接用以锻打铁农具和工具，而作坊中出土的其他的条状残铁块也可充当作坊原料或锻打坯料的功能。从同一聚落中墓地出土的材料来看，作坊也可能利用了废钢原材料，重新加工制作成新工具。在作坊所有已整理的数据中，未见任何浇铸条材一类可制作铸铁脱碳钢坯料的陶范出土，推测作坊很可能通过输入已脱碳成型的钢坯料来加工制作铁器。

### 5.2.3　社会对作坊的管理

　　由于邰城作坊的年代大致是在西汉早期，很可能属于一般所谓的"私营"作坊。本报告完成了发掘所得550件（组）动物骨骼标本的种属、部位和加工切割痕迹的鉴定，并完成由作坊堆积中提取的250升土壤的浮选和大植物遗存的鉴定。动物和植物遗存提供了工匠获取食物、加工和消费方式的重要信息，有助于探讨工匠的身份和作坊的管理方式。对作坊出土的陶容器进行了类型学分析记录和定量分析，提供了探讨作坊的使用时段和劳动方式的线索，补充了一般的冶金遗

---

[1]　天长市文物管理局、天长市博物馆：《安徽天长西汉墓发掘简报》，《文物》2006年第11期。
[2]　一般而言，陶范可能只使用一次，但考虑到锄范和铧范的器形简单，我们不排除有反复使用的可能。此外，文中的估算只是比较保守的数字。根据对现在云南会泽石范的民族学调查，当地使用了形制和邰城铧范十分相似的石范浇铸大型的铧。根据记录，石范由于要修复，一般要多套交替使用。但即使是石范，寿命也长短不一，有的能用多年，有的则几天就报废。按照寿命较长的方法推算，现代作坊每月开炉5～6次，交替使用范的话，每套范一年使用的次数在24次左右，3～4年可多达70～90次。如果对陶范的修复较好，也许每套陶范能翻铸的件数会更多一些。

物分析所无法直接提供的作坊性质与工匠身份信息,也填补了以往对汉代铁工业研究中一直较为忽视的问题。

　　从动物遗存的情况看,这批工匠肯定能控制一定的肉食来源,以黄牛和犬为主。但是,总体上看发现的动物骨骼数量不多。工匠的肉食来源,很可能是以市场上获取的斩件分售的零售肉块为主,骨骼带切割和砍砸痕较多;而且从年龄来看,黄牛主要是3岁以上,猪和犬则是未成年或刚成年的个体,屠宰的年龄十分集中,肯定是市场供应而非家养所致。而汉代市场上的肉食整体较贵,一般的平民多偶然以鸡等家禽来改善伙食[1],但作坊的工匠(或铁器的主要生产群体)在日常饮食中能消费不少的肉类,说明他们的身份肯定不是服役的刑徒或徒卒,更有可能是以售卖铁器为生自给自足的小型作坊工匠群。

　　在作坊内已浮选的土壤中,从西汉时期单位收集的炭化谷物数量不多,发现的植物遗存主要是藜科一类的杂草。对于这一类杂草如何进入到西汉时期的堆积单位中,可能存在诸多可能性。作坊内可能没有对应的谷物加工或者煮食的场所,工匠所消费的食物,很可能在其他地方准备并直接送到作坊范围内。

　　陶容器的种类和组合也有助于说明作坊的性质和组织方式。图二六八表示经点算后主要单位出土陶容器种类的百分比,绝大多数的残片属于储存液体和粮食的较大型的罐、盆和瓮一类的陶容器,属于较小个体煮食或盛食用的釜/鬲的比例基本低于10%。而且,在所有整理的残片中也不见小钵、碗一类的小型食用器。以上的统计有助于进一步说明作坊发掘区的性质。作坊所见主要属于生产或废弃废料,工匠的饮食主消费区可能在这些单位的附近。作坊中甚少见小型盛食或煮食器,不见长期生活消费留下的陶器遗存,暗示了工匠可能并非长期生活于整个作坊的范围内,其组织可能属于定期上工、完工离厂的生产组织方式。因此,作坊总体上是自足自给的小型独立式作坊,作坊的工匠靠制作和销售铁器从釐城获取其他生活必需品。

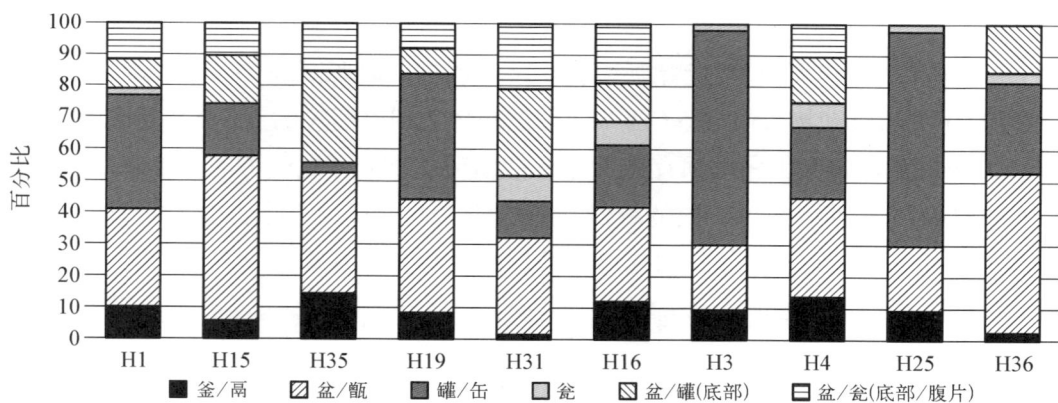

图二六八　典型单位出土主要种类陶容器百分比

[1]　Yu Ying-Shih (1977). "Han". In *Food in Chinese Culture: Anthropological and Historical Pespectives*. K. C. Chang ed. pp. 23-53. Yale University Press, New Heaven.

通过类型学排比和统计分析,可知作坊的年代应为西汉早期,同时作坊的运作能持续一段时间。但即使在西汉早期如此短的时间内,作坊的陶容器的器形和建筑用瓦的制作仍然能再区分出若干的时间段,换言之,邯城作坊的堆积应该是相当一段时间内活动行为的结果。但作坊的陶容器组合基本不见盛食器或直接炊煮用的陶器,这在多大程度上说明了工匠的起居饮食不在作坊中进行? 为回答上述问题,可将邯城作坊的数据与另外一组手工业作坊资料对比。

猗氏故城制陶作坊位于山西猗氏故城之南,因修建高速公路而配合发掘[1]。共发掘1 300平方米。据报道,猗氏故城城址的规模要比一般的县级城址大,边长约1 200米,可能为司盐都尉之所在。出土的铜钱包括半两和五铢,表明作坊年代相当于西汉中晚期。根据出土陶器的情况看,东西两发掘区可能分属不同性质的制陶作坊,或同一作坊的不同分区。西发掘区面积为300平方米,发现三座由共同操作面相连的陶窑,大小面积不一,在灰坑中倾倒有大量因炉温过高或控制不当而烧流的陶容器。东区发掘面积较大,达1 000平方米,出土遗物主要是陶建筑构件如瓦和瓦当。东发掘区中发现有五座陶窑和若干先为取土、后为垃圾堆积的灰坑。东区是负责烧制建筑构件的区域,西区则是烧制陶容器的区域。除陶容器、瓦当和残瓦外,猗氏故城作坊出土物还包括陶垫(生产工具)、铁制工具和少量动物骨骼。

猗氏故城作坊虽然和邯城作坊性质不同,但前者的简报中提供了不同单位出土各类器类的统计数字,反映了各单位不同器类碎片的数量,对邯城作坊性质的探讨有一定帮助。据分析,遗址中出土陶盆碎片的比例甚高,在东区和西区的各类单位中(灰坑、沟和窑),都是在60%以上。陶罐和陶瓮的比例次之,在组合中占30%左右。这三类陶容器占出土陶容器残块数量的95%以上。除以上三者外,作坊的陶容器还包括陶釜、陶钵和陶豆等,所占比例低于5%。值得注意的是,发掘出土的陶釜大多为可拼对的完整器,且多出土于同一单位——西H2。因灰坑内还有其他烧流陶器,不排除部分出土的陶釜为废品,而非工匠的生活遗留。也就是说,作坊中可能真正用于工匠日常生活的陶釜、钵、豆和器盖,比例不高于5%。

猗氏故城作坊和邯城作坊出土的陶容器不仅器类组合相似,相同器类中陶器的形态也十分接近。例如邯城的小口圆肩罐对应猗氏故城报告中的A型罐,邯城出土的三类陶瓮也能在猗氏故城简报中找到对应。虽然猗氏故城出土的陶盆与陶釜和邯城所见差异较大,但是除去若干类别陶器形态的差异,总体上两作坊出土的陶器种类具有较高的一致性,盆(甑)、罐和瓮的比例基本在90%以上,整个作坊中其他类别的陶容器所占比例极低。当然,这一类的统计只能提供相对的数字,盆(甑)、罐和瓮的体积较大,破碎后碎片的数量当比一般的釜、钵、豆多得多。根据猗氏故城的报告,釜、钵、豆和盘的实际数量分别为20、14、7与2,而盆(甑)、罐和瓮的数量在1 146。即使这一数字代表最小个体数,作坊工匠长期在作坊区内生活产生的废品数字也应远不止如此。

在猗氏故城的发掘过程中,发现的遗物包括若干铁制工具和陶垫等制陶工具,说明作坊并非

[1] 山西省考古研究所、运城市文物局、临猗县文物旅游局、临猗县博物馆:《临猗铁匠营古城南汉代遗址发掘报告》,山西省考古研究所编《三晋考古》第四辑,页457～494,上海:上海古籍出版社,2012年。

简单的陶器烧制地点，还包括与制陶相关的一系列流程。作坊中出土的动物骨骼非常少，可鉴定者仅有猪和犬。作坊中也出土了四件陶纺轮，也许部分工匠在作坊中从事少量其他类别的生产活动。作坊中出土的陶容器组合和邺城十分相似，少见用于盛食的陶器，小型化、用于个人生活的陶器不多。当然，如果工匠多用木器或漆器，在生活垃圾堆积中也难以发现遗物，这一点有待于以后的进一步工作。猗氏故城作坊的性质和邺城作坊相似，陶容器的组合又接近，应该不是因发掘的偶然性所致，而是反映了若干西汉手工业作坊的组织性质。对材料合理的解释是，作坊的发掘区可能和日常生活区基本不重叠，作坊的工匠或有独立的生活区而在考古工作中未被发现，或为工厂式的全职雇佣工匠，在作坊区内有较短的饮食、休息时间，日常生活活动（也就是生产活动以外）基本不在作坊区内进行。

### 5.2.4　邺城作坊的内部生产组织方式

　　邺城作坊发现的单位，大多用于回填垃圾和废弃品。结合分类整理和多技术路线的科技分析，基本上可以确定遗存的性质及其代表的主要功能。作坊的发掘面积虽然不大，但把各项分析结果以ArcMap逐一向量化的平面图上标记后，其空间布局似有一定规律（图二六九）。

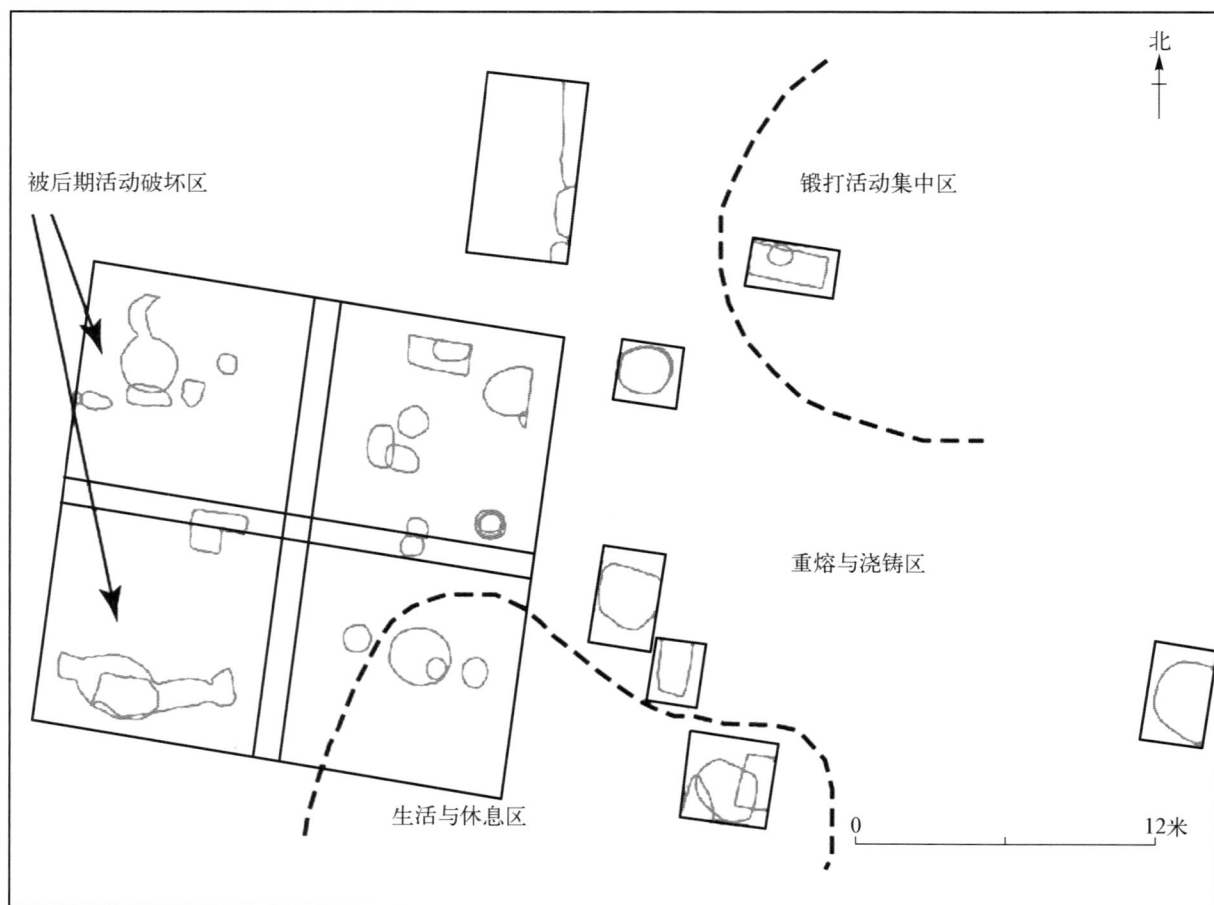

图二六九　邺城铸铁作坊功能分区示意图

从发现回填废品的种类来看,作坊南部的单位如H35等出土的冶铸遗物如炉渣和鼓风管等较少,与工匠生活相关的废品,如动物遗存与炭化的农作物较作坊北半部分多。炉渣、残铁块和鼓风管都集中出土于作坊的北半部分,在这一小区中也有若干锻造剥片的集结现象。在H36和H34中,发现与锻打行为相关的锻造剥片量较多。因此,这批单位与不同的废弃堆积过程有关。作坊偏南部分,原来可能是与工匠休息或生活有较密切关系的空间,作坊的中部,主要是用于回填废品的空间,原来的重熔和浇铸活动区可能在发掘区以东不远处,作坊原来的负责锻打的空间很可能分布于作坊靠北的位置,即作坊内部很可能有一定的内部功能区的划分。以上分析表明,在作坊有限的空间范围内,应存在着有组织的分区,工匠的生产与生活亦有系统的组织和管理。

通过对1 000多件(组)陶范的分类和多指征记录,报告也从陶范的制作方面讨论了作坊的生产组织。作坊出土的陶范,同一类产品有不同的规格,每一类的陶范上有不同的合范符号。大部分的陶范破碎度高,说明废弃后存在多次堆积搬运的过程。发现一定数量的废品范,以及陶范上的加工痕迹,说明作坊具有陶范制作功能,或距离制作区不远,因此从原料和工具来看作坊具有一定自给自足性质。此外,作坊陶范有不同的合范标记,尺寸的差异也较大,很可能是由多组工匠共同生产。负责不同工序的工匠除了有复杂、系统的分工外,彼此间也应有一定的协作和联系。即负责浇铸的某一组工匠群,很可能只与某一组的制范工匠群联系,甚至不排除制作陶范的工匠也参与浇铸的可能,否则就很难解释为何陶范上会有如此之多的合范符号。

# 5.3　邰城铸铁作坊与汉代关中地区铁器工业

邰城作坊的发现,为了解西汉时期关中地区冶铁工业提供了新材料,同时也有益于理解战国秦汉时期关中地区冶铁工业的发展。战国时期秦国核心区一直未见有大型铸铁作坊资料的发表,即使是与都城相关的调查资料中,报告也没有提及发现有大量的铸铁陶范和大量铁器残块的现象,这与一般战国时期都城与手工业相关的发现不同。例如,在燕国的燕下都,发现的铁兵器生产作坊就达四处,出土铁器数量众多,且种类丰富,包括了农具、车马器、兵器、刑具及手工业生产(或锻铁所用)工具。即使是骨器作坊中,仅在4条探沟的范围内发现的生产工具就包括铁刀12件、铁锥17件和铁斧7件,其他的生产工具还包括铁镰和铁锄等。而且燕下都都城内,当地居民称为"扎叶"的铁甲片在地表随处可见,表明铁装甲生产规模之大。在郑韩故城,发现至少三处铸铁作坊地点,分别为仓城、中行和梳妆台。其中仓城地点的规模最大,达40 000平方米。这些地方都发现了数量较多的各类铸铁陶范,在以往的发掘中还出土铁锛、刀和削等多种工具。赵国邯郸城以往的工作以地表调查为主,但在大北城(即一般所说之东城),发现铸铜、冶铁遗址共四处,也出有炼炉、炉渣和铸范等与冶炼相关的遗物。在山西夏县禹王城(即安邑城)内,于辛庄村发现有冶炼遗物集中废置的堆积,出土有大量锄范和条材范,和郑韩故城中行遗址所出组合相若。而在临淄齐故城的范围内,发现的冶铁遗存至少包括四处。在大城中,主要在石佛堂、付家庙、阚家寨附近发现有冶炼遗存,其中石佛堂的规模较大,达4 000平方米,年代上限有可能到东周时期。另外,在小城西门处也发现有制铁遗存。在桓公台也发现有东汉时期打破官署宫殿基址的冶铁作坊。不论是秦国的雍城还是咸阳,目前发现的制铁作坊遗存分布的范围较小,而且尚未见有大量冶铸遗存(例如陶范)的发现,相较关东六国相关手工业作坊的布局来看较为特殊。

此外,在秦国墓葬相关的考古遗存中,铁器也较为罕见。即使是在秦始皇陵的考古工作中,除石器作坊外[1],也没有发现较多的铁工具或者兵器。兵马俑坑的兵器皆为铜制,不见铁制者。各等级墓葬随葬的铁器,组合以铁带钩和铁刀为主,一般铁农具和兵器不多见。以铁带钩为例,秦国墓葬中随葬这一类铁器的比例,就要低于同一时段的三晋地区。以随葬铁带钩最丰富的塔儿坡墓地为例,墓地中391座墓葬出土了67件铁带钩,随葬的平均比例为17%。而在郑州的二里冈东周墓地,墓主大部分为韩国居民,墓地随葬铁带钩的比例为24%,而且还出土了铁锄、铁锸和铁镬[2]。换言之,本报告同意相关学者已提出的看法,以关中为核心的秦国铁工业在生产规模上,本身就和三晋、燕国等有一定的差距。而我们在此前曾强调,考古资料显示,秦国在东周到秦统一时期的铁器普及化过程中,在战国中晚期的速度明显加快。就铁器的种类而言,墓葬中的铁器基本以装身具和铁削为主,而容器和其他类别工具的数量不多,在墓中随葬兵器的习俗也不普遍。同时,居址或作坊中铁工具较大规模流行的时间较晚。铁器普及化的进程在整个战国时期显得甚为缓慢,大体到了战国晚期才发生急剧变化,而且不同种类的普及化速度有快慢之别,和三晋地区不同。

在铁器化的进程中,秦国的铁器生产主要集中于都城的核心区域,都城与县邑聚落周边墓葬随葬铁制品及金属制品的比例有明显差别,中心地区,特别是咸阳一带的比例较高,离都城或核心区域越远,比例则越低。即使在同一区域中,因受其他因素影响,各墓地随葬铁器或金属制品的比例也不均匀。关中地区秦国的铁作坊虽然也在生产和三晋地区相似的铁器组合,但铁制品在墓葬和居址的发现数量远不如关东其他六国。而秦国铁工业生产技术的发展,很可能与秦统一以后将东方六国豪族迁往关中一带有关。在人群迁徙过程中,工匠和技术可能同时被带到关中一带,才使关中地区的冶铁工业有了较快的发展,这也可能解释了邰城作坊所见陶范外型和制作方式与三晋地区作坊较接近的原因。不排除这些在秦国核心区的作坊带来了原来三晋地区的铁工匠,而工匠只能用较为熟悉的方法和技术进行生产。

邰城作坊属于西汉时期的地方性小作坊,在以往关中地区的汉代考古工作中并不多见。关中地区已知的相似例子,仅有凤翔的南古城村、韩城芝川、长安西市和耀县后河村。但是这一批作坊没有系统公布,当中韩城芝川的规模较大,达40 000平方米,出土的陶范包括两腔镬

[1] 秦俑坑考古队:《临潼郑庄秦石料加工场遗址调查简报》,《考古与文物》1981年第1期。分析结果见刘江卫、夏寅、赵昆等:《郑庄秦石料加工场遗址出土铁器的初步研究》,《中原文物》2010年第5期。
[2] 林永昌、陈建立:《东周时期铁器技术与工业的地域性差异》,《南方文物》2017年第3期。

范、铲范、两腔凿范、削刀范和齿轮范。其他遗址的面积则较小，耀县的材料中甚至没有发现汉代的考古遗存，不排除其为更晚时期的遗存。像邰城这类地方性的小作坊，因为规模小和废品堆积种类单调，在田野工作中不容易引起考古工作者的注意，发现的数量自然不多，过去的关注明显不足。

结合多角度的科技分析和对遗物进行多指征的记录，本项目推动了对这类作坊的性质及其对汉代地方行政和经济作用的探讨。近年发现的眉县尧上作坊，报告提到出土了铸铁陶范，推测也应与浇铸犁铧有关。这一类的小型铸铁作坊因为没有丰富的堆积，很难在一般的考古调查中发现。关中地区目前尚未报道过任何大型的铸铁作坊，认为关中地区在西汉时期的铁工业，可能并非是三辅地区手工业的主流，因此不见大型的铸铁作坊，铁器的供应主要靠地方小型的铸铁作坊支撑。而在这些作坊中，性质、技术和管理情况可能和邰城类似（当然，在西汉武帝以后所有铁器的铸造均为政府专营，工匠的身份也许会发生一定转变）。因此，邰城作坊很可能是关中西汉时期铸铁工业具代表性的范本，通过邰城作坊的分析结果，也许能窥探西汉时期关中地区铸铁工业的概况。

邰城作坊是专门化铸造农具的作坊，规模虽然较小，但是内部的专业化程度较高，集中浇铸两类主要的铁农具，可能同时有制作陶范（至少是烧制陶范的部分工序）、原料筛选分类、熔炼、精炼、锻打加工诸工序，是集合多种功能的地方性小作坊。在作坊中还发现了较多与锻打相关的证据，作坊同时具有锻打坯料或加工锻接铁器的能力，因此作坊具有较复杂的功能，除了浇铸外，更有精炼或修补铁器的功能。此外，目前虽然没有与熔铜或铸铜相关的证据，但钱母范的发现，说明该作坊也有可能涉及铜钱陶范的生产，又或者最基本母范的生产。

邰城作坊的专门化程度和对熔炼技术的掌握较高。炉渣的酸碱度、炉渣和杂质的分离程度、助熔剂的添加、用不同原料制作不同种类的陶范和芯，皆说明作坊工匠并非临时组织或征调的力役。相反，作坊的工匠经过一定的训练，对铁器作坊的运作生产有一定经验。这一类作坊的工匠身份较高，且有复杂的组织形式。根据对动物遗存的分析，作坊工匠具有较多的肉食资源，应不同于一般的刑徒。从植物遗存与陶容器的组合情况看，工匠很可能没有在作坊的范围内长期生活，作坊近似于小型工厂式的组织方式。而作坊同类陶范上合范符号的种类差别，鼓风管在材料和制作上的多样性，表明同一工序中的分工至少应由多组工匠同时协作而成，显示出背后复杂的组织系统。

必须要注意的是，邰城这一类小作坊不能满足每一个县级聚落内部的生产之需。通过对比墓地出土铁器与作坊出土炉渣、陶范反映的制作技术和产品种类可知，邰城作坊并非墓地群体所随葬铁器的供应者。作坊中目前并无任何铸造容器或铸铁脱碳钢坯料（即一般报告所称的铁条材或板材）的陶范，所有已整理分类和分析的陶范，都是与锄、铧和镢三类铁农具相关的陶范。因此，邰城墓地的主体（或汉代廮县之居民）只能通过运输或交易，获取日常生活中所必需的铁容器、工具、兵器。邰城作坊专门生产铁农具，同时考虑到发掘出土的陶范所代表的最小个体数，消费的人群可能仅限于廮县当地，邰城作坊很可能是为解决当地农具所需而专门设置的地方性作坊。邰城铸铁作坊的原料以回收附近的废品为主，重熔后铸造铁器，并可能以回收的废钢直接加工锻打成一般的工具，以供附近居民所需。同时，作坊的原料又包括非作坊能直接生产的铸铁脱碳钢坯料，表明原料来源另有途径，很可能是藜县以外的作坊生产。邰城作坊的情况，在整个关中地区应具有一定代表性。邰城作坊所反映的成品流通和补充当地生产的格局，也应是关中地区一般县级聚落铁器的流通和获取方式。以上的对比也表明，关中地区铁工业的发展，除了得益于钢铁技术的成熟和进步外，还和其他的社会因素有着密切的联系，如秦汉帝国从关东带往关中的移民，不同种类的铁器的专门化生产，以及产品和原料（或半加工原料）在关中地区的运输传送网络的逐步完善。在一般的县级聚落中，生产作坊与日常生活区使用铁器的组合存在较大差异。县级作坊主要负责大量的铁农具生产与少量铁器的加工回收，揭示出铁器在汉代虽然为日常消费品，在关中区域内却并非完全由本地生产或外部运输。

# 第六章　结　　语

本章综述报告的研究成果与学术意义,并提出在今后的研究中有待加强的几个方面。

## 6.1　主要收获与学术意义

邰城作坊虽然属于汉代地方性的小作坊,但出土遗物相当丰富,出土的遗物既包括日常生活的遗存,同时也涉及各生产工序产生或废弃的作坊遗存。然而,对于报道铸铁作坊这一类性质的遗址,如何在有效、充分地公布各类数据的同时,尽可能地复原作坊原有的生产技术和工序,探讨作坊在所处聚落及区域中的作用,进而考察铁器工业如何在不同区域中促进汉帝国形成起到的作用? 以往对先秦两汉铁器工业和技术的研究虽然取得了重要成果,但对上述相关理论或实践方法的讨论却一直不多。本报告希望通过提出发掘、整理和研究理念,能为推进铸铁作坊遗存分析与实践的探索提供参考。同时,随着近年来国内考古学对手工业研究的关注度日益高涨,本报告也希望为汉代相关的研究提供若干参考经验。总体而言,邰城作坊的发掘和研究收获如下:

1. 本报告是冶铁工业考古发掘报告撰写的新尝试。

本报告结合定性和定量的方法,为研究人员提供较为完整的铸铁作坊的资料。以往相关的简报甚至大型报告对陶范数据的公布多较为详细,但其他类别遗物的数据则相对简略,本报告借鉴学习《天马—曲村》等经典报告的精神,对所有单位的各类遗物进行介绍。本报告在整理阶段开始,注意紧密地与实验室检测分析研究相结合,在考古资料整理、分类的基础上,抽取较有代表性的样品进行分析,以提高对冶金遗存定性描述的精准性。本报告也尽可能公布对各类遗存出土情况的量化统计结果。此外,本报告公布了陶范等重要冶金遗存的测量数据。因此,本报告体例上不同于一般的考古报告,也有别于以往的与铸铁作坊相关的报告。理念上,本报告还提出了"器范并重"等若干新想法,希望通过报告资料的整理和汇编的实践,为同类型考古报告编写方式的理论探讨,提供对比和参考的案例。除了向读者详实地报道发掘的资料,本报告也尝试为以往科技分析与考古报告内容没有完全融合、各自"两张皮"的问题,提供可行的解决方案。

2. 本报告丰富了对汉代冶铁手工业生产技术及生产组织的认识,填补了西汉早期冶铁技术的研究空白,为研究关中地区先秦两汉时期手工业发展史提供了重要考古资料。

关中地区西汉时期手工业材料的发现虽颇为丰富,但学界对手工业生产,特别是对铁器生产的讨论不多。过去的若干铸铁作坊只有对陶范等主要遗存较为简略的报道,一直以来缺少专门的考古报告。战国时期秦都咸阳曾发现过制铁作坊,但由于实际工作的诸多原因,一直未见详细材料的公布。在秦国以往的考古工作中,曾出土过若干年代可能在春秋晚期的铁工具,说明秦国的铁器手工业在两周时期当有一定的发展。从更大范围来看,三晋地区虽然是古代中国冶铁技术发展的重要中心,但秦地出现的铁工业与三晋地区的关系如何,却鲜有讨论。邰城作坊主体的年代虽然为西汉早期,但对于勾勒关中地区铁器工业长时段的变化,理解中原地区铁器工业形成的总体情况,从而探讨手工业组织与秦汉帝国形成这一问题,具有相对重要的意义。

本报告首次对关中地区汉代冶铁工业进行了系统介绍,对邰城铸铁作坊内部所有的冶铁遗存进行分析、整理和公布,有助于了解汉帝国京畿内手工业生产和组织的情况,也为关中地区先秦两汉时期手工业发展史补充了重要材料。过去战国和两汉时期制铁作坊的发现虽然较多,但是大多数年代都定在战国中晚期或西汉中晚期以后,能明确为西汉早期且详细公布的资料基本没有,从技术到作坊的生产组织上,过去学界对这一关键时期所知甚少。本报告重点介绍了西汉早期各类冶铁原料(包括铁、燃料、陶范、鼓风管和炉壁的主要来源)。对炉壁、鼓风管等的成分和原料构成,进行了定性分析。炒钢的发现也为探讨西汉早期钢铁技术的传播和发展增加了新证据,刚好填补了学界对于汉代铁器历史发展的研究空白。

邰城铸铁作坊首次发现了侧送式的鼓风管材料,填补了战国晚期到汉代冶铁技术转变的重要环节。在以往的研究中,鼓风方式和熔炉的形制一直是较为薄弱的环节。顶吹式鼓风管及对应的熔炉虽然一般视为春秋以来的技术传统,在三晋地区也发现了不少战国时期顶吹式鼓风管的证据,但对于顶吹式鼓风管和熔炉到底如何由顶吹式转变到西汉以后流行的侧进式,却没有更进一步的探讨。邰城作坊熔炉和鼓风管的发现,除了肯定关中地区西汉时期的冶铁技术应部分继承了战国时期河南中原三晋系统的技术,也为战国两汉时期关中与关东地区熔炼技术的传播和交流提供了新材料。

报告从冶金陶瓷制作材料的技术选择角度,首次系统探讨了汉代冶铁手工业的专门化生产问题。陶范是浇铸技术的基础,然而以往一直没有对汉代作坊出土陶范进行过系统深入的研究,尽管已有学者敏锐地意识到汉代陶范砂粒粒径较粗的现象,但过去却因为材料的局限,没有对作坊出土不同种类的陶范进行系统综合的研究。报告首次对汉代陶范进行了系统分析。对陶范的显微组织分析,指出作坊的制范原理和中原地区商周以来的陶范制作传统一脉相承,并在此基础上进一步发展出以较粗砂粒为主体、分组选料的现象。这种专门化选料的方法,为了解汉代中小型作坊内部组织、如何适应生产需求进行技术改进等问题提供了新证据。报告还提供了与陶范相关的各类尺寸的测量数据和观察记录结果,是首次在制铁作坊报告中对陶范数据进行系统公布的尝试。这些数据的公布,有助于进一步考察遗物的废弃过程、堆积方式以及标准化问题,从而探讨铸铁作坊内部的生产组织情况。与此同时,报告也对熔炉构筑材料和鼓风管的用料及其选料背后的生产方式进行系统分析,指出陶范、炉壁和鼓风管这三类相近的冶金陶瓷,其原料的来源和配比方式都有一定差异,从而为汉代手工业的技术选择研究提供新视角。邰城作坊虽然属于中小型作坊,但从原料选择的角度来看,对生产效率有周密考虑,这三类不同的冶金陶瓷的生产,可能有一定内部的分工。冶金陶瓷分析的结果,也显示出与已知作坊不同的若干技术特点。这将有利于探讨工匠如何利用地方资源,应对小规模生产的技术要求,从而进一步推进对汉代铁器工业大发展技术基础的研究。

本报告较完整地揭示了西汉早期关中地区小型作坊生产产品的组合,为探讨地方性小作坊可能存在的管理方式提供了新思路。报告基于遗物的整理和样品的科技分析,对汉代地方性小作坊的生产链进行了复原,首次较系统地解决了汉代三辅地区如何进行铁器生产和满足社会需要的问题,从而为探讨汉代其他县级聚落中铁器生产来源和流通方式提供了参考线索。此外,报告根据产品的内容和日常生活遗存,结合文献,提供了分析作坊的性质和工匠身份的新材料。报告也根据各类遗物出土的空间背景,复原作坊内部可能存在的不同功能区的划分。

3. 本报告重视与作坊工匠生活相关的考古资料,补充了甚为缺乏的县级聚落中生活居址的相关材料,为从长时段探讨古犛地聚落与社会布局和功能的变迁奠定了研究基础。

本报告首次对铸铁作坊这一方面的资料进行公布及分析,提出作坊工匠的饮食结构中,肉食似乎占有不低的比例,同时,由于作坊未见有明显的食物加工证据,也一定程度上反映了作坊专业化生产的程度较高。在此次发掘中,在西汉时期的堆积单位发现了带"犛"字戳印印文的陶文,同时还发现了咸阳地区常见的四字式陶文。虽然陶文很可能属于战国晚期,但由于在发掘区内发现了制陶作坊的废弃堆积,郿城作坊的发现也丰富了对秦国地方制陶作坊制度和管理的认识。此外,在西汉时期作坊遗存中还出土了西汉早期的钱母范,虽然作坊未见任何与熔铜或铸铜相关的证据,但是石质钱母范的发现,揭示了郿城作坊也可能兼有生产钱范(或至少钱母范)的功能。

关中地区汉代的考古材料虽然成果丰硕,但绝大多数是以中小型墓地、大型贵族墓葬、帝陵和宫殿区发掘的数据为主,居址的发表是过往考古工作中易于忽略之处,本报告则对此进行了规范。为通过小面积的发掘理解作坊内部的情况,田野发掘工作中利用常规钻探和地磁勘探技术进行了较大范围的地面调查,其目的除更准确确定铸铁作坊的规模外,也尝试探讨作坊的性质及与较大区域内其他同时期相关聚落的关系。作坊的居址材料主要为西汉早期,但因发现的遗物相当丰富,更有同一聚落墓葬的数据可供对比,不仅有益于讨论秦汉之际从日用陶器到礼俗上的重大转变,还完善了西汉时期居址中陶器的演变序列,以便在更细尺度上探讨关中地区西汉时期聚落变化的基础。更重要的是,郿城的发掘数据中还包括了西周和战国晚期的材料。在西周和战国时期,杨凌一带也有较为丰富的遗存。本报告资料的公布,也有益于从长时段框架中,探讨古犛地聚落的社会布局与功能的变迁。

## 6.2 进一步工作设想

尽管本报告已努力尝试结合不同的研究手段,但毕竟郿城作坊发掘面积不大,通过发掘与相关遗物分析所能解决的学术问题相当有限。针对这些问题,在作坊和相关聚落研究的基础上,报告对下一步工作提出了如下设想：

首先，研究可进一步综合遥感勘测结果和历史文献，确认原来邰县的可能位置。在以往工作和考古发现中，已多次强调法禧村一带是汉代邰县治所的中心所在。但是在这次的工作中，却没有找到太多相关的考古学证据。原因既与遗址的保存状态相关，也可能与当地属于河岸平原，地貌上剖面不多，难以寻找遗址有关。既然作坊和墓地已经发现，邰县聚落亦应相距不远。下一步应尽可能综合多方面数据和手段，确认邰城聚落的具体位置。从文献的角度来看，县之大小，虽然不一定完全一致，但大小乃有一定定制。以邰城为基点，对汉代的地方聚落进行有针对性的工作，也许能收集、发现以往忽略的资料，从而加深对汉代地方聚落的讨论。

其次，由于此次工作已初步解决了作坊的构成和聚落内部大体的情况，就应该结合近年来强调的大遗址保护理念，结合已有的分析成果，进一步完善古邰城遗址的保护方案和实行措施。

最后，对邰城作坊进行分析和研究的意义，也在于为以后分析相似的地方性作坊提供可参考的数据。例如，在汉代的三辅地区已发现的手工业作坊数量不少，有的与邰城生产的产品种类相似，有的则属于生产不同产品的作坊（如长安西市内的车马器作坊）。本报告希望促进以后对相关和类似作坊的考古学研究，将邰城作坊已有的研究成果与相似作坊进行对比，从而复原出整个区域，而不仅仅是某一作坊的生产情况。相信以邰城为案例基础，在对某一点进行仔细分析后，再进一步梳理同一区域内同时期作坊的情况，由线至面，将极大地推动汉代冶铁手工业的研究进展，同时有助于认识手工业生产与帝国经济的重要环节。

# 附表

附表一　锄范登记表

| 单位 | 类型 | 总件数 | 总重量（克） | 左上角 | 右上角 | 左下角 | 右下角 | 完整 | 不明 | 左上角或右上角 | 左下角或右下角 | 备注 | 最小个体数 |
|---|---|---|---|---|---|---|---|---|---|---|---|---|---|
| H1 | 面范 | 9 | 5 110 | 4 | 6 | 0 | 0 | 1 | 1 | 0 | 0 |  | 7 |
| | 背范 | 13 | 7 530 | 1 | 1 | 1 | 0 | 4 | 5 | 0 | 0 |  | 5 |
| | 无法判断 | 8 | 240 | 0 | 0 | 0 | 0 | 0 | 7 | 0 | 0 |  |  |
| | 总数 | 30 | 12 880 | 5 | 7 | 1 | 0 | 5 | 13 | 0 | 0 |  | 12 |
| H3 | 面范 | 286 | 80 520 | 60 | 64 | 38 | 35 | 26 | 48 | 0 | 3 | 有1件是两面范 | 90 |
| | 背范 | 148 | 39 988 | 25 | 24 | 11 | 13 | 12 | 27 | 0 | 10 |  | 37 |
| | 无法判断 | 102 | 3 529 | 1 | 1 | 0 | 0 | 0 | 14 | 0 | 0 |  |  |
| | 总数 | 536 | 124 037 | 86 | 89 | 49 | 48 | 38 | 89 | 0 | 13 |  | 127 |
| H6 | 面范 | 0 | 0 | 0 | 0 | 0 | 0 | 0 | 0 | 0 | 0 |  | 0 |
| | 背范 | 2 | 400 | 0 | 0 | 1 | 0 | 0 | 1 | 0 | 0 |  | 1 |
| | 无法判断 | 2 | 95 | 0 | 0 | 0 | 0 | 0 | 1 | 0 | 0 |  |  |
| | 总数 | 4 | 495 | 0 | 0 | 1 | 0 | 0 | 2 | 0 | 0 |  | 1 |
| H7 | 面范 | 18 | 2 770 | 5 | 3 | 0 | 5 | 0 | 3 | 0 | 0 |  | 5 |
| | 背范 | 13 | 2 915 | 2 | 2 | 3 | 1 | 0 | 2 | 1 | 0 |  | 3 |
| | 无法判断 | 3 | 200 | 0 | 0 | 0 | 0 | 0 | 2 | 0 | 0 |  |  |
| | 总数 | 34 | 5 885 | 7 | 5 | 3 | 6 | 0 | 7 | 1 | 0 |  | 8 |

续表

| 单位 | 类型 | 总件数 | 总重量(克) | 左上角 | 右上角 | 左下角 | 右下角 | 完整 | 不明 | 左上角或右上角 | 左下角或右下角 | 备注 | 最小个体数 |
|---|---|---|---|---|---|---|---|---|---|---|---|---|---|
| H16 | 面范 | 38 | 4 290 | 3 | 3 | 8 | 7 | 0 | 7 | 0 | 0 | | 8 |
| | 背范 | 29 | 6 250 | 6 | 8 | 2 | 5 | 0 | 6 | 0 | 2 | | 8 |
| | 无法判断 | 17 | 380 | 0 | 0 | 0 | 0 | 0 | 4 | 0 | 0 | | |
| | 总数 | 84 | 10 920 | 9 | 11 | 10 | 12 | 0 | 17 | 0 | 2 | | 16 |
| H19 | 面范 | 16 | 2 260 | 2 | 4 | 2 | 1 | 0 | 5 | 0 | 0 | | 4 |
| | 背范 | 30 | 4 450 | 5 | 5 | 1 | 4 | 0 | 7 | 0 | 1 | | 5 |
| | 无法判断 | 25 | 685 | 0 | 0 | 0 | 0 | 0 | 8 | 0 | 1 | | |
| | 总数 | 71 | 7 395 | 7 | 9 | 3 | 5 | 0 | 20 | 0 | 2 | | 9 |
| H24 | 面范 | 6 | 270 | 3 | 1 | 0 | 0 | 0 | 2 | 0 | 0 | | 3 |
| | 背范 | 3 | 160 | 0 | 1 | 0 | 0 | 0 | 2 | 0 | 0 | | 1 |
| | 无法判断 | 0 | 0 | 0 | 0 | 0 | 0 | 0 | 3 | 0 | 1 | | |
| | 总数 | 9 | 430 | 3 | 2 | 0 | 0 | 0 | 7 | 0 | 1 | | 4 |
| H25 | 面范 | 6 | 270 | 3 | 1 | 0 | 0 | 0 | 2 | 0 | 0 | | 3 |
| | 背范 | 1 | 640 | 1 | 0 | 0 | 0 | 0 | 0 | 0 | 1 | | 1 |
| | 无法判断 | 0 | 0 | 0 | 0 | 0 | 0 | 0 | 3 | 0 | 0 | | |
| | 总数 | 7 | 910 | 4 | 2 | 0 | 0 | 0 | 5 | 0 | 1 | | 4 |
| H27 | 面范 | 7 | 1 775 | 0 | 0 | 2 | 4 | 0 | 2 | 0 | 0 | | 4 |
| | 背范 | 10 | 2 160 | 1 | 1 | 0 | 0 | 0 | 9 | 0 | 0 | | 1 |
| | 无法判断 | 1 | 50 | 0 | 0 | 0 | 0 | 0 | 1 | 0 | 0 | | |
| | 总数 | 18 | 3 985 | 1 | 1 | 2 | 4 | 0 | 12 | 0 | 0 | | 5 |

| 单位 | 类型 | 总件数 | 总重量（克） | 残存部位 | | | | | | | | 备注 | 最小个体数 |
|---|---|---|---|---|---|---|---|---|---|---|---|---|---|
| | | | | 左上角 | 右上角 | 左下角 | 右下角 | 完整 | 不明 | 左上角或右上角 | 左下角或右下角 | | |
| H28 | 面范 | 39 | 4 645 | 9 | 7 | 2 | 5 | 0 | 9 | 0 | 0 | | 9 |
| | 背范 | 60 | 9 619 | 9 | 6 | 4 | 4 | 0 | 8 | 0 | 1 | | 9 |
| | 无法判断 | 21 | 600 | 0 | 0 | 0 | 0 | 0 | 2 | 0 | 0 | | |
| | 总数 | 120 | 14 864 | 18 | 13 | 6 | 9 | 0 | 19 | 0 | 1 | | 18 |
| H31 | 面范 | 84 | 14 980 | 23 | 25 | 8 | 8 | 0 | 13 | 0 | 0 | | 25 |
| | 背范 | 126 | 20 320 | 11 | 11 | 11 | 15 | 1 | 22 | 0 | 3 | | 16 |
| | 无法判断 | 8 | 640 | 0 | 0 | 0 | 0 | 0 | 7 | 0 | 0 | | |
| | 总数 | 218 | 35 940 | 34 | 36 | 19 | 23 | 1 | 42 | 0 | 3 | | 41 |
| H33 | 面范 | 17 | 4 390 | 3 | 3 | 1 | 6 | 0 | 5 | 1 | 0 | | 6 |
| | 背范 | 22 | 4 460 | 4 | 5 | 3 | 2 | 0 | 3 | 0 | 1 | | 5 |
| | 无法判断 | 1 | 40 | 1 | 0 | 0 | 0 | 0 | 0 | 0 | 0 | | |
| | 总数 | 40 | 8 890 | 8 | 8 | 4 | 8 | 0 | 8 | 1 | 1 | | 11 |
| H34 | 面范 | 17 | 5 210 | 3 | 2 | 3 | 3 | 1 | 6 | 0 | 0 | 有1件与H36出土陶范可拼合 | 5 |
| | 背范 | 19 | 6 990 | 8 | 7 | 3 | 3 | 1 | 6 | 0 | 1 | | 9 |
| | 无法判断 | 5 | 120 | 1 | 1 | 0 | 0 | 0 | 4 | 0 | 0 | | |
| | 总数 | 41 | 12 320 | 12 | 10 | 6 | 6 | 2 | 16 | 0 | 1 | | 14 |
| H36 | 面范 | 16 | 3 540 | 3 | 3 | 3 | 5 | 0 | 4 | 0 | 0 | 有1件与H34出土陶范可拼合 | 5 |
| | 背范 | 20 | 4 770 | 8 | 9 | 1 | 1 | 0 | 6 | 0 | 0 | | 9 |
| | 无法判断 | 17 | 260 | 0 | 0 | 0 | 0 | 0 | 4 | 0 | 0 | | |
| | 总数 | 53 | 8 570 | 11 | 12 | 4 | 6 | 0 | 14 | 0 | 0 | | 14 |

续表

| 单位 | 类型 | 总件数 | 总重量（克） | 左上角 | 右上角 | 左下角 | 右下角 | 完整 | 不明 | 左上角或右上角 | 左下角或右下角 | 备注 | 最小个体数 |
|---|---|---|---|---|---|---|---|---|---|---|---|---|---|
| T1① | 面范 | 10 | 1 645 | 3 | 2 | 0 | 1 | 0 | 2 | 0 | 0 | | 3 |
| | 背范 | 14 | 3 280 | 3 | 4 | 0 | 0 | 0 | 3 | 0 | 2 | | 4 |
| | 无法判断 | 12 | 510 | 0 | 0 | 0 | 0 | 0 | 6 | 0 | 0 | | |
| | 总数 | 36 | 5 435 | 6 | 6 | 0 | 1 | 0 | 11 | 0 | 2 | | 7 |
| T1 | 面范 | 5 | 1 600 | 4 | 3 | 0 | 1 | 0 | 0 | 0 | 0 | | 4 |
| | 背范 | 21 | 5 175 | 1 | 2 | 7 | 5 | 0 | 3 | 0 | 0 | | 7 |
| | 无法判断 | 8 | 320 | 0 | 0 | 0 | 0 | 0 | 1 | 0 | 0 | | |
| | 总数 | 34 | 7 095 | 5 | 5 | 7 | 6 | 0 | 4 | 0 | 0 | | 11 |
| T3① | 面范 | 3 | 515 | 0 | 0 | 0 | 0 | 0 | 2 | 0 | 0 | | 0 |
| | 背范 | 4 | 705 | 0 | 0 | 1 | 0 | 0 | 3 | 0 | 0 | | 1 |
| | 无法判断 | 0 | 0 | 0 | 0 | 0 | 0 | 0 | 0 | 0 | 0 | | |
| | 总数 | 7 | 1 220 | 0 | 0 | 1 | 0 | 0 | 5 | 0 | 0 | | 1 |
| T5 | 面范 | 4 | 249 | 0 | 0 | 0 | 0 | 0 | 2 | 0 | 0 | | 0 |
| | 背范 | 5 | 640 | 0 | 0 | 1 | 1 | 1 | 2 | 0 | 0 | | 1 |
| | 无法判断 | 1 | 10 | 0 | 0 | 0 | 0 | 0 | 1 | 0 | 0 | | |
| | 总数 | 10 | 899 | 0 | 0 | 1 | 1 | 0 | 5 | 0 | 0 | | 1 |
| 总数 | | 1352 | 262 170 | 216 | 216 | 117 | 135 | 46 | 296 | 2 | 27 | | 304 |

注：T2、T4、T7等地层单位因未出土陶范，在此不作列明，下文亦不再赘言。

附表二　铧范登记表

| 单位 | 类型 | 总件数 | 总重量(克) | 左上角 | 右上角 | 左下角 | 右下角 | 完整 | 不明 | 左上角或右上角 | 左下角或右下角 | 备注 | 最小个体数 |
|---|---|---|---|---|---|---|---|---|---|---|---|---|---|
| H1 | 小型铧 | 0 | 0 | 0 | 0 | 0 | 0 | 0 | 0 | 0 | 0 | | 0 |
| | 大型铧 | 5 | 2 965 | 0 | 1 | 0 | 0 | 0 | 1 | 0 | 1 | | 1 |
| | 无法判断 | 3 | 100 | 0 | 0 | 0 | 0 | 0 | 1 | 1 | 0 | | |
| | 总数 | 8 | 3 065 | 0 | 1 | 0 | 0 | 0 | 2 | 1 | 1 | | 1 |
| H2 | 小型铧 | 0 | 0 | 0 | 0 | 0 | 0 | 0 | 0 | 0 | 0 | | 0 |
| | 大型铧 | 1 | 640 | 0 | 0 | 0 | 0 | 0 | 1 | 0 | 0 | | 0 |
| | 无法判断 | 0 | 0 | 0 | 0 | 0 | 0 | 0 | 0 | 0 | 0 | | |
| | 总数 | 1 | 640 | 0 | 0 | 0 | 0 | 0 | 1 | 0 | 0 | | 0 |
| H3 | 小型铧 | 12 | 7 940 | 4 | 5 | 0 | 1 | 2 | 3 | 2 | 0 | | 7 |
| | 大型铧 | 59 | 44 350 | 13 | 15 | 2 | 5 | 0 | 16 | 4 | 0 | | 15 |
| | 无法判断 | 30 | 10 950 | 3 | 2 | 2 | 2 | 0 | 13 | 2 | 0 | | |
| | 总数 | 101 | 63 240 | 20 | 22 | 4 | 8 | 2 | 32 | 8 | 0 | | 22 |
| H4 | 小型铧 | 4 | 3 350 | 1 | 2 | 1 | 1 | 0 | 1 | 0 | 0 | | 2 |
| | 大型铧 | 0 | 0 | 0 | 0 | 0 | 0 | 0 | 0 | 0 | 0 | | 0 |
| | 无法判断 | 2 | 1 130 | 0 | 0 | 1 | 0 | 0 | 1 | 0 | 0 | | |
| | 总数 | 6 | 4 480 | 1 | 2 | 2 | 1 | 0 | 2 | 0 | 0 | | 2 |
| H5 | 小型铧 | 1 | 1 100 | 0 | 0 | 1 | 1 | 0 | 0 | 0 | 0 | | 1 |
| | 大型铧 | 0 | 0 | 0 | 0 | 0 | 0 | 0 | 0 | 0 | 0 | | 0 |
| | 无法判断 | 0 | 0 | 0 | 0 | 0 | 0 | 0 | 0 | 0 | 0 | | 0 |
| | 总数 | 1 | 1 100 | 0 | 0 | 1 | 1 | 1 | 0 | 0 | 0 | | 1 |

续表

| 单位 | 类 型 | 总件数 | 总重量（克） | 左上角 | 右上角 | 左下角 | 右下角 | 完整 | 不明 | 左上角或右上角 | 左下角或右下角 | 备注 | 最小个体数 |
|---|---|---|---|---|---|---|---|---|---|---|---|---|---|
| H7 | 小型铧 | 8 | 4 810 | 1 | 1 | 2 | 1 | 0 | 2 | 1 | 0 | | 2 |
| | 大型铧 | 9 | 9 150 | 1 | 0 | 3 | 2 | 0 | 3 | 0 | 0 | | 3 |
| | 无法判断 | 9 | 765 | 0 | 0 | 0 | 0 | 0 | 3 | 0 | 0 | | |
| | 总数 | 26 | 14 725 | 2 | 1 | 5 | 3 | 0 | 8 | 1 | 0 | | 5 |
| H9 | 小型铧 | 0 | 0 | 0 | 0 | 0 | 0 | 0 | 0 | 0 | 0 | | 0 |
| | 大型铧 | 1 | 1 170 | 0 | 0 | 1 | 1 | 0 | 0 | 0 | 0 | | 1 |
| | 无法判断 | 0 | 0 | 0 | 0 | 0 | 0 | 0 | 0 | 0 | 0 | | |
| | 总数 | 1 | 1 170 | 0 | 0 | 1 | 1 | 0 | 0 | 0 | 0 | | 1 |
| H15 | 小型铧 | 0 | 0 | 0 | 0 | 0 | 0 | 0 | 0 | 0 | 0 | | 0 |
| | 大型铧 | 1 | 2 800 | 0 | 0 | 1 | 1 | 0 | 0 | 0 | 0 | | 1 |
| | 无法判断 | 0 | 0 | 0 | 0 | 0 | 0 | 0 | 0 | 0 | 0 | | |
| | 总数 | 1 | 2 800 | 0 | 0 | 1 | 1 | 0 | 0 | 0 | 0 | | 1 |
| H16 | 小型铧 | 3 | 340 | 0 | 0 | 0 | 0 | 0 | 2 | 0 | 1 | | 0 |
| | 大型铧 | 5 | 4 010 | 1 | 1 | 0 | 1 | 0 | 2 | 0 | 0 | | 1 |
| | 无法判断 | 5 | 190 | 0 | 0 | 0 | 0 | 0 | 5 | 0 | 0 | | |
| | 总数 | 13 | 4 540 | 1 | 1 | 0 | 1 | 0 | 9 | 0 | 1 | | 1 |
| H19 | 小型铧 | 6 | 1 275 | 0 | 1 | 0 | 0 | 0 | 4 | 0 | 0 | | 1 |
| | 大型铧 | 6 | 7 370 | 1 | 2 | 0 | 0 | 0 | 2 | 0 | 1 | | 2 |
| | 无法判断 | 5 | 650 | 0 | 0 | 0 | 0 | 0 | 3 | 0 | 0 | | |
| | 总数 | 17 | 9 295 | 1 | 3 | 0 | 0 | 0 | 9 | 0 | 1 | | 3 |

| 单位 | 类型 | 总件数 | 总重量(克) | 残存部位 | | | | | | | | 备注 | 最小个体数 |
|---|---|---|---|---|---|---|---|---|---|---|---|---|---|
| | | | | 左上角 | 右上角 | 左下角 | 右下角 | 完整 | 不明 | 左上角或右上角 | 左下角或右下角 | | |
| H21 | 小型铧 | 0 | 0 | 0 | 0 | 0 | 0 | 0 | 0 | 0 | 0 | | 0 |
| | 大型铧 | 0 | 0 | 0 | 0 | 0 | 0 | 0 | 0 | 0 | 0 | | 0 |
| | 无法判断 | 2 | 120 | 0 | 0 | 0 | 0 | 0 | 1 | 0 | 0 | | |
| | 总数 | 2 | 120 | 0 | 0 | 0 | 0 | 0 | 1 | 0 | 0 | | 0 |
| H24 | 小型铧 | 1 | 1 120 | 0 | 0 | 0 | 0 | 0 | 1 | 0 | 0 | | 0 |
| | 大型铧 | 1 | 120 | 0 | 0 | 0 | 0 | 0 | 1 | 0 | 0 | | 0 |
| | 无法判断 | 5 | 100 | 0 | 0 | 0 | 0 | 0 | 2 | 0 | 0 | | |
| | 总数 | 7 | 1 340 | 0 | 0 | 0 | 0 | 0 | 4 | 0 | 0 | | 0 |
| H25 | 小型铧 | 0 | 0 | 0 | 0 | 0 | 0 | 0 | 0 | 0 | 0 | | 0 |
| | 大型铧 | 2 | 1 210 | 0 | 0 | 0 | 0 | 0 | 2 | 0 | 0 | | 0 |
| | 无法判断 | 1 | 110 | 0 | 0 | 1 | 0 | 0 | 0 | 0 | 1 | | |
| | 总数 | 3 | 1 320 | 0 | 0 | 1 | 0 | 0 | 2 | 0 | 1 | | 0 |
| H27 | 小型铧 | 0 | 0 | 0 | 0 | 0 | 0 | 0 | 0 | 0 | 0 | | 0 |
| | 大型铧 | 0 | 0 | 0 | 0 | 0 | 0 | 0 | 0 | 0 | 0 | | 0 |
| | 无法判断 | 2 | 385 | 0 | 0 | 0 | 0 | 0 | 1 | 0 | 0 | | |
| | 总数 | 2 | 385 | 0 | 0 | 0 | 0 | 0 | 1 | 0 | 0 | | 0 |
| H28 | 小型铧 | 2 | 370 | 0 | 0 | 0 | 0 | 0 | 1 | 0 | 0 | | 1 |
| | 大型铧 | 1 | 1 245 | 1 | 0 | 0 | 0 | 0 | 0 | 0 | 0 | | 1 |
| | 无法判断 | 7 | 1 475 | 0 | 1 | 1 | 0 | 0 | 2 | 0 | 0 | | |
| | 总数 | 10 | 3 090 | 1 | 1 | 1 | 0 | 0 | 3 | 0 | 0 | | 2 |

续表

| 单位 | 类型 | 总件数 | 总重量(克) | 左上角 | 右上角 | 左下角 | 右下角 | 完整 | 不明 | 左上角或右上角 | 左下角或右下角 | 备注 | 最小个体数 |
|---|---|---|---|---|---|---|---|---|---|---|---|---|---|
| H31 | 小型铧 | 23 | 12 790 | 9 | 6 | 2 | 1 | 1 | 3 | 0 | 1 | | 10 |
| | 大型铧 | 68 | 24 214 | 4 | 10 | 3 | 4 | 0 | 10 | 1 | 0 | | 10 |
| | 无法判断 | 0 | 0 | 0 | 0 | 0 | 0 | 0 | 0 | 0 | 0 | | |
| | 总数 | 91 | 37 004 | 13 | 16 | 5 | 5 | 1 | 13 | 1 | 1 | | 20 |
| H33 | 小型铧 | 4 | 1 350 | 2 | 1 | 0 | 0 | 0 | 1 | 0 | 0 | | 2 |
| | 大型铧 | 11 | 11 256 | 0 | 2 | 2 | 2 | 0 | 7 | 0 | 0 | | 2 |
| | 无法判断 | 3 | 1 080 | 0 | 0 | 0 | 0 | 0 | 3 | 0 | 0 | | |
| | 总数 | 18 | 13 686 | 2 | 3 | 2 | 2 | 0 | 11 | 0 | 0 | | 4 |
| H34 | 小型铧 | 2 | 440 | 0 | 1 | 0 | 0 | 0 | 1 | 0 | 0 | | 1 |
| | 大型铧 | 6 | 6 180 | 1 | 1 | 2 | 2 | 0 | 2 | 0 | 0 | | 2 |
| | 无法判断 | 3 | 180 | 0 | 0 | 0 | 0 | 0 | 2 | 0 | 0 | | |
| | 总数 | 11 | 6 800 | 1 | 2 | 2 | 2 | 0 | 5 | 0 | 0 | | 3 |
| H36 | 小型铧 | 5 | 2 810 | 0 | 2 | 1 | 1 | 0 | 1 | 0 | 0 | | 2 |
| | 大型铧 | 9 | 7 780 | 0 | 2 | 3 | 3 | 0 | 4 | 0 | 0 | | 3 |
| | 无法判断 | 16 | 380 | 0 | 0 | 0 | 0 | 0 | 5 | 0 | 0 | | |
| | 总数 | 30 | 10 970 | 0 | 4 | 4 | 4 | 0 | 10 | 0 | 0 | | 5 |

| 单位 | 类型 | 总件数 | 总重量(克) | 残存部位 | | | | | | | | 备注 | 最小个体数 |
|---|---|---|---|---|---|---|---|---|---|---|---|---|---|
| | | | | 左上角 | 右上角 | 左下角 | 右下角 | 完整 | 不明 | 左上角或右上角 | 左下角或右下角 | | |
| T1① | 小型铧 | 4 | 2 935 | 0 | 0 | 0 | 1 | 0 | 2 | 0 | 1 | | 1 |
| | 大型铧 | 6 | 2 750 | 0 | 0 | 1 | 0 | 0 | 2 | 0 | 1 | | 1 |
| | 无法判断 | 4 | 1 155 | 1 | 0 | 0 | 1 | 1 | 1 | 0 | 0 | | |
| | 总数 | 14 | 6 840 | 1 | 0 | 1 | 2 | 0 | 5 | 0 | 2 | | 2 |
| T10 | 小型铧 | 0 | 0 | 0 | 0 | 0 | 0 | 0 | 0 | 0 | 0 | | 0 |
| | 大型铧 | 1 | 3 350 | 1 | 1 | 0 | 0 | 0 | 0 | 0 | 0 | | 1 |
| | 无法判断 | 0 | 0 | 0 | 0 | 0 | 0 | 0 | 0 | 0 | 0 | | |
| | 总数 | 1 | 3 350 | 1 | 1 | 0 | 0 | 0 | 0 | 0 | 0 | | 1 |
| T3① | 小型铧 | 1 | 419 | 1 | 0 | 0 | 0 | 0 | 0 | 0 | 0 | | 1 |
| | 大型铧 | 0 | 0 | 0 | 0 | 0 | 0 | 0 | 0 | 0 | 0 | | 0 |
| | 无法判断 | 4 | 2 320 | 0 | 0 | 0 | 0 | 0 | 3 | 0 | 0 | | |
| | 总数 | 5 | 2 739 | 1 | 0 | 0 | 0 | 0 | 3 | 0 | 0 | | 1 |
| T5 | 小型铧 | 0 | 0 | 0 | 0 | 0 | 0 | 0 | 0 | 0 | 0 | | 0 |
| | 大型铧 | 1 | 60 | 0 | 0 | 0 | 0 | 0 | 1 | 0 | 0 | | 0 |
| | 无法判断 | 1 | 630 | 0 | 0 | 0 | 0 | 0 | 2 | 0 | 0 | | |
| | 总数 | 2 | 690 | 0 | 0 | 0 | 0 | 0 | 3 | 0 | 0 | | 0 |
| 总　数 | | 371 | 193 389 | 45 | 57 | 30 | 31 | 3 | 124 | 11 | 7 | | 75 |

附表三 铧芯登记表

| 单位 | 类型 | 总件数 | 总重量（克） | 左上角 | 上半部分中间 | 右上角 | 带芯撑部分 | 末端 | 完整 | 不明 | 备注 | 最小个体数 |
|---|---|---|---|---|---|---|---|---|---|---|---|---|
| H3 | 小型铧 | 52 | 14 487.47 | 20 | 15 | 19 | 2 | 7 | 5 | 16 | | 25 |
| | 大型铧 | 235 | 47 133.33 | 20 | 13 | 18 | 31 | 21 | 4 | 16 | | 35 |
| | 无法判断 | 38 | 2 952 | 2 | 2 | 2 | 6 | 7 | 1 | 5 | | |
| | 总数 | 325 | 64 572.8 | 42 | 30 | 39 | 39 | 35 | 10 | 37 | | 60 |
| H4 | 小型铧 | 0 | 0 | 0 | 0 | 0 | 0 | 0 | 0 | 0 | | 0 |
| | 大型铧 | 0 | 0 | 0 | 0 | 0 | 0 | 0 | 0 | 0 | | 0 |
| | 无法判断 | 1 | 40 | 0 | 0 | 0 | 0 | 0 | 0 | 1 | | |
| | 总数 | 1 | 40 | 0 | 0 | 0 | 0 | 0 | 0 | 1 | | 0 |
| H6 | 小型铧 | 0 | 0 | 0 | 0 | 0 | 0 | 0 | 0 | 0 | | 0 |
| | 大型铧 | 0 | 0 | 0 | 0 | 0 | 0 | 0 | 0 | 0 | | 0 |
| | 无法判断 | 1 | 10 | 1 | 0 | 0 | 0 | 0 | 0 | 0 | | |
| | 总数 | 1 | 10 | 1 | 0 | 0 | 0 | 0 | 0 | 0 | | 0 |
| H7 | 小型铧 | 12 | 1 190 | 4 | 2 | 1 | 2 | 0 | 0 | 0 | | 4 |
| | 大型铧 | 32 | 3 210 | 11 | 3 | 8 | 0 | 0 | 0 | 1 | | 11 |
| | 无法判断 | 69 | 3 540 | 2 | 2 | 2 | 1 | 1 | 0 | 1 | | |
| | 总数 | 113 | 7 940 | 17 | 7 | 11 | 3 | 0 | 0 | 2 | | 15 |
| H16 | 小型铧 | 1 | 330 | 0 | 0 | 0 | 0 | 1 | 0 | 0 | | 1 |
| | 大型铧 | 3 | 540 | 0 | 1 | 0 | 0 | 0 | 0 | 2 | | 1 |
| | 无法判断 | 0 | 0 | 0 | 0 | 0 | 0 | 0 | 0 | 0 | | |
| | 总数 | 4 | 870 | 0 | 1 | 0 | 0 | 1 | 0 | 2 | | 2 |

续表

| 单位 | 类型 | 总件数 | 总重量（克） | 残存部位 | | | | | | | 备注 | 最小个体数 |
| --- | --- | --- | --- | --- | --- | --- | --- | --- | --- | --- | --- | --- |
| | | | | 左上角 | 上半部分中间 | 右上角 | 带芯撑部分 | 末端 | 完整 | 不明 | | |
| H19 | 小型铧 | 0 | 0 | 0 | 0 | 0 | 0 | 0 | 0 | 0 | | 0 |
| | 大型铧 | 2 | 1 620 | 0 | 1 | 0 | 0 | 0 | 0 | 1 | | 1 |
| | 无法判断 | 0 | 0 | 0 | 0 | 0 | 0 | 0 | 0 | 0 | | |
| | 总数 | 2 | 1 620 | 0 | 1 | 0 | 0 | 0 | 0 | 1 | | 1 |
| H24 | 小型铧 | 1 | 490 | 0 | 0 | 0 | 0 | 0 | 0 | 1 | | 0 |
| | 大型铧 | 3 | 1 970 | 1 | 0 | 0 | 0 | 0 | 0 | 2 | | 1 |
| | 无法判断 | 0 | 0 | 0 | 0 | 0 | 0 | 0 | 0 | 0 | | |
| | 总数 | 4 | 2 460 | 1 | 0 | 0 | 0 | 0 | 0 | 3 | | 1 |
| H25 | 小型铧 | 1 | 420 | 0 | 1 | 0 | 0 | 0 | 0 | 0 | | 1 |
| | 大型铧 | 1 | 1 430 | 0 | 0 | 0 | 0 | 0 | 0 | 1 | | 0 |
| | 无法判断 | 0 | 0 | 0 | 0 | 0 | 0 | 0 | 0 | 0 | | |
| | 总数 | 2 | 1 850 | 0 | 1 | 0 | 0 | 0 | 0 | 1 | | 1 |
| H27 | 小型铧 | 0 | 0 | 0 | 0 | 0 | 0 | 0 | 0 | 0 | | 0 |
| | 大型铧 | 2 | 2 420 | 1 | 0 | 0 | 1 | 0 | 0 | 0 | | 1 |
| | 无法判断 | 0 | 0 | 0 | 0 | 0 | 0 | 0 | 0 | 0 | | |
| | 总数 | 2 | 2 420 | 1 | 0 | 0 | 1 | 0 | 0 | 0 | | 1 |
| H28 | 小型铧 | 0 | 0 | 0 | 0 | 0 | 0 | 0 | 0 | 0 | | 0 |
| | 大型铧 | 3 | 2 750 | 0 | 1 | 1 | 0 | 0 | 0 | 1 | | 1 |
| | 无法判断 | 0 | 0 | 0 | 0 | 0 | 0 | 0 | 0 | 0 | | |
| | 总数 | 3 | 2 750 | 0 | 1 | 1 | 0 | 0 | 0 | 1 | | 1 |

续表

| 单位 | 类型 | 总件数 | 总重量（克） | 残存部位 | | | | | | | 备注 | 最小个体数 |
| | | | | 左上角 | 上半部分中间 | 右上角 | 带芯撑部分 | 末端 | 完整 | 不明 | | |
| H31 | 小型铧 | 25 | 1 493.2 | 8 | 5 | 0 | 2 | 0 | 0 | 1 | | 8 |
| | 大型铧 | 117 | 20 340 | 23 | 17 | 29 | 7 | 2 | 6 | 15 | | 35 |
| | 无法判断 | 239 | 5 880 | 0 | 0 | 3 | 0 | 0 | 0 | 1 | | |
| | 总数 | 381 | 27 713.2 | 31 | 22 | 32 | 9 | 2 | 6 | 17 | | 43 |
| H33 | 小型铧 | 8 | 830 | 2 | 1 | 1 | 1 | 2 | 2 | 5 | | 4 |
| | 大型铧 | 17 | 2 100 | 7 | 4 | 6 | 0 | 1 | 3 | 5 | | 10 |
| | 无法判断 | 35 | 1 270 | 2 | 0 | 2 | 0 | 0 | 0 | 1 | | |
| | 总数 | 60 | 4 200 | 11 | 5 | 9 | 1 | 3 | 5 | 11 | | 14 |
| H34 | 小型铧 | 13 | 1 270 | 1 | 1 | 5 | 1 | 2 | 2 | 3 | | 7 |
| | 大型铧 | 34 | 3 610 | 4 | 7 | 1 | 9 | 4 | 0 | 4 | | 9 |
| | 无法判断 | 13 | 440 | 0 | 0 | 0 | 1 | 0 | 0 | 2 | | |
| | 总数 | 60 | 5 320 | 5 | 8 | 6 | 11 | 6 | 2 | 9 | | 16 |
| H36 | 小型铧 | 8 | 570 | 2 | 1 | 3 | 0 | 0 | 0 | 2 | | 3 |
| | 大型铧 | 134 | 10 570 | 24 | 23 | 39 | 1 | 2 | 0 | 8 | | 39 |
| | 无法判断 | 330 | 5 580 | 3 | 3 | 2 | 2 | 2 | 0 | 4 | | |
| | 总数 | 472 | 16 720 | 29 | 27 | 44 | 3 | 4 | 0 | 14 | | 42 |

续表

| 单位 | 类型 | 总件数 | 总重量（克） | 残存部位 | | | | | | | 备注 | 最小个体数 |
|---|---|---|---|---|---|---|---|---|---|---|---|---|
| | | | | 左上角 | 上半部分中间 | 右上角 | 带芯撑部分 | 末端 | 完整 | 不明 | | |
| T1① | 小型铧 | 0 | 0 | 0 | 0 | 0 | 0 | 0 | 0 | 0 | | 0 |
| | 大型铧 | 1 | 760 | 1 | 1 | 1 | 0 | 0 | 0 | 0 | | 1 |
| | 无法判断 | 14 | 1010 | 0 | 2 | 0 | 0 | 0 | 0 | 2 | | |
| | 总数 | 14 | 1010 | 0 | 2 | 0 | 0 | 0 | 0 | 2 | | 0 |
| T10 | 小型铧 | 1 | 70 | 0 | 0 | 0 | 1 | 0 | 0 | 0 | | 1 |
| | 大型铧 | 0 | 0 | 0 | 0 | 0 | 0 | 0 | 0 | 0 | | 0 |
| | 无法判断 | 1 | 70 | 0 | 0 | 0 | 1 | 0 | 0 | 0 | | |
| | 总数 | 2 | 140 | 0 | 0 | 0 | 2 | 0 | 0 | 0 | | 1 |
| T3① | 小型铧 | 0 | 0 | 0 | 0 | 0 | 0 | 0 | 0 | 0 | | 0 |
| | 大型铧 | 0 | 0 | 0 | 0 | 0 | 0 | 0 | 0 | 0 | | 0 |
| | 无法判断 | 2 | 120 | 0 | 1 | 0 | 0 | 0 | 0 | 1 | | |
| | 总数 | 2 | 120 | 0 | 1 | 0 | 0 | 0 | 0 | 1 | | 0 |
| T5 | 小型铧 | 1 | 50 | 1 | 0 | 0 | 0 | 0 | 0 | 0 | | 1 |
| | 大型铧 | 0 | 0 | 0 | 0 | 0 | 0 | 0 | 0 | 0 | | 0 |
| | 无法判断 | 3 | 30 | 0 | 1 | 0 | 0 | 0 | 0 | 0 | | |
| | 总数 | 4 | 80 | 1 | 1 | 0 | 0 | 0 | 0 | 0 | | 1 |
| 总　数 | | 1 453 | 140 596 | 140 | 108 | 143 | 69 | 51 | 23 | 102 | | 200 |

### 附表四　鼓风管重量登记表

单位（克）

| 类别<br>单位 | 第一类鼓风管（草拌泥质与细砂） | 第二类鼓风管（草拌泥质与细砂/表面有明显拍印加工痕迹） | 第三类鼓风管（粗砂） | 第四类鼓风管（薄胎夹细砂/内侧有与高温接触的痕迹） | 第一类或第二类鼓风管 | 单位总重量 |
|---|---|---|---|---|---|---|
| H1 | 475 | 0 | 0 | 0 | 550 | 1 025 |
| H3 | 3 000 | 370 | 700 | 0 | 1 840 | 5 910 |
| H6 | 0 | 0 | 0 | 0 | 150 | 150 |
| H7 | 0 | 565 | 2 825 | 30 | 425 | 3 845 |
| H16 | 3 650 | 0 | 0 | 0 | 1 210 | 4 860 |
| H19 | 1 530 | 0 | 0 | 0 | 470 | 2 000 |
| H25 | 0 | 30 | 0 | 0 | 0 | 30 |
| H26 | 310 | 0 | 0 | 0 | 0 | 310 |
| H27 | 595 | 0 | 0 | 0 | 720 | 1 315 |
| H28 | 0 | 0 | 0 | 110 | 225 | 335 |
| H31 | 0 | 0 | 340 | 80 | 0 | 420 |
| H33 | 0 | 0 | 0 | 0 | 870 | 870 |
| H34 | 1 430 | 0 | 0 | 60 | 2 350 | 3 840 |
| H36 | 0 | 990 | 1 240 | 200 | 130 | 2 560 |
| T1① | 600 | 0 | 0 | 0 | 0 | 600 |
| 总重量 | 11 590 | 1 955 | 5 105 | 480 | 8 940 | 28 070 |

### 附表五　炉壁表面和炉衬重量登记表

单位（克）

| 类别<br>单位 | 第一类<br>含砂粒和草拌泥 | 第二类<br>含细砂但不含草拌泥 | 第三类<br>含粗砂 | 第四类<br>利用废范改作炉壁 | 渣或炉衬 | 不　明 | 单位总重量 |
|---|---|---|---|---|---|---|---|
| H1 | 505 | 0 | 1 410 | 0 | 0 | 0 | 1 915 |
| H3 | 0 | 0 | 670 | 0 | 0 | 0 | 670 |
| H6 | 0 | 160 | 1 395 | 0 | 250 | 0 | 1 805 |
| H7 | 0 | 785 | 0 | 0 | 0 | 0 | 785 |

续表

| 类别<br>单位 | 第一类<br>含砂粒和<br>草拌泥 | 第二类<br>含细砂但不<br>含草拌泥 | 第三类<br>含粗砂 | 第四类<br>利用废范改<br>作炉壁 | 渣或炉衬 | 不　明 | 单位<br>总重量 |
|---|---|---|---|---|---|---|---|
| H16 | 0 | 0 | 0 | 0 | 60 | 0 | 60 |
| H27 | 0 | 9 890 | 0 | 0 | 0 | 0 | 9 890 |
| H28 | 0 | 3 320 | 0 | 60 | 1 805 | 0 | 5 185 |
| H31 | 0 | 0 | 3 040 | 980 | 0 | 0 | 4 020 |
| H33 | 0 | 0 | 0 | 0 | 0 | 10 | 10 |
| H34 | 150 | 0 | 0 | 0 | 0 | 0 | 150 |
| H36 | 190 | 0 | 0 | 0 | 0 | 0 | 190 |
| T1① | 40 | 0 | 0 | 0 | 130 | 0 | 170 |
| 类别总重量 | 885 | 14 155 | 6 515 | 1 040 | 2 245 | 10 | 24 850 |

**附表六　炉壁主体（含烧土块/砖）重量登记表**

单位（克）

| 类别<br>单位 | 第一类<br>含砂粒并有明确外型 | 第二类<br>含砂粒无明确外型 | 第三类<br>含粗砂 | 第四类<br>其　他 | 单位总重量 |
|---|---|---|---|---|---|
| H1 | 1 480 | 70 | 0 | 0 | 1 550 |
| H3 | 0 | 162 | 950 | 0 | 1 112 |
| H4 | 1 570 | 0 | 0 | 0 | 1 570 |
| H5 | 1 370 | 0 | 0 | 0 | 1 370 |
| H6 | 2 790 | 920 | 0 | 1 130 | 4 840 |
| H7 | 1 975 | 6 025 | 0 | 0 | 8 000 |
| H9 | 0 | 30 | 130 | 0 | 160 |
| H16 | 1 960 | 500 | 0 | 0 | 2 460 |
| H19 | 2 115 | 2 042 | 0 | 0 | 4 157 |
| H24 | 196 | 2 076 | 0 | 0 | 2 272 |
| H27 | 1 330 | 1 490 | 0 | 0 | 2 820 |

续表

| 类别<br>单位 | 第一类<br>含砂粒并有明确外型 | 第二类<br>含砂粒无明确外型 | 第三类<br>含粗砂 | 第四类<br>其　他 | 单位总重量 |
|---|---|---|---|---|---|
| H28 | 1 880 | 415 | 120 | 0 | 2 415 |
| H31 | 44 800 | 650 | 6 600 | 0 | 52 050 |
| H33 | 15 840 | 320 | 0 | 0 | 16 160 |
| H34 | 204 | 820 | 1 530 | 0 | 2 554 |
| H36 | 7 969 | 142 | 4 470 | 0 | 12 581 |
| T1① | 695 | 35 | 0 | 0 | 730 |
| 类别总重量 | 86 174 | 15 697 | 13 800 | 1 130 | 116 801 |

**附表七　炉壁或鼓风管熔滴层重量登记表**

单位（克）

| 类别<br>单位 | 炉壁或鼓风管熔滴（第一类）<br>草拌泥质与细砂 | 炉壁或鼓风管熔滴（第二类）<br>粗砂 | 无法判断 | 单位总重量 |
|---|---|---|---|---|
| H1 | 6 000 | 30 | 0 | 6 030 |
| H3 | 413.8 | 300 | 236 | 949.8 |
| H4 | 10 | 0 | 0 | 10 |
| H5 | 20 | 0 | 0 | 20 |
| H6 | 450 | 1 585 | 0 | 2 035 |
| H7 | 205 | 770 | 90 | 1 065 |
| H9 | 0 | 10 | 0 | 10 |
| H16 | 70 | 90 | 0 | 160 |
| H19 | 55 | 0 | 0 | 55 |
| H24 | 90 | 93 | 0 | 183 |
| H31 | 0 | 4 742 | 0 | 4 742 |
| H33 | 0 | 40 | 0 | 40 |
| H34 | 664.2 | 10 | 0 | 674.2 |

| 类别<br>单位 | 炉壁或鼓风管熔滴（第一类） | 炉壁或鼓风管熔滴（第二类） | 无法判断 | 单位总重量 |
|---|---|---|---|---|
| | 草拌泥质与细砂 | 粗砂 | | |
| H36 | 30 | 290 | 40 | 360 |
| T1① | 45 | 0 | 0 | 45 |
| 类别总重量 | 8 053 | 7 960 | 366 | 16 379 |

附表八　炉渣重量登记表

单位（克）

| 类别<br>单位 | 玻璃态炉渣 | 玻璃态渣、木炭和铁块的混合态渣 | 特殊渣 | 单位总重量 |
|---|---|---|---|---|
| H1 | 1 110 | 4 945 | 0 | 6 055 |
| H3 | 30 | 277.1 | 310 | 617.1 |
| H5 | 0 | 40 | 0 | 40 |
| H6 | 0 | 1 160 | 0 | 1 160 |
| H7 | 1 322 | 1 660 | 0 | 2 982 |
| H8 | 0 | 3.7 | 0 | 3.7 |
| H9 | 10 | 504 | 0 | 514 |
| H15 | 10 | 139 | 0 | 149 |
| H16 | 170 | 90 | 0 | 260 |
| H19 | 25 | 95 | 0 | 120 |
| H24 | 51 | 220 | 0 | 271 |
| H28 | 200 | 565 | 0 | 765 |
| H31 | 8 220 | 54 160 | 180 | 62 560 |
| H33 | 188 | 320 | 0 | 508 |
| H34 | 114 | 330 | 0 | 444 |
| H36 | 880 | 500 | 0 | 1 380 |
| T1① | 0 | 2 605 | 0 | 2 605 |
| 类别总重量 | 12 330 | 67 613.8 | 490 | 80 433.8 |

**附表九 炉渣鉴定结果登记表**

| 实验室编号 | 单位号 | 图号 | 外观种类 | 金相组织 | 金相鉴定结果 |
|---|---|---|---|---|---|
| 71139 | H31①:y331 | 图一七四,1;彩版二〇,4 | 第三类渣 | 样品经玻璃态基体中分布大量氧化亚铁组织(浮氏体),以及铁橄榄石,熔融程度较好。部分浮氏体呈聚集分布。 | 可能为精炼或炒钢渣 |
| 71145 | H31①:y334 | 图一七四,2,3;彩版二〇,5 | 第二类渣 | 样品主要为玻璃态,熔融程度好,包裹有圆滴状铁颗粒。多数铁颗粒浸蚀后可见磷铁共晶组织,少数存在片状石墨。 | 熔炼渣 |
| 71147(2) | H31①:y347-1-10 | 图一七四,4,5;彩版二〇,6 | 第二类渣 | 样品经玻璃态基体中分布大量氧化亚铁组织(浮氏体),以及铁橄榄石,熔融程度较好。部分浮氏体呈聚集分布。局部包含有未熔化的石英砂粒。 | 可能为精炼或炒钢渣 |
| 71149(1) | H31②:y370-1 | 图一七四,6 | 第一类渣 | 样品主要为玻璃态基体,熔融程度不佳,存在较多泡状孔洞,玻璃态基体间析出较多硅酸钙晶体。包裹有圆滴状铁颗粒,多数铁颗粒经浸蚀后可见磷铁共晶组织。 | 炉壁挂渣,部分为熔炼渣 |
| 71149(2) | H31②:y370-2 | 图一七五,1,2;彩版二一,1,2 | 第一类渣 | 样品主要为玻璃态,熔融程度好,包裹有圆滴状铁颗粒。铁颗粒经浸蚀后可见磷铁共晶组织。 | 熔炼渣 |
| 71152(1) | H31①:y344-1-22 | 图一七五,3,4;彩版二一,3,4 | 第一类渣 | 样品主要为玻璃态,熔融程度好,包裹有圆滴状铁颗粒。铁颗粒经浸蚀后可见磷铁共晶组织。 | 熔炼渣 |
| 71152(5) | H31①:y344-1-22 | 图一七五,5 | 第一类渣 | 样品主要为玻璃态基体间析出较多硅酸钙晶体,熔融程度不佳,存在较多泡状孔洞,玻璃态基体中。包裹有圆滴状铁颗粒。 | 炉壁挂渣 |
| 71152(8) | H31①:y344-1-22 | 图一七五,6 | 第一类渣 | 样品主要为玻璃态,熔融程度不佳,存在大量泡状孔洞,局部有氧化亚铁与未熔化的钛铁矿物。 | 炉壁挂渣 |
| 71152(9) | H31①:y344-1-22 | 图一七六,1 | 第一类渣 | 样品主要为玻璃态,熔融程度好,包裹有圆滴状铁颗粒。 | 熔炼渣 |
| 71152(10) | H31①:y344-1-22 | 图一七六,2~4;彩版二一,5,6 | 第二类渣 | 样品主要为玻璃态,熔融程度好,包裹有圆滴状铁颗粒。多数铁颗粒经浸蚀后可见磷铁共晶组织。 | 熔炼渣 |
| 71154(1) | H31①:y352-1-20 | 图一七六,5,6;图一七七,1;彩版二一,1,2 | 第二类渣 | 样品主要为玻璃态,熔融程度好,包裹有圆滴状铁颗粒。铁颗粒颗粒较大。多数铁颗粒经浸蚀后可见磷铁共晶组织。个别铁颗粒经浸蚀后可见磷铁共晶组织。 | 熔炼渣 |
| 71154(2) | H31①:y352-1-20 | 图一七七,2 | 第二类渣 | 样品主要为玻璃态基体间析出较多硅酸钙晶体,熔融程度不佳,存在较多泡状孔洞,玻璃态基体间。包裹有圆滴状铁颗粒。多数铁颗粒经浸蚀后可见磷铁共晶组织。 | 炉壁挂渣 |

续表

| 实验室编号 | 单位号 | 图号 | 外观种类 | 金相组织 | 金相鉴定结果 |
|---|---|---|---|---|---|
| 71154(4) | H31①：y352-1-20 | 图一七七,3 | 第二类渣 | 样品主要为玻璃态，熔融程度好，包裹有圆滴状铁颗粒。多数铁颗粒经浸蚀后可见磷铁共晶组织。 | 熔炼渣 |
| 71154(5) | H31①：y352-1-20 | 图一七七,4 | 第二类渣 | 样品主要为玻璃态，熔融程度不佳，存在较多泡状孔洞，以及较多未熔化完全的金属颗粒。 | 炉壁挂渣 |
| 71155(1) | H31②：y371-1-5 | 图一七七,5；彩版二二二,3 | 第二类渣 | 样品主要为玻璃态，熔融程度不佳，存在较多泡状孔洞。包裹有圆滴状铁颗粒。多数铁颗粒经浸蚀后可见磷铁共晶组织。 | 熔炼渣 |
| 71155(2) | H31②：y371-1-5 | 图一七七,6 | 第二类渣 | 样品熔融程度好，主要为玻璃态。包裹有圆滴状铁颗粒。多数铁颗粒经浸蚀后可见磷铁共晶组织。 | 熔炼渣 |
| 71155(3) | H31②：y371-1-5 | 图一七八,1,2 | 第二类渣 | 样品主要为圆滴状铁颗粒，熔融程度好。多数铁颗粒经浸蚀后可见磷铁共晶晶体。集体中析出较多羽纹高硅钙晶体，并包裹有较多羽纹高硅钙组织。发现有锻打剥片。 | 熔炼渣 |
| 71155(4) | H31②：y371-1-5 | 图一七八,3；彩版二二二,4 | 第二类渣 | 样品熔融程度好，主要为玻璃态。包裹有圆滴状铁颗粒，少数大型铁颗粒上析出片状石墨。多数铁颗粒经浸蚀后可见磷铁共晶组织。 | 熔炼渣 |
| 71155(5) | H31②：y371-1-5 | 图一七八,4；彩版二二二,5 | 第二类渣 | 样品熔融程度好，主要为玻璃态。包裹有圆滴状铁颗粒。多数铁颗粒经浸蚀后可见磷铁共晶组织。 | 熔炼渣 |
| 71156 | H31①：y330 | 图一七八,5 | 第三类渣 | 样品熔融程度不佳，存在大量孔洞，主要为玻璃态，包裹有大量金属铁颗粒。引入的铁颗粒可能为熔炼时混入。 | 炉壁挂渣 |
| 71162 | H31①：y329-1-4 | 图一七八,6 | 第二类渣 | 样品显微组织结构与71152(8)，71218(3)接近，熔融程度不佳，存在大量孔洞，主要为玻璃态，包裹的石英化的石英颗粒。包裹的金属颗粒有聚集分布现象，并发现有钛铁颗粒。 | 炉壁挂渣 |
| 71175(1) | H33：y114-1-3 | 图一九九,1 | 第一类渣 | 样品熔融程度一般，存在较多孔洞。滴状铁颗粒经浸蚀后可见磷铁共晶组织。 | 炉壁挂渣 |
| 71175(2) | H33：y114-1-3 | 图一九九,2；彩版二二三,1 | 第一类渣 | 样品熔融程度好，主要为玻璃态。包裹有圆滴状铁颗粒。多数铁颗粒经浸蚀后可见磷铁共晶组织。 | 熔炼渣 |
| 71175(3) | H33：y114-1-3 | 图一九九,3,4 | 第一类渣 | 样品熔融程度一般，存在较多孔洞。主要为玻璃态，包裹的圆滴状铁颗粒经浸蚀后可见磷铁共晶组织。 | 炉壁挂渣 |

续表

| 实验室编号 | 单位号 | 图号 | 外观种类 | 金相组织 | 金相鉴定结果 |
|---|---|---|---|---|---|
| 71182（1） | H33：y115-1-3 | 图一九九，5、6 | 第二类渣 | 玻璃态基体中包裹有圆滴状铁颗粒，多数铁颗粒经浸蚀后可见磷铁共晶组织。基体中还析出较多高硅钙晶体。 | 熔炼渣 |
| 71182（2） | H33：y115-1-3 | 图二〇〇，1 | 第二类渣 | 样品熔融程度不佳，存在有大量孔洞，以及未熔化的石英颗粒和金属颗粒。 | 炉壁挂渣 |
| 71183（1） | H33：y116-1-3 | 图二〇〇，2～4；彩版二二，6 | 第一类渣 | 样品熔融程度好，主要为玻璃态，包裹有圆滴状铁颗粒，多数铁颗粒经浸蚀后可见磷铁共晶组织。 | 熔炼渣 |
| 71183（2） | H33：y116-1-3 | 图二〇〇，5；彩版二二，2 | 第一类渣 | 样品熔融程度好，主要为玻璃态，包裹有圆滴状铁颗粒，多数铁颗粒经浸蚀后可见磷铁共晶组织。 | 熔炼渣 |
| 71183（3） | H33：y116-1-3 | 图二〇〇，6；图二〇一，1；彩版二二，3 | 第一类渣 | 样品熔融程度好，主要为玻璃态，包裹有圆滴状铁颗粒，多数铁颗粒经浸蚀后可见磷铁共晶组织。 | 熔炼渣 |
| 71184 | H33：y117 | 图二〇一，2、3；彩版二二，4 | 第一类渣 | 样品熔融程度好，主要为玻璃态，但有较多孔洞。此外，还包裹圆滴状铁颗粒组织，以及少量生铁与木炭。 | 熔炼渣 |
| 71196 | H9：y10-1 | 图一一六，1；彩版二九，3 | 第二类渣 | 样品熔融程度较好，主要为玻璃态，但孔洞较多，包裹有大量金属颗粒和石英颗粒。玻璃态基体间析出较多的高硅钙晶体。 | 炉壁挂渣 |
| 71197 | H9：y12 | 图一一六，2；彩版二九，4 | 第一类渣 | 样品熔融程度较好，主要为玻璃态，包裹有大量圆滴状铁颗粒，局部发现有钛铁晶体。 | 熔炼渣 |
| 71198 | H9：y11 | 图一一六，3、4；彩版二九，5 | 第一类渣 | 样品熔融程度好，主要为玻璃态，包裹有大量圆滴状铁颗粒，少数较大金属颗粒经浸蚀后见析出的片状石墨。 | 熔炼渣 |
| 71199（1） | H9：y9-1-2 | 图一一六，5、6；彩版二九，6 | 第二类渣 | 样品熔融程度好，主要为玻璃态，包裹有圆滴状铁颗粒，多数铁颗粒经浸蚀后可见磷铁共晶组织。 | 熔炼渣 |
| 71199（2） | H9：y9-1-2 | | 第二类渣 | 样品熔融程度好，主要为玻璃态，包裹有圆滴状铁颗粒，多数铁颗粒经浸蚀后可见磷铁共晶组织。 | 熔炼渣 |
| 71204 | H36：y181-1 | 图二二三，1 | 第一类渣 | 样品熔融程度好，主要为玻璃态，包裹有圆滴状铁颗粒，多数铁颗粒经浸蚀后可见磷铁共晶组织。 | 熔炼渣 |

续表

| 实验室编号 | 单位号 | 图号 | 外观种类 | 金相组织 | 金相鉴定结果 |
|---|---|---|---|---|---|
| 71205（2） | H36：y183－1－3 | 图二二三，2；彩版二三，5 | 第一类渣 | 样品熔融程度好，主要为玻璃态，包裹有圆滴状铁颗粒，多数铁颗粒经浸蚀后可见磷铁共晶组织。 | 熔炼渣 |
| 71205（3） | H36：y183－1－3 | 图二二三，3 | 第一类渣 | 样品熔融程度好，主要为玻璃态，包裹有圆滴状铁颗粒，多数铁颗粒经浸蚀后可见磷铁共晶组织。 | 熔炼渣 |
| 71206（1） | H36：y184－1－3 | 图二二三，4，5；彩版二三，6；彩版二四，1 | 第二类渣 | 样品熔融程度好，主要为玻璃态，包裹有圆滴状铁颗粒，多数铁颗粒经浸蚀后可见磷铁共晶组织。样品中还夹杂有少量木炭和大块的灰口铁。 | 熔炼渣 |
| 71206（3） | H36：y184－1－3 | 图二二三，6；图二二四，1；彩版二四，2，3 | 第二类渣 | 样品熔融程度好，主要为玻璃态，包裹有圆滴状铁颗粒，多数铁颗粒经浸蚀后可见磷铁共晶组织，少数大的金属颗粒中还可见析出的片状石墨。 | 熔炼渣 |
| 71206（5） | H36：y184－1－3 | 图二二四，2，3；彩版二四，4 | 第二类渣 | 样品熔融程度好，主要为玻璃态，包裹有圆滴状铁颗粒，多数铁颗粒经浸蚀后可见磷铁共晶组织，少数大的金属颗粒为过共晶白口铁组织。 | 熔炼渣 |
| 71209 | H36：y187－1 | 图二二四，4，5 | 第二类渣 | 样品熔融程度好，主要为玻璃态，包裹有圆滴状铁颗粒，多数铁颗粒经浸蚀后可见磷铁共晶组织。样品中还残留有大块的木炭组织和锻打剥片。 | 熔炼渣 |
| 71210 | H36①：y189－1－2 | 图二二四，6 | 第一类渣 | 样品熔融程度较好，主要为玻璃态，芯部孔洞多，包裹有圆滴状金属颗粒，玻璃态基本间析出有高钙硅晶体。 | 炉壁挂渣 |
| 71211（1） | H36①：y190－1－2 | 图二二五，1～3；彩版二四，5，6 | 第一类渣 | 样品熔融程度好，主要为玻璃态，包裹有圆滴状铁颗粒，多数铁颗粒经浸蚀后可见磷铁共晶组织。样品还残留有小块木炭组织和大块的金属铁，其他金属铁中可见析出的石墨。 | 熔炼渣 |
| 71211（2） | H36①：y190－1－2 | 图二二五，4 | 第一类渣 | 样品熔融程度不佳，主要为玻璃态，包裹有较多未熔化的石英颗粒，局部孔洞较多。包裹有较多圆滴状铁颗粒，多数铁颗粒经浸蚀后可见磷铁共晶组织。 | 炉壁挂渣 |
| 71214（1） | H28：y72－1－2 | 图一五九，1 | 第二类渣 | 样品熔融程度一般，主要为玻璃态，芯部孔洞较多，局部有未熔化的石英颗粒，且包裹有圆滴状金属颗粒。 | 熔炼渣 |

续表

| 实验室编号 | 单位号 | 图号 | 外观种类 | 金相组织 | 金相鉴定结果 |
|---|---|---|---|---|---|
| 71214（2） | H28：y72-1-2 | 图一五九，2、3 | 第二类渣 | 样品熔融程度较好，主要为玻璃态，芯部孔洞较多，包裹有圆滴状金属颗粒。 | 熔炼渣 |
| 71215 | H28：y73 | 图一五九，4 | 渣或炉衬 | 样品熔融程度不佳，主要为玻璃态，存在大量孔洞，包裹较多铁颗粒，以及少量未熔化的铁颗粒。较大块金属颗粒。 | 炉壁挂渣 |
| 71217 | H28：y89 | 图一五九，5 | 炉壁挂渣 | 样品熔融程度好，主要为玻璃态，包裹有圆滴状铁颗粒，多数铁颗粒经浸蚀后可见磷铁共晶组织。 | 熔炼渣 |
| 71218（1） | H28：y95-1-4 | 图一五九，6 | 第一类渣 | 样品熔融程度好，主要为玻璃态，包裹有圆滴状铁颗粒，多数铁粒经浸蚀后可见磷铁共晶组织。 | 熔炼渣 |
| 71218（2） | H28：y95-1-4 | 图一六〇，1；彩版二〇，3 | 第一类渣 | 样品熔融程度好，主要为玻璃态，包裹有圆滴状铁颗粒，多数玻璃态基体间析出较多高硅钙晶体。铁颗粒经浸蚀后可见磷铁共晶组织。 | 熔炼渣 |
| 71218（3） | H28：y95-1-4 | 图一六〇，2 | 第一类渣 | 样品熔融程度不佳，主要为玻璃态，存在大量孔洞，局部有未熔化的铁颗粒。玻璃态基体间析出高硅钙晶体，包裹有较多铁颗粒。还夹杂有大块木炭。 | 炉壁挂渣 |
| 71218（4） | H28：y95-1-4 | 图一六〇，3 | 第一类渣 | 样品熔融程度好，主要为玻璃态，包裹有圆滴状铁颗粒，多数铁颗粒经浸蚀后可见磷铁共晶组织。 | 熔炼渣 |
| 71235 | H16：y95 | 图一三八，1 | 第二类渣 | 样品熔融程度不佳，主要为玻璃态，组织不均匀。局部基体存在大量孔洞，且析出高硅钙晶体，包裹多数铁颗粒，以及未熔化的铁颗粒。 | 炉壁挂渣 |
| 71236 | H16：y93 | 图一三八，2；彩版二〇，2 | 第二类渣 | 样品熔融程度好，主要为玻璃态，包裹有圆滴状铁颗粒，多数铁颗粒经浸蚀后可见磷铁共晶组织。 | 熔炼渣 |
| 71255 | H3⑨：y513 | 图九二，1 | 第一类渣 | 样品熔融程度不佳，主要为玻璃态，存在大量孔洞，基体间析出高硅钙晶体，包裹多铁颗粒。 | 炉壁挂渣 |
| 71256 | H3⑨：y514 | 图九二，2 | 第一类渣 | 样品熔融程度好，主要为玻璃态，包裹有圆滴状铁颗粒，多数铁颗粒经浸蚀后可见磷铁共晶组织。 | 熔炼渣 |
| 71257 | H3⑧：y580 | 图九二，3；彩版一九，1 | 第一类渣 | 样品熔融程度好，主要为玻璃态，包裹有圆滴状铁颗粒，多数铁颗粒经浸蚀后可见磷铁共晶组织。 | 熔炼渣 |

续表

| 实验室编号 | 单位号 | 图号 | 外观种类 | 金相组织 | 金相鉴定结果 |
|---|---|---|---|---|---|
| 71258 | H3⑧：y581 | 图九二，4 | 第二类渣 | 样品熔融程度好，主要为玻璃态，基体间析出较多高硅钙晶体，包裹有圆滴状铁颗粒，多数铁颗粒经浸蚀后可见磷铁共晶组织。 | 熔炼渣 |
| 71261 | H3⑨：y515-1-2 | 图九二，5 | 第一类渣 | 样品熔融程度好，主要为玻璃态，基体间析出较多高硅钙晶体，包裹有圆滴状铁颗粒，多数铁颗粒经浸蚀后可见磷铁共晶组织。 | 熔炼渣 |
| 71273 | H5：y4 | 图一〇五，1，2 | 第二类渣 | 样品熔融程度好，主要为玻璃态，包裹有圆滴状铁颗粒，多数铁颗粒经浸蚀后可见磷铁共晶组织，少数大块金属铁为过共析白口铁组织。 | 熔炼渣 |
| 71280 | H15：y7 | 图一三〇，1 | 第一类渣 | 样品熔融程度好，主要为玻璃态，多数铁颗粒经浸蚀后可见磷铁共晶组织。 | 熔炼渣 |
| 71281 | H15：y8 | 图一三〇，2；彩版二〇，1 | 第二类渣 | 样品熔融程度好，主要为玻璃态，包裹有圆滴状铁颗粒，多数铁颗粒经浸蚀后可见磷铁共晶组织。局部还残留有木炭颗粒和有未熔化的石英颗粒。 | 熔炼渣 |
| 71286 | H3①：y504 | 图九二，6 | 第二类渣 | 样品熔融程度不佳，主要为玻璃态，存在大量孔洞，基体间析出高硅钙晶体，包裹有较多铁颗粒。 | 炉壁挂渣 |
| 71287 | H3⑤：y508 | 图九三，1 | 第一类渣 | 样品熔融程度一般，主要为玻璃态基体间分布有圆滴状铁颗粒和较多氧化亚铁，局部存在未熔化的石英颗粒，铁颗粒经浸蚀后可见磷铁共晶组织。 | 精炼或熔炼渣 |
| 71288 | H3⑤：y510 | 图九三，2；彩版一九，2 | 第二类渣 | 样品熔融程度好，主要为玻璃态，包裹有圆滴状铁颗粒，多数铁颗粒经浸蚀后可见磷铁共晶组织。 | 熔炼渣 |
| 71291 | H1：y21 | 图四五 | 第一类渣 | 样品熔融程度差，组织均匀度不佳，包裹有大量铁素体组织的铁颗粒，以及较多未熔化的石英颗粒。 | 可能为精炼渣 |
| 71292 | H6：y19 | 图一〇六，2 | 第二类渣 | 样品熔融程度不佳，主要为玻璃态，存在大量孔洞，基体间析出高硅钙晶体，包裹有较多铁颗粒。 | 炉壁挂渣 |

注：实验室编号中括号内数字代表对一件样品不同部位的多次检测，与正文"器物编号-1（1）"，"编号-1（1）"或"器物编号-1（1）"中的"（1）"相对应。

附表一〇　玻璃态渣基体 SEM-EDS 结果（已配氧）

| 序号 | 单位号 | 备注 | Na₂O | MgO | Al₂O₃ | SiO₂ | P₂O₅ | SO₃ | K₂O | CaO | TiO₂ | MnO | FeO |
|---|---|---|---|---|---|---|---|---|---|---|---|---|---|
| 71149（1） | H31②：y370 | | 1.2 | 2.6 | 11.4 | 61.4 | 3.1 | — | 5.4 | 13.1 | 0.5 | 0.3 | 1.3 |
| 71154（2） | H31①：y352 | | 0.8 | 3.0 | 9.7 | 53.3 | 2.9 | — | 2.5 | 26.2 | 0.1 | 0.1 | 1.4 |
| 71175（3） | H33：y114 | | 1.0 | 2.5 | 9.8 | 55.8 | 3.7 | 0.1 | 4.2 | 20.4 | 0.6 | 0.4 | 1.2 |
| 71184 | H33：y117 | | 1.1 | 2.4 | 10.5 | 57.8 | 1.0 | — | 3.3 | 21.6 | 0.2 | — | 2.4 |
| 71199（2） | H9：y9 | | 1.0 | 2.8 | 9.9 | 58.1 | 2.0 | — | 4.0 | 20.9 | 0.3 | — | 1.2 |
| 71206（1） | H36：y184 | | 0.9 | 2.8 | 9.2 | 50.8 | 3.5 | — | 3.2 | 25.0 | 0.4 | 0.2 | 4.3 |
| 71207 | H36：y182 | | 0.7 | 3.1 | 8.7 | 50.3 | 0.8 | — | 2.4 | 33.5 | — | — | 0.5 |
| 71207 | H36：y182 | 含高铝晶体 | 1.1 | 3.6 | 14.7 | 55.1 | 1.7 | 0.4 | 4.7 | 16.3 | 0.9 | 0.5 | 0.9 |
| 71208（1） | H36：y185 | | 0.4 | 2.9 | 10.3 | 43.6 | 2.7 | 0.4 | 2.0 | 36.3 | 0.8 | 0.4 | 0.3 |
| 71214（1） | H28：y72 | | 1.1 | 2.8 | 11.2 | 57.7 | 0.9 | — | 3.2 | 18.5 | 0.4 | 0.3 | 4.0 |
| 71256 | H3⑨：y514 | | 0.8 | 3.8 | 9.8 | 52.7 | 1.1 | 0.1 | 3.5 | 26.1 | 0.5 | 0.4 | 1.0 |
| 71285 | H3①：y500 | | 0.6 | 3.7 | 10.9 | 52.8 | 1.8 | 0.1 | 2.7 | 25.3 | 0.5 | 0.5 | 1.4 |
| 71286 | H3①：y500 | | 0.7 | 5.4 | 11.0 | 52.3 | 1.2 | 0.1 | 3.0 | 23.9 | 0.5 | 0.4 | 1.4 |
| 71236 | H16：y93 | | 0.9 | 2.5 | 10.5 | 55.6 | 1.7 | — | 2.7 | 23.8 | 0.4 | 0.2 | 1.7 |
| 71257 | H3⑧：y580 | | 0.9 | 2.2 | 11.7 | 63.1 | 1.6 | — | 3.9 | 12.1 | 0.5 | 0.1 | 4.1 |
| 71205 | H36：y183 | | 1.0 | 2.4 | 9.7 | 53.9 | 3.1 | — | 3.3 | 24.6 | 0.4 | 0.4 | 1.1 |
| 71182（1） | H33：y115 | | 0.8 | 2.0 | 8.0 | 55.3 | 2.2 | — | 2.9 | 27.5 | 0.3 | 0.2 | 0.8 |
| 71175（2） | H33：y114 | | 1.0 | 2.7 | 9.2 | 53.9 | 2.0 | — | 2.7 | 26.3 | 0.3 | 0.2 | 2.0 |
| 71206（2） | H36：y184 | | 1.1 | 2.3 | 9.2 | 55.6 | 1.6 | — | 3.0 | 26.7 | 0.1 | — | 0.7 |
| 71183（1） | H33：y116 | | 1.0 | 2.8 | 10.0 | 58.0 | 2.7 | — | 4.2 | 19.8 | 0.2 | 0.3 | 1.3 |
| 71183（2） | H33：y116 | | 0.8 | 2.6 | 8.8 | 52.6 | 2.7 | — | 2.8 | 27.5 | 0.2 | 0.2 | 1.9 |
| 71183（3） | H33：y116 | | 0.8 | 3.2 | 9.2 | 52.4 | 2.1 | — | 3.0 | 28.5 | 0.2 | 0.1 | 0.5 |
| 71154（1） | H31①：y352 | | 1.0 | 2.9 | 10.0 | 57.6 | 0.3 | 0.3 | 4.0 | 19.4 | 0.7 | 0.4 | 3.5 |

注：—表示无明显峰值

### 附表一一　玻璃态渣铁颗粒SEM-EDS结果

| 序　号 | 单　位　号 | 位　　置 | P | S | Ti | Mn | Fe |
|---|---|---|---|---|---|---|---|
| 71149 | H31②：y370 | 磷铁共晶 | 8.7 | 0.2 | — | 0.2 | 61.8 |
| 71149 | H31②：y370 | 磷铁共晶 | 8.9 | 0.3 | 0.1 | 0.2 | 61.2 |
| 71154（2） | H31①：y352 | 铁素体 | 3.3 | 0.3 | 0.2 | 0.2 | 70.8 |
| 71154（2） | H31①：y352 | 铁素体 | 3.5 | 0.7 | 0.5 | 0.5 | 69.0 |
| 71154（2） | H31①：y352 | 珠光体 | 4.8 | 0.3 | 0.1 | 0.2 | 68.3 |
| 71154（2） | H31①：y352 | 珠光体 | 4.4 | 0.2 | 0.1 | 0.2 | 69.3 |
| 71154（2） | H31①：y352 | 铁素体 | 6.2 | 0.5 | — | 0.1 | 65.6 |
| 71154（2） | H31①：y352 | 铁素体 | 4.6 | 0.5 | 0.1 | 0.2 | 68.4 |
| 71154（2） | H31①：y352 | 磷铁共晶 | 8.3 | 1.7 | — | 0.2 | 59.4 |
| 71154（2） | H31①：y352 | 磷铁共晶 | 8.5 | 1.0 | 0.1 | 0.2 | 60.4 |
| 71154（2） | H31①：y352 | 珠光体 | 7.3 | 0.3 | 0.1 | 0.2 | 63.9 |
| 71154（2） | H31①：y352 | 珠光体 | 7.8 | 0.4 | 0.1 | 0.2 | 62.8 |
| 71154（2） | H31①：y352 | 磷铁共晶 | 9.3 | 0.5 | 0.1 | 0.2 | 59.9 |
| 71154（2） | H31①：y352 | 磷铁共晶 | 9.1 | 0.5 | 0.1 | 0.2 | 60.3 |
| 71182（1） | H33：y115 | 磷铁共晶 | 8.5 | 0.3 | 0.1 | 0.2 | 61.8 |
| 71182（1） | H33：y115 | 大面扫 | 3.0 | 0.6 | 0.3 | 0.4 | 70.4 |
| 71182（1） | H33：y115 | 大面扫 | 6.8 | 0.4 | 0.1 | 0.2 | 64.6 |
| 71175（3） | H33：y114 | 铁素体 | 3.6 | 0.2 | 0.1 | 0.2 | 70.6 |
| 71175（3） | H33：y114 | 铁素体 | 3.3 | 0.3 | 0.2 | 0.3 | 70.8 |
| 71175（3） | H33：y114 | 铁素体 | 3.2 | 0.3 | 0.2 | 0.2 | 71.0 |
| 71175（3） | H33：y114 | 铁素体 | 3.6 | 0.2 | 0.1 | 0.2 | 70.6 |
| 71205 | H36：y183 | 大面扫 | 6.6 | 0.7 | 0.1 | 0.2 | 64.4 |
| 71206（1） | H36：y184 | 大面扫 | 6.8 | 0.4 | 0.1 | 0.2 | 64.5 |
| 71206（2） | H36：y184 | 铁素体 | 2.1 | 0.7 | 0.3 | 0.5 | 71.8 |
| 71206（2） | H36：y184 | 铁素体 | 2.2 | 0.7 | 0.3 | 0.5 | 71.7 |
| 71206（2） | H36：y184 | 珠光体 | 2.4 | 0.6 | 0.3 | 0.4 | 71.4 |
| 71206（2） | H36：y184 | 珠光体 | 2.4 | 0.7 | 0.3 | 0.5 | 71.4 |
| 71206（2） | H36：y184 | 磷铁共晶 | 8.8 | 0.0 | 0.1 | 0.2 | 61.8 |
| 71206（2） | H36：y184 | 磷铁共晶 | 8.7 | 0.1 | 0.1 | 0.2 | 61.8 |
| 71206（2） | H36：y184 | 珠光体 | 2.8 | 0.1 | 0.1 | 0.2 | 72.1 |

| 序　号 | 单 位 号 | 位　置 | P | S | Ti | Mn | Fe |
|---|---|---|---|---|---|---|---|
| 71206（2） | H36：y184 | 珠光体 | 2.8 | 0.1 | 0.1 | 0.2 | 72.4 |
| 71207 | H36：y182 | 磷铁共晶 | 9.7 | 0.3 | 0.1 | 0.2 | 59.9 |
| 71207 | H36：y182 | 磷铁共晶 | 9.4 | 0.2 | 0.1 | 0.2 | 60.3 |
| 71207 | H36：y182 | 磷铁共晶 | 5.7 | 0.2 | 0.1 | 0.2 | 66.9 |
| 71207 | H36：y182 | 磷铁共晶 | 9.0 | 0.4 | 0.2 | 0.3 | 60.5 |
| 71214 | H28：y72 | 磷铁共晶 | 9.0 | 0.5 | 0.1 | 0.2 | 60.5 |
| 71214 | H28：y72 | 磷铁共晶 | 8.9 | 0.7 | 0.1 | 0.2 | 60.2 |
| 71214 | H28：y72 | 磷铁共晶 | 9.6 | 0.4 | — | 0.2 | 59.7 |
| 71214 | H28：y72 | 磷铁共晶 | 9.3 | 0.3 | 0.1 | 0.2 | 60.3 |
| 71214 | H28：y72 | 珠光体 | 3.3 | 0.1 | 0.1 | 0.2 | 71.3 |
| 71214 | H28：y72 | 珠光体 | 2.7 | 0.1 | 0.1 | 0.1 | 72.6 |
| 71214 | H28：y72 | 珠光体＋铁素体 | 2.4 | 0.3 | 0.2 | 0.4 | 72.3 |
| 71214 | H28：y72 | 珠光体＋铁素体 | 2.6 | 0.7 | 0.2 | 0.5 | 71.1 |
| 71214 | H28：y72 | 大面扫 | 2.7 | 0.3 | 0.2 | 0.3 | 71.9 |
| 71285 | H3①：y500 | 磷铁共晶 | 9.0 | 0.2 | — | 0.2 | 61.1 |
| 71285 | H3①：y500 | 磷铁共晶 | 9.0 | 0.2 | — | 0.2 | 61.3 |
| 71285 | H3①：y500 | 珠光体 | 2.9 | 0.3 | — | 0.2 | 71.8 |
| 71285 | H3①：y500 | 珠光体 | 5.2 | 0.2 | — | 0.2 | 68.1 |
| 71285 | H3①：y500 | 大面扫 | 8.1 | 0.7 | 0.3 | 0.3 | 61.3 |
| 71184 | H33：y117 | 大面扫 | 2.3 | 0.3 | 0.1 | 0.2 | 72.9 |
| 71199（2） | H9：y9 | 珠光体 | 4.2 | 0.7 | 0.3 | 0.4 | 68.2 |
| 71199（2） | H9：y9 | 磷铁共晶 | 9.6 | 0.3 | 0.1 | 0.2 | 60.0 |
| 71236 | H16：y93 | 磷铁共晶 | 9.1 | 0.4 | 0.1 | 0.2 | 60.5 |
| 71257 | H3⑧：y580 | 铁素体 | 1.4 | 0.6 | 0.3 | 0.5 | 73.1 |
| 71257 | H3⑧：y580 | 磷铁共晶 | 6.6 | 0.6 | 0.3 | 0.5 | 64.1 |
| 71257 | H3⑧：y580 | 珠光体 | 1.4 | 0.7 | 0.3 | 0.5 | 73.0 |
| 71257 | H3⑧：y580 | 磷铁共晶 | 6.5 | 0.7 | 0.3 | 0.4 | 64.2 |
| 71257 | H3⑧：y580 | 珠光体 | 4.9 | 0.3 | 0.3 | 0.4 | 67.5 |
| 71257 | H3⑧：y580 | 珠光体 | 3.0 | 0.6 | 0.2 | 0.3 | 70.7 |
| 71257 | H3⑧：y580 | 磷铁共晶 | 6.0 | 0.4 | 0.1 | 0.2 | 66.1 |

附表一二　含氧化亚铁渣 SEM-EDS 结果（已配氧）

| 序号 | 单位号 | 位置 | Na₂O | MgO | Al₂O₃ | SiO₂ | P₂O₅ | SO₃ | K₂O | CaO | TiO₂ | MnO | FeO |
|---|---|---|---|---|---|---|---|---|---|---|---|---|---|
| 71291 | H1：y21 | 基体（含结晶） | 0.1 | 2.7 | 8.6 | 39.9 | 3.7 | 1.4 | 0.9 | 40.2 | 1.4 | 0.7 | 0.4 |
| 71291 | H1：y21 | 基体（含圆滴状铁颗粒） | 0.2 | 3.5 | 5.9 | 40.6 | 8.3 | 0.2 | 0.4 | 28.0 | 0.9 | 0.5 | 11.1 |
| 71139 | H31①：y331 | 基体 | 1.2 | 1.5 | 13.2 | 58.9 | 3.2 | 0.5 | 5.8 | 11.8 | 0.8 | 0.3 | 2.6 |
| 71139 | H31①：y331 | 玻璃态基体（含氧化亚铁） | 0.8 | 1.9 | 8.2 | 33.9 | 3.4 | 0.1 | 1.3 | 4.6 | 0.5 | 0.3 | 44.2 |
| 71147（2） | H31①：y347 | 基体（含石英砂） | 0.8 | 0.8 | 9.2 | 76.7 | 1.4 | — | 4.1 | 1.1 | 0.6 | — | 5.3 |
| 71147（2） | H31①：y347 | 基体（含氧化亚铁） | 1.3 | 0.9 | 7.9 | 49.5 | 1.7 | — | 2.3 | 2.7 | 0.3 | 0.2 | 33.0 |
| 71147（2） | H31①：y347 | 铁橄榄石 | 0.8 | 0.8 | 4.7 | 36.9 | 2.4 | — | 1.3 | 3.2 | 0.3 | 0.3 | 49.6 |
| 71147（2） | H31①：y347 | 氧化亚铁 | 0.3 | 0.4 | 2.6 | 15.8 | 2.1 | — | 0.6 | 1.7 | 0.3 | 0.3 | 75.8 |

附表一三　炉壁挂渣 SEM-EDS 结果（已配氧）

| 序号 | 单位号 | 位置 | Na₂O | MgO | Al₂O₃ | SiO₂ | P₂O₅ | SO₃ | K₂O | CaO | TiO₂ | MnO | FeO |
|---|---|---|---|---|---|---|---|---|---|---|---|---|---|
| 71152（8） | H31①：y344-1-22 | 面扫，含未熔化高钛矿物 | 1.3 | 1.5 | 11.3 | 67.3 | 3.5 | — | 3.7 | 2.1 | 3.5 | — | 5.9 |
| 71152（8） | H31①：y344-1-22 | 大面扫 | 1.2 | 1.6 | 11.9 | 67.1 | 3.0 | — | 3.2 | 5.8 | 0.8 | 0.2 | 5.2 |
| 71162（1） | H31①：y329-1-4 | 面扫，含未熔化高钛矿物 | 1.2 | 1.4 | 11.7 | 70.4 | 2.2 | — | 3.4 | 1.8 | 2.7 | — | 5.3 |
| 71162（1） | H31①：y329-1-4 | 大面扫 | 1.4 | 1.3 | 12.8 | 68.2 | 2.9 | — | 3.5 | 4.6 | 0.6 | 0.1 | 4.5 |

续表

| 序号 | 单 位 号 | 位 置 | Na$_2$O | MgO | Al$_2$O$_3$ | SiO$_2$ | P$_2$O$_5$ | SO$_3$ | K$_2$O | CaO | TiO$_2$ | MnO | FeO |
|---|---|---|---|---|---|---|---|---|---|---|---|---|---|
| 71211(2) | H36①:y190-1-2 | 大面扫 | 1.5 | 1.4 | 11.9 | 67.0 | 1.6 | — | 6.8 | 7.7 | 0.4 | — | 1.7 |
| 71211(2) | H36①:y190-1-2 | 未熔化石英砂 | — | — | 0.4 | 96.2 | 1.9 | 0.2 | 0.1 | 0.1 | 0.1 | 0.3 | 0.5 |
| 71211(2) | H36①:y190-1-2 | 未熔化石英砂 | 0.1 | 0.1 | 0.5 | 97.4 | 1.7 | — | — | — | — | — | 0.2 |
| 71211(2) | H36①:y190-1-2 | 未熔化石英砂 | 0.1 | — | 0.4 | 96.1 | 2.0 | 0.3 | 0.1 | — | — | 0.2 | 0.4 |
| 71211(2) | H36①:y190-1-2 | 未熔化石英砂 | 1.9 | 1.6 | 13.8 | 63.5 | 2.1 | — | 6.8 | 6.5 | 0.7 | 0.2 | 2.6 |
| 71211(2) | H36①:y190-1-2 | 未熔化石英砂 | 1.3 | 0.5 | 11.0 | 74.2 | 1.3 | — | 8.1 | 2.2 | 0.2 | 0.1 | 1.1 |
| 71211(2) | H36①:y190-1-2 | 未熔化石英砂 | 1.8 | 1.6 | 14.1 | 63.7 | 2.3 | — | 6.9 | 5.0 | 0.6 | 0.1 | 3.9 |
| 71197 | H9:y12 | 大面扫 | 1.5 | 2.0 | 15.8 | 65.4 | 2.5 | — | 4.2 | 1.8 | 0.7 | 0.1 | 5.9 |
| 71197 | H9:y12 | 铁颗粒 | 0.8 | 0.8 | 0.8 | 1.2 | 4.9 | 0.5 | 0.2 | 0.2 | 0.2 | 0.3 | 89.6 |
| 71197 | H9:y12 | 高磷矿物 | — | — | — | 37.9 | 57.7 | 1.0 | 0.2 | 0.3 | 0.2 | 0.5 | 0.9 |
| 71197 | H9:y12 | 面扫，含未熔化高钛矿物 | 0.7 | 8.4 | 2.8 | 2.4 | 2.3 | 0.6 | 0.2 | 0.1 | 69.3 | 0.1 | 13.0 |
| 71197 | H9:y12 | 未熔化石英砂 | 2.1 | 1.6 | 17.4 | 64.6 | 1.7 | — | 5.0 | 2.0 | 0.4 | 0.2 | 4.9 |
| 71197 | H9:y12 | 未熔化石英砂 | 1.3 | 0.9 | 10.2 | 77.0 | 2.3 | 0.1 | 3.8 | 1.0 | 0.3 | 0.1 | 2.9 |

**附表一四　铁器与残块登记表**

| 单　　位 | 种　　类 | 块　　数 | 重　量（克） |
|---|---|---|---|
| H1 | 铁器残块/容器 | 0 | 0 |
| | 残铁器 | 5 | 43 |
| | 残铁块 | 123 | 1 440 |
| | 炉底积铁 | 0 | 0 |
| | 总计 | 128 | 1 483 |
| H3 | 铁器残块/容器 | 0 | 0 |
| | 残铁器 | 2 | 30 |
| | 残铁块 | 11 | 390 |
| | 炉底积铁 | 1 | 50 |
| | 总计 | 14 | 470 |
| H4 | 铁器残块/容器 | 1 | 1 740 |
| | 残铁器 | 2 | 155 |
| | 残铁块 | 0 | 0 |
| | 炉底积铁 | 1 | 20 |
| | 总计 | 4 | 1 915 |
| H5 | 铁器残块/容器 | 0 | 0 |
| | 残铁器 | 1 | 30 |
| | 残铁块 | 2 | 70 |
| | 炉底积铁 | 0 | 0 |
| | 总计 | 3 | 100 |
| H7 | 铁器残块/容器 | 0 | 0 |
| | 残铁器 | 0 | 0 |
| | 残铁块 | 1 | 10 |
| | 炉底积铁 | 0 | 0 |
| | 总计 | 1 | 10 |
| H9 | 铁器残块/容器 | 0 | 0 |
| | 残铁器 | 0 | 0 |
| | 残铁块 | 0 | 0 |
| | 炉底积铁 | 2 | 40 |
| | 总计 | 2 | 40 |

| 单 位 | 种 类 | 块 数 | 重 量（克） |
|---|---|---|---|
| H12 | 铁器残块/容器 | 0 | 0 |
| | 残铁器 | 4 | 190 |
| | 残铁块 | 1 | 110 |
| | 炉底积铁 | 0 | 0 |
| | 总计 | 5 | 300 |
| H15 | 铁器残块/容器 | 0 | 0 |
| | 残铁器 | 1 | 720 |
| | 残铁块 | 5 | 40 |
| | 炉底积铁 | 0 | 0 |
| | 总计 | 6 | 760 |
| H16 | 铁器残块/容器 | 0 | 0 |
| | 残铁器 | 5 | 60 |
| | 残铁块 | 10 | 179 |
| | 炉底积铁 | 16 | 270 |
| | 总计 | 31 | 509 |
| H19 | 铁器残块/容器 | 0 | 0 |
| | 残铁器 | 2 | 50 |
| | 残铁块 | 31 | 393.6 |
| | 炉底积铁 | 3 | 60 |
| | 总计 | 36 | 503.6 |
| H24 | 铁器残块/容器 | 2 | 2 110 |
| | 残铁器 | 4 | 130 |
| | 残铁块 | 9 | 35.3 |
| | 炉底积铁 | 0 | 0 |
| | 总计 | 15 | 2 275.3 |
| H25 | 铁器残块/容器 | 0 | 0 |
| | 残铁器 | 1 | 20 |
| | 残铁块 | 1 | 40 |
| | 炉底积铁 | 0 | 0 |
| | 总计 | 2 | 60 |

| 单　　位 | 种　　类 | 块　　数 | 重　量（克） |
|---|---|---|---|
| H26 | 铁器残块/容器 | 0 | 0 |
| | 残铁器 | 0 | 0 |
| | 残铁块 | 1 | 80 |
| | 炉底积铁 | 0 | 0 |
| | 总计 | 1 | 80 |
| H28 | 铁器残块/容器 | 0 | 0 |
| | 残铁器 | 4 | 210 |
| | 残铁块 | 7 | 390 |
| | 炉底积铁 | 0 | 0 |
| | 总计 | 11 | 600 |
| H31 | 铁器残块/容器 | 11 | 970 |
| | 残铁器 | 54 | 2 270 |
| | 残铁块 | 530 | 8 020 |
| | 炉底积铁 | 28 | 2 280 |
| | 总计 | 623 | 13 540 |
| H33 | 铁器残块/容器 | 4 | 190 |
| | 残铁器 | 7 | 370 |
| | 残铁块 | 90 | 570 |
| | 炉底积铁 | 0 | 0 |
| | 总计 | 101 | 1 130 |
| H34 | 铁器残块/容器 | 0 | 0 |
| | 残铁器 | 5 | 180 |
| | 残铁块 | 5 | 40 |
| | 炉底积铁 | 0 | 0 |
| | 总计 | 10 | 220 |
| H36 | 铁器残块/容器 | 0 | 0 |
| | 残铁器 | 5 | 270 |
| | 残铁块 | 16 | 380 |
| | 炉底积铁 | 0 | 0 |
| | 总计 | 21 | 650 |
| 总　　数 | | 1 014 | 24 645.9 |

附表一五　铁器与残块鉴定结果

| 实验室编号 | 单 位 号 | 图 号 | 种 类 | 金相组织描述 | 材质判定 |
|---|---|---|---|---|---|
| 71106 | H31①:y243 | 图一七九,1;彩版二六,2 | 残铁器(锸) | 样品锈蚀严重,但保留有大片状石墨集合成的石墨团和珠光体组织痕迹。为铸造成型。 | 灰口铁/铸铁 |
| 71108 | H31①:y245-1 | 图一七九,2;彩版二六,3 | 残铁器(环首刀环首) | 样品主要为铁素体和珠光体组成的魏氏组织,无明显石墨。含碳量不均匀,边部约0.4%~0.5%,芯部相对较低,为0.3%~0.4%。夹杂物含量极少。为铸造成型后,经退火脱碳处理,再渗碳。 | 铸铁脱碳钢 |
| 71110 | H31①:y247 | | 残铁器 | 样品主要由铁素体和珠光体组成。为铸造成型,经退火处理。 | 铸铁脱碳钢 |
| 71112 | H31①:y251 | | 残铁器 | 样品锈蚀严重,但保留有莱氏体和珠光体组织。为铸造成型。 | 白口铁/生铁 |
| 71114 | H31①:y254-2 | 图一八一,3 | 残铁器/容器 | 样品主要由渗碳体和珠光体组成的过共晶白口铁组织,局部析出少量团絮状石墨。 | 白口铁/生铁 |
| 71115 | H31①:y255-2 | 图一八一,4 | 残铁器 | 样品主要由渗碳体和珠光体组成的过共晶白口铁组织,析出团絮状石墨。 | 生铁 |
| 71117 | H31①:y258 | 图一七九,3,4;彩版二六,4 | 残铁器 | 样品主要为铁素体组织,无明显石墨。晶粒形状呈不规则多边形,有等轴化现象。晶粒度为5~6级。含有大量大块状的氧化亚铁与玻璃相基体组成的铁高硅亚相,夹杂物高硅基体组成的铁高硅亚复相比例高且波动较大。夹杂物与铁素体晶体有明显分层,基体中磷元素折而拉伸变形状。同时存在因磷偏析引起的常状组织,呈"U"形弯折和弯曲变形。为使用炒钢原料锻打成型。 | 炒钢 |
| 71119 | H31①:y261 | 图一七九,5;彩版二六,5 | 残铁器 | 样品主要为铁素体组织,无明显石墨。组织结构均匀,晶粒主要呈规则多边形,粒度约3~4级。含有少量夹杂物,均延加工方向变形拉伸。夹杂物以氧化亚铁与玻璃相基体组成的铁高硅亚复相(铁橄榄石+浮氏体+玻璃相基体)的复相夹杂物为主,并有少量含高硅铁晶体。含有少量钾、镁、铝,成分中铁高硅低,基体磷和钙含量较高且波动大,存在磷偏析引起的常状组织。为使用炒钢原料锻打成型。 | 炒钢 |
| 71120(1) | H31:y263 | 图一七九,6 | 残铁器 | 样品主要由莱氏体组织和石墨团组成。石墨团分布均匀,均为片状石墨集合形成团状。石墨团周围为珠光体组织,粒径约80微米。为铸造成型。 | 铸铁 |
| 71120(2) | H31:y263 | 图一八〇,1 | 残铁器 | 样品主要为铁素体和珠光体组织。 | 铸铁脱碳钢 |

续表

| 实验室编号 | 单位号 | 图号 | 种类 | 金相组织描述 | 材质判定 |
|---|---|---|---|---|---|
| 71121 | H31Ⅰ:y265 | 图一八〇,2; 彩版二七,1 | 残铁器 | 样品主要为铁素体组织，无明显石墨。组织结构不均匀，边晶晶粒度约6级，芯部韧度较大，约5级。含有较多夹杂物，以氧化亚铁与玻璃相基体组成的块状低硅的铁高硅相基体为主，部分呈点状分布。夹杂物基体磷、钙比例较高且含量波动大，存在磷偏析引起的带状组织。 | 炒钢 |
| 71124 | H31Ⅰ:y271 | 图一八〇,3; 彩版二六,6 | 残铁器 | 样品为片状体组成的共晶白口铁组织和石墨团组成。石墨团均为片状石墨集合形成团状，粒径约130微米。石墨团周围为铁素体组织。为铸造成型。 | 灰口铁/铸铁 |
| 71126 | H31Ⅰ:y250 | 图一八〇,4; 彩版二七,2 | 残铁器 | 样品主要为铁素体组织，无明显石墨。晶粒大小不均匀，沿水平方向分为上下两层，上层晶粒较小且有等轴化现象，粒度约为6级；下层晶粒较大且大小差异明显，粒度约3～4级，两层边部平行分布两行条状夹杂物，以氧化亚铁与玻璃相基体组成的铁高硅低的条状夹杂物为主，沿加工方向变形拉长。夹杂物基体组织周围铁素体组织存在磷偏析引起的带状组织。下行夹杂物含量略高于上行。为两块原料不同的炒钢平行叠加锻打成型。 | 可能为炒钢 |
| 71140(1) | H31Ⅰ:y356 | | 残铁块 | 样品锈蚀严重，但残留有渗碳体和珠光体组成的过共晶白口铁组织。 | 生铁 |
| 71141 | H31Ⅰ:y355 | 图一八二,5 | 残铁块 | 样品锈蚀严重，但保留有铁素体和少量珠光体组织痕迹，无明显石墨和夹杂物。为铸造成型，经退火处理。 | 铸铁脱碳钢 |
| 71144(1) | H31Ⅰ:y282-2 | 图一八二,5; 彩版二七,6 | 炉底积铁 | 样品组织结构不均匀，主要为铁素体和珠光体组成的魏氏组织，偶见石墨球粒径约15微米，石墨球析出，含碳量0.3%～0.4%，为过共晶白口铁组织间析出少量片状石墨；局部脱碳不完全，为过共晶白口铁组织间析出少量片状石墨。夹杂物含量极少，经退火处理。 | 铸铁脱碳钢 |
| 71144(2) | H31Ⅰ:y282-2 | | 炉底积铁 | 样品主要为渗碳体和珠光体组成的过共晶白口铁组织。 | 生铁 |
| 71146 | H31Ⅰ:y357-1 | 图一八一,6 | 残铁块 | 样品锈蚀严重，但保留有大片状渗碳体组织痕迹，为共晶白口铁组织。为铸造成型。 | 铸铁 |
| 71148(1) | H31:y274 | 图一八〇,5 | 残铁器 | 样品锈蚀严重，金相显微组织结构不可辨。局部可见氧化亚铁与玻璃相基体组成的铁高硅低的块状复相夹杂物，氧化亚铁呈枝晶状。 | 炒钢? |

续表

| 实验室编号 | 单位号 | 图号 | 种类 | 金相组织描述 | 材质判定 |
|---|---|---|---|---|---|
| 71150(1) | H31①：y277-1-3 | 图一八〇,6 | 残铁器 | 样品锈蚀严重，但保留有铁素体与珠光体组织痕迹。 | 铸铁脱碳钢 |
| 71153(1) | H31①：y280-1-5 | 图一八二,1；彩版二七,4 | 残铁块 | 样品大部分已锈蚀，残留金属主要为大片状渗碳体间分布莱氏体为主的共晶白口铁组织或网状渗碳体与珠光体组成的亚共晶白口铁组织。为铸造成型 | 白口铁/铸铁 |
| 71153(2) | H31①：y280-1-5 | 图一八二,2 | 残铁块 | 样品锈蚀严重，残留极少量金属，依稀可见大片状渗碳体和莱氏体组织。为铸造成型 | 白口铁/铸铁 |
| 71153(3) | H31①：y280-1-5 | 图一八二,3；彩版二七,5 | 残铁块 | 样品主要由铁素体组织和石墨团组成，存在少量珠光体。铁素体晶粒不规则，粒度约5～6级，局部铁素体晶界处存在偏析引起的带状组织；石墨团大小不均，粒径约120～170微米，均由大片石墨集中形成团状。夹杂物极少。为铸造成型。经退火处理。 | 韧性铸铁 |
| 71158 | H31②：y365-1 | | 残铁块 | 样品主要为渗碳体和珠光体组织构成的过共晶白口铁组织。 | 生铁 |
| 71159 | H31②：y365-2 | 图一八二,4 | 残铁块 | 样品锈蚀严重，残留少量金属，锈蚀部分保留有铁素体组织、石墨团，珠光体组织等痕迹。为铸造成型。经退火处理。 | 韧性铸铁 |
| 71161(2) | H31②：y360-1-2 | 图一八一,1 | 残铁器 | 样品锈蚀严重。因锈蚀，夹杂物难于观察。残留少量金属为铁素体组织，铁素体晶粒有等轴化现象。为铸造成型，无明显石墨。经退火处理。 | 铸铁脱碳钢/熟铁 |
| 71163(1) | H31①：y282-1-5 | | 炉底积铁 | 样品主要为渗碳体和珠光体组织构成的过共晶白口铁组织。析出有片状石墨。 | 灰口铁 |
| 71163(2) | H31①：y282-1-5 | 图一八二,6 | 炉底积铁 | 样品锈蚀严重，残留少量金属为铁素体组织。无明显夹杂物与石墨。经退火处理。 | 铸铁脱碳钢 |
| 71165 | H31①：y266-1 | 图一八一,2；彩版二七,3 | 残铁器 | 样品全锈蚀，但保留有铁素体组织痕迹。残留少量金属为铁素体，铁素体晶粒有等轴化现象。经退火处理。 | 铸铁脱碳钢/熟铁 |
| 71166 | H33：y90 | | 残铁器 | 样品主要为渗碳体和珠光体组织构成的过共晶白口铁组织。 | 生铁 |
| 71168 | H33：y84 | 图二〇二,1 | 残铁器 | 样品锈蚀严重，但保留有铁素体和少量珠光体组织，无明显石墨和夹杂物。为铸造成型。经退火处理。 | 铸铁脱碳钢 |
| 71169 | H33：y123 | 图二〇二,2 | 残铁器（环首刀） | 样品锈蚀严重，残留少量金属为铁素体组织。未见明显夹杂物与石墨。为铸造成型。经退火处理。 | 铸铁脱碳钢/熟铁 |

| 实验室编号 | 单 位 号 | 图 号 | 种 类 | 金相组织描述 | 材质判定 |
|---|---|---|---|---|---|
| 71170 | H33：y81 | 图二〇二，3 | 残铁器 | 样品主要由渗碳体和珠光体组成，含碳量不均匀。芯部为珠光体组成的共析钢组织，含碳量约0.77%；边部为渗碳体和珠光体组成的过共析钢组织，含碳量大于0.77%，偶见铸造缩孔，夹杂物极少，无明显片状石墨。为铸造成型，退火后可能进行渗碳处理。 | 铸铁脱碳钢 |
| 71171 | H33：y85－1 | 图二〇二，4 | 残铁器 | 样品大部分锈蚀，残留金属为铁素体组织。铁素体晶粒有等轴化现象，晶界处有磷偏析引起的浮雕组织。可见金属基体少，夹杂物、石墨等难于判断，由晶界处的浮雕组织推测为锻打成型，经退火处理。 | 炒钢 |
| 71172 | H33：y124 | | 残铁器 | 样品主要为渗碳体和珠光体组成的过共晶白口铁组织，析出有片状石墨。 | 灰口铁 |
| 71173（3） | H33：y83 | 图二〇二，5 | 残铁器 | 样品大部分锈蚀，残留金属为莱氏体为主的共晶白口铁组织，无明显夹杂物出现。锈蚀部分中保留有片状片状石墨集合成的石墨团痕迹，为铸造成型。 | 铸铁 |
| 71174 | H33：y86－1 | 图二〇二，6；彩版二八，1 | 残铁器 | 样品主要由珠光体与铁素体组成的亚共析钢组织组成，含碳量约0.4%，局部有少量球状石墨析出。夹杂物较少，经退火处理。 | 铸铁脱碳钢 |
| 71176 | H33：y125 | 图二〇三，1 | 残铁器 | 样品全部锈蚀，但保留有铁素体组织痕迹。无明显石墨和夹杂物。推测为铸造成型，经退火处理。 | 铸铁脱碳钢/熟铁 |
| 71177（1） | H33：y87－1－3 | | 残铁器 | 样品主要为渗碳体和珠光体组成的过共晶白口铁组织，析出有片状石墨。 | 生铁 |
| 71177（2） | H33：y87－1－3 | | 残铁器 | 样品主要为渗碳体和珠光体组成的过共晶白口铁组织。 | 生铁 |
| 71177（3） | H33：y87－1－3 | | 残铁器 | 样品主要为渗碳体和珠光体组成的过共晶白口铁组织，局部析出片状石墨。 | 生铁 |
| 71178 | H33：y89 | | 残铁块 | 样品主要为渗碳体和珠光体组成的过共晶白口铁组织。 | 生铁 |
| 71179（1） | H33：y91－1－5 | 图二〇三，2；彩版二八，2 | 残铁块 | 样品主要由过共晶白口铁组织和石墨团组成。大片状渗碳体间分布有莱氏体组织，石墨团粒径约在80～120微米之间。无明显夹杂物。为铸造成型。 | 铸铁 |
| 71179（2） | H33：y91－1－5 | 图二〇三，3 | 残铁块 | 样品大部分锈蚀，残留金属为莱氏体组成的共晶白口铁组织。为铸造成型。 | 白口铁/铸铁 |

续表

| 实验室编号 | 单位号 | 图号 | 种类 | 金相组织描述 | 材质判定 |
|---|---|---|---|---|---|
| 71179（3） | H33：y91-1-5 | | 残铁块 | 样品主要为渗碳体和珠光体组成的过共晶白口铁组织。 | 生铁 |
| 71181（1） | H33：y118-1-2 | 图二〇三，4 | 残铁块 | 样品大部分锈蚀，残留金属为莱氏体组成的共晶白口铁组织。为铸造成型。 | 白口铁/铸铁 |
| 71186 | H12：y2 | 图二一一，1；彩版二五，4 | 残铁块 | 样品大部分锈蚀，残留金属主要为铁素体和少量珠光体组织，无石墨析出。为铸造成型。 | 铸铁脱碳钢 |
| 71186 | H12：y2-1 | | 残铁块 | 样品主要为铁素体和少量珠光体组织，晶体内有马氏体组织。 | 铸铁脱碳钢+淬火 |
| 71187 | H12：y3 | 图二一一，2 | 残铁器 | 样品大部分锈蚀，残留金属为铁素体组织。铁素体晶粒有等轴化现象。无明显石墨和夹杂物。为铸造成型，经退火处理。 | 铸铁脱碳钢/熟铁 |
| 71188 | H12：y4 | 图二一一，3、4；彩版二五，5 | 残铁块 | 样品全部锈蚀，但局部保留有不规则铁素体和少量珠光体组织，存在较多夹杂物沿加工方向变形。推测为锻造成型。 | 可能为炒钢 |
| 71191 | H19：y71 | | 残铁块 | 样品主要为渗碳体和珠光体组成的过共晶白口铁组织，析出有片状石墨。 | 灰口铁 |
| 71192 | H19⑤：y85 | | 残铁器 | 样品主要为渗碳体和珠光体组成的过共晶白口铁组织。 | 生铁 |
| 71193 | H19：y70-1-2 | | 残铁块 | 样品主要为渗碳体和珠光体组成的过共晶白口铁组织。 | 过共晶白口铁 |
| 71194 | H19：y69-1-3 | | 残铁块 | 样品主要为渗碳体和珠光体组成的过共晶白口铁组织。 | 生铁 |
| 71195 | H9：y8-1-2 | | 残铁块 | 样品主要为渗碳体和珠光体组成的过共晶白口铁组织，析出有片状石墨。 | 灰口铁 |
| 71200 | H36：y120 | 图二二六，1；彩版二八，6 | 残铁器 | 样品全部锈蚀，但保留石墨团，铁素体、珠光体组织痕迹。为铸造成型，经退火处理。 | 韧性铸铁 |
| 71202 | H36：y122 | | 残铁器 | 样品主要为渗碳体和珠光体组成的亚共晶白口铁组织，局部析出片状石墨。 | 灰口铁/生铁 |
| 71203 | H36：y123 | | 残铁器（削刀） | 样品主要为铁素体与珠光体组织，含碳量约0.5%，有铸造缩孔，铁素体晶粒大小均匀，局部存在球状石墨。为铸造成型，经退火处理。 | 铸铁脱碳钢 |
| 71208（1） | H36：y185-1-3 | | 残铁块 | 样品锈蚀严重，残留少量金属为莱氏体组成的共晶白口铁组织。锈蚀部分保留有大片状石墨集合成的石墨团痕迹。为铸造成型。 | 铸铁 |

续表

| 实验室编号 | 单位号 | 图号 | 种类 | 金相组织描述 | 材质判定 |
| --- | --- | --- | --- | --- | --- |
| 71212 | H28：y62-1-4 | | 残铁块 | 样品锈蚀严重，但残留有析出的花瓣状石墨。 | 灰口铁 |
| 71213 | H28：y65-2 | | 残铁器 | 样品主要为渗碳体和珠光体组成的过共晶白口铁组织，析出有片状石墨。 | 铸铁 |
| 71230 | H3⑨：y427 | | 残铁块 | 样品主要为铁素体和珠光体组成的魏氏组织，组织均匀。有球形石墨析出，石墨球粒径普遍小于35微米。为铸造成型，经退火处理。 | 铸铁脱碳钢 |
| 71233 | H36：y125 | | 残铁块 | 样品主要为渗碳体和珠光体组成的过共晶白口铁组织。 | 白口铁/生铁 |
| 71234 | H16：y65 | | 残铁块 | 样品主要为渗碳体和珠光体组成的过共晶白口铁组织。 | 生铁 |
| 71237 | H16：y104 | 图一三九，1 | 残铁块 | 样品大部分锈蚀，残留有渗碳体和珠光体组成的过共晶白口铁组织，锈蚀部分也保留有莱氏体和大片状石墨组成的石墨团痕迹。为铸造成型。 | 铸铁 |
| 71240 | H16：y107 | 图一三九，2 | 残铁器 | 样品全部锈蚀，但保留有大片状渗碳体痕迹，当为大片状渗碳体和莱氏体组成的过共晶白口铁组织。为铸造成型。 | 铸铁 |
| 71241（2） | H16：y108-2 | 图一三九，3 | 残铁器 | 样品全部锈蚀，但保留有大片状渗碳体和莱氏体组成的过共晶白口铁组织，以及片状石墨集合成的石墨团痕迹。 | 铸铁 |
| 71242（1） | H16：y108-1 | 图一三九，4 | 残铁器 | 样品大部分锈蚀，残留金属主要为莱氏体组成的共晶白口铁组织，锈蚀部分保留有大片状渗碳体痕迹。无明显石墨。为铸造成型。 | 白口铁/铸铁 |
| 71242（3） | H16：y108-1 | 图一三九，5；彩版二五，6 | 残铁器 | 样品主要为莱氏体组成的共晶白口铁组织，无明显石墨和夹杂物。为铸造成型。 | 白口铁/铸铁 |
| 71248（1） | H3⑤：y454-1-3 | 图九四，1；彩版二五，1 | 残铁块 | 样品大部分锈蚀，残留金属为板条状渗碳体和莱氏体组成的共晶白口铁组织。无明显石墨。为铸造成型。 | 白口铁/铸铁 |
| 71248（2） | H3⑤：y454-1-3 | 图九四，2 | 残铁块 | 样品局部锈蚀，残留金属为板条状渗碳体和莱氏体组成的过共晶白口铁组织。无明显石墨。为铸造成型。 | 白口铁/铸铁 |
| 71259（1） | H3：y589 | 图九四，3 | 残铁块 | 样品全部锈蚀，但保留有板条状渗碳体痕迹，当为过共晶白口铁组织。为铸造成型。 | 白口铁/铸铁 |
| 71262 | H3⑤：y451 | 图九四，4；彩版二五，2 | 残铁块 | 样品主要为板条状渗碳体和莱氏体组成的过共晶白口铁组织。无明显石墨。为铸造成型。 | 白口铁/铸铁 |
| 71264 | H34①：y86 | 图二一〇，1；彩版二八，3 | 残铁块 | 样品主要为网状渗碳体和珠光体组织，局部为网状渗碳体和莱氏体组成的过共晶白口铁组织。无明显石墨。为铸造成型。 | 白口铁/铸铁 |

续表

| 实验室编号 | 单位号 | 图号 | 种类 | 金相组织描述 | 材质判定 |
|---|---|---|---|---|---|
| 71265 | H34①:y87 | 图二一〇,2; 彩版二八,4 | 残铁块 | 样品主要为板条状渗碳体和莱氏体组成的过共晶白口铁组织，无明显石墨。为铸造成型。 | 白口铁/铸铁 |
| 71266 | H34①:y88 | 图二一〇,3 | 残铁块 | 样品大部分锈蚀，残留少量金属。局部锈蚀部分保留有铁素体和少量珠光体组织痕迹。无明显石墨。为铸造成型，经退火处理。 | 铸铁脱碳钢 |
| 71267(1) | H34①:y89-1-5 | 图二一〇,4; 彩版二八,5 | 残铁块 | 样品主要由板条状渗碳体和莱氏体组成的过共晶白口铁组织和片状石墨集合成的石墨团组成，石墨团周围为珠光体组织。石墨团粒径约130微米。无明显夹杂物。为铸造成型。 | 铸铁 |
| 71267(2) | H34①:y89-1-5 | 图二一〇,5 | 残铁块 | 样品主要为板条状渗碳体和莱氏体组成的过共晶白口铁组织，无明显石墨。为铸造成型。 | 白口铁/铸铁 |
| 71268 | H34①:y90 | | 残铁块 | 样品全部锈蚀，但显微组织结构显示为过共晶白口铁。 | 生铁 |
| 71274 | H5:y5 | 图一〇六,1; 彩版二五,3 | 残铁块 | 样品组织不均匀，芯部由板条状渗碳体和莱氏体组成的过共晶白口铁组织及片状石墨集合成的石墨团组成，边部由铁素体和石墨团组成，边部与芯部之间存在180微米宽的过渡层，过渡层由珠光体和石墨团组成。石墨团大小均匀，约64微米。为铸造成型，经退火处理。 | 脱碳铸铁 |
| 71275 | H15:y2 | | 残铁块 | 样品主要为渗碳体和珠光体组成的过共晶白口铁组织。 | 白口铁/铸铁 |
| 71277 | H15:y4 | 图一三一,1 | 残铁块 | 样品大部分锈蚀，残留金属为板条状渗碳体和莱氏体组成的过共晶白口铁组织，锈蚀部分也保留有片状石墨集合成的石墨团痕迹。石墨团粒径约80微米。为铸造成型。 | 灰口铁/铸铁 |
| 71278 | H15:y5 | 图一三一,2 | 残铁块 | 样品全部锈蚀，锈蚀部分保留有板条状渗碳体组织和片状石墨集合成的石墨团痕迹。石墨团粒径约140微米。为铸造成型。 | 灰口铁/铸铁 |
| 71279 | H15:y6 | 图一三一,3 | 残铁块 | 样品全部锈蚀，锈蚀部分仅保留有片状石墨集合成的石墨团痕迹。石墨团粒径约90微米。 | 灰口铁/铸铁 |
| 71290 | H28:y61 | 图一六一,1; 彩版二六,1 | 残铁器 | 样品主要为珠光体与网状渗碳体组成的过共析钢组织，出现魏氏组织，含碳量约1.8%。局部析出球状石墨。 | 铸铁脱碳钢 |

注：因锈蚀严重而金相组织不可辨的样品不再列出。

附表一六　炒钢制品夹杂物部分元素分析结果

w/%

| 编号 | 检测部位及扫描方式 | | Na | Mg | Al | Si | P | S | K | Ca | Ti | Mn | Fe |
|---|---|---|---|---|---|---|---|---|---|---|---|---|---|
| 71117 | 夹杂物 1 | 点 2 暗灰相 | 0.5 | 0.5 | 0.2 | 2.7 | 25.4 | — | 1.6 | 40.4 | 0.3 | 0.4 | 27.9 |
| | | 点 3 亮相 | 0.4 | 0.3 | 0.3 | 0.4 | 0.1 | 0.1 | 0.1 | — | 0.1 | 0.3 | 97.9 |
| | | 点 4 亮相 | 0.3 | 0.5 | 0.3 | 3.1 | 24.3 | — | 1.4 | 37.3 | 0.2 | 0.5 | 32.2 |
| | 夹杂物 2 | 点 1 深灰相 | 0.2 | 0.4 | 0.8 | 7.4 | 15.2 | 0.2 | 0.6 | 9.1 | 0.2 | 1.3 | 64.6 |
| | | 点 2 浅灰相 | 0.8 | 0.6 | 0.7 | 0.8 | 1.4 | 0.1 | 0.4 | 0.3 | 0.2 | 0.4 | 94.3 |
| | 夹杂物 3 | 点 1 深灰相 | 0.8 | 0.7 | 0.2 | 1.7 | 28.8 | — | 0.8 | 53.5 | — | — | 13.6 |
| | | 点 3 亮相 | 0.4 | 0.5 | 0.5 | 1.5 | 1.6 | 0.2 | 0.3 | 2.6 | 0.2 | 0.3 | 92.0 |
| | | 点 4 浅灰相 | 1.2 | 0.6 | 0.9 | 5.9 | 16.8 | 0.2 | 0.7 | 25.8 | 0.1 | 0.4 | 47.3 |
| | | 点 5 浅灰相 | 0.8 | 0.4 | 0.4 | 3.8 | 7.6 | 0.1 | 0.7 | 15.5 | 0.3 | 0.4 | 70.1 |
| | | 点 7 亮相 | 0.9 | 0.5 | 0.9 | 7.3 | 5.0 | 0.2 | 0.7 | 11.0 | 0.3 | 0.4 | 72.9 |
| | | 点 8 深灰相 | 1.1 | 0.7 | 0.3 | 2.3 | 22.6 | 0.1 | 0.9 | 38.2 | 0.1 | 0.2 | 33.5 |
| | 夹杂物 4 | 点 1 浅灰相 | 0.4 | 0.4 | 0.4 | 1.0 | 0.2 | 0.5 | 0.2 | 0.7 | 0.3 | 0.6 | 95.4 |
| | | 点 2 深灰相 | 0.6 | 0.7 | 5.3 | 11.5 | 1.0 | 0.2 | 0.5 | 5.5 | 0.8 | 0.6 | 73.4 |
| | 夹杂物 6 | 点 6 浅灰相 | 0.7 | 0.5 | 0.5 | 7.9 | 10.3 | — | 0.4 | 7.4 | 0.2 | 0.9 | 71.1 |
| | | 点 8 深灰相 | — | 0.1 | 0.1 | 0.2 | 0.2 | 0.1 | 0.1 | 0.1 | 0.1 | 0.3 | 98.8 |
| | 夹杂物 7 | 点 1 浅灰相 | 0.2 | — | 0.4 | 2.0 | 3.8 | — | 0.1 | 0.2 | 0.2 | 0.4 | 92.8 |
| | | 点 4 深灰相 | — | 0.1 | 0.1 | 0.2 | 0.4 | 0.2 | 0.2 | 0.2 | 0.2 | 0.4 | 98.1 |

续表

| 编号 | 检测部位及扫描方式 | | Na | Mg | Al | Si | P | S | K | Ca | Ti | Mn | Fe |
|---|---|---|---|---|---|---|---|---|---|---|---|---|---|
| 71119 | 夹杂物1 | 点2 浅灰相 | 0.2 | 0.1 | 1.3 | 11.5 | 2.8 | 0.2 | 0.3 | 0.5 | 0.2 | 0.4 | 82.5 |
| | | 点4 深灰相 | 0.2 | 0.3 | 0.5 | 18.2 | 2.2 | — | 0.2 | 0.6 | 0.2 | 0.4 | 77.3 |
| | 夹杂物2 | 点1 深灰相 | 1.1 | 0.4 | 0.4 | 1.5 | 20.2 | — | 1.3 | 33.6 | 0.2 | 0.3 | 41.1 |
| | | 点2 浅灰相 | 0.3 | 0.7 | 1.1 | 18.9 | 4.7 | — | 0.2 | 2.7 | 0.2 | 0.4 | 70.8 |
| | 夹杂物3 | 点1 深灰相 | 0.6 | 0.5 | 0.4 | 0.6 | 0.7 | 0.6 | 0.3 | 0.2 | 0.1 | 0.2 | 95.8 |
| | | 点2 浅灰相 | 0.6 | 0.6 | 0.4 | 0.6 | 0.6 | 0.5 | 0.2 | 0.2 | 0.1 | 0.3 | 95.9 |
| | 夹杂物4 | 点1 浅灰相 | — | 1.3 | 1.5 | 8.8 | 9.9 | 1.0 | 0.5 | 7.6 | 0.3 | 0.9 | 68.3 |
| | | 点2 深灰相 | 0.1 | 0.2 | 0.1 | 0.6 | 0.9 | 0.2 | 0.1 | 0.3 | 0.1 | 0.2 | 97.2 |
| | 夹杂物5 | 点1 深灰相 | 0.3 | 1.5 | 3.2 | 18.5 | 13.9 | 1.2 | 2.0 | 18.2 | 0.3 | 1.0 | 40.2 |
| | | 点2 亮相 | 0.1 | 0.1 | — | 0.3 | 0.3 | 0.6 | 0.1 | 0.1 | 0.2 | 0.3 | 98.0 |
| | | 点3 浅灰相 | 0.4 | 0.1 | 0.8 | 3.1 | 0.4 | 0.6 | 0.3 | 0.6 | 0.1 | 0.4 | 93.3 |
| | | 大面扫 | 0.2 | 0.5 | 1.1 | 6.2 | 3.5 | 0.5 | 0.5 | 4.3 | 0.1 | 0.6 | 82.5 |
| 71121 | 夹杂物1 | 点1 浅灰相 | 0.2 | 0.7 | 0.5 | 10.6 | 15.5 | — | 0.4 | 8.6 | 0.1 | 0.7 | 62.9 |
| | | 点3 亮相 | 0.2 | 0.4 | 1.2 | 5.7 | 5.7 | 0.3 | 0.7 | 3.4 | 0.1 | 0.6 | 81.7 |
| | 夹杂物2 | 点1 浅灰相 | 0.2 | 0.8 | 0.8 | 8.3 | 19.4 | 0.1 | 1.4 | 17.6 | 0.1 | 0.6 | 50.6 |
| | | 点2 亮相 | — | 0.2 | 0.6 | 1.2 | 0.6 | 0.1 | 0.2 | 0.5 | 0.2 | 0.3 | 96.1 |
| | 夹杂物3 | 点1 浅灰相 | 0.2 | 0.6 | 0.4 | 6.0 | 16.8 | 0.2 | 0.6 | 9.9 | 0.2 | 0.8 | 64.3 |
| | | 点3 亮相 | — | 0.1 | 0.5 | 0.4 | 0.1 | 0.1 | 0.1 | 0.2 | 0.2 | 0.4 | 98.1 |

w/%

续表

| 编号 | 夹杂物 | 点 | 扫描方式 | Na | Mg | Al | Si | P | S | K | Ca | Ti | Mn | Fe |
|---|---|---|---|---|---|---|---|---|---|---|---|---|---|---|
| | | | | 　 | 　 | 　 | 　 | w/% | 　 | 　 | 　 | 　 | 　 | 　 |
| 71121 | 夹杂物4 | 点1 | 浅灰相 | 0.4 | 0.7 | 0.9 | 7.0 | 13.3 | 0.3 | 0.7 | 7.4 | 0.1 | 0.8 | 68.4 |
| | | 点2 | 浅灰相 | 0.3 | 0.2 | — | 0.7 | 0.5 | 0.2 | 0.1 | 0.3 | 0.1 | 0.3 | 97.5 |
| | | 点5 | 亮相 | 0.5 | 0.4 | 0.8 | 2.0 | 2.0 | — | 0.2 | 0.9 | 0.2 | 0.4 | 92.6 |
| | 夹杂物1 | 点1 | 深灰相 | 0.3 | 1.1 | 2.5 | 14.4 | 9.8 | — | 1.1 | 12.2 | 0.2 | 0.4 | 57.8 |
| | | 点3 | 浅灰相 | — | 0.4 | 1.1 | 6.8 | 1.2 | 0.2 | 0.5 | 2.2 | 0.2 | 0.5 | 86.9 |
| | 夹杂物2 | 点1 | 深灰相 | 0.1 | 0.3 | 0.3 | 0.4 | 0.4 | 0.4 | 0.4 | 0.4 | 0.4 | 0.6 | 96.3 |
| | | 点3 | 亮相 | 0.6 | 1.0 | 1.4 | 7.1 | 6.3 | 0.7 | 0.7 | 8.3 | 0.2 | 0.3 | 73.4 |
| 71126 | 夹杂物3 | | 浅灰相 | 0.5 | 0.7 | 0.8 | 2.3 | 1.5 | 0.3 | 0.2 | 1.6 | 0.1 | 0.2 | 91.8 |
| | | 点1 | 深灰相 | 1.2 | 1.4 | 2.0 | 7.7 | 12.7 | 0.6 | 0.8 | 18.3 | 0.2 | 0.4 | 54.8 |
| | | 点2 | 浅灰相 | 0.2 | 0.7 | 2.4 | 11.8 | 2.0 | 1.5 | 0.7 | 3.6 | 0.3 | 0.5 | 76.4 |
| | 夹杂物4 | 点1 | 浅灰相 | — | 0.9 | 0.3 | 2.9 | 20.2 | 0.5 | 0.1 | 9.7 | 0.1 | 2.2 | 63.1 |
| | | 点2 | 亮相 | — | 0.1 | 0.5 | 1.3 | 1.6 | 0.4 | 0.1 | 0.5 | 0.2 | 0.6 | 94.8 |
| | 夹杂物5 | 点1 | 浅灰相 | — | — | 0.1 | 1.6 | 1.7 | 0.2 | 0.2 | 0.9 | 0.2 | 0.8 | 94.5 |
| | | 点4 | 深灰相 | — | 0.5 | 0.2 | 15.1 | 9.5 | 0.3 | 0.3 | 3.3 | 0.2 | 3.2 | 67.5 |
| | 夹杂物6 | 点1 | 深灰相 | — | 0.2 | 0.5 | 1.2 | 2.9 | 0.5 | 0.5 | 1.9 | 0.4 | 0.8 | 91.3 |
| | | 点2 | 浅灰相 | — | 0.1 | 0.1 | 0.5 | 0.3 | 0.1 | 0.1 | 0.3 | 0.1 | 0.3 | 98.2 |
| | | 点3 | 亮相 | 0.1 | 0.2 | 0.1 | 0.2 | 0.1 | — | 0.1 | 0.1 | 0.1 | 0.3 | 98.6 |

附表一七 陶瓷器器类登记表

| 器类\单位 | 釜 | 鬲 | 釜/鬲 | 盆 | 甑 | 瓮 | 罐/缶 | 碗/钵/小盂 | 盆/瓿 | 盆/罐(底部) | 盆/瓷(底部/腹片) | 无法区分 | 其他/陶量 | 总数 |
|---|---|---|---|---|---|---|---|---|---|---|---|---|---|---|
| H1 | 9 | 1 | 36 | 70 | 26 | 6 | 157 | 0 | 42 | 42 | 45 | 367 | 3 | 804 |
| H3 | 0 | 0 | 2 | 15 | 0 | 0 | 50 | 0 | 1 | 1 | 7 | 218 | 0 | 294 |
| H4 | 0 | 0 | 13 | 16 | 4 | 7 | 22 | 0 | 14 | 15 | 21 | 138 | 0 | 250 |
| H5 | 0 | 0 | 0 | 0 | 0 | 0 | 4 | 0 | 0 | 1 | 0 | 18 | 0 | 23 |
| H8 | 0 | 0 | 0 | 0 | 0 | 0 | 0 | 0 | 0 | 0 | 0 | 2 | 0 | 2 |
| H15 | 1 | 0 | 1 | 15 | 1 | 0 | 7 | 0 | 7 | 7 | 4 | 44 | 0 | 87 |
| H16 | 2 | 0 | 18 | 5 | 0 | 0 | 4 | 0 | 49 | 41 | 22 | 109 | 0 | 250 |
| H19 | 0 | 0 | 2 | 2 | 1 | 0 | 10 | 0 | 6 | 2 | 2 | 42 | 0 | 67 |
| H25 | 0 | 0 | 7 | 7 | 2 | 1 | 48 | 1 | 6 | 0 | 0 | 129 | 0 | 201 |
| H26 | 0 | 0 | 0 | 4 | 0 | 0 | 6 | 0 | 1 | 1 | 1 | 20 | 0 | 33 |
| H27 | 0 | 0 | 1 | 6 | 0 | 0 | 5 | 0 | 1 | 1 | 1 | 11 | 0 | 26 |
| H28 | 0 | 0 | 3 | 18 | 3 | 0 | 27 | 1 | 0 | 2 | 0 | 100 | 0 | 154 |
| H31 | 4 | 0 | 2 | 27 | 3 | 23 | 42 | 2 | 84 | 96 | 76 | 370 | 5 | 734 |
| H33 | 0 | 0 | 1 | 4 | 1 | 4 | 4 | 0 | 10 | 2 | 0 | 44 | 0 | 70 |
| H34 | 6 | 0 | 2 | 14 | 0 | 0 | 11 | 0 | 0 | 0 | 6 | 57 | 4 | 100 |
| H35 | 2 | 0 | 18 | 5 | 0 | 0 | 4 | 0 | 49 | 41 | 22 | 109 | 0 | 250 |
| H36 | 0 | 0 | 1 | 6 | 1 | 1 | 18 | 0 | 26 | 9 | 6 | 20 | 0 | 88 |
| 总数 | 24 | 1 | 107 | 214 | 42 | 42 | 419 | 4 | 296 | 261 | 213 | 1 798 | 12 | 3 433 |

注：仅列出明确定为西汉时期的单位。

附表一八　陶容器纹饰登记表

| 纹饰<br>单位 | 粗绳纹 | 中绳纹 | 细绳纹 | 戳印 | 弦纹 | 旋纹 | 大方格 | 粗麻点 | 暗纹 | 附加<br>堆纹 | 素面 | 绳纹+<br>抹光 | 其他 | 压印 | 戳印<br>绳纹 | 无法<br>区分 | 总数 |
|---|---|---|---|---|---|---|---|---|---|---|---|---|---|---|---|---|---|
| H1 | 1 | 63 | 19 | 44 | 1 | 28 | 5 | 0 | 44 | 2 | 526 | 3 | 48 | 17 | 1 | 2 | 804 |
| H3 | 0 | 8 | 11 | 54 | 6 | 6 | 0 | 0 | 5 | 1 | 194 | 1 | 4 | 3 | 1 | 0 | 294 |
| H4 | 0 | 11 | 4 | 10 | 4 | 8 | 4 | 0 | 4 | 0 | 200 | 0 | 3 | 2 | 0 | 0 | 250 |
| H5 | 0 | 0 | 0 | 2 | 1 | 1 | 0 | 0 | 3 | 0 | 16 | 0 | 0 | 0 | 0 | 0 | 23 |
| H8 | 0 | 0 | 0 | 0 | 0 | 0 | 0 | 0 | 0 | 0 | 2 | 0 | 0 | 0 | 0 | 0 | 2 |
| H15 | 0 | 4 | 7 | 0 | 11 | 3 | 3 | 0 | 1 | 0 | 50 | 0 | 4 | 0 | 4 | 0 | 87 |
| H16 | 3 | 12 | 4 | 8 | 8 | 5 | 2 | 0 | 13 | 3 | 155 | 1 | 18 | 15 | 0 | 3 | 250 |
| H19 | 0 | 2 | 2 | 8 | 3 | 2 | 1 | 0 | 4 | 0 | 40 | 0 | 5 | 0 | 0 | 0 | 67 |
| H25 | 0 | 11 | 0 | 6 | 11 | 18 | 0 | 0 | 1 | 0 | 151 | 0 | 1 | 0 | 0 | 2 | 201 |
| H26 | 0 | 0 | 4 | 5 | 5 | 0 | 1 | 0 | 1 | 0 | 16 | 0 | 1 | 0 | 0 | 0 | 33 |
| H27 | 0 | 0 | 0 | 2 | 0 | 4 | 1 | 0 | 3 | 0 | 15 | 0 | 0 | 0 | 0 | 1 | 26 |
| H28 | 0 | 2 | 7 | 10 | 0 | 14 | 0 | 0 | 3 | 1 | 105 | 0 | 5 | 6 | 0 | 1 | 154 |
| H31 | 1 | 6 | 14 | 73 | 35 | 53 | 6 | 0 | 52 | 0 | 489 | 1 | 1 | 0 | 0 | 3 | 734 |
| H33 | 1 | 1 | 0 | 4 | 1 | 1 | 0 | 0 | 3 | 0 | 52 | 0 | 2 | 0 | 0 | 5 | 70 |
| H34 | 0 | 3 | 12 | 4 | 3 | 3 | 1 | 0 | 11 | 0 | 54 | 1 | 4 | 0 | 0 | 4 | 100 |
| H35 | 3 | 12 | 4 | 8 | 8 | 5 | 2 | 0 | 13 | 3 | 155 | 1 | 18 | 15 | 0 | 3 | 250 |
| H36 | 0 | 4 | 1 | 6 | 1 | 15 | 0 | 0 | 1 | 1 | 53 | 0 | 1 | 0 | 0 | 5 | 88 |
| 总数 | 9 | 139 | 89 | 244 | 98 | 166 | 26 | 0 | 162 | 11 | 2 273 | 8 | 115 | 56 | 6 | 29 | 3 433 |

注：仅列出明确定为西汉时期的单位。

## 附表一九　瓦片纹饰登记表

| H1 | | | | | | | | |
|---|---|---|---|---|---|---|---|---|
| 内侧面纹饰 ＼ 表面纹饰 | 粗绳纹 | 中绳纹 | 细绳纹 | 素面 | 绳纹+抹光 | 旋纹 | 其他 | 总数 |
| 粗绳纹 | 0 | 0 | 0 | 0 | 0 | 0 | 0 | 0 |
| 中绳纹 | 0 | 4 | 0 | 0 | 1 | 0 | 0 | 5 |
| 细绳纹 | 0 | 0 | 0 | 0 | 0 | 0 | 0 | 0 |
| 方　格 | 0 | 0 | 0 | 0 | 0 | 0 | 0 | 0 |
| 素　面 | 861 | 1 484 | 127 | 218 | 216 | 0 | 418 | 3 324 |
| 麻　点 | 30 | 517 | 112 | 46 | 8 | 0 | 110 | 823 |
| 布　纹 | 15 | 69 | 4 | 88 | 2 | 0 | 14 | 192 |
| 其　他 | 0 | 0 | 0 | 0 | 0 | 0 | 0 | 0 |
| 总　数 | 906 | 2 074 | 243 | 352 | 227 | 0 | 542 | 4 344 |

| H2 | | | | | | | | |
|---|---|---|---|---|---|---|---|---|
| 内侧面纹饰 ＼ 表面纹饰 | 粗绳纹 | 中绳纹 | 细绳纹 | 素面 | 绳纹+抹光 | 旋纹 | 其他 | 总数 |
| 粗绳纹 | 0 | 0 | 0 | 0 | 0 | 0 | 0 | 0 |
| 中绳纹 | 0 | 0 | 0 | 0 | 0 | 0 | 0 | 0 |
| 细绳纹 | 0 | 0 | 0 | 0 | 0 | 0 | 0 | 0 |
| 方　格 | 0 | 0 | 0 | 0 | 0 | 0 | 0 | 0 |
| 素　面 | 5 | 3 | 0 | 8 | 0 | 0 | 0 | 16 |
| 麻　点 | 0 | 0 | 0 | 0 | 0 | 0 | 0 | 0 |
| 布　纹 | 1 | 2 | 0 | 13 | 0 | 0 | 1 | 17 |
| 其　他 | 0 | 0 | 0 | 0 | 0 | 0 | 0 | 0 |
| 总　数 | 6 | 5 | 0 | 21 | 0 | 0 | 1 | 33 |

| H3 | | | | | | | | |
|---|---|---|---|---|---|---|---|---|
| 内侧面纹饰 ＼ 表面纹饰 | 粗绳纹 | 中绳纹 | 细绳纹 | 素面 | 绳纹+抹光 | 旋纹 | 其他 | 总数 |
| 粗绳纹 | 0 | 0 | 0 | 0 | 0 | 0 | 0 | 0 |
| 中绳纹 | 0 | 1 | 0 | 0 | 0 | 0 | 0 | 1 |

| H3 | | | | | | | | |
|---|---|---|---|---|---|---|---|---|
| 内侧面纹饰＼表面纹饰 | 粗绳纹 | 中绳纹 | 细绳纹 | 素面 | 绳纹+抹光 | 旋纹 | 其他 | 总数 |
| 细绳纹 | 0 | 0 | 0 | 0 | 0 | 0 | 0 | 0 |
| 方　格 | 0 | 0 | 0 | 0 | 0 | 0 | 0 | 0 |
| 素　面 | 71 | 65 | 4 | 3 | 0 | 0 | 63 | 206 |
| 麻　点 | 7 | 9 | 5 | 0 | 0 | 0 | 0 | 21 |
| 布　纹 | 0 | 10 | 0 | 3 | 0 | 0 | 1 | 14 |
| 其　他 | 0 | 0 | 0 | 0 | 0 | 0 | 0 | 0 |
| 总　数 | 78 | 85 | 9 | 6 | 0 | 0 | 64 | 242 |

| H4 | | | | | | | | |
|---|---|---|---|---|---|---|---|---|
| 内侧面纹饰＼表面纹饰 | 粗绳纹 | 中绳纹 | 细绳纹 | 素面 | 绳纹+抹光 | 旋纹 | 其他 | 总数 |
| 粗绳纹 | 6 | 8 | 0 | 0 | 0 | 0 | 1 | 15 |
| 中绳纹 | 19 | 14 | 0 | 1 | 0 | 0 | 15 | 49 |
| 细绳纹 | 0 | 0 | 0 | 0 | 0 | 0 | 0 | 0 |
| 方　格 | 23 | 4 | 0 | 0 | 0 | 0 | 0 | 27 |
| 素　面 | 1 141 | 724 | 14 | 168 | 42 | 0 | 436 | 2 525 |
| 麻　点 | 71 | 76 | 30 | 8 | 1 | 1 | 14 | 201 |
| 布　纹 | 60 | 814 | 35 | 322 | 8 | 1 | 67 | 1 307 |
| 其　他 | 0 | 0 | 0 | 0 | 0 | 0 | 0 | 0 |
| 总　数 | 1 320 | 1 640 | 79 | 499 | 51 | 2 | 533 | 4 124 |

| H5 | | | | | | | | |
|---|---|---|---|---|---|---|---|---|
| 内侧面纹饰＼表面纹饰 | 粗绳纹 | 中绳纹 | 细绳纹 | 素面 | 绳纹+抹光 | 旋纹 | 其他 | 总数 |
| 粗绳纹 | 0 | 0 | 0 | 0 | 0 | 0 | 0 | 0 |
| 中绳纹 | 0 | 1 | 0 | 0 | 0 | 0 | 0 | 1 |
| 细绳纹 | 0 | 0 | 0 | 0 | 0 | 0 | 0 | 0 |
| 方　格 | 0 | 0 | 0 | 0 | 0 | 0 | 0 | 0 |

续表

| H5 | | | | | | | | |
|---|---|---|---|---|---|---|---|---|
| 内侧面纹饰 ＼ 表面纹饰 | 粗绳纹 | 中绳纹 | 细绳纹 | 素面 | 绳纹+抹光 | 旋纹 | 其他 | 总数 |
| 素　面 | 5 | 20 | 1 | 8 | 1 | 13 | 0 | 48 |
| 麻　点 | 0 | 3 | 1 | 1 | 0 | 0 | 0 | 5 |
| 布　纹 | 0 | 6 | 3 | 7 | 3 | 2 | 0 | 21 |
| 其　他 | 0 | 1 | 0 | 2 | 0 | 0 | 0 | 3 |
| 总　数 | 5 | 31 | 5 | 18 | 4 | 15 | 0 | 78 |

| H8 | | | | | | | | |
|---|---|---|---|---|---|---|---|---|
| 内侧面纹饰 ＼ 表面纹饰 | 粗绳纹 | 中绳纹 | 细绳纹 | 素面 | 绳纹+抹光 | 旋纹 | 其他 | 总数 |
| 粗绳纹 | 0 | 0 | 0 | 0 | 0 | 0 | 0 | 0 |
| 中绳纹 | 0 | 0 | 0 | 0 | 0 | 0 | 0 | 0 |
| 细绳纹 | 0 | 0 | 0 | 0 | 0 | 0 | 0 | 0 |
| 方　格 | 0 | 0 | 0 | 0 | 0 | 0 | 0 | 0 |
| 素　面 | 0 | 5 | 0 | 0 | 0 | 0 | 1 | 6 |
| 麻　点 | 0 | 0 | 0 | 0 | 0 | 0 | 0 | 0 |
| 布　纹 | 0 | 0 | 0 | 0 | 0 | 0 | 0 | 0 |
| 其　他 | 0 | 0 | 0 | 0 | 0 | 0 | 0 | 0 |
| 总　数 | 0 | 5 | 0 | 0 | 0 | 0 | 1 | 6 |

| H9 | | | | | | | | |
|---|---|---|---|---|---|---|---|---|
| 内侧面纹饰 ＼ 表面纹饰 | 粗绳纹 | 中绳纹 | 细绳纹 | 素面 | 绳纹+抹光 | 旋纹 | 其他 | 总数 |
| 粗绳纹 | 0 | 0 | 0 | 0 | 0 | 0 | 0 | 0 |
| 中绳纹 | 0 | 0 | 0 | 0 | 0 | 0 | 0 | 0 |
| 细绳纹 | 0 | 0 | 0 | 0 | 0 | 0 | 0 | 0 |
| 方　格 | 0 | 0 | 0 | 0 | 0 | 0 | 0 | 0 |
| 素　面 | 0 | 9 | 9 | 1 | 0 | 0 | 0 | 19 |
| 麻　点 | 0 | 0 | 0 | 0 | 0 | 0 | 0 | 0 |

续表

| H9 | | | | | | | |
|---|---|---|---|---|---|---|---|
| 表面纹饰<br>内侧面纹饰 | 粗绳纹 | 中绳纹 | 细绳纹 | 素面 | 绳纹+抹光 | 旋纹 | 其他 | 总数 |
| 布　纹 | 0 | 0 | 0 | 0 | 0 | 0 | 0 | 0 |
| 其　他 | 0 | 0 | 0 | 0 | 0 | 0 | 0 | 0 |
| 总　数 | 0 | 9 | 9 | 1 | 0 | 0 | 0 | 19 |

| H15 | | | | | | | |
|---|---|---|---|---|---|---|---|
| 表面纹饰<br>内侧面纹饰 | 粗绳纹 | 中绳纹 | 细绳纹 | 素面 | 绳纹+抹光 | 旋纹 | 其他 | 总数 |
| 粗绳纹 | 0 | 0 | 0 | 0 | 0 | 0 | 0 | 0 |
| 中绳纹 | 0 | 0 | 0 | 0 | 0 | 0 | 0 | 0 |
| 细绳纹 | 0 | 0 | 0 | 0 | 0 | 0 | 0 | 0 |
| 方　格 | 0 | 0 | 0 | 0 | 0 | 0 | 0 | 0 |
| 素　面 | 2 | 65 | 1 | 6 | 2 | 0 | 14 | 90 |
| 麻　点 | 0 | 15 | 8 | 0 | 2 | 0 | 1 | 26 |
| 布　纹 | 0 | 3 | 0 | 1 | 0 | 0 | 1 | 5 |
| 其　他 | 0 | 0 | 0 | 0 | 0 | 0 | 0 | 0 |
| 总　数 | 2 | 83 | 9 | 7 | 4 | 0 | 16 | 121 |

| H16 | | | | | | | |
|---|---|---|---|---|---|---|---|
| 表面纹饰<br>内侧面纹饰 | 粗绳纹 | 中绳纹 | 细绳纹 | 素面 | 绳纹+抹光 | 旋纹 | 其他 | 总数 |
| 粗绳纹 | 0 | 0 | 0 | 0 | 0 | 0 | 0 | 0 |
| 中绳纹 | 0 | 0 | 0 | 0 | 0 | 0 | 0 | 0 |
| 细绳纹 | 0 | 0 | 0 | 0 | 0 | 0 | 0 | 0 |
| 方　格 | 0 | 0 | 0 | 0 | 0 | 0 | 1 | 1 |
| 素　面 | 15 | 50 | 4 | 6 | 0 | 0 | 30 | 105 |
| 麻　点 | 5 | 3 | 1 | 0 | 0 | 0 | 1 | 10 |
| 布　纹 | 0 | 14 | 3 | 2 | 0 | 0 | 1 | 20 |
| 其　他 | 0 | 0 | 0 | 0 | 0 | 0 | 0 | 0 |
| 总　数 | 20 | 67 | 8 | 8 | 0 | 0 | 33 | 136 |

| H19 | | | | | | | | |
|---|---|---|---|---|---|---|---|---|
| 表面纹饰<br>内侧面纹饰 | 粗绳纹 | 中绳纹 | 细绳纹 | 素面 | 绳纹+抹光 | 旋纹 | 其他 | 总数 |
| 粗绳纹 | 0 | 0 | 0 | 0 | 0 | 0 | 0 | 0 |
| 中绳纹 | 1 | 0 | 0 | 0 | 0 | 0 | 0 | 1 |
| 细绳纹 | 0 | 0 | 0 | 0 | 0 | 0 | 0 | 0 |
| 方　格 | 2 | 2 | 0 | 0 | 0 | 0 | 2 | 6 |
| 素　面 | 34 | 45 | 4 | 3 | 3 | 1 | 15 | 105 |
| 麻　点 | 0 | 11 | 1 | 0 | 0 | 0 | 0 | 12 |
| 布　纹 | 0 | 19 | 0 | 10 | 0 | 0 | 0 | 29 |
| 其　他 | 0 | 0 | 0 | 0 | 0 | 0 | 0 | 0 |
| 总　数 | 37 | 77 | 5 | 13 | 3 | 1 | 17 | 153 |

| H21 | | | | | | | | |
|---|---|---|---|---|---|---|---|---|
| 表面纹饰<br>内侧面纹饰 | 粗绳纹 | 中绳纹 | 细绳纹 | 素面 | 绳纹+抹光 | 旋纹 | 其他 | 总数 |
| 粗绳纹 | 0 | 0 | 0 | 0 | 0 | 0 | 0 | 0 |
| 中绳纹 | 0 | 0 | 0 | 0 | 0 | 0 | 0 | 0 |
| 细绳纹 | 0 | 0 | 0 | 0 | 0 | 0 | 0 | 0 |
| 方　格 | 0 | 0 | 0 | 0 | 0 | 0 | 0 | 0 |
| 素　面 | 0 | 4 | 1 | 3 | 0 | 0 | 2 | 10 |
| 麻　点 | 0 | 0 | 0 | 0 | 0 | 0 | 0 | 0 |
| 布　纹 | 0 | 1 | 2 | 23 | 0 | 0 | 0 | 26 |
| 其　他 | 0 | 0 | 0 | 0 | 0 | 0 | 0 | 0 |
| 总　数 | 0 | 5 | 3 | 26 | 0 | 0 | 2 | 36 |

| H24 | | | | | | | | |
|---|---|---|---|---|---|---|---|---|
| 表面纹饰<br>内侧面纹饰 | 粗绳纹 | 中绳纹 | 细绳纹 | 素面 | 绳纹+抹光 | 旋纹 | 其他 | 总数 |
| 粗绳纹 | 1 | 0 | 0 | 0 | 0 | 0 | 0 | 1 |
| 中绳纹 | 0 | 0 | 0 | 0 | 0 | 0 | 0 | 0 |
| 细绳纹 | 0 | 0 | 0 | 0 | 0 | 0 | 0 | 0 |

续表

| H24 | | | | | | | | |
|---|---|---|---|---|---|---|---|---|
| 内侧面纹饰＼表面纹饰 | 粗绳纹 | 中绳纹 | 细绳纹 | 素面 | 绳纹+抹光 | 旋纹 | 其他 | 总数 |
| 方　格 | 4 | 0 | 0 | 0 | 0 | 0 | 0 | 4 |
| 素　面 | 116 | 60 | 4 | 84 | 4 | 0 | 89 | 357 |
| 麻　点 | 2 | 16 | 7 | 4 | 0 | 0 | 8 | 37 |
| 布　纹 | 10 | 55 | 3 | 177 | 0 | 0 | 16 | 261 |
| 其　他 | 0 | 0 | 0 | 0 | 0 | 0 | 0 | 0 |
| 总　数 | 133 | 131 | 14 | 265 | 4 | 0 | 113 | 660 |

| H25 | | | | | | | | |
|---|---|---|---|---|---|---|---|---|
| 内侧面纹饰＼表面纹饰 | 粗绳纹 | 中绳纹 | 细绳纹 | 素面 | 绳纹+抹光 | 旋纹 | 其他 | 总数 |
| 粗绳纹 | 0 | 0 | 0 | 0 | 0 | 0 | 0 | 0 |
| 中绳纹 | 0 | 2 | 0 | 0 | 0 | 0 | 0 | 2 |
| 细绳纹 | 0 | 0 | 0 | 0 | 0 | 0 | 0 | 0 |
| 方　格 | 0 | 0 | 0 | 2 | 0 | 0 | 0 | 2 |
| 素　面 | 34 | 43 | 0 | 25 | 0 | 0 | 43 | 145 |
| 麻　点 | 0 | 4 | 2 | 1 | 0 | 0 | 5 | 12 |
| 布　纹 | 5 | 20 | 0 | 47 | 0 | 0 | 3 | 75 |
| 其　他 | 0 | 0 | 0 | 0 | 0 | 0 | 0 | 0 |
| 总　数 | 39 | 69 | 2 | 75 | 0 | 0 | 51 | 236 |

| H26 | | | | | | | | |
|---|---|---|---|---|---|---|---|---|
| 内侧面纹饰＼表面纹饰 | 粗绳纹 | 中绳纹 | 细绳纹 | 素面 | 绳纹+抹光 | 旋纹 | 其他 | 总数 |
| 粗绳纹 | 0 | 0 | 0 | 0 | 0 | 0 | 0 | 0 |
| 中绳纹 | 0 | 0 | 0 | 0 | 0 | 0 | 0 | 0 |
| 细绳纹 | 0 | 0 | 0 | 0 | 0 | 0 | 0 | 0 |
| 方　格 | 0 | 0 | 0 | 0 | 0 | 0 | 0 | 0 |
| 素　面 | 0 | 23 | 1 | 0 | 0 | 0 | 1 | 25 |

续表

| H26 内侧面纹饰 \ 表面纹饰 | 粗绳纹 | 中绳纹 | 细绳纹 | 素面 | 绳纹+抹光 | 旋纹 | 其他 | 总数 |
|---|---|---|---|---|---|---|---|---|
| 麻 点 | 0 | 4 | 2 | 1 | 0 | 0 | 1 | 8 |
| 布 纹 | 0 | 0 | 0 | 0 | 0 | 0 | 0 | 0 |
| 其 他 | 0 | 0 | 0 | 0 | 0 | 0 | 0 | 0 |
| 总 数 | 0 | 27 | 3 | 1 | 0 | 0 | 2 | 33 |

| H27 内侧面纹饰 \ 表面纹饰 | 粗绳纹 | 中绳纹 | 细绳纹 | 素面 | 绳纹+抹光 | 旋纹 | 其他 | 总数 |
|---|---|---|---|---|---|---|---|---|
| 粗绳纹 | 0 | 0 | 0 | 0 | 0 | 0 | 0 | 0 |
| 中绳纹 | 0 | 0 | 0 | 0 | 0 | 0 | 0 | 0 |
| 细绳纹 | 0 | 0 | 0 | 0 | 0 | 0 | 0 | 0 |
| 方 格 | 0 | 0 | 0 | 0 | 0 | 0 | 0 | 0 |
| 素 面 | 13 | 20 | 0 | 2 | 0 | 0 | 5 | 40 |
| 麻 点 | 0 | 2 | 1 | 0 | 1 | 0 | 0 | 4 |
| 布 纹 | 0 | 5 | 6 | 2 | 0 | 0 | 5 | 18 |
| 其 他 | 0 | 0 | 0 | 0 | 0 | 0 | 0 | 0 |
| 总 数 | 13 | 27 | 7 | 4 | 1 | 0 | 10 | 62 |

| H28 内侧面纹饰 \ 表面纹饰 | 粗绳纹 | 中绳纹 | 细绳纹 | 素面 | 绳纹+抹光 | 旋纹 | 其他 | 总数 |
|---|---|---|---|---|---|---|---|---|
| 粗绳纹 | 0 | 0 | 0 | 0 | 0 | 0 | 0 | 0 |
| 中绳纹 | 0 | 1 | 0 | 0 | 0 | 0 | 0 | 1 |
| 细绳纹 | 0 | 0 | 0 | 0 | 0 | 0 | 0 | 0 |
| 方 格 | 0 | 0 | 0 | 0 | 0 | 0 | 0 | 0 |
| 素 面 | 13 | 88 | 7 | 12 | 1 | 0 | 21 | 142 |
| 麻 点 | 0 | 8 | 4 | 1 | 1 | 0 | 2 | 16 |

| H28 | | | | | | | | |
| --- | --- | --- | --- | --- | --- | --- | --- | --- |
| 内侧面纹饰＼表面纹饰 | 粗绳纹 | 中绳纹 | 细绳纹 | 素面 | 绳纹+抹光 | 旋纹 | 其他 | 总数 |
| 布　纹 | 0 | 15 | 2 | 34 | 0 | 0 | 0 | 51 |
| 其　他 | 0 | 0 | 0 | 0 | 0 | 0 | 0 | 0 |
| 总　数 | 13 | 112 | 13 | 47 | 2 | 0 | 23 | 210 |

| H31 | | | | | | | | |
| --- | --- | --- | --- | --- | --- | --- | --- | --- |
| 内侧面纹饰＼表面纹饰 | 粗绳纹 | 中绳纹 | 细绳纹 | 素面 | 绳纹+抹光 | 旋纹 | 其他 | 总数 |
| 粗绳纹 | 2 | 2 | 0 | 0 | 0 | 0 | 2 | 6 |
| 中绳纹 | 0 | 0 | 0 | 1 | 0 | 0 | 0 | 1 |
| 细绳纹 | 0 | 0 | 0 | 0 | 0 | 0 | 0 | 0 |
| 方　格 | 0 | 1 | 0 | 0 | 0 | 0 | 0 | 1 |
| 素　面 | 271 | 165 | 32 | 68 | 33 | 0 | 142 | 711 |
| 麻　点 | 2 | 38 | 17 | 14 | 5 | 0 | 21 | 97 |
| 布　纹 | 3 | 103 | 32 | 93 | 0 | 0 | 27 | 258 |
| 其　他 | 0 | 1 | 0 | 1 | 0 | 0 | 13 | 15 |
| 总　数 | 278 | 310 | 81 | 177 | 38 | 0 | 205 | 1 089 |

| H32 | | | | | | | | |
| --- | --- | --- | --- | --- | --- | --- | --- | --- |
| 内侧面纹饰＼表面纹饰 | 粗绳纹 | 中绳纹 | 细绳纹 | 素面 | 绳纹+抹光 | 旋纹 | 其他 | 总数 |
| 粗绳纹 | 0 | 0 | 0 | 0 | 0 | 0 | 0 | 0 |
| 中绳纹 | 0 | 0 | 0 | 0 | 0 | 0 | 0 | 0 |
| 细绳纹 | 0 | 0 | 0 | 0 | 0 | 0 | 0 | 0 |
| 方　格 | 0 | 0 | 0 | 0 | 0 | 0 | 0 | 0 |
| 素　面 | 3 | 70 | 19 | 10 | 13 | 0 | 33 | 148 |
| 麻　点 | 0 | 4 | 7 | 0 | 1 | 0 | 3 | 15 |
| 布　纹 | 0 | 0 | 0 | 0 | 0 | 0 | 0 | 0 |

续表

| H32 | | | | | | | | |
|---|---|---|---|---|---|---|---|---|
| 内侧面纹饰 ＼ 表面纹饰 | 粗绳纹 | 中绳纹 | 细绳纹 | 素面 | 绳纹+抹光 | 旋纹 | 其他 | 总数 |
| 其　他 | 0 | 0 | 0 | 0 | 0 | 0 | 0 | 0 |
| 总　数 | 3 | 74 | 26 | 10 | 14 | 0 | 36 | 163 |

| H33 | | | | | | | | |
|---|---|---|---|---|---|---|---|---|
| 内侧面纹饰 ＼ 表面纹饰 | 粗绳纹 | 中绳纹 | 细绳纹 | 素面 | 绳纹+抹光 | 旋纹 | 其他 | 总数 |
| 粗绳纹 | 0 | 0 | 0 | 0 | 0 | 0 | 0 | 0 |
| 中绳纹 | 0 | 0 | 0 | 0 | 0 | 0 | 0 | 0 |
| 细绳纹 | 0 | 0 | 0 | 0 | 0 | 0 | 0 | 0 |
| 方　格 | 0 | 0 | 0 | 0 | 0 | 0 | 0 | 0 |
| 素　面 | 18 | 16 | 1 | 1 | 1 | 0 | 15 | 52 |
| 麻　点 | 0 | 0 | 0 | 0 | 1 | 0 | 1 | 2 |
| 布　纹 | 2 | 3 | 0 | 2 | 0 | 0 | 1 | 8 |
| 其　他 | 0 | 0 | 0 | 0 | 0 | 0 | 0 | 0 |
| 总　数 | 20 | 19 | 1 | 3 | 2 | 0 | 17 | 62 |

| H34 | | | | | | | | |
|---|---|---|---|---|---|---|---|---|
| 内侧面纹饰 ＼ 表面纹饰 | 粗绳纹 | 中绳纹 | 细绳纹 | 素面 | 绳纹+抹光 | 旋纹 | 其他 | 总数 |
| 粗绳纹 | 2 | 0 | 0 | 0 | 0 | 0 | 0 | 2 |
| 中绳纹 | 0 | 1 | 0 | 0 | 0 | 0 | 0 | 1 |
| 细绳纹 | 0 | 0 | 3 | 0 | 0 | 0 | 0 | 3 |
| 方　格 | 0 | 0 | 0 | 0 | 0 | 0 | 0 | 0 |
| 素　面 | 8 | 66 | 13 | 4 | 14 | 0 | 6 | 111 |
| 麻　点 | 0 | 9 | 7 | 0 | 2 | 0 | 0 | 18 |
| 布　纹 | 0 | 14 | 1 | 4 | 0 | 0 | 4 | 23 |

续表

| H34 | | | | | | | |
| --- | --- | --- | --- | --- | --- | --- | --- |
| 内侧面纹饰 ＼ 表面纹饰 | 粗绳纹 | 中绳纹 | 细绳纹 | 素面 | 绳纹+抹光 | 旋纹 | 其他 | 总数 |
| 其　他 | 0 | 0 | 1 | 0 | 0 | 0 | 1 | 2 |
| 总　数 | 10 | 90 | 25 | 8 | 16 | 0 | 11 | 160 |

| H35 | | | | | | | |
| --- | --- | --- | --- | --- | --- | --- | --- |
| 内侧面纹饰 ＼ 表面纹饰 | 粗绳纹 | 中绳纹 | 细绳纹 | 素面 | 绳纹+抹光 | 旋纹 | 其他 | 总数 |
| 粗绳纹 | 0 | 0 | 0 | 0 | 0 | 0 | 0 | 0 |
| 中绳纹 | 0 | 0 | 0 | 0 | 0 | 0 | 0 | 0 |
| 细绳纹 | 0 | 0 | 0 | 0 | 0 | 0 | 0 | 0 |
| 方　格 | 0 | 1 | 1 | 3 | 2 | 0 | 0 | 7 |
| 素　面 | 24 | 163 | 23 | 33 | 30 | 0 | 112 | 385 |
| 麻　点 | 0 | 46 | 32 | 3 | 3 | 0 | 25 | 109 |
| 布　纹 | 0 | 3 | 2 | 1 | 0 | 0 | 3 | 9 |
| 其　他 | 0 | 0 | 0 | 0 | 0 | 0 | 0 | 0 |
| 总　数 | 24 | 213 | 58 | 40 | 35 | 0 | 140 | 510 |

| H36 | | | | | | | |
| --- | --- | --- | --- | --- | --- | --- | --- |
| 内侧面纹饰 ＼ 表面纹饰 | 粗绳纹 | 中绳纹 | 细绳纹 | 素面 | 绳纹+抹光 | 旋纹 | 其他 | 总数 |
| 粗绳纹 | 0 | 0 | 0 | 0 | 0 | 0 | 0 | 0 |
| 中绳纹 | 0 | 0 | 0 | 0 | 0 | 0 | 0 | 0 |
| 细绳纹 | 0 | 0 | 0 | 0 | 0 | 0 | 0 | 0 |
| 方　格 | 0 | 0 | 0 | 0 | 0 | 0 | 0 | 0 |
| 素　面 | 12 | 12 | 0 | 7 | 0 | 0 | 17 | 48 |
| 麻　点 | 0 | 2 | 2 | 0 | 0 | 0 | 0 | 4 |
| 布　纹 | 0 | 8 | 0 | 6 | 2 | 0 | 2 | 18 |
| 其　他 | 0 | 0 | 0 | 0 | 0 | 0 | 0 | 0 |
| 总　数 | 12 | 22 | 2 | 13 | 2 | 0 | 19 | 70 |

注：H6、H7、H12、H13、H14、H38、H39因未出土明确属西汉时期的瓦片,统计数据不在此公布。

**附表二〇　动物骨骼鉴定结果登记表**

| 单位 | 编号 | 种　　属 | 左右 | 骨骼名称 | 部　　位 | 保存状况 | 件数 |
|------|------|---------|------|---------|---------|---------|------|
| H1① | g1 | 中型哺乳动物 | — | 骨盆 | 髂骨 | | 1 |
| H1① | g2 | 猪 | 左 | 尺骨 | — | | 1 |
| H1① | g4 | 黄牛 | — | 脊椎 | 枢椎 | | 2 |
| H1① | g5 | 中型哺乳动物 | 左 | 骨盆 | 髋臼 | | 1 |
| H1① | g6 | 黄牛 | 左 | 骨盆 | 髋臼 | | 1 |
| H1① | g7 | 猪 | 左 | 游离齿 | 犬齿 | | 4 |
| H1 | g8 | 黄牛 | — | 脊椎 | 颈椎 | | 4 |
| H1 | g9 | 黄牛 | 左 | 头骨 | 颧骨 | | 1 |
| H1 | g10 | 黄牛 | 左 | 胫骨 | — | | 1 |
| H1 | g11 | 黄牛 | — | 跖骨 | — | | 2 |
| H1 | g12 | 中型哺乳动物 | — | 骨盆 | 髋臼 | | 1 |
| H1 | g13 | 羊（山羊？） | 左 | 下颌骨 | 包括第2、3、4前臼齿 | | 1 |
| H1 | g14 | 山羊 | 左 | 下颌骨 | 包括第2、3臼齿 | | 1 |
| H1 | g16 | 羊？ | 左 | 下颌骨 | — | | 2 |
| H1 | g19 | 羊（山羊？） | 左 | 下颌骨 | 包括第1臼齿/第2臼齿 | | 1 |
| H1 | g20 | 羊 | — | 下颌骨 | — | | 1 |
| H1 | g21 | 猪 | 左 | 下颌骨 | 包括第3、4前臼齿 | | 1 |
| H1 | g22 | 黄牛 | — | 跖骨/掌骨 | — | | 1 |
| H1 | g23 | 中型哺乳动物 | — | 肋骨 | — | | 1 |
| H1 | g24 | 中型哺乳动物 | — | 头骨 | — | | 1 |
| H1 | g25 | 中型哺乳动物 | — | 肋骨 | — | | 1 |
| H1 | g27 | 中型哺乳动物 | — | 肢骨 | — | | 1 |
| H1 | g28 | 羊？ | — | 脊椎 | 颈椎？ | | 3 |
| H1 | g29 | 中型哺乳动物 | — | 肢骨 | — | | 1 |
| H1 | g30 | 小型哺乳动物（鼠） | 右 | 股骨 | | 完整 | 1 |
| H3 | g1 | 中型哺乳动物 | — | 肢骨 | — | | 1 |
| H3④ | g2 | 中型哺乳动物 | — | 肋骨 | — | | 1 |
| H3⑦ | g3 | 中型哺乳动物 | — | 肢骨 | — | | 1 |
| H3④ | g4 | 猪 | 右 | 尺骨 | — | | 1 |

| 单位 | 编号 | 种　属 | 左右 | 骨骼名称 | 部　位 | 保存状况 | 件数 |
|---|---|---|---|---|---|---|---|
| H3⑤ | g5 | 大型哺乳动物 | — | 股骨 | — | | 1 |
| H3⑨ | g6 | 犬 | 左 | 肋骨 | — | | 4 |
| H4① | g1 | 犬 | 左 | 桡骨 | — | 完整 | 1 |
| H4③ | g2 | 马 | 右 | 游离齿 | 第1臼齿/第2臼齿 | 完整 | 1 |
| H4③ | g3 | 黄牛 | 右 | 胫骨 | — | | 1 |
| H4③ | g4 | 中型哺乳动物 | 左 | 股骨 | — | | 1 |
| H4③ | g5 | 犬 | 右 | 胫骨 | — | | 2 |
| H4③ | g6 | 黄牛 | 左 | 桡骨 | — | | 1 |
| H4③ | g7 | 犬 | 右 | 上颌骨 | 包括第1、2、3臼齿 | | 1 |
| H4③ | g8 | 黄牛 | 右 | 下颌骨 | 冠突 | | 4 |
| H4 | g9 | 大型哺乳动物 | — | 股骨 | — | | 1 |
| H4 | g10 | 鹿 | — | 跖骨/掌骨 | — | | 1 |
| H4 | g11 | 大型哺乳动物 | 右 | 股骨 | — | | 1 |
| H4 | g12 | 犬 | 右 | 胫骨 | — | | 1 |
| H4 | g13 | 犬 | 右 | 股骨 | — | | 1 |
| H5 | g1 | 猪 | 左 | 上颌骨 | 包括第3、4前臼齿 | | 1 |
| H5 | g2 | 中型哺乳动物 | — | 股骨 | — | | 1 |
| H9 | g1 | 黄牛 | 右 | 跗骨 | — | | 2 |
| H10 | g1 | 犬 | 右 | 游离齿 | 犬齿 | | 4 |
| H10 | g2 | 羊 | — | 跖骨/掌骨 | — | | 1 |
| H10 | g3 | 大型哺乳动物 | — | 肢骨 | — | | 1 |
| H10 | g4 | 大型哺乳动物 | — | 肋骨 | — | | 1 |
| H11 | g1 | 羊 | — | 跖骨/掌骨 | — | | 1 |
| H11 | g2 | 黄牛 | 左 | 顶骨 | — | | 1 |
| H12 | g1 | 中型/大型哺乳动物 | — | 肢骨 | — | | 1 |
| H12 | g2 | 猪 | 右 | 下颌骨 | 包括第2、4前臼齿，第1、2臼齿 | | 2 |
| H12 | g3 | 马 | 左 | 趾骨 | 第1趾骨 | | 2 |
| H12 | g4 | 羊 | 左 | 肱骨 | — | | 1 |

| 单位 | 编号 | 种　属 | 左右 | 骨骼名称 | 部　位 | 保存状况 | 件数 |
|------|------|--------|------|----------|--------|----------|------|
| H12 | g5 | 中型哺乳动物 | — | 肋骨 | — | | 1 |
| H12 | g6 | 中型哺乳动物 | — | 肋骨 | — | | 1 |
| H13 | g1 | 中型/大型哺乳动物 | — | 肢骨 | — | | 1 |
| H13 | g2 | 中型哺乳动物 | — | 肢骨 | — | | 1 |
| H13 | g3 | 羊? | 右 | 胫骨? | — | | 1 |
| H13 | g4 | 中型哺乳动物 | 右 | 肢骨 | — | | 1 |
| H13 | g5 | 猪 | 左 | 骨盆 | 坐骨，与髋臼分离 | | 1 |
| H13 | g6 | 黄牛 | 右 | 跟骨 | — | 完整 | 1 |
| H13 | g7 | 马 | 左 | 胫骨 | — | | 1 |
| H13 | g8 | 黄牛 | 左 | 跗骨 | — | 完整 | 1 |
| H13 | g9 | 猪 | 左 | 趾骨 | 第2趾骨/第5趾骨 | | 1 |
| H13 | g10 | 中型哺乳动物 | — | 肢骨 | — | | 1 |
| H13 | g11 | 中型哺乳动物 | — | 肢骨 | — | | 1 |
| H13 | g12 | 猪 | 左 | 上颌骨 | 包括第1、2、3臼齿 | | 1 |
| H13 | g13 | 犬 | 左 | 上颌骨 | 包括第4前臼齿，第1臼齿 | | 1 |
| H13 | g14 | 猪 | 右 | 下颌骨 | — | | 1 |
| H13 | g15 | 大型哺乳动物 | — | 脊椎 | 颈椎 | | 1 |
| H13 | g16 | 大型哺乳动物 | — | 脊椎 | 颈椎 | | 1 |
| H13 | g17 | 中型哺乳动物 | — | 胫骨 | — | | 1 |
| H13 | g18 | 大型哺乳动物 | — | 肩胛骨 | — | | 1 |
| H13 | g19 | 大型哺乳动物? | — | 脊椎 | — | | 1 |
| H13 | g20 | 大型哺乳动物 | — | 脊椎 | 颈椎 | | 1 |
| H13 | g21 | 中型哺乳动物 | — | 肢骨? | — | | 1 |
| H13 | g22 | 中型哺乳动物 | — | 肢骨 | — | | 1 |
| H13 | g23 | 犬 | 右 | 上颌骨 | 包括第4前臼齿 | | 1 |
| H14 | g1 | 黄牛 | 右 | 跖骨 | — | 完整 | 1 |
| H14 | g2 | 黄牛 | 左 | 跖骨 | — | 完整 | 1 |
| H14 | g3 | 黄牛 | 右 | 掌骨 | — | 完整 | 1 |
| H14 | g4 | 羊? | — | 脊椎 | 胸椎 | | 4 |

| 单位 | 编号 | 种　　属 | 左右 | 骨骼名称 | 部　　位 | 保存状况 | 件数 |
|------|------|---------|------|---------|---------|---------|------|
| H15 | g1 | 黄牛 | — | 股骨 | — | | 1 |
| H15 | g2 | 犬 | 右 | 下颌骨 | 包括乳犬齿,第2、3、4乳前臼齿,第1臼齿,第1门齿 | | 4 |
| H15 | g3 | 犬 | 左 | 胫骨 | — | | 4 |
| H15 | g4 | 黄牛 | 右 | 掌骨 | — | | 1 |
| H15 | g5 | 犬 | 右 | 尺骨 | — | | 1 |
| H15 | g6 | 犬 | 左 | 肩胛骨 | — | | 1 |
| H15 | g7 | 犬 | 左 | 头骨 | 颞骨 | | 1 |
| H15 | g8 | 犬 | — | 头骨 | 枕骨 | | 1 |
| H15 | g9 | 犬 | 右 | 上颌骨 | 包括第3、4前臼齿 | | 1 |
| H15 | g10 | 犬 | — | 顶骨 | 顶骨 | | 1 |
| H15 | g12 | 犬 | 右 | 下颌骨 | 冠突 | | 1 |
| H15 | g14 | 中型哺乳动物 | — | 肋骨 | — | | 1 |
| H15 | g15 | 黄牛 | — | 尺骨 | — | | 1 |
| H15 | g16 | 中型哺乳动物 | — | 肋骨 | — | | 1 |
| H15 | g17 | 中型哺乳动物 | — | 头骨 | — | | 1 |
| H15 | g18 | 犬 | 右 | 游离齿 | 第4乳前臼齿 | | 4 |
| H15 | g19 | 犬 | 右 | 游离齿 | 第1乳门齿/第2乳门齿 | | 4 |
| H15 | g20 | 犬 | — | 游离齿 | 乳犬齿,第3乳门齿 | | 4 |
| H15 | g21 | 犬 | — | 游离齿 | 第2乳前臼齿,乳犬齿 | | 4 |
| H15 | g22 | 中型哺乳动物 | — | 肢骨 | — | | 1 |
| H15 | g23 | 中型哺乳动物 | — | 肋骨 | — | | 1 |
| H15 | g24 | 中型哺乳动物 | — | 头骨 | — | | 1 |
| H15 | g25 | 猪 | 左 | 下颌骨 | 包括第1、2臼齿 | | 2 |
| H15 | g26 | 猪 | 右 | 下颌骨 | 包括第1、2臼齿 | | 1 |
| H15 | g27 | 猪 | 右 | 下颌骨 | 包括第1、2、4前臼齿,第1臼齿 | | 2 |
| H15 | g28 | 猪 | 左? | 下颌骨 | 包括第2门齿,犬齿 | | 1 |
| H15 | g29 | 犬 | 左 | 肋骨 | — | | 2 |

续表

| 单位 | 编号 | 种　　属 | 左右 | 骨骼名称 | 部　　位 | 保存状况 | 件数 |
|------|------|---------|------|---------|---------|---------|------|
| H15 | g30 | 犬 | 左 | 跖骨 | 第2跖骨 | | 3 |
| H15 | g31 | 鸡 | 右 | 尺骨 | — | | 3 |
| H15 | g32 | 马 | 右 | 桡骨？ | — | | 1 |
| H15 | g33 | 马 | 左 | 肱骨 | — | | 1 |
| H15 | g34 | 大型哺乳动物 | — | 肱骨 | — | | 1 |
| H15 | g35 | 中型哺乳动物 | — | 股骨 | — | | 1 |
| H15 | g36 | 黄牛 | 左 | 肋骨 | — | | 2 |
| H15 | g37 | 大型哺乳动物 | — | 骨盆 | — | | 1 |
| H15 | g38 | 大型哺乳动物 | 左？ | 肋骨 | — | | 1 |
| H15 | g39 | 猪 | 左 | 下颌骨 | 髁突 | | 1 |
| H15 | g40 | 大型哺乳动物 | — | 肩胛骨 | — | | 1 |
| H15 | g41 | 大型哺乳动物 | — | 骨盆 | 髂骨 | | 1 |
| H15 | g43 | 中型哺乳动物 | — | 脊椎 | — | | 1 |
| H15 | g44 | 羊（山羊？） | 左 | 肱骨 | — | | 1 |
| H15 | g45 | 猪 | 左 | 肋骨 | — | | 2 |
| H15 | g46 | 犬 | 右 | 尺骨 | — | | 2 |
| H15 | g49 | 黄牛 | 左 | 掌骨 | — | | 1 |
| H15 | g50 | 黄牛 | 左 | 肱骨 | — | | 1 |
| H15 | g51 | 黄牛 | 左 | 尺骨 | — | | 3 |
| H15 | g52 | 黄牛 | 左 | 掌骨 | — | | 2 |
| H15 | g53 | 黄牛 | — | 跖骨 | — | | 2 |
| H15 | g54 | 黄牛 | 左 | 骨盆 | 髋臼+髂骨 | | 2 |
| H15 | g55 | 猪 | 左 | 骨盆 | 髋臼 | | 1 |
| H15 | g58 | 大型哺乳动物 | — | 肋骨 | — | | 1 |
| H15 | g59 | 黄牛 | 左 | 股骨 | — | | 1 |
| H15 | g60 | 大型哺乳动物 | — | 肩胛骨 | — | | 1 |
| H15 | g61 | 猪 | — | 上颌骨 | 包括第1乳门齿/第2乳门齿 | | 1 |
| H15 | g63 | 黄牛 | 右 | 股骨 | — | | 1 |

| 单位 | 编号 | 种　　属 | 左右 | 骨骼名称 | 部　　位 | 保存状况 | 件数 |
|---|---|---|---|---|---|---|---|
| H15 | g64 | 大型哺乳动物 | — | 头骨 | 颞骨 | | 2 |
| H15 | g66 | 黄牛 | 右 | 跖骨 | — | | 1 |
| H15 | g67 | 黄牛 | 右 | 肩胛骨 | — | | 3 |
| H15 | g68 | 黄牛 | 左 | 桡骨 | — | | 2 |
| H15 | g69 | 黄牛？ | — | 骶骨 | — | | 2 |
| H15 | g70 | 黄牛 | — | 脊椎 | 腰椎 | | 3 |
| H15 | g71 | 马 | 右 | 趾骨 | 第1趾骨 | 完整 | 1 |
| H15 | g72 | 黄牛 | 左 | 桡骨 | — | | 1 |
| H15 | g73 | 黄牛 | 左 | 掌骨 | — | | 1 |
| H15 | g74 | 羊 | 左，右 | 头骨 | 额骨（人字缝未愈合） | | 3 |
| H15 | g75 | 鹿 | — | 头骨 | 顶骨 | | 1 |
| H15 | g76 | 黄牛 | 左 | 下颌骨 | 包括第2、3、4前臼齿，第1、2、3臼齿 | | 3 |
| H15 | g78 | 猪 | 右 | 头骨 | 颞骨 | | 1 |
| H15 | g80 | 羊 | 右 | 游离齿 | 第3臼齿 | | 4 |
| H15 | g81 | 猪 | 右 | 下颌骨 | 包括第1门齿，第2乳门齿，第1前臼齿 | | 1 |
| H15 | g82 | 羊（绵羊？） | — | 肋骨 | — | | 1 |
| H15 | g83 | 猪 | 左 | 游离齿 | 包括犬齿 | | 2 |
| H15 | g84 | 羊 | 右 | 下颌骨 | 包括第4前臼齿，第1、2臼齿 | | 1 |
| H15 | g85 | 黄牛 | — | 趾骨 | 第3趾骨 | 完整 | 1 |
| H15 | g86 | 大型哺乳动物 | — | 骨盆 | — | | 1 |
| H15 | g87 | 犬 | 右 | 游离齿 | 犬齿 | 完整 | 1 |
| H15 | g88 | 黄牛 | — | 骶骨 | | | 2 |
| H15 | g89 | 大型哺乳动物 | — | 骨盆 | 髋臼 | | 1 |
| H15 | g90 | 中型/大型哺乳动物 | — | 肢骨 | — | | 1 |
| H15 | g91 | 猪 | — | 骶骨 | | | 1 |
| H15 | g92 | 羊 | — | 头骨 | 颞骨 | | 1 |
| H15 | g93 | 猪 | — | 头骨 | 颞骨 | | 1 |

| 单位 | 编号 | 种　　属 | 左右 | 骨骼名称 | 部　　位 | 保存状况 | 件数 |
|------|------|----------|------|----------|----------|----------|------|
| H15 | g94 | 中型哺乳动物 | 左 | 肋骨 | — | | 4 |
| H16① | g1 | 黄牛 | 左 | 胫骨 | — | | 1 |
| H16① | g2 | 中型哺乳动物 | 右 | 肢骨 | — | | 1 |
| H16 | g3 | 山羊? | — | 头骨 | 额骨 | | 2 |
| H16 | g4 | 羊/鹿 | — | 骶骨 | — | | 2 |
| H16 | g5 | 大型哺乳动物 | — | 肋骨 | — | | 1 |
| H16 | g6 | 犬 | 右 | 头骨 | 颞骨 | | 1 |
| H16 | g7 | 黄牛 | 左 | 桡骨 | — | | 1 |
| H16 | g8 | 黄牛 | 左 | 股骨 | — | | 1 |
| H16 | g9 | 猪 | 左 | 下颌骨 | — | | 1 |
| H16 | g10 | 中型哺乳动物 | 左 | 骶骨 | — | | 1 |
| H16 | g11 | 中型哺乳动物 | — | 肢骨 | — | | 1 |
| H16 | g12 | 黄牛 | 右 | 腕骨 | — | | 1 |
| H16 | g13 | 中型哺乳动物? | — | 未能鉴别 | — | | 1 |
| H16 | g14 | 黄牛 | — | 趾骨 | — | 完整 | 1 |
| H16 | g15 | 鸡 | 右 | 喙突? | — | 完整 | 1 |
| H16 | g16 | 羊? | 左 | 肋骨 | — | | 1 |
| H16 | g17 | 羊? | — | 下颌骨 | — | | 1 |
| H16 | g18 | 犬 | — | 股骨 | — | | 1 |
| H16 | g19 | 鸟(鸭?) | 右 | 桡骨 | — | | 2 |
| H16 | g20 | 犬 | — | 骶骨 | — | | 1 |
| H16 | g21 | 猪 | 左 | 下颌骨 | 包括第2门齿,犬齿,第1、2、3、4前臼齿,第1臼齿 | | 2 |
| H16 | g22 | 大型哺乳动物 | — | 肋骨 | — | | 1 |
| H16 | g23 | 中型哺乳动物 | — | 肢骨 | — | | 1 |
| H16 | g24 | 中型哺乳动物 | — | 肢骨 | — | | 1 |
| H16 | g25 | 猪 | 左 | 游离齿 | 上犬齿 | | 2 |
| H16 | g26 | 猪 | 右 | 游离齿 | 第2下乳门齿 | | 3 |
| H16 | g27 | 猪 | 左,右 | 下颌骨 | 包括第1下臼齿 | | 3 |

| 单位 | 编号 | 种　　属 | 左右 | 骨骼名称 | 部　　位 | 保存状况 | 件数 |
|------|------|----------|------|----------|----------|----------|------|
| H18 | g1 | 猪 | 左 | 肱骨 | — | | 2 |
| H18① | g2 | 黄牛 | 左 | 桡骨 | — | | 2 |
| H19⑤ | g1 | 中型哺乳动物 | — | 肋骨 | — | | 1 |
| H19⑤ | g2 | 马 | 左? | 距骨 | — | | 1 |
| H19⑤ | g3 | 羊 | 左 | 游离齿 | 第3上臼齿 | 完整 | 1 |
| H19⑤ | g4 | 中型哺乳动物 | — | 头骨 | — | | 1 |
| H19⑤ | g5 | 马 | 右 | 肱骨 | — | | 1 |
| H19⑤ | g6 | 黄牛 | 右 | 肱骨 | — | | 2 |
| H19 | g7 | 猪 | — | 头骨 | — | | 1 |
| H24 | g1 | 人属? | 左 | 跟骨 | — | | 4 |
| H24 | g2 | 黄牛 | 左 | 胫骨 | — | | 1 |
| H24 | g3 | 人属? | 左 | 跖骨 | 第1跖骨 | 完整 | 1 |
| H24 | g4 | 大型哺乳动物 | — | 肢骨 | — | | 1 |
| H24 | g5 | 黄牛 | 左 | 桡骨 | — | | 1 |
| H25① | g1 | 马 | — | 趾骨 | 第3趾骨 | | 4 |
| H25② | g2 | 大型哺乳动物 | — | 肩胛骨 | — | | 1 |
| H25② | g3 | 黄牛 | — | 肋骨 | — | | 1 |
| H25② | g4 | 中型哺乳动物 | — | 肢骨 | — | | 1 |
| H25② | g5 | 中型哺乳动物 | — | 肋骨 | — | | 2 |
| H25② | g6 | 中型哺乳动物（羊） | — | 肋骨 | — | | 2 |
| H25② | g7 | 黄牛 | — | 尺骨 | — | | 1 |
| H25② | g10 | 大型哺乳动物 | — | 胫骨 | — | | 1 |
| H25② | g12 | 黄牛 | — | 趾骨 | 第1趾骨 | 完整 | 1 |
| H25⑥ | g13 | 黄牛 | — | 桡骨 | — | | 1 |
| H26① | g1 | 大型哺乳动物 | — | 肢骨 | — | | 1 |
| H26① | g2 | 羊 | 左 | 头骨 | 颧骨 | | 3 |
| H26① | g3 | 黄牛 | — | 趾骨 | 第3趾骨 | | 4 |
| H26① | g4 | 绵羊 | 左 | 肩胛骨 | — | | 1 |
| H26① | g5 | 鸟? | — | 肢骨 | — | | 1 |

续表

| 单位 | 编号 | 种　属 | 左右 | 骨骼名称 | 部　位 | 保存状况 | 件数 |
|---|---|---|---|---|---|---|---|
| H26① | g6 | 黄牛 | 右 | 掌骨 | — | | 1 |
| H26① | g8 | 犬 | 右 | 股骨 | — | | 4 |
| H26① | g9 | 犬 | 左 | 下颌骨 | 包括第2、3、4乳前白齿，犬齿，门齿 | | 3 |
| H26② | g10 | 黄牛 | 右 | 掌骨 | — | | 2 |
| H26② | g11 | 犬 | 左 | 股骨 | — | | 4 |
| H26② | g12 | 黄牛 | — | 胫骨 | — | | 1 |
| H26② | g13 | 犬 | 右 | 掌骨 | 第5掌骨 | 完整 | 1 |
| H26① | g14 | 犬 | 右 | 掌骨 | 第4掌骨 | 完整 | 1 |
| H26② | g15 | 犬 | — | 脊椎 | 枢椎 | | 4 |
| H26② | g16 | 犬 | — | 脊椎 | 颈椎 | 完整 | 1 |
| H26② | g17 | 犬 | — | 脊椎 | 尾椎 | 完整 | 1 |
| H26② | g18 | 犬 | — | 脊椎 | 尾椎 | 完整 | 1 |
| H26② | g19 | 犬 | — | 头骨 | 顶骨+颞骨 | | 2 |
| H26② | g20 | 犬 | — | 脊椎 | 颈椎 | | 4 |
| H26② | g21 | 犬 | — | 脊椎 | 胸椎 | 完整 | 1 |
| H26② | g22 | 犬 | — | 脊椎 | 腰椎 | 完整 | 1 |
| H26② | g23 | 犬 | 右 | 股骨 | — | | 2 |
| H26② | g24 | 羊 | — | 肋骨 | — | | 2 |
| H26② | g25 | 犬 | 右 | 掌骨 | 第3掌骨 | 完整 | 1 |
| H26② | g26 | 犬 | 左 | 腓骨 | — | | 3 |
| H26② | g27 | 犬 | 右 | 肋骨 | — | | 4 |
| H26② | g28 | 犬 | 左 | 胫骨 | | 完整 | 1 |
| H26② | g29 | 犬 | 右 | 肱骨 | | 完整 | 1 |
| H26② | g30 | 犬 | 右 | 肱骨 | | 完整 | 1 |
| H26② | g31 | 犬 | 左 | 桡骨 | | | 1 |
| H26② | g32 | 犬 | 右 | 尺骨 | | 完整 | 1 |
| H26② | g33 | 犬 | 右 | 桡骨 | | | 1 |
| H26② | g34 | 黄牛 | — | 趾骨 | 第1趾骨 | 完整 | 1 |

| 单位 | 编号 | 种　　属 | 左右 | 骨骼名称 | 部　　位 | 保存状况 | 件数 |
|---|---|---|---|---|---|---|---|
| H26② | g35 | 黄牛 | 左 | 头骨 | 上颌骨+门齿骨 | | 2 |
| H26② | g36 | 山羊 | 右 | 肩胛骨 | — | | 2 |
| H26② | g39 | 黄牛 | 左? | 胫骨 | — | | 1 |
| H26② | g40 | 犬 | 左 | 尺骨 | — | 完整 | 1 |
| H26② | g41 | 大型哺乳动物 | — | 肢骨 | — | | 1 |
| H26② | g43 | 犬 | 左 | 骨盆 | 髋臼 | | 4 |
| H26② | g44 | 犬 | 右 | 骨盆 | 髋臼 | | 4 |
| H26② | g45 | 山羊 | 左 | 肩胛骨 | — | | 2 |
| H26② | g46 | 中型哺乳动物 | — | 头骨? | — | | 1 |
| H26② | g47 | 中型/大型哺乳动物 | — | 肢骨 | — | | 1 |
| H26② | g48 | 中型哺乳动物 | — | 头骨 | — | | 1 |
| H26② | g49 | 中型哺乳动物 | — | 肩胛骨 | — | | 1 |
| H26② | g51 | 中型哺乳动物 | — | 肢骨 | — | | 1 |
| H26② | g52 | 中型哺乳动物 | — | 肋骨 | — | | 1 |
| H26② | g53 | 中型哺乳动物 | 右 | 上颌骨 | — | | 1 |
| H26② | g54 | 小型哺乳动物 | — | 肋骨 | — | | 1 |
| H26② | g55 | 中型哺乳动物 | — | 脊椎 | — | | 1 |
| H26② | g56 | 中型/大型哺乳动物 | — | 肢骨 | — | | 1 |
| H26② | g57 | 中型哺乳动物 | — | 肢骨 | — | | 1 |
| H26② | g58 | 中型哺乳动物 | — | 肢骨 | — | | 1 |
| H26② | g59 | 中型哺乳动物 | — | 肢骨 | — | | 1 |
| H26② | g60 | 小型哺乳动物 | — | 肢骨 | — | | 1 |
| H27 | g1 | 马 | 右 | 肱骨 | | | 1 |
| H27 | g3 | 黄牛 | 左 | 骨盆 | 髋臼+髂骨 | | 1 |
| H27 | g4 | 黄牛 | 右 | 桡骨 | | | 1 |
| H27 | g5 | 大型哺乳动物 | — | 肢骨 | 腓骨 | | 1 |
| H27 | g7 | 大型哺乳动物 | — | 肋骨 | — | | 1 |
| H27 | g8 | 大型哺乳动物 | — | 肋骨 | — | | 1 |

续表

| 单位 | 编号 | 种　　属 | 左右 | 骨骼名称 | 部　　位 | 保存状况 | 件数 |
|---|---|---|---|---|---|---|---|
| H27 | g10 | 大型哺乳动物 | — | 肋骨 | — | | 1 |
| H27 | g11 | 羊 | 右 | 游离齿 | 第1臼齿/第2臼齿 | 完整 | 1 |
| H27 | g12 | 羊 | 右 | 游离齿 | 第4乳前臼齿 | 完整 | 1 |
| H27 | g13 | 猪 | 左 | 游离齿 | 第2门齿 | 完整 | 1 |
| H27 | g14 | 猪 | 左 | 游离齿 | 犬齿 | | 3 |
| H27 | g15 | 猪 | 左 | 游离齿 | 犬齿 | | 4 |
| H27 | g16 | 马 | 左 | 肱骨 | — | | 2 |
| H28 | g1 | 黄牛 | 左 | 上颌骨 | 包括第4前臼齿，第1臼齿，第4前臼齿/第3前臼齿 | | 1 |
| H28 | g4 | 犬 | 左，右 | 下颌骨 | 包括左：第2、3前臼齿，第1、2臼齿，犬齿；右：第1、2门齿，犬齿 | | 3 |
| H28 | g5 | 大型哺乳动物 | — | 胫骨/桡骨 | — | | 1 |
| H28 | g6 | 中型哺乳动物 | — | 肢骨 | — | | 1 |
| H28 | g7 | 黄牛 | 右？ | 桡骨 | — | | 1 |
| H28 | g8 | 中型哺乳动物 | — | 桡骨？ | — | | 1 |
| H28 | g9 | 中型哺乳动物 | — | 肢骨 | — | | 1 |
| H28 | g10 | 犬 | 右 | 骨盆 | 髂骨+坐骨 | | 4 |
| H28 | g11 | 犬 | 右 | 胫骨 | — | | 1 |
| H28 | g13 | 犬 | 右 | 下颌骨 | 包括第4前臼齿，第1臼齿 | | 2 |
| H28 | g14 | 中型哺乳动物 | — | 桡骨？ | — | | 1 |
| H28 | g15 | 羊 | 左 | 尺骨 | — | | 2 |
| H28 | g16 | 大型哺乳动物 | — | 肢骨 | — | | 1 |
| H28 | g17 | 猪 | 左 | 骨盆 | 坐骨 | | 1 |
| H31② | g1 | 马 | 右 | 游离齿 | 第3臼齿 | | 4 |
| H31② | g2 | 猪 | 右 | 头骨 | 枕骨 | | 1 |
| H31② | g3 | 猪 | 左 | 下颌骨 | 包括第2、3、4前臼齿，第1、2、3臼齿 | | 3 |
| H31② | g4 | 黄牛 | 左 | 角心 | — | | 4 |

| 单位 | 编号 | 种　　属 | 左右 | 骨骼名称 | 部　　位 | 保存状况 | 件数 |
|---|---|---|---|---|---|---|---|
| H31② | g5 | 猪 | — | 上颌骨 | 包括第1、2、3、4前臼齿，犬齿，第1臼齿 |  | 1 |
| H31② | g6 | 黄牛 | 左 | 角心 | — |  | 2 |
| H31② | g7 | 猪（大型哺乳动物？） | 右？ | 下颌骨 | 冠突 |  | 1 |
| H31② | g8 | 黄牛 | — | 趾骨 | 第2趾骨 | 完整 | 1 |
| H31② | g9 | 鹿 | — | 头骨 | 顶骨 |  | 2 |
| H31② | g10 | 猪 | 右？ | 肋骨 | — |  | 2 |
| H31② | g11 | 犬 | — | 股骨 | — |  | 1 |
| H31② | g12 | 马 | — | 趾骨 | 第2趾骨 | 完整 | 1 |
| H31② | g13 | 羊？ | 左 | 桡骨 | — |  | 1 |
| H31② | g14 | 中型哺乳动物 | — | 下颌骨 | — |  | 1 |
| H31② | g15 | 中型哺乳动物 | — | 未能鉴别 | — |  | 1 |
| H31② | g16 | 羊 | — | 角心 | — |  | 1 |
| H31② | g17 | 大型哺乳动物 | — | 脊椎 | 胸椎（棘突） |  | 1 |
| H31② | g18 | 黄牛 | 右 | 跟骨 | — |  | 3 |
| H31② | g19 | 马 | 右 | 游离齿 | 第3臼齿 | 完整 | 1 |
| H31② | g20 | 犬 | 左 | 桡骨 | — | 完整 | 1 |
| H31② | g21 | 犬 | 左 | 股骨 | — |  | 4 |
| H31② | g22 | 犬 | 右 | 胫骨 | — |  | 3 |
| H31② | g23 | 黄牛 | 右 | 肱骨 | — |  | 1 |
| H31② | g24 | 中型哺乳动物 | — | 肢骨 | — |  | 1 |
| H31② | g25 | 中型哺乳动物 | — | 肢骨 | — |  | 1 |
| H31② | g26 | 大型哺乳动物 | — | 肢骨？ | — |  | 1 |
| H31② | g27 | 中型哺乳动物 | — | 肢骨 | — |  | 1 |
| H31② | g28 | 黄牛 | — | 趾骨 | 第1趾骨 |  | 1 |
| H31② | g29 | 小型哺乳动物 | 左 | 肋骨 | — |  | 4 |
| H32③ | g21 | 黄牛 | 左 | 尺骨＋桡骨 | — |  | 1 |
| H32③ | g22 | 中型哺乳动物 | — | 股骨 | — |  | 1 |

续表

| 单位 | 编号 | 种　　属 | 左右 | 骨骼名称 | 部　　　位 | 保存状况 | 件数 |
|---|---|---|---|---|---|---|---|
| H32③ | g23 | 大型哺乳动物 | 右 | 骨盆 | 髂骨 | | 1 |
| H32④ | g24 | 中型哺乳动物 | 右 | 胫骨 | — | | 1 |
| H32③ | g25 | 猪 | 右 | 上颌骨 | 包括第3、4前臼齿，第1、2臼齿 | | 1 |
| H32③ | g26 | 黄牛 | 左 | 桡骨+尺骨 | — | | 1 |
| H32⑥ | g27 | 黄牛 | 右 | 上颌骨+鼻骨 | — | | 1 |
| H32⑥ | g28 | 黄牛 | — | 肋骨 | — | | 2 |
| H32⑥ | g29 | 黄牛 | — | 趾骨 | 第1趾骨 | 完整 | 1 |
| H32⑥ | g30 | 犬 | 左 | 胫骨 | — | | 2 |
| H32⑥ | g31 | 黄牛 | — | 肋骨 | — | | 1 |
| H32⑥ | g32 | 猪 | 右 | 头骨 | 颧骨/上颌骨 | | 2 |
| H32⑥ | g33 | 黄牛 | 左 | 胫骨 | — | | 1 |
| H32⑥ | g34 | 马 | 右 | 游离齿 | 第3门齿 | 完整 | 1 |
| H32⑥ | g35 | 马 | 右 | 游离齿 | 第2门齿 | 完整 | 1 |
| H32⑥ | g36 | 马 | 右 | 游离齿 | 第1门齿 | 完整 | 1 |
| H32⑥ | g40 | 中型哺乳动物 | — | 肢骨？ | — | | 1 |
| H32⑥ | g41 | 大型哺乳动物 | 右 | 上颌骨 | — | | 1 |
| H32⑥ | g42 | 鹿 | 右 | 角 | — | | 3 |
| H33 | g1 | 黄牛 | 左 | 桡骨 | — | | 3 |
| H33 | g2 | 黄牛 | 右 | 骨盆 | 髂骨 | | 1 |
| H33 | g3 | 黄牛 | 右 | 游离齿 | 第1臼齿/第2臼齿 | 完整 | 1 |
| H33 | g4 | 犬（犬属） | 左 | 肱骨 | — | | 2 |
| H33 | g5 | 犬 | — | 骨盆 | 髂骨？ | | 1 |
| H33 | g6 | 中型/大型哺乳动物 | — | 肢骨 | — | | 1 |
| H33 | g7 | 猪 | 左 | 跖骨/掌骨 | 第4跖骨/掌骨 | | 3 |
| H33 | g8 | 黄牛 | 右 | 腕骨 | — | | 2 |
| H33 | g9 | 中型哺乳动物 | — | 股骨 | — | | 1 |
| H33 | g10 | 中型哺乳动物 | — | 肢骨 | 跖骨/掌骨？ | | 1 |
| H33 | g11 | 小型哺乳动物（犬） | 右 | 肋骨 | — | | 3 |

| 单位 | 编号 | 种　　属 | 左右 | 骨骼名称 | 部　　位 | 保存状况 | 件数 |
|---|---|---|---|---|---|---|---|
| H33 | g12 | 中型哺乳动物 | — | 肢骨 | — | | 1 |
| H33 | g13 | 中型哺乳动物 | — | 肢骨 | — | | 1 |
| H33 | g14 | 小型哺乳动物（啮齿动物） | 左 | 掌骨 | 第4掌骨 | | 1 |
| H33 | g15 | 中型哺乳动物 | — | 肢骨 | — | | 1 |
| H33 | g16 | 中型哺乳动物 | — | 肢骨 | — | | 1 |
| H33 | g17 | 小型哺乳动物 | — | 肢骨 | 跖骨/掌骨？ | | 1 |
| H33 | g18 | 中型哺乳动物 | — | 肢骨 | — | | 1 |
| H33 | g19 | 小型哺乳动物 | — | 肋骨 | — | | 1 |
| H33 | g20 | 中型哺乳动物 | — | 肢骨 | — | | 1 |
| H34① | g1 | 猪 | 左,右 | 鼻骨 | — | | 1 |
| H34① | g3 | 猪 | 右 | 肩胛骨 | — | | 1 |
| H34① | g4 | 羊？ | 左 | 肩胛骨 | — | | 1 |
| H34① | g5 | 中型哺乳动物 | — | 肋骨 | — | | 1 |
| H34① | g6 | 中型哺乳动物 | — | 肢骨 | — | | 1 |
| H34① | g7 | 中型哺乳动物 | — | 肋骨？ | — | | 1 |
| H34① | g8 | 中型哺乳动物 | — | 肋骨 | — | | 1 |
| H35 | g1 | 黄牛 | — | 肋骨 | — | | 2 |
| H35 | g2 | 黄牛 | 左 | 胫骨 | — | | 1 |
| H35 | g3 | 黄牛 | 左 | 尺骨+桡骨 | — | | 1 |
| H35 | g4 | 大型哺乳动物 | — | 跖骨/掌骨 | — | | 2 |
| H35 | g5 | 山羊？ | 右 | 肩胛骨 | — | | 2 |
| H35 | g6 | 中型哺乳动物 | — | 肢骨 | — | | 1 |
| H35 | g7 | 大型哺乳动物 | — | 胫骨？ | — | | 1 |
| H35 | g8 | 大型哺乳动物 | — | 肢骨 | — | | 1 |
| H35 | g9 | 小型哺乳动物（鼠） | — | 跖骨/掌骨 | 第4跖骨/掌骨 | | 3 |
| H35 | g10 | 中型哺乳动物 | — | 肢骨 | — | | 1 |
| H35 | g11 | 小型哺乳动物 | 右 | 肋骨 | — | | 2 |
| H35 | g12 | 鸟/鸡 | — | 尺骨 | — | | 1 |

| 单位 | 编号 | 种　　属 | 左右 | 骨骼名称 | 部　　位 | 保存状况 | 件数 |
|---|---|---|---|---|---|---|---|
| H35 | g13 | 中型哺乳动物 | — | 肢骨 | — | | 1 |
| H35 | g14 | 中型哺乳动物 | — | 头骨 | — | | 1 |
| H35 | g15 | 中型哺乳动物 | — | 肢骨 | — | | 1 |
| H36① | g1 | 黄牛 | 左 | 腕骨 | — | | 2 |
| H36① | g2 | 鱼 | — | — | | 完整 | 1 |
| H36① | g3 | 中型哺乳动物 | — | 肢骨 | — | | 1 |
| H36① | g4 | 小型哺乳动物 | — | 肋骨 | — | | 4 |
| H36① | g5 | 小型哺乳动物（鼠） | — | 游离齿 | 第1门齿/第2门齿 | | 4 |
| H36① | g6 | 鱼 | — | — | — | 完整 | 1 |
| H36① | g7 | 小型哺乳动物 | — | 肋骨 | — | | 3 |
| H36① | g8 | 鸟 | — | 肢骨 | — | | 1 |
| H36① | g9 | 小型哺乳动物（鼠） | 右 | 下颌骨 | — | | 2 |
| H36① | g10 | 中型哺乳动物 | — | 脊椎 | — | | 1 |
| H36① | g11 | 中型哺乳动物 | — | 头骨 | — | | 1 |
| H36① | g12 | 小型哺乳动物 | — | 肋骨 | — | | 1 |
| H36① | g13 | 小型哺乳动物（鼠） | 左 | 尺骨 | — | | 4 |
| H36① | g14 | 小型哺乳动物 | — | 头骨 | — | | 1 |
| H36① | g15 | 鸟 | — | 肢骨 | — | 完整 | 1 |
| H36① | g16 | 小型哺乳动物 | — | 肢骨 | — | | 1 |
| H36② | g17 | 小型哺乳动物 | 左 | 骨盆 | 髋臼 | | 1 |
| H36② | g19 | 哺乳动物 | — | 籽骨 | — | | 1 |
| H36② | g20 | 中型哺乳动物 | — | 肢骨 | — | | 1 |
| H36② | g21 | 鸟 | — | 肢骨 | — | | 1 |
| H36② | g22 | 鱼 | — | — | — | | — |
| H36② | g23 | 小型哺乳动物 | — | 未能识别 | — | | — |
| H36② | g24 | 鸟 | 左 | 尺骨 | — | | 1 |
| H36② | g25 | 小型哺乳动物 | 左 | 下颌骨 | 包括第4前臼齿，第1臼齿 | | 2 |
| H36② | g26 | 小型哺乳动物（鼠） | — | 跗骨 | 第2、3、4、4跗骨 | | 4 |
| H36② | g27 | 小型哺乳动物（鼠） | 左 | 肋骨 | — | | 3 |

| 单位 | 编号 | 种　　属 | 左右 | 骨骼名称 | 部　　位 | 保存状况 | 件数 |
|---|---|---|---|---|---|---|---|
| H36② | g28 | 犬 | — | 趾骨 | 第3趾骨 | 完整 | 1 |
| H36② | g29 | 小型哺乳动物（鼠） | — | 寰椎 | — | 完整 | 1 |
| H36② | g30 | 中型哺乳动物 | — | 肢骨 | — | | 1 |
| H38③ | g1 | 犬 | — | 趾骨/跖骨 | 第2趾骨/第2跖骨 | 完整 | 1 |
| H38③ | g2 | 中型哺乳动物 | — | 肋骨 | — | | 1 |
| H38 | g3 | 中型哺乳动物 | — | 肋骨 | — | | 1 |
| H38⑦ | g4 | 中型哺乳动物 | — | 脊椎 | — | | 1 |
| H38⑦ | g5 | 犬 | — | 趾骨 | 第2趾骨 | 完整 | 1 |
| H38② | g6 | 大型哺乳动物 | — | 肢骨 | 胫骨/桡骨 | | 1 |
| H38⑦ | g7 | 黄牛 | — | 掌骨 | — | | 1 |
| H38⑪ | g8 | 大型哺乳动物 | — | 肢骨 | — | | 1 |
| H38⑥ | g9 | 犬 | 右 | 股骨 | — | | 1 |
| H38⑥ | g10 | 犬 | 左 | 头骨 | 颞骨 | | 1 |
| H38⑥ | g11 | 犬 | 左 | 股骨 | — | | 1 |
| H38⑥ | g12 | 犬 | 右 | 上颌骨 | 包括第4前臼齿，第1、2臼齿 | | 1 |
| H38⑥ | g13 | 犬 | 右 | 上颌骨+颞骨 | 包括第2、4前臼齿，第1、2臼齿 | | 1 |
| H38⑥ | g14 | 犬 | 左 | 上颌骨+颞骨 | 包括犬齿，第3,4前臼齿，第1,2臼齿 | | 1 |
| H38 | g15 | 犬 | — | 上颌骨？ | 包括左：第1臼齿，第1门齿；右：第2前臼齿/第3前臼齿 | 完整 | 1 |
| H38 | g16 | 啮齿动物（兔） | 左 | 下颌骨 | 门牙+臼齿 | 完整 | 1 |
| H38 | g17 | 犬 | 左 | 下颌骨 | 包括第1、2、3门齿，犬齿，第1、2、3、4前臼齿，第1、2臼齿 | 完整 | 1 |
| H38⑥ | g18 | 犬 | 右 | 下颌骨 | 包括犬齿，第2、3、4前臼齿，第1、2臼齿 | | 4 |
| H38⑥ | g19 | 犬 | 左 | 上颌骨+颞骨 | 包括第2、3、4前臼齿，第1、2臼齿，犬齿 | | 2 |
| H38⑥ | g20 | 犬 | 左 | 头骨 | 顶骨 | | 2 |

续表

| 单位 | 编号 | 种　　属 | 左右 | 骨骼名称 | 部　　位 | 保存状况 | 件数 |
|---|---|---|---|---|---|---|---|
| H38⑥ | g21 | 犬 | 左 | 肋骨 | — | | 3 |
| H38⑥ | g22 | 犬 | 左 | 掌骨 | 第3掌骨 | 完整 | 1 |
| H38⑥ | g23 | 黄牛 | — | 头骨 | 枕骨＋顶叶 | | 2 |
| H38⑥ | g24 | 犬 | 左 | 跖骨 | 第3跖骨 | 完整 | 1 |
| H38⑥ | g25 | 犬 | 左 | 掌骨 | 第4掌骨 | 完整 | 1 |
| H38⑥ | g26 | 中型哺乳动物 | — | 肋骨/肢骨 | — | | 1 |
| H38② | g27 | 山羊 | 右 | 股骨 | — | | 2 |
| H38⑥ | g28 | 中型哺乳动物 | — | 肋骨 | — | | 2 |
| H38⑥ | g29 | 犬 | 右 | 上颌骨＋鼻骨 | — | | 1 |
| H38⑥ | g30 | 犬 | 左 | 股骨 | — | | 1 |
| H38⑥ | g31 | 黄牛 | — | 角心 | — | | 2 |
| H38⑥ | g32 | 犬 | 左 | 头骨 | 鼻骨 | | 2 |
| H38⑥ | g33 | 犬 | 右 | 头骨 | 颞骨 | | 2 |
| H38⑥ | g35 | 羊 | — | 肋骨 | — | | 1 |
| H38⑥ | g36 | 猪 | — | 跖骨 | 第3跖骨 | | 2 |
| H38⑥ | g37 | 犬 | 左 | 跟骨/距骨 | — | 完整 | 1 |
| H38⑥ | g38 | 犬 | 右 | 游离齿 | 臼齿,犬齿 | 完整 | 2 |
| H38③ | g39 | 猪 | — | 游离齿 | 门齿 | 完整 | 1 |
| H38③ | g40 | 中型哺乳动物 | — | 脊椎 | 关节面 | | 1 |
| H38③ | g41 | 小型/中型哺乳动物 | — | 肢骨/肋骨 | — | | 1 |
| H38③ | g42 | 中型哺乳动物 | — | 肋骨 | — | | 1 |
| H38③ | g43 | 中型哺乳动物 | — | 肢骨/肋骨？ | — | | 1 |
| H38⑦ | g44 | 中型哺乳动物 | — | 肢骨？ | — | | 1 |
| H38⑦ | g45 | 中型哺乳动物 | — | 肋骨 | — | | 1 |
| H38⑥ | g46 | 兔？ | 左 | 桡骨 | — | | 4 |
| H38⑥ | g47 | 中型哺乳动物 | — | 肋骨 | — | | 2 |
| H38⑥ | g48 | 中型哺乳动物 | — | 脊椎 | — | | 1 |
| H38⑥ | g49 | 中型哺乳动物 | — | 肢骨/肋骨？ | — | | 1 |
| H38⑥ | g50 | 小型哺乳动物 | — | 股骨？ | — | | 1 |

| 单位 | 编号 | 种　属 | 左右 | 骨骼名称 | 部　位 | 保存状况 | 件数 |
|---|---|---|---|---|---|---|---|
| H38⑥ | g51 | 小型哺乳动物（鼠） | 右 | 上颌骨 | — | | 2 |
| H38⑥ | g52 | 中型哺乳动物 | — | 肢骨/肋骨 | — | | 1 |
| H38⑥ | g53 | 小型哺乳动物（鼠） | 左 | 股骨 | — | | 3 |
| H38④ | g54 | 中型哺乳动物 | — | 肢骨/肋骨 | — | | 1 |
| H38④ | g55 | 中型哺乳动物 | — | 肢骨/肋骨 | — | | 1 |
| H38④ | g56 | 中型哺乳动物 | — | 肋骨 | — | | 1 |
| H39② | g1 | 中型哺乳动物 | — | 头骨 | — | | 1 |
| H39③ | g2 | 马 | 右 | 股骨 | — | | 1 |
| H39③ | g3 | 马 | 右 | 股骨 | — | | 1 |
| H39③ | g4 | 中型哺乳动物 | — | 肢骨? | — | | 1 |
| H39③ | g5 | 中型哺乳动物 | — | 股骨 | — | | 1 |
| T1① | g1 | 大型哺乳动物 | — | 肢骨 | — | | 1 |
| T1① | g2 | 羊 | 左 | 桡骨 | — | | 1 |
| T1① | g4 | 黄牛 | — | 角心 | — | | 1 |
| T1① | g5 | 犬 | 左 | 股骨 | — | 完整 | 1 |
| T2① | g1 | 马 | 左 | 肱骨 | — | | 1 |
| T2① | g2 | 黄牛 | 左 | 胫骨 | — | | 1 |
| T2① | g3 | 大型哺乳动物 | — | 胫骨 | — | | 1 |
| T2① | g4 | 猪 | 左 | 上颌骨 | 包括第3臼齿 | | 1 |
| T2① | g5 | 大型哺乳动物 | — | 肢骨 | — | | 1 |
| T2① | g6 | 大型哺乳动物 | 右 | 肢骨 | — | | 1 |
| T2① | g7 | 黄牛 | — | 趾骨 | 第2趾骨 | 完整 | 1 |
| T2① | g8 | 鸡 | 右 | 喙突 | — | | 2 |
| T2① | g9 | 猪 | 左 | 游离齿 | 包括第1臼齿/第2臼齿 | 完整 | 1 |
| T2① | g10 | 猪 | 左 | 游离齿 | 包括第1门齿 | 完整 | 1 |
| T2① | g11 | 大型哺乳动物 | — | 肋骨 | — | | 1 |
| T2① | g12 | 犬 | 右 | 游离齿 | 第4前臼齿 | 完整 | 1 |
| T2① | g13 | 猪 | 右 | 头骨 | 颞骨 | | 1 |
| T5② | g1 | 黄牛 | — | 桡骨 | — | | 2 |

续表

| 单位 | 编号 | 种　　属 | 左右 | 骨骼名称 | 部　　位 | 保存状况 | 件数 |
|---|---|---|---|---|---|---|---|
| T5② | g3 | 黄牛 | 左 | 桡骨+尺骨 | — | | 1 |
| T5② | g4 | 马 | 左 | 游离齿 | 第1门齿 | 完整 | 1 |
| T5② | g5 | 中型哺乳动物 | — | 肋骨 | — | | 1 |
| T7① | g1 | 黄牛 | 右 | 跗骨 | — | | 1 |
| T7① | g2 | 马 | — | 脊椎 | 颈椎 | | 3 |
| T7① | g3 | 黄牛 | 右 | 桡骨 | — | | 1 |
| T7① | g4 | 马 | — | 脊椎 | 颈椎 | | 1 |
| T7① | g5 | 大型哺乳动物 | — | 肢骨 | | | 1 |
| T7① | g6 | 黄牛 | 左 | 腕骨 | | | 4 |
| T7① | g7 | 马 | 左 | 距骨 | | | 4 |
| T7① | g8 | 黄牛 | 左 | 胫骨 | | | 1 |
| T10③ | g1 | 黄牛 | 左 | 肩胛骨 | — | | 2 |
| T10③ | g2 | 黄牛 | 左 | 桡骨 | — | | 1 |
| T10③ | g3 | 黄牛 | 右 | 头骨 | 颞骨鳞状部 | | 1 |
| T10③ | g4 | 黄牛 | — | 下颌骨 | — | | 1 |
| T10③ | g6 | 黄牛 | 右 | 头骨 | 枕骨 | | 1 |
| T10③ | g7 | 黄牛 | 右 | 腕骨 | | | 2 |
| T10③ | g8 | 猪 | 右 | 头骨 | 泪骨 | | 1 |
| T10③ | g9 | 中型哺乳动物 | 左 | 上颌骨 | | | 1 |
| T10③ | g10 | 犬 | 右 | 骨盆 | 髋臼+髂骨 | | 1 |
| T10③ | g12 | 羊 | — | 趾骨 | 第1趾骨 | | 1 |
| T10③ | g13 | 黄牛 | 左 | 头骨 | 上颌骨+门齿骨 | | 1 |
| T10③ | g14 | 中型哺乳动物 | — | 肢骨 | | | 1 |
| T10③ | g15 | 中型哺乳动物 | — | 肋骨 | | | 1 |
| T10③ | g16 | 犬 | 右 | 尺骨 | — | | 1 |
| T10③ | g18 | 黄牛 | — | 肋骨 | | | 1 |
| T10③ | g19 | 猪 | 右 | 头骨 | 颧骨 | | 1 |
| T10③ | g20 | 猪 | 右 | 头骨 | 额骨+上颌骨 | | 1 |

附表二一　炭化植物遗存鉴定结果登记表

| 单位 | 样品总量（升） | 木炭遗存（升） | 炭化种子（粒） | | | | | | | | | | | | | 总计 |
| --- | --- | --- | --- | --- | --- | --- | --- | --- | --- | --- | --- | --- | --- | --- | --- | --- |
| | | | 粟 | 黍 | 小麦 | 大麦 | 谷物碎片 | 黍亚科 | 黄荆 | 马鞭草 | 藜科 | 卷耳属 | 锦葵属 | 酢浆草 | 不明确者 | |
| H3 | 40.4 | 5.779 | 1 | 1 | 1 | 0 | 0 | 12 | 0 | 0 | 4 | 0 | 0 | 1 | 1 | 21 |
| H7 | 11.6 | 0.5 | 6 | 1 | 3 | 1 | 0 | 8 | 0 | 0 | 35 | 0 | 0 | 0 | 5 | 59 |
| H26 | 6.2 | 0.797 | 0 | 0 | 0 | 0 | 0 | 6 | 0 | 3 | 0 | 0 | 0 | 0 | 0 | 9 |
| H31 | 50.2 | 7.286 | 1 | 0 | 0 | 0 | 0 | 3 | 0 | 0 | 727 | 56 | 2 | 4 | 3 | 796 |
| H32 | 5 | 0 | 99 | 2 | 0 | 0 | 1 | 212 | 0 | 0 | 35 | 7 | 3 | 0 | 0 | 359 |
| H33 | 35.5 | 2.208 | 2 | 0 | 0 | 0 | 0 | 0 | 0 | 0 | 322 | 139 | 0 | 2 | 1 | 466 |
| H34 | 52.5 | 1.39 | 6 | 0 | 1 | 2 | 0 | 11 | 0 | 0 | 741 | 50 | 0 | 7 | 4 | 822 |
| H35 | 29 | 0 | 20 | 0 | 2 | 1 | 2 | 18 | 0 | 0 | 848 | 94 | 0 | 7 | 4 | 996 |
| H36 | 32.1 | 5.392 | 0 | 0 | 2 | 0 | 0 | 0 | 0 | 0 | 560 | 40 | 0 | 8 | 1 | 611 |
| H38 | 56.95 | 0.319 | 28 | 1 | 7 | 1 | 6 | 36 | 3 | 1 | 793 | 72 | 0 | 0 | 7 | 955 |
| H39 | 9.6 | 8.421 | 12 | 0 | 0 | 0 | 0 | 11 | 1 | 0 | 27 | 31 | 0 | 0 | 3 | 85 |
| 总计 | 329.05 | 32.092 | 175 | 5 | 16 | 5 | 9 | 317 | 4 | 4 | 4 092 | 489 | 5 | 29 | 29 | 5 179 |

#### 附表二二　木炭树种鉴定结果登记表

| 编　　号 | 树　　种 |
|---|---|
| H3⑦：y592 | 栓皮栎（Quercus variabilis） |
| | 鹅耳枥属（Carpinus） |
| H26①：y4 | 栎属（Quercus） |
| | 麻栎（Quercus acutissima） |
| H31①：y257 | 栎属（Quercus） |
| H31①：y333 | 栎属（Quercus） |
| H31①：y377 | 栎属（Quercus） |
| | 栓皮栎（Quercus variabilis） |
| | 沙梾（红琼子木）（Cornus bretschneideri） |
| H31②：y379 | 栎属（Quercus） |
| | 栓皮栎（Quercus variabilis） |
| | 鹅耳枥属（Carpinus） |
| H33：y125 | 栎属（Quercus） |
| | 栓皮栎（Quercus variabilis） |
| | 鹅耳枥属（Carpinus） |
| H34①：y119：1 | 栎属（Quercus） |
| | 麻栎（Quercus acutissima） |
| H34①：y133 | 栎属（Quercus） |
| | 麻栎（Quercus acutissima） |
| H35：y5 | 栎属（Quercus） |
| H36①：y212 | 麻栎（Quercus acutissima） |
| | 槭属（Acer） |
| | 沙梾（红琼子木）（Cornus bretschneideri） |
| H36①：y213 | 麻栎（Quercus acutissima） |
| | 松属（Pinus） |
| H36②：y214 | 栎属（Quercus） |
| | 栓皮栎（Quercus variabilis） |
| H38①：y7 | 沙梾（红琼子木）（Cornus bretschneideri） |

　　注：在邙城铸铁遗址中，除发现有大量炉渣和陶范等冶铸遗物外，还出土了不少木炭残块，为判断作坊使用的燃料提供了直接证据。因此，整理期间选取了14份样品进行树种鉴定，当中13份出于西汉早期的单位，1份（H38）属于战国晚期制陶作坊的遗存。13份西汉时期的样品，都伴出大量的炉渣或陶范，如H31。

　　本报告由中国社会科学院王树芝研究员鉴定。

## 附表二三　植硅体分析报告

附表二三（一）　土样分析一览表

| 序　号 | 遗迹号 | 时　代 | 序　号 | 遗迹号 | 时　代 |
|---|---|---|---|---|---|
| 1 | H32① | 战国 | 13 | H3⑨ | 西汉 |
| 2 | H32③ | 战国 | 14 | H26② | 西汉 |
| 3 | H38③a | 战国 | 15 | H31① | 西汉 |
| 4 | H38③b | 战国 | 16 | H31② | 西汉 |
| 5 | H38④ | 战国 | 17 | H33东边 | 西汉 |
| 6 | H38⑥ | 战国 | 18 | H33西边 | 西汉 |
| 7 | H38⑥下 | 战国 | 19 | H34① | 西汉 |
| 8 | H38⑪ | 战国 | 20 | H34② | 西汉 |
| 9 | H39② | 战国 | 21 | H35 | 西汉 |
| 10 | H3 | 西汉 | 22 | H36① | 西汉 |
| 11 | H3④ | 西汉 | 23 | H36② | 西汉 |
| 12 | H3⑦ | 西汉 | 24 | H7 | 晚期扰坑 |

附表二三（二）　植硅体分析结果一览表

| 遗迹号 | 时代 | 统计到的植硅体数量 | 植硅体基本组合 |
|---|---|---|---|
| H32① | 战国 | 41 | 粟叶哑铃型、芦苇扇型、短柄扇型、长方型、方型、平滑棒型、刺棒型、哑铃型、长尖型、短尖型。植硅体数量较少。 |
| H32③ | 战国 | 25 | 芦苇扇型、长柄扇型、长方型、方型、平滑棒型、刺棒型、长尖型、短尖型、导管型。植硅体数量少且破碎。 |
| H38③a | 战国 | 0 | 没有发现可鉴定的植硅体，有少量硅化的碎片。 |
| H38③b | 战国 | 19 | 芦苇扇型、短柄扇型、长方型、方型、平滑棒型、刺棒型、哑铃型、短尖型。植硅体数量少，炭屑较多，少量禾本科炭屑。 |
| H38④ | 战国 | 43 | 芦苇扇型、长柄扇型、短柄扇型、长方型、方型、平滑棒型、刺棒型、哑铃型、短鞍型、长尖型、短尖型。植硅体较少，炭屑较多，芦苇扇型有风化现象。 |
| H38⑥ | 战国 | 5 | 稻叶扇型、长方型、方型、平滑棒型，短尖型。植硅体较少，炭屑较少。 |
| H38⑥下 | 战国 | 42 | 芦苇扇型、长方型、方型、平滑棒型、刺棒型、长尖型、短尖型。植硅体较少且破碎，炭屑少且破碎，芦苇扇型有风化现象。 |
| H38⑪ | 战国 | 180 | 黍稃壳 $\eta$ 型、长柄扇型、短柄扇型、长方型、方型、平滑棒型、刺棒型、哑铃型、短鞍型、短尖型、导管型。植硅体较少且破碎，炭屑较少。 |

| 遗迹号 | 时代 | 统计到的植硅体数量 | 植硅体基本组合 |
|---|---|---|---|
| H39② | 战国 | 64 | 芦苇扇型、长柄扇型、长方型、方型、平滑棒型、刺棒型、哑铃型、中鞍型、短鞍型、短尖型、披针型。植硅体较少且破碎,炭屑较多,多为木本植物炭屑。 |
| H3 | 西汉 | 37 | 芦苇扇型、长柄扇型、短柄扇型、长方型、方型、平滑棒型、刺棒型。植硅体碎片较多,完整植硅体较少。 |
| H3④ | 西汉 | 22 | 芦苇扇型、长柄扇型、短柄扇型、长方型、方型、平滑棒型、短尖型。炭屑较多,但禾本科炭屑破碎。 |
| H3⑦ | 西汉 | 3 | 长方型、方型。植硅体少且破碎,炭屑较多,绝大多数为非禾本科炭屑。 |
| H3⑨ | 西汉 | 0 | 没有发现可鉴定的植硅体。 |
| H26② | 西汉 | 354 | 黍叶哑铃型、黍稃壳 η 型、粟叶哑铃型、黍亚科竖排哑铃型、芦苇扇型、竹亚科扇型、长柄扇型、短柄扇型、长方型、方型、平滑棒型、刺棒型、哑铃型、多铃型、中鞍型、短鞍型、长尖型、短尖型、披针型、导管型、成组长方型、成组刺棒型。植硅体较多,炭屑较少。 |
| H31① | 西汉 | 14 | 芦苇扇型、平滑棒型、长尖型、短尖型。植硅体少且破碎。 |
| H31② | 西汉 | 163 | 长柄扇型、短柄扇型、长方型、方型、平滑棒型、刺棒型、哑铃型、多铃型、中鞍型、短鞍型、短尖型、披针型。植硅体数量较少。 |
| H33东边 | 西汉 | 32 | 芦苇扇型、长方型、方型、平滑棒型、刺棒型、长尖型、短尖型。植硅体少且破碎,炭屑较多且破碎。 |
| H33西边 | 西汉 | 172 | 长柄扇型、短柄扇型、长方型、方型、平滑棒型、刺棒型、哑铃型、中鞍型、短鞍型、短尖型、披针型。植硅体较少,有少量木炭,哑铃型全为单个的哑铃型,没有成排的哑铃型。 |
| H34① | 西汉 | 141 | 芦苇扇型、长柄扇型、短柄扇型、长方型、方型、平滑棒型、刺棒型、哑铃型、中鞍型、短鞍型、短尖型、板状棒型、披针型。植硅体较多,炭屑较少,多为木本植物炭屑。 |
| H34② | 西汉 | 0 | 没有发现植硅体,仅有少量炭屑。 |
| H35 | 西汉 | 10 | 方型、方型和平滑棒型。植硅体较少,仅有少量碎片,炭屑较少。 |
| H36① | 西汉 | 5 | 芦苇扇型、长方型、方型、短尖型。植硅体较少,炭屑较少,芦苇扇型有风化现象。 |
| H36② | 西汉 | 35 | 芦苇扇型、长柄扇型、短柄扇型、长方型、方型、平滑棒型、刺棒型、板状棒型和哑铃型。植硅体多为碎片,炭屑较多。 |
| H7 | 宋元以后 | 66 | 长柄扇型、短柄扇型、长方型、方型、平滑棒型、刺棒型、哑铃型、长尖型、短尖型。植硅体较少,有少量木本植物炭屑。 |

附表二三(三)　部分植硅体类型百分比

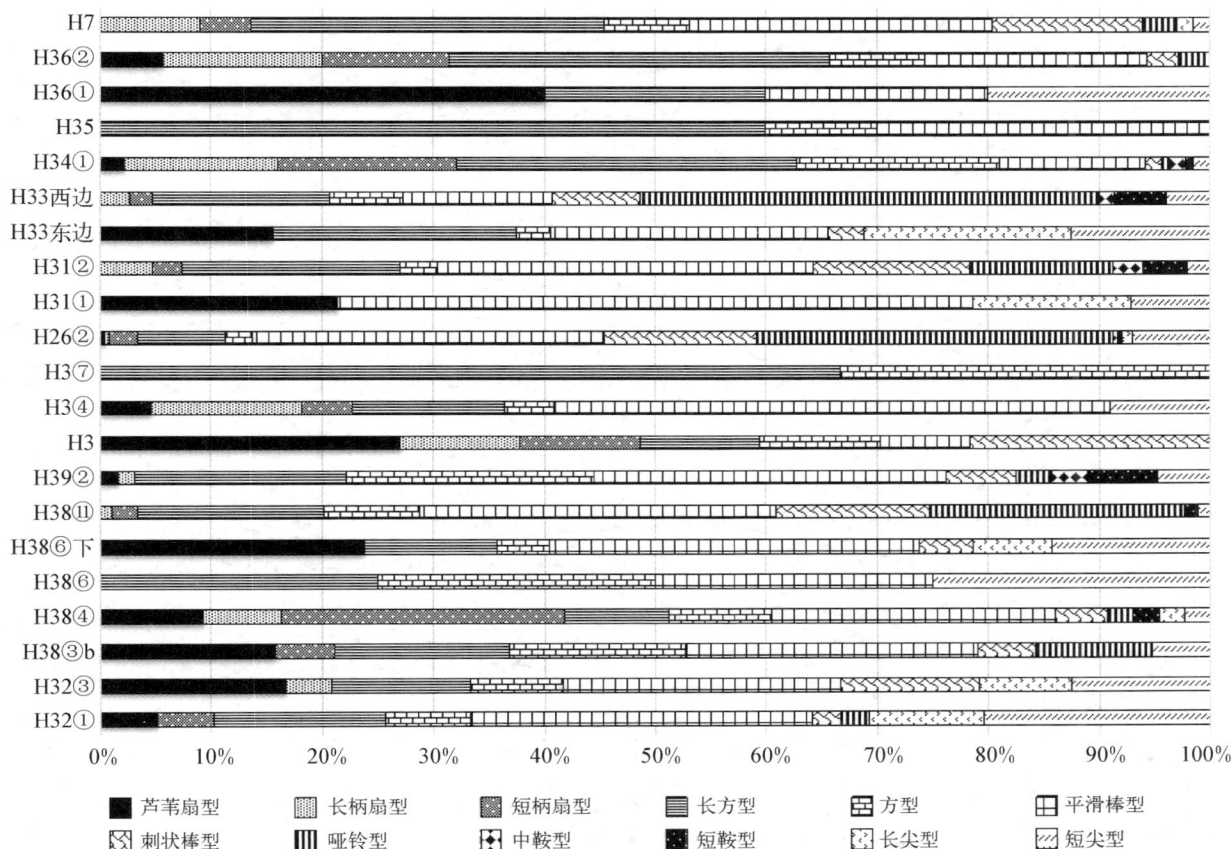

附表二三 "植硅体分析报告" 的分析方法与结果讨论

1. 材料与方法

共分析24份来自灰坑的土样[附表二三(一)]。植硅体分析方法包括提取、鉴定、拍照和统计分析四个步骤[1]。

(1) 提取、鉴定与拍照

植硅体的提取和分析采用了Pearsall[2]、Piperno[3]和王永吉等的方法[4]。为了便于参考和检

[1]　王永吉、吕厚远:《植物硅酸体研究及应用》,北京:海洋出版社,1993年。

[2]　Pearsall D. M. (2000). *Paleoethnobotany: A Handbook of Procedures*, second ed. pp.1-700. San Diego: Academic Press.

[3]　Piperno D. R. (2006). *Phytoliths: A Comprehensive Guide for Archaeologists and Paleoecologists*. pp.1-238. New York: Alta Mira Press.

[4]　王永吉、吕厚远:《植物硅酸体研究及应用》,北京:海洋出版社,1993年。

验,现将其主要步骤简述如下:

① 把风干样品1g放入玻璃试管中。

② 加入10毫升30%的$H_2O_2$,使有机质分解。

③ 加稀盐酸加热(30 min－1 h),脱铁、去钙。

④ 用比重为2.355的重液浮选。

⑥ 制片观察。

植硅体鉴定和拍照采用尼康E800生物显微镜,一般放大400倍。根据以往的鉴定经验[1],每个样品统计大约300个植硅体,就可以基本反映样品中的植硅体组合。由于这批样品中植硅体含量普遍偏低,而且多数样品1克土样中提取的植硅体只满足制作2个薄片的需求,因此我们在鉴定过程中对每个样品都统计了2个薄片中所见到的全部植硅体。鉴定过程中,我们对花粉化石也进行了记录和拍照。

(2)分类与统计

植硅体形态鉴定,主要是采用与现代植物的植硅体分析结昊和公开发表的文献进行对比的方法。由于对目前可鉴定植硅体类型的植物种属鉴别能力各不相同,有些可以比较准确地鉴定到科、属甚至种,但有些只能鉴定到目或纲,所以对于邰城遗址土壤样品中植硅体的类型,在鉴定和统计过程中将分为三类:可以鉴定到科、属、种的植硅体类型、不具备植物种属鉴定意义的植硅体类型和未知的植硅体类型。

可鉴定到科、属、种的植硅体类型,就是指那些可以鉴定到科、属,甚至种一级的植硅体类型,也包括只可鉴定到纲或目的植硅体类型。目前对禾本科植物植硅体类型的研究比较深入,所以,在可鉴定的植硅体类型中,禾本科植物的植硅体类型比较多。由于禾本科植物分布范围广泛并经常被人类利用,再加上该科植物植硅体产量高,这就决定了在考古遗址的土壤中发现的植硅体多数都以禾本科植物的植硅体类型为主。

根据与人类的关系和植物性状,可以鉴定到科、属、种的植硅体类型又可以分为驯化植物植硅体和野生植物植硅体。驯化植物的植硅体包括粟稃壳Ω型和叶子哑铃型、黍稃壳η型和叶子哑铃型、稻稃壳突起型和叶子哑铃型与扇型、稗子稃壳、小麦稃壳和叶子植硅体以及大麦的稃壳和叶子植硅体。野生植物的植硅体包括芦苇扇型、竹子扇型、棕榈刺球型和莎草科帽型等。

从起源角度来讲,禾本科植物的植硅体分为三大类:第一类是起源于植物叶片内机动细胞的扇型植硅体,其中,水稻、芦苇和竹子都有特定的扇型植硅体类型,除此以外的扇型还有很多种类,但目前其与植物之间的关系还不十分清楚;第二类是表皮短细胞植硅体类型,包括哑铃型(涵盖十字型和多铃型等,其中水稻具有典型的横排哑铃型植硅体)、竹节型(长鞍型)、鞍型(包括长鞍型和短鞍型);第三类是植物颖果外稃上的植硅体,目前已经知道水稻、大麦和小麦、谷子和黍子以及稗子外稃上的植硅体具有属甚至种一级的鉴定特征。

通过植硅体形态区分粟和黍这两种旱地作物以及它们与其野生祖本之间的不同,也已经有

[1]　Piperno, D. R.(1988). *Phytolith Analysis: An Archaeological and Geological Perspective*. San Diego: Academic Press.

一些重要的成果。粟(谷子)颖片表皮细胞群植硅体具有较薄、透明状、纹理规整、边缘呈刺形或齿形等形态特征[1]。吕厚远采集近百余种现代粟、黍及其近缘草本植物的样品,通过相差和微分干涉显微镜,对粟、黍的生物和硅质沉积结构进行研究,进而细化粟、黍植硅体的判别标准:(1)颖片和下位外稃植硅体存在差异,粟为"十字型",长宽比率接近1,而黍为径向垂直叶脉的"双裂片型"(过去称为哑铃型),比率为1∶2。(2)稃片植硅体形态不同,粟是典型的"乳突型"植硅体,而黍表面光滑,无乳突。(3)稃片长细胞纹饰的区别,粟呈现"Ω"型,黍则为"η"型,二者均分三级,第三级多位于稃片中部。(4)稃片硅化表皮长细胞末端植硅体形态和参数存在差异,粟是"波状交叉纹饰",宽度在$4.37 \pm 0.89$ μm之间,宽度与两个长度平均数之比在$0.33 \pm 0.11$之间,而黍为"指状交叉纹饰",宽度为$8.95 \pm 2.02$ μm,比值是$0.79 \pm 0.12$ μm。(5)粟稃片表面角质层和长细胞同时硅化往往形成雕纹形态,黍为斑点状或是锯齿状[2]。除以上标准外,双裂片哑铃型植硅体末端及长柄尺寸差异也可区分粟、黍,粟末端是平滑或凸出的,黍则为凹陷状;粟比黍的双裂片型植硅体尺寸更大、形状也更规则,值得注意的是,三裂片与多裂片型植硅体在粟中并不常见[3]。除了谷物类植物的植硅体外,我国常见的竹子、芦苇以及莎草科等植物的植硅体形态也具备相应的参考标准[4],棕榈科植物的植硅体形态也有初步的研究成果[5]。

　　不具备植物种属鉴定意义的植硅体类型,主要有哑铃型、长柄扇型、短柄扇型、平滑棒型、刺棒型、板状棒型、方型、长方型、长尖型、短尖型、导管型、长鞍型、中鞍型、短鞍型和阔叶树型等,这些植硅体类型或者是由于形态简单、缺乏表面特征,或者是由于目前的研究还不够细致,总之尚不具备植物种属鉴别的意义。但是这些植硅体类型特别是其组合,有重要的古环境意义。同时,它们在考古遗址的土壤中经常大量出现,所以在鉴定过程中也对这类植硅体进行了记录和统计。

　　未知的植硅体类型,指的是那些目前尚未命名的植硅体形态。邿城遗址这类植硅体类型很少,在样品中出现的频次也非常低,并且保存较差。在鉴定过程中仅做了记录和拍照,并未将其统计在内。

　　考虑到不同种属植物甚至是同一植物不同部位植硅体的形成、沉积和保存方式不同,对于植硅体的鉴定结果,我们采取了不同于炭化种子果实的定量分析方法,基本原则是:强化定性、弱化

[1] 姚政权、吴妍、王昌燧等:《河南新密市新砦遗址的植硅石分析》,《考古》2007年第3期。
[2] LuHouyuan, Zhang Jianping, Wu Naiqin, et al. (2009). "Phytoliths Analysis for the Discrimination of Foxtail Millet (Setariaitalica) and Common Millet (Panicummiliaceum)", *Plos One* 4 (2): e4448. Lu Houyuan, Yang Xiaoyan, Ye Maolin et al (2005). "Millet Noodles in Late Neolithic China", *Nature* 437: 967–968. Lu H.Y., Jianping Zhang, Kam-biu Liu, Naiqin Wu, Yumei Li, Kunshu Zhou, Maolin Ye, Tianyu Zhang, Haijiang Zhang, Xiaoyan Yang, Licheng Shen, Deke Xu and Quan Li (2009). "Earliest Domestication of Common Millet (Panicum Miliaceum) in East Asia Extended to 10,000 Years Ago", *PNAS* 106(18): 7367–7372.
[3] Welmoed A. Out, Macro Madella (2016). "Morphometric Distinction between Bilobate Phytoliths from Panicum Miliaceum and Setaria Italica Leaves", *Archaeological and Anthropological Sciences* 8(3): 1–17. Sujiyama Shinji, Matsuda Ryuji, Fujiwara Hiroshi (1988). "Morphology of Phytoliths in the Motor Cells of Paniceae-basic Study on the Ancient Cultivation", *Archaeology & Natural science* 20: 81–92.
[4] 王永吉、吕厚远:《植物硅酸体研究及应用》,北京:海洋出版社,1993年。
[5] 徐德克、李泉、吕厚远:《棕榈科植硅体形态分析及其环境意义》,《第四纪研究》2005年第6期。

定量,就是我们不会像对待炭化种子果实那样对相应的植物种属的植硅体进行统计。具体理由如下:(1)以粟的稃壳植硅体为例,在谷物加工、堆积后的各种物理和生物作用、实验室提取以及制片等一系列过程中,都会将其稃壳植硅体破碎成无数碎块,鉴定过程中完全不能确定多少个碎块相当于1粒粟的稃壳植硅体;而炭化粟则不同,我们在鉴定过程中可以确定其完整程度,我们的原则是将完整和大于二分之一的均作为完整者统计,而小于二分之一的则作为碎片不再计数,这样的话尽管依然有一定的误差(如果某个粟粒破碎为三块,根据我们的计数原则就无法将其统计),但毕竟这样的计数还是有一定依据的。而粟稃壳植硅体的定量分析则无法做到这一点。(2)再以稻的植硅体为例,目前我们可以鉴定稻壳突起型、稻叶扇型和哑铃型植硅体,但我们既不能确定多少个稻叶扇型、哑铃型和稻壳突起型植硅体代表一粒稻米或稻谷,也不能确定稻叶扇型等植株不同部位植硅体数量与稻谷产量之间的关系,这就直接导致植硅体数量无法与种子果实数量进行对应分析。

有鉴于此,植硅体的统计分析重点不在于具体的统计数据,而在于通过统计数据来分析其沉积背景及其所反映的人类行为。以农作物植硅体为例,邰城遗址土样中农作物植硅体数量很少,出土概率也不高,但因为农作物茎叶和稃壳上的植硅体都出现了,表明周围可能存在规模不确定的农作物栽培活动。再以芦苇扇型植硅体为例,如果样品中有一定数量的芦苇扇型植硅体或者一个遗址中多数样品中都出土了芦苇扇型植硅体,我们就推断该聚落存在芦苇利用行为,至少聚落周围有芦苇生长,进而指示其生态环境。当然,定量分析结果依然是考察植硅体组合的一个参考指标。

### 2. 结果

21个样品中发现了植硅体,其余3个样品中有少量的硅化碎片,但未发现具备鉴定形态的植硅体[附表二三(二)]。多数样品中植硅体比较破碎;部分样品中有少量炭屑。可以鉴定到种属的植硅体类型包括稻叶扇型(彩版二九,1)、黍稃壳 η 型(彩版二九,2)、粟叶哑铃型(彩版二九,3)、芦苇(彩版二九,4)、竹亚科(彩版二九,5),种属不确定的植硅体类型有长柄扇型(彩版二九,6)、短柄扇型(彩版三〇,1)、长方型(彩版三〇,2)、方型(彩版三〇,3)、平滑棒型(彩版三〇,4)、刺棒型(彩版三〇,5)、哑铃型(彩版三〇,6)、多铃型(彩版三一,1)、中鞍型(彩版三一,2)、短鞍型(彩版三一,3)、长尖型(彩版三一,4)、短尖型(彩版三一,5)、导管型(彩版三一,6)、披针型(彩版三二,1)、成组长方型(彩版三二,2)、成组刺棒型(彩版三二,3)、板状棒型(彩版三二,4)等。另外,样品中还发现了少量的花粉化石包括蒿属花粉(彩版三二,5)和藜科花粉(彩版三二,6)。

多数样品中植硅体数量和种类都比较少。农作物植硅体数量少、出土概率低,24个样品中仅4个样品发现了农作物植硅体(粟叶哑铃型 H32①,稻叶扇型 H38⑥,黍稃壳 η 型 H38⑪,黍叶哑铃型、黍稃壳 η 型、粟叶哑铃型 H26②)。芦苇扇型植硅体的出土概率为58%(H3、H3④、H26②、H31①、H32①、H32③、H33、H34①、H36①、H36②、H38③b、H38④、H38⑥下以及 H39②中发现了芦苇扇型植硅体)。

　　5个以上样品中都有的植硅体类型数量百分比分析结果如附表二三(三),结果显示,平滑棒型和长方型植硅体不仅出土概率高而且所占的百分比也是最高的,在我们分析的现代禾本科植物样品中,也存在类似的现象,或许说明,这些样品中的植硅体多数来自禾本科植物。结合几乎每个样品中都有炭屑,我们推测,灰坑中沉积的植物遗存包括了草本植物和木本植物。

　　尽管样品中植硅体数量普遍较少,但不同时期的植硅体保存状况和组合依然有时代特征。

　　属于战国时代的样品共有9个,样品中植硅体的含量都较少。这9个样品中除了H38⑥仅发现5个植硅体,稻叶扇型、长方型、方型、平滑棒型、短尖型各1个外,其余8个样品均以平滑棒型数量最多,其次为长方型。

　　H38⑥中所含植硅体较少,但是发现了一个稻叶扇型植硅体,说明战国时期的邺城遗址,虽然没有大面积地种植水稻,但该地区还是有水稻种植的。下面将战国时期的9个样品进行逐一介绍:

　　H32①整个样品中所含植硅体较少。植硅体组合为粟叶哑铃型、芦苇扇型、短柄扇型、长方型、方型、平滑棒型、刺棒型、哑铃型、长尖型、短尖型。共计41个,其中,平滑棒型数量最多,约占29%;短尖型和长方型次之,前者约占19%,后者约占14%;其余类型的植硅体数量较少。

　　H32③整个样品中植硅体含量也较少。植硅体组合为芦苇扇型、长柄扇型、长方型、方型、平滑棒型、刺棒型、长尖型、短尖型、导管型。共计25个,其中,平滑棒型数量最多,约占24%;芦苇扇型约占16%;长方型、刺棒型、短尖型均占12%。

　　H38③a没有发现可鉴定的植硅体,有少量硅化的碎片。

　　H38③b整个样品中所含植硅体数量少。植硅体组合为芦苇扇型、短柄扇型、长方型、方型、平滑棒型、刺棒型、哑铃型、短尖型。共计19个,其中,平滑棒型数量最多,约占26%;其次为芦苇扇型、方型、长方型,均占16%;其余类型的植硅体数量较少。

　　H38④的植硅体组合为芦苇扇型、长柄扇型、短柄扇型、长方型、方型、平滑棒型、刺棒型、哑铃型、短鞍型、长尖型、短尖型。共计43个,其中,平滑棒型和短柄扇型数量最多,均约占26%;其次为芦苇扇型、长方型、方型,约占9%;再次为长柄扇型,约占7%;其余类型的植硅体数量较少。

　　H38⑥仅发现5个植硅体,植硅体组合为稻叶扇型、长方型、方型、平滑棒型、短尖型。

　　H38⑥下的植硅体组合为芦苇扇型、长方型、方型、平滑棒型、刺棒型、长尖型、短尖型。共计42个,其中,平滑棒型数量最多,约占33%;其次为芦苇扇型,约占24%;再次为短尖型和长方型,分别占14%、12%;其余类型的植硅体数量很少。

　　H38⑪的植硅体组合为黍稃壳 $\eta$ 型、长柄扇型、短柄扇型、长方型、方型、平滑棒型、刺棒型、哑铃型、短鞍型、短尖型、导管型。共计180个,其中,平滑棒型数量最多,约占31%;其次为哑铃型,约占23%;再次为长方型和刺棒型,分别占16%、13%;其余类型的植硅体数量较少。值得注意的是,H38⑪哑铃型数量较多,并且还发现了1片黍稃壳 $\eta$ 型植硅体,说明堆积中有农作物。

　　H39②的植硅体组合为芦苇扇型、长柄扇型、长方型、方型、平滑棒型、刺棒型、哑铃型、中鞍型、短鞍型、短尖型、披针型。共计64个,其中,平滑棒型数量最多,约占31%;其次为方型和长方型,分别占22%、19%;其余类型的植硅体数量较少,仅发现1个芦苇扇型植硅体。

　　西汉样品中所含植硅体普遍较少，样品分为三种情况：一是完全没有可鉴定的植硅体，样品中多为硅化的碎片，如H3⑨等；二是植硅体少，且以野生植物的植硅体为主，例如芦苇扇型、长方型等较多，农作物的植硅体很少或没有，除H26②外的绝大多数样品皆属此类；三是植硅体数量多，且以农作物的植硅体为主，例如粟叶哑铃型、黍亚科竖排哑铃型、哑铃型较多，野生植物的植硅体如芦苇扇型、长方型、方型则相对较少，如H26②。下面对西汉时期的14个样品情况进行逐一介绍：

　　H3样品中所含植硅体较少。植硅体组合为芦苇扇型、长柄扇型、短柄扇型、长方型、方型、平滑棒型、刺棒型。共计37个，其中，芦苇扇型数量最多，约占27%；其次为刺棒型，约占22%；其余长柄扇型、短柄扇型、长方型、方型、平滑棒型均约占11%。另外，样品中还发现少量的藜科花粉。

　　H3④样品中所含植硅体数量少。植硅体组合为芦苇扇型、长柄扇型、短柄扇型、长方型、方型、平滑棒型、短尖型。共计22个，其中，平滑棒型数量最多，占50%；其余类型的植硅体数量较少。

　　H3⑦仅发现3个植硅体，长方型2个，方型1个。

　　H3⑨没有发现可鉴定的植硅体。

　　H26②是23个样品中植硅体数量和类型最丰富的。植硅体组合为黍叶哑铃型、黍稃壳 η 型、粟叶哑铃型、黍亚科竖排哑铃型、芦苇扇型、竹亚科扇型、长柄扇型、短柄扇型、长方型、方型、平滑棒型、刺棒型、哑铃型、多铃型、中鞍型、短鞍型、长尖型、短尖型、披针型、导管型、成组长方型、成组刺棒型。共统计317个植硅体，其中，以单个哑铃型和平滑棒型数量最多，分别占24%、23%；其次为黍亚科竖排哑铃型和粟叶哑铃型，分别占13%、7%；还发现1个黍叶哑铃型和1个黍稃壳 η 型植硅体；其余类型的植硅体数量较少。另外还发现37个蒿属花粉。

　　H31①的植硅体组合为芦苇扇型、平滑棒型、长尖型、短尖型。共计14个，其中，平滑棒型数量最多，约占57%；其次为芦苇扇型，约占21%。

　　H31②的植硅体组合为长柄扇型、短柄扇型、长方型、方型、平滑棒型、刺棒型、哑铃型、多铃型、中鞍型、短鞍型、短尖型、披针型。共计163个，其中，平滑棒型数量最多，约占31%；其次为长方型、刺棒型和哑铃型，分别占18%、13%、12%；其余类型的植硅体数量较少。

　　H33东边的植硅体组合为芦苇扇型、长方型、方型、平滑棒型、刺棒型、长尖型、短尖型。共计31个，其中，平滑棒型数量最多，约占26%；其次长方型、长尖型、芦苇扇型分别占23%、19%、16%。

　　H33西边的植硅体较少，有少量木炭，哑铃型全为单个的哑铃型，没有发现成排的哑铃型。植硅体组合为长柄扇型、短柄扇型、长方型、方型、平滑棒型、刺棒型、哑铃型、中鞍型、短鞍型、短尖型、披针型。共计172个，其中，哑铃型数量最多，约占36%；其次为长方型、平滑棒型和披针型，分别占14%、11%、11%；其余类型的植硅体数量较少。

　　H34①的炭屑较多，多为木本植物的炭屑，植硅体较少。植硅体的组合为芦苇扇型、长柄扇型、短柄扇型、长方型、方型、平滑棒型、刺棒型、哑铃型、中鞍型、短鞍型、短尖型、板状棒型、披针型。共计141个，其中，长方型数量最多，约占30%；其次为方形、短柄扇型、长柄扇型和平滑棒型，分别占18％、16％、13％、12％；其余类型的植硅体数量较少。芦苇扇型有风化现象但并不严重，单个长柄扇型风化严重。

H34②没有发现植硅体，仅有少量炭屑。

H35植硅体较少且破碎，仅发现10个。炭屑较少。植硅体组合为长方型、方型和平滑棒型。

H36①植硅体和炭屑均较少，植硅体仅发现5个，其组合为芦苇扇型、长方型、方型、短尖型。方型为成组方型，芦苇扇型有风化现象。

H36②植硅体较少，硅化的碎片和炭屑较多，植硅体组合为芦苇扇型、长柄扇型、短柄扇型、长方型、方型、平滑棒型、刺棒型、板状棒型和哑铃型。共计35个，其中，长方型数量最多，约占34％；其次为平滑棒型、长柄扇型和短柄扇型，分别占20％、14％、11％。

宋元以后的样品仅一个：H7。H7的植硅体较少，有少量木本植物炭屑。植硅体的组合为长柄扇型、短柄扇型、长方型、方型、平滑棒型、刺棒型、哑铃型、长尖型、短尖型。共计66个，其中，长方型和平滑棒型数量最多，约占32％、27％；其次为刺棒型和长柄扇型，约占14％、9％；其余类型的植硅体数量较少。

总的来说，除个别遗迹外，邾城铸铁作坊中大部分样品含有的植硅体较少，而且破碎，部分样品还含有少量的炭屑，可能与遗址和遗迹的性质有关。植硅体所反映出的邾城先民对农作物以及野生植物的利用方式、当时的农业发展状况与发展水平等问题还需要进行细致讨论和进一步研究。此外，在样品中比较集中发现蒿属花粉，或许可以为我们认识冶炼活动的季节性提供一些证据。当然相关结论需要更多的数据来支持。

本报告由山东大学文化遗产研究院靳桂云及山东大学历史文化学院李晓彤鉴定。

# 后　记

　　《邰城铸铁——陕西杨凌汉代铸铁遗址发掘与研究》(以下简称《邰城铸铁》)是国家文物局文化遗产保护领域科学与技术研究课题——"西汉时期关中地区冶铁工业的形成与特点：以杨凌邰城冶铁作坊冶铸遗物分析为中心"的研究成果。课题承担单位和负责人为陕西省考古研究院种建荣，参与人员有北京大学陈建立、雷兴山，香港中文大学林永昌，陕西省考古研究院赵艺蓬、陈钢。从邰城铸铁作坊田野发掘、资料整理到综合研究，课题组成员基本上都全程深度参与其间。该研究成果是课题研究团队集体智慧的结晶，也凝结着考古队其他队员的辛劳和汗水。

　　《邰城铸铁》主编为课题负责人种建荣，副主编林永昌、陈建立、雷兴山，其他参与撰写的作者还有陈钢、赵艺蓬、郭士嘉、张周瑜。报告的编写思路、框架构建、具体内容与研究主题，由主编与三位副主编讨论确定。具体章节内容的撰写，大致根据各位作者的研究专长分工完成。需要说明的是，为尽力做到不同学科内容的有机融合与完美统一，本报告每一章节甚至小节段落内容，多由不同的撰写者主笔或修订合作完成。即：

　　第一章1.1、1.4、1.5、1.6四部分由种建荣执笔，1.2、1.3两部分由林永昌执笔。

　　第二章2.1、2.5两部分由林永昌、陈建立执笔，2.2、2.3、2.4、2.6四部分由种建荣执笔。

　　第三章3.1、3.3.1、3.3.2、3.3.3、3.3.6、3.4六部分由种建荣、雷兴山执笔，3.2、3.3.4、3.3.5三部分由林永昌、陈建立执笔。

　　第四章中，每节之遗迹形制与结构、堆积属性部分由种建荣、雷兴山、陈钢、赵艺蓬执笔；陶范、鼓风管与炉壁部分由林永昌、种建荣、陈建立、郭士嘉执笔；炉渣、铁器与残块等冶铸遗物部分由林永昌、陈建立、郭士嘉执笔；金相检测结果的描述由张周瑜、陈建立、林永昌执笔；陶容器与建筑材料描述由种建荣、陈钢、赵艺蓬执笔；动、植物遗存分别由林永昌、薛轶宁执笔。另外，木炭遗存由中国社会科学院王树芝协助鉴定，并执笔完成鉴定报告。土壤样本中植硅体由山东大学文化遗产研究院靳桂云及山东大学历史文化学院李晓彤完成鉴定及鉴定报告。

　　第五章5.1、5.3两部分由林永昌、陈建立执笔，5.2由种建荣、雷兴山执笔。

　　第六章由林永昌、种建荣、陈建立、雷兴山共同执笔完成。

　　报告中，田野遗迹照片由李宏斌、林永昌、吕少龙拍摄，器物照片由李钦宇拍摄，测绘图由李宏斌制作，遗迹清绘图、器物图由董红伟绘制，纹饰、文字拓片由冯文丽完成，目录、附表、插图、图版制作编排由郭仕嘉、李宏斌、冯文丽、魏进合完成，英文摘要由林永昌执笔。另外，资料的整理和核对得到香港中文大学郑婧的协助。本报告的编写亦得到 The Chinese University of Hong Kong Direct Grant（Project title: The archaeology of iron and the Han sovereignty in the Guangzhou region）以及香港特别行政区 RGC-Early Career Scheme（RGC Ref. No. CUHK 24607916）的资助。

《邰城铸铁》经林永昌、陈建立、雷兴山审阅，由种建荣统稿、定稿。本研究报告的执行编辑宋佳，封面装帧设计黄琛。

历经数年，我们终于完成了课题既定目标任务，《邰城铸铁》即将出版问世。回首来路，感慨万端。课题能够顺利开展并圆满完成，除课题组成员和考古队员精诚团结、相互协作、辛勤努力之外，也得益于众多领导、业内专家和同行同事的帮助与支持。

在此，我们衷心感谢国家文物局课题办的负责人施晨燕、孔祥芝，陕西省文物局的孔昱调研员，陕西省考古研究院的领导孙周勇、李岗、王小蒙、赵西晨，以及业务办与财务科同仁，在课题实施过程中给予我们方方面面的大力支持；感谢发掘与研究期间，来工地参观的美国加州大学洛杉矶分校罗泰、哈佛大学付罗文、密歇根大学 Henry Wright，英国阿伯丁大学 Joshua Wright，加拿大麦吉尔大学关玉琳，以及北京大学李水城、四川大学李映福、上海博物馆廉海萍、西北大学梁云和陕西省考古研究院的王占奎、邵安定等多位专家给予的有益指导；感谢课题评审专家组在课题结项时提出的中肯意见与建议；感谢上海古籍出版社的吴长青，为报告的顺利出版给予我们的帮助；特别感谢北京科技大学的韩汝玢教授、中国社会科学院考古研究所的白云翔教授，在百忙之中审阅报告，并不吝赐序！

最后要说明的是，在该课题的研究与成果报告撰写过程中，我们虽然在努力探索一种能够弥补以往冶金遗址发掘与研究缺憾的研究模式和成果范式，冀望裨益于同类研究的深入；但囿于我们现在的知识水平与阅历见识，加之发掘材料的局限，无论是研究工作，还是成果报告无疑存在一些不足之处与瑕疵。面对业内诸多既有丰富实践经验与阅历，又有深厚理论功底的前辈与研究人士，我们真诚地期待着你们的批评。希望借此努力为推动中国冶金考古的深入发展而起到一点作用，也更希望通过冶金考古系列丛书的持续出版，整体推动手工业考古研究理论与方法的进步。

编　者

2018 年 8 月

# Abstract

The archaeological site of Taicheng ironworks is located at present-day Faxi village, Yangling city, Shaanxi province, about 82 kilometers to the east of Xi'an and 86 kilometers to the west of Baoji. As remains dating to the Qin and Han periods, including ceramic sherds with Tai 鰲(邰) character inscription, were found from the Faxi village and nearby villages before, this archaeological site complex was often considered as the location of Tai county town in the Han period.

From 2010 to 2011, the Shaanxi Provincial Institute of Archaeology conducted a salvage archaeology for the Xi'an-Baoji high-speed train rail construction project to the northwest of the Faxi village, which eventually discovered 294 tombs dating from the early to the late Western Han period. During the salvage excavation project, the archaeological team also conducted a full-coverage survey as a major approach to supplement the understanding about the cultural history and settlement pattern of the Taicheng site complex. During the survey, particular attention was paid to look for remains associated with craft production, given the fact craft production often took place in urban centers in ancient China. Eventually, the survey led to the discovery of the Taicheng ironworks. Large amount of manufacturing waste including ceramic molds, slags and tuyeres were found in the surface outside and inside the west wall of an orchard about 50 meters southeast of the Faxi village. In order to further understand the nature of the ironworks, the Shaanxi Provincial Institute of Archaeology conducted another salvage archaeology at the ironworks site, covering an excavation area of 500 square meters in March-April and June-July, 2011.

This site report published the excavated information and analytical results of manufacturing waste from 37 features, including ash pits and wells, discovered by excavation in 2011. Besides architectural ceramics and daily vessels, evidence of iron manufacturing waste was found from 16 features. Even though the size of the ironworks is relatively small, the rich remains from the site provided important evidence for studying iron technology in the core region of the Western Han Empire. Thus, this site report adopted a new format different from the structure of most site reports published in the past decades. Besides fully publishing all types of remains from each excavated unit, both quantitatively and qualitatively, the report tries to coherently integrate the introduction of excavated materials with scientific analysis of manufacturing remains. Major conclusions are as follows:

1. According to datable materials, the ironworks should date to the early Western Han period and last no longer than about 90 years.

2. Even though the ironworks specialized in the manufacturing of agricultural tools through melting and casting, evidence related to forging and, potentially, fining was identified. Raw materials for remelting were primarily scrap iron from nearby villages. Besides, analysis shows that ironworkers were knowledgeable in adding lime-stone, sand particles and hammer-scale during the melting process to enhance the efficiency of iron-slag separation. Also, workers might have manufactured fined pig iron on a small-scale. Forging techniques were also employed to make, rework or repair iron tools. But the total numbers of final products manufactured by the ironworks might not be very high.

3. The ironworks should be able to make ceramic casting molds. Even though no kilns have been found, the discovery of waste molds and semi-products clearly suggested that the chain-operatoire of the ironworks should include mold-manufacturing. Based on the scientific analysis of casting molds, the raw material included primarily sand particles with low percentage of clay. Also, the size of particles and sand-clay ratio in the matrix were varied contingent on types. Therefore, workers should be able to adjust the receipt of raw materials for the manufacturing of different types of molds, which not only saved materials but also enhanced the physical performance of casting molds.

4. Workers were able to manufacture refractory materials containing large-sand particles for the manufacturing of tuyeres and furnace walls. Also, the materials for tuyeres and furnace walls show variation to a certain degree.

5. The assemblage of final products includes hoe-heads, ploughs and axes. Among them, the major products were hoe-heads. Molds of other types of iron products were not found, indicating iron vessels and other types of iron objects in the assemblage found from the cemetery nearby the Taicheng ironworks must be imported from other ironworks. Also, given the average population of a Han county, the number of final products might not even be able to meet the local requirement for consumption.

6. Various types of joining-signs were found on ceramic molds. In addition, the measurement of ceramic molds also demonstrated remarkable variation in size and morphology of the same type. Since casting molds were not completely standardized, the result challenged a "stream-line" version of ironworks proposed before.

7. According to faunal remains, meat should consist a major component in workers' daily consumption. This discovery suggested some workers might not be low-status convict or corvee labor. Moreover, the study of the assemblage of ceramic vessels, which shows that the majority of them was not serving vessels, indicated the site was a highly specialized workshop without long-duration residential evidence.

8. This site report also tries to understand the depositional process of manufacturing remains. Based on patterns of refitting, this report suggests that the majority of remains should be temporarily discarded in contemporary dumping places before they were finally dumped into the dumping features. This pattern is essential for further understanding and evaluating the scale of production.

Thus, this site report provides not only new information about iron technology of the Western Han period but also an important case study for exploring the economic role of iron industry in the regional setting. Through integrating analyses of remains via various methods, this report tries to reconstruct the chain-operatoire of production procedures and illustrate the organization of iron production at the site. Eventually, the authors hope the site report can demonstrate a new attempt to deliver archaeological information to audience in a more comprehensive and effective manner.

1. 遗址远景（自西向东摄）

2. 遗址近景（自南向北摄）

**彩版一　邺城铸铁作坊全景**

1. T1～T4发掘前

2. T1～T4发掘后

**彩版二　邰城铸铁作坊T1～T4发掘现场**

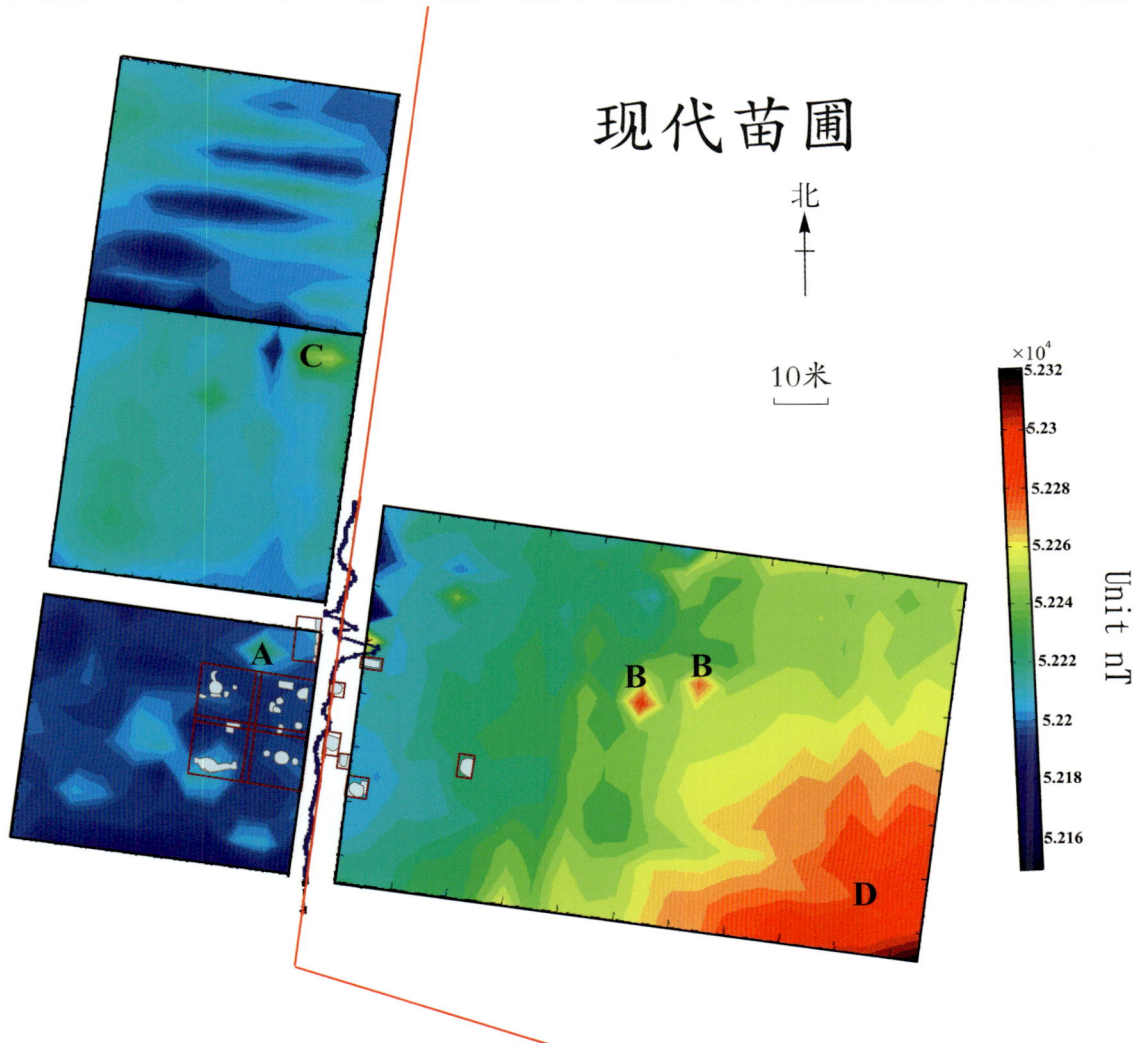

现代苗圃

北

10米

×10⁴

Unit nT

**彩版三　邟城铸铁作坊地磁仪勘测结果**
（A、B、C代表可能存在冶炼遗存，D可能是干扰源）

1. 第③层南半部

2. 第③层

3. 底部

**彩版四　典型遗迹H3发掘过程**

1. 灰坑清理与筛选

2. 清理

3. 干筛

4. 史浩善（中）在发掘现场

**彩版五　发掘阶段工作照**

1. 陶范拼对与测量

2. 磁铁筛选

3. 浮选

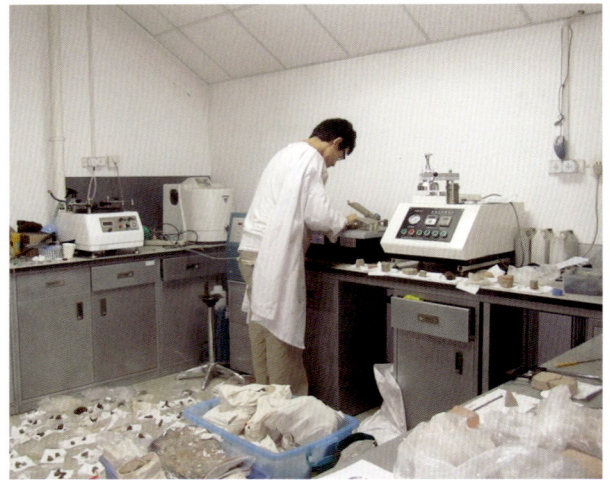

4. 实验室样品整理

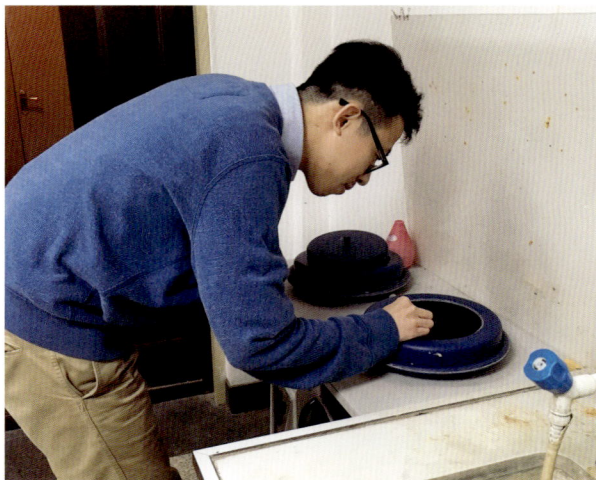

5. 实验室样品处理

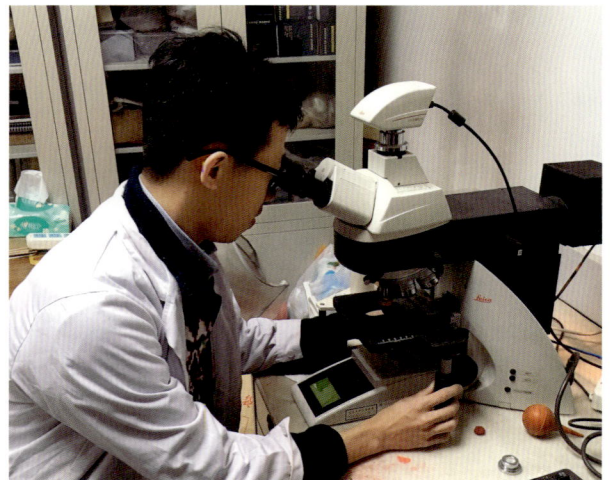

6. 实验室样品分析

**彩版六　整理阶段工作照**

1. 发掘现场工作照［雷兴山（右）、林永昌（左）］

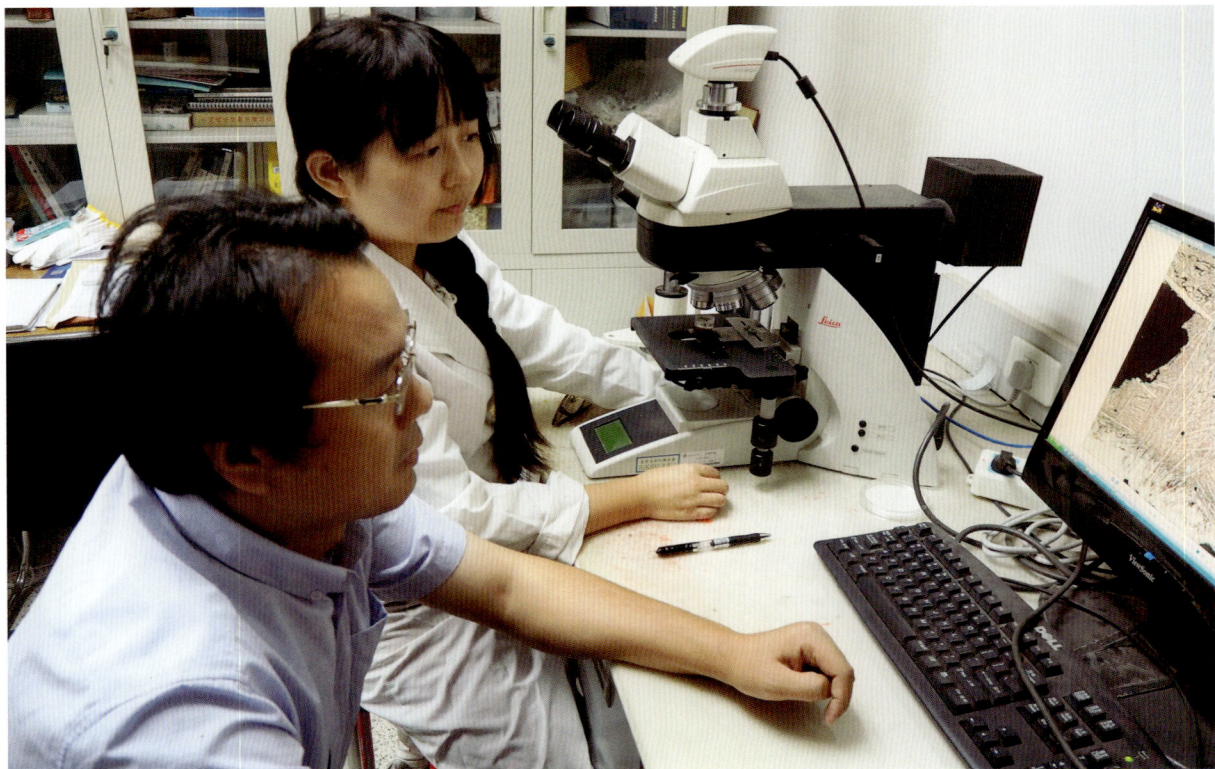

2. 实验室工作照［陈建立（左）、张周瑜（右）］

**彩版七　发掘现场与实验室工作照**

1. H7

2. H32

**彩版八　邰城铸铁作坊灰坑H7、H32**

锄面范（H3：y12），基本完整，由4块残块拼合而成。梯形板状，整体呈浅红色，范身长24.8、顶端宽7.0、底端宽14.2、顶端厚3.2、底端厚2.5厘米。范身整体较对称，正中为浇道与浇铸腔，浇道较浅且宽，平面呈梯形，浇道长5.0、浇道宽（上）2.9、浇道宽（下）3.6厘米。铸器整体呈梯形板状，长18.7、顶端宽5.2、底端宽11.7厘米。浇铸腔的边缘下凹较深，因此铸器边缘较厚。分型面和浇铸面有可能用于分型和保护作用的涂料层，但分型面上的涂料层已大部分在埋藏过程中脱落。浇道和浇铸面上灰黑色浇铸痕迹明显，说明陶范废弃前曾被使用。

**彩版九　邺城铸铁作坊出土锄面范（一）**

　　锄背范（H1 : y2），完整程度达90%以上，由3块残块拼合而成。梯形板状，呈青灰色，范长26.7、顶端宽6.0、底端宽15.4、顶端厚3.4、底端厚2.3厘米。范身整体不对称，左侧边略长于右侧边，范身不对称现象在这批陶范中较为常见。范身上未见成型下凹的浇铸腔。分型面和浇铸面有可能用于分型和保护作用的涂料层，但分型面上的涂料层已大部分在埋藏过程中脱落。在浇铸面上隐若可见铸器的外型。浇道相对较小，呈漏斗状，浇道长约2.9、浇道宽约4.1厘米。

**彩版一〇　邰城铸铁作坊出土锄背范（一）**

　　铧范（H3⑨：y267），范身保存较为完整，在图中可见范身中粒径较粗的砂粒。小型铧范，由3块残块拼合而成，整体呈橙色，在氧化烘范窑中烧制。和锄范不同，作坊中出土的铧范基本未见呈灰色者，即在较为还原气氛中烧制的成品。范身呈倒梯形，长20.5、顶端宽12.9、底端宽10.1、顶端厚5.0、底端厚3.4厘米。铸器呈舌形，长14.5、顶端宽9.2、銎宽6.2厘米。顶端、左右两侧、底面平整。顶端面和底端面未见任何可能辅助合范的标记。顶端为与芯扣合部分，应与带浇道面的芯组合铸型。出土时，分型面和浇铸面上的涂料层基本脱落，陶范在最后埋藏于H3以前可能经过多次的搬运或露天风化作用。浇铸面上仍有与高温铁熔液接触后形成的灰色层，说明陶范废弃前曾被使用。

**彩版一一　邻城铸铁作坊出土铧范（一）**

　　铧芯（H3⑨：y343），保存较为完整，由2块残块拼合而成，为大型铧芯。出土时，该范已残为两块，可能浇铸成件后为取出芯件而被打破。整体呈舌形，上宽下窄，上厚下薄，细砂质，整体呈橙色。长26.6、最宽处宽13.7、顶端宽9.2、顶端厚5.0、底端厚0.4厘米。表面有经浇铸的灰黑色痕迹，表面似乎有因温度过高而出现的开裂现象，而且这一现象在铧芯中较为常见，个别甚至出现微熔烧结现象。浇道坡度上端和下端不同，从顶端看呈半漏斗状，且浇口较大。芯撑为三角形＋长方形，一面三角形底边长0.7、高1.3厘米，长方形长1.8、宽2.0厘米，另一面三角形底边长0.5、高1.0厘米，长方形长1.9、宽1.7厘米。

**彩版一二　邺城铸铁作坊出土铧芯（一）**

1. H3⑨：y20浇铸面

3. H3⑨：y20背面

2. H34：y1浇铸面

4. H34：y1背面

**彩版一三　邯城铸铁作坊出土锄面范（二）**

1. H1∶y3 浇铸面

3. H1∶y3 背面

2. H3⑥∶y15 浇铸面

4. H3⑥∶y15 背面

**彩版一四　邰城铸铁作坊出土锄背范（二）**

1. H3：y217顶面

2. H3：y217浇铸面

3. H33：y31底面

4. H33：y31浇铸面

**彩版一五　邰城铸铁作坊出土铧范（二）**

1. H3⑧：y320顶端

2. H3⑧：y320有浇道面

3. H3⑧：y320无浇道面

**彩版一六　邰城铸铁作坊出土铧芯（二）**

1. H3④：y461内侧

3. H3④：y461外侧

2. H7：y1内侧

4. H7：y1外侧

**彩版一七　邰城铸铁作坊出土鼓风管**

1. 炉渣（H1：y20第一类渣）

5. 炉渣（H6：y31第二类渣）

6. 炉渣（H31①：y331第三类渣）

2. 炉渣（H28：y80一面）

7. 炉渣（H28：y80另一面）

3. 炉渣（H28：y103一面）

8. 炉渣（H28：y103另一面）

4. 锻造剥片（H31）

9. 锻造剥片（H31）

彩版一八　邰城铸铁作坊出土炉渣与锻造剥片

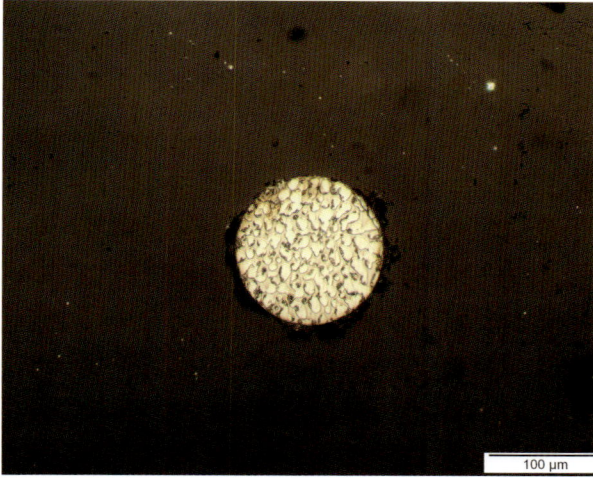

1. H3⑧：y580

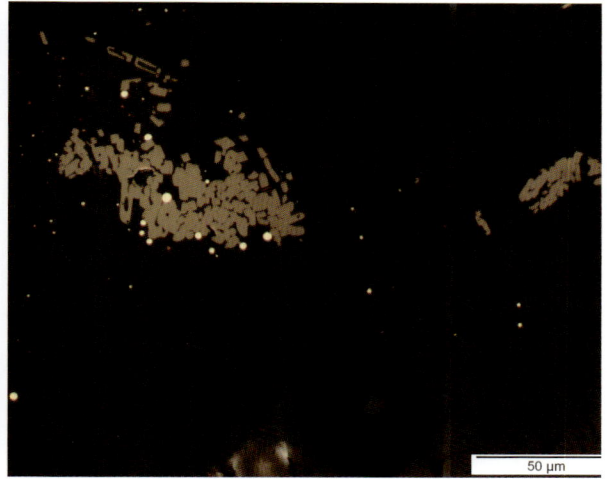

4. H9：y12

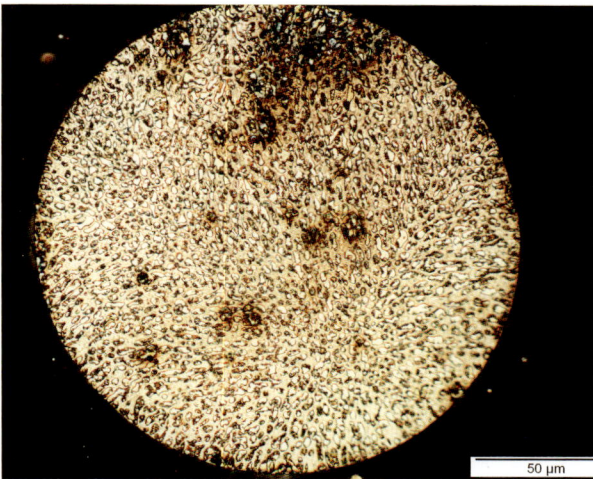

2. H3⑤：y510

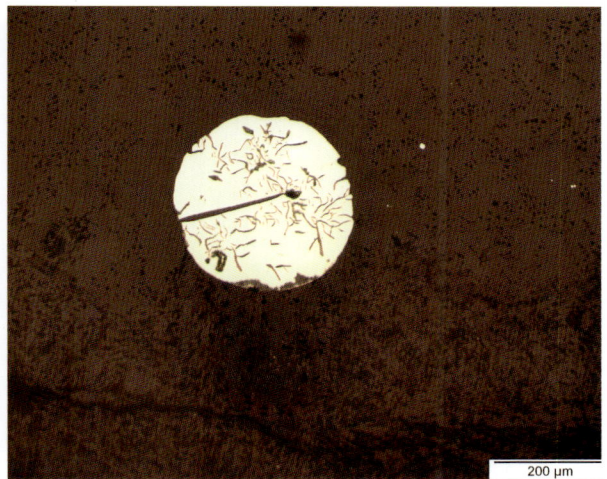

5. H9：y11

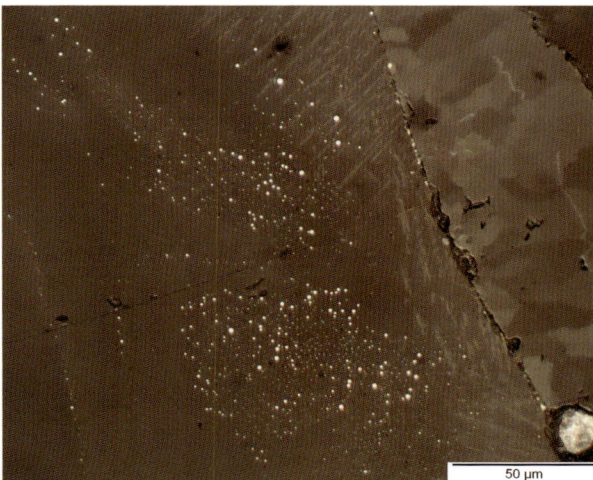

3. H9：y10-1

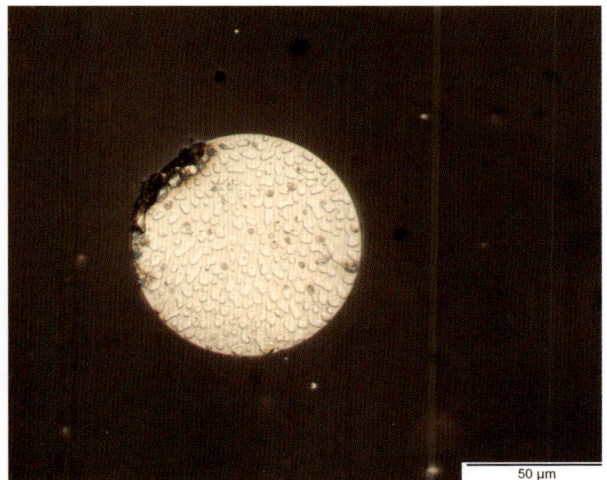

6. H9：y9-1-2（1）

**彩版一九　炉渣金相显微组织结构图（一）**

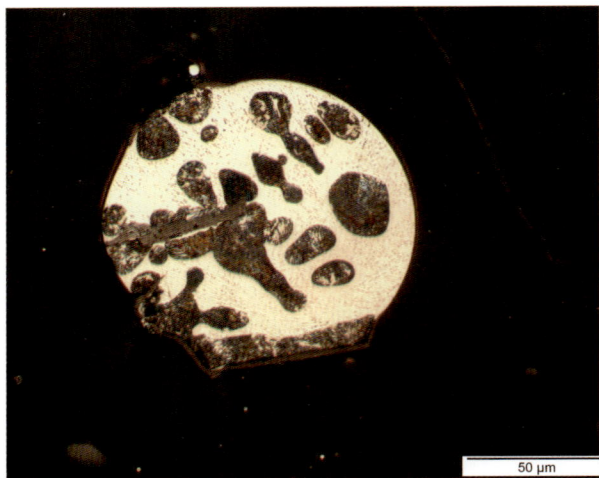

1. H15：y8

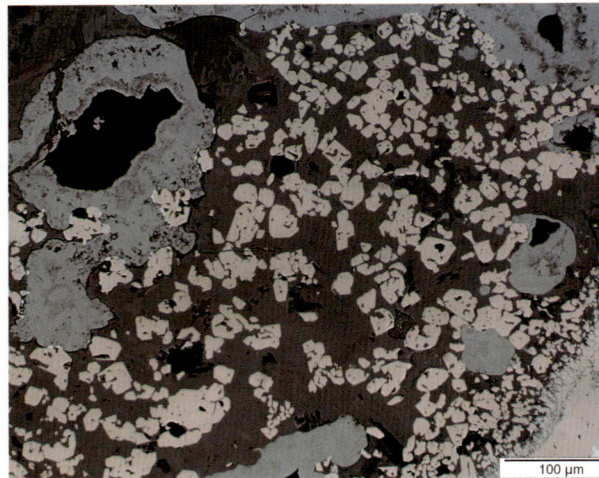

4. H31①：y331

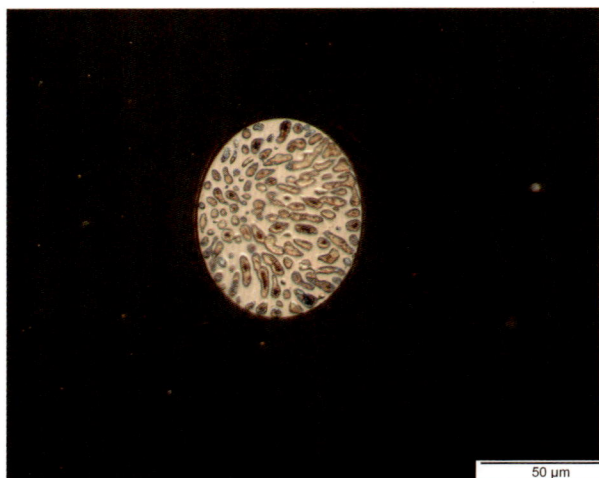

2. H16：y93

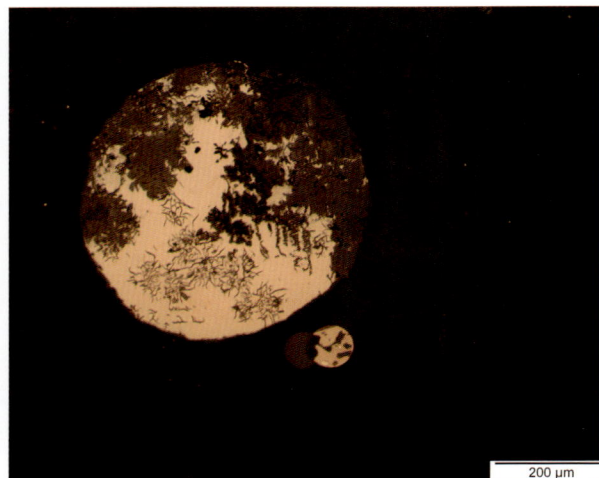

5. H31①：y334

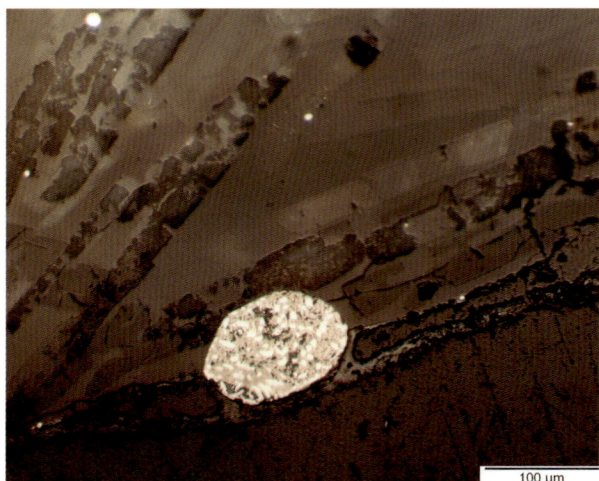

3. H28：y95-1-4（2）

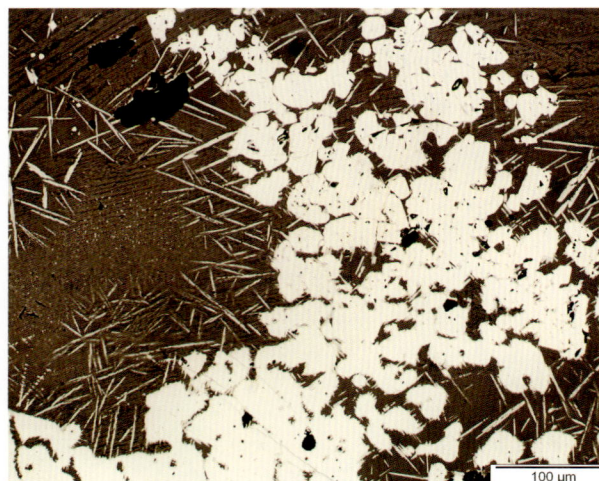

6. H31①：y347-1-10（2）

彩版二〇　炉渣金相显微组织结构图（二）

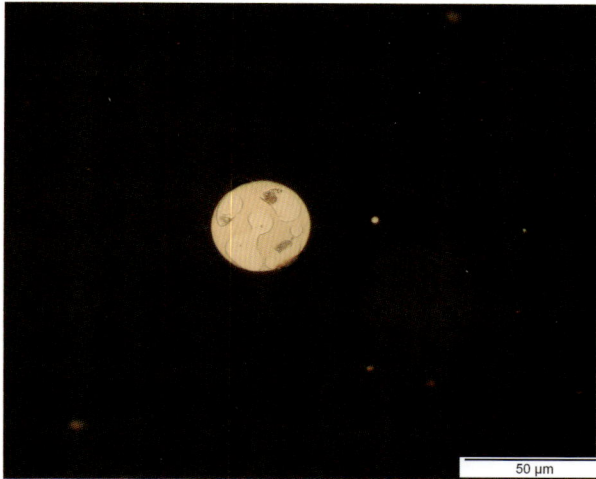

1. H31②：y370-2（2）

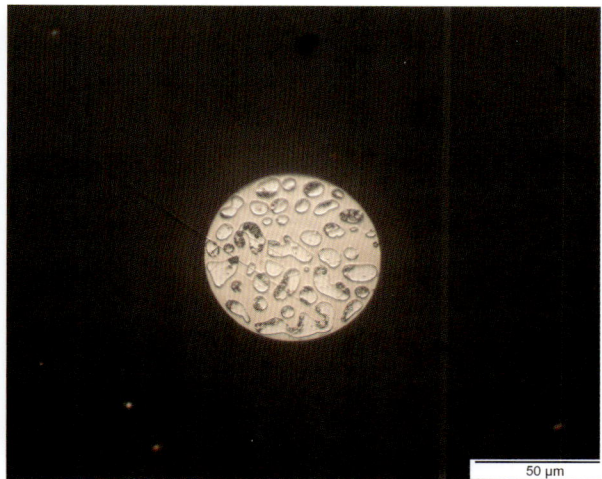

2. H31②：y370-2（2）

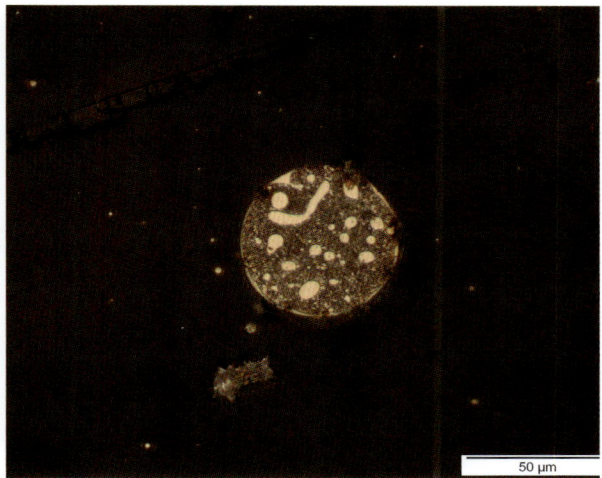

3. H31①：y344-1-22（1）

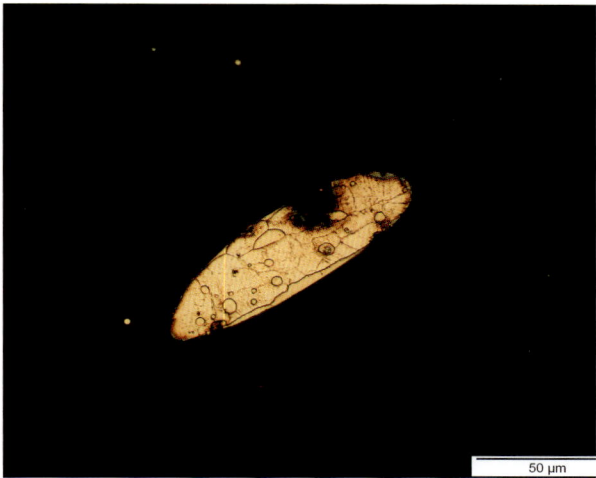

4. H31①：y344-1-22（1）

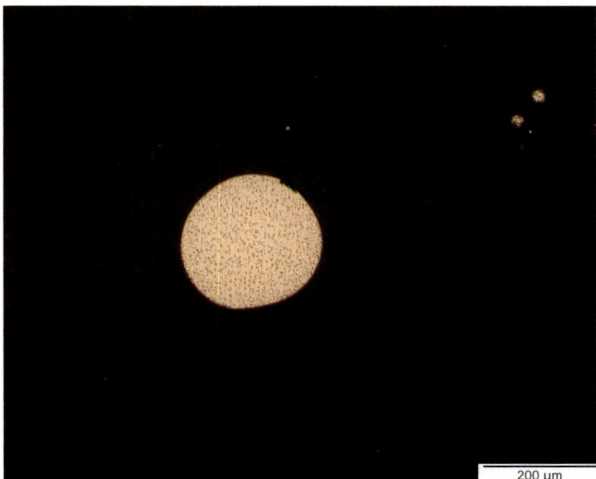

5. H31①：y344-1-22（10）

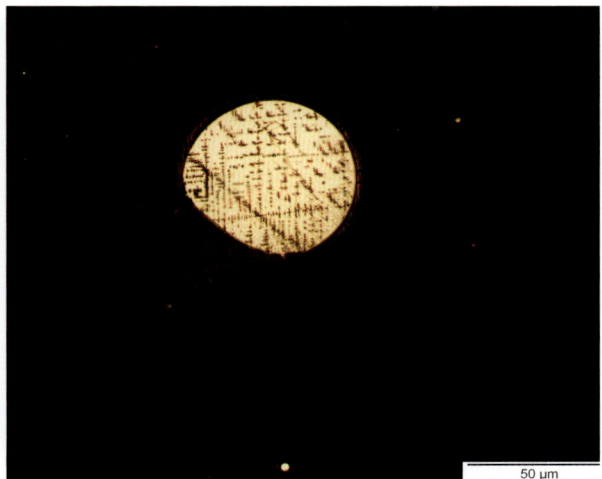

6. H31①：y344-1-22（10）

彩版二一　炉渣金相显微组织结构图（三）

1. H31①：y352－1－20（1）

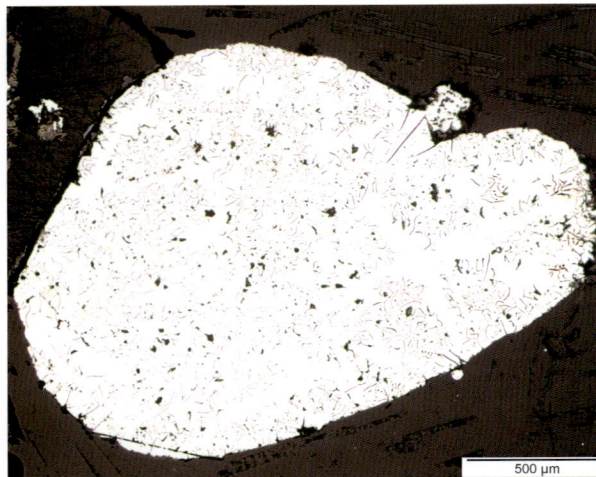

2. H31①：y352－1－20（1）

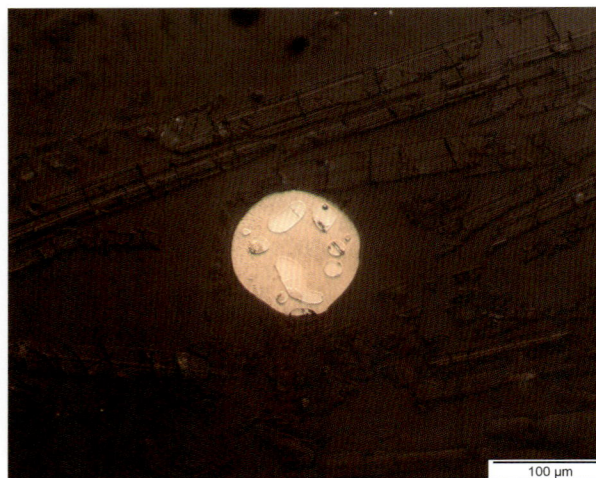

3. H31②：y371－1－5（1）

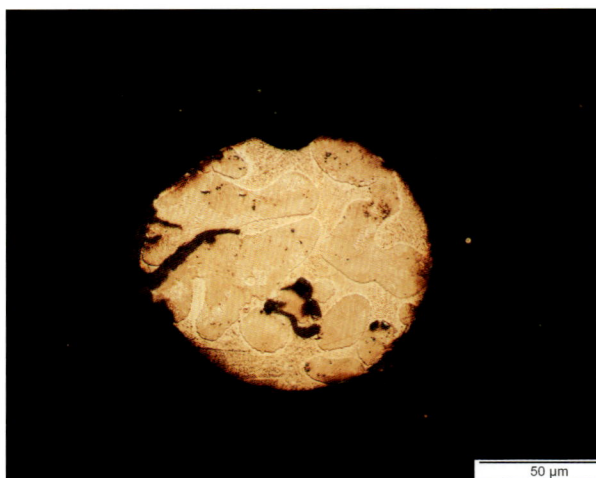

4. H31②：y371－1－5（4）

5. H31②：y371－1－5（5）

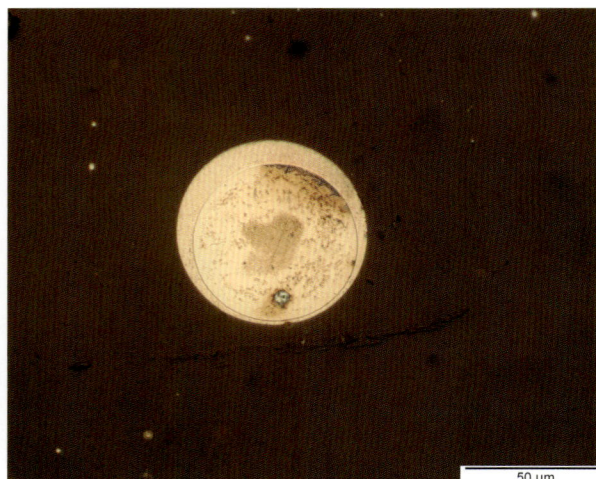

6. H33：y116－1－3（1）

彩版二二　炉渣金相显微组织结构图（四）

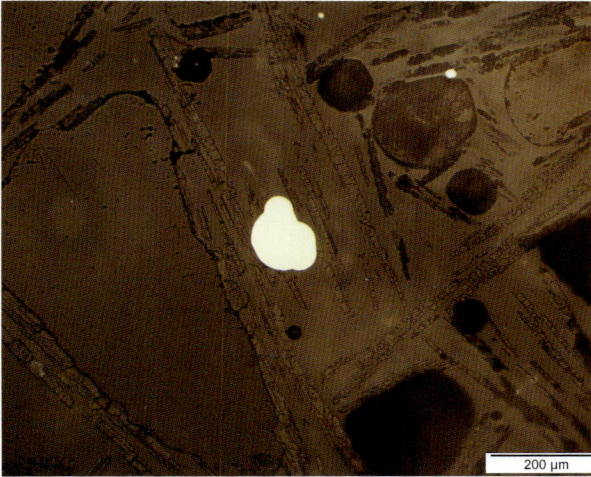

1. H33：y114−1−3（2）

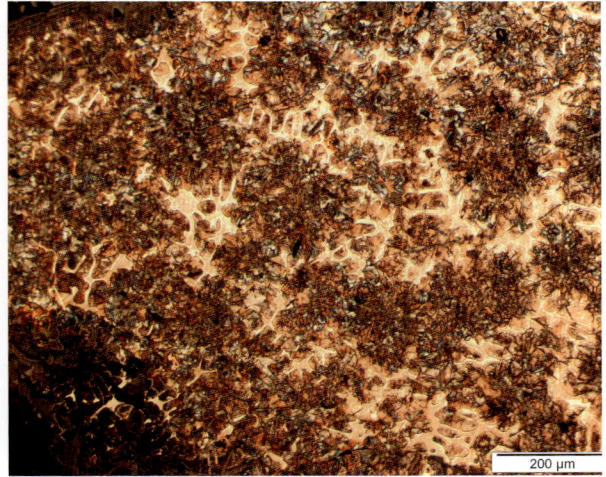

4. H33：y117

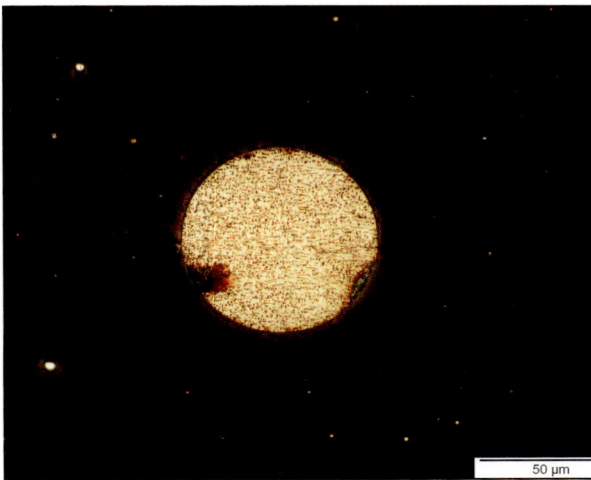

2. H33：y116−1−3（2）

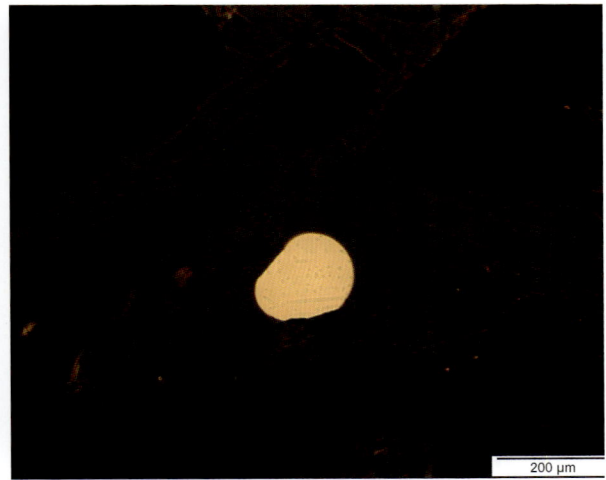

5. H36：y183−1−3（2）

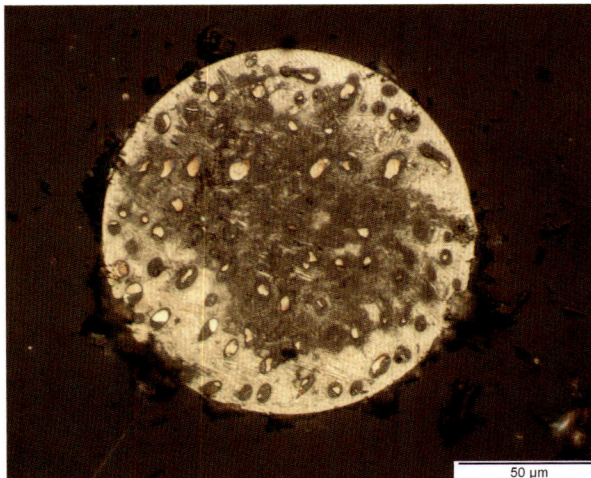

3. H33：y116−1−3（3）

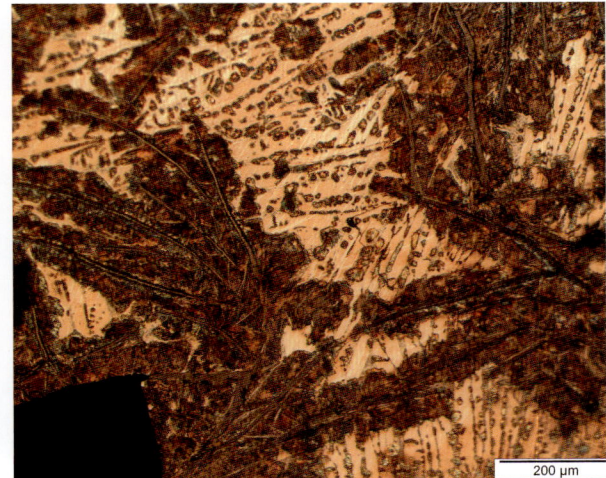

6. H36：y184−1−3（1）

彩版二三　炉渣金相显微组织结构图（五）

1. H36：y184-1-3（1）

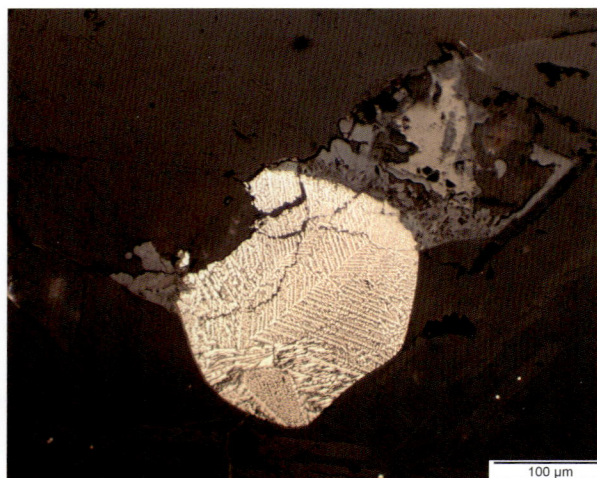

4. H36：y184-1-3（5）

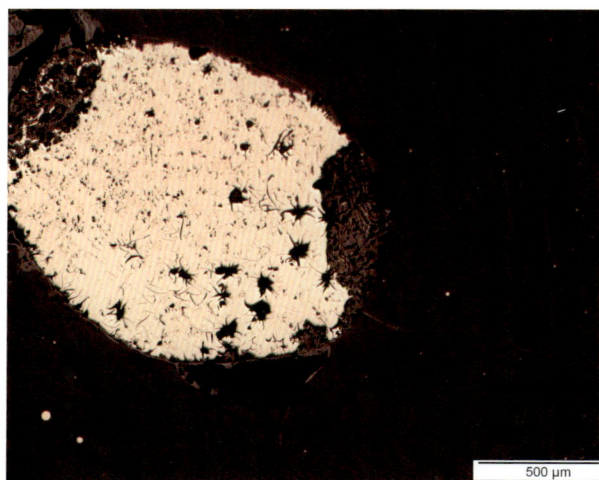

2. H36：y184-1-3（3）

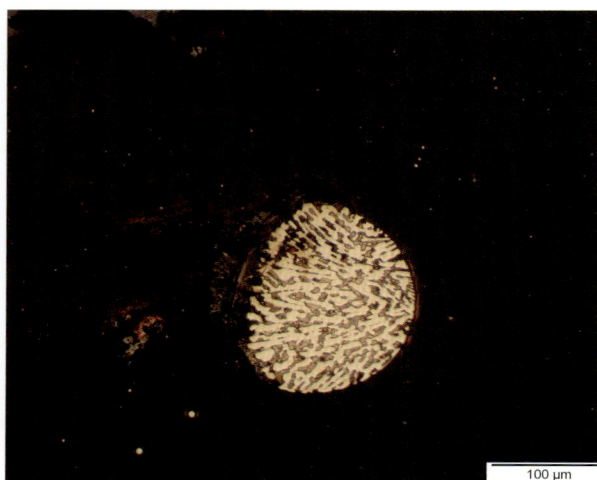

5. H36①：y190-1-2（1）

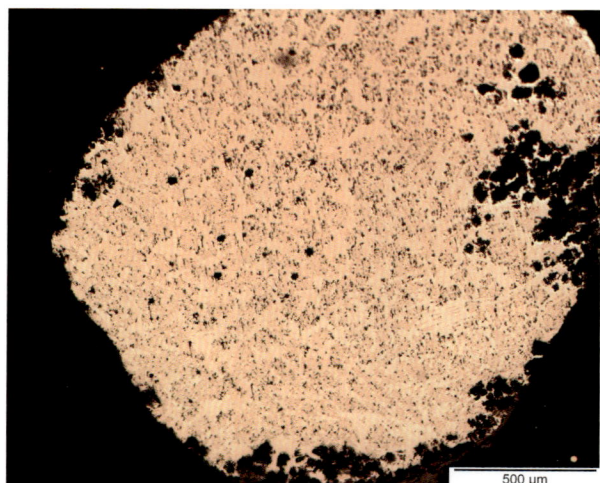

3. H36：y184-1-3（3）

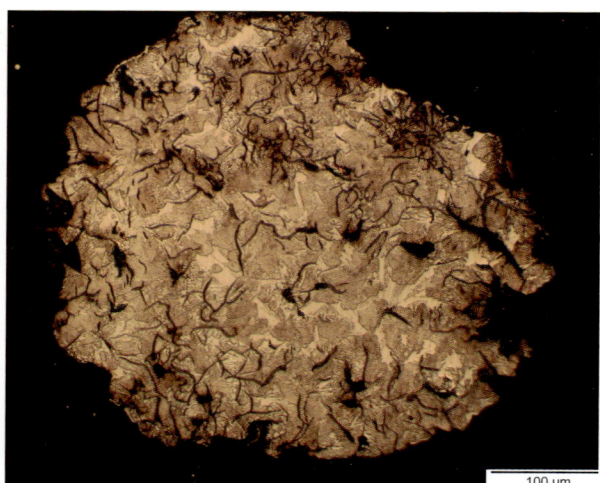

6. H36①：y190-1-2（1）

彩版二四　炉渣金相显微组织结构图（六）

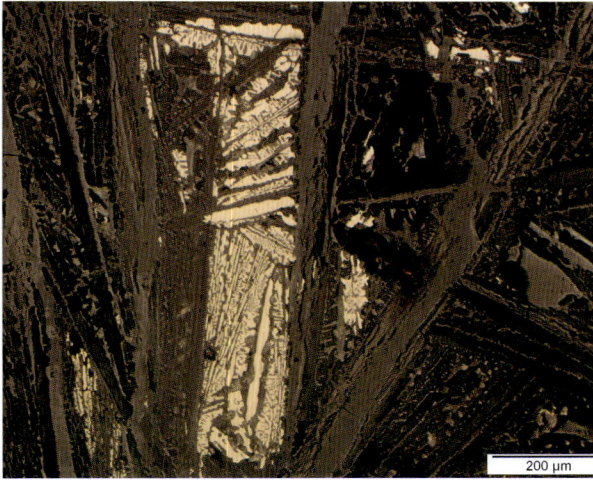

1. H3⑤：y454-1-3（1）

2. H3⑤：y451

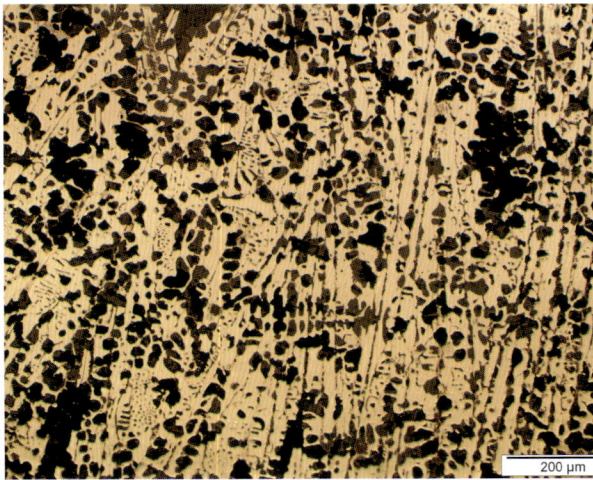

3. H5：y5

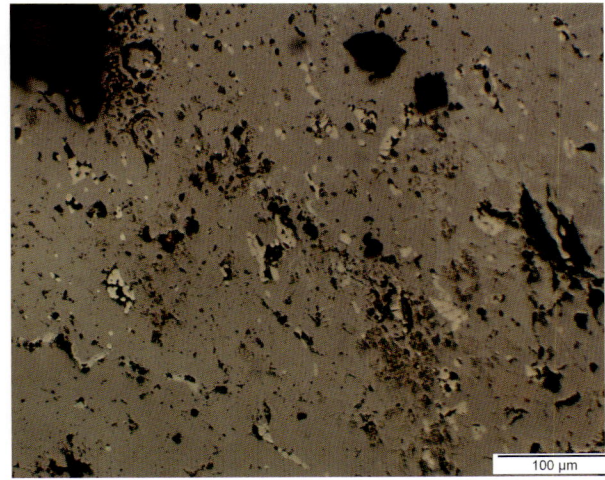

4. H12：y2

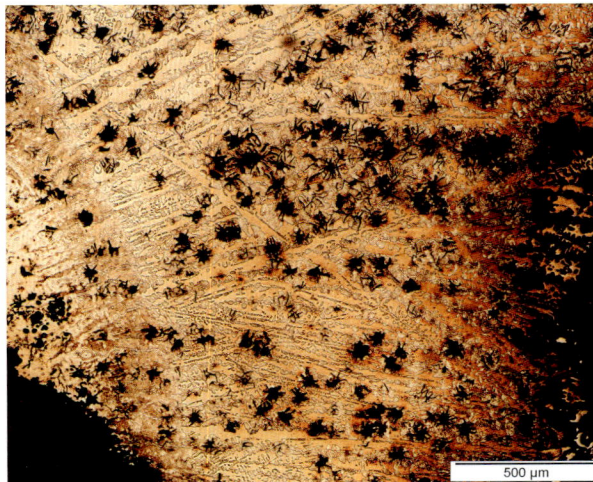

5. H12：y4

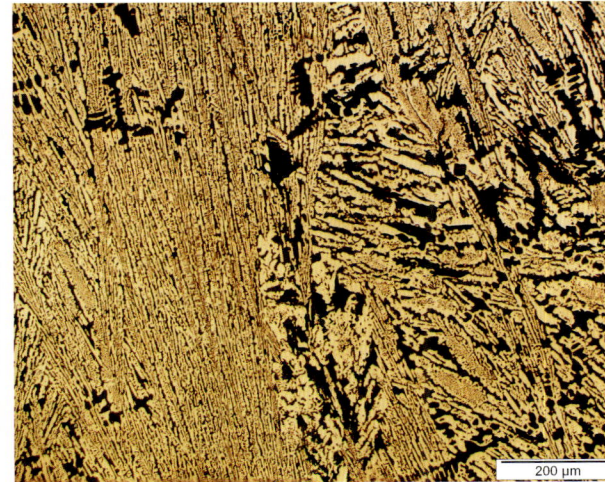

6. H16：108-1（3）

彩版二五　铁器与残块金相显微组织结构图（一）

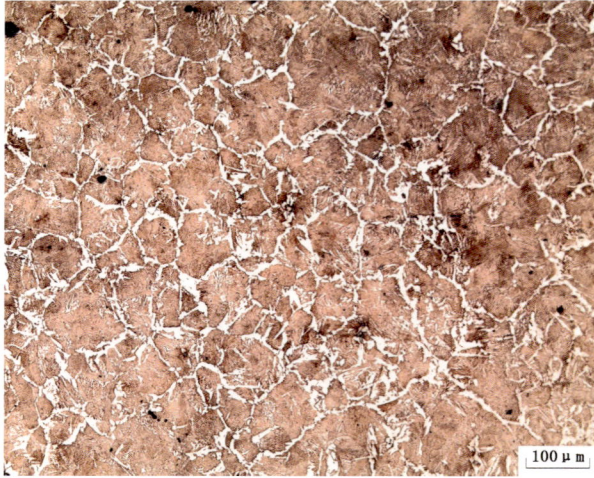

1. H28：y61

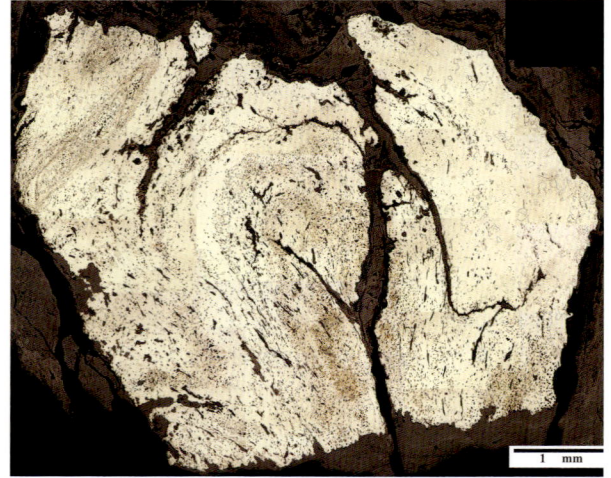

4. H31①：y258

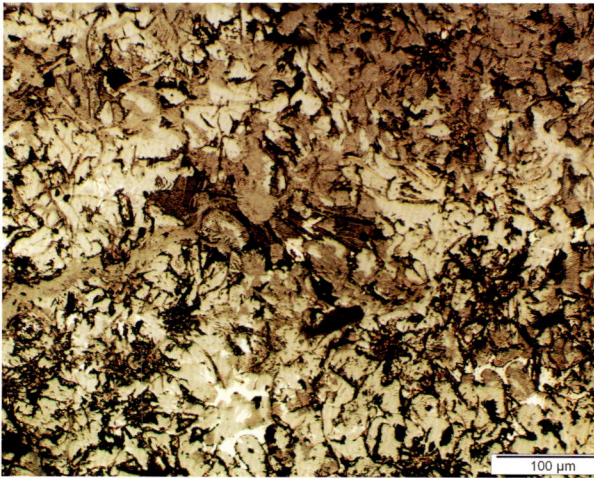

2. H31①：y243

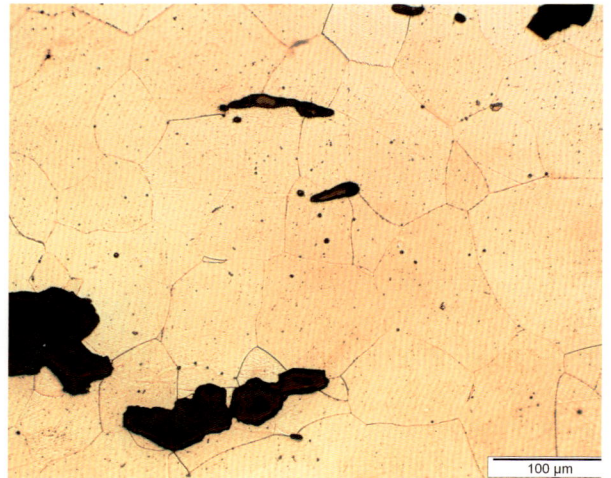

5. H31①：y261

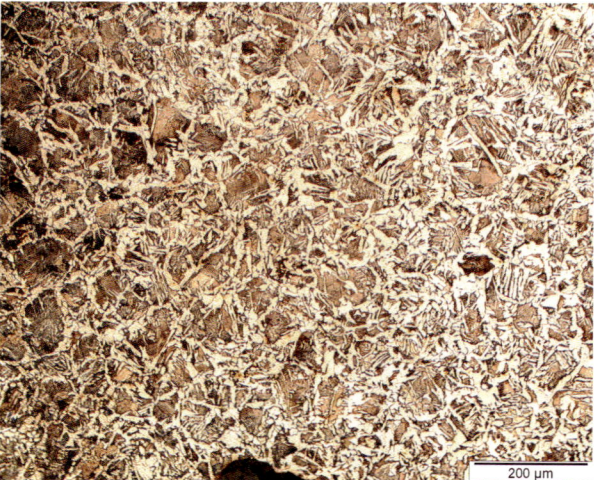

3. H31①：y245－1

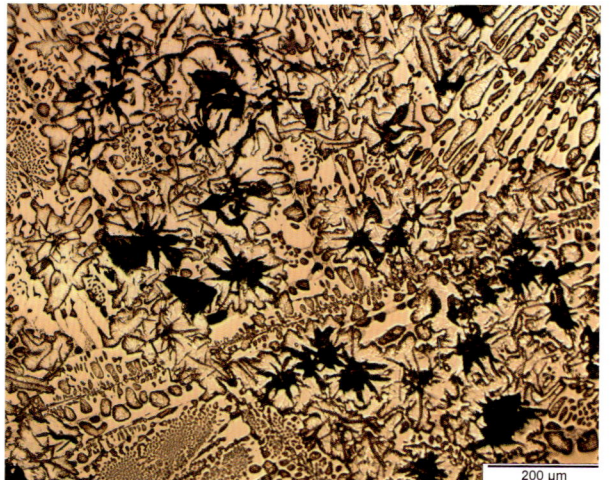

6. H31①：y271

彩版二六　铁器与残块金相显微组织结构图（二）

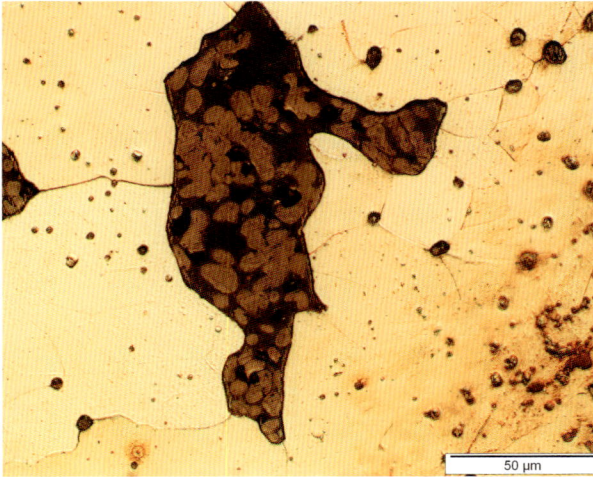

1. H31①：y265

4. H31①：y280-1-5（1）

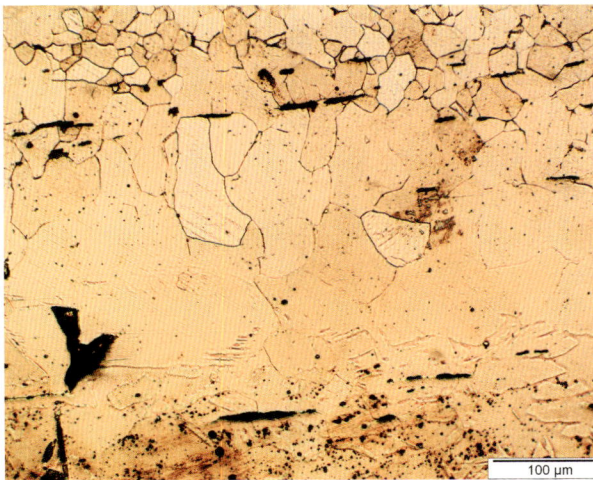

2. H31①：y250

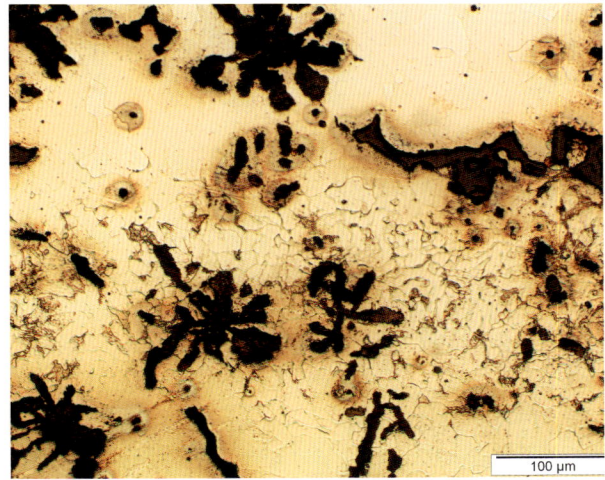

5. H31①：y280-1-5（3）

3. H31①：y266-1

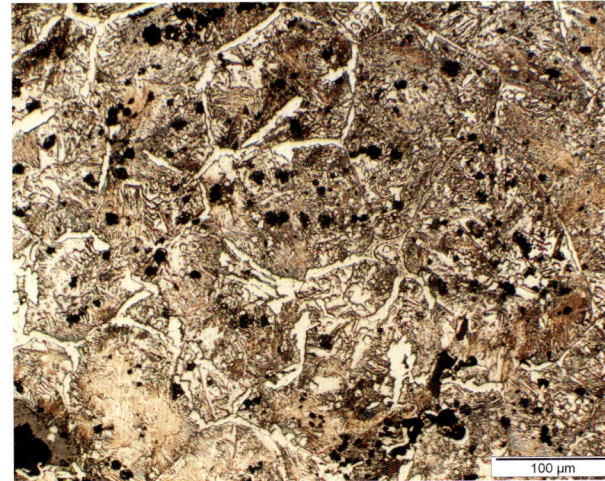

6. H31①：y282-2（1）

彩版二七　铁器与残块金相显微组织结构图（三）

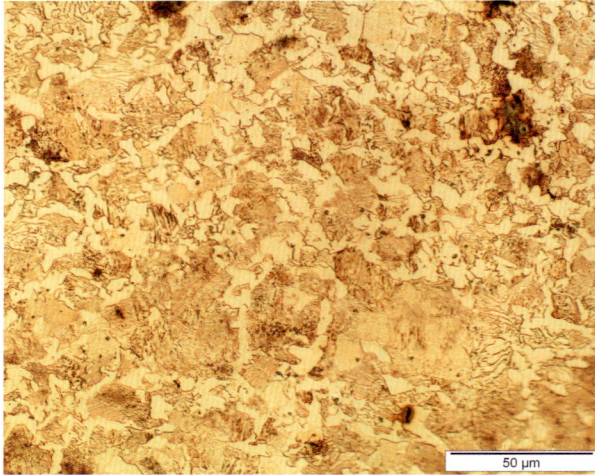

1. H33：y86-1

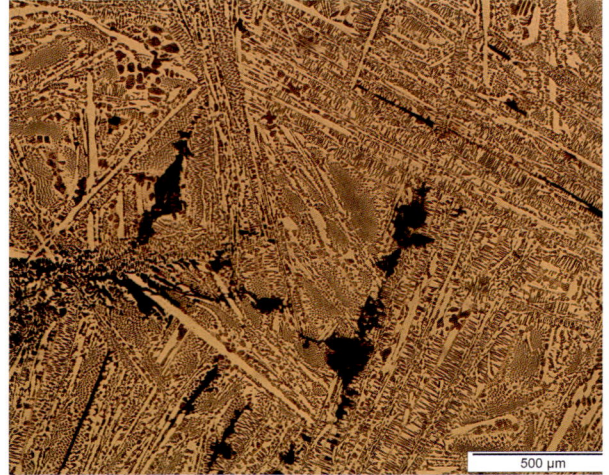

4. H34①：y87

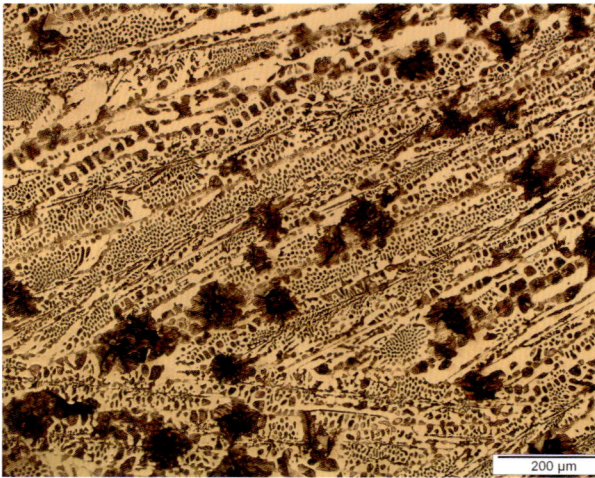

2. H33：y91-1-5（1）

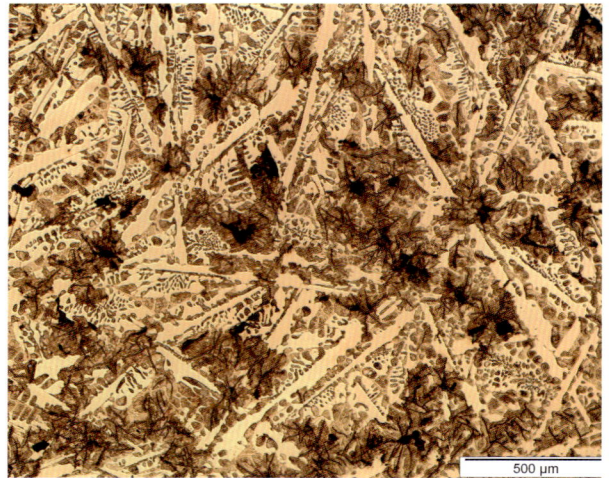

5. H34①：y89-1-5（1）

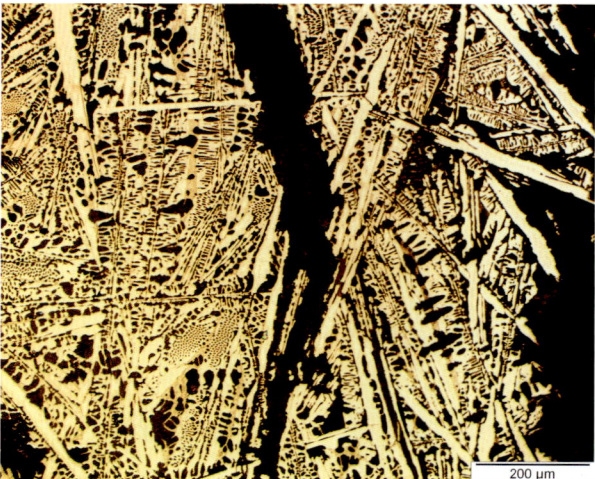

3. H34①：86

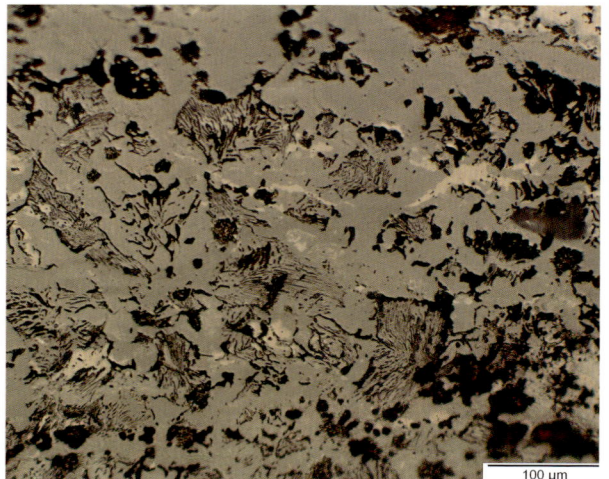

6. H36：120

**彩版二八　铁器与残块金相显微组织结构图（四）**

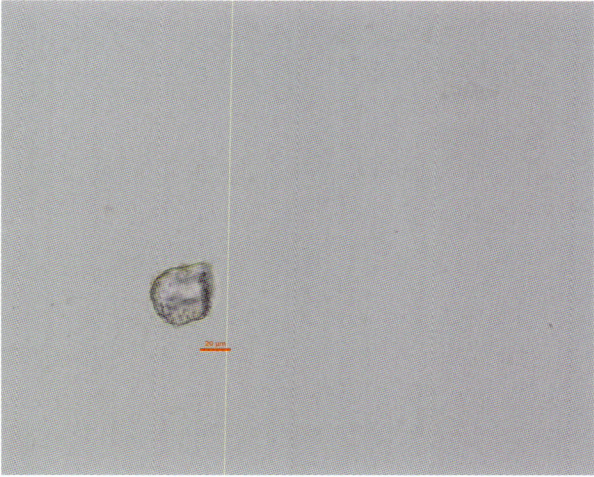

1. H38⑥

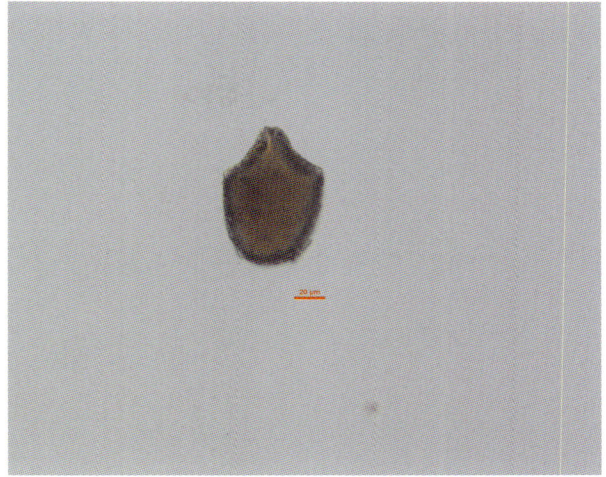

4. H38④

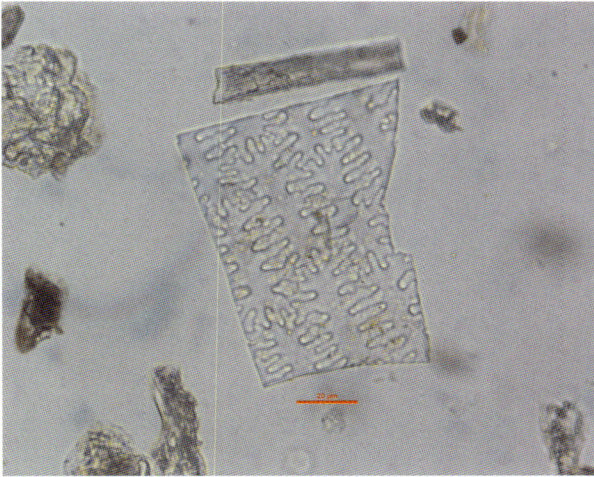

2. H26②

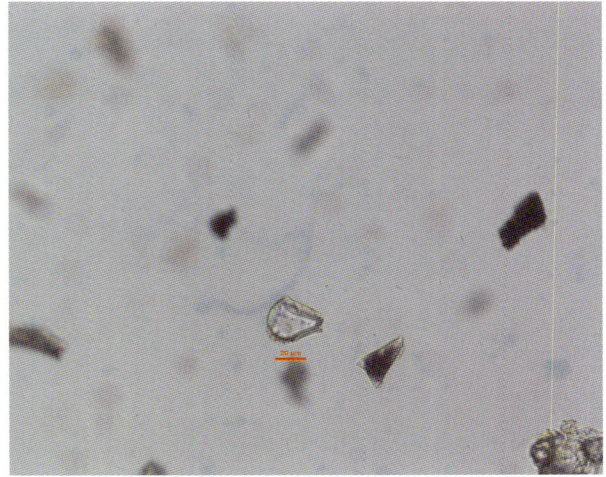

5. H26②

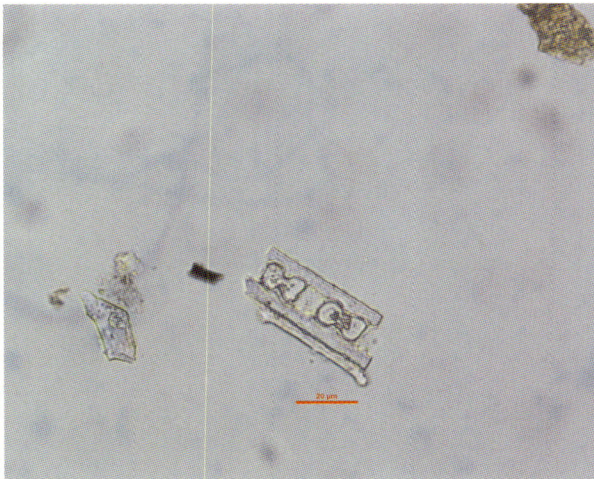

3. H26②

6. H38④

彩版二九　植硅体分析结果(一)

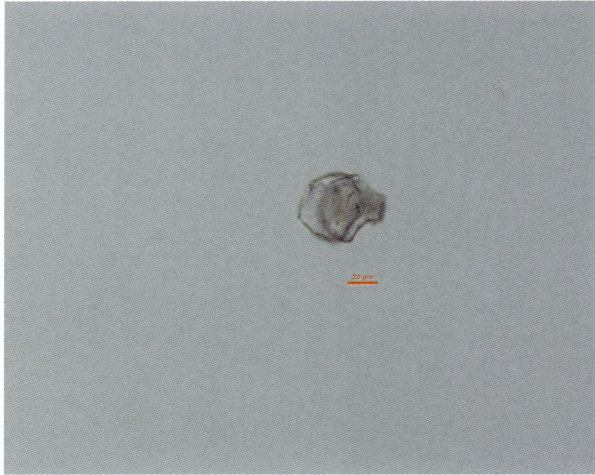

1. H38④

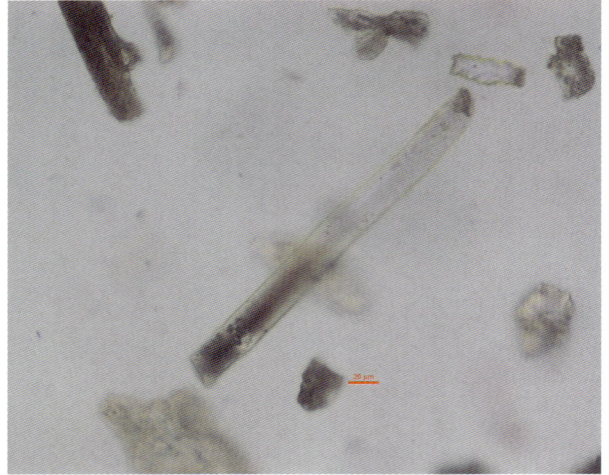

4. H26②

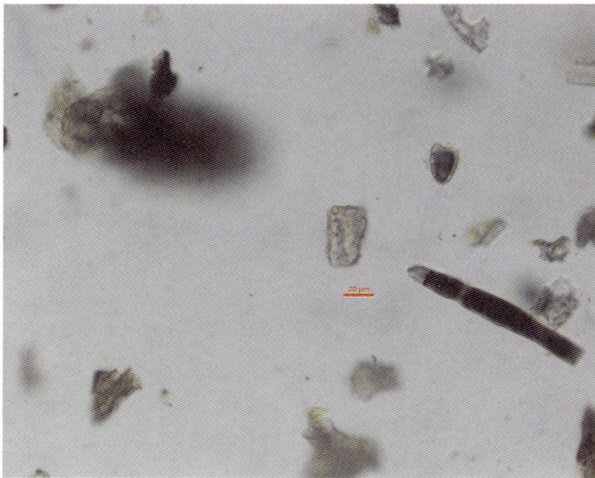

2. H26②

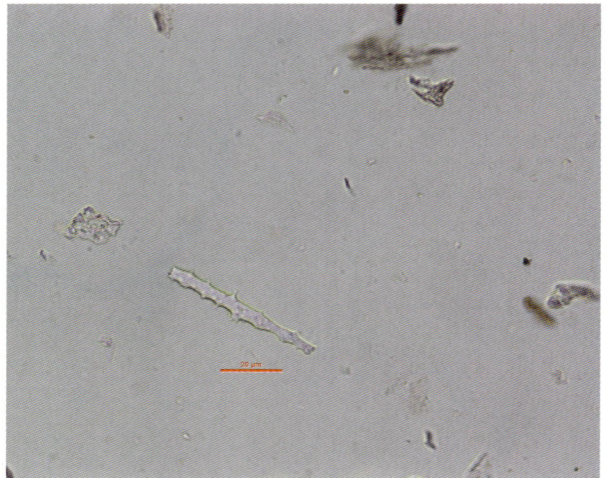

5. H26②

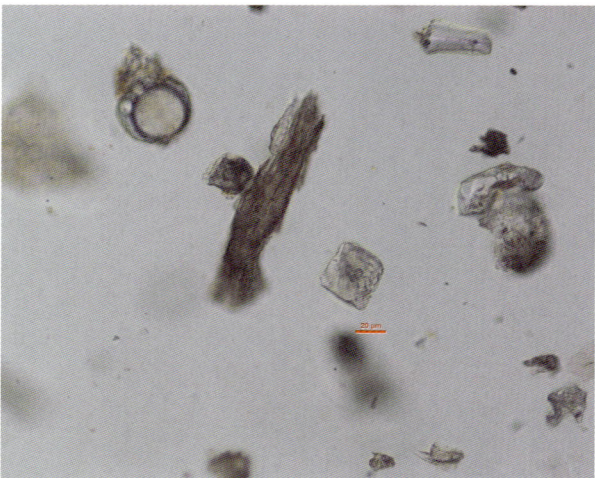

3. H26②

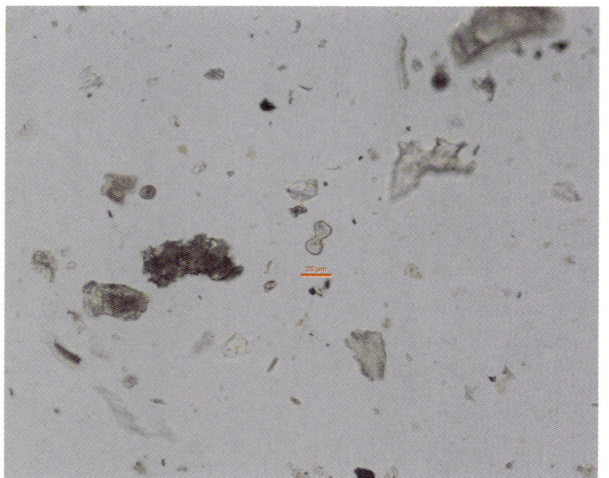

6. H26②

彩版三〇　植硅体分析结果(二)

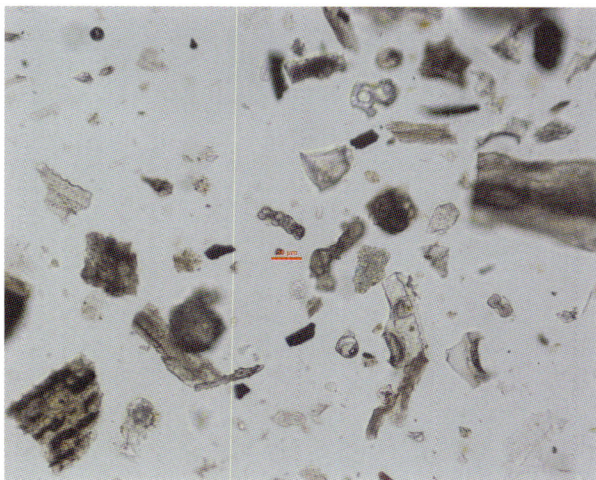

1. H26②

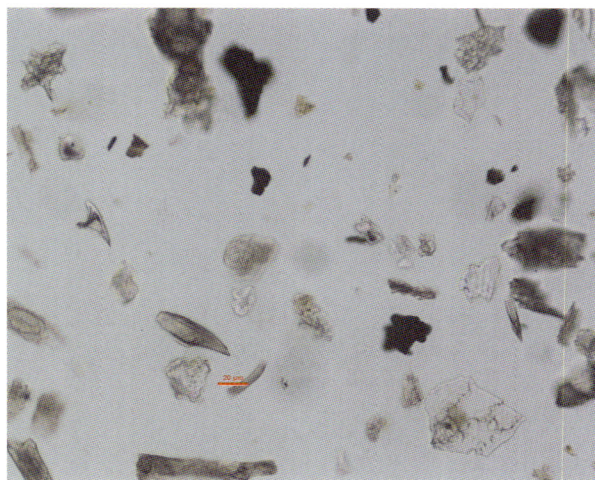

4. H26②

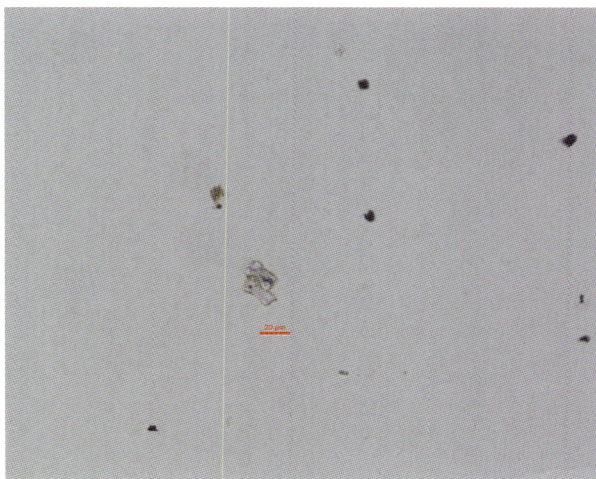

2. H39②

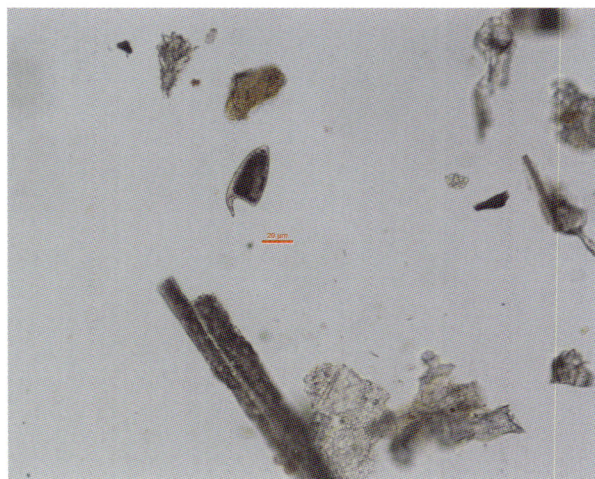

5. H26②

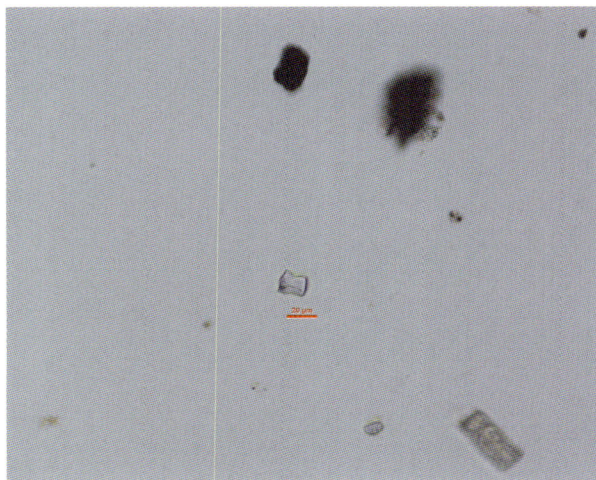

3. H31②

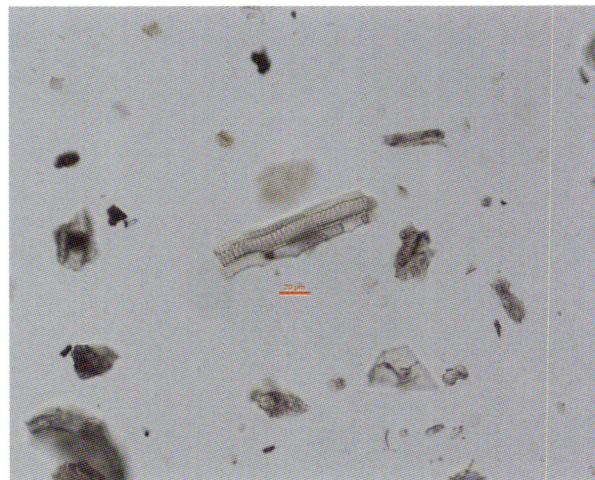

6. H26②

彩版三一　植硅体分析结果（三）

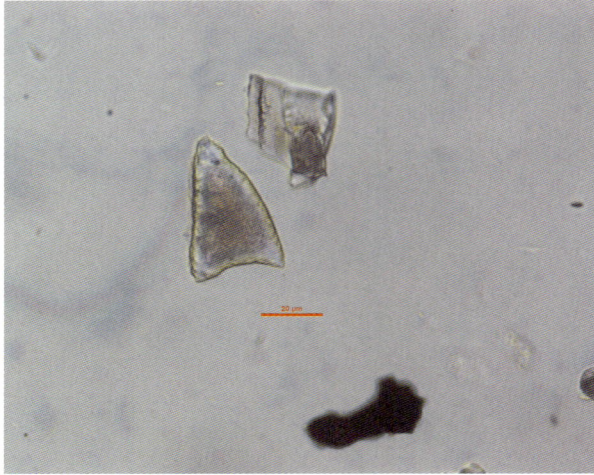

1. H26②

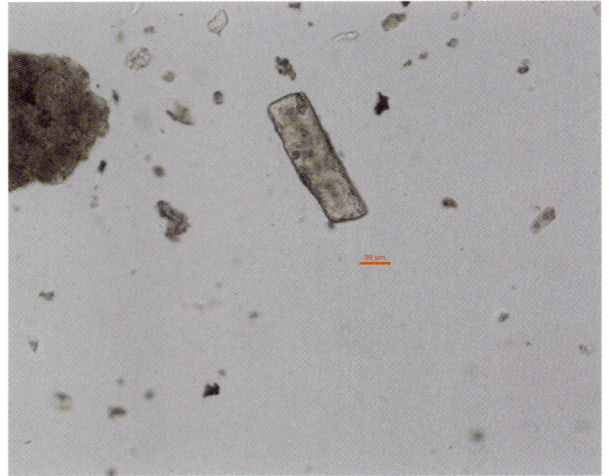

2. H26②

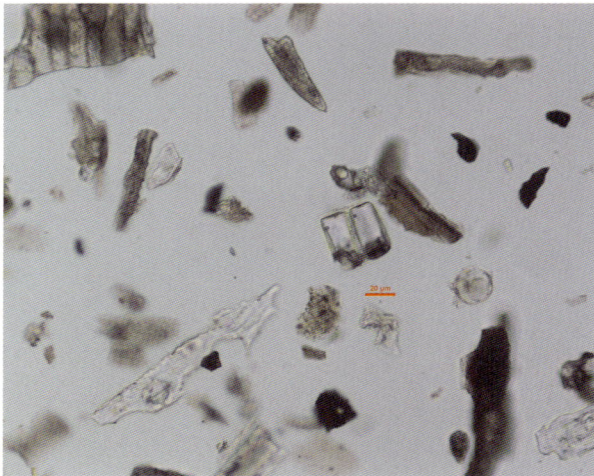

3. H26②

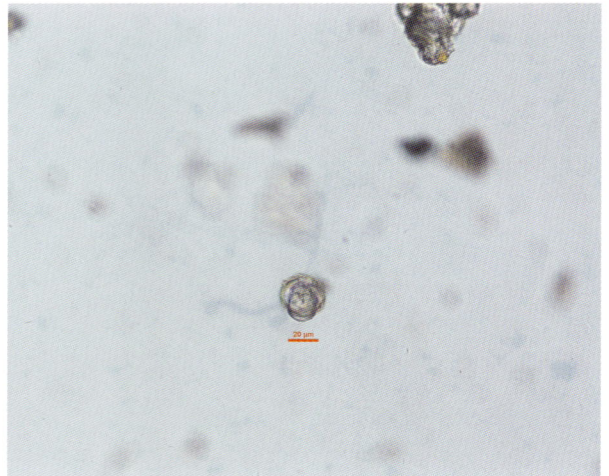

4. H3

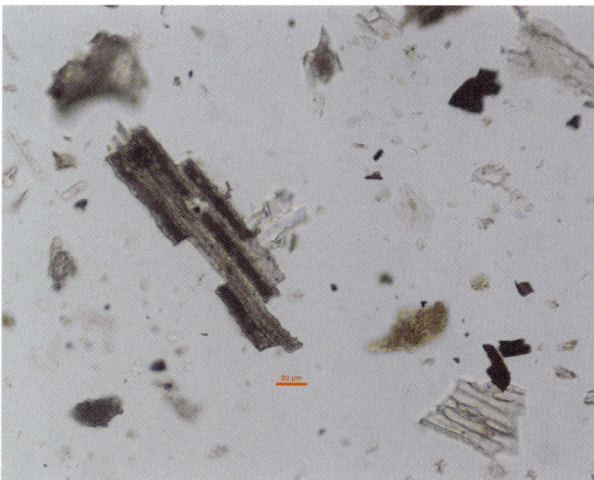

5. H26②

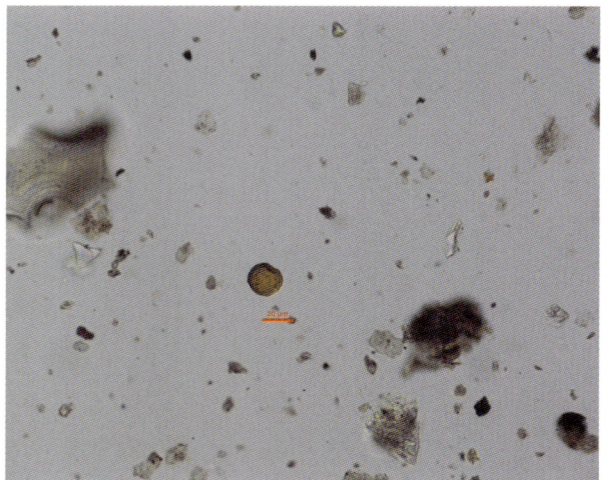

6. H3

彩版三二　植硅体分析结果（四）

1. H3⑨：y1 浇铸面

3. H3⑧：y9 浇铸面

2. H3⑨：y4 浇铸面

4. H3⑨：y14 浇铸面

**图版一　邰城铸铁作坊出土锄面范**

1. H3③：y11 浇铸面

3. H3⑨：y26 浇铸面

2. H3⑨：y17 浇铸面

4. H31②：y98 浇铸面

**图版二　邺城铸铁作坊出土锄背范**

1. H3:y219顶面

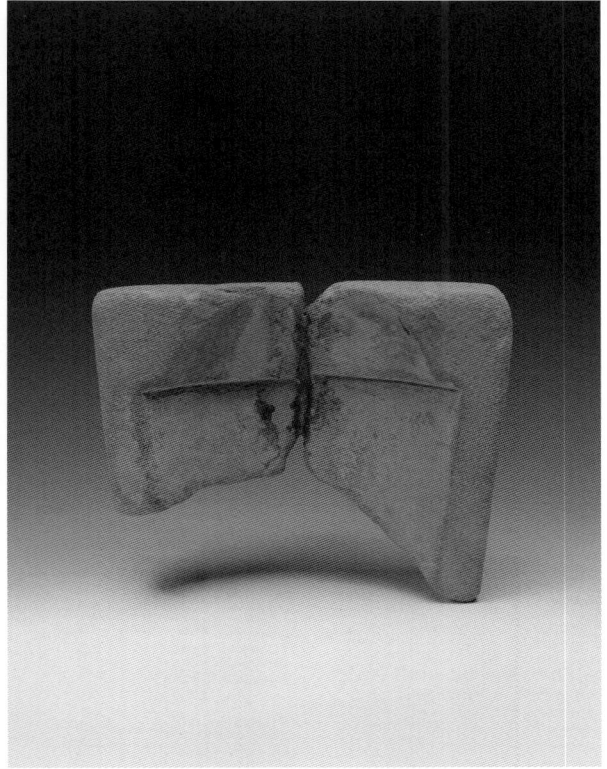

3. H3:y219浇铸面

2. H3⑤:y241浇铸面

4. H36①:y50浇铸面

**图版三　邰城铸铁作坊出土铧范**

1. H3⑨：y343顶面

2. H3⑨：y343有浇道面

3. H3⑨：y343无浇道面

图版四　邰城铸铁作坊出土铧芯（一）

1. H3⑨：y339顶面

2. H3⑨：y339有浇道面

3. H3⑨：y339无浇道面

**图版五　邰城铸铁作坊出土铧芯（二）**

1. 镢范（H33∶y76浇铸面）

4. 镢范（H33∶y76侧面）

2. 镢芯（H7∶y78无浇道面）

5. 镢芯（H7∶y78有浇道面）

3. 合范符号（H33∶y3顶面）

6. 合范符号（H36①∶y50顶面）

图版六　邰城铸铁作坊出土镢范、镢芯与合范符号

1. 合范符号（H19⑦：y14底面）

4. 合范符号（H3⑥：y250顶面）

2. 不明范（H31②：y216浇铸面）

5. 不明范（H31②：y216背面）

3. 车马器母范（H31①：y214浇铸面）

6. 车马器母范（H31①：y214背面）

**图版七 邰城铸铁作坊出土陶范与合范符号**

1. H3④:y462内侧

4. H3④:y462外侧

2. H3⑤:y472内侧

5. H3⑤:y472外侧

3. H3④:y463内侧

6. H3④:y463外侧

**图版八　邰城铸铁作坊出土鼓风管**

1. 炉箅（H3④：y541－3）

5. 炉箅（H3⑤：y549－1）

2. 炉箅（H3④：y542－1正面）

6. 炉箅（H3④：y542－1侧面）

3. 炉壁（H6：y9内侧）

7. 炉壁（H6：y9外侧）

4. 炉壁（H31②：y372外侧）

8. 炉壁（H31②：y372内侧）

**图版九　邰城铸铁作坊出土炉箅与炉壁**

1. 炉渣（H31①：y352）

5. 炉渣（H31：y347）

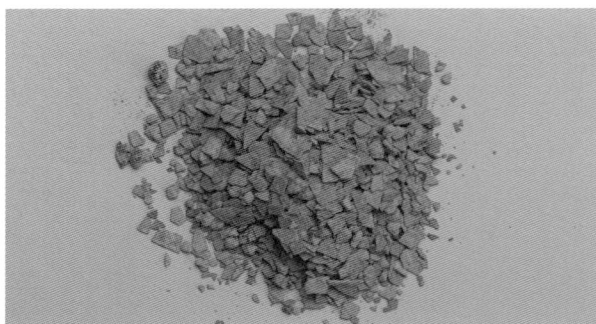
2. 锻造剥片（H31）

6. 锻造剥片（H36）

3. 铁工具（H31①：y245）

7. 铁工具（H31：y242顶视图）

4. 铁兵器（H31①：y241）

8. 铁工具（H31：y242正视图）

**图版一〇　邰城铸铁作坊出土炉渣、锻造剥片与铁器**

1. 深腹盆（H1∶33）

3. 深腹盆（H14∶12）

2. 小口旋纹罐（H3∶12）

4. 小口旋纹罐（H15∶1）

**图版一一 郘城铸铁作坊出土陶器**

1. 板瓦（H4：26）

5. 板瓦（H32①：36）

2. 筒瓦（H4：25表面）

6. 筒瓦（H4：25内侧面）

3. 瓦当（H35：30）

7. 瓦当（H32⑥：37）

4. 瓦当（采：2）

8. 瓦当（采：1）

图版一二　邰城铸铁作坊出土瓦与瓦当

1. 陶球（H25⑤∶1）

4. 陶饰（H4③∶27）

2. 骨节约（H14∶1）

5. 铜环（H31②∶1）

3. 铜镞（H34②∶1）

6. 陶纺轮（H14∶2）

**图版一三　邰城铸铁作坊出土遗物（一）**

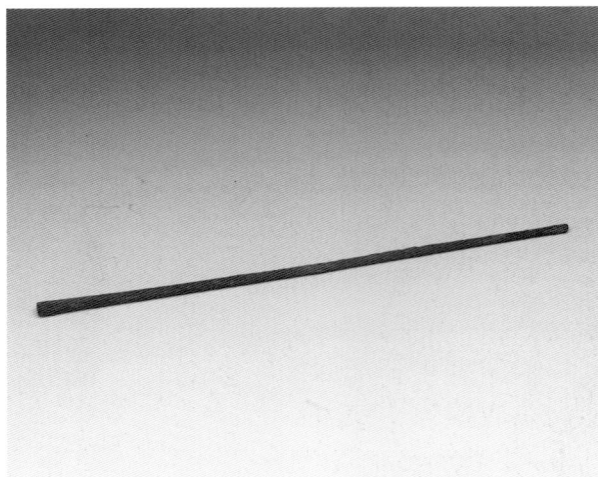

1. 铜筷（T1①：1）

4. 骨环（H32③：1）

2. 玉片（T5扰沟1：1一面）

5. 玉片（T5扰沟1：1另一面）

3. 石支垫（T12①：40）

6. 不明器（H7：1）

图版一四　邰城铸铁作坊出土遗物（二）

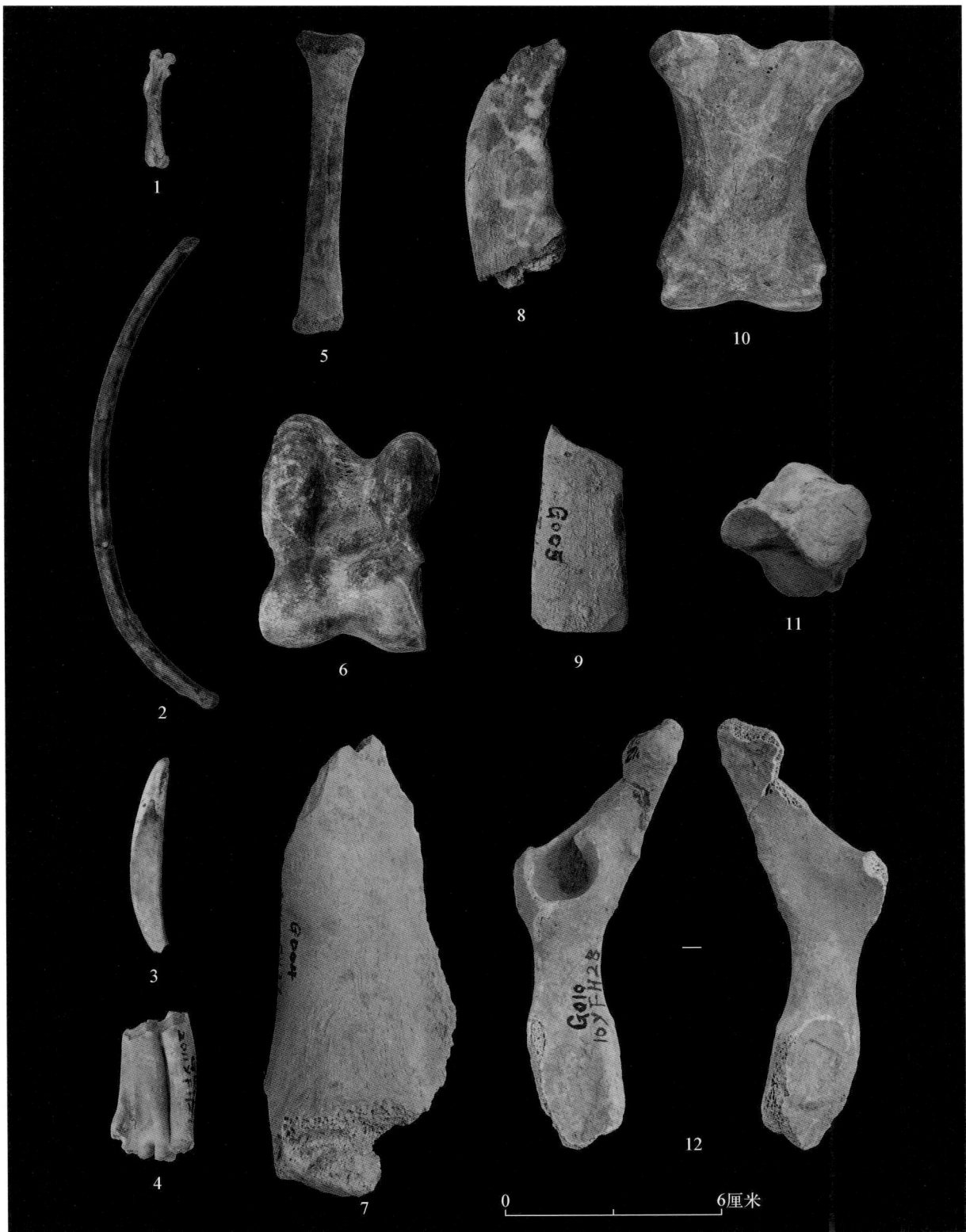

**图版一五　邰城铸铁作坊出土动物骨骼（一）**

1. 小型哺乳动物（鼠）右股骨（H1：g30）　2. 犬左肋骨（H3⑨：g6）　3. 猪左游离齿（H27：g13）

4. 羊右游离齿（H27：g12）　5. 犬左桡骨（H4①：g1）　6. 黄牛右跟骨（H13：g6）

7. 黄牛右桡骨（H27：g4）　8. 黄牛右下颌骨（H4③：g8）　9. 大型哺乳动物胫骨/桡骨（H28：g5）

10. 马左趾骨（H12：g3）　11. 人左跟骨（H24：g1）　12. 犬右骨盆（H28：g10）

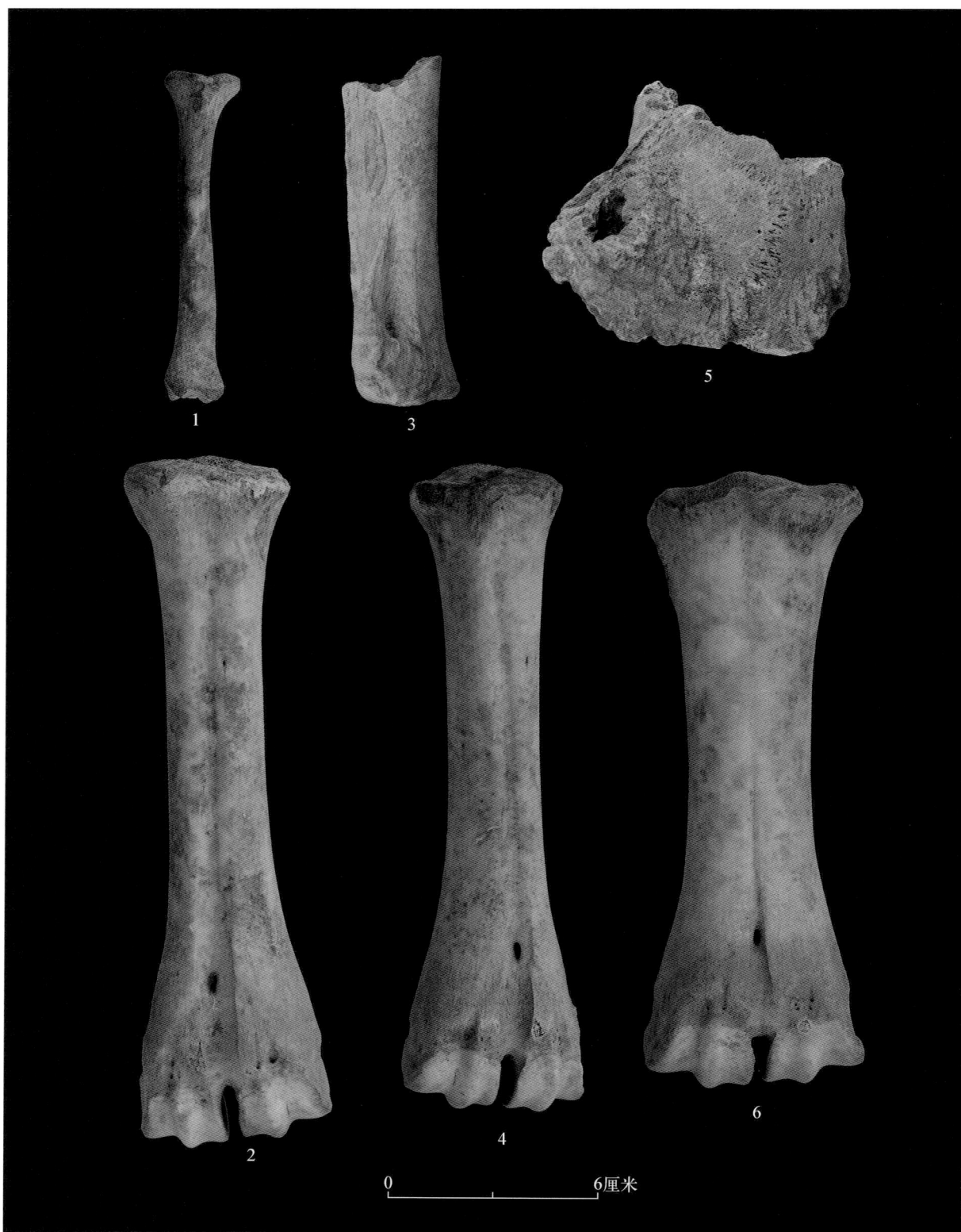

**图版一六 邺城铸铁作坊出土动物骨骼（二）**

1. 犬左胫骨（H15：g3） 2. 黄牛右跖骨（H14：g1） 3. 犬右下颌骨（H15：g12）

4. 黄牛左跖骨（H14：g2） 5. 羊头骨（H15：g74） 6. 黄牛右掌骨（H14：g3）

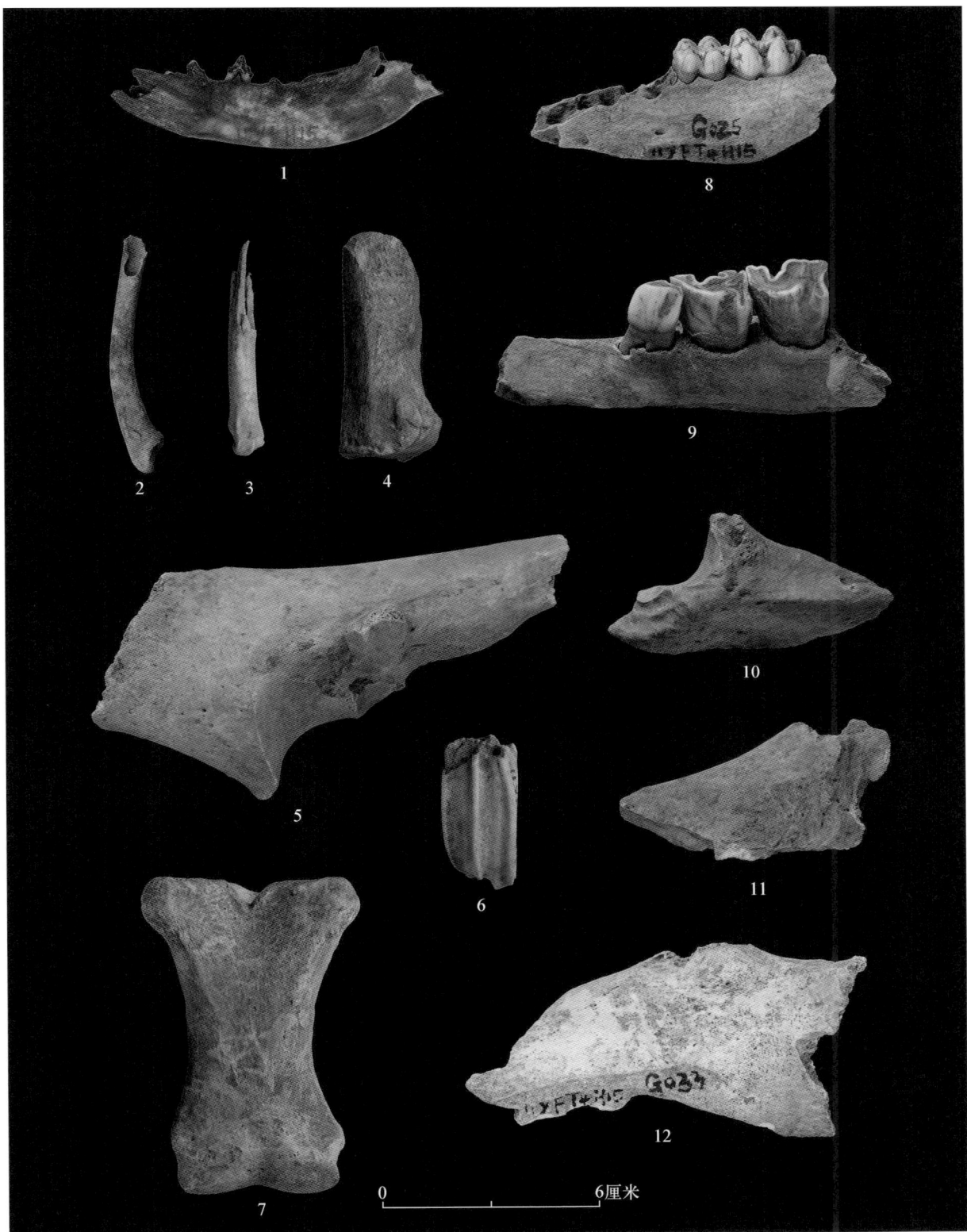

**图版一七　邰城铸铁作坊出土动物骨骼（三）**

1. 犬右下颌骨（H15：g2）　　2. 鸡右尺骨（H15：g31）　　3. 犬左距骨（H15：g30）

4. 黄牛右掌骨（H15：g4）　　5. 黄牛左尺骨（H15：g51）　　6. 羊右游离齿（H15：g80）

7. 马右趾骨（H15：g71）　　8. 猪左下颌骨（H15：g25）　　9. 黄牛左下颌骨（H15：g76）

10. 黄牛趾骨（H15：g85）　　11. 黄牛左桡骨（H15：g72）　　12. 马左肱骨（H15：g33）

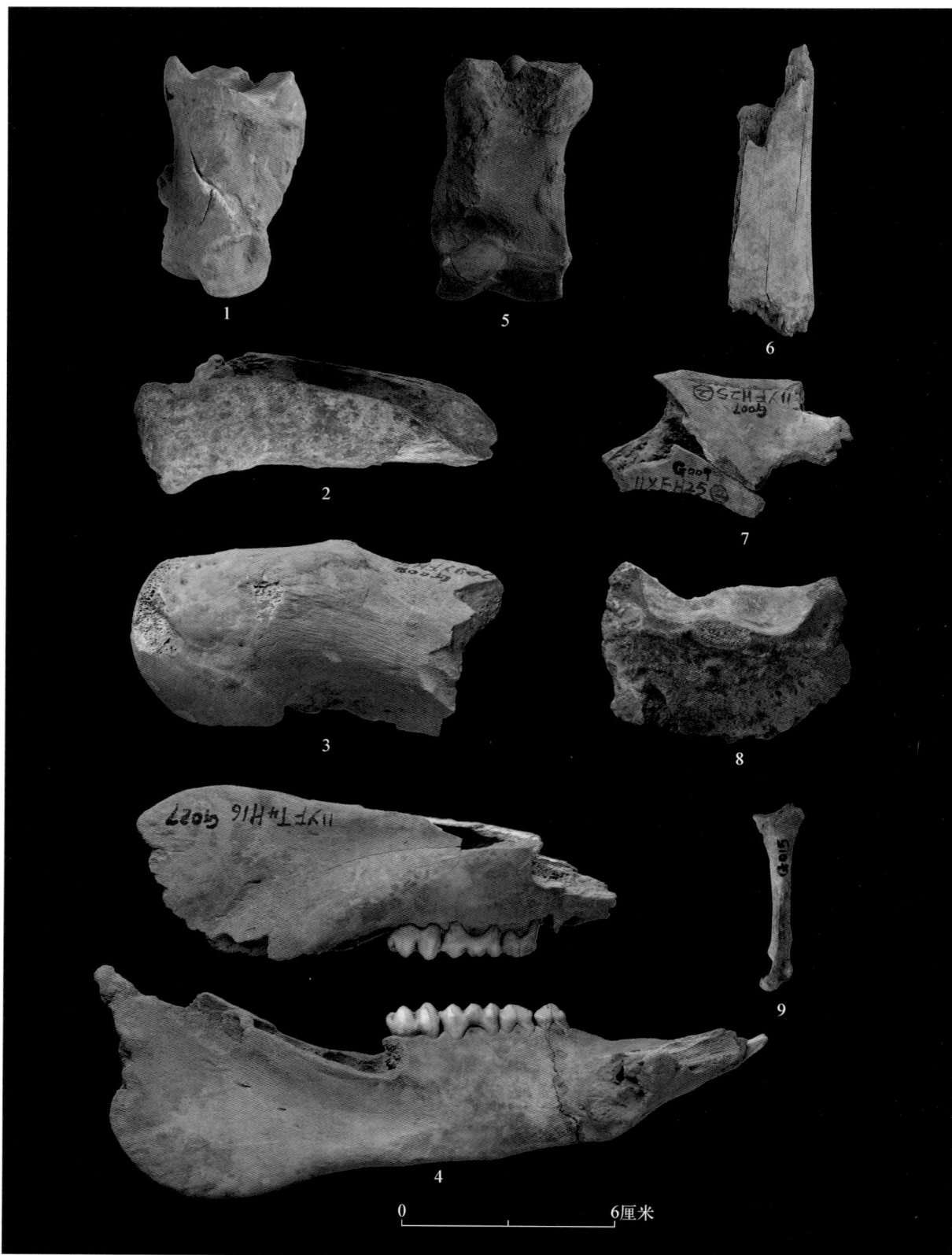

图版一八　邺城铸铁作坊出土动物骨骼（四）

1. 黄牛趾骨（H25②：g12）　　2. 黄牛桡骨（H25⑥：g13）　　3. 黄牛左股骨（H16：g8）

4. 猪下颌骨（H16：g27）　　5. 黄牛趾骨（H16：g14）　　6. 黄牛肋骨（H25②：g3）

7. 黄牛尺骨（H25②：g7）　　8. 马趾骨（H25①：g1）　　9. 鸡右喙突？（H16：g15）

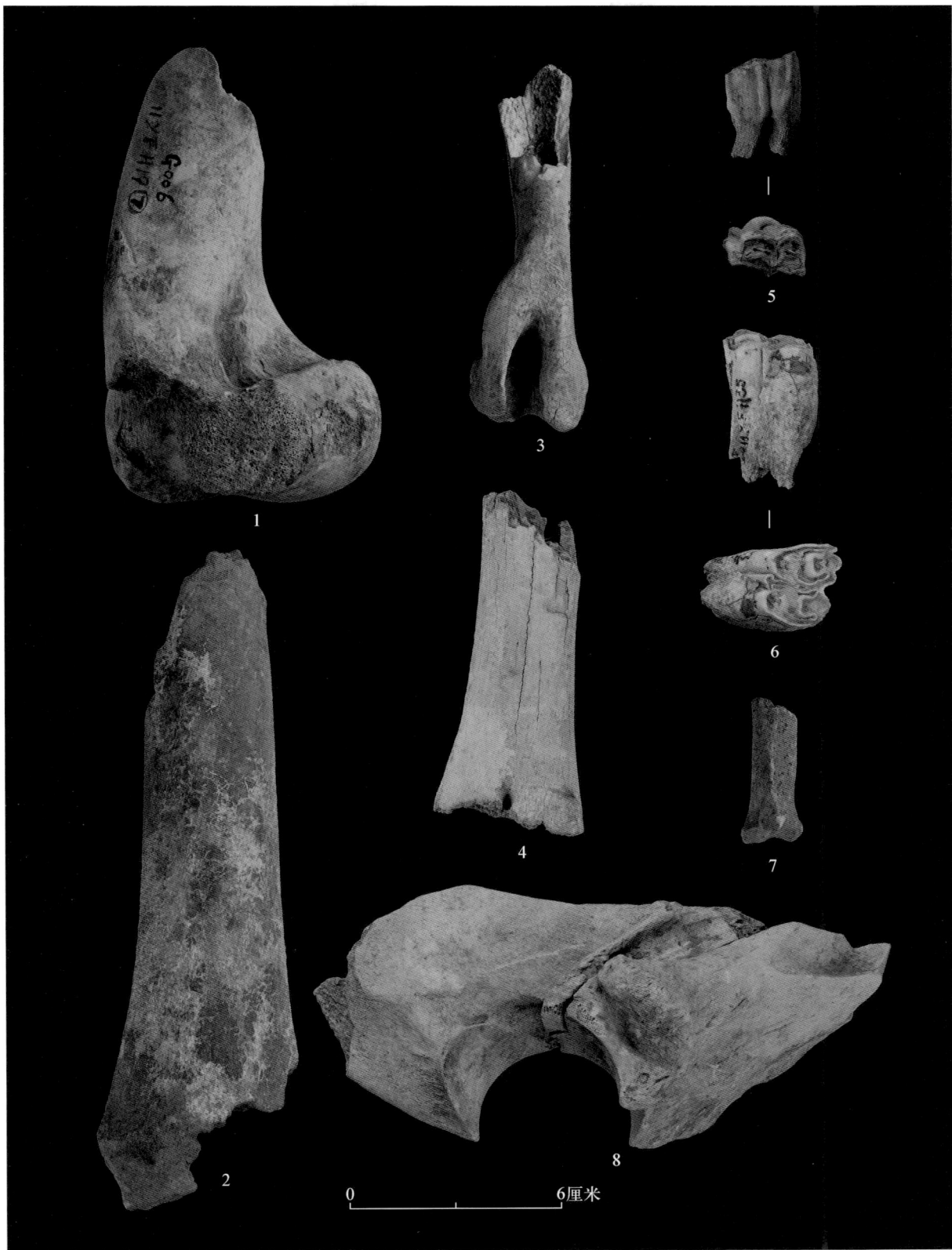

**图版一九　邰城铸铁作坊出土动物骨骼（五）**

1. 黄牛右肱骨（H19⑤：g6）　2. 黄牛左桡骨（H33：g1）　3. 猪左肱骨（H18：g1）

4. 掌骨／跖骨（H35：g4）　5. 羊左游离齿（H19⑤：g3）　6. 黄牛右游离齿（H33：g3）

7. 猪左跖骨／掌骨（H33：g7）　8. 黄牛右尺骨＋桡骨（H35：g3）

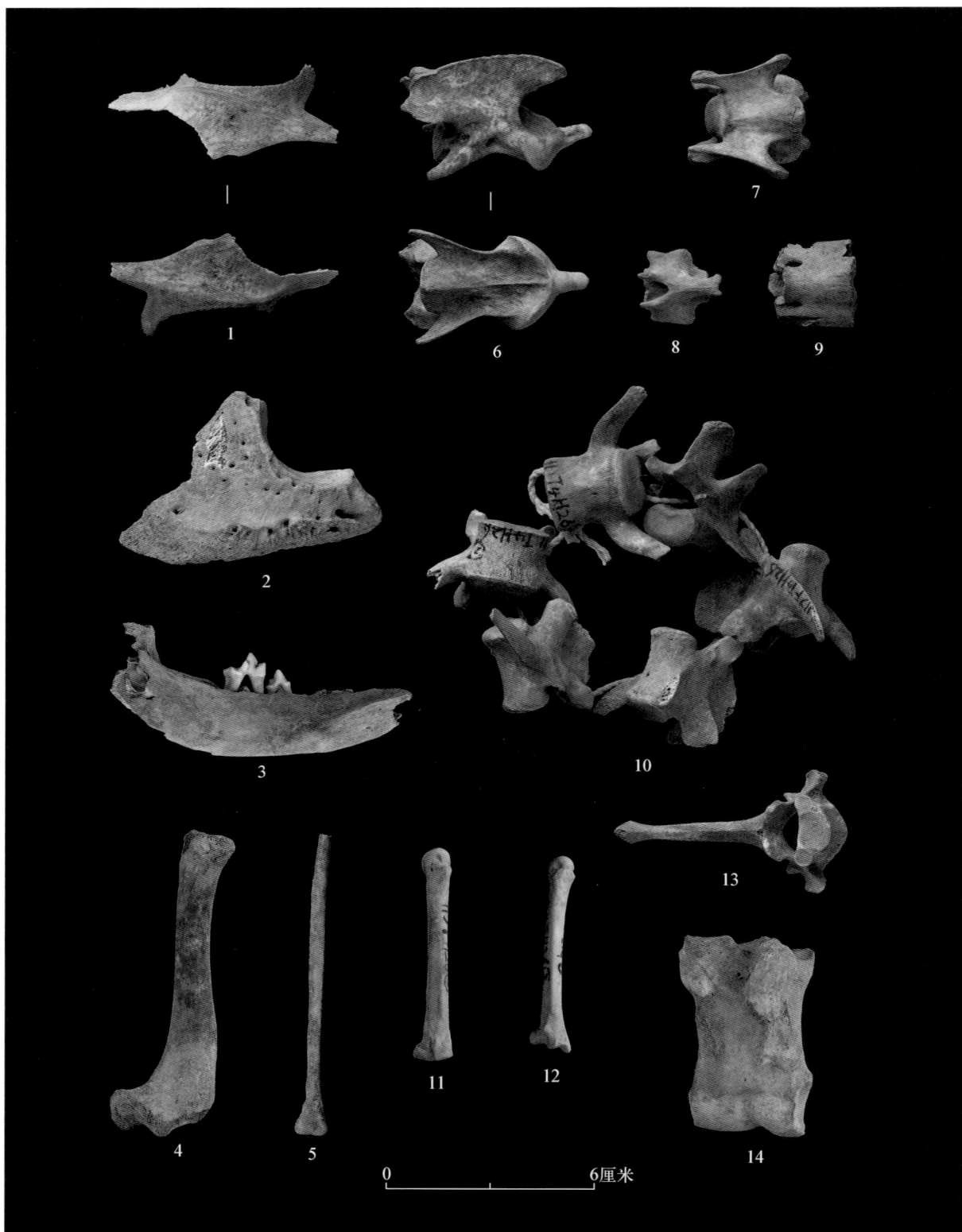

**图版二〇　邰城铸铁作坊出土动物骨骼（六）**

1. 羊左头骨（H26①：g2）　　2. 黄牛趾骨（H26①：g3）　　3. 犬左下颌骨（H26①：g9）

4. 犬右股骨（H26①：g8）　　5. 犬左腓骨（H26②：g26）　　6. 犬枢椎（H26②：g15）

7. 犬颈椎（H26②：g16）　　8. 犬尾椎（H26②：g17）　　9. 犬尾椎（H26②：g18）

10. 犬腰椎（H26②：g22）　　11. 犬右掌骨（H26①：g14）　　12. 犬右掌骨（H26②：g13）

13. 犬胸椎（H26②：g21）　　14. 黄牛趾骨（H26②：g34）

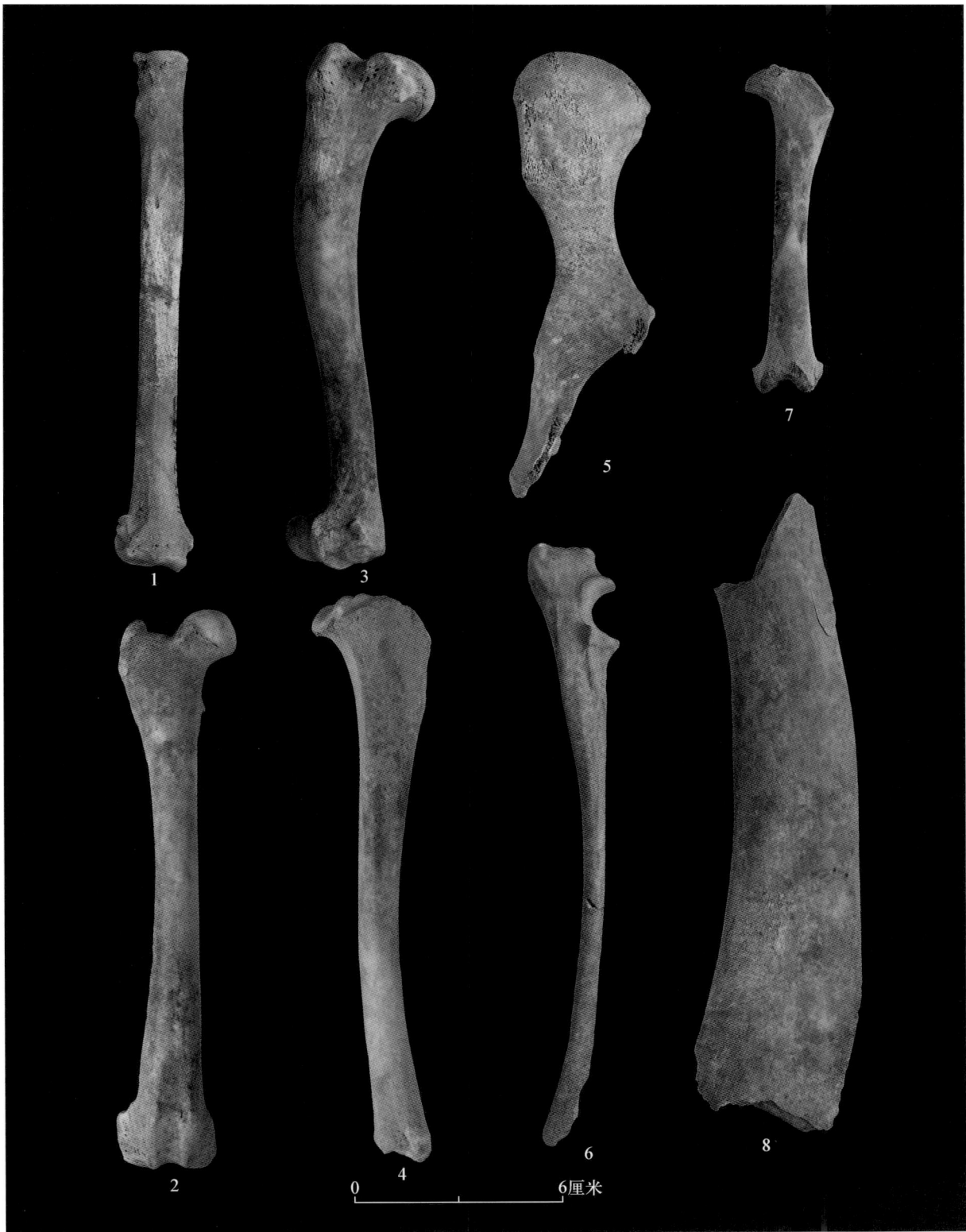

**图版二一　邰城铸铁作坊出土动物骨骼（七）**

1. 犬左桡骨（H26②：g31）　　2. 犬右肱骨（H26②：g30）　　3. 犬右肱骨（H26②：g29）

4. 犬左胫骨（H26②：g28）　　5. 犬左骨盆（H26②：g43）　　6. 犬右尺骨（H26②：g32）

7. 犬左股骨（H26②：g11）　　8. 黄牛左? 胫骨（H26②：g39）

**图版二二　邰城铸铁作坊出土动物骨骼（八）**

1. 猪左下颌骨（H31②：g3）　2. 黄牛趾骨（H31②：g8）　3. 马趾骨（H31②：g12）

4. 黄牛（H31②：g4）　5. 犬右胫骨（H31②：g22）　6. 犬左股骨（H31②：g21）

7. 犬左桡骨（H31②：g20）　8. 马右游离齿（H31②：g19）

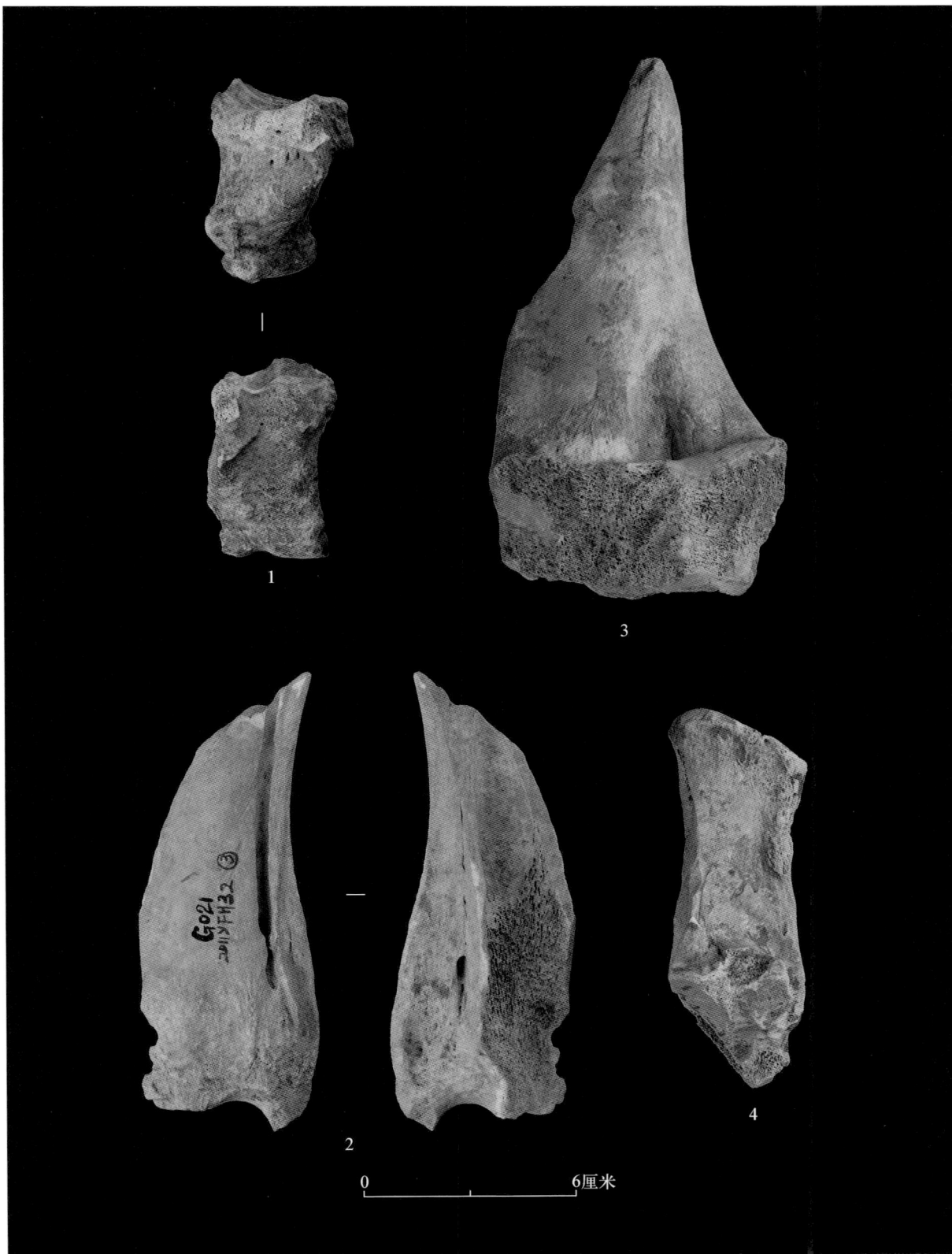

图版二三 邺城铸铁作坊出土动物骨骼（九）

1. 黄牛趾骨（H31②：g28） 2. 黄牛左尺骨＋桡骨（H32③：g21）

3. 黄牛右肱骨（H31②：g23） 4. 黄牛右跟骨（H31②：g18）

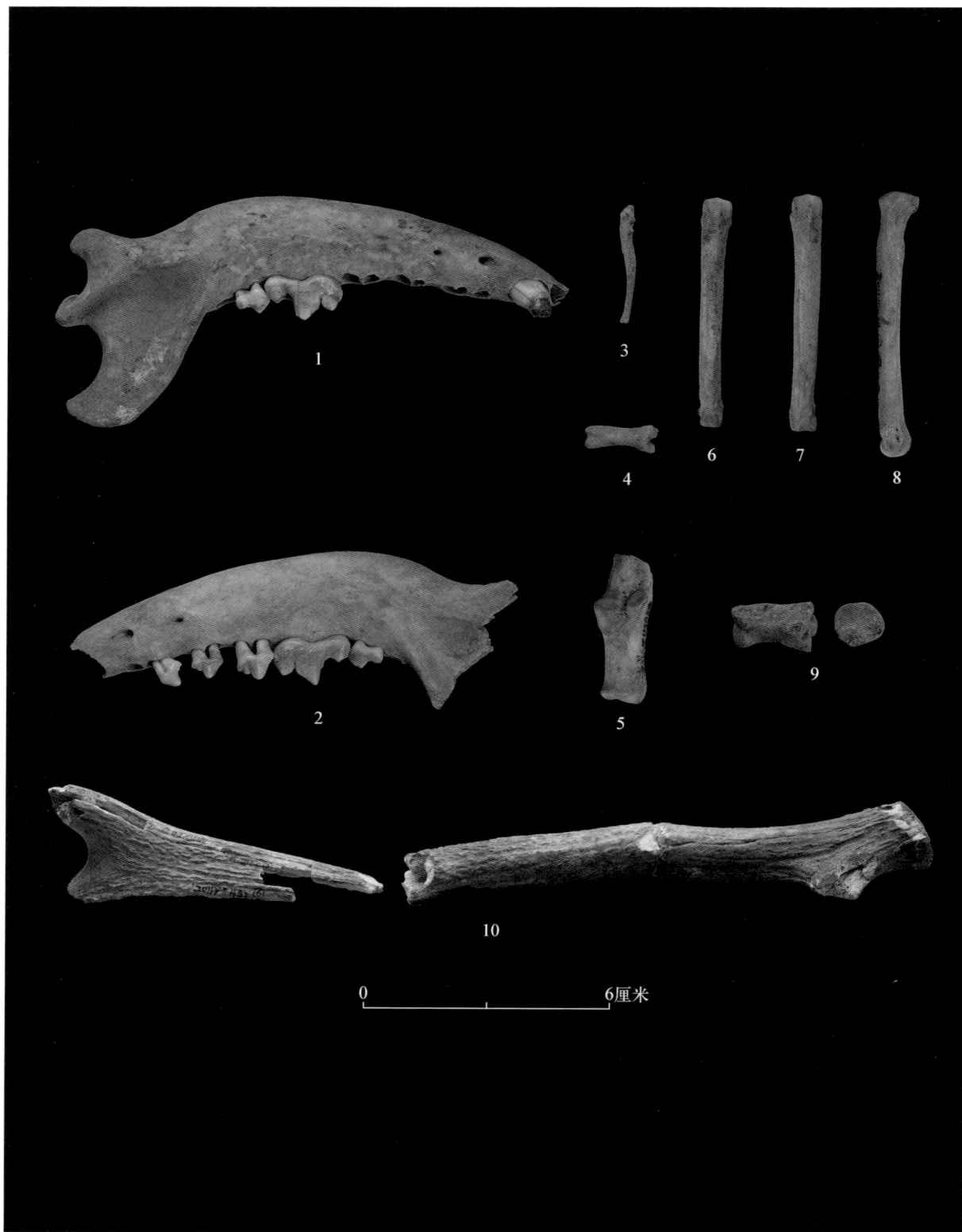

图版二四　邹城铸铁作坊出土动物骨骼（一〇）

1. 犬左下颌骨（H38：g17）　2. 犬右下颌骨（H38⑥：g18）　3. 兔左桡骨（H38⑥：g46）

4. 犬趾骨（H38⑦：g5）　5. 犬左跟骨/距骨（H38⑥：g37）　6. 犬左掌骨（H38⑥：g25）

7. 犬左掌骨（H38⑥：g22）　8. 犬左跖骨（H38⑥：g24）

9. 犬趾骨/距骨（H38③：g1）　10. 鹿右角（H32⑥：g42）

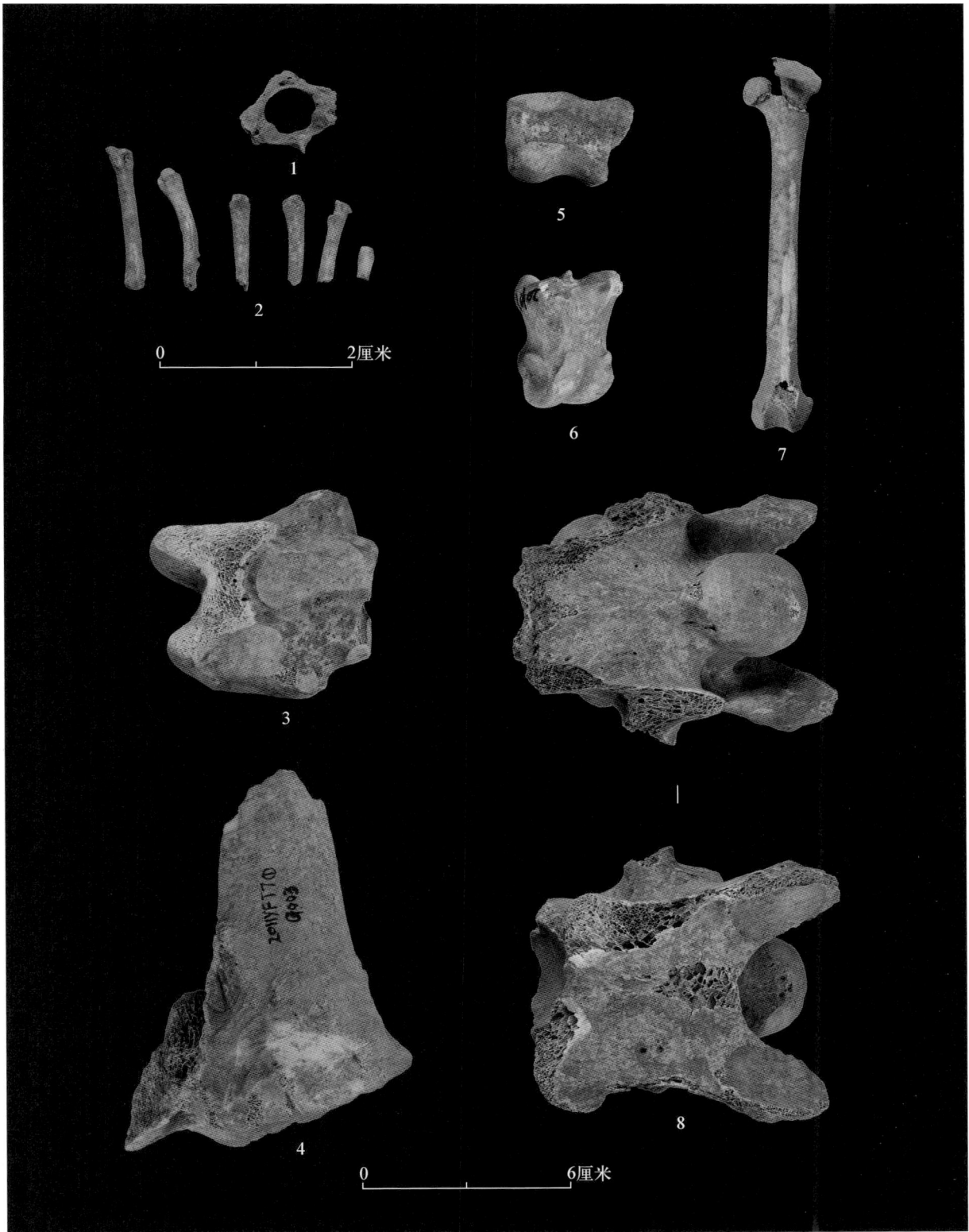

**图版二五　邯城铸铁作坊出土动物骨骼（一一）**

1. 小型哺乳动物（鼠）寰椎（H36②：g29）　2. 小型哺乳动物（鼠）跖骨（H36②：g26）

3. 马左距骨（T7①：g7）　4. 黄牛右桡骨（T7①：g3）　5. 黄牛左腕骨（T7①：g6）

6. 黄牛趾骨（T2①：g7）　7. 犬左股骨（T1①：g5）　8. 马颈椎（T7①：g2）